成都考古发现
（2015）

成都文物考古研究院　编著

科学出版社
北京

内 容 简 介

本书是成都文物考古研究院2015年度考古报告集。收录考古报告30篇，包括有汶川龙溪寨遗址、茂县安乡遗址、丹巴蒲角顶遗址、盐源皈家堡遗址、会理饶家地遗址等新石器时期遗址发掘材料；2015年盐源盆地考古调查发现6处新石器时期至大理国时期遗址；新都二中遗址、郫县天台村遗址"万达广场"地点、西华大学古遗址等宝墩文化至十二桥文化遗址发掘材料；成都市金河路古遗址、通锦路汉代遗址，会东大山包、团山堡遗址，马尔康县石达秋遗址等春秋战国至秦汉时期遗址发掘材料；唐广都城遗址、新津倒骑龙遗址、盐源盐棚山遗址等唐宋元明时期遗址发掘材料；大邑高山社区墓葬、彭州青龙嘴崖墓群等汉代墓葬发掘材料；武侯区川音大厦墓群、金牛区通锦路墓群、成华区成华广场墓群等唐宋时期墓葬发掘材料；新津县老虎山摩崖造像调查材料；还有金沙遗址祭祀区植物大遗存分析、金沙遗址祭祀区古河道出土古树鉴定、成都市金河路古遗址出土动物骨骼鉴定、四川杂谷脑河流域采集玉石器材质分析报告。

本书可供从事中国考古学、历史学研究的学者参考。

图书在版编目（CIP）数据

成都考古发现. 2015 / 成都文物考古研究院编著. —北京：科学出版社，2017.12

ISBN 978-7-03-056028-5

Ⅰ.①成… Ⅱ.①成… Ⅲ.①考古发现-成都-2015 Ⅳ.①K872.711

中国版本图书馆CIP数据核字（2017）第312099号

责任编辑：柴丽丽 / 责任校对：邹慧卿
责任印制：肖 兴 / 封面设计：陈 敬

科学出版社 出版
北京东黄城根北街16号
邮政编码：100717
http://www.sciencep.com

北京汇瑞嘉合文化发展有限公司 印刷
科学出版社发行　各地新华书店经销

*

2017年12月第 一 版　开本：787×1092　1/16
2017年12月第一次印刷　印张：47 1/4　插页：27
字数：1 120 000

定价：328.00元

（如有印装质量问题，我社负责调换）

目　　录

汶川县龙溪寨遗址2009年调查简报 …………………………………………………………（1）

茂县安乡遗址2006年调查简报 ………………………………………………………………（13）

盐源县皈家堡遗址2015年度调查试掘简报 …………………………………………………（18）

2012年会理县饶家地遗址发掘报告 …………………………………………………………（53）

会理县唐家坡遗址、张家地墓地2015年调查试掘简报 ……………………………………（91）

会理县1987年古代遗址调查简报 ……………………………………………………………（103）

2015年盐源盆地考古调查简报 ………………………………………………………………（116）

丹巴县蒲角顶遗址2006年调查简报 …………………………………………………………（133）

四川杂谷脑河流域采集玉石器材质分析报告 ………………………………………………（142）

成都市新都二中遗址发掘报告 ………………………………………………………………（153）

成都市郫县天台村遗址"万达广场"地点发掘报告 …………………………………………（193）

成都市郫都区西华大学实验楼古遗址发掘简报 ……………………………………………（252）

金沙遗址祭祀区植物大遗存浮选结果及分析 ………………………………………………（295）

成都金沙遗址祭祀区古河道出土古树的鉴定报告 …………………………………………（314）

成都金河路古遗址发掘报告 …………………………………………………………………（320）

成都"金河路59号"春秋战国—唐、宋时期遗址出土动物骨骼报告 ……………………（417）

会东县大山包遗址调查简报 …………………………………………………………………（448）

会东县团山堡遗址调查简报 …………………………………………………………………（455）

马尔康县石达秋遗址试掘报告 ………………………………………………………………（466）

成都市通锦路汉代遗址发掘简报 ……………………………………………………………（507）

成都市成温邛快速通道大邑段十号文物点考古发掘简报 …………………………………（535）

彭州市青龙嘴崖墓发掘简报 …………………………………………………………………（550）

唐广都城遗址调查简报 ………………………………………………………………………（583）

成都市武侯区川音大厦工地唐宋墓葬发掘简报 ……………………………………………（591）

成都市通锦路遗址隋唐至明代墓葬清理简报 ………………………………………………（642）

成都市金牛区任家碾墓地M4发掘简报 ……………………………………………………（682）

成都市成华区成华广场宋墓发掘简报……………………………………………（694）

新津县倒骑龙宋代遗址发掘简报……………………………………………（715）

2016年盐源县盐棚山盐业遗址调查简报……………………………………（729）

新津县老虎山摩崖造像调查简报……………………………………………（742）

图版目录

图版一　　汶川县龙溪寨遗址地理环境

图版二　　汶川县龙溪寨遗址地貌、文化层堆积

图版三　　茂县安乡遗址地理环境

图版四　　茂县安乡遗址地貌及采集骨器

图版五　　会理县张家地墓地出土陶器

图版六　　丹巴县蒲角顶遗址地理环境

图版七　　丹巴县蒲角顶遗址外景、文化层

图版八　　金沙遗址祭祀区出土植物遗存

图版九　　金沙遗址祭祀区出土植物遗存

图版一〇　金沙遗址祭祀区出土植物遗存

图版一一　金沙遗址祭祀区出土植物遗存

图版一二　金沙遗址祭祀区出土植物遗存

图版一三　金沙遗址祭祀区出土植物遗存

图版一四　金沙遗址祭祀区出土植物遗存

图版一五　金沙遗址祭祀区出土植物遗存

图版一六　金沙遗址祭祀区出土植物遗存

图版一七　金沙遗址祭祀区出土植物遗存

图版一八　金沙遗址祭祀区出土植物遗存

图版一九　马尔康县石达秋遗址地理环境

图版二〇　马尔康县石达秋遗址T4内遗迹、F2墙体局部

图版二一　彭州市青龙嘴崖墓地貌及M13墓室文字雕刻

图版二二　彭州市青龙嘴崖墓出土陶俑

图版二三　成都市武侯区川音大厦工地南宋墓出土陶俑

图版二四　成都市金牛区任家碾M4出土陶俑

图版二五　成都市金牛区任家碾M4出土陶匍匐俑

图版二六　成都市金牛区任家碾M4出土陶俑

图版二七　新津县倒骑龙遗址出土器物

图版二八　新津县倒骑龙遗址出土瓷器

图版二九　盐源县盐棚山盐业遗址

图版三〇　盐源县盐棚山盐业遗址

图版三一　盐源县盐棚山盐业遗址

图版三二　盐源县盐棚山盐业遗址出土遗迹

图版三三　盐源县盐棚山盐业遗址第3层下遗迹

图版三四　新津县老虎山摩崖造像第1、2龛

图版三五　新津县老虎山摩崖造像第3、4龛

图版三六　新津县老虎山摩崖造像第5、6龛

汶川县龙溪寨遗址2009年调查简报

汶 川 县 文 物 管 理 所
成 都 文 物 考 古 研 究 院
阿坝藏族羌族自治州文物管理所

2008年，全国重点文物保护单位——布瓦群碉在"5·12"汶川特大地震中受到严重损坏，在"藏羌碉楼及村寨"（中国世界文化遗产预备名单之一）的灾后维修重大工程中，布瓦群碉的维护修缮是重要组成内容之一。为科学、系统地推进布瓦群碉的灾后维修工作，根据四川省文物管理局的统一部署，汶川县文物管理所、成都文物考古研究院、阿坝藏族羌族自治州文物管理所联合组成"布瓦黄泥群碉及民居村寨"田野考古调查及勘探工作队，承担本项维修系统工程的前期考古工作。自2009年4月29日开始，工作队入驻布瓦村，开展了系列的田野考古工作。继在小布瓦和龙山组范围内发现和确认了一处新石器时代遗址（命名为布瓦遗址）之后[1]，又对布瓦村境内的石棺葬及其他墓葬遗存进行了详细的调查工作[2]。同时，对布瓦碉楼群开展了详细勘查，并选择1处残黄土碉楼和1处黄土碉楼遗址进行了解剖[3]。此外，为配合汶川县第三次全国文物普查工作，调查发现了龙溪寨新石器时代遗址。

龙溪寨遗址附近地区曾多次发现过新石器时代、商周时期及汉代的遗物、墓葬等。如1979年秋，西南师范学院（今西南大学）历史系唐昌朴就在龙溪沟内的布兰村采集到彩陶碎片若干件[4]。又如1987年12月24日，汶川县龙溪乡阿尔村两名小学生在村北150米处耕地中玩耍时，偶然发现埋藏在地下的一件夔龙纹青铜罍，罍中盛一件螺旋纹柄山字格青铜剑。事后，阿坝藏族羌族自治州文物管理所会同汶川县文化馆派人前往现场进行了调查。发现夔龙纹青铜罍出于村北第四纪黄色粒土堆积山坡土坎断层下方耕地中，东距土坎1.6米。西面是呈缓坡的农耕地，罍四周皆农耕土，为从山上被洪水冲刷而下的黄色黏土。罍出于地表以下0.4米，斜置，腹中除装一件山字格青铜剑外，还填满了与表土相同的泥土。在罍下面泥土中清理出一些完好的青稞粒、残铁器块，民国时期的残瓦片等。据调查，在土坎上方，原有一处山神庙，罍底所出残瓦片当即原山神庙顶所覆瓦。根据青铜罍出土情形分析，该罍原系埋藏于土坎上方地下，数十年前因山洪随同山上泥土一起被冲下土坎并埋于今出土地[5]。又如1983年5月至1987年6月，阿坝藏族羌族自治州文物管理所先后数次分别对汶川县克枯乡河坝村及龙溪乡岩墓进行了调查。河坝村岩墓位于杂谷河东北岸，距汶川县城4千米，分布于河坝村附近南北长约500米的范围内，从东南向西北分别编号为M1~M19。1978年在农田基本建设时在直台村发现岩墓1座，位于河坝村西北9千米的直台山上部，东南距直台村约200米处。直台村岩墓的墓向193°，墓门呈长方形，高0.8、宽1.2米，墓道进深0.7米。墓室呈梯形，平顶，长5.6、前宽2.8、后宽3.2、高1.4米。墓壁上保留有金属工具由下向上的斜凿痕迹，每条凿痕长6~7、宽1.5厘米。该墓形制与直台村西汉石棺墓的形制一致。墓中随葬品大多当场被毁，仅1件泥质灰陶乳钉罐幸免，由汶川县文化馆文物干部收回保存于县文化馆[6]。可见，龙溪寨附近的文物遗存丰富，历史底蕴深厚，发现新石器时代遗址是预料之中的事情。

龙溪寨遗址位于汶川县龙溪乡龙溪村境内（图一；图版一），小地名"壳夺"（羌语音译），处于岷江上游一级支流杂谷脑河的支流龙溪沟东岸四级阶地以上的坡地之上。地理坐标为东经103°34′39″、北纬31°36′33″，海拔为2200~2400米，高出老龙溪寨约100米。遗址表面原为缓坡状地貌，现已改建为多级梯田（图版二，1）。遗址东西长约350、南北宽约300米，面积近10万平方米。保存较好的中心区域面积在2万平方米左右。据断面观察，原生文化层厚度在0.5~2米（图版二，2）。断面上发现多处大型灰坑及红烧土堆积遗存。采集遗物包括玉石器、细石器和陶器等。玉石器有斧、凿等，质地细腻。细石器为黑色燧石，包括长条形细石叶、小石片等。陶器数量及种类丰富，以泥质灰陶、泥质黑皮陶、夹砂褐陶为主；纹饰有线纹、细绳纹、划纹、瓦棱纹、戳印纹、泥条附加堆纹、锯齿状及绳纹花边口沿等，有个别线条纹彩陶片（图二、图三；附表）；器形包括罐、钵、盆等。

一、采集遗物

遗址中采集遗物包括陶器、玉石器两类，以下分别介绍。

1. 陶器

遗址采集陶器从陶系和器类上可分为两组。

第一组，泥质陶占绝大多数，有泥质红陶、灰陶、黑皮陶，器形包括钵、盆、直口罐；夹砂陶很少，主要为褐陶，纹饰有细线网格纹等，器形有长颈罐和侈口罐等。

长颈罐　1件。采：18，夹砂黄褐陶。卷沿，圆唇，颈较直，颈部以下残。颈部以下饰压印网格纹。残高4.7厘米（图四，1）。

侈口罐　1件。采：14，夹砂黄褐陶。卷沿，方唇，颈部以下残。口沿外侧饰戳印纹，颈部以下饰竖向绳纹。口径16、残高4厘米（图五，9）。

直口罐　2件。采：24，泥质灰陶。折沿，圆唇，颈部较直，腹部以下残。素面。口径24、残高5.6厘米（图六，3）。采：43，泥质黑皮陶。折沿，圆唇微外翻，颈部较直，颈部以下残。素面。口径26、残高3.5厘米（图六，1）。

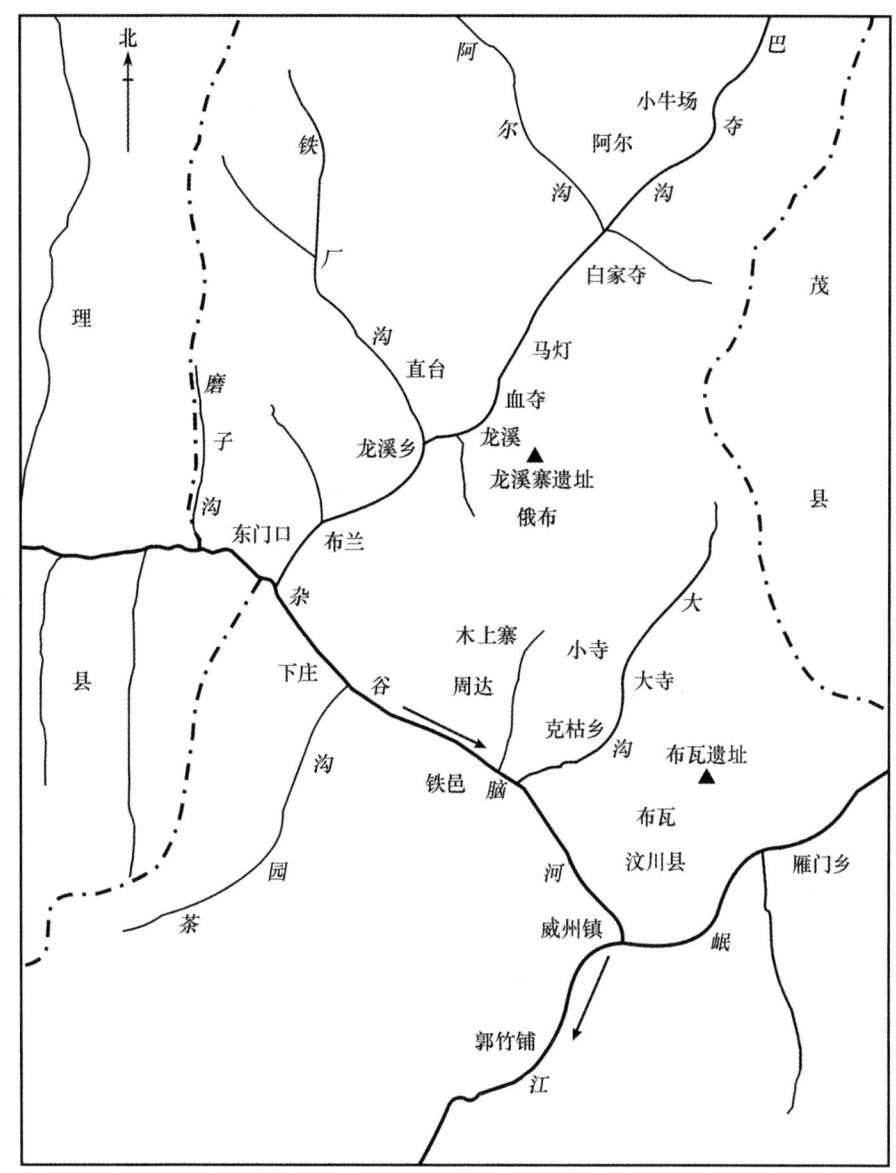

图一　龙溪寨遗址、布瓦遗址位置示意图

钵　1件。采：44，泥质红陶。仅存口沿。素面。残高2.2厘米（图六，11）。

盆　1件。采：31，泥质灰陶。浅盘，沿底过渡平滑。素面。口径24、残高4.6厘米（图六，12）。

陶片　1件。采：45，泥质灰陶。可能是器物的腹部。素面。残高4厘米（图六，9）。

第二组，以泥质陶为主，泥质陶主要为灰陶，黄褐陶、黑皮陶也占一定比例；夹砂陶主要包括灰陶、黄褐陶、黑陶和黑皮陶等。陶器大多装饰各类纹饰，泥质陶的纹饰主要为压印的交错菱形绳纹，还包括瓦棱纹、戳印纹、弦纹及附加堆纹和其他纹饰的组合

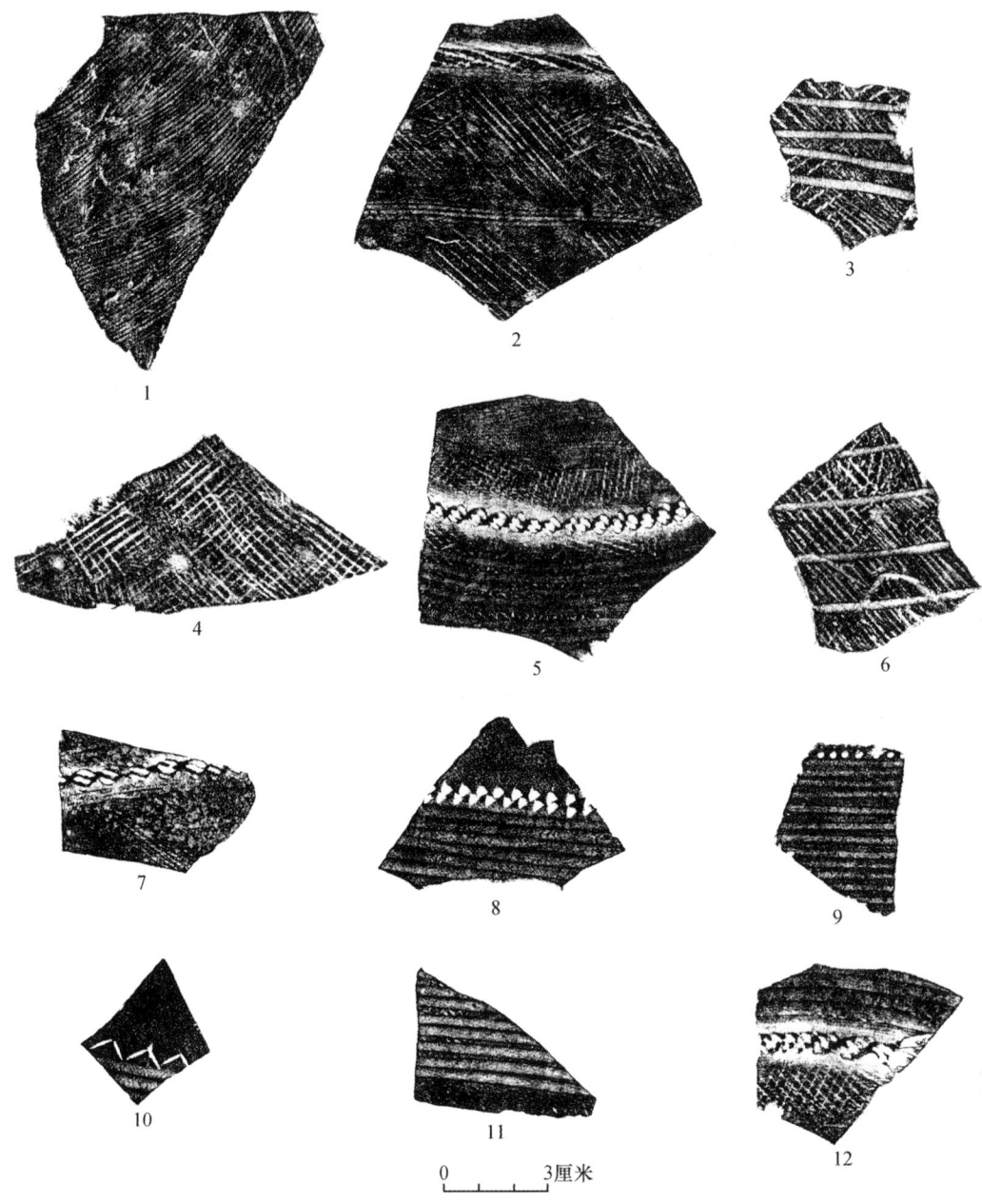

图二　泥质陶器纹饰拓片

1. 弦纹（采：55）　2. 附加堆纹+交错绳纹（采：56）　3、6. 瓦棱纹+交错绳纹（采：57、采：60）　4. 交错绳纹（采：58）　5. 交错绳纹+附加堆纹+瓦棱纹（采：59）　7. 附加堆纹（采：61）　8~10. 戳印纹+瓦棱纹（采：62~采：64）　11. 瓦棱纹（采：65）　12. 瓦棱纹+附加堆纹+交错绳纹（采：66）

类纹饰；夹砂陶纹饰主要为交错菱形绳纹，还包括绳纹、附加堆纹及组合纹饰、戳印纹和凹弦纹等。

夹砂陶器类包括花边口沿罐、侈口罐、折沿罐等。

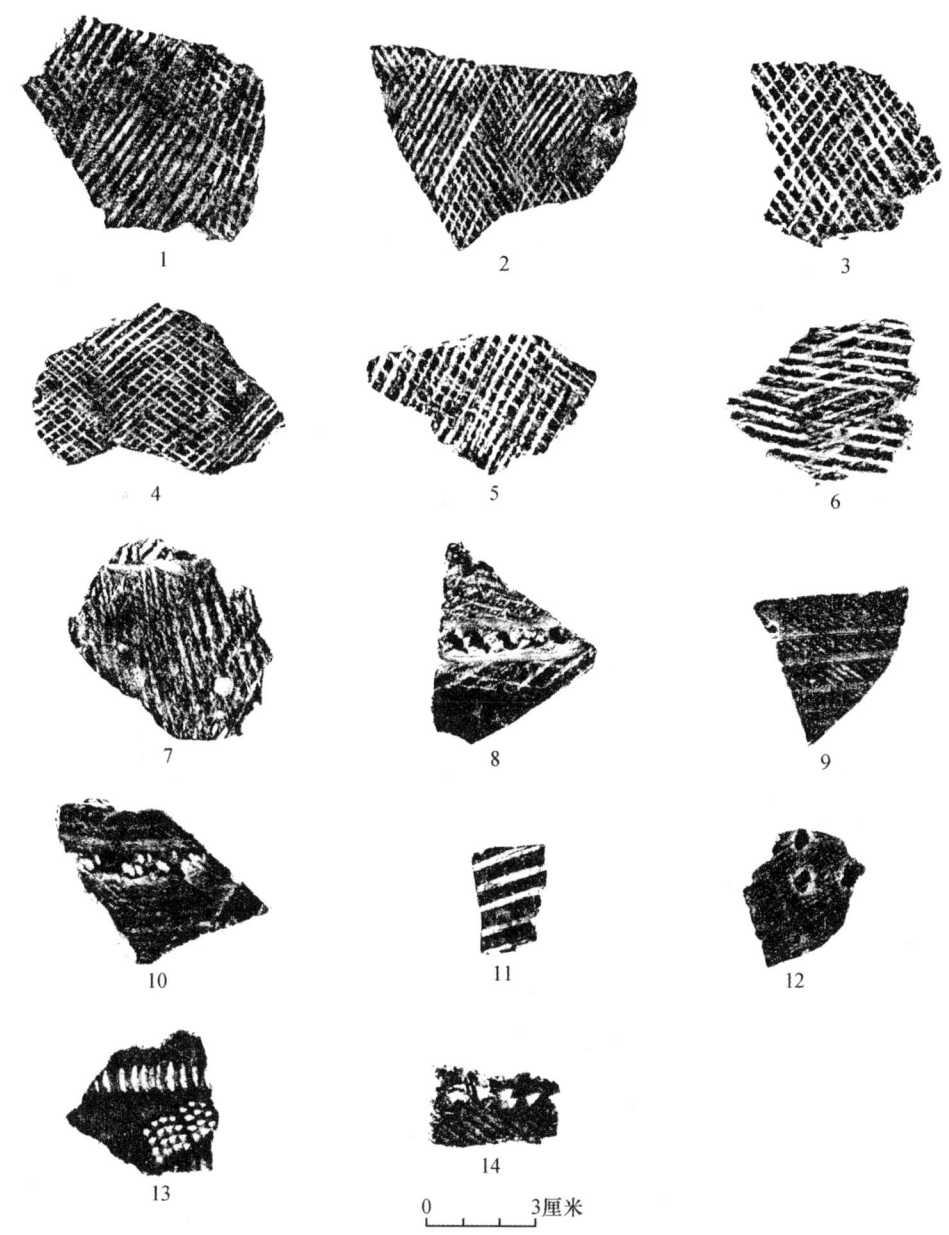

图三 夹砂陶器纹饰拓片

1~7. 交错绳纹（采：67~采：73） 8. 附加堆纹+交错绳纹（采：74） 9. 瓦棱纹+绳纹（采：75）
10. 戳印附加堆纹+瓦棱纹（采：76） 11. 瓦棱纹（采：77） 12. 堆塑泥钉（采：78） 13. 戳印纹（采：79）
14. 戳印纹+绳纹（采：80）

花边口沿罐 3件。采：12，夹砂黄褐陶。卷沿，圆唇，颈部以下残。唇部饰压印的绳纹花边，颈部以下饰交错绳纹。口径16、残高3厘米（图四，3）。采：17，夹砂灰陶。折沿，方唇，颈部较直，颈部以下残。唇部饰压印的绳纹花边，唇部以下通体饰横向绳纹。口径17、残高5.8厘米（图六，2）。采：20，夹砂灰陶。卷沿，圆唇，颈部以

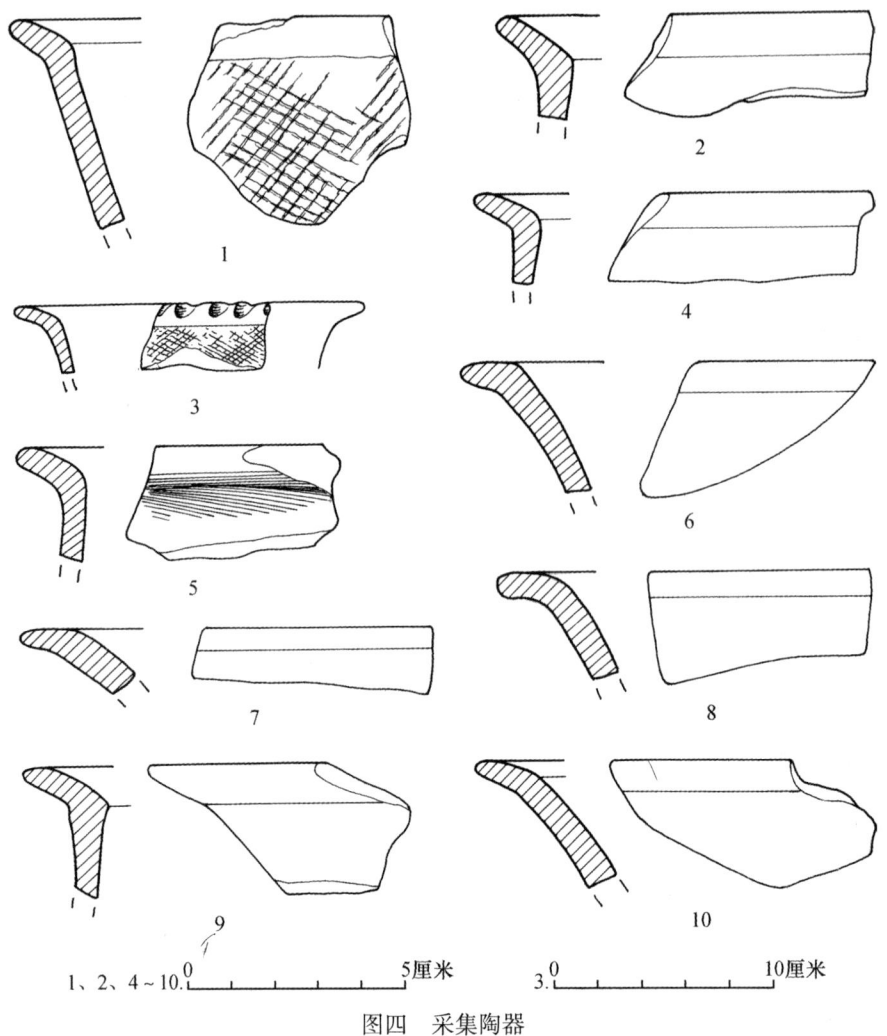

图四　采集陶器

1.长颈罐（采：18）　2、6、8、9.侈口罐（采：46、采：26、采：42、采：37）　3.花边口沿罐（采：12）
4、5.直口罐（采：40、采：39）　7、10.喇叭口形器（采：30、采：38）

下残。唇部饰压印的绳纹花边，唇部以下通体饰横向绳纹。口径20、残高3.6厘米（图六，7）。

侈口罐　2件。采：13，夹砂灰陶。卷沿，圆唇，颈部以下残。素面。残高3厘米（图五，5）。采：19，夹砂黑皮陶。卷沿，方唇，颈部较直，颈部以下残。素面。口径14、残高4厘米（图六，6）。

折沿罐　1件。采：11，夹砂黑褐陶。折沿，圆唇，颈微束，肩部微鼓，肩部以下残。素面。口径16、残高4.6厘米（图六，5）。

器底　1件。采：16，夹砂黑褐陶。下腹斜直，平底。下腹部饰交错绳纹。底径6.1、残高6.7厘米（图五，13）。

圈足　1件。采：21，夹砂黑皮陶。下腹斜直，圈足残。素面。残高2.5厘米（图

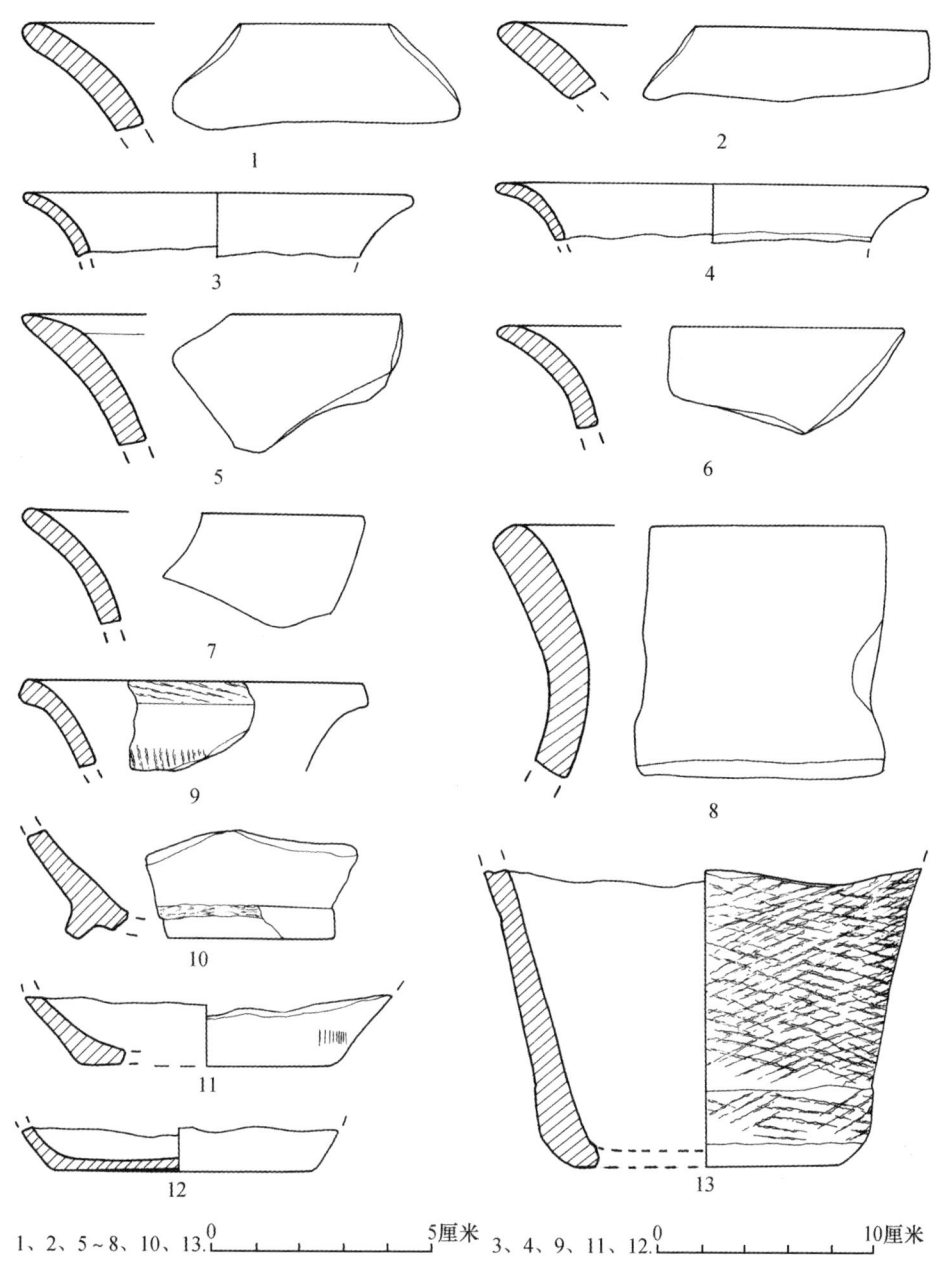

图五 采集陶器

1~4、6~8.喇叭口形器（采：27、采：41、采：29、采：25、采：32、采：35、采：22） 5、9.侈口罐（采：13、采：14） 10.圈足（采：21） 11~13.器底（采：23、采：33、采：16）

五，10）。

泥质陶器器类包括喇叭口形器、侈口罐、直口罐、豆等。

喇叭口形器 10件。采：22，泥质灰陶。卷沿，厚圆唇，颈部以下残。素面。残高5.2厘米（图五，8）。采：25，泥质灰陶。卷沿，圆唇，颈部以下残。素面。口径

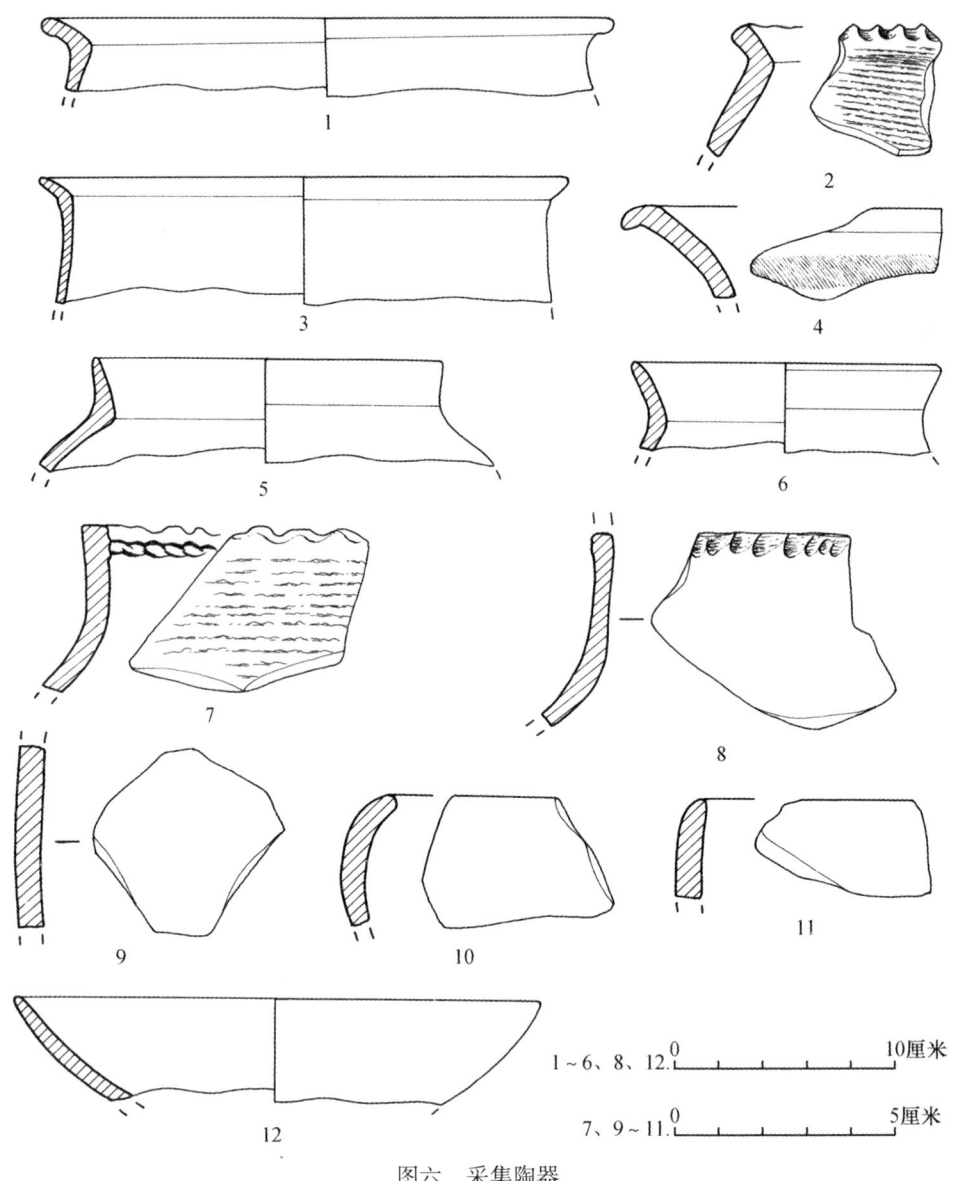

图六　采集陶器

1、3. 直口罐（采：43、采：24）　2、7. 花边口沿罐（采：17、采：20）　4、6. 侈口罐（采：36、采：19）
5. 折沿罐（采：11）　8. 喇叭口形器（采：34）　9. 陶片（采：45）　10. 豆（采：28）　11. 钵（采：44）
12. 盆（采：31）

20.2、残高2.6厘米（图五，4）。采：27，泥质灰陶。卷沿，圆唇，颈部以下残。素面。残高2.4厘米（图五，1）。采：30，泥质灰陶。卷沿，沿面上有轻微的凸起，圆唇，颈部以下残。素面。残高1.4厘米（图四，7）。采：32，泥质灰陶。卷沿，沿面上有轻微的凸起，圆唇，颈部以下残。素面。残高2.3厘米（图五，6）。采：29，泥质灰陶。卷沿，圆唇，颈部以下残。素面。口径18、残高3厘米（图五，3）。采：34，泥质灰陶。卷沿。颈部饰一道压印的附加堆纹。残高8.6厘米（图六，8）。采：35，泥质黑皮陶。卷沿，圆唇，颈部以下残。素面。残高2.6厘米（图五，7）。采：38，泥质灰陶。卷沿，沿面上有轻微的凸起，圆唇，颈部以下残。素面。残高2.8厘米（图四，10）。采：41，泥质黑皮陶。卷沿，圆唇，颈部以下残。素面。残高1.7厘米（图五，2）。

侈口罐　5件。采：26，泥质灰陶。折沿，圆唇，颈部向内斜直，颈部以下残。素面。残高2.9厘米（图四，6）。采：46，泥质黄褐陶。折沿，圆唇，颈部以下残。素面。残高2.3厘米（图四，2）。采：36，泥质灰陶。折沿，厚圆唇，颈部较长，肩部略微凸出，肩部以下残。沿下饰细密的斜向线纹。残高4厘米（图六，4）。采：37，泥质灰陶。折沿，圆唇，颈部以下残。素面。残高3厘米（图四，9）。采：42，泥质黑皮陶。卷沿，圆唇，颈部以下残。素面。残高2.4厘米（图四，8）。

直口罐　2件。采：39，泥质黑皮陶。卷沿，圆唇，颈部以下残。颈部有刻划的线纹。残高2.5厘米（图四，5）。采：40，泥质黑皮陶。折沿，圆唇，颈部以下残。素面。残高2厘米（图四，4）。

豆　1件。采：28，泥质灰陶。口沿较直，浅盘。素面。残高3厘米（图六，10）。

器底　2件。采：23，泥质灰陶。平底。外侧饰压印的条纹，内壁有刮削的痕迹。底径11.4、残高3厘米（图五，11）。采：33，泥质灰陶。平底。素面。底径12、残高2厘米（图五，12）。

2. 玉石器

共7件，其中6件为磨制玉石器，包括斧、凿、刮削器等类；1件为打制石器。遗址与盛产龙溪玉的马灯玉矿隔龙溪沟相望，部分玉石器质地与龙溪玉相似，应为本地生产。

斧　1件。采：1，青灰色石质。表面双面磨光，刃部双面磨光，中锋，近端残缺，刃部有细小的崩裂痕迹，经过使用。残长8.5、宽3.7、厚2.1厘米（图七，1）。

凿　1件。采：2，青灰色石质。表面双面磨光，刃部双面磨光，刃部下端残缺。残长7.7、宽2.9、厚1.2厘米（图七，4）。

刮削器　2件。均为从完整的磨制石器剥离而来。采：4，黑色石质。一面磨光，刃部弧形磨光，刃部磨损严重，经过使用。残长4.3、残宽3.7、厚0.9厘米（图七，3）。采：7，灰色石质。一面磨光，刃部磨光，刃部磨损似经过使用。残长3.8、残宽2.3、厚0.8厘米（图七，7）。

其他残损石器　2件。均为磨制石器剥离而来，因断裂而不知其完整器形。采：3，青灰色石质。一面磨光，两端断裂。残长6.3、残宽4.1、厚0.7厘米（图七，5）。采：5，青灰色石质。一面磨光，两端断裂。残长4、残宽3.3、厚0.7厘米（图七，6）。

石片工具　1件。采：6，黑色燧石。从石核上剥离下来的石片，一面较为锋利，可能用于刮削。残长4.8、残宽3、厚0.8厘米（图七，2）。

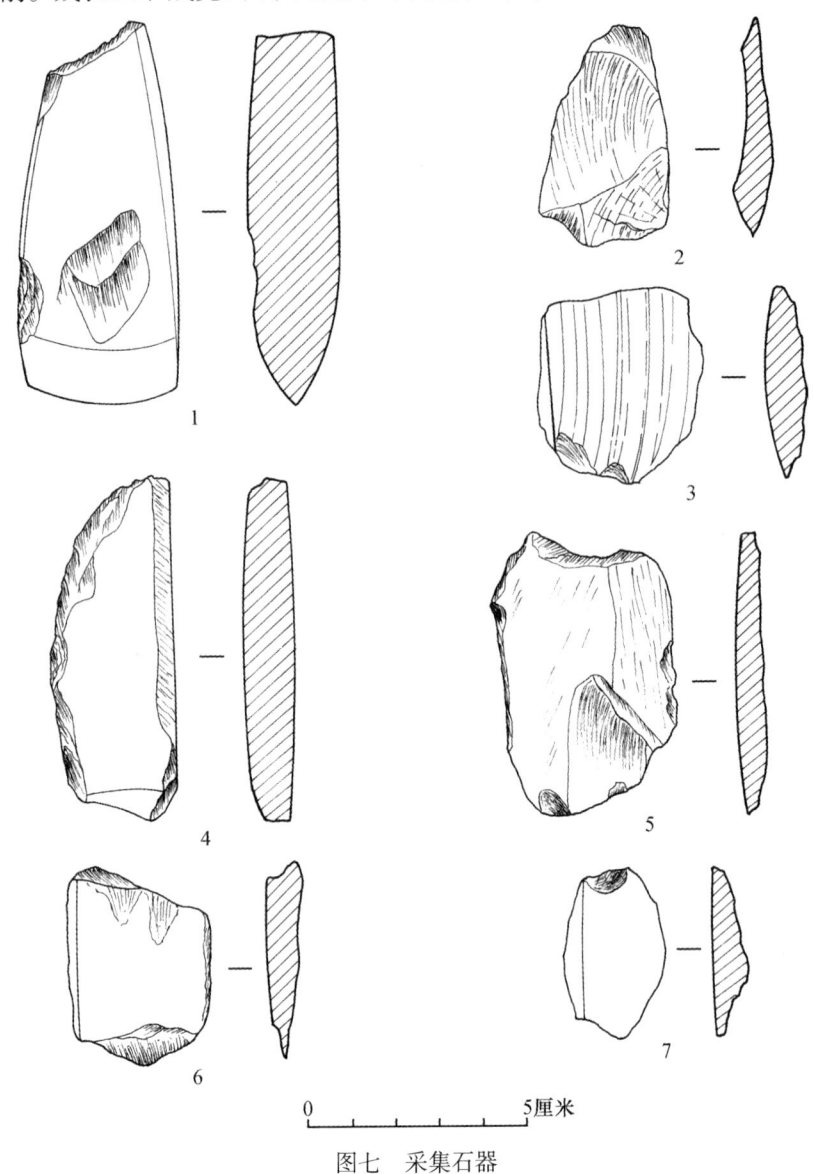

图七　采集石器

1.斧（采：1）　2.石片工具（采：6）　3、7.刮削器（采：4、采：7）　4.凿（采：2）　5、6.石器（采：3、采：5）

二、结　　语

龙溪寨遗址中出土陶器可分为两组，应该代表了不同的文化类型。

第一组陶器包括：细泥红陶线条纹彩陶器、泥质红陶钵碗形器、夹砂褐陶绳纹花边口沿侈口罐、夹细砂褐陶薄胎网格纹罐、泥质红陶卷沿盆、泥质磨光黑皮陶折沿罐、泥质磨光黑皮陶折沿钵等。与营盘山遗址[7]、姜维城遗址等仰韶时代晚期遗址出土的同类陶器特征相似，应该属于营盘山一类遗存[8]，即马家窑文化。参照营盘山遗址的年代，以红陶钵为代表的这类遗存年代在仰韶时代晚期，距今约5000年。

第二组陶器以泥质陶为主，灰陶占绝大多数，流行交错绳纹、瓦棱纹、附加堆纹、戳印纹等纹饰，器类主要包括泥质陶喇叭口形器、侈口罐、直口罐，夹砂陶花边口沿罐、侈口罐等。这些特征与沙乌都遗址H1[9]、白水寨遗址[10]、下关子遗址[11]等出土陶器特征非常接近，应属于所谓"沙乌都遗存"[12]，其年代晚于营盘山一类遗存，属于龙山时代早期。

龙溪寨遗址上述两组遗存的文化面貌具有明显的过渡性特征，遗存年代跨越了仰韶时代晚期和龙山时代早期，年代在距今5000～4800年。龙溪寨遗址的发现为深入探讨川西北高原地区以营盘山一类遗存为代表的仰韶晚期文化和"沙乌都遗存"为代表的龙山早期文化之间的关系，提供了新的契机，值得进行进一步的发掘和研究。

附记：参加本次调查的人员包括成都文物考古研究院陈剑、汶川县文物管理所邓俊、袁平等。

绘图：孙智辉　陈　睿
摄影：陈　剑
执笔：田剑波　陈　剑　罗进勇　邓　勇

注　释

[1]　汶川县文物管理所、成都文物考古研究所、阿坝藏族羌族自治州文物管理所：《四川汶川县布瓦遗址2009年调查简报》，《成都考古发现》（2010），科学出版社，2012年。

[2]　汶川县文管所、成都文物考古研究所、阿坝藏族羌族自治州文管所：《四川汶川县布瓦石棺葬2009年的调查》，《成都考古发现》（2008），科学出版社，2010年。

[3]　汶川县文物管理所、成都文物考古研究所、阿坝藏族羌族自治州文物管理所：《四川汶川县布瓦碉楼群的调查与勘探》，待刊。

[4]　邓少琴：《巴蜀之先旧称人皇为氐族部落之君》，《邓少琴西南民族史地论集》，巴蜀书社，2001年；唐昌朴：《从龙溪考古调查看石棺葬文化的兴起与羌族的关系》，转引自邓少琴：《巴蜀之先旧称人皇为氐族部落之君》，《邓少琴西南民族史地论集》，巴蜀书社，2001年。

[5]　阿坝州文管所：《汶川发现西周时期蜀文化青铜罍》，《四川文物》1989年第4期。

[6]　阿坝州文物管理所：《杂谷脑河下游西汉岩墓调查简报》，《四川文物》1989年第2期。

[7]　成都市文物考古研究所、阿坝藏族羌族自治州文管所、茂县博物馆：《四川茂县营盘山遗址试掘报告》，《成都考古发现》（2000），科学出版社，2002年；蒋成、陈剑：《岷江上游考古新发现述

析》，《中华文化论坛》2001年第3期；蒋成、陈剑：《2002年岷江上游考古的发现与探索》，《中华文化论坛》2003年第4期；成都文物考古研究所、阿坝藏族羌族自治州文物管理所、茂县羌族博物馆：《四川茂县营盘山遗址发掘报告》，待刊。

[8] 成都市文物考古研究所、阿坝藏族羌族自治州文管所、茂县博物馆：《四川茂县营盘山遗址试掘报告》，《成都考古发现》（2000），科学出版社，2002年。

[9] 成都文物考古研究所、阿坝藏族羌族自治州文物保管所、茂县羌族博物馆：《四川茂县沙乌都遗址调查简报》，《成都考古发现》（2004），科学出版社，2006年。

[10] 成都文物考古研究所、阿坝藏族羌族自治州文物管理所、茂县羌族博物馆：《四川茂县白水寨和沙乌都遗址2006年调查简报》，《四川文物》2007年第6期。

[11] 成都文物考古研究所、阿坝藏族羌族自治州文物保管所、茂县羌族博物馆：《四川茂县下关子遗址试掘简报》，《成都考古发现》（2006），科学出版社，2008年。

[12] 陈剑：《波西、营盘山及沙乌都——浅析岷江上游新石器文化演变的阶段性》，《考古与文物》2007年第5期。

附表 采集陶片统计表

纹饰	陶质陶色	夹砂					泥质				总计	百分比（%）
		黄褐	灰褐	黑褐	灰	黑皮	黄褐	红褐	黑皮	灰		
绳纹		7		7	15		6		2	19	56	19
网格纹		6		2	9		2			12	31	10.5
附加堆纹		4		2	3				1	14	24	8.1
戳印纹		1			1				2	4	8	2.7
瓦棱纹					1		1		4	18	24	8.1
弦纹										2	2	0.7
素面		4	16	4		4	5	2	30	85	150	50.8
合计		22	16	15	29	4	14	2	39	154	295	
百分比（%）		7.5	5.4	5	9.8	1.4	4.7	0.7	13.2	52.2		100

茂县安乡遗址2006年调查简报

成 都 文 物 考 古 研 究 院
阿坝藏族羌族自治州文物管理所
茂 县 羌 族 博 物 馆

安乡遗址位于四川省阿坝藏族羌族自治州茂县南新镇安乡村四组的安乡村小学校内（图一；图版三；图版四，1），北距南新镇政府驻地2.5千米，地处岷江上游东岸坡地之上，高出河床约900米，地理坐标为东经103°36′、北纬31°36′。安乡小学建于四组村中一块小平地上，周围为农户坡状梯田。遗址平面略呈长方形，南北长80、东西宽25米，总面积约2000平方米。2005年8月，安乡村小学修建教学楼，在挖掘基础时发现了

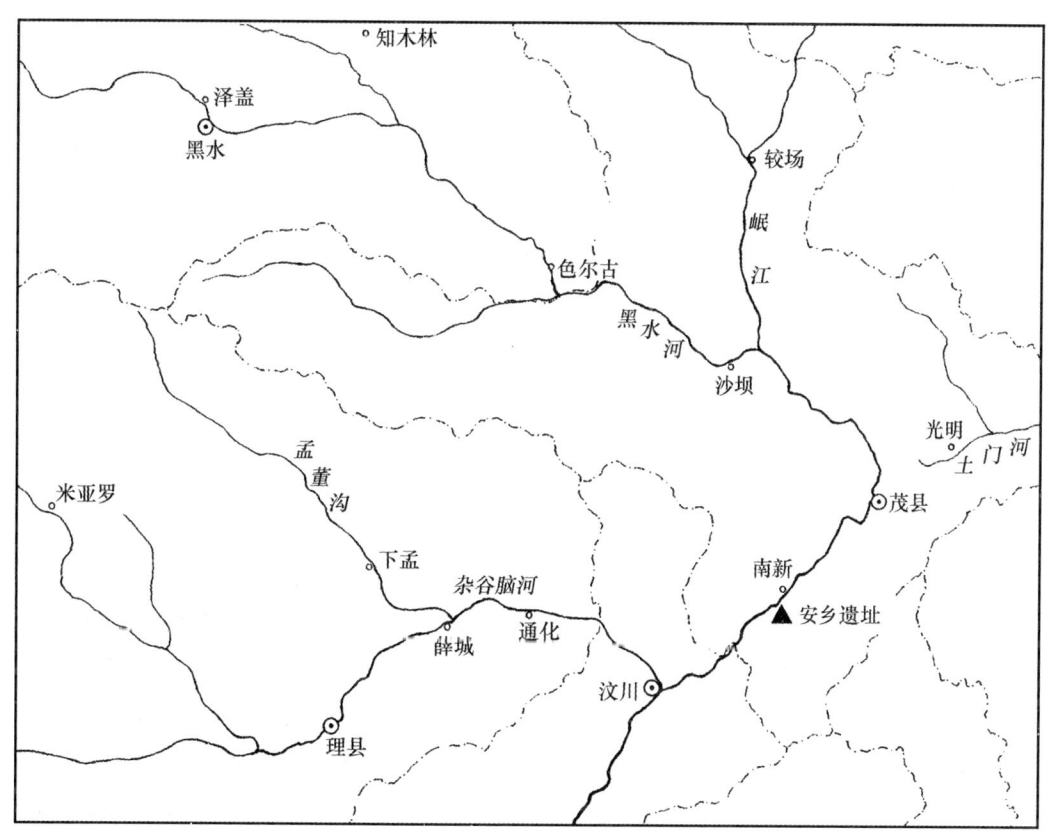

图一　遗址位置示意图

一些破碎的陶片、石器、红烧土块和兽骨。成都文物考古研究院联合阿坝藏族羌族自治州文物管理所和茂县羌族博物馆对遗址进行了现场调查，获得了一批新石器时代文化遗物[1]。2006年10月，成都文物考古研究院、阿坝藏族羌族自治州文物管理所、茂县羌族博物馆再次对遗址进行了调查。安乡小学校内教学楼建设工地上发现文化层堆积的地点已被水泥楼房、水泥地面覆盖，无法进一步发掘。但在外部的断面上又采集较为丰富的陶片等遗物。又在小学校以上的公路边断面上发现文化层堆积，并采集大量陶片等遗物。安乡遗址地处岷江东岸小支流南岸三级阶地所在的坡地之上，南临一条自然冲沟，北靠山脊。遗址中心部位因民居密集，破坏较为严重，残留面积不大。采集陶片与营盘山遗址相比，具有早期遗存的特点。安乡遗址对于探讨岷江上游小支流两岸的遗址分布规律及特征有启示意义。现将情况介绍如下。

一、采集器物

采集的器物包括陶器和骨器两类，以下分别介绍。

1. 陶器

陶器以夹砂黄褐陶、夹砂灰陶以及泥质灰陶为主，纹饰包括各式细绳纹、弦纹、网格纹等。器类包括喇叭口高领罐、盆、卷沿罐、瓶等。

喇叭口高领罐　1件。采∶9，泥质灰陶。仅存颈部，敞口，卷沿，长束颈。素面。残高6厘米（图二，3）。

盆　1件。采∶16，泥质灰陶。侈口，卷沿，直腹，腹部以下残。素面。口径24、残高7.2厘米（图二，1）。

卷沿罐　1件。采∶14，夹砂灰陶。侈口，卷沿外翻，束颈，颈以下残。素面。残高2.7厘米（图二，4）。

瓶　1件。采∶6，夹砂灰陶。侈口，卷沿近折，颈部内收，颈部以下残。表面绳纹磨光。残高2.5厘米（图二，2）。

器底　2件。采∶11，夹砂黄褐陶。斜壁，平底。素面。残高2.8厘米（图二，5）。采∶1，夹砂黄褐陶。斜壁，平底。表面饰交错细绳纹。残高4厘米（图二，6）。

绳纹陶片　6件。采∶2，夹砂灰陶。表面饰交错细绳纹。残高3.4厘米（图三，5）。采∶3，夹砂黄褐陶。表面饰斜向细绳纹。残高4.9厘米（图三，2）。采∶4，泥质灰陶。表面饰网格纹。残高2.9厘米（图三，7）。采∶7，泥质灰陶。表面饰交错细绳纹。残高3.2厘米（图三，4）。采∶12，泥质灰陶。表面饰交错细绳纹，中间以凹弦纹间隔。残高4.2厘米（图三，3）。采∶13，夹砂红褐陶。表面饰交错绳纹。残高3.1厘米（图三，6）。

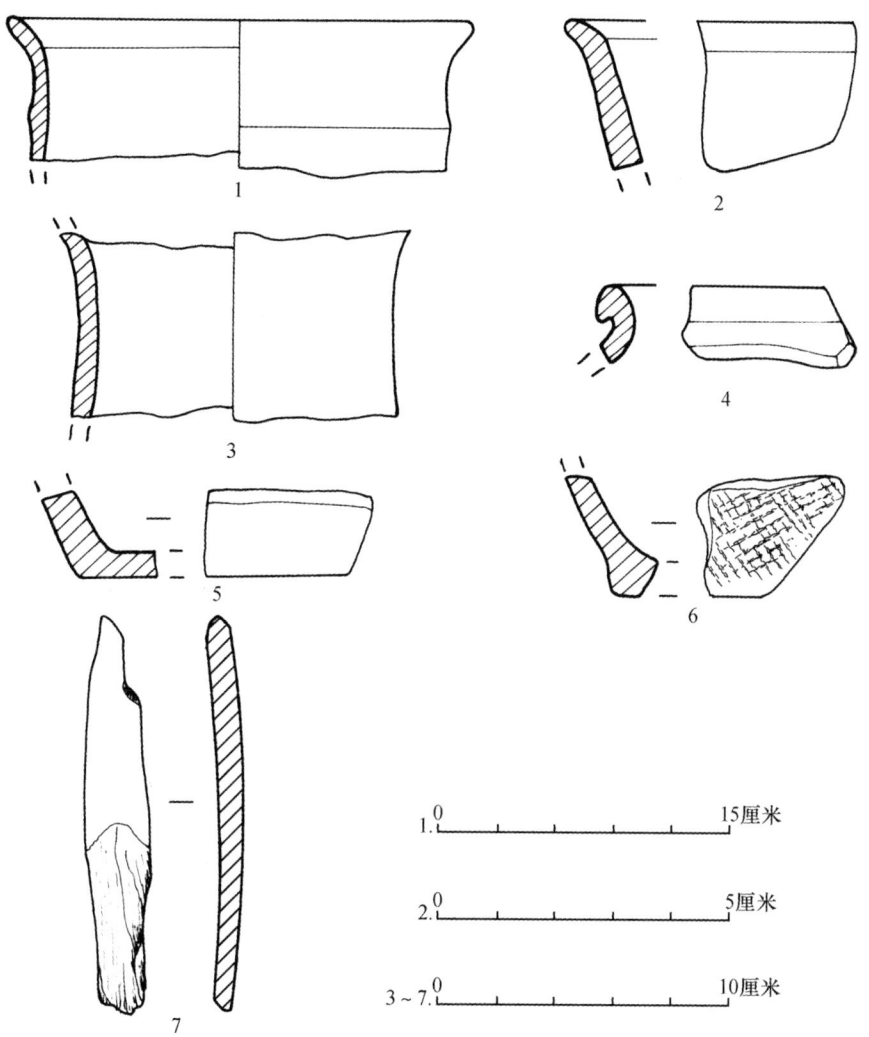

图二 采集器物

1.陶盆（采：16） 2.陶瓶（采：6） 3.陶喇叭口高领罐（采：9） 4.陶卷沿罐（采：14） 5、6.陶器底（采：11、采：1） 7.骨器（采：8）

弦纹陶片 1件。采：5，泥质灰陶。表面饰压印而成的弦纹，非常规整。残高4.4厘米（图三，1）。

2. 骨器

骨器 1件。采：8，可能是锥一类的器物，上下两端残缺，有一定弧度。残长13.4厘米（图二，7；图版四，2）。

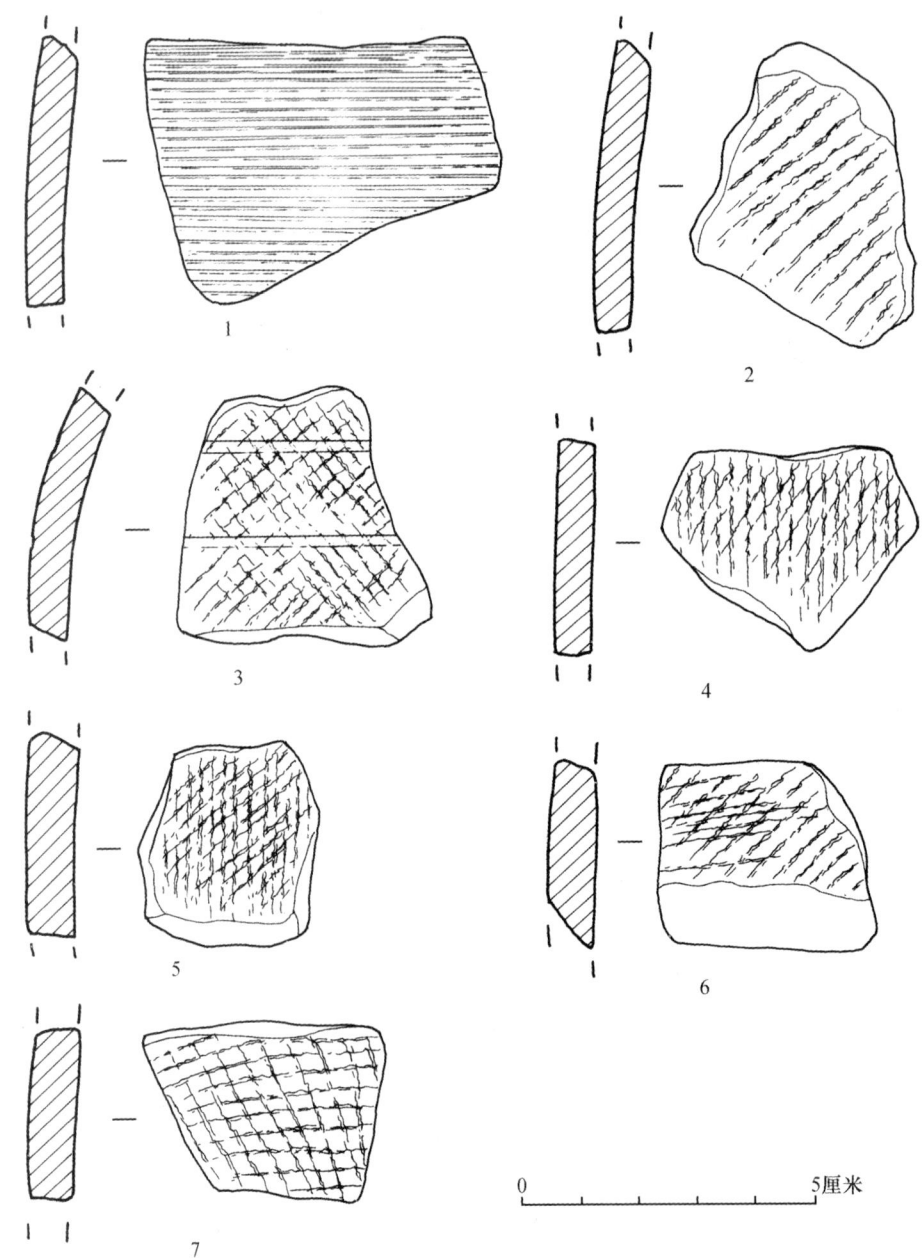

图三 采集纹饰陶片
1. 弦纹（采：5） 2~7.绳纹（采：3、采：12、采：7、采：2、采：13、采：4）

二、结　　语

本次调查所获陶器与2005年第一次采集的部分陶器特征较为接近，均以泥质灰陶、夹砂灰陶、夹砂褐陶等为主，纹饰主要为绳纹，器类如高领罐、盆、瓶等也较为接近。但本次采集陶器没有彩陶，年代可能晚于第一次调查所获遗物，年代上限不超过距今

5000年，属于仰韶时代中晚期。两次调查所获陶器的差异说明安乡遗址内涵较为丰富，需进一步发掘才能弄清其文化面貌。

岷江上游较多新石器时代的遗址均分布在海拔1500米以上的阶地之上，且呈现出年代越晚，所处海拔位置越高的特征。安乡遗址地处岷江东岸小支流南岸三级阶地所在的坡地之上，高出河床约900米，是岷江上游目前发现的出彩陶文化因素陶器海拔最高的遗址，其位置与岷江上游仰韶中晚期其他遗址的分布具有相似的特征。仰韶中晚期先民居住在高地可能说明当时地理环境的改变。有学者认为这一现象与公元前3000年左右全球和我国各地都存在一次突发性的、变化幅度较大的环境恶化事件有关[2]，这次事件也是我国新石器文化中期文化衰落、文化断层出现的主要原因。因此，可能是仰韶中晚期的环境恶化事件导致了岷江上游的先民搬至更高的台地上，以适应环境的变化并生存下去。

附记：参加本次调查工作的人员有成都文物考古研究院蒋成、陈剑、徐龙，阿坝藏族羌族自治州文物管理所范永刚，茂县羌族博物馆蔡清等。

绘图：陈　睿　孙志辉

摄影：陈　剑

执笔：田剑波　陈　剑　范永刚　蔡雨茂

注　释

[1] 成都文物考古研究所、阿坝藏族羌族自治州文物管理所、茂县羌族博物馆、阿坝州文物管理所：《四川茂县安乡遗址调查简报》，《成都考古发现》（2005），科学出版社，2007年。

[2] 朱艳、陈发虎、张家武、安成邦：《距今五千年左右环境恶化事件对我国新石器文化的影响及其原因的初步探讨》，《地理科学进展》第20卷第2期，2001年。

盐源县皈家堡遗址2015年度调查试掘简报

成都文物考古研究院
凉山彝族自治州博物馆
盐源县文物管理所

盐源县位于青藏高原的东南缘，县境中部是一个断陷盆地，即盐源盆地，地理坐标为东经102°42′~102°47′、北纬27°54′~27°58′，海拔2300~2700米。盆地面积1049平方千米，盆底面积444平方千米。盐源盆地属盐源—丽江台缘褶断带，是经印支、燕山，特别是喜马拉雅运动的强烈影响形成的山间盆地。盆地内起伏小，较平坦，阶地发育，多呈平顶状和延缓状。地势由北向南、由东向西逐渐降低。盆地内土层深厚，以红壤、潮土、红褐壤为主。盆地四周均为重峦叠嶂、沟壑纵横的高山地区。

盐源盆地底部的行政乡自西向东有梅雨镇、下海乡、干海乡、盐井镇、双河乡、卫城镇。清水河自盆地东部山峦流出，蜿蜒穿过坝子中部，其间汇聚百吉河、大河、马鹿塘河等若干较小的河流及周围山涧流下的溪流，至梅雨后称之为梅雨河。在盆地内部，梅雨河略呈横置的"S"字形，近年来气候干旱，河流上游几乎干涸。盆地内为河谷地带和低山缓坡，十分宽阔，地势平坦，起伏较小，现已被改造为农田，种植苹果、花椒、烤烟等经济作物。

西汉武帝元鼎六年（前111年），在今川南、滇北、滇西北建越嶲郡，下辖定筰等十五县。今盐源为定筰县地。此后至南齐建元元年（479年）越嶲郡改獠郡，属县皆废。北周武帝天和三年（568年），置定筰镇，初属宁州，后属严州。隋炀帝大业八年（612年），改嶲州为越嶲郡，定筰县隶之。唐高祖武德二年（619年），以定筰镇置昆明县，是年又置昆明军等。太宗贞观年间置羁縻州，州县皆废，后为南诏所据。玄宗开元年间，攻南诏拔昆明城及盐城。唐王朝、南诏、吐蕃间替控制。唐德宗贞元十年（794年），南诏驱吐蕃独占昆明城，更名为香城郡。大理文德元年（938年），大理国分设九府四郡，改南诏香城郡为贺头甸。大理天定三年（1254年），忽必烈灭大理。元十二年（1275年）置定昌总管府，隶罗罗斯宣尉司。明初，在今盐源设盐井卫，隶属四川行都指挥使司。清设盐源县，隶属宁远府。

20世纪80年代前，盐源泸沽湖及柏林山曾发现零星青铜器。1980年11月于轿顶山发现大量陶、石器[1]。80年代末盗墓活动猖獗。此后凉山彝族自治州博物馆与盐源县文物管理所多次对盐源县境内文物进行了考古调查。21世纪初出版《老龙头墓地与盐源青铜器》报告，对过往考古发掘及征集资料进行详细报道[2]。此后又报道一批缴获和征集的文物[3]。

盐源皈家堡遗址位于盐源盆地杨柳河西岸二级阶地，隶属凉山彝族自治州盐源县双河乡杨柳桥村二组（图一）。地理坐标为东经101°36′1.7″、北纬27°26′57.9″，海拔2399米。南距省道S307约420米，西北距老龙头墓地直线距离约3.5千米。遗址北、东为河滩，西为冲沟，南为低洼地，地表平坦，现种植有玉米、苹果树等。

2015年春调查发现该遗址，采集有大量陶、石器等遗物。为了了解皈家堡遗址内涵、年代及保存状况，2015年10月中下旬成都文物考古研究院、凉山彝族自治州博物馆、盐源县文物管理所联合对该遗址进行了考古钻探及发掘，试掘地点位于遗址东北咀部，布置规格为5米×5米的连续探沟两条，方向为25°（图二），发现2个灰坑，出土有大量陶、石器等遗物。现将情况简报如下。

一、地层堆积

此次发掘区的地层经过统一划分，根据土质土色及包含物的不同，将地层划为5层。以TG2南壁剖面为例说明如下（图三）：

第1层：灰黑色腐殖土，湿润松软。厚0.2～0.25米。包含现代作物根系，出土有少量瓷片、瓦块，为现代耕土层。

第2层：灰黑色沙土，土质疏松，土壤颗粒较大。距地表深0.2～0.25、厚0～0.2米。堆积分布于探方东南部，在发掘区内该层堆积呈坡状，东南高、西北低。夹杂少量红烧土颗粒及炭屑，出土少量遗物，主要为陶、石器，陶器以夹砂灰褐陶为主，可辨器形有罐等，为新石器时代堆积。H1开口于该层下。

第3层：黄褐色土，含泥量较上层大，土质较细腻、松软。距地表深0.25～0.4、厚0.8～0.15米。在发掘区内该层堆积呈坡状，东南高、西北低。夹杂较多红烧土颗粒及炭屑，出土较多遗物，主要为陶、石器，陶器以夹砂灰褐陶为主，可辨器形有罐、钵等，为新石器时代堆积。

第4层：灰黄色土，含泥量大，土质细腻、松软。距地表深0.35～0.5、厚0.1～0.35米。夹杂少量烧土颗粒及炭屑，出土较多陶片，以夹砂陶居多，陶色主要为褐陶系，有灰褐、深褐、红褐色等，纹饰以戳印、刻划为主，可辨器形有罐、钵等，出土石器有凿、锛等，为新石器时代堆积。

第5层：土色较斑驳，以灰黄色土为主，含泥量大，土质松软、细腻。距地表深0.65～0.9、厚0.1～0.2米。土质较纯净，出土陶片较少，以夹砂陶居多，陶色主要为褐陶系，有灰褐、深褐、红褐色等，纹饰以戳印、刻划为主，可辨器形有罐、钵等，出土石器有斧、锛、网坠，为新石器时代堆积等。H2开口于该层下。

第5层以下为纯净黄色黏土。

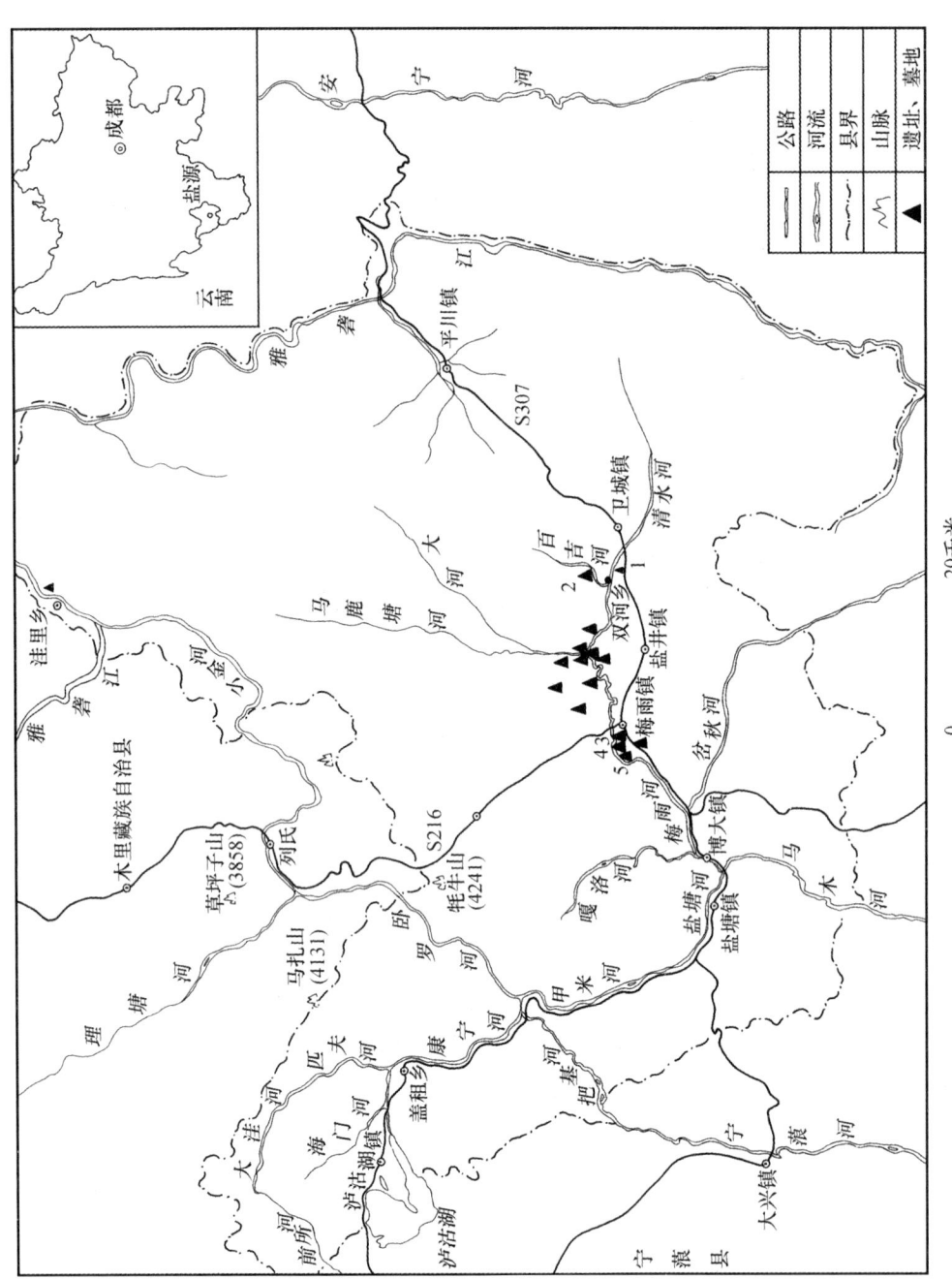

图一 遗址位置示意图
1. 皈家堡遗址 2. 老龙头墓地 3~5. 八家村墓地

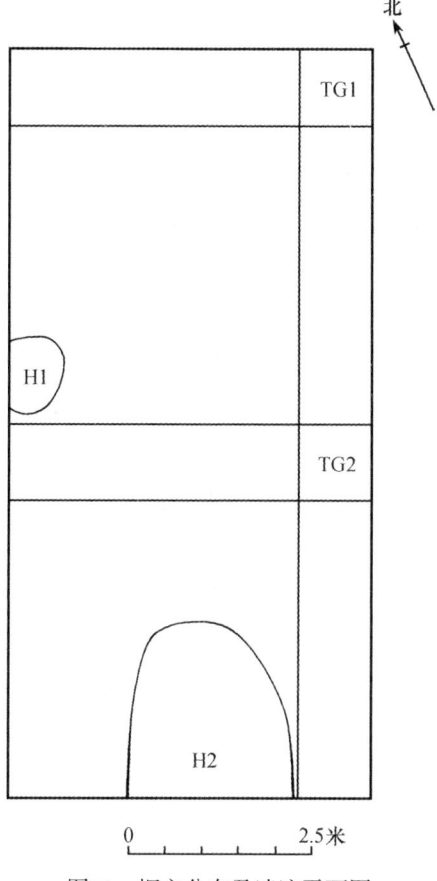

图二 探方分布及遗迹平面图

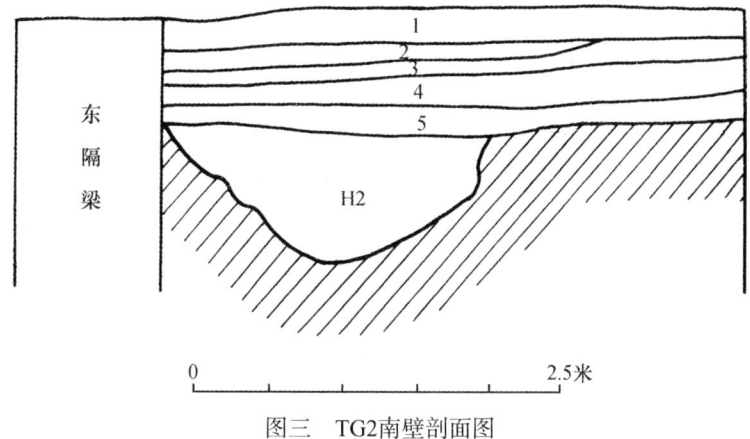

图三 TG2南壁剖面图

二、遗迹与遗物

此次考古试掘面积小，仅发现2个灰坑，灰坑平面皆为椭圆形，弧壁，平底。

遗址出土遗物非常丰富，主要为陶、石器。陶器以夹砂灰褐陶为主，少量黄褐陶、红陶，泥质陶多磨光，数量极少。陶器纹饰非常发达，种类多样。依据施纹方式的不同，可分为戳印、刻划、堆塑、压印四种。戳印纹主要呈点状，有粗细之分，戳印细点规整呈线状，可能与施纹工具有关，戳印纹大多施于罐类唇、口沿内侧、颈、肩等部位，以及钵类器表。刻划纹因施纹方式不同呈现差别，有的深浅一致，用力均匀，有的深浅不一，粗细不均，呈剔刺状，一般施于罐、钵器表。堆塑纹主要有附加堆纹、乳钉纹等。压印纹主要为压印绳纹，仅见于部分罐类唇面。戳印点纹或刻划纹与光面构成图案的复合纹饰颇具特征，构图多为网格、圆涡、波折、三角等形状，审美或在纹饰或在光面留白处。陶器种类主要为罐、钵、纺轮等。石器多数磨制精良，种类有斧、锛、凿、网坠、纺轮等。因陶器多残片，分类仅对大宗陶器暂作类型划分，不作式的区别。

陶罐数量最多，依据沿部、领颈部差异分为四型：A型高领长颈罐、B型矮领束颈罐、C型无领短颈罐。A型罐依据器表有无装饰分二亚型：Aa型器表施纹，Ab型器表光素。B型罐依据口沿形态分为二亚型：Ba型为卷沿，Bb型为折沿。

钵依据器表有无装饰分为二型：A型饰纹钵、B型素面钵。A型钵依据口部形态分为二亚型：Aa型敞口钵、Ab型敛口钵。B型钵依据口部形态分为二亚型：Ba型敞口钵、Bb型敛口钵。

下面依层位关系从早及晚将遗迹与遗物标本分述如下。

（一）第5层下遗迹与遗物

H2　位于TG2东南角。开口于第5层下。坑口平面呈椭圆形，斜壁，壁面凹凸不平，锅底。坑口距地表深0.85、最大径约2.35、深约1米（图四）。填土为黑褐色，含较多红烧土及黑灰，土质疏松。出土较多遗物，陶器皆为夹砂陶，陶色以黑褐陶为主，其次为黄褐陶，少量橙黄陶。陶器素面占多数，纹饰主要为戳点纹，少量刻划纹、附加堆纹（图五）。陶器可辨器形有各类罐、钵等。

Aa型罐　1件。H2：8，夹砂黄褐陶。敞口，圆唇。唇部饰戳印短线纹，口沿外侧饰压印细线纹。口径12、残高2.5厘米（图六，1）。

Ab型罐　2件。H2：5，夹砂黑褐陶。敛口，圆唇。素面。口径16、残高2.5厘米（图七，2）。H2：1，夹砂灰陶。陶胎很厚，方圆唇。素面。残高5.7厘米（图七，4）。

Ba型罐　5件。H2：6，夹砂黑褐陶。圆唇。唇部及颈部装饰戳印点状纹。口径

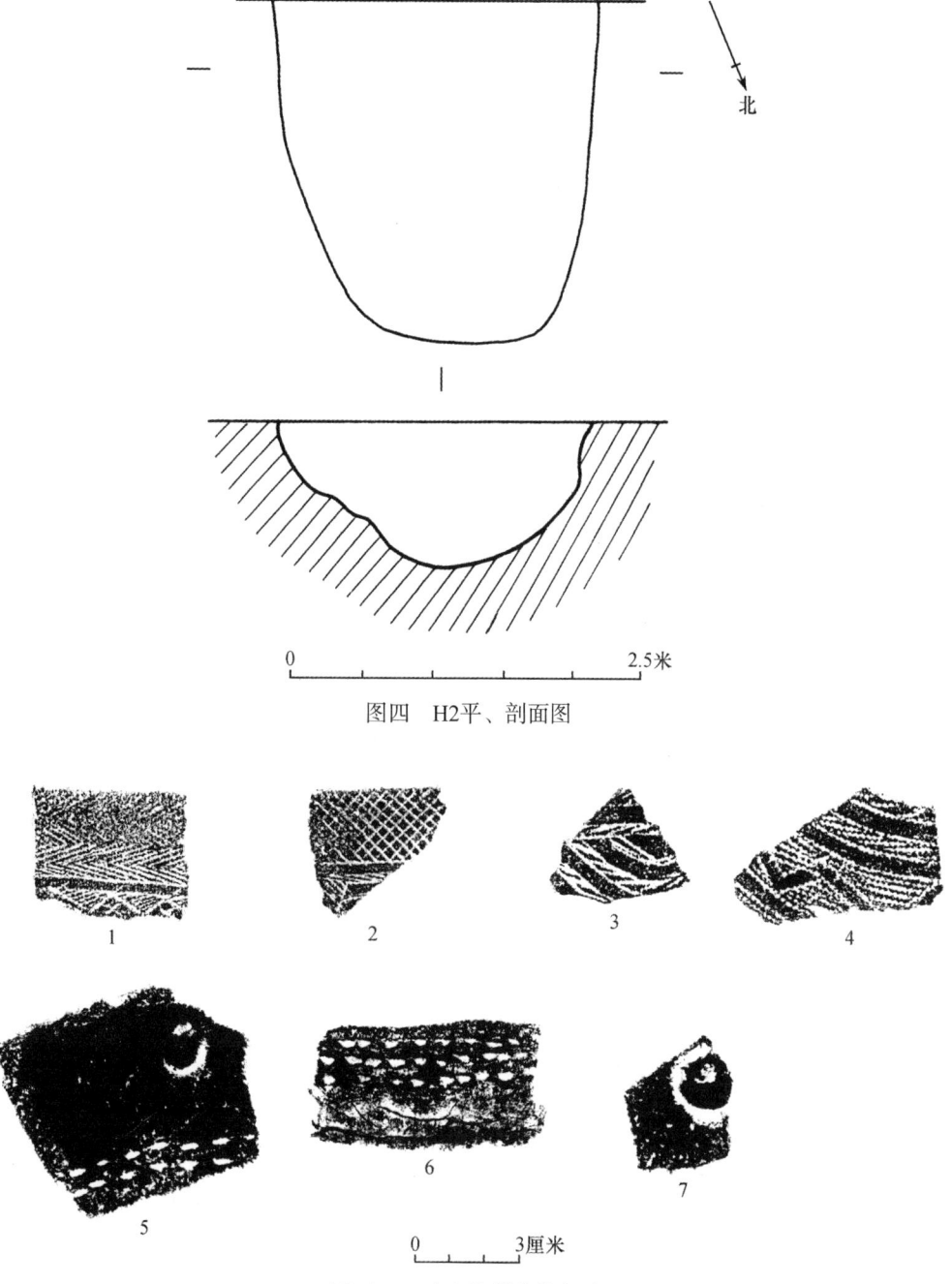

图四　H2平、剖面图

图五　H2出土陶器纹饰拓片

1、4、6. 戳印点纹（H2∶15、H2∶18、H2∶19）　2、3. 刻划纹（H2∶14、H2∶17）

5. 乳钉纹+戳印点纹（H2∶16）　7. 乳钉纹（H2∶20）

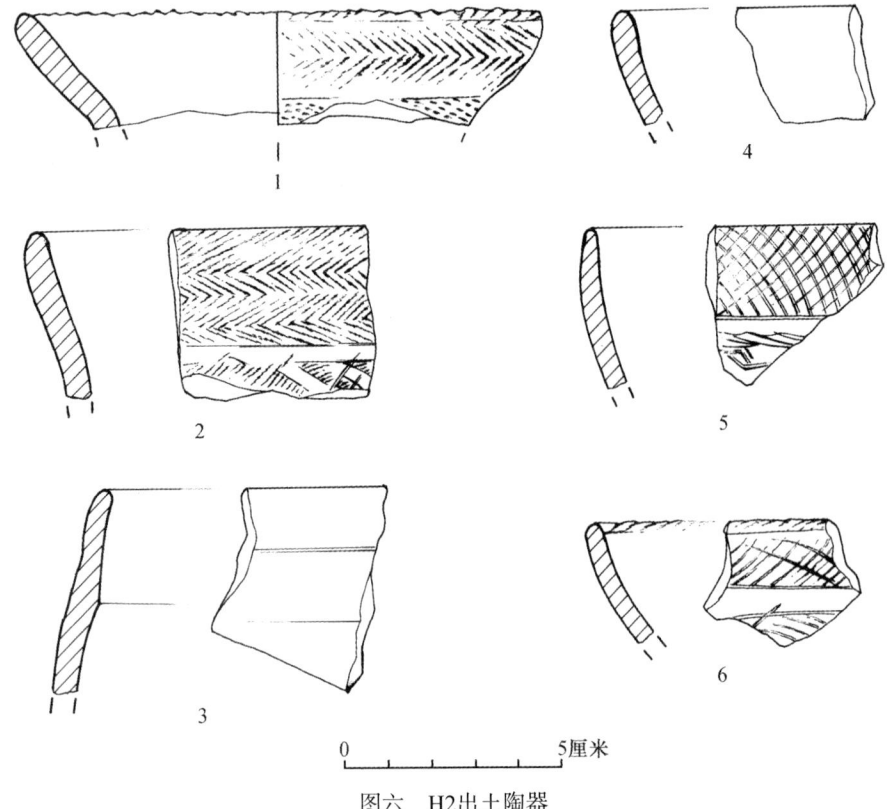

图六 H2出土陶器

1. Aa型罐（H2：8） 2、3. C型罐（H2：9、H2：13） 4. Ba型钵（H2：11） 5、6. Aa型钵（H2：10、H2：12）

18.5、残高3.2厘米（图七，1）。H2：7，夹砂灰陶。陶胎较厚，圆唇。唇部装饰戳印点状纹，颈部有刻划短线纹。残高5.8厘米（图七，3）。H2：4，夹砂黄褐陶。陶胎较厚，圆唇。唇部饰刻划交叉纹。残高2.4厘米（图七，5）。H2：3，夹砂黑褐陶。陶胎较厚，圆唇。素面。残高2.1厘米（图七，6）。H2：2，夹砂黄褐陶。陶胎较厚，圆唇。唇部饰戳印点状纹，口沿内侧饰戳印点构成的三角纹。残高2.8厘米（图七，7）。

C型罐 2件。H2：9，夹砂黑褐陶。敞口，尖圆唇。口沿外侧饰戳印点构成的折线纹。残高3.8厘米（图六，2）。H2：13，夹砂黄褐陶。敞口，尖圆唇。素面。残高4.5厘米（图六，3）。

Ab型钵 2件。H2：10，夹砂橙黄陶。敛口，圆唇。口沿外侧饰刻划网格纹及其他线条纹饰。残高3.5厘米（图六，5）。H2：12，夹砂灰陶。陶胎较厚，敛口，圆唇。唇部饰戳印点状纹，口沿外侧饰压印细线纹。残高2.5厘米（图六，6）。

Ba型钵 1件。H2：11，夹砂黑褐陶。陶胎较厚，敞口，圆唇。素面。残高2.6厘米（图六，4）。

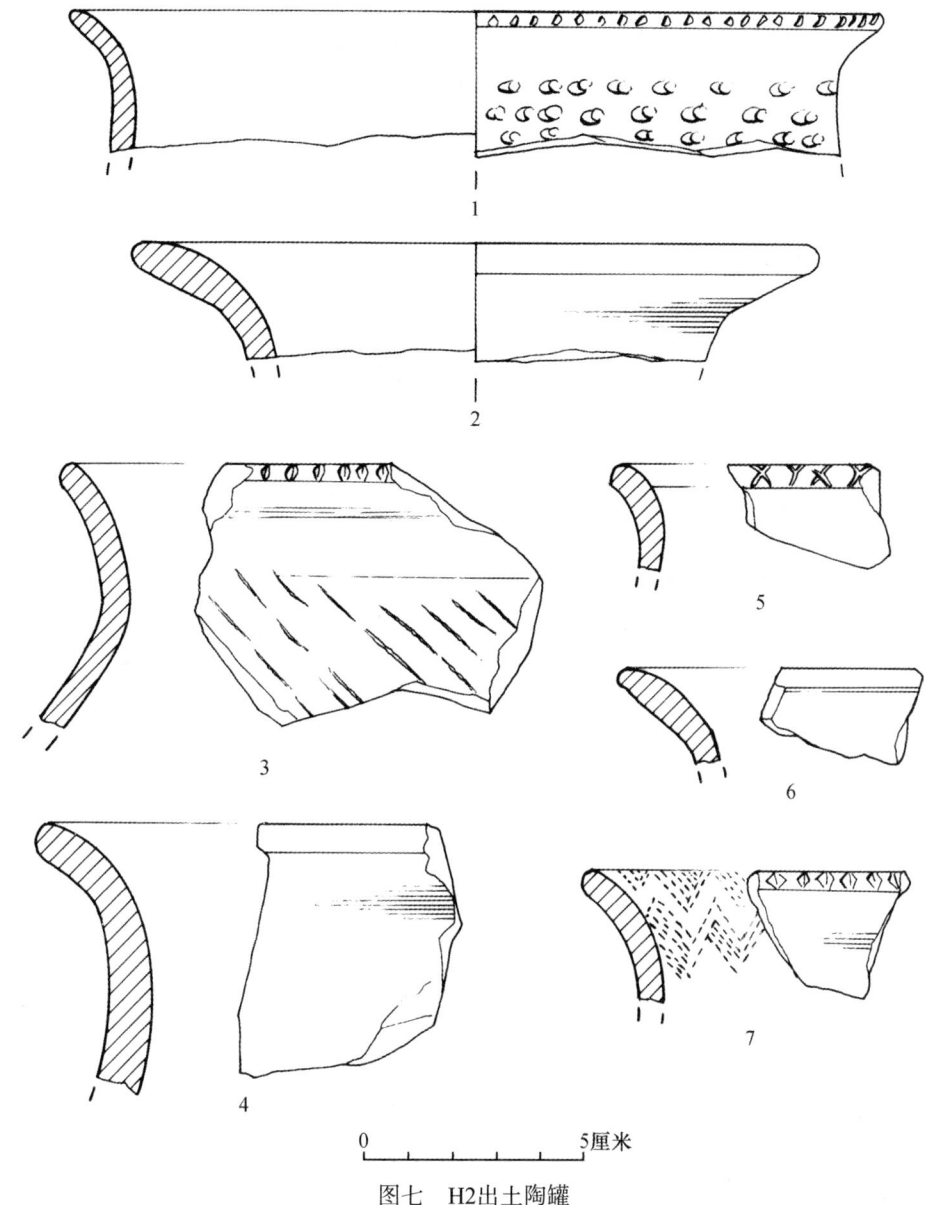

图七 H2出土陶罐

1、3、5~7. Ba型（H2：6、H2：7、H2：4、H2：3、H2：2） 2、4. Ab型（H2：5、H2：1）

（二）第5层出土遗物

第5层出土陶器夹砂陶占绝大多数，少量泥质磨光陶。陶色以黑褐陶为主，其次为黄褐陶，少量橙黄陶。素面占大多数，纹饰主要为戳点纹，少量刻划纹、附加堆纹、乳钉纹（图八）。

Ba型罐 20件。TG2⑤：7，夹砂黄褐陶。圆唇。唇部饰戳印条状纹，颈部饰戳印点状纹。口径25.2、残高5厘米（图九，1）。TG2⑤：6，夹砂黄褐陶。尖圆唇。唇

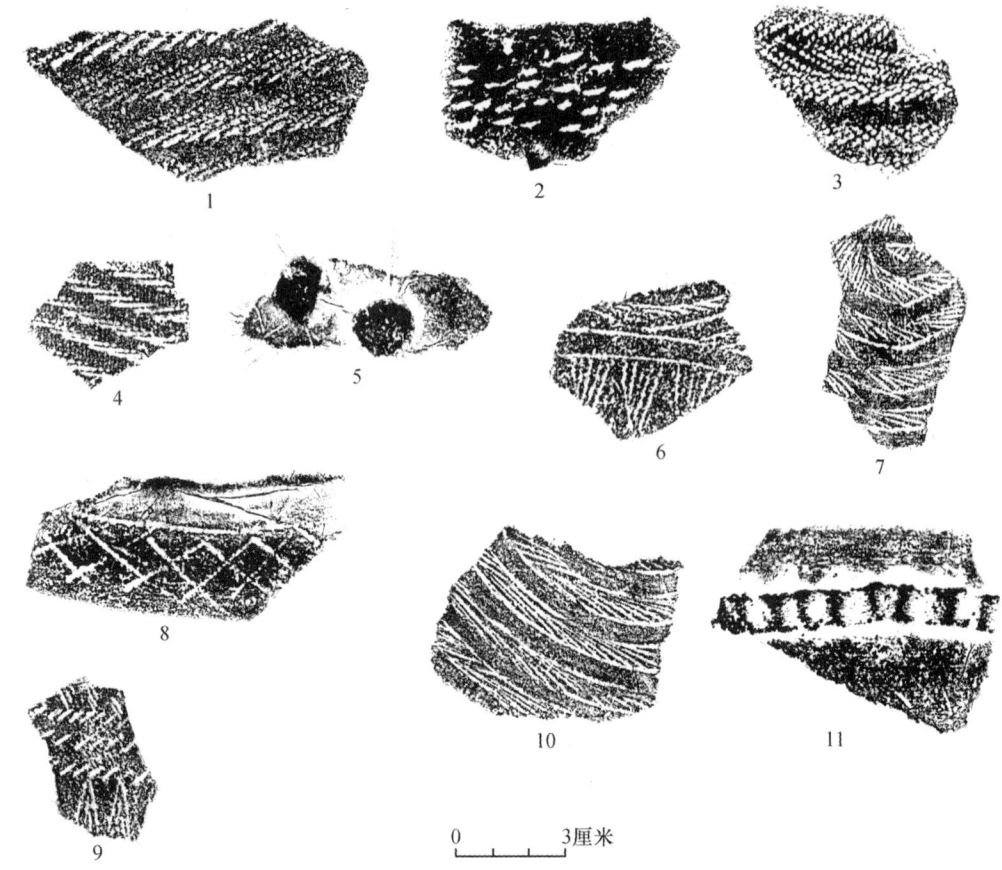

图八 第5层出土陶器纹饰拓片

1~4、6、8、9. 戳印点纹（TG2⑤：26、TG2⑤：28、TG2⑤：33、TG2⑤：35、TG2⑤：32、TG2⑤：29）
5. 乳钉纹（TG2⑤：27） 7、10. 刻划纹（TG2⑤：30、TG2⑤：31） 11. 附加堆纹（TG2⑤：36）

部饰戳印点状纹。口径24.6、残高4.6厘米（图九，2）。TG2⑤：13，夹砂灰陶。尖圆唇。唇部饰戳印点状纹。口径24、残高2.8厘米（图九，3）。TG2⑤：9，夹砂灰陶。圆唇。唇部及颈部均饰戳印点状纹。口径20.4、残高2.8厘米（图九，4）。TG2⑤：8，夹砂灰陶。圆唇。素面。口径24.4、残高3.6厘米（图九，5）。TG2⑤：26，夹砂黄褐陶。尖圆唇。唇部饰刻划交叉纹。口径18、残高1.4厘米（图九，6）。TG2⑤：3，夹砂黄褐陶。尖圆唇。口沿内侧饰刻划波浪纹，外侧为戳印点构成的菱格纹。口径29.2、残高3厘米（图九，7）。TG2⑤：10，夹砂黄褐陶。圆唇。唇部饰戳印点状纹。残高2厘米（图九，8）。TG2⑤：11，夹砂灰陶。圆唇。唇部饰戳印点状纹。残高1.4厘米（图九，9）。TG2⑤：12，夹砂黄褐陶。尖圆唇。唇部饰戳印点状纹。残高2.5厘米（图九，10）。TG2⑤：5，夹砂黄褐陶。尖圆唇。唇部饰戳印点状纹。口径18.8、残高3.2厘米（图九，11）。TG2⑤：4，夹砂黄褐陶。尖圆唇。唇部饰戳印点状纹。残高2厘米（图九，12）。TG2⑤：2，夹砂黄褐陶。圆唇。唇部饰戳印点状纹，颈部饰附

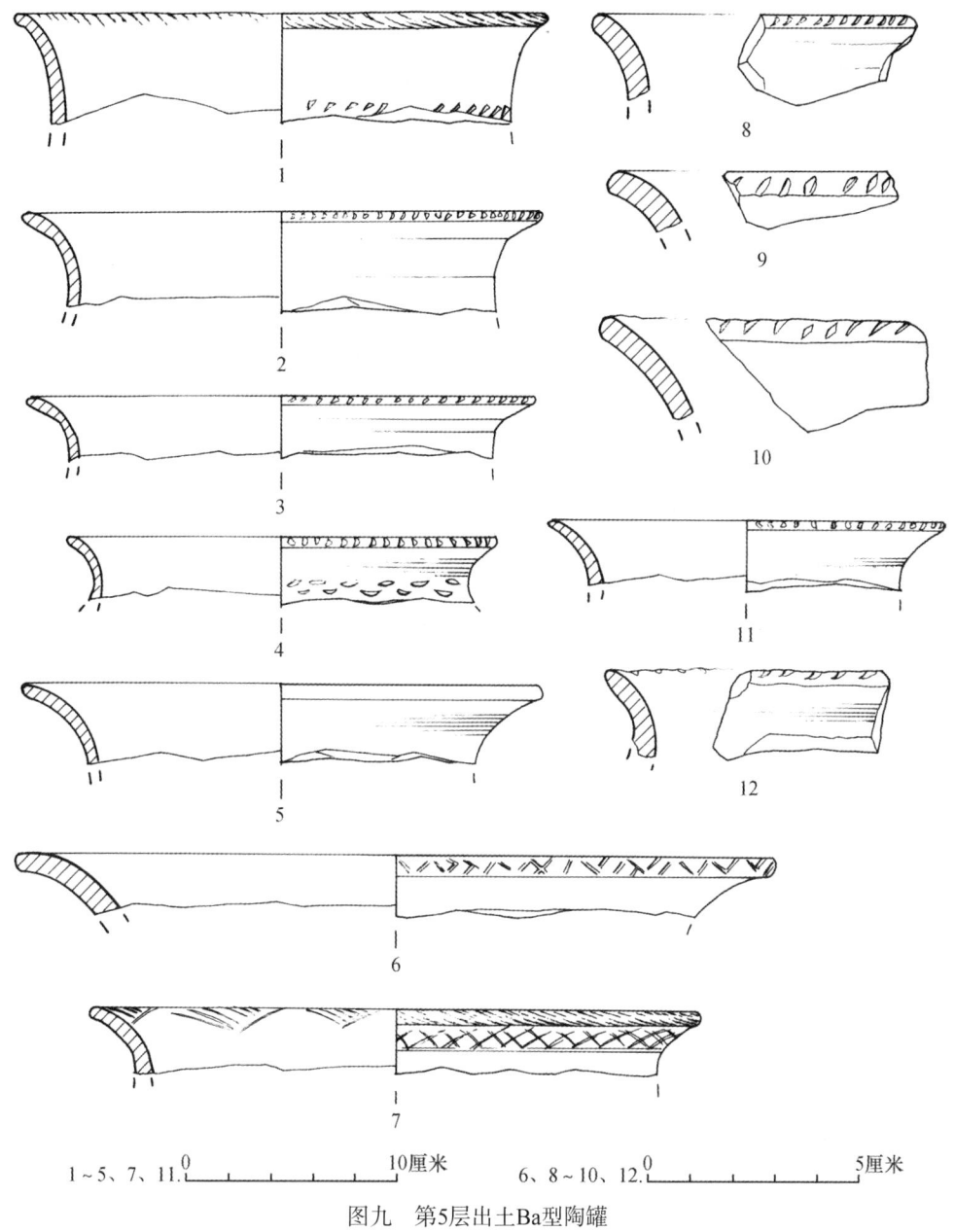

图九　第5层出土Ba型陶罐

1. TG2⑤：7　2. TG2⑤：6　3. TG2⑤：13　4. TG2⑤：9　5. TG2⑤：8　6. TG2⑤：26　7. TG2⑤：3
8. TG2⑤：10　9. TG2⑤：11　10. TG2⑤：12　11. TG2⑤：5　12. TG2⑤：4

加堆纹。残高5厘米（图一〇，1）。TG2⑤：1，夹砂黄褐陶。尖圆唇。唇部饰戳印点状纹，颈部饰附加堆纹。口径21.6、残高3.2厘米（图一〇，2）。TG2⑤：17，夹砂灰陶。陶胎较厚，圆唇。素面。残高3厘米（图一〇，3）。TG2⑤：21，夹砂黄褐陶。尖圆唇。唇部饰戳印点状纹。残高2厘米（图一〇，5）。TG2⑤：18，夹砂灰陶。圆唇。唇部饰戳印点状纹。残高2.5厘米（图一〇，7）。TG2⑤：19，夹砂灰陶。陶胎较厚，

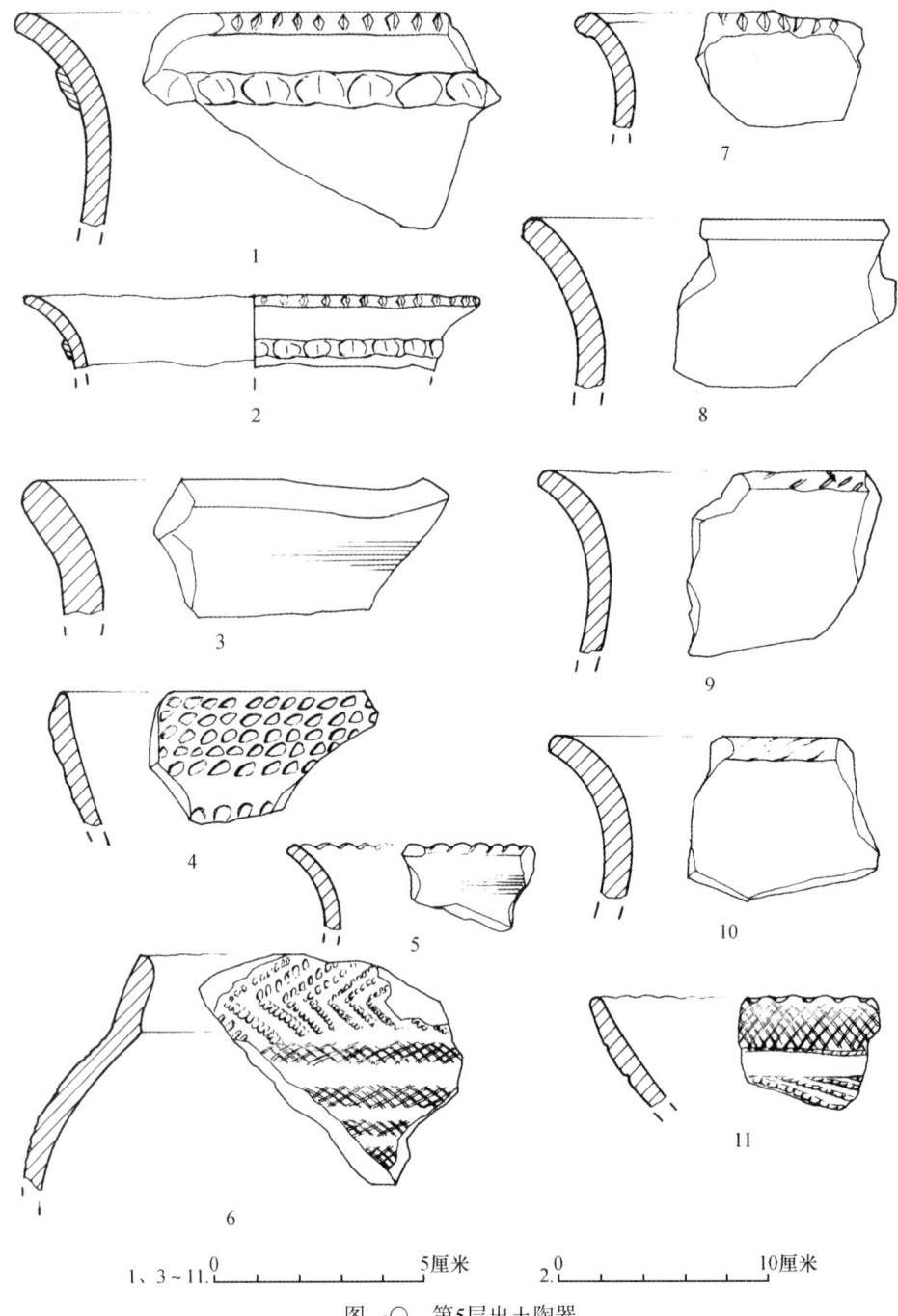

图一〇　第5层出土陶器

1~3、5、7~10. Ba型罐（TG2⑤：2、TG2⑤：1、TG2⑤：17、TG2⑤：21、TG2⑤：18、TG2⑤：19、TG2⑤：27、TG2⑤：16）　4、11. Aa型钵（TG2⑤：20、TG2⑤：15）　6. C型罐（TG2⑤：14）

圆唇。素面。残高3.9厘米（图一〇，8）。TG2⑤：27，夹砂灰陶。圆唇。唇部饰戳印点状纹。残高4.2厘米（图一〇，9）。TG2⑤：16，夹砂黄褐陶。圆唇。残高3.6厘米

（图一〇，10）。

C型罐　1件。TG2⑤：14，夹砂黄褐陶。敛口，尖圆唇。口沿外侧饰戳印点状纹。残高5.2厘米（图一〇，6）。

Aa型钵　2件。TG2⑤：20，夹砂黑褐陶。敛口，尖唇。口沿外侧饰戳印点状纹。残高3厘米（图一〇，4）。TG2⑤：15，夹砂黄褐陶。敛口，尖圆唇。唇部饰戳印点状纹，口沿外侧有戳印点构成的交错线条纹。残高2.5厘米（图一〇，11）。

纺轮　1件。TG2⑤：23，夹砂黑褐陶。直径6.2、厚0.9厘米（图一一，2）。

器底　1件。TG2⑤：25，夹砂黑褐陶。底径7.8、残高1.5厘米（图一一，4）。

纹饰陶片　2件。TG2⑤：22，夹砂黑褐陶。饰乳钉纹和刻划的波折纹。残长7厘米（图一一，1）。TG2⑤：24，夹砂灰陶。饰刻划线条纹，不规整。残高1.8厘米（图一一，3）。

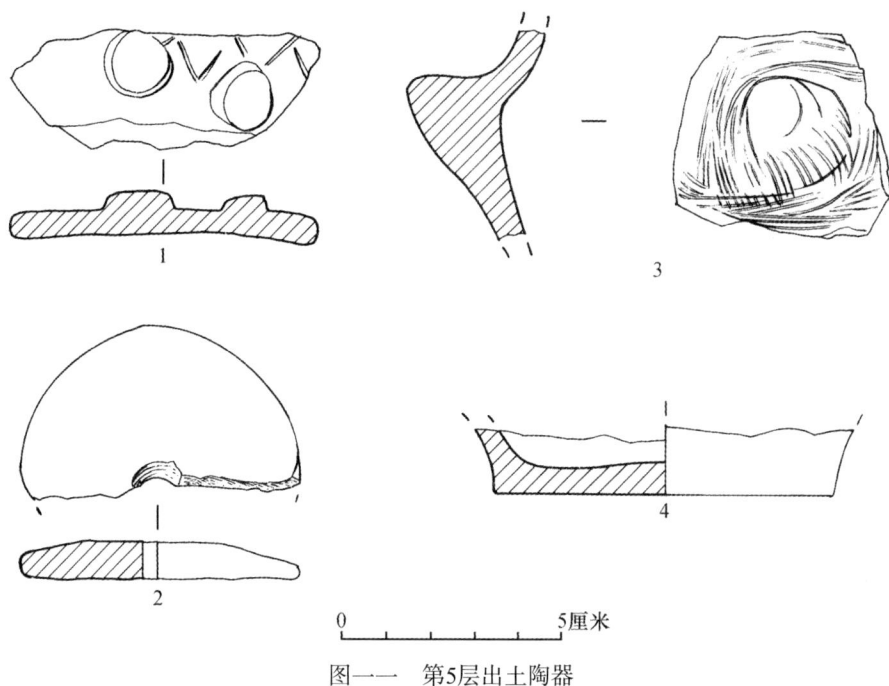

图一一　第5层出土陶器

1、3.纹饰陶片（TG2⑤：22、TG2⑤：24）　2.纺轮（TG2⑤：23）　4.器底（TG2⑤：25）

（三）第4层出土遗物

第4层出土陶器皆为夹砂陶，陶色仍以黑褐陶为主，黑褐陶、黄褐陶、橙黄陶较少。素面占多数，纹饰主要为戳印点纹，少量刻划纹、附加堆纹、乳钉纹（图一二）。

Aa型罐　3件。TG1④：1，夹砂黄褐陶。喇叭口，圆唇，高领。唇部及口沿外部均饰戳印点状纹。口径20.8、残高9.6厘米（图一三，1）。TG1④：2，夹砂黄褐陶。喇叭

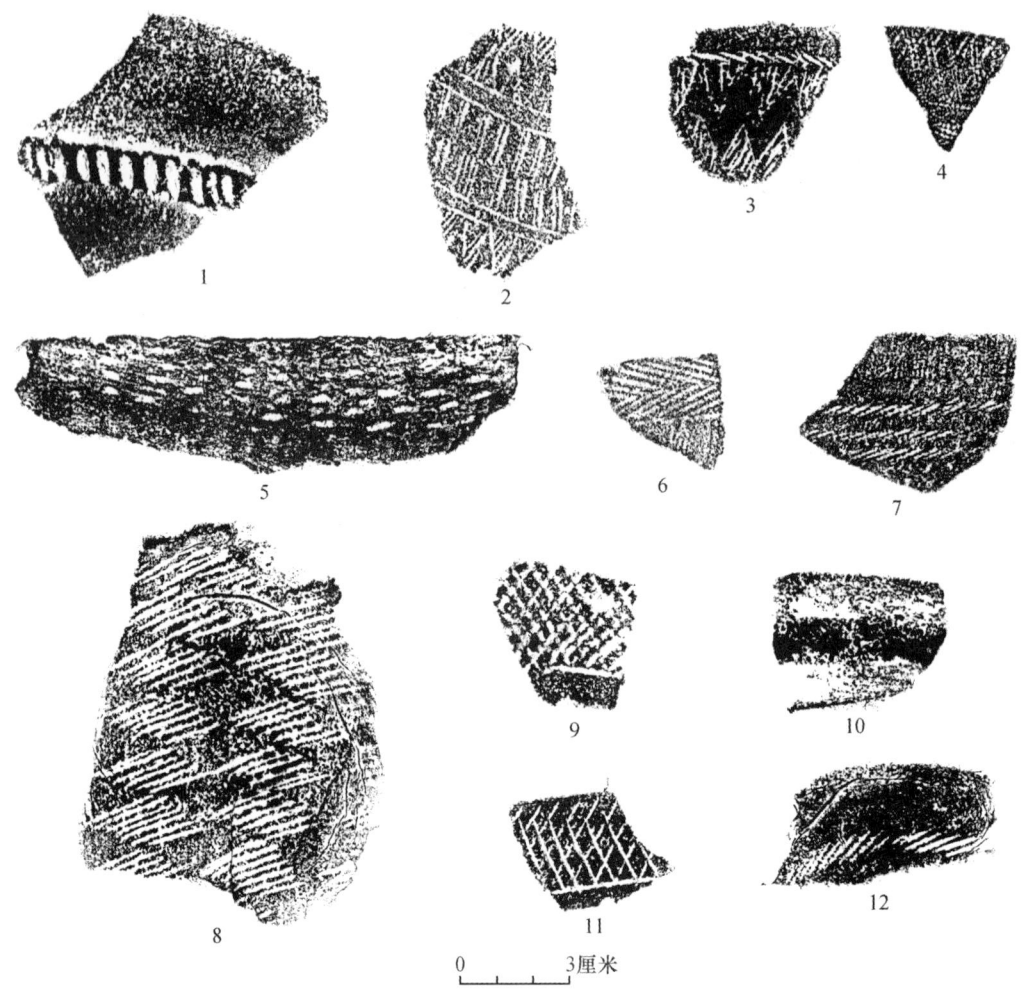

图一二　第4层出土陶器纹饰拓片

1、10. 附加堆纹（TG2④：43、TG2④：51）　2、3、11、12. 刻划纹（TG2④：50、TG1④：47、TG1④：46、TG2④：33）　4~9. 戳印点纹（TG1④：31、TG2④：35、TG1④：28、TG2④：36、TG2④：41、TG1④：51）

口，方圆唇。唇部及口沿外部均饰戳印点状纹。口径22、残高4.6厘米（图一三，2）。TG1④：13，夹砂黄褐陶。陶胎较厚，喇叭口，方圆唇。唇部及口沿外侧均饰刻划纹。残高2.2厘米（图一三，3）。

Ab型罐　1件。TG2④：8，夹砂灰陶。圆唇。素面。残高4.5厘米（图一四，4）。

Ba型罐　18件。TG2④：7，夹砂黑褐陶。圆唇。唇部及颈部均饰戳印点状纹。口径19.2、残高5.2厘米（图一三，4）。TG2④：9，夹砂灰陶。圆唇。唇部及颈部均饰戳印点状纹。残高5厘米（图一三，5）。TG2④：6，夹砂橙黄陶。喇叭口，圆唇。口径16.8、残高5.6厘米（图一三，6）。TG1④：6，夹砂黑褐陶。喇叭口，方圆唇。唇部及颈部饰刻划纹。口径14、残高3厘米（图一三，7）。TG2④：15，夹砂黑褐陶。圆唇。唇部饰刻划网格纹，口沿内侧饰戳印点纹。残高2.1厘米（图一三，9）。TG2④：13，

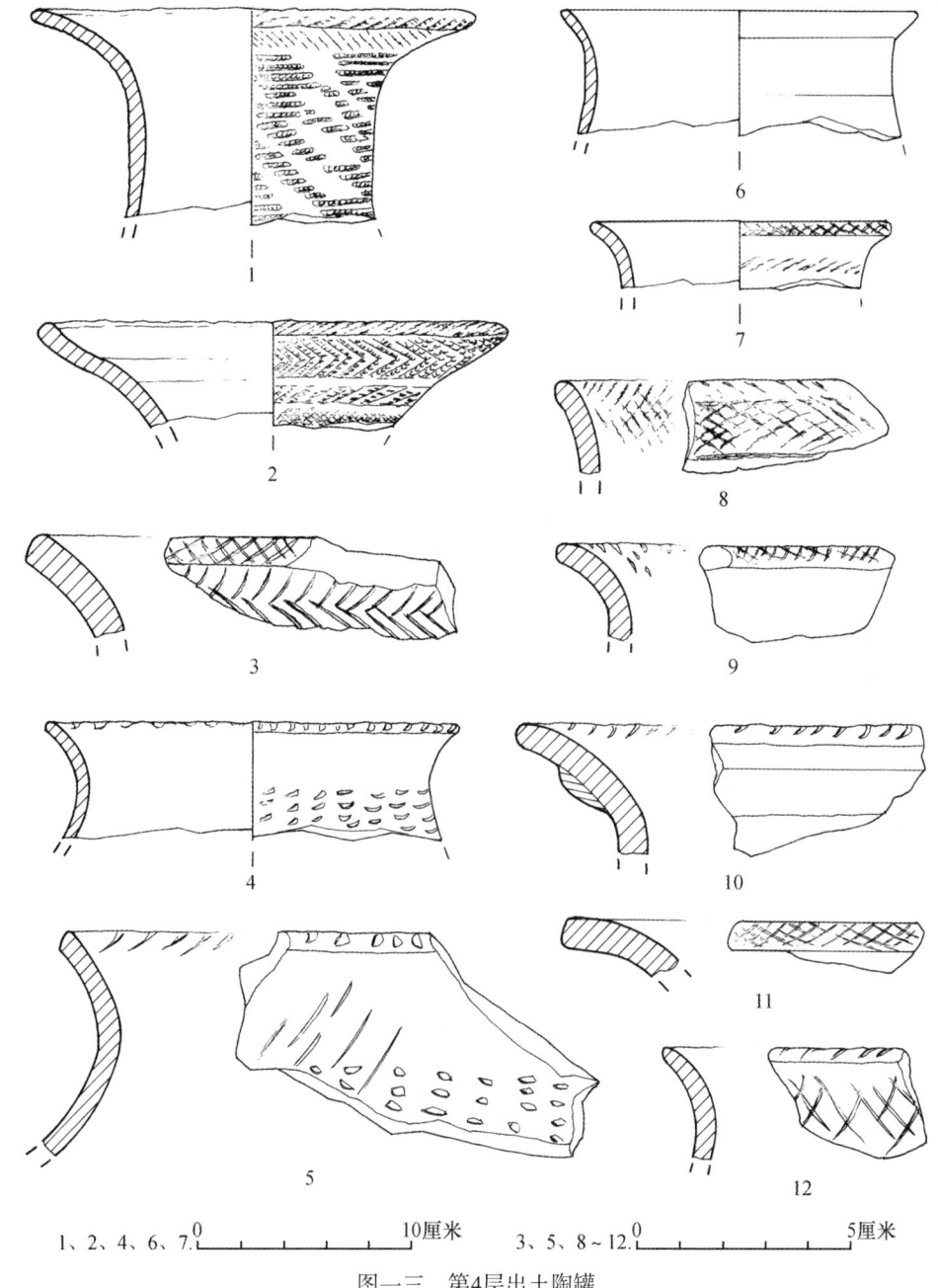

图一三　第4层出土陶罐

1~3.Aa型（TG1④：1、TG1④：2、TG1④：13）　4~7、9~12.Ba型（TG2④：7、TG2④：9、TG2④：6、TG1④：6、TG2④：15、TG2④：13、TG2④：10、TG1④：9）　8.C型（TG2④：16）

夹砂灰陶。圆唇。唇部饰戳印点状纹，颈部饰附加堆纹。残高3厘米（图一三，10）。TG2④：10，夹砂灰陶。方圆唇。唇部饰刻划网格纹。残高1.2厘米（图一三，11）。TG1④：9，夹砂黄褐陶。喇叭口，卷沿，方圆唇。唇部及颈部饰刻划纹。残高2.5厘米（图一三，12）。TG1④：8，夹砂橙黄陶。喇叭口，方圆唇。颈部饰刻划网格纹。残高4厘米（图一四，1）。TG2④：17，夹砂黑褐陶。方圆唇。唇部饰戳印点状纹。残高4.2厘米（图一四，2）。TG2④：20，夹砂黄褐陶。圆唇。唇部饰戳印点状纹。残高2.2厘米（图一四，3）。TG1④：5，夹砂灰陶。圆唇。唇面饰交错划纹。

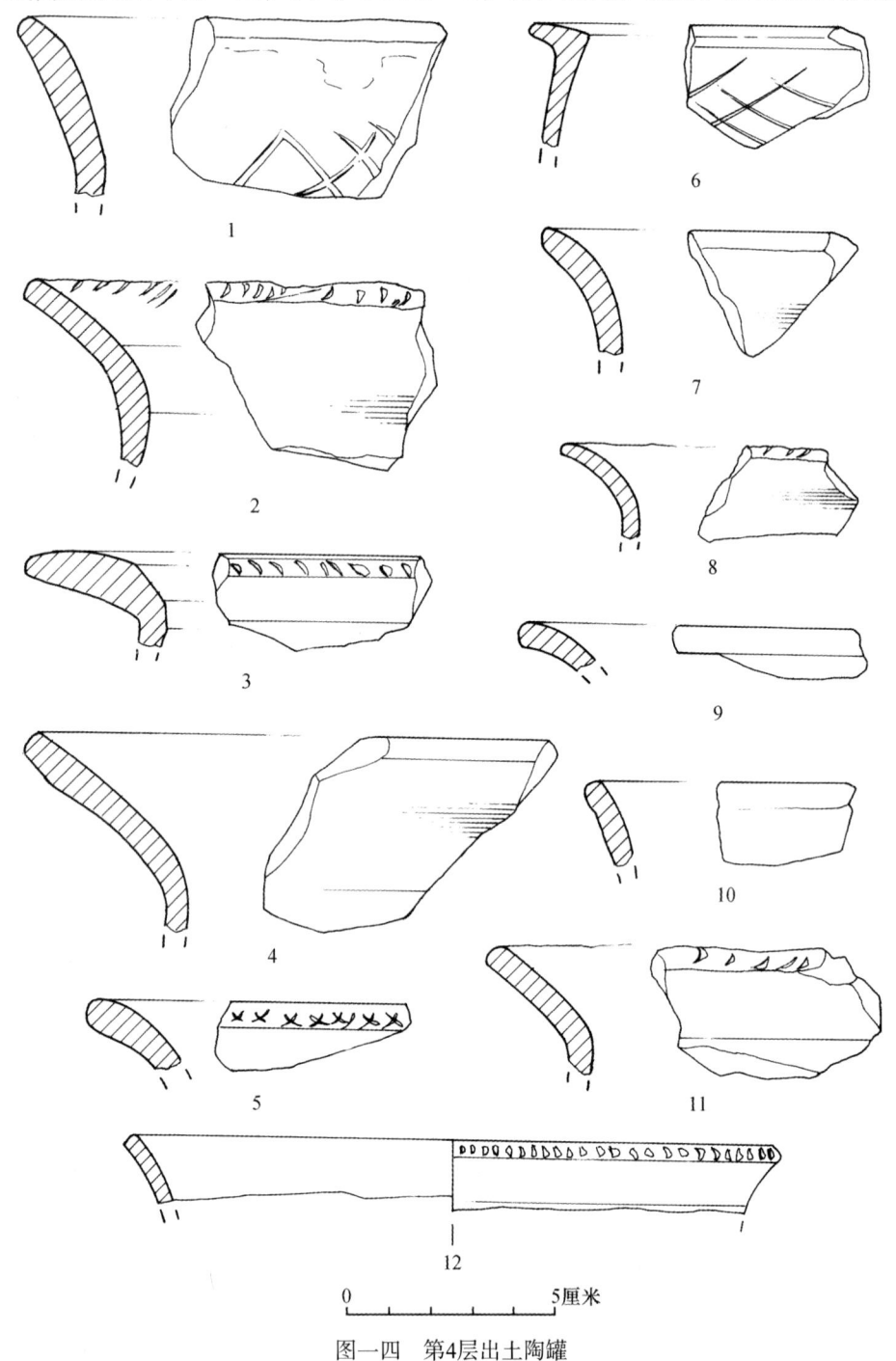

图一四　第4层出土陶罐

1~3、5、7~12. Ba型（TG1④：8、TG2④：17、TG2④：20、TG1④：5、TG2④：11、TG2④：14、TG1④：3、TG1④：4、TG2④：12、TG1④：10）　4. Ab型（TG2④：8）　6. Bb型（TG1④：13）

残高1.6厘米（图一四，5）。TG2④：11，夹砂黄褐陶。圆唇。残高3厘米（图一四，7）。TG2④：14，夹砂黄褐陶。圆唇。唇面饰戳印点纹。残高2.2厘米（图一四，8）。TG1④：3，夹砂黑褐陶。喇叭口，方圆唇。素面。残高1厘米（图一四，9）。TG1④：4，夹砂橙黄陶。方圆唇。素面。残高2厘米（图一四，10）。TG2④：12，夹砂灰陶。圆唇。唇部饰戳印点状纹，颈部有抹平附加堆纹。残高3厘米（图一四，11）。TG1④：10，夹砂黄褐陶。喇叭口，方圆唇。唇部饰戳印点纹。口径15.2、残高1.8厘米（图一四，12）。

Bb型罐　1件。TG1④：13，夹砂黄褐陶。敛口，平折沿，尖圆唇。颈部饰刻划菱格纹。残高2.8厘米（图一四，6）。

C型罐　2件。TG2④：16，夹砂橙黄陶。残存颈部。圆唇。唇部饰戳印点状纹。残高2厘米（图一三，8）。TG2④：21，夹砂黄褐陶。敛口，尖圆唇。素面。残高4.1厘米（图一五，6）。

Aa型钵　1件。TG1④：7，夹砂黄褐陶。敞口，方圆唇。口部外侧饰附加堆纹。口径19.2、残高7厘米（图一五，2）。

Ab型钵　7件。TG2④：1，夹砂黄褐陶。敛口，平底。唇部戳印较浅的锯齿纹，器身外部饰戳印细点纹，从上至下依次为：菱格纹、条带纹、波浪纹、条带纹、波浪纹。口径21、底径5.6、高12厘米（图一五，1）。TG2④：23，夹砂灰陶。敛口，尖圆唇。口沿外侧饰压印细线纹。残高5.2厘米（图一五，4）。TG2④：19，夹砂灰陶。敛口，尖圆唇。口沿外侧饰压印细线纹。残高2厘米（图一五，5）。TG2④：24，夹砂灰陶。敛口，尖圆唇。口沿外侧饰刻划网格纹及细线纹。残高5.1厘米（图一五，7）。TG2④：26，夹砂灰陶。敛口，尖圆唇。口沿外侧饰刻划细线纹。残高3.2厘米（图一五，8）。TG2④：25，夹砂灰陶。敛口，尖圆唇。口沿外侧饰压印网格纹。残高3.2厘米（图一五，9）。TG1④：11，夹砂黄褐陶。直口，方圆唇。口部外侧饰刻划菱格纹。残高3.1厘米（图一五，10）。

Ba型钵　1件。TG2④：18，夹砂黑褐陶。敞口，尖圆唇。唇部饰戳印点状纹。口径15.6、残高4.2厘米（图一五，3）。

Bb型钵　1件。TG1④：12，夹砂黑褐陶。敛口，尖圆唇。残高4.1厘米（图一六，1）。

壶　1件。TG2④：22，夹砂黑褐陶。尖圆唇。素面。残高4厘米（图一六，2）。

器底　1件。TG2④：4，泥质橙黄陶。小台底。素面。底径7.8、残高4.4厘米（图一六，3）。TG2④：5，夹砂橙黄陶。台底。素面。底径7.2、残高3.1厘米（图一六，4）。

石锛　1件。TG2④：27，灰黑色石质。梯形，偏锋。长6.2、宽4.5、厚1.11厘米（图一六，5）。

石凿　1件。TG2④：3，灰黑色石质。通体磨制。长8.2、宽2、厚1.5厘米（图一六，6）。

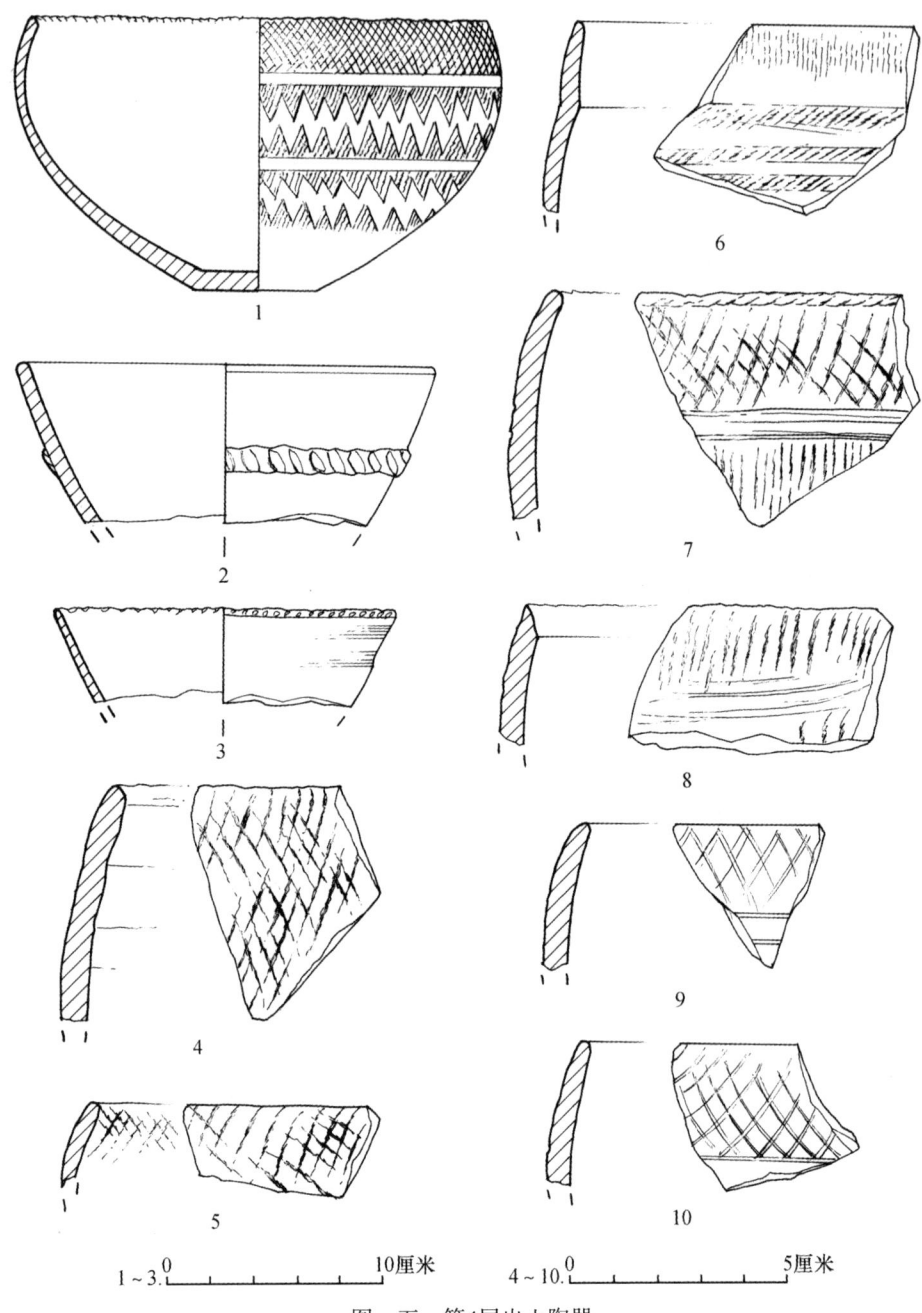

图一五 第4层出土陶器

1、4、5、7~10. Ab型钵（TG2④：1、TG2④：23、TG2④：19、TG2④：24、TG2④：26、TG2④：25、TG1④：11） 2. Aa型钵（TG1④：7） 3. Ba型钵（TG2④：18） 6. C型罐（TG2④：21）

（四）第3层出土遗物

第3层出土陶器皆为夹砂陶，陶色以褐陶居多，黑褐陶为主，多数陶色较斑驳。素

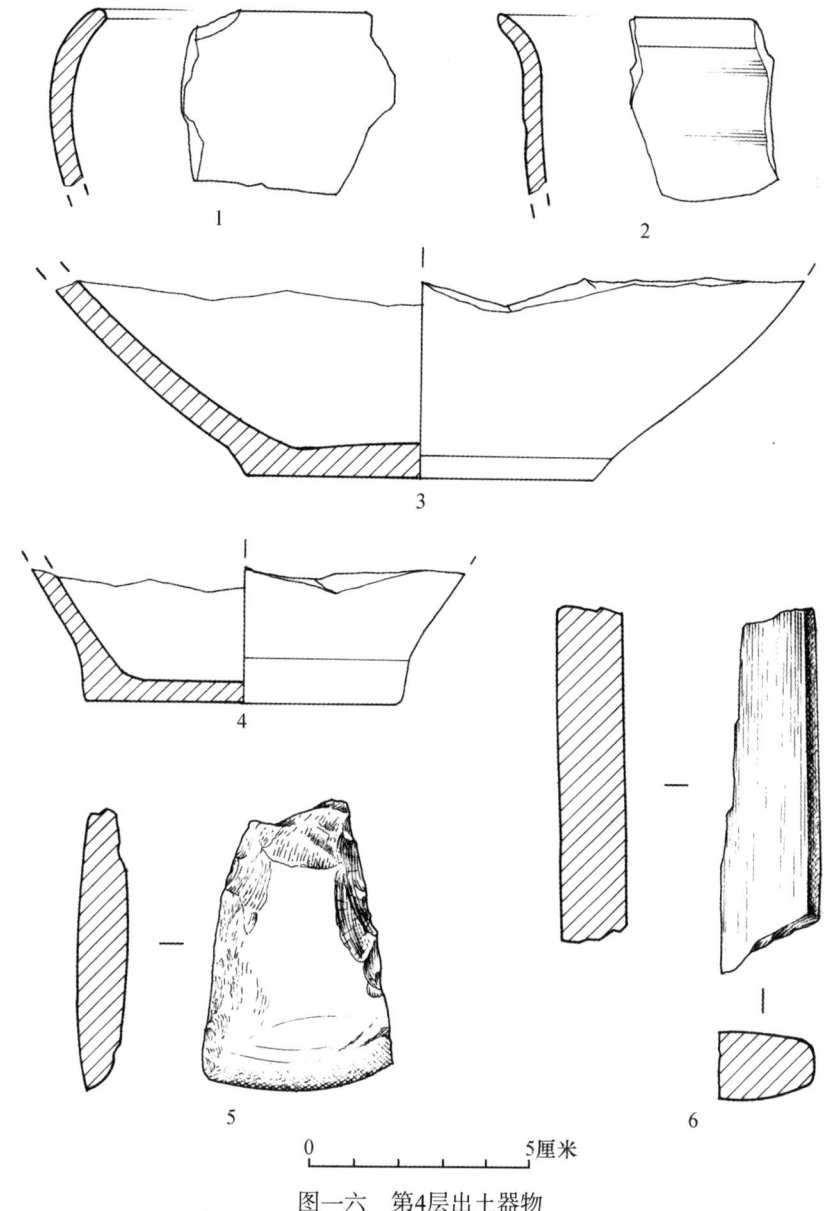

图一六　第4层出土器物

1. Bb型陶钵（TG1④：12）　2. 陶壶（TG2④：22）　3、4. 陶器底（TG2④：4、TG2④：5）　5. 石锛（TG2④：27）　6. 石凿（TG2④：3）

面占多数，纹饰主要为戳印点纹，少量刻划纹、附加堆纹等（图一七）。

Ba型罐　12件。TG1③：7，夹砂黑褐陶。喇叭口，卷沿，圆唇。唇部饰戳印点状纹，口沿外侧饰附加堆纹，颈部饰刻划菱格纹。残高4.8厘米（图一八，1）。TG1③：8，夹砂黄褐陶。喇叭口，圆唇。颈部饰刻划菱格纹及附加乳钉纹。残高4.8厘米（图一八，2）。TG1③：11，夹砂灰陶。喇叭口，方圆唇。唇部饰戳印点状纹。残高2.9厘米（图一八，3）。TG1③：14，夹砂橙黄陶。陶胎较厚，喇叭口，方圆唇。唇

图一七 第3层出土陶器纹饰拓片

1~3、5、7、9~11.刻划纹（TG1③：33、TG1③：28、TG1③：30、TG2③：1、TG1③：29、TG2③：27、TG1③：4、TG1③：3） 4、6、8、12、13、15~17.戳印点纹（TG1③：37、TG1③：39、TG2③：2、TG1③：38、TG2③：4、TG1③：26、TG2③：5） 14.附加堆纹+网格划纹（TG1③：2）

部饰刻划短线纹。残高4.6厘米（图一八，4）。TG1③：17，夹砂黄褐陶。喇叭口，方圆唇。领部饰刻划菱格纹。残高1.9厘米（图一八，5）。TG1③：15，夹砂橙黄陶。敞口，方圆唇。素面。残高2.4厘米（图一八，6）。TG1③：16，夹砂黑褐陶。陶胎较厚，喇叭口，圆唇。唇部饰戳印短线纹。残高3厘米（图一八，7）。TG1③：13，夹砂黄褐陶。喇叭口，圆唇。唇部饰戳印点状纹。残高3厘米（图一八，8）。TG1③：19，夹砂橙黄陶。直口，方圆唇。唇部饰戳印短线纹。残高3.7厘米（图一八，9）。

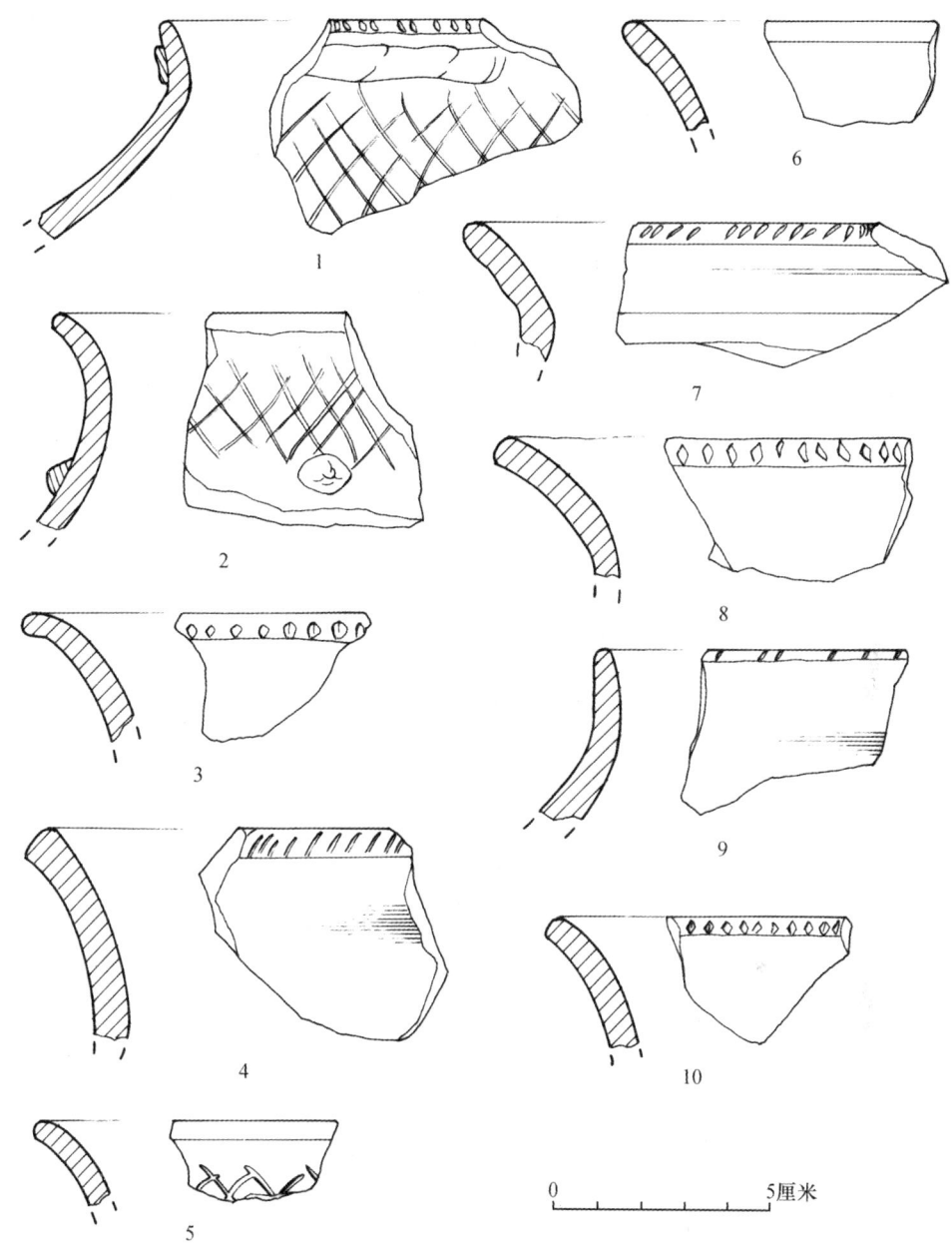

图一八 第3层出土Ba型陶罐

1.TG1③:7 2.TG1③:8 3.TG1③:11 4.TG1③:14 5.TG1③:17 6.TG1③:15 7.TG1③:16 8.TG1③:13 9.TG1③:19 10.TG1③:18

TG1③:18，夹砂黑褐陶。直口，方圆唇。口部外侧饰刻划菱格纹。残高2.8厘米（图一八，10）。TG1③:1，夹砂黄褐陶。喇叭口，卷沿，尖圆唇。颈部饰刻划网格纹。口径32.8、残高6.6厘米（图一九，1）。TG1③:2，夹砂橙黄陶。喇叭口，卷沿，圆唇。颈部饰刻划菱格纹。口径25.6、残高12.2厘米（图一九，2）。

C型罐　3件。TG1③：9，夹砂黄褐陶。直口，圆唇。口部外侧饰戳印点状纹。残高2.8厘米（图二〇，4）。TG1③：12，夹砂黄褐陶。直口，尖圆唇。口部外侧饰戳点构成的两段波浪纹。残高4.2厘米（图二〇，5）。TG1③：10，夹砂黄褐陶。直口，圆唇。口部外侧饰戳印点状纹。残高3.5厘米（图二〇，6）。

Aa型钵　1件。TG1③：5，夹砂黄褐陶。敞口，圆唇。口部外侧饰戳点构成的线条纹。口径20.8、残高3.6厘米（图二〇，1）。

Ab型钵　1件。TG1③：4，夹砂黑褐陶。敛口，圆唇。口部外侧饰戳印点状纹。残高5.1厘米（图二〇，3）。

Ba型钵　1件。TG1③：6，夹砂黑褐陶。敞口，方圆唇。素面。口径24、残高3.6厘米（图二〇，2）。

壶　1件。TG1③：3，夹砂黑褐陶。喇叭口，卷沿，圆唇。唇部饰戳印点状纹。口径14.4、残高7厘米（图一九，3）。

器錾　1件。TG1③：20，夹砂黑褐陶。饰戳印点状纹。残长8.1厘米（图二一，3）。

石斧　1件。TG1③：21，灰黑色石质。梯形，偏锋，刃部有大量崩损片疤。长7.5、宽4、厚1.1厘米（图二一，6）。

石网坠　3件。TG1③：23，褐色石质。半椭圆形，两侧有打制的凹槽。长6.5、宽6.5、厚1.5厘米（图二一，1）。TG1③：24，褐色石质。不规则椭圆形，仅一面被打磨，两侧有打制的凹槽。长12.7、宽9.2、厚2.2厘米（图二一，2）。TG1③：25，

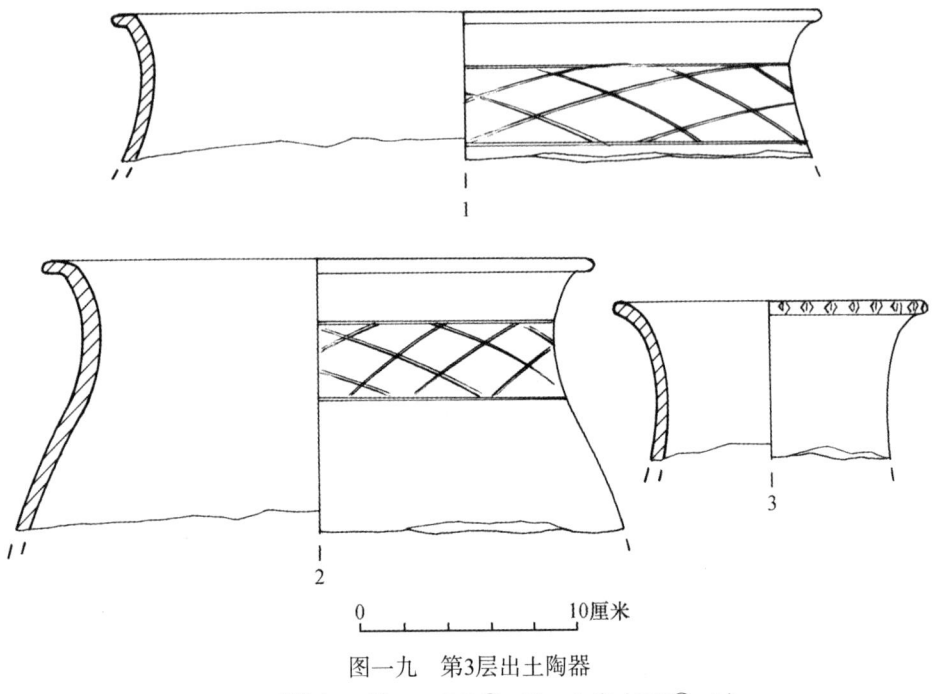

图一九　第3层出土陶器

1、2.Ba型罐（TG1③：1、TG1③：2）　3.壶（TG1③：3）

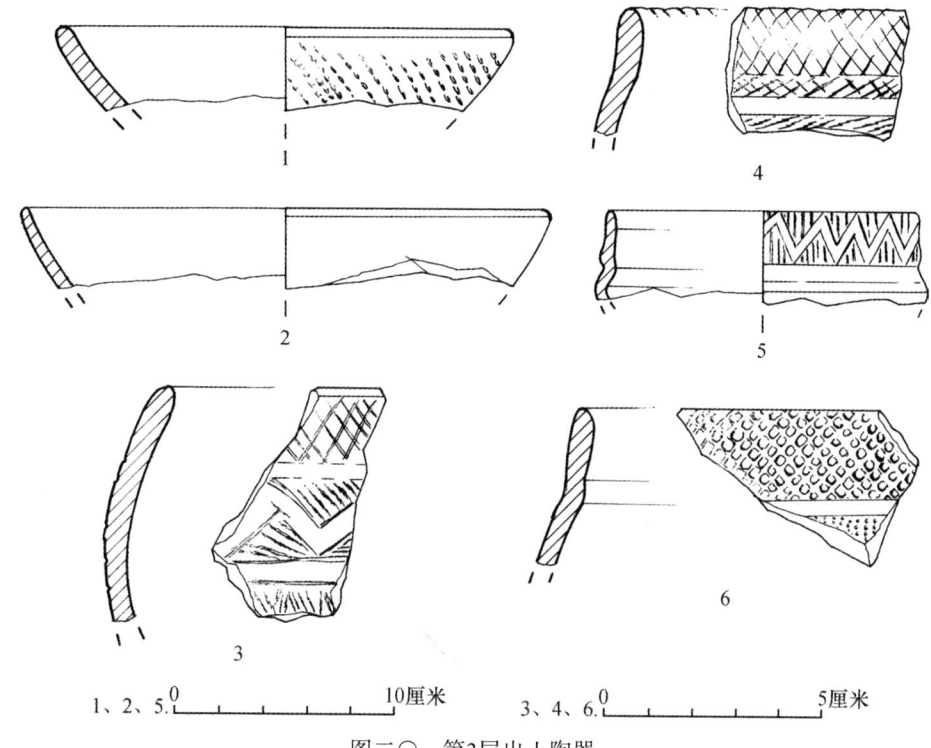

图二〇 第3层出土陶器

1. Aa型钵（TG1③：5） 2. Ba型钵（TG1③：6） 3. Ab型钵（TG1③：4） 4~6. C型罐（TG1③：9、TG1③：12、TG1③：10）

褐色石质。椭圆形，两侧有打制的凹槽。长9.5、宽8、厚1.5厘米（图二一，4）。TG1③：22，褐色石质。半椭圆形，两侧有打制的凹槽。长8.5、宽8、厚1.8厘米（图二一，5）。

（五）第2层下遗迹与遗物

H1　位于TG1西南部，开口于第2层下。坑口平面近椭圆形，弧壁，平底。坑口距地表深0.3、最大径约1.1、深约0.12米（图二二）。填土为黑褐色，土质疏松，含少量烧土及炭屑。出土陶器多为夹砂灰褐陶，器形不可辨。

（六）第2层出土遗物

第2层出土陶器磨圆度较高，可能不是原生堆积。出土陶器皆为夹砂陶，陶色以黑褐陶为主，其次为黄褐陶，少量橙黄陶。陶器素面占多数，纹饰主要为戳印点状纹，少量刻划纹、附加堆纹（图二三）。

Aa型罐　2件。TG1②：8，夹砂黄褐陶。喇叭口，方圆唇。唇部及口沿外侧隐约

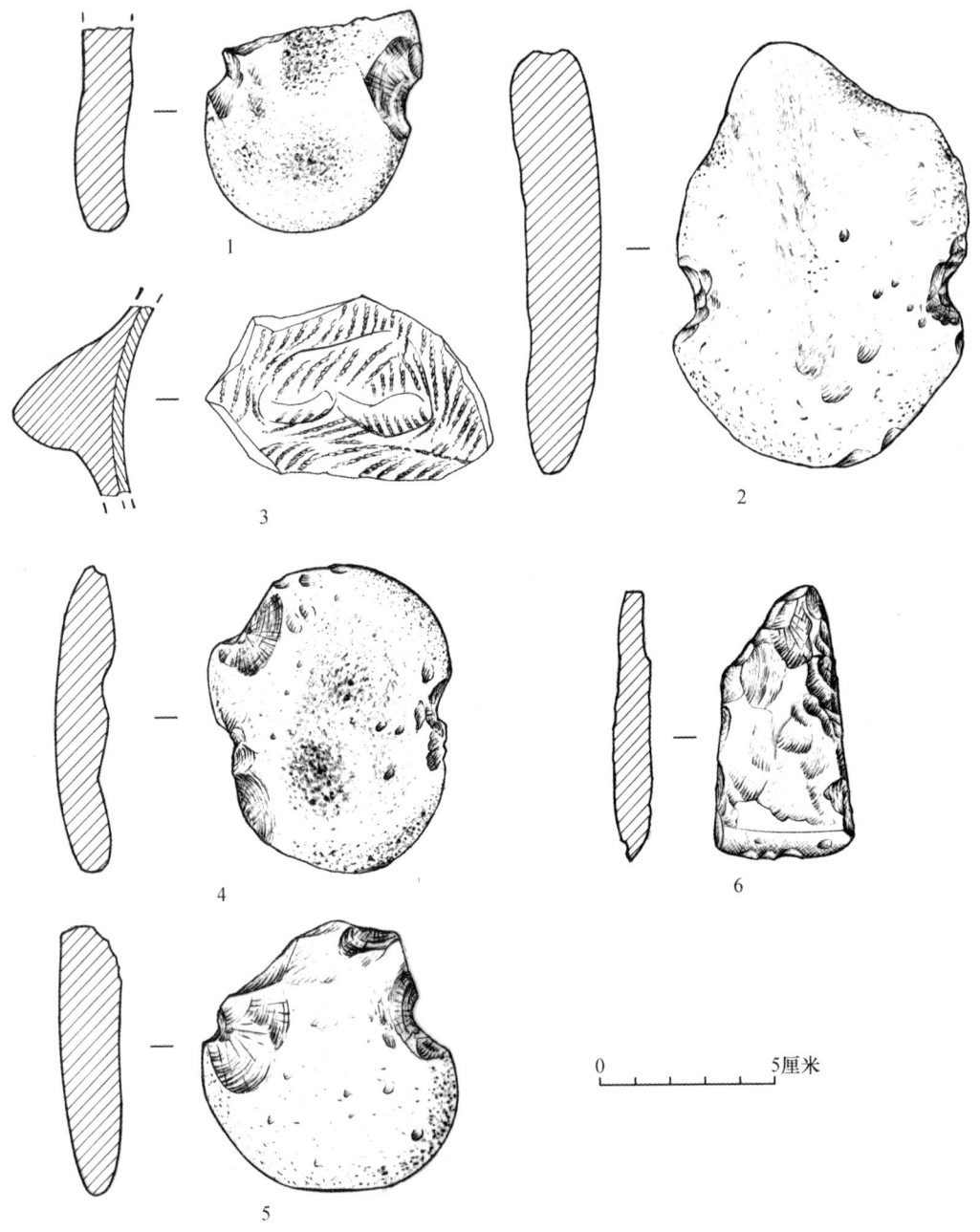

图二一　第3层出土器物

1、2、4、5.石网坠（TG1③：23、TG1③：24、TG1③：25、TG1③：22）　3.陶器鋬（TG1③：20）
6.石斧（TG1③：21）

可见压印的细线纹。口径21.2、残高3.5厘米（图二四，2）。TG1②：6，夹砂黄褐陶。敞口，方圆唇。唇部及口沿外侧饰戳印点构成的线条纹。口径22.4、残高2.2厘米（图二五，2）。

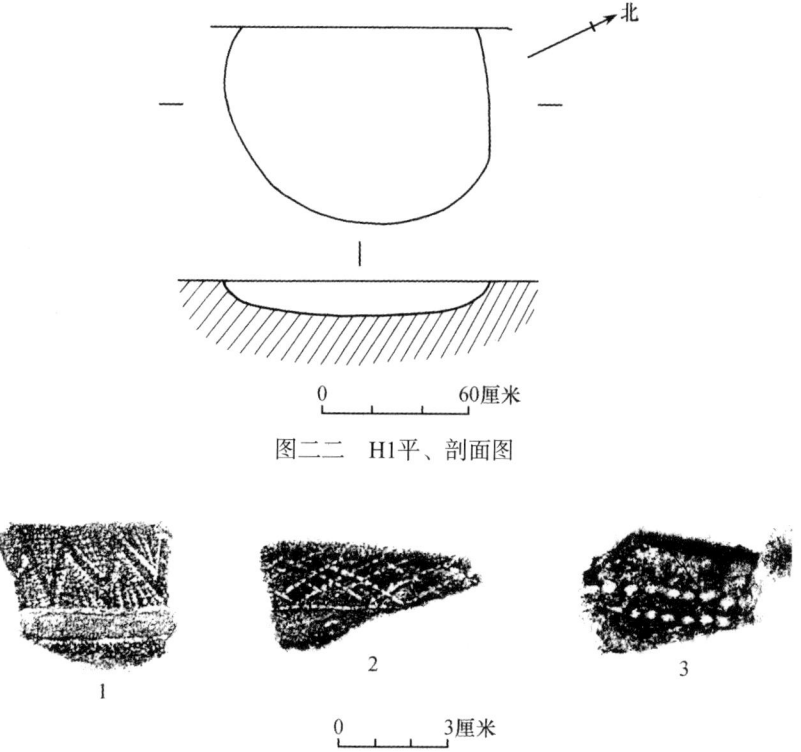

图二二 H1平、剖面图

图二三 第2层出土陶器戳印点状纹
1. TG1②：3 2. TG1②：2 3. TG1②：7

Ab型罐 1件。TG1②：1，夹砂灰陶。喇叭口，方圆唇。素面。口径20.4、残高1.4厘米（图二四，1）。

Ba型罐 4件。TG1②：9，夹砂黄褐陶。陶胎较厚，喇叭口，圆唇。唇部饰刻划菱格纹。残高2.8厘米（图二四，3）。TG1②：2，夹砂黄褐陶。喇叭口，圆唇。口沿外侧饰戳印点构成的菱格纹。残高3厘米（图二四，4）。TG1②：11，夹砂橙黄陶。喇叭口，尖圆唇。颈部饰刻划交错纹。残高3厘米（图二四，5）。TG1②：7，夹砂黄褐陶。喇叭口，方圆唇。唇部及颈部饰戳印点状纹。残高3.5厘米（图二四，6）。

C型罐 1件。TG1②：3，夹砂黄褐陶。直口，圆唇。口沿外侧饰戳印点构成的波浪纹。残高4.1厘米（图二五，6）。

Ba型钵 3件。TG1②：4，夹砂黑褐陶。敞口，圆唇。素面。口径20.8、残高5厘米（图二五，1）。TG1②：10，夹砂黄褐陶。敞口，圆唇。素面。口径21.2、残高2.4厘米（图二五，3）。TG1②：5，夹砂黑褐陶。敞口，圆唇。素面。残高2.5厘米（图二五，5）。

器盖 1件。TG1②：11，夹砂黄褐陶。饰戳印点状纹。残高5.3厘米（图二五，4）。

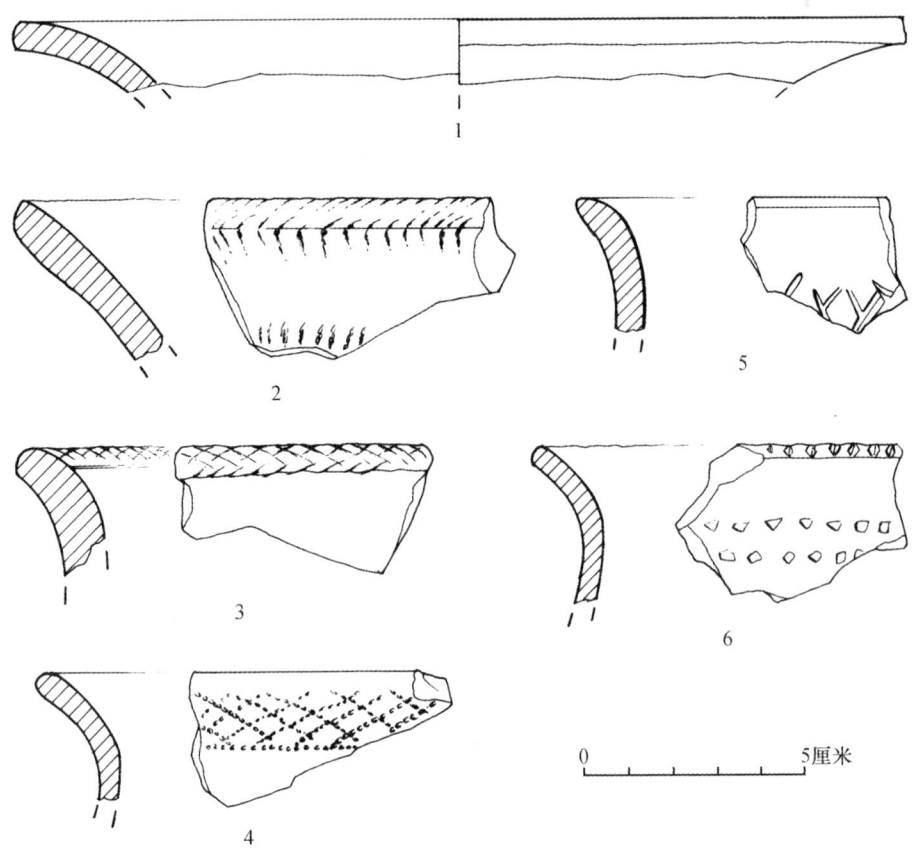

图二四　第2层出土陶罐

1. Ab型（TG1②：1）　2. Aa型（TG1②：8）　3～6. Ba型（TG1②：9、TG1②：2、TG1②：11、TG1②：7）

（七）采集遗物

因近年来农耕生产活动频繁，遗址地表采集有丰富陶器、石器。遗址东、南部地表分布最多。陶器纹饰除了试掘所见纹饰外，还有叶脉纹、粗绳纹（图二六）。陶、石器器类及形制与试掘遗物一致。现将采集遗物介绍如下。

Aa型罐　7件。尖圆唇。C：45，夹砂褐陶。唇部以下饰折线纹。口径22、残高2.8厘米（图二七，1）。C：44，夹砂灰褐陶。沿外饰X形纹，沿部以下饰戳印斜线纹。口径18、残高3.4厘米（图二七，2）。C：30，夹砂灰白陶。颈部饰斜线纹。残高2.6厘米（图二七，6）。C：47，夹砂灰褐陶。自唇部刻划斜线纹。残高3厘米（图二七，8）。C：43，夹砂灰褐陶。自唇部饰折线纹。残高4厘米（图二七，9）。C：46，夹砂黑陶。自唇部饰压印纹。残高3.2厘米（图二八，9）。

Ba型罐　16件。C：29，泥质黑陶。斜沿，圆唇，束颈。素面。口径18、残高4.7厘米（图二七，3）。C：42，夹砂灰褐陶。尖圆唇。素面。残高1.6厘米（图二七，4）。C：56，夹砂灰褐陶。素面。残高2.8厘米（图二七，5）。C：55，夹砂黑陶。

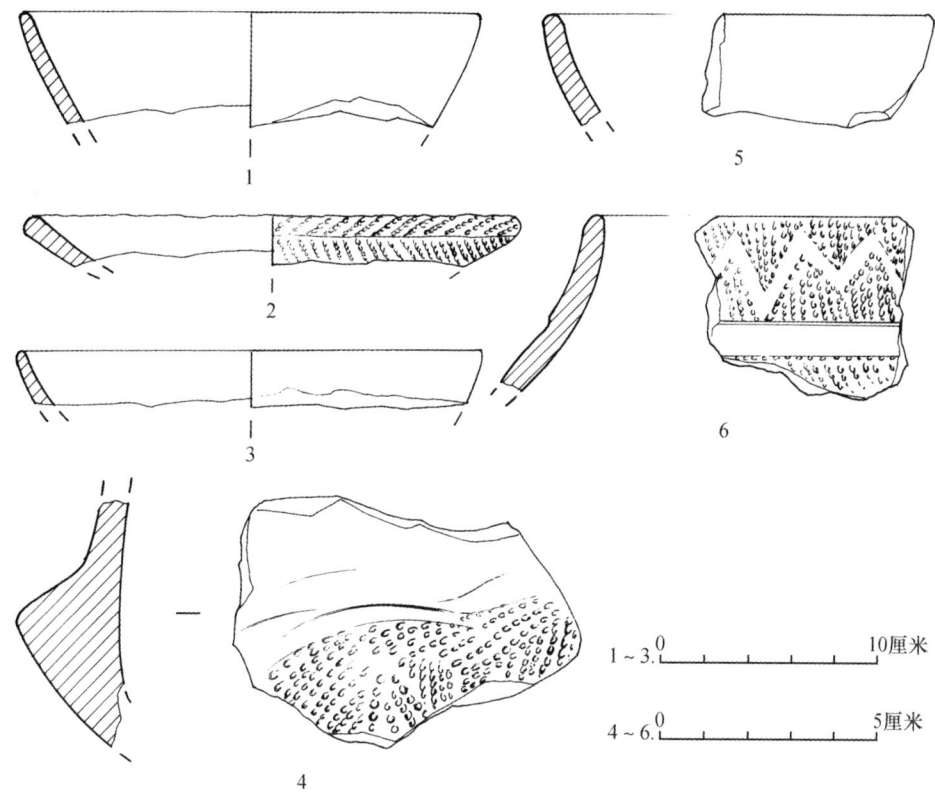

图二五　第2层出土陶器

1、3、5. Ba型钵（TG1②：4、TG1②：10、TG1②：5）　2. Aa型罐（TG1②：6）　4. 器鋬（TG1②：11）
6. C型罐（TG1②：3）

斜方唇。素面。残高3.2厘米（图二七，7）。C：32，夹砂褐陶，火候不均。尖圆唇。沿部以下饰刻划斜网格纹、弦纹、戳印点纹。残高7厘米（图二七，10）。C：34，夹砂灰褐陶。束颈，溜肩。素面。残高6.4厘米（图二七，11）。C：37，夹砂灰褐陶。方圆唇，束颈。肩部饰斜网格纹。残高3.8厘米（图二七，12）。C：40，泥质黑陶，施黑衣。侈口，方圆唇。素面。口径24、残高3厘米（图二九，1）。C：32，夹砂褐陶，火候不均。圆唇。沿部以下饰刻划斜网格纹、点线纹。残高3.4厘米（图二九，2）。C：26，夹砂黑陶。敞口，圆唇。素面。口径16、残高5.6厘米（图二九，3）。C·33，夹砂褐陶。圆唇。唇部饰压印纹。素面。残高4厘米（图二九，4）。C：31，夹砂灰褐陶。圆唇，束颈。唇、肩部饰压印纹，外沿下饰细网格纹。口径10.4、残高3.8厘米（图二九，5）。C：39，夹砂黑陶。圆唇。颈部饰网格划纹、弦纹。残高2.2厘米（图二九，6）。C：40，泥质黑陶，施黑衣。侈口，圆唇。素面。残高4厘米（图二九，7）。C：52，夹砂灰褐陶。圆唇。素面。残高2.1厘米（图二九，8）。C：36，夹砂灰褐陶。尖圆唇。颈部饰网格划纹。残高5.4厘米（图二九，9）。

Bb型罐　1件。C：27，泥质褐陶。敛口，折沿，圆唇。颈部以下饰数周弦纹。口

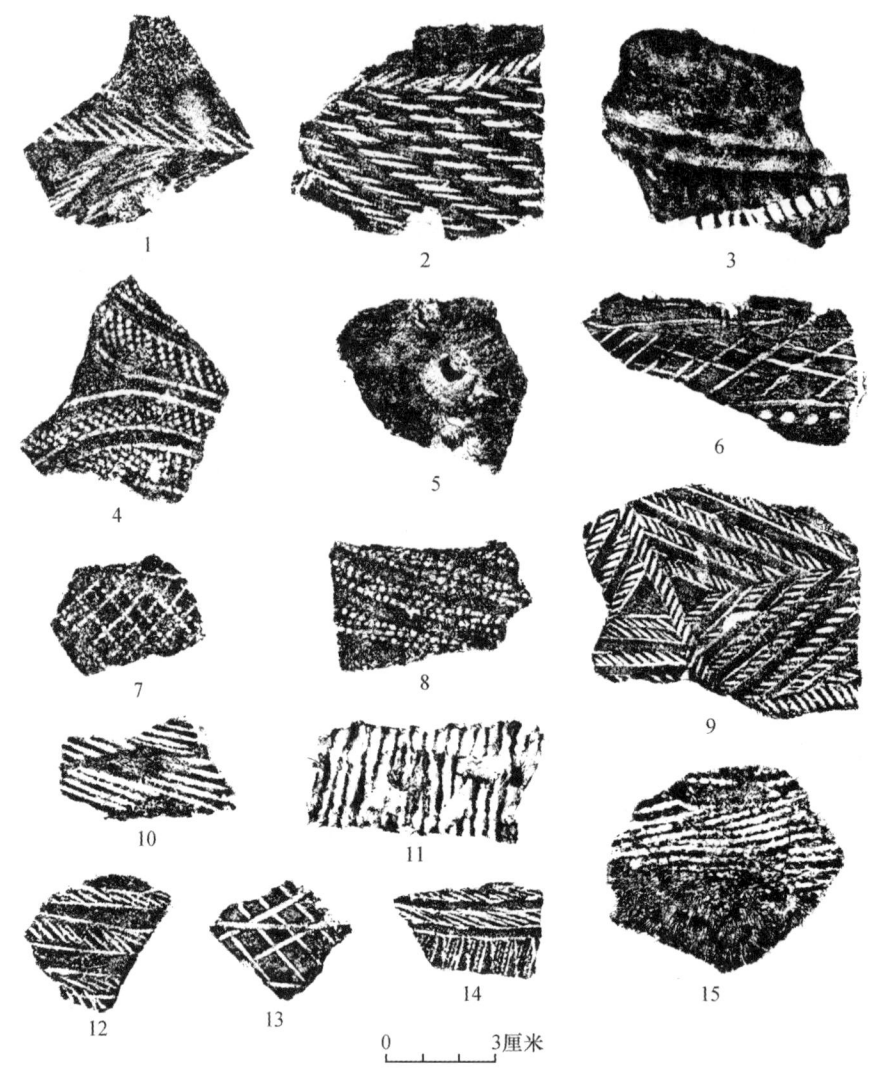

图二六　采集陶器纹饰拓片

1、2、6、9、12~14. 刻划纹（C：64、C：59、C：61、C：58、C：69、C：67、C：68）　3. 附加堆纹（C：54）
4、7、8、10、15. 戳印点纹（C：60、C：63、C：53、C：65、C：57）　5. 乳钉纹（C：62）
11. 绳纹（C：66）

径17.6、残高3.4厘米（图二八，3）。

Ab型钵　2件。C：35，夹砂灰褐陶。唇部以下饰网格纹、弦纹、折线纹。残高4厘米（图二八，6）。C：41，夹砂黑陶。自唇部饰刻划纹，自上而下为双线交错斜线纹、三角斜线。残高4.6厘米（图二八，7）。

器座　1件。C：28，夹砂灰褐陶。口小底大，中部有折棱。素面。上部直径20、下部直径24、高4厘米（图二八，8）。

器底　4件。C：51，夹砂黑陶。平底。素面。底径12、残高2.8厘米（图二八，

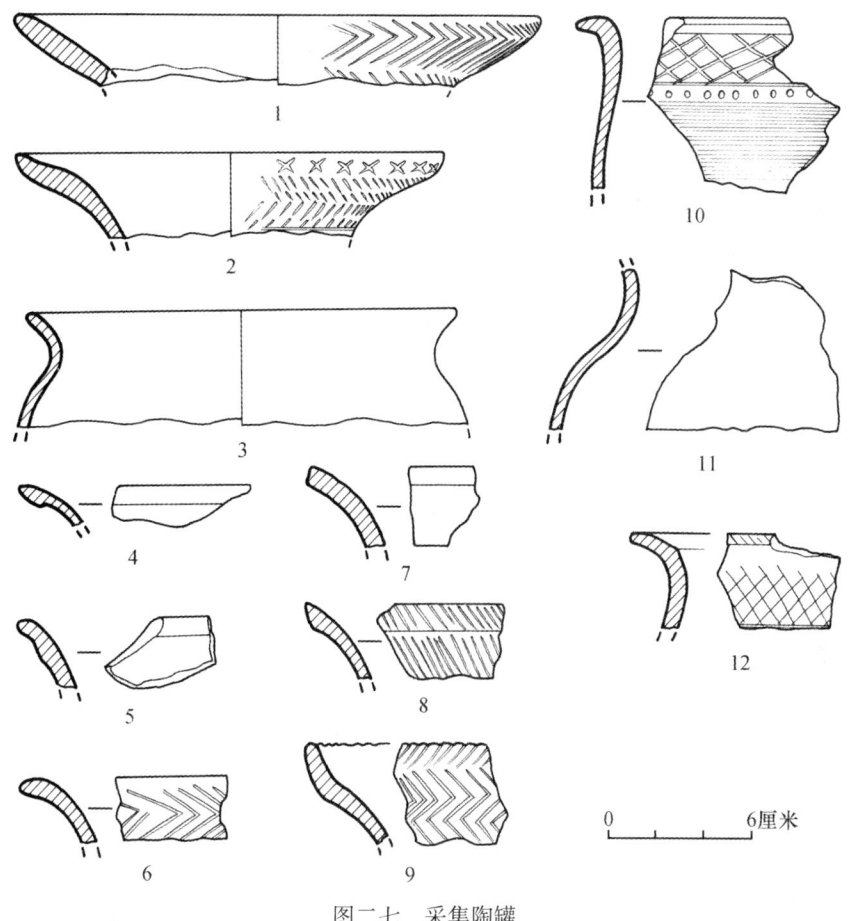

图二七　采集陶罐

1、2、6、8、9. Aa型（C：45、C：44、C：30、C：47、C：43）　3~5、7、10~12. Ba型（C：29、C：42、C：56、C：55、C：32、C：34、C：37）

1）。C：72，夹砂黑陶。下腹内收，足外撇，平底。素面。底径9.6、残高3.4厘米（图二八，2）。C：50，泥质灰褐陶。下腹内收，足外撇，平底。素面。底径7.6、残高3厘米（图二八，4）。C：49，泥质褐陶。平底。底部饰叶脉纹。底径8.8、残高2.4厘米（图二八，5）。

石斧　5件。C：3，青灰色石质。打制，刃部和器身有多处崩疤痕迹。残长14、宽6.4、厚4.1厘米（图三〇，1）。C：8，灰黑色石质。磨制，刃残，器身有多处崩疤痕迹。残长14.2、宽5.8、厚4.2厘米（图三〇，2）。C：4，青灰色石质。磨制，刃部和器身有多处崩疤痕迹。残长12.4、宽7、厚4.8厘米（图三〇，4）。C：9，灰黑色石质。磨制，刃部较锋利，器身有多处崩疤痕迹。残长14.7、宽6.6、厚4.4厘米（图三〇，6）。C：6，青灰色石质。磨制，刃部较锋利，器身有多处崩疤痕迹。残长10.2、宽5.4、厚3.5厘米（图三〇，7）。

石锛　5件。C：12，灰黑色石质。通体磨制。残长4.7、宽4.5、厚1.7厘米（图三一，

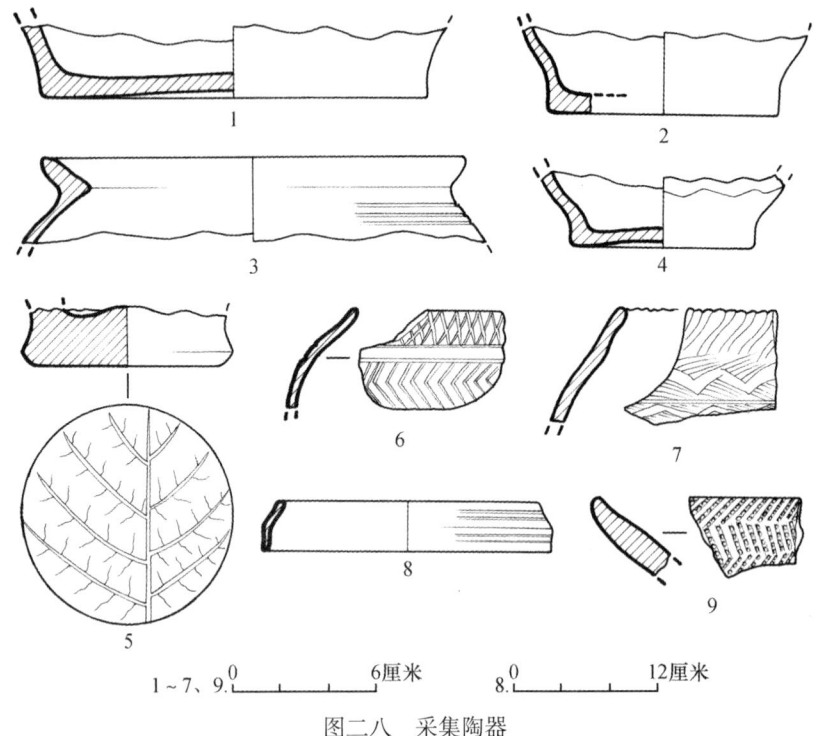

图二八　采集陶器

1、2、4、5.器底（C：51、C：72、C：50、C：49）　3.Bb型罐（C：27）　6、7.Ab型钵（C：35、C：41）
8.器座（C：28）　9.Aa型罐（C：46）

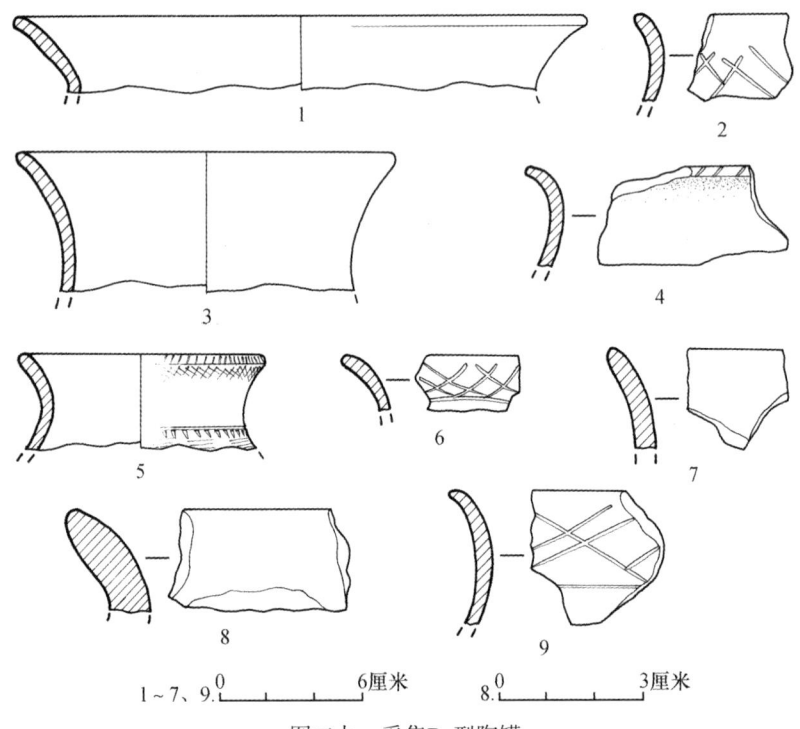

图二九　采集Ba型陶罐

1.C：40　2.C：32　3.C：26　4.C：33　5.C：31　6.C：39　7.C：40　8.C：52　9.C：36

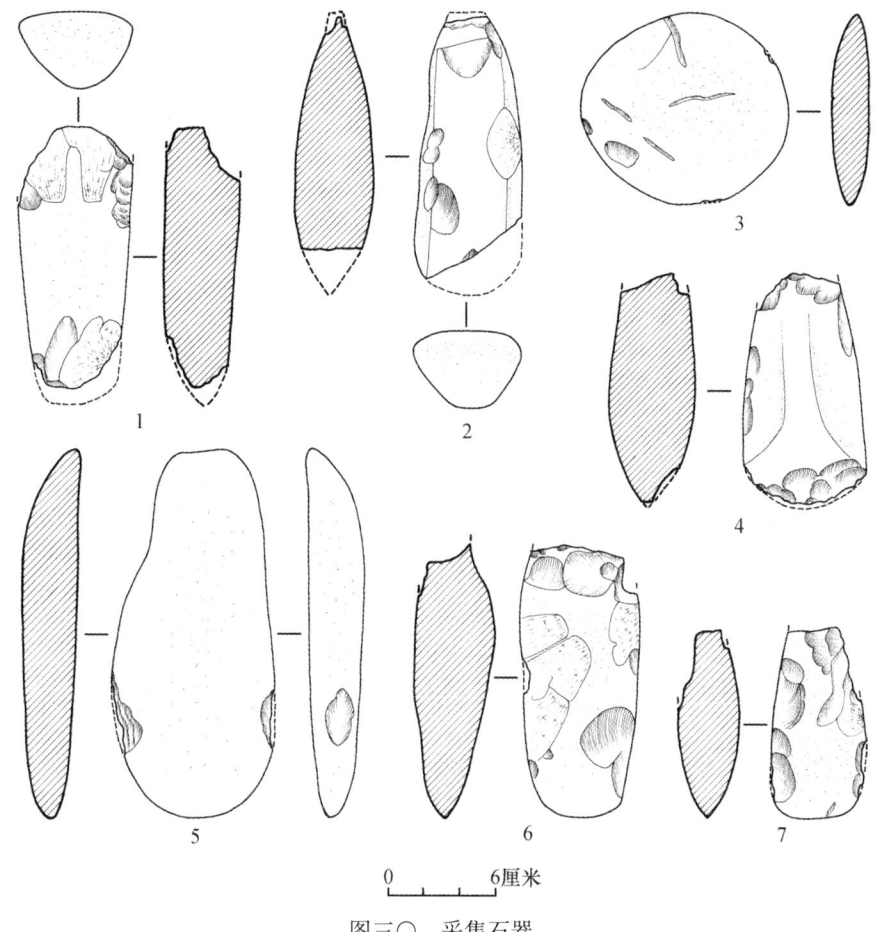

图三〇 采集石器

1、2、4、6、7.斧（C：3、C：8、C：4、C：9、C：6） 3.盘状器（C：70） 5.杵（C：22）

2）。C：11，灰黑色石质。磨制，上部残。残长2.4、宽3.8、厚0.8厘米（图三一，6）。C：2，灰褐色石质。尖部有打制痕迹。残长7.9、宽4.5、厚1.7厘米（图三二，3）。C：10，灰黑色石质。打制，器身有多处崩疤痕迹。残长8.5、宽4.3、厚1.9厘米（图三二，4）。C：13，灰黑色石质。通体磨制，顶部略残。残长5.7、宽3.6、厚0.8厘米（图三二，5）。

石凿 1件。C：16，灰褐色石质。磨制，两侧均残。残长6.5、残宽1.6、厚2.3厘米（图三一，4）。

石网坠 4件。C：20，灰褐色石质。半圆形，两侧各有一处打制凹痕。长7.4、宽4.8、厚2.2厘米（图三一，1）。C：21，灰褐色石质。椭圆形，两侧各有一处打制凹痕。长9.8、宽6、厚1.4厘米（图三一，3）。C：19，青灰色石质。略呈圆形，两侧各有一处打制凹痕。长7.7、宽7.4、厚1.6厘米（图三二，1）。C：18，灰褐色石质。半圆形，两侧各有一处打制凹痕。长10.9、宽6.5、厚1.3厘米（图三二，6）。

石刀 2件。C：15，灰黑色石质。磨制，一侧残，直背，弧刃。残长5.4、残宽

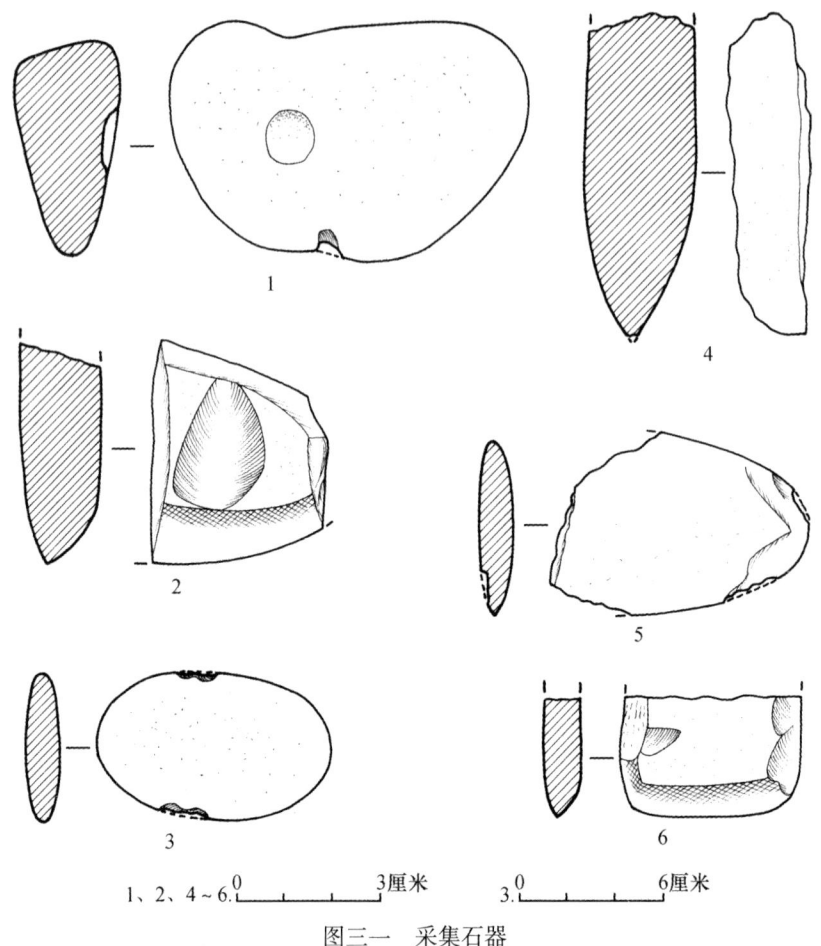

图三一　采集石器

1、3. 网坠（C：20、C：21）　2、6. 锛（C：12、C：11）　4. 凿（C：16）　5. 刀（C：15）

3.6、厚0.7厘米（图三一，5）。C：14，青灰色石质。磨制，一侧残，直背，刃略弧。残长6.7、宽3.2、厚0.6厘米（图三二，7）。

石盘状器　1件。C：70，灰褐色石质。长11.6、宽10.3、厚2.1厘米（图三〇，3）。

石杵　1件。C：22，青灰色石质。有使用痕迹。长19.9、宽9、厚3厘米（图三〇，5）。

器形不明　1件。C：17，青灰色石质。三侧有刃，双面加工，刃部加工痕迹似为切割，未经磨制。残长5.4、残宽7.8、厚1厘米（图三二，2）。

三、结　　语

皈家堡遗址出土陶器以夹砂陶为大宗，泥质磨光陶极少。素面陶居多，施纹方式以戳印最为常见，其次为刻划、堆塑，压印数量最少。陶罐数量最多，形制多样，其他器类还有钵、器座等。石器大多为磨制，磨制精良，器类有斧、锛、凿、刀、纺轮等，以斧、锛数量最多。

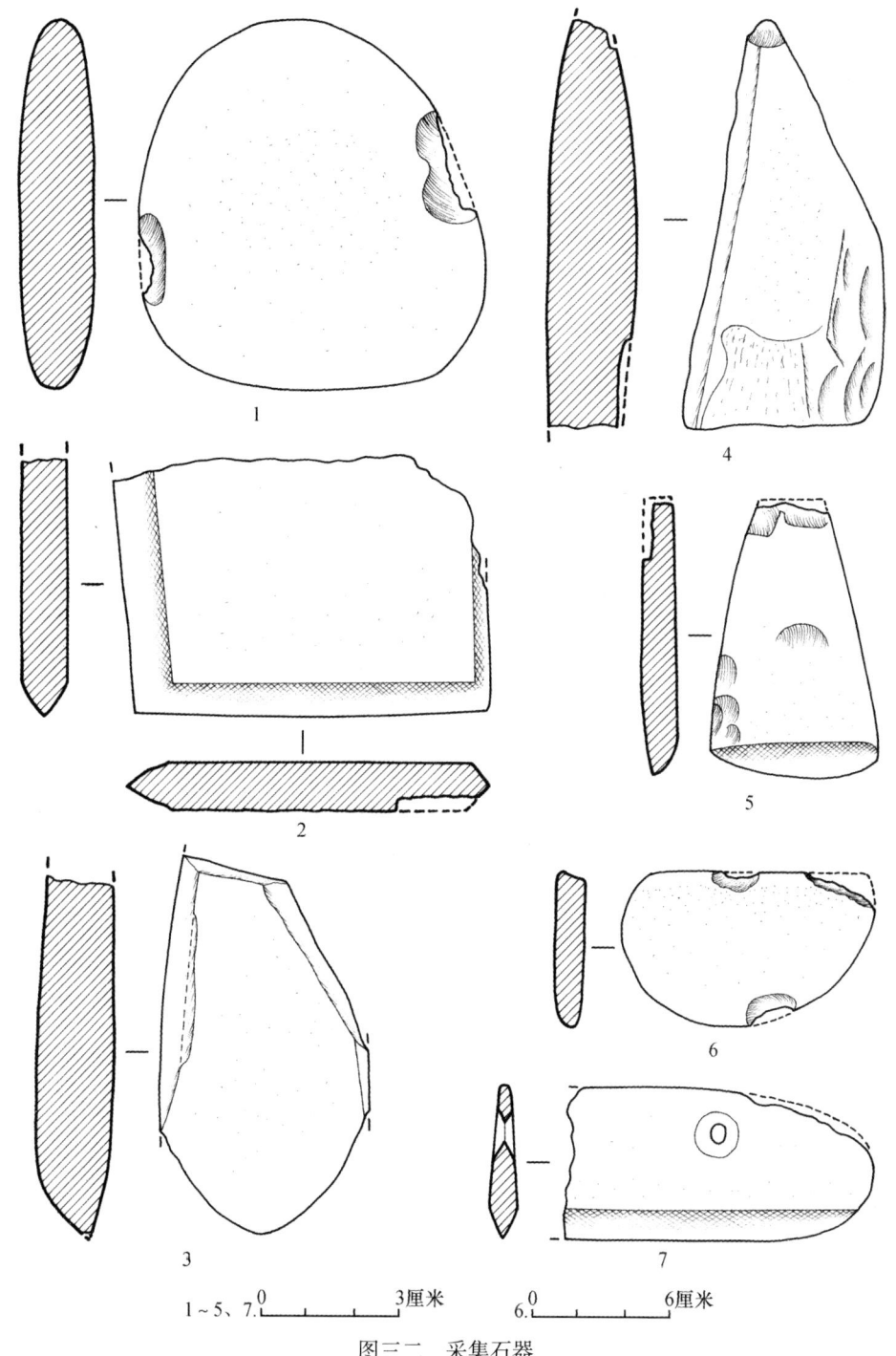

图三二 采集石器

1、6. 网坠（C:19、C:18） 2. 器形不明（C:17） 3~5. 锛（C:2、C:10、C:13） 7. 刀（C:14）

舨家堡遗址不同单位出土陶器组合基本为罐、钵组合，多数器形相差不大，纹饰风格少有变化，这表明该遗址延续性较强。依据层位关系、器物组合及形制特征，仍看出一定的早晚差别。一是第5层及开口于该层下的H2所见Ba型罐中颈部附加堆纹褶皱明显，第2～4层所见附加堆纹褶皱不明显，甚至为抹平泥条；二是第2～4层新出少量Bb型罐，这不见于第5层及H2。据此暂将此次发掘遗存分为早、晚两段，早段单位包括H2、第5层，晚段单位包括第4层、第3层、H1及第2层。从H2、第4层、第3层出土的黍碳十四测年来看，H2测年范围大体为距今4800～4500年，第4、3层的测年范围大体为距今4500～4300年[4]。除此以外，采集遗物有粗绳纹、叶脉纹陶片。粗绳纹纹饰接近大理银梭岛第一期同类纹饰，叶脉纹则常见于川西南等地青铜时代至早期铁器时代，推测皈家堡遗址可能还存在更多时期遗存。

皈家堡遗址陶器纹饰以戳印点纹或刻划纹与光面构成的复合纹饰最具特征，与德昌董家坡[5]、滇西元谋大墩子[6]、宾川白羊村[7]、永仁菜园子、永仁磨盘地[8]、永平新光[9]等遗址具有强烈的共性，戳印点纹、网格划纹在安宁河流域、滇西新石器时代遗存中常见。Aa型长颈罐目前在德昌董家坡、会理饶家地[10]、会理莲塘等遗址有同类器出土，滇西地区少见。Ba型罐近口部饰附加堆纹的做法常见于川西山地、安宁河流域，滇西地区仅在永平新光遗址有所出土。Bb型罐在德昌董家坡遗址第2层、永仁菜园子、永仁磨盘地遗址有所见。C型罐目前在永平新光等滇西诸新石器时代遗址多见。Ab型钵是皈家堡遗址常出的典型器类，几乎不见于安宁河流域，且与滇西同类器形制差别较大。总体而言皈家堡遗址出土遗存具有地域特色，同时与滇西地区共性更多，可能同属于同一文化系统。

H1、H2、TG1第4层植物考古工作显示皈家堡遗址作物结构主要为粟、黍两种旱作作物[11]。遗址出土的网坠暗示该遗址可能还存在一定的渔猎经济。

皈家堡遗址面积大，堆积厚，遗存内涵丰富，时代特征突出，是目前川西南地区堆积最好的新石器时代遗址。它的发掘与研究对于促进盐源盆地乃至金沙江中游北岸先秦时期区域系统调查与聚落结构研究具有重要意义。由于本次发掘揭露的面积有限，而且发掘位置位于遗址边缘部位，这严重阻碍了我们对该遗址文化面貌等的深入认识，迫切需要在该遗址做进一步的考古发掘工作。

附记：本次调查与试掘人员有凉山彝族自治州博物馆补琦、黄云松、孙策、刘灵鹤、胡婷婷，盐源县文物管理所李田、陈友仁，成都文物考古研究院刘祥宇、潘绍池、李彦川、周志清，西南民族大学谭培阳，冕宁县文物管理所卢自刚，德昌县文物管理所王勇等。

绘图：钟雅莉　逯德军
拓片：严　彬
执笔：左志强　孙　策　刘祥宇　补　琦
　　　刘灵鹤　胡婷婷　卢自刚　王　勇

注　释

[1] 四川凉山彝族自治州博物馆、四川盐源县文化馆：《四川盐源县轿顶山发现新石器时代遗址》，《考古》1984年第9期。

[2] 凉山彝族自治州博物馆、成都文物考古研究所：《老龙头墓地与盐源青铜器》，文物出版社，2009年。

[3] 成都文物考古研究所、凉山州博物馆、盐源县文物管理所等：《盐源地区近年新出土青铜器及相关遗物报告》，《成都考古发现》（2009），科学出版社，2011年。

[4] 北京大学加速器质谱（AMS）碳十四测试报告：

Lab编号	样品	样品原编号	出土地点	碳十四年代（BP）	树轮校正后年代 1σ（68.2%）	树轮校正后年代 2σ（95.4%）
BA152213	黍	2015SYG1	皈家堡遗址 2015SYGH2	4200±25	2884BC（20.6%）2864BC 2806BC（44.5%）2760BC 2717BC（3.1%）2712BC	2893BC（27.9%）2851BC 2814BC（53.1%）2741BC 2729BC（14.4%）2694BC
BA152214	黍	2015SYG2	皈家堡遗址 2015SYGH2	4045±25	2618BC（7.2%）2608BC 2598BC（2.5%）2594BC 2585BC（20.4%）2563BC 2534BC（20.6%）2494BC	2831BC（1.8%）2821BC 2631BC（1.3%）2480BC
BA152215	黍	2015SYG3	皈家堡遗址 2015SYGH2	4080±25	2833BC（9.7%）2819BC 2661BC（6.2%）2649BC 2635BC（52.3%）2574BC	2852BC（14.8%）2812BC 2744BC（2.0%）2727BC 2696BC（72.8%）2567BC 2522BC（5.8%）2497BC
BA152216		2015SYG4	皈家堡遗址 2015SYGH2	3870±45	2456BC（16.7%）2419BC 2409BC（51.5%）2292BC	2469BC（82.4%）2267BC 2261BC（13.0%）2206BC
BA152217	黍	2015SYG9	皈家堡遗址 2015SYGTG1④	3870±30	2454BC（18.0%）2419BC 2407BC（16.9%）2376BC 2351BC（33.3%）2293BC	2465BC（89.7%）2278BC 2251BC（4.3%）2229BC 2220BC（1.4%）2211BC
BA152218	黍	2015SYG11	皈家堡遗址 2015SYGTG1③	3915±25	2469BC（27.3%）2432BC 2424BC（16.3%）2402BC 2381BC（24.6%）2384BC	2474BC（91.7%）2336BC 2324BC（3.7%）2307BC

北京大学加速器质谱实验室、第四纪年代测定实验室，2016年6月。

[5] 成都文物考古研究所、凉山州博物馆、德昌县文管所：《2009年四川德昌县董家坡遗址发掘简报》，《南方民族考古》（第七辑），科学出版社，2011年；成都文物考古研究所、凉山彝族自治州博物馆、德昌县文物管理所：《2010年德昌县董家坡遗址发掘简报》，《安宁河流域古文化调查与研究》，科学出版社，2012年。

[6] 云南省博物馆：《元谋大墩子新石器时代遗址》，《考古学报》1977年第1期。

[7] 云南省博物馆：《云南宾川白羊村遗址》，《考古学报》1981年第3期。

[8] 云南省文物考古研究所、中国社会科学院考古研究所云南工作队、成都市文物考古研究所等：《云南永仁菜园子、磨盘地遗址2001年发掘报告》，《考古学报》2003年第2期。

[9] 云南省文物考古研究所、大理州文物管理所、永平县文物管理所：《云南永平新光遗址发掘报告》，

《考古学报》2002年第2期。

[10] 见本书。

[11] 成都文物考古研究所、凉山彝族自治州博物馆、盐源县文物管理所：《2015年盐源县皈家堡遗址、道座庙遗址出土植物遗存分析报告》，《成都考古发现》（2014），科学出版社，2016年。

2012年会理县饶家地遗址发掘报告

成 都 文 物 考 古 研 究 院
凉 山 彝 族 自 治 州 博 物 馆
会 理 县 文 物 管 理 所
重庆师范大学历史与社会学院

  会理县位于四川省凉山彝族自治州南部，金沙江环绕其西、南面，西连攀枝花市，南与云南省元谋、武定、禄劝等县隔江相望，东邻会东县，北与德昌等县相接。会理属中亚热带西部半湿润气候区，光热资源丰富，气候宜人。年平均气温15.1℃，年均降水量1150毫米，干湿季节明显。县境内垂直气候明显，无霜期长，年平均达240天，年平均日照2398小时，平均相对湿度69%左右，昼夜温差大，四季温差小，冬无严寒，夏无酷暑，四季如春。县域地势北高南低，山脉多南北走向，延抵金沙江畔，形成较多的山间盆地、谷地。主要河流为城河，发源于龙肘山南麓，流经县城后向西南蜿蜒迂回，纵贯全境，在新安乡注入金沙江，全长150千米。

  会理县扼川滇要冲，自古以来就是川西南与滇西及南亚商贸往来周转重地，素有"川滇锁钥"之称。元鼎六年（前111年），武帝诛杀邛君、笮侯，以邛都为越寓郡（西昌），置邛都、定笮、苏示、台登、会无、三绛、卑水、姑复、遂久、青蛉、灵光、笮秦、大笮、潜街、阑15县。会无即今会理，三绛在今会理县所属黎溪境。此为会理正式建置见于文字记载之始，此后历经2000多年其境域变化一直不大。

  20世纪70年代以来，会理境内开展了数次区域考古调查[1]，发现了大量新石器时代至青铜时代的古代文化遗存。遗存分布城河及集水区的河谷坡地、丘陵盆地，较为集中的区域有县城附近、普隆—新安一带的河谷坡地，以及黎溪—河口、新发乡等的山间盆地。

  饶家地遗址即位于黎溪—河口的山间盆地，地处会理县黎溪区河口乡云山村三组南北面的低矮圜圆丘陵之上，地理坐标为东经102°00′10.4″、北纬26°17′57″，海拔1794.7米，遗址面积为5300平方米（图一）。遗址北为小洼子墓地[2]，南侧紧贴黎拉公路（黎溪至拉拉铜矿），与1988年发掘的粪箕湾墓地[3]隔冲沟相望，南临河口乡，北与黎溪镇相望。饶家地遗址在20世纪全国第二次文物普查中就已经发现大量石器，但未发现文化层。2008年12月，为了配合第三次全国文物普查，由成都文物考古研究院、四川大学考古学系、凉山彝族自治州博物馆、会理县文物管理所组成文物普查组重新调查

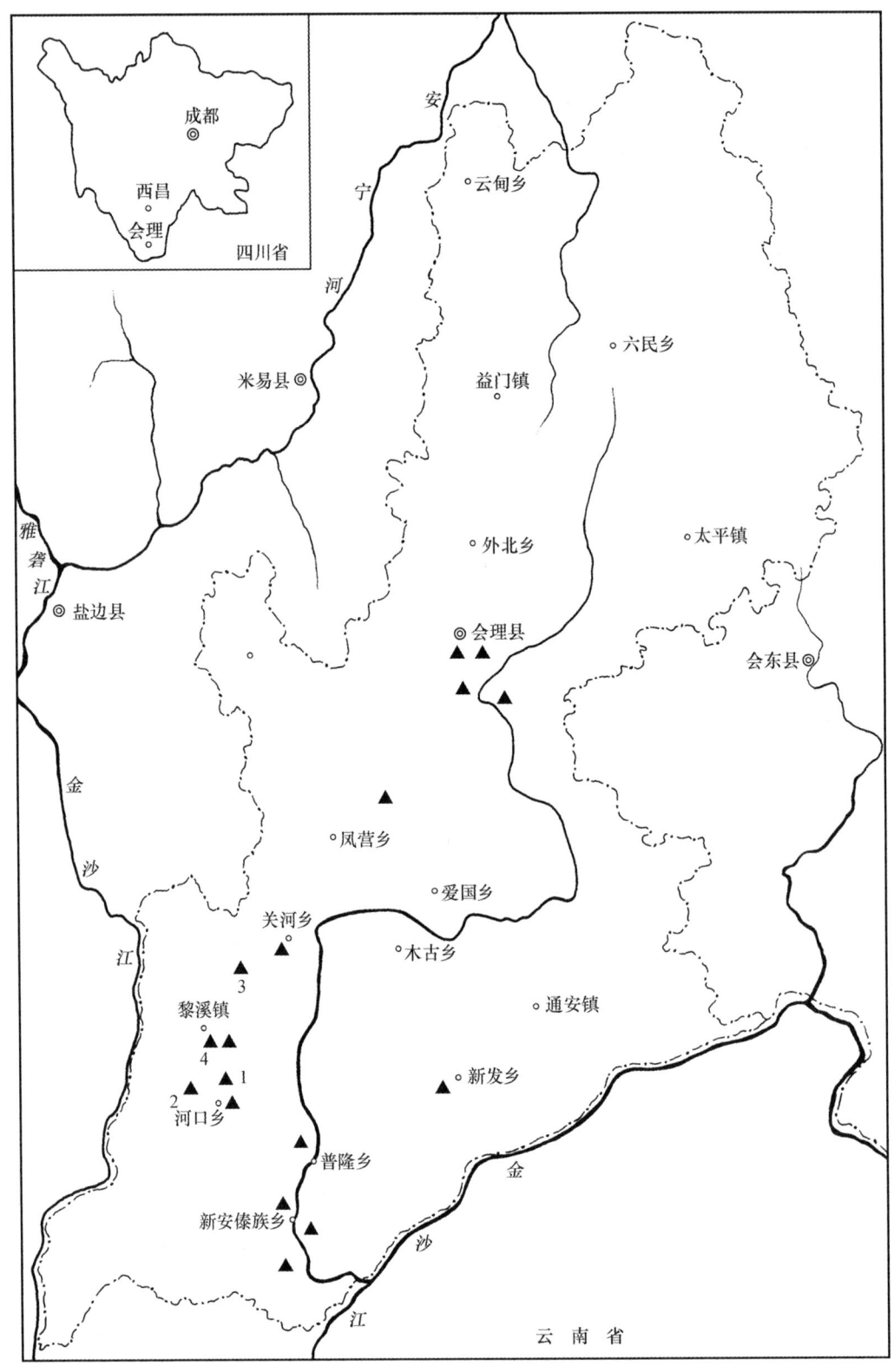

图一　遗址位置示意图
1.饶家地遗址　2.粪箕湾墓地　3.莲塘遗址　4.唐家坡遗址

该遗址，发现了文化层及遗迹现象。2008年8月30日，会理黎溪地震后遗址遭到一定破坏，沿公路边进行的灾后重建工作加剧了遗址的破坏情况。遗址现状保存堪忧，迫切需要抢救性发掘。

2012年11月，成都文物考古研究院会同凉山彝族自治州博物馆、会理县文物管理所对饶家地遗址进行了第一次发掘，地点位于遗址南部。探方布置因地制宜，方向为50°，以西南角为基点，向北三行，向东七列，共布21个5米×5米探方，发掘面积为525平方米。此次发掘发现灰坑、大量房址等遗迹现象，出土丰富陶、石遗物。现将此次发掘情况简报如下。

一、地层堆积

饶家地遗址此次发掘区域地表较平坦，起伏不大。地层堆积简单，根据土质土色及包含物，将地层统一划分为3层。现以TN01E05西壁为例介绍地层堆积情况如下（图二）：

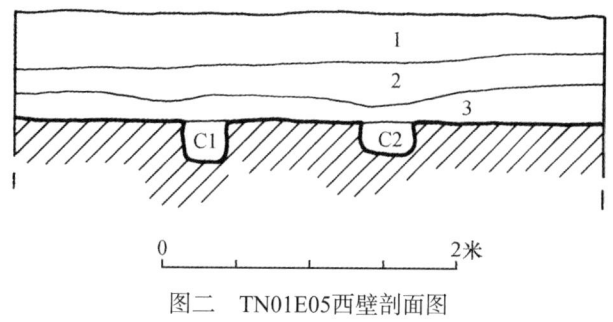

图二　TN01E05西壁剖面图

第1层：灰褐色沙土，土质疏松。厚0.2~0.37米。富含农作物根系，以及大量石块、瓷片、瓦片等，为现代耕土层。

第2层：黑褐色沙土，土质较紧密。距地表深0.2~0.37、厚0.17~0.3米。夹杂少量红烧土颗粒、石块、木骨泥墙等，出土有较多陶片，可辨器形有罐、钵等。F1~F10、H1~H3、Z1开口于该层下。

第3层：红褐色黏土，土质较紧密。距地表深0.4~0.62、厚0.07~0.27米。夹杂有大量红烧土颗粒及少量石块，出土有少量陶片，可辨器形有罐等。C1、C2开口于该层下。

第3层以下为纯净生土。

二、遗　　迹

此次发掘发现较多遗迹现象，共揭露有10座房址、3个灰坑、2条沟槽及1座灶址（图三）。此外还发现了较多零散柱洞。

（一）房　　址

此次试掘发现的房址全部由柱洞于地面形成长方形的柱网系统布局。房子柱网系统排列方向基本一致。有少数房址发现残存的地面居住痕迹。另外，出土较多红烧土块，红烧土块成分主要为草拌泥，部分可见木骨泥墙痕迹。柱洞平面形状大多为圆形，有的为椭圆形，多数柱洞为直壁、缓平底，柱洞内填土较疏松。

F1　位于TN02E07内，延伸至TN02E07北隔梁内。开口于第2层下，柱洞打破第3层。结构仅见柱洞及局部垫土，墙体、活动面等已不见。柱网平面大致呈长方形，由19个柱洞组成，南北残长4、东西宽3.02米（图四）。柱洞斜直壁，缓平底，直径16～32、深12～14厘米，填土为灰黑色沙土。房屋建造结构为木（竹）骨泥墙，在房址周围发现有垮塌的草拌泥墙土块，且墙体有明显的烧结痕迹，结合第3层层表的红烧土烧结面分析，该房址建造时应将墙体与地面都经过烘烤。

F5　位于TN01E01东部，延伸至TN02E01内。开口于第2层下，柱洞打破第3层。该房址布局较明朗，由柱洞、基槽构成木（竹）骨泥墙建筑结构。南北长5.2、东西残宽2.6米（图五）。

F7　横跨TN03E06、TN03E07、TN02E06、TN02E07四个探方。开口于第2层下，柱洞打破第3层。柱网平面呈长方形，由13个柱洞组成，南北长约6、东西总宽约3米（图六）。整体保存较差，居住面以及门道位置均被破坏，屋内未见有开间。仅在房址周围发现有垮塌的草拌泥墙土块，且墙体有明显的烧结痕迹，推测该房址建造时应将墙体与地面都经过烘烤。

F9　位于TN03E05西部，延伸至未发掘区。开口于第2层下，柱洞打破第3层。该房址应为由柱洞、基槽构成的木（竹）骨泥墙建筑结构。中部活动面填有红烧土。东西残长3.6、南北残宽2.8米（图七）。

（二）沟　　槽

C1　位于TN01E04、TN01E05的南部。开口于第3层下。平面呈长条形，斜直壁，缓平底，南部部分壁面经过火烤，硬度较大，未发现有柱洞。总长6.85、宽0.3～0.45、深0.3米（图八）。填土为红褐色，夹杂大量红烧土颗粒。

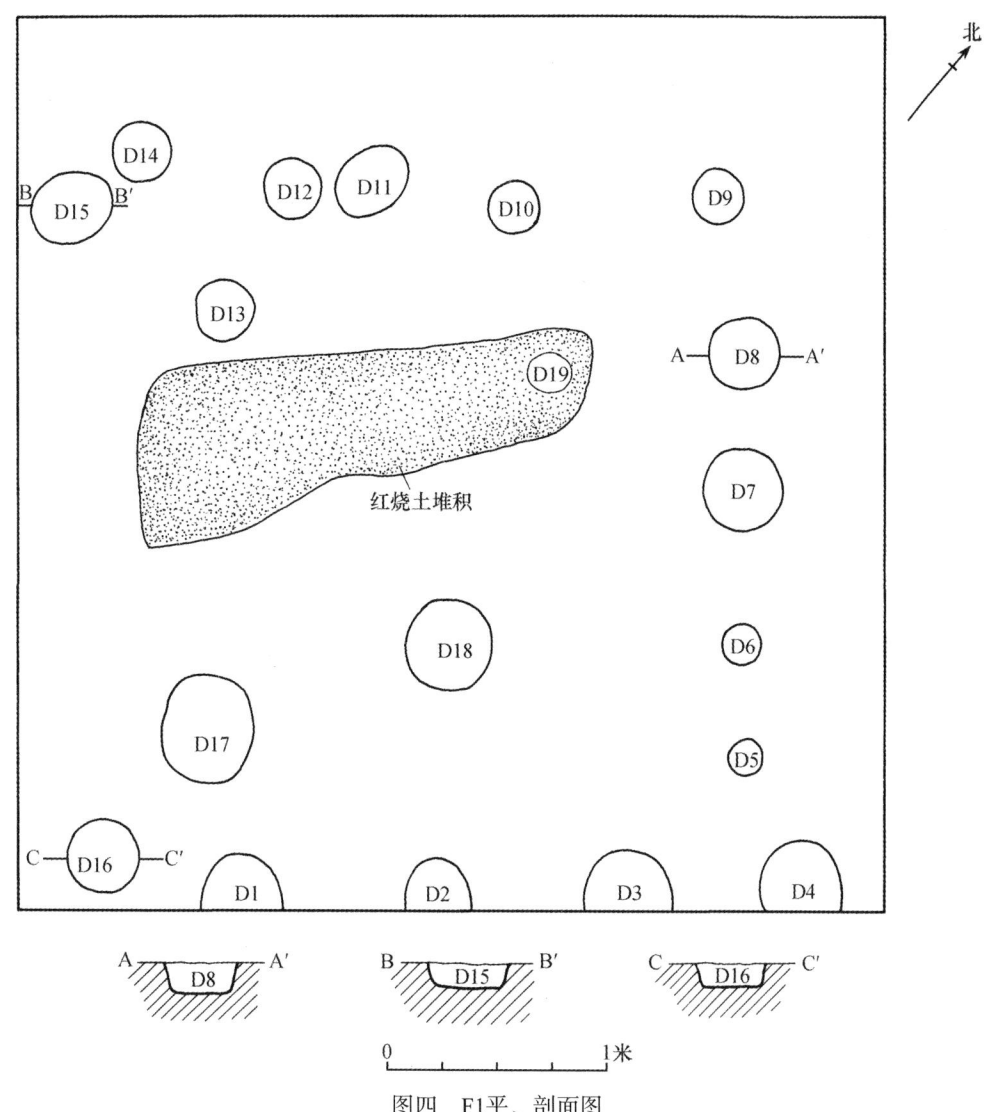

图四 F1平、剖面图

C2 位于TN01E05北部。平面呈长条形，较深，基槽内发现3个柱洞。总长4、宽0.35~0.5、深约0.22米（图九）。

（三）灰　　坑

H1 位于TN01E06东北部。开口于第2层下，打破第3层及生土。平面呈不规则形，弧壁，平底，底部中部上鼓（图一〇）。坑口南北长4.1、东西残长3.3、深0.2~0.42米。填土为浅褐色土，夹较多红烧土颗粒，土质较细腻。出土较多陶器。

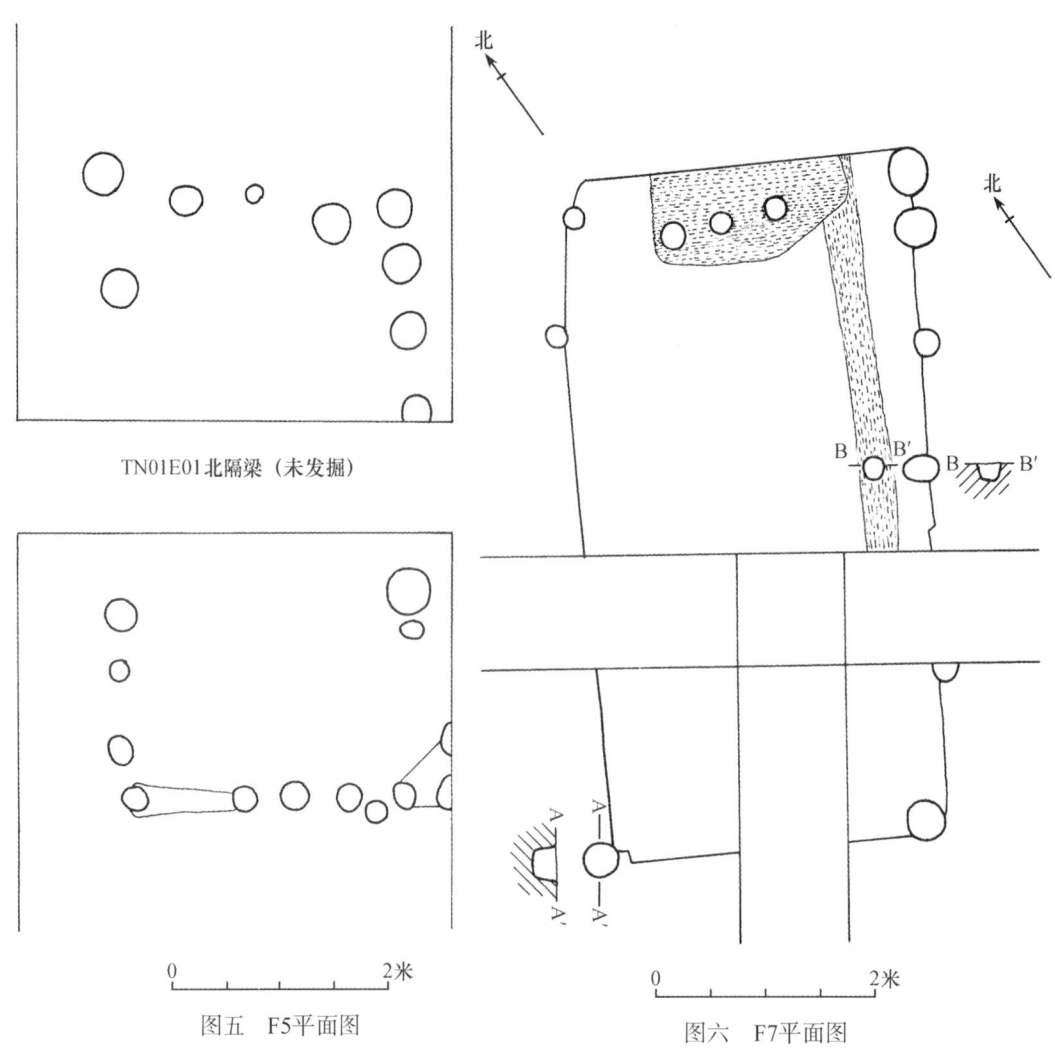

图五　F5平面图　　　　图六　F7平面图

H2　位于TN02E01西南部。开口于第2层下，打破第3层及生土。平面近圆形，弧壁，平底。直径1.2~1.26、深0.2米（图一一，1）。填土为浅褐色土，夹较多红烧土颗粒，土质较细腻。出土较多陶器。

H3　位于TN02E01西北部。开口于第2层下，打破第3层及生土。平面呈圆形，口大底小，斜壁，平底。口径0.84、底径0.64、深约0.62米（图一一，2）。填土为浅褐色土，夹较多红烧土颗粒，土质较细腻。出土较多陶器。

（四）灶　　址

Z1　位于TN03E03西南部。开口于第2层下，打破第3层及生土。平面呈马蹄形。灶膛近圆形，直壁，平底（图一二）。直径1、深0.28米。灶膛填土为浅褐色土，夹较多红烧土颗粒，土质较细腻，灶膛内有意放置4个石块。

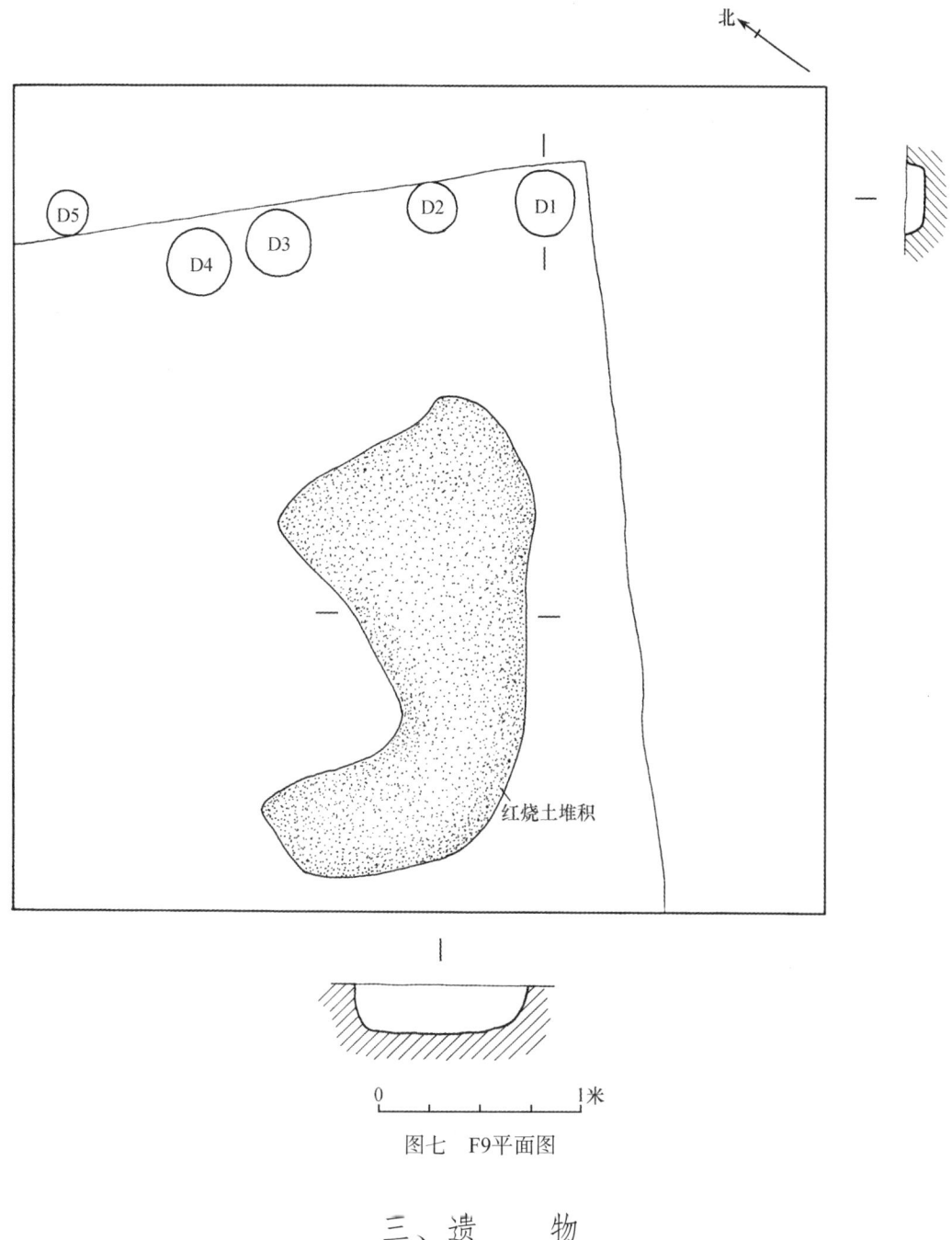

图七 F9平面图

三、遗 物

此次发掘出土大量遗物，主要为陶器、石器及植物籽实等。

1. 陶器

出土陶器为夹砂陶，没有通常意义上的泥质陶，因为陶土取自当地土壤，天然含砂。陶色主要为灰褐色，其次为灰黑、红褐、灰黄、灰等色，还有极少量橙红色。陶器

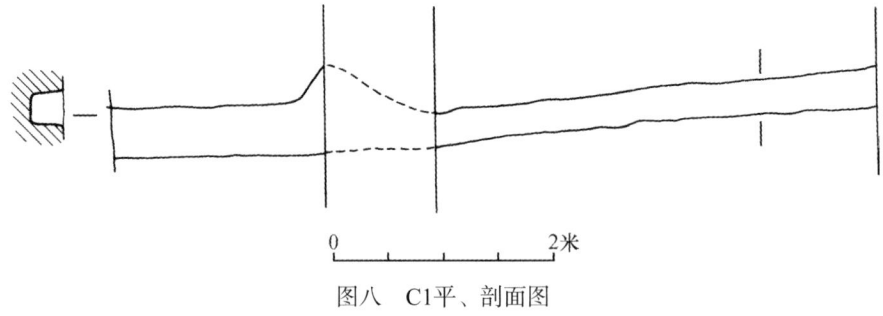

图八　C1平、剖面图

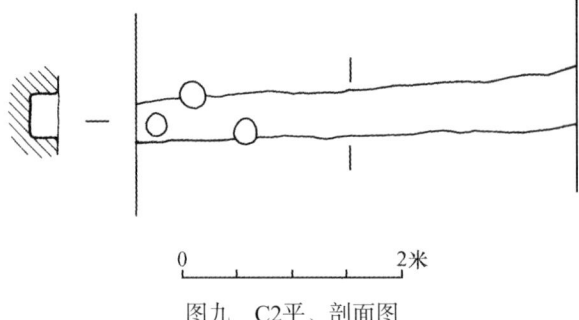

图九　C2平、剖面图

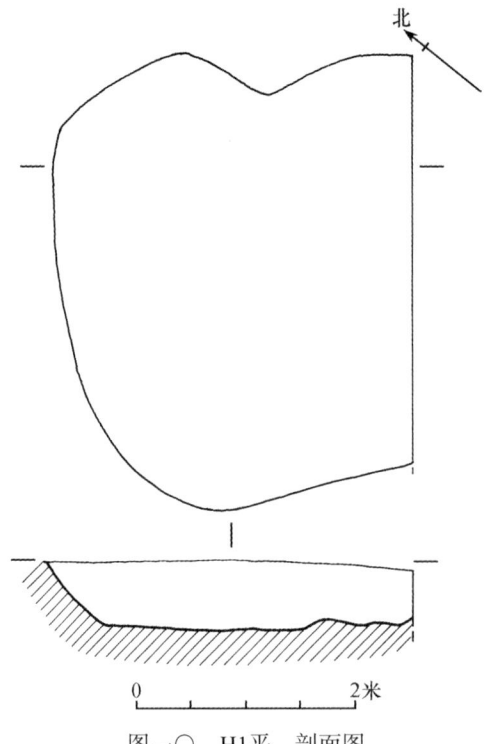

图一〇　H1平、剖面图

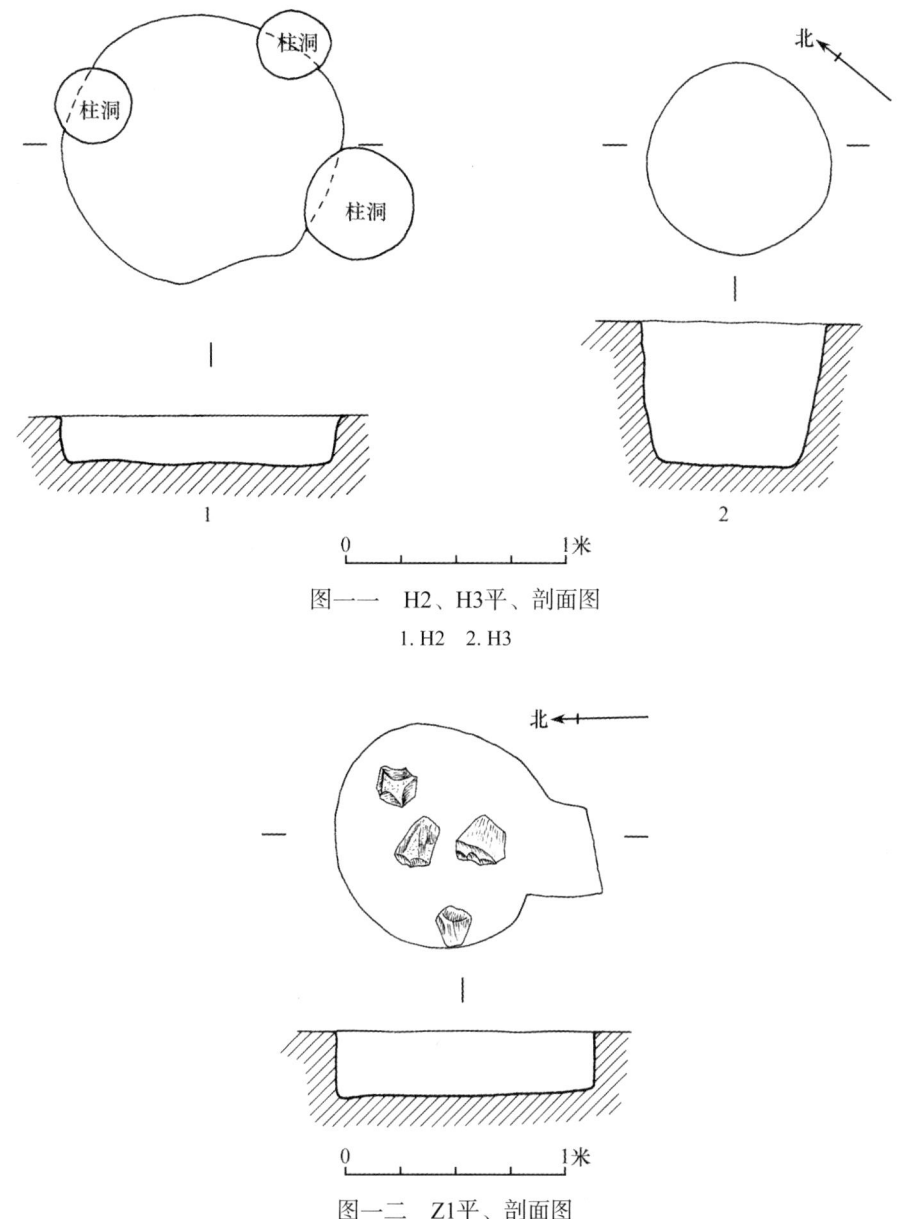

图一一 H2、H3平、剖面图
1. H2 2. H3

图一二 Z1平、剖面图

基本为手制，一般为泥条盘筑法，基本不见轮制痕迹。

陶器以素面陶为主，纹饰丰富多样（图一三、图一四），分布于器物上腹、口部等，少量施于口沿内沿面。根据施纹方式，纹饰可以划分为戳印、压印、刻划、附加堆塑四类。

戳印类纹饰主要为点纹、圆圈纹、锯齿花边。点纹一般排列呈线状，称之"点线纹"，绝大多数点线纹为平行排列，极少量呈"之"字形。点线纹排列或构成条带状、网络状，一般施于罐类器物颈部；或构成三角形状，一般施于罐类口沿内侧；或与不施

图一三 陶器纹饰拓片

1、5、6、8~11.点线纹（TN01E05②：14、TN01E03②：15、TN01E05②：17、TN01E04③：10、TN01E06②：5、TN03E06②：7、TN03E06②：11） 2、4.点线纹+附加堆纹（TN01E05②：5、TN01E03③：18） 3、7.点线纹+圆圈纹（TN01E05②：16、TN03E07③：3）

纹饰的光面组成复合纹饰，多装饰在钵类器表。圆圈纹一般与点线纹、附加堆纹组合构图，一般装饰钵、罐器表。锯齿花边一般以戳印点状形式施于罐类唇部，不同于其他地区唇部为压印而成的锯齿花边。

压印类纹饰主要为绳纹，刻划类纹饰有水波纹、叶脉纹、网纹，堆塑纹饰主要为带状附加堆纹、乳钉錾，乳钉錾仅见罐类口部。

图一四 陶器纹饰拓片

1、4~6、16. 网格划纹（TN01E02③：19、TN03E02②：12、TN03E02②：19、TN01E05②：15、TN01E06②：6） 2、9、14. 绳纹（TN01E04②：32、TN01E03③：16、TN01E04②：34） 3. 网格划纹+水波划纹（TN03E03③：1） 7. 水波划纹（TN02E07②：2） 8. 网格划纹+乳钉纹（TN02E01②：9） 10. 弦纹（TN01E03③：16） 11. 乳钉纹（TN02E01②：8） 12、13. 附加堆纹（TN03E02②：9、TN02E03②：2） 15. 弦纹+点纹（TN01E04③：14）

陶器器类有罐、钵、壶、器耳、器底等，罐、钵、壶为常见器物组合。器形一般可见平底器，几乎不见圈足器、三足器，某些罐类（乳钉錾罐）有可能为圜底。

此次发掘大多为陶器口、底残片，没有修复完整器，这给陶器类型划分带来相当困难。

罐　128件。依据口部形态，分为四型。

A型　43件。侈沿罐。依据唇缘形态，分为二亚型。

Aa型　33件。花边口沿。圆唇。TN03E04②∶4，红褐陶。器表饰斜向水波划纹。口径32、残高11.1厘米（图一五，1）。TN03E03②∶3，灰黑陶。素面。口径41、残高6.4厘米（图一五，2）。TN01E04②∶16，灰褐陶。器表饰波折纹。口径19、残高3.8厘米（图一五，3）。C1∶6，细砂褐陶。近口部饰一周弦纹，上腹饰水波划纹。口径18、残高3.4厘米（图一五，4）。TN01E05②∶10，红褐陶。器表饰横向水波划纹。口径23、残高7.5厘米（图一五，5）。TN03E04②∶5，红褐陶。器表饰斜向水波划纹。口径16.6、残高4.6厘米（图一五，6）。TN02E01②∶3，红褐陶。口径17.3、残高4厘米（图一五，7）。TN02E01②∶6，灰褐陶。素面。口径18、残高4厘米（图一五，8）。H1∶18，棕褐陶。器表饰横向水波划纹。口径16、残高4.6厘米（图一五，9）。TN03E01②∶6，黄褐陶。口沿内侧饰戳点三角纹。残高4.2厘米（图

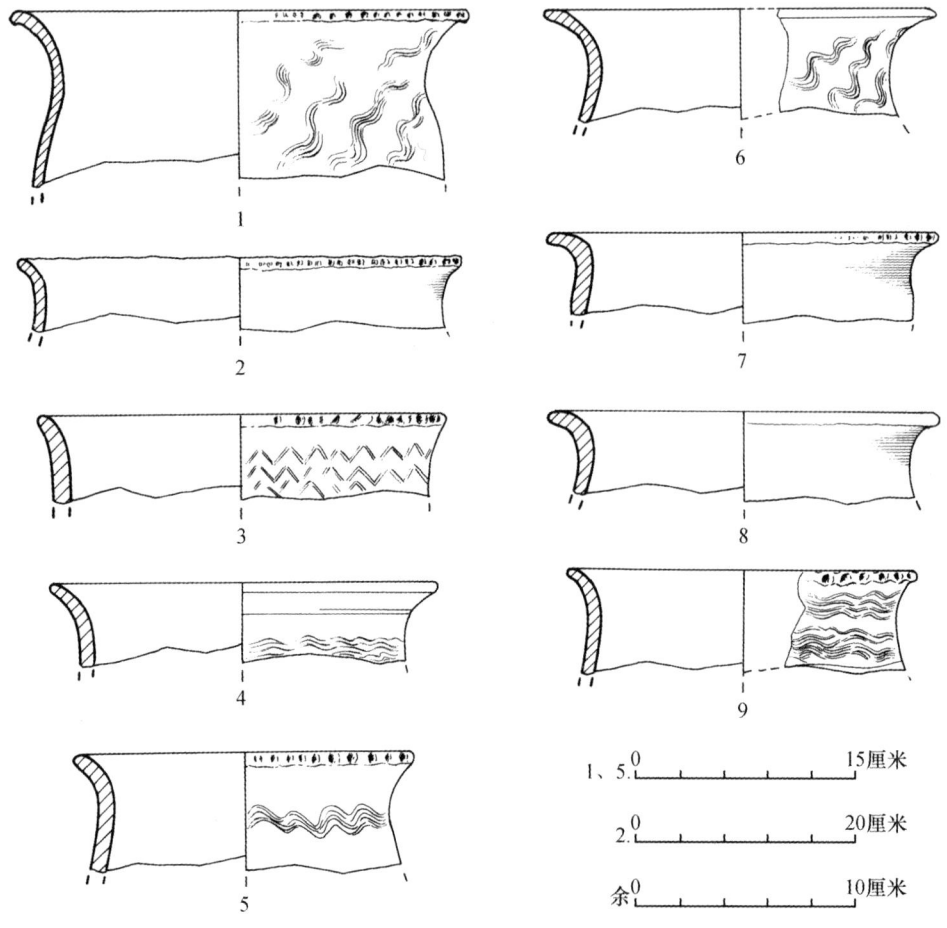

图一五　Aa型陶罐

1. TN03E04②∶4　2. TN03E03②∶3　3. TN01E04②∶16　4. C1∶6　5. TN01E05②∶10　6. TN03E04②∶5
7. TN02E01②∶3　8. TN02E01②∶6　9. H1∶18

一六，1）。C1∶8，外褐内黑陶。残高5厘米（图一六，2）。C1∶20，红褐陶。器表饰横向水波划纹。残高5厘米（图一六，3）。C1∶3，红褐陶。上腹饰水波划纹。残高4.6厘米（图一六，4）。TN03E03③∶17，灰褐陶。口沿内侧饰戳点三角纹。残高2.7厘米（图一六，5）。TN01E02③∶9，灰褐陶。口沿内侧戳点三角纹。残高3.2厘米（图一六，6）。C1∶10，灰褐陶。上腹饰横向水波划纹。残高5.7厘米（图一六，7）。TN02E06②∶9，红褐陶。近口部外侧附加一道泥条。残高4.6厘米（图一六，8）。TN03E03③∶4，红褐陶，火候较高，器表及内侧可见烟渍。器表饰戳印纹。残高5.8厘米（图一六，9）。TN03E04②∶12，灰黑陶。素面。残高3.3厘米（图一七，

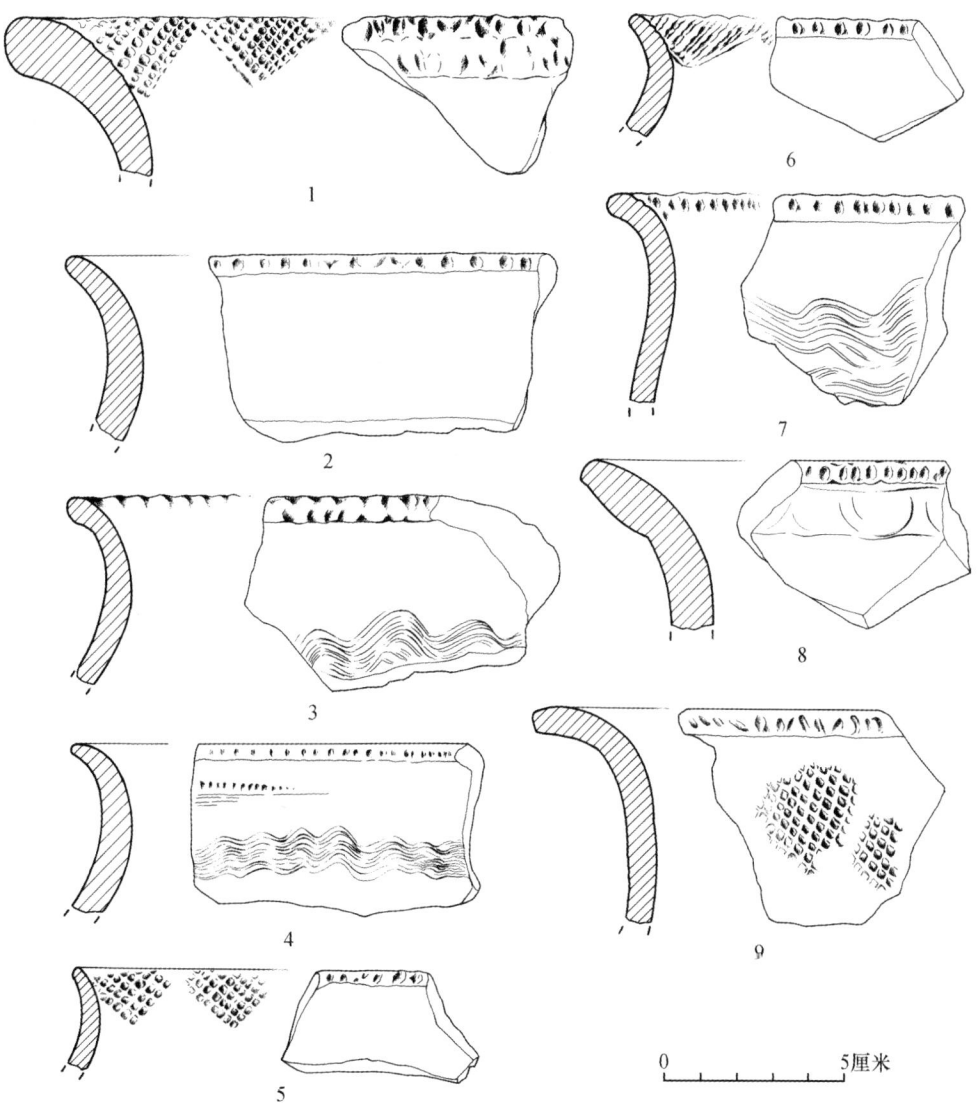

图一六　Aa型陶罐

1. TN03E01②∶6　2. C1∶8　3. C1∶20　4. C1∶3　5. TN03E03③∶17　6. TN01E02③∶9　7. C1∶10
8. TN02E06②∶9　9. TN03E03③∶4

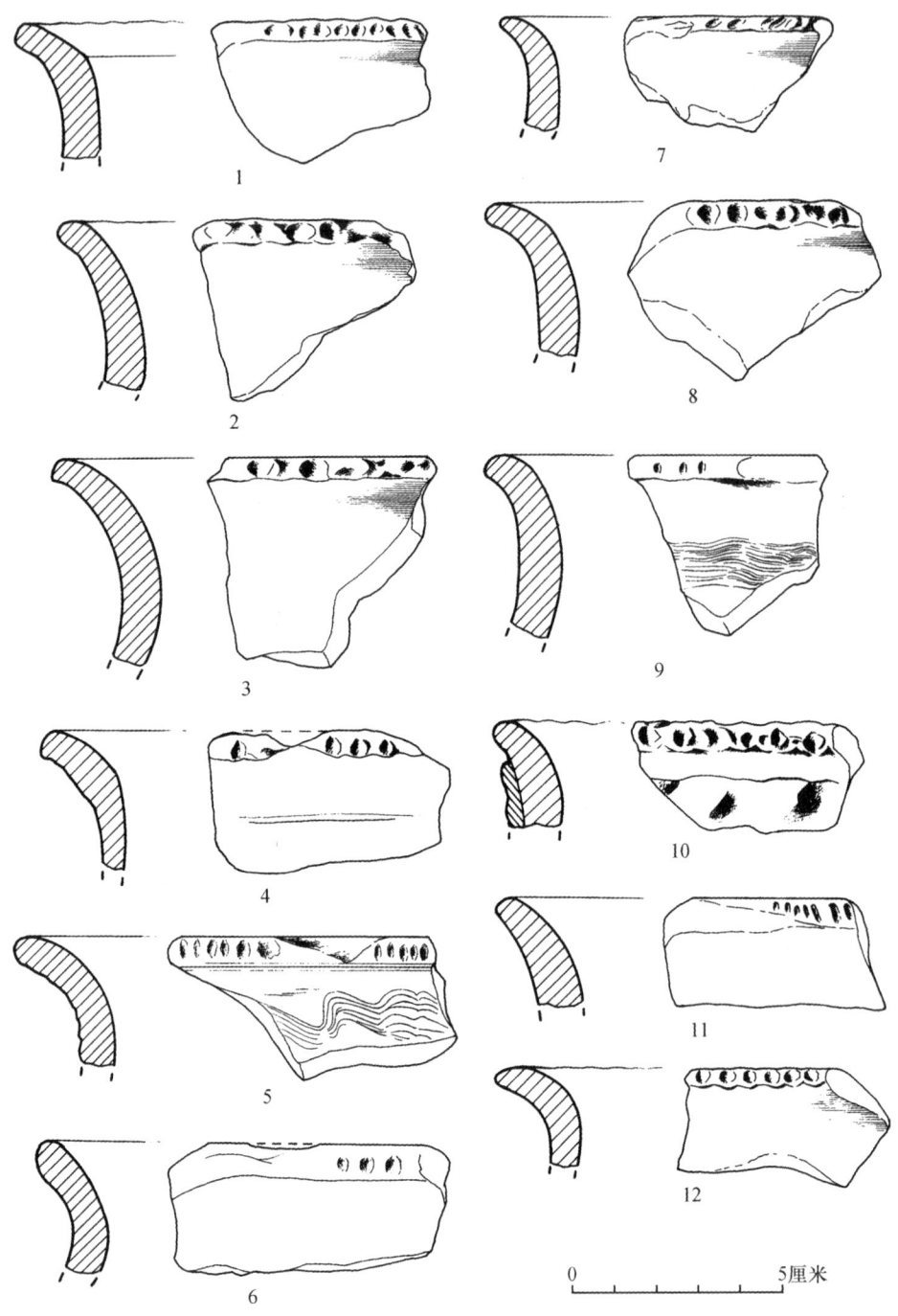

图一七 Aa型陶罐

1. TN03E04②：12 2. TN02E01②：7 3. TN03E04②：7 4. TN01E03③：10 5. C1：9 6. C1：14
7. TN03E03②：14 8. TN02E01②：10 9. TN03E06②：8 10. TN01E03③：3 11. H1：23 12. TN02E01②：11

1）。TN02E01②：7，灰褐陶。素面。残高4.2厘米（图一七，2）。TN03E04②：7，灰黑陶。素面。残高4.7厘米（图一七，3）。TN01E03③：10，灰褐陶。素面。残高3.2厘米（图一七，4）。C1：9，磨光褐陶，内侧黑褐，火候较高。上腹饰水波划纹。残高3.3厘米（图一七，5）。C1：14，灰褐陶。素面。残高3.1厘米（图一七，6）。TN03E03②：14，灰褐陶。素面。残高2.7厘米（图一七，7）。TN02E01②：10，灰褐陶。素面。残高3.6厘米（图一七，8）。TN03E06②：8，灰黑陶。器表饰横向水波划纹。残高4.2厘米（图一七，9）。TN01E03③：3，红褐陶。近口部贴附一周附加堆纹。残高2.5厘米（图一七，10）。H1：23，灰褐陶。素面。残高2.6厘米（图一七，11）。TN02E01②：11，灰黑陶。素面。残高2.8厘米（图一七，12）。

Ab型 10件。素缘。圆唇。TN02E01③：9，青灰陶，陶胎可见较多粗砂颗粒。口径22、残高3厘米（图一八，1）。TN01E06②：51，灰褐陶。残高4.6厘米（图一八，2）。C1：7，红褐陶。残高4.7厘米（图一八，3）。TN03E01③：16，棕褐陶。残高4.2厘米（图一八，4）。TN02E01③：6，夹粗砂青灰陶，可见橙红色陶衣。口径20、残高4厘米（图一八，5）。C1：13，红褐陶，陶胎可见细小石英颗粒。残高4.4厘米（图一八，6）。TN01E06②：63，灰褐陶。残高4.5厘米（图一八，7）。H1：21，红褐陶。残高2.7厘米。TN02E07③：1，褐陶，胎质细腻，夹较多细小石英。残高3.2厘米（图一八，8）。

B型 73件。卷沿罐。依据纹饰特征，分为三亚型。

Ba型 58件。乳钉錾罐。一般近口部饰呈疙瘩状乳钉，其余器表为素面，陶色多斑驳，以灰褐、灰黄为主。这类罐口沿多为残片，且不见乳钉，但是根据陶系特征可视为乳钉錾罐。这类罐领有高矮之分，但不见有明显早晚之别。依据领部高矮，分为二亚型。

BaⅠ型 27件。领部较高。尖圆唇。TN01E06②：41，灰黄陶。口径32、残高11.7厘米（图一九，1）。TN03E03②：19，灰黄陶。口径30、残高11厘米（图一九，2）。TN02E01②：18，灰黄陶。口径31、残高6.8厘米（图一九，3）。TN01E06②：30，灰黄陶。口径27、残高6.4厘米（图一九，4）。TN01E02②：19，黄褐陶。口径26、残高7厘米（图一九，5）。H1：10，灰褐陶。口径36、残高8.6厘米（图二〇，1）。TN03E04②：6，黑褐陶。口径24、残高6.8厘米（图二〇，2）。TN02E07②：1，灰褐陶。口径34、残高9厘米（图二〇，3）。TN03E03②：9，灰褐陶，器里为黑褐色。口径34、残高8.6厘米（图二〇，4）。TN02E06②：4，红褐陶。口径30、残高6.6厘米（图二〇，5）。TN03E06②：2，灰褐陶。口径18、残高7厘米（图二〇，6）。H1：12，灰褐陶。口径26、残高6厘米（图二〇，7）。TN01E06②：46，器表呈灰黄色，内侧为黑褐色。口径32、残高11.6厘米（图二〇，8）。TN03E03②：11，灰陶，陶胎为青灰色。口径34、残高8厘米（图二〇，9）。TN03E02②：1，灰褐陶。尖唇。口径32、残高6.8厘米（图二〇，10）。H1：9，灰褐陶，口唇部位为黑褐色。口径44、

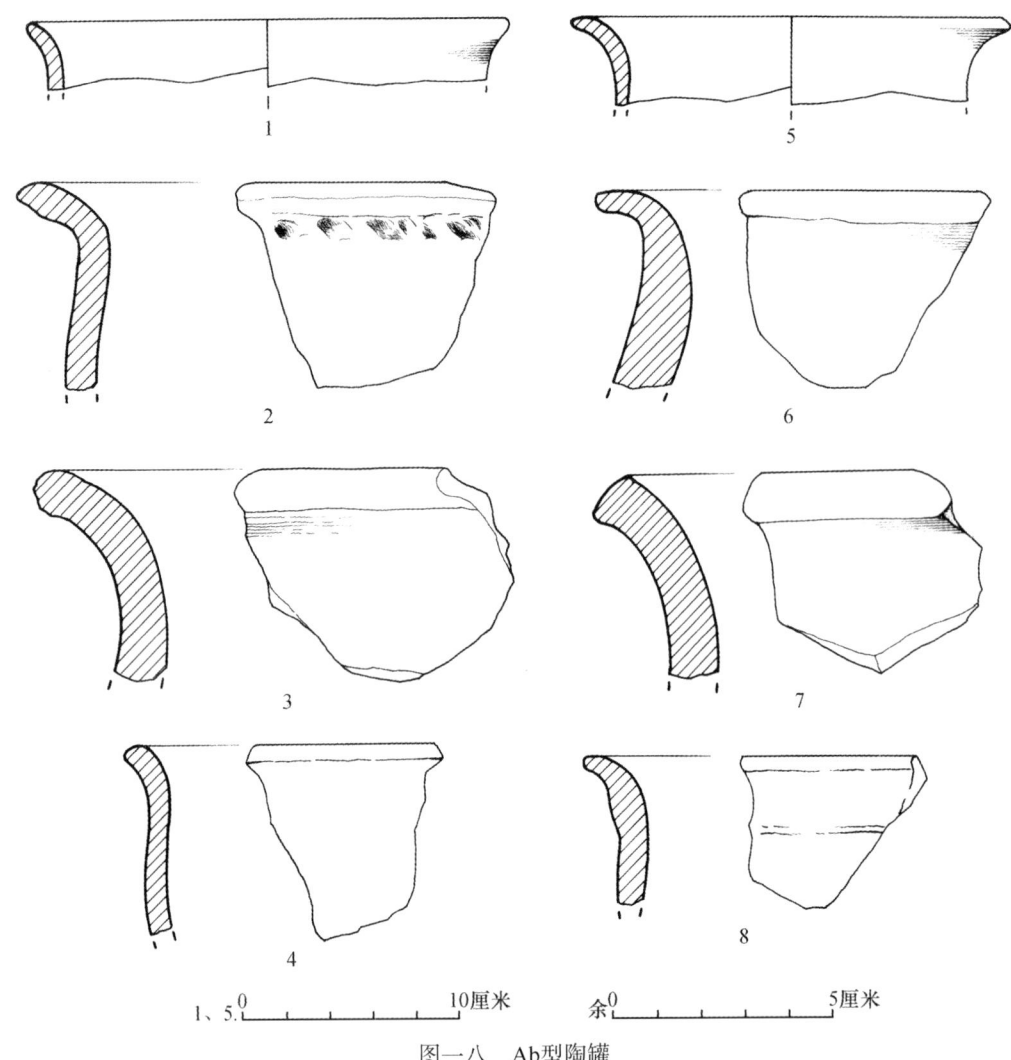

图一八　Ab型陶罐
1. TN02E01③：9 2. TN01E06②：51 3. C1：7 4. TN03E01③：16 5. TN02E01③：6 6. C1：13
7. TN01E06②：63 8. TN02E07③：1

残高7.7厘米（图二〇，11）。H1：13，灰黄陶，颈以下大都为黑褐色。口径40、残高11.4厘米（图二〇，12）。H1：14，灰褐陶。口径36、残高5厘米（图二一，8）。TN03E04③：2，褐陶。口径34、残高6.4厘米（图二一，9）。TN01E06②：15，灰黑陶。口径23、残高5.9厘米（图二一，10）。TN01E06②：43，灰褐陶。尖唇。口径24、残高9厘米（图二一，13）。

BaⅡ型　31件。领部较矮。TN02E06②：2，灰黄陶。圆唇，圆肩。口径27、残高11.4厘米（图二一，1）。TN01E06②：26，灰褐陶，口部内侧为黑褐色。圆唇。口径28、残高6.6厘米（图二一，2）。TN02E05②：2，灰褐陶，内侧磨光。圆唇。口径28、残高6.4厘米（图二一，3）。TN01E05②：9，红褐陶，器里为黑褐色。圆

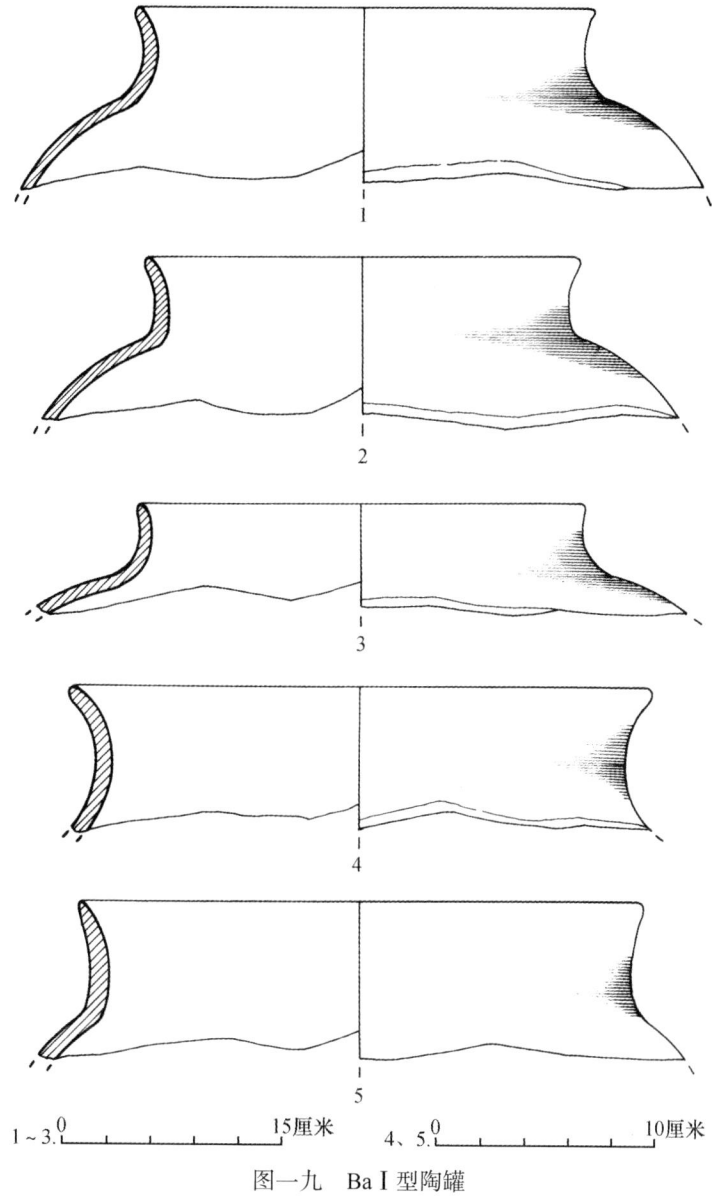

图一九　BaⅠ型陶罐
1. TN01E06②：41　2. TN03E03②：19　3. TN02E01②：18　4. TN01E06②：30　5. TN01E02②：19

唇。口径15.6、残高4.8厘米（图二一，4）。TN01E05②：11，黑褐陶，器表可见石英碎屑。圆唇。口径16、残高4.6厘米（图二一，5）。TN02E03②：4，黑褐陶。口部捏制痕迹明显。圆唇。口径15、残高5厘米（图二一，6）。TN01E06②：4，灰黑陶。尖圆唇，圆鼓腹。口径26、残高19.6厘米（图二一，7）。TN01E06②：20，灰黑陶。尖圆唇，圆肩。口径20、残高5厘米（图二一，11）。TN03E02③：3，黑褐陶。圆唇。口径12、残高3.2厘米（图二一，12）。TN01E06②：7，红褐陶。小卷沿，圆唇，圆肩。口径30.4、残高8.9厘米（图二二，1）。TN01E06②：23，黄

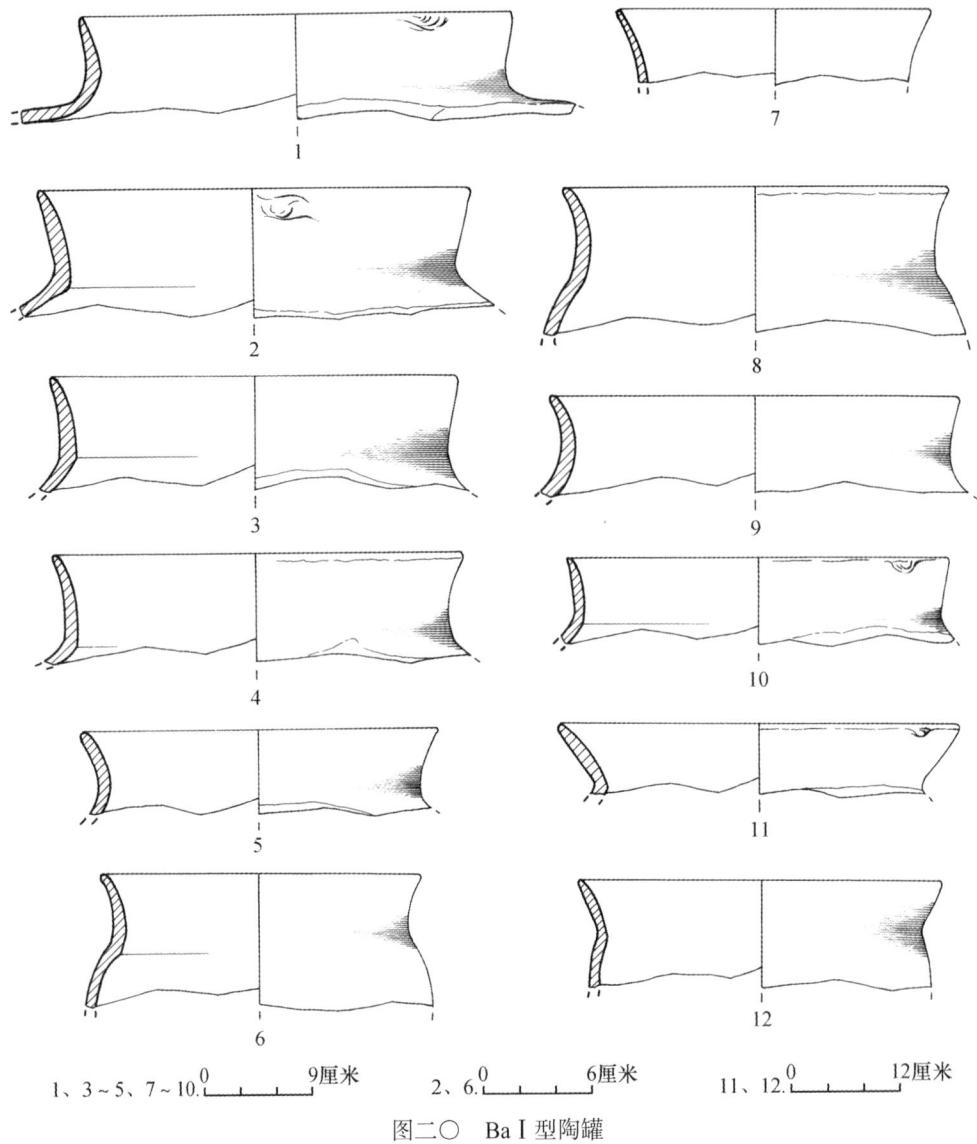

图二〇 BaⅠ型陶罐
1. H1：10　2. TN03E04②：6　3. TN02E07②：1　4. TN03E03②：9　5. TN02E06②：4　6. TN03E06②：2
7. H1：12　8. TN01E06②：46　9. TN03E03②：11　10. TN03E02②：1　11. H1：9　12. H1：13

褐陶。尖圆唇。口径34、残高4.2厘米（图二二，2）。TN01E06②：32，灰褐陶。圆唇。口径34、残高5.4厘米（图二二，3）。TN01E06②：27，灰褐陶。圆唇。口径32、残高4.6厘米（图二二，4）。TN01E05③：4，褐陶。圆唇。口径32、残高4.6厘米（图二二，5）。TN01E06②：19，灰黑陶。圆唇。口径21、残高4.2厘米（图二二，6）。TN01E06②：25，黄褐陶。圆唇。口径28、残高4.8厘米（图二二，7）。TN01E06②：14，黑褐陶。圆唇。口径27.8、残高4.2厘米（图二二，8）。TN01E03②：6，灰褐陶。圆唇。残高3.1厘米（图二三，1）。TN01E06②：50，灰

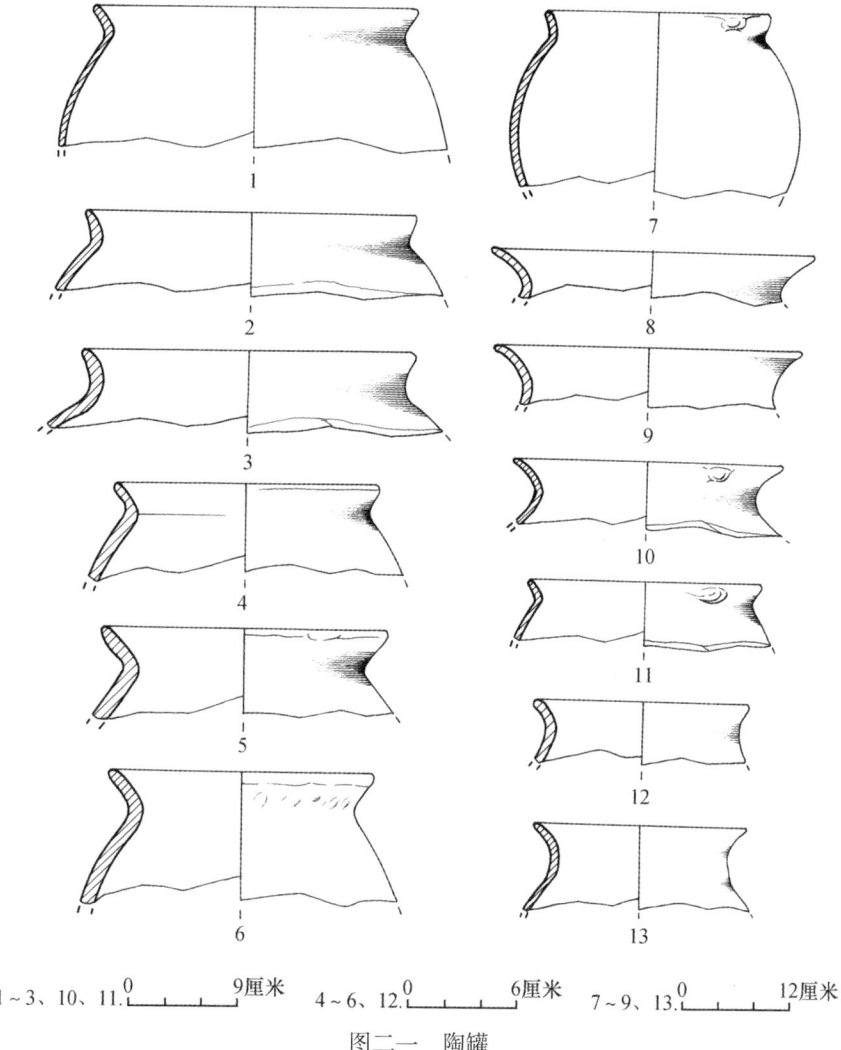

图二一 陶罐

1~7、11、12. BaⅡ型（TN02E06②：2、TN01E06②：26、TN02E05②：2、TN01E05②：9、TN01E05②：11、TN02E03②：4、TN01E06②：4、TN01E06②：20、TN03E02③：3） 8~10、13. BaⅠ型（H1：14、TN03E04③：2、TN01E06②：15、TN01E06②：43）

褐陶。圆唇。残高2.6厘米（图二三，2）。TN03E01②：5，褐陶，器表略磨光。圆唇。残高3.3厘米（图二三，3）。TN02E05②：4，黄褐陶。圆唇。残高3.3厘米（图二三，4）。H1：22，灰褐陶。尖唇。残高3.3厘米（图二三，5）。TN01E06②：52，灰褐陶。圆唇。残高3厘米（图二三，6）。H1：21，灰褐陶。圆唇。残高3.1厘米（图二三，7）。TN02E01③：2，褐陶。圆唇。残高4.7厘米（图二三，8）。

Bb型　14件。口、颈饰戳点纹。圆唇。TN01E02③：7，褐陶。残高3.4厘米（图二四，1）。TN01E03②：7，褐陶，陶胎细腻，器表磨光。残高3.2厘米（图二四，2）。TN02E03②：4，青褐陶，表里磨光。残高5厘米（图二四，

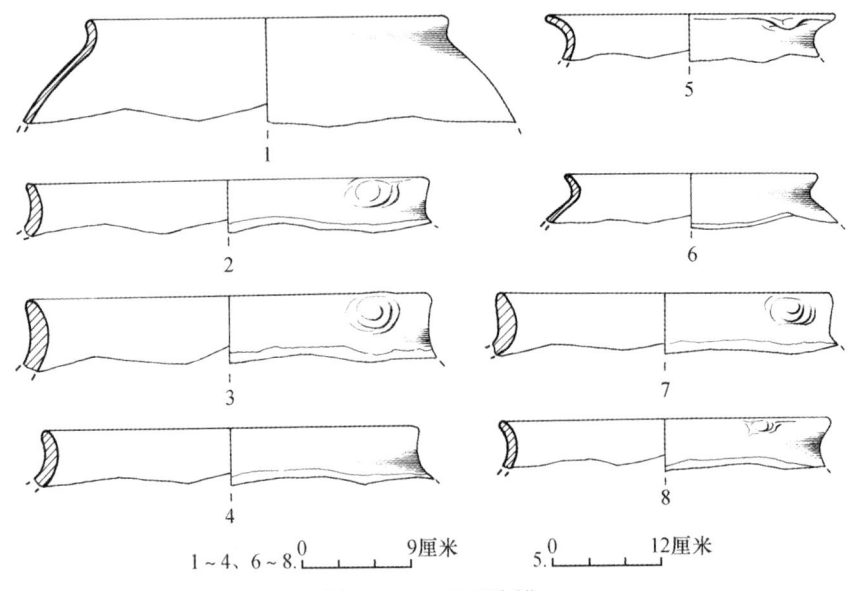

图二二　BaⅡ型陶罐

1. TN01E06②：7　2. TN01E06②：23　3. TN01E06②：32　4. TN01E06②：27　5. TN01E05③：4
6. TN01E06②：19　7. TN01E06②：25　8. TN01E06②：14

4）。TN03E01②：4，褐陶，陶胎较细腻，器表磨光。残高4.3厘米（图二四，5）。TN02E03②：1，灰黄陶，表里磨光。口径14、残高4厘米（图二四，6）。TN03E05②：2，黄褐陶，表里磨光。口径14、残高3.9厘米（图二四，7）。TN01E06②：61，青褐陶，器表磨光。口部内侧饰一周戳印点带纹，口部以下饰瓦棱纹。残高4.3厘米（图二四，8）。TN02E04②：9，灰褐陶。残高2.7厘米（图二四，9）。TN03E04②：11，青褐陶，器表磨光。残高3厘米（图二四，10）。TN01E03②：8，青褐陶。残高2.7厘米（图二四，11）。

Bc型　1件。器表饰水波划纹。TN01E05②：8，红褐陶。圆唇。残高4厘米（图二四，3）。

C型　10件。折沿罐。

Ca型　7件。沿面较平直。TN03E03②：12，夹细砂灰陶，陶胎为黑色，胎质细腻，质地甚轻。圆唇。口径26、残高7厘米（图二五，1）。H1：8，灰褐陶。尖圆唇。口径34、残高10.6厘米（图二五，3）。H1：11，灰褐陶。尖圆唇。口径28、残高6.4厘米（图二五，5）。H1：15，黑褐陶。圆唇，唇部作锯齿花边。口径17、残高6.4厘米（图二五，9）。H1：17，灰褐陶。尖圆唇。口部饰泥钉。残高5.8厘米（图二五，11）。

Cb型　3件。沿面下凹呈盘口。TN03E06②：5，圆唇。口径18、残高6.6厘米（图二五，4）。TN01E04②：22，灰褐陶。圆唇。残高2.9厘米（图二五，7）。TN03E06②：6，黑褐陶。圆唇。残高4.7厘米（图二五，8）。

D型　2件。直口罐。TN02E05③：3，灰褐陶，陶色斑驳。尖圆唇。口径10.5、残

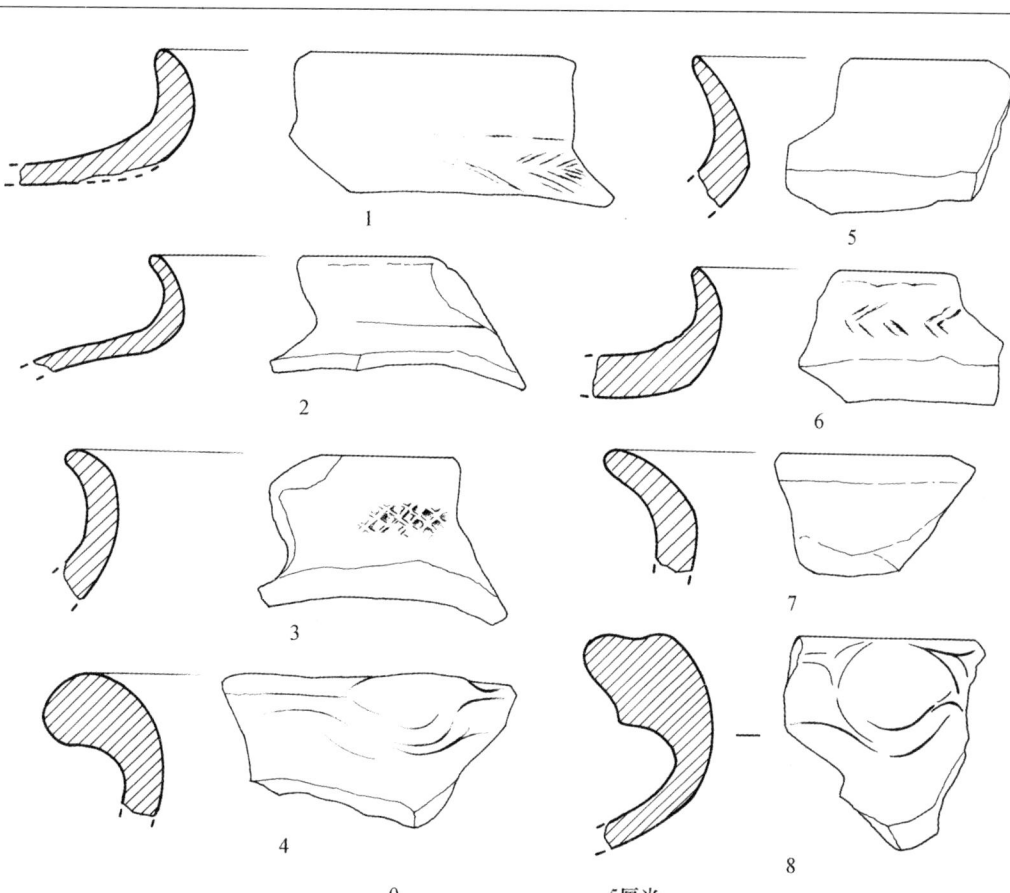

图二三　BaⅡ型陶罐

1. TN01E03②：6　2. TN01E06②：50　3. TN03E01②：5　4. TN02E05②：4　5. H1：22　6. TN01E06②：52
7. H1：21　8. TN02E01③：2

高4.6厘米（图二五，2）。TN03E06②：3，灰褐陶。圆唇。残高4.8厘米（图二五，6）。

盆　1件。TN02E05③：4，黑褐陶。尖圆唇。残高5.3厘米（图二五，10）。

钵　6件。大多为直口近敛，圆唇，短颈。器表饰点线纹。TN01E02③：18，褐陶。舌状錾。残高6.8厘米（图二六，1）。H1：20，黄褐陶。残高3.9厘米（图二六，2）。TN03E06②：10，黄褐陶。残高2.9厘米（图二六，3）。TN03E01③：12，灰黄陶。腹部可见点线纹与光面组成的复合纹饰，光面勾勒圆滑。残高5.4厘米（图二六，4）。TN01E05②：48，黄褐陶。腹部可见点线纹与光面组成的复合纹饰，光面勾勒圆滑。残高4.6厘米（图二六，5）。TN01E02③：29，灰褐陶。残高2.4厘米（图二六，6）。

壶　11件。领部较长，尖圆唇。素面。TN01E06②：40，灰褐陶。口径11、残高6厘米（图二七，1）。TN01E06②：36，灰褐陶。口径13.4、残高10厘米（图二七，2）。TN01E06②：38，灰褐陶。口径11、残高5.2厘米（图二七，3）。H1：1，褐陶。

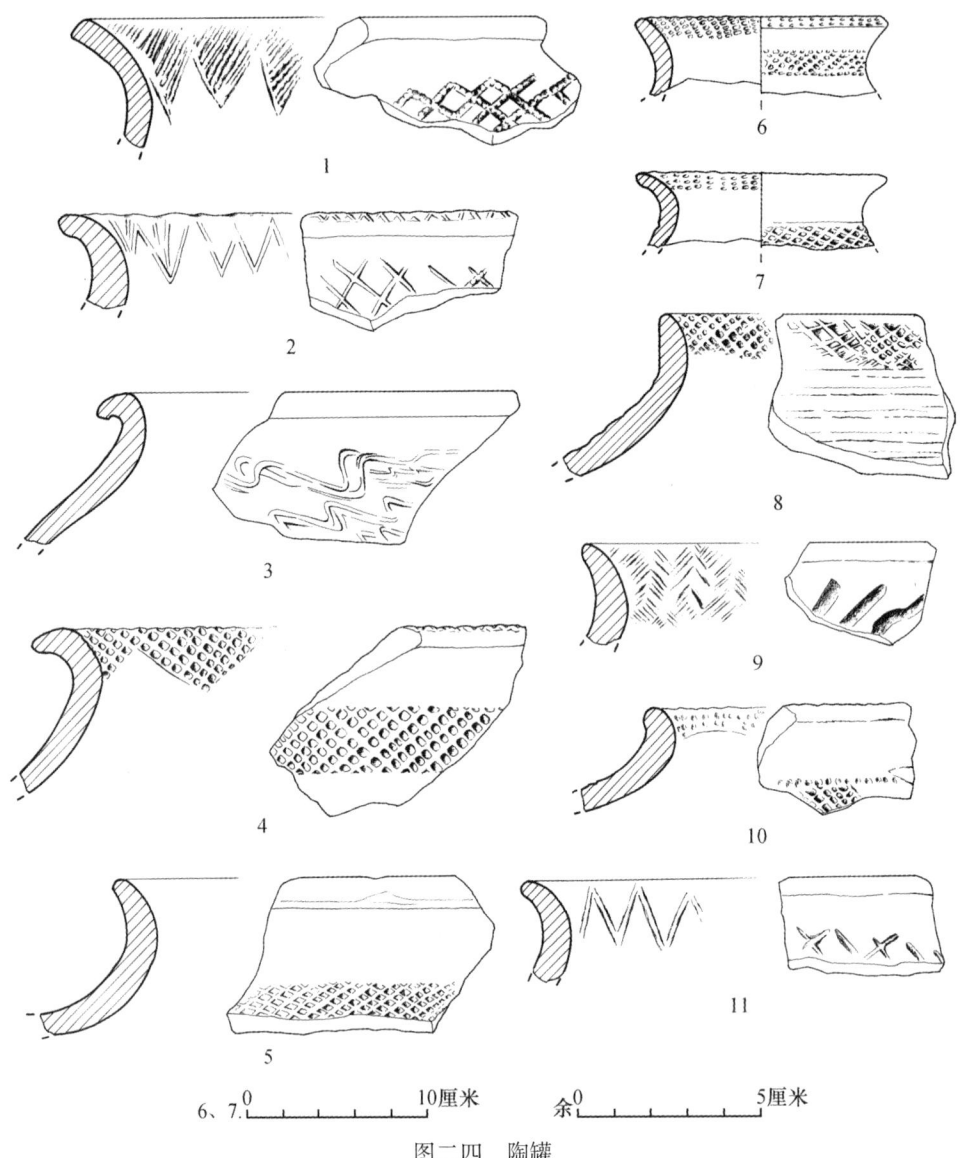

图二四　陶罐

1、2、4~11. Bb型（TN01E02③：7、TN01E03②：7、TN02E03②：4、TN03E01②：4、TN02E03②：1、TN03E05②：2、TN01E06②：61、TN02E04②：9、TN03E04②：11、TN01E03②：8）　3. Bc型（TN01E05②：8）

口径11、残高5.3厘米（图二七，4）。TN01E06②：41，灰褐陶。口径10、残高5.9厘米（图二七，5）。TN01E06②：58，灰褐陶。口径12、残高3.8厘米（图二七，7）。TN02E02②：3，灰褐陶。口径10、残高6厘米（图二七，8）。TN03E02③：4，黑褐陶，陶色斑驳。口径9、残高4厘米（图二七，9）。

瓶　1件。TN01E06②：42，灰褐陶，陶胎较薄。圆唇。素面。口径15.6、残高10.6厘米（图二七，6）。

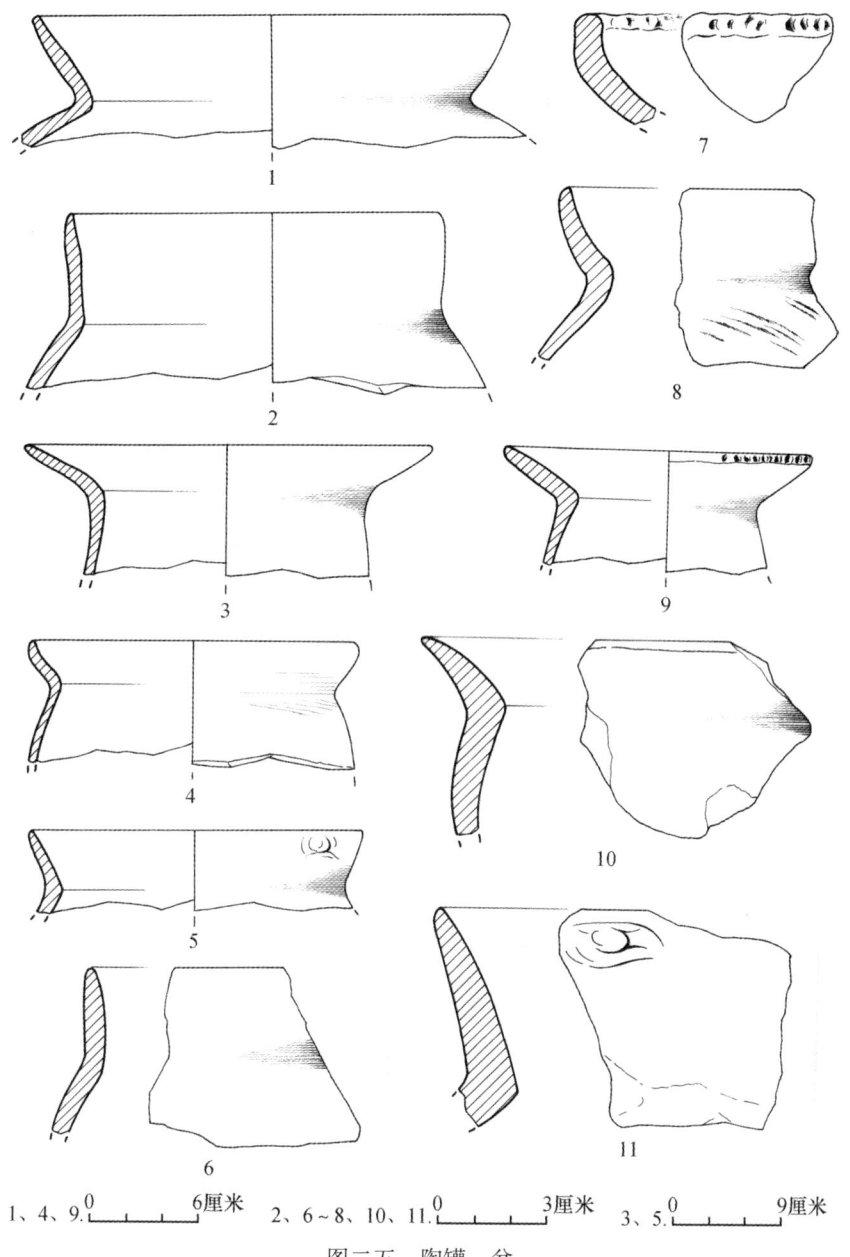

图二五 陶罐、盆

1、3、5、9、11. Ca型罐（TN03E03②：12、H1：8、H1：11、H1：15、H1：17） 2、6. D型罐
（TN02E05③：3、TN03E06②：3） 4、7、8. Cb型罐（TN03E06②：5、TN01E04②：22、TN03E06②：6）
10. 盆（TN02E05③：4）

器底 6件。依据底部施纹情况，分为二型。

A型 5件。素面。TN01E06②：12，灰褐陶。底径10.4、残高5.4厘米（图二八，2）。H1：16，褐陶。底径7、残高3.6厘米（图二八，3）。TN03E07③：1，陶色斑驳，以褐陶为主。底径9、残高3.6厘米（图二八，4）。TN01E07③：3，褐陶。底径

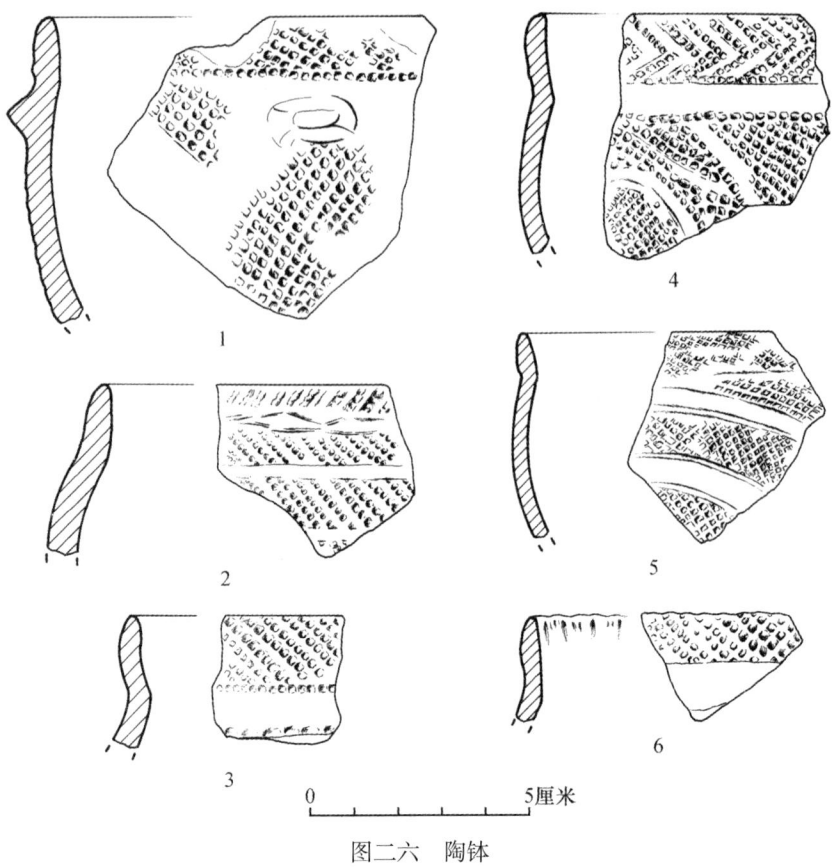

图二六 陶钵

1. TN01E02③:18　2. H1:20　3. TN03E06②:10　4. TN03E01③:12　5. TN01E05②:48　6. TN01E02③:29

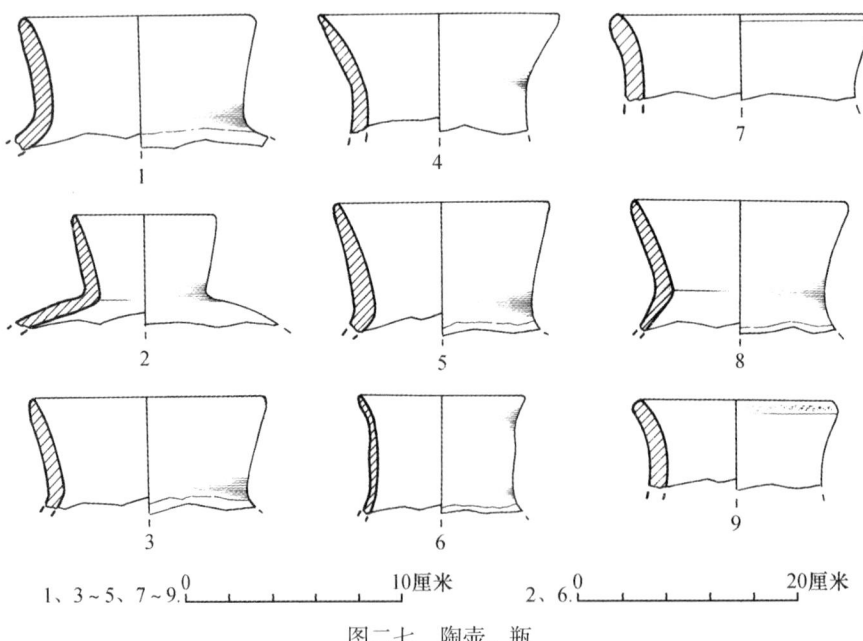

图二七 陶壶、瓶

1~5、7~9.壶（TN01E06②:40、TN01E06②:36、TN01E06②:38、H1:1、TN01E06②:41、
TN01E06②:58、TN02E02②:3、TN03E02③:4）　6.瓶（TN01E06②:42）

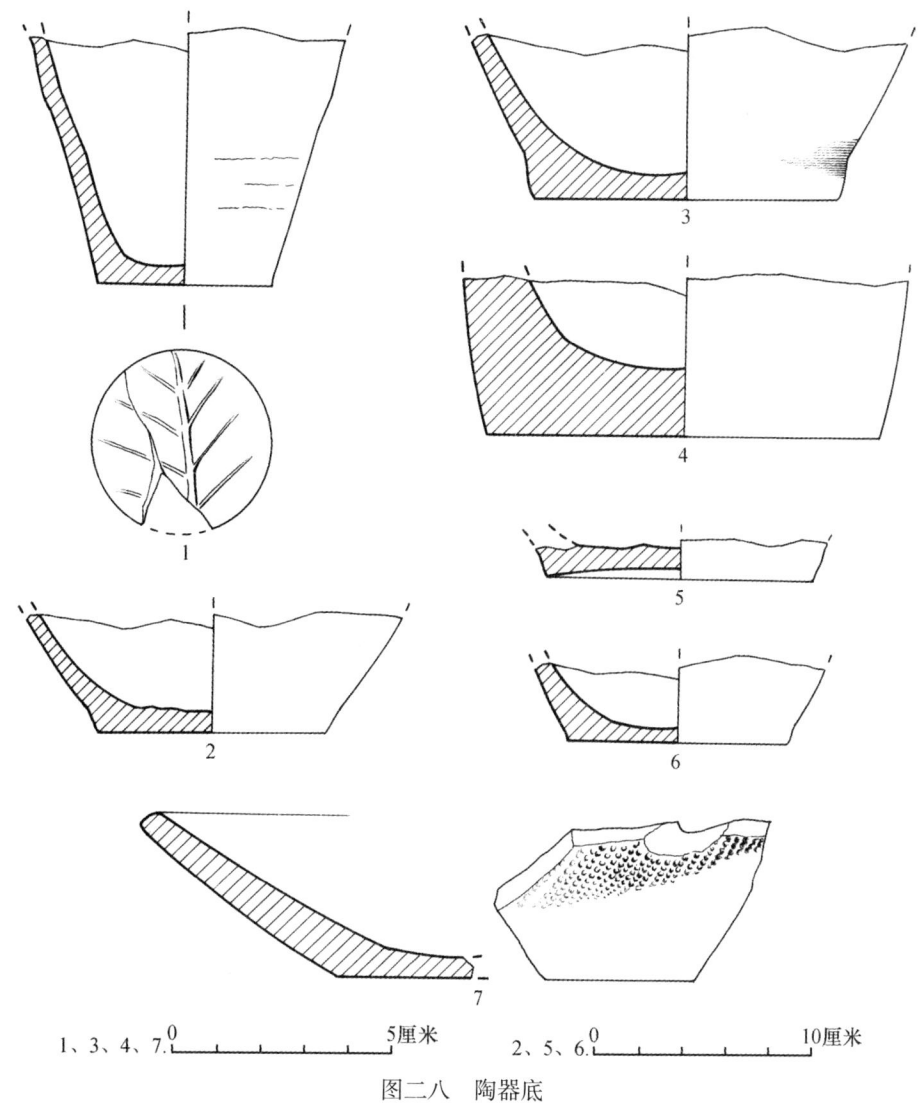

图二八　陶器底

1.B型（TN01E01③：1）　2~7.A型（TN01E06②：12、H1：16、TN03E07③：1、TN01E07③：3、TN01E06②：11、C1：4）

12.4、残高1.3厘米（图二八，5）。TN01E06②：11，灰褐陶。底径10、残高3.4厘米（图二八，6）。C1：4，灰陶。近底部器表饰戳点纹。残高3.6厘米（图二八，7）。

B型　1件。饰叶脉纹。TN01E01③：1，黑褐陶。器形较小。底径4、残高5.6厘米（图二八，1）。

器耳　5件。TN01E03③：16，黑褐陶。竖条耳（图二九，2）。TN02E05③：7，灰褐陶。拱形耳（图二九，6）。TN01E06②：17，灰褐陶。竖条耳（图二九，7）。

器盖　4件。TN01E02③：17，灰黑陶。盖身平直。器表饰划纹。残高1.9厘米（图二九，3）。TN02E02③：7，灰褐陶。盖身平直。素面。口径32、残高4厘米（图

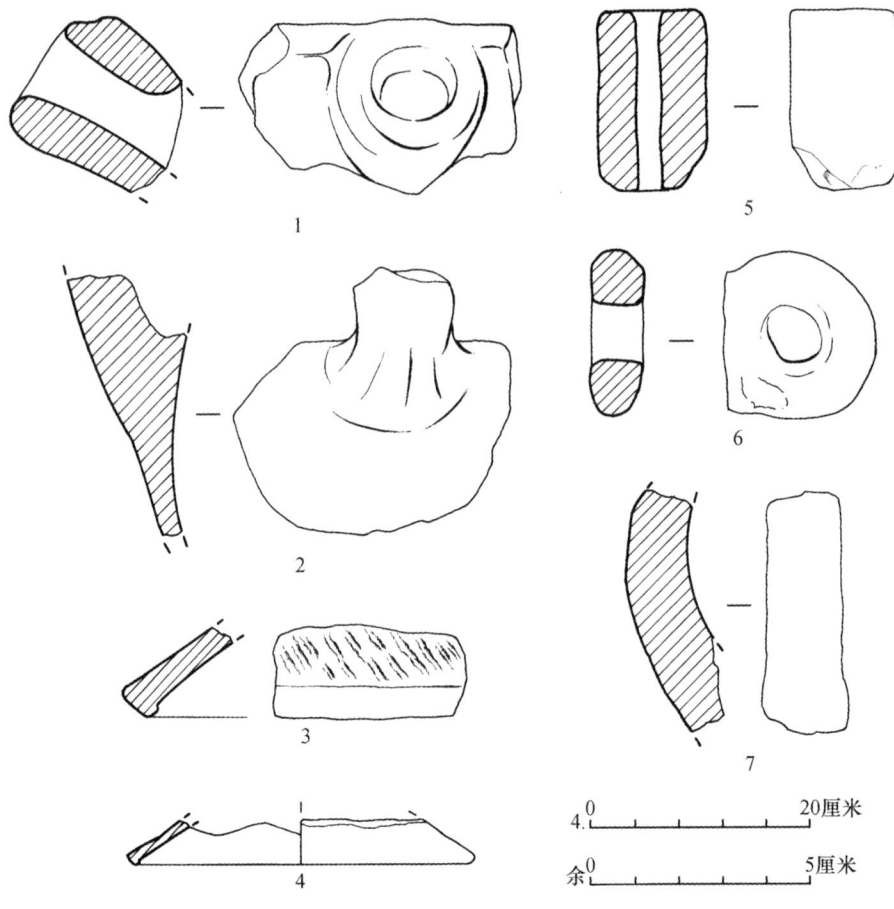

图二九 出土陶器

1. 器流（TN02E01③：8） 2、6、7. 器耳（TN01E06③：16、TN02E05③：7、TN01E06②：17） 3、4. 器盖（TN01E02③：17、TN02E02②：7） 5. 纺轮（TN01E06②：18）

二九，4）。

器流 1件。TN02E01③：8，黑褐陶。短流斜上仰。流内径约1.5厘米（图二九，1）。

纺轮 1件。TN01E06②：18，黄褐陶。残高4厘米（图二九，5）。

2. 石器

饶家地遗址出土石器108件，有斧、锛、凿、刀、箭镞、杵，以及纺轮、砺石、球、环等。斧、锛、凿、刀、镞磨制精良，杵直接选用长椭圆柱状砾石稍作加工而成，球、环亦为稍作加工。其他石制品还有石核、石片等毛坯。

石器原料全部取自当地砾石，岩性主要有青灰色或棕红色玄武岩、板岩、凝灰岩、砂岩，也有少量燧石、石英等。

斧 36件。采：6，褐色石质。刃残。长14.6、宽5.3、厚3.7厘米（图三〇，

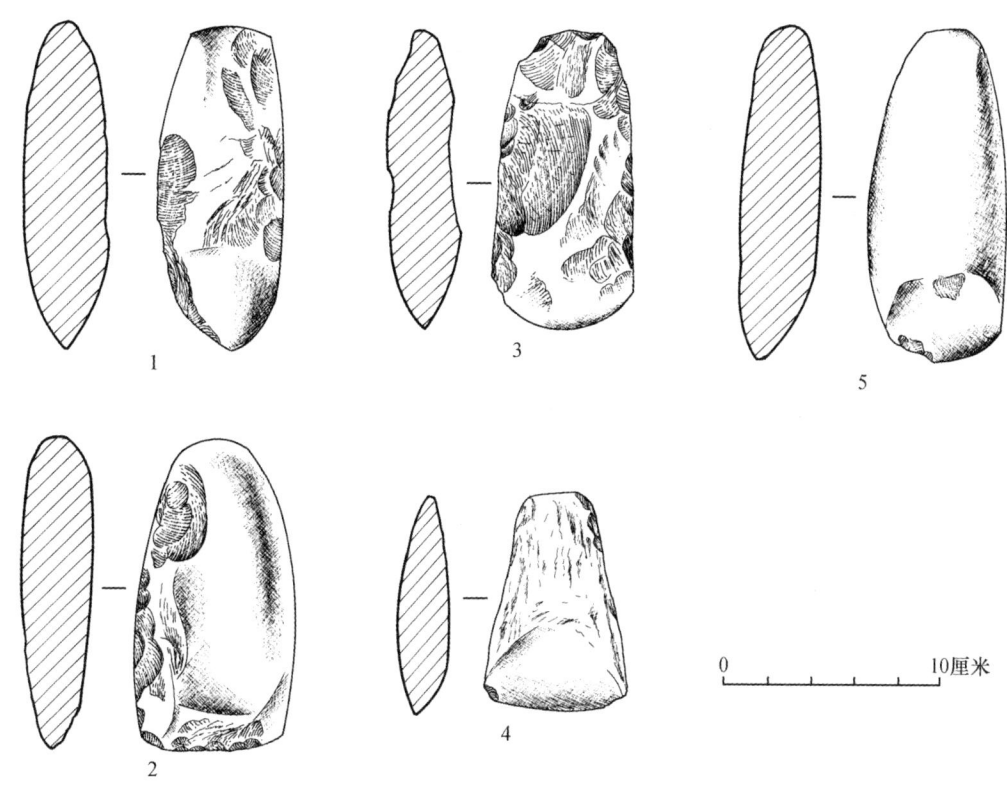

图三〇 石斧
1.采:6 2.采:3 3.采:23 4.采:1 5.采:2

1)。采:3,青灰色石质。器身少量打制疤痕,仅刃部磨制。长14、宽7、厚3.2厘米(图三〇,2)。采:23,青灰色石质。体表多见打制疤痕。长13.3、宽6.4、厚3.3厘米(图三〇,3)。采:1,青灰色石质。平顶,弧刃。长9.7、顶宽2.2、刃宽6.2、厚2.5厘米(图三〇,4)。采:2,青灰色石质。长14.9、宽6、厚2.4厘米(图三〇,5)。TN03E06②:18,棕红色石质。长9.2、宽4.9、厚2.5厘米(图三一,1)。TN03E03②:2,青灰色石质。长9.8、宽4.5、厚2.5厘米(图三一,2)。TN01E02③:2,青灰色石质。一侧残。长8.3、宽3.2、厚2.2厘米(图三一,3)。H1:2,青灰色石质。器形宽厚。长8、宽5.8、厚2厘米(图三一,4)。采:11,青灰色石质。弧顶,刃略残。长9.9、宽4.1、厚2.2厘米(图三一,5)。采:34,青灰色石质。长8.2、宽3.3、厚2.3厘米(图三一,6)。TN02E07②:7,青灰色石质。残长7、宽6.7、厚3厘米(图三二,1)。TN01E07②:1,青灰色石质。顶残,弧刃,刃部磨制精良。残长6.2、宽7、厚2.7厘米(图三二,2)。TN01E04①:1,青灰色石质。弧刃,刃部磨制精良。残长5.2、宽4.5、厚3.4厘米(图三二,3)。TN03E07③:4,青灰色石质。长9.5、宽5.8、厚2.2厘米(图三二,4)。TN01E06②:3,青灰色石质。长8.6、宽4.3、厚2.4厘米(图三二,5)。TN01E05②:5,青灰色石质。残长

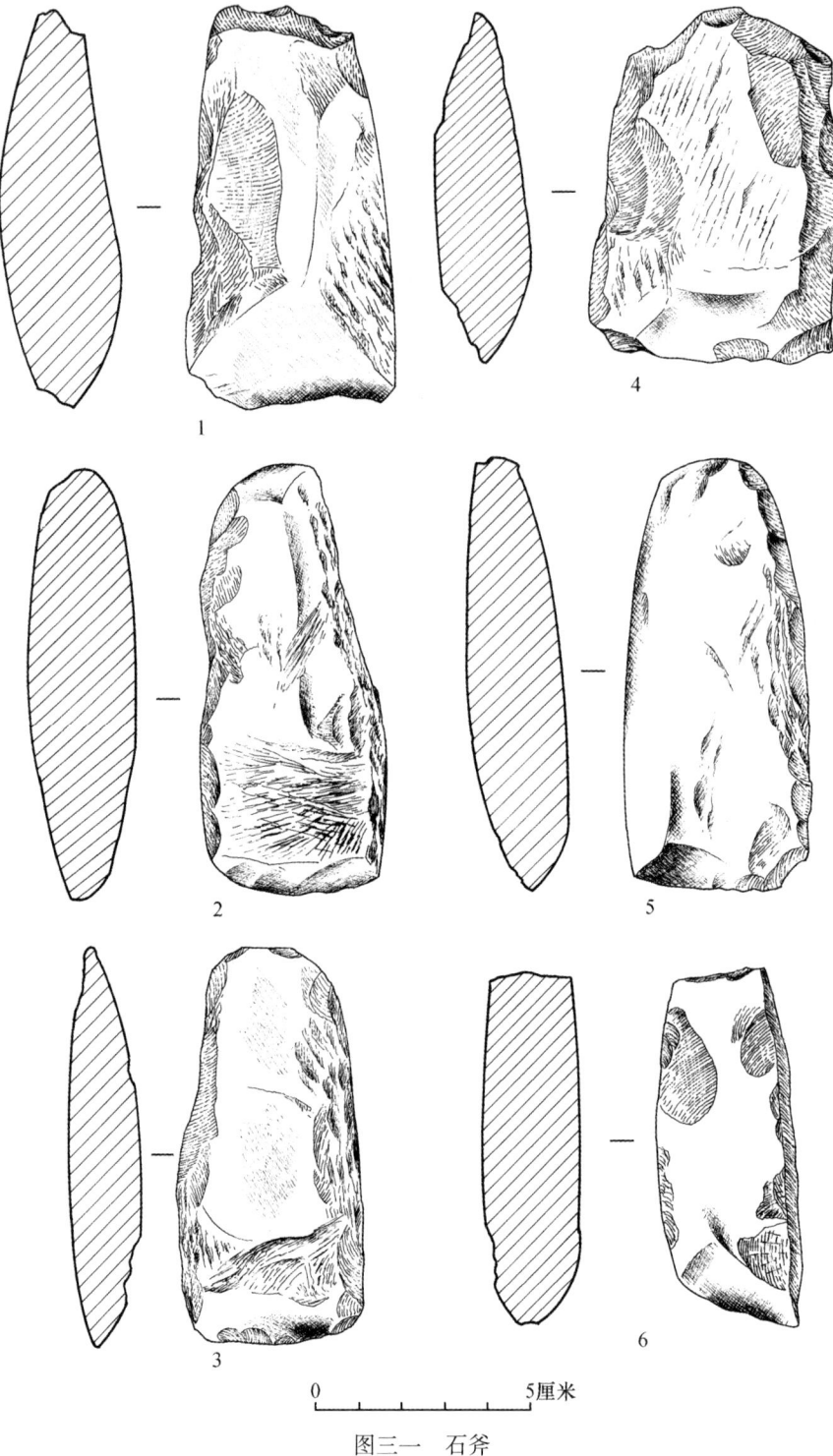

图三一 石斧

1. TN03E06②：18 2. TN03E03②：2 3. TN01E02③：2 4. H1：2 5. 采：11 6. 采：34

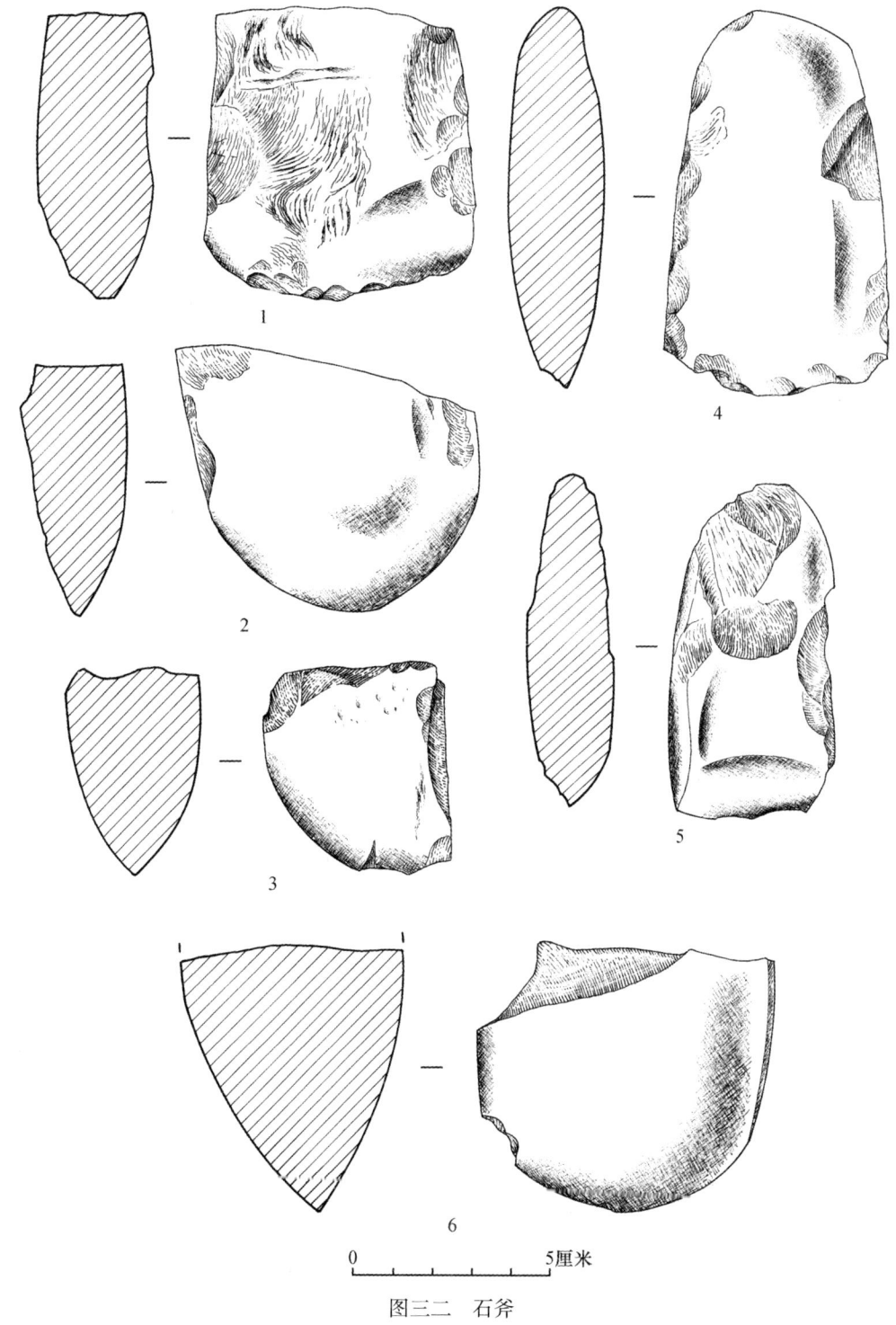

图三二 石斧

1. TN02E07②:7 2. TN01E07②:1 3. TN01E04①:1 4. TN03E07③:4 5. TN01E06②:3 6. TN02E04①:1

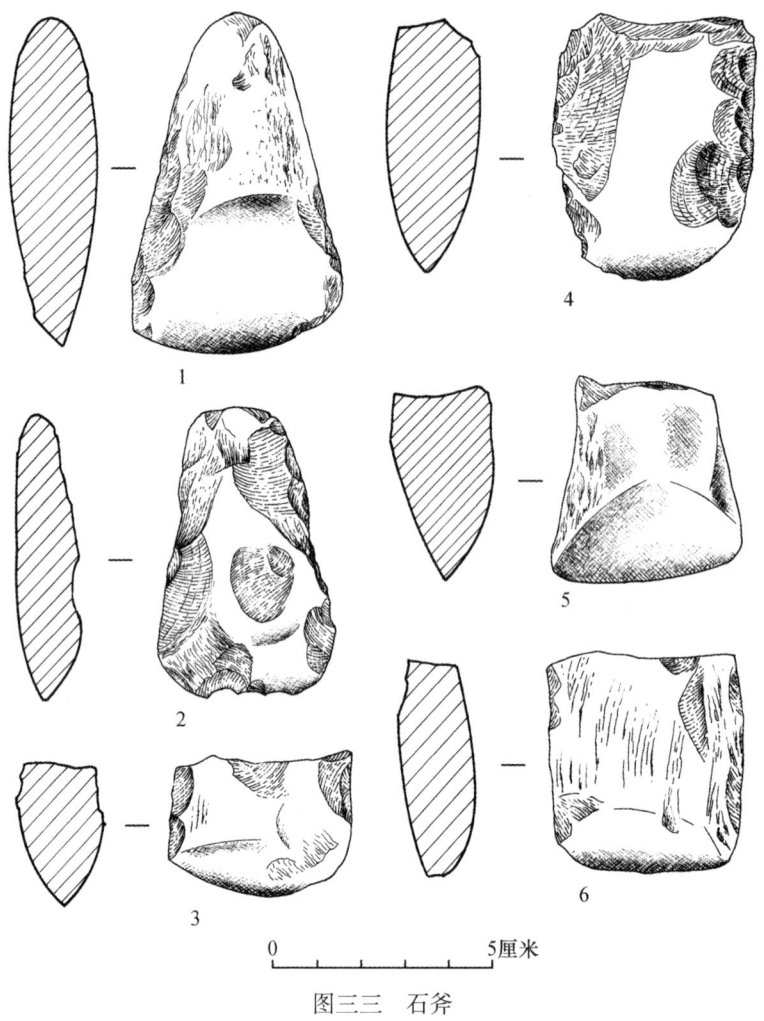

图三三　石斧

1. 采：47　2. TN02E02②：2　3. TN02E01②：4　4. TN03E07②：6　5. TN01E06②：13　6. TN01E06②：1

9、宽6、厚3.2厘米。TN02E04①：1，青灰色石质。残长6.6、宽7.5、厚5.5厘米（图三二，6）。采：47，青灰色石质。弧顶，弧刃，刃部磨制精良。长7.5、宽4.9、厚2厘米（图三三，1）。TN02E02②：2，青灰色石质。长6.5、宽4、厚1.5厘米（图三三，2）。TN02E01②：4，青灰色石质。长3、宽4.2、厚1.9厘米（图三三，3）。TN03E07②：6，青灰色石质。残长5.8、宽4.6、厚2厘米（图三三，4）。TN01E06②：13，青灰色石质。弧刃，刃部磨制精良。残长4.3、宽4.5、厚2.3厘米（图三三，5）。TN01E06②：1，青灰色石质。长4.9、宽4.4、厚1.7厘米（图三三，6）。

锛　48件。TN01E07③：5，青灰色石质。长8.3、宽3.8、厚2.1厘米（图三四，1）。采：38，青灰色石质。长9.7、宽3.5、厚1.5厘米（图三四，2）。TN02E05②：6，青灰色石质。长8.5、宽2.7、厚1.3厘米（图三四，3）。TN01E03②：1，青灰色石质。长7.5、宽4.5、厚1.2厘米（图三四，

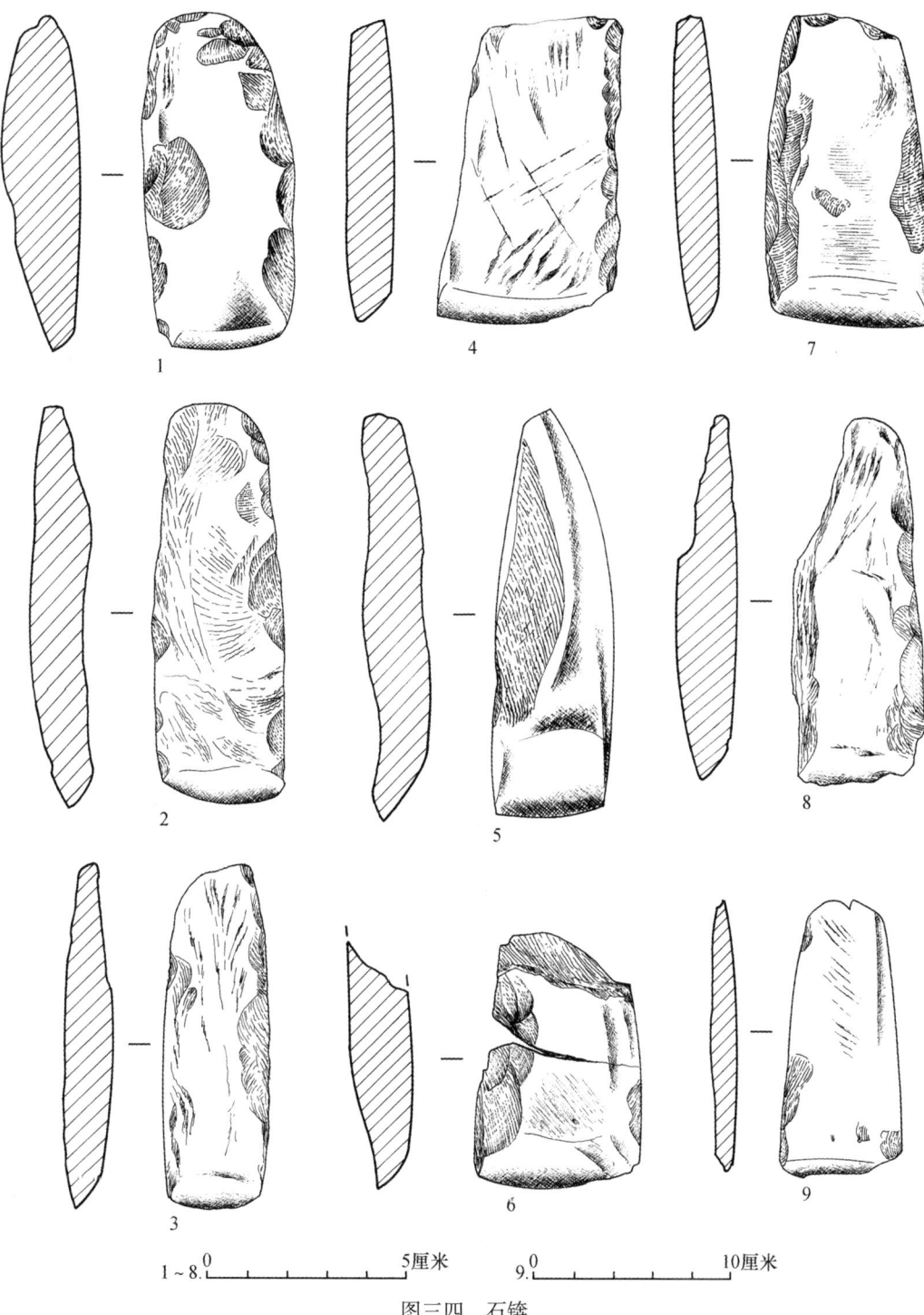

图三四 石锛

1. TN01E07③:5 2. 采:38 3. TN02E05②:6 4. TN01E03②:1 5. TN02E02②:1 6. TN02E01②:1
7. TN01E06②:2 8. TN02E05②:18 9. TN02E05②:10

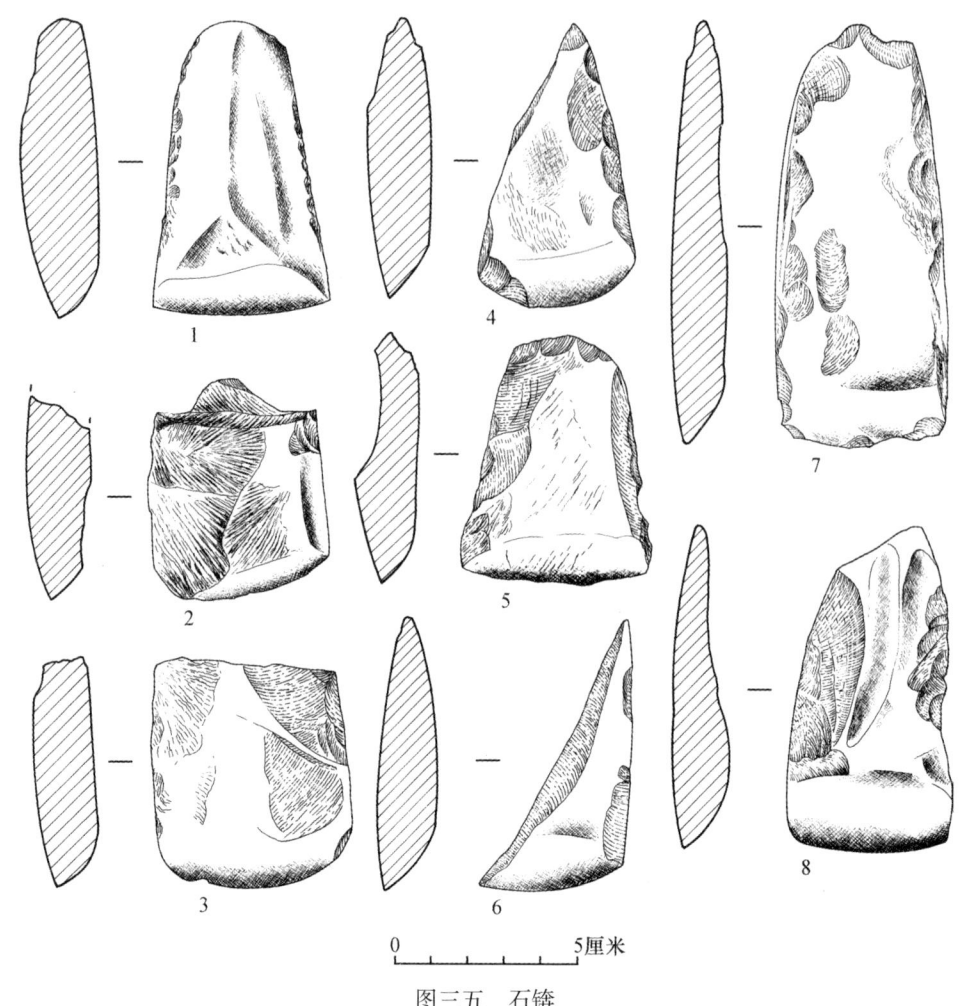

图三五　石锛

1. TN02E05③：2　2. TN02E02②：28　3. H3：1　4. TN01E03③：1　5. TN02E06②：28　6. H1：7　7. 采：24　8. TN01E05②：1

4）。TN02E02②：1，青灰色石质。长10、宽3、厚1.6厘米（图三四，5）。TN02E01②：1，青灰色石质。长6.3、宽4.3、厚1.4厘米（图三四，6）。TN01E06②：2，青灰色石质。长7.5、宽4.2、厚1.2厘米（图三四，7）。TN02E05②：18，青灰色石质。长9、宽3.2、厚1.5厘米（图三四，8）。TN02E05②：10，青灰色石质。残长13.4、宽6.3、厚1.3厘米（图三四，9）。TN02E05③：2，青灰色石质。长8、宽4.9、厚2.1厘米（图三五，1）。TN02E02②：28，青灰色石质。残长6、宽5、厚1.8厘米（图三五，2）。H3：1，青灰色石质。长6.3、宽5.5、厚1.7厘米（图三五，3）。TN01E03③：1，青灰色石质。残长7.8、宽4、厚1.8厘米（图三五，4）。TN02E06②：28，青灰色石质。残长6.8、宽5.3、厚1.7厘米（图三五，5）。H1：7，青灰色石质。长7、宽4、厚1.6厘米（图三五，

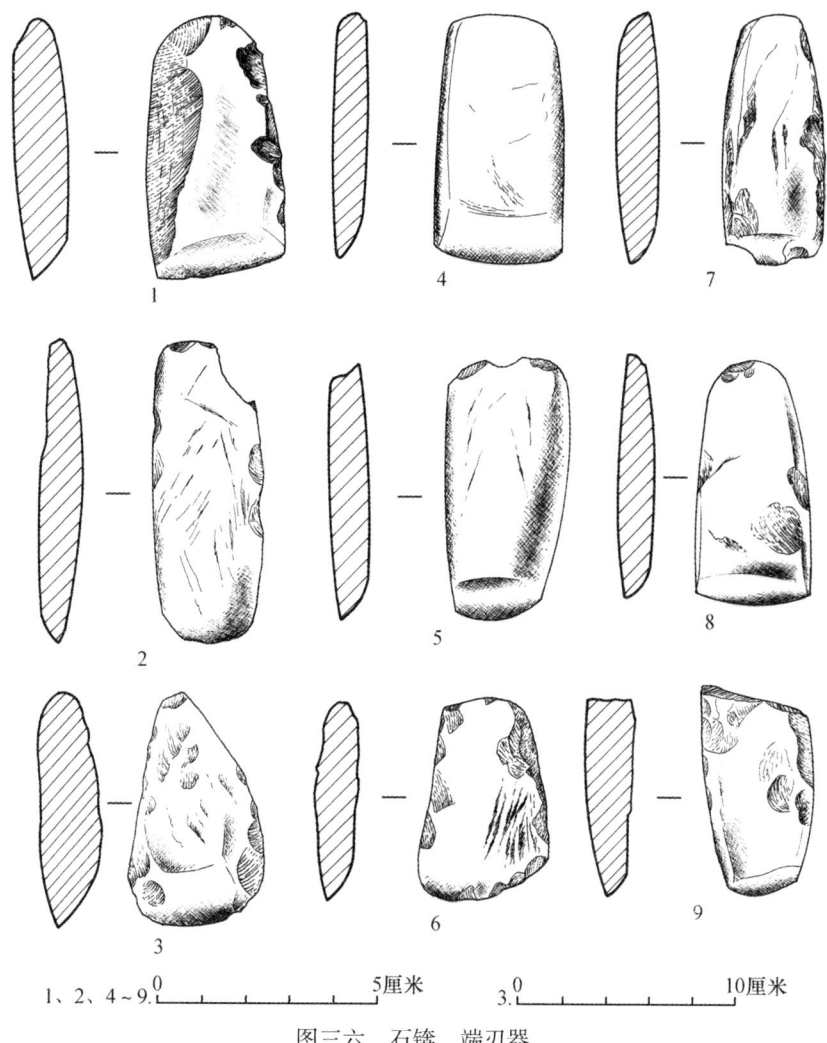

图三六 石锛、端刃器

1~4、6、8.锛（TN03E04②：21、TN03E04②：42、采：33、采：27、TN03E07②：5、采：22）
5、7、9.端刃器（TN03E04②：1、TN02E06②：2、TN02E05①：54）

6）。采：24，青灰色石质。顶、刃略残，器身可见打制疤痕，刃部磨制。长11.4、宽4.6、厚1.5厘米（图三五，7）。TN01E05②：1，青灰色石质。长8.7、宽4.5、厚1.6厘米（图三五，8）。TN03E04②：21，棕红色石质。长5.8、宽3.5、厚1.2厘米（图三六，1）。TN03E04②：42，青灰色石质。长6.8、宽2.3、厚1厘米（图三六，2）。采：33，青灰色石质。长10.3、宽6.3、厚3厘米（图三六，3）。采：27，青灰色石质。残5.5、宽2.8、厚0.8厘米（图三六，4）。TN03E07②：5，青灰色石质。打制。长3.5、宽2.8、厚1厘米（图三六，6）。采：22，青灰色石质。顶、刃残，刃部磨制。长5.3、宽2.7、厚1厘米（图三六，8）。

端刃器 3件。TN03E04②：1，青灰色石质。长5.6、宽2.8、厚0.8厘米（图

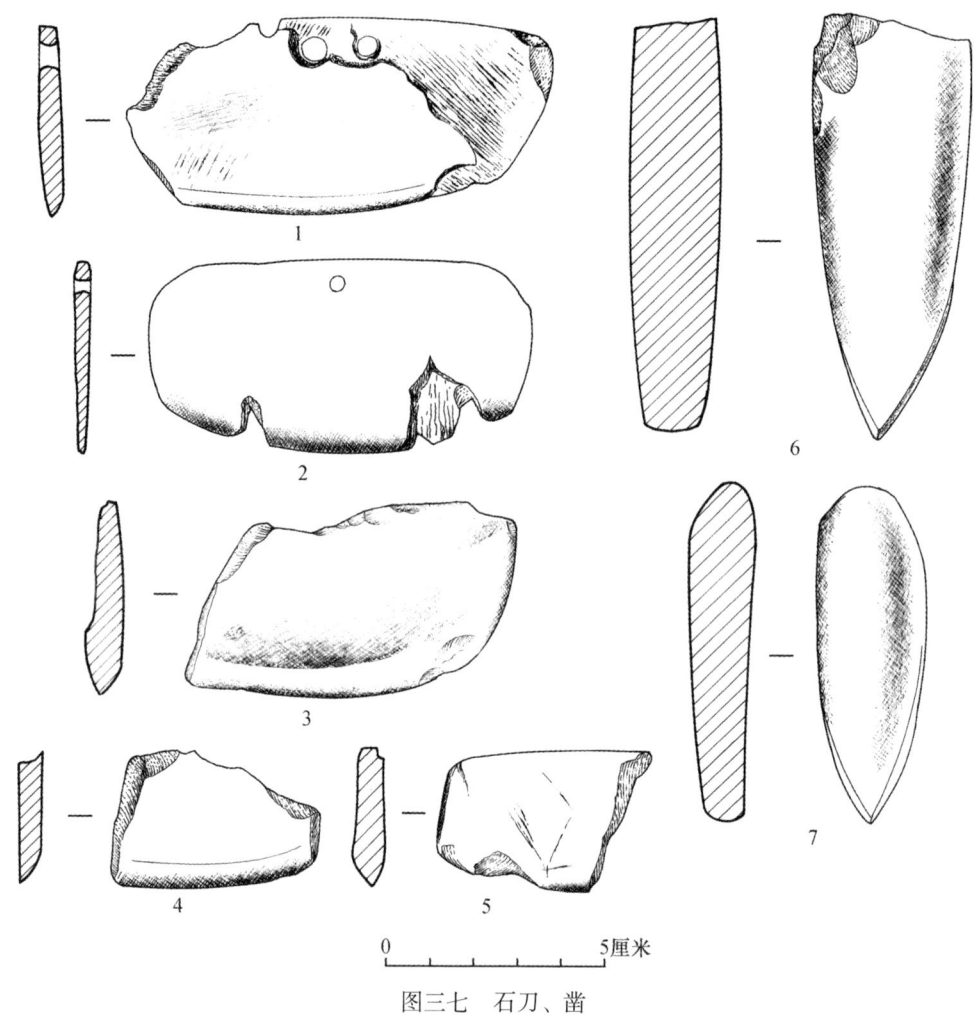

图三七 石刀、凿

1~5. 刀（TN03E01②：2、C1：1、TN02E07③：5、TN03E06①：59、TN02E02②：79）

6、7. 凿（TN01E01②：1、TN03E05②：1）

三六，5）。TN02E06②：2，青灰色石质。长5.3、宽2.3、厚1厘米（图三六，7）。TN02E05①：54，青灰色石质。残长4.5、宽2.5、厚1.2厘米（图三六，9）。

刀 5件。TN03E01②：2，青灰色石质。刃、背皆残。残长9.5、宽4.3、厚0.5厘米。有两个穿孔（图三七，1）。C1：1，青灰色石质。长8.8、宽4.3、厚0.4厘米（图三七，2）。TN02E07③：5，青灰色石质。刃、背皆残。残长6.8、宽4.2、厚0.8厘米（图三七，3）。TN03E06①：59，青灰色石质。刃、背皆残。残长4.6、宽2.8、厚0.5厘米（图三七，4）。TN02E02②：79，青灰色石质。刃、背皆残。残长4.6、宽3.2、厚0.6厘米（图三七，5）。

凿 2件。TN01E01②：1，青灰色石质。长9.3、宽3.7、厚2厘米（图三七，6）。TN03E05②：1，赭色石质。长7.5、宽2.4、厚1.4厘米（图三七，7）。

砺石　2件。TN03E07③：6，红色粗砂岩。残长3.8、厚0.5～1.3厘米（图三八，1）。TN03E07③：7，红色粗砂岩。残长13.7、厚2.7～5厘米（图三八，4）。

杵　2件。TN02E07③：4，麻砾岩。圆柱状。长14.6、径长5.6厘米（图三八，2）。TN02E05③：1，麻砾岩。圆柱状。长10.6、径长4厘米（图三八，7）。

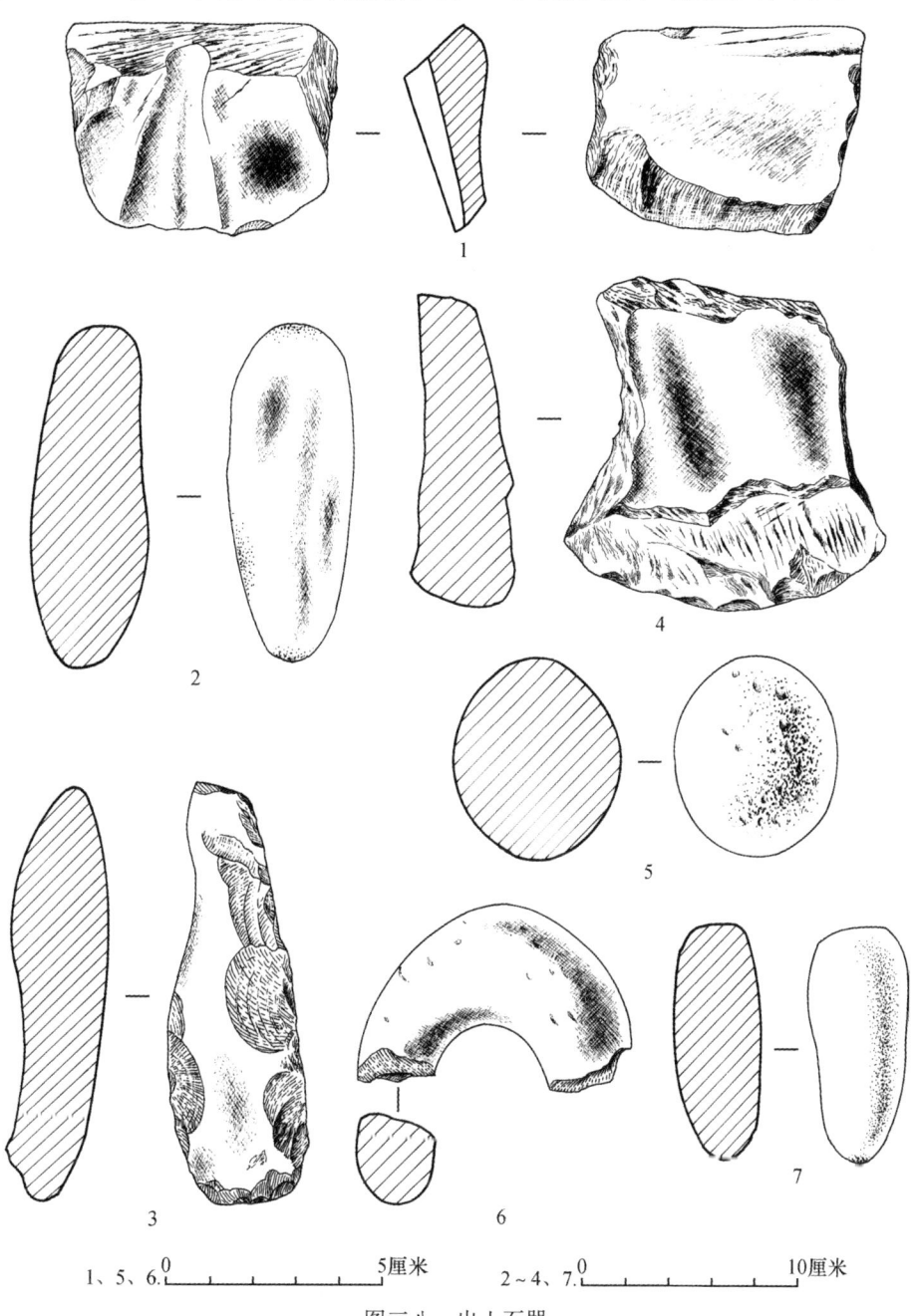

图三八　出土石器
1、4. 砺石（TN03E07③：6、TN03E07③：7）　2、7. 杵（TN02E07③：4、TN02E05③：1）　3. 手斧（TN01E02③：1）　5. 球（TN03E04③：1）　6. 环（TN01E02②：1）

手斧　1件。TN01E02③：1，青灰色石质。打制石器。长19、径长5厘米（图三八，3）。

球　1件。TN03E04③：1，麻灰色石质。直径3.8厘米（图三八，5）。

环　1件。TN01E02②：1，青灰色石质。残。外径6、内径2.7、厚1.8厘米（图三八，6）。

箭镞　2件。TN03E06②：69，黑色石质。残长3.4厘米（图三九，6）。TN01E04②：1，黑色石质。残长2.1厘米（图三九，7）。

纺轮　5件。TN03E03②：1，红色细砂岩。直径5.3、穿径1厘米（图三九，1）。TN01E05②：3，红色细砂岩。直径5、穿径0.8厘米（图三九，2）。TN03E07②：2，红色细砂岩。直径4.7、穿径0.8厘米（图三九，3）。TN01E05②：1，红色细砂岩。直径5.8、穿径1.2厘米（图三九，4）。TN01E05②：2，红色细砂岩。直径6.5、穿径1厘米（图三九，5）。

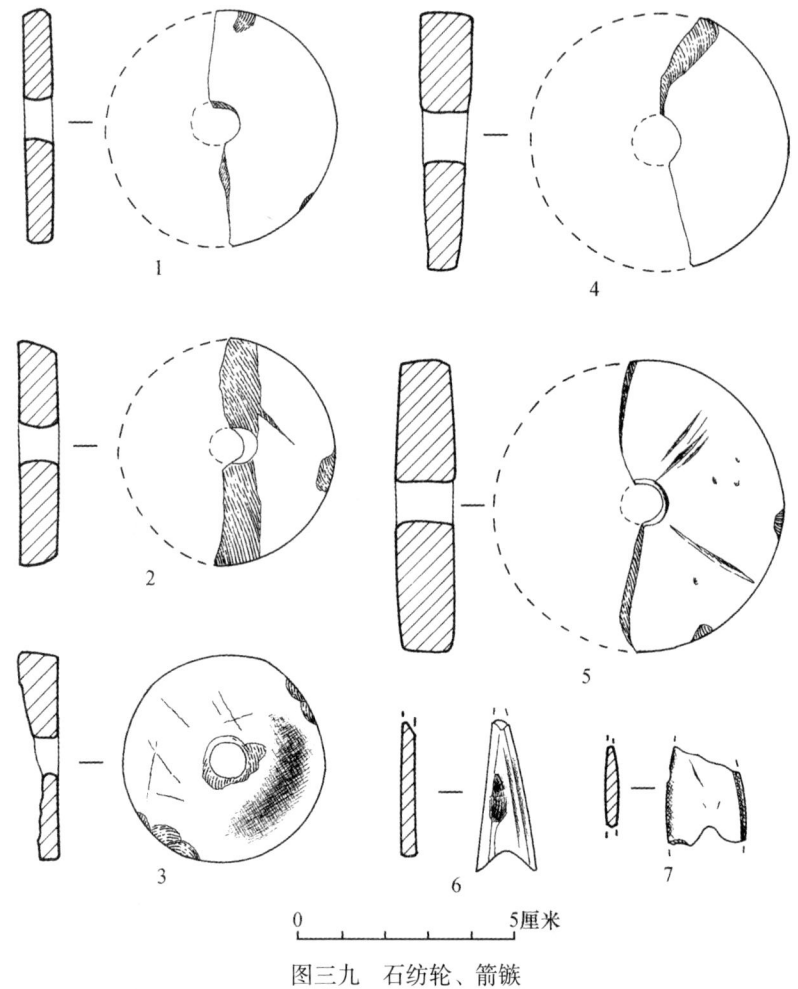

图三九　石纺轮、箭镞

1~5.纺轮（TN03E03②：1、TN01E05②：3、TN03E07②：2、TN01E05②：1、TN01E05②：2）　6、7.箭镞（TN03E06②：69、TN01E04②：1）

四、结 语

饶家地遗址是金沙江中游重要的新石器时代遗址之一，此次发掘为研究金沙江中游史前考古学文化增添了丰富的材料。

饶家地遗址位于山间盆地的河流台地上，这种聚落分布模式普遍见于金沙江中游南北两岸。饶家地遗址埋藏较浅，文化遗存遭受一定破坏，经过此次小面积发掘，遗址发现较多的房址、灰坑及灶址等遗迹，以及陶、石器等遗物。大量的建筑遗迹是饶家地遗址一大特点，建筑以柱洞构成的柱网系统，少见基槽。发现1座马蹄形灶址。

饶家地遗址出土陶器多为褐陶，以灰褐、红褐陶为主，少量黑褐陶，泥质陶罕见。器类主要以罐类为主，少量钵、壶等，其中以花边侈沿罐（Aa型罐）、乳钉錾罐（Ba、Bb型罐）、施复合纹饰钵等最具特色。素面陶占多数，常见纹饰有网格划纹、水波纹、戳点纹、附加堆纹等，绳纹少见。由戳印点纹及光面组成的复合纹饰带是该遗址陶器装饰的一大特色。石器大多为磨制石器，且磨制精良，器类主要为斧、锛、凿、刀、纺轮等，其中石锛数量最多。

从层位关系及器物共存关系上看，第3层下的C1、C2与第3层、H1、第2层等单位出土器物形制差别不大，器物组合上略有差别，C1出土器物不见乳钉錾罐（Ba、Bb型罐）、饰叶脉纹器底等。但是考虑到发掘面积及遗址保存状况，目前将遗址出土遗存暂归为同一大时期，待以后材料更为丰富时作进一步讨论。饶家地遗址选取木炭、植物种子作标本进行加速器质谱（AMS）碳十四测年，有两个年代范围，C1、F7年代为距今4600~4400年，H1、第2层年代为距今3900~3600年，第3层测年数据则早晚皆有[4]。

与饶家地遗存面貌相近的周邻遗存有安宁河中下游的德昌董家坡遗址[5]，金沙江中游南岸的永仁菜园子、永仁磨盘地[6]、元谋大墩子[7]、宾川白羊村[8]等。同周邻遗存比较，可以将饶家地陶器遗存分为三组：甲组，器物包括侈沿罐、折沿罐（包括盘口罐）、直口罐、钵、壶等，这些文化因素均见于诸上遗址；乙组陶器主要为乳钉錾罐，该器物不见于上述遗址，菜园子遗址侈口罐颈部附加竖向泥条，作风似有相近之处，但整体器物形制差别很大；丙组陶器主要为饰叶脉纹器底、器耳等，特征罕见于金沙江中游史前遗存，而与该区域青铜时代遗存因素相近。值得一提的是，甲、乙、丙三组因素是否共存，还需以后更多相关遗存出土予以证实。从文化属性归属角度来说，饶家地遗存可暂且归入"大墩子类型"[9]。

饶家地遗址面积大，遗存丰富，时代特征明显，它的发掘与研究对于促进城河流域及金沙江中游南北两岸文化遗存分布、聚落结构的研究有着重要意义。由于揭露面积的有限，严重阻碍了我们对该遗址文化面貌的深入认识，迫切需要在该地区做进一步的考古发掘与研究工作。

附记：本次调查与发掘人员有凉山彝族自治州博物馆孙策、刘灵鹤、胡婷婷、唐亮、黄云松，西昌市文物管理所王昊，凉山彝族自治州奴隶社会博物馆李金凤，会理县博物馆唐翔、梁建荣、肖桑、刘渝、聂莉，成都文物考古研究院陈剑、陈睿、马春燕、徐龙、周志清，冕宁县文物管理所张世昌，喜德县文物管理所冯强。重庆师范大学历史与社会学院袁艳玲参与后期整理工作。

绘图：钟雅莉

拓片：严　彬

执笔：左志强　孙　策　袁艳玲　刘灵鹤
　　　马春燕　胡婷婷　张世昌　冯　强

注　释

[1]　相关调查成果有：四川省金沙江（渡口段、西昌段）、安宁河流域联合考古调查队：《四川省金沙江（渡口段、西昌段）、安宁河流域考古调查简报》（油印稿），1975年5月；陶鸣宽、赵殿增：《四川省会理县发现瓦石田遗址》，《文物资料丛刊》1981年第5期；唐翔：《会理城河流域的古代文化遗存》，《四川文物》1992年第4期；唐翔：《会理青铜文化综述》，《四川文物》1999年第4期；四川省文物考古研究院、凉山彝族自治州博物馆、会理县文物管理所：《四川会理城河下游考古调查报告》，《四川文物》2009年第4期。

[2]　会理县第三次全国文物普查资料。

[3]　会理县文物管理所、凉山彝族自治州博物馆、四川省文物考古研究所：《四川会理县粪箕湾墓群发掘简报》，《考古》2004年第10期。

[4]　北京大学加速器质谱（AMS）碳十四测试报告：BA122044（F7柱洞木炭），碳十四年代（BP）3840±25，树轮校正后年代2350BC（79.7%）2200BC；BA122045（第3层木炭），碳十四年代（BP）3925±20，树轮校正后年代2480BC（95.4%）2340BC；BA122046（第2层木炭），碳十四年代（BP）3540±25，树轮校正后年代1950BC（95.4%）1770BC；BA122047（C1木炭），碳十四年代（BP）4110±35，树轮校正后年代2780BC（71.7%）2570BC；BA122048（H1木炭），碳十四年代（BP）3265±20，树轮校正后年代1620BC（95.4%）1490BC；BA122049（H1炭化种子），碳十四年代（BP）3350±25，树轮校正后年代1700BC（78.1%）1600BC；BA122049（第3层炭化种子），碳十四年代（BP）3420±30，树轮校正后年代1780BC（87.6%）1630BC。

[5]　成都文物考古研究所、凉山州博物馆、德昌县文管所：《2009年四川德昌县董家坡遗址发掘简报》，《南方民族考古》（第七辑），科学出版社，2011年；成都文物考古研究所、凉山彝族自治州博物馆、德昌县文物管理所：《2010年德昌县董家坡遗址发掘简报》，《成都考古发现》（2010），科学出版社，2012年。

[6]　云南省文物考古研究所、中国社会科学院考古研究所云南工作队、成都市文物考古研究所等：《云南永仁菜园子、磨盘地遗址2001年发掘报告》，《考古学报》2003年第2期。

[7]　云南省博物馆：《元谋大墩子新石器时代遗址》，《考古学报》1977年第1期。

[8]　云南省博物馆：《云南宾川白羊村遗址》，《考古学报》1981年第3期。

[9]　马长舟：《金沙江流域新石器遗址的文化类型问题》，《考古》1987年第10期。

会理县唐家坡遗址、张家地墓地2015年调查试掘简报

成都文物考古研究院
凉山彝族自治州博物馆
会理县文物管理所

唐家坡遗址位于四川省凉山彝族自治州会理县黎溪镇锁水村七组，地理坐标为东经101°59′54″、北纬26°18′5″，海拔约为1810米（图一）。遗址位于一处名为唐家坡的缓坡之上，从地表采集陶片判断，遗址面积2万余平方米。据当地村民介绍，遗址在农田改造过程中曾遭受破坏。2015年3月，我们选择了一处地势较低可能还保留有文化层的区域进行了试掘，布5米×5米探沟2个，编号2015SHTT1、2015SHTT2（以下简写为T1、T2），试掘面积50平方米。张家地墓地位于唐家坡遗址西北侧山坡上，我们在山坡的断面上发现石棺葬6座，编号2015SHZM1~2015SHZM6（以下简写为M1~M6），并采集了断面上暴露出来的墓葬随葬陶器。

一、唐家坡遗址

（一）地层堆积

试掘区位于坡地之上，不过农田改造对地貌造成了较大改变，发掘区内地层堆积较为水平。现以T1南壁为例介绍地层堆积情况如下（图二）：

第1层：红褐色土，土质疏松。厚0.2~0.25米。包含有农作物根系、卵石、近现代生活垃圾、瓷片等，为耕土层。在发掘区水平分布。

第2层：灰褐色土，土质疏松。厚0.13~0.15米。包含有少许青花瓷片、陶片等，为明清时期文化层。在发掘区水平分布。H1开口于该层下。

第2层以下为生土。

（二）遗　　迹

发掘区内遗迹仅发现灰坑1个。

H1　位于T2西北部。开口于第2层下，打破生土。平面形状呈不规则形，斜弧壁，

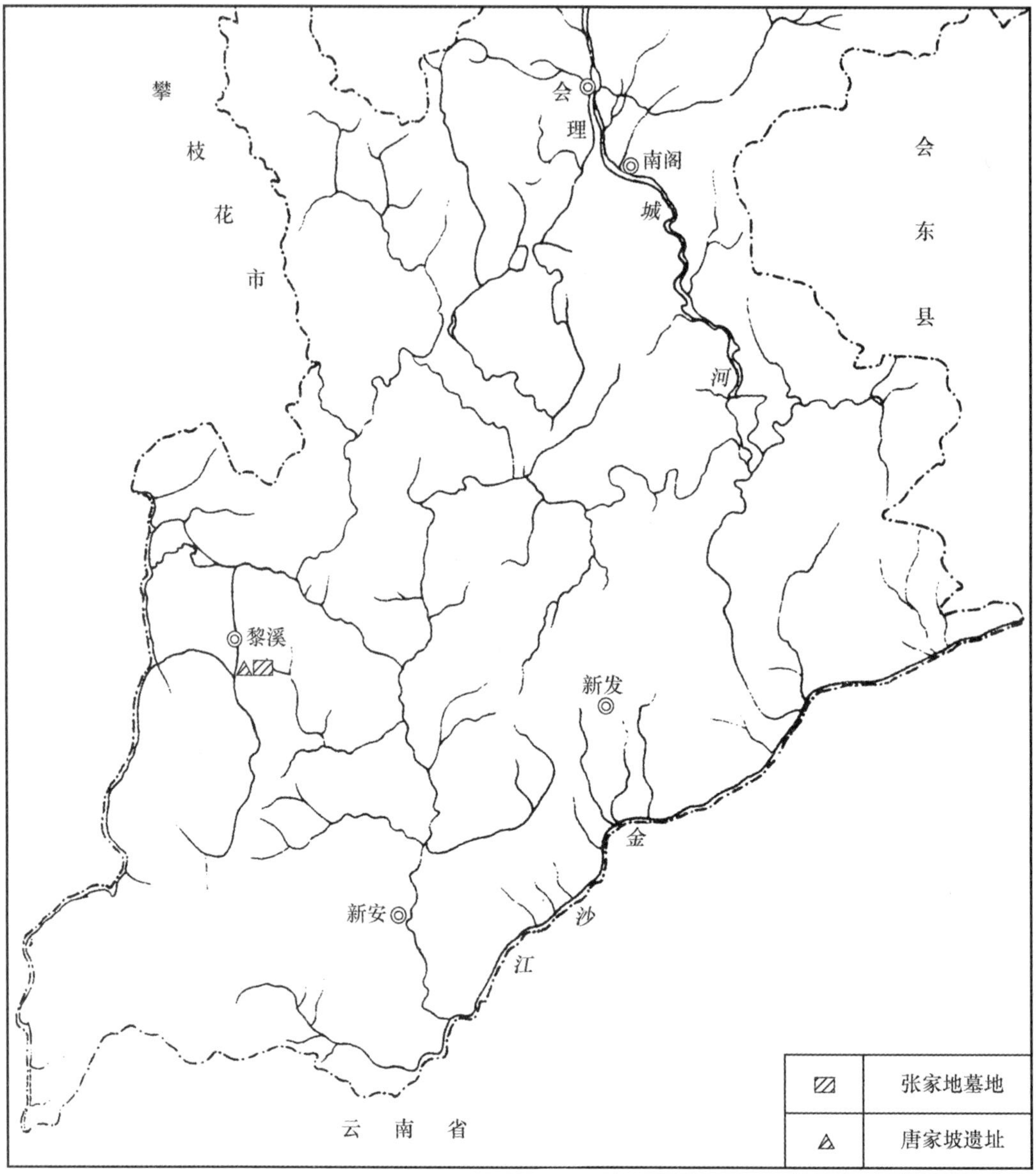

图一　唐家坡遗址、张家地墓地位置示意图

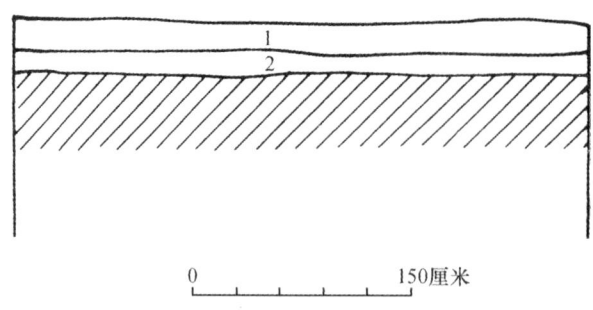

图二　唐家坡遗址T1南壁剖面图

锅底。长约0.65、深约0.35米（图三）。坑内填土较紧实，包含少量红烧土颗粒、炭屑等。出土有少量陶片、石器等。

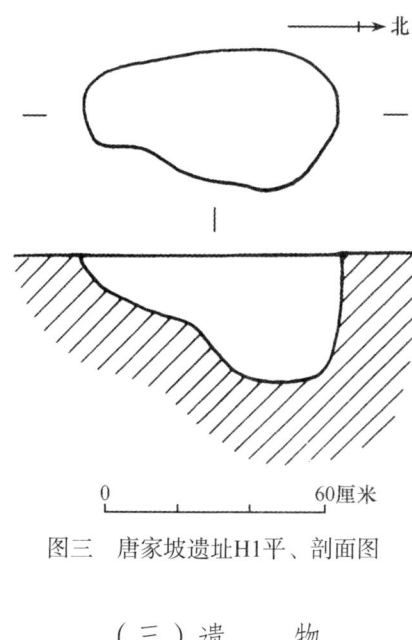

图三　唐家坡遗址H1平、剖面图

（三）遗　　物

本次试掘发现的陶器和石器大多为采集品或出自发掘区的现代及明清时期地层内。陶器十分破碎，大多器形难辨，陶质均为夹砂陶，未见泥质陶，纹饰以素面为多，另见少量刻划纹（图四）。石器有斧、锛、凿、刀、镞等。

侈口罐　8件。依据沿部特征，分为二型。

A型　3件。卷沿。C:31，夹砂灰陶。侈口，圆唇，口部以下残。素面。残高2.9厘米（图五，1）。T2②:2，夹细砂灰陶。侈口，圆唇，口部以下残。素面。残高2.5厘米（图五，2）。T2①:4，夹细砂灰褐陶。侈口，圆唇，口部以下残。素面。残高4厘米（图五，3）。

B型　5件。折沿。C:9，夹砂灰褐陶。侈口，圆方唇，溜肩，肩部以下残。素面。残高3.5厘米（图五，4）。C:27，夹细砂灰褐陶。侈口，圆方唇，沿部以下残。素面。残高3.2厘米（图五，5）。T2①:1，夹细砂灰褐陶。侈口，圆唇，口部以下残。素面。残高4.1厘米（图五，6）。C:14，夹细砂灰褐陶。侈口，尖圆唇，口部以下残。素面。残高4.1厘米（图五，7）。C:30，夹砂灰陶。侈口，沿面内侧较平，尖唇，口部以下残。素面。残高3厘米（图五，8）。

壶　5件。C:13，夹细砂灰褐陶。敞口，折沿，圆唇，束颈，斜肩，肩部以下残。肩部饰有刻划纹。口径10.2、残高5.5厘米（图六，1）。另外4件仅存沿部，均为圆唇，素面。C:11，夹细砂灰褐陶。残高3厘米（图六，2）。T2②:11，夹细砂灰

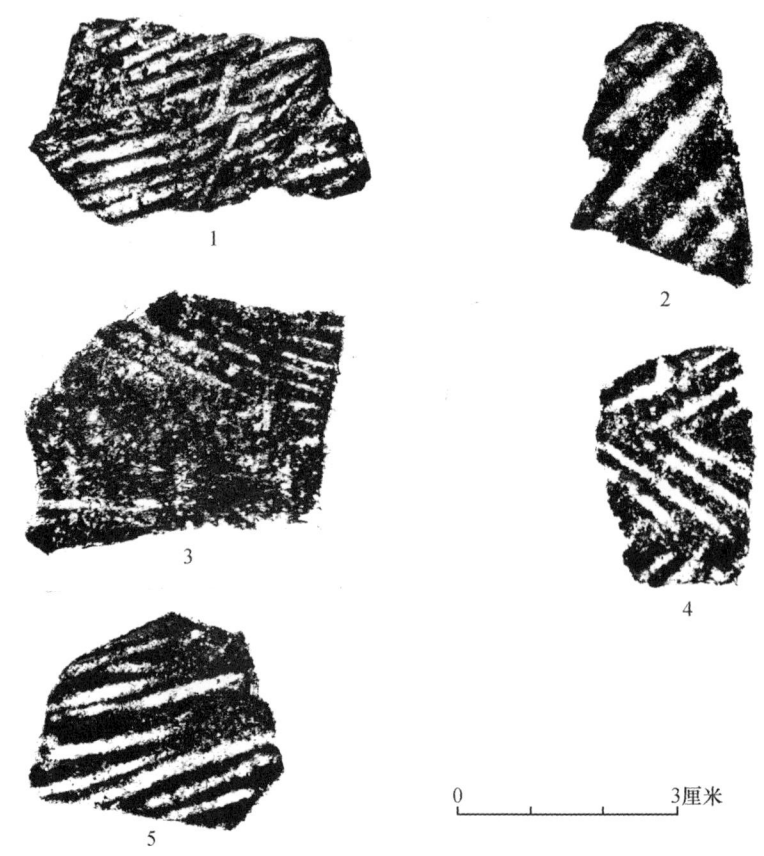

图四 唐家坡遗址出土陶器刻划纹拓片
1. C∶34 2. C∶16 3. C∶28 4. C∶15 5. C∶33

褐陶。残高3.7厘米（图六，5）。T2②∶10，夹砂灰褐陶。残高2.7厘米（图六，3）。T1①∶3，夹细砂灰褐陶。残高2.8厘米（图六，6）。

钵　1件。H1∶2，夹砂灰褐陶。敛口，圆方唇，口部以下残。素面。残高1.1厘米（图六，4）。

器耳　2件。均为桥形耳。C∶22，夹砂灰陶。素面。宽1.7、残长4.2厘米（图六，8）。T2②∶1，夹砂灰陶。一侧有刻划痕迹。宽3.6、残长3.6厘米（图六，9）。

纺轮　1件。C∶12，夹砂灰褐陶。平面呈圆形，中间厚，四周薄。素面。直径5.9、厚1.8厘米（图六，7）。

器底　5件。均为平底略内凹，素面。C∶10，夹细砂灰褐陶。底径8.8、残高2厘米（图七，3）。T2②∶9，夹砂灰陶。底径9、残高1.7厘米（图七，4）。C∶17，夹细砂灰褐陶。底径5、残高2.1厘米（图七，5）。T1①∶4，夹细砂灰褐陶。底径8.8、残高1.7厘米（图七，2）。T2①∶2，夹砂灰陶。底径7.4、残高1.8厘米（图七，1）。

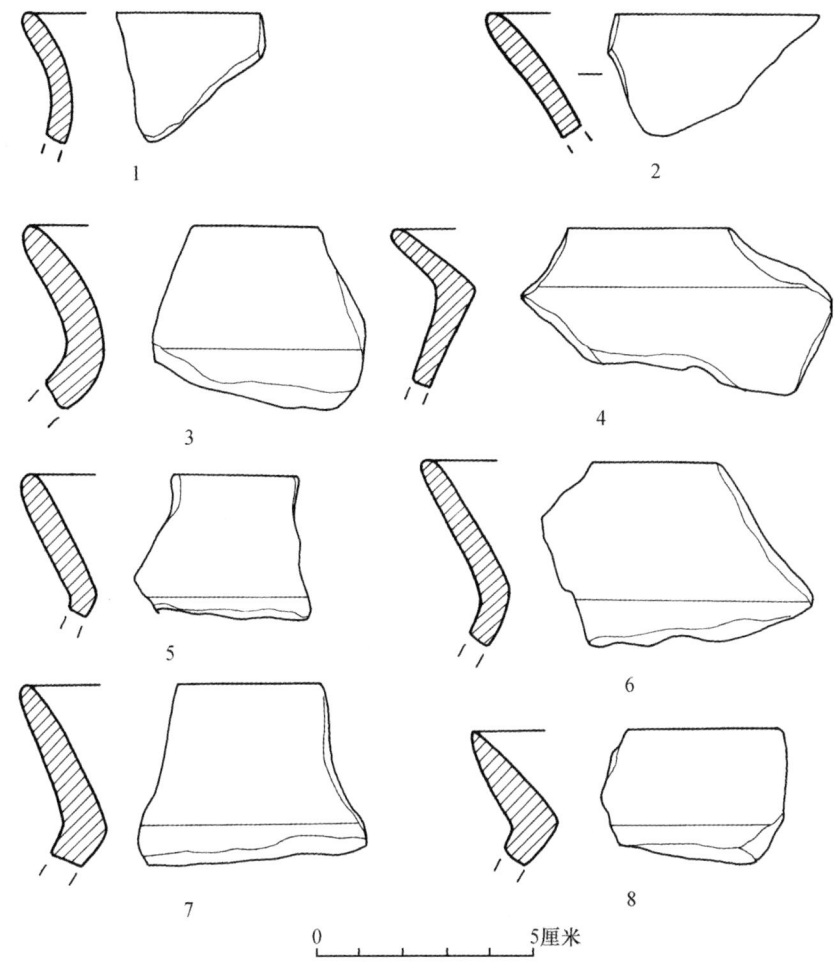

图五　唐家坡遗址出土陶侈口罐

1~3.A型（C∶31、T2②∶2、T2①∶4）　4~8.B型（C∶9、C∶27、T2①∶1、C∶14、C∶30）

器鋬　4件。均为夹砂灰褐陶。C∶21，残长6.7厘米（图七，7）。C∶24，残长5.1厘米（图七，6）。C∶32，残长5.4厘米（图七，8）。C∶29，残长5.4厘米（图七，9）。

石斧　8件。依据器身整体厚薄，分为二型。

A型　6件。整体较圆鼓。均较残，从较完整的标本C∶8看平面形状可能略呈梯形。C∶8，浅绿色石质。弧顶，刃部残。除残断部分外通体磨光，两侧可见锤击留下的片疤。残长11.5、宽8.3、厚5.1厘米（图八，1）。H1∶1，灰褐色石质。仅存刃部。除残断部分外通体磨光。残长3.6、宽5.1、厚3.7厘米（图八，2）。T1②∶1，灰绿色石质。上部残，刃部略残。通体磨光。残长5.6、宽4.5、厚4厘米（图八，4）。C∶2，浅绿色石质。上部残。仅刃部磨光，其余部分遍布锤击留下的片疤。残长7.8、宽7、厚3.3厘米（图八，3）。T2②∶5，浅绿色石质。仅存刃部一角。除残断部分外通体磨光。

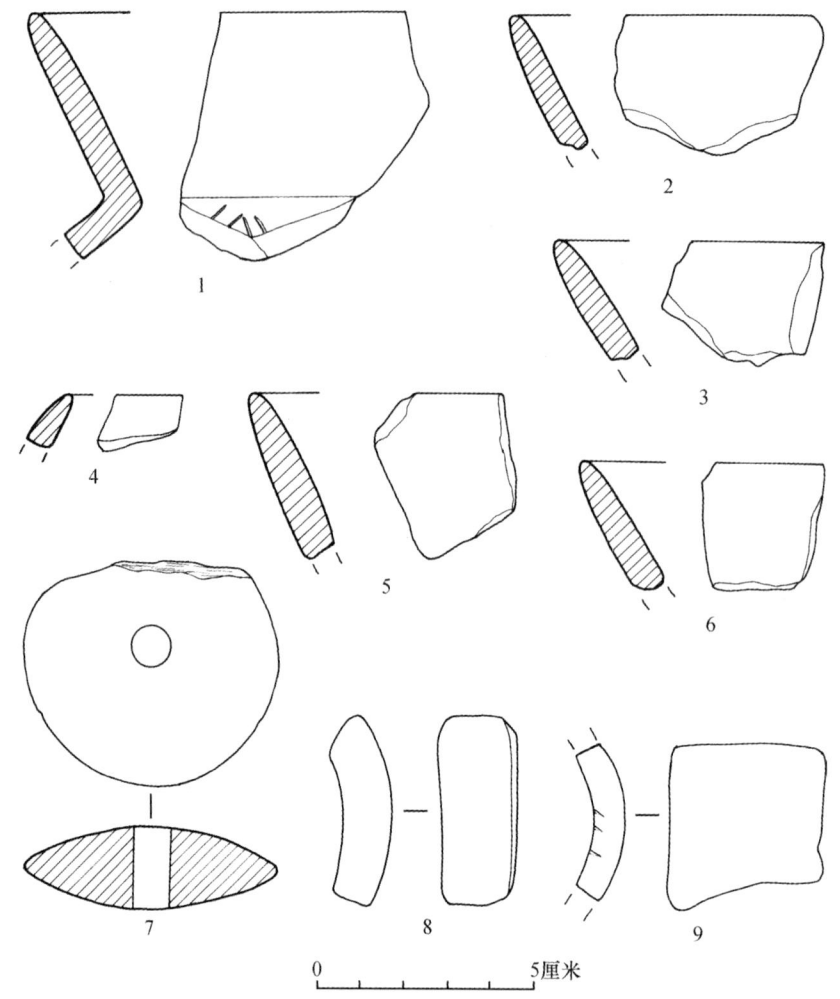

图六 唐家坡遗址出土陶壶、钵、纺轮、器耳
1~3、5、6. 壶（C∶13、C∶11、T2②∶10、T2②∶11、T1①∶3） 4. 钵（H1∶2） 7. 纺轮（C∶12）
8、9. 器耳（C∶22、T2②∶1）

残长3.6、残宽4.2、厚2.2厘米（图八，5）。T1②∶2，浅绿色石质。仅存刃部一角，刃部亦略残。除残断部分外通体磨光。残长2.9、残宽2.6、厚2.3厘米（图八，6）。

B型 2件。整体略扁平。整体形状呈长方形。T2②∶3，蓝灰色石质。上部残。除刃部磨光外通体遍布锤击留下的片疤。残长7.3、宽5.7、厚1.6厘米（图八，7）。C∶5，灰绿色石质。通体磨光。器身两侧可见锤击留下的片疤。残长6.4、宽7.7、厚2.7厘米（图八，8）。

石锛 7件。完整者平面均呈长条形，两面较平。C∶4，蓝灰色石质。弧顶，刃部略残。除顶部外通体磨光，器身上可见锤击留下的片疤。长9.4、宽2.7、厚1.4厘米（图九，1）。C∶6，蓝灰色石质。顶部残。仅刃部磨光，器身上可见锤击留下的片疤。残

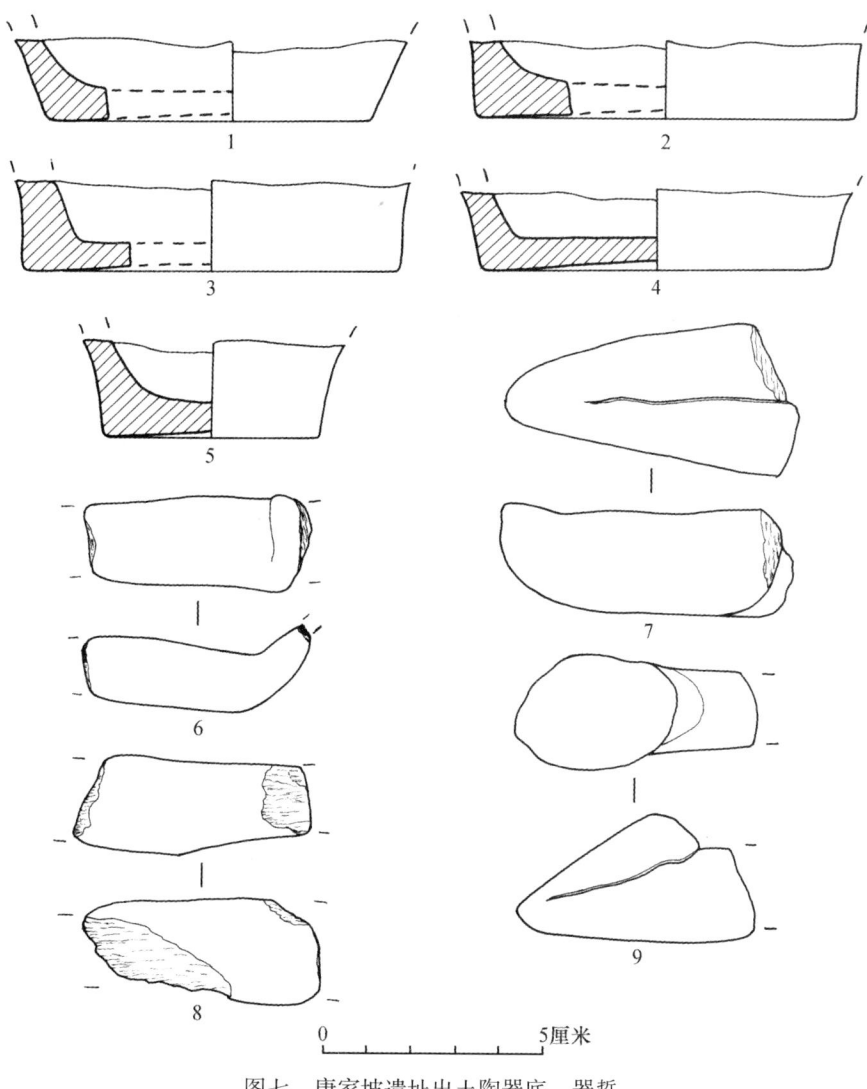

图七 唐家坡遗址出土陶器底、器錾

1~5.器底（T2①:2、T1①:4、C:10、T2②:9、C:17） 6~9.器錾（C:24、C:21、C:32、C:29）

长8.5、宽3.5、厚1.3厘米（图九，2）。T1②:4，蓝灰色石质。顶部略残。通体遍布锤击留下的片疤。残长7、宽2.7、厚0.9厘米（图九，3）。C:7，蓝灰色石质。仅存一角。刃部磨光，刃部外遍布锤击留下的片疤。残长5、残宽2.9、厚1.2厘米（图九，4）。T1②:3，蓝灰色石质。仅存刃部。刃部磨光。残长2.1、宽3.3、厚1.1厘米（图九，5）。T1①:2，蓝灰色石质。上部残，刃部略残。仅刃部磨光，其余部分遍布锤击留下的片疤。残长4.1、宽3.7、厚1厘米（图九，6）。T2②:8，蓝灰色石质。上部残。仅刃部磨光，其余部分遍布锤击留下的片疤。残长2.7、宽3.4、厚0.7厘米（图九，7）。

石凿 1件。C:3，蓝灰色石质。平面形状略呈纺锤形，弧顶，两面平。凿身保留

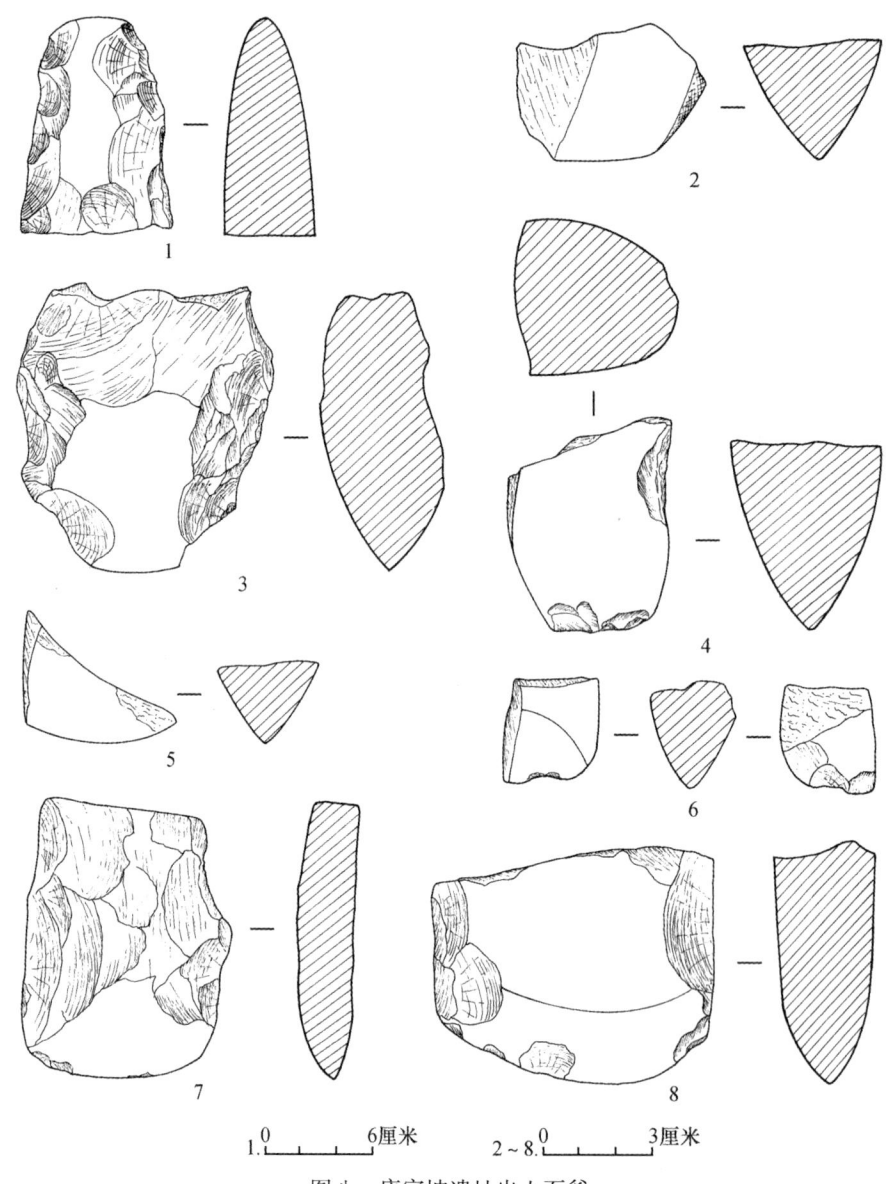

图八 唐家坡遗址出土石斧
1～6.A型（C:8、H1:1、C:2、T1②:1、T2②:5、T1②:2） 7、8.B型（T2②:3、C:5）

有锤击留下的片疤。长9、宽2.8、厚1.1厘米（图一〇，4）。

石刀 4件。依据平面形状，分为二型。

A型 3件。平面呈长条形。C:1，蓝灰色石质。有两个两面钻的钻孔，钻孔靠近刀背。通体磨光。残长4.6、宽2.9、厚0.6厘米（图一〇，1）。T1①:1，蓝灰色石质。仅存部分刀背。通体磨光。残长4.4、残宽2.8、厚0.5厘米（图一〇，2）。T2①:6，浅褐色石质。有一个两面钻钻孔，钻孔靠近刀背。通体磨光。残长3.4、宽3.4、厚0.6厘米（图一〇，3）。

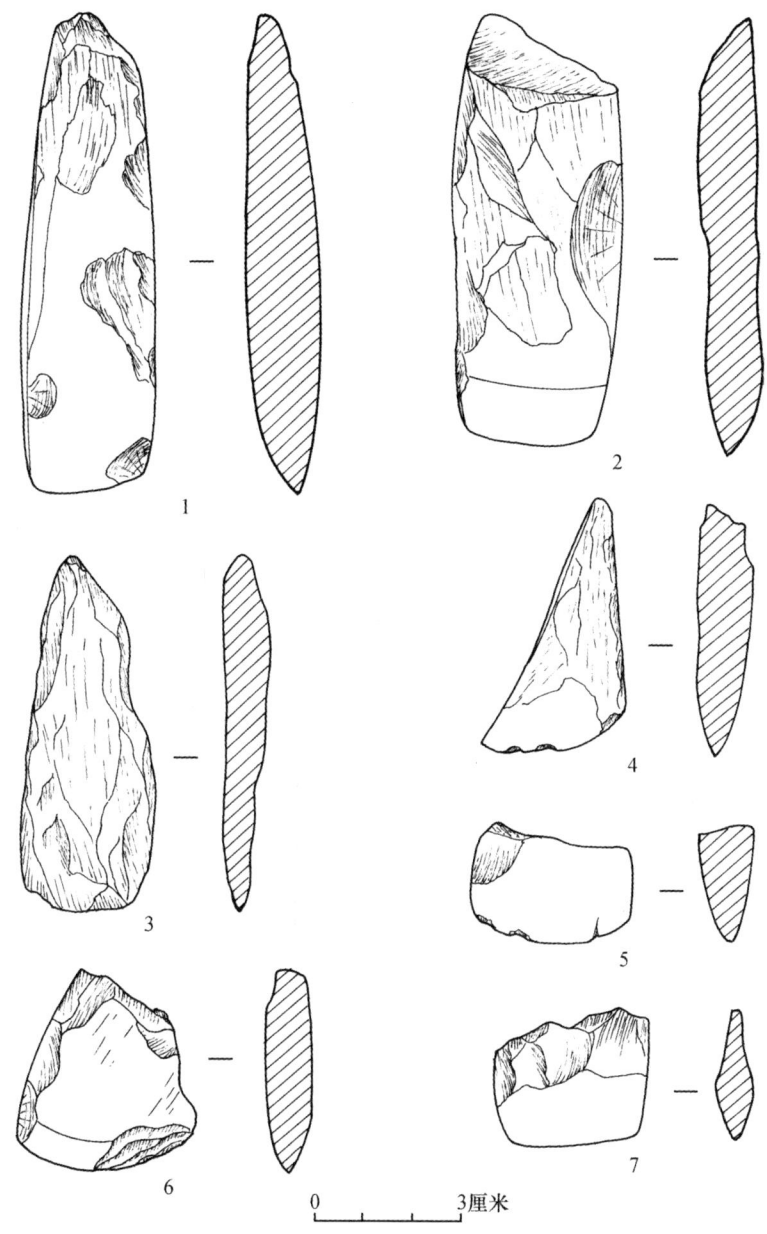

图九 唐家坡遗址出土石锛
1.C:4 2.C:6 3.T1②:4 4.C:7 5.T1②:3 6.T1①:2 7.T2②:8

B型 1件。平面呈半月形。T2②:6,蓝灰色石质。一端残。刃部在弓背上,弦上无刃。通体磨光。残长5.8、宽3.3、厚0.4厘米(图一〇,5)。

石镞 1件。C:49,蓝灰色石质。平面形状呈菱形,箭头一端两侧均有刃,头、尾均残。通体磨光。残长4.7、宽1.7、厚0.3厘米(图一〇,6)。

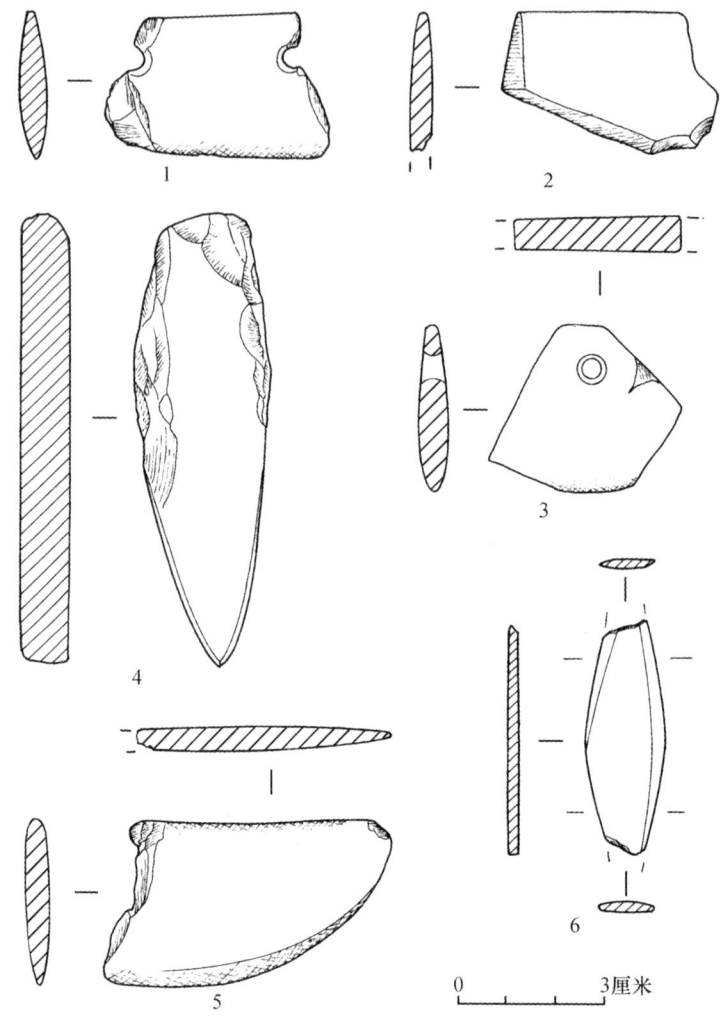

图一〇　唐家坡遗址出土石刀、凿、镞

1~3. A型刀（C：1、T1①：1、T2①：6）　4. 凿（C：3）　5. B型刀（T2②：6）　6. 镞（C：49）

二、张家地墓地

我们仅在山坡断面上发现石棺葬6座，均未进行清理（图一一）。墓葬均为先挖好墓坑，再在墓坑中用石板堆砌而成，墓葬截面呈长方形。

遗物仅采集有陶器2件。

罐　1件。M2：1，夹砂灰褐陶。肩部以上残，弧肩，斜弧腹，最大径位于上腹部，平底。底部压印有清晰叶脉纹，器身上有泥条盘筑制法留下的痕迹。底径8、残高21.6厘米（图一二，1；图版五，1）。

壶　1件。M4：1，夹砂灰褐陶。领部略直，溜肩，斜弧腹，最大径位于上腹部，平底。素面。底径6.2、残高23.6厘米（图一二，2；图版五，2）。

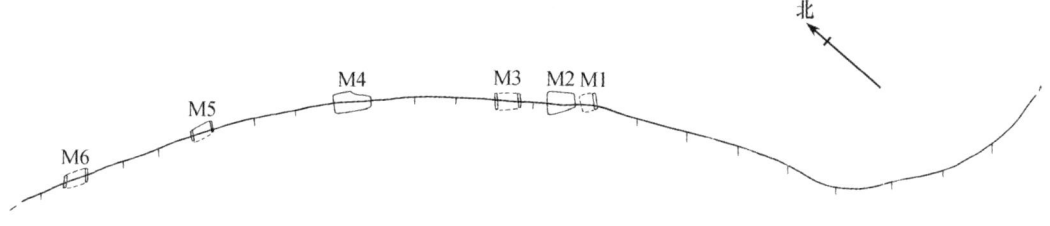

图一一　张家地墓地墓葬分布示意图

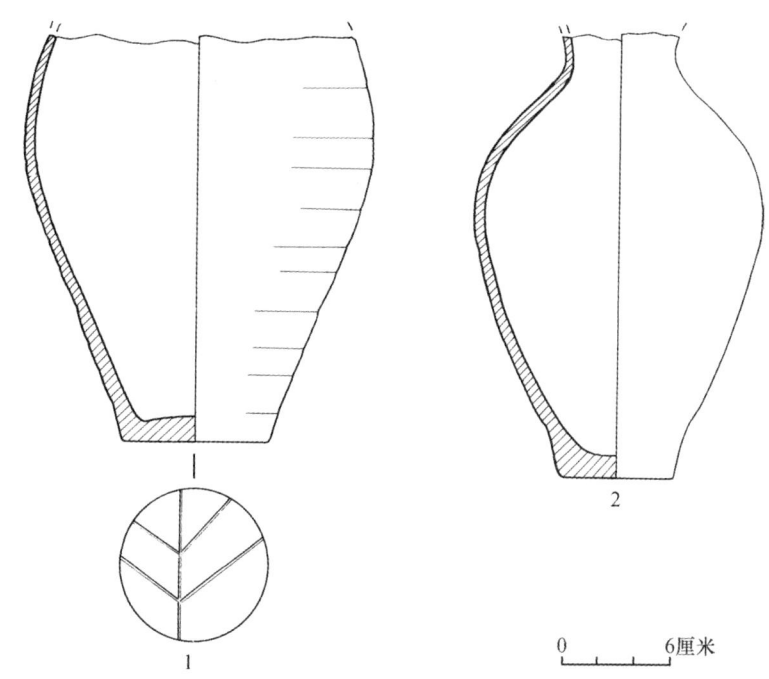

图一二　张家地墓地出土陶罐、壶
1. 罐（M2∶1）　2. 壶（M4∶1）

三、结　　语

唐家坡遗址由于破坏过于严重，对于其文化性质的讨论较受制约。从仅有的少量陶器标本看，唐家坡遗址新石器时代遗存缺乏横栏山文化大量出现的口部下侧装饰一周附加堆纹的罐、喇叭口罐等，应不属横栏山文化[1]；少量折沿侈口罐与大墩子文化的同类器较为相似，可能与大墩子文化关系更为密切[2]。

我们在唐家坡遗址H1中提取了土样并进行了浮选，发现有炭化稻谷，稻谷碳十四测年数据为1780BC～1660BC，说明遗址年代大致为新石器时代晚期。

张家地墓地经调查确认为一处石棺葬墓群。从这个墓地采集到的陶壶（M4∶1）器形接近于四川凉山昭觉县濮苏波涅墓地B型壶（PM3∶1），陶罐（M2∶1）器形及底部叶脉纹近似于濮苏波涅墓地陶尊（PM2∶1）[3]。而张家地墓地与濮苏波涅墓地又均为石棺葬墓地。故我们推测张家地墓地与濮苏波涅墓地年代和文化性质大致相当。濮苏波涅PM2人骨碳十四测年数据为距今3170±145年，故张家地墓地的年代也应在距今3000年左右，大致相当于商代晚期至西周初年。

发掘：唐　翔　梁建荣　孙　策　刘　渝
　　　肖　桑　补　琦　刘祥宇　周志清
绘图：陈　睿　孙智辉
摄影：刘祥宇
执笔：刘祥宇　孙　策　周志清　唐　翔

注　释

[1] 江章华：《安宁河流域考古学文化试析》，《四川文物》2007年第5期；周志清：《浅析安宁河流域的新石器文化类型》，《成都考古研究》（一），科学出版社，2009年；左志强：《安宁河流域新石器文化初论》，《成都考古研究》（二），科学出版社，2013年。

[2] 云南省博物馆：《元谋大墩子新石器时代遗址》，《考古学报》1977年第1期。

[3] 凉山彝族自治州博物馆、四川大学考古学系、昭觉县文物管理所：《四川昭觉县好谷村古墓群的调查和清理》，《考古》2009年第4期。

会理县1987年古代遗址调查简报

成都文物考古研究院
凉山彝族自治州博物馆
会理县文物管理所

  会理县位于四川省凉山彝族自治州南部，西连攀枝花市，南与云南省昆明市和楚雄州相邻，扼川滇要冲，自古以来就是川西南与滇西及南亚商贸往来周转重地，素有"川滇锁钥"之称。会理属中亚热带西部半湿润气候区，光热资源丰富，气候宜人。年平均气温15.1℃，年均降水量1150毫米，干湿季节明显。由于海拔自北向南逐步降低，县境内垂直气候明显，无霜期长，年平均达240天，年平均日照2398小时，平均相对湿度69%左右，昼夜温差大，四季温差小，冬无严寒，夏无酷暑，四季如春。元鼎六年（前111年），武帝诛杀邛君、筰侯，以邛都为越嶲郡（西昌），置邛都、定筰、苏云、台等、会无、三绛、卑水、姑复、遂久、青蛉、灵光、筰秦、大筰、潜街、阐15县。会无即今会理，三绛在今会理县所属黎溪境。此为会理正式建置见于文字记载之始，此后历经2000多年其境域变化一直不大。

  会理县田野考古工作起始于20世纪70年代中期，"四川省金沙江（渡口段、西昌段）、安宁河流域联合考古调查队"在城河流域进行考古调查，发现东咀、瓦石田等遗址或墓地[1]。1987年全国第二次文物普查在城河流域先后发现较多古代文化遗存。20世纪90年代在县境城河流域发现新石器时代遗址及标本采集点多达20余处。城河流域多数地区都有新石器时代文化遗物的发现，但黎溪坝子一带最为集中，遗存多分布于城河流域的一二级台地及丘陵坡地，土质松软肥沃，适宜农业生产和定居生活。其中，莲塘、唐家坡遗址在1987年考古调查发现较多陶、石器，器形特征突出，与滇西新石器时代遗存颇有联系。现将这两遗址调查采集的文化遗物简报如下。

一、莲塘遗址

  莲塘遗址位于会理县黎溪镇莲塘村7组，地处城河中游的黎溪盆地。遗址所在地为低矮山丘顶部，地势较平缓。地理坐标为东经102°1′26.6″、北纬26°24′27.7″。地面暴露石器及陶片较多，在遗址西南、东侧土坎剖面可见文化堆积，采集遗物有石刀、斧、锛、镞及夹砂陶折沿罐等。遗址面积约17000平方米。遗址因"坡改梯"生产活动遭受严重的破坏。

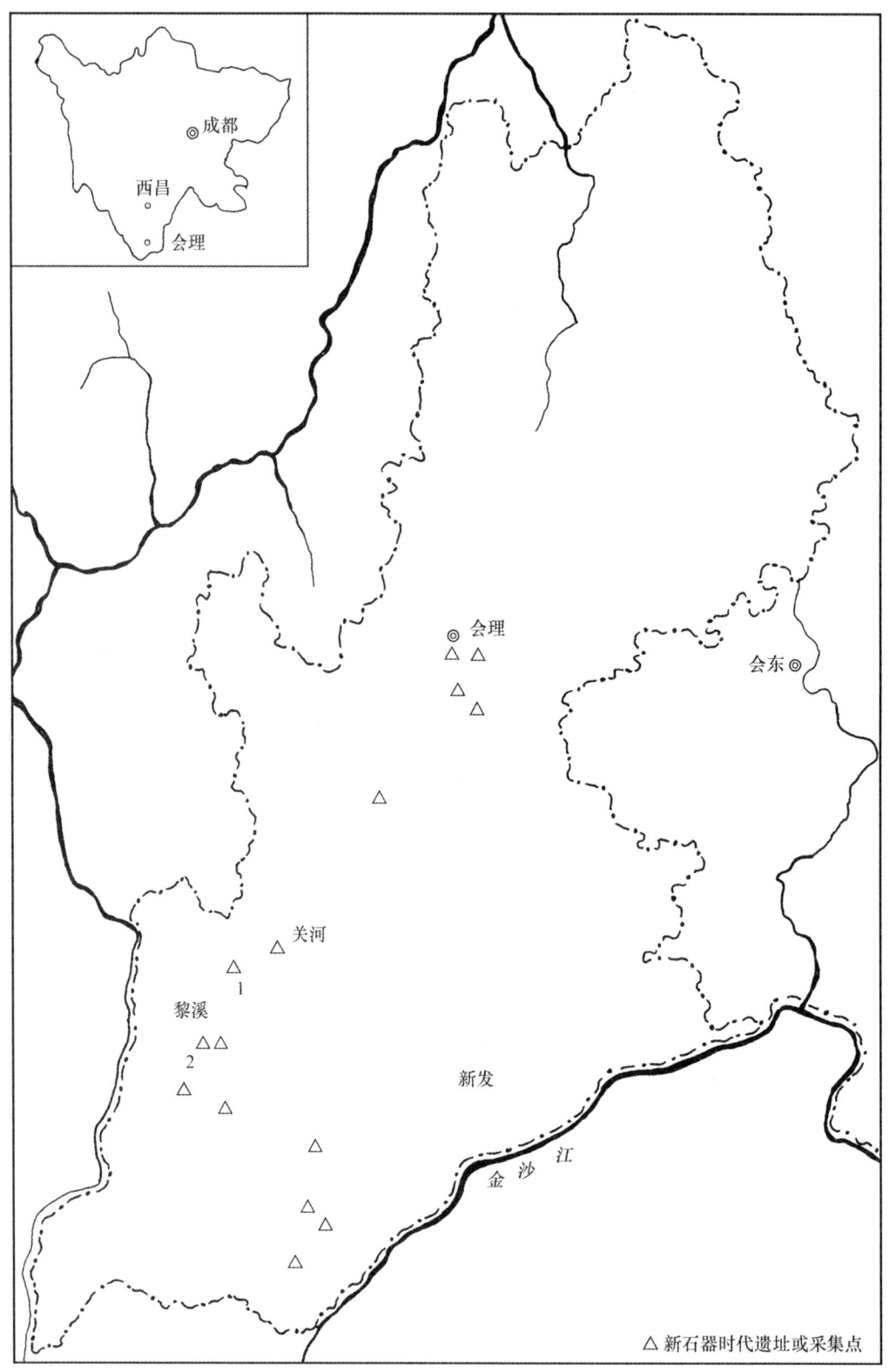

图一　莲塘、唐家坡遗址位置示意图
1. 莲塘遗址　2. 唐家坡遗址

1. 陶器

莲塘遗址采集陶器多夹砂陶，少有泥质陶。陶色以红褐陶、红陶居多，少量黑褐陶。纹饰以刻划纹、绳纹、乳钉纹、附加堆纹等常见。可辨器形有侈沿罐、钵、纺轮、器底等，多平底器，未见圜底器或三足器。

侈沿罐　2件。2015SHL采：1，夹砂红褐陶。卷沿，圆唇。素面。口径20、残高2.4厘米（图二，5）。2015SHL采：9，夹砂红褐陶。侈沿，圆唇。外沿面饰刻划纹，外侧近口处有抹平附加堆纹。残高2.6厘米（图二，7）。

钵　1件。2015SHL采：2，夹砂红褐陶。近口部饰两个圆钝乳钉。残高4.4厘米（图二，6）。

鋬耳　3件。2015SHL采：6，夹砂红褐陶。素面。宽2.3、残高5.2厘米（图二，9）。2015SHL采：7，夹砂红褐陶。宽2.1、残高8.5厘米（图二，11）。2015SHL采：13，夹砂红褐陶。素面。宽2.1、残高7.7厘米（图二，12）。

纺轮　1件。2015SHL采：10，夹砂红褐陶。直径6.3、孔径0.9厘米（图二，10）。

器底　3件。2015SHL采：3，夹砂褐陶。素面。底径11、残高2.1厘米（图二，1）。2015SHL采：11，夹砂褐陶。素面。底径7、残高1厘米（图二，2）。2015SHL采：4，夹砂褐陶。素面。底径12.2、残高4.2厘米（图二，3）。

绳纹陶片　2件。2015SHL采：8，夹砂灰褐陶。饰交错绳纹。残长5.3、宽4.4厘米（图二，4）。2015SHL采：5，夹砂青灰褐陶。饰粗绳纹，两道绳纹之间施压出小凹槽。残长4.6、宽4.8厘米（图二，8）。

2. 石器

石器原料全部取自当地砾石，岩性主要有青灰色或棕红色玄武岩、板岩、凝灰岩、砂岩等。器形有斧、锛、凿、镞、纺轮等。

斧　9件。依据平面形态，分为二型。

A型　7件。器身平面略呈梯形。依据器形大小，分为二亚型。

Aa型　4件。器形较大。2015SHL采：61，直刃，中锋，柄部断裂，器身两侧有崩损片疤。残长6.2、宽6.3、厚2.5厘米（图三，2）。2015SHL采：59，直刃，中锋，器身一侧有大量崩损片疤。长12.6、最宽处7.1、厚3.9厘米（图三，3）。2015SHL采：58，直刃，中锋，两头有大量崩损片疤。长10.8、宽6.1、厚3.2厘米（图三，4）。2015SHL采：67，直刃，中锋，柄部断裂。残长4.8、宽6.4、厚4.4厘米（图四，4）。

Ab型　3件。器形较小。2015SHL采：46，直刃，中锋，器身近刃部有较多崩损片疤。长6.1、最宽处3.3、厚1.1厘米（图四，2）。2015SHL采：43，直刃，中锋，刃部和器身有大量崩损片疤。长7.4、宽4.4、厚1.8厘米（图四，3）。2015SHL采：48，弧刃，中锋，器身两侧有大量崩损片疤。残长6.9、宽3.8、厚1.4厘米（图四，8）。

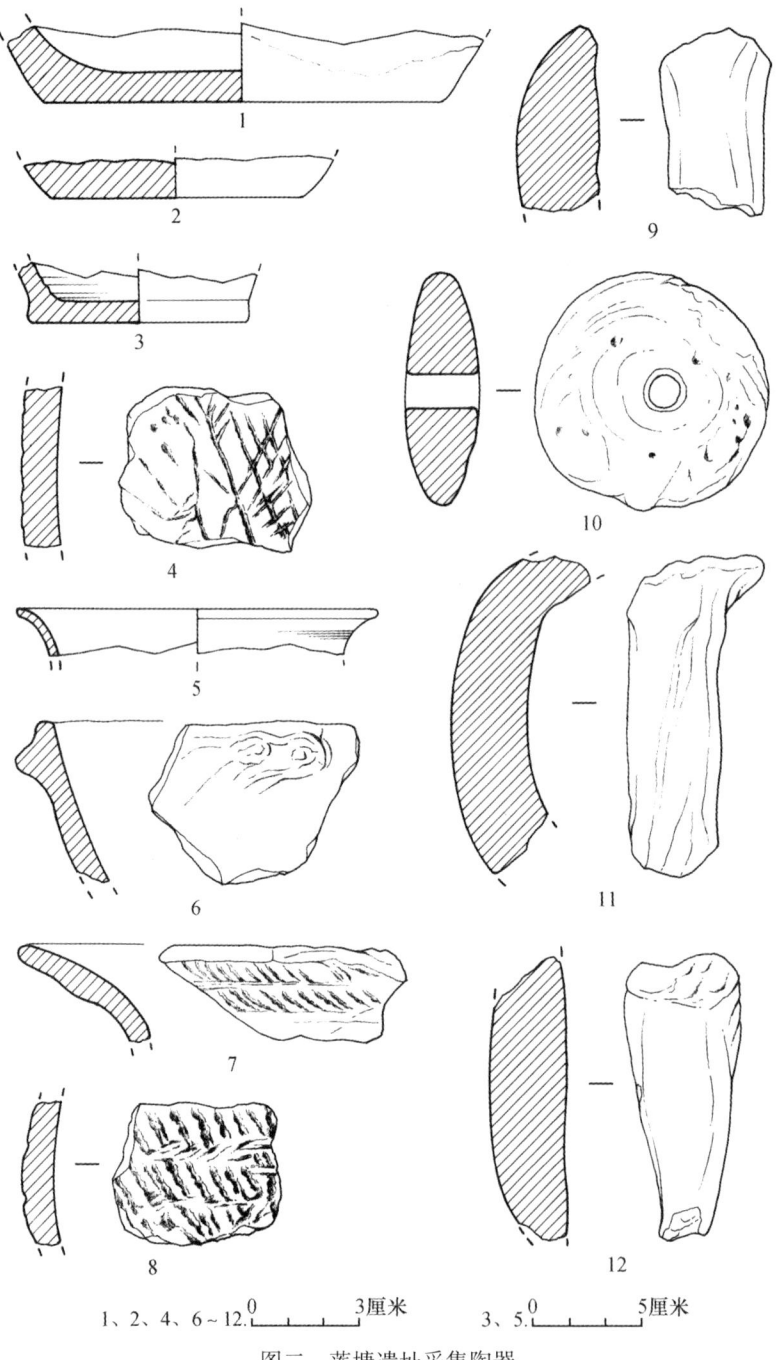

图二 莲塘遗址采集陶器

1~3. 器底（2015SHL采：3、2015SHL采：11、2015SHL采：4） 4、8. 绳纹陶片（2015SHL采：8、2015SHL采：5） 5、7. 侈沿罐（2015SHL采：1、2015SHL采：9） 6. 钵（2015SHL采：2）
9、11、12. 鋬耳（2015SHL采：6、2015SHL采：7、2015SHL采：13） 10. 纺轮（2015SHL采：10）

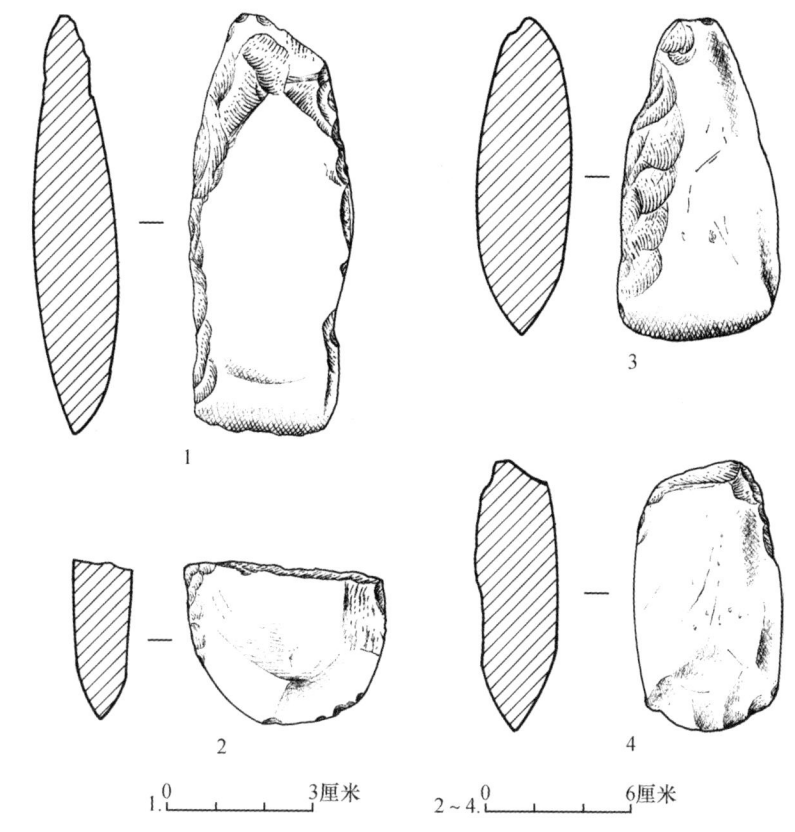

图三 莲塘遗址采集石斧
1. B型（2015SHL采：18） 2~4. Aa型（2015SHL采：61、2015SHL采：59、2015SHL采：58）

B型 2件。器身平面呈长条形。2015SHL采：18，直刃，中锋，器身两侧有大量崩损片疤。长8.5、宽3.2、厚1.8厘米（图三，1）。2015SHL采：32，直刃，偏锋，器身有大量崩损片疤。长11.1、宽2.7、厚1.6厘米（图四，7）。

凿 3件。2015SHL采：25，通体磨光，两端有较多崩损片疤。残长7.4、宽2.2、厚2.1厘米（图四，1）。2015SHL采：31，通体磨光，较残，现存器身呈长条形，直刃，偏锋。残长4.4、宽2.2、厚1.4厘米（图四，5）。2015SHL采：37，通体磨光，较残，现存器身呈长条形，直刃，偏锋。残长4.1、宽1.7、厚0.9厘米（图四，6）。

锛 1件。2015SHL采：44，直刃，器身两侧有大量崩损片疤。残长6.1、宽3.6、厚1.4厘米（图四，9）。

刀 10件。保存均较差。2015SHL采：16，弧刃，偏锋，可见一个穿孔。残长7.1、宽3、厚0.6厘米（图五，1）。2015SHL采：17，直刃，中锋，可见七个圆形穿孔。残长5.8、宽3.6、厚0.4厘米（图五，2）。2015SHL采：15，直刃，中锋。残长7.3、宽4.1、厚0.5厘米（图五，3）。2015SHL采：18，直刃，偏锋，可见一个穿孔。残长7.9、宽4.2、厚0.6厘米（图五，4）。2015SHL采：19，弧刃，偏锋，器身一侧有

图四 莲塘遗址采集石器

1、5、6. 凿（2015SHL采：25、2015SHL采：31、2015SHL采：37） 2、3、8. Ab型斧（2015SHL采：46、2015SHL采：43、2015SHL采：48） 4. Aa型斧（2015SHL采：67） 7. B型斧（2015SHL采：32） 9. 锛（2015SHL采：44）

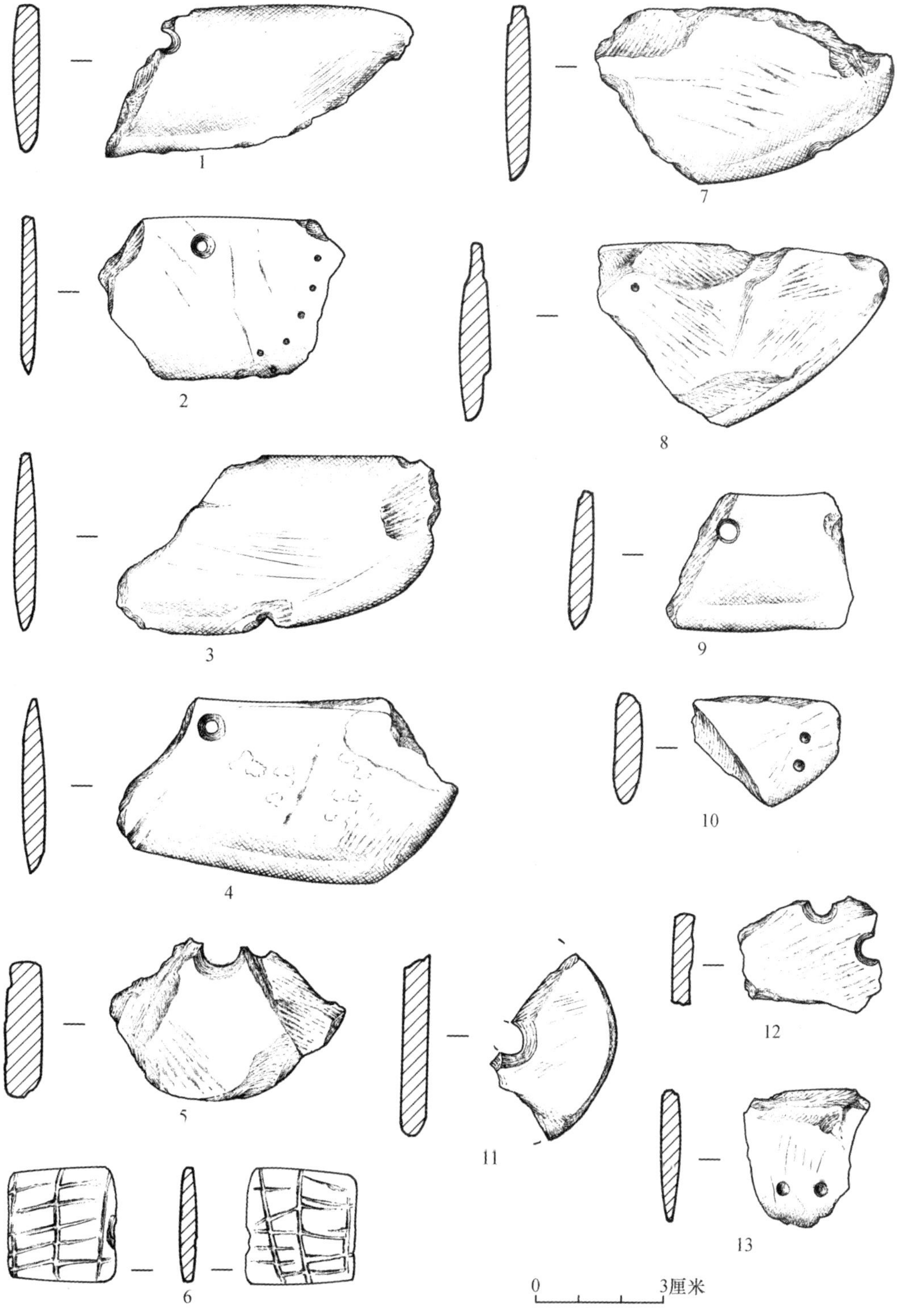

图五　莲塘遗址采集石器

1~4、7~10、12、13.刀（2015SHL采：16、2015SHL采：17、2015SHL采：15、2015SHL采：18、2015SHL采：19、2015SHL采：14、2015SHL采：20、2015SHL采：23、2015SHL采：24、2015SHL采：22）
5、11.纺轮（2015SHL采：13、2015SHL采：12）　6.刻划纹石器（2015SHL采：21）

较多崩损片疤。残长6.9、宽3.9、厚0.5厘米（图五，7）。2015SHL采：14，较残，可见一个穿孔。残长6.9、宽4.1、厚0.7厘米（图五，8）。2015SHL采：20，直刃，中锋，可见一个穿孔。残长4.3、宽3.2、厚0.6厘米（图五，9）。2015SHL采：23，直刃，中锋，可见两个穿孔。残长3.5、宽2.4、厚0.6厘米（图五，10）。2015SHL采：24，较残，可见两个穿孔。残长3.4、残宽2.5、厚0.4厘米（图五，12）。2015SHL采：22，直刃，中锋，可见两个穿孔。残长2.9、宽3.2、厚0.5厘米（图五，13）。

纺轮　2件。2015SHL采：13，可见一个残穿孔。残长5.6、残宽3.6、厚0.8厘米（图五，5）。2015SHL采：12，可见一个残穿孔。残长4.1、残宽2.8、厚0.6厘米（图五，11）。

刻划纹石器　1件。2015SHL采：21，两面均有刻划纹。残长2.4、宽3、厚0.5厘米（图五，6）。

镞　8件。2015SHL采：71，刃部残缺，一侧有少量崩损片疤。残长5.3、宽1.4、厚0.3厘米（图六，1）。2015SHL采：69，通体磨光，直刃，中锋。残长3.2、宽1.4、厚0.2厘米（图六，2）。2015SHL采：68，通体磨光，中上部有一凹槽，中部可见一个水滴形穿孔。残长2.5、宽1.7、厚0.3厘米（图六，3）。2015SHL采：70，通体磨光，刃部残缺。残长4.3、宽1.3、厚0.2厘米（图六，4）。2015SHL采：74，通体磨光，中部有一凹槽，两侧各有一条凸起。残长2.9、宽1.7、厚0.3厘米（图六，5）。2015SHL

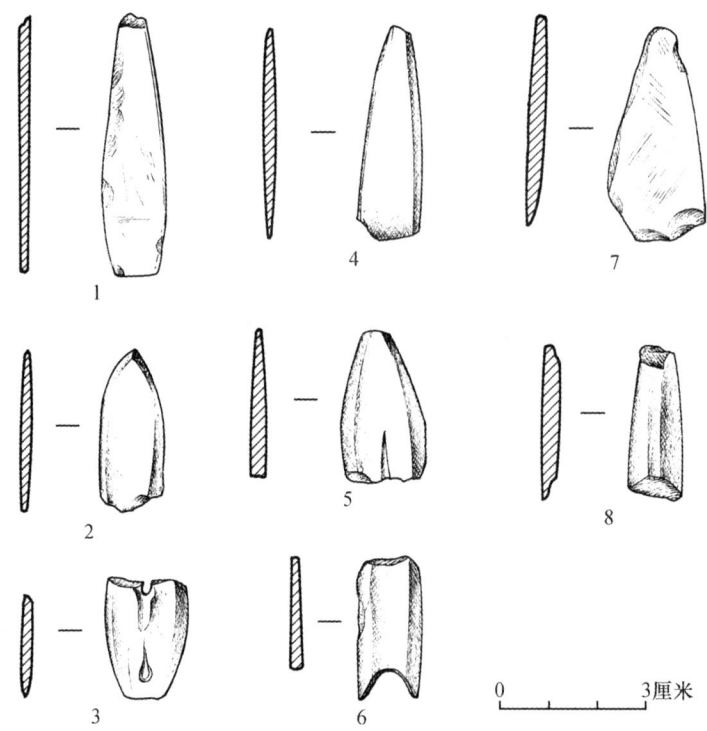

图六　莲塘遗址采集石镞

1. 2015SHL采：71　2. 2015SHL采：69　3. 2015SHL采：68　4. 2015SHL采：70　5. 2015SHL采：74
6. 2015SHL采：75　7. 2015SHL采：72　8. 2015SHL采：73

采：75，通体磨光，刃部残缺。残长2.8、宽1.3、厚0.2厘米（图六，6）。2015SHL采：72，直刃，偏锋，上部有少量崩损片疤。残长4.2、宽2.1、厚0.3厘米（图六，7）。2015SHL采：73，通体磨光，刃部残缺，中部有一道凸棱，横截面呈梯形。残长3.1、宽1.1、厚0.3厘米（图六，8）。

二、唐家坡遗址

唐家坡遗址位于会理县黎溪镇锁水村7组。遗址位于低矮山丘顶部，地势较平缓。面积约12000平方米。唐家坡遗址还分布有石棺墓。

1. 陶器

唐家坡遗址采集陶器多夹砂陶，少有泥质陶。陶色以灰褐陶居多，少量黑褐陶。纹饰以刻划纹、绳纹、乳钉纹、附加堆纹等常见。可辨器形有侈沿罐、长颈罐、折沿罐、鋬耳等，多平底器，未见圜底器或三足器。

折沿罐　3件。敛口，仰折沿，圆唇，直肩。2015SHT采：13，夹砂灰褐陶。素面。口径21.2、残高2.4厘米（图七，1）。2015SHT采：4，夹砂褐陶。素面。残高3.7厘米（图七，2）。2015SHT采：5，夹砂褐陶。素面。残高2.2厘米（图七，5）。

侈沿罐　2件。2015SHT采：3，夹砂灰褐陶。外沿面有绳纹。残高2.8厘米（图七，3）。2015SHT采：8，夹砂褐陶。素面。残高2.7厘米（图七，4）。

长颈罐　1件。2015SHT采：2，夹砂灰褐陶。口微敛，尖圆唇，束颈。颈部饰戳印纹。口径19.6、残高5厘米（图七，8）。

附加堆纹陶片　1件。2015SHT采：6，夹砂褐陶。饰附加堆纹。宽4.9、残高3.5厘米（图七，6）。

绳纹陶片　1件。2015SHT采：9，夹砂褐陶。饰较粗绳纹。宽2.3、残高2.8厘米（图七，7）。

器底　3件。2015SHT采：7，夹砂灰褐陶。素面。底径6、残高3.2厘米（图七，9）。2015SHT采：1，夹砂褐陶。素面。底径12、残高5厘米（图七，10）。2015SHT采：11，夹砂褐陶。素面。底径9、残高2厘米（图七，11）。

鋬耳　2件。较残。2015SHT采：10，夹砂褐陶。宽2.2、残高6厘米（图七，12）。2015SHT采：12，夹砂褐陶。残高5.8厘米（图七，13）。

2. 石器

石器原料全部取自当地砾石，岩性主要有青灰色或棕红色玄武岩、板岩、凝灰岩、砂岩等。器形有斧、锛、刀、镞、环等。

斧　1件。2015SHT采：15，直刃、偏锋。长9、宽2.4、厚1.8厘米（图八，7）。

锛　2件。2015SHT采：2，直刃，中锋，两侧有大量崩损片疤。长4.9、宽2.6、厚

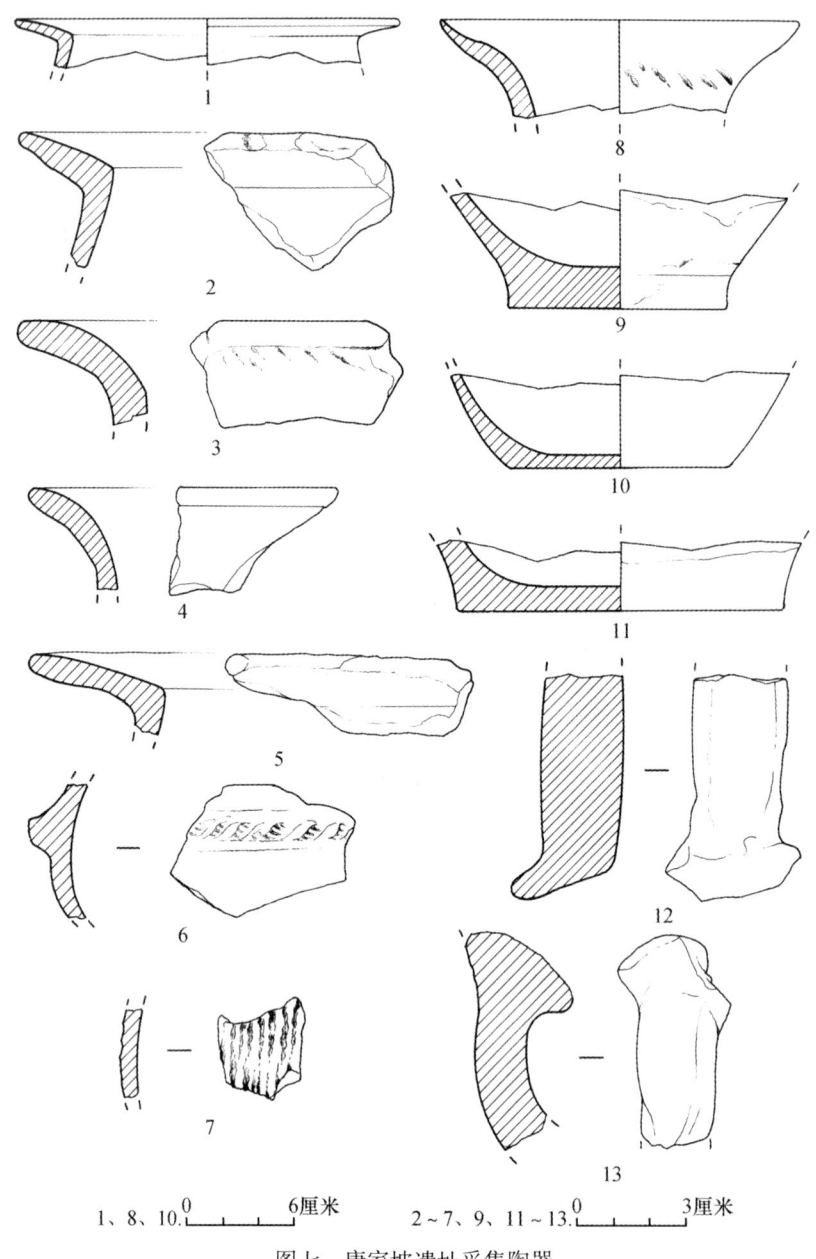

图七　唐家坡遗址采集陶器

1、2、5.折沿罐（2015SHT采：13、2015SHT采：4、2015SHT采：5）　3、4.侈沿罐（2015SHT采：3、2015SHT采：8）　6.附加堆纹陶片（2015SHT采：6）　7.绳纹陶片（2015SHT采：9）　8.长颈罐（2015SHT采：2）　9~11.器底（2015SHT采：7、2015SHT采：1、2015SHT采：11）　12、13.鋬耳（2015SHT采：10、2015SHT采：12）

0.9厘米（图八，4）。2015SHT采：17，直刃，中锋。残长8.9、宽2.9、厚1.9厘米（图八，8）。

刀　3件。2015SHT采：14，直刃，偏锋，可见两个圆形穿孔。残长8.1、宽3.9、厚0.7厘米（图八，1）。2015SHT采：20，直刃，中锋，通体磨光，可见两个圆形穿孔。

残长8.4、宽3.3、厚1厘米（图八，2）。2015SHT采：19，直刃，中锋，可见一个残圆形穿孔。残长7、宽3.4、厚0.7厘米（图八，3）。

镞　2件。横切面呈六边形。2015SHT采：21，通体磨光。残长2.2、宽0.8、厚0.4

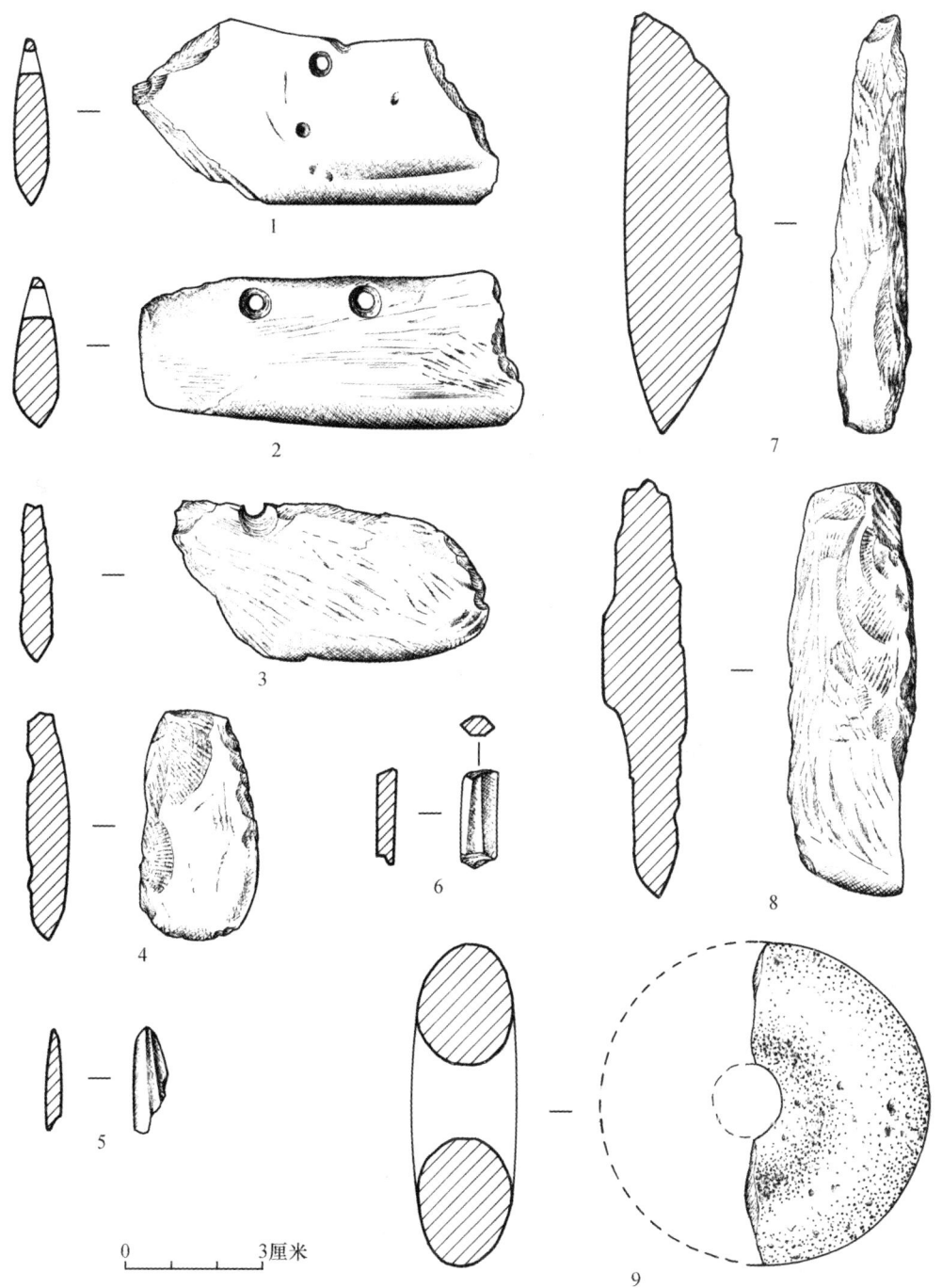

图八　唐家坡遗址采集石器

1~3.刀（2015SHT采：14、2015SHT采：20、2015SHT采：19）　4、8.锛（2015SHT采：2、2015SHT采：17）
5、6.镞（2015SHT采：22、2015SHT采：21）　7.斧（2015SHT采：15）　9.环（2015SHT采：18）

厘米（图八，6）。2015SHT采：22，弧刃，通体磨光。长2.3、宽0.8、厚0.3厘米（图八，5）。

环　1件。2015SHT采：18，平面近似圆形，器身有凿点。上下直径7.3、左右直径6.9、厚2.3、孔径1.5厘米（图八，9）。

三、结　语

会理莲塘、唐家坡遗址是会理县黎溪盆地两处重要的新石器时代遗址。两处遗址采集陶器多为夹砂陶，以褐色陶系为主，莲塘遗址陶色多红褐色，唐家坡遗址陶色偏灰褐，纹饰皆常见绳纹、刻划纹、戳印纹、附加堆纹、乳钉纹等。可辨器形有长颈罐、侈沿罐、折沿罐、钵等。石器以锛、凿、刀为主，少量斧、镞等。

莲塘遗址口下饰附加堆纹的侈沿罐（2015SHL采：9）与西昌横栏山[2]、棱木沟遗址[3]所见附加堆纹罐形制相近，只是莲塘遗址附加堆纹更为抹平。这一特征与云南大理银梭岛[4]长颈罐（T10�59：3等）更为接近。鋬耳形态与永仁菜园子遗址[5]C型龟足形鋬耳相近。绳纹陶上施粗绳纹有可能与盐源皈家堡[6]、大理银梭岛等偏早阶段绳纹相近。石刀、镞等器物形制与滇西地区新石器遗址所出同类器相近。

唐家坡遗址长颈罐（2015SHT采：2）沿面略呈盘口，与德昌董家坡H2等所出Aa型罐相近，在盐源皈家堡遗址可见大量同类器。折沿罐对比材料较少，永仁菜园子Ba型罐、董家坡遗址Ca型罐可资对比，但唐家坡折沿罐多残片，素面。目前不能排除折沿罐有年代更晚的可能性。同样唐家坡遗址也存在施粗绳纹的一类陶片，有可能与莲塘、盐源皈家堡、大理银梭岛等相近，但器形不辨，年代不能遽定。

两处遗址调查皆发现有石刀等生产工具，而一般意义上讲石刀的主要功用可能为收割或掐穗，这暗示着两处遗址可能有栽培农业的生业形态。

总体上看，莲塘、唐家坡两处遗址年代大体为新石器时代，文化属性与滇西地区新石器文化遗存有着某种联系。近年来，黎溪盆地、安宁河流域（自茨达河至下游）、盐源盆地的考古工作表明，这三个区域在新石器时代晚期可能共享同一文化圈，与横栏山文化差异明显，而与金沙江中游滇西地区新石器文化共性更多。黎溪盆地更多的文化信息、背景等需要考古工作者在今后工作中进一步予以分析证实。

绘图：钟雅莉

执笔：唐　淼　孙　策　陈　剑　唐　翔

左志强　周志清

注　释

[1] 四川省金沙江（渡口段、西昌段）、安宁河流域联合考古调查队：《四川省金沙江、安宁河流域考古调查简报》（油印稿），1975年5月。

[2] 成都文物考古研究所、凉山彝族自治州博物馆、西昌市文物管理所：《四川西昌市大兴横栏山遗址调查试掘简报》，《成都考古发现》（2004），科学出版社，2006年。

[3] 四川省文物考古研究院、凉山彝族自治州博物馆、西昌市文物管理所：《凉山州西昌市棂木沟遗址试掘简报》，《四川文物》2006年第1期。

[4] 云南省文物考古研究所、大理市博物馆、大理市文物管理所等：《云南大理市海东银梭岛遗址发掘简报》，《考古》2009年第8期。

[5] 云南省文物考古研究所、中国社会科学院考古研究所云南工作队、成都市文物考古研究所等：《云南永仁菜园子、磨盘地遗址2001年发掘报告》，《考古学报》2003年第2期。

[6] 盐源皈家堡遗址资料暂存成都文物考古研究院。

2015年盐源盆地考古调查简报

凉山彝族自治州博物馆
盐源县文物管理所
成都文物考古研究院

  盐源盆地位于四川省凉山彝族自治州西南部的盐源县。地理坐标为东经100°42′~102°02′、北纬27°07′~28°17′。东隔雅砻江与西昌市、德昌县、米易县相望；南与盐边县连接；西和云南的宁蒗县接境；北与木里县、冕宁县毗邻。地处青藏高原的东南缘，大部分地区属于川西南山地褶皱高山地带，系横断山脉的南延部分。境内山脉走向近南北，一般海拔2300~4000米。山间多断陷盆地或谷地，与云贵高原类似。县境中部是一个断陷盆地，即盐源盆地，盆地面积1049平方千米，盆底面积444平方千米，盆地海拔一般2300~2700米，盆地内起伏小，较平坦，阶地发育，多呈平顶状和延缓状。地势由北向南、由东向西，逐渐降低。盆地内土层深厚，以红壤、潮土、红褐壤为主。盆地四周均为重峦叠嶂、沟壑纵横的高山地区。境内的河流都属于雅砻江水系。雅砻江干流沿县境东部呈南北向流过，流经盐源盆地的盐源河是雅砻江的一条支流，盐源河的水网密集，河流的季节性强。盐源县的气候主要受高空西风南支流和印度洋暖流控制，太平洋气流影响极小。冬季形成干燥少雨、日照充足、气候温暖的旱季。夏季则形成凉爽温润的雨季。在大气环境的影响下，加之地势高亢，气候具有垂直变化大、干湿季分明、冬无严寒、夏无酷暑、冬春干旱多风、夏秋潮湿多雨、气候年变化小、日变化大、日照丰富的特征。盐源盆地适宜的气候与肥沃的土壤以及丰富的自然资源理应很早就有人类在此繁衍生息，并留下丰富的文化遗存。但该地区长期以来考古资料积累薄弱，致使该地区各时期遗址一直未有清晰的发现。

  20世纪20年代以来，盐源境内疯狂的盗墓活动，使得一支神秘的青铜文化浮出水面，这些具有鲜明族群特色和时代特征的遗物，特别是别具一格的青铜器，显示该地区曾是西南夷中一支重要人群的聚居区，从地望与时代特征和文化内涵而言，它与文献记载中的"笮"人有着紧密的关联。目前这些墓地中仅老龙头墓地经过抢救性发掘，其余墓地均被盗掘，致使许多重要考古信息散失于尘土之下，给这支独具特色青铜文化的研究造成了难以愈合的伤痛。盐源盆地除了这些青铜时代的墓地外，一直没有发现明确的史前遗址，这给我们认识该地区史前文化遗存的文化面貌与区域文化发展脉络造成极大的困难。在20世纪末期的考古调查中尽管发现一些石器和陶片，但一直没有发现原始堆积，致使该盆地史前遗址的发现仍然处于空白，这与该地区众多的青铜时代墓地和丰富

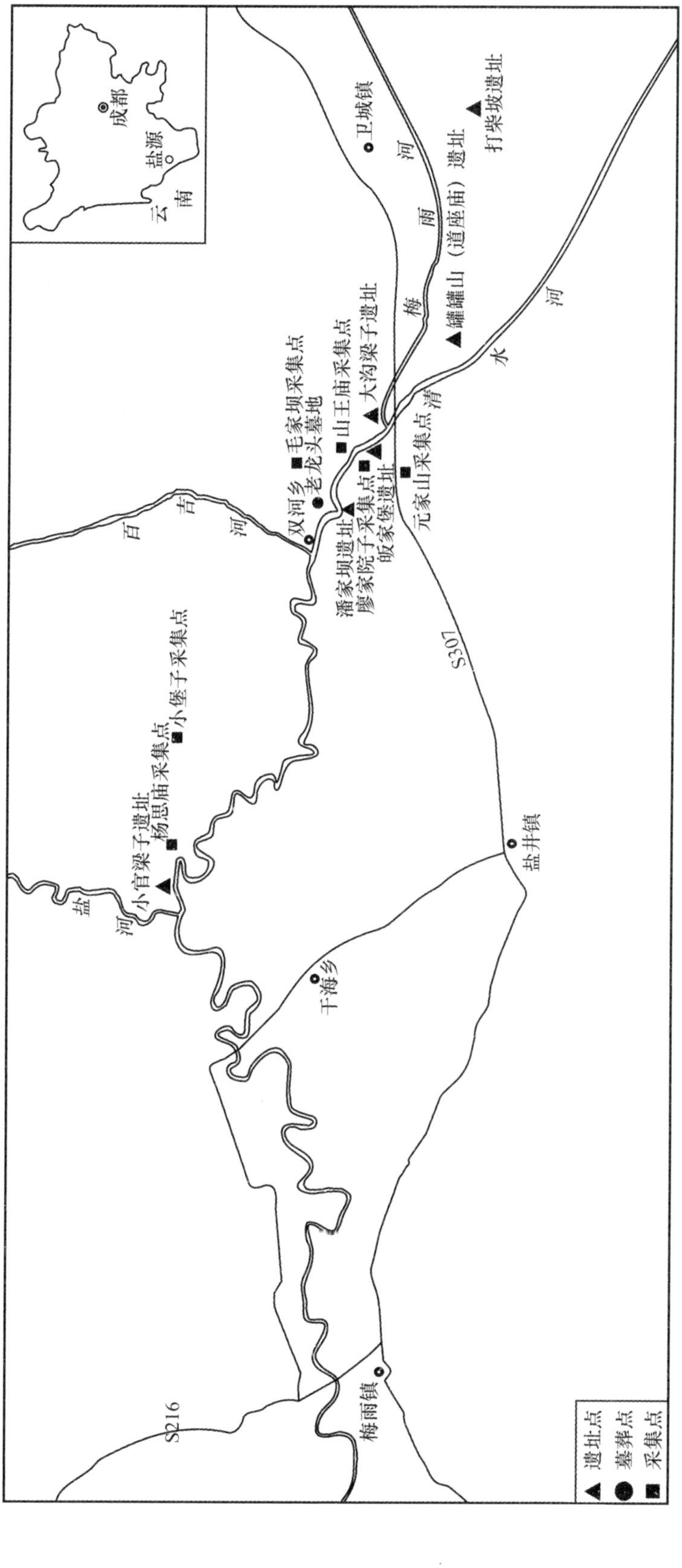

图一 调查遗址分布示意图

自然资源形成强烈的对比。当前随着盐源县境内基础建设大力推进，过去没有垦种的区域和机械深耕使得一些古代文化遗存暴露出来。为了了解盐源盆地史前文化遗存的保存、分布以及文化内涵与时代特征等信息，由凉山彝族自治州博物馆、盐源县文物管理所和成都文物考古研究院组成的联合考古队于2015年6月16～30日对盐源盆地开展了考古调查。

本次考古调查旨在了解盐源盆地史前遗址的分布特点、保存现状以及文化面貌等基础考古信息，为下一步该地区系统的考古调查工作提供基础资料。结合盐源盆地境内河流众多、呈网状分布的特点，调查线路沿河流拉网式进行，对河流两岸的台地和丘陵进行地面踏查。调查方法是三人一组，沿河流两岸同步进行踏查，在重点地区除了踏查外，还进行开挖探沟和铲平断面了解文化堆积状况，确认为遗址并对其进行定位和现存面积的估测，同时及时清洗采集标本，以了解各遗址或采集点的文化面貌和保存现状。现将本次调查收获按地区简述如下。

一、卫 城 镇

明洪武二十六年因盐井卫兵营地，筑城以为之，称卫城。经清代、民国及至1951年，历时600年，海拔2500米，距县城（盐井镇）15千米。境内地处盐源盆地南缘，地势平缓，北部偏高，海拔3526米，是县内重要产粮区。本次调查在其境内发现遗址2处，分别处于山前坡地和河流台地边缘上，由于常年的耕作，保存情况不佳。

（一）罐罐山（道座庙）遗址

遗址位于卫城镇大堰沟村。遗址地势平缓，边缘被现代村子占据，文化堆积厚0.3～0.5米。地表现主要种植苹果和时令蔬菜，另有少量烤烟和油麻。地理坐标为东经101°61′74.9″、北纬27°44′04.9″，海拔2418米。该遗址规模较大，现存面积约7817平方米。开挖探沟两条，发现两处瓮棺葬。地表采集大量标本，有石器和陶器，以陶器居多，陶器器形以带耳罐多见，陶质均为夹砂陶，陶色以红褐陶、灰褐陶多见，纹饰以叶脉纹常见。

侈口罐　1件。2015SYGC∶10，夹砂灰白陶。侈口，尖圆唇。素面。残高3.7厘米（图二，8）。

壶　1件。2015SYGC∶9，夹砂红褐陶。近直口，圆唇。口下部饰附加堆纹，附加堆纹上施戳印纹。残高4.3厘米（图二，9）。

瓮　2件。口部均残，深腹，小平底。底部饰叶脉纹。2015SYGTG1∶W1，夹砂黄褐陶。最大腹径32.4、底径10.4、残高62.4厘米（图三，1）。2015SYGTG2∶W2，夹砂黄褐陶。残存最大腹径28.5、底径6.6、残高21.3厘米（图三，2）。

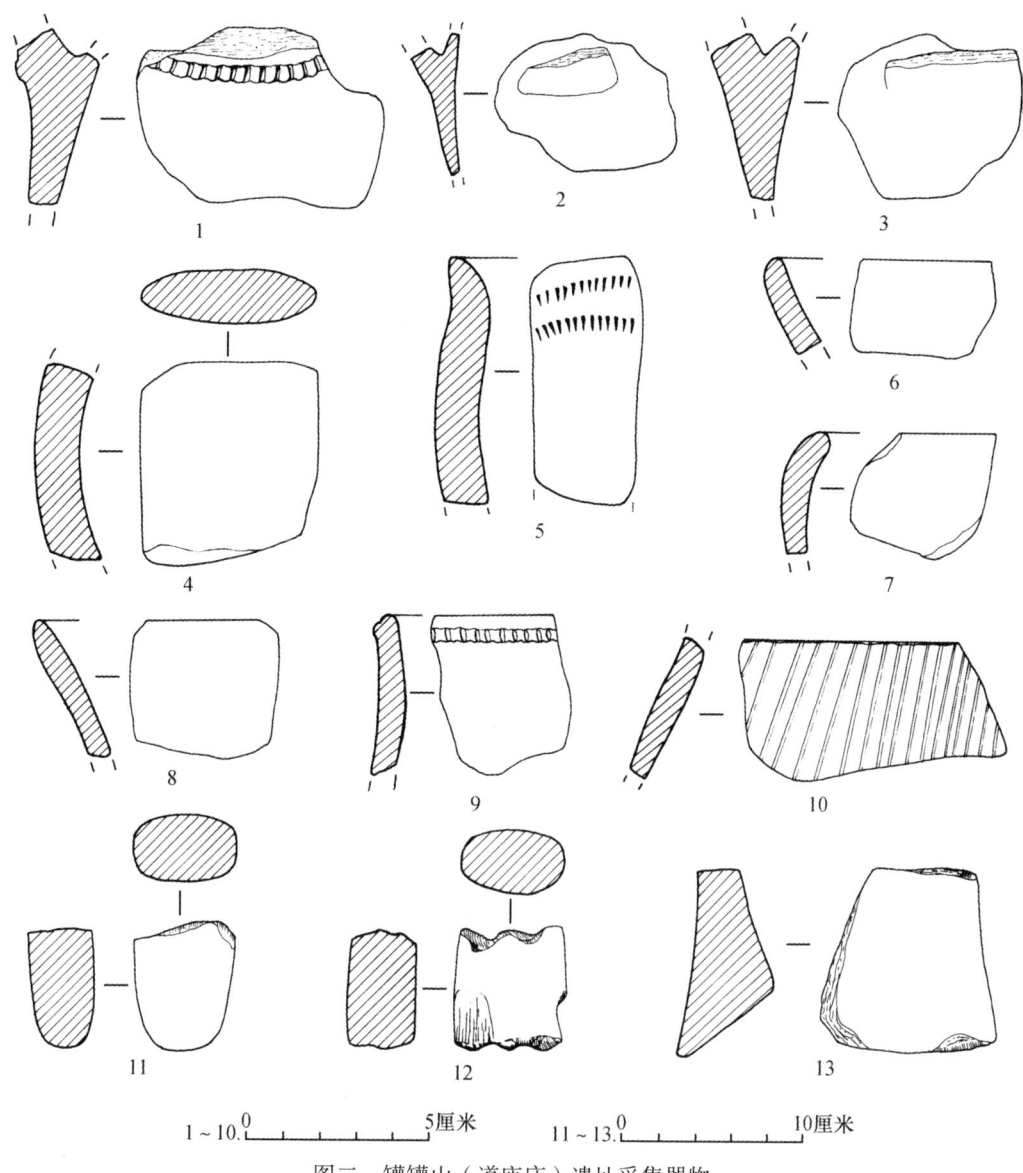

图二 罐罐山（道座庙）遗址采集器物
1~5.陶器耳（2015SYGC：15、2015SYGC：16、2015SYGC：17、2015SYGC：22、2015SYGC：14）
6.A型陶钵（2015SYGC：11） 7.B型陶钵（2015SYGC：12） 8.陶侈口罐（2015SYGC：10）
9.陶壶（2015SYGC：9） 10.纹饰陶片（2015SYGC：13） 11、12.残石器（2015SYGC：18、2015SYGC：19） 13.砾石（2015SYGC：20）

钵 2件。依据口部特征，分为二型。

A型 1件。2015SYGC：11，夹砂黄褐陶。敞口，圆唇略收。素面。残高2.6厘米（图二，6）。

B型 1件。2015SYGC：12，夹砂灰褐陶。敛口，圆唇。素面。残高3.3厘米（图二，7）。

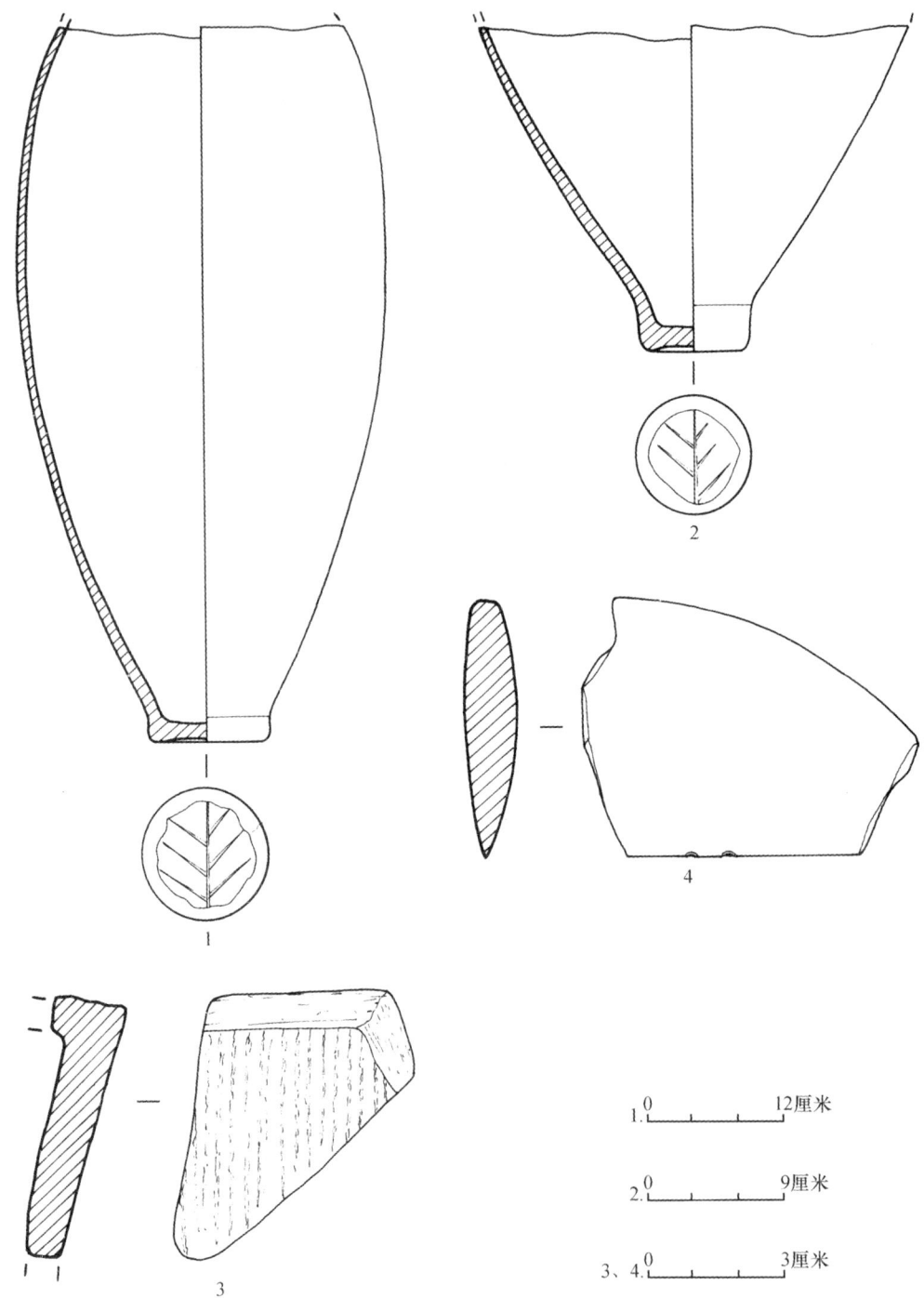

图三　罐罐山（道座庙）、打柴坡遗址采集器物
1、2. 陶瓮（2015SYGTG1：W1、2015SYGTG2：W2）　3. 陶绳纹釜（2015SYDCC：2）
4. 石刀（2015SYDCC：1）

器耳 5件。均保存较差。2015SYGC：14，夹砂灰黄陶。一端饰两排戳印纹。残高6.2厘米（图二，5）。2015SYGC：15，夹砂灰黑陶。耳部下端饰附加堆纹，附加堆纹上饰戳印纹。残宽6.7、残高4.7厘米（图二，1）。2015SYGC：16，夹砂灰褐陶。素面。残高3.6厘米（图二，2）。2015SYGC：17，夹砂灰褐陶。素面。残高4.5厘米（图二，3）。2015SYGC：22，夹砂灰褐陶。素面。残高5.4厘米（图二，4）。

纹饰陶片 1件。2015SYGC：13，夹砂红褐陶。饰平行刻划纹。残长7.2、宽3.8厘米（图二，10）。

圈足 3件。依据圈足高矮及形态差异，分为二型。

A型 2件。矮圈足。2015SYGC：2，夹砂灰褐陶。素面。器底饰叶脉纹。足径11.4、残高3.1厘米（图四，5）。2015SYGC：3，夹砂灰黑陶。素面。足径7.7、残高2.5厘米（图四，7）。

B型 1件。圈足较高。2015SYGC：4，夹砂灰褐陶。器底饰叶脉纹。足径6.1、残高2.7厘米（图四，3）。

平底 5件。依据底部形态差异，分为三型。

A型 3件。底部略向中部凹陷。2015SYGC：5，夹砂灰褐陶。素面。底径9.6、残高5.6厘米（图四，8）。2015SYGC：7，夹砂灰褐陶。底部饰叶脉纹。底径8.1、残高2.1厘米（图四，2）。2015SYGC：8，夹砂灰褐陶。底部饰叶脉纹。底径7.9、残高3.2厘米（图四，1）。

B型 1件。底部平整。2015SYGC：1，夹砂红褐陶。底部饰叶脉纹。底径8.9、残高2.8厘米（图四，4）。

C型 1件。底部略向中部凹陷，上端内收。2015SYGC：6，夹砂灰褐陶。底部饰叶脉纹。底径6.7、残高2.2厘米（图四，6）。

残石器 2件。均保存较差，器形不可辨。2015SYGC：18，褐色砂岩。中部断裂，器表磨光。残长6.8、宽5.6、厚3.6厘米（图二，11）。2015SYGC：19，青色砂岩。两端断裂，器表磨光。残长6.4、宽5.8、厚3.6厘米（图二，12）。

砾石 1件。2015SYGC：20，褐色砂岩。两端断裂，一端有崩损疤片，器表有磨制痕迹。残长9.6、残宽9.1、厚4.6厘米（图二，13）。

（二）打柴坡遗址

遗址位于卫城镇打柴坡村一组，打柴坡小学西50米，地处河岸旁的山前坡地上，高出河床约20米，因河流上游修建大坝，现河流已干涸。地理坐标为东经101°65′17.2″、北纬27°43′66.6″，海拔2485米。据地表采集陶片的区域测量遗址的面积约3000平方米。因现代农业机械化作业，遗址破坏较为严重，未见文化堆积，仅在地表采集少量遗物。

绳纹釜 1件。2015SYDCC：2，夹砂红褐陶。沿部残缺，敛口，斜直肩。口部以

图四　罐罐山（道座庙）采集陶器

1、2、8. A型平底（2015SYGC：8、2015SYGC：7、2015SYGC：5）　3. B型圈足（2015SYGC：4）　4. B型平底（2015SYGC：1）　5、7. A型圈足（2015SYGC：2、2015SYGC：3）　6. C型平底（2015SYGC：6）

下饰细绳纹。残高5.6厘米（图三，3）。

石刀　1件。2015SYDCC：1，红砂岩石质。弧刃，偏锋，弧背。残长7.4、宽5.6、厚1.1厘米（图三，4）。

二、双河乡

双河乡地处盐源盆地腹心地带，地势平缓，起伏较小，土层深厚，垦殖历史悠久。东北部偏高，海拔2890米；南部偏低且平，海拔2371米。双河乡为县境人口最多之地，且粮食产量高。民国时期建乡，以驻地在两条河之交汇处故名。该乡境内调查发现遗址3处，采集点4处。多数遗址点保存情况不好，采集遗物以畋家堡和潘家坝遗址较多，其余较少。

（一）畋家堡（下畋家堡）遗址

遗址位于双河乡杨柳村。地理坐标为东经101°59′94.3″、北纬27°45′32″，海拔2404米。现存面积约22910平方米。地处河边台地之上，地表现主要种植玉米和烤烟，地表随处可见陶片和石器，由于近年的机械深耕更使得大量遗物暴露于地表，并使地表下原生文化堆积遭到毁坏，遗址内大部分区域文化堆积现厚0.2～0.6米，仅少部分区域原生堆积得以保留。该遗址也是本次调查采集遗物最为丰富的地点。遗物有陶器和石器，陶器数量众多，器形可辨有罐、钵等，陶器表面纹饰丰富，有绳纹、弦纹、网格纹、叶脉纹、折线划纹、复合纹饰等；石器体量较大，多为磨制石器，器表多遗留有崩疤痕迹，器形主要有斧、锛、刀、网坠、铲等，另有大量的石坯和半成品。调查之后联合调查队对该遗址进行了发掘，将另撰文报道，本文不再赘述。

（二）潘家坝（高岩子）遗址

遗址位于双河乡合新村。地理坐标为东经101°57′74.4″、北纬27°45′93.6″，海拔2373米。现存面积约为77630平方米。地表采集大量标本，有石器和陶器，以陶片居多，器形以带耳罐多见，多为夹砂灰黑陶。

卷沿束颈罐　3件。侈口，卷沿，圆唇，束颈，鼓肩。2015SYPC：1，夹砂灰褐陶。素面。口径14.2、残高5.6厘米（图五，6）。2015SYPC：2，夹砂灰黑陶。素面。口径10.1、残高4.2厘米（图五，2）。2015SYPC：11，夹砂灰褐陶。素面。残高1.8厘米（图五，3）。

侈沿罐　1件。2015SYPC：5，夹砂灰黑陶。侈沿，圆唇。素面。残高2.9厘米（图五，1）。

小口杯　1件。2015SYPC：7，由废弃圈足改制。夹砂灰黑陶。素面。口径4.7、底径3.8、高2.4厘米（图五，5）。

器耳　4件。2015SYPC：8，夹砂灰褐陶。中部饰竖线压印纹，上压一横条附加堆纹。残长5.6、宽2.1厘米（图五，9）。2015SYPC：10，夹砂灰褐陶。素面。残长2.6、

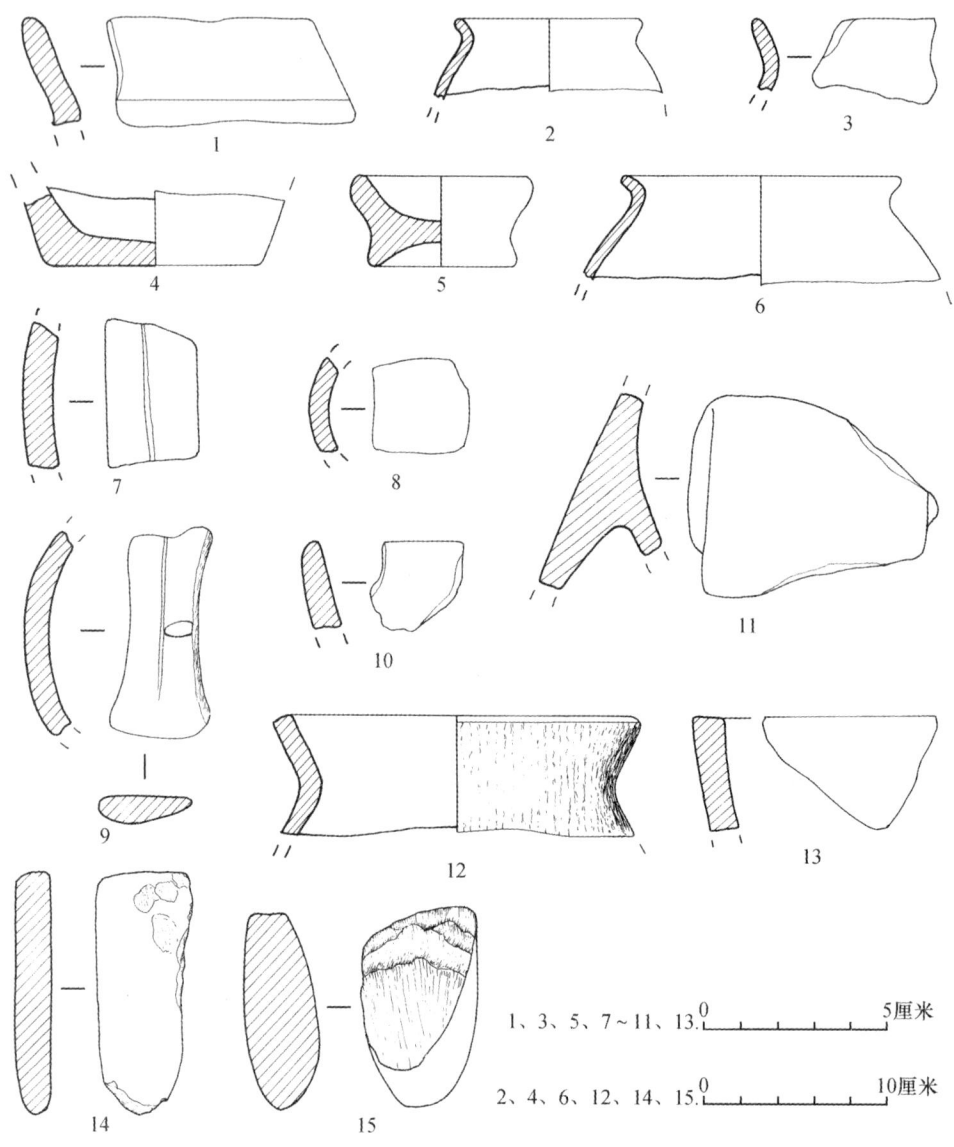

图五　双河乡遗址点采集器物

1. 陶侈沿罐（2015SYPC：5）　2、3、6.陶卷沿束颈罐（2015SYPC：2、2015SYPC：11、2015SYPC：1）
4. 陶平底（2015SYPC：4）　5. 陶小口杯（2015SYPC：7）　7~9、11. 陶器耳（2015SYPC：9、2015SYPC：10、2015SYPC：8、2015SYPC：6）　10. 陶钵（2015SYYC：2）　12. 陶侈口束颈罐（2015SYYC：1）　13. 陶直口钵（2015SYSC：5）　14、15. 残石斧（2015SYLC：1、2015SYMC：1）

宽2.4厘米（图五，8）。2015SYPC：9，夹砂灰黑陶。器耳横向断裂，中部饰竖线压印纹。残长3.9厘米（图五，7）。2015SYPC：6，夹砂灰褐陶。素面。残长5.2厘米（图五，11）。

平底　1件。2015SYPC：4，夹砂灰褐陶。素面。底径11.6、残高3.8厘米（图五，4）。

（三）大沟梁子遗址

遗址位于皈家堡遗址东北约500米，清水河的北岸，行政上隶属双河乡杨柳桥村二组。地理坐标为东经101°36′19″、北纬27°27′13″，海拔2415米。现存面积约为7700平方米。遗址北侧依山，南临清水河，是一处临河的缓坡阶地，北高南低。

矮圈足　1件。2015SYDC：2，夹砂灰褐陶。较残。素面。足径7.2、残高1.9厘米（图六，4）。

器足　1件。2015SYDC：1，夹砂灰黄陶。素面。残高5.2厘米（图六，1）。

平底　1件。2015SYDC：3，夹砂灰黑陶。严重残缺。底部饰叶脉纹。残高1.5厘米（图六，6）。

（四）廖家院子采集点

该采集点位于双河乡杨柳桥村三组河边台地上。地理坐标为东经101°59′61.4″、北纬27°45′44.4″，海拔2409米。采集石器1件。

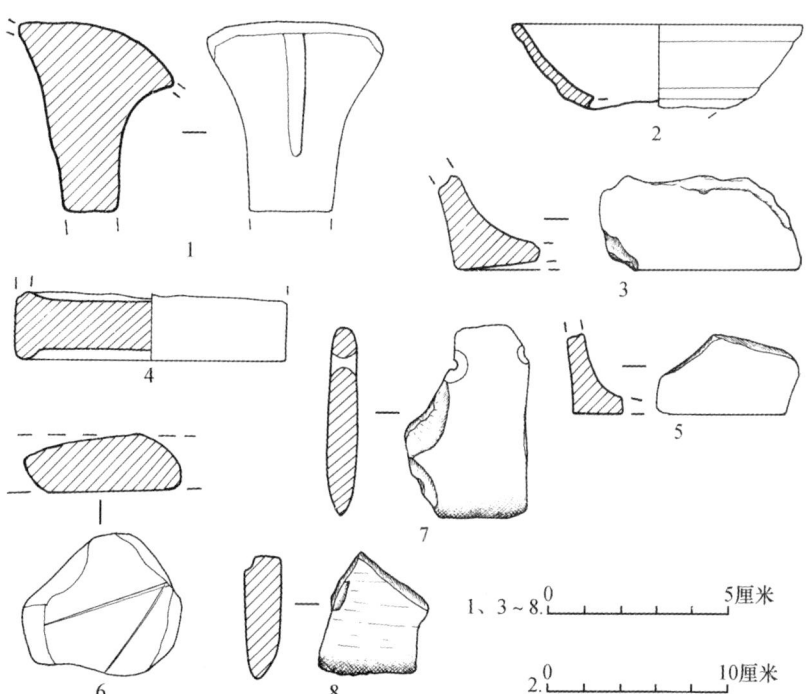

图六　大沟梁子遗址、小堡子采集点、杨思庙采集点采集器物
1.陶器足（2015SYDC：1）　2.陶折腹钵（2015SYXBC：1）　3、5、6.陶平底（2015SYYSC：3、2015SYYSC：4、2015SYDC：3）　4.陶矮圈足（2015SYDC：2）　7、8.石刀（2015SYYSC：1、2015SYYSC：2）

残石斧　1件。2015SYLC：1，红砂岩石质。刃部断裂，上端有多处崩损片疤。残长13.1、宽5.2、厚2.1厘米（图五，14）。

（五）元家山采集点

该采集点位于双河乡杨柳桥村三组河边台地上。地理坐标为东经101°60′57″、北纬27°43′57.9″，海拔2443米。采集陶器2件。

侈口束颈罐　1件。2015SYYC：1，夹砂灰褐陶。侈口，方唇，束颈。口部以下饰绳纹。口径19.2、残高6.6厘米（图五，12）。

钵　1件。2015SYYC：2，夹砂灰褐陶。敞口，方圆唇。素面。残高2.4厘米（图五，10）。

（六）毛家坝采集点

遗址位于双河乡毛家坝村。地理坐标为东经101°35′67.1″、北纬27°33′45.6″，海拔2450米。采集石器1件。

残石斧　1件。2015SYMC：1，青灰色砂岩，器表有磨制痕迹。弧刃，中锋，柄部断裂。残长11.4、宽6.2、厚4厘米（图五，15）。

（七）山王庙采集点

该采集点位于双河乡山王庙。地理坐标为东经101°60′12.4″、北纬27°46′07.2″，海拔2420米。地表可见较多陶双耳罐的残片，据我们对周围村民的走访得知，这里曾有一处遭到盗墓者破坏的墓地。采集点周围散落的白色石灰石是我们判断该区域存在墓地的重要标志，仅采集陶器标本1件。

直口钵　1件。2015SYSC：1，夹砂灰黄陶。近直口，方唇。素面。残高3.1厘米（图五，13）。

三、干海乡

民国二十八年（1929年）置干海乡，乡政府驻蔡家坪子，海拔2439米，距县城5.5千米。乡境地处盐源盆地腹心地带，地势平坦，地层深厚，土质肥沃，垦殖历史悠久，素有盐源粮仓之称。境内新发现遗址1处，采集点2处。由于近年的开垦，导致山前坡地上的遗址被严重破坏，文化堆积多被翻动，地表散落大量遗物。

（一）小官梁子遗址

遗址位于干海乡盐河村的山前台地上。地理位置为东经101°50′08.7″、北纬27°49′24.8″，海拔2392米。地势呈坡状，地表起伏大，现地表主要种植烤烟，由于垦殖深挖，导致遗址破坏严重，文化层被大量翻动，所见原生堆积仅存3～5厘米。该遗址文化堆积分布范围广，其面积初步估算约10万平方米。地表采集大量遗物，有陶片和石器，陶片以罐居多，纹饰少见，叶脉纹是最常见的纹饰；石器较常见的器形为砍砸器，其次有斧、网坠、砺石、杵等。

敛口罐　2件。敛口，方圆唇。素面。2015SYXC：17，夹砂灰褐陶。残高4.9厘米（图七，14）。2015SYXC：24，夹砂红褐陶。残高3.3厘米（图七，7）。

卷沿罐　2件。卷沿，圆唇。素面。2015SYXC：15，夹砂灰黑陶。残高3.1厘米（图七，2）。2015SYXC：14，夹砂灰褐陶。束颈。残高3.5厘米（图七，3）。

侈沿束颈罐　1件。2015SYXC：25，夹砂红褐陶。卷沿，残唇，束颈。素面。残高3.1厘米（图七，8）。

器耳　2件。2015SYXC：12，夹砂红褐陶。上部饰附加堆纹，附加堆纹上施戳印纹。残高5.9厘米（图七，4）。2015SYXC：13，夹砂灰褐陶。耳自口部延至肩部。素面。残高6.1厘米（图七，1）。

平底　2件。2015SYXC：18，夹砂灰褐陶。素面。底径7.1、残高3.1厘米（图七，10）。2015SYXC：19，夹砂灰褐陶。较残。底部饰叶脉纹。残长6.6厘米（图七，11）。

残口沿　3件。2015SYXC：21，夹砂灰陶。素面。残高4.2厘米（图七，12）。2015SYXC：22，夹砂灰黄陶。素面。残高5.7厘米（图七，9）。2015SYXC：23，夹砂灰黑陶。素面。残高6.3厘米（图七，13）。

附加堆纹陶片　1件。2015SYXC：20，泥质黑陶。附加堆纹上施戳印纹。残高3.9厘米（图七，6）。

残器足　1件。2015SYXC：28，夹砂灰黑陶。素面。残高4.1厘米（图七，5）。

乳钉　1件。2015SYXC：16，夹砂灰黑陶。乳钉高2.6厘米（图八，9）。

石斧　2件。2015SYXC：1，青色砂岩。平面略呈梯形，柄部断裂，上端有崩损片疤，直刃，中锋。残长8.1、宽5.1、厚2.5厘米（图八，7）。2015SYXC：7，青色砂岩。上端三处崩损片疤，较残，弧刃，偏锋。残长6.2、宽3.8、厚1.7厘米（图八，6）。

石网坠　2件。2015SYXC：2，褐色砂岩。长10.6、宽7.8、厚1.8厘米（图八，5）。2015SYXC：3，青色砂岩。上端、左下各一崩损片疤。长10.6、宽8.4、厚2.1厘米（图八，8）。

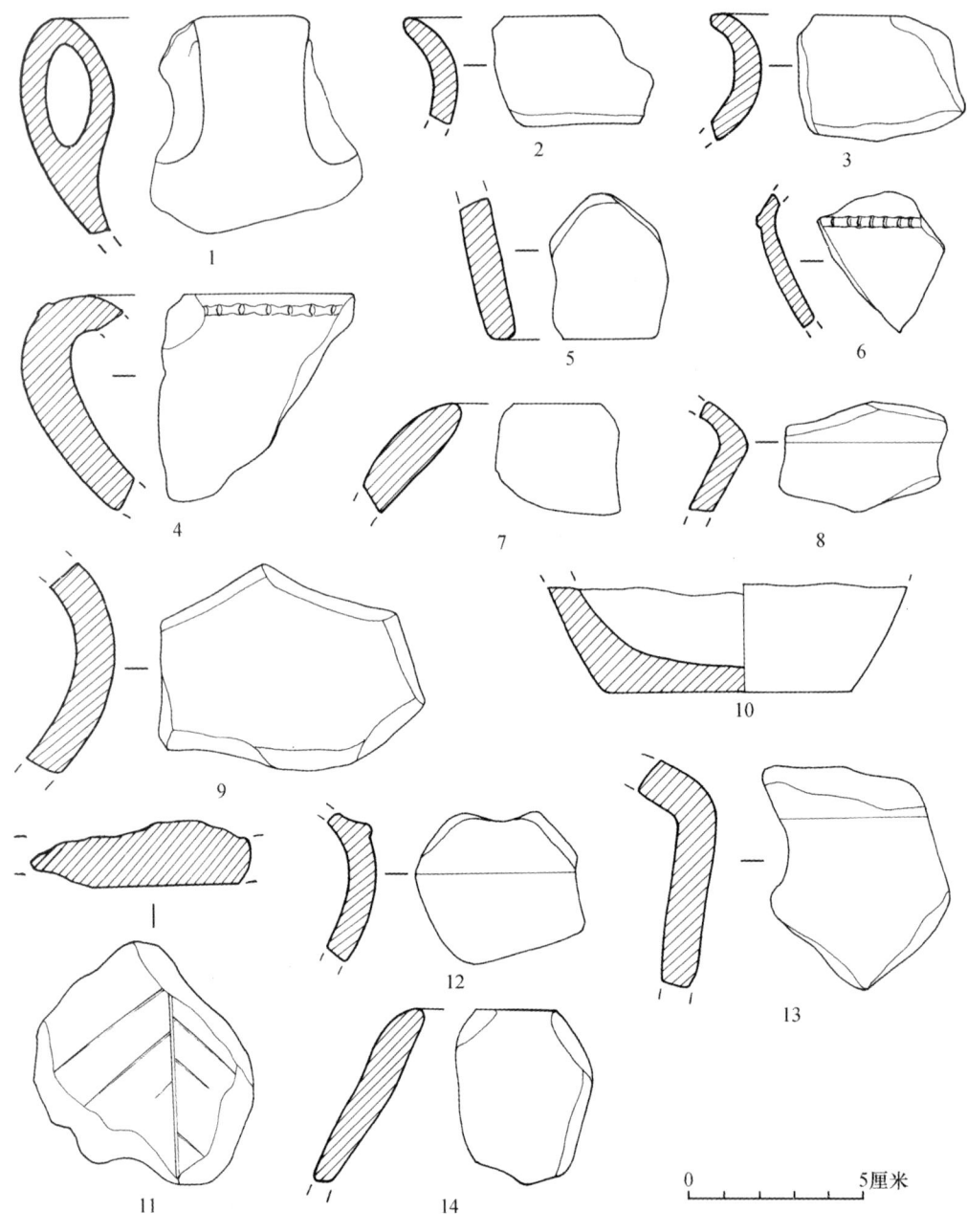

图七 小官梁子遗址采集陶器

1、4. 器耳（2015SYXC：13、2015SYXC：12） 2、3. 卷沿罐（2015SYXC：15、2015SYXC：14）
5. 残器足（2015SYXC：28） 6. 附加堆纹陶片（2015SYXC：20） 7、14. 敛口罐（2015SYXC：24、2015SYXC：17） 8. 侈沿束颈罐（2015SYXC：25） 9、12、13. 残口沿（2015SYXC：22、2015SYXC：21、2015SYXC：23） 10、11. 平底（2015SYXC：18、2015SYXC：19）

石盘状砍砸器 3件。2015SYXC：4，青色石质。一侧有一块崩损片疤，另一侧有多处打制片疤。长10.6、宽9.4、厚2.4厘米（图八，2）。2015SYXC：5，青色砂岩。

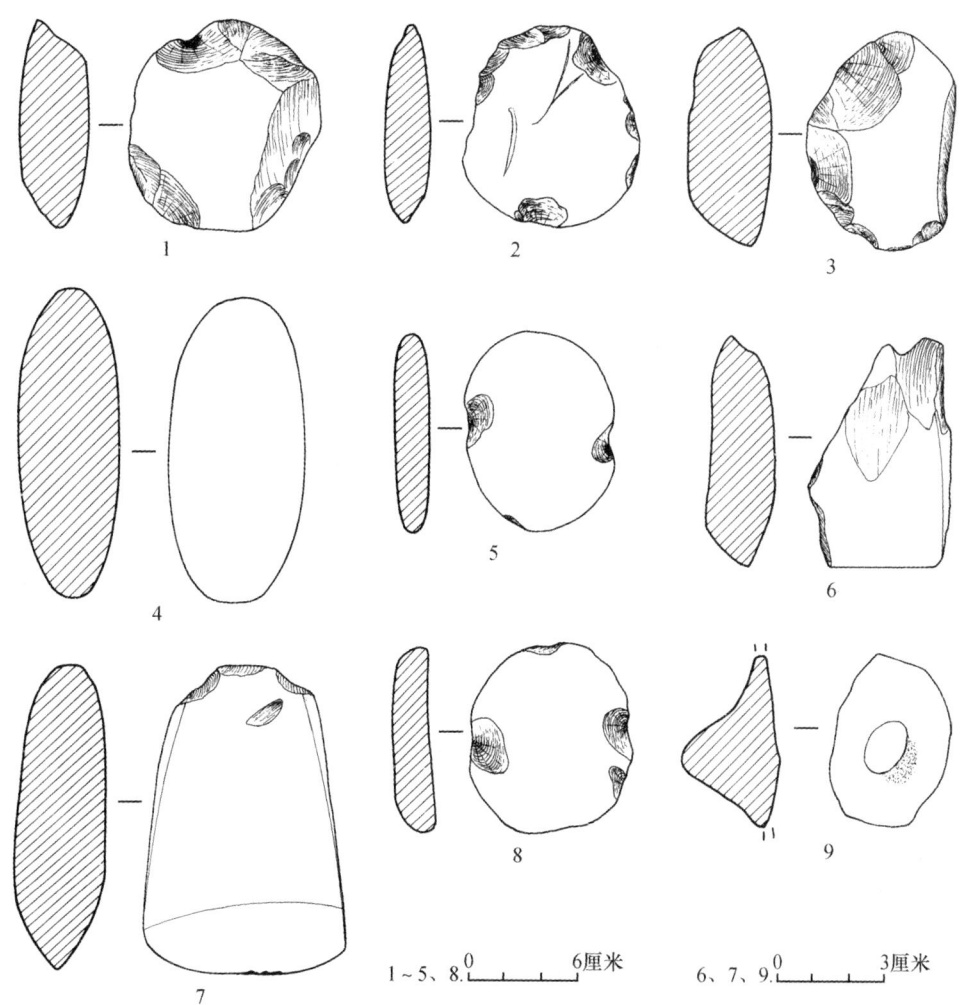

图八 小官梁子遗址采集器物

1~3.石盘状砍砸器（2015SYXC：5、2015SYXC：4、2015SYXC：6） 4.石杵（2015SYXC：9） 5、8.石网坠（2015SYXC：2、2015SYXC：3） 6、7.石斧（2015SYXC：7、2015SYXC：1） 9.陶乳钉（2015SYXC：16）

四周均有打制片疤。长11.4、宽10.4、厚3.8厘米（图八，1）。2015SYXC：6，青色石质。一端打出一略平的面，另一端有多处打制片疤。长11.6、宽8.1、厚4.6厘米（图八，3）。

石杵 1件。2015SYXC：9，青色砂岩。两端有反复磨制痕迹。长16.6、宽7.4、厚5.4厘米（图八，4）。

（二）杨思庙采集点

该采集点位于干海乡九村八组拦河村旁山前坡地上。地理坐标为东经101°50′80.5″、北纬27°48′60″，海拔2400米。

平底　2件。2015SYYSC：3，夹砂灰黑陶。残高2.5厘米（图六，3）。2015SYYSC：4，夹砂灰黑陶。残高2.1厘米（图六，5）。

石刀　2件。2015SYYSC：1，灰黄色石质。两端残缺，弧背，弧刃，中锋。可见两个残缺穿孔痕迹。残长3.4、宽5.1、厚0.8厘米（图六，7）。2015SYYSC：2，灰黄色石质。严重残缺，弧背，弧刃，偏锋。残长2.1、宽3.3、厚0.9厘米（图六，8）。

（三）小堡子采集点

该采集点位于干海乡小堡子村山前坡地上。地理坐标为东经101°51′58.6″、北纬27°48′1.9″，海拔2394米。采集陶片1件。

折腹钵　1件。2015SYXBC：1，夹砂灰褐陶。敞口，方圆唇，唇部外侧加厚，折腹。折腹处饰附加堆纹。口径15.6、残高4厘米（图六，2）。

（四）盐城（古土城）

遗址位于盐井镇北2000米的干海乡鱼脊村，平面形状呈方形，面积1.13平方千米。1986年文物普查时发现，今城墙残高1.5～2米，修筑方式为土筑，夯层厚8厘米左右；南门残高1.5、宽6米；城墙周长1.4千米。20世纪80年代后该区域逐渐垦殖为苹果园，如今保存情况较差。

盐城，即古土城，乃定筰县自汉朝至刘宋山前的治所。西汉武帝元鼎六年（前111年），西汉王朝在今四川西南部、云南北部和西北部建越嶲郡，下辖邛都、苏示等十五县，定筰为越嶲郡十五县之一，属益州。据谭其骧等的考证，今盐源为定筰县地。新莽时，曾将越嶲郡更名为集嶲，定筰仍为所领十五县之一。东汉、蜀汉两代沿西汉建制未变，定筰县仍置，属益州。《汉书·地理志》："定筰，有盐池，步北泽在南。"

四、结　语

通过近半月的调查，在狭小的双河乡、卫城镇、干海乡区域内共发现遗址6处，采集点6处，复查城址1处。其中除罐罐山（道座庙）、皈家堡（下皈家堡）[1]、潘家坝、小官梁子四处遗址采集遗物较多外，其余两处遗址和采集点只采集了少量遗物。

罐罐山遗址发现的瓮棺葬（陶瓮器形瘦高，器底呈天包地式内凹，器底饰叶脉纹），该习俗在云南元谋大墩子[2]、宾川白羊村[3]、四川安宁河谷的西昌大洋堆[4]、冕宁小沟地[5]、营盘山[6]等周边地区均有发现。从葬具形制特征上看，罐罐山与元谋大墩子所出瓮棺葬葬具最为接近，元谋大墩子瓮棺葬年代已进入青铜时代。通过对葬具内填土进行浮选出的稻谷进行测年，W1稻谷校正后年代数据为1277BC（95.4%）1121

BC，W2稻谷校正后年代数据为1027BC（91.4%）891BC、879BC（4%）848BC。罐罐山瓮棺葬年代可能距今3200～2900年置信度较高，即商代晚期至西周早期，该阶段可能为盐源盆地青铜时代早期。另外，罐罐山采集的陶器中多带耳器，器底多饰叶脉纹，器形亦呈天包地式内凹特征，器形与装饰特征同瓮棺葬葬具特征相近，二者时代也可能相近。而大沟梁子地点采集有叶脉纹器底，也有器底呈天包地式，与罐罐山同类器相近，时代亦可能相近。

潘家坝遗址所见陶器多为夹砂灰褐陶，采集陶器有一定数量带耳残片。器耳（2015SYPC：8）耳面饰划纹，上饰横向附加堆纹特征与老龙头墓地[7]M6所出双耳罐（M6：48）器耳特征一致；该遗址常见的宽錾耳（2015SYPC：6）特征也多见于老龙头墓地同类器。卷沿束颈罐（2015SYPC：2、2015SYPC：1）形制不见于其他地点，目前限于资料尚无从比较。小官梁子遗址采集陶器多为夹砂灰褐陶，纹饰多为附加堆纹和叶脉纹，可辨器形有双耳罐、卷沿罐、敛口罐、侈沿束颈罐、乳钉罐等。采集石器有盘状砍砸器、斧、网坠等。双耳罐（2015SYXC：13）与盐源地区[8]Ab型罐相近，盘状砍砸器为单面打制，颇具地方特征，与横栏山遗址[9]所出砍砸器相近，石网坠特征与盐源轿顶山[10]所采集网坠一致。潘家坝和小官梁子等遗址可能存在新石器时代、战国晚期至汉初等不同时段的遗存。

小堡子采集折腹钵具有汉式折腹钵特征，同川西平原地区汉代遗存出土的同类器接近，结合盐源盆地此前大量蜀式铁锸[11]的发现，汉代遗存在盐源盆地应当有相当数量的分布，这些遗存的时代多为东汉，以小堡子为代表的汉文化遗存填补了盐源盆地汉代遗存的空白。

打柴坡地点采集的绳纹釜（2015SYDCC：2）特征近似西昌北山[12]、云南大丰乐[13]大理国时期绳纹釜，这表明打柴坡地点可能存在大理国时期遗存。元家山采集点所见侈口束颈罐（2015SYYC：1）与西昌北山大理国时期火葬罐[14]相近。廖家院子、杨思庙地点采集有石器，山王庙采集有1件陶器口部残片，由于采集遗物数量较少，且器形特征不突出，目前文化内涵与时代尚不能确定。

2015年度盐源盆地考古调查，极大改变了盐源盆地既往考古学文化的认识，填补了盐源地区古代历史与文化遗存的空白，如新发现以皈家堡遗址为代表的新石器时代遗存，将当地古代人类活动历史提前至新石器时代；以罐罐山、大沟梁子等为代表的青铜时代早期遗存，填补了当地商周时期遗存的空白；同时还有潘家坝、小官梁子等以老龙头为代表的青铜时代晚期遗存的发现，这是盐源青铜时代墓地同时期遗址的首次发现，有利于进一步认识当时青铜文化的面貌；小堡子汉代遗存的发现，显示汉代中央政府对该地的经略物质体现；打柴坡、元家山等若干大理国时期遗存的发现，对于研究大理国时期历史与文化提供了重要资料；这些遗存的年代从新石器至青铜时代再到汉代以及大理国时期都有，凸显出盐源地区悠久的历史和丰厚的古代文化内涵以及复杂而多元的文化因素，极大地延伸了盐源盆地古代文化的历史维度。随着考古调查与发掘工作的深入，盐源盆地复杂而多元的古代文化面貌和独特的区域性特征将得以逐步揭露。

附记：参加调查的人员有凉山彝族自治州博物馆唐亮、补琦、孙策、胡婷婷、刘灵鹤、朱晓丹、张文、沙玛沙丁，盐源县文物管理所李田，成都文物考古研究院刘祥宇、周志清、潘绍池、李彦川。参加整理工作的人员有胡婷婷、刘灵鹤、唐淼。

绘图：陈 睿　孙志辉　郑永霞
执笔：唐　淼　孙　策　左志强
　　　周志清　张　文　沙玛沙丁

注　释

[1] 盐源皈家堡遗址资料暂存成都文物考古研究院。
[2] 云南省博物馆：《元谋大墩子新石器时代遗址》，《考古学报》1977年第1期。
[3] 云南省博物馆：《云南宾川白羊村遗址》，《考古学报》1981年第3期。
[4] 西昌市文物管理所、四川省文物考古研究所、凉山彝族自治州博物馆：《四川省西昌市经久大洋堆遗址的发掘》，《考古》2004年第10期。
[5] 资料现存凉山彝族自治州博物馆。
[6] 成都文物考古研究所等：《四川西昌市营盘山遗址发掘简报》，《成都考古发现》（2005），科学出版社，2007年。
[7] 凉山彝族自治州博物馆、成都文物考古研究所：《老龙头墓地与盐源青铜器》，文物出版社，2009年。
[8] 凉山彝族自治州博物馆、成都文物考古研究所：《老龙头墓地与盐源青铜器》，文物出版社，2009年。
[9] 成都文物考古研究所、凉山彝族自治州博物馆、西昌市文物管理所：《四川西昌市大兴横栏山遗址调查试掘简报》，《成都考古发现》（2004），科学出版社，2006年。
[10] 凉山彝族自治州博物馆、盐源县文化馆：《四川盐源县轿顶山发现新石器时代遗址》，《考古》1984年第9期。
[11] 资料现存盐源县文物管理所。
[12] 资料现存凉山彝族自治州博物馆。
[13] 云南省文物考古研究所、大理市博物馆：《大理大丰乐》，云南科技出版社，2002年。
[14] 凉山彝族自治州博物馆、成都文物考古研究所：《老龙头墓地与盐源青铜器》，文物出版社，2009年。

丹巴县蒲角顶遗址2006年调查简报

成都文物考古研究院
甘孜藏族自治州文化局
丹巴县文物管理所

丹巴县位于甘孜藏族自治州东部，是甘孜藏族自治州的东大门，东与阿坝藏族羌族自治州小金县接壤，南和东南与康定县交界，西与道孚县毗邻，北和东北与金川县相连。建制县时，取丹东、巴底、巴旺三土司音译汉文首字为县名，故名丹巴。丹巴县地势西高东低，海拔1700～5521米，县城位于大渡河畔的章谷镇，海拔1860米，距州府康定137千米，距成都368千米。丹巴县东西最宽86.9千米，南北最长105.7千米，面积5649平方千米，属岷山邛崃山脉之高山区，大渡河自北向南纵贯全境，切割高山，立体地貌显著，是川西高山峡谷的一部分。境内峰峦叠嶂、峡谷幽深，全县最低海拔1700米，最高海拔5820米，相对高差为4120米，所以又有着"一山有四季，十里不同天"的气候特点。丹巴县属青藏高原型季风气候，呈垂直带分布。山顶与河谷的气温相差24℃以上。年平均气温14.2℃，1月平均温度4.4℃，8月最热，月平均温度22.4℃。每年12月开始至次年3月，4500米的高山路面会结冰，无霜期316天，年降水量600毫米，日照充足，冬无严寒，夏无酷暑。丹巴属川西峡谷的一部分，是典型的高山峡谷地貌，由于青藏高原季风型气候影响，气候呈典型的立体气候，特殊的地质构造，发达水系，使丹巴的自然资源丰富。全县总人口逾61000人，辖14个乡1个镇，是一个以藏、汉民族为主体的多民族聚居县。

罕额依遗址的考古成果表明[1]，早在距今约5000年，丹巴县境内就有人群定居农耕生活。汉代丹巴县属西羌。隋为嘉良夷地。唐属羁縻金川州，隶剑南节度使管辖。后吐蕃势强渐次东侵，县境被侵占。宋归东西嘉良州管辖。元代分别属威、茂二州下辖的千户所、万户府及长河西、鱼通、宁远军民安抚司管辖。明代，县境（今中路、梭坡、格宗、章谷镇、水子、东谷地区）属西安行都指挥使司控制范围；县境大小金川及革什扎河流域归金川寺演化禅师治理；明永乐五年（1407年），牦牛河及大渡河一带归长河西、鱼通、宁远宣慰司管辖。在承袭明代疆域隶属关系的基础上，清康熙五年（1666年），明正土司属地鲁密章谷十七土百户（今县境二十四村地区）范围划归长河西、鱼通、宁远宣慰司管辖；康熙三十九年（1700年），县境革什扎河流域归丹东革什扎安抚司管辖；康熙四十一年（1702年），县境巴底、巴旺、聂呷区域归巴旺安抚司管辖，后巴底境域归巴底宣慰使司管辖；乾隆四十一年（1776年），"改土设屯"，县境岳扎、半扇门、太平桥等地归章谷屯管辖，屯署设在白呷山下（今章谷镇一带），隶属于成绵道懋功屯务厅。同治十二年（1837年），在原章谷屯辖区的基础上，划明正土司属地鲁密章谷十七土百户地区，革什扎、巴底、巴旺土司管辖区域归章谷屯管辖，隶属打箭炉厅。至此，基本形成以后设置县治境域的雏形。民国元年（1912年），建立丹巴县，设置建县后，隶属于康定川边经略使署，县下分设五路。民国二十四年（1935年）十月，红军长征到丹巴，成立丹巴县苏维埃政府，辖7区49个乡村级苏维埃政府。民国二十五年（1936年），丹巴县属西康屯垦区。民国二十八年（1939年）元月，西康省政府成立，丹巴县隶属第一行政督查区。1950年4月18日，丹巴县解放。1950年11月，西康藏族自治区成立，丹巴县属其管辖。1955年3月，改西康藏族自治区为西康省藏族自治州；同年10月，川康并省，西康省藏族自治州更名为四川省甘孜藏族自治州，丹巴县属其管辖。

丹巴县境内的考古调查发掘工作基础较为薄弱。1987年夏，四川省文物管理委员会办公室及甘孜藏族自治州文物普查队调查发现了丹巴县罕额依遗址，1989年10月至1990年12月，四川省文物考古研究院、甘孜藏族自治州文化局联合进行了发掘，发掘面积123平方米[2]，获得了一批新石器时代至汉代的实物资料，为探讨大渡河上游的古代文明奠定了一定基础。2002年5月，四川大学与日本东海大学、东京外国语大学等组成共同研究班，以"中国西南民族地区的物质文化遗存"为研究课题，经四川省人民政府外事办公室批准，前往四川甘孜、阿坝等地进行了多学科的田野调查，按照中日双方事先的学术协定，有关考古学方面的调研由中方学者进行。作为课题的主要承担者之一，四川大学霍巍和研究生吕红亮利用这次机会前往康区丹巴、雅江等地，对当地的文物考古遗存开展实地调查，其中对石棺葬文化的调查，被列为此次考察的重要内容之一。对丹巴县罕额依村石棺葬墓地和经过考古调查发掘的新石器时代遗址，以及梭坡乡莫洛村石棺葬进行了考古调查[3]。折龙村石棺葬墓地位于四川省丹巴县东北约3千米的中路乡折龙村，地处大渡河上游支流小金河左岸的半山上。墓地高出河面约600米，海拔2300米。1987年，甘孜藏族自治州文物普查队在该地发现大量的石棺葬，但未发现遗物。1996年，丹巴县文化局征集了该地石棺葬出土的18件文物。2005年7月8~23日，故宫博物院、四川省文物考古研究院联合对康巴地区进行了综合考古调查时对该石棺葬墓群进行了现场考察，发现暴露在外的石棺葬40余座。墓葬排列整齐，均为头东脚西。墓葬的形制可分为两种，一种是石棺墓，另一种为石棺葬上部垒砌有几层石板。石棺的底部一般无石，也未见铺砂石的墓葬。石棺一般长3、宽1.5、高0.56米。随葬品主要是陶器，陶器主要以泥质红褐陶为主，还有部分泥质黑陶。器形主要包括羊头双耳罐、四足羊头双耳罐、方口圈足单耳罐、单耳罐、四矮足罐、四足提梁羊壶、单耳杯、高圈足单耳杯、三乳钉单耳杯、豆、圈足器等。纹饰主要以素面为主，部分陶器上装饰有羊头[4]。

2006年4~5月，受甘孜藏族自治州文化局的邀请，成都文物考古研究院承担了猴子岩水电站丹巴古碉群文物现状及保护价值专题研究项目的具体研究及组织工作，邀请了相关专家对梭坡乡的莫落村、大渡河右岸蒲角顶片区和莫落村山后小金河左岸的中路乡古碉群进行详细测绘和相关分析研究[5]。在对蒲角顶片区古碉楼进行测绘考察的同时，调查发现了蒲角顶遗址。蒲角顶遗址位于泽周村东部边缘的三角形台地上（靠近泽公村），地理坐标为东经101°55′59″、北纬30°50′24″，海拔约2400米，高出大渡河河床近600米（与罕额依遗址地势相近），地处大渡河西岸三级阶地之上（图一；图版六）。面积上万平方米，台地边缘的断面上有明显的文化层堆积，厚度1米以上（图版七）。采集大量陶片和磨制石斧、弯月形石刀，陶片包括夹砂褐陶、泥质灰陶、泥质黑陶、泥质红陶等，纹饰包括绳纹、附加堆纹、划纹等，器形包括罐、瓶等，还有带耳器。初步判定其时代延续较长，从新石器时代至秦汉时代，与中路乡的罕额依遗址相似。

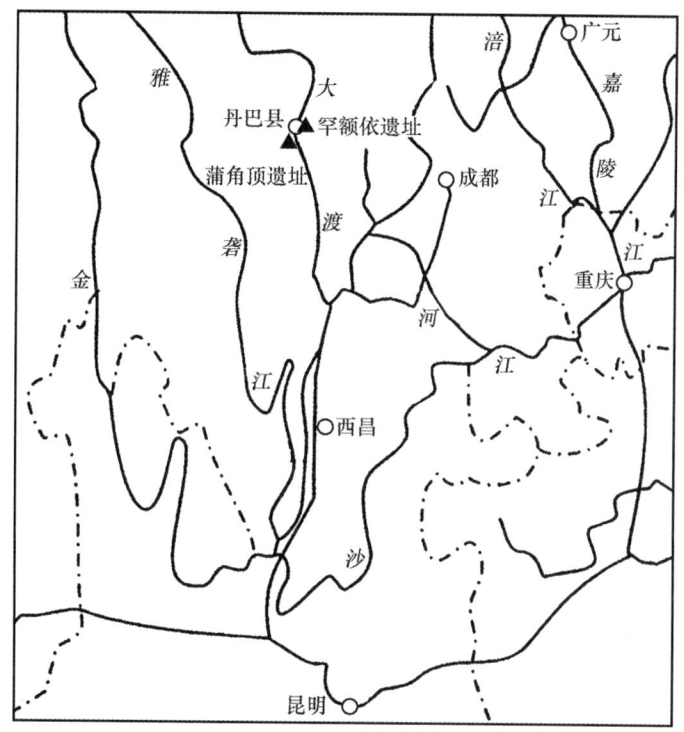

图一　遗址位置示意图

一、采集遗物

采集遗物包括陶器和石器，以下分别介绍。

1. 陶器

陶器包括夹砂灰褐陶、夹砂红褐陶、泥质灰陶、泥质黑陶和泥质红陶等，纹饰包括细绳纹、附加堆纹等，可辨器形有罐、瓶及带耳器等。

罐 2件。采：5，泥质灰陶。侈口，卷沿，颈部不明显，腹部斜直，腹部以下残。颈部和腹部饰三周压印粗凹弦纹。口径16、残高6厘米（图二，10）。采：8，夹砂灰褐陶。侈口，卷沿，圆唇，微束颈，腹部微鼓，下腹残。素面。口径7.3、残高4.5厘米（图二，9）。

瓶 1件。采：7，夹砂灰褐陶。侈口，卷沿，颈部以下残。通体饰竖向细绳纹。残高3.7厘米（图三，1）。

带耳器 3件。采：22，泥质红陶。仅存腹部及耳的下端，耳较宽。素面。残高4.6

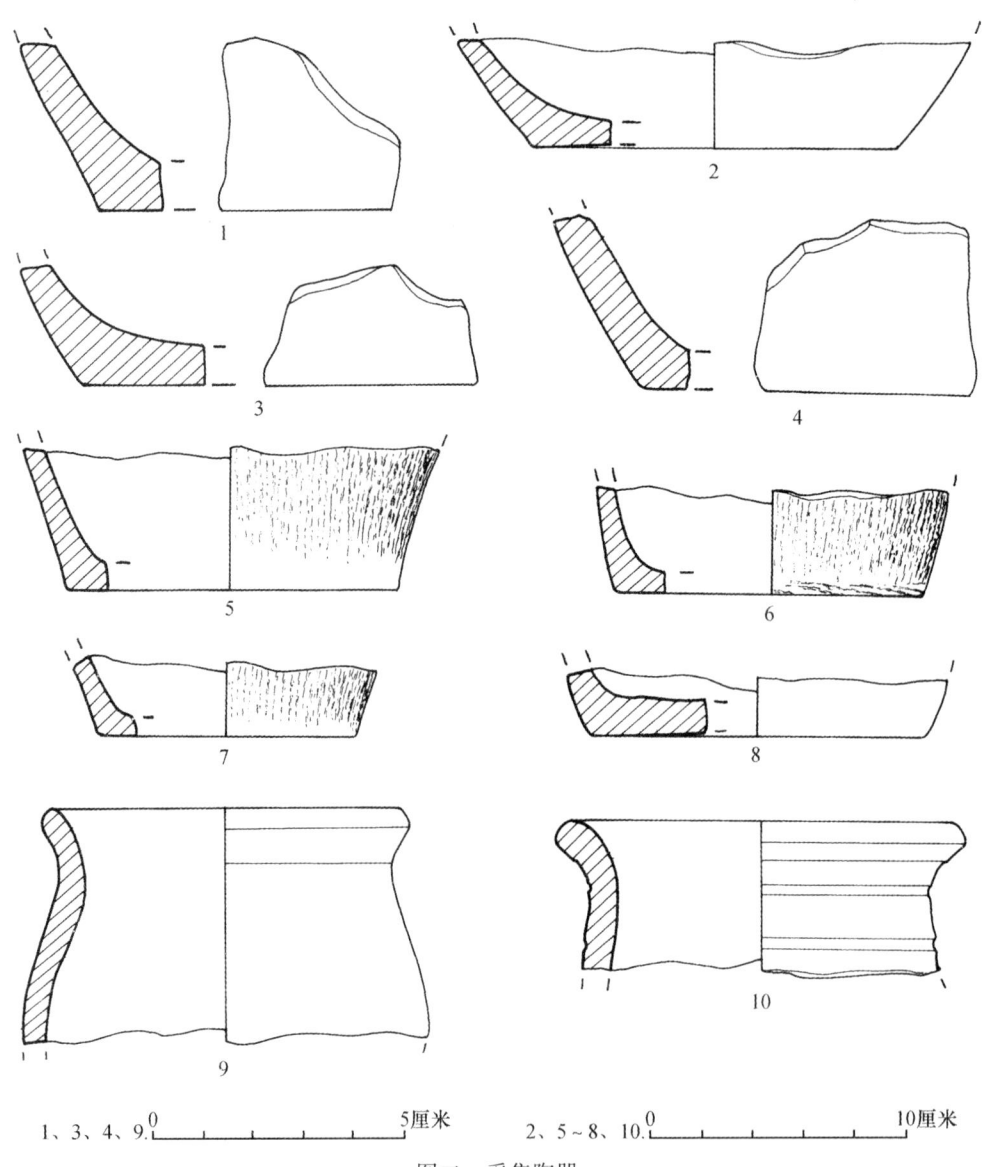

图二 采集陶器

1~8.器底（采：19、采：17、采：14、采：21、采：11、采：13、采：12、采：18） 9、10.罐（采：8、采：5）

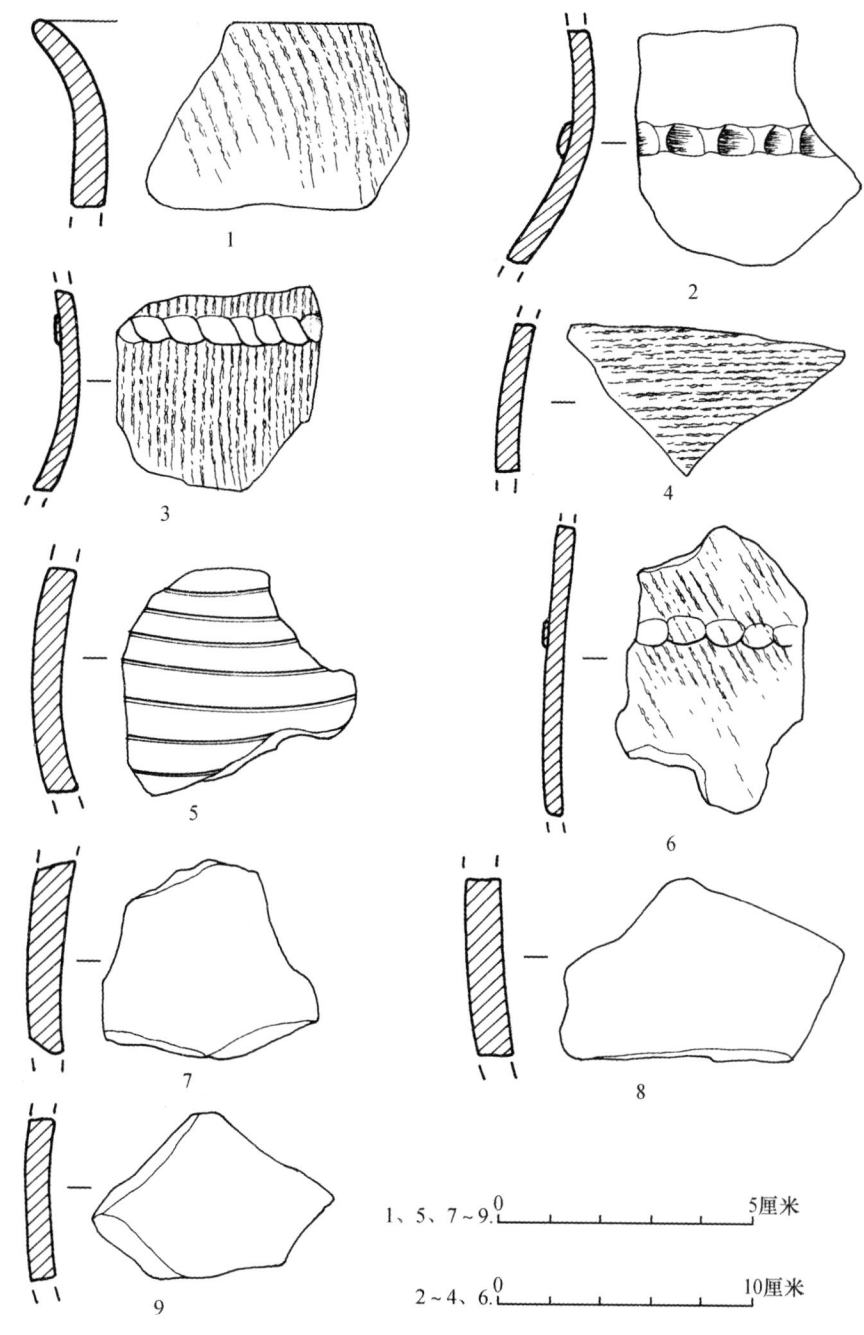

图三 采集陶器

1. 瓶（采：7） 2. 附加堆纹陶片（采：3） 3、4、6. 绳纹陶片（采：4、采：10、采：5） 5. 凹弦纹陶片（采：6） 7~9. 素面陶片（采：25、采：16、采：24）

厘米（图四，2）。采：23，泥质灰陶。仅存腹部及耳的下端，耳较宽。素面。残高3.4厘米（图四，1）。采：9，夹砂褐陶。仅存腹部及耳的一端。素面。残高5.2厘米（图

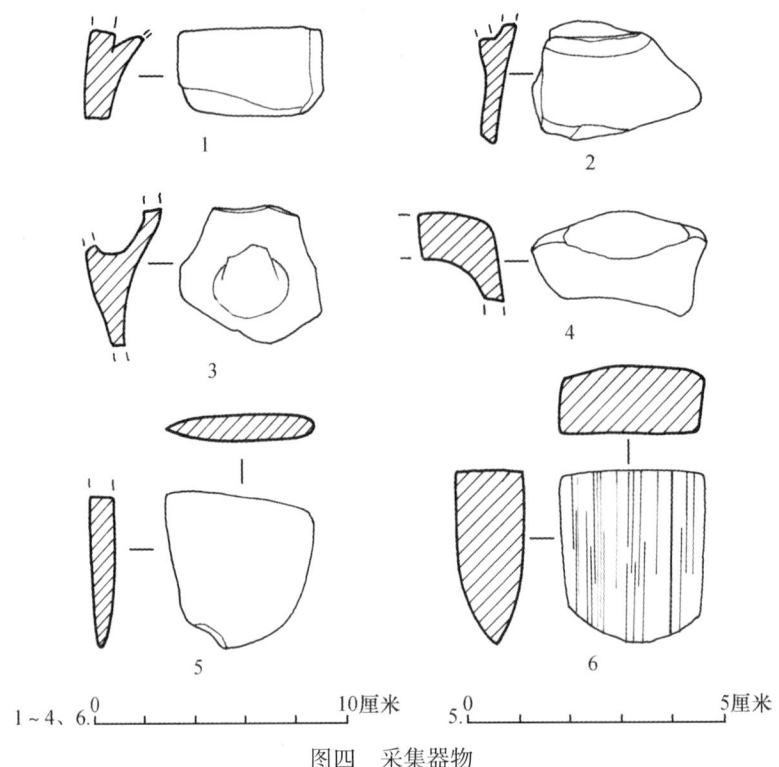

图四　采集器物

1~3.陶带耳器（采：23、采：22、采：9）　4.陶口沿（采：20）　5.石刀（采：2）　6.石斧（采：1）

四，3）。以上3件都可能是带耳罐的一部分。

口沿　1件。采：20，夹砂红陶。厚卷沿。素面。残高3.4厘米（图四，4）。

器底　8件。采：17，泥质灰陶。素面。底径14、残高4厘米（图二，2）。采：18，泥质灰陶。素面。底径12.8、残高2.6厘米（图二，8）。以上2件可能为陶罐的一部分。采：11，夹砂灰褐陶。饰竖向细绳纹。底径13、残高5.4厘米（图二，5）。采：12，夹砂灰褐陶。饰竖向细绳纹。底径10.2、残高3.2厘米（图二，7）。采：13，夹砂灰褐陶。饰竖向细绳纹。底径12、残高4厘米（图二，6）。以上3件器底均与瓶底较为接近，可能为瓶的底部。采：14，夹砂灰陶。素面。残高2.3厘米（图二，3）。采：19，夹砂灰陶。素面。残高3.2厘米（图二，1）。采：21，夹砂红陶。素面。残高2.3厘米（图二，4）。以上3件可能为陶罐的一部分。

绳纹陶片　3件。采：10，泥质灰陶。器物腹部。饰横向细绳纹。残高10.8厘米（图三，4）。采：4，夹砂红褐陶。器物颈部至腹部。饰竖向细绳纹和附加堆纹。残高7.2厘米（图三，3）。采：5，夹砂灰褐陶。器物腹部。饰竖向细绳纹和附加堆纹。残高10.9厘米（图三，6）。以上3件都可能是瓶的一部分。

附加堆纹陶片　1件。采：3，泥质红褐陶。器物颈部至腹部。饰附加堆纹。残高8.8厘米（图三，2）。可能为瓶的一部分。

凹弦纹陶片 1件。采：6，夹砂红褐陶。器物腹部。饰数周凹弦纹。残高4.5厘米（图三，5）。

素面陶片 3件。采：16，泥质灰陶。器物腹部。残高3.5厘米（图三，8）。采：24，泥质红陶。器物腹部。残高3.1厘米（图三，9）。采：25，泥质灰陶。器物腹部。残高3.8厘米（图三，7）。

2. 石器

包括斧和刀两类。

斧 1件。采：1，青灰色石质。平面近长方形，弧刃。琢磨合制，两面均有琢痕。长6.6、宽5.4、厚2.6厘米（图四，6）。

刀 1件。采：2，青灰色石质。较薄，平面近方形，弧刃。通体磨光。长2.9、宽2.8、厚0.5厘米（图四，5）。

此外，梭坡乡莫洛村村民长命修建房屋时在地下挖出磨制石斧1件，青黑色，通体磨光，平面斜梯形，刃部略残（图五）。另在左比村内采集少量夹砂褐陶片，有侈口罐、平底器等。据此分析，八梭村所在的台地上应有古代文化遗址分布，为大渡河上游东岸三级以上阶地，其时代应不晚于秦汉时代，可能与罕额依遗址的第二期遗存相当。

图五 莫洛村采集磨制石斧

二、结　语

蒲角顶遗址的采集遗物可分为三类，其中两类与同属丹巴县境内的罕额依遗址较为接近。第一类主要包括细绳纹的瓶、素面罐等器物，器物形制与罕额依第一期遗存同类陶器接近；第二类主要为带耳的器物，更接近罕额依第二期遗存。其中，第一类遗存是蒲角顶遗址的主体。根据罕额依遗址的测年，第一类遗存的年代为距今4700～4500年，第二类遗存的年代为距今4500～4100年，两类遗存从新石器时代中期延续至晚期。第三类以采：5这类厚胎泥质陶罐为代表，其火候较高，与麦坪遗址汉代墓葬陶器风格接近[6]，年代应为战国秦汉时期。第一、二、三类遗存在年代上分别为新石器时代晚期偏早、新石器时代晚期偏晚和战国秦汉时期三个阶段。

蒲角顶遗址一、二类遗存和罕额依遗址一、二期遗存，是大渡河上游地区新石器时代中晚期的典型遗存。蒲角顶遗址的发现有助于进一步了解大渡河上游新石器时代的文化序列及面貌。丹巴县境内分布有较多石棺葬，相关资料发表有莫洛村和折龙村两处石棺葬墓地[7]，年代主要为战国秦汉时期，此次蒲角顶遗址第三类遗存年代与之接近，应该也是该地区石棺葬文化的组成部分。蒲角顶第三类遗存的发现为进一步深入讨论西南边地族群的文化和分布提供了新的线索。综上所述，蒲角顶遗址是丹巴地区一处文化面貌多样、延续时间较长的重要遗址，将来条件成熟可对遗址进行试掘。

附记：参加本次调查工作的人员有成都文物考古研究院陈剑、李平、何强，丹巴县文物管理所罗佳等。

绘图：孙智辉　陈　睿
摄影：陈　剑
执笔：田剑波　陈　剑　刘玉兵

注　释

[1]　四川省文物考古研究所、甘孜藏族自治州文化局：《丹巴县中路乡罕额依遗址发掘简报》，《四川考古报告集》，文物出版社，1998年。

[2]　四川省文物考古研究所、甘孜藏族自治州文化局：《丹巴县中路乡罕额依遗址发掘简报》，《四川考古报告集》，文物出版社，1998年。

[3]　霍巍：《康区石棺葬遗存考察记——横断山脉地带文物考古调查记之一》，《康定民族师范高等专科学校学报》第14卷第2期，2005年。

[4]　故宫博物院、四川省文物考古研究院：《2005年度康巴地区考古调查简报》，《四川文物》2005年第6期。

［5］ 宋兴富、王昌荣、刘玉兵等：《丹巴古碉群现状及价值》，《康定民族师范高等专科学校学报》第15卷第4期，2006年。

［6］ 四川省文物考古研究院、雅安市文物管理所、汉源县文物管理所：《四川省汉源县麦坪遗址2006年发掘简报》，《四川文物》2011年第3期。

［7］ 霍巍：《康区石棺葬遗存考察记——横断山脉地带文物考古调查记之一》，《康定民族师范高等专科学校学报》第14卷第2期，2005年；故宫博物院、四川省文物考古研究院：《2005年度康巴地区考古调查简报》，《四川文物》2005年第6期。

四川杂谷脑河流域采集玉石器材质分析报告

成都文物考古研究院

一、采集玉石器标本基本情况介绍

杂谷脑河为岷江上游的一级支流，因流经理县县城所在的杂谷脑镇而得名，位于川西北高原山地的东部偏南地带，发源于岷江与大渡河的分水岭——鹧鸪山的南麓，经理县境内的米亚罗、杂谷脑、薛城等地，而后进入汶川县，在县城威州镇汇入岷江，全长158千米，流域面积4629平方千米，主要支流有孟屯河、龙溪河等。该流域也是"龙溪玉"的命名地和最核心产地。龙溪软玉与新疆软玉、台湾软玉合称中国三大软玉。四川已发现软玉矿点、矿化点多处，其中著名者为龙溪玉，因产于汶川县的龙溪沟而得名。软玉产于志留系茂县群结晶灰岩夹变质基性火山岩中，呈薄层状、透镜状、眼球状和瘤状，顺层产出[1]。

2000年，为配合《四川文物地图集》的编写工作，成都文物考古研究院、阿坝藏族羌族自治州文物管理所在杂谷脑河流域进行了全面的考古调查，发现了较多的古遗址，如在理县境内的箭山寨遗址、古尔沟镇石古莫遗址、下孟乡沙吉村下寨、仔达村仔达寨、班达村班达寨遗址等[2]。2009年，为科学、系统地推进汶川县布瓦群碉的灾后维修工作，根据四川省文物管理局的统一布署，汶川县文物管理所、成都文物考古研究院、阿坝藏族羌族自治州文物管理所联合组成"布瓦黄泥群碉及民居村寨"田野考古调查及勘探工作队，承担本项维修系统工程的前期考古工作。在配合汶川县第三次全国文物普查工作时，考古人员调查发现了龙溪寨新石器时代遗址[3]。这些遗址都发现有多种玉石器文物，如玉锛、玉斧、弓形玉器、条形玉石器等，还有部分陶器，其年代大约处于新石器时代。另外，成都文物考古研究院业务人员最早于2002年在汶川龙溪乡马登村发现了玉矿洞（图一）及玉矿层（图二），2015年再次来到经过汶川大地震后的马登村另一地点发现一大块玉石料，从中取一小块作为标本带回实验室检测。本次对该地域考古调查采集的20件玉石器及在2015年马登村采集的1件玉矿料标本进行科学分析，涉及采集玉石器的遗址和采集点分布可见图三，涉及分析的玉石器文物情况详见表一。

四川杂谷脑河流域采集玉石器材质分析报告 ·143·

图一 2002年马登玉矿洞口调查

图二 2002年马登玉矿洞内玉矿层

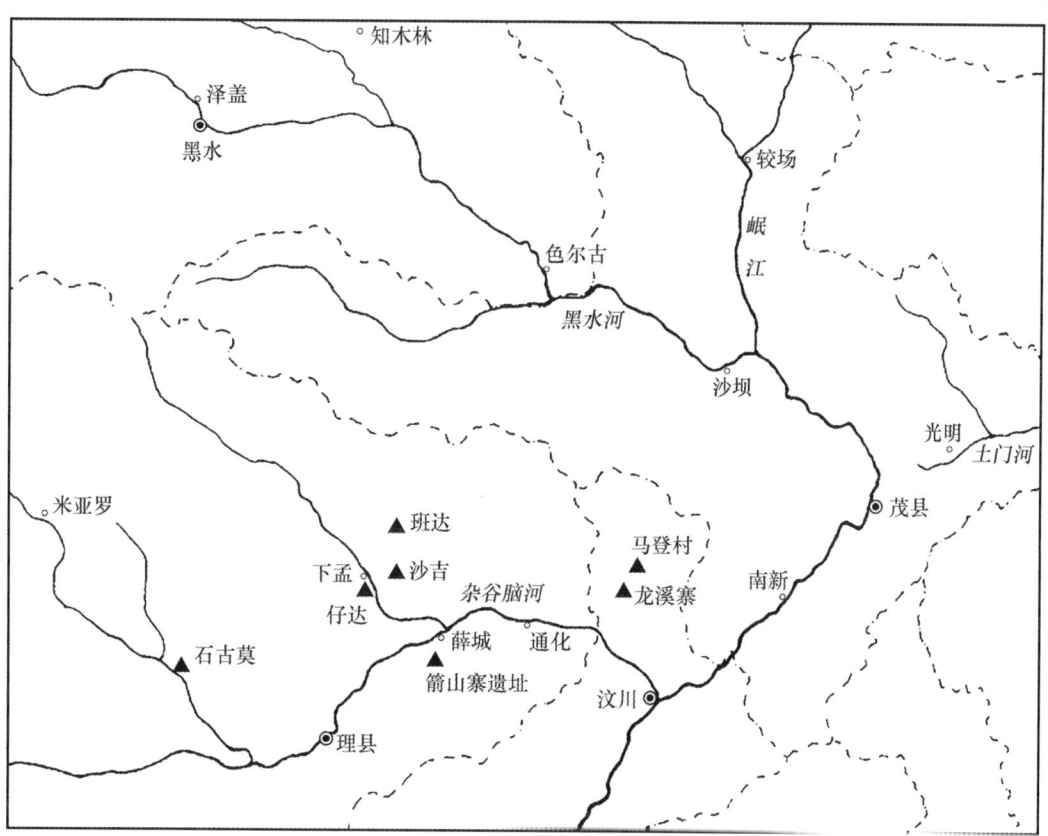

图三 杂谷脑河流域玉石器采集点及古遗址分布图

表一　杂谷脑河流域采集玉石器标本基本信息

名称	文物采集编号	实验编号	基本状况	照片
石斧	2000ALXJ采：21	L1	淡绿色，质地细腻温润。长13.3、刃宽4.7、厚1.5厘米	
石斧	2000ALXJ采：22	L2	灰白色，表面磨光，长条形。残长6.6、肩宽2.6、厚1.8厘米	
玉斧	2000ALXJ采：23	L3	灰绿色，表面磨光，已残断，长条形。残长6.6、肩宽2.6、厚1.8厘米	
石斧	2000ALXJ采：24	L4	深灰色，一侧及两面磨光，窄长条形，刃部较宽，弧刃，中锋，可见使用痕迹。残长10.9、刃宽4.4、厚2厘米	
石锛	2000ALXJ采：25	L5	灰绿色，通体磨光，梯形，斜肩，直刃，侧锋。长8、刃宽4、肩宽3、厚1.2厘米	
石凿	2000ALXJ采：26	L6	深灰色，通体磨光，已残断，端口有切割痕迹，直刃。残长6.6、厚1厘米	

续表

名称	文物采集编号	实验编号	基本状况	照片
石刀	2000ALXJ采∶27	L20	灰黑色，一侧有肩，弧刃，中锋。长15.6、最宽7、厚2厘米	
玉斧	2000ALG采∶1	L11	青灰色，表面磨光，有刃。长16、宽约5、厚2厘米	
石斧	2000ALXSJ采∶1	L10	土黄、青灰色，有刃，表面磨光。长11、刃宽5.2、厚1.7厘米	
石斧	2000ALXZ采∶1	L9	黄绿色，表面磨光，有刃。长8、刃宽4、厚1.4厘米	
石凿	2000ALXB采∶1	L7	黄绿色，表面磨光，有刃。长11.5、宽3.5、厚3厘米	
石凿	2000ALXB采∶2	L8	灰绿色，表面磨光。长6.5、宽2.3、厚1.7厘米	

续表

名称	文物采集编号	实验编号	基本状况	照片
石斧	2000ALXB采：3	L19	灰黑色，表面磨光。长1、刃宽5.5、厚2.5厘米	
石凿	2009SWLX采：1	L12	灰白色，表面磨光。长8.5、刃宽3.5、厚1.8厘米	
玉器	2009SWLX采：2	L13	青灰泛绿色，片状，表面磨光。残长7.7、宽2.7、厚1.2厘米	
玉器	2009SWLX采：3	L14	青灰泛绿色，薄片，表面有磨制痕迹。残长6.2、宽4、厚0.8厘米	
石器	2009SWLX采：4	L15	黑色，片块状，一面磨光。残长约4、宽3.5、厚约1厘米	
玉器	2009SWLX采：5	L16	青灰色，疑似石斧残块，表面磨光。残长4、宽3.2、厚1厘米	
石器	2009SWLX采：6	L17	黑色，有打制痕迹。残长4.8、宽3、厚1.5厘米	

续表

名称	文物采集编号	实验编号	基本状况	照片
石器	2009SWLX采：7	L18	黄绿色，片块状，一面磨光。残长3.5、宽2.2、厚1厘米	
玉矿料	汶川龙溪乡马登村玉矿石采集	W1	青灰、黄绿色，块状，稍具透光性。母体玉矿石大约长40、宽20厘米，不规则块状	

注：薛城镇箭山村箭山上寨：L1~L6、L20；古尔沟镇古尔沟村石古莫遗址杂谷脑河西岸二级坡地：L11；下孟乡沙吉村下寨：L10；下孟乡仔达村仔达寨：L9；下孟乡班达村班达寨：L7、L8、L19；汶川龙溪乡龙溪寨遗址：L12~L18；汶川龙溪乡马登村：W1

二、采集玉石器标本的测试研究情况

这批玉石器整体较小，大多经过磨制表面光亮，少部分显示出打制石器的特点，如L1、L15、L18等比较粗糙，颜色以灰绿、灰白、青灰、黄绿为主，少量黑色。除考古学上的文化信息研究之外，这批玉石器还具有两个重要特点：其一，它们的来源地非常明确，均采集于杂谷脑河流域的理县及汶川县这一从古至今的产玉矿地质带，所以其材质特点较大程度上代表了当地古代玉器及可能流向地——岷江中游成都平原考古出土的部分玉石器的共性信息。其二，这批采集的玉石器中，理县箭山寨遗址、汶川县龙溪寨遗址的玉斧、凿虽为采集品，但均采自原生灰坑及文化层，其余均为当地居民收集品。杂谷脑河流域在内的川西北高原山地属于黄土分布地带，这里的黄土不仅分布在河谷、盆地等低洼处，而且还分布在相对高差数百米的山坡和低山顶面上，具明显风成黄土特征。理县县城附近岷江支流杂谷脑河共发育九级河流阶地，阶地之上均有黄土覆盖[4]。而成都平原及四川盆地是全国紫色土分布最集中的地区，这种土壤是由侏罗纪、白垩纪紫色砂岩、泥岩时代形成的紫色或紫红色砂岩、页岩变来的，土壤中的紫色大都富含钙质（碳酸钙）和磷、钾等营养元素[5]。由于黄土堆积形成较为干燥疏松的埋藏环境，使得杂谷脑河流域采集的这些玉石器的表面色彩单一纯净、结构致密，并不像埋藏于成都平原的系列遗址如金沙遗址、三星堆出土玉器那样表面色彩斑斓，受土壤及地下水侵蚀严重，所以保存现状更接近初始状态，受污染风化因素影响很小，其理化检测数据理论上更与源玉矿接近或保持一致。综上所述，对这批玉石器进行理化科学分析检测，对研究当地古代玉石器、玉矿料及与周边地区古代玉石器活动交流都有重要参考意义，其学术意义的重要性也是不言而喻的。所以本次将这批玉石器材质鉴定及组成特点研究作为了重要内容。

主要采用现代科学分析手段——扫描电镜能谱（SEM-EDS）无标样法对玉石器主量元素成分进行检测，对每件玉石器取样标本（块状样品）不同区域扫描2~4次，取平均值作为最终结果（表二）。同时又用便携式X射线荧光能谱仪（XRF）对标本（粉末样品）进行主、微量元素成分分析，结果为原子序数在Na（11号）以上元素的分析结果（表三），两种成分分析法对结果可以相互补充印证，前者可检测出部分碳（C）、氧（O）、钠（Na）等轻元素，结果以氧化物形式表示，后者仅能检测原子序数在Na以上（不含）元素，但对重元素更为敏感，还可以检测出存在的部分微量元素。还采用X射线衍射分析法（XRD）对所取玉石器标本粉末样品进行矿物物相结构定性和半定量分析，结果见表四。所有分析项目相同编号均为同一样品。

综合表二和表三的结果来看，尽管不同仪器和算法导致结果含量有所差异，但总体情况基本一致。表现为含量最高的三种元素是硅（Si）、镁（Mg）、钙（Ca），一般含量都大于5%；其次是铁（Fe）和铝（Al），大多含量小于5%，但大于1%；钾（K）含量除少部分稍高之外，大多都小于1%；钠（Na）出现在半数玉石器中，含量波动较大，在0.17%~13.47%；锰（Mn）、钛（Ti）、铬（Cr）、锆（Zr）四种元素含量都低于1%，但是基本每件玉石器中都含有。综上大致可以得出：主量元素为硅（Si）、镁（Mg）、钙（Ca）、铁（Fe）、铝（Al），微量元素含有钾（K）、锰（Mn）、钛（Ti）、铬（Cr）、锆（Zr），另外钠（Na）元素会部分存在，含量波动稍大。

从表四结果可以看出，所测18件玉石器中，除L17为石英之外，其余17件全部含有透闪石，大多含量超过50%，有6件全部为单一透闪石矿物，说明这批玉石器是以透闪石为主的矿物集合体构成，其中还含有少量白云母、石英、高岭石、长石、绿泥石等杂质矿物，这与前人[6]所研究结果基本一致。从汶川县龙溪乡马登村玉矿石采集的玉矿料W1为纯度较高的透闪石软玉单一矿物，反映在外观色泽上也略显通透，但总体上与杂谷脑河流域所采集玉石器的成分、含量及物相一致，说明他们为同一地质成矿带上。

结合元素成分及矿物物相分析结果来看，由于本次采用非全元素分析法，鉴于能谱仪器精度和检出元素范围限制，轻元素的检测存在较大误差，也由于矿物中类质同象替代现象复杂，常常出现K、Fe、Mn、Cr等元素替代占位，多种原因导致所检测出的SiO_2、MgO、CaO等成分数据与透闪石（SiO_2 58.8%，MgO 24.6%，CaO 13.8%……）中各部分理论成分含量不完全吻合，这是需要解释说明的。而材质判定以能谱数据为参考，以物相结果为主要依据，所以不影响最终判定结果。而检测出的Na、K、Al等元素则在白云母［$KAl_2(AlSi_3O_{10})(OH)_2$］、高岭石［$Al_4(Si_4O_{10})(OH)_8$］、钠长石（$Na_2O \cdot Al_2O_3 \cdot 6SiO_2$）、钾长石（$K_2O \cdot Al_2O_3 \cdot 6SiO_2$）等矿物中得到体现。

综上，将本次所测结果与杂谷脑河下游或岷江中游金沙遗址出土玉石器材质研究结果稍作对比，发现与前人[7]对金沙遗址出土玉石器抽样多件所作能谱分析结果相同，与金沙玉石器主要为透闪石为主的矿物集合体所构成软玉的总体特点相同，与向芳[8]等利用测试精度较高的电感耦合等离子光谱—质谱仪（ICP-MS）所测金沙玉器部分特征微量元素，如Ti、Cr、Mn、Zr重合，诸多共性在很大程度上说明它们具有相同产地的玉石矿资源，也印证了学界目前关于金沙玉石器材料来源最有可能来自汶川龙溪玉的观点[9]。有学者从考古地质学角度对三星堆遗址出土的部分玉器进行了研究，发现其主要也是闪石玉，即透闪石矿物集合体，并且对其玉料来源推测出多种可能性，有新疆和田、长江下游等地，但不可否认三星堆部分玉器与龙溪玉在材料上有相似之处，来自岷江上游的可能性也是完全存在的[10]。联系时代差异性，进一步说明从新石器时代直至三星堆、金沙时期，先民一直对龙溪玉有着持续的开采和利用。

表二　玉石器主量元素SEM-EDS分析结果平均值（wt%）

编号	SiO$_2$	MgO	CaO	Fe$_2$O$_3$	Al$_2$O$_3$	K$_2$O	Na$_2$O	SO$_4$	P$_2$O$_5$	合计
L1	50.14	34.04	6.76	1.72	5.35	0.42	0.17	1.42		100.02
L2	57.97	23.10	5.49	1.72	7.63	0.82	3.26			99.99
L3	51.31	36.25	7.56	1.37	3.04				0.47	100
L4	55.65	30.72	8.71	1.94	2.65	0.66				100.33
L5	51.97	33.21	7.94	2.74	3.87	0.26				99.99
L6	56.00	22.03	6.86	4.29	7.37	0.55	2.90			100
L7	56.45	16.14	3.59	2.57	17.92	2.66	0.68			100.01
L8	55.73	23.62	7.61	4.87	5.54	0.93	1.73			100.03
L9	57.06	21.05	6.45	4.76	8.28	2.37				99.97
L10	53.66	33.58	9.26	1.62	1.34	0.18				99.64
L11	54.35	33.14	9.14	1.60	1.29	0.13	0.37			100.02
L12	56.78	23.36	4.57	1.29	7.50		6.50			100
L13	54.84	33.74	8.03	2.73	0.67					100.01
L14	52.45	33.98	7.65	2.01	3.65	0.26				100
L15	54.57	6.34	8.27	2.30	22.20	3.82	2.50			100
L16	55.83	28.65	6.26	1.95	5.70	0.39	1.33			100.11
L17	98.65				1.31	0.08				100.04
L18	56.72	8.59	3.19	2.83	14.95	0.26	13.47			100.01
W1	51.20	36.62	8.24	0.24	2.68	0.13	0.90			100.01

表三　玉石器主、微量元素XRF分析结果（wt%）

编号	Si	Mg	Ca	Fe	Al	K	Mn	Ti	Cr	Zr	其他	合计
L1	47.11	17.07	15.20	6.91	3.59	0.57	0.361	0.246	0.023	0.015	8.761	99.85
L2	38.40	5.04	3.64	2.46	4.72	2.42	0.048	0.308	0.012	0.01	42.856	99.92
L3	36.40	10.94	9.33	2.64	1.24	0.03	0.382	0.152		0.01	38.798	99.92
L4	41.61	10.30	7.41	3.41	1.75	0.66	0.143	0.188	0.011	0.012	34.43	99.93
L5	45.30	17.00	14.59	8.67	4.64	1.12	0.242	0.529	0.03	0.011	7.494	99.62

续表

编号	Si	Mg	Ca	Fe	Al	K	Mn	Ti	Cr	Zr	其他	合计
L7	36.53	4.30	2.94	4.57	6.24	2.53	0.036	0.450	0.018	0.017	42.218	99.85
L8	41.47	10.26	5.49	4.70	2.40	1.10	0.205	0.224	0.017	0.013	33.831	99.71
L9	47.73	10.39	7.37	6.41	4.43	2.63	0.157	0.094	0.017	0.004	20.585	99.81
L10	41.30	13.48	8.40	3.29	1.44	0.77	0.409	0.243	0.014	0.013	30.472	99.83
L11	39.30	12.40	8.23	2.83	0.74	0.37	0.177	0.134	0.01	0.009	35.711	99.90
L12	48.25	8.76	6.25	6.37	6.09	0.63	0.124	0.431	0.018	0.014	22.87	99.80
L13	35.61	11.00	6.80	5.35	0.30	0.10	0.242	0.036	0.012	0.007	40.367	99.81
L14	33.82	8.60	5.76	2.95	2.27	1.22	0.128	0.121	0.011	0.01	45.074	99.96
L15	37.96	13.95	2.62	7.51	11.63	4.41	0.074	0.571	0.033	0.016	20.164	98.95
L16	33.94	4.67	3.00	2.76	8.07	4.46	0.044	0.398	0.017	0.014	42.575	99.94
L17	83.53		1.61	0.23				0.099		0.042	14.191	99.70
L18	46.09	4.45	2.60	4.46	7.56	0.28	0.035	0.255	0.01	0.009	34.041	99.78
W1	35.72	10.83	6.98	0.21	0.70	0.08	0.385	0.022	0.027	0.003	44.742	99.71

注："其他"主要指可能含有的C、O、H、Na等轻元素含量总和

表四　玉石器矿物物相（XRD）分析结果（wt%）

编号	物相成分	编号	物相成分
L1	透闪石（Tremolite）89.5%、斜绿泥石（Clinochlore）10.5%	L11	透闪石（Tremolite）100%
L2	透闪石（Tremolite）32.4%、白云母（Muscovite）18.6%、钠长石（Albite）37.4%、石英（Quartz）11.6%	L12	透闪石（Tremolite）35.5%、钠长石（Albite）63.5%
L3	透闪石（Tremolite）87.1%、绿泥石（Chlorite）12.9%	L13	透闪石（Tremolite）100%
L4	透闪石（Tremolite）81.1%、石英（Quartz）18.9%	L14	透闪石（Tremolite）100%
L5	透闪石（Tremolite）90.3%、高岭石（Kaolinite）9.7%	L15	钠长石（Albite）47.7%、钾长石（Microcline）34.9%、透闪石（Tremolite）17.4%
L7	透闪石（Tremolite）52.3%、钠长石（Albite）35.9%、石英（Quartz）11.7%	L16	透闪石（Tremolite）24.7%、白云母（Muscovite）75.3%
L8	透闪石（Tremolite）76.8%、石英（Quartz）23.2%	L17	石英（Quartz）100%
L9	透闪石（Tremolite）100%	L18	透闪石（Tremolite）32.7%、钠长石（Albite）67.3%
L10	透闪石（Tremolite）100%	W1	透闪石（Tremolite）100%

三、初步认识

四川杂谷脑河流域采集的这批玉石器材质主要是以透闪石为主的矿物集合体构成，还含有少量白云母、石英、高岭石、长石、绿泥石等杂质矿物。部分玉石器纯度较高，为单一透闪石软玉。反映在元素特点上，以含量1%为界，主量元素为硅（Si）、镁（Mg）、钙（Ca）、铁（Fe）和铝（Al），微量元素为钾（K）、锰（Mn）、钛（Ti）、铬（Cr）、锆（Zr）。这与地质学界所分析的汶川龙溪玉矿的特点一致，所以可以确认这些采集玉石器是用当地矿料制作而成。这批玉石器组成特点也代表了当地玉矿源的特点，可作为今后此类研究的重要参考。

川西高原山地有不少产玉的山川，为古人采集玉料和石料提供了丰富的资源，历代文献对岷江上游等地区出产的"龙溪玉"等已有明确记载。如《山海经·中山经》中有"岷山，江水出焉……其上多金、玉，其下多白珉"之说。《华阳国志》佚文也有"玉垒山，出璧玉，湔水所出"的记载[11]。根据杂谷脑河流域采集的这批史前玉石器与汶川县龙溪乡马登村玉矿料及金沙玉石器的材质、主微量元素基本相一致的结果，我们不难判定，本地先民早在史前时期就已经开始认识和利用龙溪玉矿这一重要的地质矿产资源，这也是龙溪玉登上辉煌历史舞台的开端，直至三星堆、金沙时期，龙溪玉一直被开采利用，并制成礼、法之器，达到鼎盛。

执笔：杨颖东　陈　剑

注　释

[1] 周开灿：《四川的宝石资源》，《宝石和宝石学杂志》2003年第4期。

[2] 成都文物考古研究所、阿坝藏族羌族自治州文物管理所、理县文物管理所：《四川理县箭山寨遗址2000年的调查》，《成都考古发现》（2005），科学出版社，2007年。

[3] 汶川县文物管理所、成都文物考古研究院、阿坝藏族羌族自治州文物管理所：《汶川县龙溪寨遗址2009年调查简报》，见本书。

[4] 王书兵、蒋复初、田国强：《理县黄土地层与环境记录》，《海洋地质与第四纪地质》2006年第3期；柴宗新：《川西高原的黄土》，《第三届全国第四纪学术会议论文集》，科学出版社，1982年。

[5] 田光龙、唐时嘉：《四川盆地紫色土矿质元素的含量与分布》，《地球化学》1991年第1期；何玉生、任利民、唐文春等：《成都经济区浅层土壤地球化学特征的土壤分类学意义》，《地球化学》2006年第3期。

[6] 王春云：《龙溪软玉矿床地质及物化特征》，《矿产与地质》1993年第3期。

[7] 杨永福、李奎、常嗣和等：《金沙遗址玉器、石器材料研究鉴定》，《金沙遗址考古资料集》（三），科学出版社，2017年。

［8］ 向芳、王成善、杨永福等：《金沙遗址玉器的材质来源探讨》，《金沙遗址考古资料集》（三），科学出版社，2017年。

［9］ 向芳、王成善、杨永福等：《金沙遗址玉器的材质来源探讨》，《金沙遗址考古资料集》（三），科学出版社，2017年。

［10］ 苏永江：《广汉三星堆出土玉器考古地质学研究》，《四川考古论文集》，文物出版社，1996年。

［11］ 陈剑：《川西史前玉器简论》，《玉魂国魄——中国古代玉器与传统文化学术讨论会文集》（三），北京燕山出版社，2008年。

成都市新都二中遗址发掘报告

成都文物考古研究院
新都区文物管理所

新都二中遗址位于成都市新都区新繁镇繁江大道东侧，正东街、外东街与009乡道之间（图一）。地理坐标为东经104°01′07.64″、北纬30°52′23.66″，海拔约为534米。地表现为现代建筑和农田，地势较为平坦。

2016年5月，新都区文物管理所为了配合"新都区第二中学扩建项目"建设进行文物勘探时发现该遗址。同年5～6月，成都文物考古研究院与新都区文物管理所联合对其进行了调查，并对分布在建设区域内的遗址部分进行了发掘。经调查得知，该遗址现存的、可调查的部分呈西北—东南向条状分布，总面积约25万平方米。堆积较好的部分集中在遗址的中部，亦呈长条状分布，与整个遗址的分布走向一致，面积约7万平方米（图二）。发掘工作按正南北向布5米×5米、10米×10米和10米×5米探方各一个，编号依次为2016CXET1～2016CXET3（以下简写为T1～T3），发掘面积175平方米（图三、图四）。

一、地层堆积

依据土质土色、包含物以及出土遗物的差别，可将发掘区内的地层堆积自上而下统一划分为6层。T2与T3的地层堆积相同，T1的地层堆积略有不同，现以T2北壁地层剖面和T1西壁地层剖面为例说明如下：

T2北壁地层剖面（图五）：

第1层：灰黑色农耕土，土质紧密、湿润，黏性强。厚0.1～0.15米。包含大量植物根系以及现代砖瓦残块、瓷片、铁钉等，为近现代耕土层。

第2层：灰黄色土，土质疏松，略带黏性，内含细沙及少量红烧土颗粒。厚0.15～0.2米。出土少量黄釉、酱釉以及白釉瓷片，为唐宋时期地层。

第3层：灰褐色土，土质紧密、湿润，内含褐色斑点及少量红烧土颗粒。厚0.3～0.4米。出土较多夹砂陶片和泥质陶片，可辨器形有小平底罐、敛口罐、侈口罐、高领罐、半高领罐、瓮、盆、豆、尖底杯（底）、器盖、器底、圈足等，为商周时期地层。

第4层：灰白色沙土，土质疏松，内含少量褐色斑点。厚0.15～0.2米。该层较为纯净，未发现任何遗物，为水泛所致，属于间歇层。H4开口于T3的该层下。

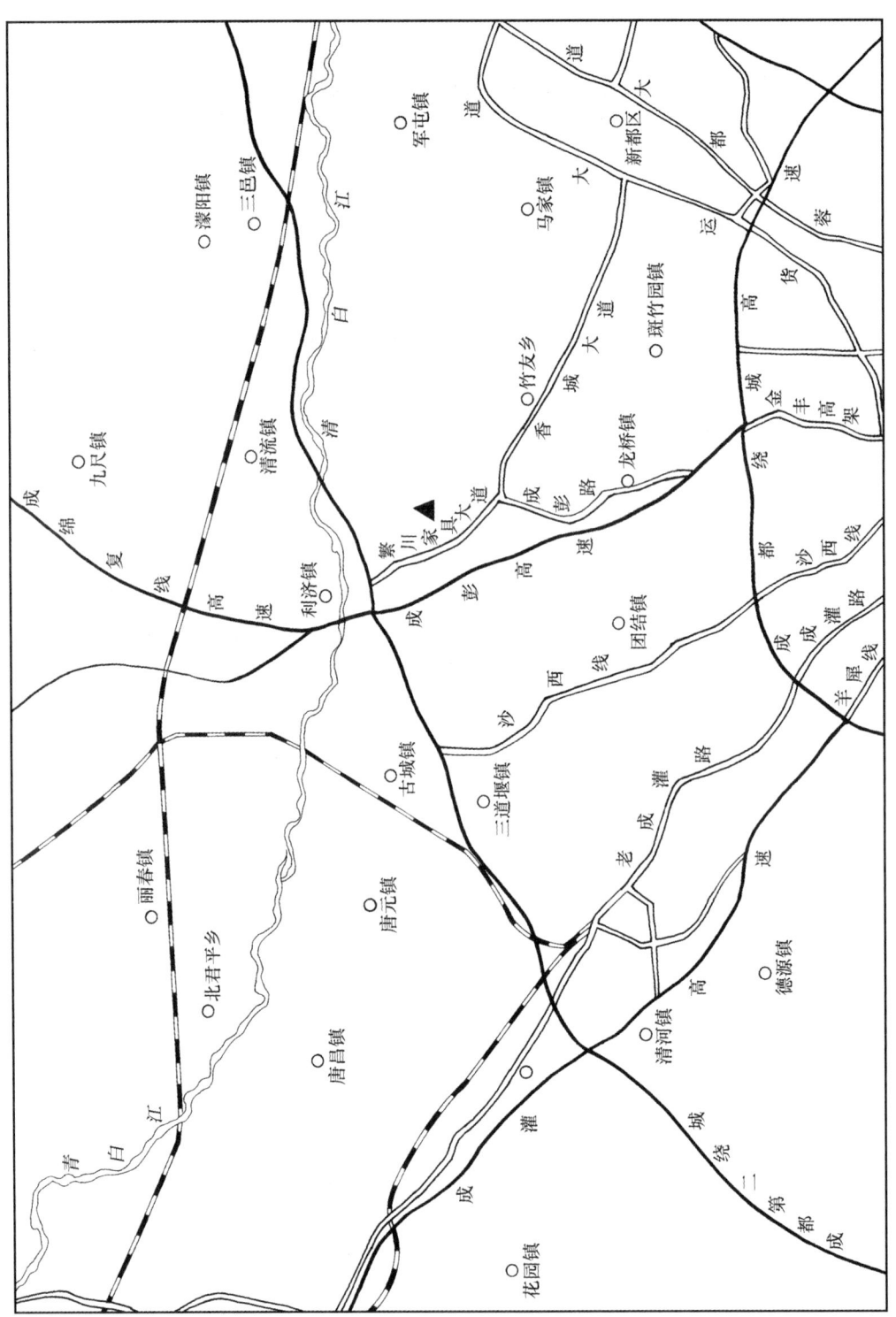

图一 遗址位置示意图

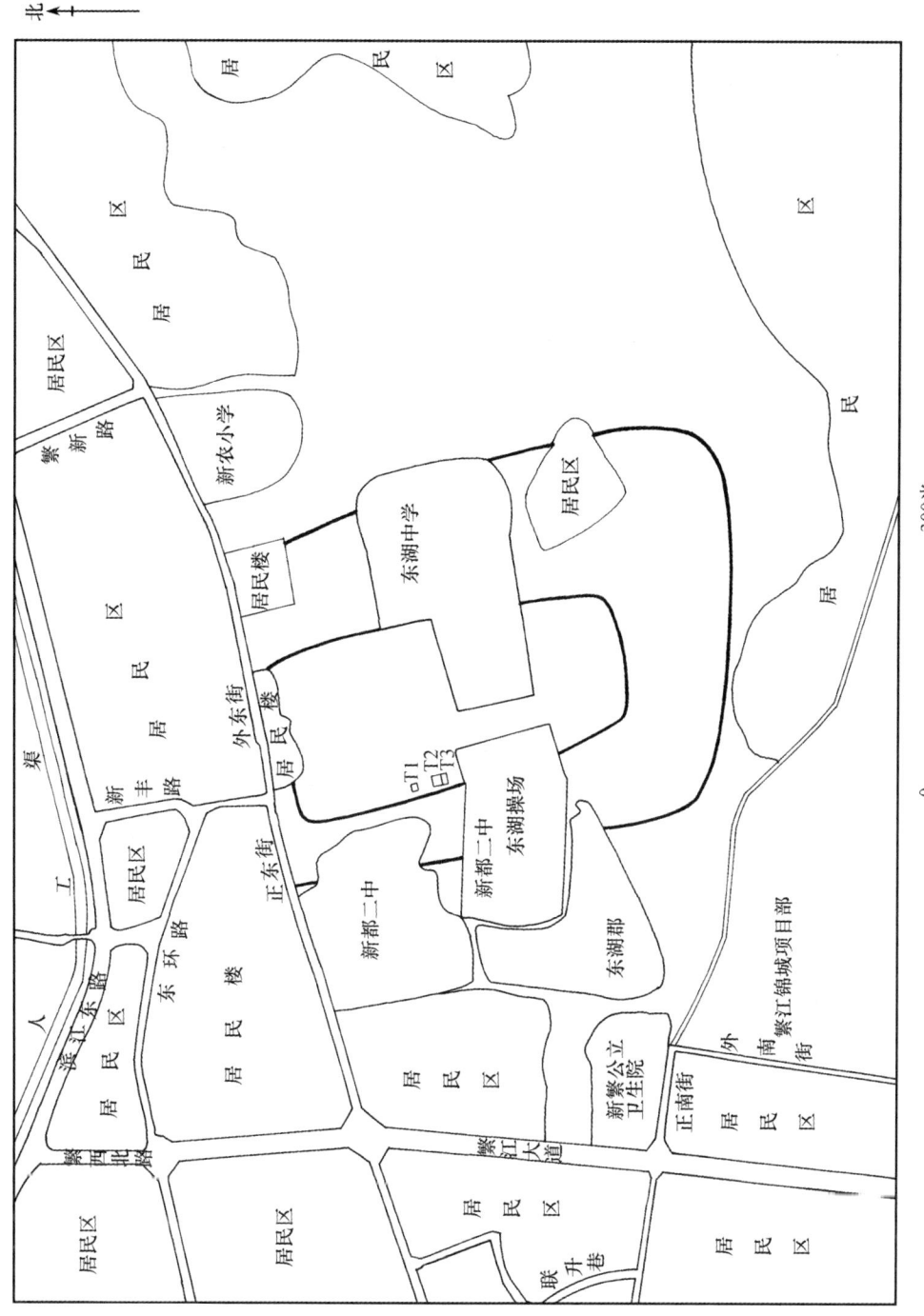

图二　遗址总平面及发掘探方位置图

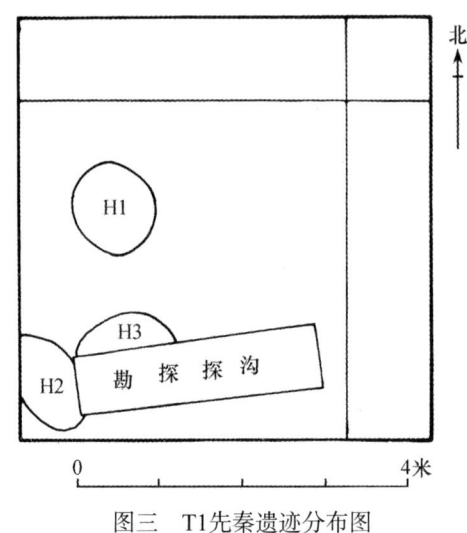

图三　T1先秦遗迹分布图

第5层：红褐色土，土质紧密、湿润，黏性强，较板结，内含褐色斑点及少量红烧土，厚0.2～0.3米。出土大量夹砂陶片和泥质陶片，可辨器形有绳纹花边口沿罐、喇叭口高领罐、有领罐、盆、瓮、钵等，为新石器时代地层。H5、H6、F1、F2以及一段基槽开口于T2的该层下。

第6层：黄褐色土，土质紧密、湿润，内含褐色斑点。厚0.15～0.2米。出土少量夹砂陶片和泥质陶片，可辨器形有喇叭口高领罐、尊等，为新石器时代地层。

第6层以下为生土。

T1西壁地层剖面（图六）：

第1层：灰黑色农耕土，土质紧密、湿润，黏性强。厚0.15～0.2米。包含大量植物根系、树根、现代瓦残片，为近现代耕土层。

第2层：灰黄色土，土质疏松，略带黏性，内含细沙及少量红烧土颗粒。厚0.3～0.4米。出土少量黄釉瓷片，为唐宋时期地层。H1～H3开口于该层下。

第3层：褐色土，土质紧密、湿润、略含沙，内含褐色斑点及少量红烧土颗粒。厚0.1～0.15米。出土较多夹砂陶片和泥质陶片，可辨器形有小平底罐、敛口罐、瓮、豆等，为商周时期地层。

第4层：灰白色沙层，土质疏松，内含少量褐色斑点。厚0.5～0.6米。未发现任何遗物，为洪泛所致，属于间歇层。

第5层：红褐色土，土质紧密、湿润，含沙较重。厚0.15～0.2米。出土大量夹砂陶片和泥质陶片，可辨器形有喇叭口高领罐、有领罐、瓮等，为新石器时代地层。

第6层：黄褐色土，土质紧密、湿润，含沙较重，内含褐色斑点。厚0.15～0.2米。出土少量夹砂陶片和泥质陶片，可辨器形有绳纹花边口沿罐，但由于较细碎，无法拣选标本，为新石器时代地层。

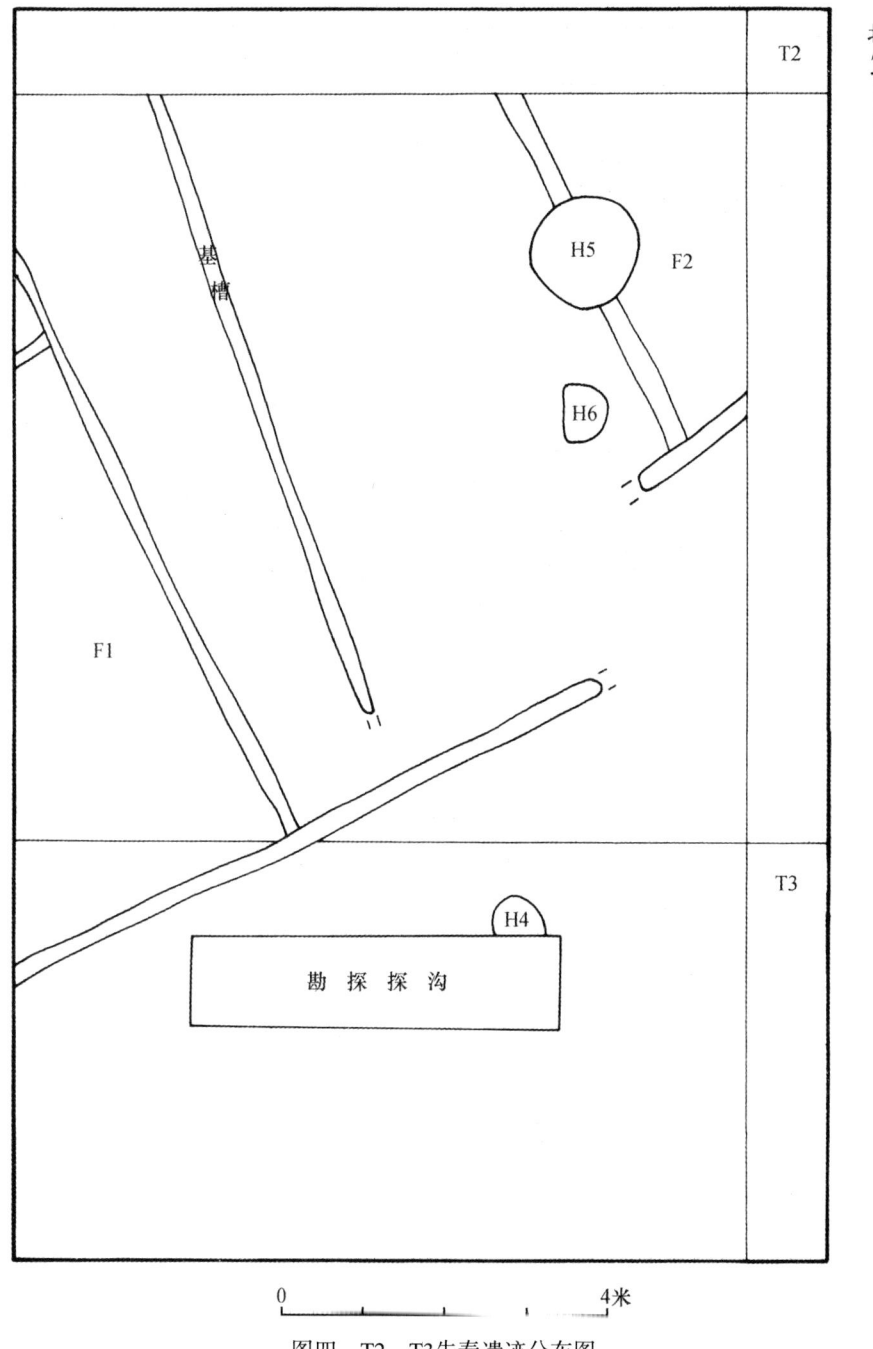

图四 T2、T3先秦遗迹分布图

第6层以下为生土。

值得注意的是,两组探方内同一时期地层的厚度差别较大,唐宋时期地层在T1的堆积较厚,在T2、T3的堆积较薄,汉代地层在T1内的堆积较薄,在T2、T3内的堆积较厚。尤其值得注意的是第4层,T2、T3的第4层为沙质土,堆积较薄,应为水浸或水漫

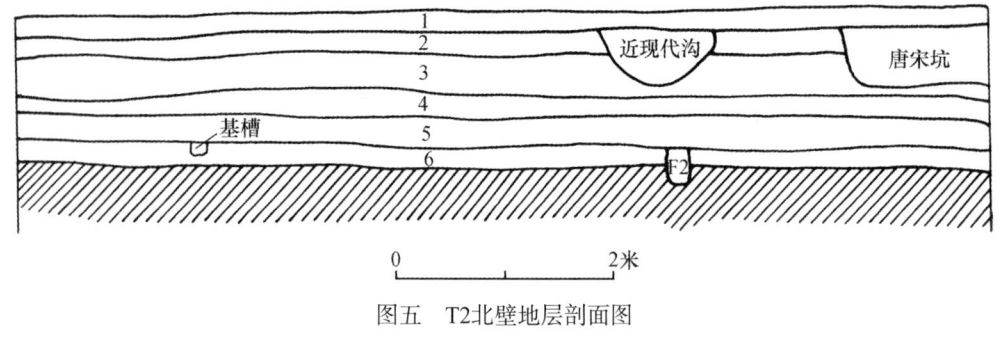

图五　T2北壁地层剖面图

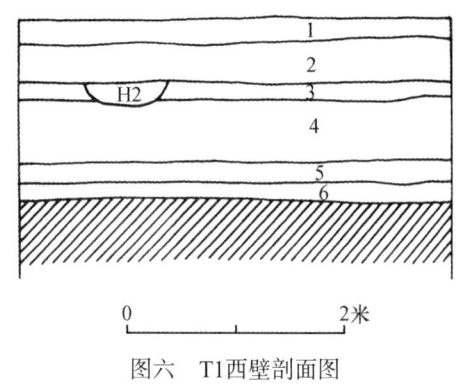

图六　T1西壁剖面图

所致。T1的第4层为纯沙，堆积较厚，超过半米，应为河道部分。说明该遗址在新石器时代与商周时期之间，有河水泛滥的现象。至于是否发生了大范围的洪水事件，还需要进行大范围的详细考察。不管怎样，这为环境考古研究提供了很好的实例，应引起学者的注意。

二、遗迹与遗物

本文根据层位关系，按单位发表遗迹和遗物。

（一）陶器类型学分析

陶器进行了统一的类型划分（附表一），各类型陶器的总体特征及划分情况如下。

绳纹花边口沿罐　依据沿部及整体风格的不同，分为二型。

A型　窄沿，器壁较薄。标型器物T2⑤：3。

B型　宽沿，器壁稍厚。标型器物T2⑤：26。

喇叭口高领罐　均为泥质陶。依据有无叠唇，分为二型。

A型　无叠唇。依据口部外喇程度的不同，分为二亚型。

Aa型　大喇叭口。标型器物T1⑤：9。

Ab型　小喇叭口。标型器物T3⑤：14。

B型　叠唇。标型器物T1⑤：8。

高领罐　均为夹砂陶。依据领部形态的不同，分为二型。

A型　直领。依据口部形态的不同，分为二亚型。

Aa型　直口。标型器物T2③：19。

Ab型　侈口。标型器物T2③：3。

B型　斜直领。标型器物H3：1。

有领罐　依据口部形态及领部高低的不同，分为四型。

A型　侈口，领部较高。依据口部外侈程度的不同，分为二亚型。

Aa型　微侈口。标型器物T2⑤：9。

Ab型　侈口稍甚。标型器物T2⑤：31。

B型　侈口，领部稍高。标型器物T3⑤：18。

C型　侈口，矮领。依据领部与腹部分界处形态的不同，分为二亚型。

Ca型　领部与腹部分界明显。标型器物T3⑤：1。

Cb型　领部与腹部分界不明显。标型器物T2⑤：35。

D型　敛口。标型器物T2⑤：5。

敛口罐　依据沿部形态及纹饰的不同，分为四型。

A型　无沿，施纹面积较大。标型器物T3⑤：12。

B型　假凸沿，口沿及肩部饰绳纹。标型器物H2：5。

C型　凸沿，素面。标型器物T2③：9。

D型　短沿，素面。依据肩部形态的不同，分为二亚型。

Da型　鼓肩。标型器物T1③：3。

Db型　溜肩。标型器物H2：6。

侈口罐　依据沿部形态及整体风格的不同，分为三型。

A型　器壁厚重，素面。标型器物T2③：8。

B型　器壁较薄，素面。标型器物T3③：2。

C型　器壁稍薄，饰绳纹。标型器物H2：4。

小平底罐　依据口沿及唇部形态的不同，分为三型。

A型　侈沿，方唇。标型器物T2③：7。

B型　卷沿，方唇。标型器物T1③：5。

C型　直沿，圆唇。标型器物H3：6。

尊　均为宽沿平底尊。标型器物T3⑥：1。

盆　依据腹部形态的不同，分为五型。

A型　折沿，弧腹。依据口径与腹径大小的不同，分为二亚型。

Aa型　口径小于腹径。标型器物T2⑥：4。

Ab型　口径大于腹径。标型器物T3⑤：2。
　　B型　沿下微束，弧腹。标型器物T3⑤：10。
　　C型　卷沿，直腹。标型器物T2⑤：29。
　　D型　外斜沿，内斜腹。标型器物T2⑤：46。
　　E型　折沿，上腹外斜、下腹弧收。标型器物T2③：4。
　瓮　依据口部及领部形态的不同，分为四型。
　　A型　敞口，宽沿。标型器物T2⑤：2。
　　B型　侈口，矮领。标型器物T1⑤：2。
　　C型　微侈口，高领。标型器物T2③：13。
　　D型　敛口，无领。标型器物T1③：1。
　钵　依据口部及底部形态的不同，分为三型。
　　A型　圈足钵，弧腹。依据器身高矮的不同，分为二亚型。
　　Aa型　矮胖。标型器物T2⑤：1。
　　Ab型　瘦高。标型器物T2⑤：14。
　　B型　敛口，圆腹。标型器物T2⑤：37。
　　C型　直口，弧腹。标型器物T2⑤：16。
　尖底杯（底）　依据底部形态的不同，分为二型。
　　A型　小平底。依据近底处杯壁形态的不同，分为二亚型。
　　Aa型　杯壁斜直。标型器物T2③：11。
　　Ab型　杯壁内弧。标型器物H3：4。
　　B型　尖圜底。标型器物H1：1。
　器盖　分为夹砂陶和泥质陶两种。
　夹砂陶器盖　依据盖壁及盖缘形态的不同，分为三型。
　　A型　盖壁外弧，方唇。依据盖体高矮的不同，分为三亚型。
　　Aa型　盖体较高。标型器物T2⑤：47。
　　Ab型　盖体稍矮。标型器物T2⑤：48。
　　Ac型　盖体甚矮。标型器物T2⑤：10。
　　B型　盖壁斜直，方唇。标型器物T2⑤：52。
　　C型　盖壁外弧，尖圆唇。标型器物T2③：16。
　矮圈足　均为夹砂陶。依据足缘形态差异及风格的不同，分为二型。
　　A型　足缘平滑，一般装饰有纹饰。依据足壁形态的不同，分为四亚型。
　　Aa型　足壁内弧。标型器物T2⑥：5。
　　Ab型　足壁斜直。标型器物T2⑤：50。
　　Ac型　足壁上部较直，近足缘处外撇。标型器物T2⑤：49。
　　Ad型　足壁外弧。标型器物T2⑤：20。

B型　足缘内凸，一般为素面。依据足壁形态的不同，分为二亚型。

Ba型　足壁内弧。标型器物T3③：3。

Bb型　足壁斜直。标型器物T2③：5。

高圈足　依据陶质的不同，分为二型。

A型　泥质陶。依据足壁形态的不同，分为三亚型。

Aa型　足壁内弧。标型器物T3⑤：13。

Ab型　足壁斜直。标型器物T1⑤：12。

Ac型　足壁外弧。标型器物T2⑤：21。

B型　夹砂陶。依据足壁形态的不同，分为二亚型。

Ba型　足壁内弧。标型器物T1⑤：10。

Bb型　足壁上部较直，近足缘处外撇。标型器物T2⑤：39。

器底分夹砂陶、泥质陶和磨光陶三种。夹砂陶器底可进一步分为厚胎和薄胎两种。

夹砂厚胎器底　依据底部装饰风格的不同，分为二型。

A型　素面。依据器壁近底处形态及装饰风格的不同，分为二亚型。

Aa型　器壁斜直，制作较规整，一般为有领罐的底部。标型器物T2⑤：22。

Ab型　器壁内收呈假台底状，制作相对粗糙，应属于绳纹花边口沿罐底部。标型器物T2⑤：33。

B型　施纹。均属于绳纹花边口沿罐底部。依据器壁近底处形态的不同，分为二亚型。

Ba型　器壁斜直。标型器物T1⑤：13。

Bb型　器壁微内凹。标型器物T2⑤：36。

夹砂陶薄胎器底　应属于十二桥文化阶段罐的底部。标型器物T2③：10。

泥质陶器底　应属于喇叭口高领罐或壶的底部。依据器壁与底夹角大小以及装饰风格的不同，分为二型。

A型　夹角大，装饰绳纹。标型器物T2⑥：6。

B型　夹角小，素面。标型器物T1⑤：3。

磨光陶器底　标型器物T3⑤：3。

（二）第6层出土遗物

第6层出土的遗物仅见陶器，主要出自T2和T3内，T1内只有零星发现，且较碎，无法拣选出标本。夹砂陶以灰褐陶和黄褐陶居多，还见有红褐陶、黄陶等。泥质陶以橙黄陶为主，灰陶次之，还有黑皮陶、黑褐陶和黄陶。夹砂陶多数都装饰有纹饰，以绳纹为主，还见有坑点纹、弦纹。泥质陶一般为素面，个别装饰有细绳纹、凸棱纹、附加堆纹、戳印纹、网格纹等（附表二）。可辨器形有绳纹花边口沿罐、喇叭口高领罐、尊、盆、圈足、器底。

绳纹花边口沿罐　1件。B型。T2⑥:2,夹砂红褐陶。近盘口,圆折沿,沿面微凹,方唇。唇部及器表均饰斜向绳纹。残高3.2厘米(图七,4)。

喇叭口高领罐　1件。Aa型。T2⑥:3,泥质橙黄陶。敞口,圆唇。素面。口径22、残高1.4厘米(图七,1)。

尊　2件。T3⑥:1,泥质灰陶。圆唇。素面。残高3.5厘米(图七,2)。T2⑥:8,泥质灰陶。尖圆唇。素面。口径24、残高2.8厘米(图七,3)。

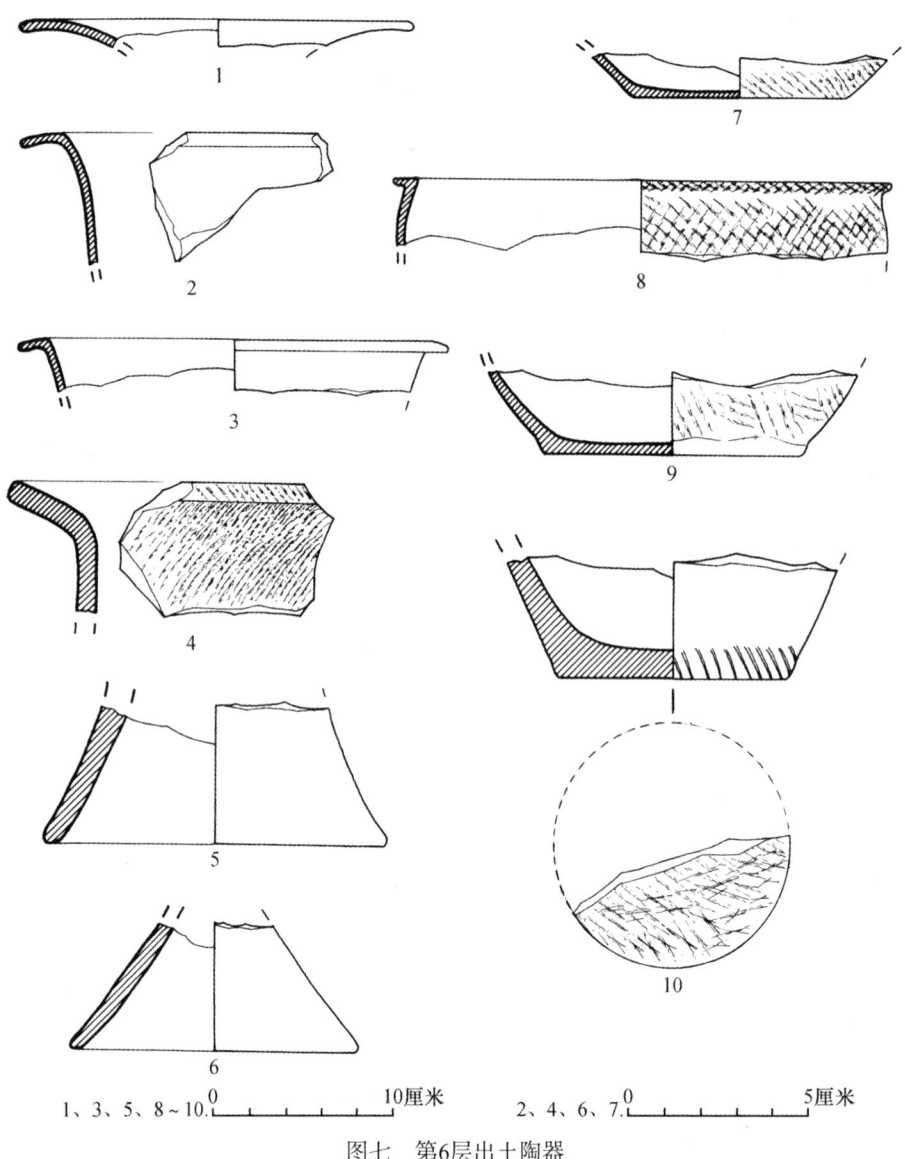

图七　第6层出土陶器

1. Aa型喇叭口高领罐(T2⑥:3)　2、3.尊(T3⑥:1、T2⑥:8)　4.B型绳纹花边口沿罐(T2⑥:2)
5、6. Aa型矮圈足(T2⑥:5、T2⑥:7)　7. A型泥质陶器底(T2⑥:6)　8. Aa型盆(T2⑥:4)
9. Ab型夹砂陶厚胎器底(T2⑥:1)　10. Ba型夹砂陶厚胎器底(T3⑥:2)

盆　1件。Aa型。T2⑥:4，夹砂黄褐陶。平折沿，圆唇。唇部及腹部饰交错绳纹。口径28、残高3.9厘米（图七，8）。

矮圈足　2件。Aa型。T2⑥:5，夹砂黄褐陶。素面。足径19.3、残高7.4厘米（图七，5）。T2⑥:7，夹砂黄褐陶。素面。足径8、残高3.4厘米（图七，6）。

夹砂陶厚胎器底　2件。

Ab型　1件。T2⑥:1，夹砂灰褐陶。器表饰交错绳纹。底径14、残高4.4厘米（图七，9）。

Ba型　1件。T3⑥:2，夹砂红褐陶。器壁近底处饰戳印纹，底部饰绳纹。底径6.4、残高3.1厘米（图七，10）。

泥质陶器底　1件。A型。T2⑥:6，泥质黑褐陶。器表饰平行的斜向细绳纹。底径6、残高1厘米（图七，7）。

（三）第5层下遗迹及遗物

第5层下出土的遗迹包括2个灰坑（H5、H6）和2座房址（F1、F2）。遗物全部出自两个灰坑内，F1、F2未见任何遗物。

H5　位于T2东北部。开口于第5层下，打破F2和第6层至生土。平面近圆形，直壁，平底。坑口直径1.4、深0.9米（图八）。黑褐色填土，土质疏松，内含大量草木灰烬和木炭，还有少量卵石。出土遗物仅见陶器，以夹砂灰褐陶为主，次为黄褐陶和黑褐

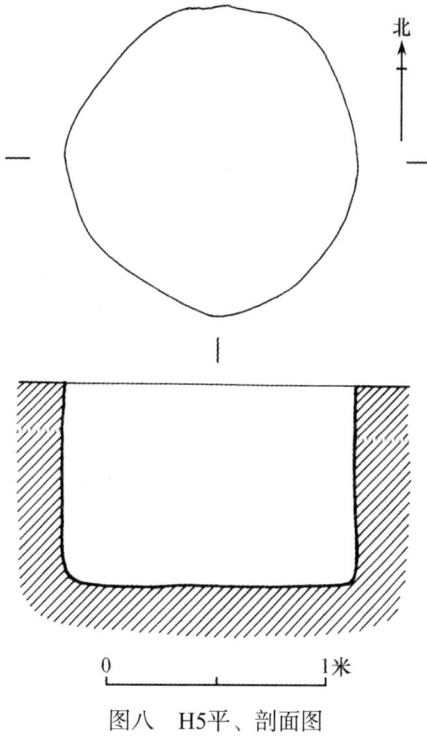

图八　H5平、剖面图

陶，还有少量泥质灰陶和黑皮陶等。夹砂陶多数装饰绳纹，还见有弦纹、网格纹等；泥质陶基本为素面（附表三）。可辨器形有盆、器盖、圈足、器底。

盆　2件。

Aa型　1件。H5∶1，夹砂黑褐陶。斜折沿，圆唇。器表饰横向绳纹。残高5厘米（图九，2）。

B型　1件。H5∶4，夹砂黄褐陶。斜折沿，圆唇。器表饰横向绳纹。口径24、残高6厘米（图九，1）。

夹砂陶器盖　1件。Ab型。H5∶3，夹砂灰陶。覆盘状。器表近盖缘处饰戳印纹。口径20、残高1.8厘米（图九，3）。

矮圈足　1件。Ab型。H5∶7，夹砂灰陶。素面。残高12厘米（图九，8）。

夹砂陶厚胎器底　2件。Aa型。H5∶6，夹砂黄褐陶。素面。底径13.4、残高3.5厘米（图九，5）。H5∶5，夹砂红褐陶。器表有明显烟熏痕迹。底径12.4、残高5厘米（图九，6）。

磨光陶器底　1件。H5∶2，夹砂黑褐陶。素面。底径9、残高3厘米（图九，7）。

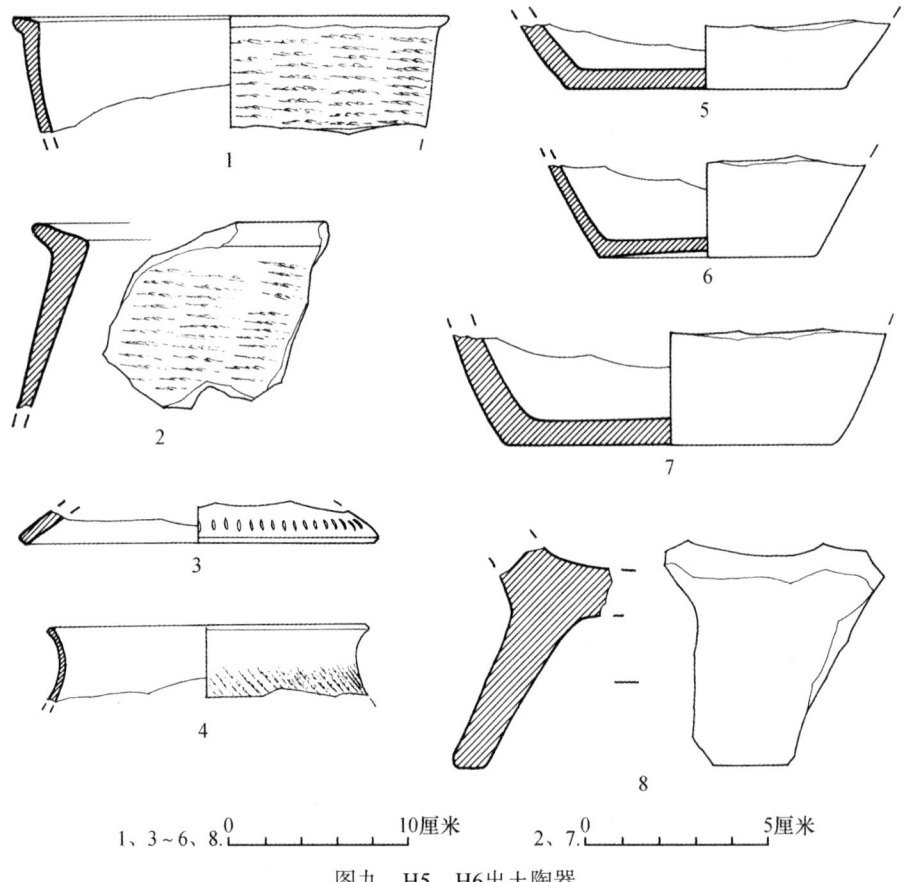

图九　H5、H6出土陶器

1. B型盆（H5∶4）　2. Aa型盆（H5∶1）　3. Ab型夹砂陶器盖（H5∶3）　4. B型有领罐（H6∶1）
5、6. Aa型夹砂陶厚胎器底（H5∶6、H5∶5）　7. 磨光陶器底（H5∶2）　8. Ab型矮圈足（H5∶7）

H6　位于T2东北部。开口于第5层下，打破第6层至生土。平面呈不规则形，直壁，平底。坑口长0.7、宽0.6、深0.4米（图一〇）。黑褐色填土，土质湿润，略带黏性，夹杂少量红烧土颗粒。出土少量陶片，以夹砂黄褐陶和灰褐陶居多，也见有泥质灰陶和黑皮陶，夹砂陶纹饰仅见绳纹和交错绳纹（附表四）。可辨器形为有领罐。

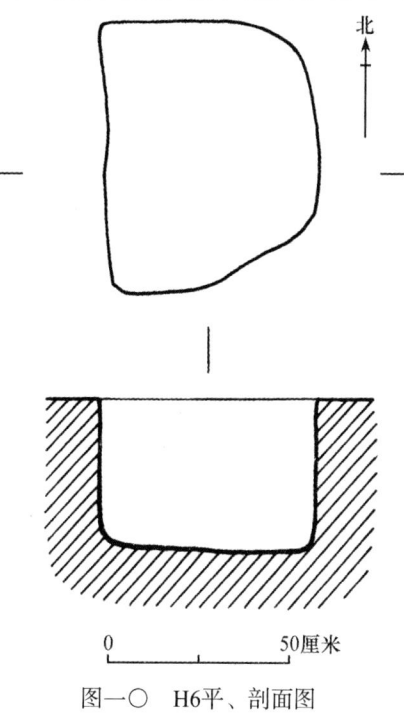

图一〇　H6平、剖面图

有领罐　1件。B型。H6∶1，夹砂黄褐陶。平沿，尖圆唇。器表饰斜向绳纹。口径18.2、残高3.8厘米（图九，4）。

F1　位于T2西南部，延伸至T3内。开口于第5层下，打破第6层至生土。为木（竹）骨泥墙建筑，破坏较严重，只保留两条垂直的基槽，槽壁较直，槽底较平，未发现柱洞。基槽内填土为褐色，土质紧密，略带黏性，未发现任何遗物。基槽宽约0.15、残深0.15～0.25米（图一一）。

F2　位于T2东北部。开口于第5层下，打破第6层至生土，被H5打破。破坏较为严重，只保留两条垂直的基槽，槽壁较直，槽底较平，未发现柱洞。基槽内填土为黑褐色，土质紧密，未发现任何遗物。基槽宽0.25、深0.25米（图一二）。

（四）第5层出土遗物

第5层出土的遗物包括陶器和石器两种。陶器多为夹砂陶，以灰褐陶为主，次为黄褐陶，再次为黑褐陶，还有少量红褐陶、灰陶、黑灰陶、黄陶和橙黄陶。泥质陶以橙黄陶为主，次为黑皮陶，还有一定数量灰陶、黄陶、灰褐陶，零星可见红陶。夹砂陶陶片

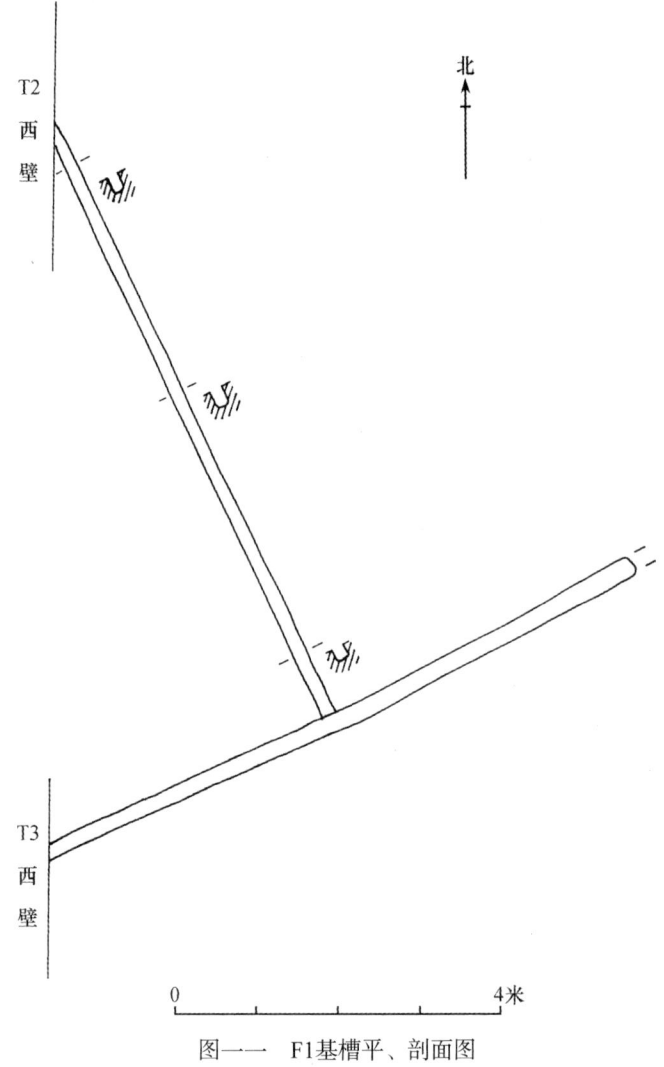

图一一　F1基槽平、剖面图

中素面的数量与纹饰陶接近。纹饰以绳纹占绝对多数，次为弦纹，还有少量附加堆纹、戳印纹、刻划纹、坑点纹、凸棱纹等。泥质陶绝大多数为素面，纹饰种类有附加堆纹、凸棱纹、戳印纹、刻划纹、弦纹、细绳纹等（附表五）。可辨器形有绳纹花边口沿罐、喇叭口高领罐、有领罐、敛口罐、盆、瓮、钵、高圈足豆、器盖等。石器仅见1件斧。

绳纹花边口沿罐　2件。

A型　1件。T2⑤：3，夹砂红褐陶。沿面微鼓，方唇。唇部及器壁饰斜向粗绳纹。口径30、残高8.2厘米（图一三，1）。

B型　1件。T2⑤：26，夹砂灰褐陶。圆折沿，沿面较平，方唇。唇部及器壁饰粗绳纹。残高3厘米（图一三，2）。

喇叭口高领罐　5件。

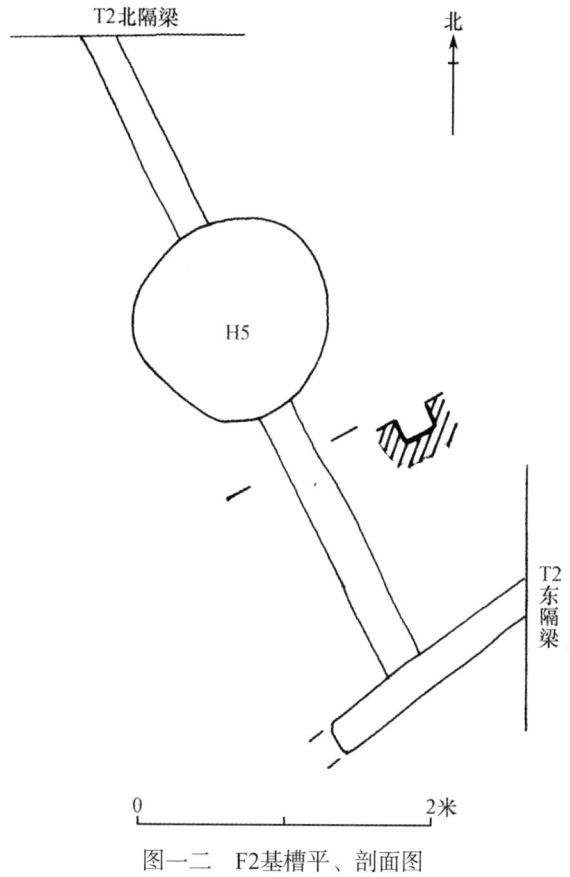

图一二 F2基槽平、剖面图

Aa型 3件。T1⑤：1，泥质黄陶。翻沿，圆唇。素面。口径24、残高2.7厘米（图一三，3）。T1⑤：9，泥质灰褐陶。翻沿，圆唇。素面。口径20、残高2厘米（图一三，4）。T3⑤：8，泥质灰褐陶。翻沿微折，尖圆唇。素面。口径16、残高2.2厘米（图一三，5）。

Ab型 1件。T3⑤：14，泥质红陶。卷沿，圆唇。素面。口径15、残高3.5厘米（图一三，6）。

B型 1件。T1⑤：8，泥质灰褐陶。卷沿，圆唇。素面。口径26、残高1.5厘米（图一三，7）。

有领罐 17件。

Aa型 1件。T2⑤：9，夹砂灰褐陶。微侈口，平沿微外斜，沿面微凹。领部饰交错绳纹。残高4.1厘米（图一三，9）。

Ab型 4件。T1⑤：11，夹砂灰褐陶。侈口，外斜沿。唇部饰戳印纹，领部饰横向细绳纹。残高3.5厘米（图一三，8）。T2⑤：13，夹砂黑褐陶。侈口，外斜沿。领部饰刻划纹和交错细绳纹。残高3.2厘米（图一三，10）。T2⑤：31，夹砂灰褐陶。侈口，外斜沿。领部饰交错绳纹。残高4厘米（图一三，11）。T2⑤：8，夹砂黑褐陶。

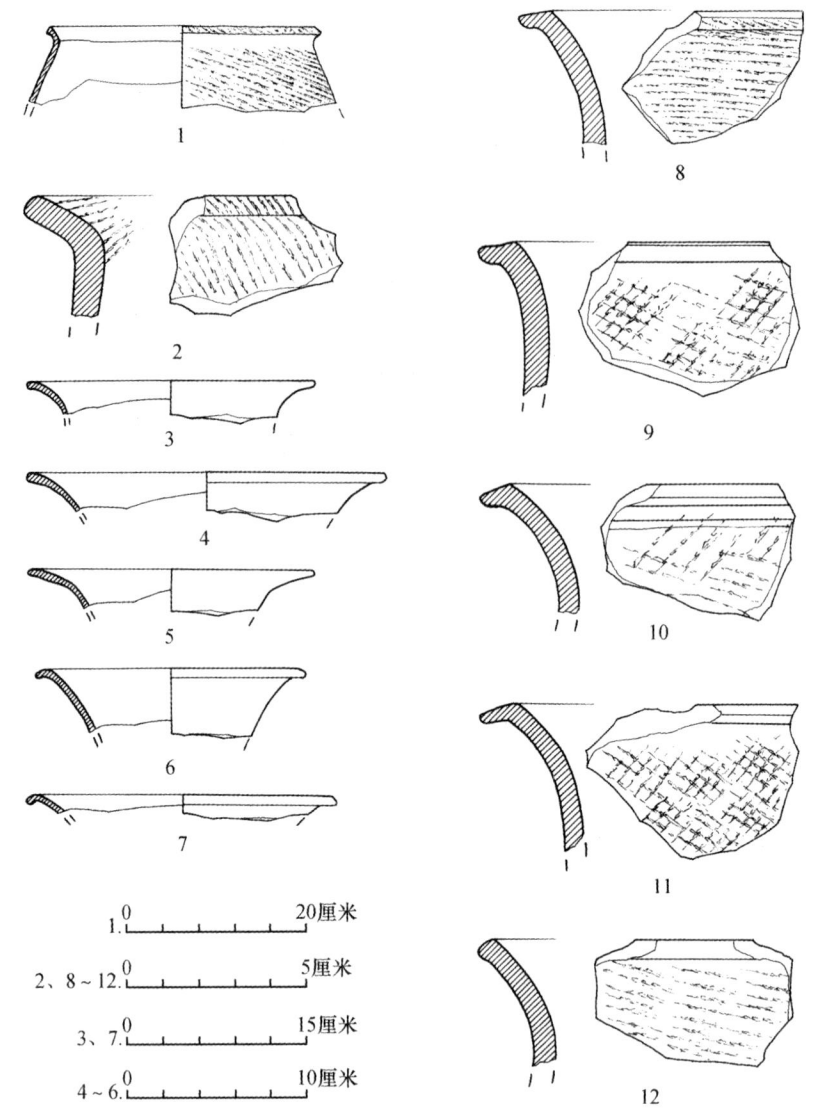

图一三 第5层出土陶罐

1. A型绳纹花边口沿罐（T2⑤：3） 2. B型绳纹花边口沿罐（T2⑤：26） 3~5. Aa型喇叭口高领罐（T1⑤：1、T1⑤：9、T3⑤：8） 6. Ab型喇叭口高领罐（T3⑤：14） 7. B型喇叭口高领罐（T1⑤：8） 8、10~12. Ab型有领罐（T1⑤：11、T2⑤：13、T2⑤：31、T2⑤：8） 9. Aa型有领罐（T2⑤：9）

侈口，唇部加厚形成小凸沿。领部饰斜向绳纹。残高3.4厘米（图一三，12）。

B型 5件。T2⑤：25，夹砂灰褐陶。短沿微外斜，圆唇。领部饰交错绳纹。口径24、残高4.8厘米（图一四，1）。T3⑤：18，夹砂黄褐陶。短沿微外斜，尖圆唇。领部饰交错绳纹。口径19、残高4厘米（图一四，2）。T2⑤：51，夹砂灰褐陶。短沿微外斜，圆唇。领部饰交错绳纹。残高4.2厘米（图一四，3）。T2⑤：12，夹砂灰褐陶。短沿外斜，尖圆唇。领部饰交错绳纹。口径19、残高4.2厘米（图一四，4）。T3⑤：17，夹

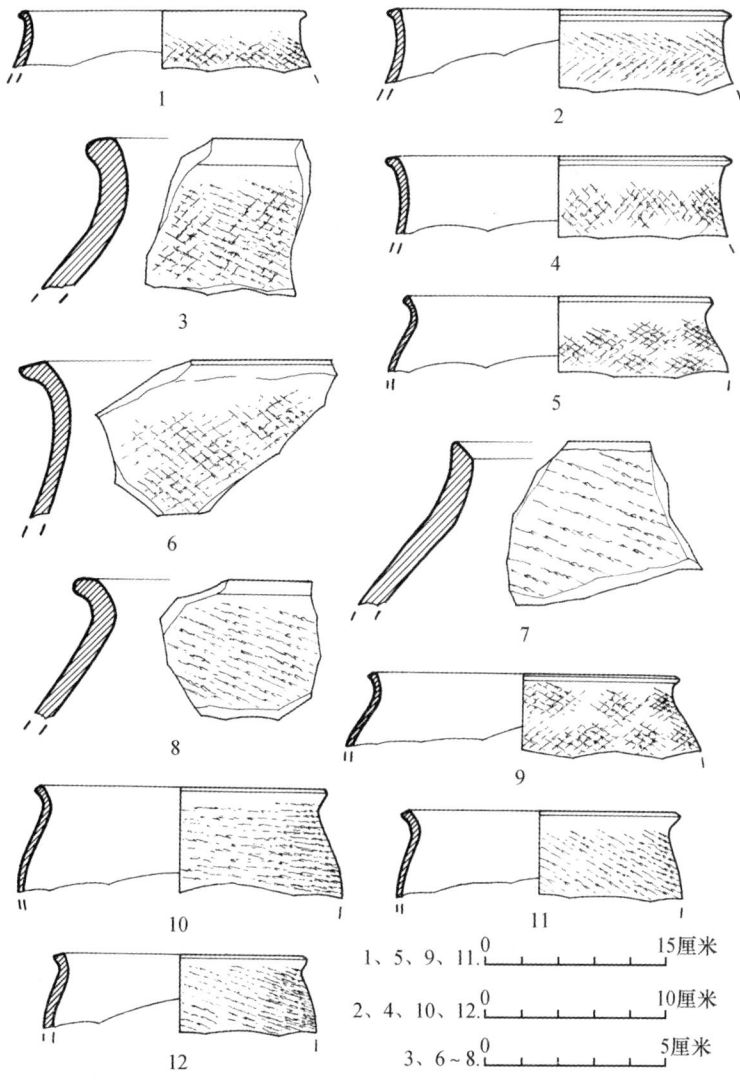

图一四　第5层出土陶有领罐

1~4、6. B型（T2⑤：25、T3⑤：18、T2⑤：51、T2⑤：12、T3⑤：17）　51、8~11. Ca型（T3⑤：1、T2⑤：4、T2⑤：6、T3⑤：4、T2⑤：11）　7. D型（T2⑤：5）　12. Cb型（T2⑤：35）

砂黄褐陶。短沿外斜，圆唇。领部饰交错绳纹。残高4厘米（图一四，6）。

Ca型　5件。T3⑤：1，夹砂灰褐陶。侈口，沿面外斜。器表饰交错绳纹。口径26.6、残高6厘米（图一四，5）。T2⑤：4，夹砂灰褐陶。侈口，沿面外斜。领部饰斜向绳纹。残高3.7厘米（图一四，8）。T2⑤：6，夹砂黑褐陶。侈口，沿面较平，鼓腹。器表饰细交错绳纹。口径26.5、残高6厘米（图一四，9）。T3⑤：4，夹砂黑褐陶。侈口，沿面外斜，鼓腹。器表饰横向绳纹。口径16.4、残高5.9厘米（图一四，10）。T2⑤：11，夹砂灰褐陶。侈口，沿面外斜，弧腹。器表饰斜向绳纹。口径22.2、残高6.9厘米（图一四，11）。

Cb型 1件。T2⑤:35，夹砂黑褐陶。侈口，沿面外斜。器表饰斜向细绳纹。口径14、残高4厘米（图一四，12）。

D型 1件。T2⑤:5，夹砂灰陶。微敛口，内斜沿。器表饰斜向绳纹。残高4.4厘米（图一四，7）。

敛口罐 4件。A型。T3⑤:12，夹砂黄褐陶。敛口，方唇，圆肩。器表饰交错绳纹。口径18、残高5.6厘米（图一五，1）。T2⑤:19，夹砂黄褐陶。敛口，方唇。器表饰交错绳纹。口径32、残高3厘米（图一五，2）。T3⑤:15，夹砂灰褐陶。敛口，方唇，弧肩。器表饰交错绳纹。口径28、残高5厘米（图一五，3）。T2⑤:17，夹砂黄褐陶。敛口，方唇，圆肩。器表饰交错绳纹。口径32、残高3.2厘米（图一五，4）。

瓮 2件。

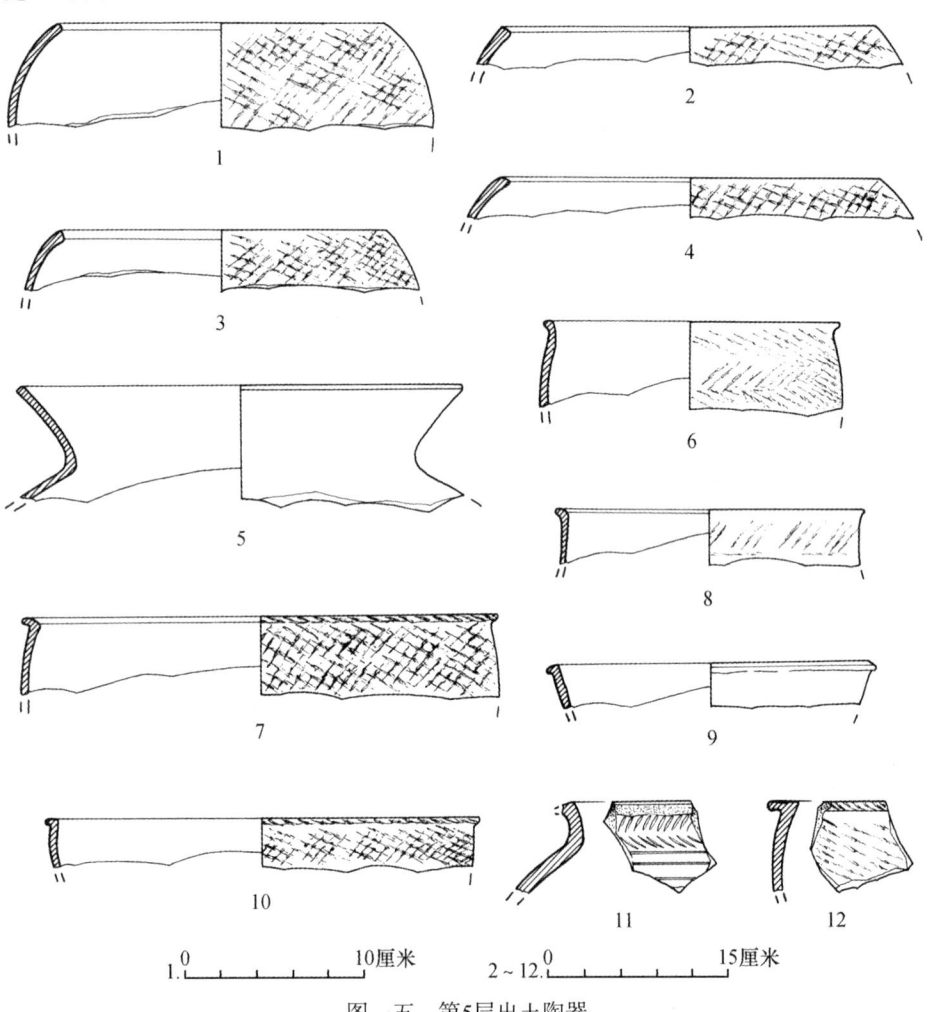

图一五 第5层出土陶器
1~4.A型敛口罐（T3⑤:12、T2⑤:19、T3⑤:15、T2⑤:17） 5.A型瓮（T2⑤:2） 6.B型盆（T3⑤:10）
7.Aa型盆（T2⑤:27） 8.C型盆（T2⑤:29） 9.D型盆（T2⑤:46） 10、12.Ab型盆（T3⑤:2、T3⑤:16） 11.B型瓮（T1⑤:2）

A型　1件。T2⑤：2，泥质黄褐陶。敞口，宽平沿。素面。口径38、残高9.5厘米（图一五，5）。

B型　1件。T1⑤：2，夹砂灰陶。侈口，唇部残损，矮领。领部刻划一周人字纹，其下饰三周凹弦纹。残高7.5厘米（图一五，11）。

盆　6件。

Aa型　1件。T2⑤：27，夹砂灰褐陶。斜折沿，圆唇，上腹较直。唇外侧饰绳纹，器表饰交错绳纹。口径40、残高6.4厘米（图一五，7）。

Ab型　2件。T3⑤：2，夹砂灰褐陶。平折沿，圆唇。唇部饰绳纹，器表饰交错绳纹。口径36.4、残高3.6厘米（图一五，10）。T3⑤：16，夹砂黄褐陶。平折沿，圆唇。唇部及器表饰斜向绳纹。残高7.5厘米（图一五，12）。

B型　1件。T3⑤：10，夹砂灰褐陶。圆唇。器表饰横向"人"字形绳纹。口径24.6、残高7厘米（图一五，6）。

C型　1件。T2⑤：29，夹砂灰褐陶。斜折沿，尖圆唇。器表饰横向和斜向细绳纹。口径26、残高4.5厘米（图一五，8）。

D型　1件。T2⑤：46，泥质黑皮陶。外斜沿，圆唇。素面。口径28、残高3.6厘米（图一五，9）。

钵　6件。

Aa型　2件。T2⑤：1，夹砂黄褐陶。直口，唇部加厚，上腹较直，下腹弧收。器表饰两周凸棱纹，底部圈足脱落。口径22、残高9.9厘米（图一六，1）。T2⑤：15，夹砂黄褐陶。直口，唇部加厚，上腹较直，下腹弧收。器表饰一周凸棱纹。口径17、残高5厘米（图一六，2）。

Ab型　1件。T2⑤：14，夹砂黄褐陶。直口，弧腹。器表饰一周凸棱纹。口径13.4、残高5.8厘米（图一六，3）。

B型　2件。T2⑤：45，夹砂灰陶。敛口，圆唇。素面。残高8厘米（图一六，4）。T2⑤：37，夹砂灰陶。敛口，圆唇。素面。口径9、残高1.4厘米（图一六，5）。

C型　1件。T2⑤：16，夹砂黄褐陶。直口，方唇。器表饰交错绳纹。口径16.8、残高5.8厘米（图一六，6）。

高圈足豆盘　1件。T3⑤：9，夹砂灰褐陶。盘壁弧收，方唇。素面。口径17.6、残高3.7厘米（图一六，7）。

夹砂陶器盖　4件。

Aa型　1件。T2⑤：47，夹砂黑褐陶。方唇。素面。口径26、残高5.7厘米（图一六，9）。

Ab型　1件。T2⑤：48，夹砂黑褐陶。方唇。盖面饰凹弦纹。口径21、残高2.8厘米（图一六，8）。

Ac型　1件。T2⑤：10，夹砂灰褐陶。方唇。素面。残高1厘米（图一六，10）。

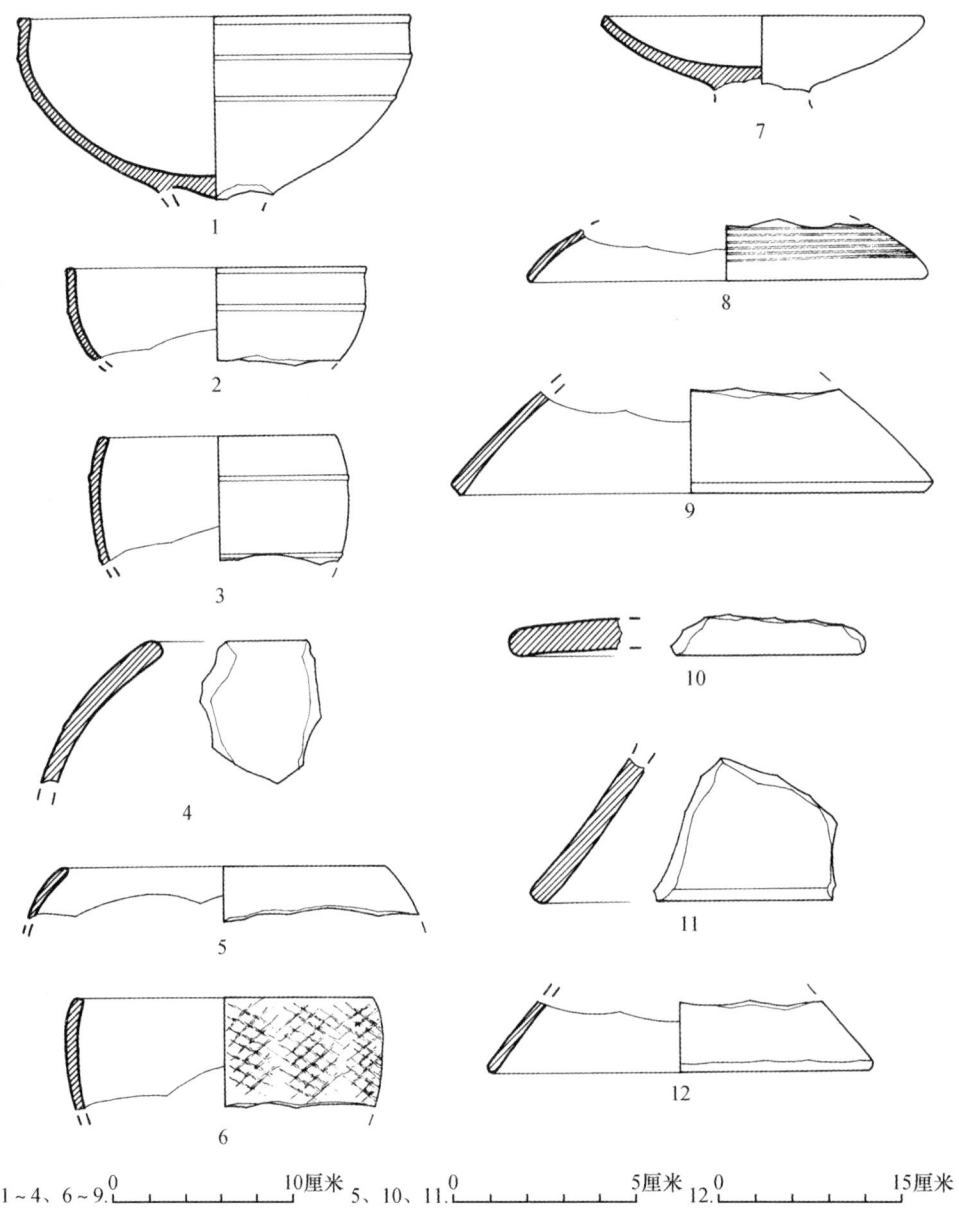

图一六 第5层出土陶器

1、2. Aa型钵（T2⑤：1、T2⑤：15） 3. Ab型钵（T2⑤：14） 4、5. B型钵（T2⑤：45、T2⑤：37） 6. C型钵（T2⑤：16） 7. 高圈足豆盘（T3⑤：9） 8. Ab型夹砂陶器盖（T2⑤：48） 9. Aa型夹砂陶器盖（T2⑤：47） 10. Ac型夹砂陶器盖（T2⑤：10） 11、12. B型夹砂陶器盖（T2⑤：30、T2⑤：52）

B型　2件。T2⑤：30，夹砂黑褐陶。方唇。素面。残高3.8厘米（图一六，11）。T2⑤：52，夹砂红褐陶。方唇。素面。口径34、残高5.8厘米（图一六，12）。

矮圈足　5件。

Ab型　1件。T2⑤：50，夹砂红褐陶。素面。足径8、残高4.2厘米（图一七，

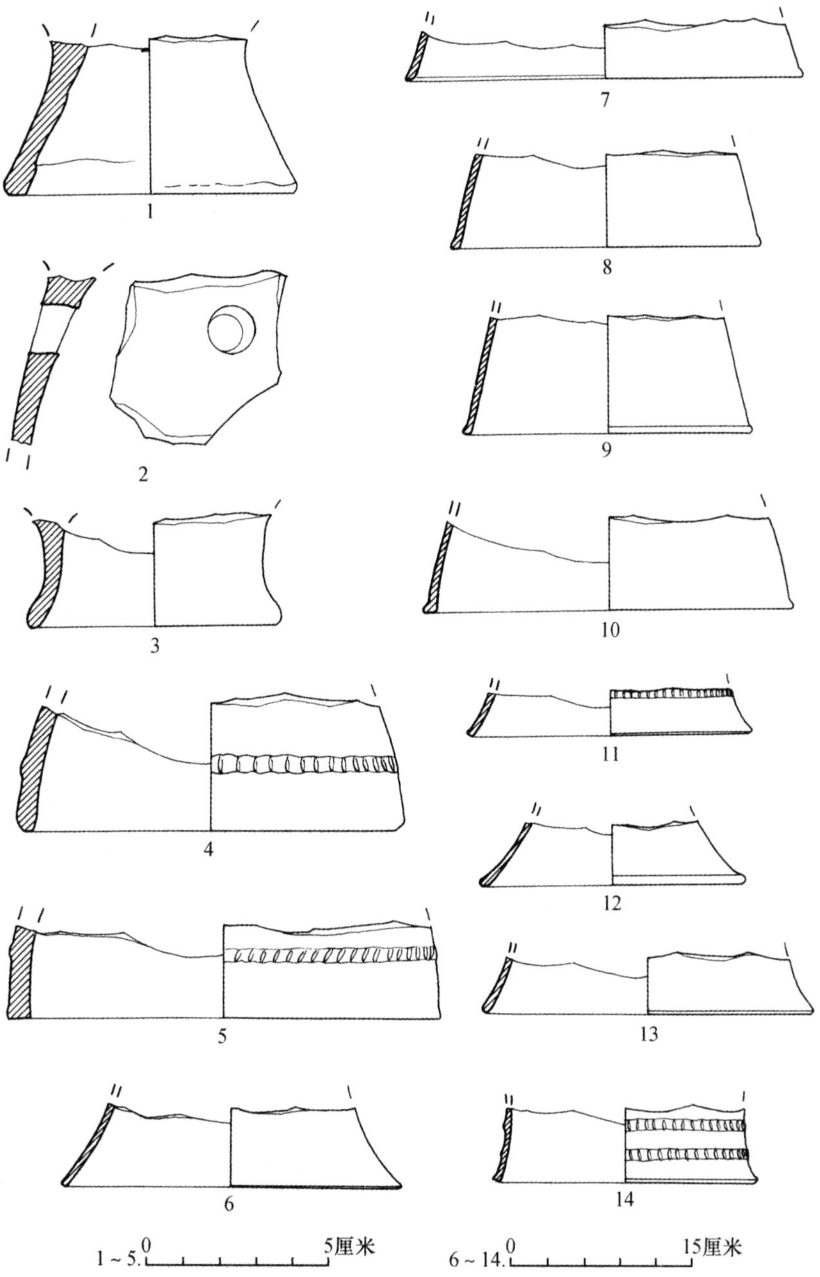

图一七　第5层出土陶圈足

1. Ab型矮圈足（T2⑤:50）　2、4、5. Ad型矮圈足（T2⑤:40、T2⑤:20、T2⑤:38）　3. Ac型矮圈足（T2⑤:49）
6. Aa型高圈足（T3⑤:13）　7~9. Ab型高圈足（T2⑤:18、T3⑤:5、T1⑤:12）　10. Ac型高圈足（T2⑤:21）
11、14. Bb型高圈足（T2⑤:43、T2⑤:39）　12、13. Ba型高圈足（T1⑤:10、T2⑤:28）

1）。

　　Ac型　1件。T2⑤:49，夹砂灰陶。素面。足径7、残高2.8厘米（图一七，3）。
　　Ad型　3件。T2⑤:40，夹砂黄褐陶。足壁饰有圆形镂孔。残高4.6厘米（图一七，2）。T2⑤：20，夹砂黄褐陶。圆唇。器表饰附加堆纹加戳印纹。足径10.4、残高3.4厘米（图一七，4）。T2⑤：38，夹砂黄褐陶。方唇。器表饰附加堆纹加戳印纹。足径12、残高2.5厘米（图一七，5）。

高圈足　9件。

Aa型　1件。T3⑤：13，泥质黑皮陶。素面。足径28、残高6.3厘米（图一七，6）。

Ab型　3件。T2⑤：18，泥质黄褐陶。足缘微外撇。素面。足径33、残高4.2厘米（图一七，7）。T3⑤：5，泥质黄褐陶。足缘微外撇。素面。足径26、残高7.5厘米（图一七，8）。T1⑤：12，泥质黑皮陶。素面。足径24、残高9.5厘米（图一七，9）。

Ac型　1件。T2⑤：21，泥质黄褐陶。足缘微外撇。素面。足径31、残高7.5厘米（图一七，10）。

Ba型　2件。T1⑤：10，夹砂黄褐陶。素面。足径23、残高5厘米（图一七，12）。T2⑤：28，夹砂灰褐陶。素面。足径28、残高4.6厘米（图一七，13）。

Bb型　2件。T2⑤：43，夹砂灰褐陶。足缘微外撇。器表饰附加堆纹，其上戳印坑点纹。足径24、残高3.6厘米（图一七，11）。T2⑤：39，夹砂灰褐陶。器表饰两周附加堆纹，其上戳印坑点纹。足径22.4、残高6厘米（图一七，14）。

夹砂陶厚胎器底　15件。

Aa型　7件。T2⑤：22，夹砂灰褐陶。器表饰斜向绳纹。底径12、残高5.5厘米（图一八，1）。T1⑤：5，夹砂黄褐陶。器表饰横向绳纹。底径13.6、残高3.5厘米（图一八，2）。T2⑤：24，夹砂灰褐陶。器表饰斜向绳纹。底径10、残高4厘米（图一八，3）。T2⑤：7，夹砂红褐陶。器表饰交错绳纹。底径12、残高3厘米（图一八，4）。T2⑤：41，夹砂灰褐陶。器表饰交错绳纹。底径9.2、残高2.8厘米（图一八，5）。T1⑤：6，夹砂灰陶。器表饰交错绳纹。底径10、残高2.6厘米（图一八，6）。T3⑤：6，夹砂灰陶。器表饰斜向绳纹。底径17、残高3厘米（图一八，7）。

Ab型　4件。T2⑤：44，夹砂黄褐陶。绳纹脱落。底径18.8、残高2.6厘米（图一八，8）。T2⑤：32，夹砂灰褐陶。绳纹脱落。底径6.2、残高1.5厘米（图一八，9）。T3⑤：11，夹砂灰褐陶。器表饰斜向绳纹。底径20、残高4.6厘米（图一八，10）。T2⑤：33，夹砂黄褐陶。器壁与底夹角小。素面。底径5.8、残高2.4厘米（图一八，11）。

Ba型　2件。T1⑤：4，夹砂黄褐陶。器表饰竖向细绳纹，器底饰交错绳纹。底径8、残高3厘米（图一九，1）。T1⑤：13，夹砂黑褐陶。器表饰斜向绳纹，器底饰绳纹。底径6、残高3.6厘米（图一九，2）。

Bb型　2件。T2⑤：36，夹砂黄褐陶。器壁近底处及器底饰较浅的绳纹。底径9、残高3.4厘米（图一九，3）。T1⑤：7，夹砂黑褐陶。器壁近底处及器底饰交错绳纹。底径6.3、残高3.4厘米（图一九，4）。

磨光陶器底　1件。T3⑤：3，夹砂黑褐陶。素面。底径10、残高5.2厘米（图

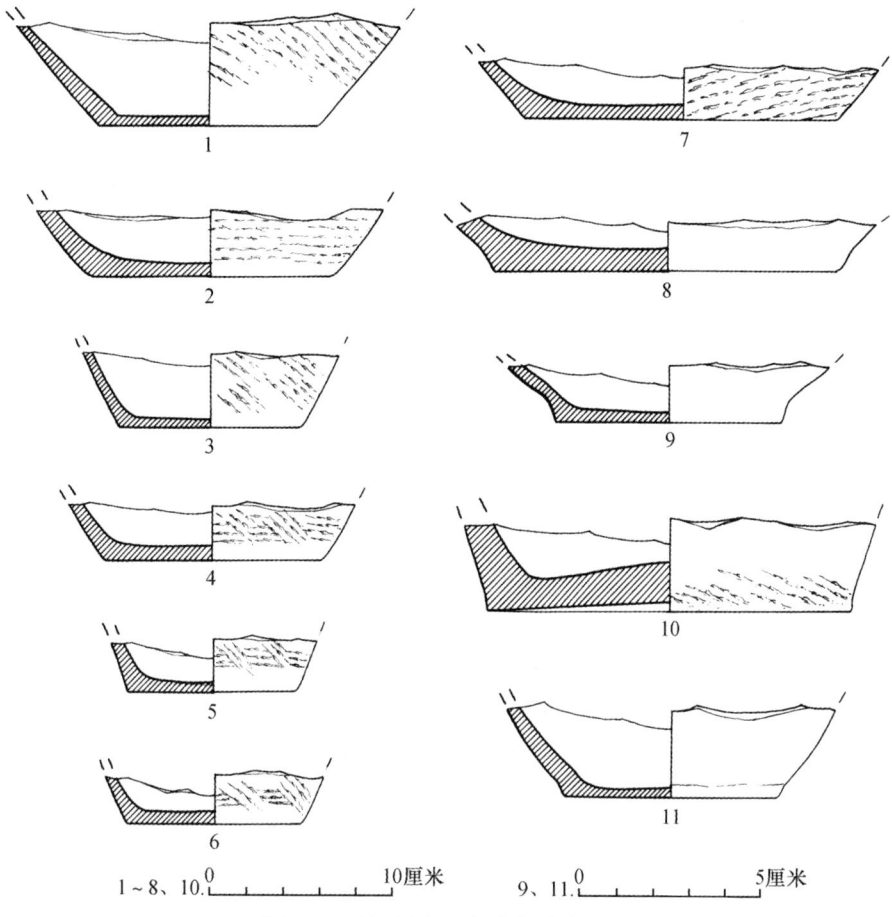

图一八　第5层出土夹砂陶厚胎器底

1～7. Aa型（T2⑤：22、T1⑤：5、T2⑤：24、T2⑤：7、T2⑤：41、T1⑤：6、T3⑤：6）　8～11. Ab型（T2⑤：44、T2⑤：32、T3⑤：11、T2⑤：33）

二〇，1）。

泥质陶器底（壶或高领罐底部）　3件。B型。T1⑤：3，泥质灰陶。素面。底径10、残高3.1厘米（图二〇，2）。T2⑤：34，泥质黄褐陶。素面。底径14、残高3.5厘米（图二〇，3）。T2⑤：42，泥质黄褐陶。素面。底径12.8、残高1.8厘米（图二〇，4）。

石斧　1件。T2⑤：33，只残存顶部一侧，刃部一侧残。平顶，两侧微弧。器身留有剥片时的打制痕迹，器身及顶部磨光。残长8、宽6.5、厚1.7厘米（图二〇，5）。

（五）第4层下遗迹及遗物

第4层下的遗迹只发现1个灰坑，即H4。

H4　位于T3北壁下并延伸入北壁内。开口于第4层下，打破第5层至生土。平面近

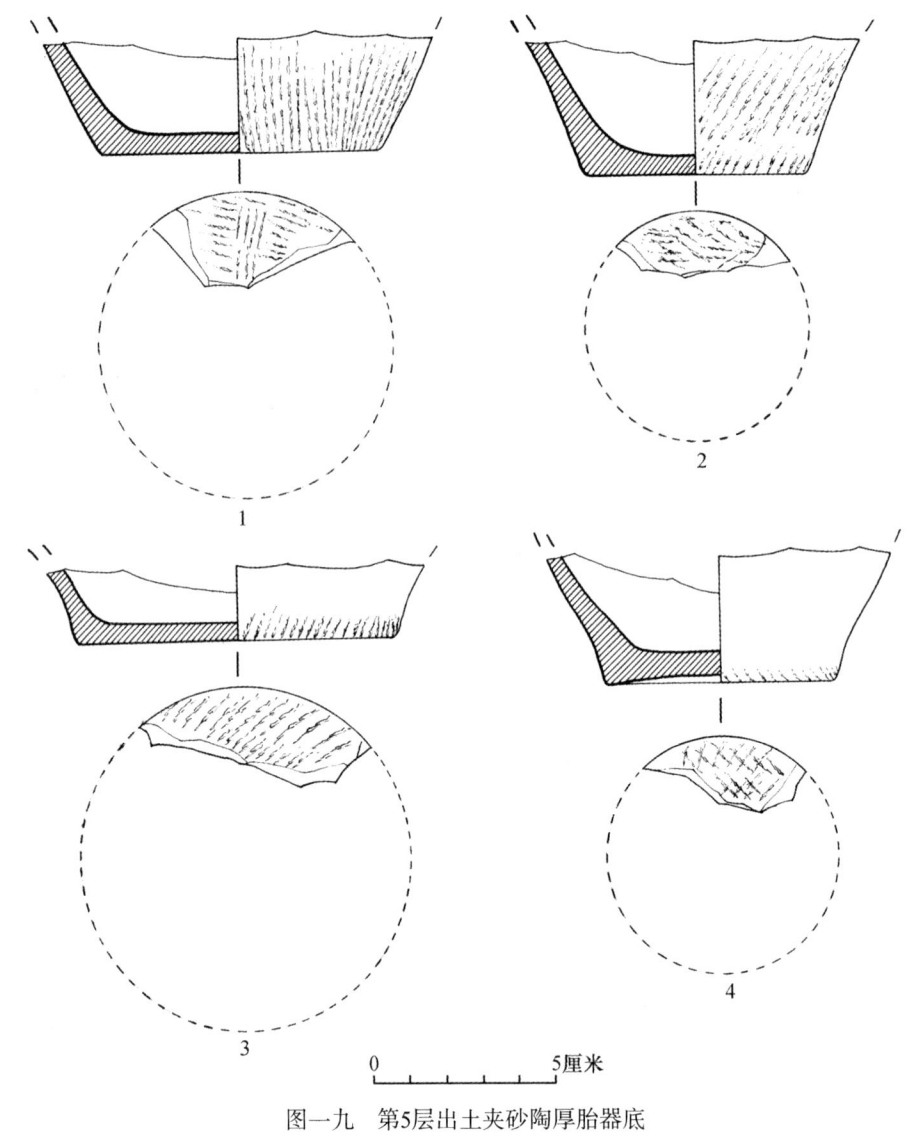

图一九 第5层出土夹砂陶厚胎器底
1、2. Ba型（T1⑤：4、T1⑤：13） 3、4. Bb型（T2⑤：36、T1⑤：7）

圆形，斜壁，底部不平。揭露部分长0.64、宽0.44、深0.8米（图二一）。黑褐色填土，土质疏松，略带黏性，内含大量红烧土及草木灰烬。出土少量陶片，以夹砂红褐陶和黄褐陶为主，泥质陶少见。夹砂陶几乎都饰有绳纹，泥质陶基本为素面（附表六）。可辨器形有喇叭口高领罐、器盖、器底。

喇叭口高领罐 1件。B型。H4：3，泥质灰黄陶。卷沿，圆唇。素面。口径20、残高1.4厘米（图二二，1）。

泥质陶器盖 2件。H4：1，黑皮陶。盖壁外弧，尖圆唇。盖壁饰四周凹弦纹。口径22、残高2.8厘米（图二二，2）。H4：4，黑皮陶。盖壁外弧，尖圆唇。盖壁饰两对

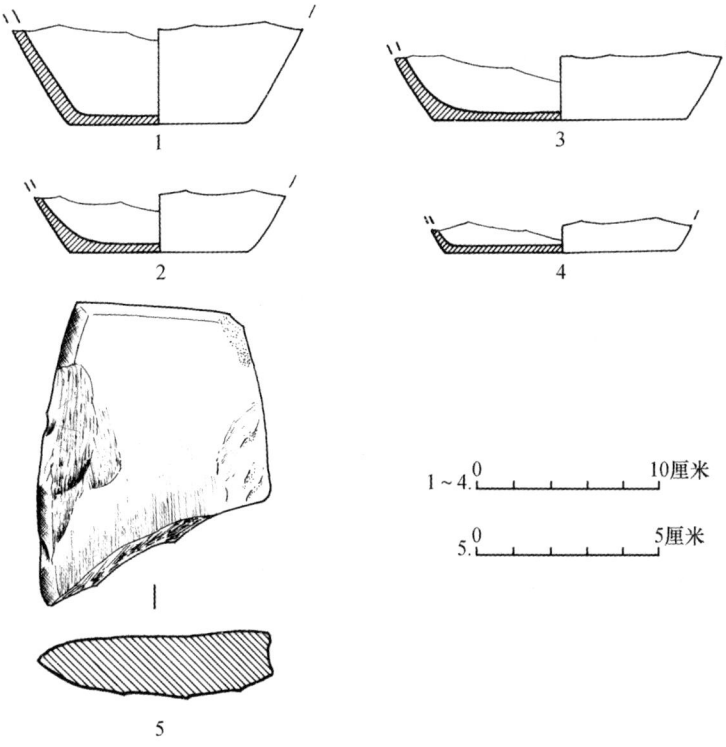

图二〇　第5层出土陶器底、石斧

1.磨光陶器底（T3⑤：3）　2~4.B型泥质陶器底（T1⑤：3、T2⑤：34、T2⑤：42）　5.石斧（T2⑤：33）

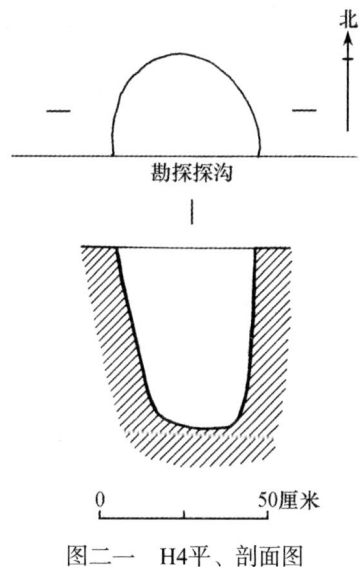

图二一　H4平、剖面图

圆形镂孔。口径12、残高2.8厘米（图二二，3）。

夹砂陶厚胎器底　1件。Bb型。H4：2，夹砂灰褐陶。底缘及器底均装饰绳纹。底径8、残高2厘米（图二二，4）。

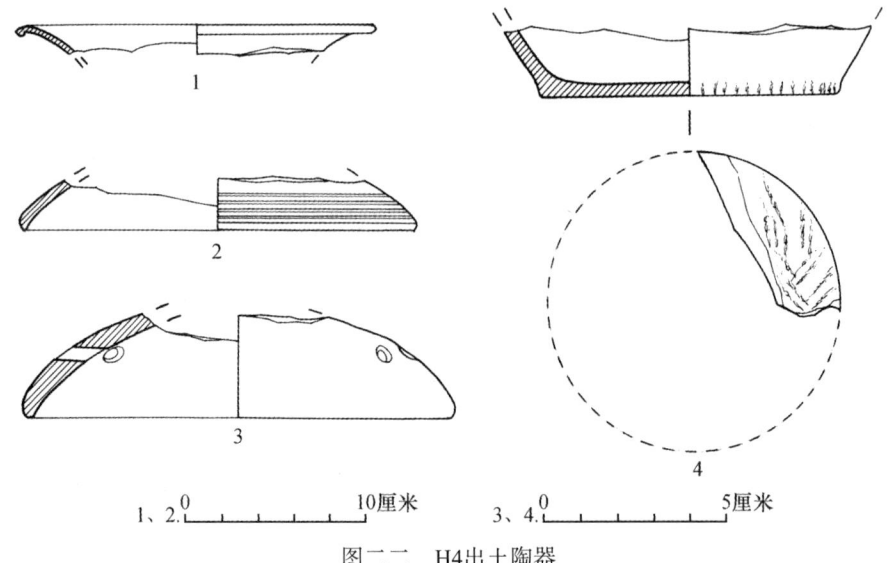

图二二　H4出土陶器

1. B型喇叭口高领罐（H4：3）　2、3. 泥质陶器盖（H4：1、H4：4）　4. Bb型夹砂陶厚胎器底（H4：2）

（六）第3层出土遗物

第3层出土遗物全部为陶器，包括夹砂陶和泥质陶两类，夹砂陶占绝对多数。夹砂陶以灰褐陶为主，次为黄褐陶，再次为黑褐陶，还见有灰陶、黄陶、橙黄陶以及红褐陶。泥质陶主要为黄褐陶，次为灰褐陶，再次为黑皮陶和灰陶，还有少量红陶。大多数为素面陶，施纹者较少。纹饰以绳纹为主，也见有弦纹、附加堆纹、戳印纹、刻划纹、凸棱纹等（附表七）。可辨器形有小平底罐、敛口罐、侈口罐、高领罐、半高领罐、小罐、盆、瓮、尖底杯、尖底盏、高柄豆、器盖、圈足、夹砂陶薄胎器底。

小平底罐　2件。

A型　1件。T2③：7，夹砂黑褐陶。侈沿较长，方唇。素面。口径15、残高3.5厘米（图二三，1）。

B型　1件。T1③：5，夹砂黑褐陶。卷沿较短，方唇。素面。残高3.4厘米（图二三，2）。

敛口罐　4件。

C型　3件。T3③：4，夹砂黑褐陶。圆唇。素面。残高4.8厘米（图二三，3）。T2③：20，夹砂黄褐陶。圆唇。口径24、残高5.8厘米（图二三，4）。T2③：9，夹砂灰褐陶。沿下有一周凹槽，尖圆唇。素面。口径38、残高6.6厘米（图二三，5）。

Da型　1件。T1③：3，夹砂黑褐陶。沿面微内凹，尖圆唇。素面。口径26、残高4.5厘米（图二三，6）。

侈口罐　2件。

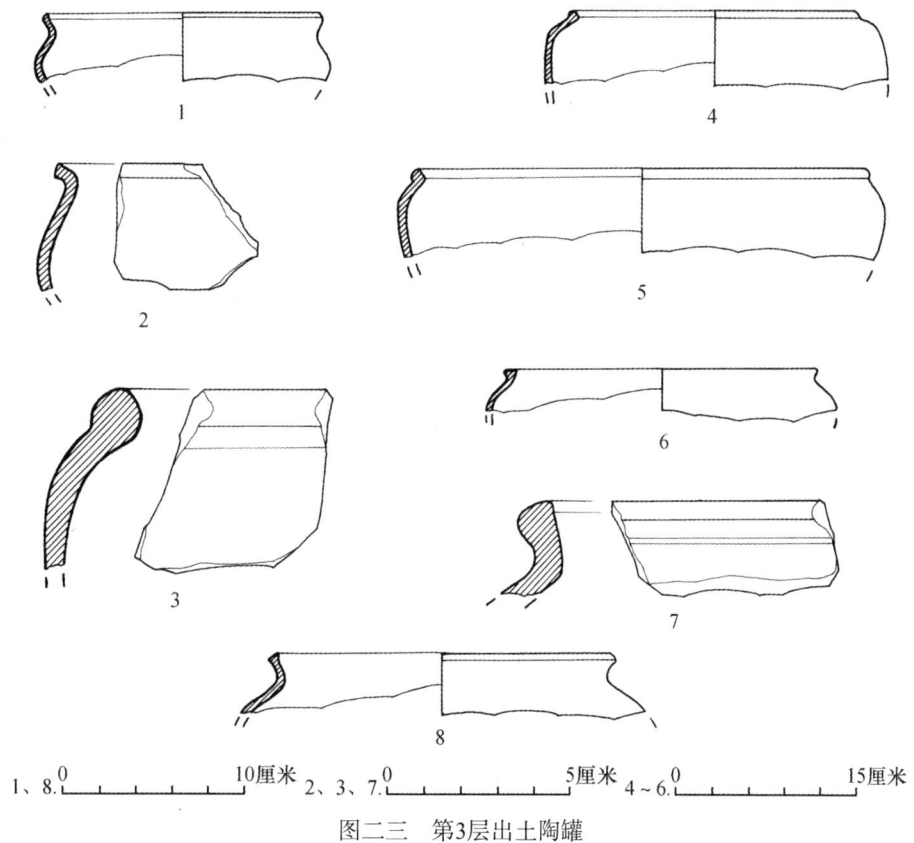

图二三 第3层出土陶罐

1.A型小平底罐（T2③：7） 2.B型小平底罐（T1③：5） 3~5.C型敛口罐（T3③：4、T2③：20、T2③：9）
6.Da型敛口罐（T1③：3） 7.A型侈口罐（T2③：8） 8.B型侈口罐（T3③：2）

A型 1件。T2③：8，夹砂灰陶。厚胎，器形较大，沿部加厚，方唇。素面。残高2.4厘米（图二三，7）。

B型 1件。T3③：2，夹砂灰褐陶。方唇。素面。口径18、残高3.2厘米（图二三，8）。

高领罐 3件。

Aa型 1件。T2③：19，夹砂灰褐陶。沿部加厚，圆唇。素面。口径14、残高6.8厘米（图二四，1）。

Ab型 2件。T2③：3，夹砂黄褐陶。沿部加厚，圆唇。素面。口径19、残高4.8厘米（图二四，2）。T2③：12，夹砂黄陶。沿部微外折，圆唇。素面。口径22、残高5厘米（图二四，3）。

半高领罐 1件。T3③：6，夹砂灰褐陶。侈口，沿部加厚，圆唇。素面。残高4.8厘米（图二四，4）。

小罐 1件。T1③：4，夹砂黑褐陶。侈口，卷沿，圆唇，圆肩。肩部饰三周凹弦纹。残高3.1厘米（图二四，5）。

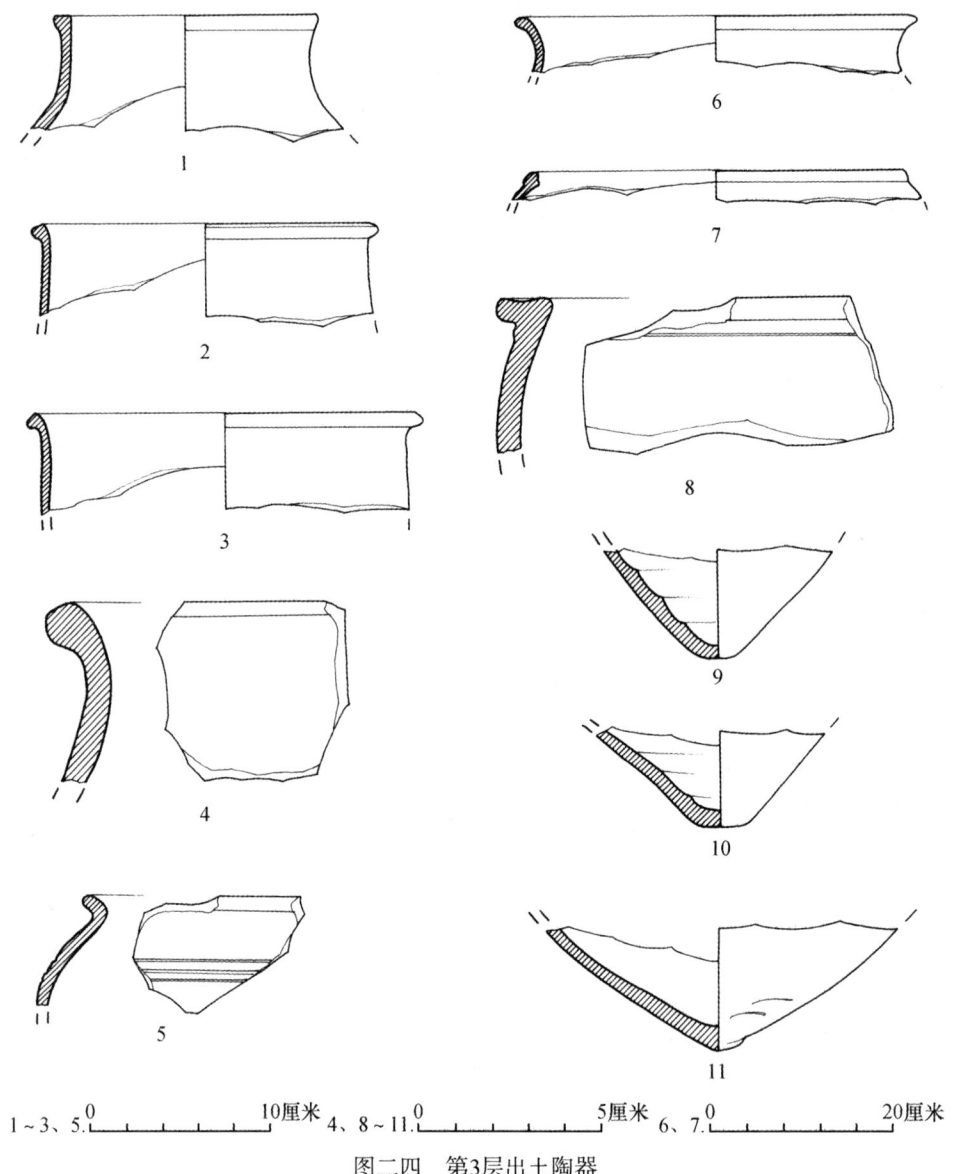

图二四 第3层出土陶器

1. Aa型高领罐（T2③:19） 2、3. Ab型高领罐（T2③:3、T2③:12） 4. 半高领罐（T3③:6） 5. 小罐（T1③:4） 6. C型瓮（T2③:13） 7. D型瓮（T1③:1） 8. E型盆（T2③:4） 9、10. Aa型尖底杯底（T2③:11、T3③:5） 11. 尖底盏底（T2③:6）

瓮 2件。

C型 1件。T2③:13，夹砂黄褐陶。翻沿，圆唇。素面。口径44、残高6厘米（图二四，6）。

D型 1件。T1③:1，夹砂灰褐陶。凸沿，沿下有一周凹槽，圆唇，鼓肩。素面。口径42、残高3厘米（图二四，7）。

盆 1件。E型。T2③:4，夹砂黄褐陶。平折沿较短，沿面微凹，圆唇。素面。残高4厘米（图二四，8）。

尖底杯底　2件。Aa型。T2③：11，夹砂灰褐陶。素面。内壁可见清晰轮制痕迹。残高2.9厘米（图二四，9）。T3③：5，夹砂黄褐陶。素面。残高2.5厘米（图二四，10）。

尖底盏底　1件。T2③：6，夹砂灰褐陶。尖底。素面。残高3.3厘米（图二四，11）。

高柄豆柄　1件。T1③：6，泥质灰褐陶。高柄，中间粗，两端细。素面。残高12.2厘米（图二五，8）。

夹砂陶器盖　1件。C型。T2③：16，夹砂黄褐陶。覆盘状。素面。口径20、残高2.4厘米（图二五，1）。

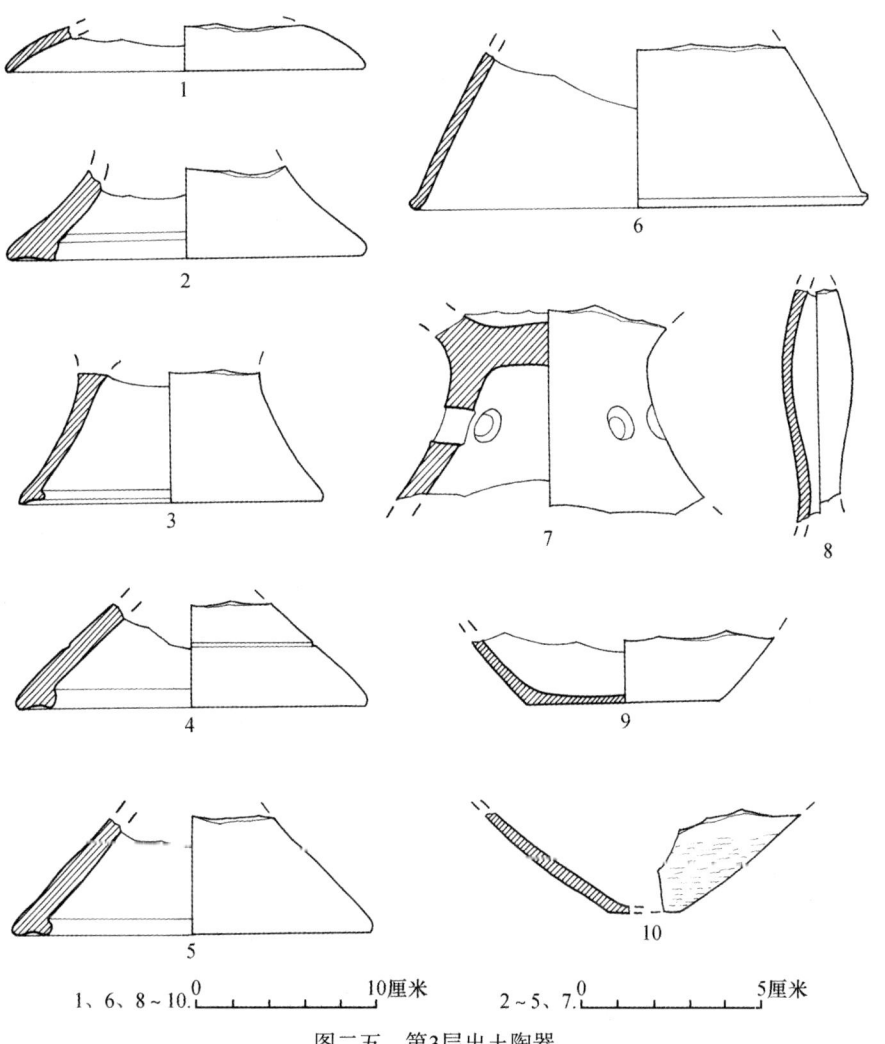

图二五　第3层出土陶器
1.C型夹砂陶器盖（T2③：16）　2、3.Ba型矮圈足（T1③：2、T3③：3）　4、5.Bb型矮圈足（T2③：5、T2③：18）　6.高圈足（T2③：1）　7.Aa型矮圈足（T2③：17）　8.高柄豆柄（T1③：6）
9、10.夹砂陶薄胎器底（T2③：10、T3③：1）

矮圈足　5件。

Aa型　1件。T2③:17，夹砂灰褐陶。器表饰两个镂孔。残高5.2厘米（图二五，7）。该件器物从整体风格看是早期遗物，属于晚期单位出早期遗物的现象。

Ba型　2件。T1③:2，夹砂灰褐陶。素面。足径10、残高2.4厘米（图二五，2）。T3③:3，夹砂灰陶。素面。足径8.4、残高3.5厘米（图二五，3）。

Bb型　2件。T2③:5，夹砂灰褐陶。足壁饰一周凹弦纹。足径9.8、残高2.8厘米（图二五，4）。T2③:18，夹砂黄褐陶。素面。足径10、残高3.2厘米（图二五，5）。

高圈足　1件。Ab型。T2③:1，泥质灰褐陶。足缘微外撇。素面。足径26、残高8.4厘米（图二五，6）。该件器物从整体风格看是早期遗物，属于晚期单位出早期遗物的现象。

夹砂陶薄胎器底　2件。T2③:10，夹砂灰褐陶。素面。底径10.8、残高3.4厘米（图二五，9）。T3③:1，夹砂黑褐陶。素面。底径4、残高5.4厘米（图二五，10）。

（七）第2层下遗迹及遗物

第2层下的遗迹有3个灰坑，即H1~H3。

H1　位于T1西北部。开口于第2层下，打破第3层。平面近圆形，斜直壁，平底。直径1、深0.16米（图二六）。灰黑色填土，土质紧密，略带黏性，内含少量木炭。出

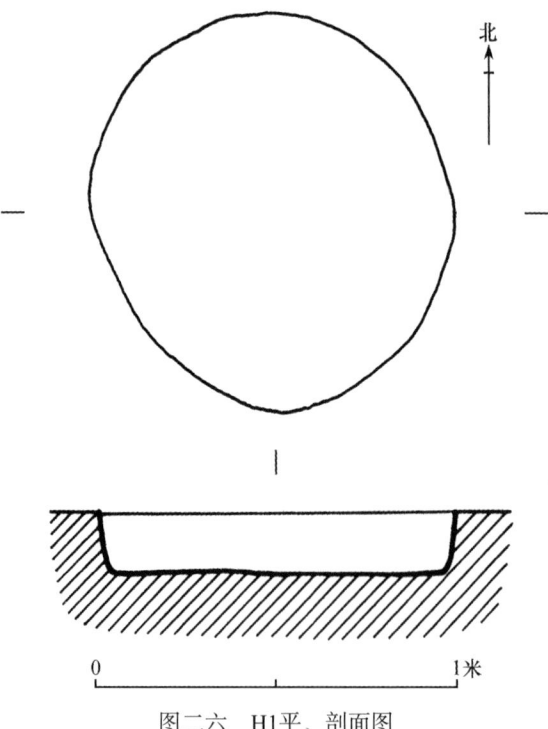

图二六　H1平、剖面图

土少量陶片，以夹砂灰褐陶和黑褐陶为主，泥质陶少见，可辨器形有尖底杯。

尖底杯底 1件。B型。H1：1，泥质灰陶。素面。器内壁可见清晰轮制痕迹。残高8.5厘米（图二七，11）。

H2 位于T1西南部。开口于第2层下，打破第3层。平面呈椭圆形，斜弧壁，平底。长1.08、宽0.6、深0.2米（图二八）。黑褐色填土，土质紧密、略湿，内含草木灰烬。出土少量陶片，以夹砂灰褐陶为主（附表八），可辨器形有敛口罐、侈口罐、高领罐、器盖等。

敛口罐 3件。

B型 1件。H2：5，夹砂灰陶。圆唇，唇内侧弧斜。口沿及肩部饰绳纹。口径20、残高2.7厘米（图二七，1）。

Db型 2件。H2：6，夹砂灰陶。沿面微内凹，圆唇。素面。口径22.5、残高3厘米（图二七，2）。H2：7，夹砂灰陶。圆唇。素面。口径30、残高3厘米（图二七，

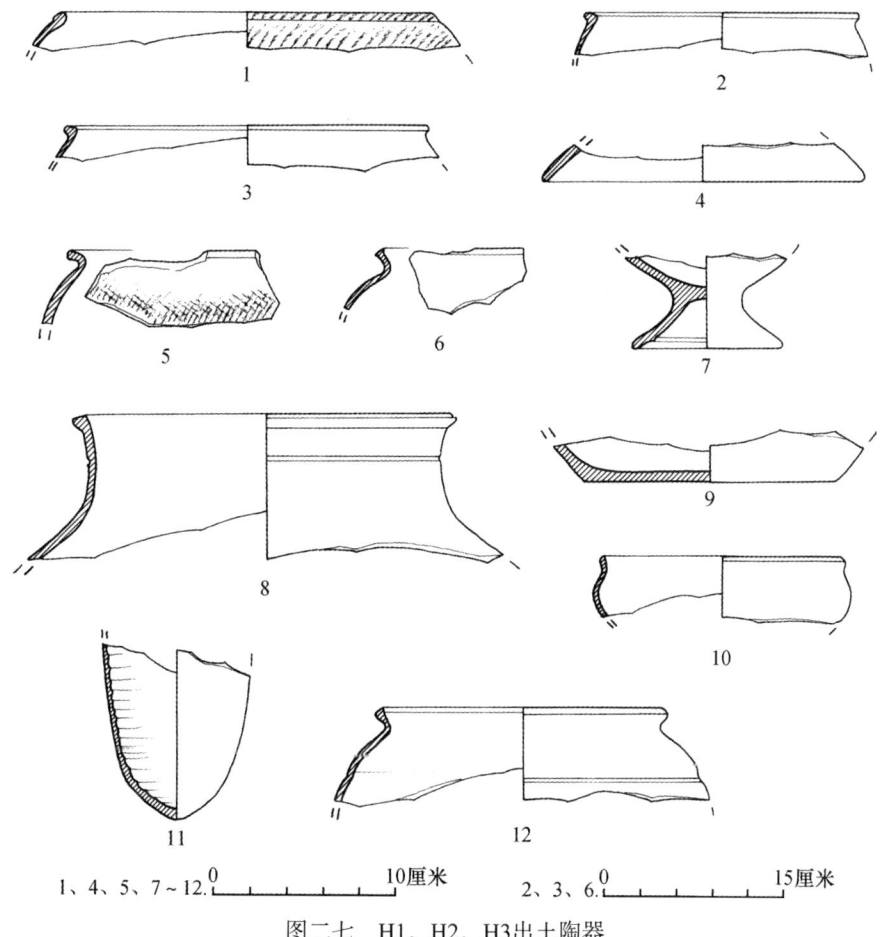

图二七 H1、H2、H3出土陶器

1. B型敛口罐（H2：5） 2、3. Db型敛口罐（H2：6、H2：7） 4. C型夹砂陶器盖（H2：8） 5. C型侈口罐（H2：4） 6. B型侈口罐（H3：3） 7. Ba型矮圈足（H2：2） 8. Ab型高领罐（H2：1） 9. 夹砂陶薄胎器底（H2：3） 10. C型小平底罐（H3：6） 11. B型尖底杯底（H1：1） 12. 曲腹罐（H3：5）

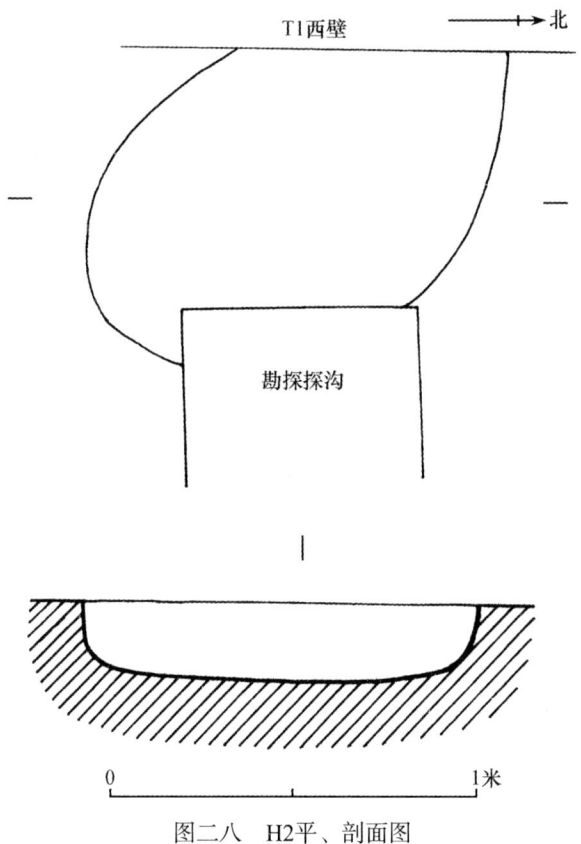

图二八 H2平、剖面图

3)。

侈口罐 1件。C型。H2∶4，夹砂灰陶。方唇。器表饰网格状绳纹。残高4厘米（图二七，5）。

高领罐 1件。Ab型。H2∶1，夹砂灰褐陶。唇部加厚。领部饰一周凹弦纹。口径19.2、残高8厘米（图二七，8）。

夹砂陶器盖 1件。C型。H2∶8，夹砂灰陶。覆盘状，圆唇。素面。口径18、残高2厘米（图二七，4）。

矮圈足 1件。Ba型。H2∶2，夹砂灰陶。素面。足径8.4、残高5厘米（图二七，7）。

夹砂陶薄胎器底 1件。H2∶3，夹砂灰陶。素面。底径14.4、残高2厘米（图二七，9）。

H3 位于T1南部，H2东部。开口于第2层下，打破第3层。平面近圆形，斜直壁，平底。残长1.2、宽0.4、深0.2米（图二九）。黑褐色填土，土质紧密，略湿润，夹杂少量红烧土颗粒、木炭等。出土少量陶片，可辨器形有小平底罐、侈口罐、曲腹罐、高领罐、尖底杯等。

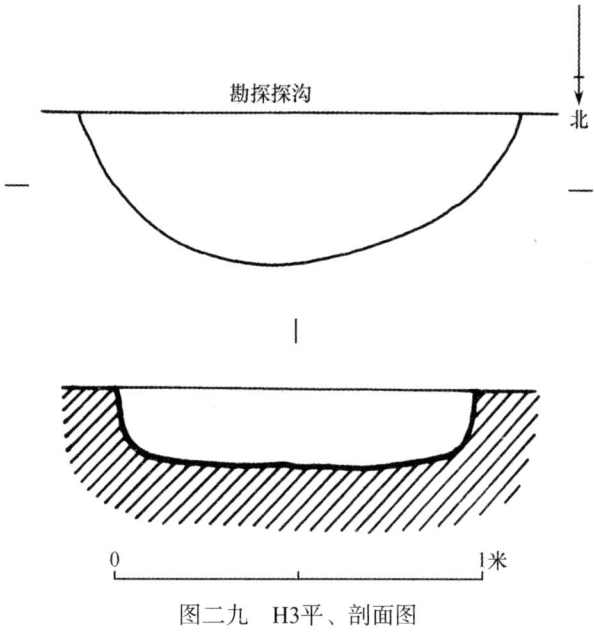

图二九 H3平、剖面图

小平底罐 1件。C型。H3：6，夹砂灰陶。侈口，方唇。素面。口径13.6、残高3.2厘米（图二七，10）。

侈口罐 1件。B型。H3：3，夹砂灰陶。方唇。素面。残高4.5厘米（图二七，6）。

曲腹罐 1件。H3：5，夹砂黄褐陶。方唇，溜肩。素面。口径16、残高5厘米（图二七，12）。

高领罐 1件。B型。H3：1，夹砂黄褐陶。直口，沿面微内凹，圆唇。素面。口径20、残高4.5厘米（图三〇，1）。

尖底杯底 1件。Ab型。H3：4，泥质黄褐陶。素面。残高3.5厘米（图三〇，2）。

夹砂陶薄胎器底 1件。H3：2，夹砂黄褐陶。平底。素面。底径13、残高1.6厘米（图三〇，3）。

（八）采　　集

采集到3件陶器，均为大口绳纹罐。

大口绳纹罐 3件。采：1，夹粗砂红褐陶，胎体较厚。侈口，翻沿，圆唇，短领，弧腹，平底。口沿内侧按捺并压印绳纹，器壁通体压印斜向绳纹，器底亦压印绳纹。口径19、高34厘米（图三〇，4）。采：2，夹粗砂红褐陶，胎体较厚。领部残损，弧腹，平底。器壁通体压印斜向绳纹，下腹部饰一周箍带纹，其上按捺并压印绳纹，器底亦压印绳纹（图三〇，5）。采：3，夹粗砂红褐陶，胎体较厚。侈口，翻沿稍甚，圆唇，短

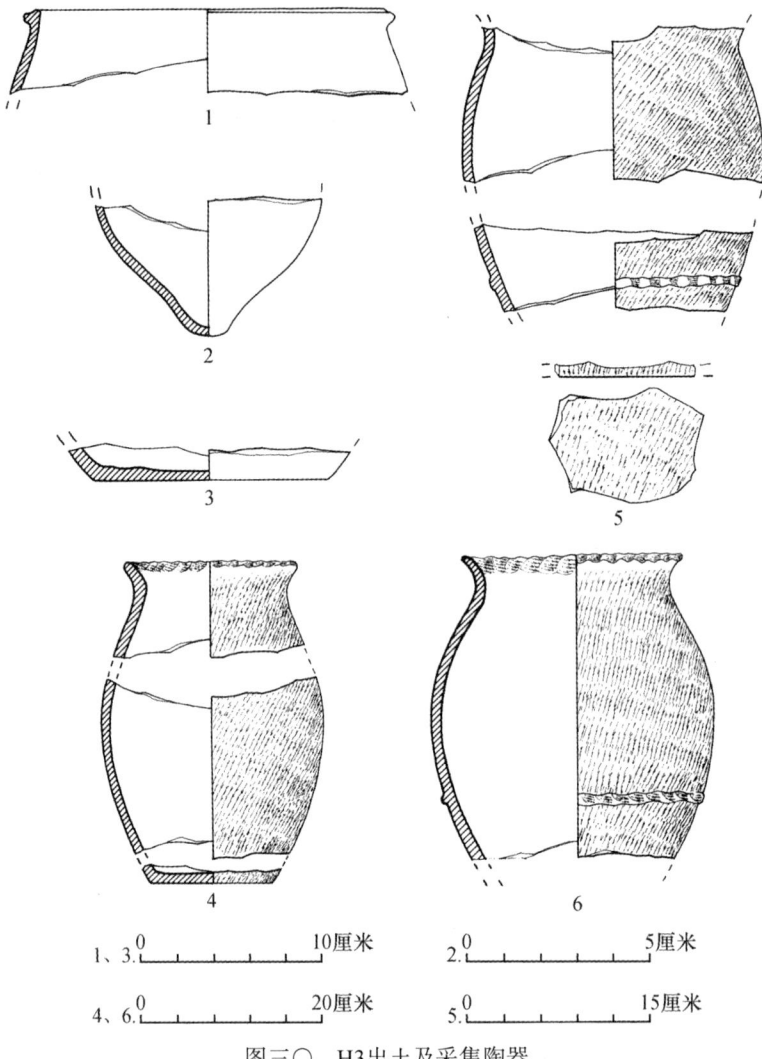

图三〇　H3出土及采集陶器

1.高领罐（H3∶1）　2.Ab型尖底杯底（H3∶4）　3.夹砂陶薄胎器底（H3∶2）　4~6.大口绳纹罐（采∶1、采∶2、采∶3）

领，弧腹。口沿内侧按捺并压印绳纹，器壁通体压印斜向绳纹，下腹部饰一周较宽的箍带纹，其上按捺并压印绳纹。口径24、残高32厘米（图三〇，6）。

需要说明的是采集的这3件标本由于口沿残缺的较严重，使得器物很难十分准确地水平放置，这可能导致表现出来的器物形态与实物会有所偏差，请同仁在用图时稍加注意。

三、分期与年代

根据层位关系及出土陶器，可将该遗址出土的先秦遗存分为四期。

一期，仅为采集的3件大口绳纹罐。这3件陶器均为夹砂陶，夹砂颗粒较粗，陶色呈红褐色，通体装饰绳纹，下腹部饰一周箍带纹。陶质、陶色、纹饰以及器形的整体风格均与什邡桂圆桥遗址H20为代表的第一期遗存[1]同类陶器相似，文化性质相同。仔细比较发现，该遗址出土的3件陶器最大径偏下，口沿内侧按捺并压印绳纹，这些特征与桂圆桥遗址H20出土的同类陶器有所不同，其年代可能比桂圆桥遗址H20的年代稍晚。

二期，包括遗址的第6层和H5。该期夹砂陶以灰褐陶和黄褐陶为主，泥质陶以橙黄陶居多。夹砂陶多数都装饰有纹饰，以绳纹为主，还有戳印纹等。泥质陶一般为素面，个别装饰有细绳纹、凸棱纹、附加堆纹等。可辨器形有绳纹花边口沿罐、喇叭口高领罐、尊、盆、器盖等。该期陶器的整体风格与宝墩文化三期[2]遗存相似，文化属性相同，年代相当。

三期，包括遗址的第5层和H4、H6。该期陶器以夹砂灰陶和黄陶为主，泥质陶以橙黄陶为主。夹砂陶纹饰以绳纹占绝对多数，泥质陶绝大多数为素面。器形以有领罐和无凸沿的敛口罐为主，还有一定数量的绳纹花边口沿罐、喇叭口高领罐、盆、瓮、钵、高圈足豆、器盖等。该期陶器的整体风格与鱼凫村遗址第三期遗存[3]相似，文化属性相同，年代相当。

四期，包括遗址的第3层和H1～H3。该期陶器以夹砂灰褐陶为主，大多数为素面陶，施纹者较少。纹饰仍以绳纹为主，其次为凹弦纹。器形有小平底罐、绳纹敛口罐、素面敛口罐、绳纹侈口罐、素面侈口罐、高领罐、半高领罐、小罐、盆、瓮、尖底杯、尖底盏、高柄豆、器盖。从其器物组合看，属于十二桥文化[4]范围。从陶器形态及整体风格看，与郫县波罗村遗址晚期遗存[5]相似，年代相当。

四、结　　语

通过此次调查和发掘，基本弄清了遗址的分布范围和堆积状况，对遗址的文化内涵、分期与年代有了一定的了解。第一期遗存的发现在成都平原腹地还属孤立，而且缺乏层位关系，尚不能完全肯定桂圆桥一期遗存已经进入了成都平原腹心地带，但这并不能抹杀一期遗存发现的重要意义。其为进一步探讨桂圆桥一期文化类型具有重大意义，这为在成都平原内寻找前宝墩文化提供了又一重要线索，对宝墩文化的溯源研究意义重大。第三期遗存的发现为深入研究鱼凫村第三期遗存提供了更多的实物资料，尤其是有着这一阶段大面积的独立地层，这在以往的发表的材料中是少见的。

限于本次发掘的位置和面积有限，发现的遗迹较少，出土的各期遗存也不甚丰富，遗址的布局还不清楚。更为遗憾的是第一期遗存均为采集品，没有找到原生单位。希望日后能够加大对该遗址的调查和发掘力度。

附记：参加此次发掘和整理的人员有成都文物考古研究院陈云洪、刘雨茂、杨占风、陈贵元，新都区文物管理所王波、陈立新、李信龙、陈蒿、余应启、张昊，吉林大学文学院考古学系研究生郑延洁。

绘图：曹桂梅　卢菲菲

修复：余成英

摄影：陈贵元

执笔：杨占风　郑延洁

注　释

[1] 四川文物考古研究所、德阳市博物馆、什邡市博物馆：《四川什邡桂圆桥新石器时代遗址发掘简报》，《文物》2013年第9期。

[2] 江章华、王毅、张擎：《成都平原先秦文化初论》，《成都考古研究》（一），科学出版社，2009年。

[3] 成都市文物考古工作队等：《四川省温江县鱼凫村遗址调查发掘报告》，《文物》1998年第12期。

[4] 江章华、王毅、张擎：《成都平原先秦文化初论》，《成都考古研究》（一），科学出版社，2009年。

[5] 成都文物考古研究所、郫县望丛祠博物馆：《成都郫县波罗村商周遗址发掘报告》，《考古学报》2016年第1期。

附表二 第6层陶器陶质陶色及纹饰统计表

纹饰 \ 陶质陶色	夹砂陶							泥质陶							总计	总比例
	黄	红褐	黄褐	灰褐	黑褐	小计	%	灰	黄	橙黄	黑皮	黑褐	小计	%		
素面	5	1	20	25	6	57	50.8	38	8	81	18	7	152	91.6	209	75.2
细绳纹		1	2	6	2	11	9.8			1	3	1	5	3	16	5.8
粗绳纹		1	3	7	1	12	10.7								12	4.3
交错细绳纹				4		4	3.6								4	1.4
交错粗绳纹			15	9	2	26	23.2								26	9.3
附加堆纹+戳印纹									2	2	1		5	3	5	
坑点纹		1				1	0.9								1	
凸棱纹											1		1	0.6	1	4
凸棱纹+网格纹											3		3	1.8	3	
弦纹			1			1	0.9								1	
小计	5	4	41	51	11	112		40	8	84	26	8	166			
%	4.5	3.6	36.6	45.5	9.8		100	24.1	4.8	50.6	15.7	4.8		100		
总计	112							166							278	
总比例	40.3							59.7								100

附表三 H5陶器陶质陶色及纹饰统计表

纹饰 \ 陶质陶色	夹砂陶							泥质陶							总计	总比例
	灰	红褐	黄褐	灰褐	黑褐	小计	%	灰	灰褐	黄	黄褐	黑皮	小计	%		
素面	1	5	17	22	3	48	46.1	4	1	2	2	5	14	82.4	62	51.2
细绳纹			6	3		9	8.7								9	7.4
绳纹			6	11	7	24	23.1								24	19.9
交错细绳纹				8	1	9	8.7								9	7.4
交错绳纹			3		8	11	10.6								11	9.1
附加堆纹+戳印纹	1					1	0.9					1	1	5.9	2	1.7
网格纹				1		1	0.9	2					2	11.8	3	2.5
弦纹				1		1	0.9								1	0.8
小计	2	5	28	47	22	104		4	3	2	2	6	17			
%	1.9	4.8	26.9	45.2	21.2		100	23.5	17.6	11.7	11.7	35.3		100		
总计	104							17							121	
总比例	86							14								100

附表四　H6陶器陶质陶色及纹饰统计表

陶质陶色 纹饰	夹砂陶					泥质陶					总计	总比例
	黄褐	灰褐	黑褐	小计	%	灰	红褐	黑皮	小计	%		
素面	7	2		9	26.5	2		2	4	80	13	33.3
细绳纹		2		2	5.9						2	5.1
绳纹	9	2	1	12	35.3						12	30.8
交错细绳纹	3			3	8.8						3	7.7
交错绳纹	2	6		8	23.5		1		1	20	9	23.1
小计	21	12	1	34		2	1	2	5			
%	61.8	35.3	2.9		100	40	20	40		100		
总计	34					5					39	
总比例	87.2					12.8						100

附表五　第5层陶器陶质陶色及纹饰统计表

陶质陶色 纹饰	夹砂陶										泥质陶								总计	总比例
	黄	橙黄	灰	红褐	黄褐	灰褐	黑褐	黑灰	小计	%	灰	黄	红	橙黄	灰褐	黑皮	小计	%		
素面	13	1	32	31	399	543	70	17	1106	54.5	123	98	7	270	64	137	699	90.8	1805	64.5
细绳纹			1	1	28	36	13		79	3.9	1			1	1	3		0.4	82	2.9
绳纹	8		3	11	117	112	24	4	279	13.7									279	10
交错细绳纹				1	19	46	8	2	76	3.7				3			3	0.4	79	2.8
交错绳纹	4		7	4	236	123	32	7	413	20.3									413	14.7
附加堆纹+戳印纹			1		9	16			26	1.3				5	6	2	13	1.7	39	1.4
附加堆纹+刻划纹					4				4	0.2				1	1	1	3	0.4	7	0.25
附加堆纹+坑点纹											1			1			2	0.2	2	0.07
戳印纹					1				1	0.1									1	0.03
坑点纹				1	1				2	0.1									2	0.07
凸棱纹					2	3			5	0.3	1			12	26		39	5	44	1.6
弦纹			1	1	16	1	16	3	38	1.9				3	5		8	1.1	46	1.6
刻划纹			1						1	0.1									1	0.03
小计	25	1	46	50	832	864	179	33	2030		126	98	7	289	78	172	770			
%	1.2	0.1	2.3	2.5	41	42.6	8.8	1.6		100	16.4	12.7	1	37.5	10.1	22.3		100		
总计	2030										770								2800	
总比例	72.5										27.5									100

附表六 H4陶器陶质陶色及纹饰统计表

纹饰 \ 陶质陶色	夹砂陶						泥质陶					总计	总比例
	红褐	黄褐	灰褐	黑褐	小计	%	灰黄	黄褐	黑皮	小计	%		
素面			1		1	4.3	1	1	2	4	66.7	5	17.2
细绳纹				1	1	4.3						1	3.4
交错细绳纹				3	3	13						3	10.4
交错绳纹	10	7			17	74						17	58.6
弦纹				1	1	4.3			2	2	33.3	3	10.4
小计	10	7	1	5	23		1	1	4	6			
%	43.5	30.4	4.3	21.7		100	16.7	16.7	66.6		100		
总计				23						6		29	
总比例				79.3						20.7			100

附表七 第3层陶器陶质陶色及纹饰统计表

纹饰 \ 陶质陶色	夹砂陶								泥质陶						总计	总比例
	灰	黄	橙黄	红褐	黄褐	灰褐	黑褐	小计	%	灰	红	黄褐	灰褐	黑皮	小计	%		
素面	8	1	6	6	156	327	48	552	88.5	7	4	18	8	8	45	91.8	597	88.7
细绳纹					1			1	0.2								1	0.15
绳纹					7	16	6	29	4.6								29	4.3
交错细绳纹						6	6	12	1.9			2			2		14	2.1
交错绳纹					5	8	7	20	3.2							8.2	20	3
附加堆纹+戳印纹						1		1	0.2								1	0.15
附加堆纹+刻划纹													1		1		1	0.15
凸棱纹					1			1	0.2			1			1		2	0.2
弦纹						4	1	5	0.8								5	0.7
刻划纹						1	1	2	0.3								2	0.3
镂孔						1		1	0.2								1	0.15
小计	8	1	6	6	176	358	69	624		7	4	18	12	8	49			
%	1.3	0.2	1	1	28.2	57.4	11		100	14	8.2	37	25	16				
总计					624								49				673	
总比例					92.7								7.3					100

附表八 H2陶器陶质陶色及纹饰统计表

陶质陶色 纹饰	夹砂陶							泥质陶					总计	总比例
	灰	黄褐	灰褐	黑褐	黑灰	小计	%	灰	黄褐	黑灰	小计	%		
素面	5	13	46	6	5	75	90.4	1	6	1	8	100	83	91.2
绳纹	1					1	1.2						1	1.1
弦纹			1		5	6	7.2						6	6.6
网格纹	1					1	1.2						1	1.1
小计	7	13	47	6	10	83		1	6	1	8			
%	8.4	15.7	56.6	7.2	12		100	12.5	75	12.5		100		
总计	83							8					91	
总比例	91.2							8.8						100

成都市郫县天台村遗址"万达广场"地点发掘报告

成都文物考古研究院
郫县望丛祠博物馆

天台村遗址"万达广场"地点位于成都市郫县郫筒镇天台村五组（图一），北距老成灌路约130米，东距南北大道约310米，南距檬柏路约120米，西距望丛东路约475

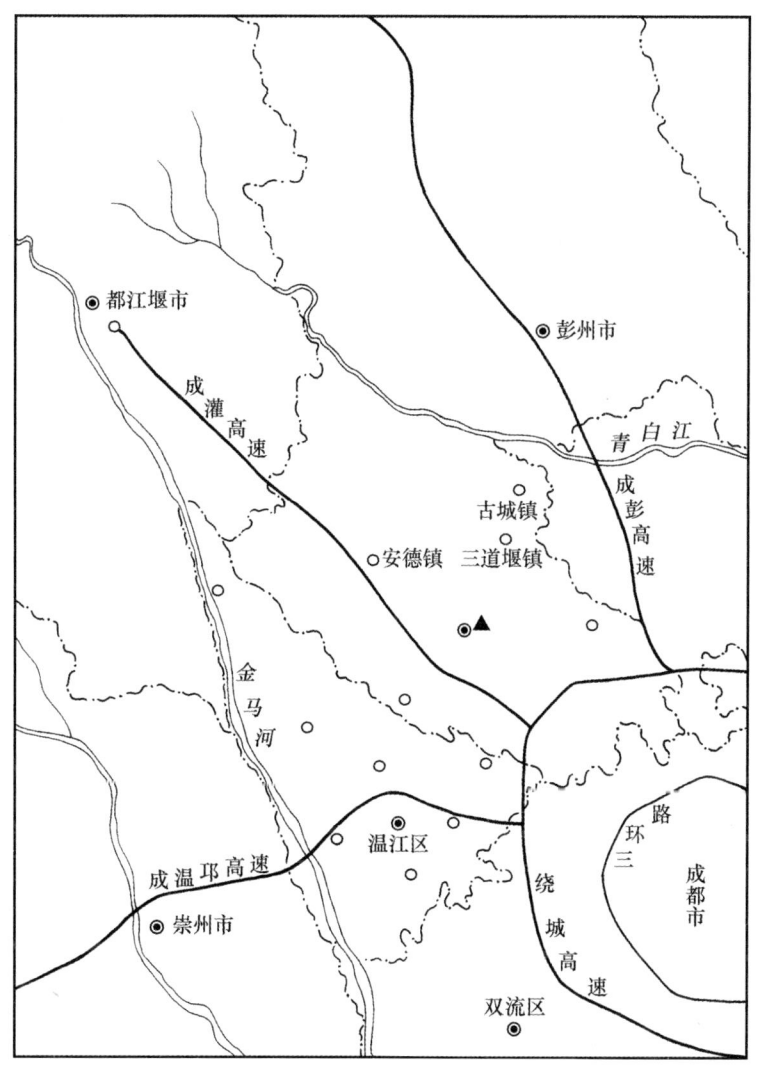

图一 遗址位置示意图

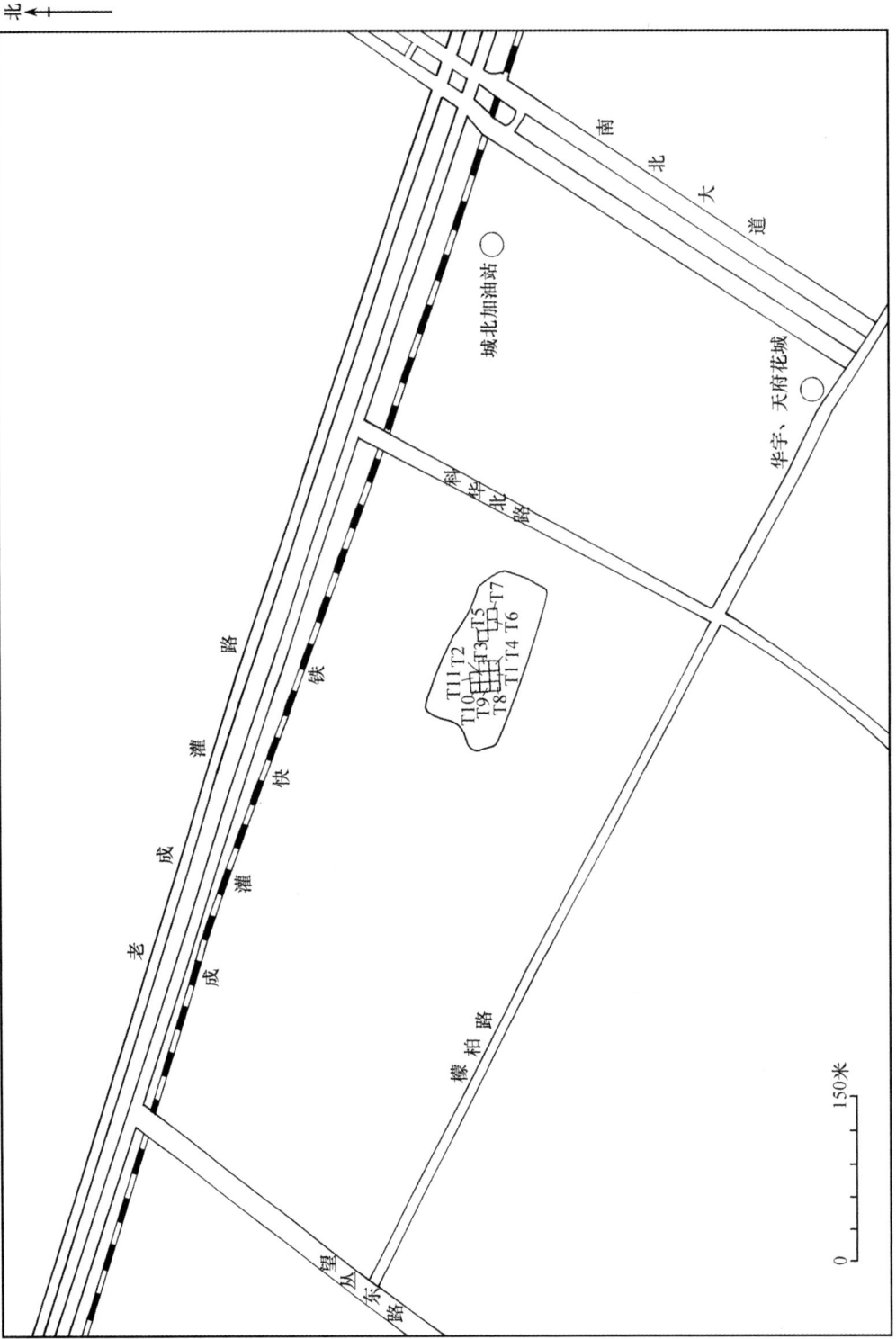

图二 遗址总平面及发掘探方分布图

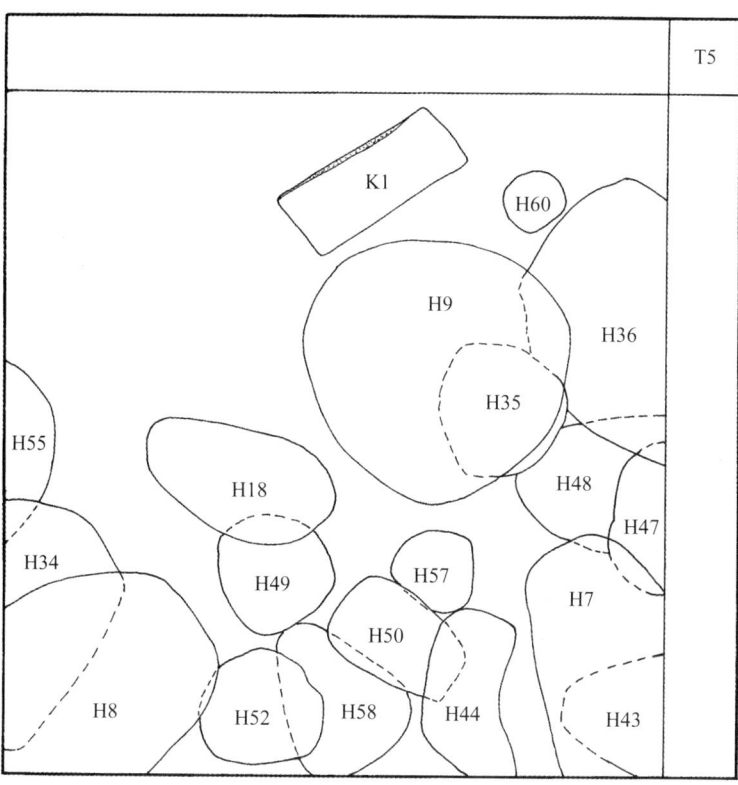
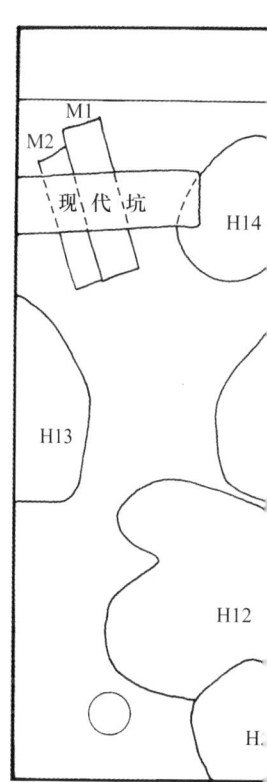

图四 T5~

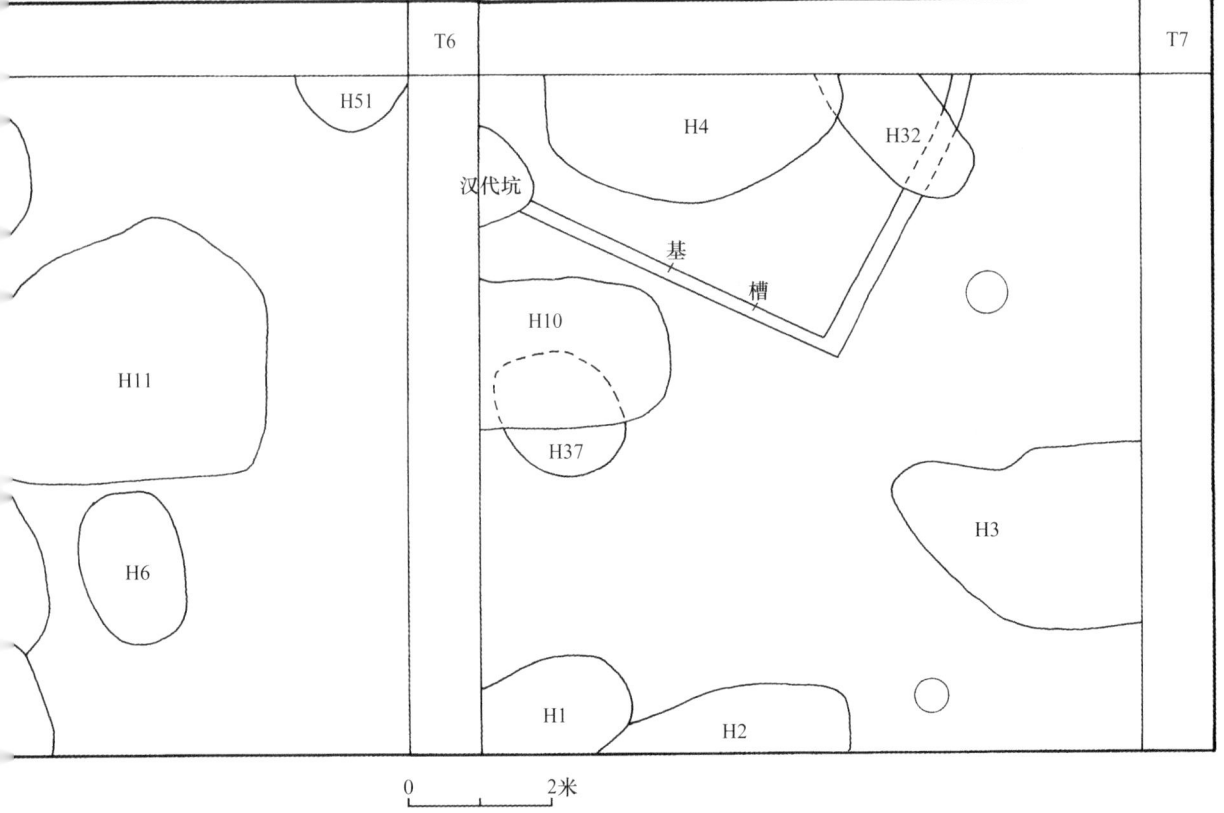

T7先秦遗迹平面图

米（图二）。遗址呈西北—东南向带状分布，总面积12000平方米。地理坐标为东经30°48′30.07″、北纬103°54′29.56″，海拔约为551米。遗址地表原为农田、民房和厂房旧址，地势较为平坦。2014年5月，为了配合郫县"万达广场"项目建设，成都文物考古研究院、郫县望丛祠博物馆在进行文物勘探时发现该遗址。2014年5~9月，成都文物考古研究院、郫县望丛祠博物馆联合对该遗址进行了发掘，布正南北向10米×10米探方11个（图三、图四），编号依次为2014CPPWT1~2014CPPWT11（下文简写为T1~T11），发掘面积1100平方米。

一、地层堆积

各探方地层起伏不大，根据土质土色、包含物以及出土陶器，可将地层堆积自上而下统一划分为6层。现以T3西壁地层剖面为例介绍如下（图五）：

第1层：青灰色土，土质较硬。厚1.25~1.55米。夹杂大量砖块、塑料、铁钉等现代生活及建筑垃圾，为近现代地层。

第2层：灰色土，土质稍硬，较为纯净。厚0~0.15米。出土少量青花瓷片，为明清时期地层。

第3层：灰黄色土，土质疏松，夹杂较多炭屑。厚0.25~0.4米。出土少量青釉瓷片和酱釉瓷片，为唐宋时期地层。

第4层：青灰色土，土质较硬，夹杂较多红烧土颗粒。厚0.3~0.4米。出土少量筒瓦和瓦当残片，为汉代地层。

第5层：灰褐色土，土质紧密，呈块状。厚0.1~0.15米。出土大量夹砂陶片和少量泥质陶片，可辨器形有小平底罐、绳纹敛口罐、素面敛口罐、绳纹侈口罐、素面侈口罐、曲腹罐、高领罐、尖底罐、尖底杯、尖底盏、高柄豆、器盖、盆、瓮、缸、壶、筒形器、纺轮、穿孔陶片、圈足、平底器底等，为商周时期地层。该层在T1~T11内均有

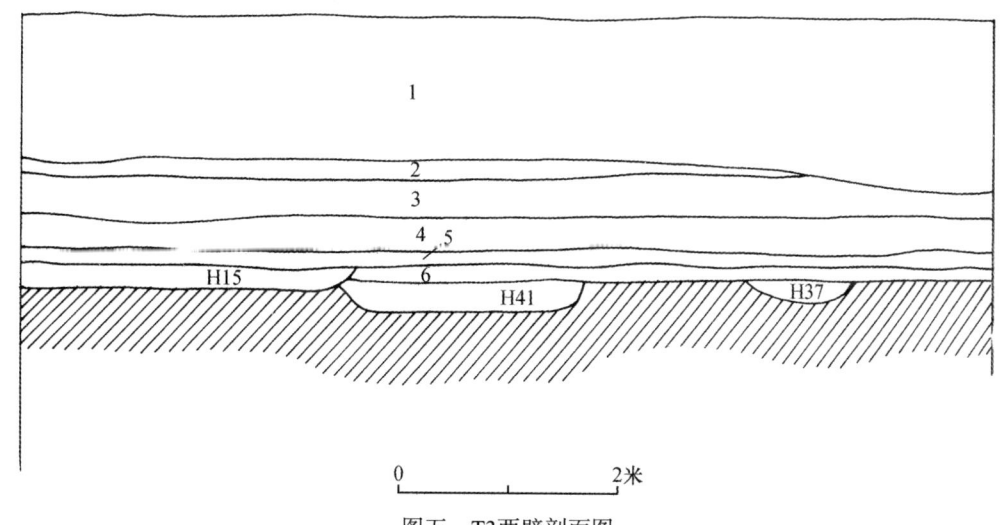

图五　T3西壁剖面图

分布。开口于该层下的遗迹有H1～H30、H33、H62～H71、H73、K1。

第6层：浅黄褐色土，土质紧密，夹杂少量细沙。厚0.1～0.13米。出土大量夹砂陶片和少量泥质陶片，可辨器形有小平底罐、绳纹敛口罐、素面敛口罐、绳纹侈口罐、素面侈口罐、曲腹罐、高领罐、尖底杯、尖底盏、高柄豆、器盖、盆、瓮、缸、壶、纺轮、圈足、平底器底等。该层在T1～T7、T9～T11内有分布。开口于该层下的遗迹有H31、H32、H34～H61、H72、H74、H75、G1～G3、M1、M2。

第6层以下为生土。

根据层位关系以及各单位出土陶器可知，该遗址先秦时期遗存包含了宝墩文化遗存和十二桥文化遗存两种。

二、宝墩文化遗存

宝墩文化遗存只发现5个灰坑，未发现地层单位。

（一）遗　　迹

宝墩文化遗迹只有5个灰坑，即H41、H53、H72、H74、H75。

H41　位于T3西壁中部偏南，延伸至西壁内，未扩方清理。开口于第6层下，打破生土。开口距地表2.5米。平面呈不规则形，坑壁弧收，平底。清理部分长2.65、宽1.8、深0.3米（图六）。黑褐色填土，堆积略紧，夹杂有灰烬、石块等。出土陶器有绳纹花边口沿罐、喇叭口高领罐、盆、圈足等。

H53　位于T3北壁中部，延伸至北壁，未扩方清理。开口于第6层下，打破生土。开口距地表2.5米。平面呈圆形，坑壁弧收，圜底。清理部分长1.25、深0.36米（图七）。黑褐色填土，堆积略紧密，夹杂少量灰烬。出土陶器有绳纹花边口沿罐、器底等。

H72　位于T10中部偏南。开口于第6层下。开口距地表2.4米。平面呈椭圆形，直壁，平底。长1.94、宽1.58、深0.2米（图八）。黑褐色填土，堆积略紧，含有少量灰烬。出土陶器有绳纹花边口沿罐、器底等。

H74　位于T2东南角，延伸至T1北隔梁内，未扩方清理。开口于第6层下，打破生土。开口距地表2.5米。平面呈不规则形，弧壁，平底。清理部分长3.28、宽3.18、深0.2米（图九）。浅黑褐色填土，堆积略紧，含有少量灰烬。出土陶器有绳纹花边口沿罐。

H75　位于T10西壁中部，延伸至西壁，未扩方清理。开口于第6层下，打破生土。开口距地表2.5米。平面呈不规则形，弧壁，底近平。清理部分长2.42、宽1.94、深0.2米（图一〇）。黑褐色填土，堆积略紧，含有大量灰烬。出土陶器有绳纹花边口沿罐、喇叭口高领罐、圈足等。

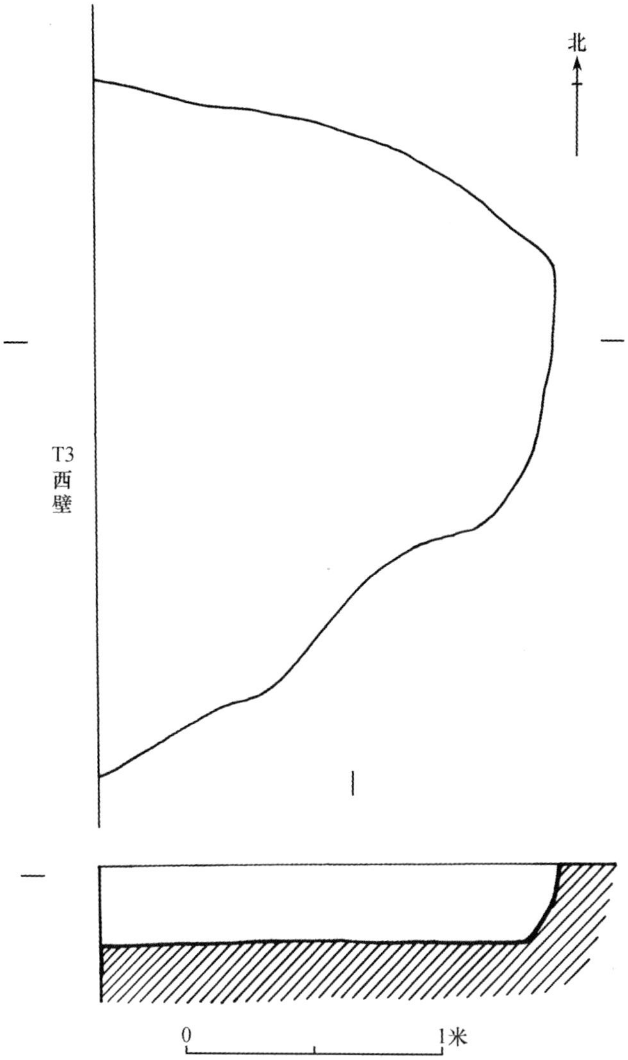

图六　H41 平、剖面图

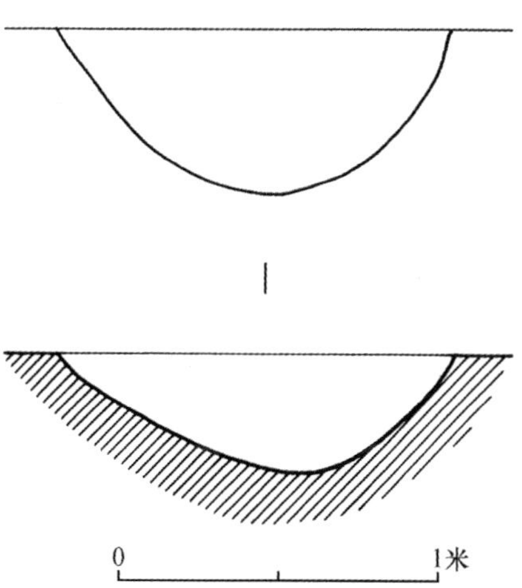

图七　H53 平、剖面图

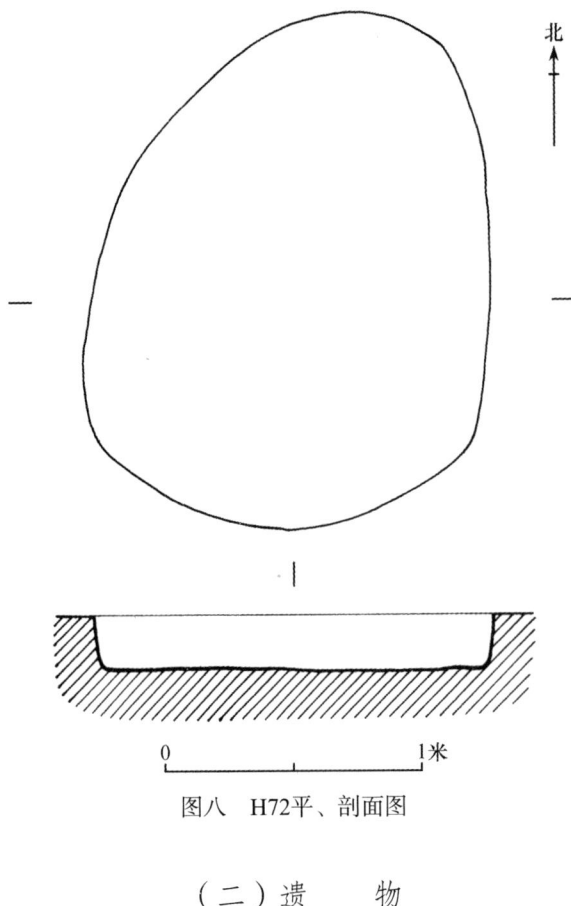

图八　H72平、剖面图

（二）遗　物

宝墩文化遗物均为陶器，以夹砂褐陶为主，泥质陶较少。施纹者较多，其中以绳纹为主，亦见有一定数量的水波纹、附加堆纹。可辨器形有绳纹花边口沿罐、喇叭口高领罐、盆、器底、圈足。

绳纹花边口沿罐　7件。H41∶5，夹砂黑褐陶。侈口，折沿，方唇。口沿内侧及沿下饰交错绳纹，唇部饰竖向绳纹。残高3.7厘米（图一一，1）。H75∶2，夹砂灰褐陶。敞口，方唇。口沿内外均饰交错绳纹，唇部饰斜向绳纹。残高2厘米（图一一，2）。H74∶2，夹砂黑褐陶。直口，尖圆唇，口沿内饰绳纹，唇部饰斜向绳纹，其下饰网格状绳纹和斜向绳纹。残高4.6厘米（图一一，3）。H74∶1，夹砂灰黄陶。器表饰绳纹和附加堆纹，附加堆纹上按捺并压印绳纹。残高4.6厘米（图一一，4）。H72∶1，夹砂灰褐陶。直口，尖圆唇。口沿内侧饰交错绳纹，唇部饰斜向绳纹，其下饰交错绳纹和斜向绳纹。残高4.2厘米（图一一，5）。H53∶2，夹砂黑褐陶。直口，尖圆唇，束领。通体饰斜向绳纹。残高6厘米（图一一，6）。H41∶6，夹砂黑褐陶。敞口，翻沿，圆唇。通体饰交错绳纹。口径22、残高3.6厘米（图一一，7）。

喇叭口高领罐　8件。H41∶8，夹砂灰陶。小喇叭口，翻沿，圆唇。领部饰水波

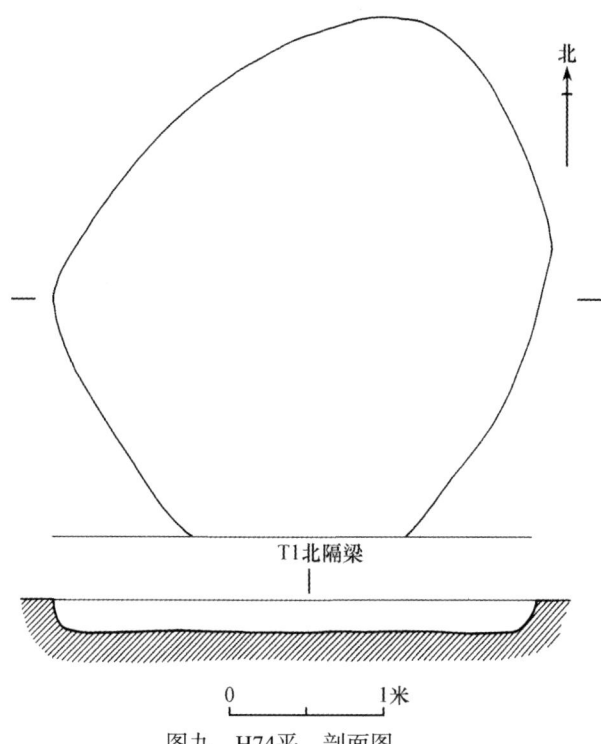

图九　H74平、剖面图

纹。口径18、残高6.6厘米（图一二，1）。H41：3，夹砂灰黄陶。小喇叭口，翻沿，方唇。素面。口径22、残高3.6厘米（图一二，2）。H41：1，夹砂黄褐陶。小喇叭口，翻沿，方唇，弧领。素面。残高4.1厘米（图一二，3）。H75：7，泥质灰陶。侈口，折沿外斜，尖唇。素面。口径21.2、残高4.4厘米（图一二，4）。H75：8，泥质灰褐陶。侈口，折沿，圆唇，领部斜收。素面。口径21.2、残高3.3厘米（图一二，5）。H75：1，泥质灰陶。小喇叭口，翻沿，圆唇加厚。素面。口径22.8、残高4.3厘米（图一二，6）。H75：4，夹砂灰褐陶。侈口，方唇。素面。口径16、残高3.1厘米（图一二，7）。H75：3，夹砂红褐陶。小喇叭口，圆唇，领部斜收较甚。素面。口径14.6、残高2.9厘米（图一二，8）。

盆　1件。H41：4，夹砂灰褐陶。侈口，斜折沿，方唇，上腹斜收。口沿内侧及唇部饰斜向绳纹。残高3.9厘米（图一三，1）。

器底　2件。H72：2，泥质灰陶。下腹斜收，平底。素面。底径12、残高1.2厘米（图一三，2）。H53：1，夹砂灰陶。斜腹，平底，底部外缘微鼓。下腹部饰两个"回"字形刻划纹，底缘饰一周斜向绳纹，底部饰绳纹。底径11.4、残高2.5厘米（图一三，3）。

圈足　6件。H75：5，夹砂灰陶。足壁较高，足缘外侈。足壁饰一周圆圈纹。足径15、残高3.7厘米（图一三，4）。H75：6，夹砂红褐陶。圈足较矮，足壁斜直，足跟较

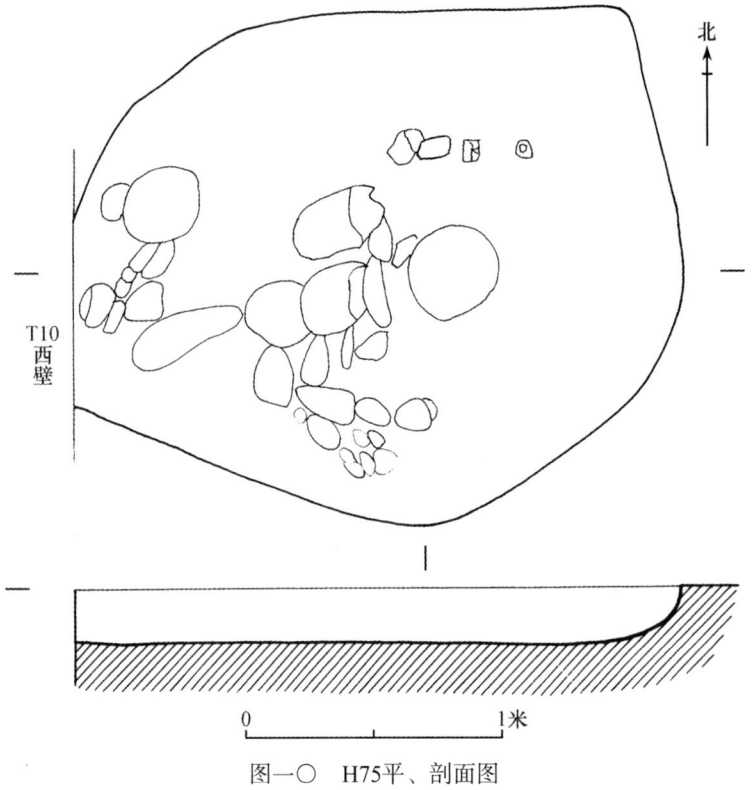

图一〇 H75 平、剖面图

圆。足壁饰斜向绳纹。足径6.2、残高2.2厘米（图一三，5）。H41：2，夹砂黑褐陶。足壁微弧，足跟较圆。素面。残高3.6厘米（图一三，6）。H41：10，夹砂灰陶。足壁微弧，足跟较圆。素面。足径20、残高5.8厘米（图一三，7）。H41：9，夹砂灰褐陶。足壁斜直，足跟较圆。素面。足径9.8、残高3.5厘米（图一三，8）。H41：7，夹砂灰陶。腹部斜收，足部外侈，足跟较圆。素面。足径6.8、残高3.3厘米（图一三，9）。

三、十二桥文化遗存

十二桥文化遗存包括遗址的第5、6层，开口于第6层下的遗迹有H31、H32、H34～H40、H42～H52、H54～H61、G1～G3、M1、M2，开口于第5层下的遗迹有H1～H30、H33、H62～H71、H73、K1。

（一）遗　　迹

十二桥文化遗迹数量较多，有灰坑、积石坑、灰沟和墓葬。

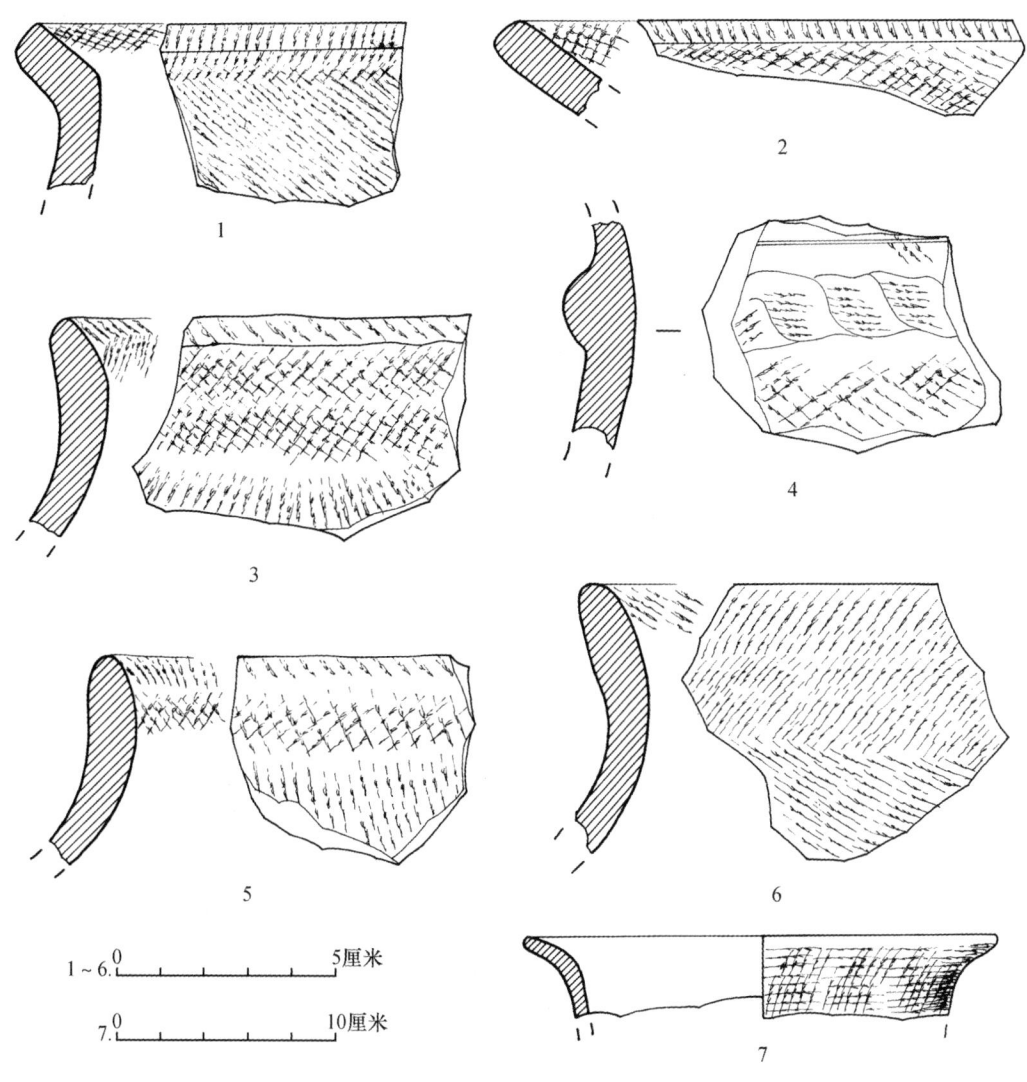

图一一　宝墩文化陶绳纹花边口沿罐

1. H41：5　2. H75：2　3. H74：2　4. H74：1　5. H72：1　6. H53：2　7. H41：6

1. 灰坑

70个。不见经过特殊加工、具有特殊功能的灰坑。平面形状有圆形、椭圆形、圆角方形及不规则形四种。

圆形　4个。

H40　位于T3东侧中部。开口于第6层下，打破生土。开口距地表2.5米。平面呈圆形，坑壁弧收，底部较为平整。坑口直径1.86、深0.8米（图一四）。黑褐色填土，土质紧密，夹杂砂粒，包含灰烬及陶片。出土陶器有小平底罐、绳纹侈口罐、素面侈口罐、高领罐、尖底杯、高柄豆、器盖、盆、壶、平底器底、圈足、器耳等。

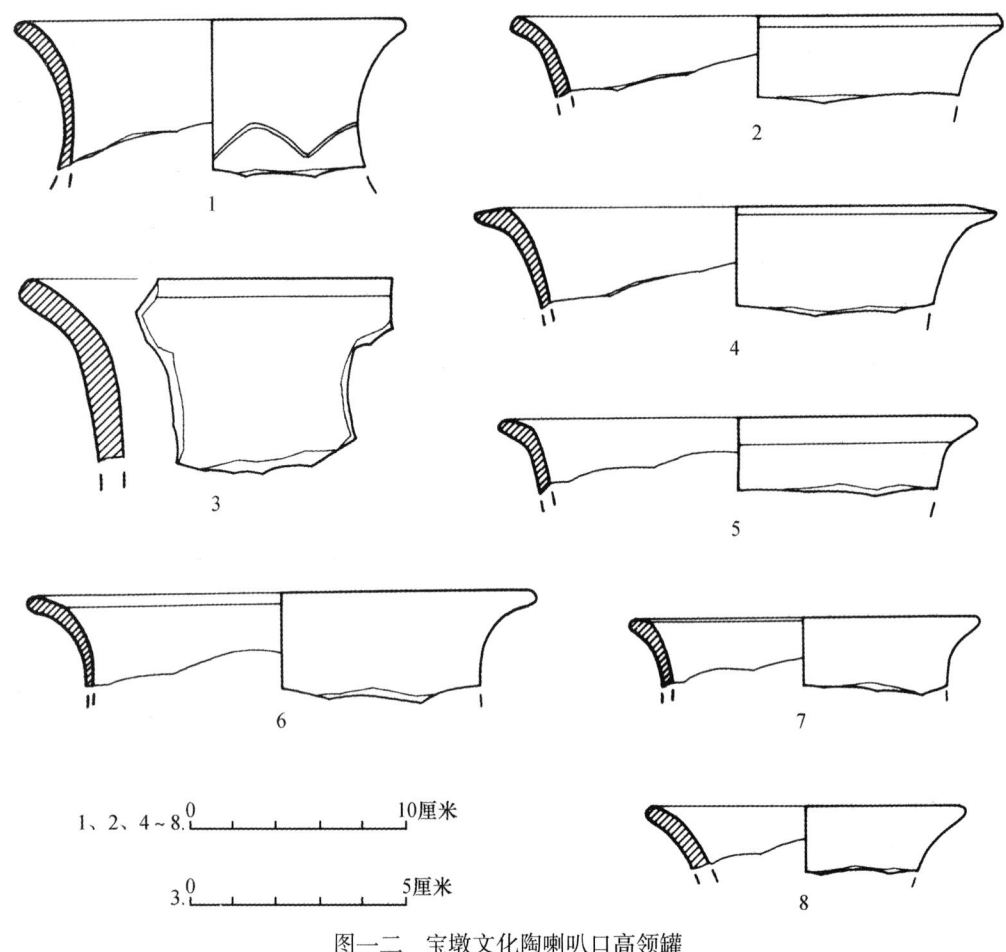

图一二　宝墩文化陶喇叭口高领罐
1. H41∶8　2. H41∶3　3. H41∶1　4. H75∶7　5. H75∶8　6. H75∶1　7. H75∶4　8. H75∶3

H45　位于T3中部偏西北。开口于第6层下，打破生土。开口距地表2.5米。平面呈圆形，坑壁微内斜，底部近平。坑口直径1.6、深0.28米（图一五）。黑褐色填土，土质略紧密，夹杂较多砂粒，包含少量灰烬及陶片。出土陶器有绳纹敛口罐、素面敛口罐、尖底杯、平底器底等。

椭圆形　25个。

H9　位于T5中部偏东北。开口于第5层下。开口距地表1.85米。平面呈椭圆形，弧壁，底部近平整。口长径3.6、底长径3.5、深0.3米（图一六）。黑褐色填土，土质略紧密，包含有灰烬及夹砂陶片。出土陶器有小平底罐、绳纹敛口罐、素面敛口罐、绳纹侈口罐、素面侈口罐、高领罐、尖底杯、高柄豆、器盖、瓮、平底器底、圈足等。

H38　位于T3东北部。开口于第6层下，打破生土。开口距地表2.5米。平面呈椭圆形，剖面呈锅底状。坑口长径1.24、短径0.96、深0.26米（图一七）。黑褐色填土，土质紧密，包含有少量灰烬及陶片。出土陶器有素面侈口罐、器盖、平底器底等。

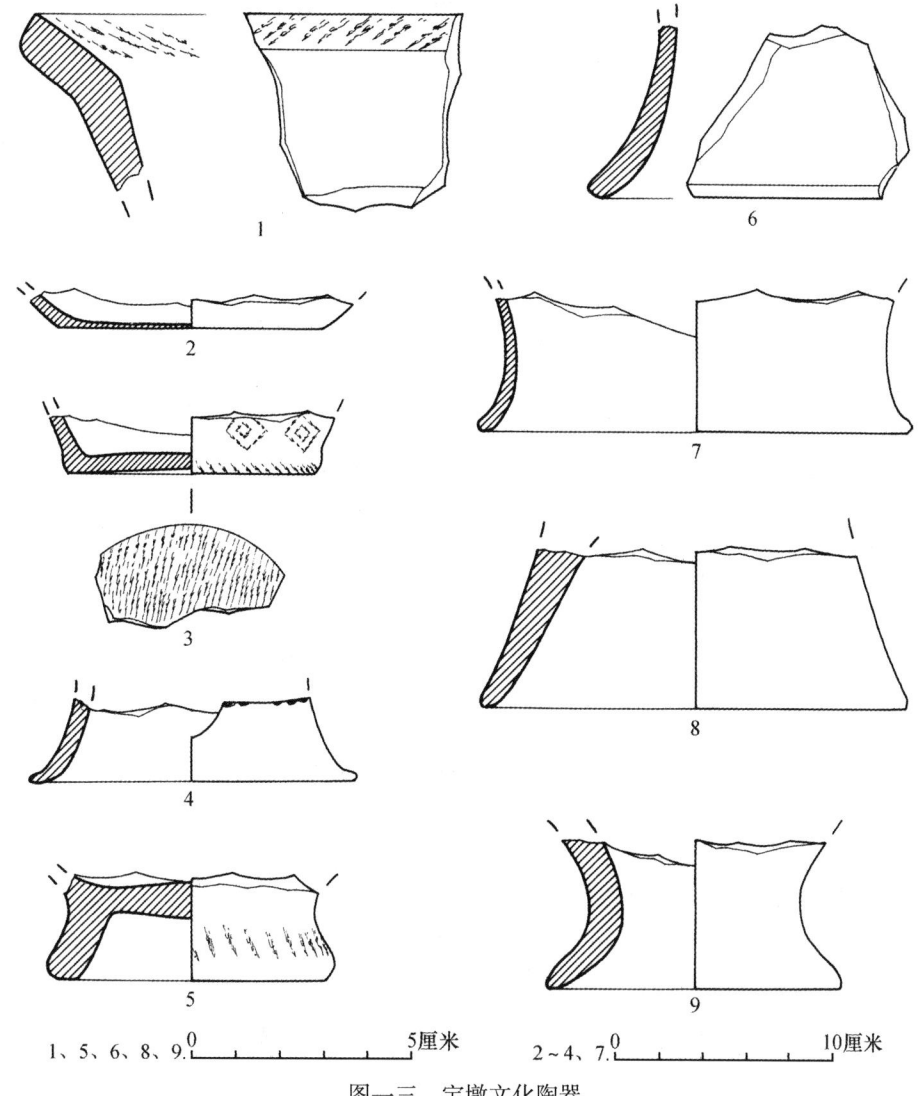

图一三　宝墩文化陶器

1.盆（H41:4）　2、3.器底（H72:2、H53:1）　4~9.圈足（H75:5、H75:6、H41:2、H41:10、H41:9、H41:7）

圆角方形　9个。

H6　位于T6中部偏东南。开口于第5层下。开口距地表1.3米。平面呈圆角方形，弧壁较缓，底部近半，略有凹凸。坑口长1.98、宽1.36、深0.3米（图一八）。黑褐色填土，土质松软湿润，包含少量木炭。出土少量夹砂陶片，可辨器形有小平底罐、素面敛口罐、高领罐、尖底杯、尖底盏、器盖、瓮、缸、圈足、平底器底等。

不规则形　32个。

H50　位于T5中部偏南。开口于第6层下，打破生土。开口距地表2米。平面呈不规则形，直壁，坑底较为平整。坑口长1.9、宽1.2、深0.38米（图一九）。黑褐色填土，

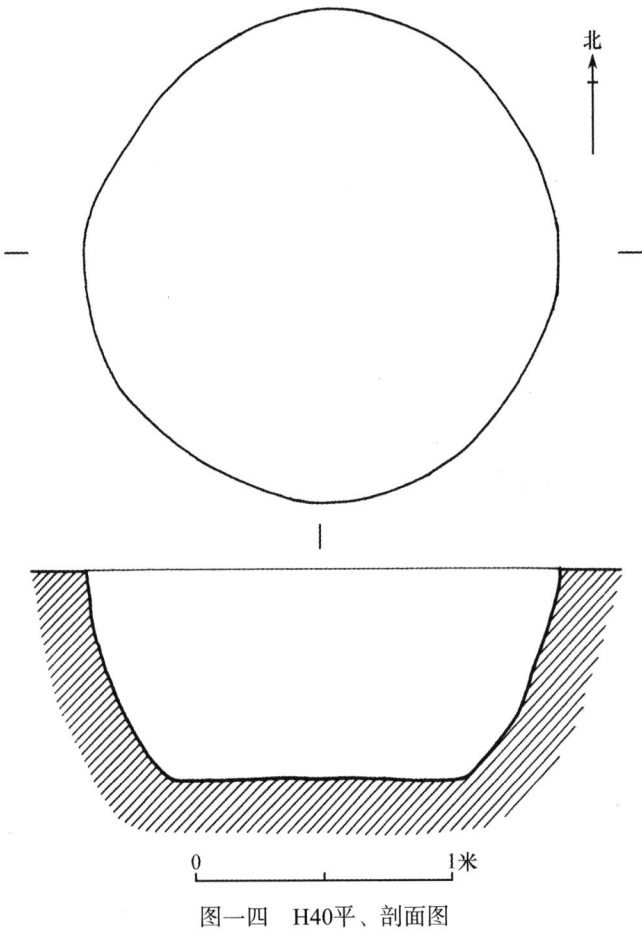

图一四　H40平、剖面图

土质略紧密，包含少量灰烬、红烧土颗粒。出土陶片以夹砂陶为主，次为泥质陶，可辨器形有小平底罐、绳纹侈口罐、曲腹罐、镂孔罐、尖底杯、平底器底等。

H2　位于T7南壁中部，延伸至南壁内，未扩方清理。开口于第5层下，被H1打破，打破第6层至生土。开口距地表1.3米。坑壁弧收，底部中间深、两边浅，不甚规整。清理部分坑口长1.18、宽0.94、深0.4米（图二〇）。黑褐色填土，土质略紧密，包含灰烬。出土陶器以夹砂陶为主，可辨器形有素面敛口罐、卷沿罐、高领罐、尖底杯、瓮、圈足、平底器底等。

H44　位于T5南壁中部偏东，延伸入南壁内，未扩方清理。开口于第6层下，打破生土。开口距地表2米。平面呈不规则弧形，坑壁斜收，坑底较为平整。清理部分坑口长2.2、宽1、深0.2米（图二一）。浅黑褐色填土，土质略紧密，包含少量灰烬。出土少量陶片，可辨器形有小平底罐、高领罐、瓮、盆、器盖等。

H58　位于T5南壁中部，延伸入南壁，未扩方清理。开口于第6层下，打破生土。开口距地表2.1米。平面呈不规则形，坑壁斜收，坑底平整。清理部分坑口长2、宽1.7、

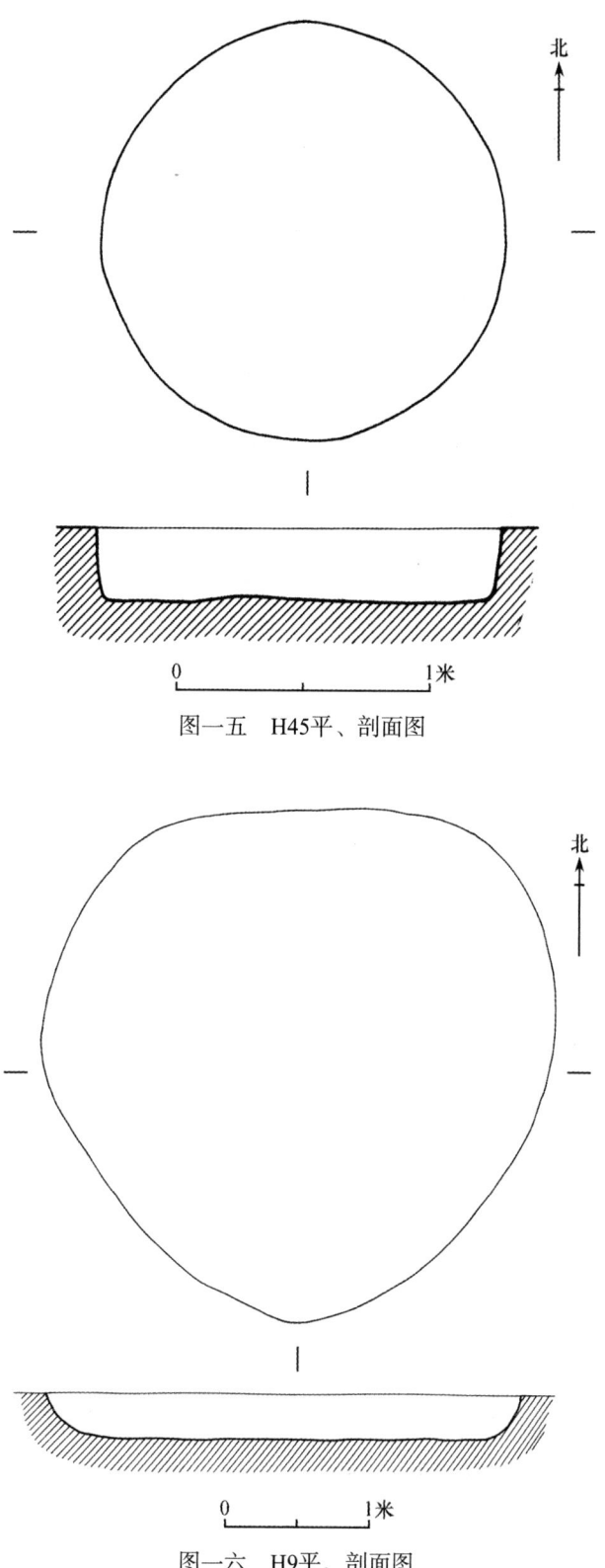

图一五　H45平、剖面图

图一六　H9平、剖面图

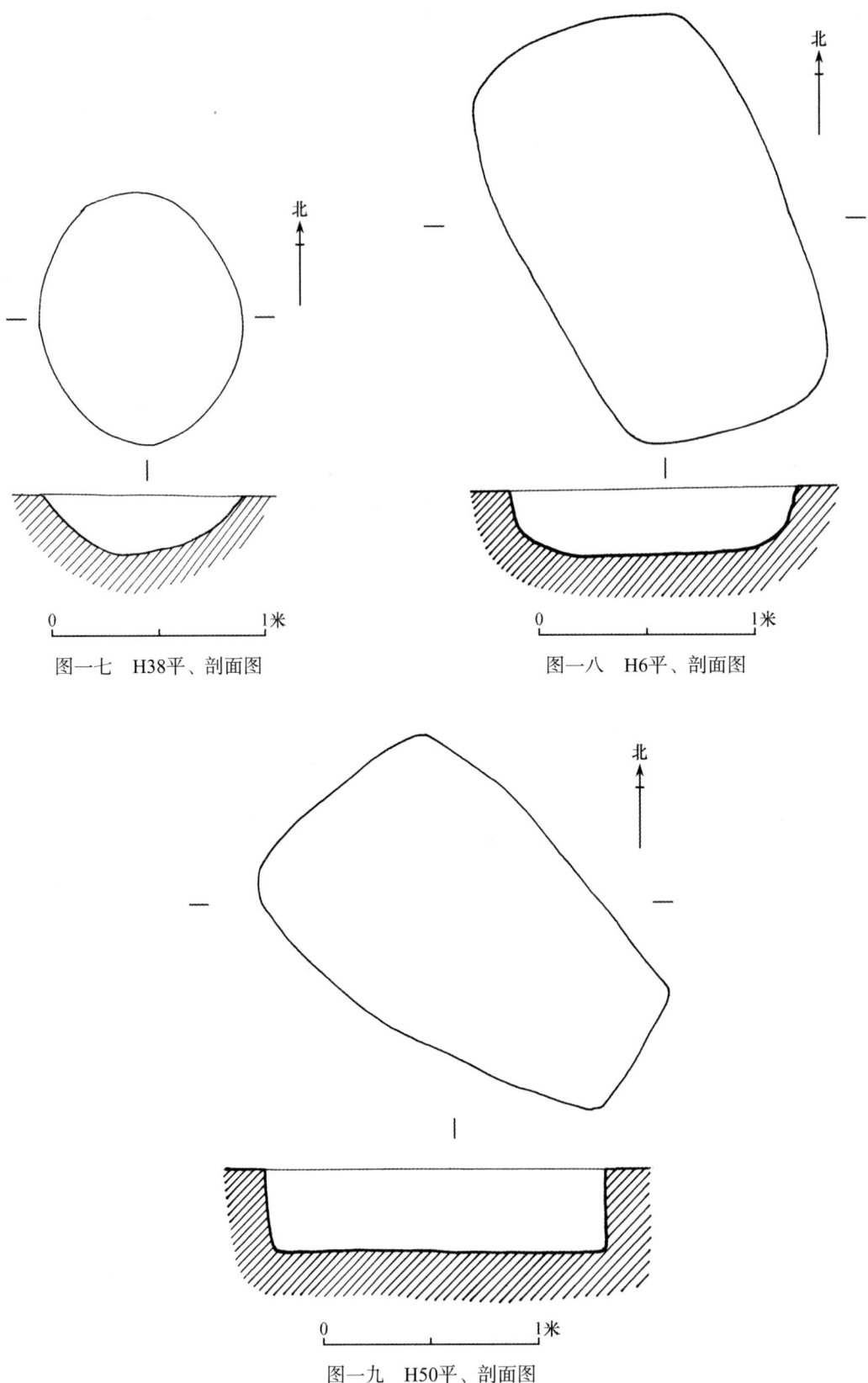

图一七　H38平、剖面图

图一八　H6平、剖面图

图一九　H50平、剖面图

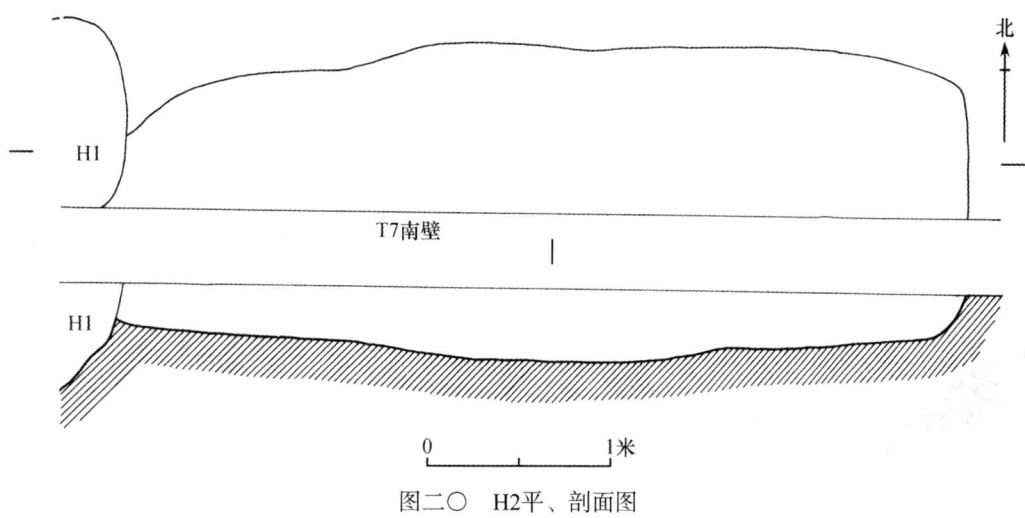

图二〇　H2平、剖面图

深0.2米（图二二）。黑褐色填土，土质略紧密，包含少量灰烬、砾石。出土有少量陶片，可辨器形有素面敛口罐、瓮、器盖、圈足等。

H63　位于T11东壁中部。开口于第5层下，打破生土。开口距地表2.3米。平面呈不规则形，坑壁斜收，坑底平整。清理部分坑口长3.06、宽1.96、深0.16米（图二三）。浅黑褐色填土，土质略紧密，包含少量灰烬。出土少量陶片，可辨器形有素面敛口罐、器盖、平底器底等。

2. 积石坑

1个。

K1　位于T5中部偏北。开口于5层下，打破第6层至生土。开口距地表1.9米。平面近长方形，坑壁较直，平底。坑壁残存烧结痕迹。坑口长2.4、宽0.95、深0.16米（图二四）。坑内堆满卵石，卵石间填土为浅黑褐色，堆积紧密，含较多灰烬，出土少量陶片，较碎无法拣选标本。

3. 灰沟

3条。

G2　位于T2中部，向两侧探方壁内延伸，未扩方清理。开口于第6层下，被G1打破，打破生土。开口距地表2.5米。平面呈窄长条形，沟壁斜收，沟底较为平整。清理部分长10、宽1、深0.2米（图二五）。黑褐色填土，土质略紧密，夹杂浅褐色土及砂粒。出土少量夹砂陶片。

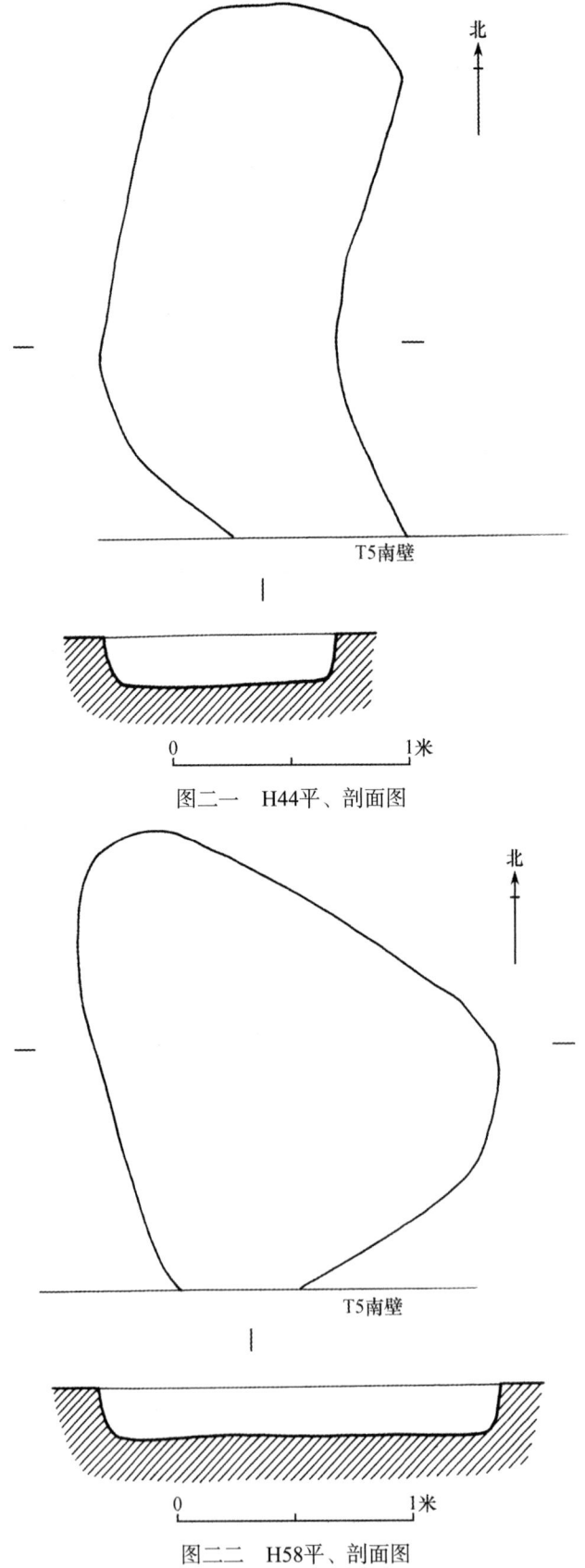

图二一　H44平、剖面图

图二二　H58平、剖面图

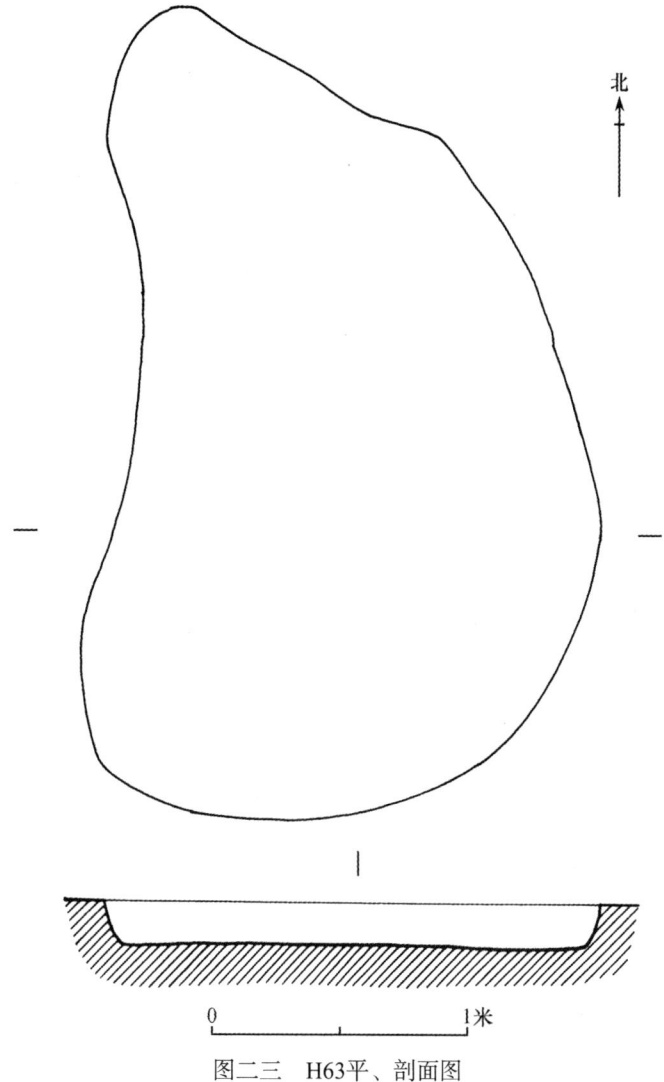

图二三 H63平、剖面图

4. 墓葬

2座。

M1　位于T6西北部。开口于第6层下，打破M2。开口距地表2.1米。长方形竖穴土坑墓，直壁，平底。长2.1、宽0.5、深0.25米。方向335°（图二六）。黑褐色填土，堆积略紧密，夹杂砂粒、灰烬，内含零星夹砂陶片。人骨保存较差，只能残存头骨和部分上、下肢骨。葬式为仰身直肢葬。

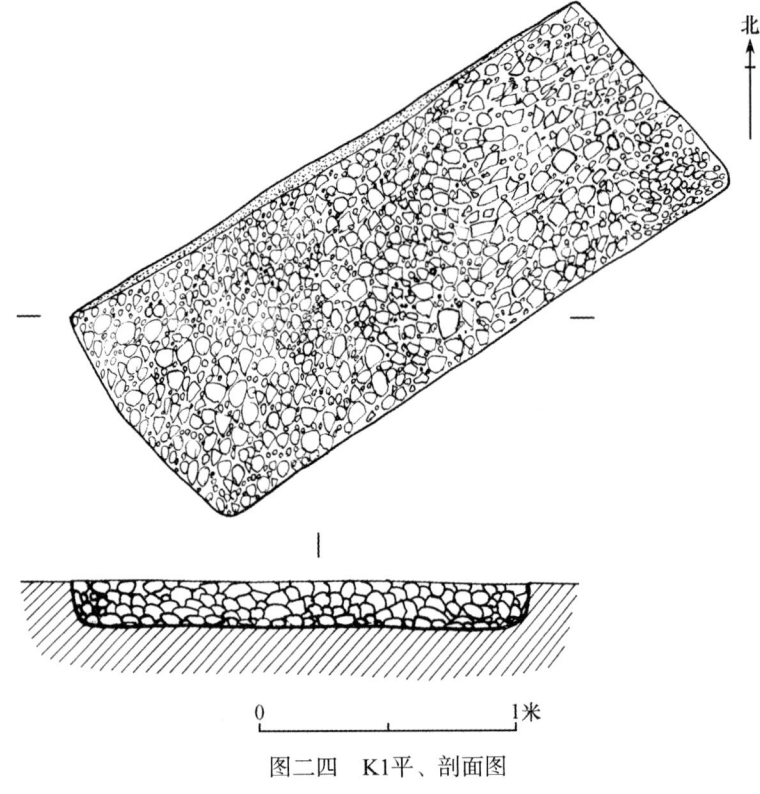

图二四　K1平、剖面图

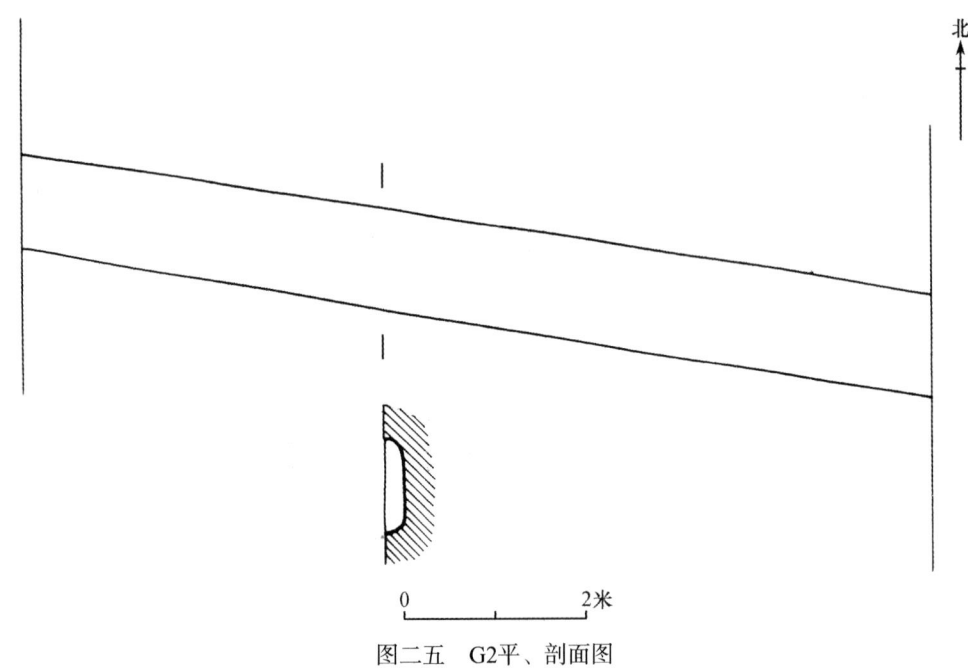

图二五　G2平、剖面图

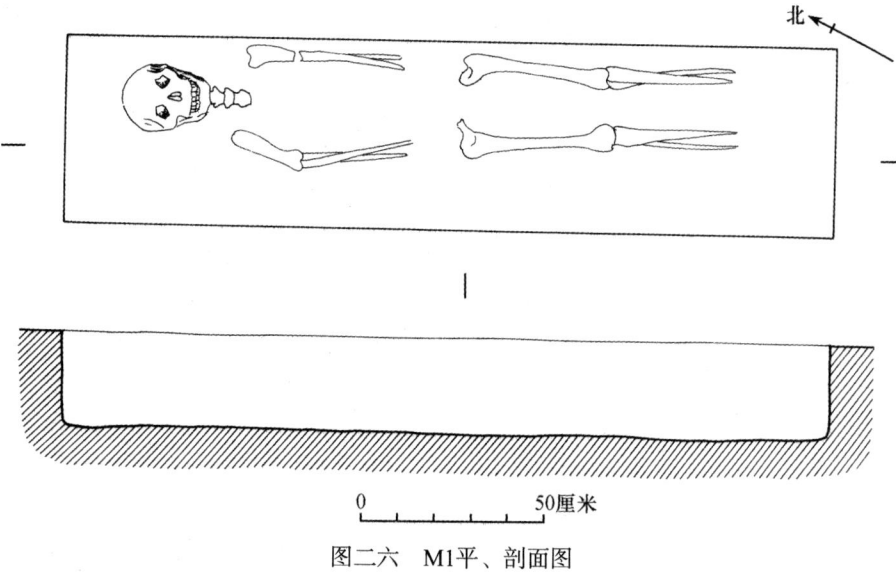

图二六　M1平、剖面图

M2　位于T6西北部。开口于第6层下，被M1打破，打破生土。开口距地表2.1米。长方形竖穴土坑墓，直壁，平底。长1.86、宽0.46、深0.16米。方向335°（图二七）。黑褐色填土，堆积略紧密，含有少量灰烬。骨架保存较差，只保留部分下肢骨。

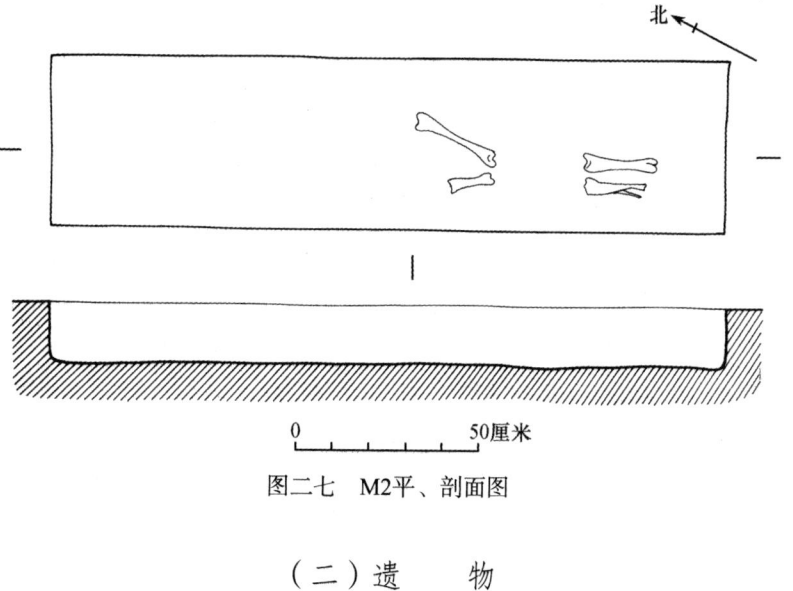

图二七　M2平、剖面图

（二）遗　　物

十二桥文化遗物有陶器和石器。陶器以夹砂陶为主，泥质陶较少。一般为素面，少部分装饰纹饰。纹饰以绳纹为主，其次为凹弦纹，还有刻划纹、镂孔、凸棱纹等。器类有小平底罐、绳纹侈口罐、绳纹敛口罐、素面侈口罐、素面敛口罐、高领罐、曲腹罐、矮领薄胎罐、镂孔罐、敛口小罐、尖底罐、圈足杯、尖底杯、尖底盏、高柄豆、器盖、瓮、缸、盆、壶、钵、器座、筒形器、纺轮、器耳、穿孔陶片、圈足、平底器底等（附表一）。石器均为磨制，器形较小，有斧、凿、刀等。

小平底罐　145件。复原1件，其余均为口沿或底部。

小平底罐（复原器）　1件。H40：19，泥制灰陶。侈口，尖唇，弧肩，腹部斜收，小平底。素面，器壁有刮抹修整痕迹。口径13.7、肩径13.5、底径2.4、高9.8厘米（图二八，1）。

小平底罐（口沿）　75件。依据唇部形态的不同，分为二型。

A型　12件。尖圆唇。多为泥质陶，少数为夹砂陶。依据口径与肩径的大小关系，分为二亚型。

Aa型　5件。肩径大于口径。H52：17，泥质灰陶。侈口，尖圆唇，肩部圆鼓，斜腹弧收，小平底。素面。口径13.7、肩径14、残高5厘米（图二八，2）。

Ab型　7件。肩径小于口径。H50：4，泥质灰陶。侈口，尖圆唇，弧肩。素面。口径14、肩径13.8、残高2.5厘米（图二八，3）。H52：16，泥质灰陶。侈口，尖圆唇，肩部弧鼓。素面。口径13、肩径12.8、残高4厘米（图二八，4）。

B型　63件。方唇，器形比A型稍大。依据口径与肩径的大小以及肩部形态的不同，分为五亚型。

Ba型　34件。肩径大于口径，溜肩。T8⑤：9，夹砂灰褐陶。侈口，方唇，溜肩。素面。残高3.9厘米（图二八，5）。T7⑥：4，夹砂灰陶。侈口，方唇，溜肩。素面。残宽4.4、残高2.6厘米（图二八，6）。T5⑥：12，夹砂黑褐陶。侈口，方唇，唇面微凹，溜肩。素面。残高3.2厘米（图二八，7）。T6⑥：17，夹砂灰陶。侈口，方唇，溜肩。素面。残高2.5厘米（图二八，8）。H31：3，夹砂灰陶。侈口，方唇，溜肩。素面。残高3厘米（图二八，9）。H15：16，夹砂灰黄陶。侈口，方唇，溜肩。素面。残高3厘米（图二八，10）。

Bb型　3件。肩径大于口径，弧肩。H46：2，夹砂灰陶。侈口，方唇，弧肩。素面。口径12、肩径13、残高2.3厘米（图二八，12）。H46：1，夹砂灰褐陶。微侈口，方唇，弧肩。素面。残高2.5厘米（图二八，14）。T5⑥：13，夹砂灰褐陶。侈口，方唇，弧肩，腹部微弧。素面。口径14、肩径14.8、残高4.2厘米（图二八，16）。

Bc型　23件。肩径小于口径，溜肩。H10：6，夹砂灰陶。侈口，方唇，溜肩，素面。残宽4.5、残高3.6厘米（图二八，11）。T4⑥：14，夹砂灰褐陶。侈口，方唇，溜肩。素面。残高2.4厘米（图二八，13）。H9：3，夹砂黑褐陶。侈口，方唇，溜肩。素面。残高4厘米（图二八，15）。H49：14，夹砂灰褐陶。侈口，方唇，溜肩。素面。残高4.5厘米（图二八，17）。T6⑤：10，夹砂灰陶。侈口，方唇，溜肩。素面。残高3.2厘米（图二八，18）。

Bd型　1件。肩径小于口径，肩部不甚明显。T5⑤：9，夹砂灰陶。侈口，方唇。素面。口径14、肩径13.6、残高2.8厘米（图二九，1）。

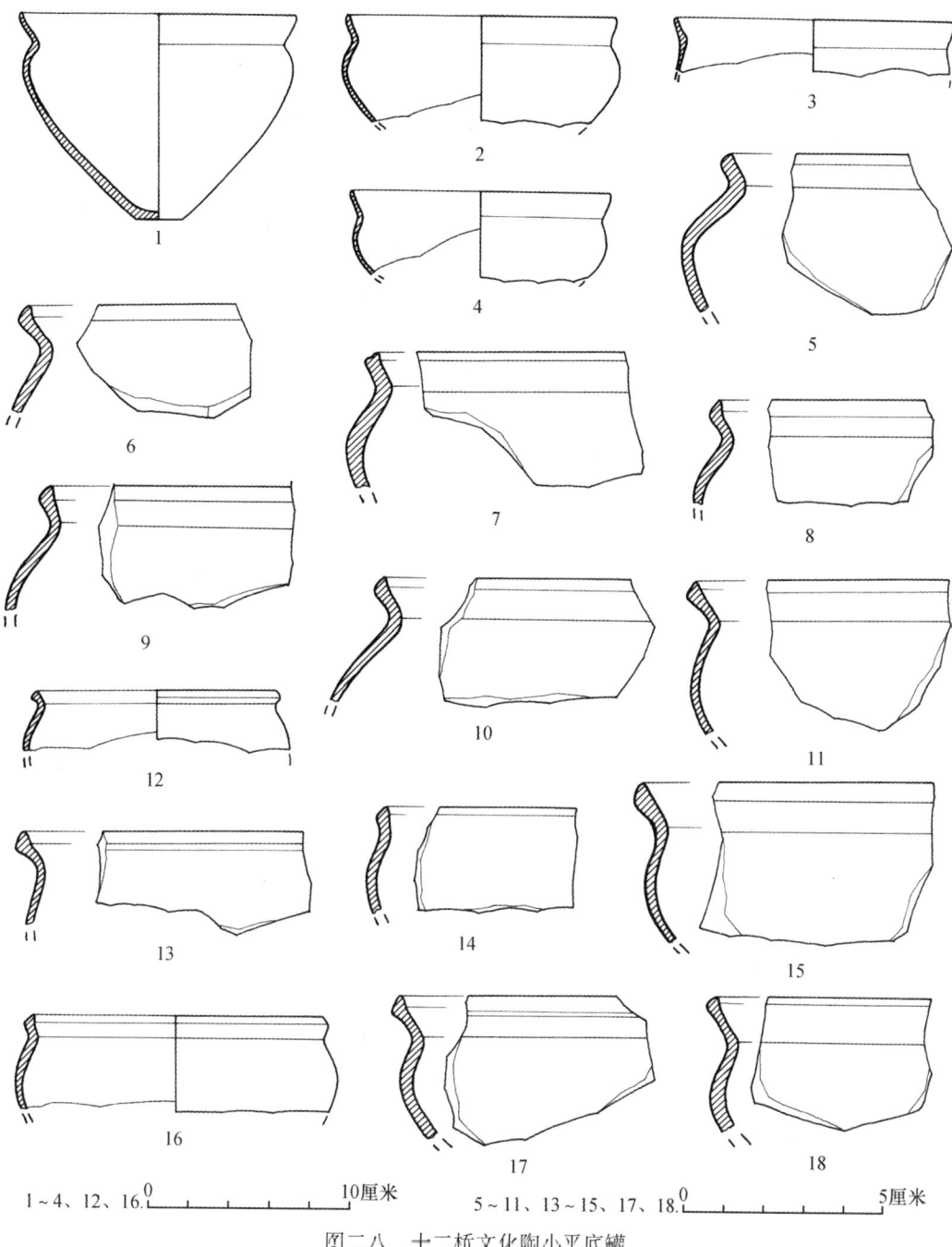

图二八 十二桥文化陶小平底罐

1.复原器（H40∶19） 2.Aa型口沿（H52∶17） 3、4.Ab型口沿（H50∶4、H52∶16） 5~10.Ba型口沿（T8⑤∶9、T7⑥∶4、T5⑥∶12、T6⑥∶17、H31∶3、H15∶16） 11、13、15、17、18.Bc型口沿（H10∶6、T4⑥∶14、H9∶3、H49∶14、T6⑤∶10） 12、14、16.Bb型口沿（H46∶2、H46∶1、T5⑥∶13）

Be型　2件。肩径小于口径，肩部弧鼓，器壁较其他亚型厚。H7：8，夹砂灰陶。侈口，方唇，肩部微弧。素面。口径15、残高4.4厘米（图二九，2）。H50：5，夹砂黑褐陶。侈口，方唇，圆肩，斜直腹。素面。口径14、肩径13.6、残高5.5厘米（图二九，3）。

小平底罐（器底）　69件。T6⑥：34，夹砂灰陶。素面。底径1.6、残高3.6厘米（图二九，4）。H40：9，夹砂灰褐陶。下腹弧收。素面。底径3、残高5.7厘米

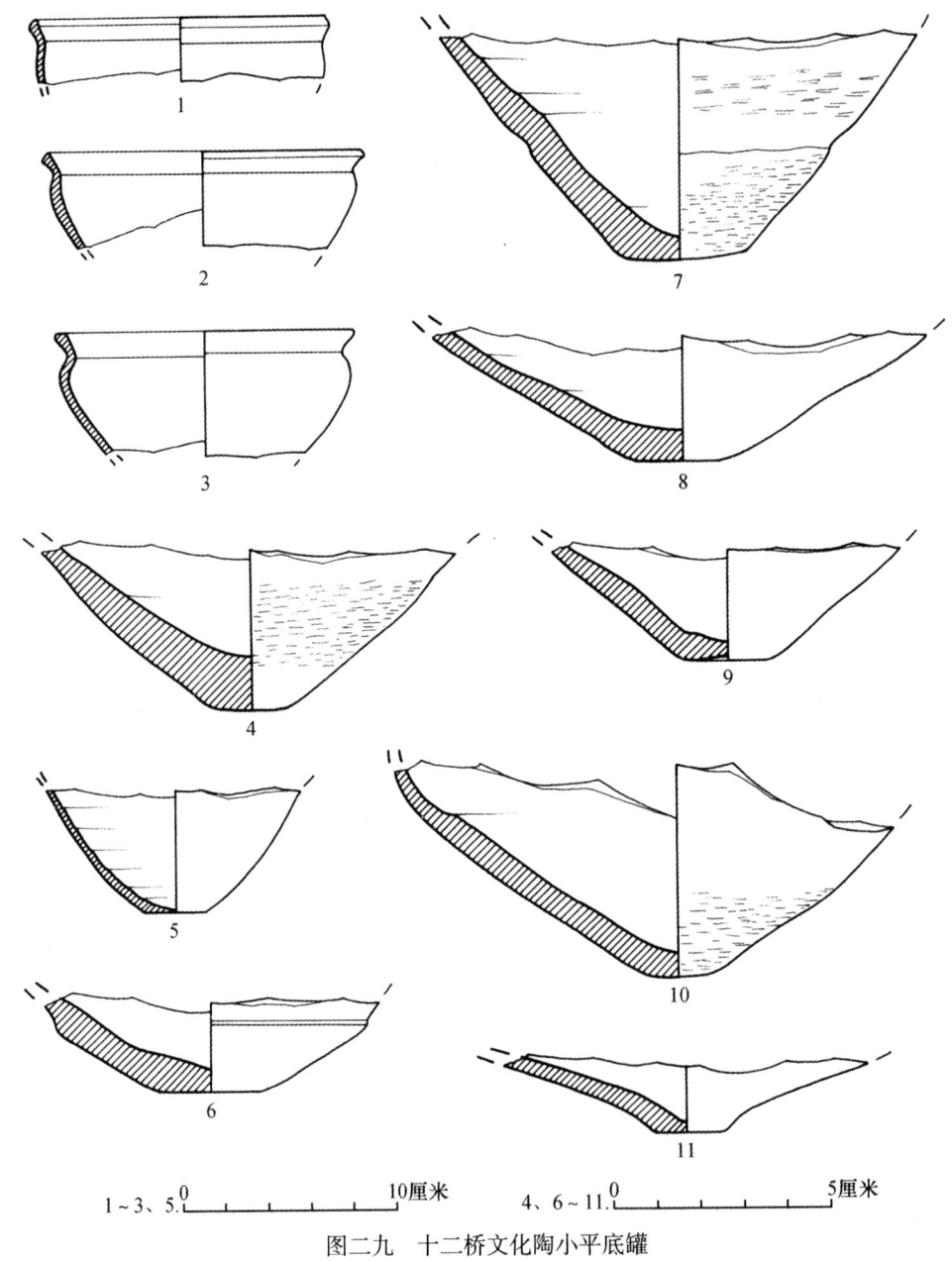

图二九　十二桥文化陶小平底罐
1.Bd型口沿（T5⑤：9）　2、3.Be型口沿（H7：8、H50：5）　4~11.器底（T6⑥：34、H40：9、H9：32、H50：9、H7：27、T9⑤：30、H11：17、H4：13）

（图二九，5）。H9：32，夹砂灰褐陶。器表饰一周凹弦纹。底径2.4、残高2厘米（图二九，6）。H50：9，夹砂灰陶。素面。底径2.8、残高5厘米（图二九，7）。H7：27，夹砂灰褐陶。素面。底径2、残高2.8厘米（图二九，8）。T9⑤：30，泥质灰陶。底外壁微内凹。素面。底径2、残高2.5厘米（图二九，9）。H11：17，夹砂灰褐陶。素面。底径1.5、残高4.6厘米（图二九，10）。H4：13，夹砂灰陶。下腹近底处微内弧，形成假台底。素面。底径1.6、残高1.5厘米（图二九，11）。

绳纹敛口罐　22件。均为口沿残片。依据口沿形态的不同，分为二型。

A型　12件。假凸沿。T1⑥：16，夹砂灰白陶。敛口，斜方唇。口沿及肩部饰斜向绳纹。残高2.6厘米（图三〇，1）。T9⑤：3，夹砂灰白陶。敛口，方唇。口沿及肩部饰斜向绳纹，其下饰横向绳纹。残高3.9厘米（图三〇，2）。H9：17，夹砂灰陶。敛口，方唇。口沿及肩部饰斜向绳纹，其下饰横向绳纹。残高4厘米（图三〇，3）。H62：4，夹砂黑褐陶。敛口，尖圆唇。口沿饰斜向绳纹，肩部饰成组的横向绳纹。口径33、残高5.7厘米（图三〇，4）。

B型　10件。凸沿明显。T9⑥：4，夹砂灰褐陶。敛口，沿面内凹，方唇。口沿及肩部饰斜向绳纹，其下饰横向绳纹。口径33、残高6.6厘米（图三〇，5）。H68：13，夹砂黑褐陶。敛口，沿较窄，方唇，鼓肩。口沿及肩部饰斜向绳纹，其下饰横向绳纹。口径39、肩径48、残高17厘米（图三〇，6）。

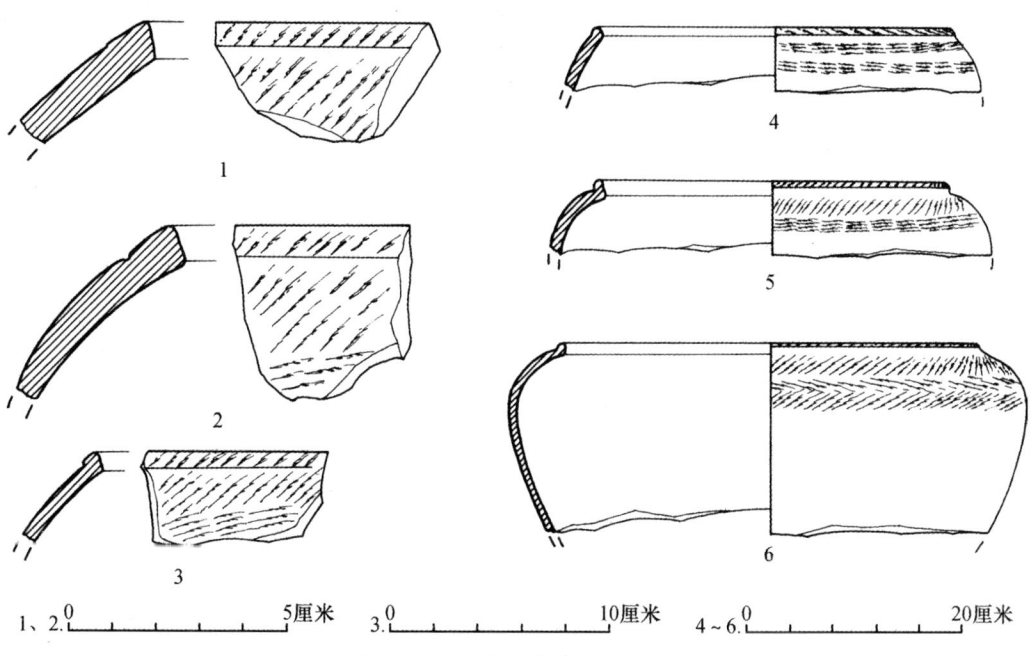

图三〇　十二桥文化陶绳纹敛口罐

1~4. A型（T1⑥：16、T9⑤：3、H9：17、H62：4）　5、6. B型（T9⑥：4、H68：13）

素面敛口罐 240件。均为口沿或及肩腹部残片。依据口沿形态的不同，分为二型。

A型 146件。凸沿较短。依据肩部及上腹形态的不同，分为七亚型。

Aa型 3件。广肩，最大径位于腹部。T5⑤：25，夹砂黑褐陶。敛口，尖唇，唇沿内凸。素面。口径22、残高12厘米（图三一，1）。T10⑥：6，夹砂灰黄陶。敛口，圆唇。素面。残高4厘米（图三一，2）。

Ab型 26件。圆肩。T9⑤：7，夹砂灰褐陶。敛口，圆唇，沿下有一周凹槽。素面。口径30、残高3.3厘米（图三一，3）。T2⑥：17，夹砂灰陶。敛口，方唇，沿下有一周较宽的凹槽。素面。口径30、残高3.3厘米（图三一，4）。H1：33，夹砂灰褐陶。敛口，方唇，唇面较宽且微内凹，沿下有一周凹槽。素面。口径33、残高4.8厘米（图三一，5）。

Ac型 49件。圆弧肩较窄。T3⑥：22，夹砂灰陶。敛口，圆唇，沿面微凹，沿下有一周凹槽。素面。口径30、残高6.9厘米（图三一，6）。

Ad型 17件。圆折肩较窄，上腹斜收。T11⑤：8，夹砂灰褐陶。敛口，沿面内凹，圆唇，沿下有一周凹槽。素面。口径40、残高4.8厘米（图三一，7）。T9⑤：5，夹砂灰褐陶。敛口，沿面微凹，圆唇。素面。口径30、残高3.6厘米（图三一，8）。T5⑤：21，夹砂灰陶。敛口，圆唇。素面。口径30、残高5.1厘米（图三一，9）。T2⑥：15，夹砂灰陶。敛口，圆唇。素面。口径30、残高5.1厘米（图三一，10）。

Ae型 24件。弧肩较窄，上腹较直。H6：34，夹砂灰陶。敛口，沿面内凹，圆唇。肩部饰一周凹弦纹。口径36、残高9厘米（图三一，11）。T8⑤：7，夹砂灰陶。敛口，方唇。素面。口径37.5、残高21厘米（图三一，12）。H9：15，夹砂灰褐陶。敛口，沿面内凹，尖圆唇。素面。口径39、腹径42、残高9.9厘米（图三一，13）。H5：10，夹砂灰陶。敛口，圆唇。素面。口径28、残高8厘米（图三一，14）。

Af型 22件。鼓肩，上腹斜收。T6⑤：15，夹砂黑褐陶。敛口，圆唇。素面。口径31.5、肩径34.8、残高14.4厘米（图三二，1）。H46：3，夹砂灰褐陶。敛口，沿面内凹，圆唇。素面。口径27、肩径30.6、残高11.4厘米（图三二，2）。H39：1，夹砂黑褐陶。敛口，圆唇。素面。口径27、肩径31.2、残高11.2厘米（图三二，3）。H31：6，夹砂黑褐陶。敛口，沿面内凹，圆唇。素面。口径36、肩径40、残高15厘米（图三二，4）。H12：8，夹砂灰褐陶。敛口，沿面内凹，圆唇。素面。口径26、肩径28.5、残高5.4厘米（图三二，5）。T2⑥：16，夹砂灰黄陶。敛口，圆唇。素面。口径38、肩径40.8、残高7.2厘米（图三二，6）。H6：33，夹砂灰陶。敛口，圆唇。素面。口径28、残高4厘米（图三二，7）。

Ag型 5件。弧肩，上腹斜收。T6⑥：8，夹砂灰黄陶。敛口，圆唇。素面。口径33、肩径34.2、残高6.6厘米（图三三，1）。

B型 94件。凸沿外侈，沿部较长。依据肩部形态的不同，分为二亚型。

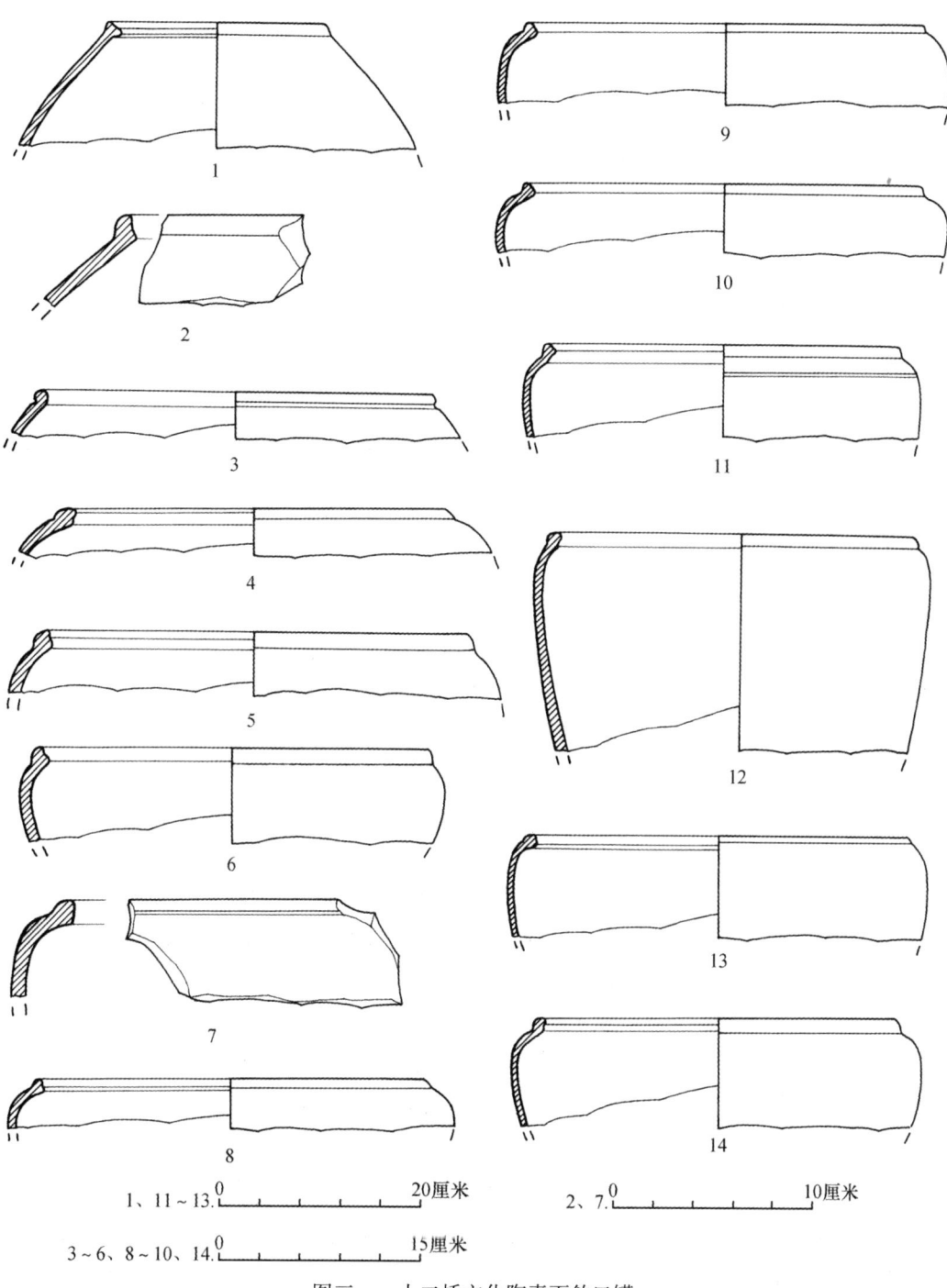

1、11～13. 0———20厘米　　2、7. 0———10厘米

3～6、8～10、14. 0———15厘米

图三一　十二桥文化陶素面敛口罐

1、2.Aa型（T5⑤：25、T10⑥：6）　3～5.Ab型（T9⑤：7、T2⑥：17、H1：33）　6.Ac型（T3⑥：22）

7～10.Ad型（T11⑤：8、T9⑤：5、T5⑤：21、T2⑥：15）　11～14.Ae型（H6：34、T8⑤：7、H9：15、H5：10）

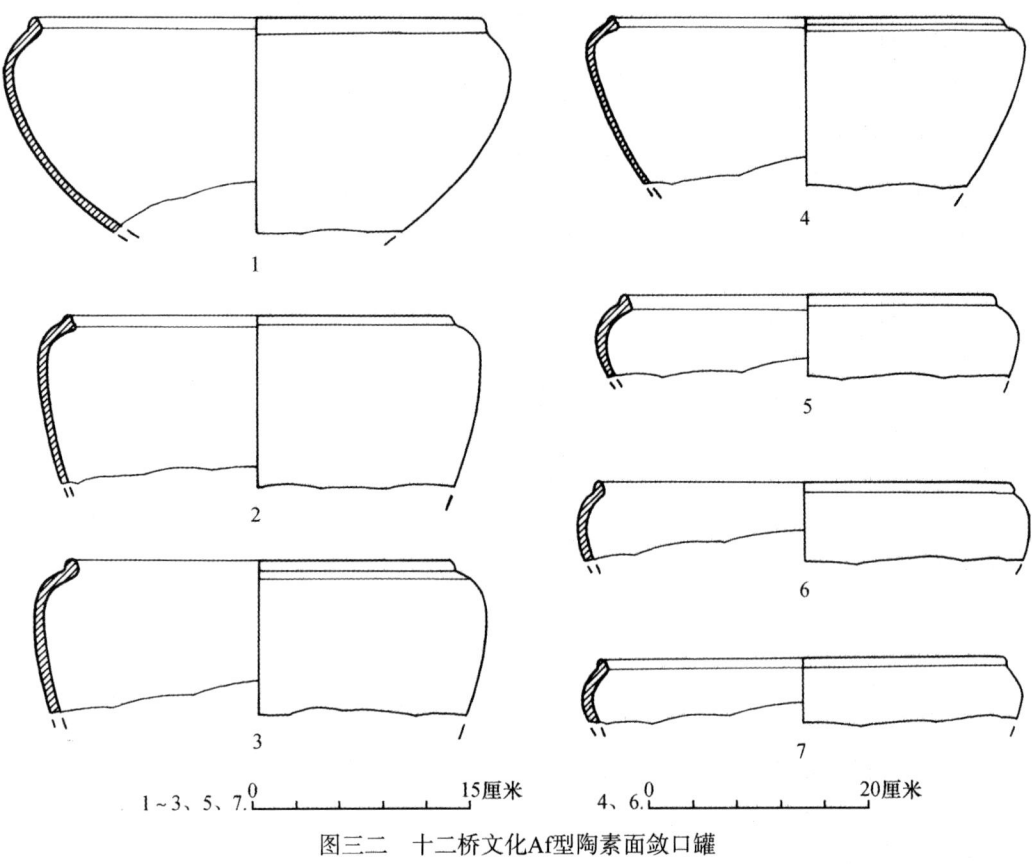

图三二 十二桥文化Af型陶素面敛口罐
1. T6⑤：15　2. H46：3　3. H39：1　4. H31：6　5. H12：8　6. T2⑥：16　7. H6：33

Ba型 53件。鼓肩。H4：6，夹砂灰陶。敛口，平折沿，尖圆唇，束颈。素面。口径30、残高3.8厘米（图三三，2）。H1：29，夹砂灰褐陶。敛口，平折沿，尖唇。素面。口径25.5、残高4厘米（图三三，3）。H3：25，夹砂灰陶。敛口，斜折沿，尖圆唇。素面。口径24、残高2.8厘米（图三三，4）。H45：4，夹砂灰褐陶。敛口，折沿，尖唇。素面。口径30、肩径33.6、残高4厘米（图三三，5）。T1⑥：6，夹砂灰陶。敛口，折沿，尖唇。素面。口径24、残高2.8厘米（图三三，6）。T5⑤：14，夹砂灰陶。敛口，折沿，尖圆唇。素面。口径26、肩径29.2、残高2.5厘米（图三三，7）。

Bb型 41件。弧肩。T3⑥：18，夹砂灰黄陶。敛口，平折沿，尖圆唇。素面。口径25.5、残高5.1厘米（图三三，8）。H1：3，夹砂灰陶。敛口，折沿，圆唇，肩部有一周凹槽。素面。口径30、肩径31.2、残高7.5厘米（图三三，9）。T8⑤：4，夹砂灰陶。敛口，平折沿，圆唇。素面。口径26、肩径26、残高4.8厘米（图三三，10）。

绳纹侈口罐 27件。均为口沿残片或保留至上腹部。依据肩部形态的不同，分为三型。

A型 24件。溜肩。H47：8，夹砂灰褐陶。侈口，方唇。肩部饰交错绳纹，其下

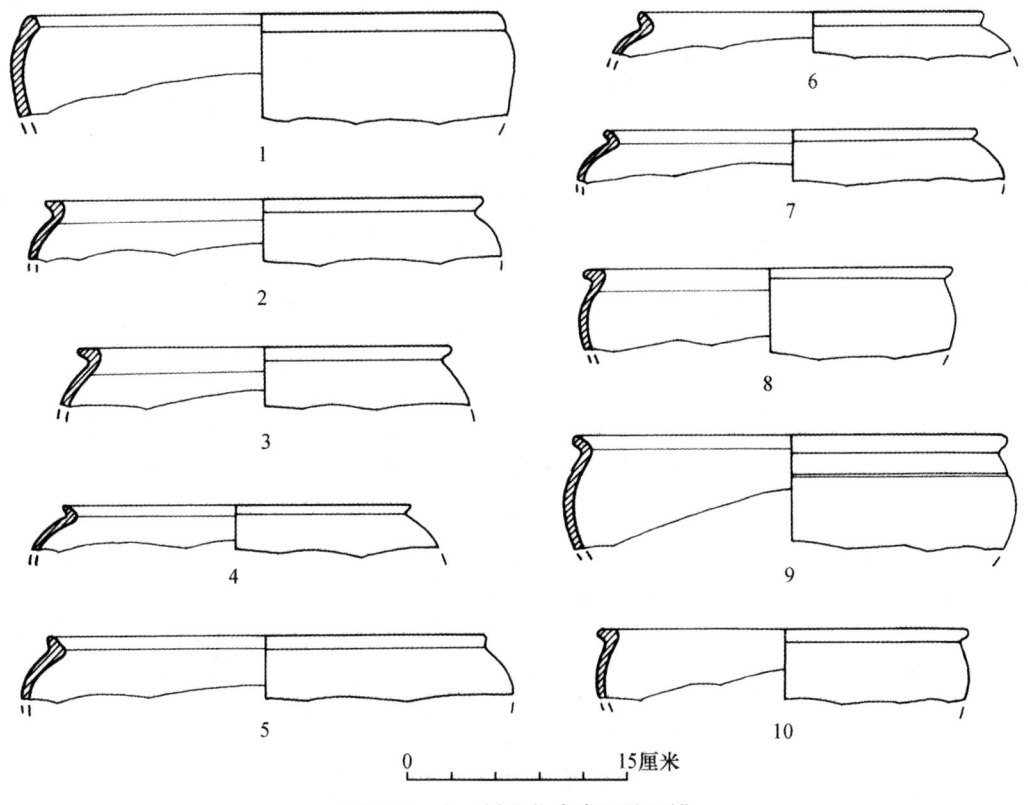

图三三　十二桥文化陶素面敛口罐
1. Ag型（T6⑥：8）　2~7. Ba型（H4：6、H1：29、H3：25、H45：4、T1⑥：6、T5⑤：14）
8~10. Bb型（T3⑥：18、H1：3、T8⑤：4）

饰两周凹弦纹。口径33、肩径42、残高24.3厘米（图三四，1）。T10⑤：13，夹砂灰陶。侈口，方唇已磨圆。肩部饰交错绳纹。残高3.2厘米（图三四，2）。T5⑤：7，夹砂灰褐陶。侈口，方唇。肩部饰斜向绳纹。口径16、残高5.6厘米（图三四，3）。T2⑥：14，夹砂灰黄陶。侈口，方唇。肩部饰交错绳纹。残高5厘米（图三四，4）。

B型　2件。弧肩。T1⑥：5，夹砂灰陶。侈口，方唇磨圆。肩部饰交错绳纹。口径18、残高5厘米（图三四，5）。

C型　1件。无肩。H35：4，夹砂黑褐陶。侈口，圆唇。上腹部饰斜向绳纹。残高4厘米（图三四，6）。

素面侈口罐　79件。均为口沿残片。依据器形大小及口沿、肩部形态的不同，分为五型。

A型　41件。器形较小，肩部弧鼓。Y1：13，夹砂灰褐陶。侈口，方唇，唇部有一周凹槽，弧肩。素面。口径17、肩径20、残高3.4厘米（图三五，1）。T6⑥：21，夹砂灰陶。侈口，方唇，弧肩。素面。口径14、肩径16、残高5.4厘米（图三五，2）。H7：10，夹砂灰陶。侈口，方唇，弧肩。素面。口径17、肩径17.6、残高4厘米（图

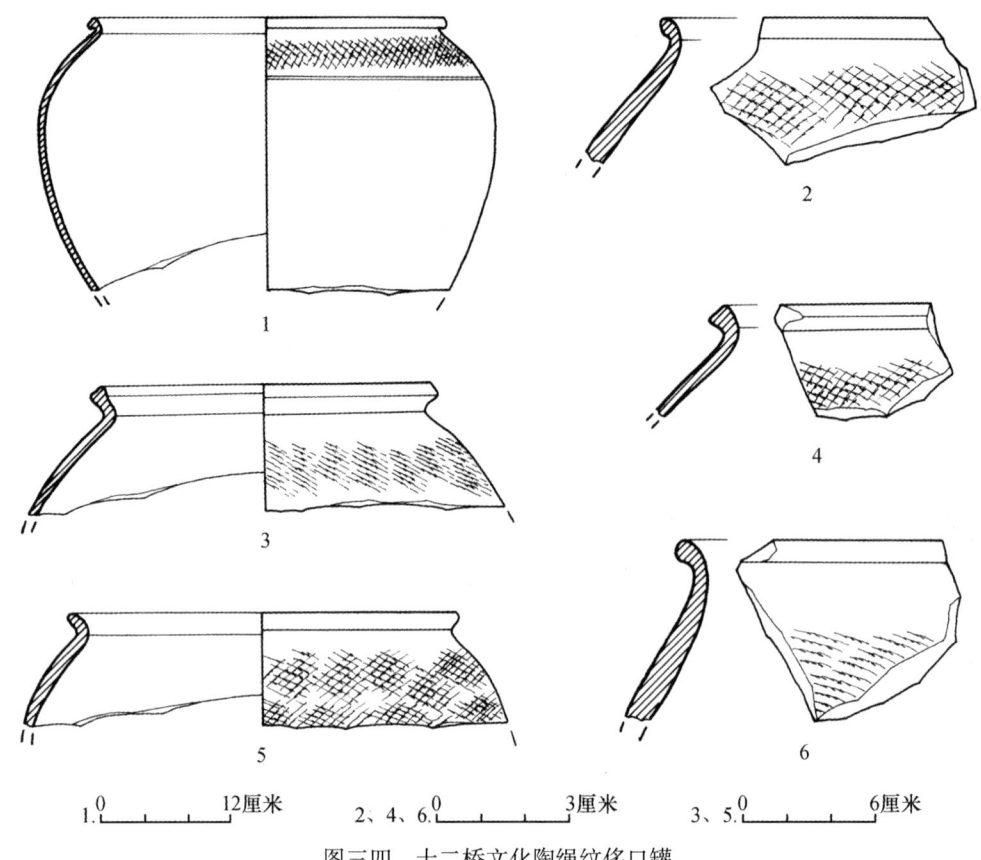

图三四 十二桥文化陶绳纹侈口罐
1~4.A型（H47：8、T10⑤：13、T5⑤：7、T2⑥：14） 5.B型（T1⑥：5） 6.C型（H35：4）

三五，3）。H34：11，夹砂灰陶。侈口，方唇，弧肩。素面。口径14、肩径16、残高5.6厘米（图三五，4）。T5⑤：5，夹砂灰陶。侈口，方唇，弧肩。素面。口径15、肩径18、残高3.4厘米（图三五，5）。H9：1，夹砂灰陶。侈口，方唇，弧肩。素面。口径14、肩径16.4、残高5厘米（图三五，6）。

B型 28件。器形较A型稍大，溜肩。H34：15，夹砂灰褐陶。侈口，方唇，唇面稍宽微凹，溜肩。素面。口径18、残高5.6厘米（图三五，7）。T5⑤：4，夹砂灰陶。侈口，方唇，唇部有一周凹槽，溜肩。素面。口径17、残高3厘米（图三五，8）。H7：11，夹砂灰陶。侈口，方唇，溜肩。素面。口径16、残高3厘米（图三五，9）。H9：5，夹砂灰陶。侈口，方唇，溜肩。素面。口径21、残高4.4厘米（图三五，10）。T2⑥：12，夹砂灰陶。侈口，方唇，溜肩。素面。口径24、残高4.8厘米（图三五，11）。

C型 4件。器形比A型稍大，广肩。T5⑥：15，夹砂灰陶。侈口，方唇，唇部较宽且有一周凹槽，广肩。素面。口径17、残高4厘米（图三五，12）。

D型 3件。器形较小，肩部外鼓程度、弧度均较A型弱。H3：20，夹砂暗褐陶。

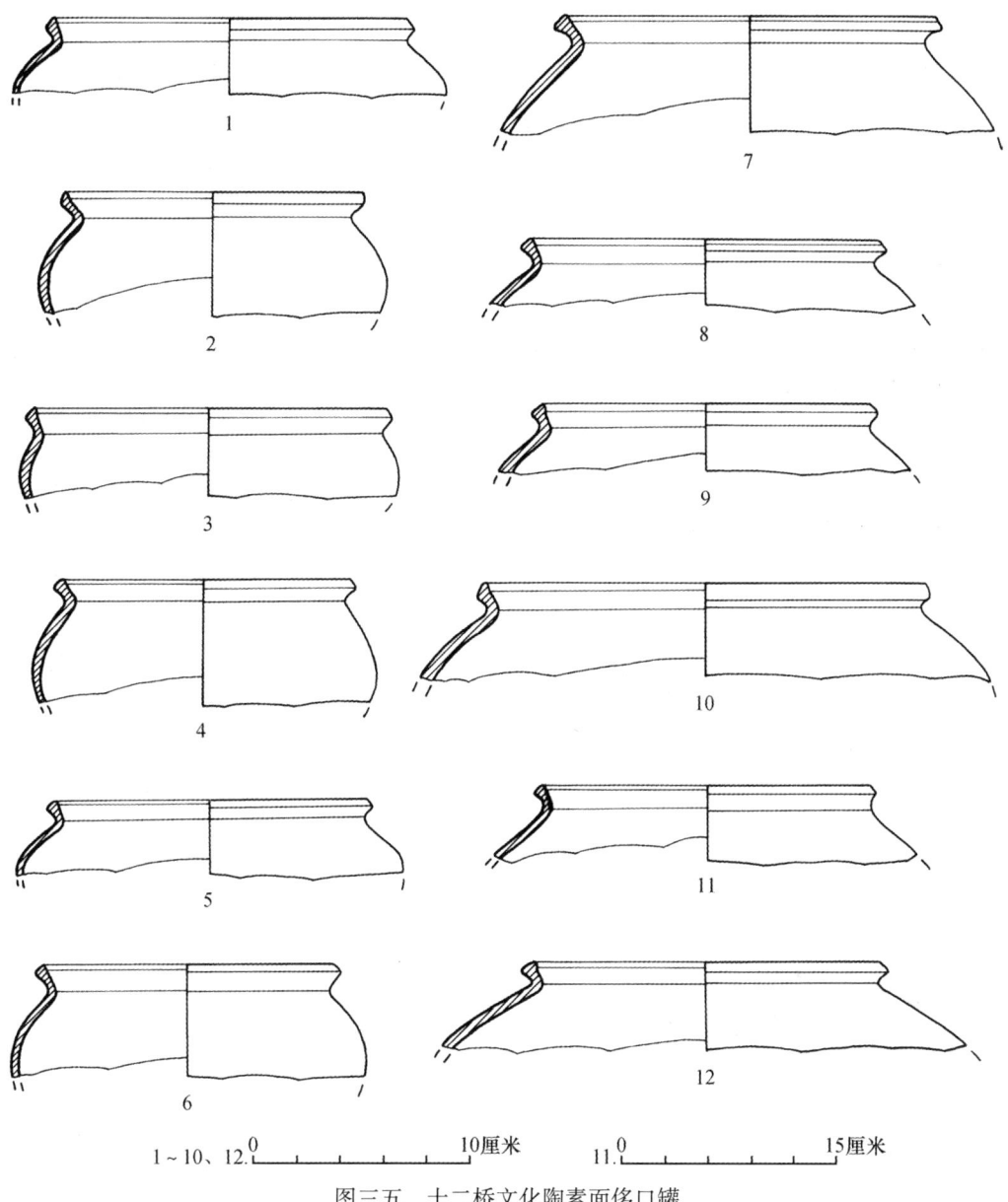

图三五　十二桥文化陶素面侈口罐

1~6.A型（Y1∶13、T6⑥∶21、H7∶10、H34∶11、T5⑤∶5、H9∶1）　7~11.B型（H34∶15、T5⑤∶4、H7∶11、H9∶5、T2⑥∶12）　12.C型（T5⑥∶15）

侈口，方唇，束颈，弧肩。素面。口径14、残高4.2厘米（图三六，1）。T11⑤∶13，夹砂灰褐陶。侈口，圆唇，弧肩。素面。口径19、残高3厘米（图三六，2）。H32∶3，夹砂灰陶。侈口，方唇，弧肩。素面。口径14、残高3.4厘米（图三六，3）。

E型　3件。器形较小，弧肩，肩径小于口径。H14∶13，夹砂灰褐陶。侈口，方唇。素面。口径15、肩径14.6、残高2.8厘米（图三六，4）。H11∶82，夹砂灰褐陶。

侈口，折沿，尖圆唇，弧肩。素面。口径12、肩径11.6、残高3.4厘米（图三六，5）。H38∶2，夹砂黑褐陶。侈口，折沿，尖圆唇，弧肩。素面。口径14、肩径13.6、残高3.8厘米（图三六，6）。

刻划纹侈口罐 1件。肩部饰刻划纹，但形态与素面侈口罐相近。M1∶2，夹砂黑褐陶。侈口，方唇，圆鼓肩。肩部饰刻划纹。口径13、肩径16.6、残高4厘米（图三六，7）。

曲腹罐 8件。H10∶8，夹砂灰褐陶。侈口，方唇，弧肩。肩部饰一周凹弦纹。口径16、残高7厘米（图三七，1）。H11∶69，夹砂灰褐陶。侈口，方唇，弧肩。肩部饰一周凹弦纹。口径26、残高7.2厘米（图三七，2）。T5⑥∶14，夹砂灰褐陶。侈口，方唇，弧肩。肩部饰一周凹弦纹。口径15、残高4.8厘米（图三七，3）。

卷沿罐 3件。H2∶4，夹砂灰陶。敛口，卷沿，方唇，弧肩。素面。口径11、残高3.5厘米（图三七，4）。H2∶3，夹砂灰陶。侈口，卷沿，圆唇，肩部斜直。素面。残高2.3厘米（图三七，5）。H4∶16，夹砂黑褐陶。卷沿较甚近平，圆唇，鼓肩。素面。口径14、残高2.8厘米（图三七，6）。

敛口小罐 2件。H16∶6，夹砂灰陶。敛口，圆唇，广肩。素面。口径11、残高1.6厘米（图三七，7）。H16∶2，夹砂灰褐陶。敛口，圆唇，唇部加厚，圆弧腹。素面。口径10、腹径12.4、残高5.8厘米（图三七，8）。

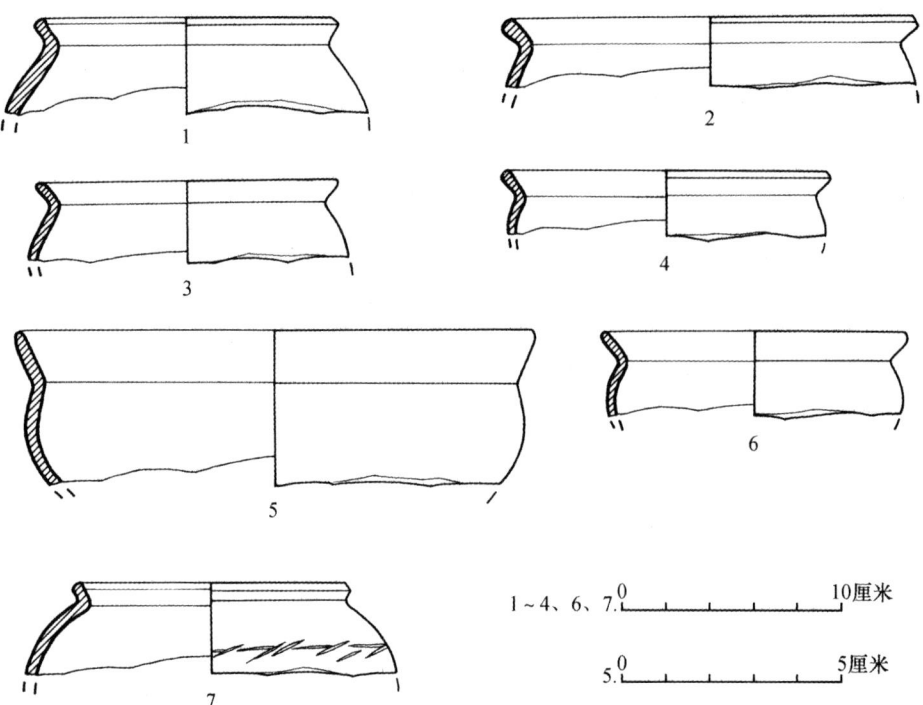

图三六　十二桥文化陶罐

1～3. D型素面侈口罐（H3∶20、T11⑤∶13、H32∶3）　4～6. E型素面侈口罐（H14∶13、H11∶82、H38∶2）
7. 刻划纹侈口罐（M1∶2）

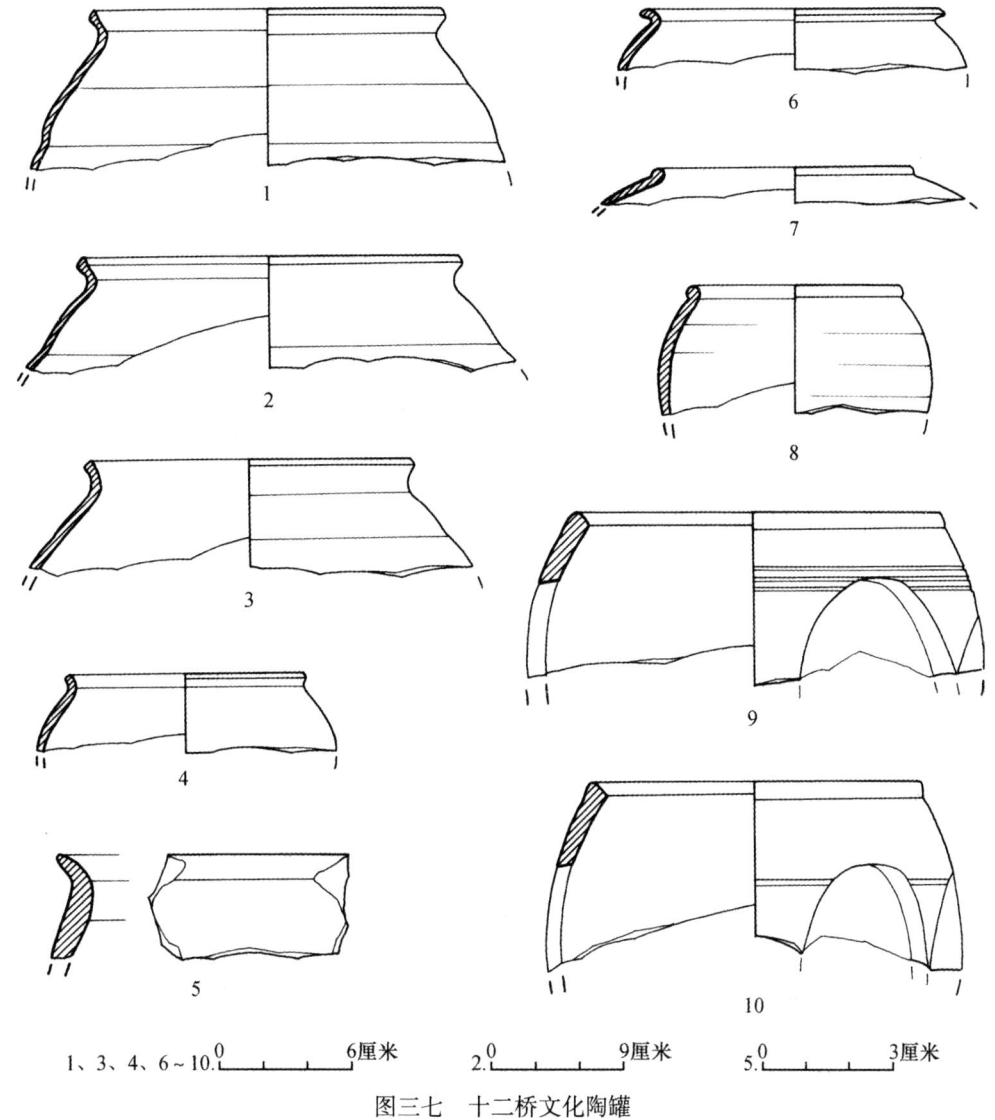

图三七 十二桥文化陶罐

1~3. 曲腹罐（H10∶8、H11∶69、T5⑥∶14） 4~6. 卷沿罐（H2∶4、H2∶3、H4∶16） 7、8. 敛口小罐（H16∶6、H16∶2） 9、10. 镂孔罐（H49∶9、H50∶13）

镂孔罐 4件。只保留口沿及肩腹残片。H49∶9，夹砂灰陶。敛口，方唇，唇面微凹，弧腹。上腹饰三周凹弦纹，腹部饰椭圆形镂孔。口径18、残高7.5厘米（图三七，9）。H50∶13，夹砂灰陶。敛口，方唇，唇面微凹，弧腹。上腹部饰一周凹弦纹，腹部饰椭圆形镂孔。口径15、肩径19、残高8厘米（图三七，10）。

高领罐 177件。依据领部形态及器形大小的不同，分为二型。

A型 69件。领部稍高，器形较小。依据领部倾斜程度的不同，分为三亚型。

Aa型 44件。领部微外斜。H11∶58，夹砂灰陶。侈口，圆唇。素面。口径20、残高5.4厘米（图三八，1）。H9∶19，夹砂灰陶。侈口，方圆唇。素面。口径16、残高

4.2厘米（图三八，2）。T2⑥：23，夹砂灰陶。侈口，方圆唇。素面。口径16.4、残高4.3厘米（图三八，3）。T3⑤：16，夹砂灰陶。侈口，圆唇。素面。口径16、残高4.6厘米（图三八，4）。H9：22，夹砂灰陶。侈口，圆唇。素面。口径17.6、残高5.4厘米（图三八，5）。

Ab型　19件。领部较直。H5：12，夹砂灰陶。侈口，圆唇。素面。口径28、残高14.8厘米（图三八，6）。H6：25，夹砂灰陶。侈口，圆唇。素面。口径19.8、残高9.5厘米（图三八，7）。T3⑥：24，夹砂灰陶。侈口，方圆唇。素面。口径34、残高5厘米（图三八，8）。H11：56，夹砂灰陶。侈口，圆唇。沿下饰两周凹弦纹，领部饰一周凹弦纹。口径12、残高4.4厘米（图三八，9）。T5⑤：32，夹砂灰陶。侈口，圆唇。素面。口径14.4、残高4厘米（图三八，10）。H21：22，夹砂灰陶。侈口，方圆唇。素面。口径24、残高5.3厘米（图三八，11）。

Ac型　6件。领部内斜。T1⑤：11，夹砂灰陶。侈口，圆唇，唇部有一周凹槽。素面。口径32、残高3.3厘米（图三八，12）。H9：26，夹砂灰陶。侈口，圆唇。素面。口径19、残高3.2厘米（图三八，13）。

B型　108件。领部较A型高，器形比A型稍大。依据领部倾斜程度的不同，分二亚型。

Ba型　92件。领部较直。H25：21，夹砂灰陶。直口，圆唇。素面。口径18、残高4.8厘米（图三九，1）。H11：52，夹砂灰陶。侈口，圆唇，素面。口径13、残高7.8厘米（图三九，2）。H47：6，夹砂灰陶。直口，圆唇。领部饰两周凹弦纹。口径20.4、残高8.6厘米（图三九，3）。H9：29，夹砂灰陶。侈口，圆唇。素面。内壁有明显轮修痕迹。口径17.2、残高10.4厘米（图三九，4）。H4：9，夹砂灰陶。直口，方圆唇。素面。口径17、残高5.6厘米（图三九，5）。H1：43，夹砂灰陶。直口，圆唇。素面。口径18、残高6.4厘米（图三九，6）。H29：2，夹砂灰陶。直口，圆唇。素面。口径16、残高7.2厘米（图三九，7）。H15：13，夹砂灰陶。直口，圆唇。素面。口径17、残高11厘米（图三九，8）。T6⑤：37，夹砂灰陶。直口，方圆唇。素面。口径18、残高9.2厘米（图四〇，1）。Y1：7，夹砂灰陶。侈口，圆唇。素面。口径19、残高15.9厘米（图四〇，2）。T6⑥：3，夹砂灰陶。侈口，圆唇。素面。口径15、残高9.4厘米（图四〇，3）。

Bb型　16件。领部内斜。T5⑤：37，夹砂灰陶。侈口，圆唇。素面。口径14、残高5.3厘米（图四〇，4）。H11：59，夹砂灰陶。侈口，尖圆唇。素面。口径26、残高5.4厘米（图四〇，5）。T7⑥：9，夹砂灰陶。侈口，圆唇。领部饰两周凹弦纹。口径19、残高5厘米（图四〇，6）。

矮领薄胎罐　1件。H36：2，夹砂灰陶。口微侈，圆唇，矮领微斜收，鼓腹。素面。口径14、腹径16.4、残高7.6厘米（图四〇，7）。

尖底罐（器底）　3件。H21：25，夹砂灰黄陶。素面。残高3.8厘米（图四〇，

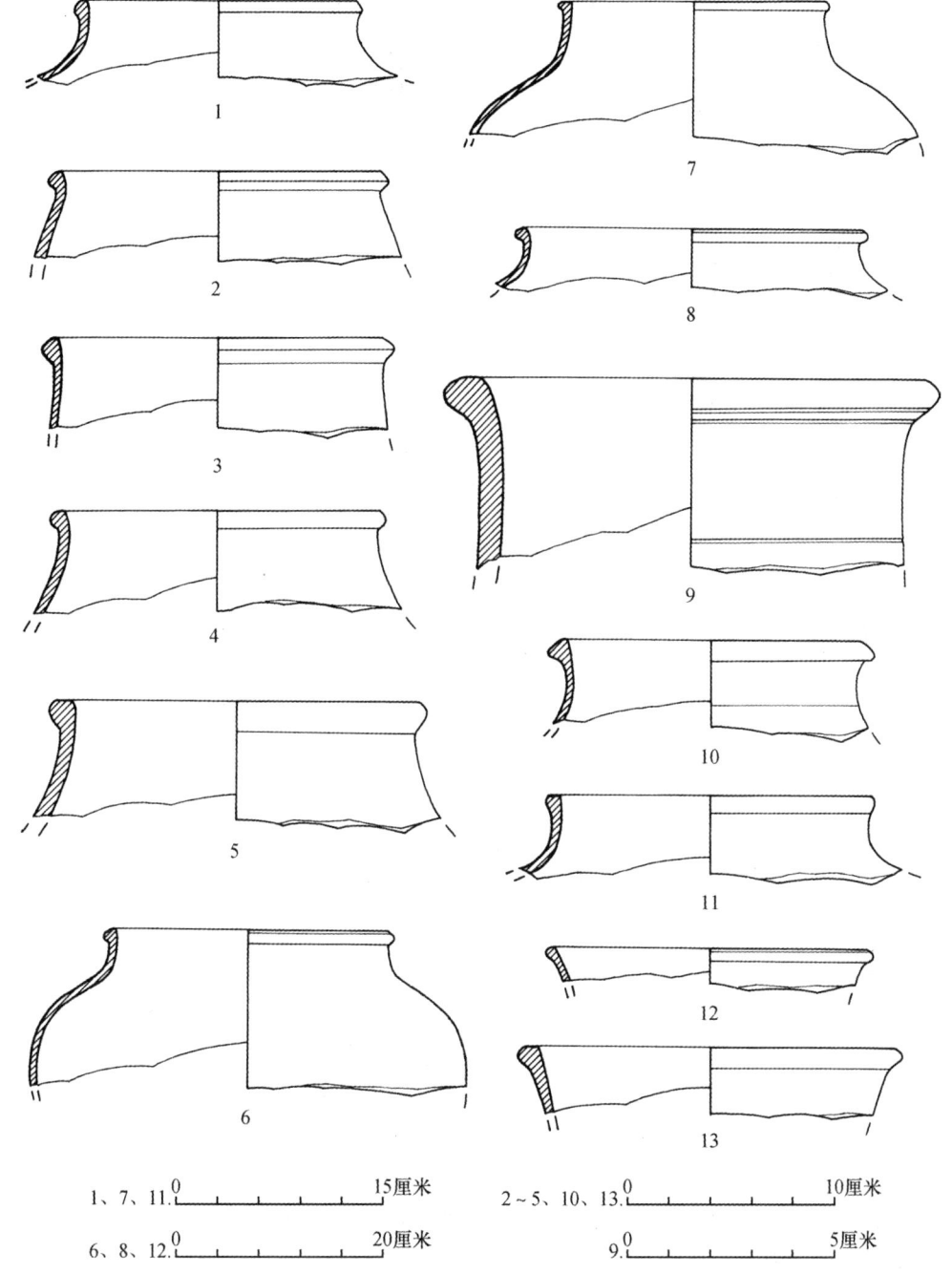

图三八　十二桥文化陶高领罐

1~5.Aa型（H11∶58、H9∶19、T2⑥∶23、T3⑤∶16、H9∶22）　6~11.Ab型（H5∶12、H6∶25、T3⑥∶24、H11∶56、T5⑤∶32、H21∶22）　12、13.Ac型（T1⑤∶11、H9∶26）

8）。T1⑤∶19，夹砂灰陶。素面。残高2厘米（图四〇，9）。H7∶24，夹砂灰陶。素面。残高2.5厘米（图四〇，10）。

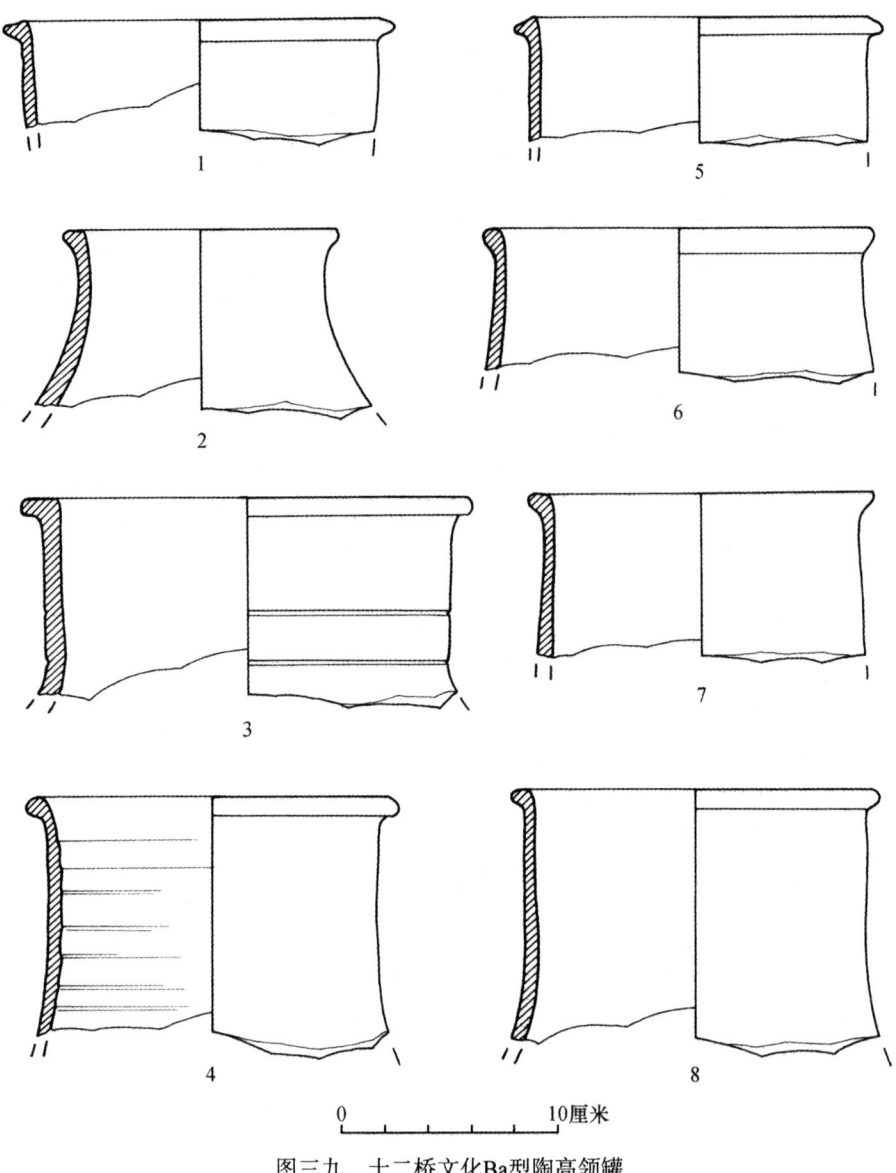

图三九　十二桥文化Ba型陶高领罐
1. H25：21　2. H11：52　3. H47：6　4. H9：29　5. H4：9　6. H1：43　7. H29：2　8. H15：13

圈足杯　1件。H16：5，夹细砂灰陶。弧腹，喇叭形圈足，足缘上翘。素面。足径7、残高8厘米（图四一，9）。

尖底杯　107件。均只保留口沿和底部残片。

尖底杯（口沿）　11件。依据陶质及器形大小的不同，分为二型。

A型　5件。泥质陶，薄壁，口径较小。H39：4，泥质灰陶。敛口，上腹较直。素面。口径10、残高4.5厘米（图四一，1）。H1：8，泥质灰陶。敛口，上腹斜直。素面。口径12、残高3.3厘米（图四一，2）。T6⑤：59，泥质灰白陶。敛口，上腹斜直。

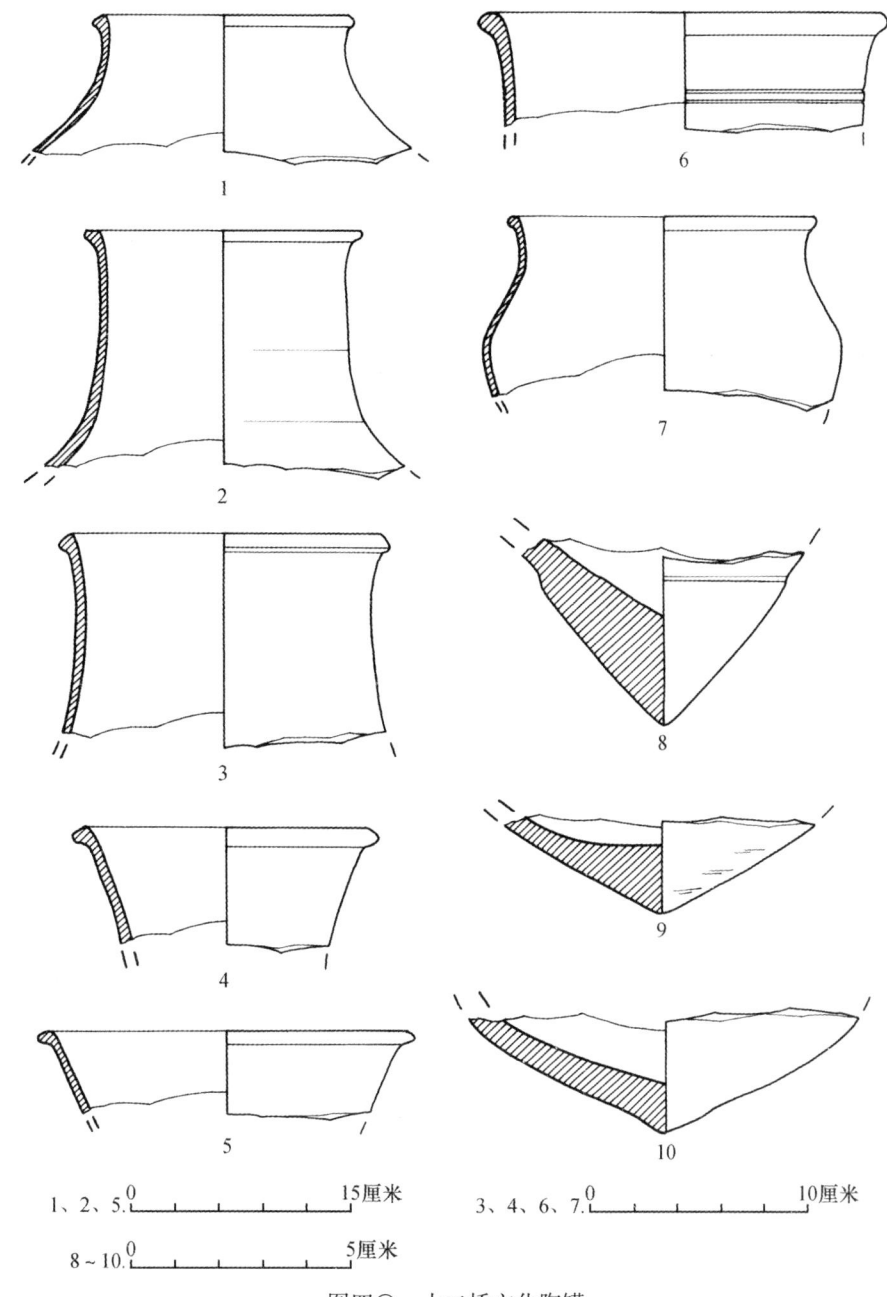

图四〇　十二桥文化陶罐

1~3. Ba型高领罐（T6⑤：37、Y1：7、T6⑥：3）　4~6. Bb型高领罐（T5⑤：37、H11：59、T7⑥：9）
7. 矮领薄胎罐（H36：2）　8~10. 尖底罐（H21：25、T1⑤：19、H7：24）

素面。口径12、残高2.1厘米（图四一，3）。H34：1，泥质灰陶。直口，上腹较直。素面。口径11、残高3.4厘米（图四一，4）。H49：17，泥质灰陶。侈口，上腹近直，下腹内收。素面。口径9.6、残高5.5厘米（图四一，5）。

B型　6件。夹砂陶，器壁较厚，器形较大，口径大于20厘米。H9：30，夹砂灰陶。直口，尖圆唇，弧腹。素面。口径22、残高16.7厘米（图四一，6）。T11⑤：15，

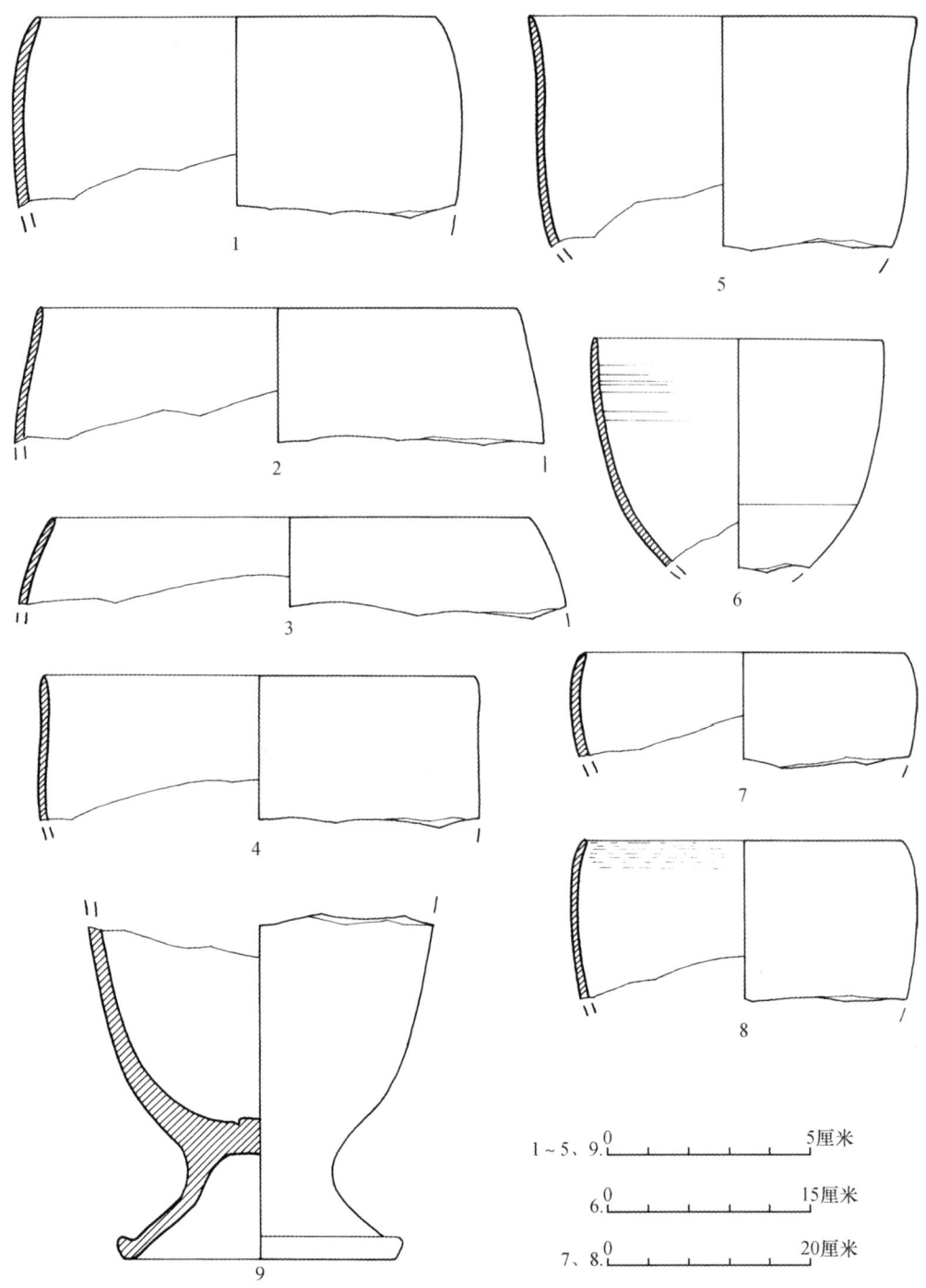

图四一　十二桥文化陶杯

1~5.A型尖底杯口沿（H39：4、H1：8、T6⑤：59、H34：1、H49：17）　6~8.B型尖底杯口沿（H9：30、T11⑤：15、T10⑤：10）　9.圈足杯（H16：5）

夹砂灰褐陶。敛口，尖圆唇，上腹弧收。素面。口径32、残高9厘米（图四一，7）。T10⑤：10，夹砂灰褐陶。敛口，尖圆唇，上腹弧收。素面。口径32.4、残高15.2厘米（图四一，8）。

尖底杯（器底） 96件。只保留底部或至下腹。依据底部形态的不同，分为二型。

A型 83件。小平底。H60：4，泥质灰陶。素面。底径1、残高6厘米（图四二，1）。H66：4，泥质灰陶。素面。底径1.2、残高4.2厘米（图四二，2）。T5⑤：57，夹细砂灰陶。素面。底径1、残高4.5厘米（图四二，3）。H1：18，夹细砂灰陶。素面。底径1、残高2.5厘米（图四二，4）。H9：39，泥质灰陶。素面。底径0.4、残高4.4厘米（图四二，5）。H11：26，泥质灰褐陶。素面。底径0.6、残高3厘米（图四二，6）。T1⑥：25，泥质灰褐陶。素面。底径0.8、残高3.5厘米（图四二，7）。H7：26，泥质灰陶。素面。底径1.4、残高2.1厘米（图四二，8）。H40：8，泥质黑褐陶。素面。底径2.2、残高8.4厘米（图四二，9）。

B型 13件。尖圜底。依据整体形态的不同，分为二亚型。

Ba型 12件。制作较好，腹部微胖。H5：4，泥质灰陶。素面。残高6.6厘米（图四三，1）。H1：17，泥质灰陶。素面。残高3.4厘米（图四三，2）。T11⑤：21，泥质灰陶。素面。残高2.9厘米（图四三，3）。H11：21，夹砂灰陶。素面。残高2厘米（图四三，4）。

Bb型 1件。制作粗糙，腹部较Ba型瘦。T11⑥：10，泥质灰黄陶。素面。残高4.1厘米（图四三，5）。

尖底盏 26件。均只保留口沿和底部残片。

尖底盏（口沿） 4件。H39：6，泥质灰陶。敛口，上腹外鼓，下腹斜收。素面。口径15.4、残高2.5厘米（图四四，1）。H39：5，夹细砂灰陶。敛口，上腹外鼓，下腹斜收。素面。口径14、残高2.7厘米（图四四，2）。H69：1，夹细砂灰陶。近口，浅弧腹。素面。口径14.2、残高2.5厘米（图四四，3）。T4⑥：16，夹细砂灰陶。微敛口，腹部弧鼓，下腹斜收。素面。口径10.4、残高2.7厘米（图四四，4）。

尖底盏（器底） 22件。均只保留底部或至下腹部。依据底部形态的不同，分为二型。

A型 9件。小平底。H42：2，夹砂黑褐陶。素面。底径0.8、残高2.5厘米（图四四，5）。H7：23，夹砂黑褐陶。素面。底径1.4、残高2.3厘米（图四四，6）。T10⑤：4，夹砂灰陶。素面。底径1.8、残高2.4厘米（图四四，8）。

B型 13件。尖圜底，底部不规则。H6：8，泥质灰陶。素面。残高1.6厘米（图四四，7）。T7⑥：17，泥质黑皮陶。腹部饰两周凹弦纹。残高2.5厘米（图四四，9）。H3：7，夹砂灰褐陶。素面。残高2.1厘米（图四四，10）。T10⑤：3，夹细砂灰陶。素面。残高3.5厘米（图四四，11）。H7：25，泥质灰黄陶。素面。残高1.8厘米（图四四，12）。

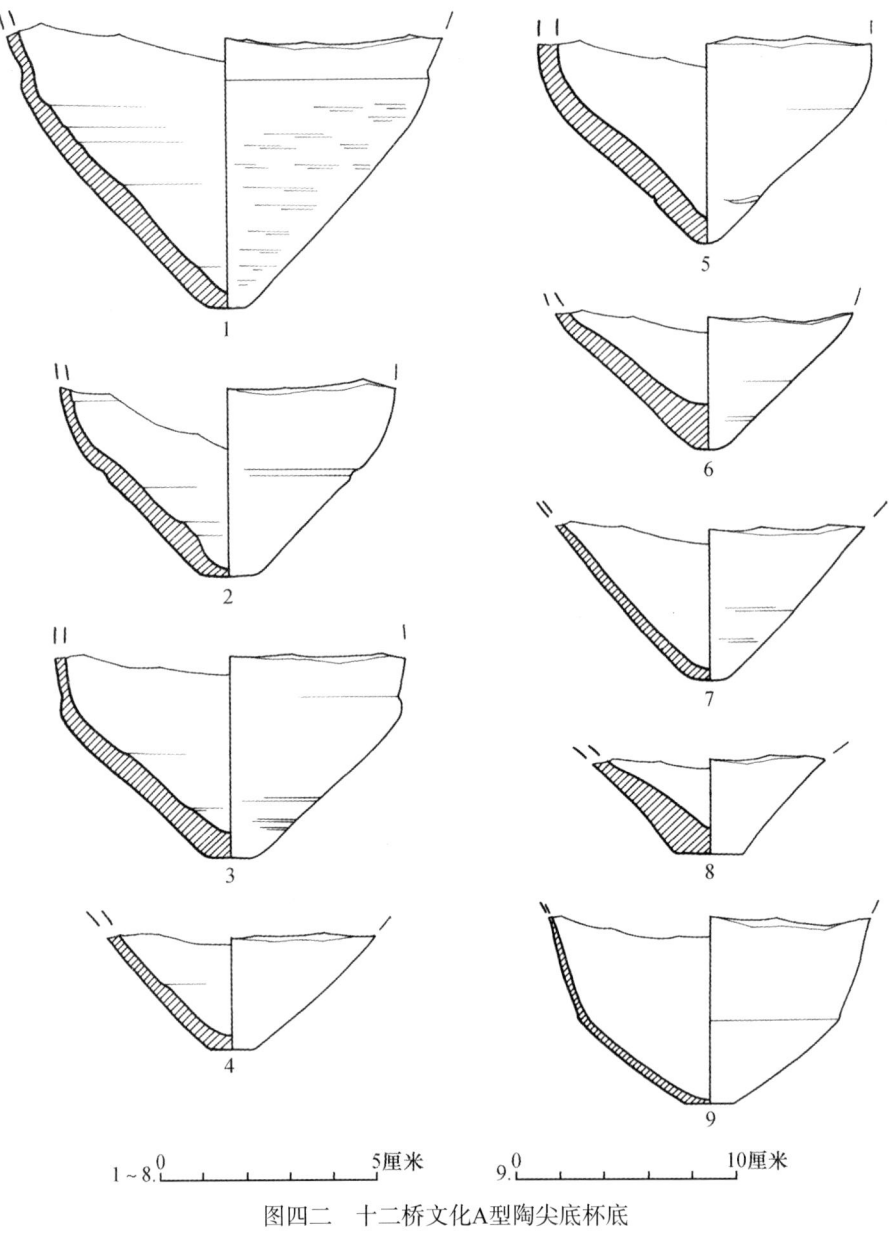

图四二 十二桥文化A型陶尖底杯底

1. H60∶4 2. H66∶4 3. T5⑤∶57 4. H1∶18 5. H9∶39 6. H11∶26 7. T1⑥∶25 8. H7∶26 9. H40∶8

高柄豆　42件。未发现完整者，对豆盘、豆柄和豆圈足分别加以介绍。

豆盘　3件。H68∶1，夹砂灰褐陶。杯形，侈口，尖圆唇，盘与柄相通。素面。口径13、残高8.7厘米（图四五，1）。T11⑥∶2，夹砂灰褐陶。杯形，侈口，尖圆唇。素面。口径11.4、残高5厘米（图四五，2）。H37∶3，泥质灰陶。盘形，直口，弧腹。素面。口径16、残高1.8厘米（图四五，3）。

豆柄　36件。T9⑥∶21，夹砂灰黄陶。中部微鼓。素面。残高11.1厘米（图四五，

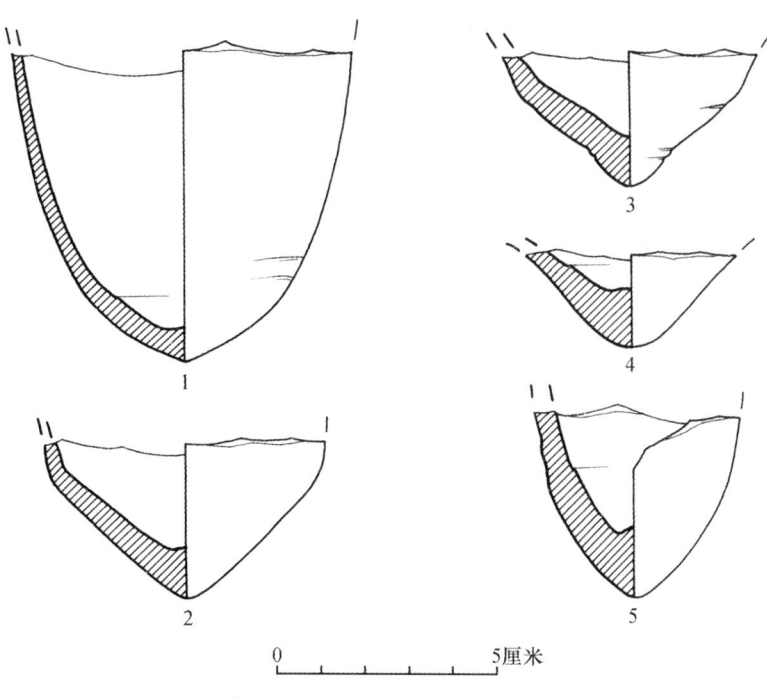

图四三 十二桥文化陶尖底杯底
1~4. Ba型（H5∶4、H1∶17、T11⑤∶21、H11∶21） 5. Bb型（T11⑥∶10）

5）。H73∶3，夹砂灰褐陶。中间粗，两端细。素面。残高14.4厘米（图四五，6）。T9⑤∶36，泥质灰黄陶。饰一周凹弦纹。残高11厘米（图四五，7）。T5⑤∶61，夹砂灰黄陶。饰一周凸棱纹。残高11厘米（图四五，8）。H68∶15，夹砂灰褐陶。素面。残高10.3厘米（图四六，1）。H11∶83，夹砂灰黄陶。饰两周凹弦纹。残高8厘米（图四六，2）。T5⑥∶52，夹砂灰褐陶。素面。残高8.8厘米（图四六，3）。

豆圈足 3件。H47∶7，泥质黑皮陶。喇叭形，足缘加厚，形成假叠唇。足壁近足缘处饰一周凹弦纹。足径17.4、残高4厘米（图四五，4）。

器盖 169件。有复原器、盖纽及盖身。

器盖（复原器） 3件。H44∶2，夹砂黑褐陶。呈覆碗形，盖腹较深，盖缘微上翘。喇叭状高盖纽。纽颈下部饰一周凸棱。口径17.6、纽径5.6、高13.8厘米（图四七，1）。Y1∶20，夹砂黑褐陶。覆碟状，盖壁斜直，近顶处加厚。素面。口径8.5、高2厘米（图四七，2）。T5⑤∶58，夹砂暗褐陶。覆碟状，盖壁斜直，不甚规整。素面。口径8.5、高2厘米（图四七，3）。

盖纽 71件。依据纽部形态的不同，分为七型。

A型 7件。锥形纽。H7∶19，夹砂灰陶。素面。残高4.5厘米（图四七，4）。H11∶44，夹砂灰陶。素面。残高5.5厘米（图四七，5）。T2⑤∶5，夹砂灰陶。素面。残高3.8厘米（图四七，6）。T6⑥∶39，夹砂灰陶。素面。残高3.8厘米（图四七，7）。

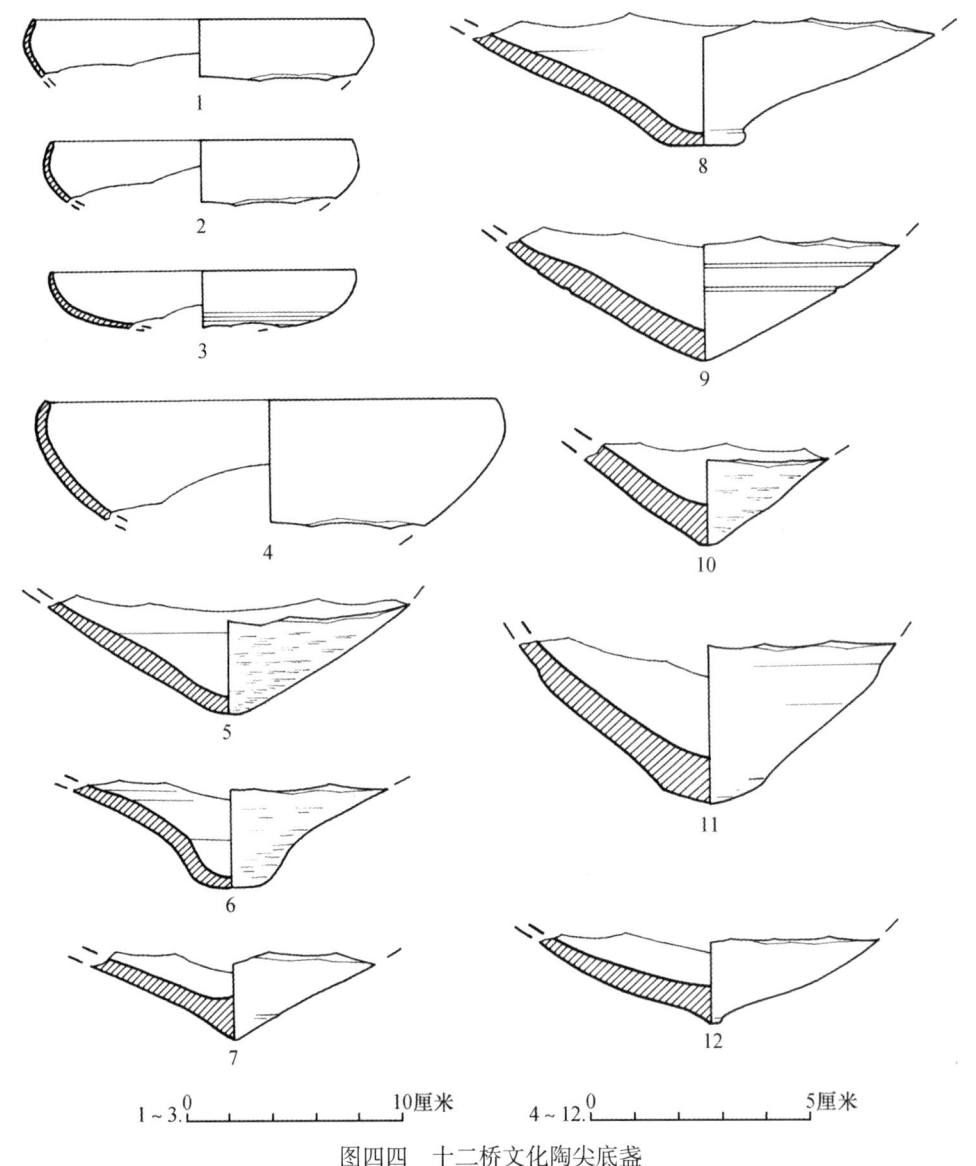

图四四 十二桥文化陶尖底盏
1~4. 口沿（H39:6、H39:5、H69:1、T4⑥:16） 5、6、8. A型盏底（H42:2、H7:23、T10⑤:4）
7、9~12. B型盏底（H6:8、T7⑥:17、H3:7、T10⑤:3、H7:25）

B型 3件。柱状纽。T5⑥:50，泥质灰陶。素面。残高3.2厘米（图四七，8）。H67:2，泥质灰陶。纽沿外翻。素面。残高2.4厘米（图四七，9）。

C型 12件。花瓣状纽。依据整体形态的不同，分为二亚型。

Ca型 10件。整体矮胖。T2⑤:6，夹砂灰陶。素面。残高3.2厘米（图四七，10）。H11:43，夹砂灰陶。素面。残高4.5厘米（图四七，11）。T5⑥:49，夹砂灰陶。素面。残高4厘米（图四七，12）。

Cb型 2件。整体瘦高。T5⑥:51，夹砂灰陶。素面。残高4.9厘米（图四七，

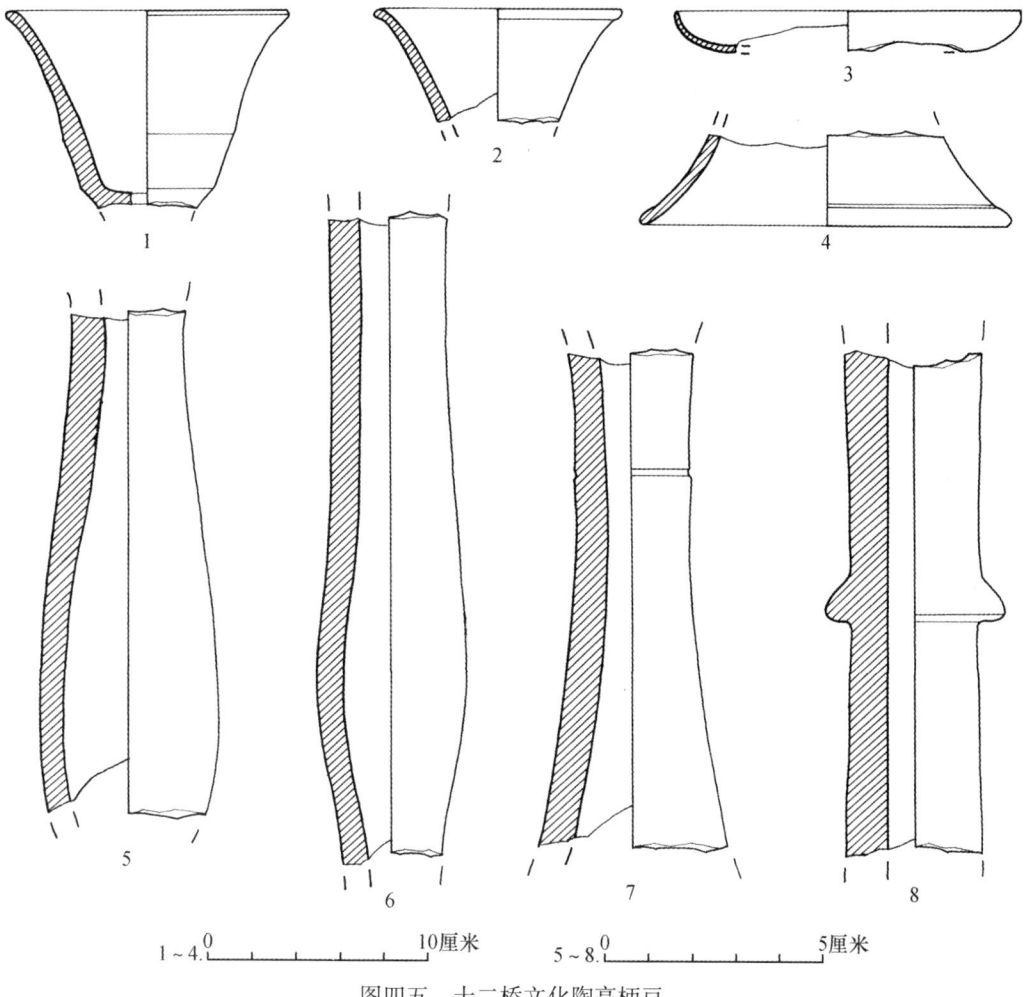

图四五　十二桥文化陶高柄豆

1～3.豆盘（H68∶1、T11⑥∶2、H37∶3）　4.豆圈足（H47∶7）　5～8.豆柄（T9⑥∶21、H73∶3、T9⑤∶36、T5⑤∶61）

13）。

D型　45件。圈纽。依据纽部形态的不同，分为五亚型。

Da型　39件。纽缘外侈，沿面向外倾斜，沿面内外两侧差别明显，内侧稍高于外侧。H14∶9，夹砂灰陶。素面。纽径4.8、残高5.3厘米（图四八，1）。T5⑤∶60，夹砂灰陶。素面。纽径3.6、残高2.3厘米（图四八，2）。H9∶50，夹砂灰陶。素面。纽径3、残高3厘米（图四八，3）。H9∶49，夹砂灰陶。素面。纽径3.6、残高1.7厘米（图四八，4）。T5⑥∶46，夹砂灰陶。素面。纽径4.2、残高2.5厘米（图四八，5）。H11∶45，夹砂灰陶。素面。纽径4.2、残高2.3厘米（图四八，6）。T1⑥∶23，夹砂灰陶。素面。纽径4.2、残高2.4厘米（图四八，7）。T2⑤∶2，夹砂灰陶。素面。纽径3.8、残高2.9厘米（图四八，8）。

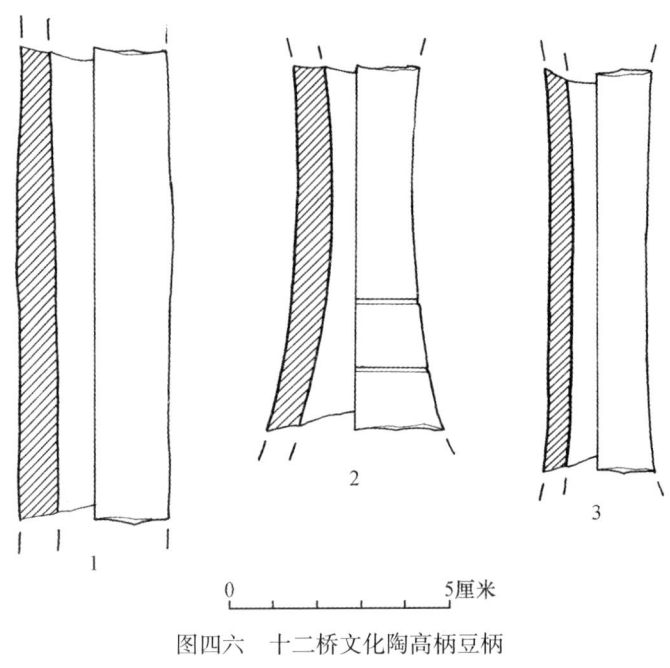

图四六　十二桥文化陶高柄豆柄
1. H68∶15　2. H11∶83　3. T5⑥∶52

Db型　2件。纽沿外侈，沿面垂直。T9⑥∶11，夹砂灰陶。素面。纽径3.2、残高2厘米（图四八，9）。

Dc型　1件。纽身外侈，沿内侧凸起。H14∶8，夹砂灰陶。素面。纽径4、残高2.6厘米（图四八，10）。

Dd型　2件。纽缘外翻较甚。H68∶14，夹砂灰陶。素面。纽径3.8、残高2.6厘米（图四八，11）。H35∶5，夹砂灰陶。素面。纽径3.6、残高2.2厘米（图四八，12）。

De型　1件。纽缘外翻，有一定弧度。T11⑥∶11，夹砂灰陶。素面。口径4.8、残高3.6厘米（图四八，13）。

E型　1件。纽身斜直，沿部近圆唇。H20∶23，夹砂灰陶。素面。纽径3.2、残高2厘米（图四八，14）。

F型　1件。器形与Dd型相近，较Dd型大。H8∶12，夹砂灰陶。素面。纽径6.2、残高3.5厘米（图四八，15）。

G型　2件。盘状纽，纽径较大。H11∶10，夹砂灰陶。纽沿内侧凸起。素面。纽径5、残高2厘米（图四八，16）。H38∶5，夹砂灰陶。素面。纽径6.6、残高2.7厘米（图四八，17）。

盖身　95件。依据整体形态以及器形大小的不同，分为五型。

A型　34件。覆碗形，盖壁外弧。H12∶7，夹砂灰陶。盖腹稍浅，盖缘上翘。素面。口径20、残高5厘米（图四九，1）。H9∶52，夹砂灰褐陶。盖壁外弧较甚，盖腹稍浅，盖缘上翘较甚。素面。口径12、残高2.4厘米（图四九，2）。H11∶29，夹砂黑

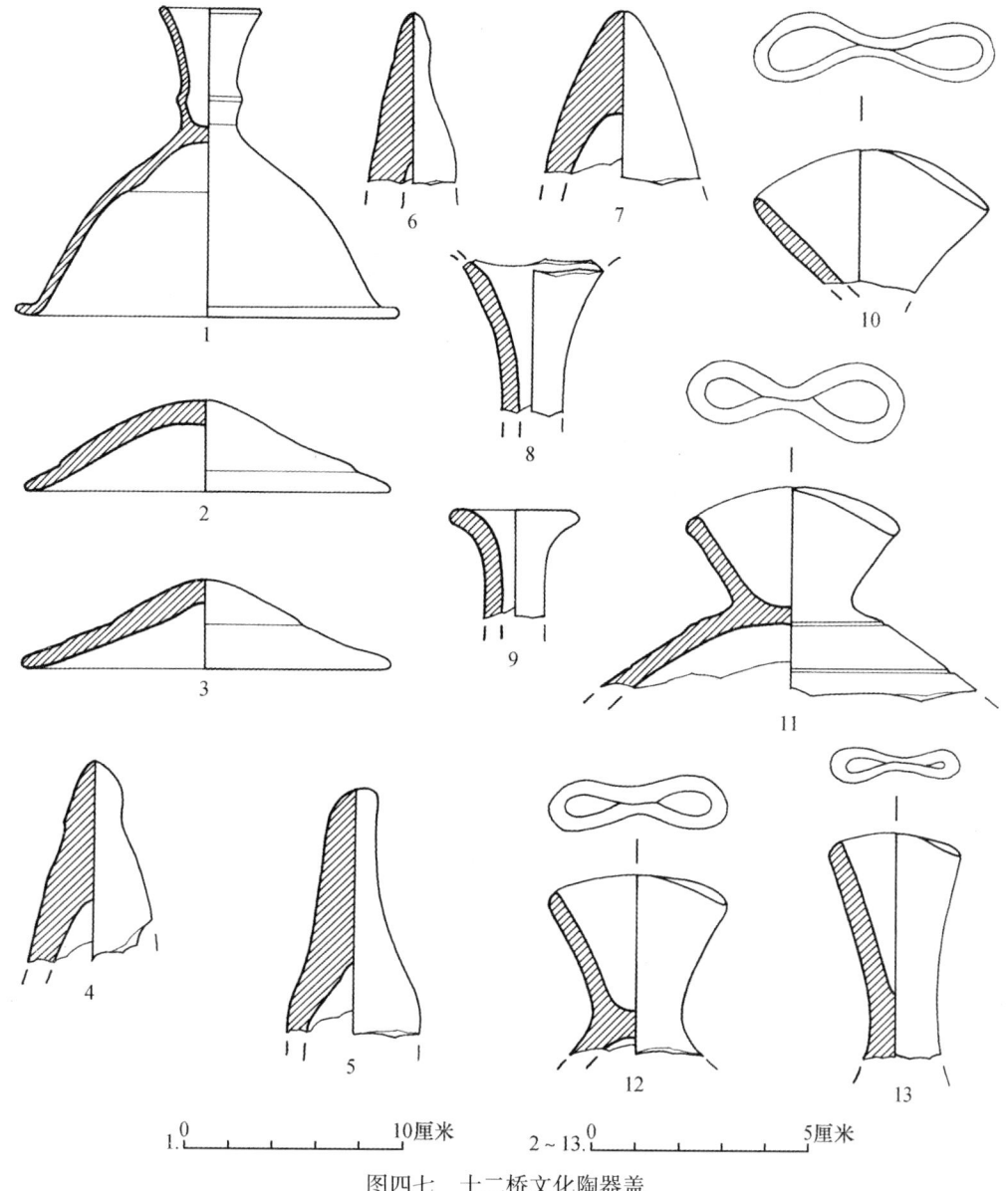

图四七 十二桥文化陶器盖

1～3. 复原器（H44∶2、Y1∶20、T5⑤∶58） 4～7. A型盖纽（H7∶19、H11∶44、T2⑤∶5、T6⑥∶39）
8、9. B型盖纽（T5⑥∶50、H67∶2） 10～12. Ca型盖纽（T2⑤∶6、H11∶43、T5⑥∶49） 13. Cb型盖纽
（T5⑥∶51）

褐陶。盖腹较深，盖缘微翘。素面。口径14.5、残高3厘米（图四九，3）。H24∶8，夹砂灰褐陶。盖壁外弧较甚，腹较深，盖缘平折。素面。口径13、残高3.5厘米（图四九，4）。H31∶8，夹砂黑褐陶。盖壁外弧较甚，腹较深，盖缘微翘。素面。口径13、残高4.2厘米（图四九，5）。T3⑥∶13，夹砂灰褐陶。盖腹稍浅，盖缘微翘。素面。口径18、残高2.6厘米（图四九，6）。T1⑤∶21，夹砂黑褐陶。盖腹稍浅，盖缘加

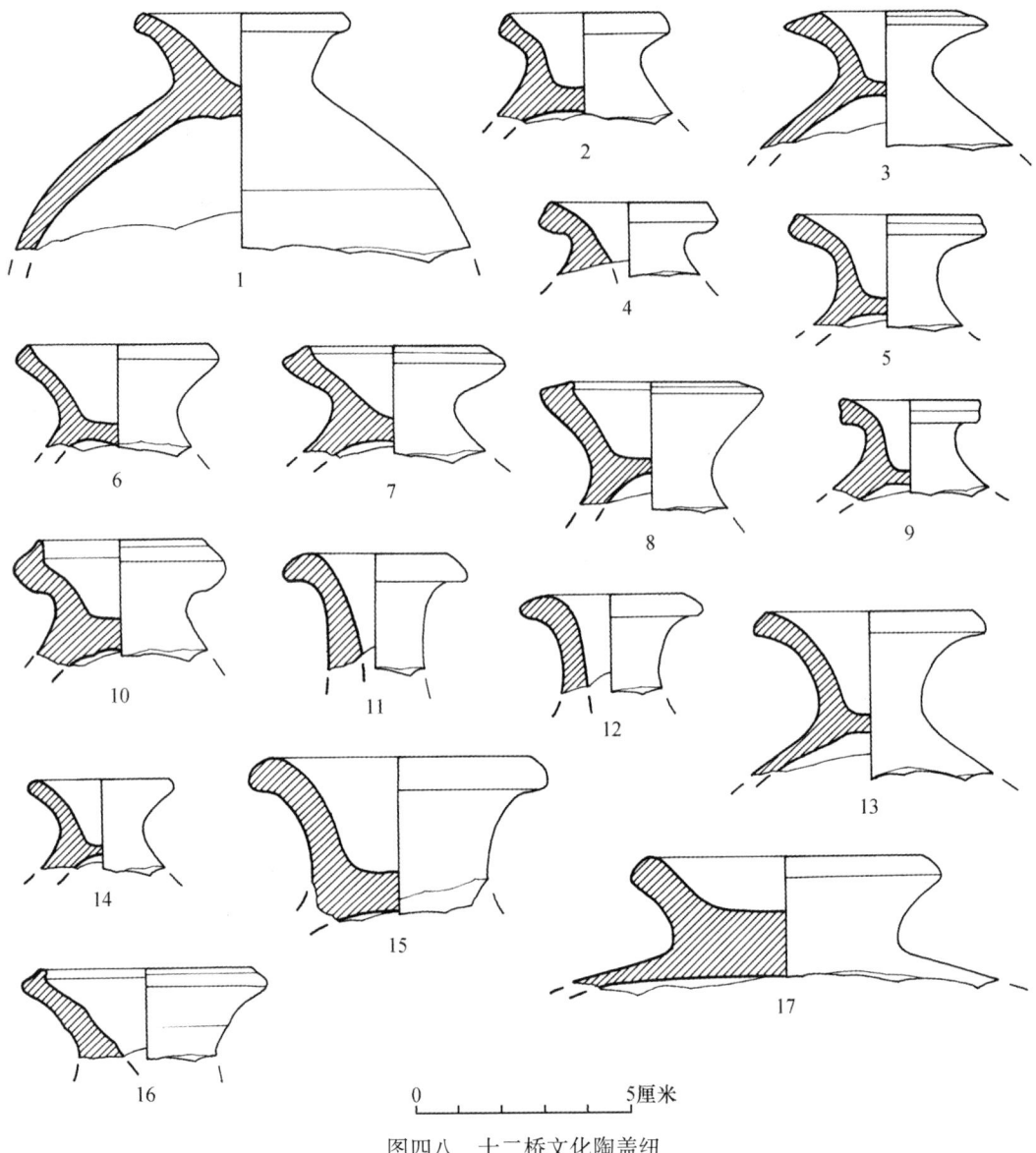

图四八　十二桥文化陶盖纽
1~8. Da型（H14：9、T5⑤：60、H9：50、H9：49、T5⑥：46、H11：45、T1⑥：23、T2⑤：2）
9. Db型（T9⑥：11）　10. Dc型（H14：8）　11、12. Dd型（H68：14、H35：5）　13. De型（T11⑥：11）
14. E型（H20：23）　15. F型（H8：12）　16、17. G型（H11：10、H38：5）

厚。素面。口径11、残高2.7厘米（图四九，7）。H8：2，夹砂灰褐陶。盖腹稍浅，盖缘微翘。素面。口径20、残高3.8厘米（图四九，8）。H11：30，夹砂灰褐陶。盖腹稍浅，盖缘微上翘。素面。口径22、残高4.5厘米（图四九，9）。T5⑥：43，夹砂灰陶。盖腹稍浅，盖缘微翘。素面。口径16、残高3厘米（图四九，10）。H13：11，夹砂黑褐陶。盖壁外弧较甚，盖腹较深，盖缘上翘。素面。口径13、残高4.4厘米（图四九，11）。

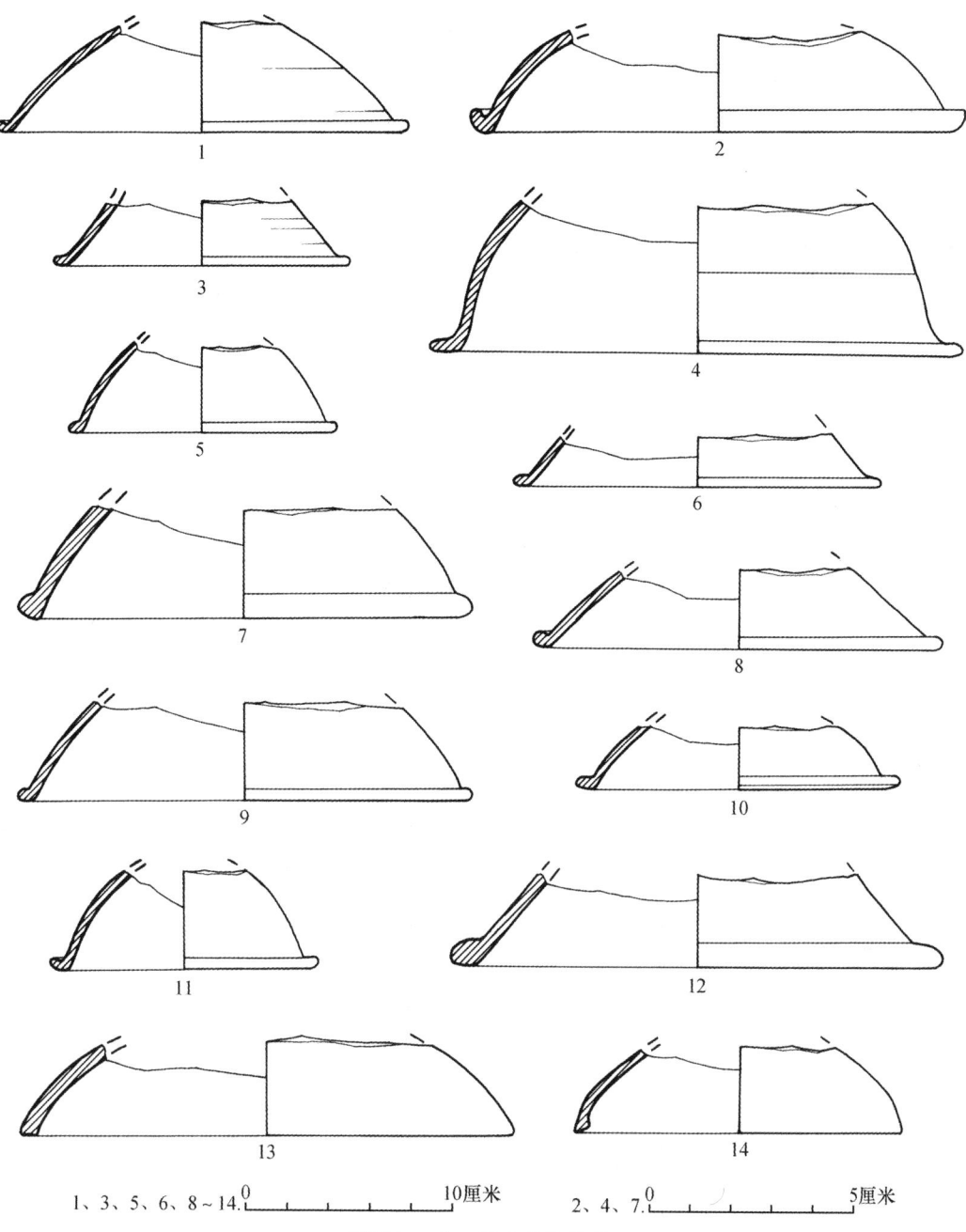

1、3、5、6、8~14. 0————10厘米   2、4、7. 0————5厘米

图四九 十二桥文化陶盖身

1~11.A型（H12：7、H9：52、H11：29、H24：8、H31：8、T3⑥：13、T1⑤：21、H8：2、H11：30、T5⑥：43、H13：11） 12.B型（T4⑤：5） 13、14.C型（T7⑤：36、H11：42）

B型 51件。器形较A型大，斗笠状，盖壁斜直，或微外弧。T4⑤：5，夹砂灰陶。盖壁较直，盖缘加厚。素面。口径24、残高4.4厘米（图四九，12）。

C型 2件。器壁外弧或微折，盖缘似微侈口。T7⑤：36，夹砂灰陶。盖壁外弧，腹较浅，唇面微内凹。素面。口径24、残高4.2厘米（图四九，13）。H11∶42，夹砂黑褐陶。弧壁微折，盖沿内斜。素面。口径16、残高4厘米（图四九，14）。

D型　3件。覆碟状。T1⑥∶24，夹砂黑褐陶。盖壁微外弧，浅腹。素面。口径16、残高2.8厘米（图五〇，1）。H1∶5，夹砂灰陶。盖壁斜直，盖缘微弧。素面。口径15、残高1.4厘米（图五〇，2）。T11⑤∶25，夹砂灰陶。盖壁斜直，盖缘微折。素面。口径12、残高1.6厘米（图五〇，3）。

E型　5件。整体形态与A型接近，体形硕大。H15∶2，夹砂灰褐陶。盖壁微弧，盖缘外撇。素面。口径39、残高5.4厘米（图五〇，4）。

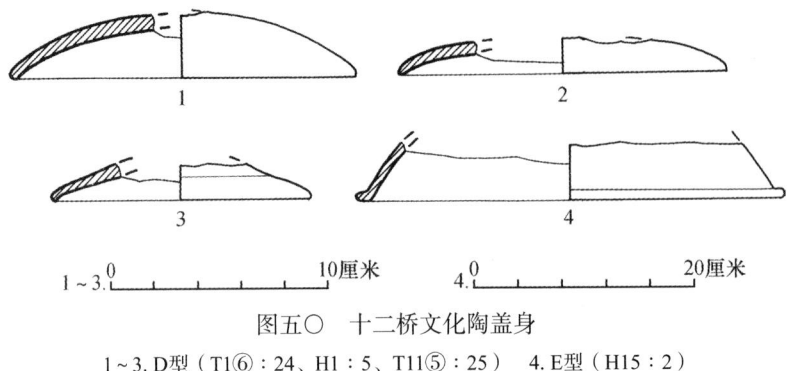

图五〇　十二桥文化陶盖身
1~3.D型（T1⑥∶24、H1∶5、T11⑤∶25）　4.E型（H15∶2）

盆　32件。均为口沿残片或至上腹部。依据口部及上腹部形态的不同，分为五型。

A型　14件。沿窄，上腹外斜较甚。H40∶29，夹砂灰陶。敛口，侈沿，圆唇，上腹弧鼓。上腹部饰两周凹弦纹。口径27、残高6厘米（图五一，1）。H7∶1，夹砂灰陶。敛口，斜折沿，尖唇。素面。口径28.8、残高6厘米（图五一，2）。T5⑤∶33，夹砂灰陶。侈口，圆唇。素面。口径32、残高4.5厘米（图五一，3）。

B型　7件。上腹较直或微外斜。H44∶3，夹砂灰陶。直口，斜折沿，尖圆唇，上腹较直。素面。口径28、残高5.4厘米（图五一，4）。T6⑤∶8，夹砂灰陶。直口，圆唇，上腹微外斜。上腹饰两周凹弦纹。口径24、残高5.8厘米（图五一，5）。T9⑥∶8，夹砂灰陶。侈口，圆唇，上腹微外斜。上腹饰一周凹弦纹。口径34、残高8.8厘米（图五一，6）。H7∶2，夹砂灰陶。敛口，平折沿，圆唇，上腹微外斜。上腹饰三周凹弦纹。口径32、残高10厘米（图五一，7）。

C型　7件。上腹斜收。H7∶3，夹砂灰陶。敛口，平折沿，圆唇，沿下有一周凹槽。素面。口径30、残高4厘米（图五一，8）。T6⑥∶6，夹砂灰陶。侈口，尖圆唇。素面。口径36、残高7.2厘米（图五一，9）。Y1∶18，夹砂灰陶。侈口，平折沿，尖唇。素面。口径36、残高10厘米（图五一，10）。

D型　3件。口沿厚重，弧腹较深。T1⑥∶4，夹砂灰陶。侈口，尖圆唇。上腹部饰一周凹弦纹。口径32、残高12厘米（图五一，11）。

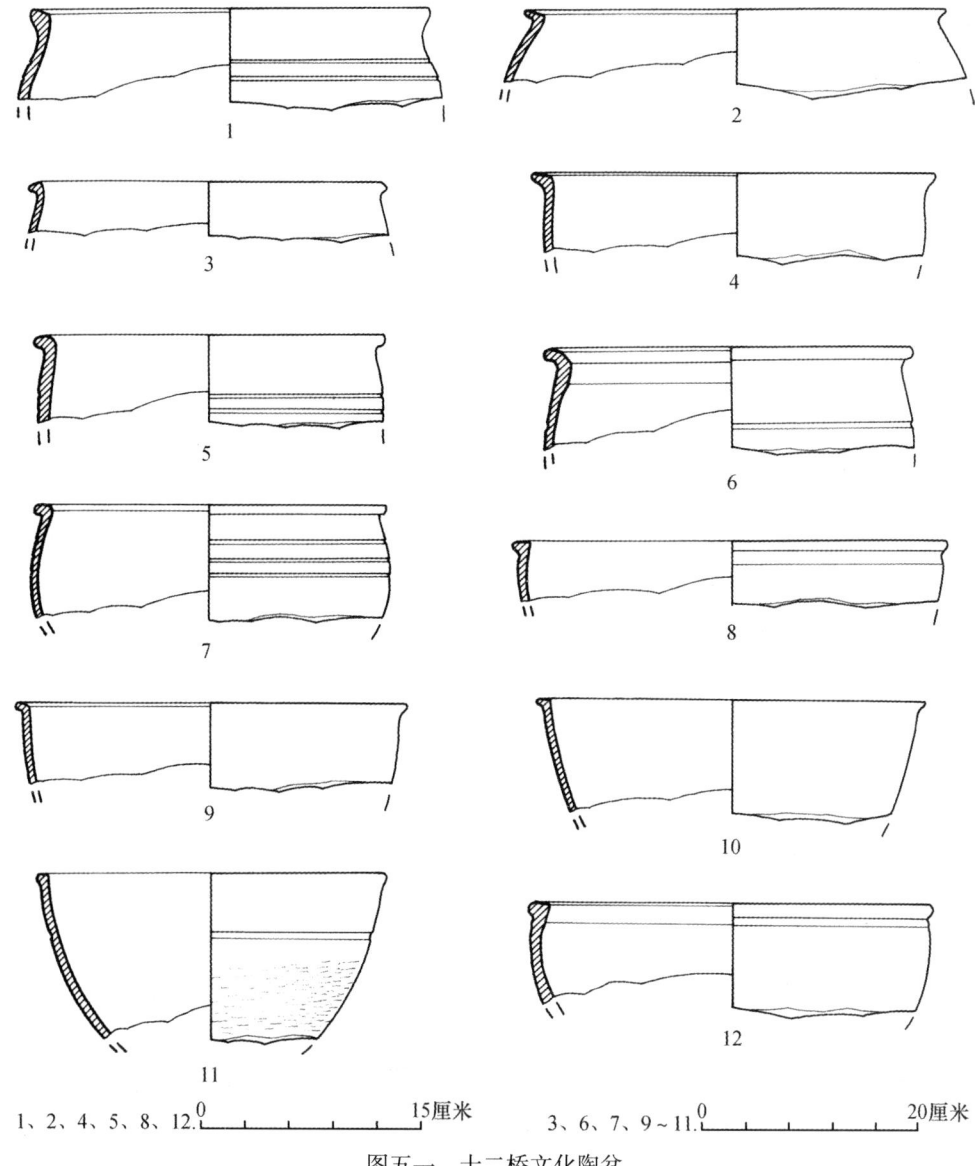

图五一 十二桥文化陶盆

1~3. A型（H40：29、H7：1、T5⑤：33） 4~7. B型（H44：3、T6⑤：8、T9⑥：8、H7：2） 8~10. C型（H7：3、T6⑥：6、Y1：18） 11. D型（T1⑥：4） 12. E型（T2⑥：9）

E型　1件。口沿厚重，弧腹较浅。T2⑥：9，夹砂灰陶。敛口，尖圆唇。上腹部饰一周凸弦纹。口径29、残高6.9厘米（图五一，12）。

瓮　68件。均为口沿残片或至领部。依据口部及领部形态的不同，分为三型。

A型　3件。敛口。T5⑤：1，夹砂灰黄陶。圆唇较厚。素面。口径44、残高4.5厘米（图五二，1）。H9：53，夹砂灰黄陶。圆唇较厚。素面。口径42、残高4.4厘米（图五二，2）。H11：49，夹砂灰黄陶。方唇。素面。口径36、残高4厘米（图五二，3）。

B型　29件。侈口，矮领。G1：7，夹砂灰黄陶。侈口，外斜沿，圆唇，弧领。素面。口径54、残高7厘米（图五二，4）。T4⑥：5，夹砂灰黄陶。侈口，方唇，弧领。素面。口径36、残高5.3厘米（图五二，5）。H44：1，夹砂灰陶。侈口，圆唇，弧领。素面。口径37、残高6.4厘米（图五二，6）。T6⑤：3，夹砂灰黄陶。侈口，圆唇，弧领。素面。口径50、残高6.3厘米（图五二，7）。

C型　36件。领部较B型高。依据口部外侈程度的不同，分为二亚型。

Ca型　29件。侈口。H11：48，夹砂灰陶。外叠唇，斜直领。素面。口径56、残高9厘米（图五二，8）。Y1：14，夹砂灰陶。尖圆唇，领部较直。素面。口径40、残高13.3厘米（图五二，9）。Y1：15，夹砂灰陶。圆唇，弧领。领肩交接处饰方格纹。口径54、残高10厘米（图五二，10）。H9：55，夹砂黑褐陶。圆唇，弧领。素面。口径46、残高6.5厘米（图五二，11）。T1⑥：1，夹砂黑褐陶。外叠唇，领部有一周凹槽。素面。口径38、残高6.8厘米（图五二，12）。H58：4，夹砂灰陶。尖圆唇，弧领。素面。口径44、残高10.8厘米（图五二，13）。T9⑤：14，夹砂黑褐陶。圆唇，斜直领。素面。口径36、残高9厘米（图五二，14）。T5⑤：2，夹砂灰褐陶。圆唇。素面。残高9厘米（图五二，15）。

Cb型　7件。敞口。H4：2，夹砂灰黄陶。圆唇。素面。残高7.4厘米（图五二，16）。

缸　30件。均只保留口沿残片或至腹部。T3⑤：18，夹砂灰陶。侈口，圆唇，上腹微斜收。上腹饰一周凹弦纹，弦纹上饰两枚对称乳钉。口径48、残高16.8厘米（图五三，1）。T3⑤：17，夹砂灰陶。侈口，圆唇，上腹斜直。上腹饰一周凹弦纹。口径42、残高6.5厘米（图五三，2）。H47：2，夹砂灰陶。直口，圆唇，腹部微弧鼓。口沿下饰一周凹弦纹。口径45.6、残高17.3厘米（图五三，3）。T3⑥：15，夹砂灰陶。侈口，方唇，上腹弧收。上腹饰两周凹弦纹。口径50、残高9.3厘米（图五三，4）。

钵　2件。G3：1，夹砂灰褐陶。敛口，方唇，鼓肩，下腹弧收，近圜底。素面。口径14、肩径15、残高6厘米（图五三，5）。H21：5，夹细砂灰陶。敛口，沿面微凹。素面。口径11.4、残高3.5厘米（图五三，6）。

壶　7件。均为口沿及领部残片或至肩部。依据领部形态的不同，分为二型。

A型　6件。侈口，弧领，口沿下有一周凸棱。T1⑥：19，泥质灰陶。侈口，尖圆唇。素面。口径14、残高4.8厘米（图五三，7）。T5⑥：3，夹砂灰黄陶。侈口，尖唇。领部饰一周凹弦纹。口径13.6、残高8厘米（图五三，8）。

B型　1件。微敛口，领部弧收。H40：34，泥质灰陶。微敛口，圆唇。口沿下饰一周凸棱，凸棱上下微内凹，凸棱下装饰乳钉，颈部饰一周凹弦纹。口径10、残高10厘米（图五三，9）。

器座　6件。H11：53，夹砂灰褐陶。亚腰形，底缘外侈近尖唇。素面。底径8、残

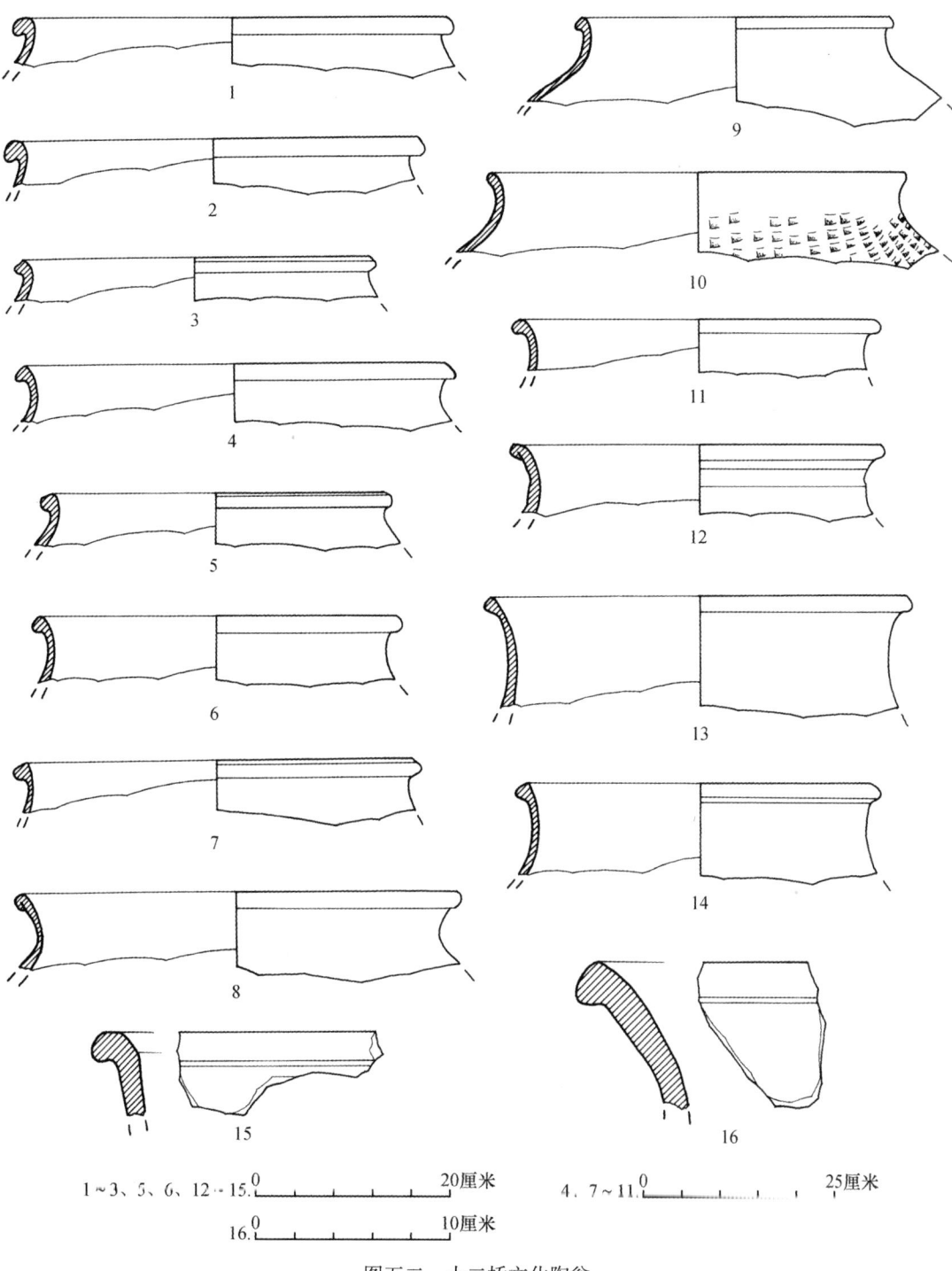

图五二 十二桥文化陶瓮

1～3.A型（T5⑤:1、H9:53、H11:49） 4～7.B型（G1:7、T4⑥:5、H44:1、T6⑤:3） 8～15.Ca型（H11:48、Y1:14、Y1:15、H9:55、T1⑥:1、H58:4、T9⑤:14、T5⑤:2） 16.Cb型（H4:2）

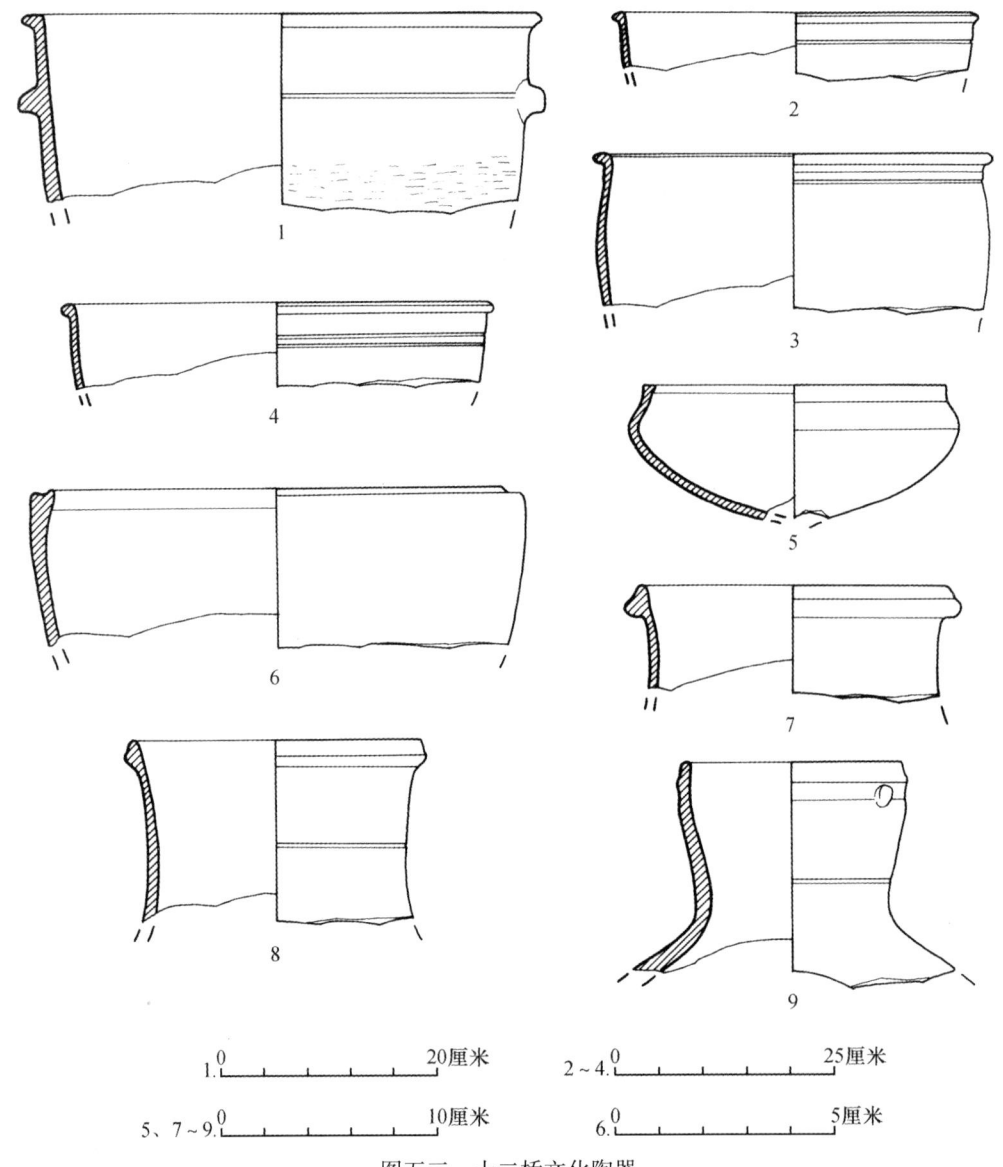

图五三 十二桥文化陶器

1~4.缸（T3⑤：18、T3⑤：17、H47：2、T3⑥：15） 5、6.钵（G3：1、H21：5） 7、8.A型壶（T1⑥：19、T5⑥：3） 9.B型壶（H40：34）

高4.3厘米（图五四，1）。H49：10，夹砂灰褐陶。亚腰形，底缘外侈近方唇。素面。底径8.2、残高4.2厘米（图五四，2）。H13：2，夹砂灰褐陶。亚腰形，底缘外侈近方唇。素面。底径9.2、残高3.6厘米（图五四，3）。H10：16，夹砂灰褐陶。亚腰形，底缘外侈近方唇。素面。底径11.4、残高4厘米（图五四，4）。H39：8，夹砂红褐陶。亚腰形，底缘外侈近圆唇。素面。底径8.6、残高3.3厘米（图五四，5）。

筒形器 1件。T9⑤：35，夹砂灰褐陶。下腹内束，底部微向外侈，底缘较厚。器壁饰圆形镂孔。底径5.8、残高9厘米（图五四，6）。

器耳 4件。依据形态的不同，分为二型。

A型 3件。鼻形耳。T2⑥：5，夹砂灰陶。残高4厘米（图五四，7）。H40：18，夹砂灰褐陶。残高7.7厘米（图五四，8）。

B型 1件。乳钉耳。M1：3，夹砂灰褐陶。残高6.6厘米（图五四，9）。

圈足 195件。依据形态及尺寸大小的不同，分为六型。

A型 121件。足径较小，圈足稍高。H43：2，泥质灰陶。足壁微内弧，足缘较平。素面。足径8.8、残高3.3厘米（图五五，1）。H40：16，夹砂灰褐陶。足壁较直。素面。足径7.6、残高2.6厘米（图五五，2）。H36：7，夹砂灰陶。足壁较直，足缘斜内凸。素面。足径7.8、残高4.4厘米（图五五，3）。H25：7，夹砂灰陶。足壁较直。素面。足径7.6、残高4.4厘米（图五五，4）。H1：38，夹细砂灰陶。足壁近底处微折。素面。足径9.2、残高3.5厘米（图五五，5）。H62：16，夹细砂灰陶。足壁较直，足缘内凸。素面。足径9、残高5.6厘米（图五五，6）。T9⑤：20，夹砂灰黄陶。足壁较直，近底处微内折。素面。足径9.2、残高4.3厘米（图五五，7）。T7⑥：13，夹砂灰陶。足壁较直，足缘微内凸。素面。足径9.2、残高4.2厘米（图五五，8）。H9：45，夹细砂灰陶。足壁较直，足缘内凸。素面。足径10、残高3.5厘米（图五五，9）。H2：10，夹砂黑褐陶。足壁较直，足缘微内凸。素面。足径8.4、残高4.5厘米（图五六，1）。T8⑤：13，夹砂暗褐陶。足壁较直。素面。足径13、残高3.6厘米（图五六，2）。

B型 52件。足径较A型大。依据圈足高矮的不同，分为二亚型。

Ba型 15件。圈足稍高。H58：6，夹砂灰陶。足壁较直，足缘内凸。素面。足径13.4、残高4.4厘米（图五六，3）。H11：1，夹砂灰陶。足壁较直，足缘内凸。素面。足径13.8、残高6厘米（图五六，4）。T5⑤：41，夹细砂灰陶。足壁较直，足缘微翘。素面。足径13、残高1.8厘米（图五六，5）。T7⑥：12，夹砂灰褐陶。足壁较直，足缘内凸。素面。足径11.8、残高4.4厘米（图五六，6）。

Bb型 37件。圈足较矮。T6⑥：29，夹砂暗褐陶。足壁较直，足缘微内凹。素面。足径11、残高3.5厘米（图五六，7）。T11⑤：16，夹砂灰黄陶。足壁较直，足缘内凸。素面。足径12.4、残高5厘米（图五六，8）。H8：16，夹砂黑褐陶。足壁较直，足缘外翘。素面。足径12、残高3厘米（图五六，9）。H6：3，夹砂灰褐陶。足壁较直，足缘内凸。素面。足径16.5、残高4.4厘米（图五六，10）。

C型 7件。足径较小，圈足较高，足壁内弧，足壁近底处微折。H25：5，夹砂黑褐陶。素面。足径9、残高3厘米（图五七，1）。H3：3，夹砂灰陶。素面。足径6.6、残高4.2厘米（图五七，2）。H52：7，夹砂灰褐陶。素面。足径6、残高1.5厘米（图五七，3）。T9⑤：15，夹砂灰褐陶。素面。足径5.4、残高5厘米（图五七，4）。

D型 5件。高圈足，足壁斜直或微内弧。H7：28，夹砂灰陶。素面。足径12、

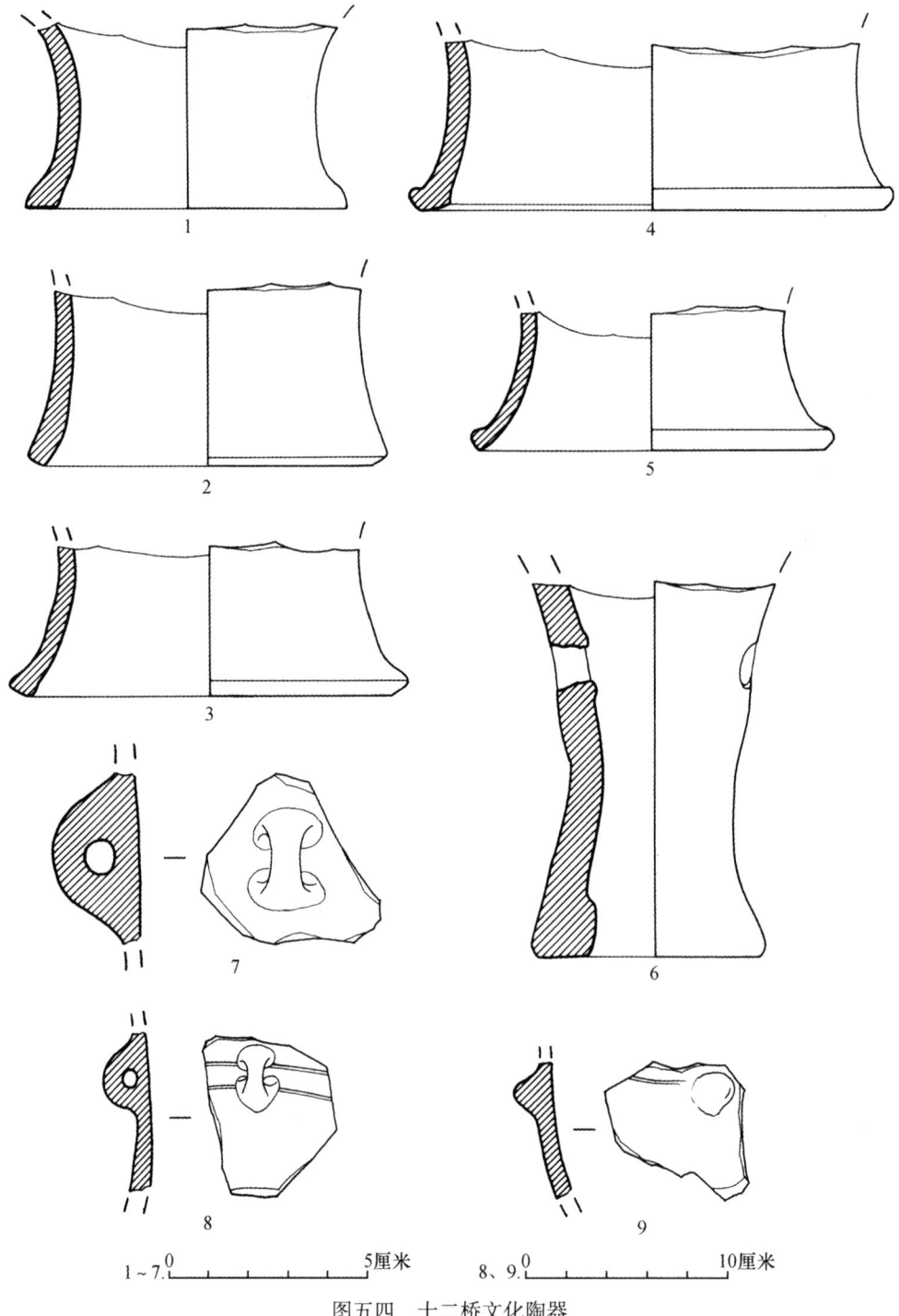

图五四 十二桥文化陶器

1~5. 器座（H11：53、H49：10、H13：2、H10：16、H39：8） 6. 筒形器（T9⑤：35） 7、8. A型器耳（T2⑥：5、H40：18） 9. B型器耳（M1：3）

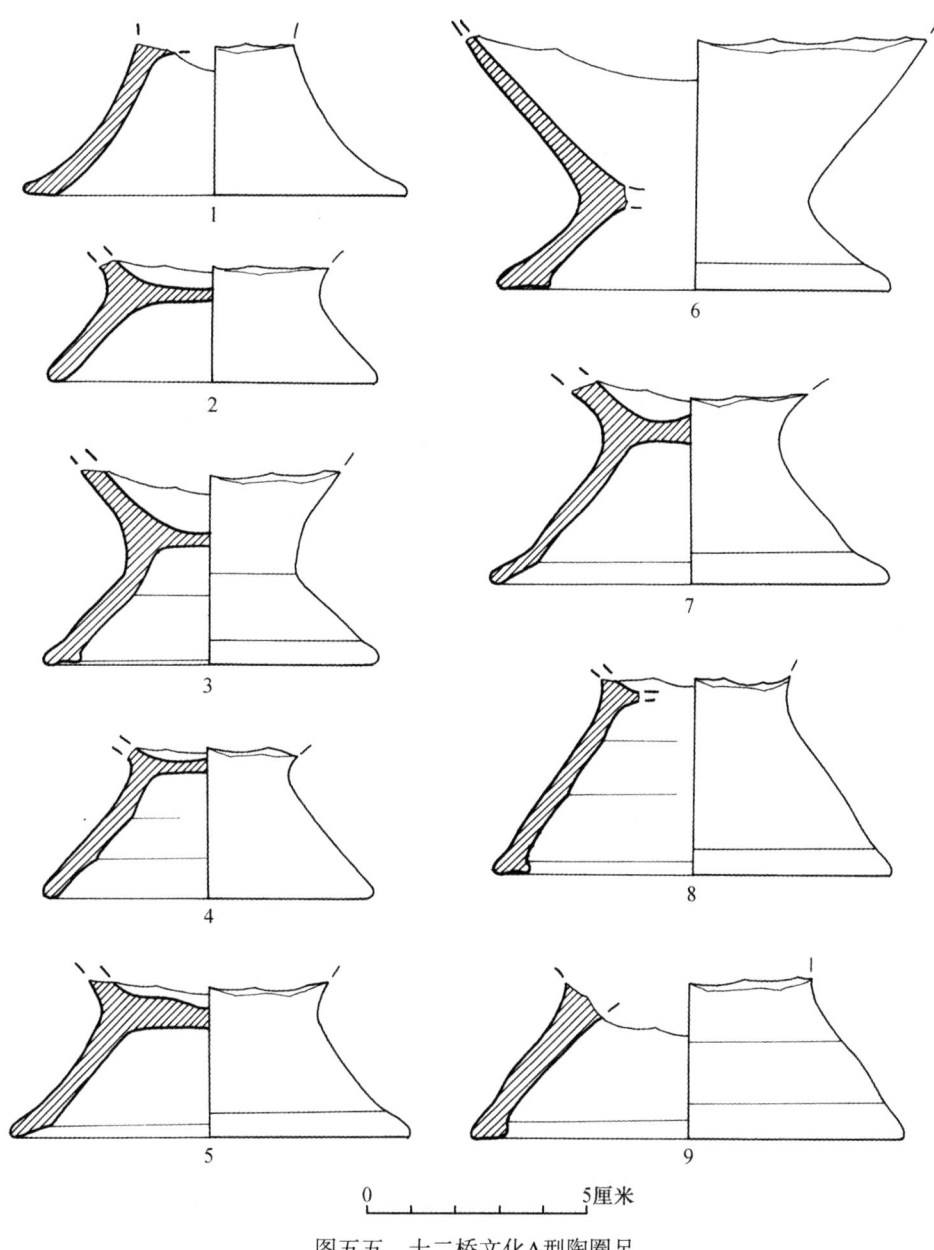

图五五 十二桥文化A型陶圈足

1. H43∶2　2. H40∶16　3. H36∶7　4. H25∶7　5. H1∶38　6. H62∶16　7. T9⑤∶20　8. T7⑥∶13　9. H9∶45

残高6.5厘米（图五七，5）。T3⑤∶1，夹砂灰黄陶。素面。足径9、残高2.4厘米（图五七，6）。

E型　9件。喇叭状高圈足。H9∶47，夹砂灰陶。足缘外翘。素面。足径25、残高7.4厘米（图五七，7）。H68∶19，夹砂灰黑陶。足缘外翘。素面。足径13、残高6厘米（图五七，8）。

F型　1件。H52∶8，夹砂灰陶。器形硕大，足壁斜直，近底处微向外折。素面。

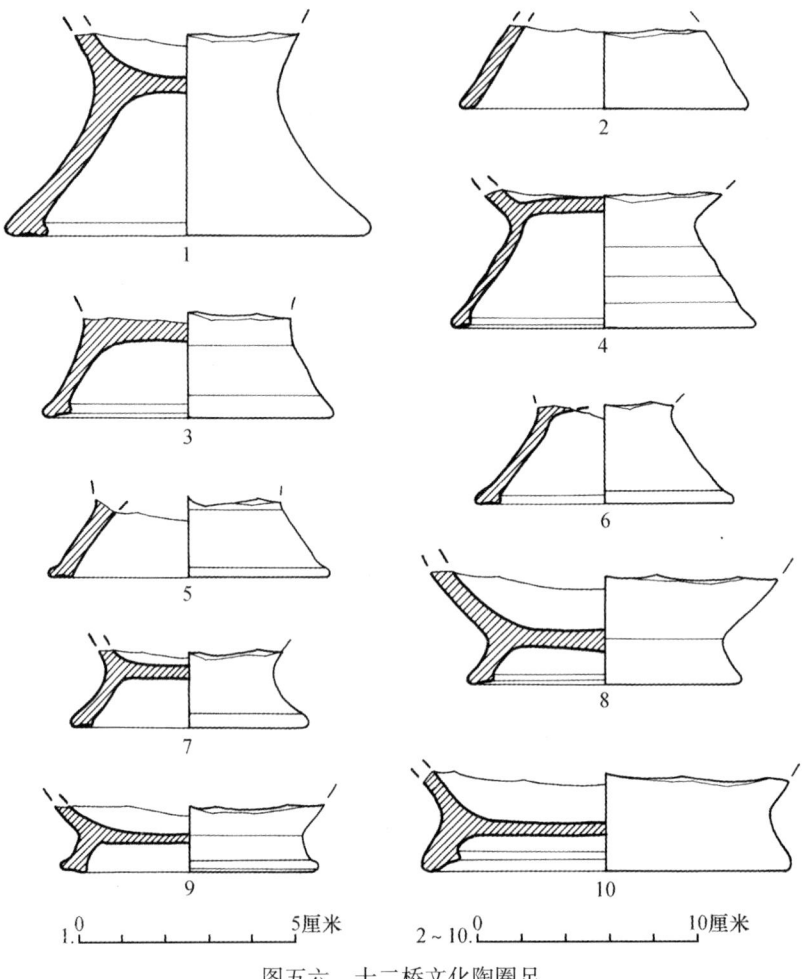

图五六　十二桥文化陶圈足

1、2. A型（H2∶10、T8⑤∶13）　3～6. Ba型（H58∶6、H11∶1、T5⑤∶41、T7⑥∶12）　7～10. Bb型（T6⑥∶29、T11⑤∶16、H8∶16、H6∶3）

足径20、残高4厘米（图五七，9）。

平底器底　142件。依据底径大小的不同，分为二型。

A型　89件。底径大于8厘米。T4⑥∶32，夹砂灰褐陶。下腹斜收。素面。底径9.8、残高6厘米（图五八，1）。H7∶22，夹砂灰褐陶。下腹斜收。素面。底径10、残高4.5厘米（图五八，2）。T10⑤∶7，夹砂灰褐陶。素面。底径13.8、残高3.5厘米（图五八，3）。T9⑤∶25，夹砂灰褐陶。素面。底径14、残高4.2厘米（图五八，4）。T6⑤∶25，夹砂灰褐陶。腹部弧收。素面。底径9.8、残高7厘米（图五八，5）。

B型　53件。底径小于9厘米。T9⑥∶14，夹砂灰褐陶。素面。底径7.9、残高3.5厘米（图五八，6）。H9∶35，夹砂灰褐陶。下腹斜收。素面。底径5、残高4.8厘米（图五八，7）。

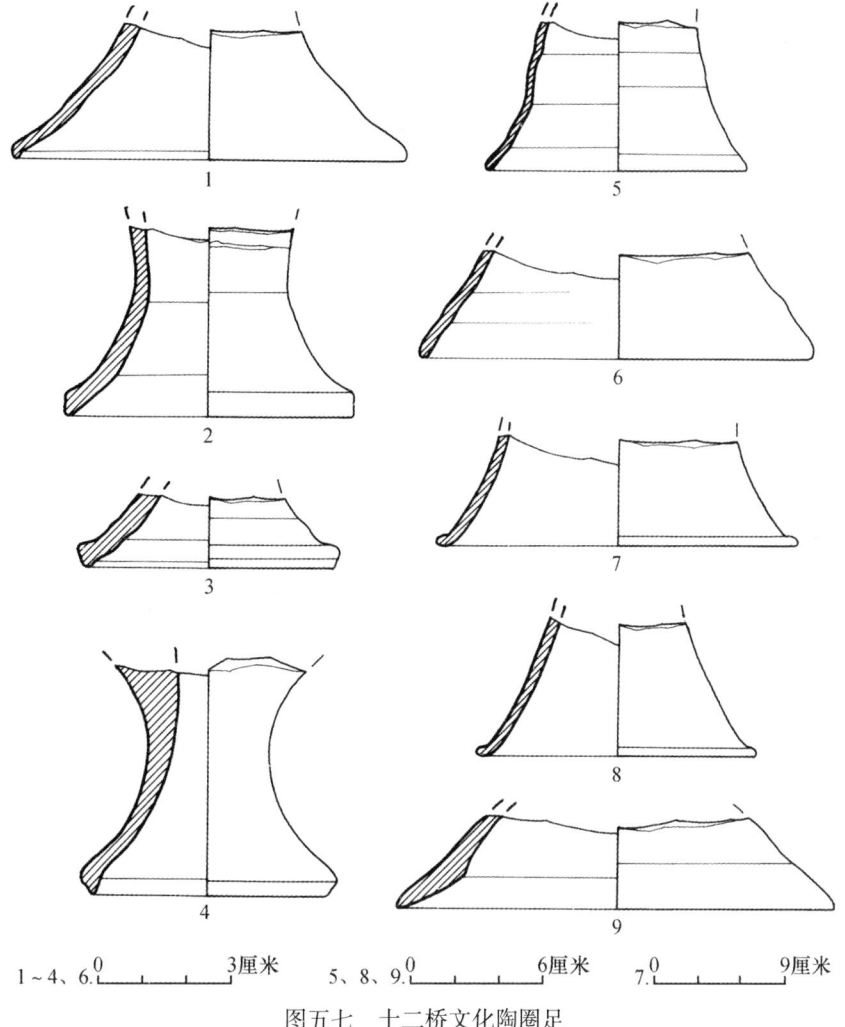

图五七　十二桥文化陶圈足

1～4. C型（H25：5、H3：3、H52：7、T9⑤：15）　5、6. D型（H7：28、T3⑤：1）　7、8. E型（H9：47、H68：19）　9. F型（H52：8）

纺轮　3件。依据整体形态的不同，分为二型。

A型　1件。算珠形。T2⑤：7，泥质灰陶。平顶，上腹斜直，下腹内折，中有一孔，平底。底部有放射状划纹。顶径2、腹径3.2、底径2.6、孔径0.5、高2.4厘米（图五八，8）。

B型　2件。圆丘状。依据整体器形的高矮，分为二式。

Ⅰ式：1件。矮丘状。T6⑥：42，泥质灰陶。中有一穿孔。素面。底径4.2、孔径0.5、高1.2厘米（图五八，10）。

Ⅱ式：1件。器身较Ⅰ式高。T7⑤：38，泥质灰陶。中有一穿孔。素面。底径3.8、孔径0.5、高1.7厘米（图五八，9）。

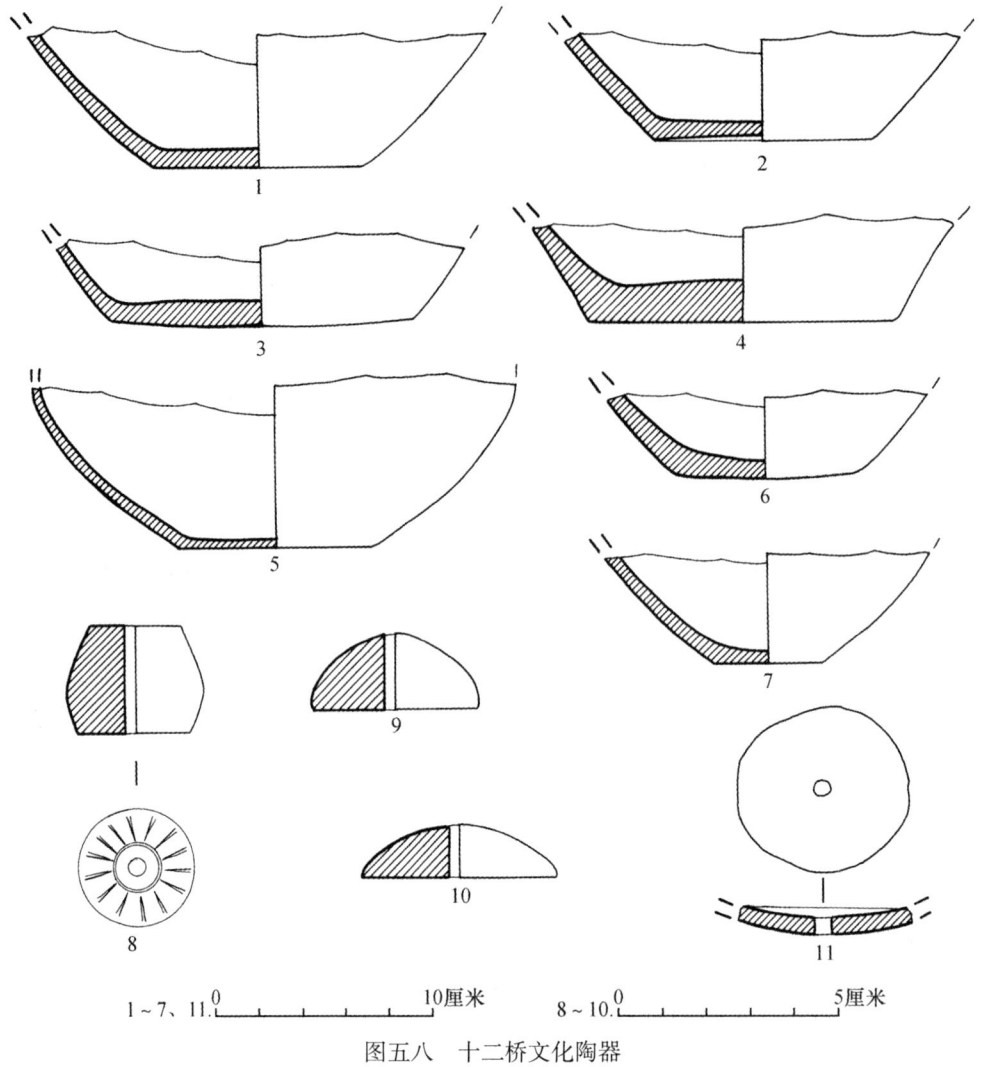

图五八　十二桥文化陶器

1~5. A型平底（T4⑥：32、H7：22、T10⑤：7、T9⑤：25、T6⑤：25）　6、7. B型平底（T9⑥：14、H9：35）
8. A型纺轮（T2⑤：7）　9. BⅡ式纺轮（T7⑤：38）　10. BⅠ式纺轮（T6⑥：42）　11. 穿孔陶片（T4⑤：1）

穿孔陶片　1件。T4⑤：1，夹砂灰陶。平面近圆形，截面微弧。中部有一穿孔，两面对钻形成。素面。直径7.8、孔径0.8、厚0.8厘米（图五八，11）。

石斧　4件。H71：7，平面近长方形，单面刃，顶部和刃部均残。残长7.4、宽4.7、厚1.3厘米（图五九，1）。H66：5，平面近长方形，单面弧刃，刃部留有使用痕迹。长7.3、宽4.8、厚1.3厘米（图五九，2）。H50：15，平面近似长方形，刃部及顶部残损严重。残长5.3、宽3.8、厚1.2厘米（图五九，3）。T9⑤：39，残存部分近似长方形，弧刃，刃端残损。残长7.5、宽3.9、厚2.5厘米（图五九，4）。

石刀　1件。T9⑥：22，背部及两端均残，弧刃略折。残宽6.9、残长4.3、厚1.1厘米（图五九，5）。

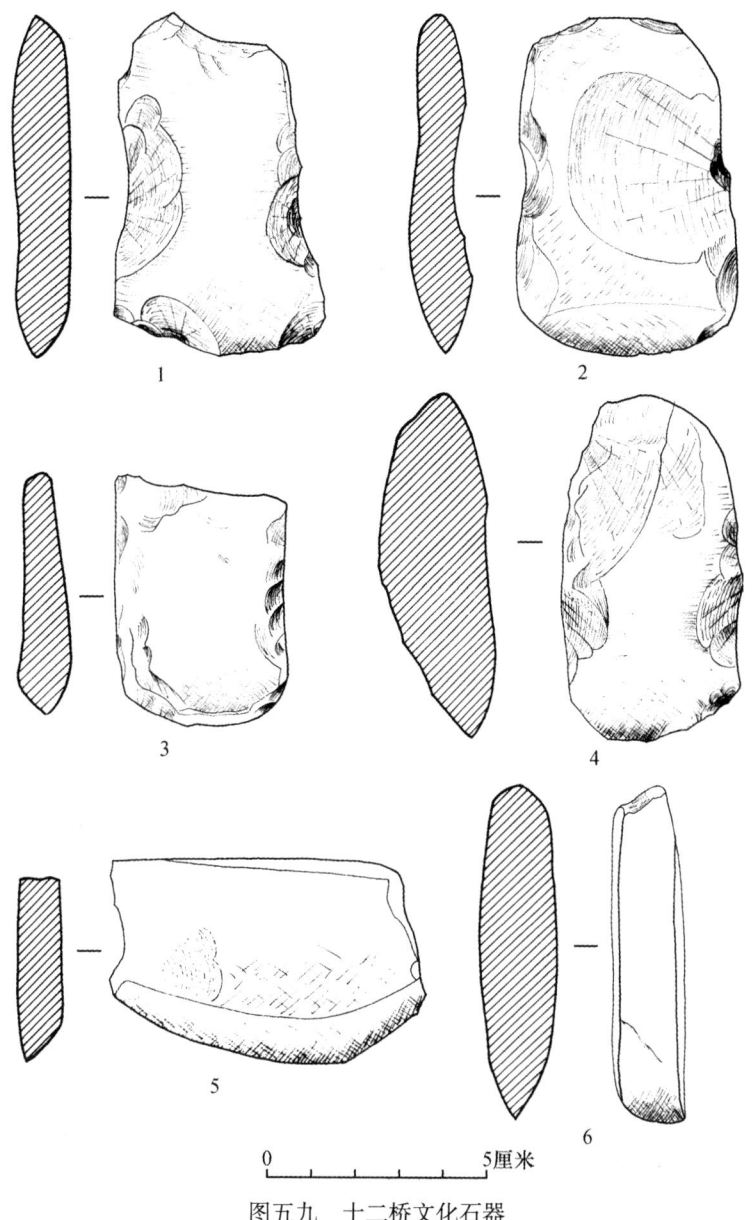

图五九 十二桥文化石器

1~4. 斧（H71：7、H66：5、H50：15、T9⑤：39） 5. 刀（T9⑥：22） 6. 凿（T7⑤：39）

石凿 1件。T7⑤：39，呈长条形，斜盲刃。长7.3、宽1.7、厚1.5厘米（图五九，6）。

四、结　语

通过此次发掘，基本弄清了天台村遗址"万达广场"地点的文化面貌，先秦时期文化遗存包含了宝墩文化和十二桥文化两种遗存，以十二桥文化遗存为主。

遗址出土的宝墩文化遗迹只有5个灰坑，遗物仅见陶器。陶器以夹砂灰陶和灰褐陶为主，有少量泥质灰陶和灰褐陶等。纹饰主要为绳纹，施于绳纹花边口沿罐、圈足及器底。可辨器形有绳纹花边口沿罐、喇叭口高领罐、盆等。该遗址以夹砂陶为主的陶系特征明显不同于宝墩文化一、二期，不见宝墩文化四期流行的敛口罐、矮领圆肩罐等，其整体器形特征及风格与宝墩文化三期陶器相似，故可将其年代推定在宝墩文化三期。

遗址出土的十二桥文化遗迹较丰富，包括70个灰坑、1个积石坑、3条灰沟和2座墓葬。陶器以夹砂灰褐陶为主，少量泥质灰陶或灰褐陶。纹饰主要为绳纹，其次有凹弦纹，还有凸棱纹、镂孔、刻划纹等。器形主要有小平底罐、绳纹侈口罐、绳纹敛口罐、素面侈口罐、素面敛口罐、高领罐、曲腹罐、矮领薄胎罐、镂孔罐、敛口小罐、尖底罐、圈足杯、尖底杯、尖底盏、高柄豆、器盖、瓮、缸、盆、壶、器座、筒形器、纺轮、器耳、穿孔陶片、圈足、平底器底等。石器有斧、凿、刀等。

依据层位关系及类型学分析，我们将该遗址出土的十二桥文化遗存大体分为两组。

第一组：以第6层下H40为代表，包括第6层下H31、H34~H39、H42~H44、H46~H50、H54~H60等遗迹单位。本组以小平底罐、绳纹侈口罐、绳纹敛口罐、素面侈口罐、A型素面敛口罐、高领罐、曲腹罐、尖底罐、尖底杯、尖底盏、高柄豆、器盖、瓮、缸、盆、壶及A、B、D、E、F型圈足为主要器物组合。

第二组：以第5层下H3为代表，包括第6层下H32、H45、H51、H52、G1等遗迹单位，第6层，第5层下H1、H2、H4~H21、H23~H29、H62、H63、H66~H69、H71、H73、K1等遗迹单位，以及第5层。本组沿用第一组的器物组合，A型素面敛口罐的数量明显增多，新出现了B型素面敛口罐、C型圈足。其中Ba型素面敛口罐（H45∶4）凸沿明显，与金沙遗址干道黄忠A线地点B型瓮形器（T5157⑤∶1）[1]相近；C型圈足（H25∶5）足缘下折，虽不及金沙遗址万博地点C型圈足（T5439⑤∶8）[2]明显，但体现出相近的走势。上述金沙遗址两个单位的年代明显较晚，本组出现的这两类器物体现出十二桥文化逐渐向晚期过渡的特征，很可能是同类器中较早的形态，值得进一步探讨。

此外，第5层下H22、H30、H64出土遗物较少且残破，难以辨析其器形，H70未出土遗物，据层位关系可将其归为第二组。第6层下G2、G3、M1、M2、H61、H65等遗迹单位出土遗物较少或未见具有分组指示意义的典型器，暂不分组。

总体来看，两组之间的器物组合相近，只有少量器类型别和数量的差异，尚不能当做早晚两期来看待。其年代晚于以小平底罐、绳纹侈口罐、绳纹敛口罐、瓮、盆、豆、器盖、尖底杯等为主的郫县波罗村商周时期早期遗存[3]，早于已经少见或基本不见小平底罐、绳纹敛口罐、绳纹侈口罐、高柄豆，以素面敛口罐、素面侈口罐、高领罐、瓮、盆、器盖等为主的西城天下[4]地点。波罗村遗址发掘者经过碳

十四测定,将波罗村遗址早期遗存定为商代晚期;江章华将西城天下地点的年代推定在西周早期[5]。综上,我们将天台村遗址"万达广场"地点出土的十二桥文化遗存的年代推定在商末周初。

"万达广场"地点与其东侧的"天府花城"地点[6]的中间地带是大片的居民区和厂房,地层被破坏得非常严重,没有连接,然而二者相邻,且陶器组合及风格相似、文化性质相同、年代相当,应属于同一个遗址,统称为天台村遗址。

附记:参加此次发掘和整理的人员有成都文物考古研究院刘雨茂、陈云洪、杨占风、王军、何洪强、陈贵元,郫县望丛祠博物馆谭颖、张德仟,成都金沙遗址博物馆吴超明,吉林大学文学院考古学系研究生朱冠星。

绘图:曹桂梅　卢斐斐
修复:余成英
执笔:杨占风　吴超明　朱冠星

注　释

[1] 成都市文物考古研究所:《2001年金沙遗址干道黄忠A线地点发掘简报》,《成都考古发现》(2003),科学出版社,2005年。

[2] 成都市文物考古研究所:《成都金沙遗址万博地点考古勘探与发掘收获》,《成都考古发现》(2002),科学出版社,2004年。

[3] 成都文物考古研究所、郫县望丛祠博物馆:《成都郫县波罗村商周遗址发掘报告》,《考古学报》2016年第1期。

[4] 成都文物考古研究所:《成都市金沙遗址"西城天下"地点发掘》,《成都考古发现》(2005),科学出版社,2007年。

[5] 江章华:《金沙遗址的初步分析》,《文物》2010年第2期。

[6] 成都文物考古研究所、郫县望丛祠博物馆:《郫县天台村遗址先秦文化遗存试掘简报》,《成都考古发现》(2010),科学出版社,2012年。

成都市郫都区西华大学实验楼古遗址发掘简报

成都文物考古研究院

西华大学新校区位于成都市郫都区红光镇（图一）。郫都区位于成都市的西北部，属于成都平原的腹心地带。此前的建设过程中，在西华大学的六号教学楼[1]、网络技术学院[2]、艺术中心[3]等地点都曾有过小规模的考古发掘。为配合学校建设，成都市文物考古工作队于2015年3～5月再次展开考古发掘，本次发掘的实验楼遗址，位于西华大学新校区的东北部，西邻艺术学院楼，东为学校东门。本次发掘采取正南北方向布方，共布10米×10米探方2个，10米×6米探方1个，发掘总面积260平方米。遗址代码为"2015CXS"，探方编号为T1～T3（图二）。

本次发掘共清理灰坑11个，建筑遗存1处。出土物绝大多数为陶片，包含了宝墩和商周两个时期的遗存。现将本次发掘的收获简报如下。

一、地层堆积

发掘区统一了地层，可划分为6层，以T2东壁为例说明如下（图三）：

第1层：灰黑色土，结构疏松。厚0.2～0.5米。包含有植物根茎、建筑垃圾等，为现代表土层。

第2层：灰色沙性土，结构紧密，夹杂褐色斑点。厚0～0.15米。包含有一些青花瓷片，为明清时期地层。

第3层：灰黄色黏土，结构紧密，包含少许沙，夹杂有褐色斑点。厚0.05～0.15米。包含物有少量瓷片，为唐宋时期地层。

第4层：浅灰色黏土，结构紧密，含沙，杂有褐色斑点，还有少量红烧土颗粒。厚0.1～0.2米。包含物有少量残陶片，为汉代堆积。

第5层：浅褐色土，结构紧密、湿润，略带黏性，夹杂褐色斑点。厚0.15～0.2米。包含有草木灰和红烧土颗粒。出土较多陶片，多为夹砂黄陶，主要器形有敛口罐、圈足罐、尖底盏、器盖等，还有泥质灰陶尖底杯，为商周时期的堆积。此层还包含有少量宝墩时期的遗物。

第6层：褐色黏性土，结构紧密，含有深色斑点、草木灰以及少量红烧土颗粒。厚0.1～0.27米。包含物与第5层基本相同。

第6层以下为生土。

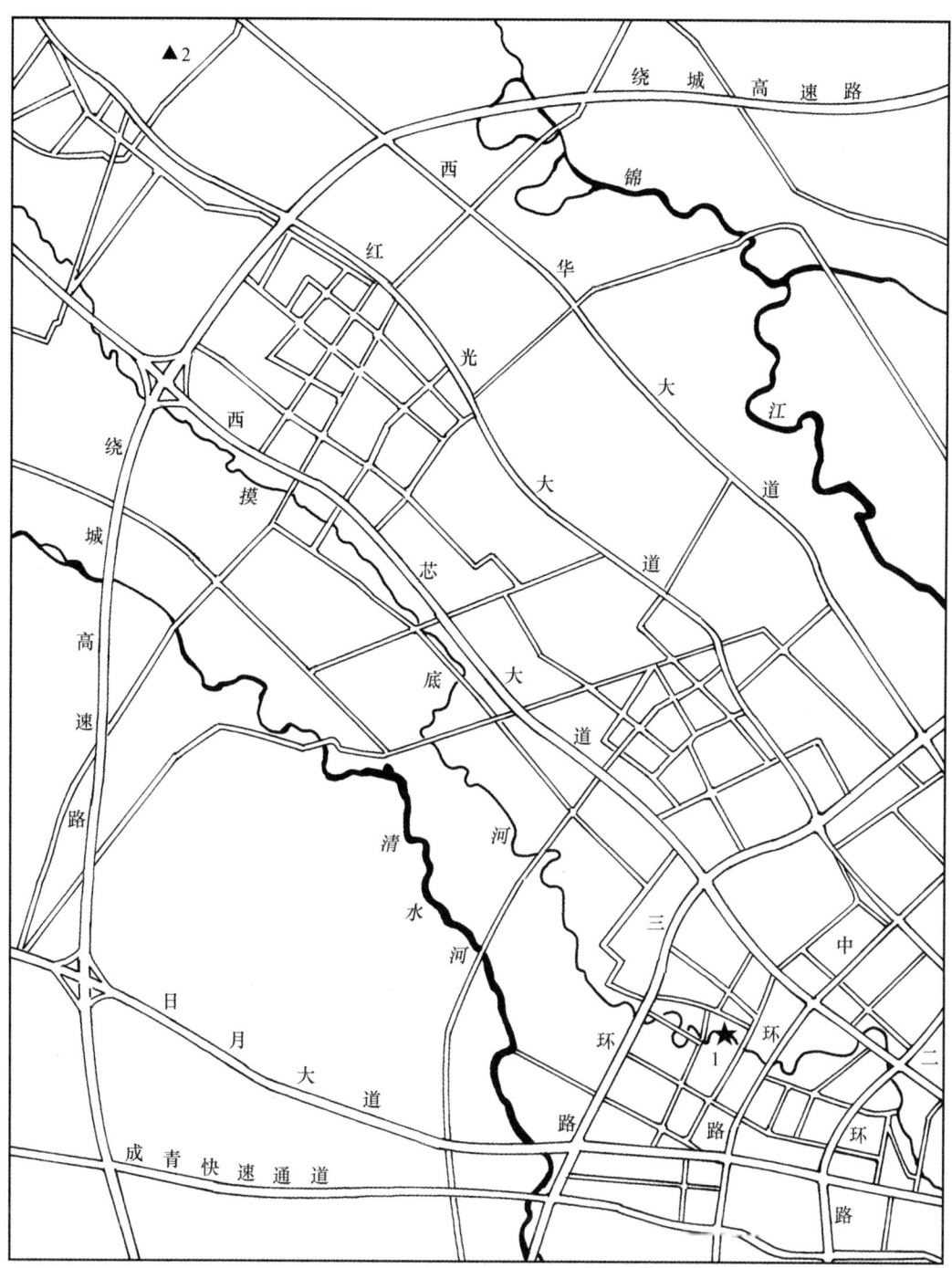

图一 遗址位置示意图
1. 金沙遗址 2. 西华大学实验楼遗址

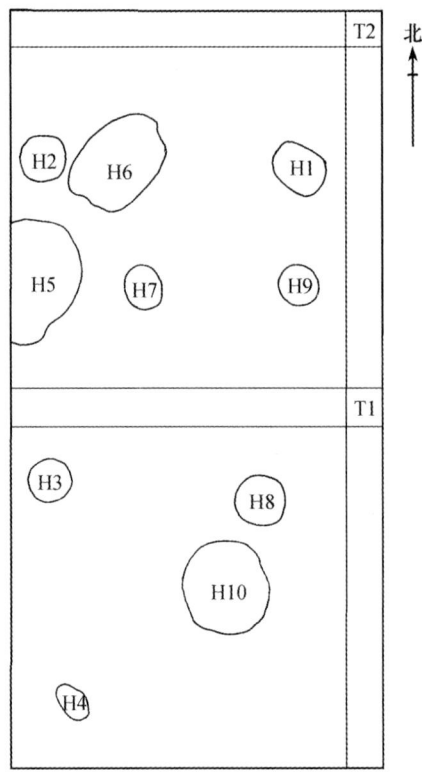
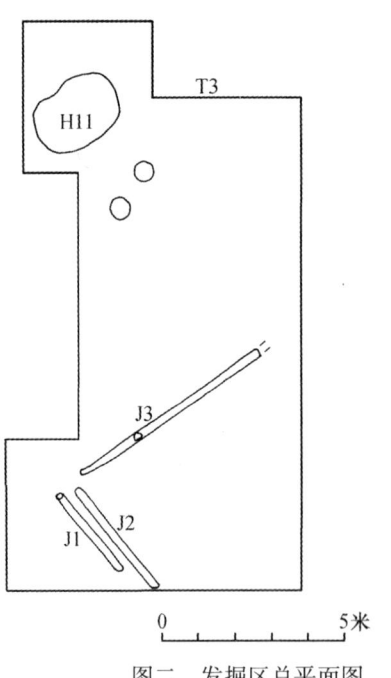

图二　发掘区总平面图

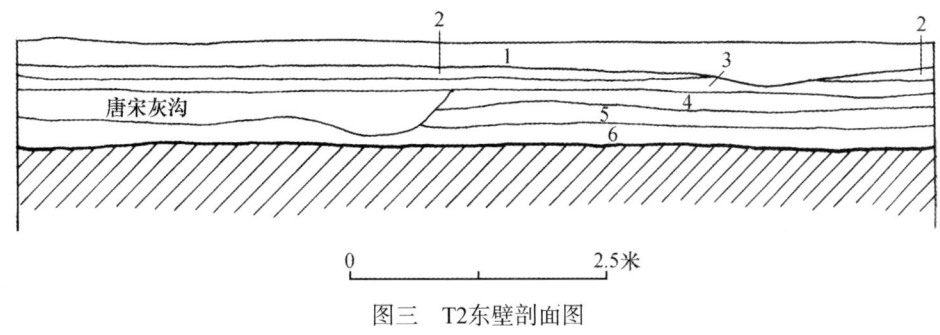

图三 T2东壁剖面图

二、宝墩文化遗存

宝墩文化遗存主要有开口于第6层下的H6、H7、H10三个单位及其出土遗物，此外还包括被扰乱至第5、6层的少量遗物。

1. 遗迹

宝墩文化的遗迹仅有灰坑。

H6　位于T2北部偏西。开口于第6层下，被唐宋时期灰沟打破，打破生土。坑口距地表0.8米。平面呈不规则形，斜壁，平底。长径约2.7、短径约2.12、深约0.14米（图四）。填土呈黄褐色，结构疏松，包含有草木灰和红烧土。出土少量陶片，以夹砂红褐陶为主，可辨器形有绳纹罐、盆、器盖等。

H7　位于T2西南部。开口于第6层下，打破生土。坑口距地表0.82米。平面呈椭圆形，直壁，平底。长径约1.14、短径约1、深约0.3米（图五）。填土呈黑褐色，结构紧密，略带黏性，夹杂有大量的草木灰、少许红烧土颗粒以及卵石块。出土遗物基本为陶片，有夹砂褐陶、夹砂灰陶和泥质灰陶，可辨器形有绳纹罐、尊、圈足器等。

H10　位于T1中部偏东。开口于第6层下，打破生土。坑口距地表0.8米。平面呈椭圆形，西侧坑壁较直，东部为斜壁，平底。长径约2.4、短径2.34、深约0.8米（图六）。填土为灰褐色土，结构紧密，湿润，黏性较强，杂有草木灰、红烧土颗粒以及大小不一的卵石块。出土陶片多为夹砂褐陶、夹砂灰陶、泥质灰陶，可辨器形有绳纹罐、尊、矮领罐、喇叭口高领罐、壶、圈足器、器盖等。

2. 陶器

遗址出土的宝墩文化陶器数量较少，包括夹砂陶和泥质陶两类。夹砂陶所占比例稍大，以黄陶、黄褐陶和红褐陶为主，偶见红陶、黑陶。纹饰以绳纹为主，还有少量的弦纹、刻划纹、压印纹、戳刺纹等。泥质陶以灰黄陶和黑皮陶为主，少量红陶。多为素面。这一时期的器形主要有绳纹罐、尊、喇叭口高领罐、器盖、盆、壶等。

夹砂绳纹罐　8件。依据口部形态的不同，分为二型。

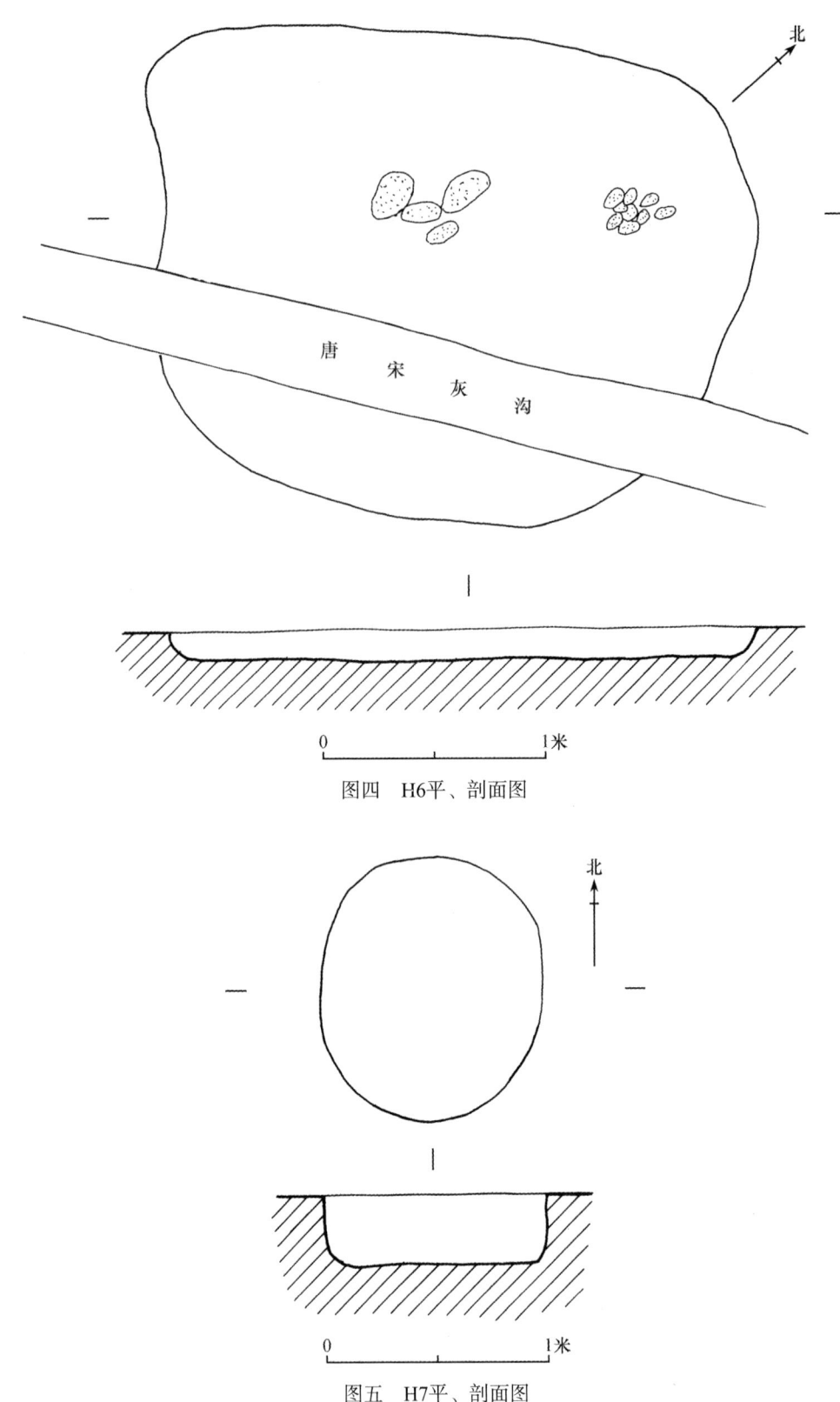

图四　H6平、剖面图

图五　H7平、剖面图

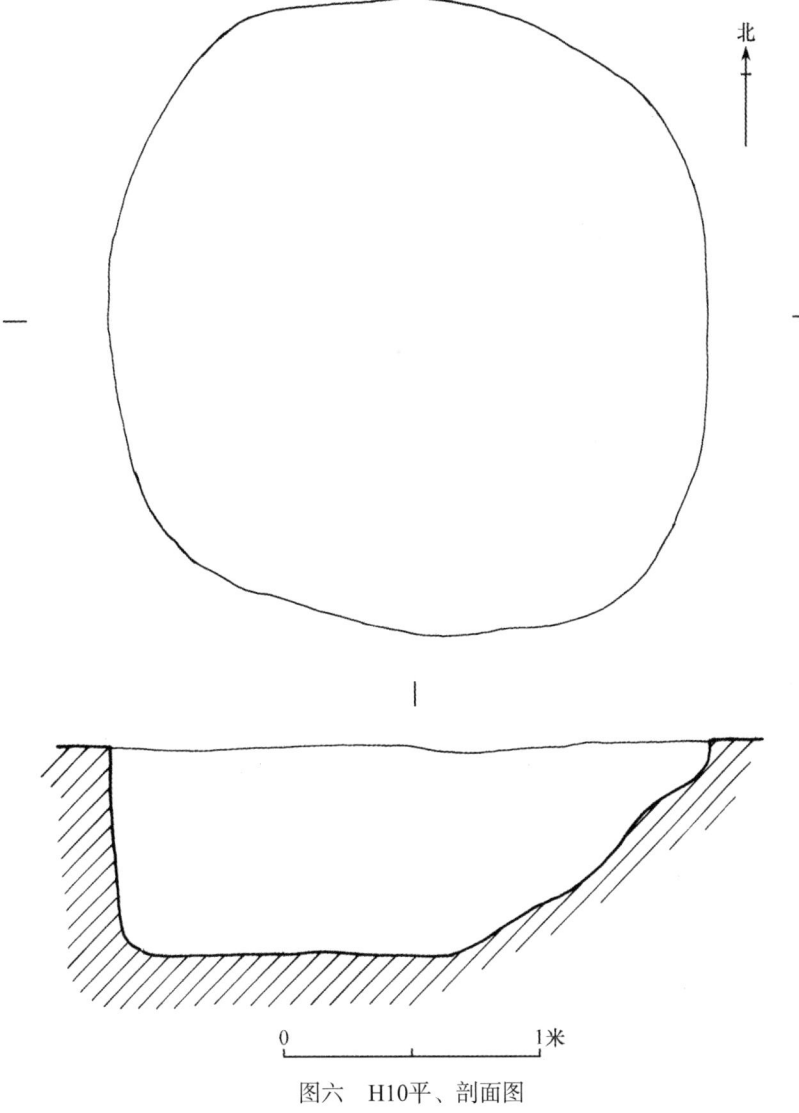

图六　H10平、剖面图

A型　5件。侈口或敞口，沿部较宽。H7：3，夹砂黄褐陶。敞口，圆唇。器表饰较粗且稀疏的绳纹，唇部压印较浅的绳纹，沿下素面。口径31.6、残高4.2厘米（图七，1）。H7：4，夹砂黄陶。敞口，圆唇。器表及口沿下饰较为杂乱的绳纹。残高3.6厘米（图七，8）。T2⑥：70，夹砂红陶，陶胎较厚。侈口，叠唇。口沿及器腹压印绳纹。口径25.4、残高4.8厘米（图七，3）。T2⑥：72，夹砂黄褐陶。侈口，尖圆唇。唇部饰较浅的绳纹，颈部以下饰较粗的绳纹。残高4厘米（图七，7）。T2⑥：71，夹砂红褐陶。敞口，方唇。唇部及器表饰绳纹，沿下也有少量浅绳纹。残高3.4厘米（图七，11）。

B型　3件。窄折沿。H10：3，夹砂黄陶。圆唇。器表饰斜向绳纹。残高6.5厘米

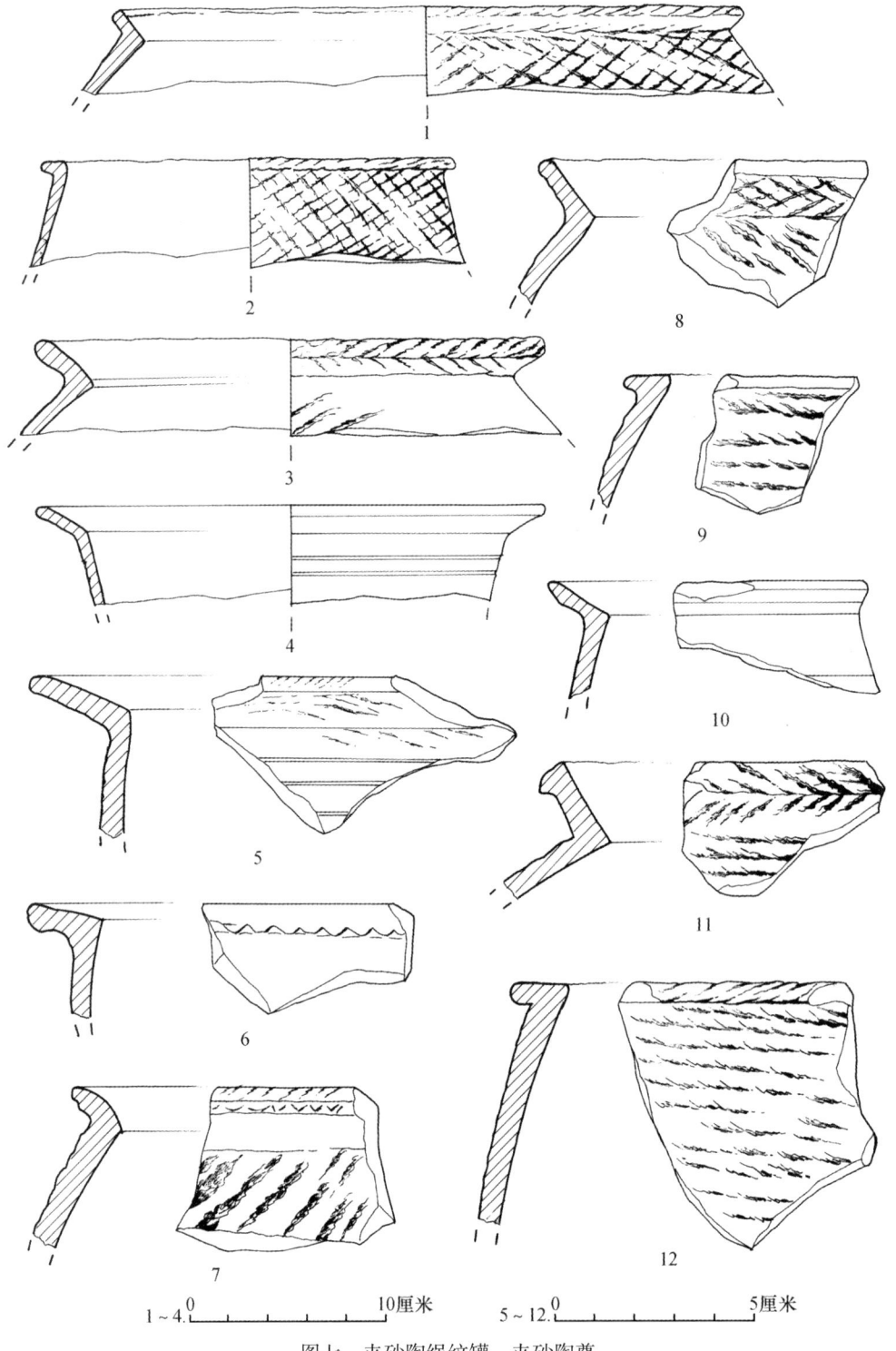

图七 夹砂陶绳纹罐、夹砂陶尊

1、3、7、8、11.A型夹砂绳纹罐（H7∶3、T2⑥∶70、T2⑥∶72、H7∶4、T2⑥∶71） 2、9、12.B型夹砂绳纹罐（H6∶3、H6∶4、H10∶3） 4.A型夹砂尊（H10∶1） 5、6、10.B型夹砂尊（H10∶2、T2⑥∶65、T1⑥∶28）

（图七，12）。H6∶3，夹砂黄陶。圆唇。器表饰较细的交错绳纹。口径20.8、残高5.3厘米（图七，2）。H6∶4，夹砂红陶。圆唇。器表饰横向绳纹。残高3.4厘米（图七，9）。

夹砂尊　4件。依据颈部的不同，分为二型。

A型　1件。颈部外敞。H10∶1，夹砂黄褐陶。圆唇。上腹部饰两周凹弦纹。口径25.6、残高4.8厘米（图七，4）。

B型　3件。微束颈。H10∶2，夹砂红褐陶。折沿，圆唇，唇沿微上卷。上腹部饰凹弦纹。残高4厘米（图七，5）。T2⑥∶65，夹砂黄褐陶。折沿，圆唇。口沿外侧附加一周经过压印的泥条。残高2.8厘米（图七，6）。T1⑥∶28，夹砂红陶。敞口，圆唇。器表饰两周凹弦纹。残高2.8厘米（图七，10）。

泥质尊　6件。依据腹部的不同，分为二型。

A型　3件。束颈，斜腹。T2⑥∶3，泥质灰黄陶。圆唇。素面。口径40.4、残高4.6厘米（图八，2）。T1⑥∶31，泥质红陶。尖圆唇。素面。口径40.2、残高5.2厘米（图八，1）。T2⑥∶63，泥质黑皮红陶。尖圆唇。素面。口径41.2、残高3.2厘米（图八，3）。

B型　3件。腹部相对较直。T3⑤∶42，泥质黑皮陶。方唇。素面。残高2.6厘米（图八，6）。H7∶1，泥质灰皮陶。圆唇。素面。残高2.5厘米（图八，5）。T1⑥∶19，泥质灰黄陶。圆唇。素面。残高3.1厘米（图八，4）。

矮领罐　2件。H7∶2，泥质黄陶，陶胎较厚。器形较大，方唇。器表有一些杂乱的刻划斜线以及戳刺痕。口径34.4、残高6.8厘米（图八，8）。H10∶4，夹砂红陶。方唇。素面。残高5.5厘米（图八，7）。

喇叭口高领罐　5件。依据口部的不同，分为三型。

A型　3件。侈口。H10∶8，泥质黑皮灰胎陶。方唇。素面。口径26.8、残高5.2厘米（图九，2）。T3⑥∶41，泥质红陶。圆唇。素面。口径16、残高3.6厘米（图九，3）。T3⑥∶39，泥质黑皮陶。尖圆唇。素面。口径28.4、残高3.4厘米（图九，1）。

B型　1件。卷沿。T3⑤∶22，泥质灰陶。素面。残高3.9厘米（图九，8）。

C型　1件。波浪状口。T3⑤∶15，泥质红胎灰陶。素面。残高5厘米（图九，6）。

壶　1件。H10∶6，泥质灰黄陶。侈口，圆唇。素面。残高5.4厘米（图九，5）。

盆　3件。H6∶2，夹砂红陶。侈口，方唇，弧腹。唇部、口沿外侧及器表均压印较深的斜向绳纹。口径21.2、残高4厘米（图九，9）。T2⑥∶68，夹砂红陶。折沿，圆唇。上腹中部有一周凸起的剔刻纹。残高6.5厘米（图九，4）。T2⑥∶69，夹砂红陶。折沿，圆唇。器表有一周凸起的剔刻纹以及数周弦纹。残高4.3厘米（图九，7）。

圈足　11件。有高矮之分，但是有些较为残缺，不能辨别。依据陶质的不同，分为二型。

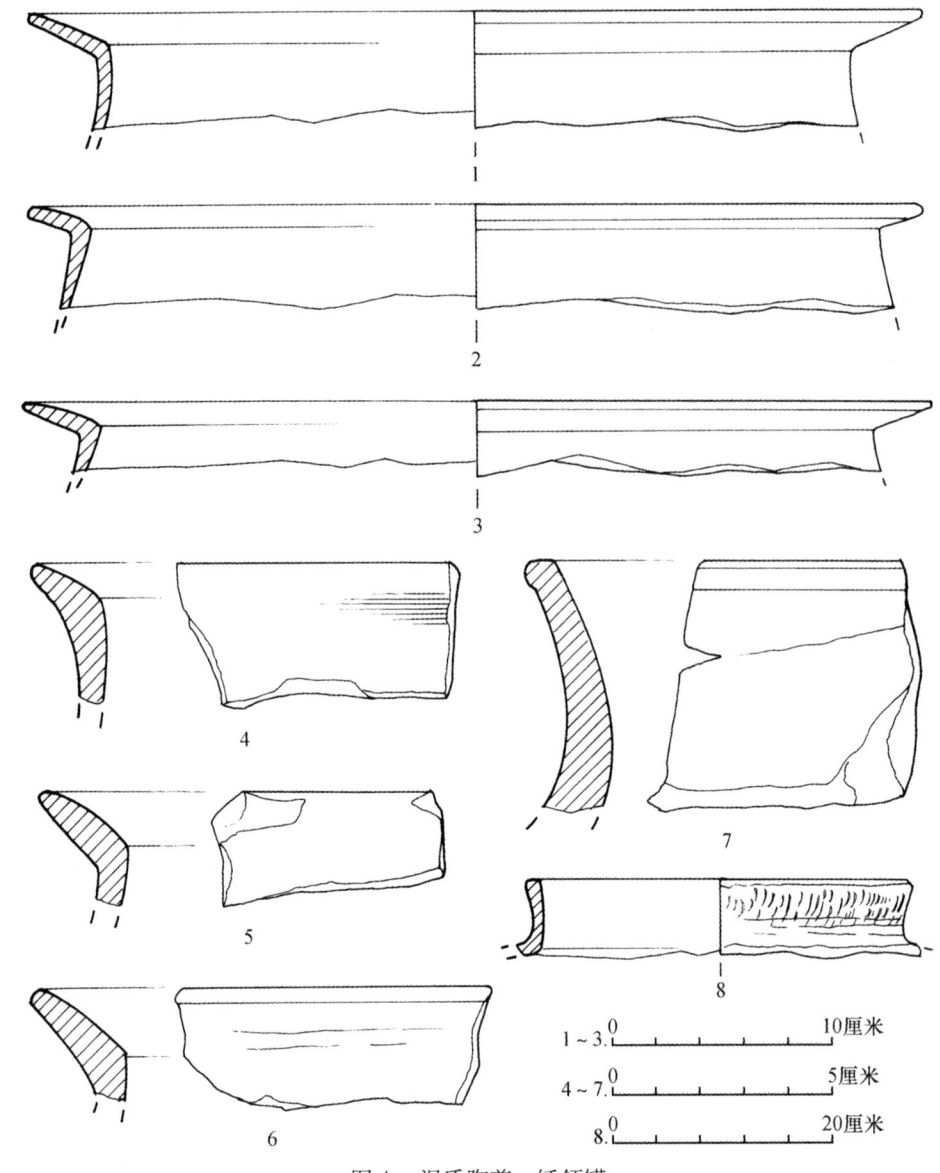

图八 泥质陶尊、矮领罐

1~3.A型泥质尊（T1⑥：31、T2⑥：3、T2⑥：63） 4~6.B型泥质尊（T1⑥：19、H7：1、T3⑤：42）
7、8.矮领罐（H10：4、H7：2）

A型 8件。夹砂陶。H10：14，夹砂红褐陶。圈足较高，方缘。足下部饰一周较浅的剔刻纹，上部残留两个较大的圆形镂孔。足径13.5、残高7.5厘米（图一〇，6）。H10：9，夹砂红褐陶。方缘。偏下部有一周较稀疏的剔刻月牙纹，上部残留较大的圆形镂孔。残高3.8厘米（图一〇，1）。H7：5，夹砂黄陶。圈足较矮，方缘。上部残留两个圆形镂孔。足径13.8、残高5厘米（图一〇，3）。H10：11，夹砂红陶。方缘。器表偏下部有一周剔刻月牙纹，之上又有一周戳点，均较浅，上部残留圆形镂孔。残高

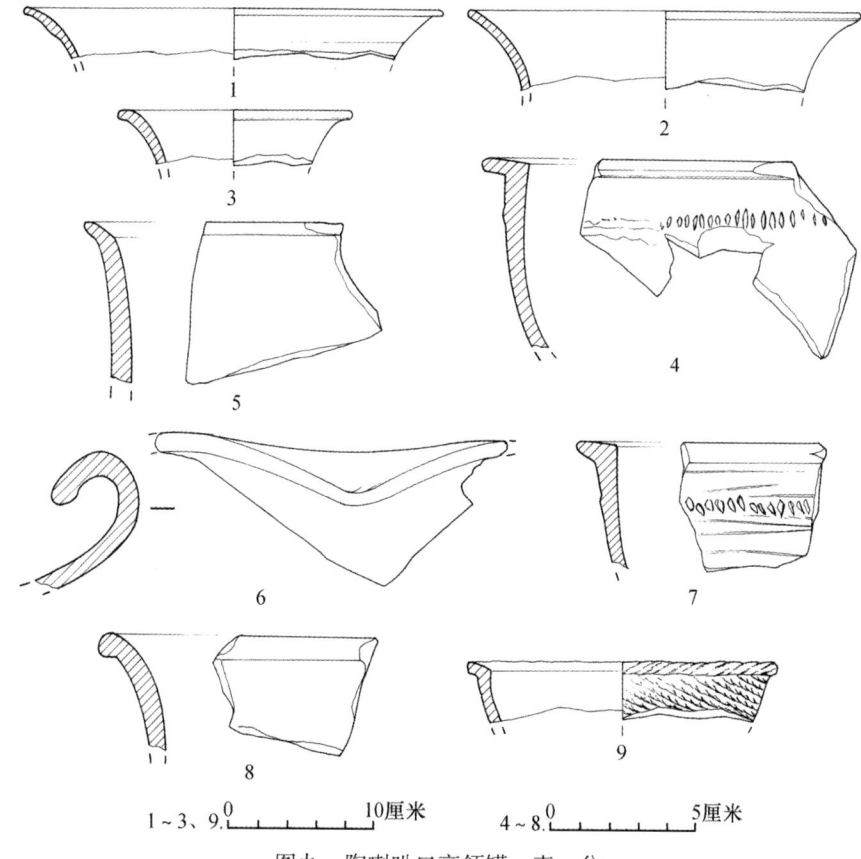

图九 陶喇叭口高领罐、壶、盆
1~3.A型喇叭口高领罐（T3⑥：39、H10：8、T3⑥：41） 4、7、9.盆（T2⑥：68、T2⑥：69、H6：2）
5.壶（H10：6） 6.C型喇叭口高领罐（T3⑤：15） 8.B型喇叭口高领罐（T3⑤：22）

5.4厘米（图一〇，7）。T1⑥：11，夹砂黑灰陶。方缘。下部有一周较深且密的剔刻月牙纹。残高4.9厘米（图一〇，5）。

B型 3件。泥质陶。H10：13，泥质灰黄陶。圈足较高，方缘。中部残留一直径1.1厘米的圆形镂孔。足径11.4、残高11厘米（图一〇，4）。T3⑤：34，泥质黄陶。方缘，足缘微向内敛。素面。残高6厘米（图一〇，2）。T1⑥：12，泥质灰陶。方缘，足缘微向内敛。素面。足径13.6、残高3.3厘米（图一〇，8）。

器底 8件。平底。依据陶质的不同，分为二型。

A型 6件。夹砂陶。依据下腹是否有绳纹，分为二亚型。

Aa型 3件。下腹有绳纹。H7：6，夹砂红陶。器底内壁凸起。下腹残留少量较浅的绳纹，底部素面。底径10、残高4.2厘米（图一一，1）。H10：15，夹砂红褐陶。下腹残留较浅的杂乱绳纹。底部素面。底径12.4、残高3厘米（图一一，3）。

Ab型 3件。素面。H6：9，夹砂红褐陶。底径10.4、残高2.8厘米（图一一，2）。H6：7，夹砂红褐陶。器底内壁凸起。底径7.8、残高1.7厘米（图一一，5）。

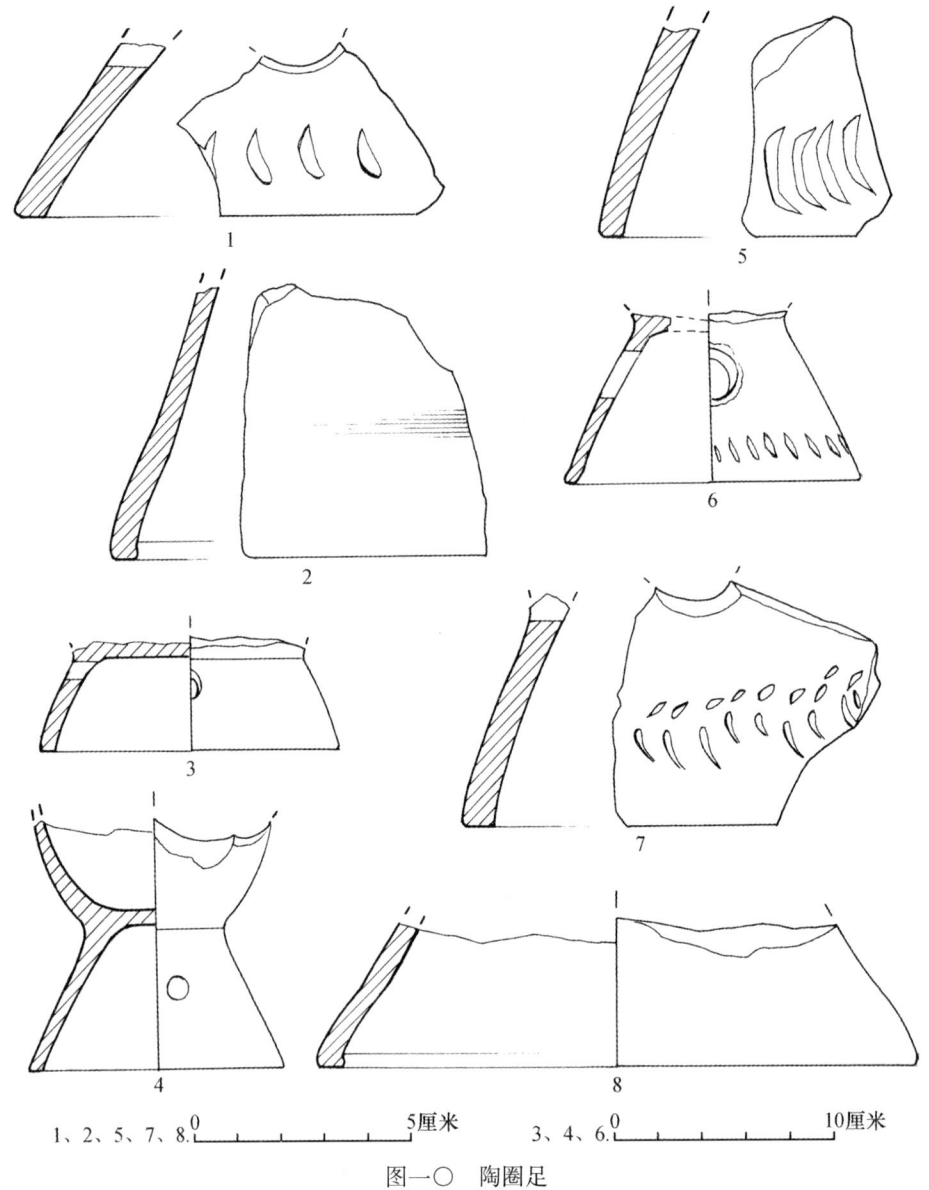

图一〇 陶圈足

1、3、5~7.A型（H10：9、H7：5、T1⑥：11、H10：14、H10：11） 2、4、8.B型（T3⑤：34、H10：13、T1⑥：12）

T1⑥：32，夹砂黑陶。底部边缘凸出。底径6.8、残高3.6厘米（图一一，7）。

B型 2件。泥质陶。H6：6，泥质黄陶。素面。残高2.3厘米（图一一，6）。H10：12，泥质黄陶。素面。底径12.4、残高7厘米（图一一，4）。

豆形器 1件。T2⑥：62，夹砂黑褐陶。方唇，浅盘，在豆盘与柄部结合处有一周泥条加固。盘径15.4、残高2.3厘米（图一二，8）。

器盖 8件。依据口部的不同，分为二型。

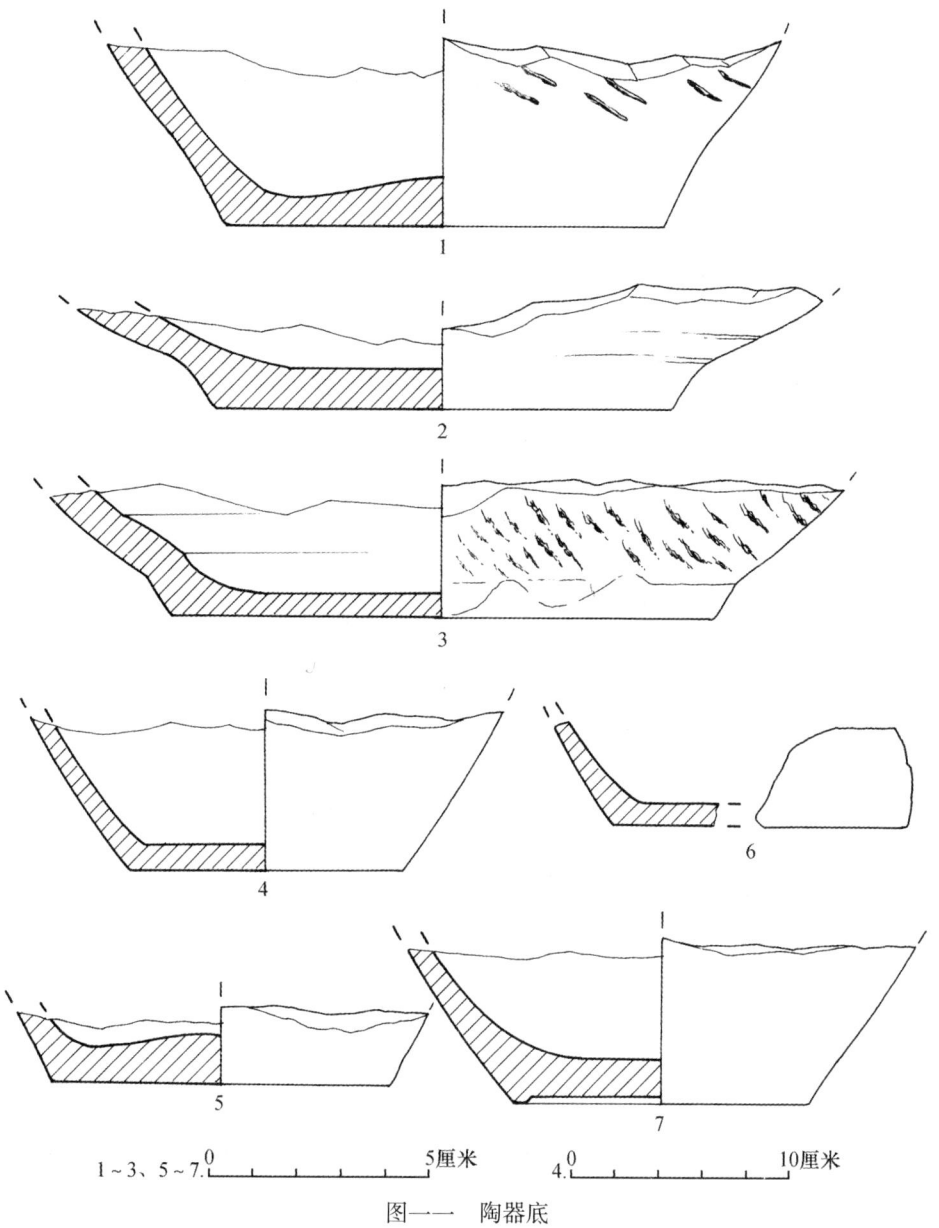

图一一 陶器底

1、3.Aa型（H7：6、H10：15） 2、5、7.Ab型（H6：9、H6：7、T1⑥：32） 4、6.B型（H10：12、H6：6）

A型 1件。口沿外侈。T1⑥：9，泥质黄陶。圆唇。素面。盖径19、残高1.7厘米（图一二，3）。

B型 8件。口部弧形内收。依据陶质的不同，分为二亚型。

Ba型 4件。泥质陶。T2⑥：60，泥质黑皮陶。口部内敛，方唇。素面。盖径28、残高2.4厘米（图一二，1）。H10：7，泥质黑皮陶。方唇。素面。残高2.1厘米（图一二，4）。T1⑥：6，泥质灰黄陶。圆唇。素面。盖径19、残高2.2厘米（图

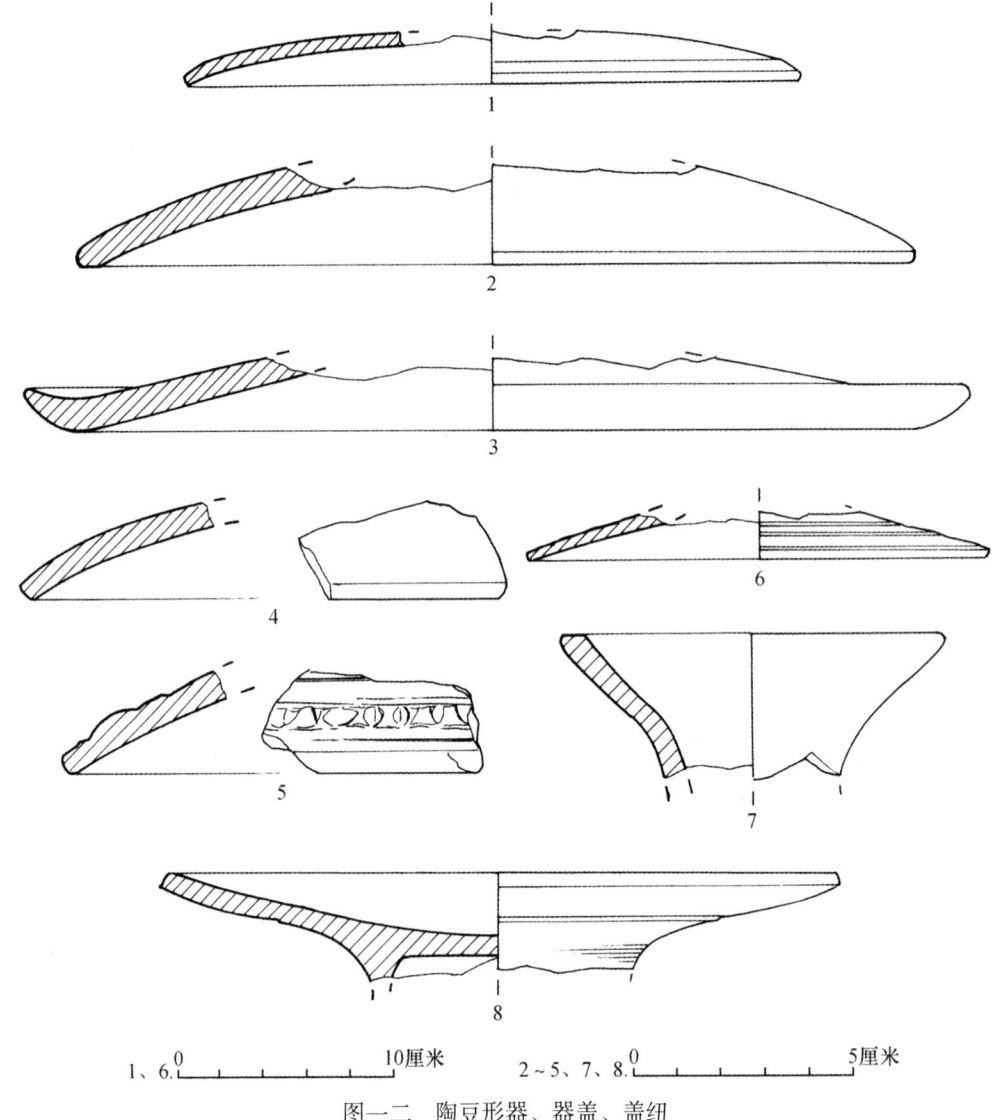

图一二 陶豆形器、器盖、盖纽

1、2、4.Ba型器盖（T2⑥：60、T1⑥：6、H10：7） 3.A型器盖（T1⑥：9） 5、6.Bb型器盖（T2⑥：67、H10：5） 7.盖纽（H6：5） 8.豆形器（T2⑥：62）

一二，2）。

Bb型 4件。夹砂陶。T2⑥：67，夹砂黄褐陶。方唇。器表饰数周弦纹及一周凸起的压印纹。残高2.3厘米（图一二，5）。H10：5，夹砂红褐陶。方唇。器表饰三周弦纹。盖径20、残高2厘米（图一二，6）。

盖纽 1件。H6：5，夹砂黑陶。斜方唇。素面。口径8.6、残高3.2厘米（图一二，7）。

三、商周时期遗存

商周时期遗存是遗址的主体部分。包括第5、6层以及H1~H5、H8、H9、H11及其出土遗物。

1. 遗迹

商周时期的遗迹包括建筑遗存和灰坑。

建筑遗存包括开口于第5层下的三条基槽（编号J1~J3）。基槽平面呈长条状，剖面接近U形。其中J1长2.2米，J2长3.4米，J3长5.8米，宽度在0.2米左右，深度约0.1米。基槽内填土为褐色花土，质地紧密。在J1和J3内各发现一个圆形柱洞。由于受到晚期人类活动的破坏和发掘面积的限制，这组建筑遗存的规模和具体性质目前尚不能确定。

H1 位于T2东侧略偏北。开口于第6层下，打破生土。坑口距地表0.82米。平面呈椭圆形，斜壁，平底。东西长约1.6、南北宽约1.22、深约0.2米（图一三）。填土为黑褐色土，结构较为疏松，含有大量的草木灰和少许红烧土颗粒。出土较多陶片，主要为夹砂褐陶、夹砂灰陶、泥质灰陶，可辨器形有尖底杯、筒状器。

H2 位于T2西侧偏北。开口于第6层下，打破生土。开口距地表0.78米。平面呈圆形，直壁，平底。直径约1.2、深0.3米（图一四）。填土为灰黑色土，结构疏松，含少量草木灰、红烧土颗粒以及大小不一的卵石块。出土陶片有夹砂褐陶、夹砂灰陶、泥质灰陶，可辨器形有圈足、尖底盏。

H3 位于T1西北角。开口于第5层下，打破生土。开口距地表0.62米。平面近圆

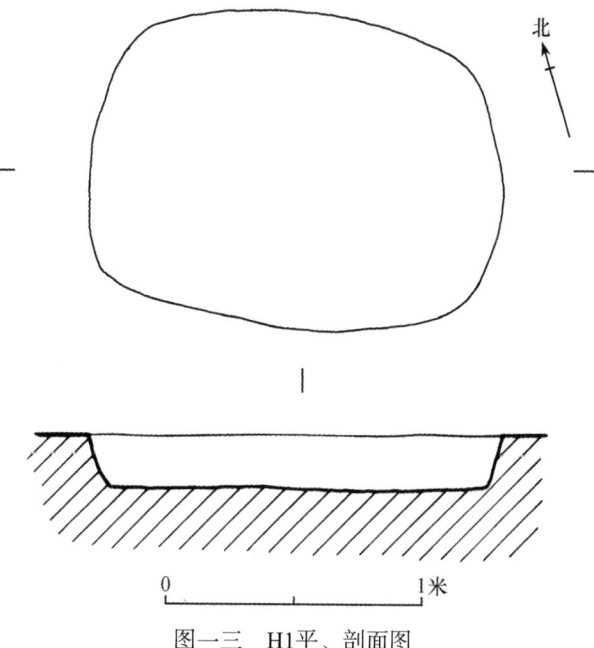

图一三 H1平、剖面图

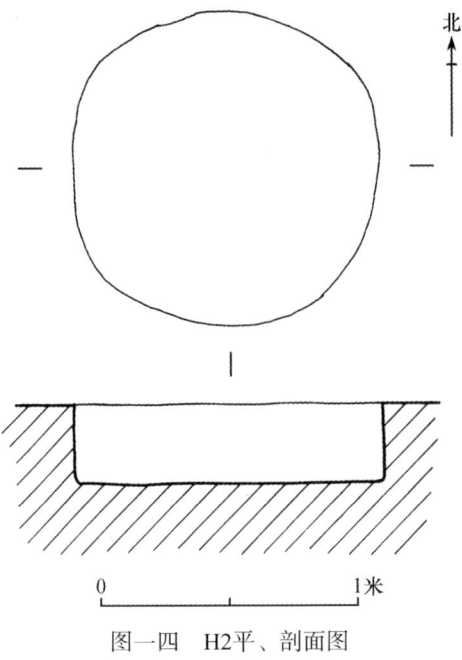

图一四 H2平、剖面图

形，斜壁，平底。直径1.06、深0.3米（图一五）。填土为黑褐色土，结构疏松，填土中含细沙，夹杂大量草木灰、少许红烧土颗粒以及少量卵石块。出土陶片以夹砂褐陶较多，夹砂灰陶较少，还有部分泥质灰陶，可辨器形有圈足、高领罐等。

H4　位于T1西南角。开口于第5层下，打破生土。开口距地表0.74米。平面呈椭圆形，斜壁，平底。长径1.07、短径约0.72、深0.44米（图一六）。填土为黑色土，结构疏松，湿润，略带黏性，含有大量草木灰以及少量红烧土颗粒。出土陶片主要为夹砂褐

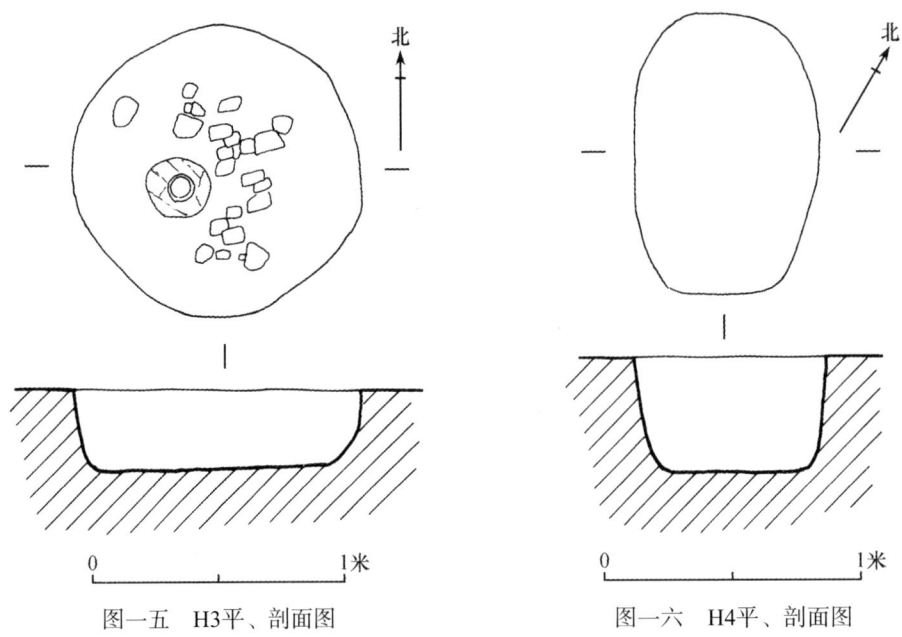

图一五　H3平、剖面图　　　　　　　　图一六　H4平、剖面图

陶、夹砂灰陶、泥质灰陶等，可辨器形有尖底杯、侈口罐等。

H5　位于T2西侧偏南，部分延伸入西壁下，未完全发掘。开口于第6层下，被唐宋时期灰沟打破，打破生土。开口距地表0.8米。已发掘部分平面呈椭圆形，斜壁，平底。长径约3.26、短径约1.92、深0.2米（图一七）。填土为黄褐色土，结构较为疏松，含有少量草木灰、红烧土颗粒、褐色结核以及卵石等。出土少量陶片，可辨器形有尖底杯。

H8　位于T1东北部。开口于第5层下，打破生土。坑口距地表0.7米。平面呈圆形，直壁，平底。直径约1.3、深约0.2米（图一八）。填土为深褐色土，结构紧密，略带黏性，夹杂有草木灰及少许红烧土颗粒。出土陶片为夹砂褐陶、夹砂灰陶、泥质灰陶，可辨器形有壶。

H9　位于T2东侧偏南。开口于第5层下，打破生土。坑口距地表0.74米。平面呈圆形，斜壁，圜底。直径约1.1、深约0.2米（图一九）。填土为深褐色土，结构疏松，夹有草木灰、少许红烧土颗粒以及卵石块。出土陶片为夹砂褐陶、夹砂灰陶、泥质灰陶，可辨器形有尖底盏、尖底杯、侈口罐、高领罐、圈足等。

H11　位于T3西北部。开口于第5层下，打破生土。坑口距地表0.68米。平面近圆角长方形，斜壁，平底。长2.3、宽1.62、深约0.34米（图二〇）。填土为黑褐色土，结构疏松，土壤略带黏性，夹有大量草木灰、少许红烧土颗粒以及卵石块。出土陶片为夹砂褐陶、夹砂灰陶、泥质灰陶，可辨器形有尖底盏、尖底杯、侈口罐、敛口罐、高领罐、瓮、盆、钵、壶、器盖、圈足等。

2. 陶器

陶器包括夹砂陶和泥质陶两类。夹砂陶占绝对优势，以夹砂黄陶和黑陶为主，少量的褐陶、红陶。泥质陶所占比很小，以灰陶和灰黄陶为主，少量黄陶和灰白陶。这一时期陶器的纹饰极不发达，除一些在陶器制作过程中形成的痕迹外，仅在极少量的陶器表面装饰有绳纹或者弦纹，大多数陶器为素面。器形包括尖底盏、尖底杯、侈口罐、敛口罐、束颈罐、高领罐、矮领罐、瓮、盆、壶、簋、钵、器盖等。

尖底盏　无完整器物，分别为口沿和底部的残片。

口沿　1件。T3⑤：10，夹砂黄陶。敛口，尖圆唇。素面。残高2.8厘米（图二一，6）。

盏底　16件。绝大部分的盏底从陶质、陶色、制作及装饰方法来看，区别不大，仅在对于底部的处理上，一种保留泥条盘筑所形成的原始底部，或仅略作加固，另一种将其修成小平底。依据底部形态的不同，分为二型。

A型　10件。平底。素面。T2⑥：2，夹砂黑陶。残高3厘米（图二一，7）。H2：1，夹砂黑陶。小平底周围经过抹泥处理。残高2.6厘米（图二一，10）。T2⑤：3，夹砂黑陶。残高4厘米（图二一，1）。H11：32，夹砂黑衣陶。残高3厘米

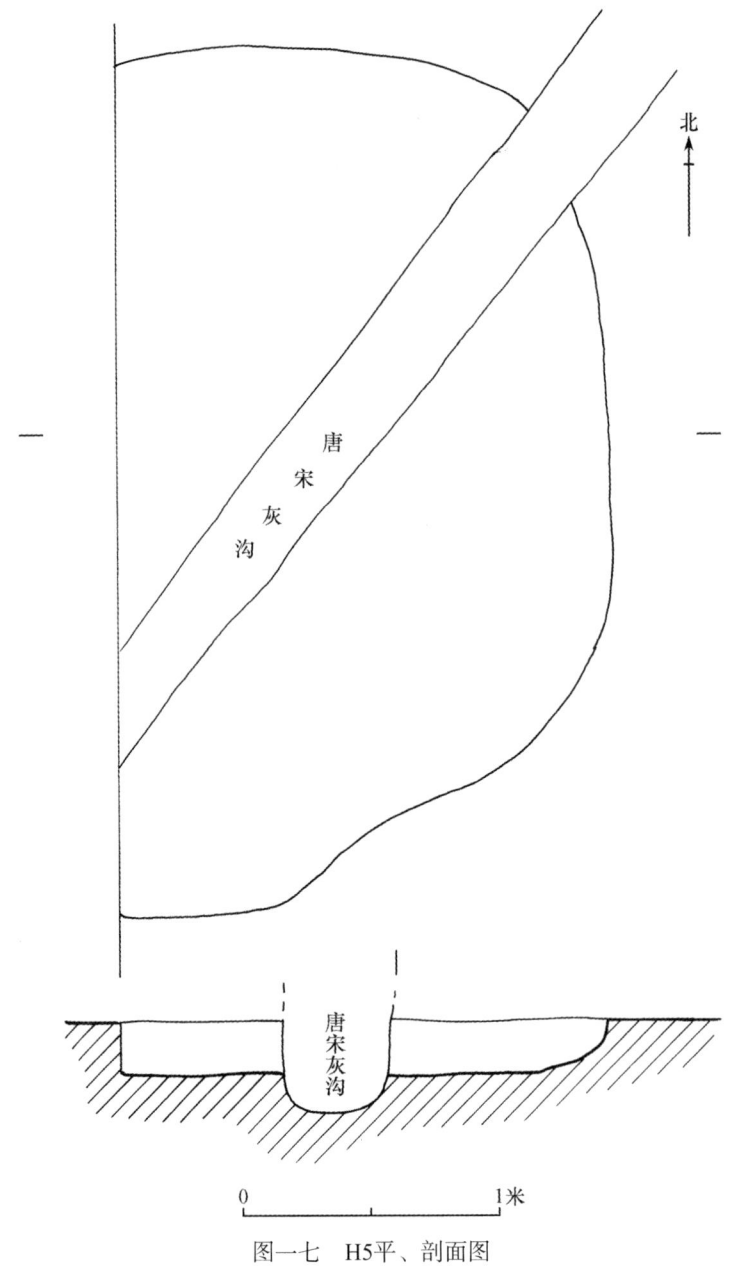

图一七　H5平、剖面图

（图二一，2）。H9：7，夹砂灰黄陶。残高2.7厘米（图二一，9）。

B型　6件。不规则尖底。素面。H11：33，夹砂灰黄陶。残高2厘米（图二一，3）。H11：31，夹砂黑衣陶。残高3厘米（图二一，8）。T2⑤：6，夹砂红褐陶。残高2.2厘米（图二一，4）。T3⑤：3，夹砂灰衣陶。残高3厘米（图二一，5）。

尖底杯　31件。泥质素面陶。依据底部的不同，分为三型。

A型　25件。小平底。分为二亚型。

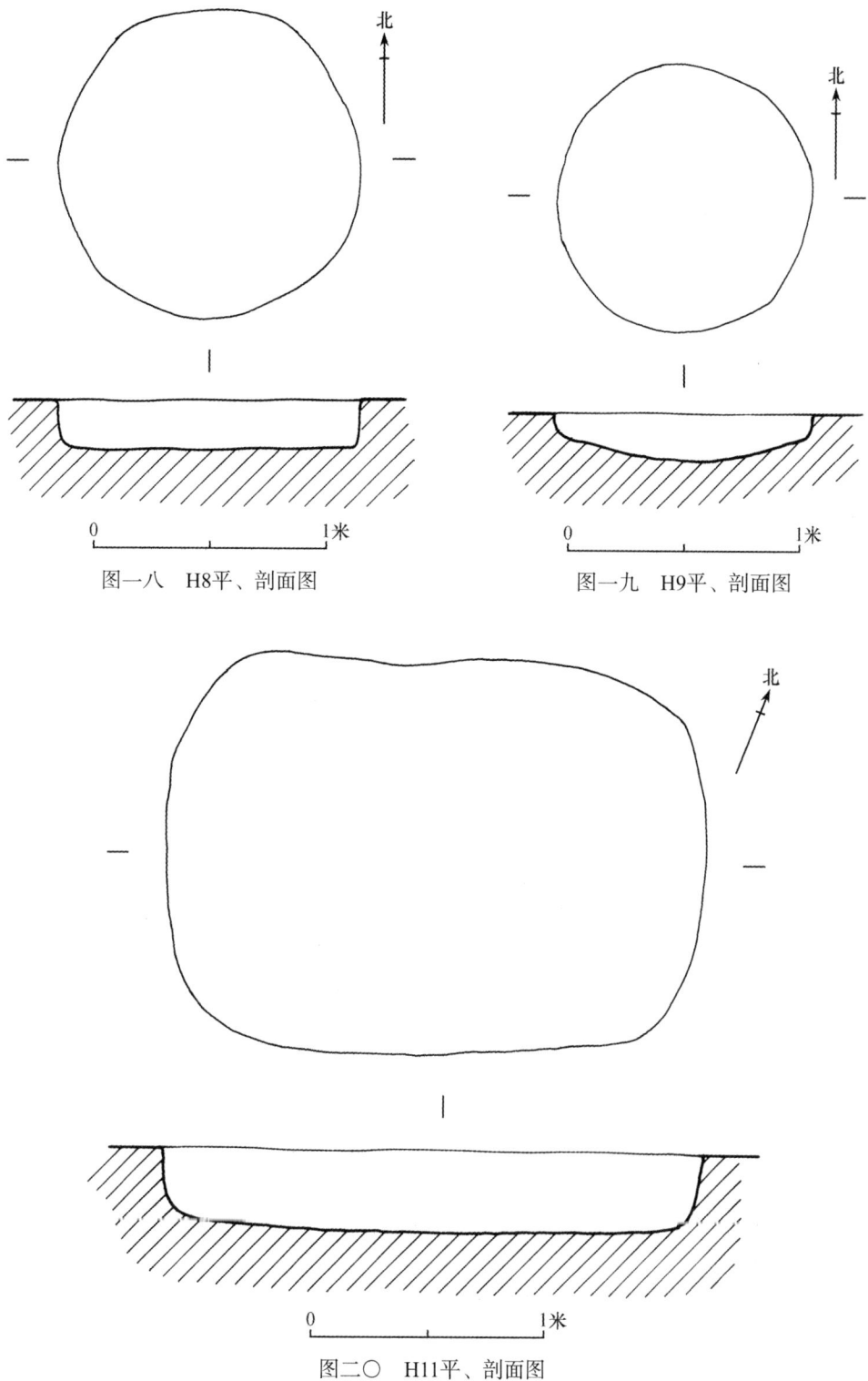

图一八　H8平、剖面图

图一九　H9平、剖面图

图二〇　H11平、剖面图

Aa型　14件。平底。T3⑤∶6，泥质灰陶。下腹有一不甚明显的折棱。残高5.8厘米（图二二，2）。T2⑥∶4，泥质灰黄陶。下腹转折明显，下部器壁较厚。器表有慢轮修理形成的弦纹。残高7.7厘米（图二二，5）。H11∶26，泥质灰衣陶，下部器壁较厚。器表残留慢轮修理形成的弦纹。残高4.2厘米（图二二，7）。H9∶6，泥质灰陶。残高2.3厘米（图二三，5）。H4∶3，泥质灰陶。残高2.8厘米（图二三，6）。

Ab型　11件。底部有凸出的小平台。H5∶2，泥质灰白陶。器底的内壁经过加厚处理，下腹转折较为圆润。器表有一些弦纹痕迹，内壁也有一些瓦棱纹，应是慢轮修整形成的。残高10厘米（图二二，1）。T1⑥∶2，泥质灰黄陶。底部器壁略厚且有一定起伏。残高5厘米（图二二，3）。H3∶2，泥质灰陶。器表有慢轮修理形成的数周弦纹，下腹有一折棱。残高5厘米（图二二，8）。T1⑥∶1，泥质灰陶。内壁近底部加厚，下

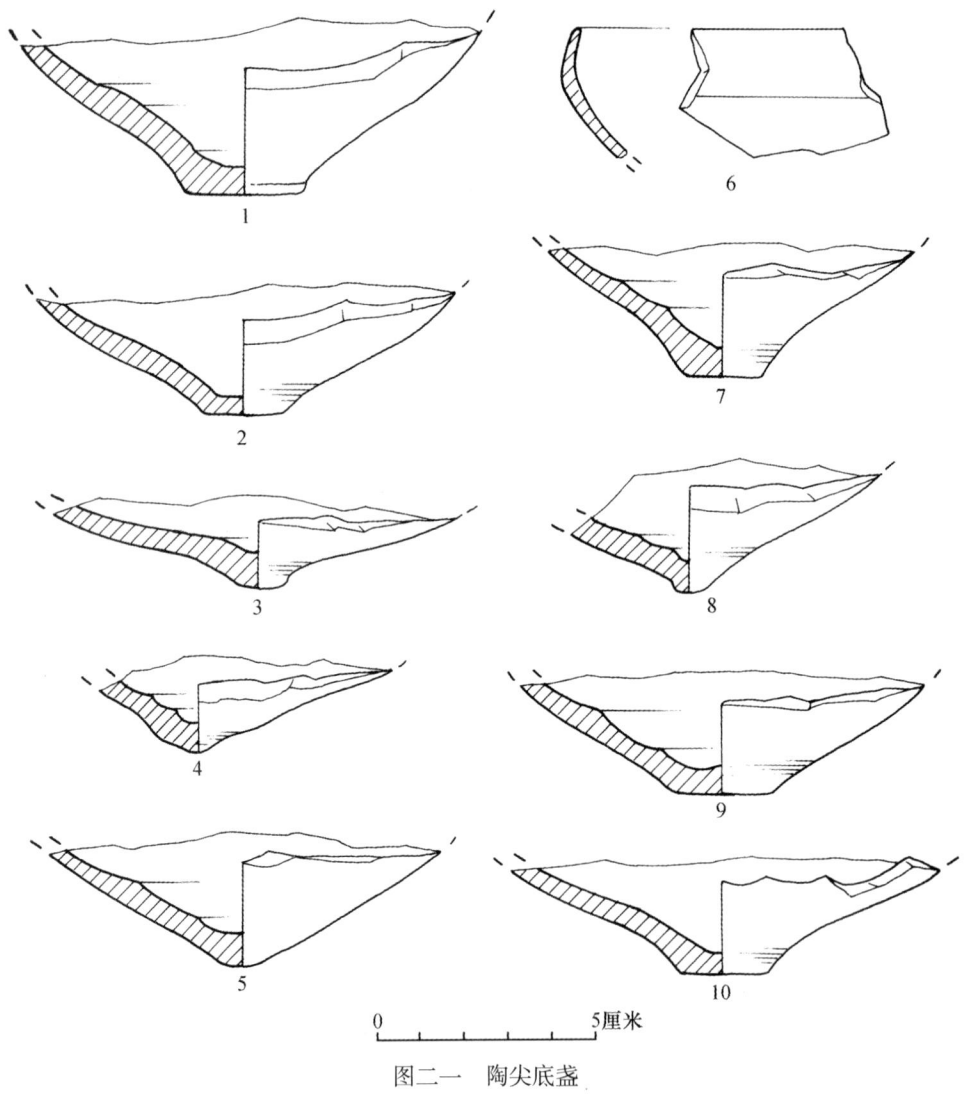

图二一　陶尖底盏

1、2、7、9、10.A型盏底（T2⑤∶3、H11∶32、T2⑥∶2、H9∶7、H2∶1）　3~5、8.B型盏底（H11∶33、T2⑤∶6、T3⑤∶3、H11∶31）　6.口沿（T3⑤∶10）

腹有一折棱。残高5.7厘米（图二二，6）。H11：29，泥质灰黄陶。近底部器壁较厚，内壁可见泥条盘筑痕迹。残高3.2厘米（图二三，1）。H3：1，泥质黄陶。残高2.3厘米（图二三，7）。

B型　2件。圜底。T3⑤：7，泥质灰陶。内壁有螺旋痕。残高3.1厘米（图二二，4）。T1⑥：4，泥质灰陶。残高2厘米（图二三，8）。

C型　4件。尖底。H11：30，泥质灰黄陶。残高2.4厘米（图二三，2）。T3⑤：9，泥质灰黄陶。下部较厚。残高3厘米（图二三，3）。T2⑤：5，泥质黄陶。器表不甚规整。残高2.1厘米（图二三，4）。

侈口罐　29件。依据肩部的不同，分为三型。

A型　10件。溜肩，垂腹。T2⑥：17，夹砂黄陶。方唇，下腹内收。肩腹部饰两周凹弦纹。口径19.2、残高11.6厘米（图二四，1）。T2⑥：16，夹砂灰黄陶。方唇。肩部有一周较深的凹槽。口径19.4、残高6.6厘米（图二四，5）。H9：2，夹砂灰黑陶。方唇。肩部有一周凹槽。口径18.4、残高5厘米（图二四，3）。T1⑥：25，夹砂灰黄陶。方唇，内缘凸出。素面。口径16.4、残高5.6厘米（图二四，4）。H11：20，夹砂灰衣陶。方唇，内缘尖凸。素面。残高4.5厘米（图二四，7）。T2⑥：15，夹砂灰黄陶。方唇。肩部有一周凹槽。口径22.4、残高4.8厘米（图二四，2）。

B型　5件。广肩，口肩径差相对较大。T1⑤：23，夹砂黑陶。方唇。素面。口径16.8、残高3厘米（图二四，10）。T1⑤：22，夹砂灰黄陶。方唇，素面。残高2.1厘米（图二四，8）。H4：1，夹砂灰衣黄陶。方唇。素面。口径16、残高2.2厘米（图二四，9）。T2⑤：9，夹砂黄陶。方唇，素面。口径17.6、残高2厘米（图二四，6）。

C型　14件。弧肩，口肩径差相对较小。T2⑥：11，夹砂黑陶。口微敛，方唇，唇内缘尖凸。素面。口径19.2、残高4厘米（图二五，1）。T2⑥：10，夹砂灰陶。方唇。素面。口径17.2、残高4厘米（图二五，2）。T2⑥：6，夹砂黄陶。方唇。素面。口径13.6、残高4.2厘米（图二五，3）。T1⑤：25，夹砂灰褐陶。尖唇。素面。残高3.5厘米（图二五，4）。H11：22，夹砂黑陶。口微敛，尖唇。素面。残高2.7厘米（图二五，5）。T2⑤：10，夹砂黑陶。方唇。素面。残高3厘米（图二五，6）。T1⑤：21，夹砂黄陶。圆唇。素面。残高2.5厘米（图二五，7）。T1⑥：22，夹砂黑陶。尖唇。素面。残高2.1厘米（图二五，8）。

绳纹敛口罐　1件。H11：24，夹砂黄陶。方唇。口外有一周凹槽，器表饰斜向绳纹。残高2.6厘米（图二六，10）。

素面敛口罐　41件。依据整体形态的不同，分为三型。

A型　16件。弧肩。器物口部一般加厚，加厚部分与器表产生明显的接痕，有的器物将这一接痕进行修整，使其成为一周装饰性的凹槽。依据腹部的不同，分为二亚型。

Aa型　4件。腹部稍浅。T2⑤：24，夹砂黄陶。大口，方唇，唇面内凹。口径52、残高8.4厘米（图二六，1）。T2⑥：25，夹砂黄陶。方唇，唇面内凹。口径30、残

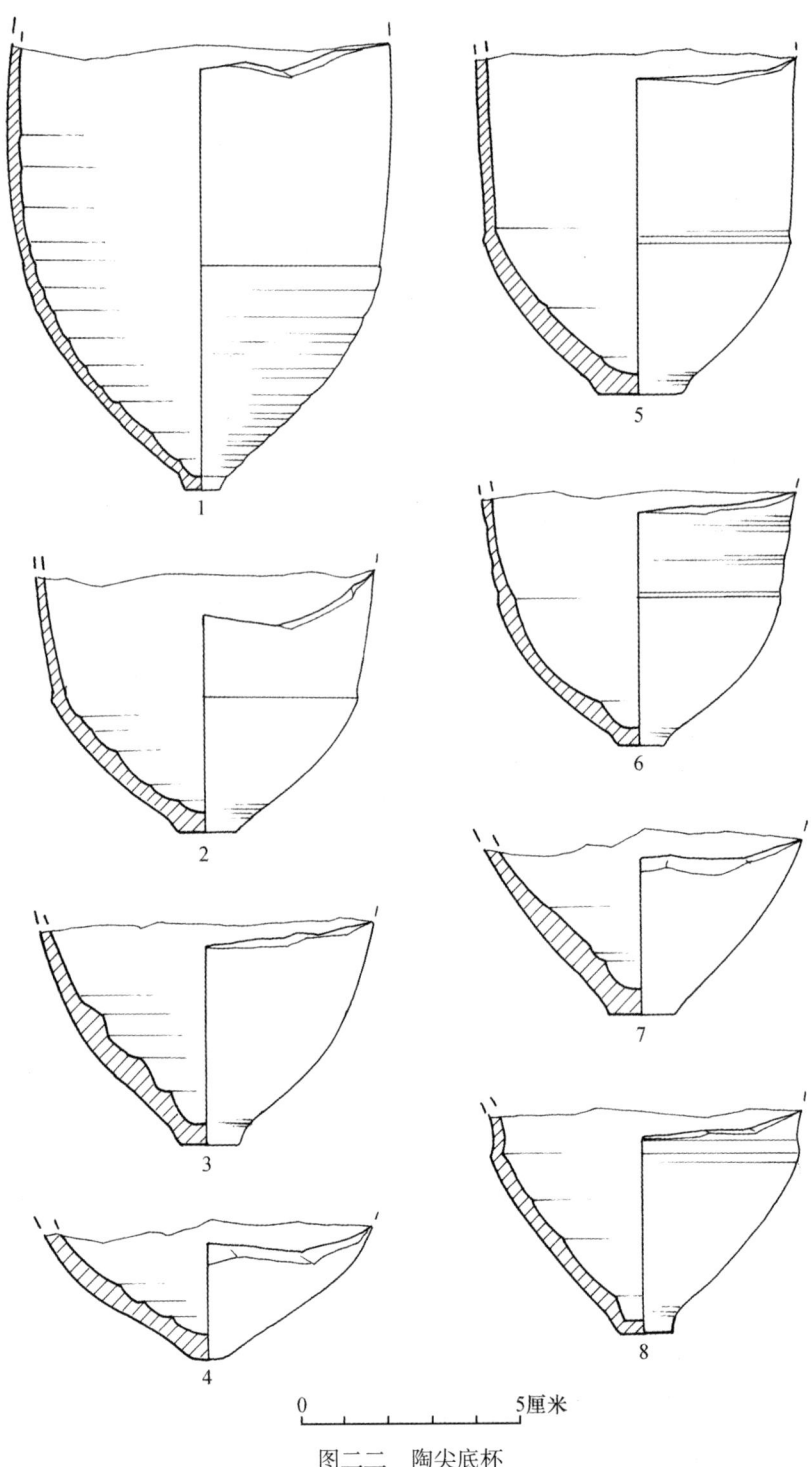

图二二　陶尖底杯

1、3、6、8.Ab型（H5∶2、T1⑥∶2、T1⑥∶1、H3∶2）　2、5、7.Aa型（T3⑤∶6、T2⑥∶4、H11∶26）
4.B型（T3⑤∶7）

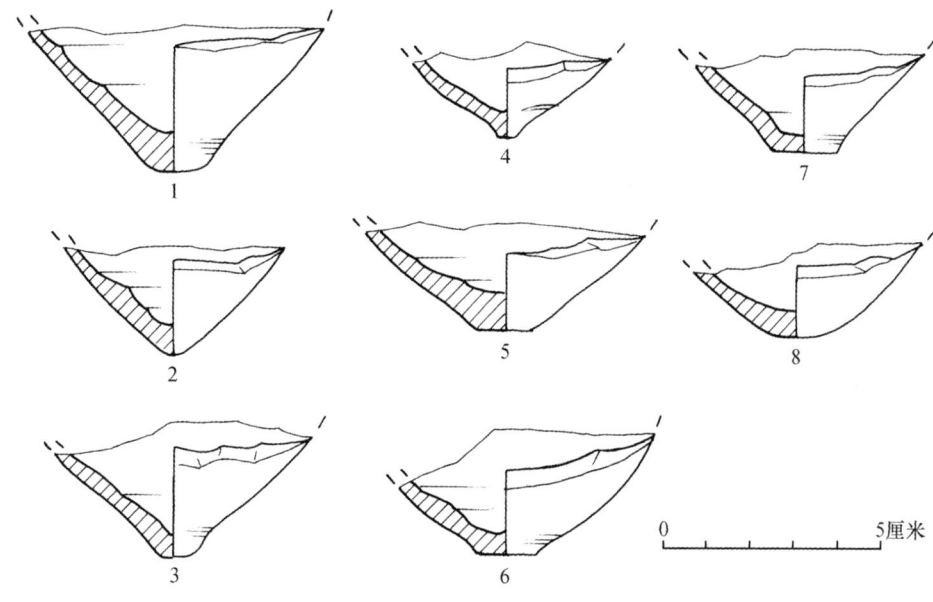

图二三 陶尖底杯

1、7. Ab型（H11：29、H3：1） 2~4. C型（H11：30、T3⑤：9、T2⑤：5） 5、6. Aa型（H9：6、H4：3）
8. B型（T1⑥：4）

高5厘米（图二六，2）。T1⑥：15，夹砂黄陶。圆唇。残高4.3厘米（图二六，5）。H11：13，夹砂黄陶。方唇。残高6厘米（图二六，8）。

Ab型 12件。腹部较深。H11：10，夹砂黑陶。方唇，唇面内凹。残高3.8厘米（图二七，5）。H11：12，夹砂黑衣陶。圆唇。口径40、残高8.4厘米（图二六，3）。H11：8，夹砂灰黄陶。方唇，唇面内凹。残高3.8厘米（图二七，3）。T1⑥：13，夹砂黑衣陶。方唇，唇面微凹。残高4厘米（图二七，2）。T2⑤：31，夹砂红陶。方唇，唇面内凹。肩部有一周较深的凹槽。口径21.1、残高4.2厘米（图二六，4）。T2⑤：18，夹砂红陶。方唇，唇面内凹。肩部有一周较宽的浅槽。残高3厘米（图二六，9）。T2⑥：26，夹砂黄陶。方唇，唇面内凹。残高5.3厘米（图二七，4）。T1⑤：33，夹砂黄陶。方唇，唇面略凹。残高8.9厘米（图二七，6）。T2⑥：28，夹砂黄陶。方唇，唇面内凹。残高4.9厘米（图二六，6）。T2⑥：29，夹砂黄陶。方唇，唇面略凹。肩部有一周浅凹槽。残高4.8厘米（图二六，7）。T2⑤：34，夹砂黄褐陶。口部加厚，唇面内凹。残高4.1厘米（图二七，1）。

B型 17件。鼓肩。依据口沿的不同，分为三亚型。

Ba型 4件。沿部不明显。T1⑥：14，夹砂灰陶。圆唇。口径26、残高5.6厘米（图二八，1）。T2⑤：25，夹砂黑陶。方唇。口径21.2、残高7.2厘米（图二八，4）。T2⑤：21，夹砂黑陶。圆唇。残高2.4厘米（图二八，7）。T2⑥：27，夹砂灰陶。方唇。口径44、残高7.4厘米（图二八，5）。

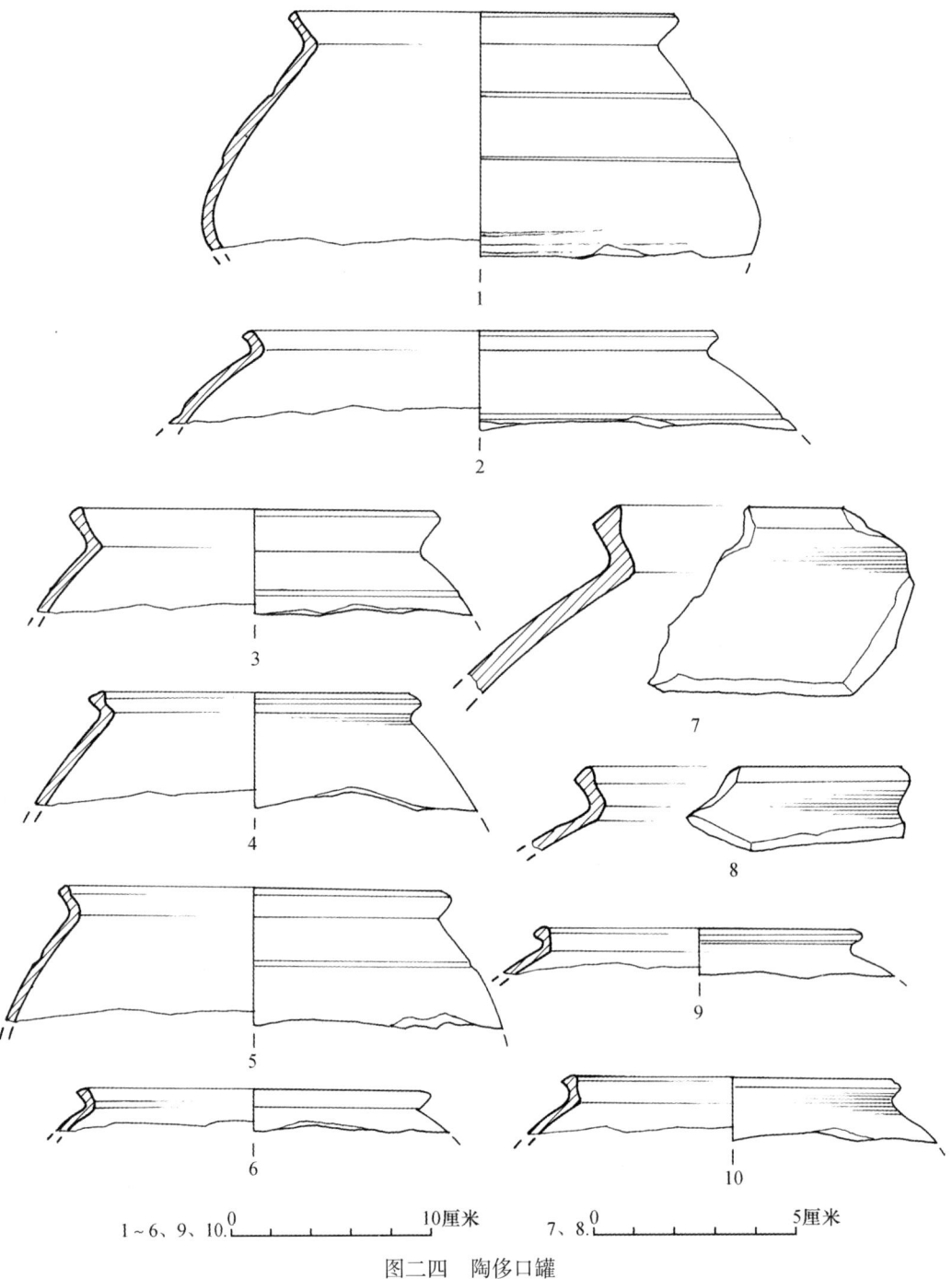

图二四 陶侈口罐

1~5、7.A型（T2⑥：17、T2⑥：15、H9：2、T1⑥：25、T2⑥：16、H11：20） 6、8~10.B型（T2⑤：9、T1⑤：22、H4：1、T1⑤：23）

Bb型 10件。口部形成外侈的小短沿。T2⑥：21，夹砂黑陶。沿部截面呈三角形，圆唇。口径40、残高6厘米（图二八，3）。T1⑥：20，夹砂黑陶。沿部截面呈三

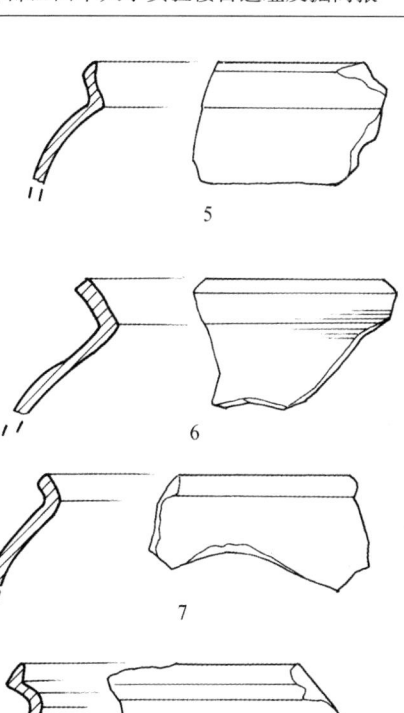

图二五　C型陶侈口罐
1.T2⑥∶11　2.T2⑥∶10　3.T2⑥∶6　4.T1⑤∶25　5.H11∶22　6.T2⑤∶10　7.T1⑤∶21　8.T1⑥∶22

角形，圆唇。口径30.4、残高3.6厘米（图二九，2）。T3⑤∶14，夹砂黑陶。沿部截面呈三角形，圆唇。口径50.4、残高4.4厘米（图二九，7）。T1⑤∶14，夹砂黄陶。圆唇。沿下饰一周凹槽。口径48.4、残高5.2厘米（图二九，6）。T1⑤∶18，夹砂黄陶。沿部截面呈三角形，沿面略凹，圆唇。口径30、残高3.2厘米（图二九，1）。T1⑤∶16，夹砂黄陶。沿部截面呈三角形，圆唇。口径34、残高3.2厘米（图二九，3）。H11∶11，夹细砂灰陶。方唇，唇面微凹。口外侧有一周凹槽。口径40、残高8.8厘米（图二八，6）。

Bc型　3件。沿较宽。T1⑥∶30，夹砂灰黄陶。圆唇。口径38.4、残高7厘米（图二九，5）。H3∶6，夹砂灰黄陶。圆唇。腹部有三周浅槽。口径29.2、残高7.6厘米（图二八，2）。T1⑥∶29，夹砂灰黄陶。圆唇。口径33.2、残高5.4厘米（图二九，4）。

C型　8件。圆肩，弧腹。依据口沿的不同，分为三亚型。

Ca型　2件。无沿或口部略有凸起。T3⑤∶19，器形较小。夹砂红陶。方唇。残高2.6厘米（图三〇，9）。T2⑤∶35，夹砂灰陶。口部加厚，唇面内凹。口径26、残高

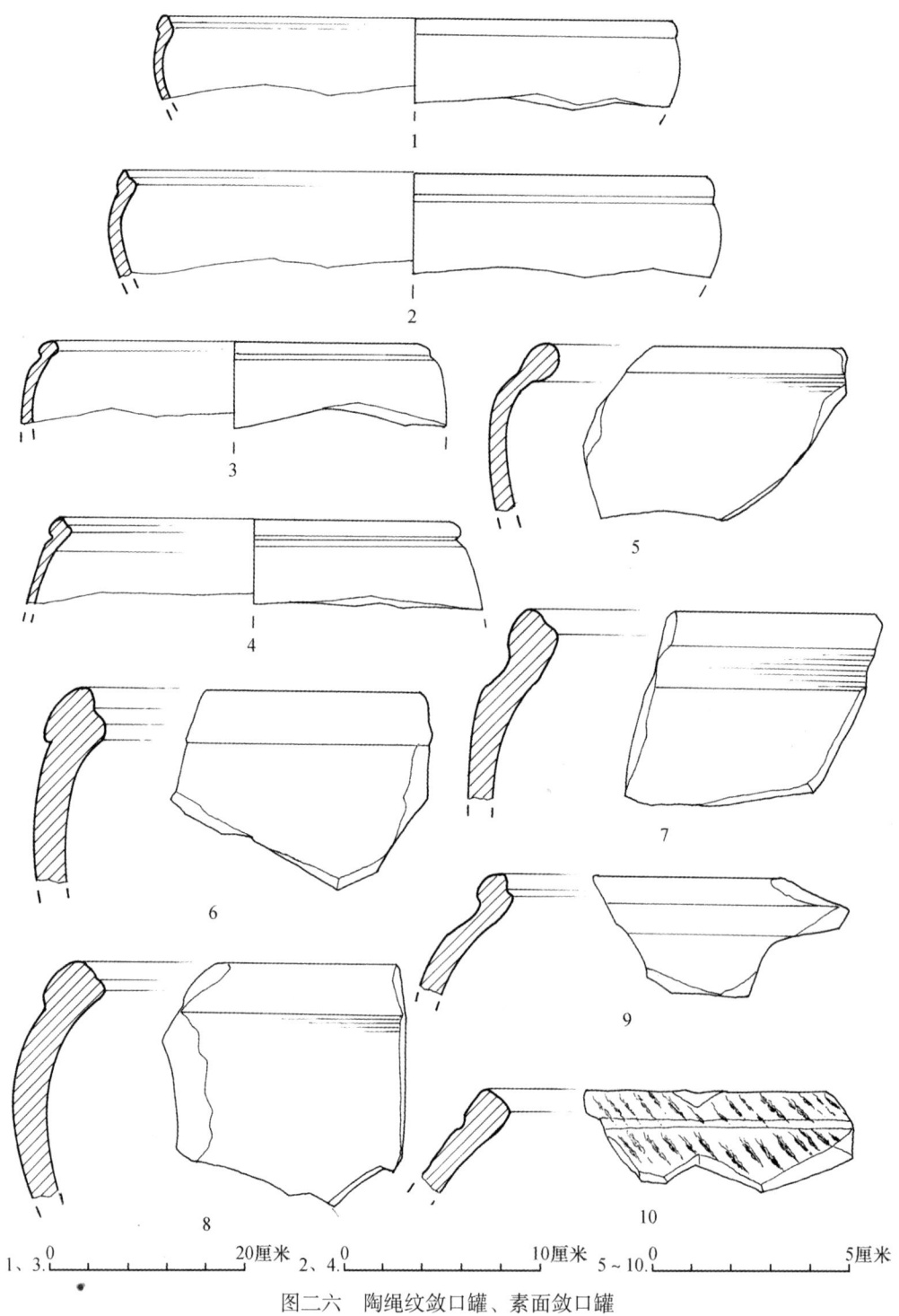

图二六 陶绳纹敛口罐、素面敛口罐
1、2、5、8.Aa型素面敛口罐（T2⑤:24、T2⑥:25、T1⑥:15、H11:13） 3、4、6、7、9.Ab型素面敛口罐
（H11:12、T2⑤:31、T2⑥:28、T2⑥:29、T2⑤:18） 10.绳纹敛口罐（H11:24）

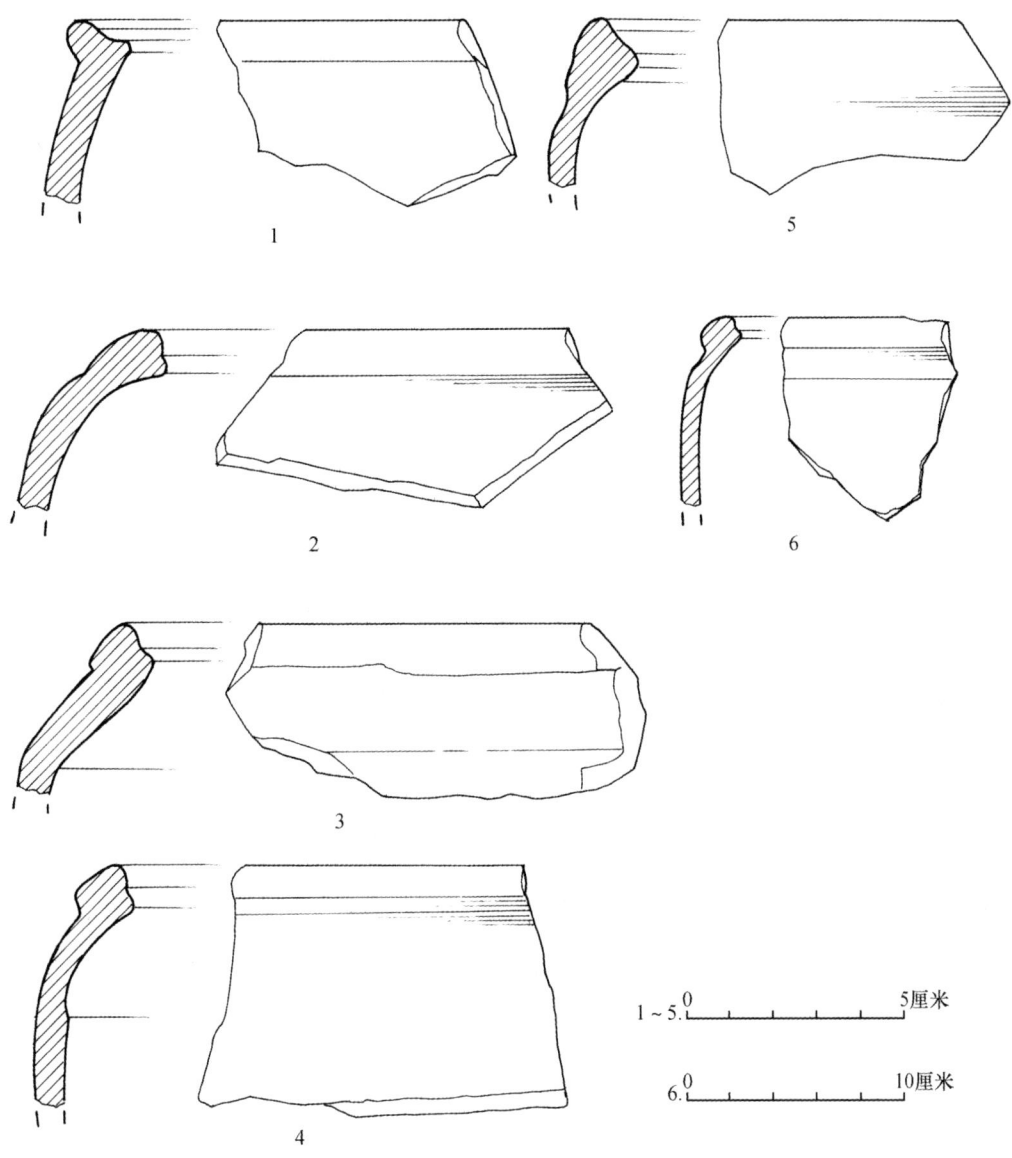

图二七 Ab型陶素面敛口罐
1.T2⑤:34 2.T1⑥:13 3.H11:8 4.T2⑥:26 5.H11:10 6.T1⑤:33

16.4厘米（图三〇，5）。

Cb型 5件。口部形成较短的平沿或者侈沿。T3⑤:29，夹砂灰黄陶。圆唇。口径36.4、残高2.8厘米（图三〇，3）。T3⑤:25，夹砂灰白陶。平沿，尖圆唇。残高4.2厘米（图三〇，8）。H11:14，夹砂黄陶。短侈沿，尖圆唇。残高2.2厘米（图三〇，10）。T3⑤:13，夹砂黑陶。口部接一短沿，沿面内凹，尖圆唇。肩部饰一周凹弦纹。口径37.6、残高4.4厘米（图三〇，6）。T1⑤:19，夹砂黄陶。短沿，圆唇。口径35.2、残高3.4厘米（图三〇，2）。

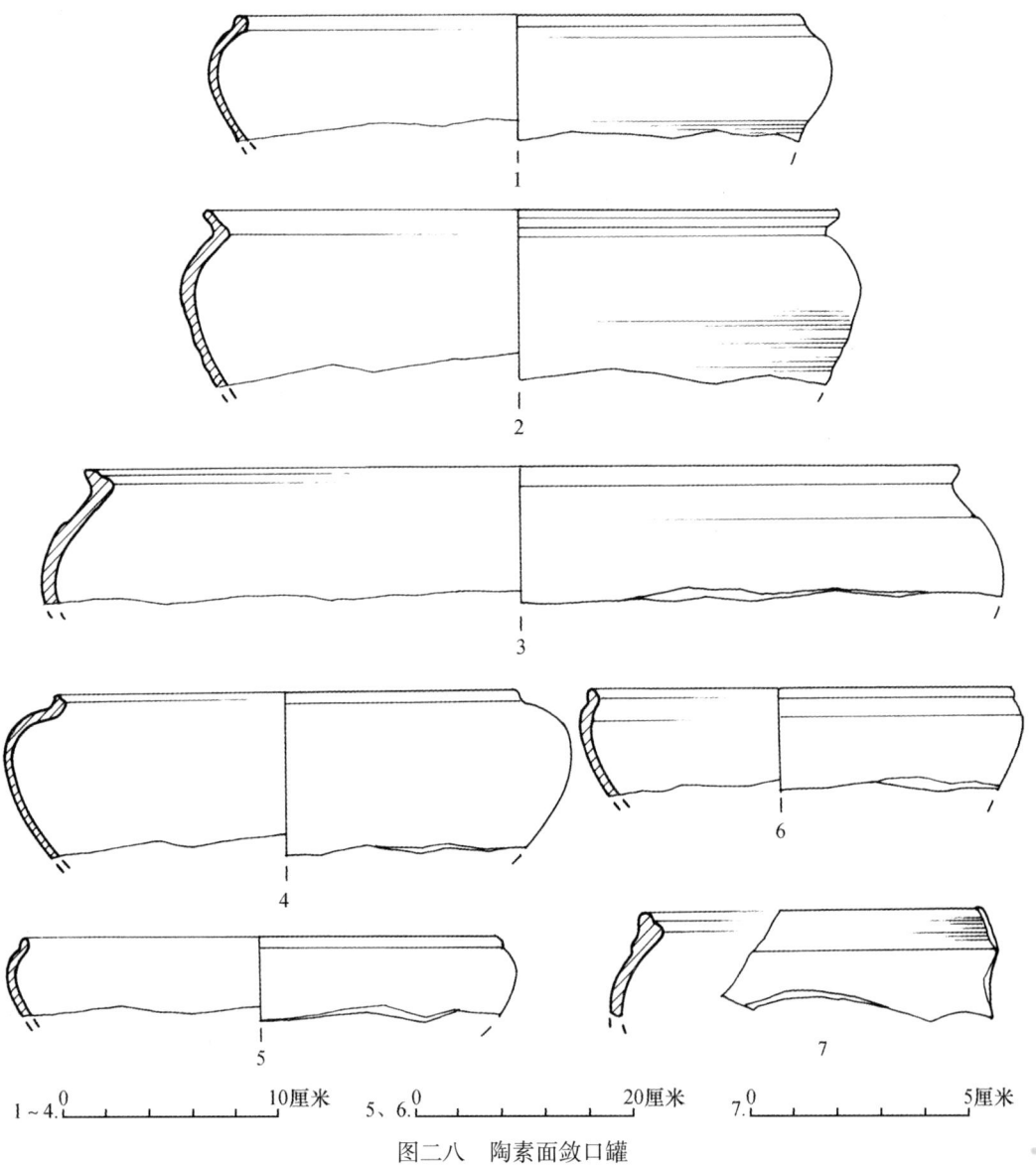

图二八　陶素面敛口罐

1、4、5、7.Ba型（T1⑥：14、T2⑤：25、T2⑥：27、T2⑤：21）　2.Bc型（H3：6）　3、6.Bb型（T2⑥：21、H11：11）

Cc型　1件。沿部有一周凹槽。T2⑥：18，夹砂黑陶。口沿外侧与器壁呈一定角度附加一周泥条，然后将器壁与泥条之间填实并刮成凹槽状。肩部有一周浅凹槽。口径30、残高13.8厘米（图三〇，4）。

束颈罐　3件。素面。T1⑤：37，夹砂黄陶。窄沿，圆唇。颈内壁有一周凹槽。残高4.7厘米（图三〇，11）。T2⑤：30，夹砂黄陶。口部加厚，方唇较平。残高3厘米（图三〇，7）。T1⑤：42，夹砂红褐陶。方唇。口径23.2、残高5厘米（图三〇，

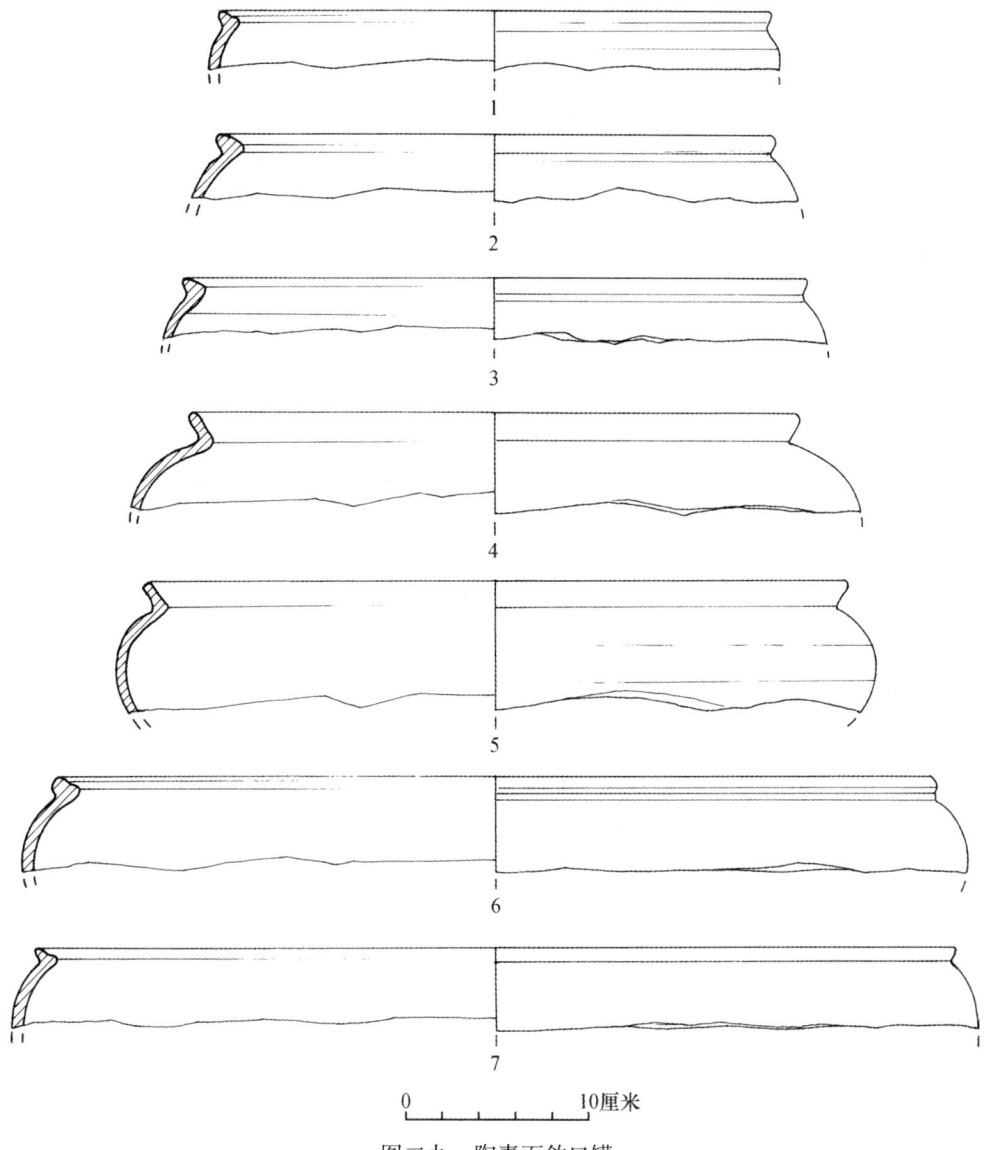

图二九 陶素面敛口罐

1~3、6、7.Bb型（T1⑤：18、T1⑥：20、T1⑤：16、T1⑤：14、T3⑤：14） 4、5.Bc型（T1⑥：29、T1⑥：30）

1）。

高领罐 40件。素面。依据领部的不同，分为二型。

A型 31件。领部较直或微侈。一般口部较厚。T2⑤：37，夹砂灰黄陶。小圆唇。口径20、残高8.2厘米（图三一，1）。H3：11，夹砂红陶。近直口，沿面内凹。残高4厘米（图三一，2）。T3⑤：26，夹砂黑灰陶。圆唇。口径17.2、残高6.6厘米（图三一，3）。T2⑥：32，夹砂黄陶。侈口，圆唇。口径18.8、残高4.6厘米（图三一，4）。H3：17，夹砂红陶。直口，唇面略凹。口径19.6、残高4.6厘米（图三一，5）。

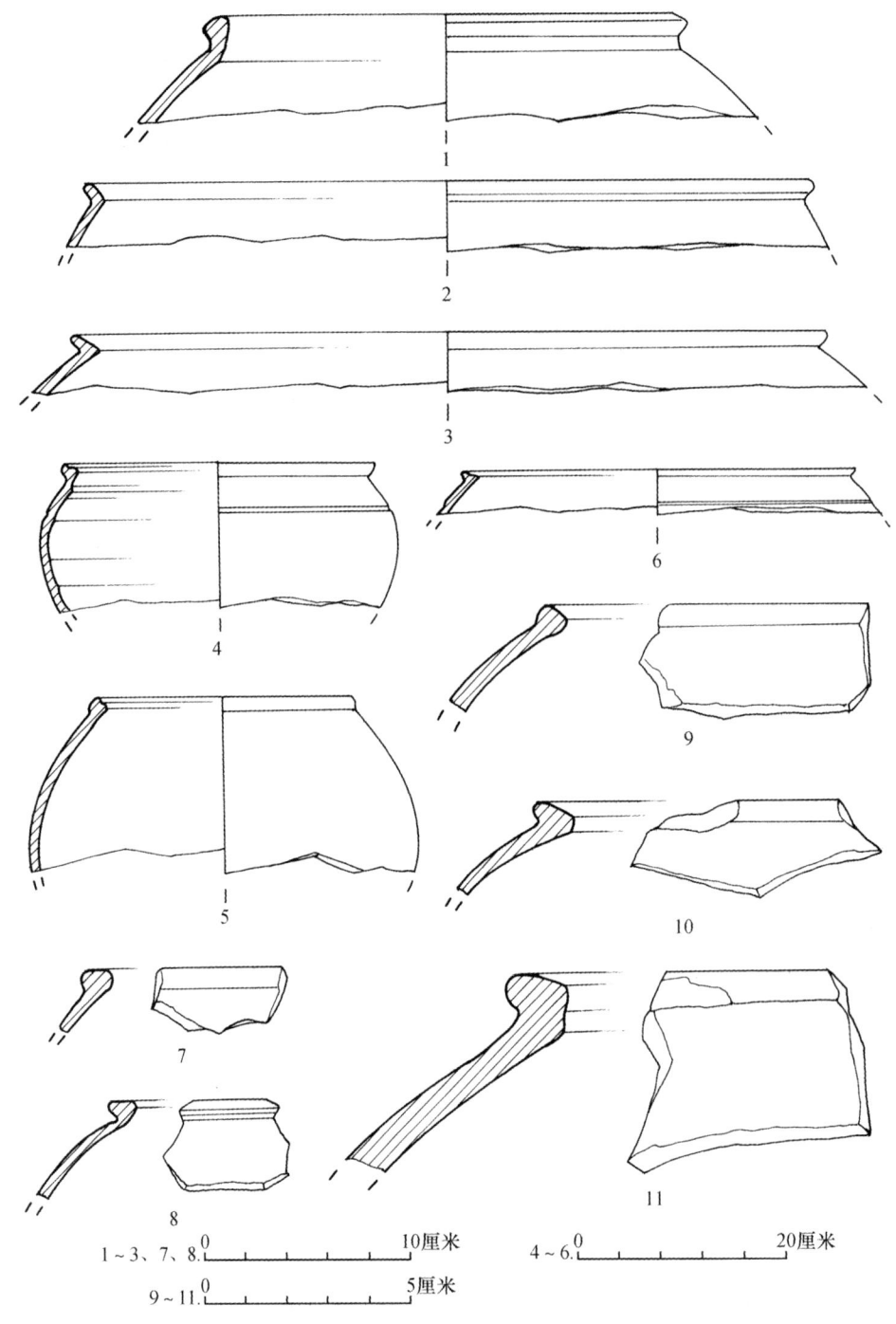

图三〇 陶素面敛口罐、束颈罐

1、7、11.束颈罐（T1⑤：42、T2⑤：30、T1⑤：37） 2、3、6、8、10.Cb型素面敛口罐（T1⑤：19、T3⑤：29、T3⑤：13、T3⑤：25、H11：14） 4.Cc型素面敛口罐（T2⑥：18） 5、9.Ca型素面敛口罐（T2⑤：35、T3⑤：19）

H9∶4，夹砂黄陶。侈口，圆唇。口径14、残高4.4厘米（图三一，6）。H3∶14，夹砂黑陶。唇面内凹。口径15.6、残高4.6厘米（图三一，7）。H11∶4，泥质黄陶。圆唇。残高4.6厘米（图三一，8）。T2⑥∶52，夹砂黄褐陶。侈口，窄平沿，圆唇。口径19.2、残高8.8厘米（图三一，9）。T2⑥∶31，夹砂灰黄陶。侈口，圆唇。口径18.8、残高7.4厘米（图三一，10）。T2⑥∶50，夹砂黑陶。圆唇。口径26、残高18.4厘米（图三二，2）。T2⑥∶35，夹砂黄陶。侈口，窄沿，圆唇。口径22.8、残高4厘米（图三二，3）。T2⑥∶53，夹砂黄陶。侈口，窄沿，沿面略凹。口径21.2、残高10.6厘米（图三二，4）。H1∶3，夹砂灰黄陶。直口，窄沿，圆唇。外侧口沿下有一个乳突。残高4.2厘米（图三二，6）。

B型　9件。领部多敛。T1⑤∶12，夹砂黄陶。圆唇。残高4.6厘米（图三二，5）。T2⑥∶34，夹砂黄陶。窄沿。器表有一道不规整的划纹。口径27.2、残高5厘米（图三二，1）。H11∶5，夹砂黑衣陶。圆唇。残高3.2厘米（图三三，7）。T1⑤∶11，夹砂黄陶。尖唇。残高5.8厘米（图三三，2）。H11∶2，夹砂黑灰陶。方唇加厚。口径18.8、残高7.4厘米（图三三，1）。

矮领罐　4件。素面。T1⑤∶41，夹砂红陶。方唇。残高4厘米（图三三，3）。T1⑤∶7，夹砂黑陶。方唇加厚。残高3.4厘米（图三三，4）。H3∶16，夹砂灰黄陶。方唇，唇面内凹。残高2.5厘米（图三三，5）。T2⑤∶11，夹砂灰黄陶。方唇加厚。残高3.3厘米（图三三，6）。

瓮　6件。依据有无领部，分为二型。

A型　4件。有领。T2⑥∶54，夹砂黄陶。侈口，卷沿。颈部饰一周凹弦纹。口径61.6、残高13.6厘米（图三四，2）。H11∶7，夹砂黑陶。口部加厚，微敛口。素面。口径43.6、残高5.7厘米（图三四，3）。T3⑤∶16，夹砂黄陶。窄沿，尖圆唇。素面。口径49.6、残高4.8厘米（图三四，4）。H11∶19，夹砂灰黄陶。窄沿，尖圆唇。素面。残高2.7厘米（图三四，7）。

B型　2件。无领。T2⑥∶47，夹砂黄陶。口微敛，窄折沿，沿面内凹，圆唇，弧腹。素面。口径54.8、残高11.4厘米（图三四，1）。T2⑥∶49，夹砂灰黄陶。窄沿微卷，圆唇，弧腹。素面。口径42、残高14.4厘米（图三四，5）。

簋　1件。T1⑤∶44，夹砂红褐陶。侈口，内卷沿，圆唇。素面。残高6.3厘米（图三四，6）。

钵　2件。H11∶9，夹砂黄陶。沿面微凹，厚方唇，折腹。素面。残高4.5厘米（图三五，5）。T1⑤∶28，夹砂灰黄陶。方唇。素面。口径24、残高7.6厘米（图三五，9）。

盆　13件。依据口沿的不同，分为二型。

A型　7件。敞口。依据陶胎的薄厚，分为二亚型。

Aa型　3件。陶胎较轻薄。T1⑤∶43，夹砂灰黄陶。外叠方唇。素面。口径34、残

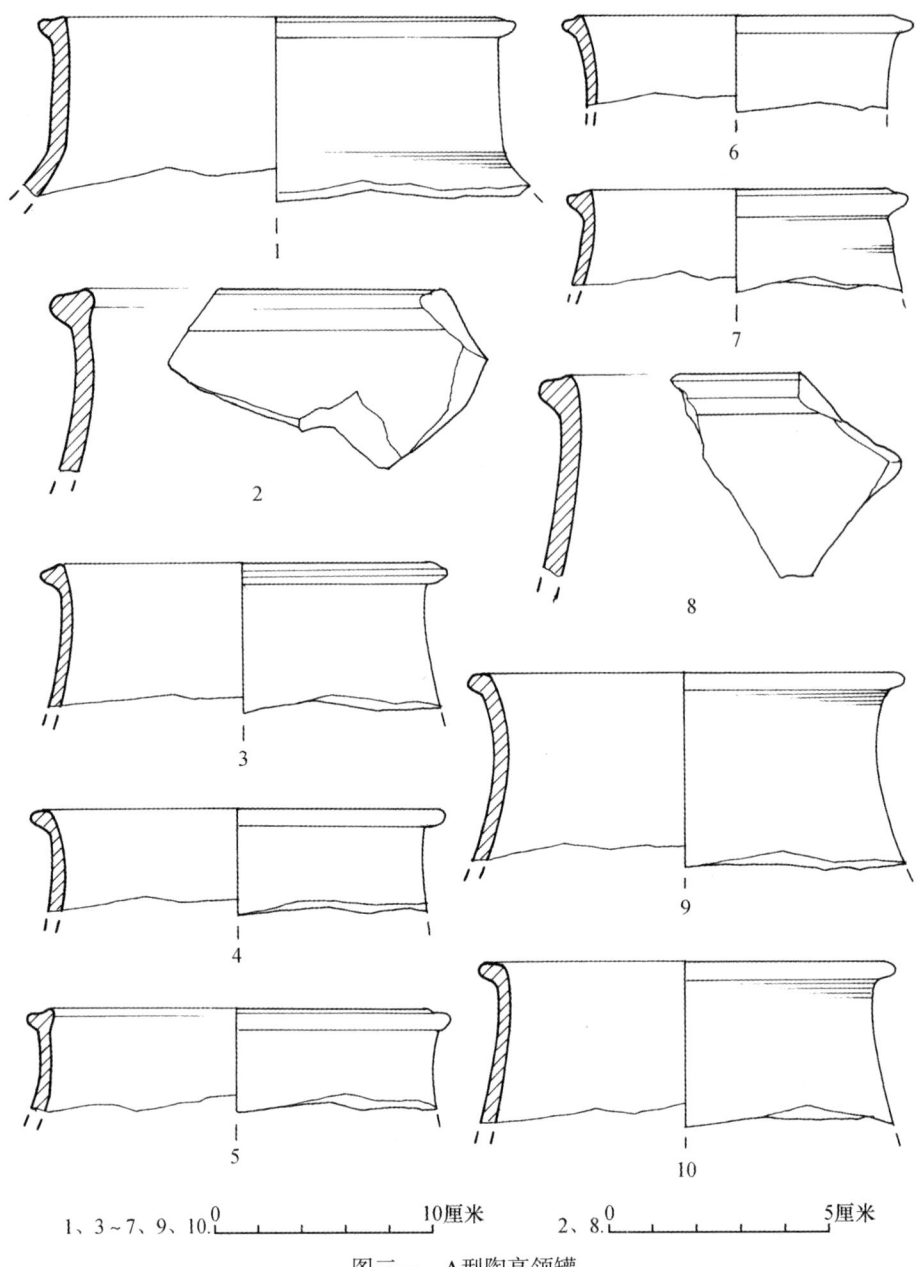

图三一 A型陶高领罐

1. T2⑤:37 2. H3:11 3. T3⑤:26 4. T2⑥:32 5. H3:17 6. H9:4 7. H3:14 8. H11:4 9. T2⑥:52 10. T2⑥:31

高5厘米（图三五，1）。H3:9，夹砂黑陶。口部加厚成窄沿，尖圆唇，弧腹。素面。口径38、残高6.6厘米（图三五，2）。T3⑤:21，夹砂黑陶。口部加厚成窄沿，尖圆唇，弧腹。素面。残高4.1厘米（图三五，8）。

Ab型　4件。器壁厚重。T3⑤:30，夹砂黄灰陶。窄沿，尖圆唇。素面。残高4.6厘

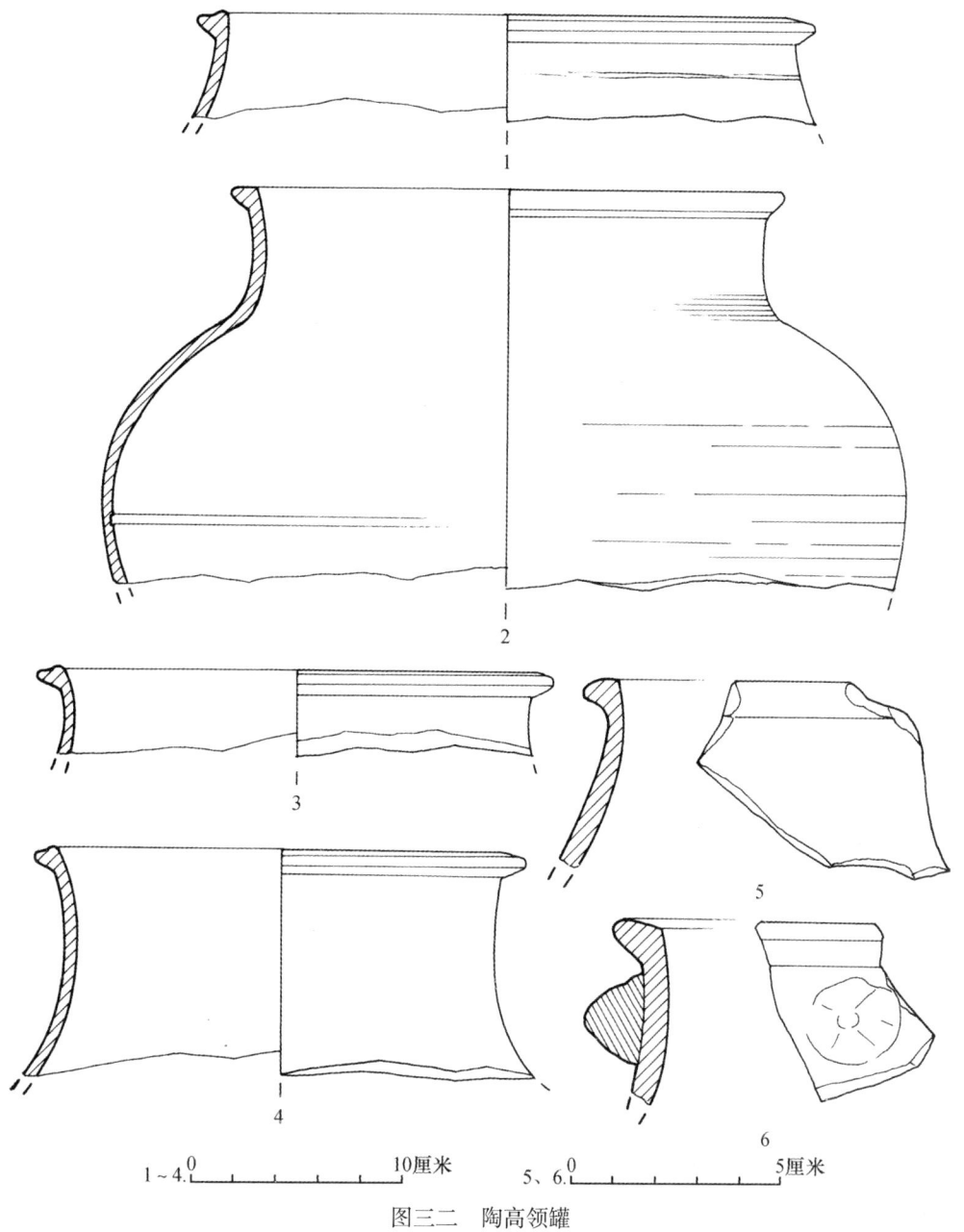

图三二 陶高领罐

1、5.B型（T2⑥：34、T1⑤：12） 2~4、6.A型（T2⑥：50、T2⑥：35、T2⑥：53、H1：3）

米（图三六，3）。T2⑥：22，夹砂黑灰陶。卷沿，圆唇。素面。口径44、残高7.6厘米（图三六，1）。H11：6，夹砂黑陶。窄沿，圆唇。沿面有一周凹槽。残高5.6厘米（图三六，4）。T2⑥：23，夹砂黑陶。平沿，圆唇。素面。残高5.7厘米（图三六，2）。

B型 6件。敛口。依据腹部的弧度，分为二亚型。

Ba型 5件。腹部弧度较小。T2⑤：33，夹砂黑陶。口部外接窄沿，沿面有一周凹

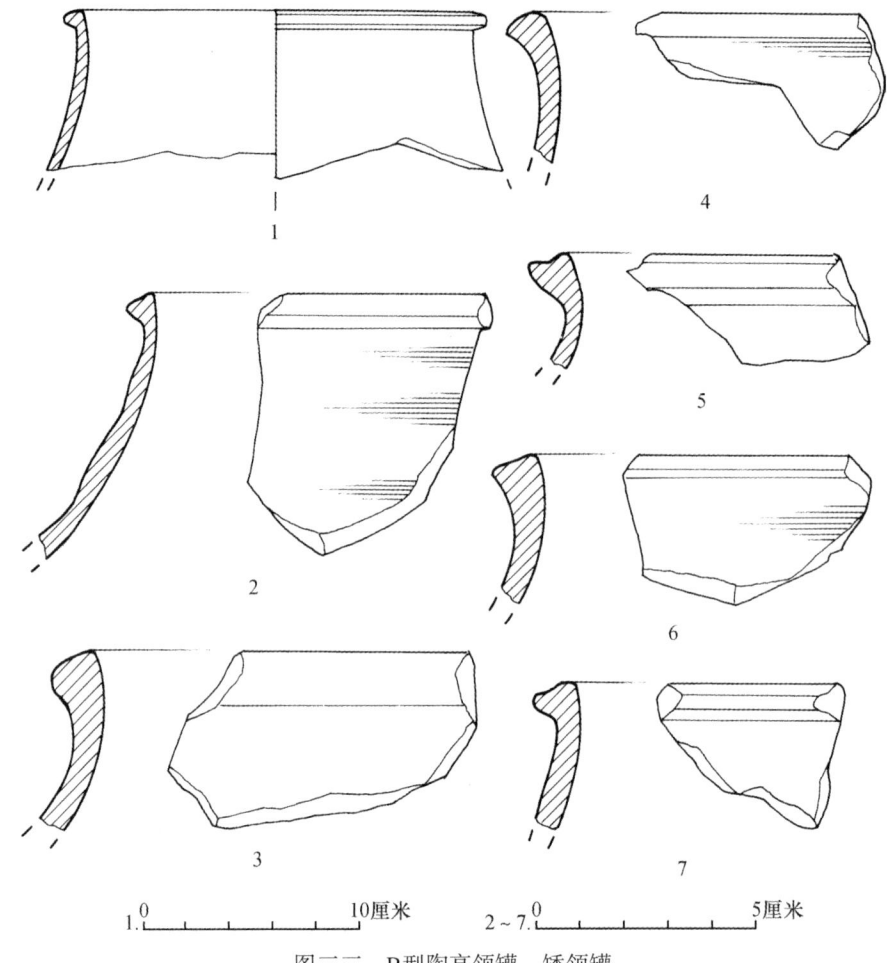

图三三　B型陶高领罐、矮领罐

1、2、7.B型高领罐（H11∶2、T1⑤∶11、H11∶5）　3～6.矮领罐（T1⑤∶41、T1⑤∶7、H3∶16、T2⑤∶11）

槽，形成子母口，圆唇。素面。残高4.4厘米（图三五，3）。T1⑤∶13，夹砂红陶。折沿，沿面微凹，圆唇，腹部较深。素面。残高4.5厘米（图三五，10）。T2⑤∶32，夹砂黄陶。口部附加泥条成窄沿，沿面微凹，圆唇。素面。残高4.7厘米（图三五，7）。T1⑤∶15，夹砂黄陶。口部加厚成窄沿，沿面微凹，圆唇。素面。残高4.4厘米（图三五，6）。

Bb型　1件。腹部弧度较大。T1⑤∶38，夹砂红褐陶。窄沿，圆唇。残高4厘米（图三五，4）。

壶　5件。T1⑤∶29，夹砂黄陶，陶胎较薄。侈口，方唇。素面。残高5.3厘米（图三七，7）。T3⑤∶20，夹砂黑陶。卷沿。素面。残高4.2厘米（图三七，2）。H11∶3，夹砂灰黄陶。侈沿，圆唇。素面。残高5.8厘米（图三七，4）。T1⑤∶10，夹砂黄陶。侈沿，尖圆唇。素面。残高4.3厘米（图三七，5）。H8∶1，夹细砂红陶。敞口，窄沿，沿面内凹，小圆唇。素面。口径15.2、残高4厘米（图三七，6）。

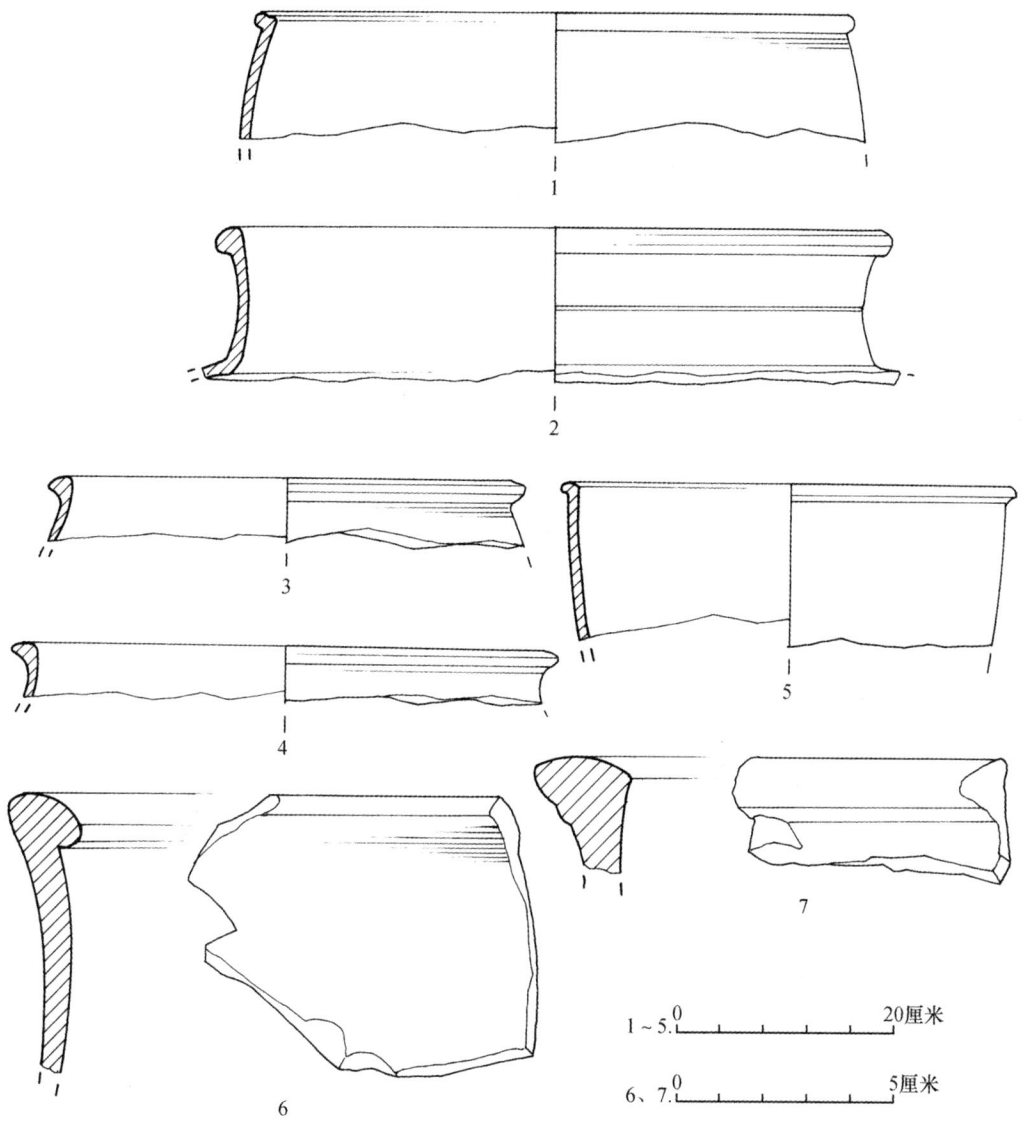

图三四 陶瓮、簋

1、5. B型瓮（T2⑥：47、T2⑥：49） 2～4、7. A型瓮（T2⑥：54、H11：7、T3⑤：16、H11：19）
6. 簋（T1⑤：44）

器座 1件。T2⑥：13，夹砂灰黄陶。矮领，束颈明显，尖唇。器身上有几何形镂孔痕迹。口径15.6、残高6.2厘米（图三七，1）。

筒状器 2件。制作较为粗糙，仅采用手制，未经过陶轮修整。H1：8，夹砂灰黄陶。一端微敞。素面。底径7、残高6.6厘米（图三七，8）。H1：9，夹细砂灰黄陶。一端为喇叭状敞口。素面。底径6、残高7.6厘米（图三七，9）。

器耳 1件。T1⑤：62，夹砂灰黄陶。半圆形鼻耳，中部有一圆形穿孔。残高4厘米（图三七，3）。

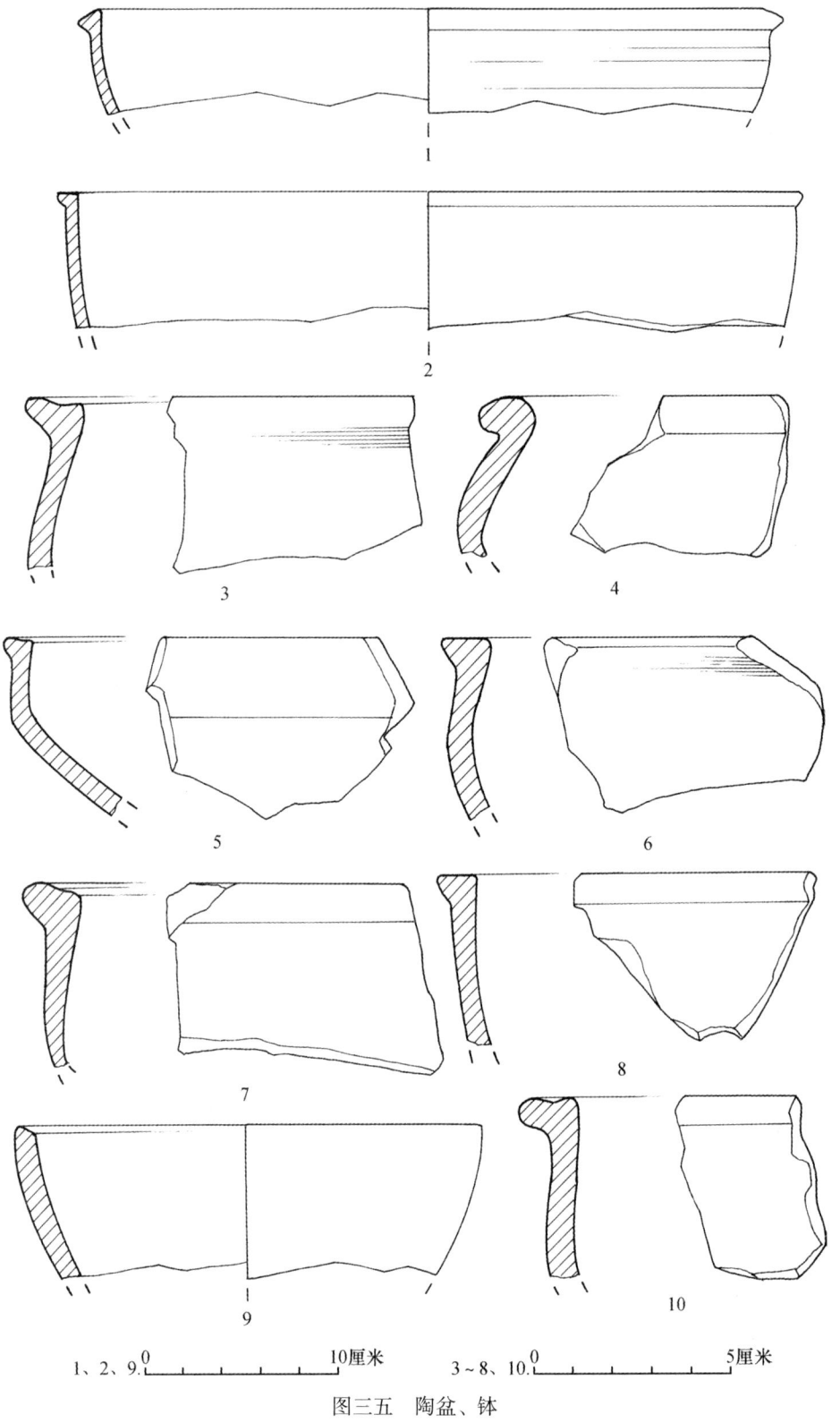

图三五 陶盆、钵

1、2、8.Aa型盆（T1⑤：43、H3：9、T3⑤：21） 3、6、7、10.Ba型盆（T2⑤：33、T1⑤：15、T2⑤：32、T1⑤：13） 4.Bb型盆（T1⑤：38） 5、9.钵（H11：9、T1⑤：28）

器盖　5件。素面。T2⑥：7，夹砂黑灰陶。窄沿，尖圆唇，弧壁。口径15.6、残高3.4厘米（图三八，1）。T1⑤：31，夹砂红褐陶。侈口，尖圆唇。口径13.8、残高4厘米（图三八，2）。T3⑤：18，夹砂黄陶。卷沿，圆唇。口径13、残高2.6厘米（图三八，3）。H11：23，夹砂黑陶。侈沿，圆唇，弧壁。口径14、残高2.1厘米（图三八，4）。T2⑤：12，夹砂黄陶。侈沿，圆唇，上腹较直，斜腹弧收。残高3.1厘米（图三八，5）。

盖纽　6件。T1⑤：50，夹砂红陶。唇面内凹。盖径8、残高3.6厘米（图三八，6）。H11：43，夹砂黑陶。器形较小，唇部略凹。盖径4、残高2.1厘米（图三八，7）。H9：9，夹砂黄陶。方唇。盖径4.4、残高3厘米（图三八，8）。T2⑤：41，泥质灰衣黄陶。唇部近似子母口状，纽身中部有四个较小的穿孔。内盖径5、残高2.6厘米（图三八，9）。T1⑤：52，夹砂黄陶。方唇。盖径6.2、残高3.2厘米（图三八，10）。T1⑤：53，夹砂灰衣黄陶。方唇，唇面内凹。盖径5、残高3.2厘米（图三八，11）。

器底　26件。夹砂陶。平底，素面。依据底径大小，分为二型。

A型　12件。直径在14～18厘米。T3⑤：46，夹砂黄陶。底径16、残高5厘米（图三九，1）。H11：42，夹砂黄陶。底径17.8、残高5厘米（图三九，2）。

B型　14件。直径在7～12厘米。T1⑤：58，夹砂黄褐陶。底径7.6、残高3.5厘米（图三九，3）。T2⑥：74，夹砂黄陶。底径8.2、残高2.5厘米（图三九，4）。T1⑤：57，夹砂灰黄陶。底径7.4、残高3.2厘米（图三九，5）。T1⑤：59，夹砂灰黄陶。底径9.4、残高3.2厘米（图三九，6）。

圈足　25件。素面。依据圈足高矮及倾斜程度的不同，分为三型。

A型　6件。圈足较高，足壁较为倾斜。T2⑤：23，夹砂灰黄陶。足缘外叠。足径

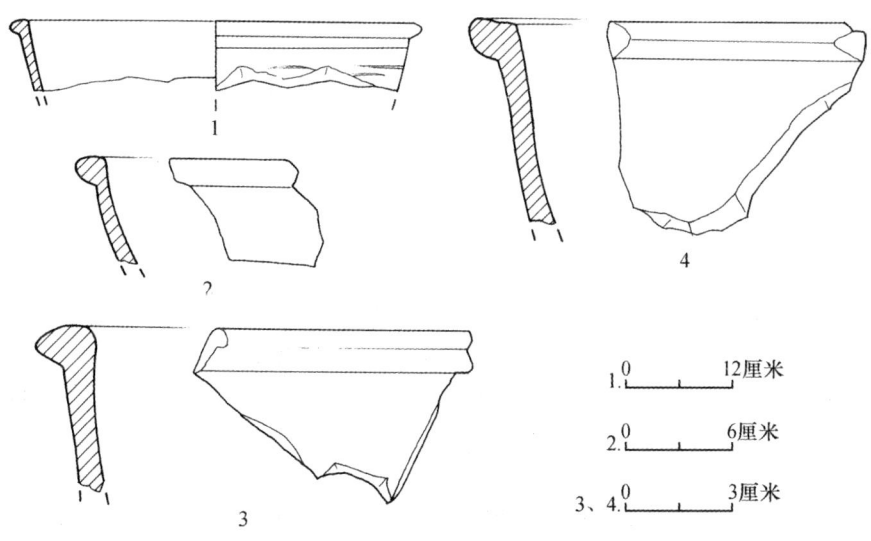

图三六　Ab型陶盆
1. T2⑥：22　2. T2⑥：23　3. T3⑤：30　4. H11：6

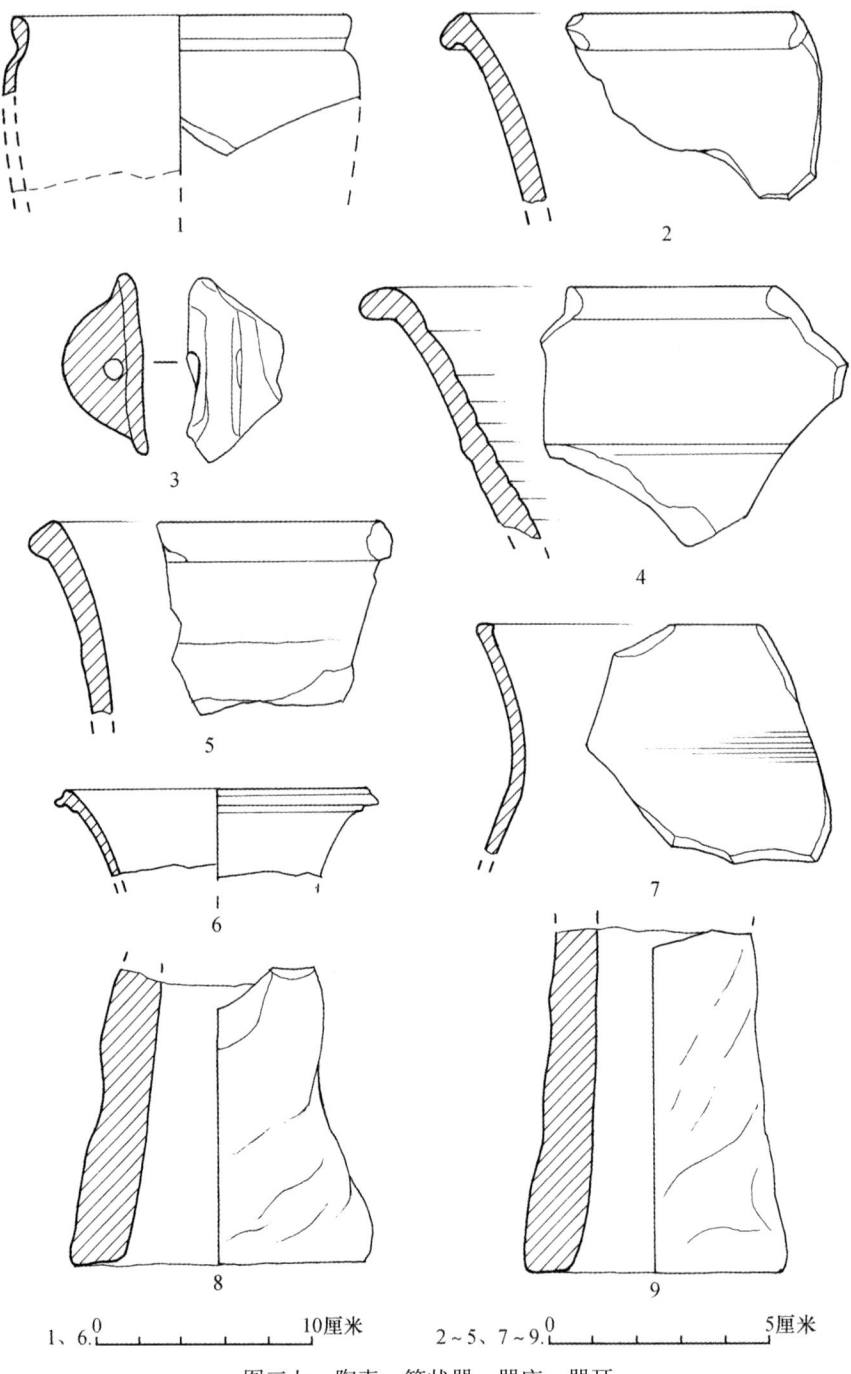

图三七　陶壶、筒状器、器座、器耳
1.器座（T2⑥∶13）　2、4~7.壶（T3⑤∶20、H11∶3、T1⑤∶10、H8∶1、T1⑤∶29）　3.器耳（T1⑤∶62）
8、9.筒状器（H1∶8、H1∶9）

9.2、残高5.2厘米（图四〇，7）。T2⑤∶22，夹砂灰黄陶。足径9.4、残高3.6厘米（图四〇，8）。T3⑤∶33，夹砂黄陶。足缘外叠。足径9.8、残高7.5厘米（图四〇，9）。

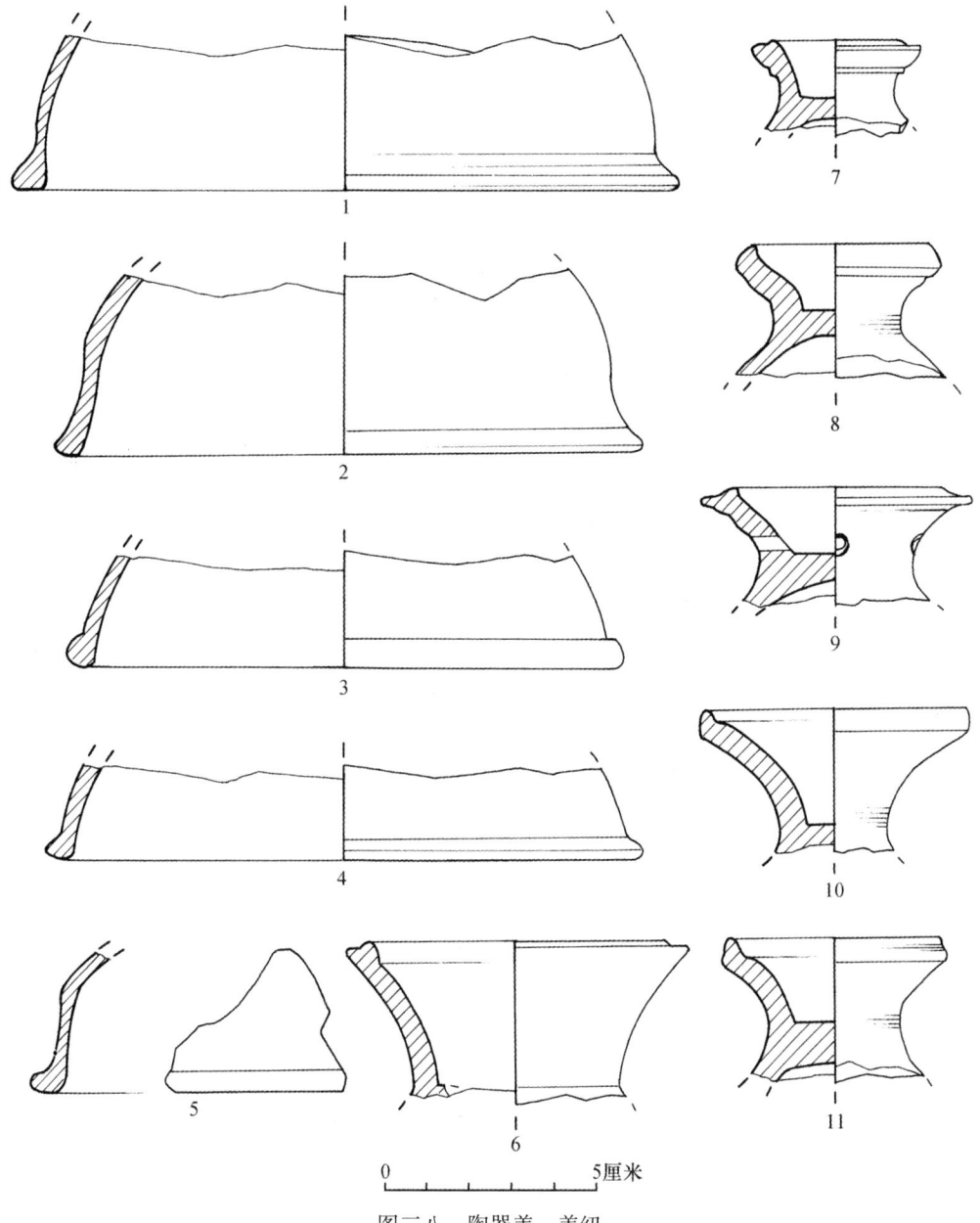

图三八 陶器盖、盖纽

1~5.器盖（T2⑥：7、T1⑤：31、T3⑤：18、H11：23、T2⑤：12） 6~11.盖纽（T1⑤：50、H11：43、H9：9、T2⑤：41、T1⑤：52、T1⑤：53）

T2⑤：19，夹砂褐陶。厚方缘。足径10、残高4.3厘米（图四〇，10）。H11：38，夹砂灰黄陶。厚缘。残高5.2厘米（图四一，4）。

B型 18件。圈足稍矮，足壁甚斜。依据器底的大小，分为三亚型。

Ba型 5件。底较小，圈足较高。H11：36，夹砂黑陶。足壁近底处有一周浅槽。

足径8.2、残高3.2厘米（图四〇，5）。T1⑤：46，夹砂黄褐陶。缘部内叠。足径8、残高3.5厘米（图四一，5）。T3⑥：37，夹砂红褐陶。足径8.6、残高3.4厘米（图四一，6）。T2⑤：40，夹砂红陶。足径9.2、残高2.8厘米（图四一，7）。

Bb型　6件。器底比Ba型稍大。T3⑤：43，夹砂黄陶。足径11、残高4.4厘米（图四〇，6）。T3⑤：45，夹砂红陶。足径11.4、残高3.5厘米（图四〇，4）。T1⑤：47，夹砂黄陶。足径11.4、残高4厘米（图四一，3）。T2⑥：82，夹砂黄褐陶。足径12.2、残高3.6厘米（图四一，2）。

Bc型　7件。器底最大，但圈足较矮。T2⑥：78，夹砂黑陶。足径12、残高4.5厘米（图四〇，1）。T1⑤：49，夹砂黄陶。足径12.6、残高2.5厘米（图四〇，2）。T1⑤：51，夹砂黄陶。足径11.6、残高2.7厘米（图四〇，3）。T1⑤：48，夹砂红陶。足径14、残高3.2厘米（图四一，1）。

C型　1件。圈足较矮，足壁直。H9：8，夹砂黑陶。足缘外侧有一周凸棱。足径7.6、残高5.3厘米（图四一，8）。

纺轮　1件。T1⑥：39，夹砂陶，一面呈黄色，一面呈黑色。饼状，中部有一圆孔贯穿。素面。直径5.4、厚1厘米（图四二，2）。

扁足状器　1件。T2⑥：30，夹砂黄陶。近长方形，两端皆残。素面。残长11厘米（图四二，1）。

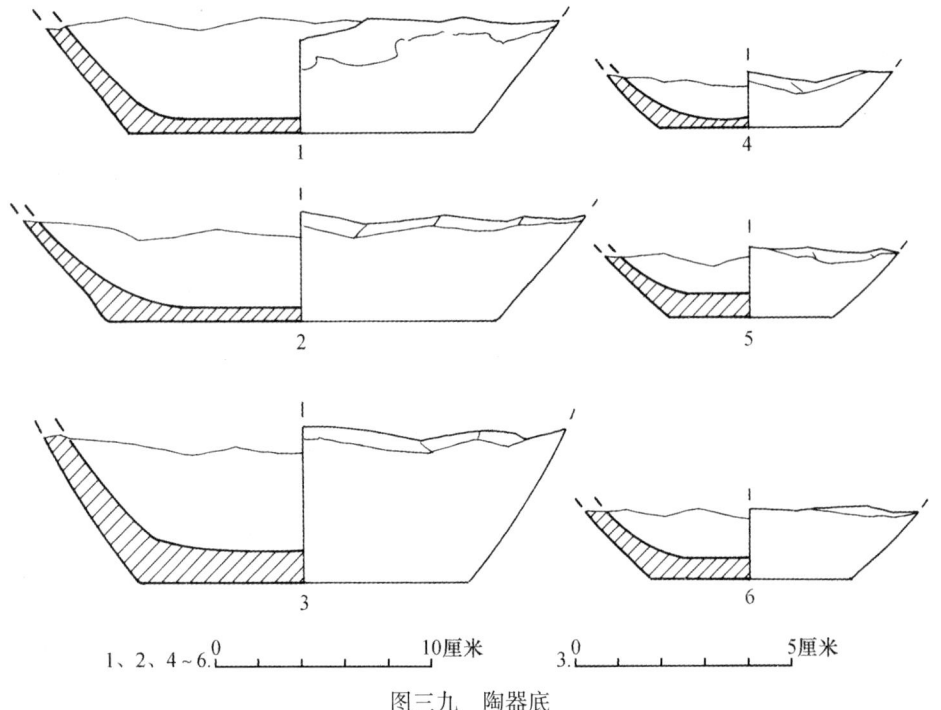

图三九　陶器底
1、2.A型（T3⑤：46、H11：42）　3～6.B型（T1⑤：58、T2⑥：74、T1⑤：57、T1⑤：59）

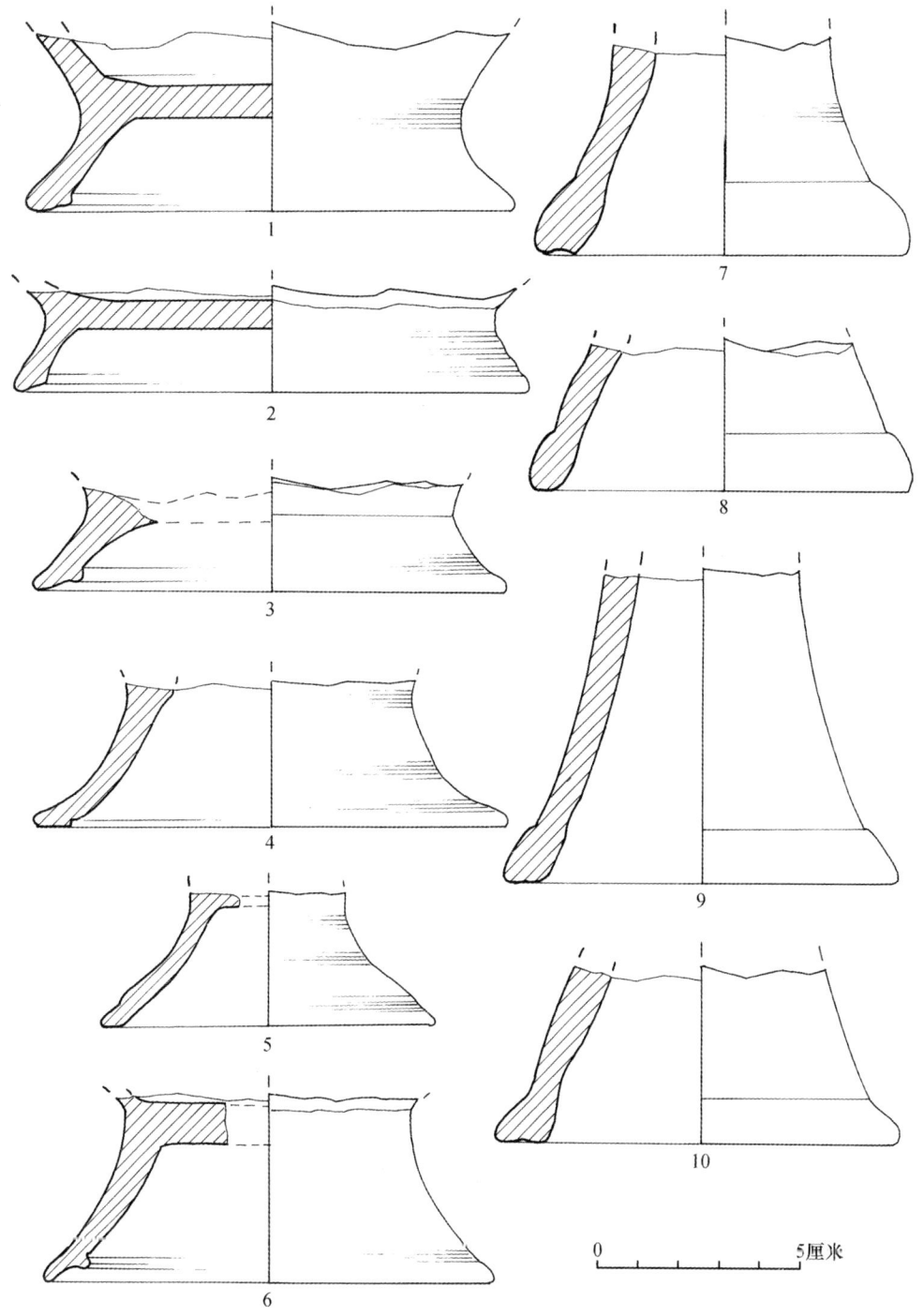

图四〇 陶圈足

1~3.Bc型（T2⑥：78、T1⑤：49、T1⑤：51） 4、6.Bb型（T3⑤：45、T3⑤：43） 5.Ba型（H11：36）
7~10.A型（T2⑤：23、T2⑤：22、T3⑤：33、T2⑤：19）

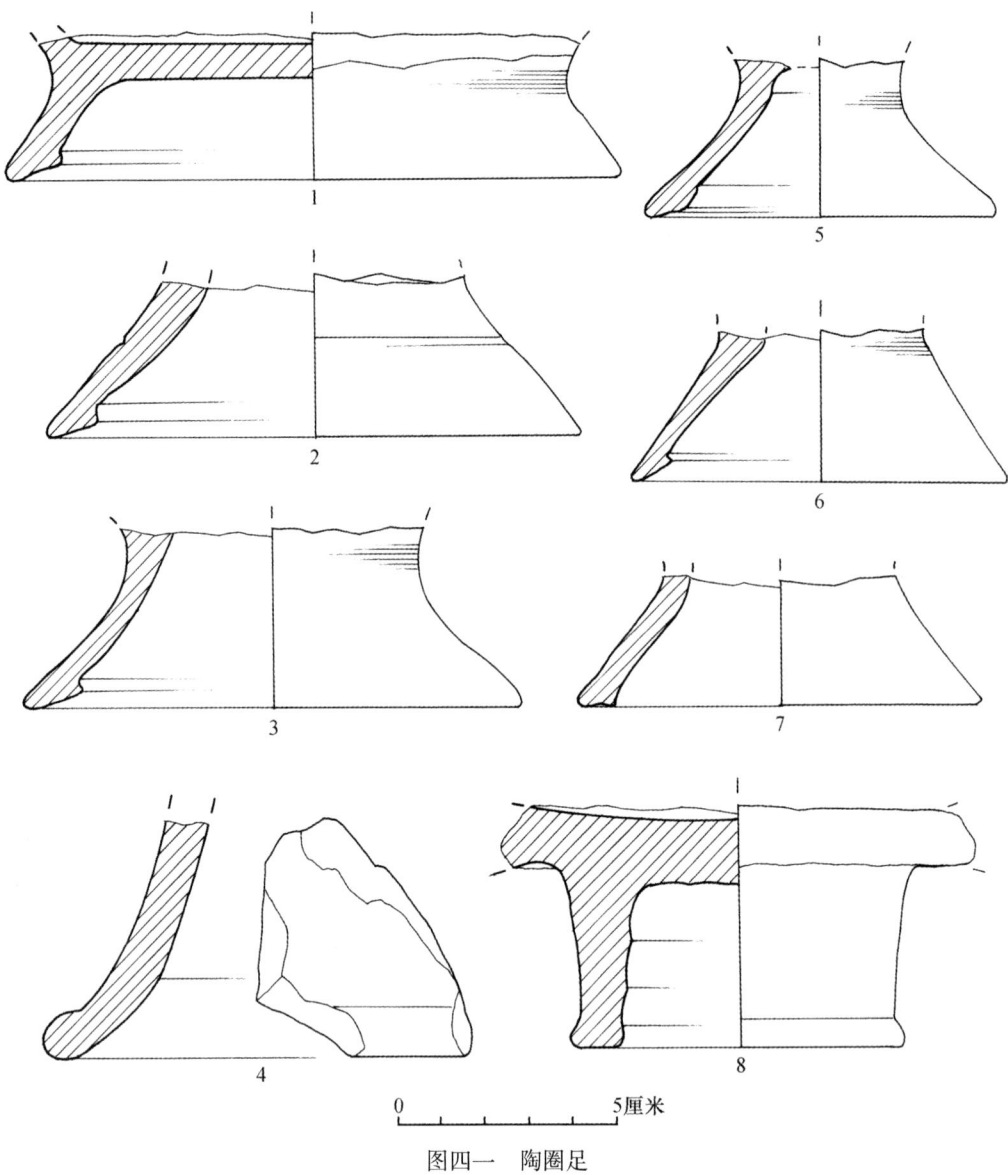

图四一 陶圈足

1.Bc型（T1⑤：48） 2、3.Bb型（T2⑥：82、T1⑤：47） 4.A型（H11：38） 5~7.Ba型（T1⑤：46、T3⑥：37、T2⑤：40） 8.C型（H9：8）

四、结　语

西华大学实验楼遗址的宝墩文化遗存数量相对较少。器物组合以花边口沿罐、喇叭口高领罐、尊、盆、器盖等为主，还有少量的矮领罐、壶等；夹砂陶的比例高于泥质陶；夹砂陶器表多有纹饰，其中以绳纹为主，弦纹、刻划纹、剔刻纹亦占一定比例，圈足部分常见镂孔。这些均是成都平原新石器时代晚期宝墩文化的标志特征。其中B型夹砂绳纹罐为窄折沿，与郫县古城遗址的窄沿罐（标本ⅣT0408⑤：1）较为接近[4]，其

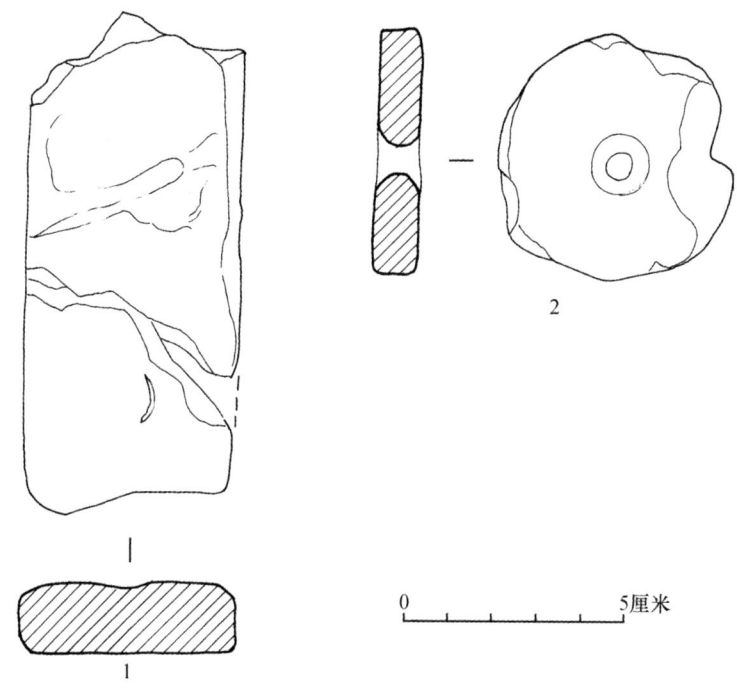

图四二 陶扁足状器、纺轮
1. 扁足状器（T2⑥：30） 2. 纺轮（T1⑥：39）

年代应相当于宝墩文化第三期晚段。

商周时期的遗存较为丰富。陶片以夹砂黄陶、黑陶为主。泥质陶数量较少，基本为灰陶，绝大多数为素面陶，仅个别有纹饰。陶器的制法仍沿袭泥条盘筑的传统，绝大多数采用慢轮辅助成型及修整。从器形上来看，以高领罐、矮领罐、圈足罐、侈口罐、敛口罐、尖底杯、尖底盏等为基本组合，均是十二桥文化的常见器物。小平底罐和高柄豆类器物基本消失、传统绳纹装饰工艺的消亡导致素面陶占绝对性优势的特征均表明这一遗址处于十二桥文化的较晚阶段，由于尚未出现绳纹圜底罐和喇叭口罐，其年代应早于新一村[5]遗址的第8层，大致处于西周后期。

近年来，随着基本建设的开展，在成都市西北部发现了为数众多的古遗址，其中商周时期的遗存尤为密集、丰富。可能是在金沙遗址这样的高等级中心聚落周边人群大量聚居而产生了一个聚落群。西华大学实验楼遗址的发掘，为研究区域考古学文化发展以及聚落演变提供了材料。

领队：刘雨茂
发掘：杨占风 宋世有 蒋志军
绘图：钟雅莉
执笔：李 佩 杨占风

注　释

[1]　成都文物考古研究所、郫县博物馆考古队：《西华大学新校区六号教学楼地点古遗址发掘简报》，《成都考古发现》（2004），科学出版社，2006年。

[2]　成都文物考古研究所、郫县博物馆：《成都市郫县西华大学网络技术学院商周遗址发掘简报》，《成都考古发现》（2005），科学出版社，2007年。

[3]　成都文物考古研究所、郫县博物馆：《成都郫县西华大学艺术中心古遗址发掘简报》，《成都考古发现》（2008），科学出版社，2010年。

[4]　成都市文物考古研究所、郫县博物馆：《四川省郫县古城遗址1997年发掘简报》，《文物》2001年第3期。

[5]　成都市文物考古研究所：《成都十二桥遗址新一村发掘简报》，《成都考古发现》（2002），科学出版社，2004年。

金沙遗址祭祀区植物大遗存浮选结果及分析

成都文物考古研究院
中国社会科学院考古研究所

一、遗址背景

金沙遗址位于成都市区西北部，原属青羊区苏坡乡金沙村，发现于2001年，分布范围约5平方千米，主体堆积时代为商末周初，因发现了大量的玉器和象牙器、较多的青铜器和金器等礼仪性器物而被认为是古蜀国时期的都邑遗址，其中，集中发现这些礼仪性器物的"梅苑"等处被认为是祭祀区，其占地面积约11250平方米。

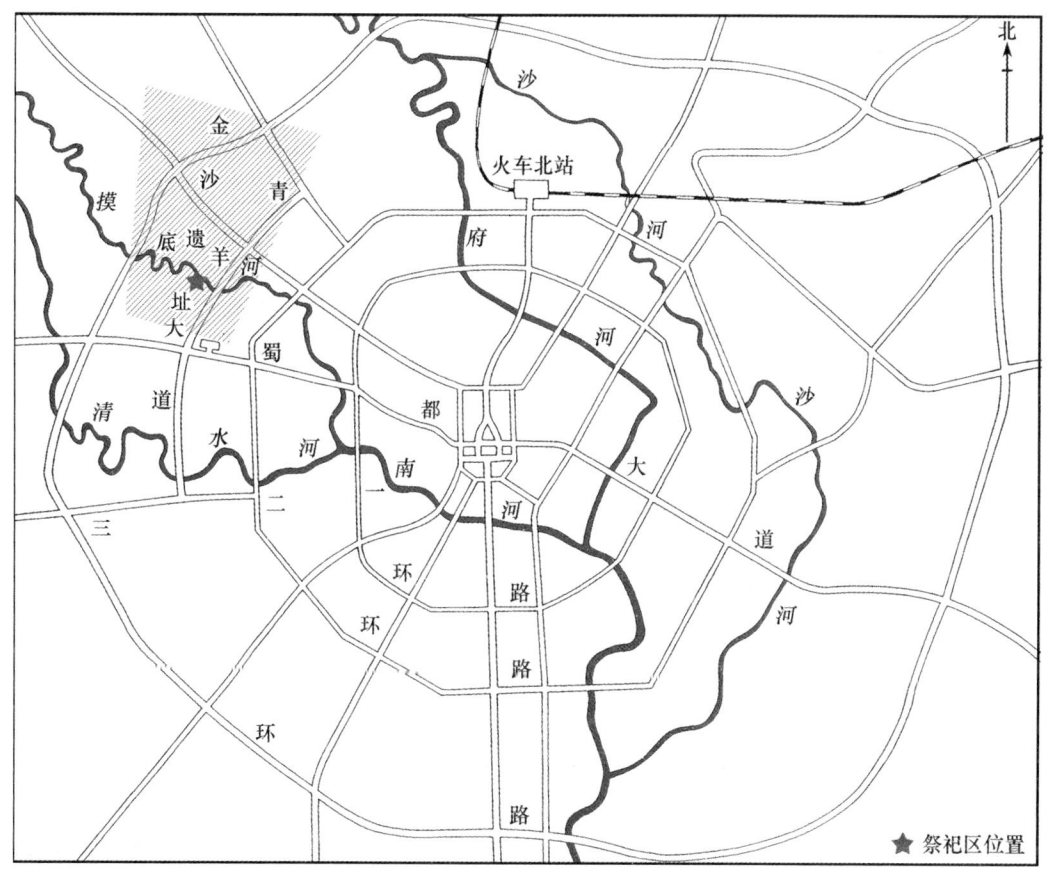

图一　金沙遗址祭祀区地点位置示意图

根据后期的资料整理，发掘报告的编写者认为金沙遗址祭祀区可分为如下六期十五段（为了图表绘制方便，本文作者添加了期段代码字段）[1]：

表一　金沙遗址祭祀区分期表

期别	段别	期段代码	年代范围（距今）	时代
第一期	早段	1.1	4000~3900年	新石器时期
	中段	1.2		
	晚段	1.3		
第二期	第一段	2.1	3600~3400年	商周时期
	第二段	2.2		
	第三段	2.3		
	第四段	2.4		
第三期	早段	3.1	3400~3100年	
	中段	3.2		
	晚段	3.3		
第四期	早段	4.1	3100~2900年	
	晚段	4.2		
第五期	早段	5.1	2900~2550年	
	中段	5.2		
	晚段	5.3		
第六期		6	2500年左右	

二、采样及浮选情况

在金沙遗址祭祀区的发掘过程，虽然当时并不清楚土样可做何种科学分析，但是现场工作人员意识到将来可能会从中获得更多的信息，因此，在发掘过程中有意识地采集了土样，长期下来，积累了较多样品。

因为当时对植物浮选这一科技手段缺乏了解，工作中难免会留下一些缺憾，比如样品采集没有覆盖大部分灰坑，仅采集了包含物丰富的几个灰坑；比如部分单位的土量大大超过平均值，总体上略显失衡。

虽然采集到的样品分装在数百个袋子里，但是在数据分析的时候，我们把属于同一探方同一地层或者属于同一单位的多袋样品仅视为同一份样品，按照这样的统计方法，祭祀区共浮选出新石器时代晚期到商周时期的样品共78份。

浮选工作分两次进行，前后两次使用的工具各不相同：第一次是2009年夏季，浮选工具使用的是水波浮选仪器；第二次是2015年冬天，改用小水桶进行浮选。浮选地点都在本单位的北湖整理基地的库房内，附近无杂物，室外为人工草坪，所用水源为自来水，水质清亮，可排除近现代杂物的后期混入。

浮选结果阴干后，2009年度浮选的结果在中国社会科学院考古研究所植物考古实验室进行鉴定，2015年度浮选的结果在成都文物考古研究院植物考古实验室进行鉴定后，把其中暂时无法识别的果核/种子带至中国社会科学院考古研究所植物考古实验室进行复核。

三、浮选结果

两次浮选获得了大量的植物种子及较多的果核。

这些种子/果核绝大部分是炭化过的，部分没有明显的炭化痕迹，但是可排除发掘之后混入的情形。考虑到未炭化植物遗存与用火行为无关，但可能与人类的其他行为相关，比如农作物去皮前去掉杂草种子、果实食用后就地掩埋果核，都会留下未炭化的种子或果核，甚至对我们理解祭祀区的微环境也有很大帮助，因此，在鉴定过程中也被一并纳入了统计范围。但是，把炭化和未炭化的植物遗存数据合并在一起进行比较是不太合适的，因此，后续讨论将主要基于种子的类别而不涉及精确的种子数量的比较（在论及数量时一般以约数表示），在下一步的正式报告中，我们将区分出炭化和未炭化部分，此时再作精确的数值比较分析。

根据最可能的利用方式，我们把浮选出的种子及果核分为农作物、水果/干果、杂草三大类，剩下的再分为乔木、灌木、藤本、未知/碎种四大类。有些能够鉴定到种，有些能鉴定到属，少量仅能鉴定到科，共7000余粒，分布在44科2亚科64属37种上，实际鉴定出24科2亚科35属37种。已经鉴定出来的种类如下（同一科的属、种排在一起，并按每一科种子数量的多少排序）：

（一）农　作　物

农作物约1000粒，识别出5种。

1. 稻谷（*Oryza sativa*）

约900粒（图版八，1）。另有27000余粒稻谷基盘（图版八，2）。

2. 粟（*Setaria italica*）

约80粒（图版八，3）。

3. 黍（*Panicum miliaceum*）

约10粒（图版八，4）。

4. 葫芦（*Lagenaria siceraria*）

2粒（图版八，5）。

5. 绿豆（*Vigna radiata*）

1粒。

（二）水果/干果

约520余粒，识别出3属3种。

1. 葡萄属（*Vitis*）

约500粒（图版八，6）。

2. 李属（*Prunus*）

10余粒

3. 梅？/桃？（*Armeniaca mume/Amygdalus persica*）

6粒（图版九，1）。

4. 樱属？（*Cerasus*）

3粒（图版九，2）。

5. 南酸枣（*Choerospondias axillaris*）

1粒（图版九，3）。

6. 甜瓜（*Cucumis melo*）

1粒（图版九，4）。

（三）杂　　草

约2850粒，识别出16科2亚科20属18种。

1. 莎草科（*Cyperaceae*）

10余粒。

2. 莎草属（*Cyperu*）

近600粒（图版九，5）。

3. 藨草属（*Scirpus*）

220余粒（图版九，6）。

4. 牛毛毡（*Heleocharis yokoscensis*）

　　3粒（图版九，7）。

5. 水毛花？（*Scirpus triangulatus*）

　　1粒（图版九，8）。

6. 薹草属（*Carex*）

　　1粒（图版一〇，1）。

7. 毛茛属（*Ranunculus*）

　　约600粒（图版一〇，2）。

8. 美花草属（*Callianthemum*）

　　1粒。

9. 野燕麦（*Avena fatua*）

　　约190粒（图版一〇，3）。

10. 早熟禾亚科（Pooideae）

　　50余粒（图版一〇，4）。

11. 黍亚科（Panicoideae）

　　10余粒（图版一〇，5）

12. 狗尾草属（*Setaria*）

　　7粒。

13. 狗尾草（*Setaria viridis*）

　　10余粒（图版一〇，6）。

14. 稗属（*Echinochloa*）

　　6粒（图版一〇，7）。

15. 稗（*Echinochloa crusgalli*）

　　8粒。

16. 马唐属（*Digitaria*）

9粒。

17. 狼尾草属（*Pennisetum*）

1粒（图版一〇，8）。

18. 高粱属（*Sorghum moench*）

1粒。

19. 葫芦科（*Cucurbitaceae*）

250余粒。

20. 马㼎儿？（*Zehneria indica*）

约20粒（图版一一，1）。

21. 盒子草？（*Actinostemma tenerum*）

1粒（图版一一，2）。

22. 蔷薇科（*Rosaceae*）

70余粒（图版一一，3）。

23. 蛇莓属（*Duchesnea*）

120余粒（图版一一，4）。

24. 委陵菜属？（*Potentilla*）

2粒。

25. 菊科（*Compositae*）

40余粒（图版一一，5）。

26. 豨莶属？（*Siegesbeckia*）

近50粒（图版一二，1）。

27. 蒿属？（*Artemisia*）

约10粒（图版一二，2）。

28. 泽兰？（*Eupatorium japonicum*）

3粒（图版一二，3）。

29. 马鞭草（*Verbena officinalis*）

80余粒（图版一二，4）。

30. 伞形科（Umbelliferae）

70余粒（图版一二，5）。

31. 接骨木（*Sambucus williamsii*）

60余粒（图版一二，6）。

32. 酢浆草（*Oxalis corniculata*）

50余粒（图版一三，1）。

33. 百合科？（Liliaceae）

50余粒（图版一三，2）。

34. 大戟科（Euphorbiaceae）

3粒（图版一三，3）。

35. 叶下珠（*Phyllanthus urinaria*）

20余粒（图版一三，4）。

36. 铁苋菜（*Acalypha australis*）

近20粒（图版一三，5）。

37. 蓼科（Polygonaceae）

10余粒。

38. 蓼属（*Polygonum*）

约20粒（图版一三，6）。

39. 酸模属（*Rumex*）

约10粒（图版一三，7）。

40. 卷耳属（Cerastium）

30余粒（图版一四，1）。

41. 茄科（Solanaceae）

20余粒（图版一四，2）。

42. 豆科（Leguminosae）

9粒（图版一四，3）。

43. 豇豆属（Vigna Savi）

10余粒（图版一四，4）。

44. 大豆属（Glycine）

1粒（图版一四，5）。

45. 唇形科（Labiatae）

7粒。

46. 紫苏（Perilla frutescens）

10余粒（图版一四，6）。

47. 眼子菜属（Potamogeton）

10余粒（图版一四，7）。

48. 荨麻科？（Urticaceae）

近10粒（图版一四，8）。

49. 马齿苋科（Portulacaceae）

9粒（图版一五，1）。

50. 苋科（Amaranthaceae）

5粒（图版一五，2）。

51. 牻牛儿苗？（Erodium stephanianum）

1粒（图版一五，3）。

52. 葎草（*Humulus scandens*）

1粒。

53. 十字花科？（Cruciferae）

1粒（图版一五，4）。

54. 金鱼藻（*Ceratophyllum demersum*）

1粒（图版一五，5）。

55. 博落回（*Macleaya cordata*）

1粒。

56. 藜科（Chenopodiaceae）

1粒（图版一五，6）。

（四）乔　木

约2000粒，识别出7科6属9种。

1. 冬青属（*Ilex*）

500余粒（图版一五，7）。

2. 构树（*Broussonetia papyrifera*）

近200粒（图版一五，8）。

3. 桑树（*Morus alba*）

120余粒（图版一六，1）。

4. 榕属（*Ficus*）

100余粒（图版一六，2）。

5. 榉树（*Zelkova serrata*）

270余粒（图版一六，3）。

6. 木犀科（Oleaceae）

40余粒。

7. 女贞（*Ligustrum lucidum*）

160余粒（图版一六，4）。

8. 樟科（Lauraceae）

近200粒（图版一六，5）。

9. 泡花树属（*Meliosma*）

150余粒（图版一六，6）。

10. 灯台树（*Bothrocaryum controversum*）

80余粒（图版一六，7）。

11. 山茱萸（*Cornus officinalis*）

60余粒（图版一六，8）。

12. 五加科（Araliaceae）

近70粒（图版一七，1）。

13. 八角枫（*Alangium chinense*）

20余粒（图版一七，2）。

14. 柃木属？（*Eurya*）

10余粒（图版一七，3）。

15. 花椒（*Zanthoxylum bungeanum*）

5粒（图版一七，4）。

16. 忍冬科？（Caprifoliaceae）

4粒（图版一七，5）。

17. 五味子科？（Schisandraceae）

2粒。

18. 朴属（*Celtis*）

2粒（图版一七，6）。

19. 盐肤木（*Rhus chinensis*）

2粒（图版一七，7）。

20. 木兰科（Magnoliaceae）

2粒。

21. 胡颓子属（*Elaeagnus*）

2粒（图版一七，8）。

22. 蝶形花科（Fabaceae）

1粒（图版一八，1）。

（五）灌　　木

约540粒，识别出5属1种。

1. 悬钩子属（*Rubus*）

450余粒（图版一八，2）。

2. 五加属（*Acanthopanax*）

50余粒（图版一八，3）。

3. 忍冬属（*Lonicera*）

20余粒（图版一八，4）。

4. 荚蒾属（*Viburnum*）

7粒（图版一八，5）。

5. 防己（*Aristolochia fangchi*）

7粒（图版一八，6）。

6. 莸属（*Caryopteris*）

3粒（图版一八，7）。

（六）藤　　本

约90粒，识别出1科1属1种。

1. 葡萄科（Vitaceae）

5粒。

2. 乌蔹莓属（*Cayratia*）

50余粒。

3. 乌蔹莓（*Cayratia japonica*）

30余粒（图版一八，8）。

（七）其　　他

1. 碎种

近6000粒。

2. 未知

770余粒。

3. 果壳/果核

20余块。

各期段发现的植物种子/果实的分布情况列表如下（表二），其中，各大类中的种子/果实按数量（含未炭化的部分）的多少降序排列：

表二 金沙遗址祭祀区各期段植物种类分布情况

期段	植物种类
第一期早段	无样品
第一期中段	农作物：稻谷、粟、黍、葫芦 水果/干果：葡萄属、南酸枣、甜瓜 杂草：毛茛属、莎草属、葫芦科、野燕麦、藨草属、蛇莓属、早熟禾亚科、伞形科、马鞭草、蓼属、马胶儿（？）、茄科、菊科、眼子菜属、豇豆属、禾本科、蔷薇科、莎草科、蓼科、酢浆草、叶下珠、狗尾草、马齿苋科、伞形科、酸模属、稗、蒿属（？）、马唐属、唇形科、苋科、豆科、黍亚科、牛毛毡、大戟科、狗尾草属、卷耳属、紫苏、高粱属、盒子草（？）、大豆属、黍属、美花草属、博落回、藜科、金鱼藻、豨莶属（？） 乔木：冬青属、构树、榉树、桑树、灯台树、榕属、木犀科、女贞、泡花树属、山茱萸、八角枫、柃木属（？）、五加科、胡颓子属、木兰科、蝶形花科、盐肤木 灌木：悬钩子属、五加属、忍冬属、荚蒾属、防己 藤本：乌蔹莓属、乌蔹莓、葡萄科
第一期晚段	农作物：稻谷、黍 杂草：黍亚科
第二期第一段	水果/干果：葡萄属 杂草：接骨木、莎草属、毛茛属、蔷薇科、葫芦科、蛇莓属、茄科、眼子菜属、藨草属、菊科、伞形科、铁苋菜、酸模属、马鞭草、野燕麦 乔木：榉树、女贞、五加科、冬青属、柃木属（？）、构树、桑树、榕属、花椒、泡花树属、八角枫、山茱萸（？） 灌木：悬钩子属、五加属、忍冬 藤本：乌蔹莓属
第二期第二段	无样品
第二期第三段	农作物：稻谷、粟 水果/干果：葡萄属、李属、樱属核（？）、梅（？）/桃（？） 杂草：莎草属、藨草属、马鞭草、百合科、豨莶属（？）、酢浆草、毛茛属、接骨木、蔷薇科、葫芦科、卷耳属、菊科、铁苋菜、伞形科、叶下珠、荨麻科（？）、紫苏、蒿属（？）、蛇莓属、莎草科、禾本科、狗尾草、马唐属、唇形科、委陵菜属（？）、泽兰（？）、酸模属、牛毛毡、苋科、大戟科、稗、狗尾草属、蓼科、十字花科（？）、水毛花（？）、薹草属、荸草、野燕麦、蓼属、早熟禾亚科、茄科、黍亚科、马胶儿（？）、稗属、马齿苋科 乔木：樟科、泡花树属、构树、山茱萸、冬青属、榉树、桑树、女贞、八角枫、榕属、五加科、忍冬科（？）、樟科（？）、灯台树、朴属、五味子科（？）、花椒 灌木：悬钩子属、五加属、莸属、防己、忍冬属 藤本：乌蔹莓、乌蔹莓属
第二期第四段	农作物：稻谷 水果/干果：梅（？）/桃（？） 杂草：莎草属、蔷薇科、接骨木、蛇莓属、藨草属、黍亚科、紫苏、豨莶属（？）、泽兰（？）、牻牛儿苗（？）、卷耳属、蓼科、狗尾草属、葫芦科、狼尾草属、叶下珠 乔木：女贞、构树、灯台树、榉树 灌木：五加属、悬钩子属

续表

期段	植物种类
第三期早段	杂草：卷耳属
第三期中段	农作物：稻谷、粟、黍 杂草：莎草属、蔗草属、伞形科、蛇莓属、黍亚科、葫芦科、豆科 乔木：八角枫 灌木：五加属
第三期晚段	无种子
第四期早段	农作物：稻谷 杂草：莎草属、蛇莓属、蔷薇科、稗属、接骨木 灌木：悬钩子属
第四期晚段	农作物：稻谷、黍 水果/干果：无 杂草：黍亚科、稗属、狗尾草属、豆科、黍属、接骨木、马鞭草
第五期早段	农作物：稻谷 杂草：接骨木、豆科 灌木：五加属
第五期中段	农作物：稻谷 水果/干果：葡萄属 杂草：毛茛属、伞形科、接骨木、稗属、禾本科、莎草属、豆科 乔木：榕属、构树、八角枫、泡花树属、山茱萸、胡颓子属 灌木：悬钩子属 藤本：乌蔹莓
第五期晚段	无种子
第六期	无样品

四、分 析 讨 论

总体而言，这批样品的浮选结果种子/果实种类十分丰富，数量非常大，并且很多种类在成都平原同时期的其他地点难得一见，凸显了它的特殊之处。

在金沙遗址祭祀区的发掘报告中，商周时期之后的时段没有进一步细分，且该时段偏晚，种子种类贫乏、数量很少，缺乏可对比之处，所以本文仅在文字中有所提及，但不展开讨论，而是把重点放在新石器时代晚期至商周时期的这78份样品上。而第一期早段、第二期第二段和第六期的样品缺失，无法分析。因此，以下的分析实际仅把第一期中段到第五期晚段（不含第二期第二段）纳入讨论范围。

（一）农业结构

金沙遗址祭祀区发现了稻谷、粟和黍三种农作物。

从数量百分比来看（图二），稻谷在三者中的比重绝大多数时段都是在80%以上，最多的时候能达到100%，显示出它的优势地位，而粟和黍的比重较低，且在大部分时段中都是缺失的，相比较而言，在两者同出的时段，粟的比重明显高于黍。

总体而言，金沙遗址祭祀区地点从新石器晚期到商末周初时，其农业结构是以稻谷为主，兼种粟和黍。这和成都平原其他地点同时期的农业结构特征是一致的。

需要指出的是，虽然该地点的农业结构与成都平原同时期的其他地点高度一致，但是，由于该地点是祭祀区，人类活动与祭祀行为密切相关，性质比较特殊，这种一致可能只是一种巧合，这批材料究竟能在多大程度上反映该区域的农业形态，还需要谨慎对待。

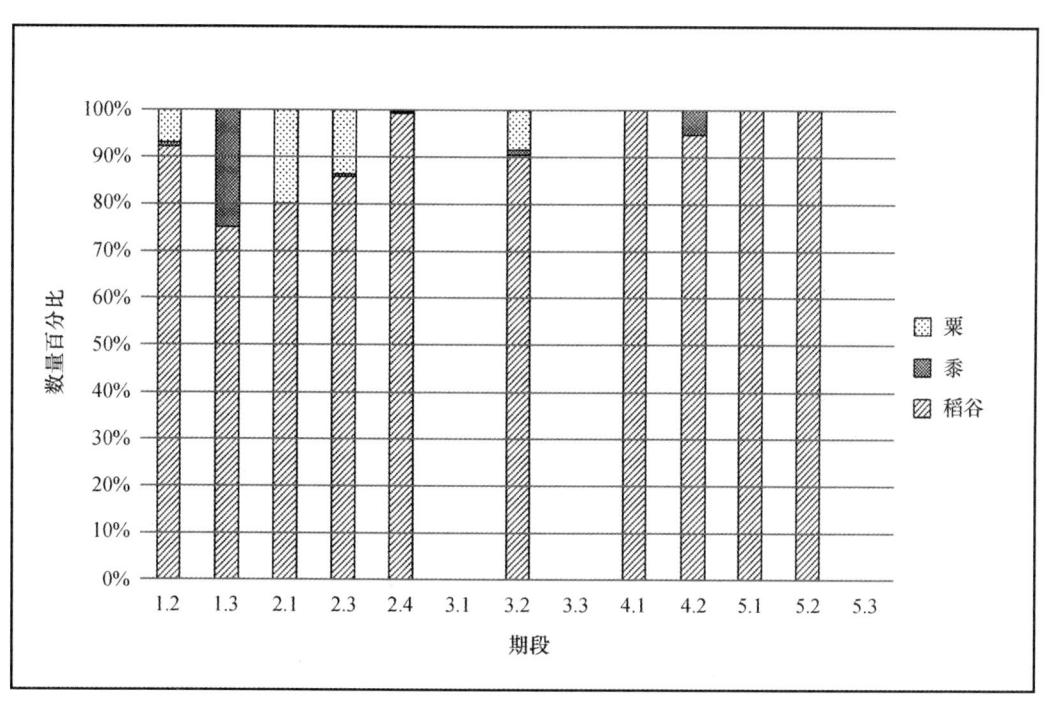

图二　金沙遗址祭祀区各时段农作物数量百分比

（二）从炭化遗存看金沙遗址的祭祀活动

根据出土器物的分析，报告作者认为祭祀区地点作为一个特定的祭祀场所是从第二期第三段开始的，这个时段祭祀活动频繁，祭祀方式以"瘗埋"为主；第三期中段可能出现了"燎祭"这一新的祭祀方式；从第五期中段开始，祭祀区作为古蜀先民信仰系统的圣地开始衰落；第五期晚段时，祭祀区祭祀活动加速衰落。

从植物遗存的角度来看，发掘报告中的很多观点是可以得到印证的，但是和从器物角度观察所得到的一些观点有所出入。

炭屑含量可以反映某地点用火行为的频繁程度或用火规模：若炭屑含量高，我们可以认为该地点存在着大规模的用火行为，或是用火行为频繁。而炭屑含量的高低是一个相对值，无法通过一个具体的数值或数值范围来衡量，应当通过遗址内部不同时段或者通过当地同一时段不同地点的炭屑含量进行对比之后方可得知。

炭屑在祭祀区地点各时段都有发现，总的平均炭屑含量为2.87克/10升，其中，超过平均值的为第一期中段、第二期第三段和第三期中段，其数据分别为4.44克/10升、3.68克/10升和7.3克/10升，第三期中段的炭屑含量异常丰富，远超其他阶段（图三）。

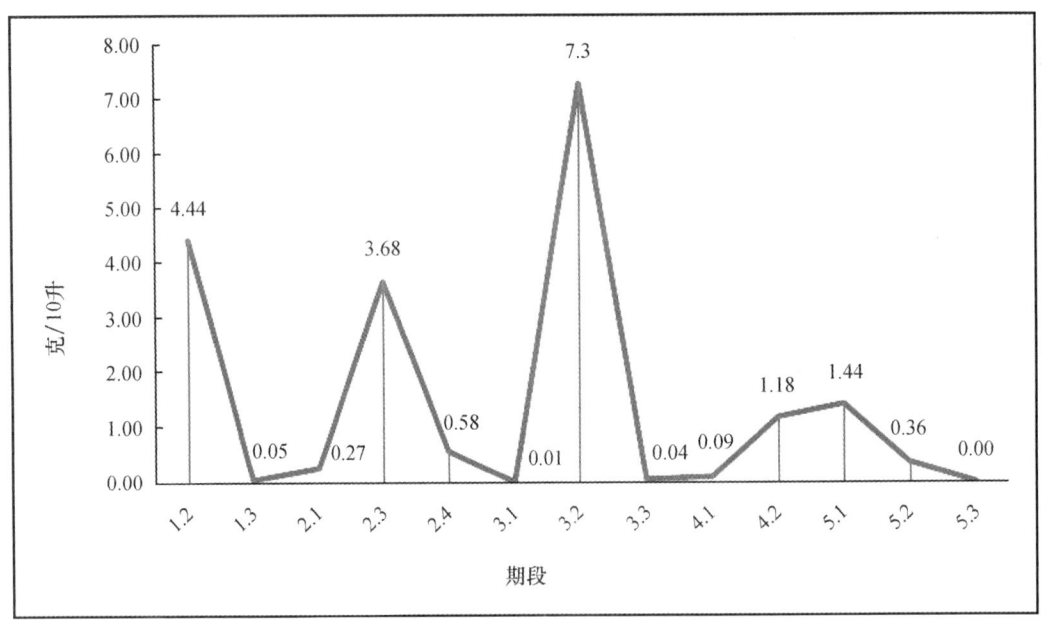

图三　金沙遗址祭祀区各时段炭屑含量示意图

成都平原其他地点商代末期至西周时期的炭屑含量情况为：金沙遗址5号C地点为0.84克/10升[2]，双流县三官堂地点为0.99克/10升[3]，郫县波罗村遗址宽锦地点为1.17克/10升[4]，都低于2克/10升。

与成都平原同时期的其他地点相比，金沙遗址祭祀区地点的炭屑含量非常高，特别是第三期中段，其炭屑含量之丰富，尤其令人瞩目。

那么，如此高的炭屑含量是如何形成的呢？它反映了哪些人类行为呢？

在方式繁多的祭祀活动中，有一种称为"燎祭"的祭祀方式，通过燔柴燎牲以祭天，需要用到大量的薪柴。我们认为祭祀区大部分的炭屑，在很大程度上和祭祀活动密切相关。特别是第三期中段，从器物的角度分析，报告作者推测该期可能已经出现了"燎祭"活动，与之相吻合的是，该时段的炭屑含量是各时段最高的，达到了惊人的7.3克/10升，且分布于多个探方的不同地层中，而该地点的平均值仅为2.87克/10升，同时期的其他地点更是远低于该值。需要特别指出的是，普通遗址的炭屑一般来自灰坑、窑址之类的遗迹单位，地层中一般只有零星发现，但金沙遗址祭祀区该时段的炭屑来源却是另一番模样：虽然礼仪性堆积也发现了不少炭屑，但是，大量的炭屑却来自众多地层，若非存在频繁的用火行为，则无法解释在地层中也发现大量炭屑这一反常现象，而这种频繁的用火行为，应当和此地的祭祀活动密切相关。

在炭化种子中，我们发现了种类众多的树木种子，其中，乔木多达20余科/属/种，灌木也有数科/属/种。而成都平原同时期的其他地点，从浮选的样品中几乎没有发现树木的种子，即使在国内，大都仅发现有农作物、杂草种子，发现树木种子的遗址也是屈指可数，这更加显示出金沙遗址祭祀区地点的与众不同，如果把种类众多的树木种子归结于祭祀活动的燔柴行为，则可以得到比较完美的解释。

《吕氏春秋·季冬》高诱注："燔者，积聚柴薪，置璧与牲于上而燎之，升其烟气"，《公羊传·僖公三十一年》何休注："燎者，取俎上七体与其珪宝，在辨中，置于柴上烧之"，《礼记·祭法》孔颖达疏："燔柴于泰坛者，谓积薪于坛上，而取玉及牲置柴上燔之，使气达于天也。"可见，燎祭时需要"积聚柴薪"，则大量的木柴是必不可少的。而商周时期的祭祀活动，更是被提升到"国之大事"的高度，不仅场面隆重，而且频繁举行，若祭祀过程中存在燔烧行为，经过天长日久的累积后，必然会留下大量的炭屑，而留下树木种子的概率，则会比普通遗址更高。

但是，祭祀区发现的树木种类是如此之多，可能在举行燎祭时，并没有刻意选择特定的树种，而是把常见的木柴用于燔烧，这也反映出燎祭所用的薪柴很可能是就近砍伐的。

另外，燎祭需要"升其烟气"，以达于天。为了追求烟气效果，发烟之物不可少，除了杂烧各类木柴之外，大量的枯草可能也是烟源之一，所以，树木种子的种类和杂草种子的种类的数量在金沙遗址祭祀区呈现出一定的同步关系，可能正是这种需求的外在表现。

虽然发掘报告的作者从器物的角度判断"燎祭"活动在第三期中段才出现，但是，在第二期第三段时，炭屑迎来了一个高峰值，且树木和杂草的种类数量达到了最高值，若从这一角度来看的话，"燎祭"活动或许在第二期第三段时已经出现——或许此时的祭祀活动比较侧重于借助烟气来沟通神灵，所以我们没有在这一时段发现较贵重的礼仪用品。

树木种子种类及数量的峰值与炭屑的峰值几乎是同步出现的，但是在第三期中段时发生了例外：在这个时段中，炭屑的含量达到了各时段的最高值，而此时树木种子的种类和数量却不多（图四）。这一现象似乎表明"燎祭"仪式所用薪柴偏向于使用能产生更多烟气的灌丛杂柴，而不是高大型的树木。

另外，考虑到第二期第三段的炭屑和果实/种子集中来自于L58，其他单位的贡献很少，应当视为某次或有限的几次燎祭时大量焚烧薪柴导致的结果。

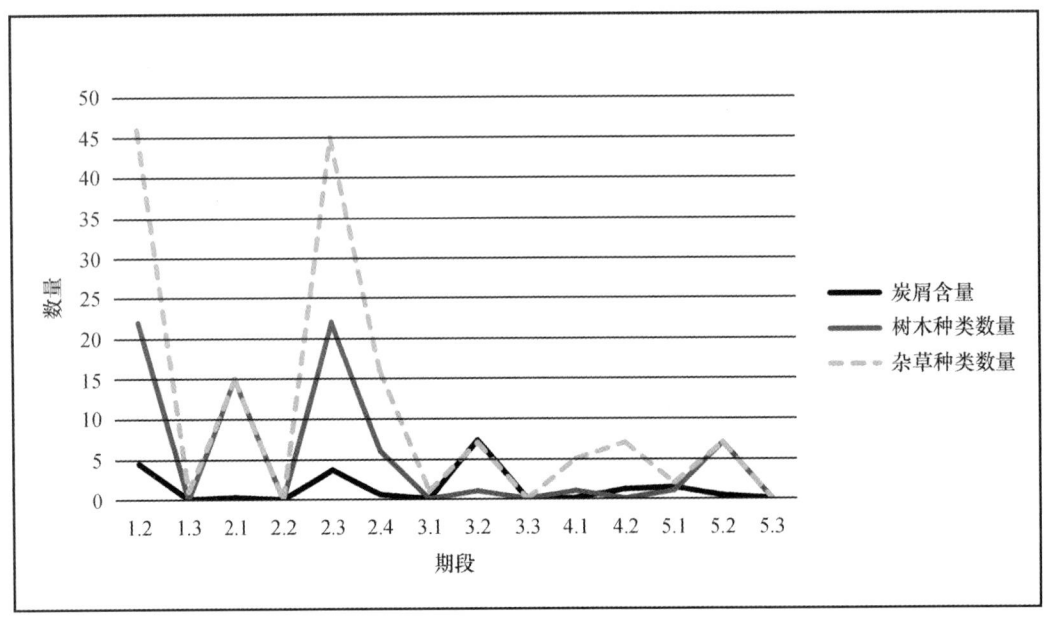

图四 金沙遗址祭祀区炭屑含量、树木种类及杂草种类数量对比图

炭屑含量远高于其他时段或者同时期的其他地点，且大部分炭屑来自于地层，以及大量树木类、杂草类种子的同步出现，使我们相信金沙遗址至少在第二期第三段和第三期中段时存在过"燎祭"活动。虽然属于新石器时期的第一期第一段也呈现出这样的特征，但是根据器物组合及遗迹特征，发掘报告编写者认为金沙遗址祭祀区地点的新石器时期堆积很可能不是原生堆积，因此，根据植物遗存难以做出该时期是否也存在"燎祭"活动的判断。

五、结　语

金沙遗址祭祀区浮选出的种子/果实种类丰富、数量较多，惜乎尚未完全区分出炭化部分和未炭化部分，从而无法基于较精确的数值进行分析，导致对一些问题无法展开讨论，我们将在正式的报告中公布完整的数据来弥补这一缺憾。

从目前已经掌握的资料分析，我们认为金沙遗址祭祀区在农业结构上虽然与成都平原同时期的其他地点一样，都是以稻谷为主、兼种粟和黍，但因为该地点的性质为祭祀区，与日常生活区的性质不同，在农业结构上与其他地点表现出的一致性可能只是一种巧合。

金沙遗址祭祀区的炭屑含量非常高，其平均值远高于成都平原同时期的其他地点，且大部分的炭屑来自于地层，表明其用火频率十分频繁，可能反映了该地点在商周时期祭祀活动比较频繁，其中，在第二期第三段和第三期中段出现了炭屑含量的高峰值，且树木种子、杂草种子的类别和数量与之显示出较强的同步性，显示这两个时段可能存在着"燎祭"活动。

附记：本文为2012年度国家社会科学基金重大项目《金沙遗址祭祀区考古发掘报告》（批准号：12&ZD192）的阶段性研究成果。

执笔：姜　铭　闫　雪　周志清　赵志军

注　释

[1] 见《金沙遗址祭祀区考古发掘报告》，待刊。

[2] 姜铭、赵德云、黄伟、赵志军：《四川成都城乡一体化工程金牛区5号C地点考古出土植物遗存分析报告》，《南方文物》2011年第3期。

[3] 姜铭、黄伟、刘雨茂、邱艳、李国：《双流县三官堂遗址2009～2010年度植物大遗存浮选结果及其初步研究》，《成都考古发现》（2013），科学出版社，2015年。

[4] 姜铭、刘雨茂、杨占风：《郫县菠萝村遗址"宽锦"地点2011年浮选结果及分析》，《成都考古发现》（2012），科学出版社，2014年。

成都金沙遗址祭祀区古河道出土古树的鉴定报告*

中国社会科学院考古研究所
成都文物考古研究院

金沙遗址聚落群是商代至春秋时期的古蜀都邑，它所代表的文化遗存同三星堆文化、十二桥文化有着密切的关系[1]。金沙遗址面积超过5平方千米，内含大型建筑区、宗教祭祀活动区、一般居址区和墓地等。在金沙遗址已发掘的各地点中，以宗教祭祀活动区出土的遗物最为丰富和重要[2]。祭祀区位于金沙遗址的"梅苑"地点中北部，地处横穿金沙遗址的摸底河南侧，面积约1.125万平方米。

此次鉴定样品包括金沙遗址博物馆现场馆古树根样品，11号祭祀遗迹附近河道内树木的样品。古树根遗迹原分布于ⅠT7015、ⅠT7016、ⅠT7115、ⅠT7116四个探方内，树干直径约1米（图一），后为展览移至现场馆。11号祭祀遗迹附近河道内树木为原址保存。我们根据树木分布特点，对4个个体进行了取样，编号S1、S2、S3、S4（图二）。木材的鉴定工作在中国社会科学院考古研究所木材考古实验室完成。

图一　古树根遗迹发掘现场图

图二　11号祭祀遗迹附近河道内树木分布图

一、研究方法

从木样上取1厘米见方的小块样品，放入水中煮沸，使其软化。用刀片将小木块修

---

*本文为2012年度国家社会科学基金重大项目《金沙遗址祭祀区考古发掘报告》（批准号：12&ZD192）的阶段性研究成果。

成0.5厘米×0.5厘米×0.5厘米左右的正方体，在冷冻切片机上，按照横、径、弦三个方向分别切出厚度15～25微米的切片。再经染色、脱水、封片等步骤，制成永久光学切片。在光学显微镜下观察木材的构造特征并与《中国木材志》[3]等相关专业书籍的描述及现代树种的显微照片相互比对，进行识别和鉴定。

二、鉴定结果

通过观察和鉴定，ⅠT7015、ⅠT7016、ⅠT7115、ⅠT7116第17层下3个树根样品和11号祭祀遗迹4个样品都为大戟科（Euphorbiaceae），秋枫属或重阳木属，秋枫（*Bischofia javanica*）。

秋枫木材显微构造如下：

生长轮不明显；散孔材；宽度不均匀；管孔略少，中等大小；大小略一致，分布略均匀；通常径列；导管横切面为卵圆及椭圆；径列复管孔（通常2～4个），单管孔较少，偶见管孔团。侵填体及树胶偶见。轴向薄壁组织缺如或偶见导管旁（图三、图四）。小导管螺纹加厚未见。木纤维壁薄，常含树胶，分隔木纤维常见。射线组织异形Ⅱ型及Ⅰ型，射线细胞多含树胶，菱形晶体常见，端壁节状加厚及水平壁纹孔多而明

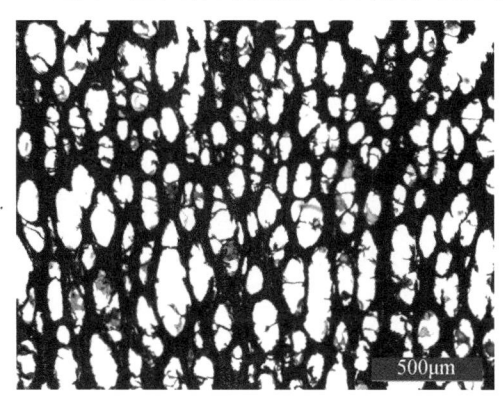

图三　秋枫横切面（古树根遗迹）

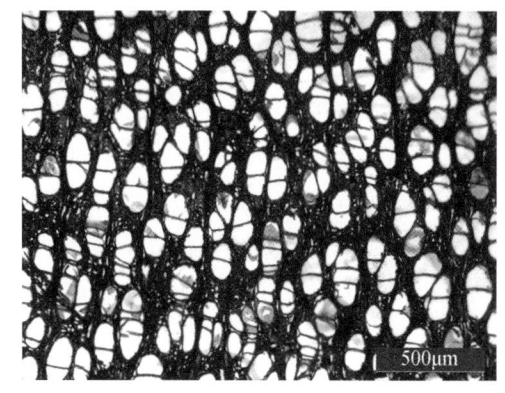

图四　秋枫横切面（11号祭祀遗迹附近树木）

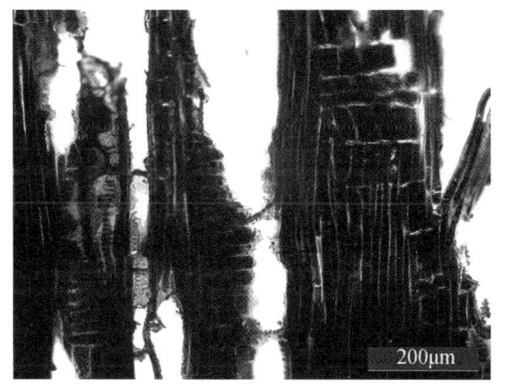

图五　秋枫径切面（古树根遗迹）

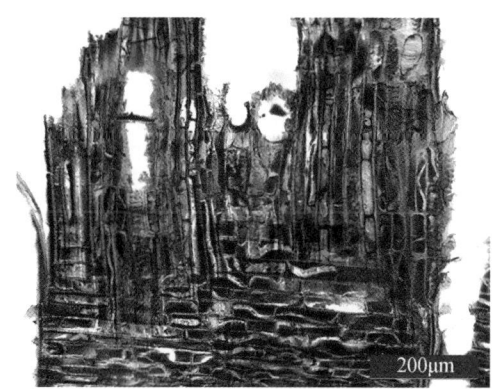

图六　秋枫径切面（11号祭祀遗迹附近树木）

显，射线导管间纹孔式为横列刻痕状，胞间道缺如（图五、图六）。木射线非叠生；单列射线较少，高4~12细胞。多列射线宽2~5细胞，高多数20~45细胞，同一射线内常出现2~3次多列部分（图七、图八）。

图七　秋枫弦切面（古树根遗迹）

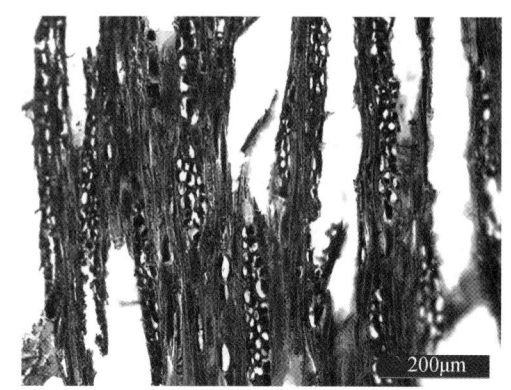

图八　秋枫弦切面（11号祭祀遗迹附近树木）

大戟科秋枫属或重阳木属（*Bischofia*）植物共有两种，即重阳木（*B.polycarpa*）和秋枫（*B.javanica*）。秋枫为常绿或半常绿大乔木，高达40米，胸径2.3米，树干圆满通直，为常绿或半常绿大乔木，树高2~3米。重阳木为落叶乔木，高达15米，胸径50厘米（稀达1米）。在木材特征方面，秋枫比重阳木管孔大，生长轮略明显或不明显（重阳木明显），树根应该属于秋枫属的秋枫。

秋枫生长快，树姿优美，绿荫如盖，叶色随季相变化（早春鲜绿光亮，入秋叶色转红，艳丽悦目），是著名的秋天色叶树种，为优良的行道树、庭荫树和堤岸树，近年来也成为林业"绿色屏障"森林生态景观林建设的优良树种，既可单独栽植成景，也可与其他树种混交，彼此衬托掩映，增加景观效果。

三、秋枫树说明的古环境问题

根据测年数据和文化面貌，报告整理者将"祭祀区"文化堆积分为六期，第一期年代距今4000~3900年，该期遗存属于宝墩文化时期的堆积。二期年代距今3600~3400年，从该期开始出现祭祀遗存和遗物。树根树轮校正年代是2030BC~1880BC[4]，11号祭祀遗迹附近古树测年结果是1941BC~1620BC[5]。参考文化分期，可知树根属于第一期遗迹，11号祭祀遗迹附近古树堆积形成于一期和二期之间。

金沙遗址祭祀区位于古河道西岸边。报告整理者通过对发掘区西南部古河堤的复原，发现古河道由最早河堤线至汉代以前的河堤线呈自西北向东南摆动的趋势。该区域自然地形西高东低，且河道自西北向东南改道，造成文化堆积随地势呈西高东低的斜坡状。根据高密度电阻率法测定，最早河堤线西北段有小的弯曲现象，东南段有明显的转弯现象，呈西北—南东—北东走向[6]。祭祀区位于古河凹岸弯曲的位置，可能是一个回水漫滩。贾天骄等对金沙遗址"祭祀区"ⅠT8007剖面古河道土壤进行了粒度、Zr/Rb和Ba/Nb比率分析，认为距今4000～3600年该地域经常有突发性洪水事件[7]。宝墩文化时期堆积和树根遗迹位于发掘区西北部，即古河道最早河堤线东侧（图九）。宝墩文化层和古树根均埋藏于淤泥中，埋藏环境属于静水或缓慢流水环境。结合地形、地貌、气候环境和埋藏特点推测，宝墩文化时期的遗存可能系被洪水冲至回水漫滩处，淤积而成

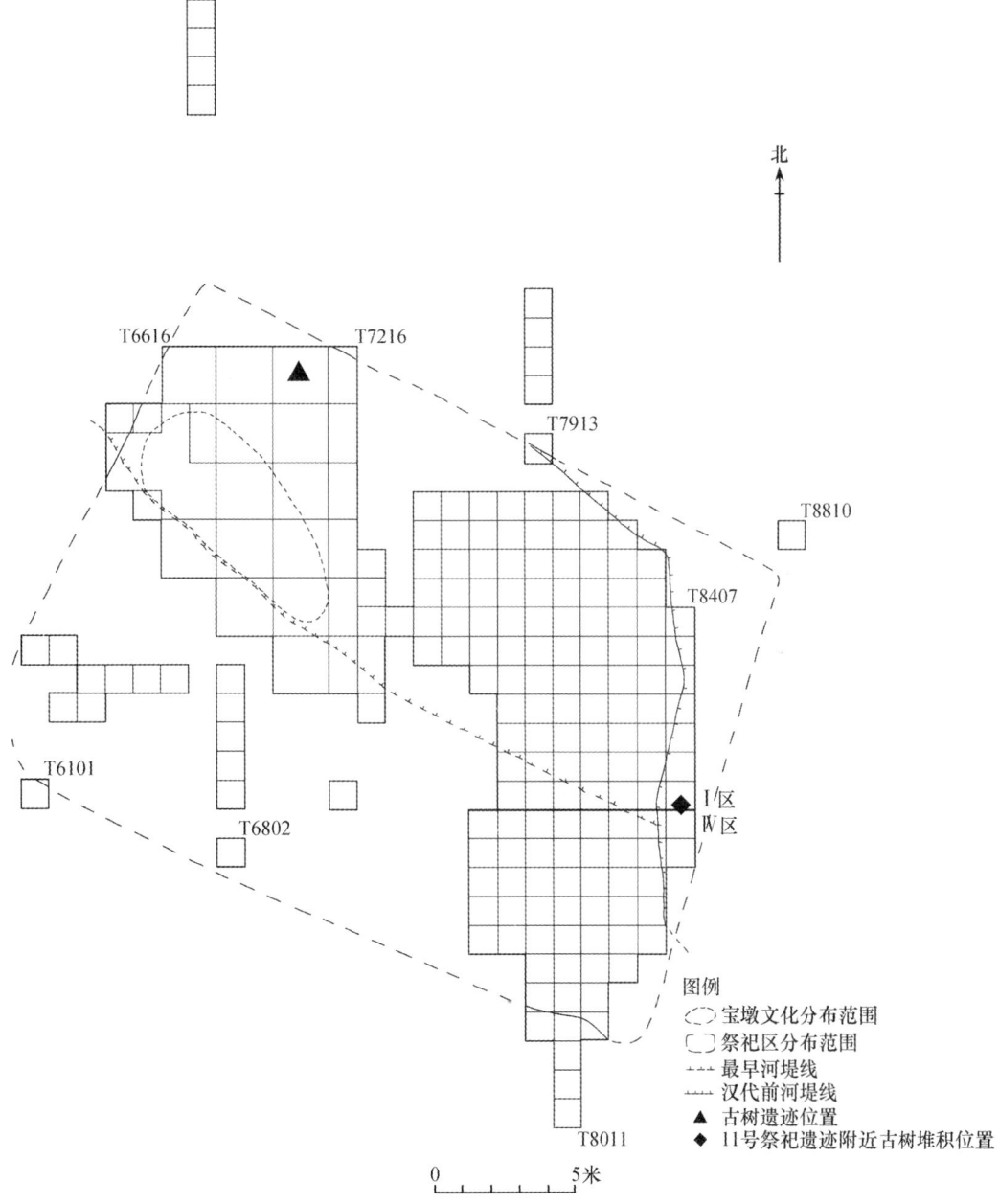

图九　古树根遗迹和11号祭祀遗迹附近古树堆积位置图

的次生堆积。如果树根属于原地生长，则可以推测距今约3900年，发掘区西北部并非完全的水环境，局部地势较高的地方可以生长喜水湿的树木。11号祭祀遗迹附近古树位于汉代以前河堤线东侧河床内，同方向倒在河道淤沙中。根据环境和埋藏特点，我们推测其可能为河流上游树木被洪水冲至11号祭祀遗迹附近，淤积在河道里。

秋枫在我国主要产于陕西、江苏、安徽、浙江、福建、台湾、广东、四川、云南等省区，常生于海拔800米以下山地潮湿沟谷林中或平原栽培，尤以河边堤岸或行道树为多。幼树稍耐荫，喜水湿，为热带和亚热带常绿季雨林中的主要树种。在土层深厚、湿润肥沃的砂质壤土中生长良好[8]。2009年7月，息县文物普查队在城郊徐庄村淮河西岸河床下发现了一艘独木舟，经鉴定也为秋枫。该独木舟通长9.28、宽0.78、高0.6米。舟体两头略窄，呈方形，其中一头有一方孔，长0.13、宽0.1米，由一个整体圆木加工而成，保存较为完整。随后，在该处发现有大片森林木桩，这些木桩经鉴定，也有秋枫。独木舟上的两个木材样本经北京大学加速器质谱碳十四测试，该独木舟为3185±40BP或3170±35BP，树轮校正后的年代为1500BC或1495BC；根据夏商周断代工程的研究，公元前15世纪，即商代早期，其时代与11号祭祀遗迹附近古树堆积接近。

结合环境背景和秋枫树的生长习性推测，祭祀区古河道附近曾生长有秋枫树。罗丽萍等在金沙遗址ⅠT6814采集的孢粉样品结果显示，距今3800～3600年，与11号祭祀遗迹附近秋枫年代相近的时期内，孢粉含量丰富，木本植物主要有松属、铁杉属、青冈属、栎属、栲属、榆属、桦属等常绿和落叶树种，并伴有较多常绿或落叶灌木。植被组合属于亚热带常绿阔叶林植被类型[9]。孢粉鉴定结果中常见树种并不包括秋枫树。目前我们仅对金沙遗址博物馆现场馆内展示树木进行了树种鉴定，鉴定数量过少，统计意义不大。接下来的工作中，我们将逐渐展开金沙遗址祭祀区浮选出土木材的鉴定工作，实现与孢粉结果的对比研究。

执笔：王树芝　闫　雪　姜　铭
　　　周志清　张　擎　王占魁

注　释

[1] 成都文物考古研究院、成都金沙遗址博物馆：《金沙遗址祭祀区考古发掘报告》，文物出版社，待出版。

[2] 施劲松：《金沙遗址祭祀区出土遗物研究》，《考古学报》2011年第2期。

[3] 成俊卿、杨家驹、刘鹏：《中国木材志》，中国林业出版社，1992年。

[4] 北京大学加速器质谱实验室、第四纪年代测定实验室关于金沙遗址古树的加速器质谱（AMS）碳十四测试报告：

实验室编号	样品	样品原来编号	碳十四年代（BP）	树轮校正年代	
				1σ（68.2%）	2σ（95.4%）
BA131424	木	树根标本：1	3600±20	2010BC（9.7%）1995BC 1980BC（58.5%）1920BC	2030BC（95.4%）1890BC
BA131425	木	树根标本：2	3590±20	1975BC（68.2%）1900BC	2020BC（11.2%）1990BC 1980BC（84.2%）1880BC

注：所用碳十四半衰期为5568年，BP为距1950年的年代。数轮校正所用曲线为IntCal04(1)，所用程序为OxCal v3.10(2)

[5] 朱诚、郑朝贵、吴立等：《长江流域新石器时代以来环境考古》，科学出版社，2015年，第91页。

[6] 杨利容：《高密度电阻率法在考古探测中的应用研究》，成都理工大学硕士论文，2005年。

[7] Tianjiao Jia, Chunmei Ma, Cheng Zhu et al., Depositional evidence of palaeofloods during 4.0-3.6ka BP at the Jinsha site, Chengdu Plain, China, *Quaternary International*, Vol.440, 2017, pp.78-89.

[8] 中国科学院中国植物志编辑委员会：《中国植物志》（第四十四卷第一分册），科学出版社，2013年，第187页。

[9] 罗丽萍、朱利东、向芳等：《成都平原4000a BP以来的孢粉记录与环境变化》，《古生物学报》2008年第2期，第47卷。

成都金河路古遗址发掘报告

成都文物考古研究院

遗址位于成都金河路59号,占地总面积约4000平方米,北为蜀都大道金河路,南为横小南街,西邻胜西小学,东邻成都工会办公楼,地理坐标为东经104°05′43.8″、北纬30°66′05.4″,海拔501米(图一)。2007年8～11月,为配合成都美邦房地产开发公司"时代广场"基本建设,对地块进行了考古勘探和发掘工作。2007年8月进行考古勘探工作,对区域内进行了散点式布方,共布5米×5米探方5个,发现区域内有较好的唐、宋时期遗存,西南部有较好的春秋战国时期遗存。2007年9～11月,进行田野发掘工作,按正南北向布5米×5米的探方共31个,其中西南部布探方29个,东北角和西北角各布探方1个,发掘揭露面积共775平方米。遗址代码为"2007CJM",发掘区按象限划分为四个区域,此次发掘为东北、东南两区。发掘区内遗存的主体为春秋战国及唐、宋时

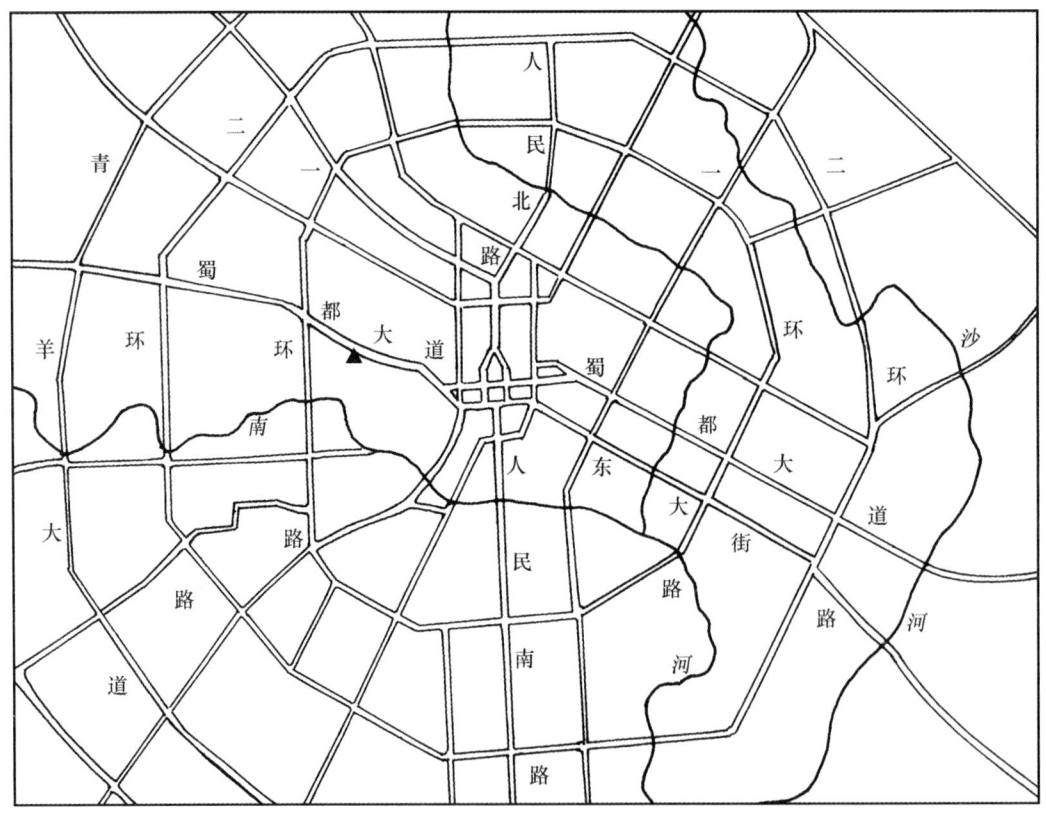

图一 遗址地理位置示意图

期两个阶段。春秋战国遗存主要分布于发掘区的西南部，向北向东渐消失，多为河道冲积而成的次生堆积，发掘出土了丰富的陶器及动物骨骼。唐、宋时期地层较厚，分布平均，发掘出土了丰富的瓷器、陶器，遗迹现象发现有砖砌水井、水塘及灰坑等，还有零星的活动面、踩踏层（图二）。现将本次发掘的情况简报如下。

一、地层堆积

该区域地层经过统一划分，根据土质、土色及包含物的差异，可分为8层。地层堆积以TN1E3和TN2E3的西壁为例说明如下（图三）：

第1层：灰黑色土，结构致密。厚0.8~1.2米。包含大量现代建筑的废弃物和生活垃圾，以及青花瓷片、碎砖、碎瓦等残片，为近现代地层堆积。该层在发掘区内均匀分布。G1叠压于该层下，打破第2层。

第2层：浅灰色土，结构较致密。距地表深0.8~1.2、厚0.1~0.35米。包含青花瓷片、碎砖、碎瓦等残片，以及少量唐、宋时期瓷片和汉代砖、瓦和陶片，为明、清时期地层堆积。该层在发掘区内均匀分布。J1、J2、J4、H1、H4叠压于该层下。

第3层：黄灰色土，结构较疏松。距地表深0.9~1.55、厚0.15~0.55米。包含唐、宋时期瓷片，器形有碗、盘、罐、盆、壶、钵、盒、盏、灯等各类生活用具，还出土了较多的玩耍器具如弹珠、小动物、小玩偶等，瓷器釉色以青黄釉、米黄釉、青釉、酱釉等为主，本地琉璃厂窑和邛窑产品为主，少量的白瓷、影青瓷等外来产品，还包含有少量汉代砖、瓦和陶片，为五代、两宋时期堆积。该层在发掘区内均匀分布。ST1、J3叠压于该层下。

第4层：浅黄色土，结构较疏松，含少量细沙。距地表深1.05~2.1、厚0.1~0.55米。包含少量汉代砖、瓦和陶片，陶质多为泥质，少量夹砂，器形有碗、罐、盆、器盖

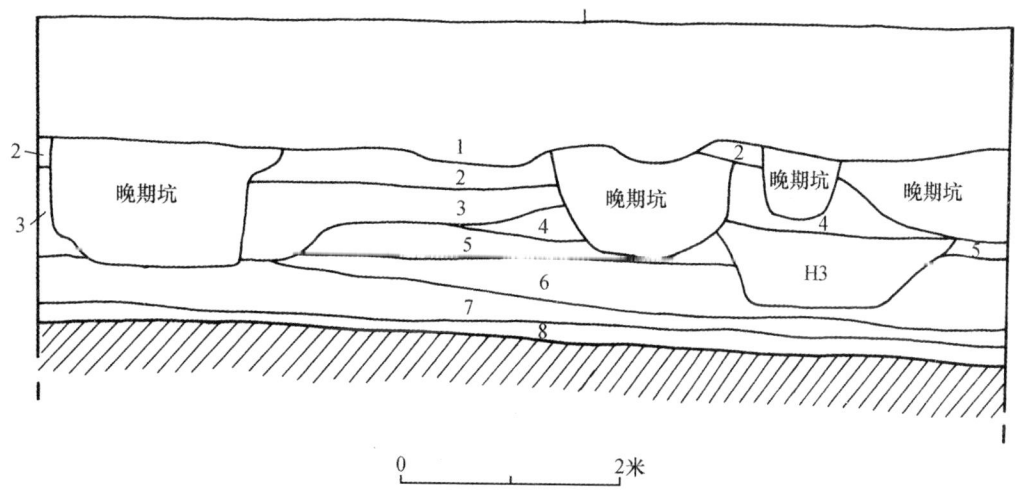

图三　TN1E3、TN2E3西壁剖面图

等生活用器，为唐末、五代时期堆积。该层在发掘区内均匀分布，但破坏严重。H2、H3叠压于该层下。

第5层：黄灰色土，结构疏松，含少量细沙。距地表深1.15~2.3、厚0~0.5米。包含少量夹砂陶和泥质陶片，器形有釜、罐、器盖、尖底盏等，为战国时期堆积。该层在发掘区内西南部有较好堆积，向东北方向渐薄。

第6层：黄沙，结构疏松。距地表深1.15~2.8、厚0~0.6米。包含较多陶片和动物骨骼，陶片以夹砂陶为主，少量泥质陶，器形有高柄豆、高领罐、小平底罐、尖底杯、尖底盏、龟甲卜骨等，为春秋时期堆积。该层在发掘区内西南部堆积较好，向东北方向渐薄并消失，非原生堆积，为冲积层。

第7层：红烧土颗粒，结构较疏松。距地表深1.15~3.4、厚0~0.4米。包含较多陶片，陶片以夹砂陶为主，少量泥质陶，器形有高柄豆、高领罐、小平底罐、尖底杯、尖底盏等，为春秋时期堆积。该层在发掘区内只在西南局部几个方内有堆积，由西南向东北方向呈倾倒状。

第8层：沙夹卵石，结构较疏松。距地表深1.15~3.8、厚0~0.25米。包含较多陶片和动物骨骼，陶片以夹砂陶为主，少量泥质陶，器形有高柄豆、高领罐、尖底器、圈足器、纺轮等，为春秋时期堆积。

第8层以下为沙夹卵石生土。

二、春秋战国时期文化遗存

春秋、战国时期堆积为遗址的第5~8层及同时期灰坑2个，堆积位于发掘区的西南部。

（一）遗　　迹

发现的遗迹有灰坑2个，均开口于第4层下，打破第5、6层。平面形状分为椭圆形和长方形两种。

H2　位于TN2E2中南部，北部被晚期水沟G2打破。平面呈椭圆形，弧壁，平底。坑口距地表深1.4米，坑口直径东西约1.65、南北约1.42米，深0.6米（图四）。坑内填灰褐色土，土质较疏松，夹杂有较多灰烬和红烧土颗粒。填土内包含碎砖、碎瓦、碎陶片及少量动物骨骼，陶器可辨器形有尖底盏、绳纹罐、广肩罐、敛口罐、器盖、尖底盏等。

H3　位于TN2E3西部，部分延伸至TN2E2东隔梁下。平面呈长方形，直壁，平底。坑口距地表深1.65米，坑口南北长约2.05、东西残宽约1.9米，深0.64米（图五）。坑内填黄褐色土，土质较疏松，夹杂有少量灰烬和红烧土颗粒。填土内包含较多陶片及少量动物骨骼，陶器可辨器形有绳纹罐、广肩罐、敛口罐、尖底盏、瓮、器盖、尊形器等。

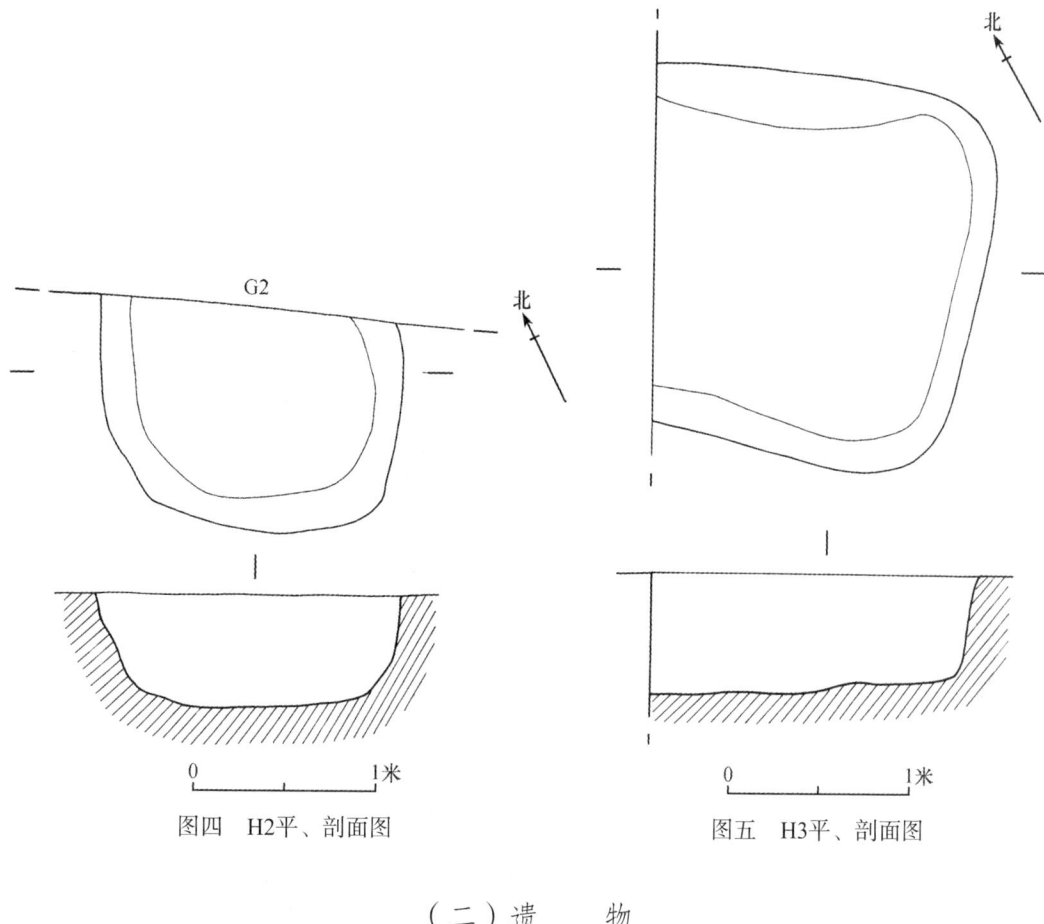

图四　H2平、剖面图　　　　图五　H3平、剖面图

（二）遗　　物

出土器物分为陶器、骨器、石器等。

（1）陶器

出土陶器、陶片主要为夹砂陶，泥质陶很少。夹砂陶中以灰褐陶为最多，其次为黑褐陶，有少量的红褐陶、灰陶、橙黄陶等。泥质陶中以黑皮陶为主，其次为灰褐陶和橙黄陶，有少量的灰陶。由于陶器火候不均，致使器表颜色不一，多为褐色、灰褐色。器物表面以素面为主，纹饰有绳纹、凹弦纹、凸弦纹、网格纹、划纹等。制法多采用了快轮制作，也有少量泥条盘筑后再快轮修整。根据修复器物以及陶片的口部、腹部、底部等综合分析判断，陶器器形有罐、尖底杯、尊形器、盆、钵、釜、瓮、簋形器、器盖、网坠、纺轮等。

罐　1637件。依据器物的整体特征，分为八型。

A型　1027件。敛口罐。均残存口部，敛口，圆肩。依据颈部、肩部的不同，分为三亚型。

Aa型　937件。广肩。依据颈部的变化，分为二式。

Ⅰ式：352件。肩以上平直，无颈。TN2E2⑦：186，夹砂褐陶，器表呈灰褐色。

方唇。口径27、肩径33.6、残高3.6厘米（图六，3）。TN2E1⑦：183，夹砂褐陶，器表呈灰色。圆唇外翻。口径26、肩径39、残高7.2厘米（图六，7）。TN2E2⑦：194，夹砂褐陶，器表呈灰褐色。圆唇略外翻。口径22.5、肩径33、残高5.4厘米（图六，2）。H3：6，夹砂灰陶，器表呈灰褐色。尖唇。口径21、残高3厘米（图六，13）。TN2E3⑧：12，夹砂褐陶，器表呈灰褐色。方唇。口径27、残高3.6厘米（图六，5）。TN2E1⑤：24，夹砂褐陶，器表呈灰色。圆唇。口径22、肩径37、残高4.5厘米（图六，1）。

Ⅱ式：585件。沿下有短颈。TN1E1⑦：188，夹砂褐陶，器表呈灰褐色。圆唇外侈。口径25.5、残高3厘米（图六，4）。TS1E1⑦：207，夹砂灰陶，器表呈灰色。尖唇外侈。口径28.5、肩径35、残高3.6厘米（图六，6）。TN2E2⑧：102，夹砂褐陶。器表呈灰褐色。尖唇外翻。口径17.8、肩径20、残高3.2厘米（图六，8）。TS1E1⑧：101，夹砂褐陶，器表呈灰褐色。尖唇外翻。口径24、肩径29.8、残高4.1厘米（图六，9）。TN2E1⑦：101，夹砂褐陶，器表呈灰褐色。尖唇。口径19、肩径26、残高4.5厘米（图六，10）。TN1E3⑧：28，夹砂褐陶，器表呈灰色。方唇。口径19、肩径26.5、残高

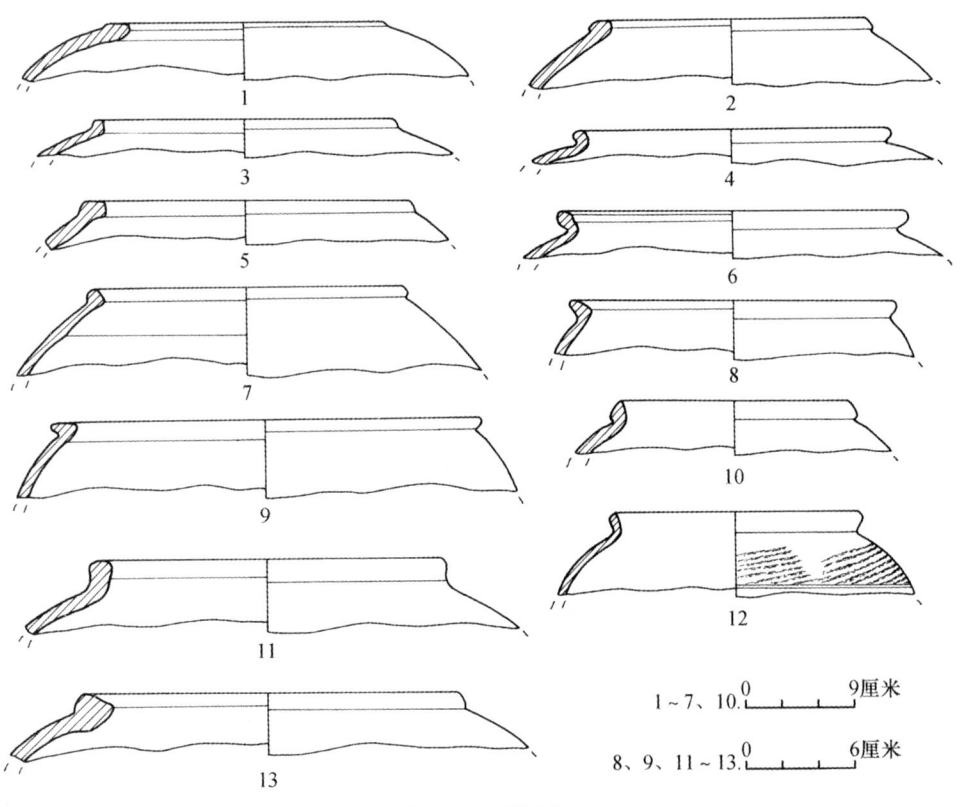

图六　Aa型陶罐

1~3、5、7、13. AaⅠ式（TN2E1⑤：24、TN2E2⑦：194、TN2E2⑦：186、TN2E3⑧：12、TN2E1⑦：183、H3：6）　4、6、8~12. AaⅡ式（TN1E1⑦：188、TS1E1⑦：207、TN2E2⑧：102、TS1E1⑧：101、TN2E1⑦：101、TN1E3⑧：28、TS1E1⑦：234）

4厘米（图六，11）。TS1E1⑦：234，夹砂褐陶，器表呈灰色。尖唇。肩部饰一周凹弦纹和斜向细绳纹。口径13.4、肩径19、残高4.5厘米（图六，12）。TN2E1⑧：7，夹砂灰陶，器表呈灰色。方唇。口径14、肩径18.2、残高3厘米（图七，1）。TN1E1⑦：32，夹砂褐陶，器表呈灰褐色。尖唇。肩部饰重菱纹。口径34.5、残高6.4厘米（图七，11）。 TN2E1⑧：69，夹砂褐陶，器表呈灰褐色。圆唇。口部和肩部饰横向细绳纹。口径40、肩径44.5、残高7.2厘米（图七，6）。TN1E1⑥：47，夹砂灰褐陶，器表呈灰褐色。尖唇。口径26、残高6厘米（图七，9）。TN1E1⑥：24，夹砂灰褐陶，器表呈灰褐色。方唇。肩部饰一周波浪纹。口径18、残高5.4厘米（图七，12）。TS1E1⑦：212，夹砂褐陶，器表呈灰褐色。圆唇。口径18、残高3厘米（图七，8）。

Ab型　29件。溜肩。TN2E3⑧：44，夹砂灰褐陶，器表呈灰褐色。侈沿，圆唇。

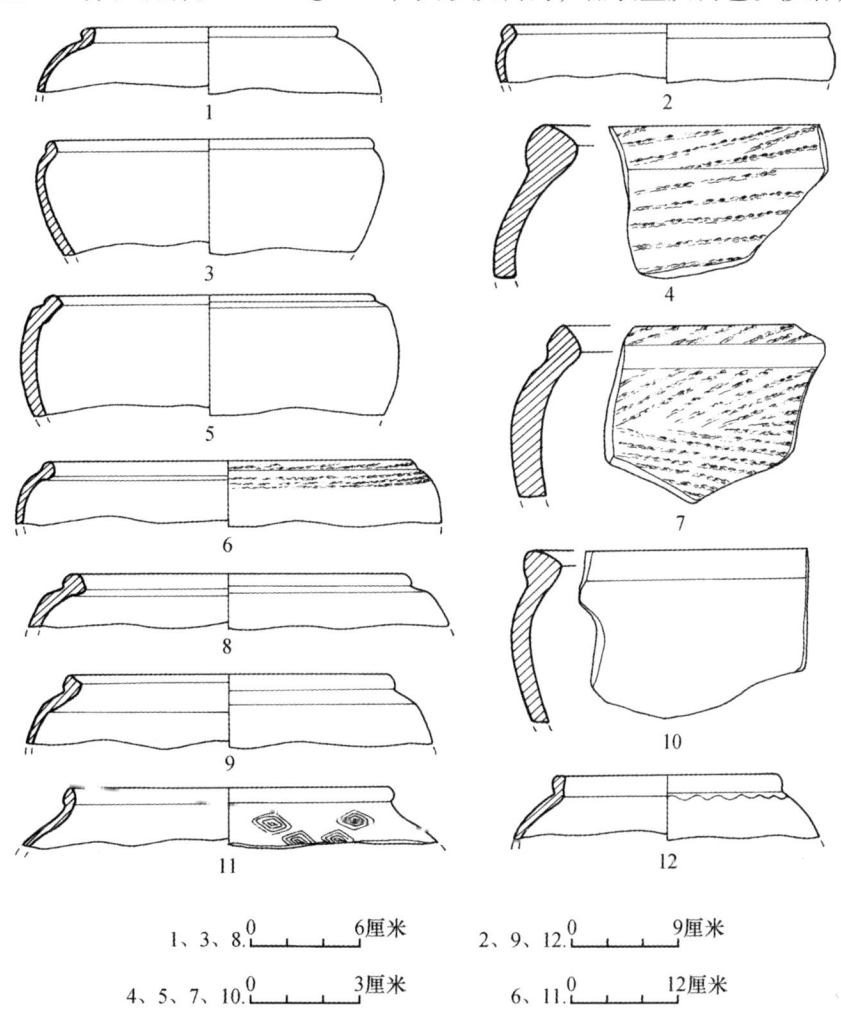

图七　A型陶罐

1、6、8、9、11、12. AaⅡ式（TN2E1⑧：7、TN2E1⑧：69、TS1E1⑦：212、TN1E1⑥：47、TN1E1⑦：32、TN1E1⑥：24）　2～5、7、10. Ac型（TN2E1⑦：221、TN1E2⑦：229、TN1E2⑦：275、TN2E2⑦：230、TN2E3⑧：75、TN2E2⑤：27）

口径21.5、残高6厘米（图八，8）。TN2E2⑦：55，夹砂灰陶，器表呈灰褐色。圆唇略尖。口径10.2、残高8.1厘米（图八，9）。TN2E1⑤：14，夹砂灰褐陶，器表呈灰色。尖唇外翻。口径24、残高5.2厘米（图八，10）。TN2E1⑧：46，夹砂灰褐陶，器表呈灰褐色。侈沿，圆唇。口径13.6、残高4厘米（图八，11）。

Ac型　61件。鼓肩。TN2E1⑦：221，夹砂灰褐陶，器表呈灰色。圆唇。口径25.8、肩径27.6、残高4.6厘米（图七，2）。TN1E2⑦：229，夹砂灰褐陶，器表呈灰褐色。圆唇。口径17.6、肩径19、残高6厘米（图七，3）。TN1E2⑦：275，夹砂灰陶，器表呈灰褐色。圆唇。口部和肩部饰横向细绳纹。残高4.1厘米（图七，4）。TN2E2⑦：230，泥质灰陶，器表呈灰褐色。圆唇略方。口径8.7、肩径10.4、残高3.4厘米（图七，5）。TN2E3⑧：75，夹砂灰陶，器表呈褐色。圆唇略尖。口部饰斜向细绳纹，肩部及以下饰斜向细绳纹。残高4.8厘米（图七，7）。TN2E2⑤：27，泥质灰陶，器表呈灰色。圆唇。残高4.5厘米（图七，10）。

B型　62件。广肩罐。均残存口部。TN2E3⑦：38，夹砂灰褐陶，器表呈灰色。敞口，圆唇，长颈。肩部饰横向细绳纹。口径13.6、残高8.2厘米（图八，1）。

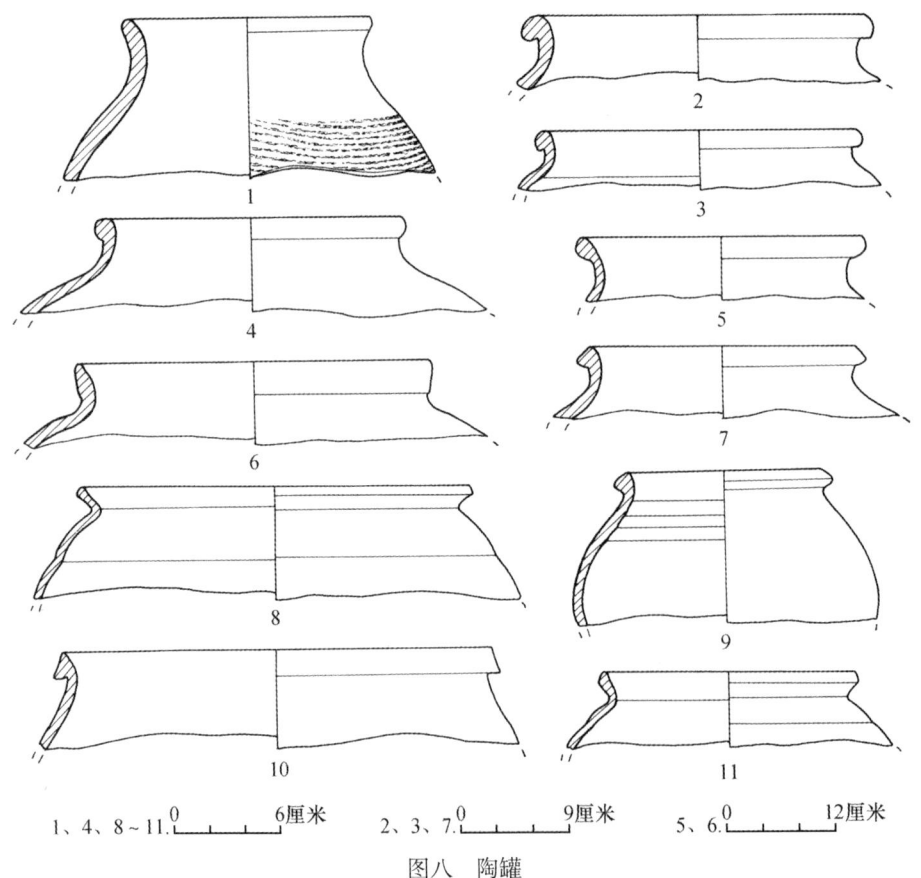

图八　陶罐

1~7. B型（TN2E3⑦：38、TN1E1⑥：5、TN2E2⑧：220、TN2E1⑤：12、TN2E1⑦：3、H3：2、TN2E2⑦：87）　8~11. Ab型（TN2E3⑧：44、TN2E2⑦：55、TN2E1⑤：14、TN2E1⑧：46）

TN1E1⑥：5，泥质灰陶，器表呈灰色。敛口，外翻沿，圆唇，短颈。口径27、残高5.2厘米（图八，2）。TN2E2⑧：220，夹砂褐陶，器表呈灰色。敛口，外翻沿，圆唇，短颈。口径25.8、残高4.8厘米（图八，3）。TN2E1⑤：12，夹砂褐陶，器表呈灰色。敛口，外翻沿，圆唇，长颈。口径16、残高5.4厘米（图八，4）。TN2E1⑦：3，夹砂褐陶，器表呈灰色。敞口，圆唇，长颈。口径30、残高10.5厘米（图八，5）。H3：2，夹砂褐陶，器表呈灰色。敞口，圆唇，短颈。口径38.5、残高8.8厘米（图八，6）。TN2E2⑦：87，夹砂褐陶，器表呈灰褐色。敛口，外翻沿，尖唇，短颈。口径21.5、残高6.1厘米（图八，7）。

C型　209件。喇叭口罐。大多残存口部，大喇叭口，长颈。TN2E1⑦：5，夹砂褐陶，器表呈灰色。圆唇外折，颈较短。口径23、残高10.8厘米（图九，1）。TN1E1⑦：44，夹砂黄褐陶，器表呈黄褐色。圆唇外折。口径21、残高10.5厘米（图九；2）。TN2E2⑥：111，夹砂褐陶，器表呈褐色。圆唇略尖、外折。口径19.2、残高

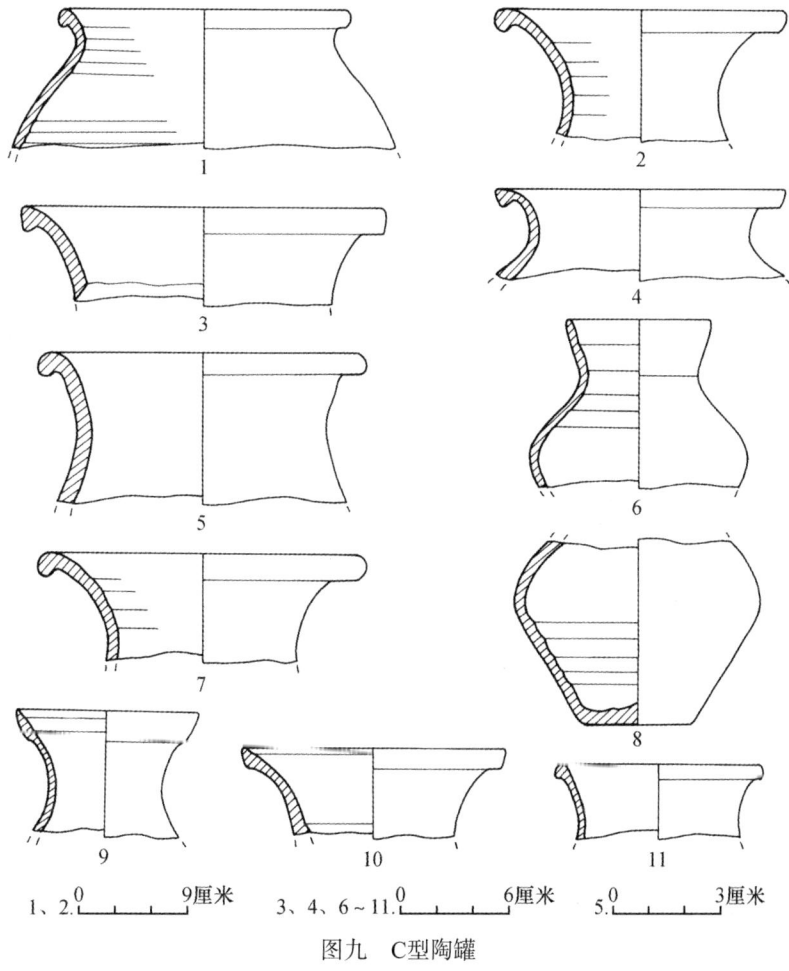

图九　C型陶罐
1. TN2E1⑦：5　2. TN1E1⑦：44　3. TN2E2⑥：111　4. TN2E1⑧：166　5. TN2E2⑧：132　6. TS2E1⑥：281
7. TS2E1⑦：55　8. TN2E1⑧：1　9. TN2E3⑦：162　10. TN2E3⑦：85　11. TN2E1⑤：39

5厘米（图九，3）。TN2E1⑧：166，夹砂灰陶，器表呈灰色。尖唇外折。口径15.5、残高4.8厘米（图九，4）。TN2E2⑧：132，夹砂灰陶，器表呈灰褐色。圆唇外折。口径8.3、残高4.1厘米（图九，5）。TS2E1⑥：281，泥质灰陶，器表呈灰色。尖唇，鼓腹。口径8、残高9厘米（图九，6）。TS2E1⑦：55，夹砂灰陶，器表呈灰色。圆唇外折。口径17、残高5.8厘米（图九，7）。TN2E1⑧：1，夹砂灰陶，器表呈灰色。残存腹、底部。鼓腹，平底。残高10厘米（图九，8）。TN2E3⑦：162，夹砂黄褐陶，器表呈黄褐色。尖唇外折。口径9.8、残高6.8厘米（图九，9）。TN2E3⑦：85，夹砂灰陶，器表呈灰色。尖唇上翘。口径14.4、残高4.7厘米（图九，10）。TN2E1⑤：39，夹砂灰陶，器表呈灰色。圆唇外折。口径11.2、残高4厘米（图九，11）。

D型　82件。绳纹罐。均残存口部。依据领部、肩部的不同，分为二亚型。

Da型　27件。侈口，圆唇，高领，圆肩。肩以下饰绳纹。TN2E1⑦：132，夹砂褐陶，器表呈灰色。圆唇外折略尖。口径18.2、残高8.1厘米（图一〇，4）。TN2E2⑦：36，夹砂灰褐陶，器表呈灰色。口径19.8、残高5厘米（图一〇，10）。TN2E2⑦：16，夹砂褐陶，器表呈灰褐色。口径27、残高7.4厘米（图一〇，12）。

Db型　55件。侈口，领部稍低，广肩。肩以下饰绳纹。H2：12，夹砂褐陶，器表呈灰色。尖唇外折。口径24.5、残高9.2厘米（图一〇，1）。H2：21，夹砂灰褐陶，器表呈灰色。束颈明显，尖唇外折。口径31.4、残高6.8厘米（图一〇，2）。H3：3，夹砂灰褐陶，器表呈灰色。尖唇外折。口径26.8、残高9.1厘米（图一〇，3）。H2：13，夹砂灰褐陶，器表呈灰色。尖唇外折。口径27、残高8.1厘米（图一〇，5）。H2：22，夹砂黄褐陶，器表呈灰褐色。尖唇外折。口径26.8、残高6.5厘米（图一〇，6）。TN2E1⑤：8，夹砂褐陶，器表呈灰色。方唇外折。口径29、残高7厘米（图一〇，7）。TN1E1⑧：88，夹砂灰褐陶，器表呈灰色。圆唇外翻。口径27、残高3.8厘米（图一〇，8）。TN2E2⑧：232，夹砂褐陶，器表呈灰褐色。圆唇外翻。口径25.8、残高6.5厘米（图一〇，9）。TN2E1⑦：15，夹砂褐陶，器表呈灰褐色。圆唇外翻。口径19.8、残高5.4厘米（图一〇，11）。TN2E1⑧：91，夹砂灰褐陶，器表呈灰色。圆唇外翻。口径28.8、残高8.7厘米（图一〇，13）。

E型　121件。高领罐。均残存口部。TN2E1⑦：60，夹砂橙黄陶，器表呈灰黄色。口略侈，圆唇外折。口径21.6、残高7.2厘米（图一一，2）。TN2E3⑦：72，夹砂褐陶，器表呈灰色。口略侈，圆唇。口径8.6、残高4.5厘米（图一一，3）。TN2E2⑦：47，夹砂褐陶，器表呈灰褐色。直口，尖唇。口径14.8、残高8.9厘米（图一一，4）。TN2E2⑦：64，夹砂灰褐陶，器表呈灰色。直口略侈，圆唇内折。口径12.7、残高6.8厘米（图一一，5）。TN2E3⑧：110，夹砂灰褐陶，器表呈灰色。直口略侈，圆唇外折。口径15、残高6.8厘米（图一一，6）。TN1E1⑧：115，夹砂橙黄陶，器表呈灰黄色。直口，方唇外侈。口径13.4、残高5.7厘米（图一一，8）。TS1E1⑧：120，夹砂橙黄陶，器表呈灰黄色。直口，圆唇外折。口径12.4、残高7厘米

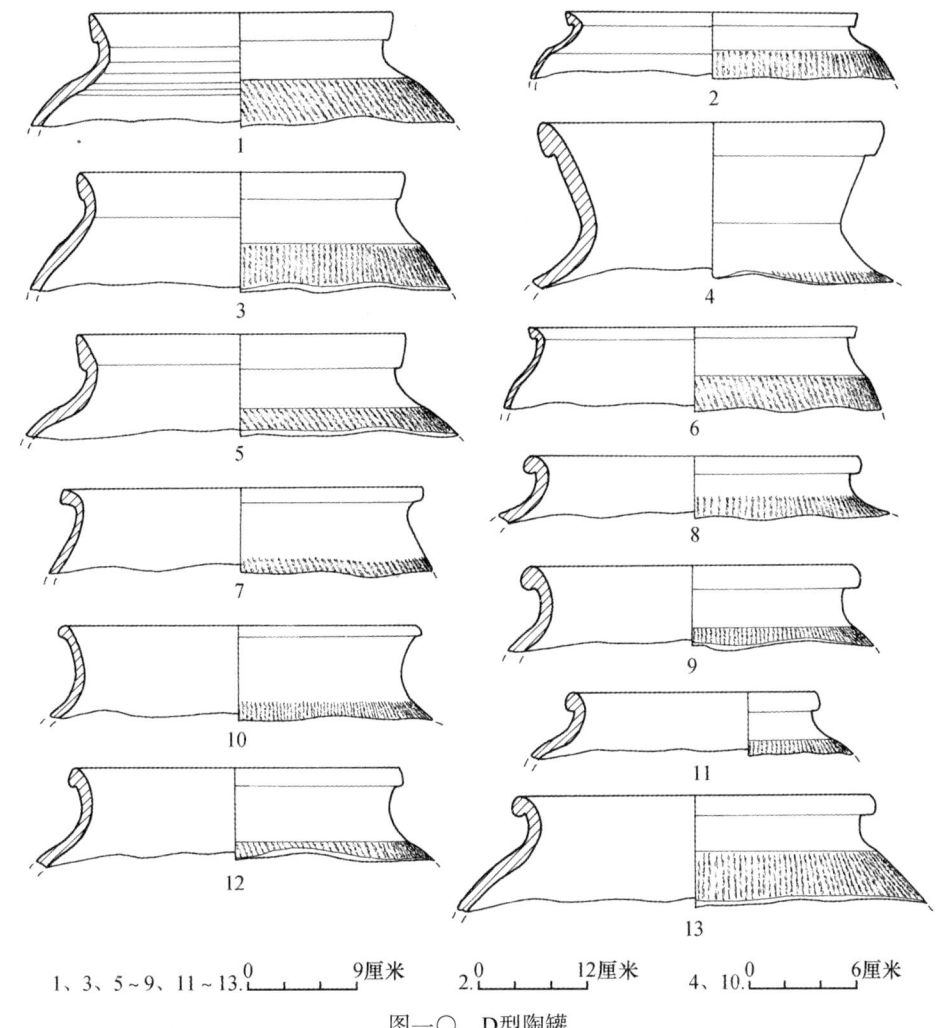

图一〇 D型陶罐

1~3、5~9、11、13. Db型（H2∶12、H2∶21、H3∶3、H2∶13、H2∶22、TN2E1⑤∶8、TN1E1⑧∶88、TN2E2⑧∶232、TN2E1⑦∶15、TN2E1⑧∶91） 4、10、12. Da型（TN2E1⑦∶132、TN2E2⑦∶36、TN2E2⑦∶16）

（图一一，10）。

F型 63件。小平底罐。残存口肩、底部。侈口，肩部外鼓，最大径位于肩部。素面。TN2E1⑧∶45，夹砂灰陶，器表呈灰色。残存口部，圆唇，溜肩。口径14.8、肩径18.4、残高5.2厘米（图一二，1）。TN1E2⑧∶143，夹砂灰陶，器表呈灰色。残存口部，圆唇，溜肩。口径12.5、残高4厘米（图一二，2）。TN1E2⑤∶76，夹砂灰褐陶，器表呈灰色。残存底部。底径1.2、残高3.8厘米（图一二，6）。TS1E1⑧∶258，夹砂灰陶，器表呈灰色。残存底部。底径1.7、残高3.2厘米（图一二，10）。

G型 71件。尖底罐。均残存底部。TN2E2⑧∶272，夹砂灰陶，器表呈灰色。下腹内收，底较圆。残高3厘米（图一二，3）。TN2E1⑤∶4，夹砂灰褐陶，器表呈灰

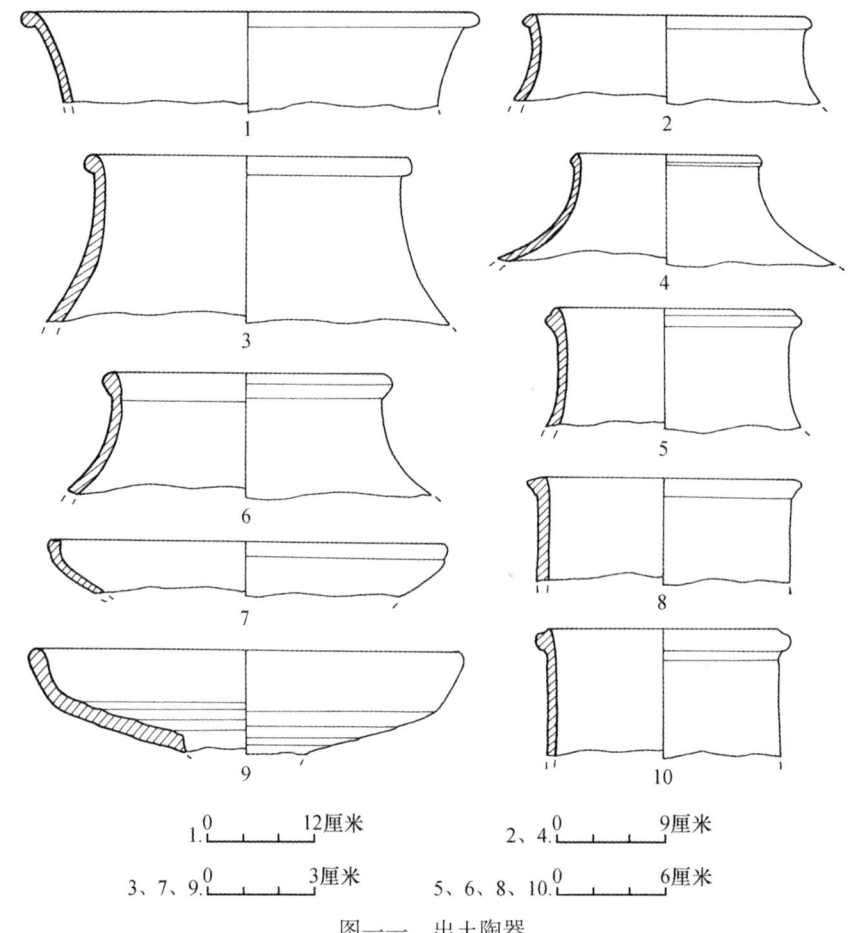

图一一　出土陶器

1.瓮（TN2E2⑧：238）　2～6、8、10.E型罐（TN2E1⑦：60、TN2E3⑦：72、TN2E2⑦：47、TN2E2⑦：64、TN2E3⑧：110、TN1E1⑧：115、TS1E1⑧：120）　7、9.A型豆盘（TN2E2⑦：299、TN2E1⑦：375）

色。鼓腹。残高5.8厘米（图一二，4）。TN2E2⑧：274，夹砂灰褐陶，器表呈黑色。下腹内收，底较平。残高2.5厘米（图一二，5）。TN1E1⑧：271，夹砂灰陶，器表呈灰色。下腹内收，底较圆。残高2.4厘米（图一二，7）。TN2E1⑧：259，夹砂灰褐陶，器表呈黑色。下腹内收，底较圆。残高3厘米（图一二，8）。TS1E1⑧：63，夹砂灰陶，器表呈灰色。下腹外弧，底较圆。残高3.5厘米（图一二，9）。

H型　2件。圈足罐。均残存身部。敛口，尖唇，短颈，广肩，细长直腹略内弧，最大腹径位于肩部。TN2E2⑥：277，夹砂灰陶，器表呈灰色。内壁有明显的泥条盘制痕。口径7.6、残高15厘米（图一三，9）。TN1E2⑥：154，夹砂灰陶，器表呈灰褐色。肩部附四个两两对称的乳钉，内壁有明显的泥条盘制痕。口径7.5、残高19.2厘米（图一三，10）。

盆　118件。均残存口部。依据口部、腹部的不同，分为三型。

A型　57件。陶质以夹砂褐陶为主，其次是夹砂灰陶和泥质灰陶，器表以灰色为

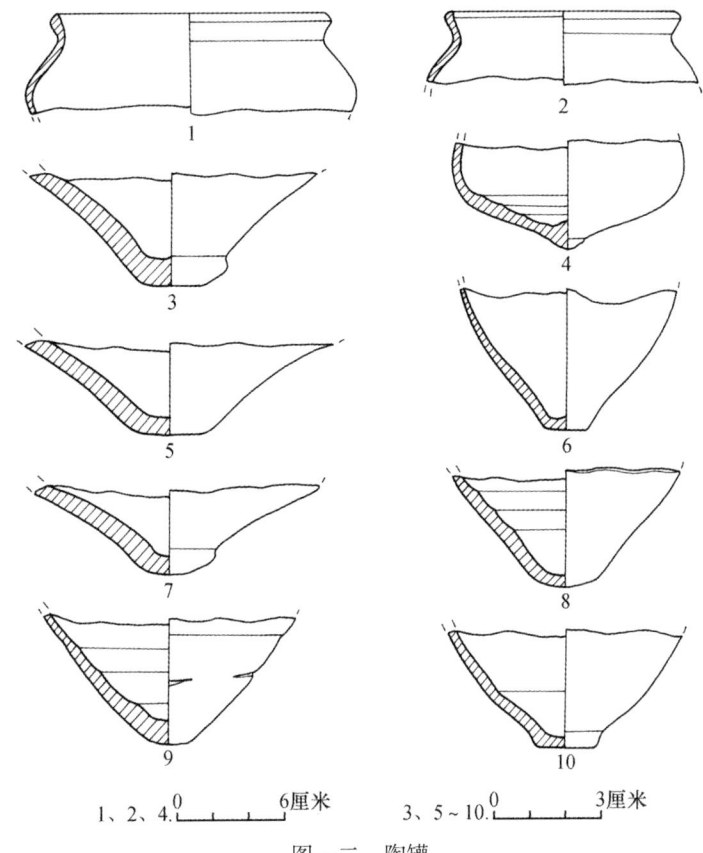

图一二 陶罐

1、2、6、10. F型（TN2E1⑧：45、TN1E2⑧：143、TN1E2⑤：76、TS1E1⑧：258） 3~5、7~9. G型（TN2E2⑧：272、TN2E1⑤：4、TN2E2⑧：274、TN1E1⑧：271、TN2E1⑧：259、TS1E1⑧：63）

主，其次是褐色。侈口，深直腹略斜。TN2E1⑦：106，夹砂灰陶，器表呈灰褐色。圆唇外翻。口径32、残高4.5厘米（图一四，1）。TN1E2⑦：49，夹砂褐陶，器表呈灰色。圆唇外翻。口径34、残高10.5厘米（图一四，2）。TN2E2⑦：114，夹砂灰陶，器表呈灰色。圆唇外翻。口径30、残高4.8厘米（图一四，4）。TS1N1⑦：112，夹砂褐陶，器表呈灰褐色。圆唇外翻。口径29、残高4厘米（图一四，6）。

B型　17件。陶质以夹砂褐陶为主，其次是夹砂灰陶，器表以灰色为主，其次是褐色。敛口，深直腹略斜。TN2E2⑧：245，夹砂灰陶，器表呈灰色。圆唇平折。口径30.5、残高4厘米（图一四，3）。TN2E2⑧：213，夹砂褐陶，器表呈灰色。圆唇，唇口内凹。口径39、残高5.6厘米（图一四，7）。TN1E1⑧：211，泥质灰陶，器表呈灰色。圆唇。口径42、残高5.2厘米（图一四，9）。TN2E2⑦：262，夹砂灰褐陶，器表呈灰色。圆唇，唇口内凹。口径46、残高6.8厘米（图一四，11）。

C型　44件。陶质以夹砂褐陶为主，其次是夹砂灰陶，器表以灰色为主，其次是褐色。敛口，鼓肩，斜腹。TN2E1⑦：296，夹砂褐陶，器表呈灰色。圆唇，唇口内凹。

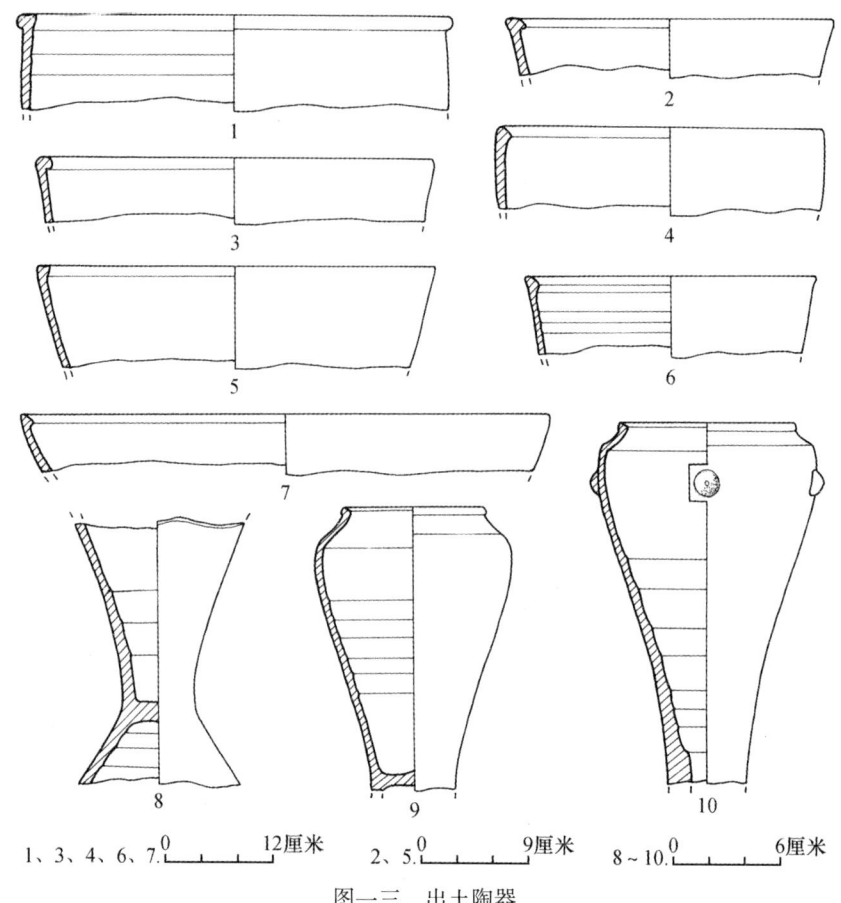

图一三 出土陶器

1~8.箅形器（TN2E1⑦：263、TN2E1⑧：188、TN2E1⑦：246、TN1N1⑦：257、TN1E1⑦：255、TN2E1⑤：17、TN2E1⑤：8、TN1E1⑥：189） 9、10.H型罐（TN2E2⑥：277、TN1E2⑥：154）

口径35、残高7.8厘米（图一四，13）。TN1E1⑧：22，夹砂褐陶，器表呈灰色。方唇。口径32.5、残高6厘米（图一四，14）。

钵 92件。均残存口部。陶质以泥质灰陶为主，其次是夹砂灰褐陶，器表以灰色为主。侈口，斜腹。TN1E1⑦：279，泥质灰陶，器表呈灰色。尖唇外翻。口径20.5、残高6厘米（图一四，5）。TN2E2⑦：93，泥质灰陶，器表呈灰色。口外撇，尖唇外翻。口径26、残高7.2厘米（图一四，8）。TN2E2⑧：248，夹砂灰褐陶，器表呈灰色。圆唇外翻。口径22.5、残高4.8厘米（图一四，10）。TS1E1⑦：70，泥质灰陶，器表呈灰色。圆唇平折。口径11.5、残高3.2厘米（图一四，12）。

釜 6件。TN2E1⑥：280，夹砂灰陶，器表呈灰褐色。口部残，领部较高，球形腹，圜底。腹部饰绳纹。最大腹径10.8、残高10.2厘米（图一五，4）。TN2E1⑥：279，夹砂灰陶，器表呈黑色。口部残，领部较高，球形腹，圜底。腹部饰绳纹。最大腹径18.6、残高16.4厘米（图一五，5）。TS1E1⑦：1，夹砂灰陶，器表呈

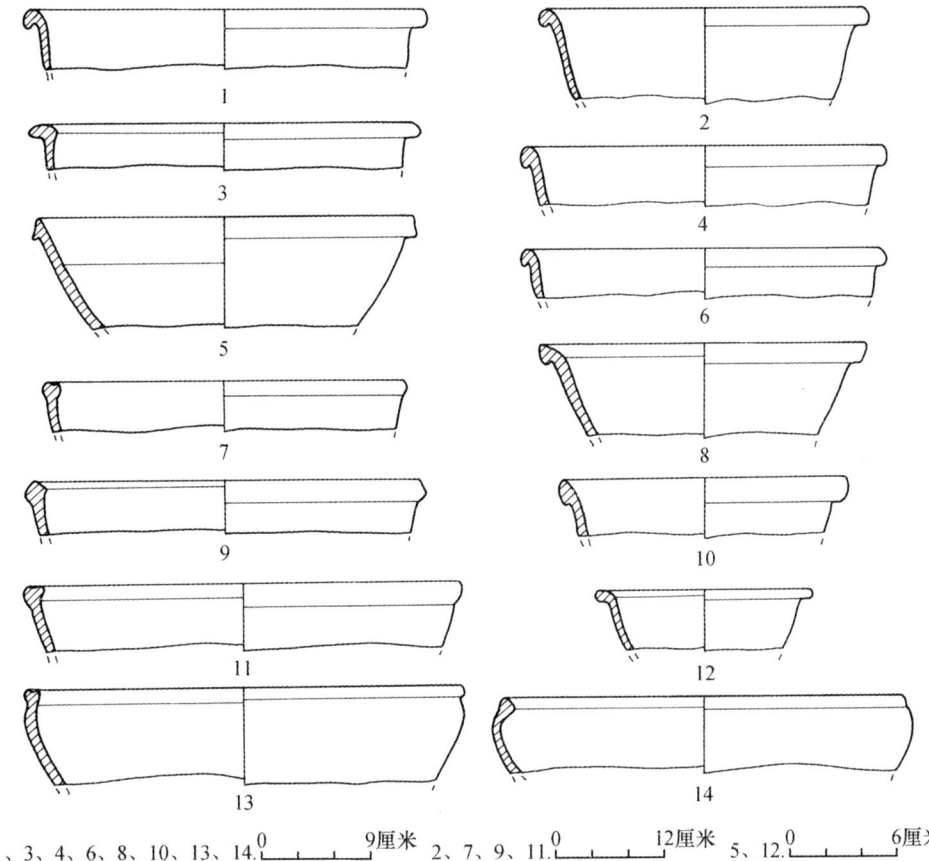

1、3、4、6、8、10、13、14. |—————| 9厘米　2、7、9、11. |—————| 12厘米　5、12. |———| 6厘米

图一四　陶盆、陶钵

1、2、4、6. A型盆（TN2E1⑦：106、TN1E2⑦：49、TN2E2⑦：114、TS1N1⑦：112）　3、7、9、11. B型盆（TN2E2⑧：245、TN2E2⑦：213、TN1E1⑧：211、TN2E2⑦：262）　5、8、10、12. 钵（TN1E1⑦：279、TN2E2⑦：93、TN2E2⑧：248、TS1E1⑦：70）　13、14. C型盆（TN2E1⑦：296、TN1E1⑧：22）

黑色。残存肩、腹部，高领，球形腹。腹部饰绳纹及乳钉纹。最大腹径31、残高18厘米（图一五，6）。TS1E1⑦：12，夹砂灰褐陶，器表呈黑色。残存肩、腹部，高领，球形腹。腹部饰绳纹。残高15厘米（图一五，8）。

簋形器　181件。均残存口部、腹部。直口，腹壁较深、较直。TN2E1⑦：263，夹砂灰褐陶，器表呈褐色。圆唇外撇。内壁有明显的泥条盘制痕。口径45、残高10厘米（图一三，1）。TN2E1⑧：188，夹砂褐陶，器表呈褐色。圆唇。口径27、残高4.8厘米（图一三，2）。TN2E1⑦：246，夹砂褐陶，器表呈黑色。圆唇内折。口径43、残高6.8厘米（图一三，3）。TN1E1⑦：257，夹砂褐陶，器表呈褐色。方唇。口径35、残高9.6厘米（图一三，4）。TN2E2⑦：255，夹砂灰褐陶，器表呈灰褐色。方唇，腹略斜。口径33、残高7.7厘米（图一三，5）。TN2E1⑤：17，夹砂褐陶，器表呈褐色。圆唇略尖。内壁有明显的泥条盘制痕。口径32、残高8.5厘米（图一三，6）。

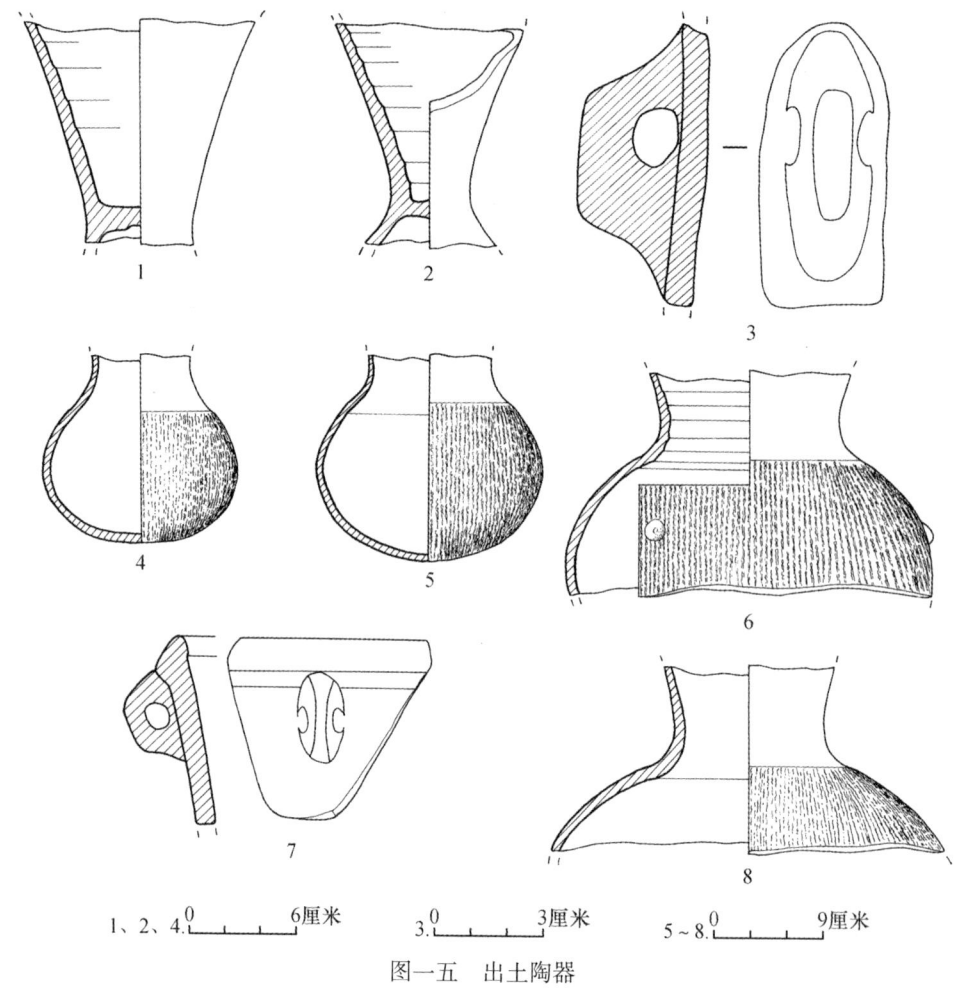

图一五　出土陶器

1、2.簋形器（TN2E1⑦：315、TN1E2⑥：90）　3、7.器耳（TN1E1⑥：239、TN1E1⑧：344）　4~6、8.釜（TN2E1⑥：280、TN2E1⑥：279、TS1E1⑦：1、TS1E1⑦：12）

TN2E1⑤：8，夹砂褐陶，器表呈褐色。方唇，壁略斜。口径57、残高6.5厘米（图一三，7）。TN1E1⑥：189，夹砂灰褐陶，器表呈褐色。腹片，腹壁较直深，略内弧。残高14厘米（图一三，8）。TN2E1⑦：315，夹砂灰褐陶，器表呈褐色。腹片，腹壁较直深。残高12.3厘米（图一五，1）。TN1E2⑥：90，夹砂灰褐陶，器表呈灰褐色。腹片，腹壁较直深。残高11.8厘米（图一五，2）。

尊形器　5件。均残存口部。喇叭形敞口，束颈，高领。TN2E2⑦：323，夹砂灰褐陶，器表呈灰褐色。口沿下有一道重沿。口径22.5、残高5厘米（图一六，3）。H3：20，夹砂褐陶，器表呈灰褐色。口沿略直。口径29、残高6.3厘米（图一六，7）。H3：21，夹砂褐陶，器表呈灰褐色。口沿下隐有一道重沿。口径20、残高6.2厘米（图一六，9）。TN1E2⑦：325，夹砂灰褐陶，器表呈灰色。口沿下隐有一道重沿。残高5.1厘米（图一六，12）。

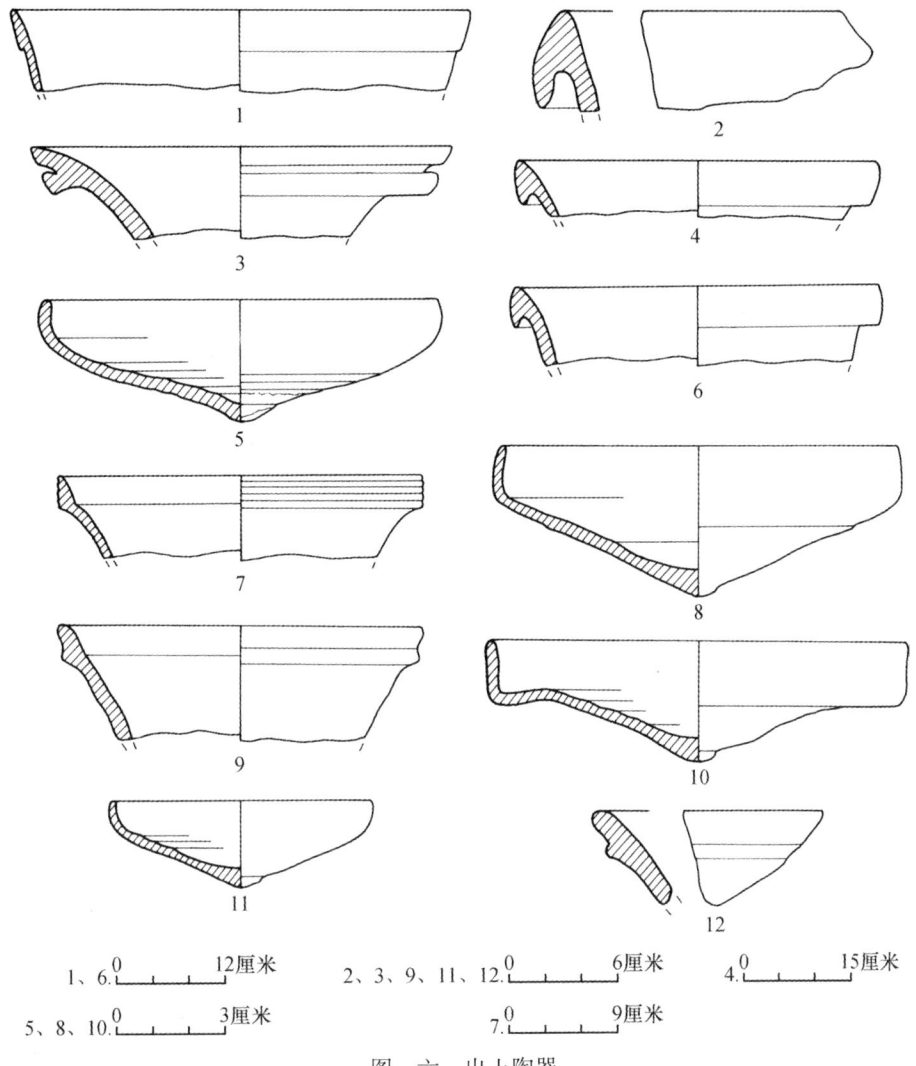

图一六　出土陶器

1、2、4、6.瓮（TN2E1⑦：131、H3：16、TN2E2⑦：147、TN1E1⑧：196）　3、7、9、12.尊形器
（TN2E2⑦：323、H3：20、H3：21、TN1E2⑦：325）　5、8、11.B型尖底盏（TN1E1⑦：342、H3：1、
TS1E1⑤：5）　10.A型尖底盏（H2：1）

瓮　185件。均残存口部，喇叭口。TN2E2⑧：238，夹砂灰褐陶，器表呈黑色。圆唇外折。口径48、残高10.2厘米（图一，1）。TN2E1⑦：131，夹砂灰褐陶，器表呈灰色。圆唇外折。口径50、残高8.5厘米（图一六，1）。H3：16，夹砂灰褐陶，器表呈灰色。翻沿，高领。残高5.2厘米（图一六，2）。TN2E2⑦：147，夹砂灰褐陶，器表呈灰褐色。翻沿，高领。口径49、残高7.5厘米（图一六，4）。TN1E1⑧：196，夹砂灰陶，器表呈灰色。翻沿，高领。口径39、残高8.1厘米（图一六，6）。

尖底盏　268件。均为泥条盘筑，慢轮修整。陶质以夹砂褐陶为主，其次是夹砂灰陶，器表以灰色为主，其次是褐色。依据口部、腹部的不同，分为二型。

A型　17件。直口微敞，腹浅呈盘形，上腹直，下腹斜直近平。H2:1，夹砂灰褐陶，器表呈灰色。口径11.5、高3.2厘米（图一六，10）。

B型　251件。敛口，圆肩，腹浅呈盘形，弧腹。TN1E1⑦:342，夹砂灰陶，器表呈灰色。口径10.7、高3.3厘米（图一六，5）。TS1E1⑤:5，夹砂灰陶，器表呈灰色。口径14、高4.7厘米（图一六，11）。H3:1，夹砂灰褐陶，器表呈灰色。上腹较直，圆折肩。口径10.8、高4厘米（图一六，8）。

尖底杯　117件。依据器物大小和外形特征，分为二型。

A型　7件。器形较小，多为泥质陶，均为手制，再慢轮修整，器壁较厚。器物外形似陀螺状，尖底。依据口部、腹部的变化，分为二式。

Ⅰ式：2件。口微侈，尖唇，颈部稍高，斜腹略弧，最大径在肩部。TN1E1⑦:379，泥质灰陶，器表呈黑色。口径4.5、肩径5.8、高5.6厘米（图一七，7）。

Ⅱ式：5件。直口微侈，圆唇略弧。TN2E1⑦:382，泥质灰陶，器表呈黑色。口径8、高4.9厘米（图一七，6）。

B型　110件。均残，小底或尖底。多为细泥灰陶，少量泥质褐陶，外均施黑色

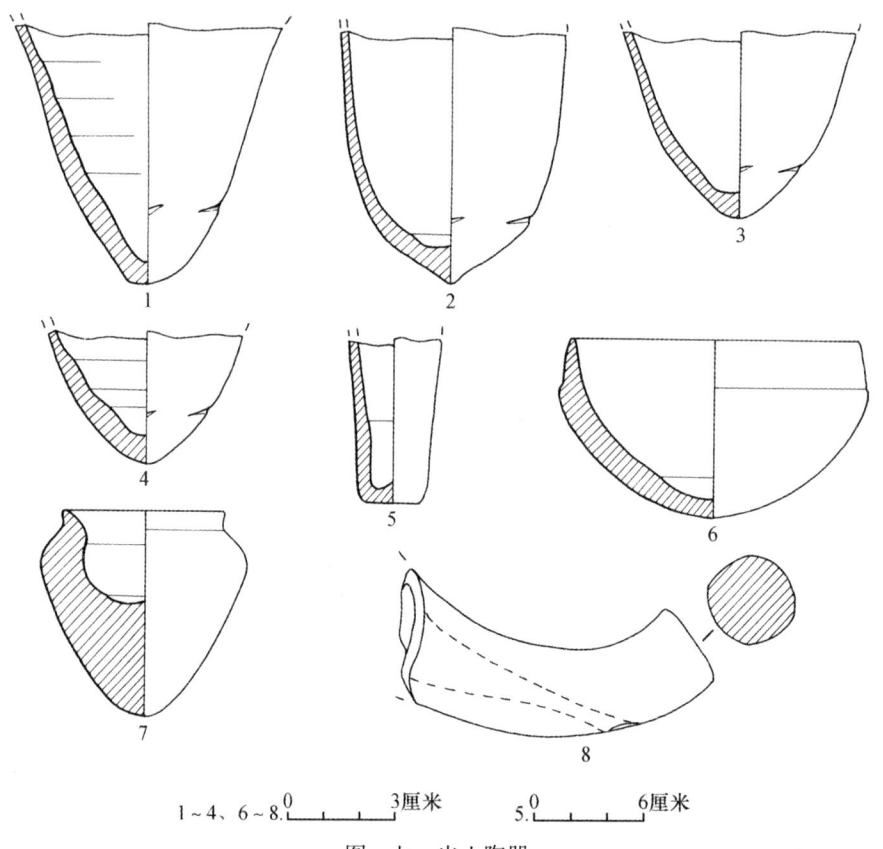

图一七　出土陶器

1~4.B型尖底杯（TN2E1⑧:251、TN2E2⑦:345、TN2E1⑦:349、TN2E1⑧:253）　5.平底杯（TN2E3⑥:234）　6.AⅡ式尖底杯（TN2E1⑦:382）　7.AⅠ式尖底杯（TN1E1⑦:379）　8.勺柄（TN2E2⑧:335）

陶衣，壁较薄。TN2E1⑧：251，泥质灰陶。腹略弧，小底。残高7厘米（图一七，1）。TN2E2⑦：345，泥质灰陶。腹较直，下腹急收，尖底。残高7.1厘米（图一七，2）。TN2E1⑦：349，泥质灰陶。弧腹，小底。残高5.1厘米（图一七，3）。TN2E1⑧：253，泥质灰陶。弧腹，小底。残高3.5厘米（图一七，4）。

平底杯　1件。TN2E3⑥：234，泥质灰陶，外施黑色陶衣。口残，斜直腹，平底。底径3.2、残高9厘米（图一七，5）。

豆　160件。无完整器。对豆盘、豆柄分别进行介绍。

豆盘　79件。依据豆盘形态的不同，分为二型。

A型　23件。盏形，圆折腹，底较平。TN2E2⑦：299，夹砂灰褐陶，器表呈黑色。直口，方唇。口径10.8、残高1.5厘米（图一一，7）。TN2E1⑦：375，夹砂灰褐陶，器表呈灰黑色。敞口，圆唇。口径11.8、残高2.7厘米（图一一，9）。

B型　56件。杯形，杯底有孔与柄相通。TN1E1⑤：88，夹砂灰褐陶，器表呈黑色。残存杯的下半部与一段豆柄。残高11.2厘米（图一八，8）。TN2E2⑦：407，夹砂灰褐陶，器表呈灰色。残存杯的下半部与一段豆柄。残高7厘米（图一八，9）。TN1E3⑥：233，夹砂灰褐陶，器表呈黑色。残存杯的下半部与一段豆柄。残高11厘米（图一八，10）。TN1E2⑤：87，夹砂灰褐陶，器表呈黑色。残存杯的下半部与一段豆柄。残高9厘米（图一八，11）。

豆柄　81件。依据豆柄的高矮、粗细，分为二型。

A型　78件。高柄，较细。TN1E2⑧：322，泥质灰陶，器表呈灰色。直筒形。饰两周凸弦纹。直径2、残高6.3厘米（图一八，1）。TN2E2⑧：317，泥质灰陶，器表呈灰色。直筒形。饰一周凸弦纹。直径3.2、残高16.2厘米（图一八，2）。TN2E2⑧：320，泥质灰褐陶，器表呈灰色。亚腰形。饰一周凸弦纹。最小径3、残高14.4厘米（图一八，3）。TN2E1⑦：398，夹砂灰褐陶，器表呈灰色。略呈亚腰形。最小径2.8、残高19.2厘米（图一八，4）。TN2E1⑧：315，泥质灰褐陶，器表呈灰色。直筒形。直径2.4、残高19.3厘米（图一八，5）。TN2E3⑥：402，泥质灰褐陶，器表呈灰色。亚腰形。下部饰两周平行凹弦纹。最小径3.8、残高15.3厘米（图一八，6）。TN1E1⑤：86，泥质灰褐陶，器表呈灰色。亚腰形。下部饰两周平行凹弦纹。最小径2.8、残高10.8厘米（图一八，12）。

B型　3件。短柄，较粗。TN1E2⑦：476，泥质灰陶，器表呈灰色。束腰形。饰三周凹弦纹。直径3、残高7.7厘米（图一八，7）。

纺轮　46件。依据外形特征，分为二型。

A型　32件。圆丘形，上小下大，顶部隆起如馒头状。TN1E1⑦：488，泥质灰褐陶。上饰两周戳印纹。下径3.2、穿径0.4、高2厘米（图一九，1）。TN2E2⑦：458，泥质红褐陶。腰部饰两周凸弦纹。下径2.9、穿径0.5、高2.3厘米（图一九，2）。TN2E2⑦：481，泥质褐陶。下径2.9、穿径0.4、高1.2厘米（图一九，3）。

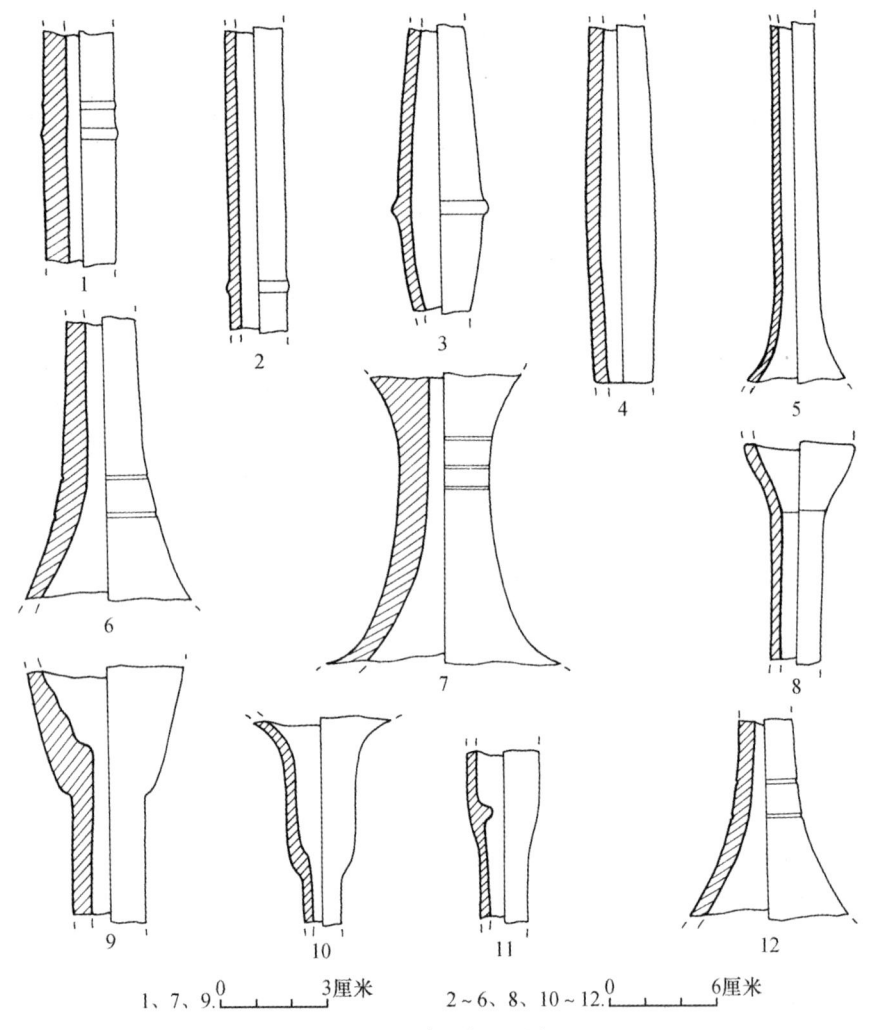

图一八 陶豆柄、豆盘

1～6、12.A型豆柄（TN1E2⑧：322、TN2E2⑧：317、TN2E2⑧：320、TN2E1⑦：398、TN2E1⑧：315、TN2E3⑥：402、TN1E1⑤：86） 7.B型豆柄（TN1E2⑦：476） 8～11.B型豆盘（TN1E1⑤：88、TN2E2⑦：407、TN1E3⑥：233、TN1E2⑤：87）

TN1E2⑦：490，泥质灰褐陶。腰部饰三周凸弦纹。下径3.2、穿径0.3、高1.4厘米（图一九，4）。TN2E1⑦：17，泥质红褐陶。腰部饰三周凸弦纹。下径3.5、穿径0.5、高1.8厘米（图一九，5）。

B型 14件。利用陶片二次制作而成，其钻孔多为两头粗、中间细的蜂腰形。TN2E3⑦：203，夹砂灰褐陶。直径6、穿径1～2、厚1.4厘米（图一九，10）。TN2E2⑥：241，夹砂褐陶。直径5、穿径0.6～1.1、厚0.7厘米（图一九，11）。TN2E1⑦：302，夹砂褐陶。直径6.2、穿径0.2～1、厚0.8厘米（图一九，12）。TN2E2⑧：459，夹砂灰褐陶。一面饰绳纹。直径3.5、穿径0.5～1.1、厚0.6厘米（图

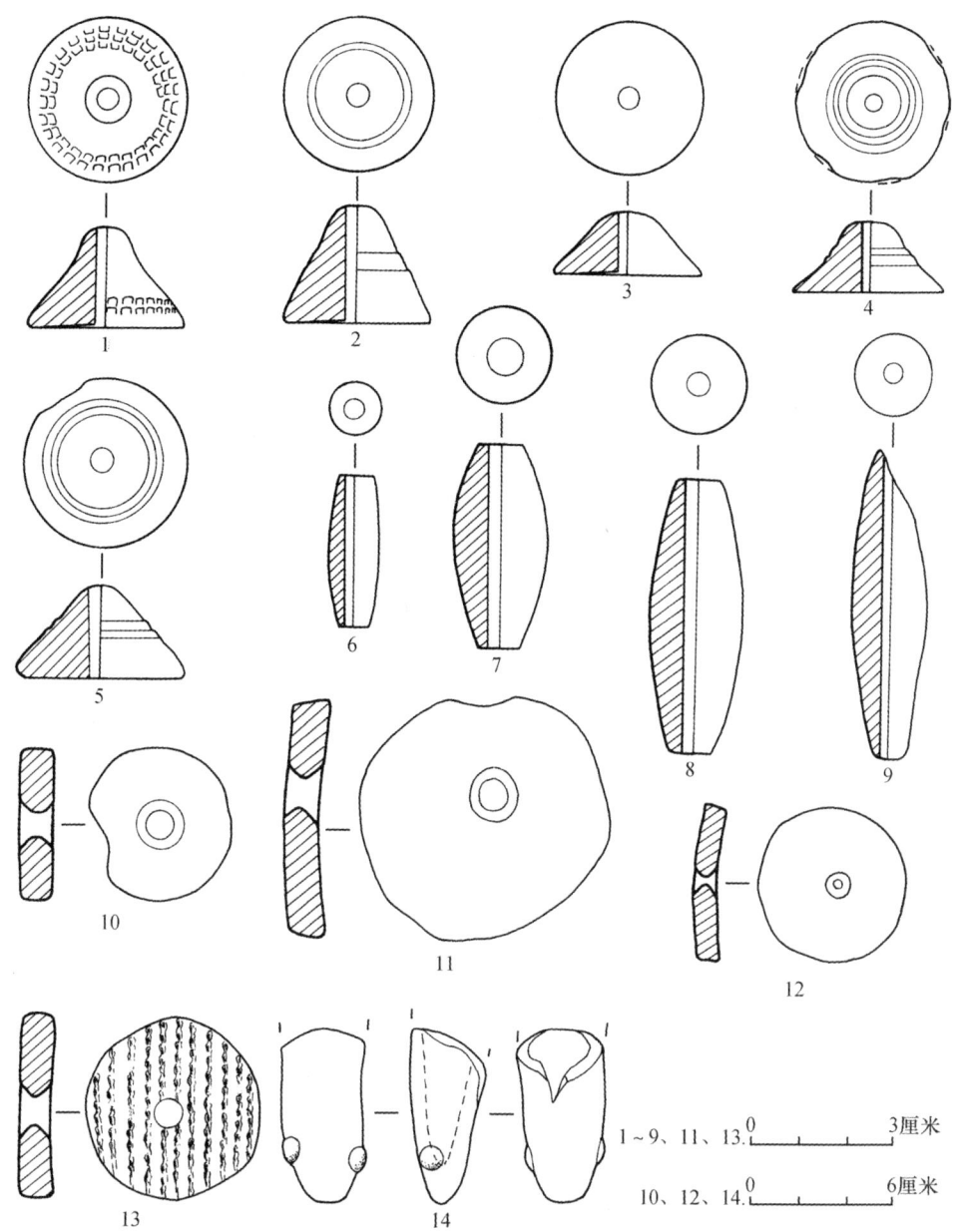

图一九　陶纺轮、网坠、勺柄

1~5.A型纺轮（TN1E1⑦：488、TN2E2⑦：458、TN2F2⑦：481、TN1E2⑦：490、TN2E1⑦：17）　6~9.网坠（TN2E2⑥：497、TN2E3⑦：331、TS1E1⑦：495、TN1E1⑦：97）　10~13.B型纺轮（TN2E3⑦：203、TN2E2⑥：241、TN2E1⑦：302、TN2E2⑧：459）　14.勺柄（TN1E1⑦：224）

一九，13）。

网坠　18件。圆柱形，两头小、中间大，两端平齐。TN2E2⑥：497，泥质灰褐陶。直径0.7~1、穿径0.3、高3厘米（图一九，6）。TN2E3⑦：331，泥质褐陶。直径0.9~1.9、穿径0.5、高4厘米（图一九，7）。TS1E1⑦：495，泥质红褐陶。直径

0.9~1.9、穿径0.3、高5.4厘米（图一九，8）。TN1E1⑦：97，泥质灰褐陶。两头略残。直径0.6~1.5、穿径0.3、残高6.1厘米（图一九，9）。

器盖 3件。平顶，弧壁，圆唇。TN1E1⑥：273，夹砂灰褐陶。口径16.4、顶径5.8、高6.5厘米（图二〇，5）。

盖身 112件。陶质以夹砂灰陶为主，其次是夹砂灰褐陶，器表以灰色为主。喇叭口形盖口。H2：30，夹砂灰褐陶，器表呈灰色。纽残，壁略外弧，圆唇。盖壁泥条盘筑后再快轮修整。直径24、残高10.2厘米（图二〇，4）。TN1E1⑧：172，夹砂灰褐陶，器表呈灰色。残存盖口，壁略内弧，圆唇。直径18、残高3.6厘米（图二〇，6）。H2：29，夹砂褐陶，器表呈灰色。残存上部，平顶略外凸，壁斜直，圆唇。壁泥条盘筑后再快轮修整。纽径11、残高7.2厘米（图二〇，8）。TN1E2⑦：255，夹砂灰褐陶，器表呈灰色。残存盖口，壁斜直，圆唇较略尖。直径35.5、残高6.5厘米（图二〇，9）。

盖纽 200件。陶质以泥质灰陶为主，其次是夹砂灰褐陶，器表以灰色为主。均为喇叭口形。依据喇叭口大小、高矮，分为三型。

A型 12件。喇叭口高而瘦长。TN2E3⑥：221，泥质灰陶。圆唇外翻。纽口径5、残高4.2厘米（图二一，5）。TN2E1⑦：393，泥质灰陶。圆唇。纽口径2.5、穿径0.3、纽高2.9、残高3.3厘米（图二一，6）。TN2E2⑥：200，泥质褐陶。方唇。纽口径5、纽

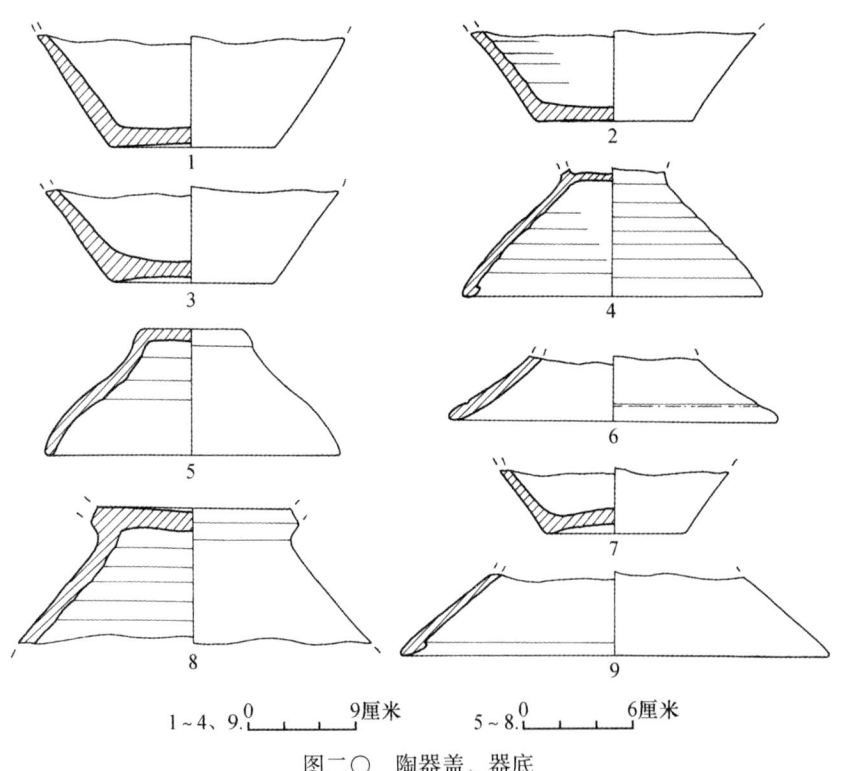

图二〇 陶器盖、器底

1~3、7.A型器底（TN1E2⑤：2、TN2E2⑦：329、TN1E2⑥：201、TN1E1⑦：325） 4、6、8、9.盖身（H2：30、TN1E1⑧：172、H2：29、TN1E2⑦：255） 5.器盖（TN1E1⑥：273）

高4.5、残高6厘米（图二一，9）。

B型　86件。喇叭口较大，较A型矮。TN2E1⑥：211，泥质灰褐陶。方唇。纽口径5.2、纽高1.7、残高2.8厘米（图二一，1）。TN2E1⑥：212，泥质褐陶。方唇。纽口径5、纽高1.5、残高2.5厘米（图二一，2）。TN2E2⑧：288，泥质灰褐陶。圆唇。纽口径

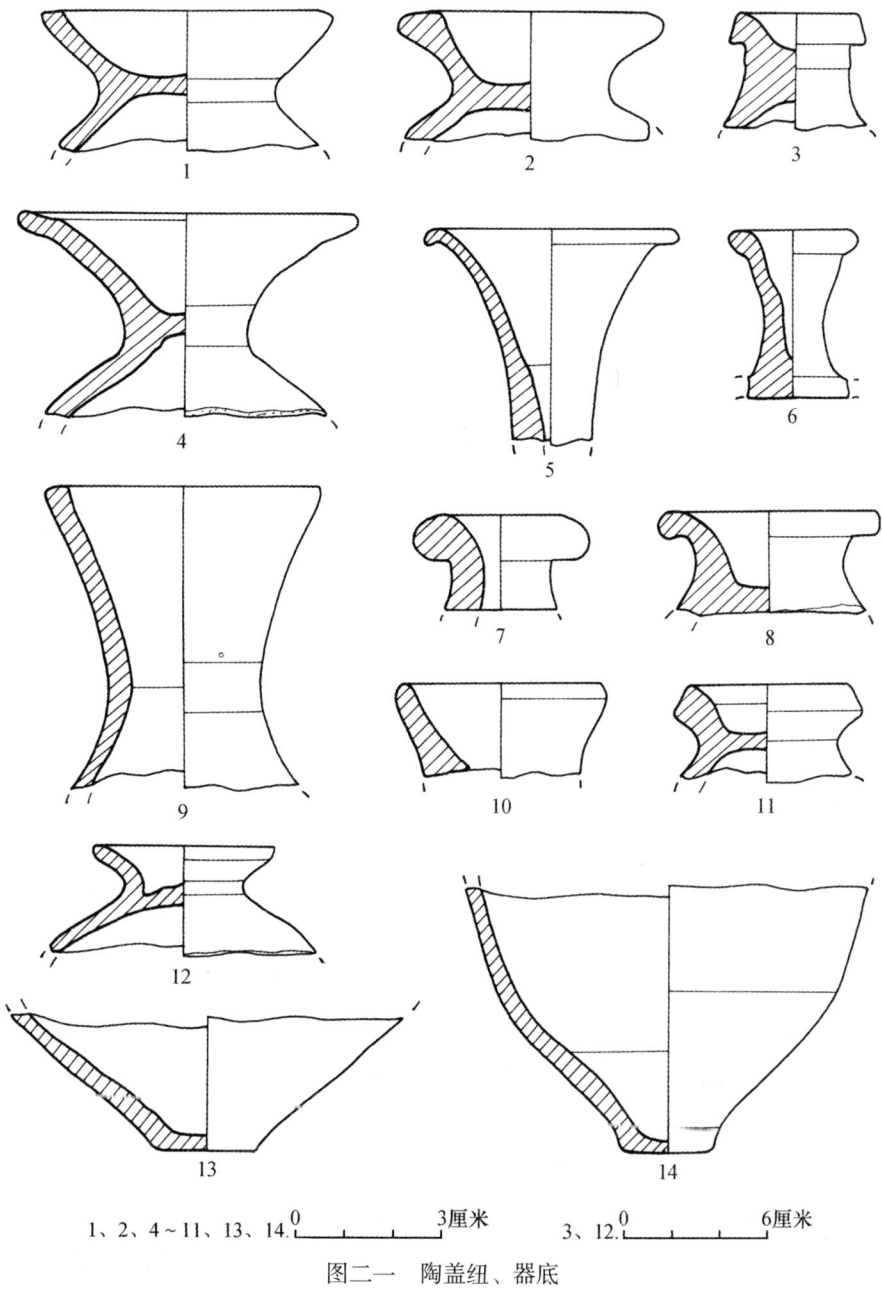

图二一　陶盖纽、器底

1、2、4、12.B型盖纽（TN2E1⑥：211、TN2E1⑥：212、TN2E2⑧：288、TS1E1⑤：81）　3、7、8、10、11.C型盖纽（TN2E2⑧：293、TN2E1⑦：391、TN2E1⑧：290、TS1E1⑧：286、TN2E2⑥：214）　5、6、9.A型盖纽（TN2E3⑥：221、TN2E1⑦：393、TN2E2⑥：200）　13、14.B型器底（TN1E1⑦：352、TN2E2⑤：260）

6.8、纽高2.6、残高4厘米（图二一，4）。TS1E1⑤：81，泥质褐陶。圆唇。纽口径7、纽高1.8、残高4.2厘米（图二一，12）。

C型　102件。喇叭口小而矮。TN2E2⑧：293，泥质灰褐陶。方唇。纽口径4.2、残高5.5厘米（图二一，3）。TN2E1⑦：391，泥质灰陶。圆唇外撇。纽口径2.4、残高1.8厘米（图二一，7）。TN2E1⑧：290，泥质灰褐陶。方唇。纽口径4、残高2厘米（图二一，8）。TS1E1⑧：286，泥质褐陶。圆唇。纽口径4、残高1.7厘米（图二一，10）。TN2E2⑥：214，泥质灰陶。方唇。纽口径3.1、纽高1.1、残高2厘米（图二一，11）。

鼻耳　5件。TN1E1⑥：239，夹砂灰褐陶，器表呈褐色。耳高7.2、耳厚2.4厘米（图一五，3）。TN1E1⑧：344，夹砂灰褐陶，器表呈灰褐色。耳高7.5、耳厚4.9厘米（图一五，7）。

勺柄　2件。均残存柄部。TN2E2⑧：335，泥质灰陶，外施黑色陶衣。残存中间部分，一半中空，断面呈圆形。残长9厘米（图一七，8）。TN1E1⑦：224，泥质灰陶，外施黑色陶衣。鸟头形，颈部断面呈圆心形，眼睛位于上部，用泥堆塑，喙部直。残长6.8厘米（图一九，14）。

器底　356件。陶质以夹砂灰陶为主，其次是夹砂灰褐陶，器表以灰色为主。依据底的大小，分为二型。

A型　68件。大平底。TN1E2⑤：2，夹砂灰褐陶，器表呈灰色。略内凹。底径13.8、残高9.3厘米（图二〇，1）。TN2E2⑦：329，夹砂灰陶，器表呈灰色。底径12.8、残高7.2厘米（图二〇，2）。TN1E2⑥：201，夹砂褐陶，器表呈灰色。略内凹。底径13.5、残高7.5厘米（图二〇，3）。TN1E1⑦：325，夹砂灰褐陶，器表呈灰色。内凹。底径3.8、残高1.7厘米（图二〇，7）。

B型　288件。小平底。TN1E1⑦：352，夹砂灰褐陶，器表呈灰色。底径2、残高2.7厘米（图二一，13）。TN2E2⑤：260，夹砂灰褐陶，器表呈灰色。底径1.8、残高5.3厘米（图二一，14）。

圈足器　117件。陶质以夹砂灰陶为主，其次是夹砂灰褐陶，器表以灰色为主。依据圈足的大小，分为三型。

A型　61件。圈足较小，较高。TN2E2⑥：197，夹砂灰褐陶，器表呈灰色。足径13、足高6、残高7.8厘米（图二二，1）。TN1E3⑥：195，夹砂褐陶，器表呈灰色。足径11、足高2.6、残高7厘米（图二二，2）。TN2E2⑧：299，夹砂灰陶，器表呈灰色。足径7、足高3、残高3.4厘米（图二二，6）。TN1E2⑧：298，泥质灰陶，器表呈灰色。足径10、足高4.2、残高5.8厘米（图二二，8）。TN1E2⑦：318，夹砂灰褐陶，器表呈灰色。足径9.8、足高4、残高5.3厘米（图二二，9）。TN1E1⑤：77，泥质灰陶，器表呈灰色。上部有穿孔。足径9、足高7、残高7.8厘米（图二二，12）。TN2E1⑤：84，夹砂灰褐陶，器表呈灰色。足径6、足高1.6、残高2.3厘米（图二二，

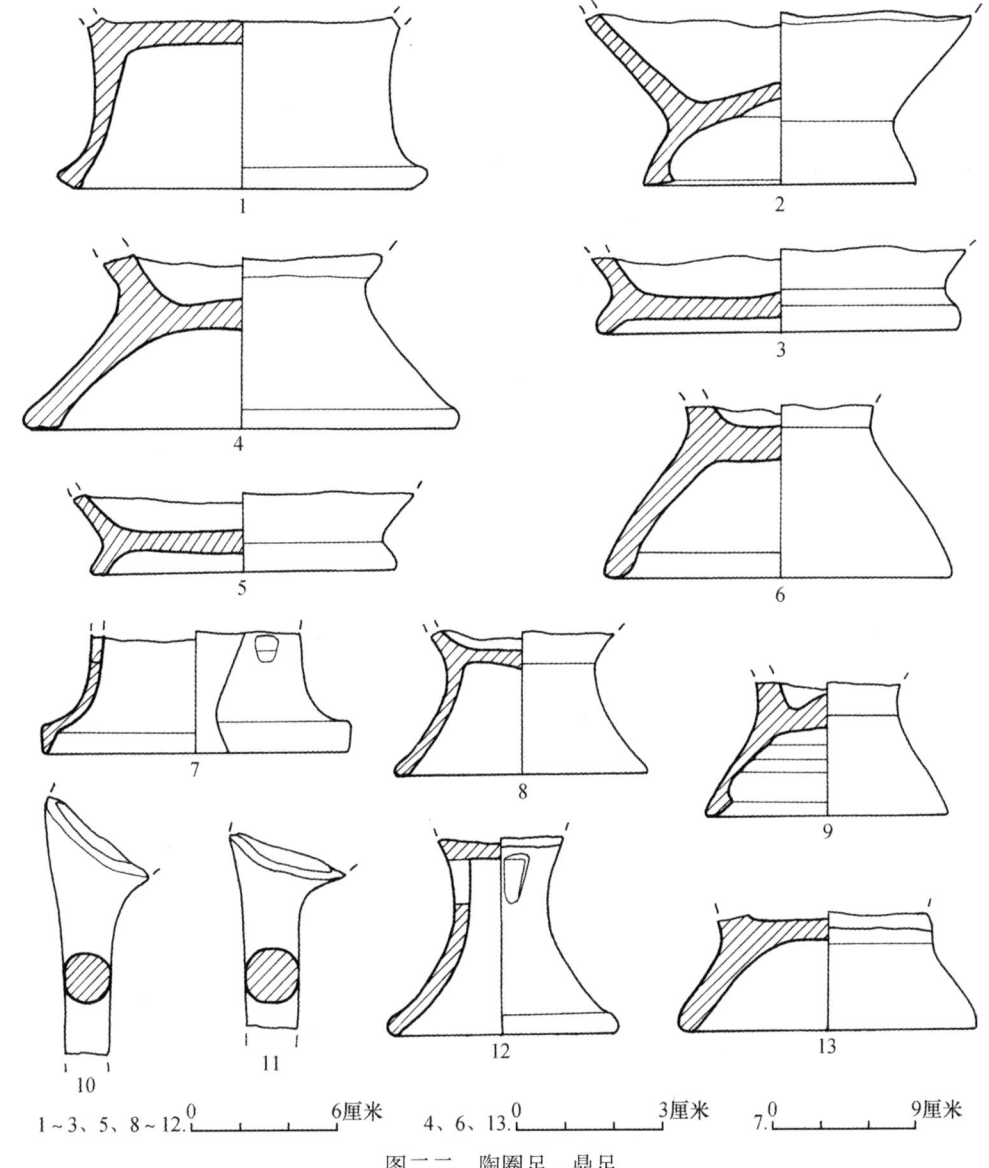

图二二　陶圈足、鼎足

1、2、4、6、8、9、12、13. A型圈足（TN2E2⑥：197、TN1E3⑥：195、TN2E2⑤：80、TN2E2⑧：299、TN1E2⑧：298、TN1E2⑦：318、TN1E1⑤：77、TN2E1⑤：84）　3、5. C型圈足（TN2E2⑦：322、TN2E1⑧：301）　7. B型圈足（TN1E1⑥：163）　10、11. 鼎足（TN1E1⑤：89、TN2E1⑤：19）

13）。TN2E2⑤：80，夹砂灰褐陶，器表呈灰色。足径8.6、足高3、残高3.5厘米（图二二，4）。

B型　42件。器形较A型大，普遍偏低。TN1E1⑥：163，夹砂灰褐陶，器表呈灰色。上部有穿孔。足径18.5、残高7.2厘米（图二二，7）。

C型　14件。圈足低矮。TN2E2⑦：322，夹砂灰褐陶，器表呈灰色。足径14.6、足高1.3、残高3厘米（图二二，3）。TN2E1⑧：301，泥质灰陶，器表呈灰色。足径12.5、足高1.1、残高3.2厘米（图二二，5）。

鼎足　2件。细长，足尖残，剖面呈圆形。TN1E1⑤：89，泥质灰陶，器表呈灰色。足径1.8、残高10.5厘米（图二二，10）。TN2E1⑤：19，泥质红褐陶，器表呈灰色。足径2.1、残高7.9厘米（图二二，11）。

（2）骨器

卜甲　4件。均为龟腹甲，孔为圆形挖孔，不规整，孔径较大，底呈锅形，有灼烧痕，大多在兆枝面与孔对应处有焦黄灼痕。TN2E3⑦：1，残孔10个，分布较密。残长23.5、残宽14.3、孔径1.6~2厘米（图二三，1）。TN2E3⑥：20，残孔2个。残长10、

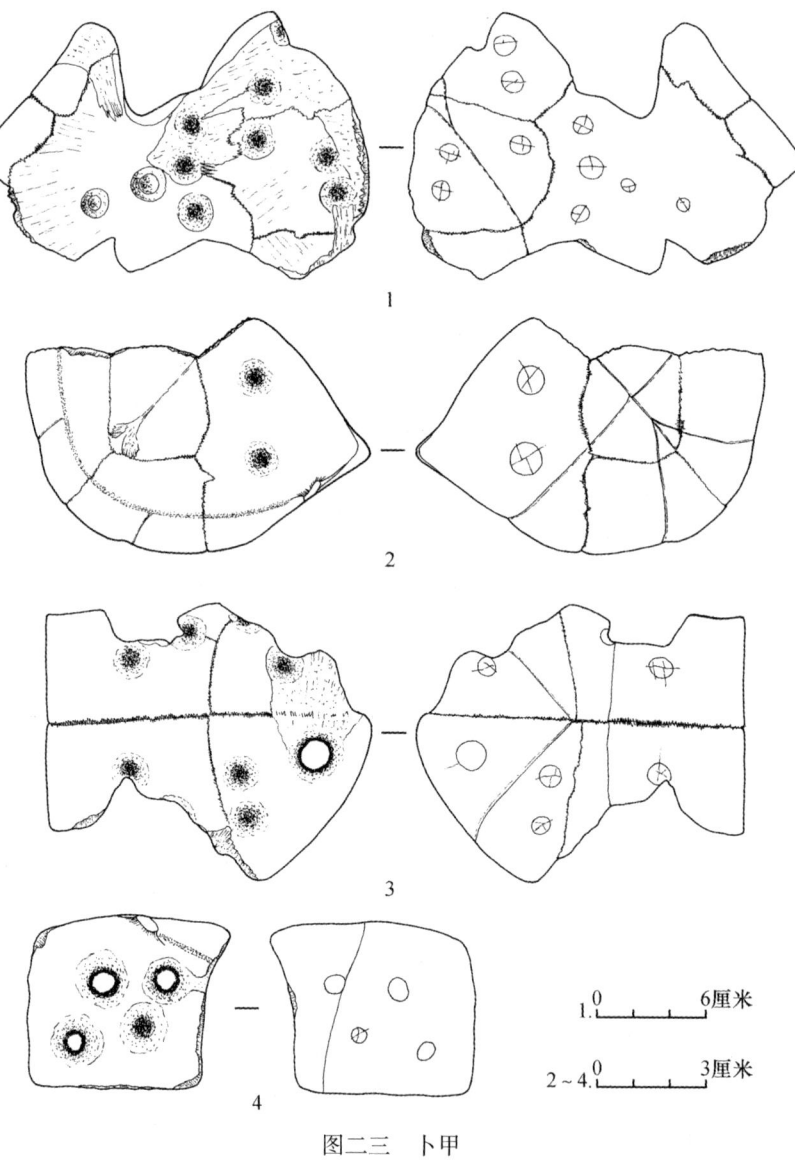

图二三　卜甲
1. TN2E3⑦：1　2. TN2E3⑥：20　3. TN1E2⑦：2　4. TN1E3⑦：2

残宽6.5、孔径1厘米（图二三，2）。TN1E2⑦：2，残孔8个，似分为两组，每组4个，相距较密集，其中1个孔灼穿甲壳。残长9、残宽7、孔径1~1.5厘米（图二三，3）。TN1E3⑦：2，残片呈方形，残孔4个，相距密集，其中3个孔灼穿甲壳。残长5.5、残宽4.5、孔径1.2~1.5厘米（图二三，4）。

三、唐、宋时期文化遗存

唐、宋时期地层堆积较厚，发现有零星的活动面、踩踏层和红烧土层等遗迹现象，但这些遗迹均很零乱、面积很小，不能甄别遗迹类型。较清楚的遗迹有水塘1个、水井4口、灰坑2个。出土器物有陶器、瓷器、骨器等，其中以瓷器为主，其他质地器物较少。瓷器产地以本地邛窑、琉璃厂窑为主，占出土瓷器总量的98%多，出土的各类器形基本相近，器形有碗、盘、盆、注壶、盘口壶、带系罐、钵、盒、杯、灯碟、水盂、炉、急须、研磨器、器盖、砚、灯、瓷塑、弹珠等。碗、盘、盆、钵、水盂、盒、器盖等器形，邛窑生产的数量明显较琉璃厂窑多，出土瓷塑均为邛窑产，带系罐、注壶、盘口壶、炉、灯碟等以琉璃厂窑产品为主，弹珠也全为琉璃厂窑产品。另有不到2%的邢窑、定窑产品，器形主要有碗、盘、盒、钵、器盖等。

由于瓷器出土量大、类型多，将对瓷器作统一分型式，再与陶器、骨器、钱币等其他质地器物归入遗迹单位介绍。

（一）出土瓷器类型

花口碗　依据腹部的不同，分为三型。

A型　斜腹。依据口部的不同，分为三亚型。

Aa型　侈口。依据足部的变化，分为三式。

Ⅰ式：饼足（图二四，4）。

Ⅱ式：玉璧底（图二四，2）。

Ⅲ式：圈足（图二四，3）。

Ab型　敛口。依据足部的变化，分为三式。

Ⅰ式：饼足（图二四，5）。

Ⅱ式：玉璧底（图二四，8）。

Ⅲ式：圈足（图二四，1）。

Ac型　直口。依据足部的变化，分为二式。

Ⅰ式：玉璧底（图二四，6）。

Ⅱ式：圈足（图二四，7）。

B型　弧腹。依据口部的不同，分为二亚型。

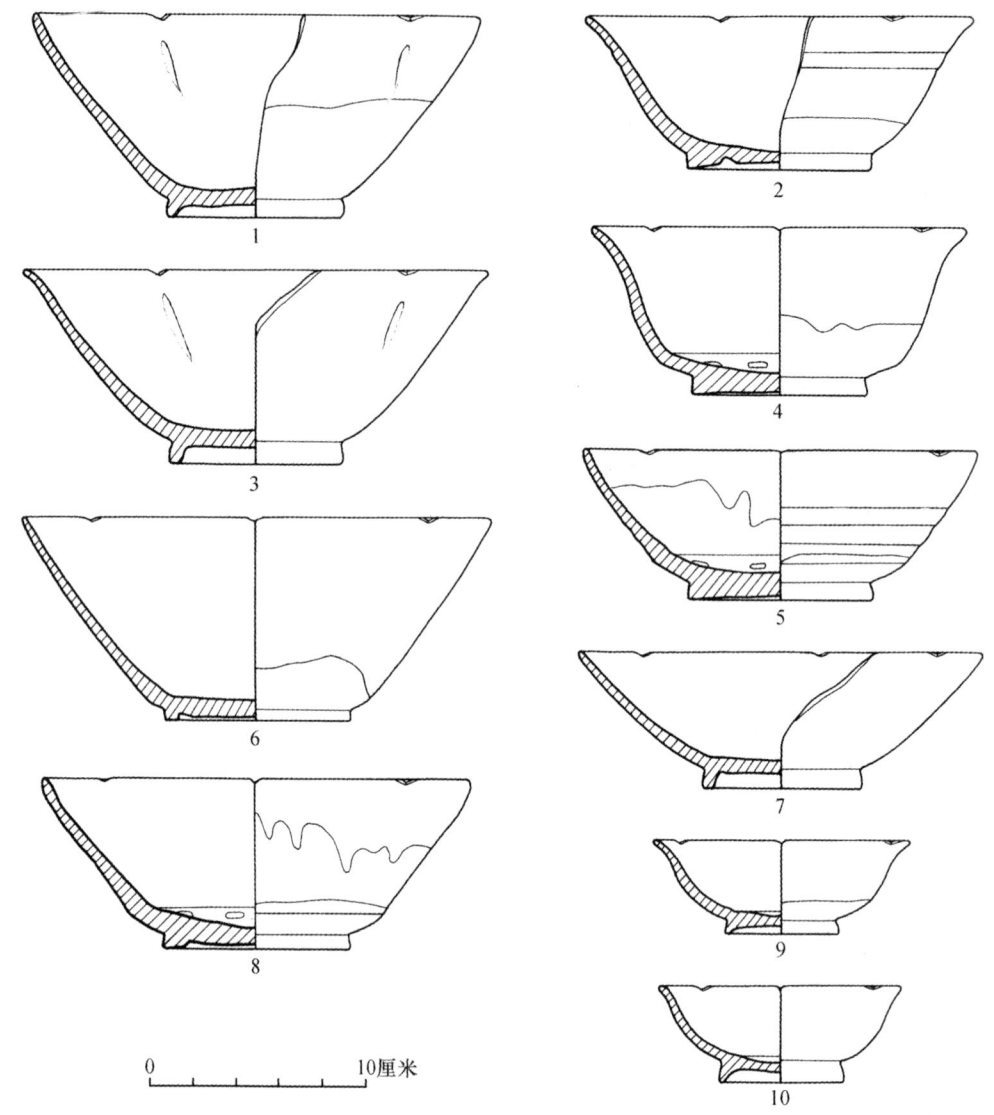

图二四　瓷花口碗

1. AbⅢ式（H4∶770）　2. AaⅡ式（H4∶481）　3. AaⅢ式（H4∶1251）　4. AaⅠ式（H4∶484）　5. AbⅠ式（H4∶565）　6. AcⅠ式（H4∶358）　7. AcⅡ式（H4∶489）　8. AbⅡ式（H4∶1303）　9. BaⅠ式（H4∶578）　10. BaⅡ式（H4∶1119）

Ba型　侈口。依据足部的变化，分为二式。

Ⅰ式：饼足内凹，假圈足（图二四，9）。

Ⅱ式：圈足（图二四，10）。

Bb型　敛口。依据足部的变化，分为二式。

Ⅰ式：玉璧底（图二五，1）。

Ⅱ式：圈足（图二五，2）。

图二五　瓷花口碗

1. BbⅠ式（TN3E7③：11）　2. BbⅡ式（H4：1533）　3. CaⅠ式（H4：1255）　4. CbⅠ式（H4：486）
5. CaⅡ式（H4：437）　6. CbⅡ式（H4：435）

C型　深腹。依据口部、腹部的不同，分为二亚型。

Ca型　敞口，深直腹。依据腹部、足部的变化，分为二式。

Ⅰ式：深直腹，矮圈足（图二五，3）。

Ⅱ式：深斜腹，高圈足（图二五，5）。

Cb型　敞口，口部有起伏，呈多曲形，腹部深而斜。依据足部的变化，分为二式。

Ⅰ式：玉璧底（图二五，4）。

Ⅱ式：圈足（图二五，6）。

圆口碗 依据腹部的不同，分为四型。

A型 弧腹。依据口部、底部的不同，分为五亚型。

Aa型 侈口，圆唇外撇。依据腹部、足部的变化，分为五式。

Ⅰ式：腹外弧明显，饼足（图二六，9）。

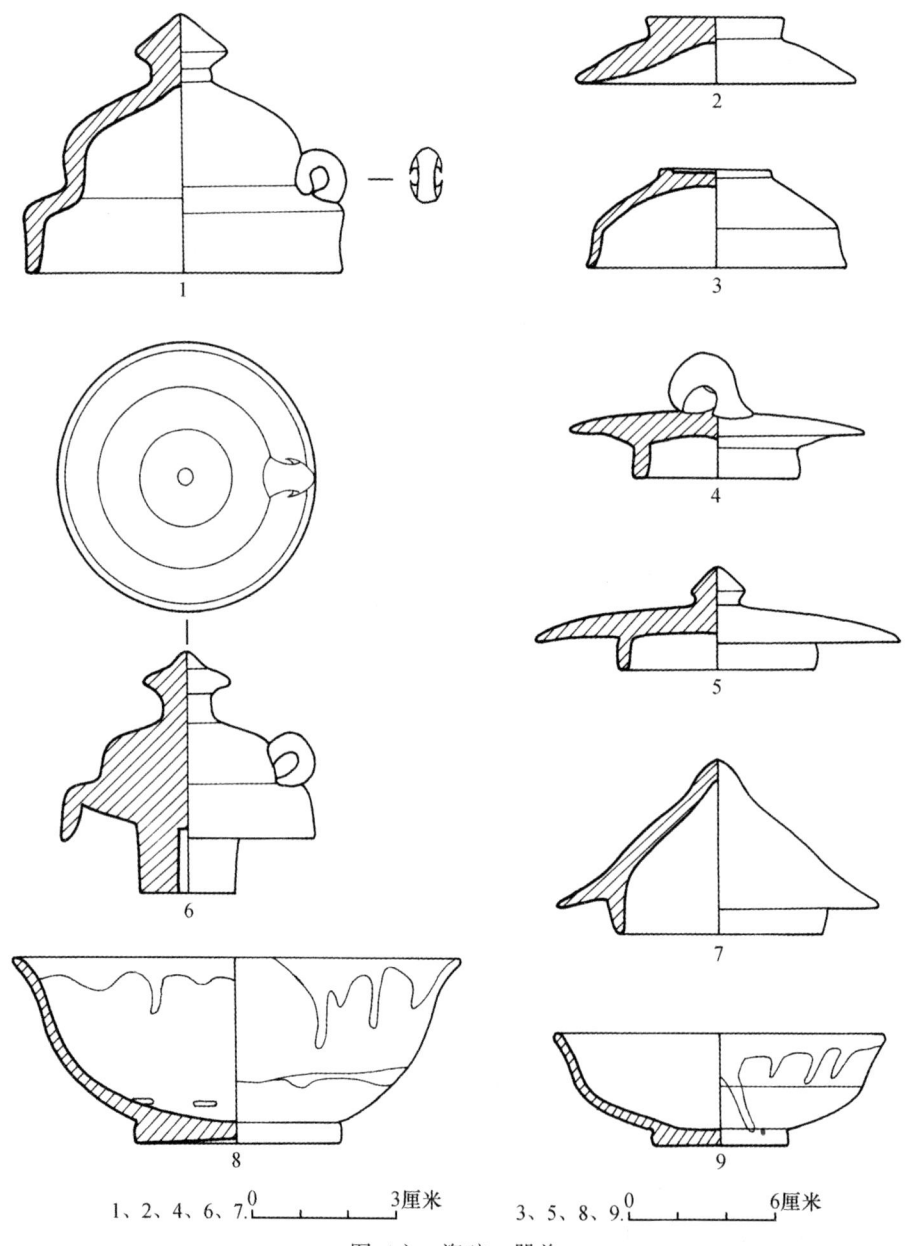

图二六 瓷碗、器盖

1. D型器盖（H4:1080） 2. E型器盖（H4:1078） 3. F型器盖（H4:1050） 4. GaⅠ式器盖（H4:174）
5. GaⅡ式器盖（H4:1368） 6. Gc型器盖（H4:715） 7. Gb型器盖（H4:6） 8. AaⅡ式圆口碗（H4:1127） 9. AaⅠ式圆口碗（H4:410）

Ⅱ式：腹较深，外弧明显，平底内凹（图二六，8）。

Ⅲ式：腹较斜，平底内凹（图二七，1）。

Ⅳ式：腹较斜较浅，口部外撇较多，平底内凹（图二七，3）。

Ⅴ式：腹较深直，圈足（图二七，2）。

Ab型　直口，圆唇外翻。依据腹部、足部的变化，分为五式。

Ⅰ式：饼足（图二七，4）。

Ⅱ式：较Ⅰ式腹部外弧略直，饼足（图二七，5）。

Ⅲ式：厚圆唇，玉璧底（图二七，6）。

Ⅳ式：较Ⅲ式唇外翻更甚，玉璧底（图二七，9）。

Ⅴ式：圈足（图二七，7）。

Ac型　直口，尖唇，腹较直。依据足部的变化，分为三式。

Ⅰ式：饼足（图二七，8）。

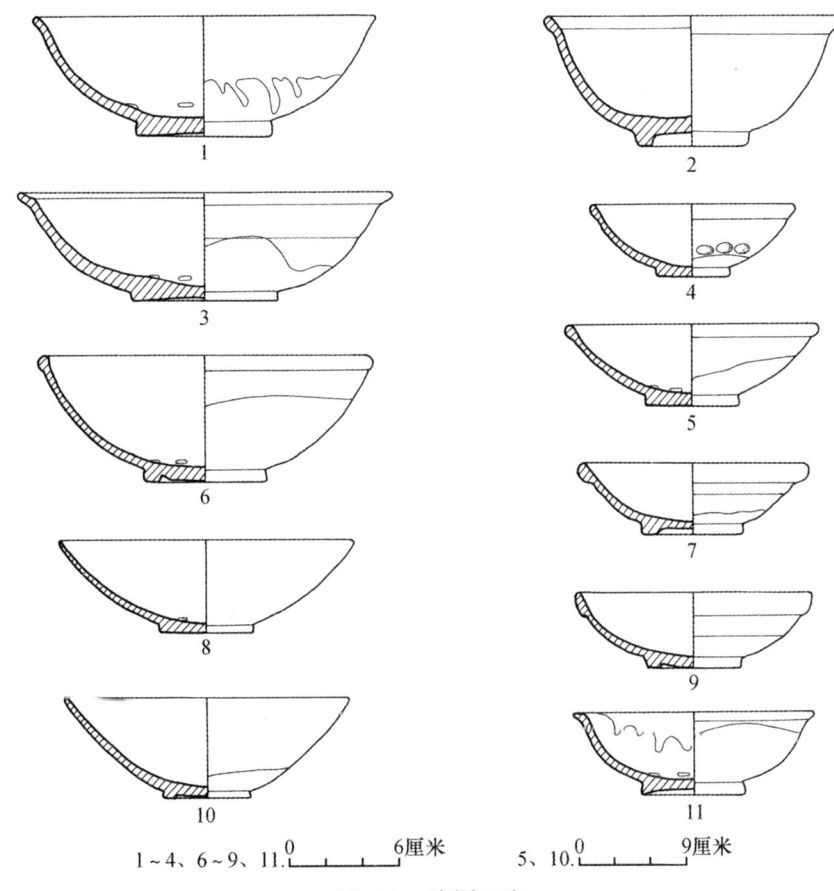

图二七　瓷圆口碗

1. AaⅢ式（H4∶282）　2. AaⅤ式（H1∶3）　3. AaⅣ式（H4∶884）　4. AbⅠ式（H4∶491）　5. AbⅡ式（H4∶1299）　6. AbⅢ式（H4∶1417）　7. AbⅤ式（H4∶1401）　8. AcⅠ式（H4∶463）　9. AbⅣ式（TN3E4③∶48）　10. AcⅡ式（TN3E4③∶45）　11. AdⅠ式（H4∶397）

Ⅱ式：矮圈足（图二七，10）。

Ⅲ式：高圈足（图二八，1）。

Ad型　唇部平折、外侈。依据足部的变化，分为二式。

Ⅰ式：饼足内凹（图二七，11）。

Ⅱ式：玉璧底（图二八，2）。

Ae型　直口，方唇，喇叭形高圈足（图二八，4）。

B型　斜直腹。依据口部、腹部的不同，分为三亚型。

Ba型　侈口，直腹。依据足部的变化，分为四式。

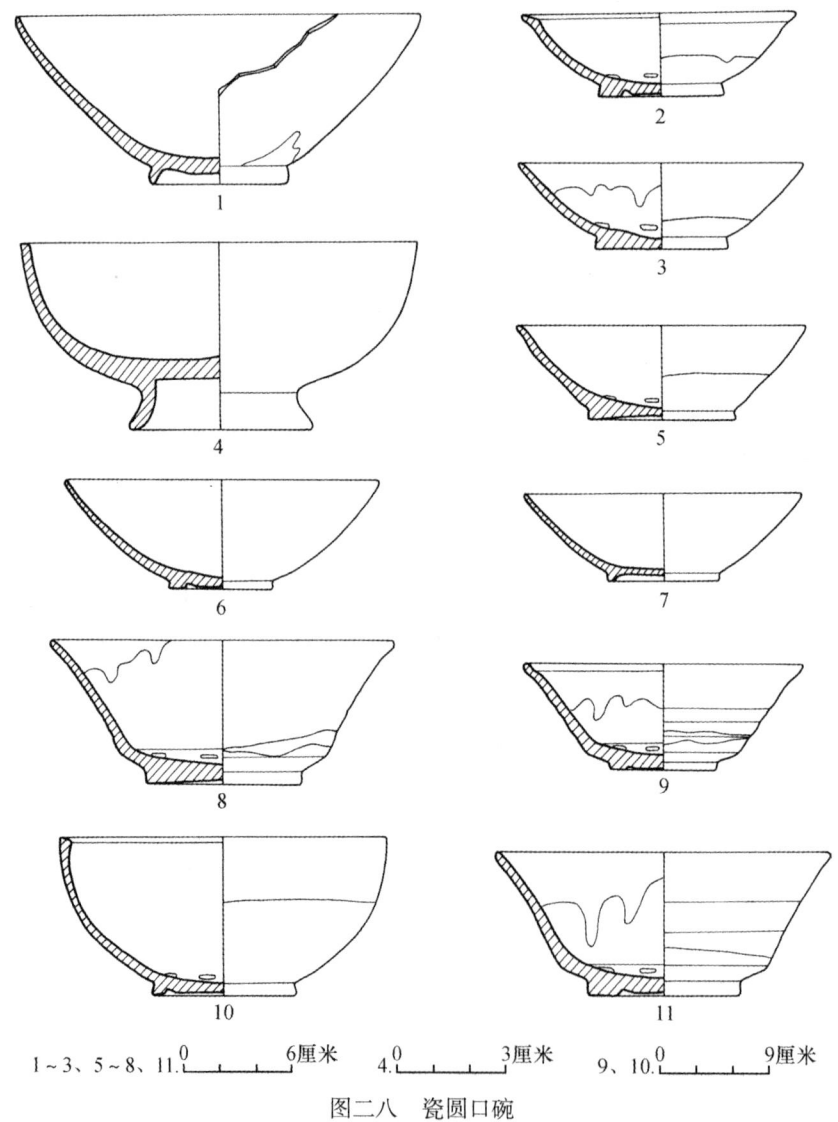

图二八　瓷圆口碗

1. AcⅢ式（H4∶1298）　2. AdⅡ式（TN2E9④∶10）　3. BaⅠ式（H4∶1457）　4. Ae型（H4∶1265）　5. BaⅡ式（TN3E4③∶27）　6. BaⅢ式（H4∶1095）　7. BaⅣ式（H4∶1175）　8. BbⅠ式（H4∶294）　9. BbⅡ式（H4∶586）　10. DbⅡ式（H4∶611）　11. BbⅢ式（H4∶140）

Ⅰ式：饼足（图二八，3）。
Ⅱ式：饼足内凹（图二八，5）。
Ⅲ式：玉璧底（图二八，6）。
Ⅳ式：矮圈足（图二八，7）。
Bb型　侈口，直腹略内收，口腹交接处有明显的转折。依据腹部、足部的变化，分为四式。
Ⅰ式：饼足内凹（图二八，8）。
Ⅱ式：玉璧底（图二八，9）。
Ⅲ式：玉璧底，似假圈足（图二八，11）。
Ⅳ式：腹略外弧，玉璧底，似假圈足（图二九，1）。
Bc型　敛口，饼足（图三〇，3）。
C型　曲腹，上腹直，下腹曲。依据口部、底部的不同，分为三亚型。
Ca型　口部外侈。依据腹部、足部的变化，分为三式。
Ⅰ式：腹较深，上下腹转折于腹中部，饼足（图二九，4）。
Ⅱ式：上下腹转折于腹中下部，饼足略内凹（图二九，3）。
Ⅲ式：上下腹转折于腹上部，厚底，饼足略内凹（图二九，2）。
Cb型　直口，下腹较斜，厚底，小饼足（图二九，5）。
Cc型　直口，下腹较平，大饼足（图二九，6）。
D型　深腹。依据口部、腹部的不同，分为三亚型。
Da型　敞口，曲腹。依据足部的变化，分为二式。
Ⅰ式：饼足（图二九，7）。
Ⅱ式：玉璧底（图二九，9）。
Db型　直口略内敛，方唇，弧腹。依据足部的变化，分为二式。
Ⅰ式：饼足（图二九，10）。
Ⅱ式：玉璧底（图二八，10）。
Dc型　折腹，大饼足。依据腹部的变化，分为三式。
Ⅰ式：敛口，上腹斜略内凹，转折于腹底处（图三〇，1）。
Ⅱ式：直口，上腹直，转折于腹中部（图二九，8）。
Ⅲ式：敞口，上腹斜，转折于腹中部（图三〇，2）。
花口盘　依据口部、腹部的不同，分为三型。
A型　折腹明显，上腹较平略内收。依据口部、腹部的不同，分为二亚型。
Aa型　平口，折腹于腹中部。依据足部的变化，分为四式。
Ⅰ式：饼足（图三一，4）。
Ⅱ式：玉璧底（图三一，2）。
Ⅲ式：圈足（图三一，1）。

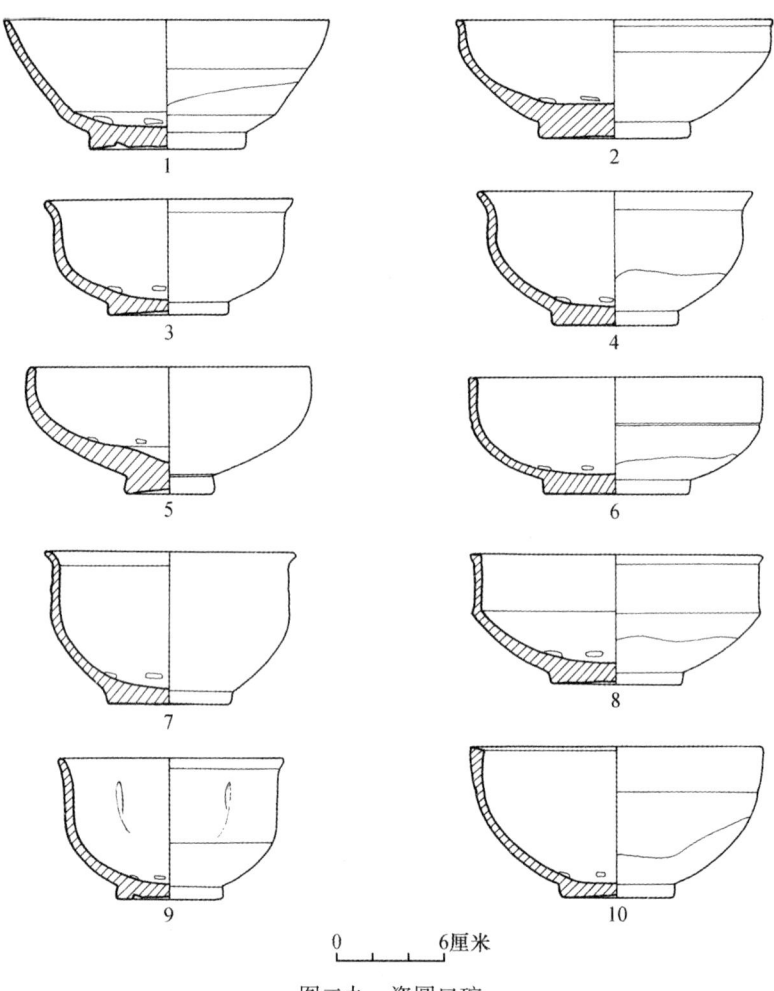

图二九 瓷圆口碗

1.BbⅣ式（H4∶24） 2.CaⅢ式（TN3E4③∶36） 3.CaⅡ式（H4∶502） 4.CaⅠ式（H4∶883） 5.Cb型（TN1E6③∶31） 6.Cc型（H4∶1523） 7.DaⅠ式（H4∶1146） 8.DcⅡ式（H4∶629） 9.DaⅡ式（TN3E4③∶29） 10.DbⅠ式（H4∶584）

Ⅳ式：小平底（图三〇，8）。

Ab型 曲口，折腹于腹下部。依据腹部的变化，分为二式。

Ⅰ式：侈口，圆唇，腹内收，圈足（图三一，5）。

Ⅱ式：口略敛，尖唇，腹略外弧，圈足（图三一，6）。

B型 曲口，折腹于腹中部，上腹较竖，底略上凸，圈足，腹部有与曲口对应的凹槽（图三一，3）。

C型 平口呈五曲葵形，平折沿，唇部竖折，腹竖直呈多棱形，圈足（图三〇，10）。

圆口盘 依据腹部的不同，分为二型。

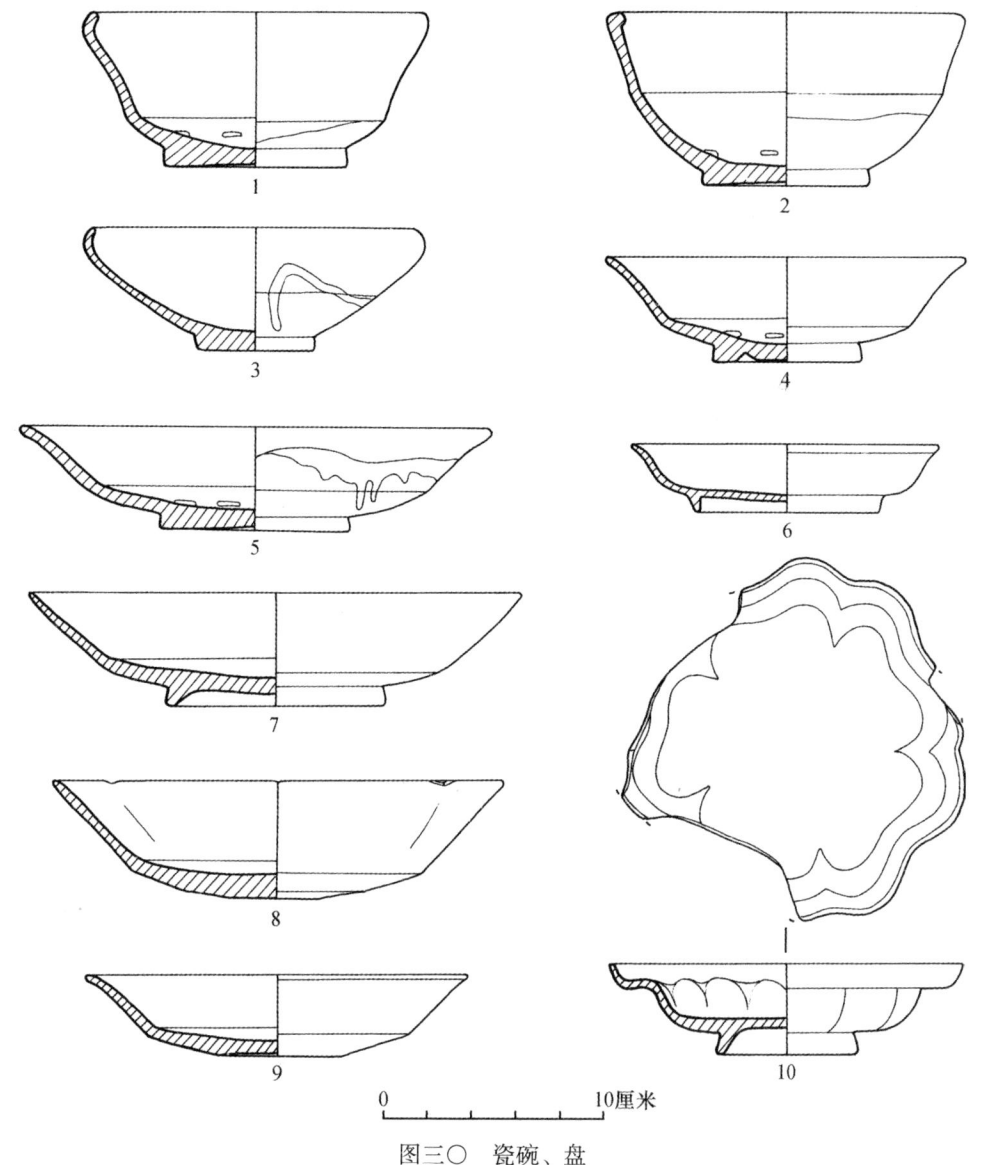

图三〇 瓷碗、盘

1. DcⅠ式圆口碗（H4∶290） 2. DcⅢ式圆口碗（H4∶1088） 3. Bc型圆口碗（H4∶1532） 4. AⅡ式圆口盘（TN2E4③∶15） 5. AⅠ式圆口盘（TN7E9③∶1） 6. B型圆口盘（H1∶2） 7. AⅢ式圆口盘（H4∶1069） 8. AaⅣ式花口盘（H4∶1301） 9. AⅣ式圆口盘（H4∶500） 10. C型花口盘（H4∶161）

A型 折腹明显，上腹较平略内收。依据足部的变化，分为四式。

Ⅰ式：饼足（图三〇，5）。

Ⅱ式：玉璧底（图三〇，4）。

Ⅲ式：圈足（图三〇，7）。

Ⅳ式：小平底（图三〇，9）。

B型 折腹较圆，折腹于腹下部，高圈足（图三〇，6）。

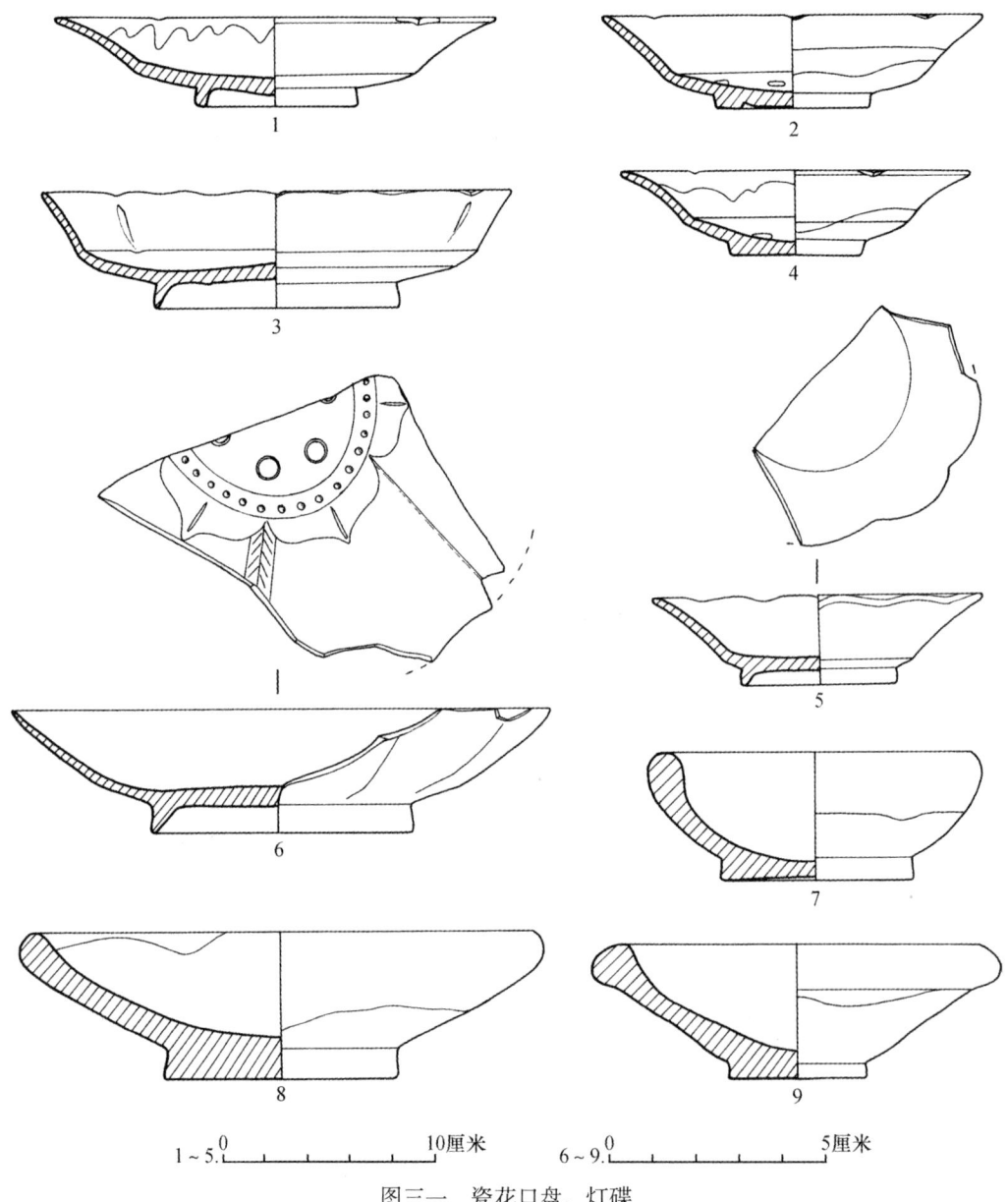

图三一　瓷花口盘、灯碟

1. Aa Ⅲ 式花口盘（H4∶454）　2. Aa Ⅱ 式花口盘（H4∶145）　3. B 型花口盘（H4∶30）　4. Aa Ⅰ 式花口盘（H4∶1444）　5. Ab Ⅰ 式花口盘（H4∶637）　6. Ab Ⅱ 式花口盘（H4∶1181）　7. A Ⅰ 式灯碟（H4∶705）　8. A Ⅱ 式灯碟（H4∶886）　9. A Ⅲ 式灯碟（H4∶57）

灯碟　依据口部、腹部的不同，分为四型。

A 型　敛口，厚圆唇，浅腹，饼足或平底。依据腹部、足部的变化，分为六式。

Ⅰ式：深弧腹，饼足略内凹（图三一，7）。

Ⅱ式：斜直腹，厚底，大饼足（图三一，8）。

Ⅲ式：唇部圆厚，斜直腹略内收，小饼足（图三一，9）。

Ⅳ式：唇部圆厚，斜直腹略外弧，平底（图三二，1）。
Ⅴ式：唇部圆厚，唇上残有提梁痕，斜直腹略外弧，小平底（图三二，5）。
Ⅵ式：唇略方，斜直腹，饼足（图三二，9）。
B型　敞口，圆唇，浅折腹，饼足。依据腹部的变化，分为二式。
Ⅰ式：下腹较平，内底内凹（图三二，2）。
Ⅱ式：下腹较斜，饼足略内凹（图三二，3）。
C型　厚唇，无腹，饼足或平底。依据唇部、底部的变化，分为二式。
Ⅰ式：折唇直，饼足（图三二，7）。
Ⅱ式：折唇略外撇，平底内凹（图三二，6）。
D型　折腹，上腹直，饼足。依据腹部、底部的变化，分为二式。

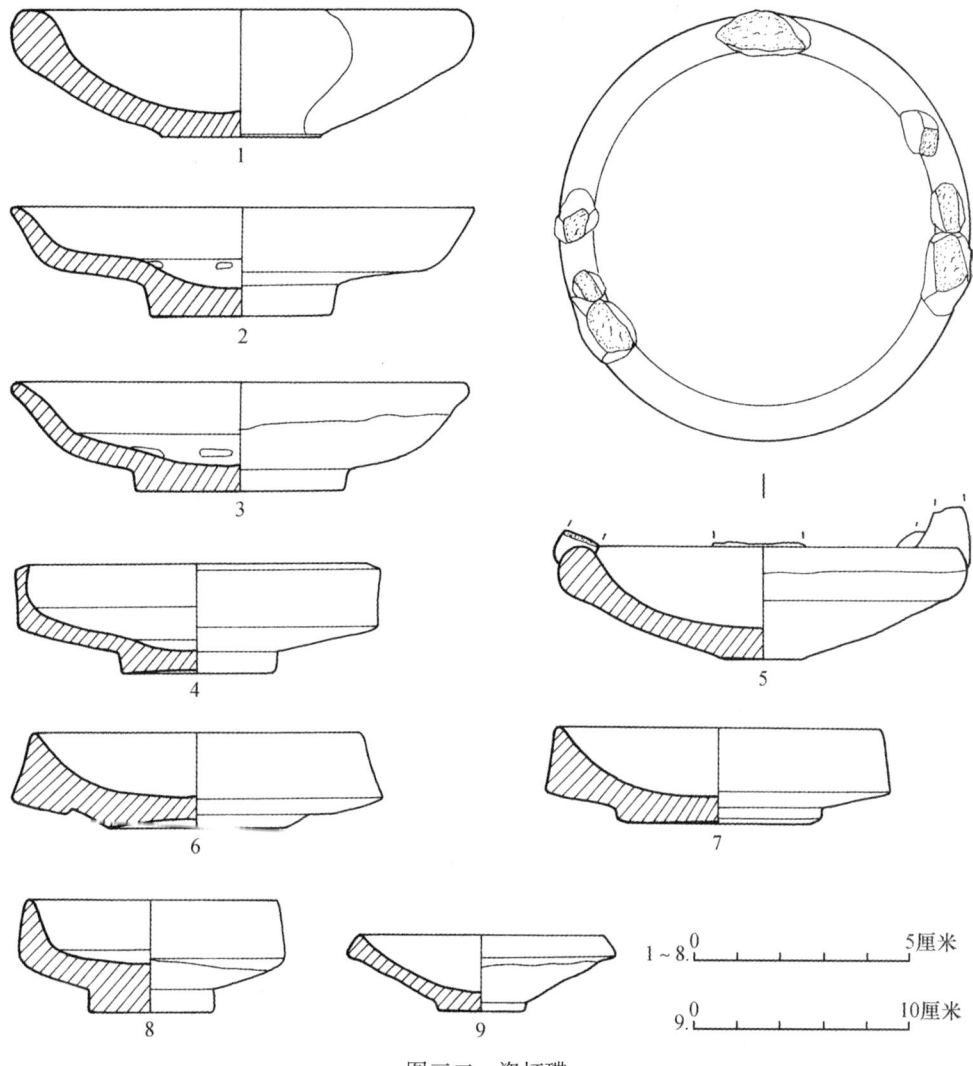

图三二　瓷灯碟

1. AⅣ式（H4∶1526）　2. BⅠ式（H4∶1418）　3. BⅡ式（H4∶95）　4. DⅠ式（H4∶1053）　5. AⅤ式（H4∶58）　6. CⅡ式（H4∶364）　7. CⅠ式（H1∶5）　8. DⅡ式（H4∶108）　9. AⅥ式（TN7E9④∶64）

Ⅰ式：方唇，下腹较平较大，内底内凹明显（图三二，4）。

Ⅱ式：圆唇略尖，下腹较小，厚底（图三二，8）。

盆　侈口或敛口，深腹，大平底。依据腹部的不同，分为二型。

A型　弧腹。依据口部的变化，分为五式。

Ⅰ式：侈口，圆唇，腹较斜（图三三，2）。

Ⅱ式：直口，圆唇外侈，平底内凹（图三三，3）。

Ⅲ式：直口略敛，圆唇外折，平底内凹（图三三，5）。

Ⅳ式：敛口，圆唇外侈，平底略内凹（图三三，6）。

Ⅴ式：敛口，圆唇，平底（图三三，9）。

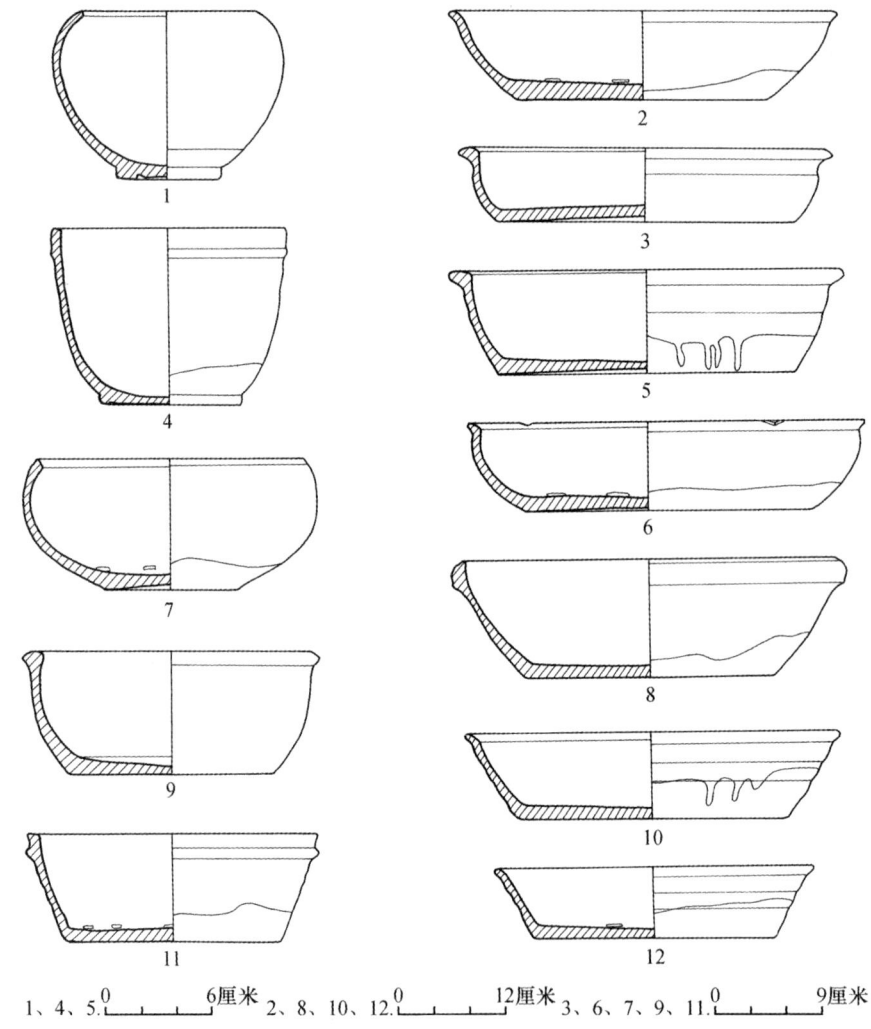

图三三　瓷盆、钵

1. AⅢ式钵（H4∶374）　2. AⅠ式盆（H4∶1513）　3. AⅡ式盆（H4∶156）　4. B型钵（H4∶1122）　5. AⅢ式盆（H4∶1469）　6. AⅣ式盆（H4∶1419）　7. AⅣ式钵（H4∶353）　8. BⅡ式盆（H4∶1352）　9. AⅤ式盆（H4∶563）　10. BⅢ式盆（TN1E3③∶4）　11. BⅠ式盆（H4∶614）　12. BⅣ式盆（H4∶1340）

B型　斜直腹。依据口部的变化，分为四式。

Ⅰ式：直口，方唇，沿下有一周凸棱（图三三，11）。

Ⅱ式：敛口，尖唇，唇上有一周凸棱（图三三，8）。

Ⅲ式：侈口，圆唇外撇（图三三，10）。

Ⅳ式：侈口，圆唇，腹略束（图三三，12）。

钵　依据口部、腹部的不同，分为三型。

A型　敛口，鼓腹。依据腹部、足部的变化，分为五式。

Ⅰ式：口部内折，腹较斜，饼足内凹（图三四，6）。

Ⅱ式：饼足（图三四，8）。

Ⅲ式：玉璧底（图三三，1）。

Ⅳ式：较Ⅱ、Ⅲ式矮胖，平底内凹（图三三，7）。

Ⅴ式：唇外侈，肩部附双竖耳，大饼足（图三五，1）。

B型　直口，沿下有一周凸棱，深直腹略斜，大饼足（图三三，4）。

C型　敞口，弧腹，饼足或圈足。依据口部、足部的变化，分为六式。

Ⅰ式：宽平折沿，圆唇，腹较斜，饼足内凹（图三四，1）。

Ⅱ式：唇外翻，腹较斜，饼足（图三四，2）。

Ⅲ式：口部略内敛，方唇，饼足（图三四，4）。

Ⅳ式：五曲口略内敛，唇外撇，饼足（图三四，7）。

Ⅴ式：五曲口，圆唇，圈足（图三四，5）。

Ⅵ式：方唇，圈足（图三四，3）。

盒　依据腹部的不同，分为二型。

A型　子母口，折腹。依据口部、腹部的不同，分为二亚型。

Aa型　口略内敛，上腹较短，下腹较长。依据足部的变化，分为六式。

Ⅰ式：上腹略束，饼足（图三五，2）。

Ⅱ式：上腹略束，饼足内凹（图三五，5）。

Ⅲ式：平底（图三五，3）。

Ⅳ式：玉璧底（图三五，7）。

Ⅴ式：矮圈足（图三五，4）。

Ⅵ式：口部内敛明显，高圈足（图三五，6）。

Ab型　口部较直，上腹直而长，下腹短。依据足部的变化，分为五式。

Ⅰ式：厚饼足略内凹（图三五，12）。

Ⅱ式：玉璧底（图三五，10）。

Ⅲ式：高圈足（图三五，9）。

Ⅳ式：矮假圈足近平底（图三五，11）。

Ⅴ式：小平底（图三六，4）。

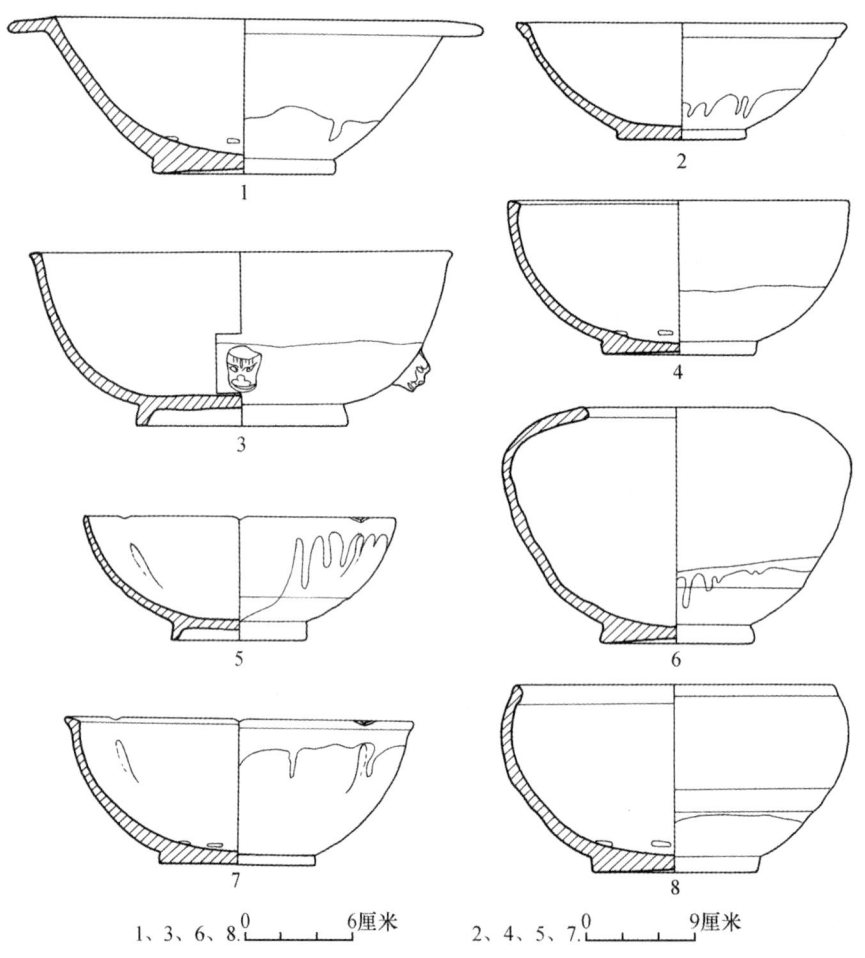

图三四　瓷钵

1. CⅠ式（H4：1343）　2. CⅡ式（H4：1164）　3. CⅥ式（H4：256）　4. CⅢ式（H4：607）　5. CⅤ式（H4：880）　6. AⅠ式（H4：1416）　7. CⅣ式（H4：1257）　8. AⅡ式（H4：1198）

B型　子母口，斜弧腹。依据腹部、足部的变化，分为二式。

Ⅰ式：深腹较弧，高饼足（图三五，8）。

Ⅱ式：浅腹较平，矮饼足（图三六，5）。

壶　依据整体器形的不同，分为四型。

A型　盘口，圆唇，长束颈，阔肩，鼓腹，假圈足，流位于肩部，较短直，与流对称处附耳形柄（图三七，5）。

B型　直口，直颈，阔肩，鼓腹，平底，短流位于肩部。依据颈部、腹部的不同，分为三亚型。

Ba型　器身修长，颈较长。依据腹部的变化，分为二式。

Ⅰ式：斜直腹，与流对称处附耳形柄，柄为片形，肩部流与耳之间附两个对称竖耳（图三八，1）。

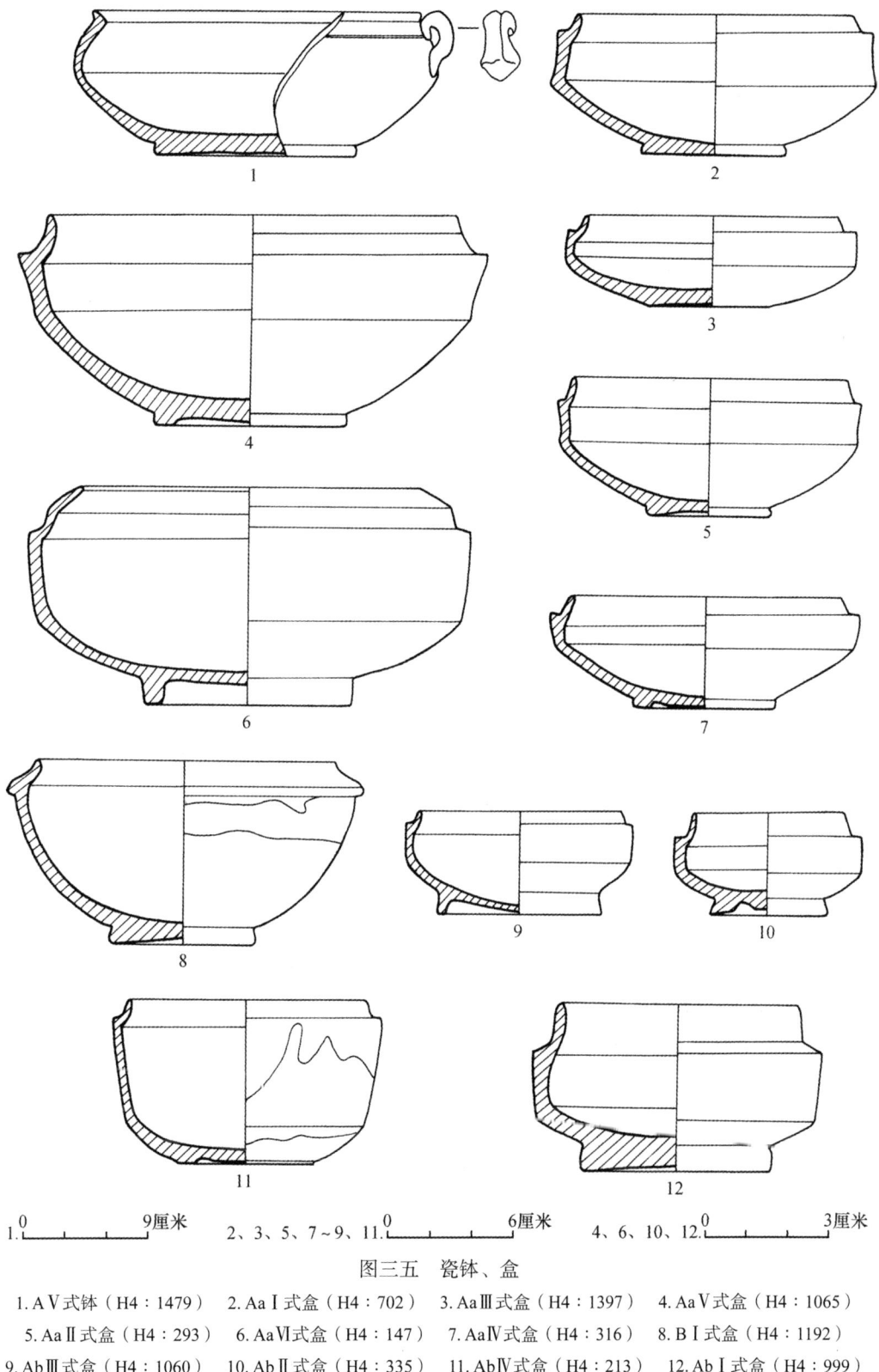

图三五 瓷钵、盒
1. AⅤ式钵（H4:1479） 2. AaⅠ式盒（H4:702） 3. AaⅢ式盒（H4:1397） 4. AaⅤ式盒（H4:1065）
5. AaⅡ式盒（H4:293） 6. AaⅥ式盒（H4:147） 7. AaⅣ式盒（H4:316） 8. BⅠ式盒（H4:1192）
9. AbⅢ式盒（H4:1060） 10. AbⅡ式盒（H4:335） 11. AbⅣ式盒（H4:213） 12. AbⅠ式盒（H4:999）

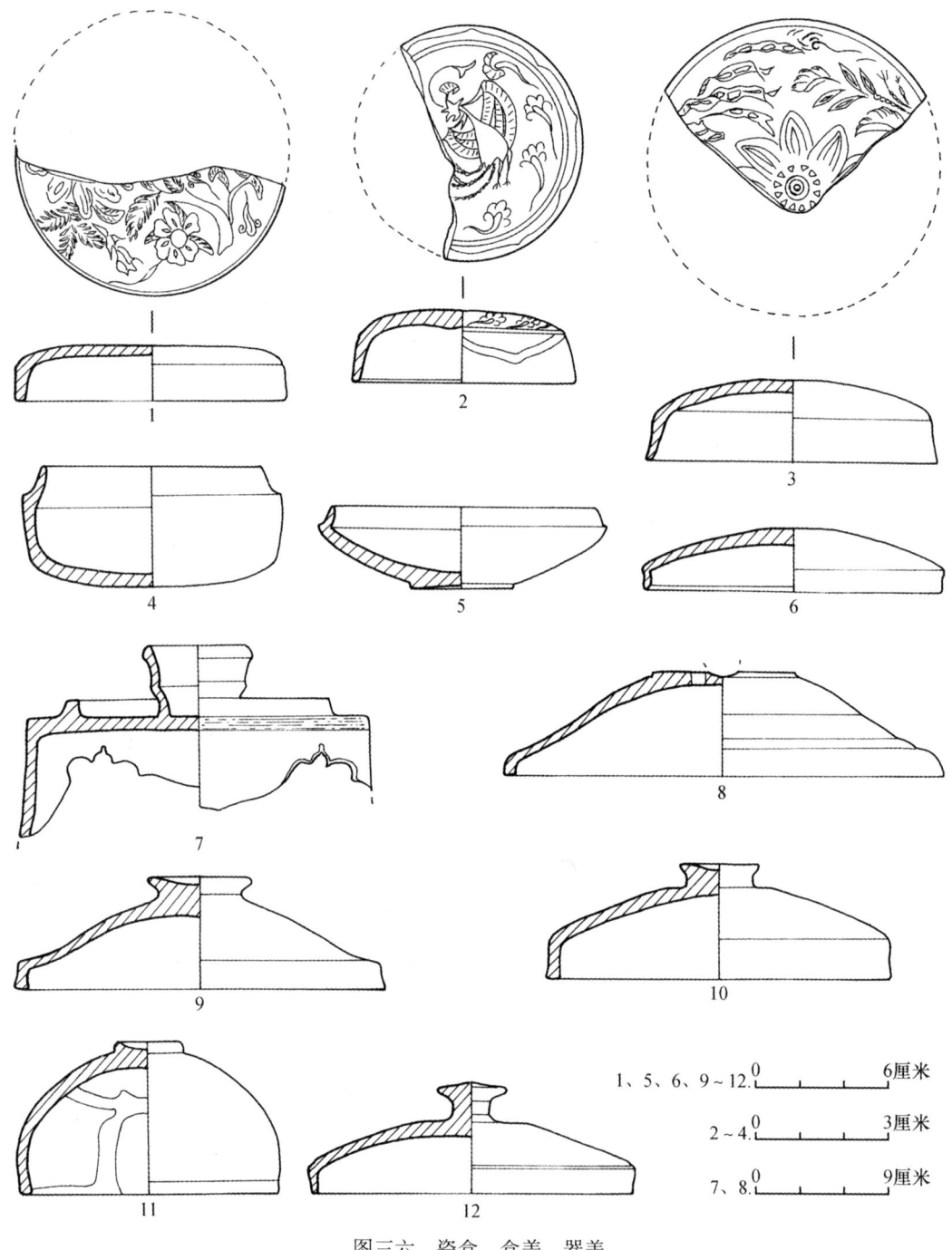

图三六 瓷盒、盒盖、器盖

1. A型盒盖（H4:693） 2. B型盒盖（H4:202） 3. C型盒盖（H4:1112） 4. AbⅤ式盒（H4:50）
5. BⅡ式盒（H4:696） 6. D型盒盖（H4:386） 7. B型器盖（H4:432） 8. AⅢ式器盖（H4:761）
9. AⅣ式器盖（H4:1005） 10. AⅡ式器盖（H4:1393） 11. C型器盖（H4:1048） 12. AⅠ式器盖（H4:998）

Ⅱ式：腹较直，与流对称处附耳形柄，柄为片形（图三九，1）。

Bb型　器身矮胖，颈较短，球形腹。依据耳部的变化，分为二式。

Ⅰ式：口部略侈，肩部附两个对称竖耳（图三八，2）。

Ⅱ式：肩部附三个竖耳（图三七，8）。

Bc型　颈部较长，折腹，肩部附两个对称竖耳（图三七，6）。

C型　敞口，束颈，鼓腹。依据颈部、腹部的变化，分为六亚型。

Ca型　口微敞，颈较细，大鼓腹，最大腹径位于上腹部，饼足。依据腹部的变化，分为二式。

Ⅰ式：颈部细长，瓜棱腹，与流对称处附耳形柄，柄为片形，矮饼足略内凹（图三八，4）。

Ⅱ式：圆形腹，泥条盘筑痕明显，与流对称处附耳形柄，柄为方柱形，高饼足略内凹（图三七，1）。

Cb型　大敞口，颈较细，圆球形腹，饼足，流较粗短，细柄（图三七，4）。

Cc型　大敞口，颈较粗，鼓腹，饼足，流、柄均较粗短，器壁厚（图三八，5）。

Cd型　大敞口，粗颈，阔肩，鼓腹修长，平底，流、柄均较细（图三七，2）。

Ce型　敞口，细颈，溜肩，上腹略鼓，下腹较直，大平底，无流，柄均较细（图三七，3）。

Cf型　敞口，细颈，溜肩，鼓腹，饼足，流与柄均较小（图三七，7）。

D型　圆唇，腹部为钵形，鼓腹，大饼足，肩部有短流，流上唇部附半环形提梁，提梁为圆柱形（图三八，3）。

四系罐　依据口部的不同，分为三型。

A型　敞口。依据系与身的不同，分为三亚型。

Aa型　大敞口，领部较高，阔肩，四桥形耳（图四〇，2）。

Ab型　整器较矮胖，高领，竖耳。依据腹部、底部的变化，分为二式。

Ⅰ式：溜肩，折腹，饼足（图四〇，7）。

Ⅱ式：阔肩，斜直腹，大平底（图四〇，9）。

Ac型　整器修长，溜肩，斜直腹，饼足，竖耳（图四一，1）。

B型　敛口，器身修长，竖耳。依据肩部、腹部的不同，分为二亚型。

Ba型　领较短，广肩，斜直腹（图四二，5）。

Bb型　领较高，溜肩，斜直腹，大平底（图四一，9）。

C型　直口，高领。依据肩部、腹部的不同，分为五亚型。

Ca型　阔肩，四桥形耳（图四三，4）。

Cb型　平折肩，斜直腹，饼足（图四三，5）。

Cc型　溜肩，鼓腹，大平底（图四一，7）。

Cd型　整器矮胖。依据腹部、底部的变化，分为三式。

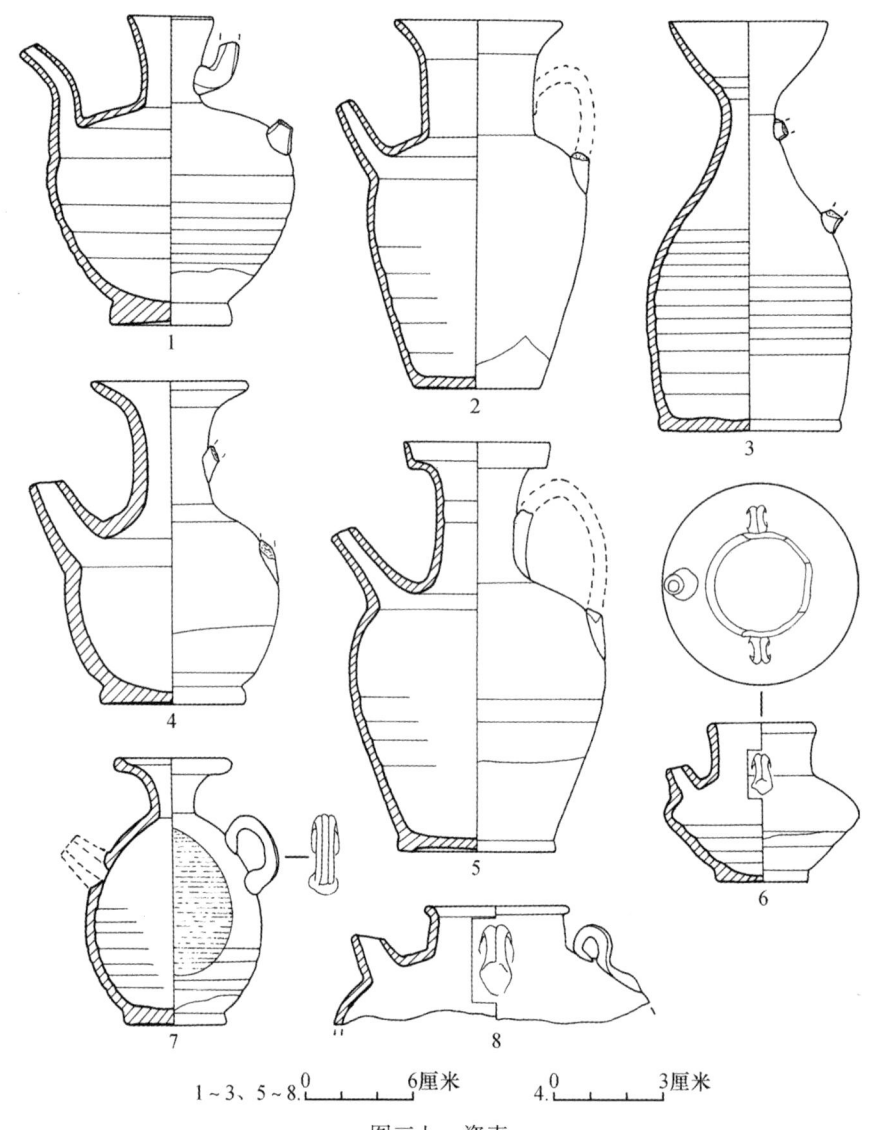

图三七　瓷壶

1.CaⅡ式（H4∶80）　2.Cd型（H4∶261）　3.Ce型（H4∶426）　4.Cb型（J3∶1）　5.A型（H4∶315）
6.Bc型（TN7E9④∶6）　7.Cf型（H4∶278）　8.BbⅡ式（H4∶1502）

Ⅰ式：腹部略折，假饼足内凹（图四三，8）。

Ⅱ式：圆鼓腹，领部较矮，大平底（图四二，4）。

Ⅲ式：折腹，高领，高饼足（图四二，3）。

Ce型　整器较高，广肩，圆鼓腹。依据腹部、底部的变化，分为四式。

Ⅰ式：高领，有一道尖凸棱，平底内凹（图四二，2）。

Ⅱ式：领较Ⅰ式矮，球形腹，大平底（图四三，3）。

Ⅲ式：下腹变瘦长，饼足内凹（图四二，6）。

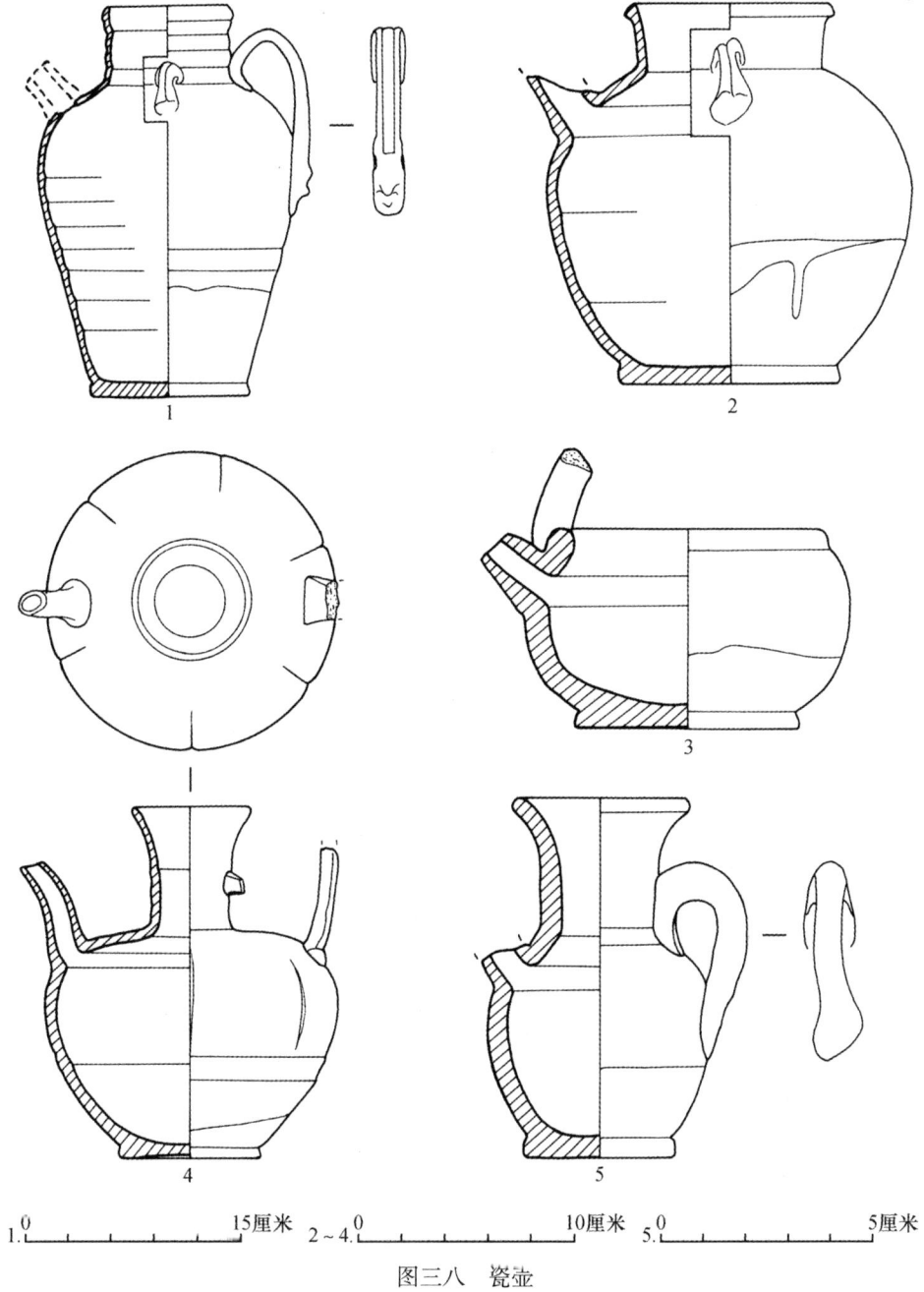

图三八 瓷壶

1. BaⅠ式（H4:146） 2. BbⅠ式（H4:201） 3. D型（H4:324） 4. CaⅠ式（H4:120）
5. Cc型（H4:226）

Ⅳ式：腹部修长，下腹较直，大平底略呈假饼足（图四二，1）。

双系罐 依据口部的不同，分为三型。

A型 敞口。依据系与身的不同，分为三亚型。

Aa型 整器较矮胖，大敞口，领部较高。依据系与腹部的变化，分为四式。

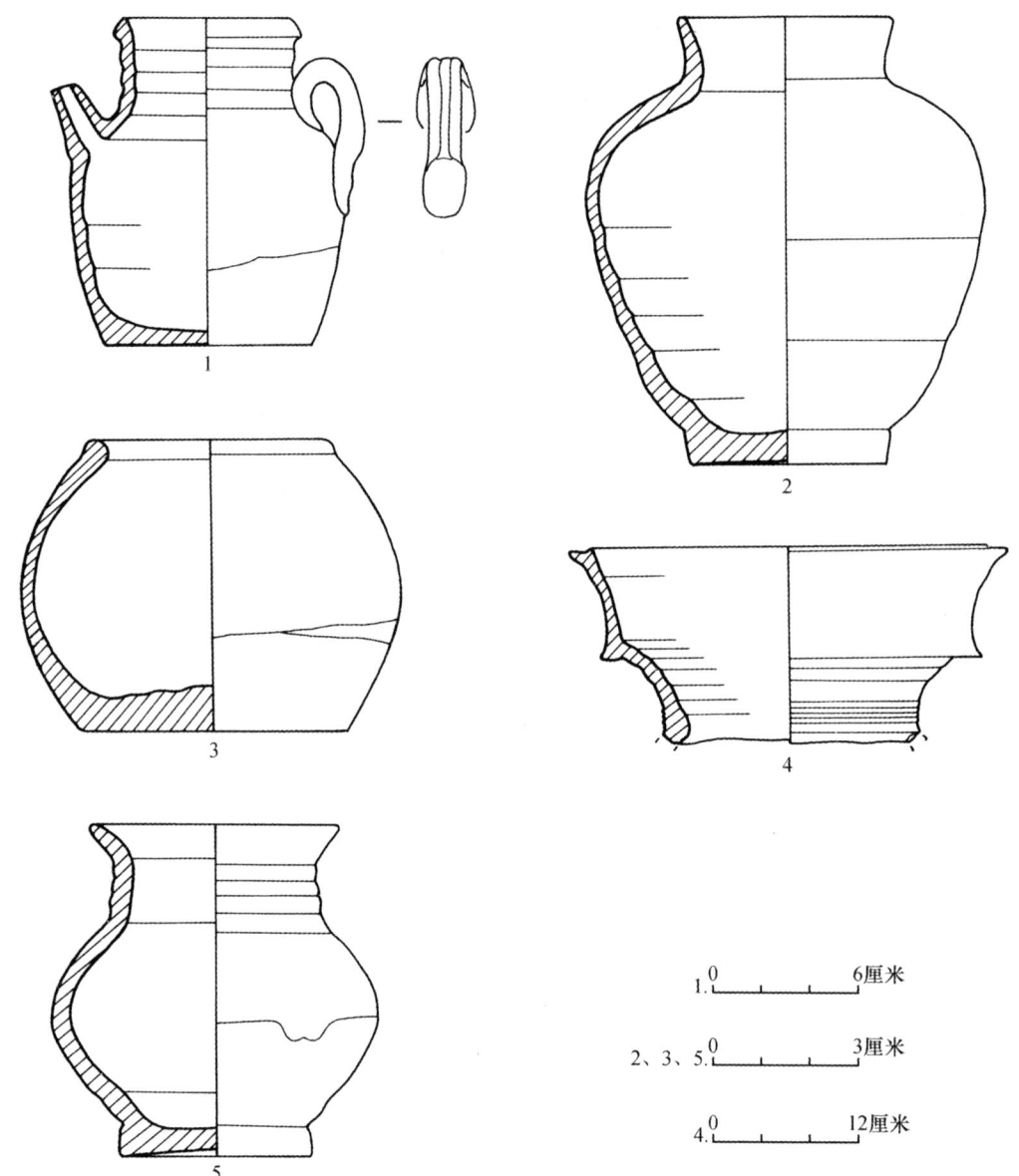

图三九　瓷罐、壶

1. BaⅡ式壶（H4∶267）　2. Ba型无耳罐（H4∶421）　3. AbⅠ式无耳罐（H4∶378）　4. 盘口罐（H4∶1461）
5. Bb型无耳罐（H4∶228）

Ⅰ式：阔肩，桥形耳，斜直腹，假饼足（图四〇，8）。

Ⅱ式：阔肩，竖耳，斜直腹，大平底（图四〇，4）。

Ⅲ式：平折肩，竖耳，斜直腹，平底（图四〇，5）。

Ⅳ式：溜肩，竖耳，鼓腹，饼足（图四〇，6）。

Ab型　大敞口，高领，竖耳，鼓腹，最大腹径位于腹中部，饼足（图四〇，1）。

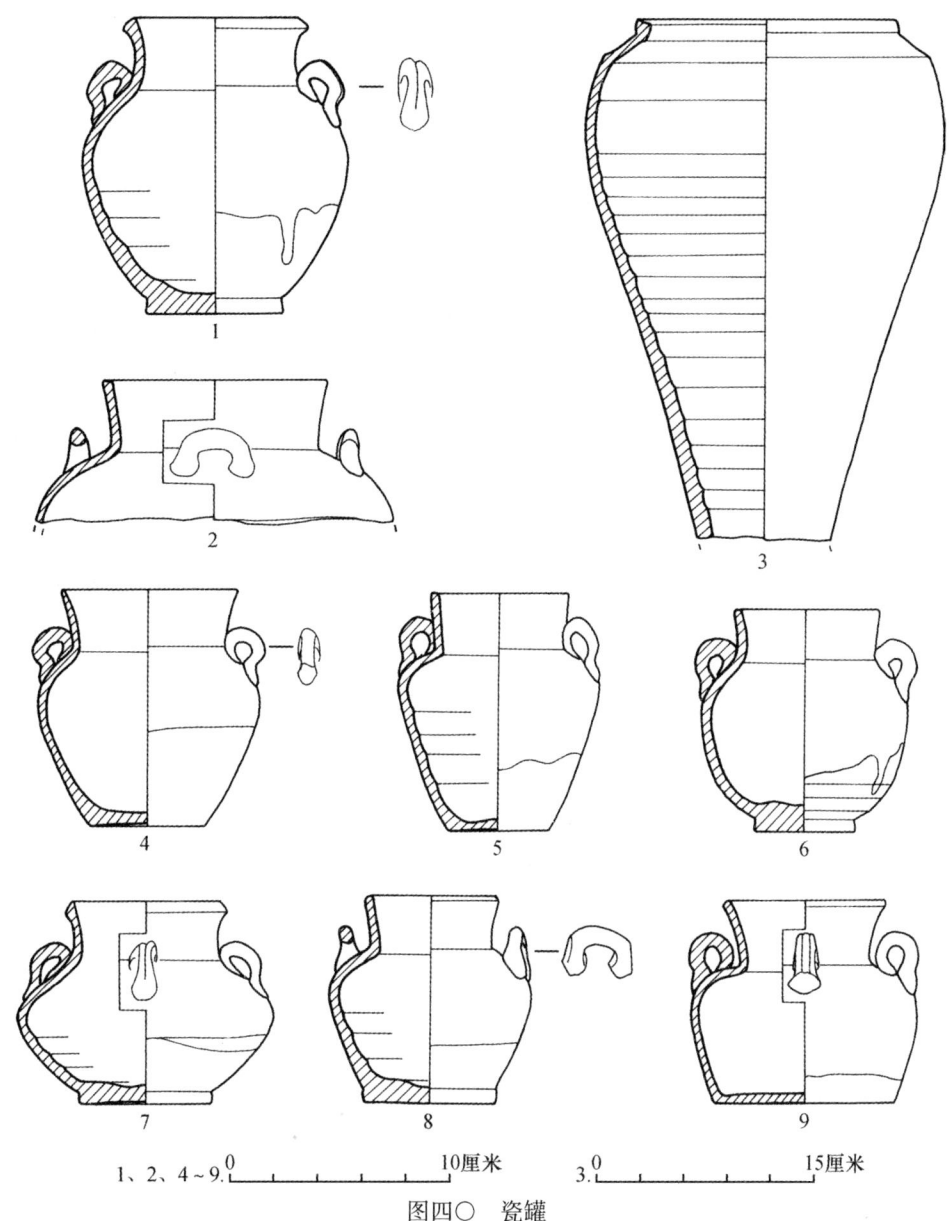

图四〇 瓷罐

1. Ab型双系罐（H4∶385） 2. Aa型四系罐（H4∶662） 3. Aa型无耳罐（TN1E3③∶3） 4. AaⅡ式双系罐（H4∶420） 5. AaⅢ式双系罐（H4∶223） 6. AaⅣ式双系罐（H4∶124） 7. AbⅠ式四系罐（H4∶92） 8. AaⅠ式双系罐（H4∶7） 9. AbⅡ式四系罐（H4∶1413）

Ac型 大敞口，高领，阔肩，竖耳，深斜直腹，大饼足（图四一，8）。

B型 直口。依据系与身的不同，分为四亚型。

Ba型 直口略外侈，阔肩，桥形耳（图四三，1）。

Bb型 整器修长，大口，高领，溜肩，竖耳，鼓腹，平底（图四一，2）。

Bc型 深直口呈多棱形，略外侈，阔肩，竖耳（图四三，2）。

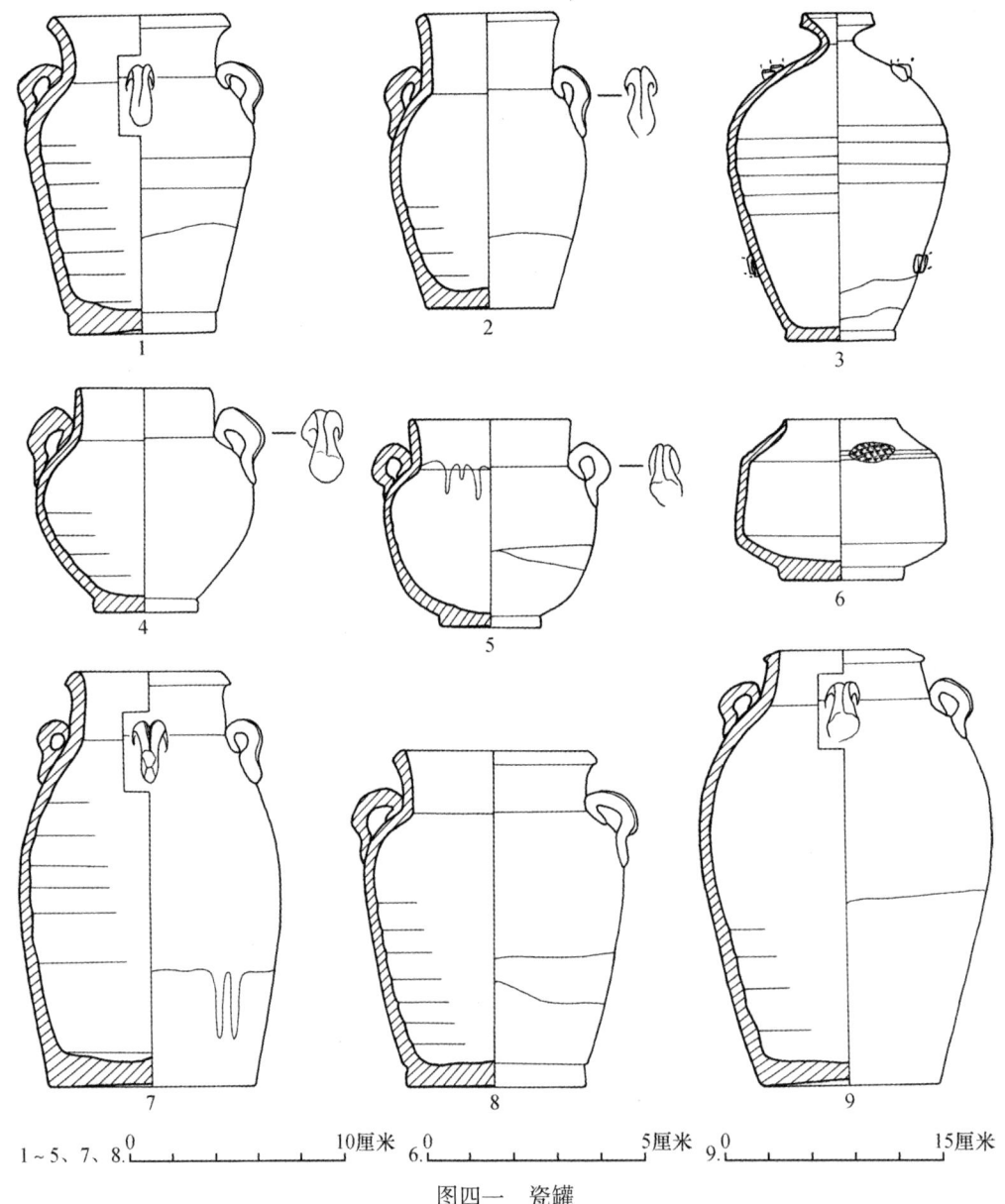

图四一 瓷罐

1. Ac型四系罐（H4∶250） 2. Bb型双系罐（H4∶339） 3. B型多系罐（H4∶9） 4. Bd Ⅰ式双系罐（H4∶75）
5. Bd Ⅱ式双系罐（H4∶403） 6. Ab Ⅱ式无耳罐（H4∶1402） 7. Cc型四系罐（H4∶121） 8. Ac型双系罐（H4∶1524） 9. Bb型四系罐（H4∶160）

Bd型　整器较矮胖，口部较大，竖耳，饼足。依据肩部、腹部的变化，分为二式。

Ⅰ式：溜肩，鼓腹（图四一，4）。

Ⅱ式：阔肩，斜直腹，下腹折（图四一，5）。

C型　敛口，尖唇，矮领，阔肩，桥形耳（图四三，6）。

多系罐　依据系的不同，分为二型。

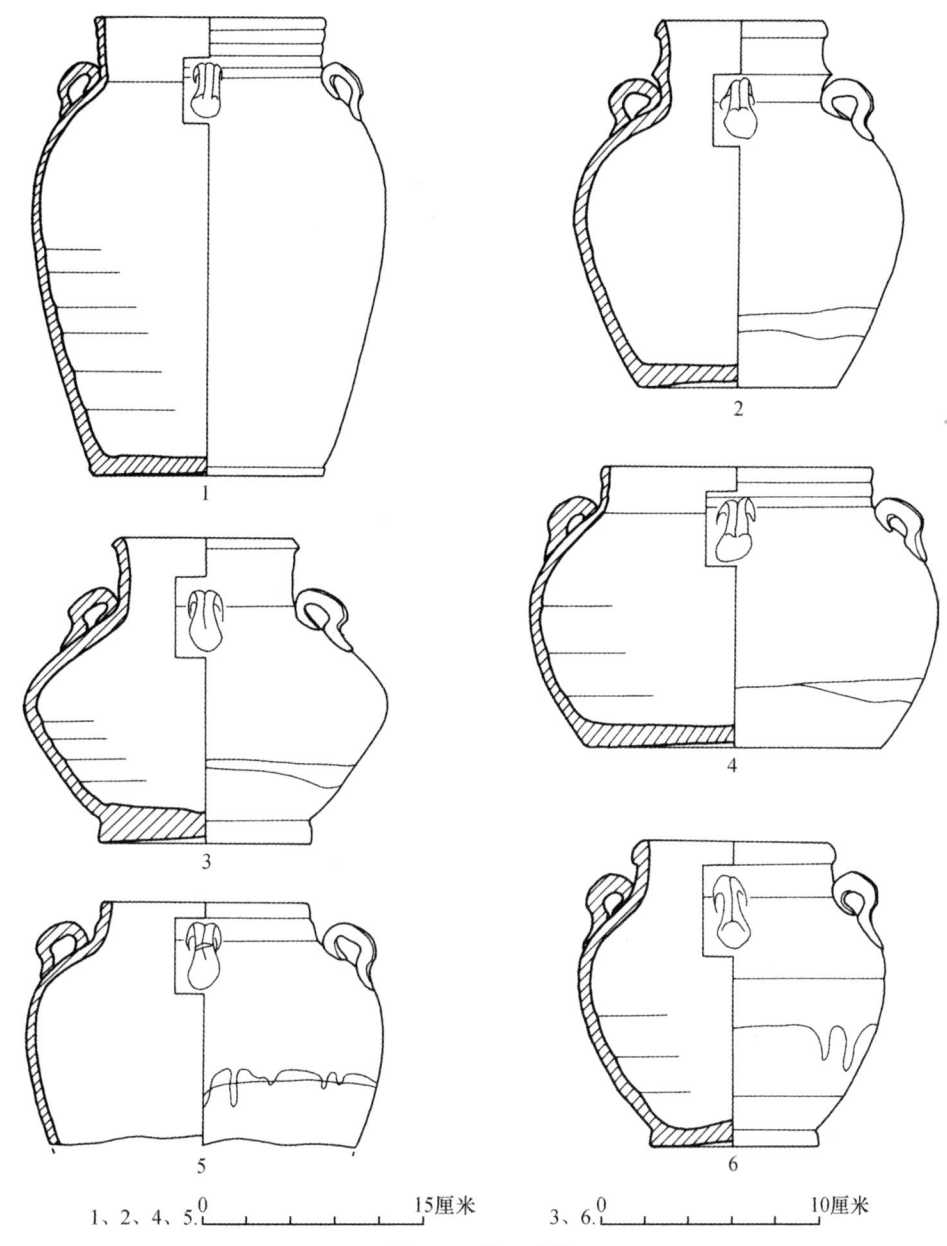

图四二 瓷四系罐
1. CeⅣ式（TN2E4③：17） 2. CeⅠ式（H4：310） 3. CdⅢ式（H4：258） 4. CdⅡ式（H4：167）
5. Ba型（H4：670） 6. CeⅢ式（H4：1259）

A型 直口，高领，广肩，肩部八竖耳，双耳两两分别对称（图四三，7）。

B型 小喇叭口，束颈，阔肩，鼓腹，下腹修长，饼足。肩部与下腹部分别附对称桥形耳（图四一，3）。

盘口罐 大盘口略敞，束颈（图三九，4）。

无耳罐 依据口部的不同，分为二型。

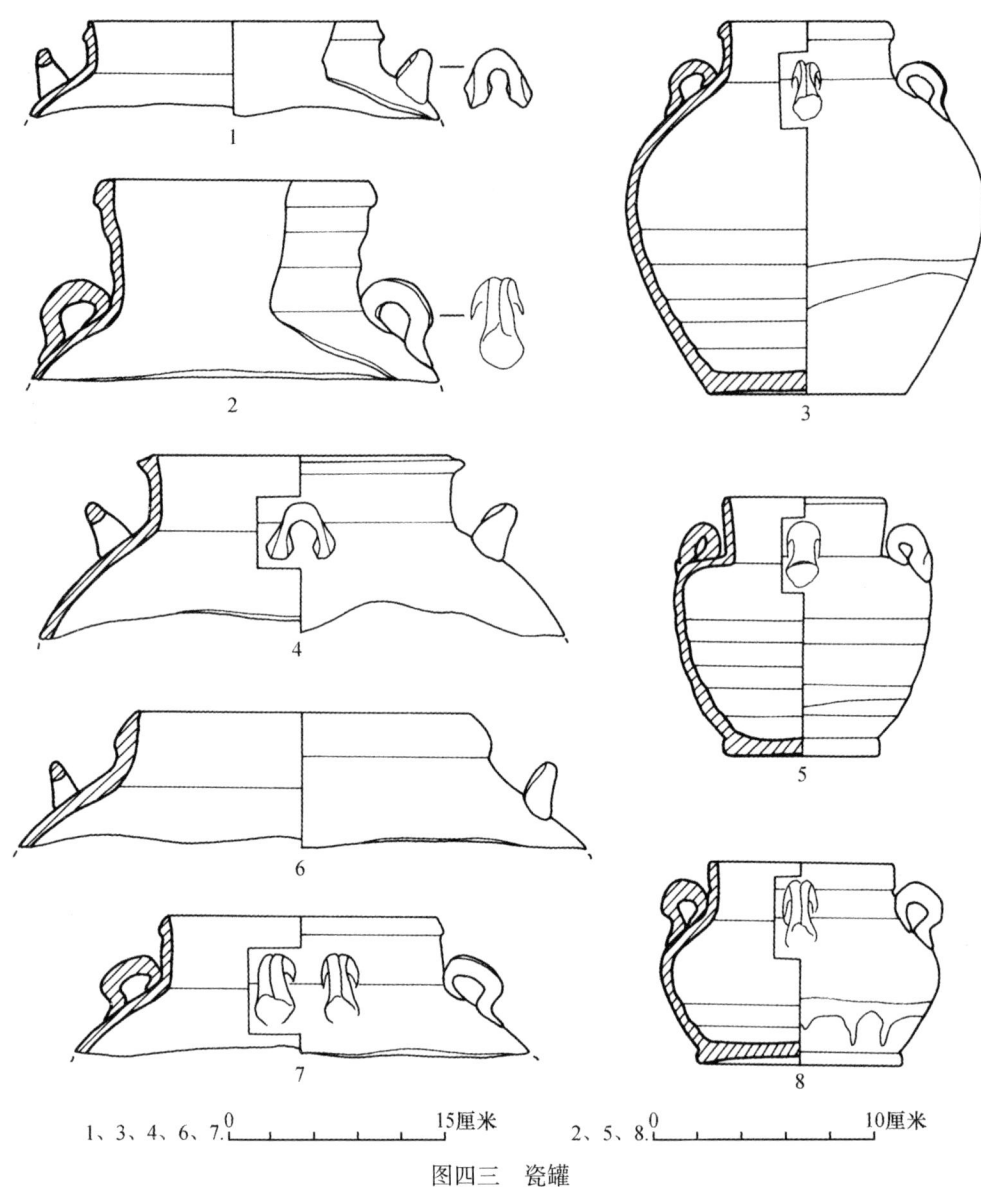

图四三 瓷罐

1. Ba型双系罐（H4∶1330） 2. Bc型双系罐（H4∶655） 3. CeⅡ式四系罐（H4∶233） 4. Ca型四系罐（H4∶1478） 5. Cb型四系罐（H4∶257） 6. C型双系罐（H4∶1488） 7. A型多系罐（H4∶1517） 8. CdⅠ式四系罐（H4∶371）

A型 敛口。依据腹部的不同，分为二亚型。

Aa型 整器修长，大口，尖唇，折肩，上腹略鼓，下腹斜直瘦长（图四〇，3）。

Ab型 整器矮胖。依据腹部、底部的变化，分为二式。

Ⅰ式：圆唇，圆鼓腹，大平底（图三九，3）。

Ⅱ式：尖唇，折肩，直折腹，饼足（图四一，6）。

B型 敞口。依据肩部、腹部的不同，分为二亚型。

Ba型　高领，阔肩，鼓腹，下腹较直较长，饼足（图三九，2）。

Bb型　喇叭口，长直颈呈多棱形，溜肩，圆鼓腹，饼足略内凹（图三九，5）。

砚　呈"风"字形，底部三片形足（图四四，1）。

急须　敞口，深折腹，上腹内收，下腹弧收，口沿有流，腹部附柄。依据腹部的不同，分为二型。

A型　花形口，折腹位于腹中部。饼足（图四四，3）。

B型　折腹位于腹下部近底处，玉璧底（图四四，2）。

炉　依据口部、足部的不同，分为四型。

A型　直口，平折沿，直腹，平底，下接喇叭口形大圈足，足上镂云形孔（图四四，6）。

B型　大敞口，平折沿，斜腹内收，大平底，下接五兽形高足（图四四，4）。

C型　侈口，斜直腹略内收，平底，下接三圆柱形足，腹下部附圆形柄（图四五，9）。

D型　子母口，直口，深直腹略弧，下接高喇叭形足（图四六）。

杯　依据口部、足部的不同，分为二型。

A型　直口，直腹，圜底。外壁饰仿柳条编节纹（图四五，10）。

B型　侈口，直腹，下腹折收，饼足（图四四，5）。

水盂　上部圆形承盘，束颈，下部呈罐形。依据下腹部的不同，分为二型。

A型　下腹呈扁球形，玉璧底（图四五，1）。

B型　下腹斜直，饼足（图四五，11）。

托　依据口部、足部的不同，分为二型。

A型　敛口，盘形承托，圜形底，下接大喇叭形高足（图四五，2）。

B型　直口，盘形承托，直筒形高圈足，整器中空无底（图四五，3）。

研磨器　整器呈盘形，内底为戳印纹（图四五，4）。

灯　依据口部、腹部的不同，分为二型。

A型　呈双腹碗形，中空，敞口，圆唇，弧腹，饼足，腹部侧附柄，对称处有灯芯口（图四五，8）。

B型　高柄灯。上部呈扁壶形，下接一圆柱形高柄，柄中部附捉手（图四五，5）。

釜　敞口，深腹，平底，唇上附双耳。依据腹部的不同，分为二型。

A型　鼓腹，小平底（图四五，6）。

B型　腹内收，大平底（图四五，7）。

盒盖　平顶，弧肩，直口。依据顶部、腹部的不同，分为四型。

A型　整器较矮，大平顶，肩部较斜（图三六，1）。

B型　较A型明显高，平顶略小，肩部圆弧（图三六，2）。

C型　小平顶，肩部圆弧，唇略外侈（图三六，3）。

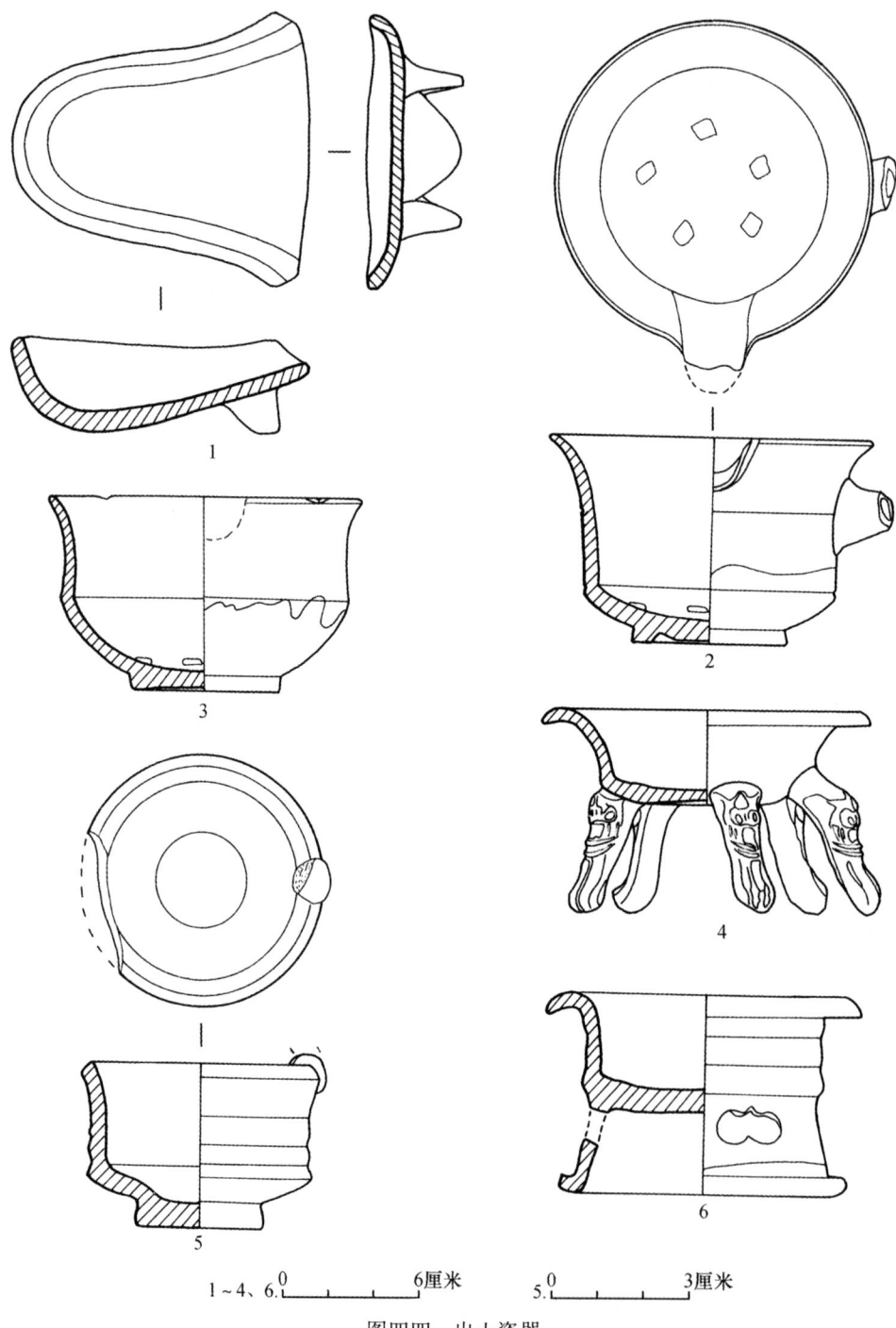

图四四 出土瓷器

1. 砚（H4:11） 2. B型急须（H4:255） 3. A型急须（H4:797） 4. B型炉（H4:203） 5. B型杯（H4:215） 6. A型炉（H4:287）

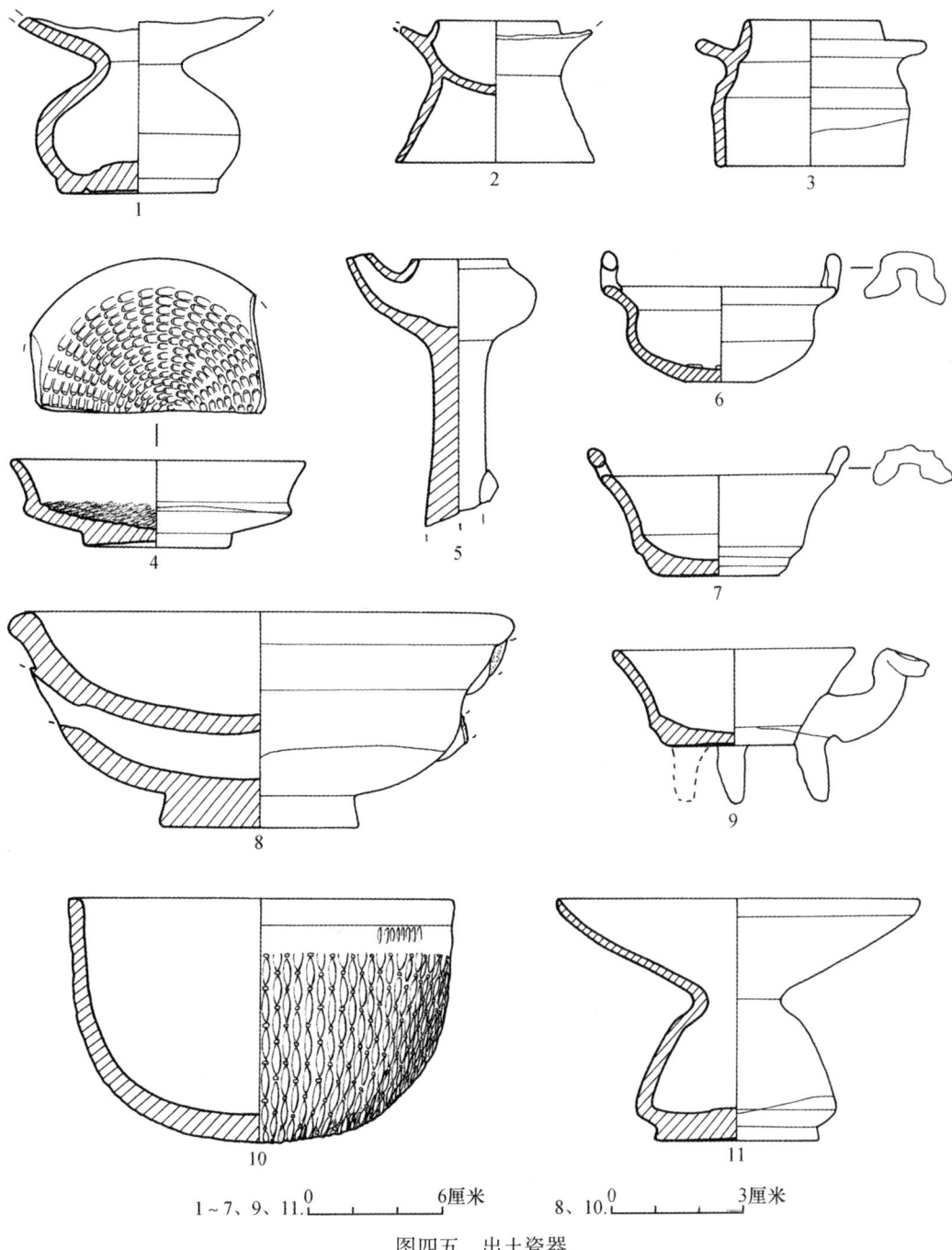

图四五　出土瓷器

1. A型水盂（H4：1132） 2. A型托（H4：995） 3. B型托（H4：380） 4. 研磨器（H4：1003） 5. B型灯（TN8E2③：17） 6. A型釜（H4：1147） 7. B型釜（H4：1359） 8. A型灯（H4：1540） 9. C型炉（H4：1473） 10. A型杯（H4：436） 11. B型水盂（H4：54）

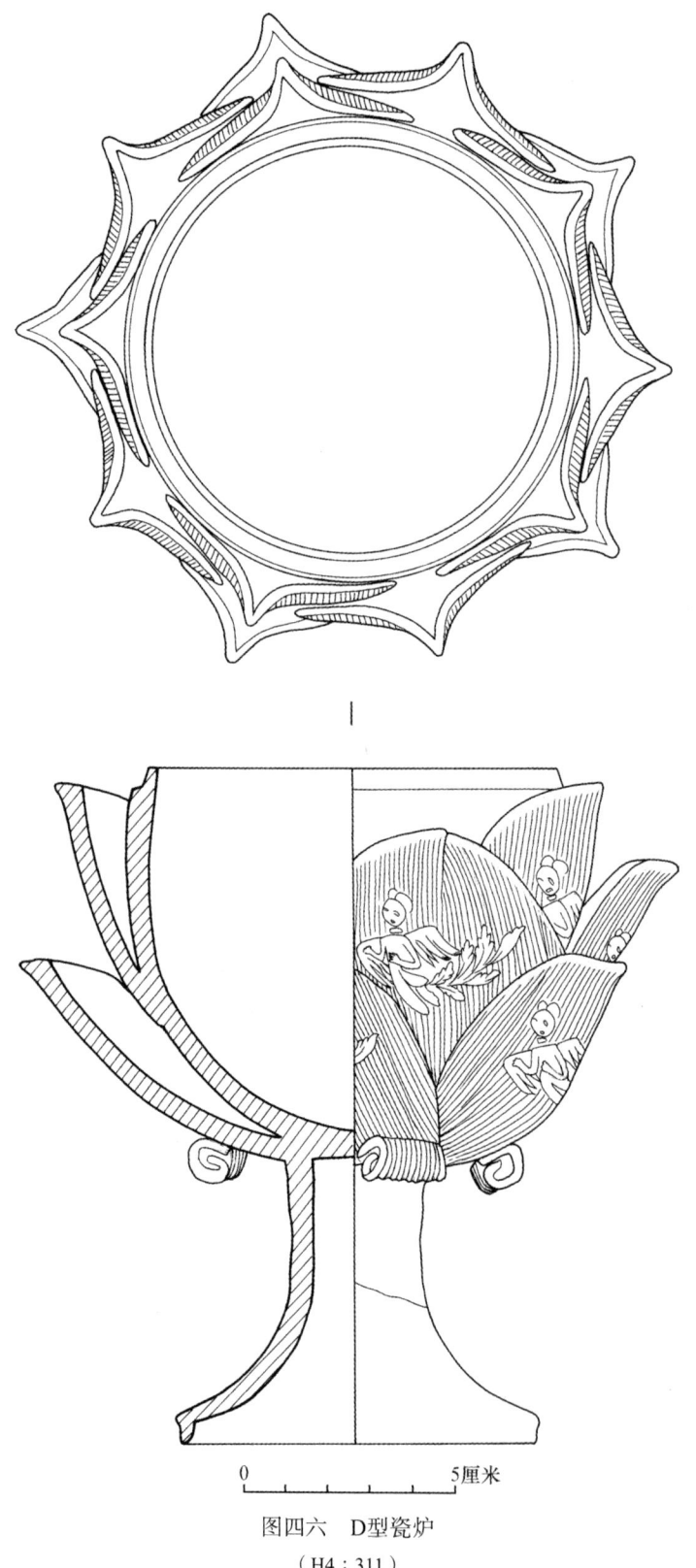

图四六 D型瓷炉
(H4∶311)

D型　小平顶，肩部斜直，口略内敛（图三六，6）。
器盖　依据器形的不同，分为七型。
A型　直口，方唇，斜弧肩，小平顶，顶上附纽。依据纽和肩部的变化，分为四式。
Ⅰ式：口部略内敛，圆饼形纽，纽面略上凸，纽柄较高（图三六，12）。
Ⅱ式：圆形纽，纽面略内凹（图三六，10）。
Ⅲ式：肩部内弧，珠形纽（图三六，8）。
Ⅳ式：口部较短，小喇叭形纽（图三六，9）。
B型　熏炉盖，直口，平顶，折肩，圆形纽，直口壁镂空（图三六，7）。
C型　球形盖，圆饼形纽，纽面内凹（图三六，11）。
D型　宝塔形盖，直口，肩部附环形耳（图二六，1）。
E型　弧形面，圆饼形纽（图二六，2）。
F型　直口，弧肩，圈足形纽（图二六，3）。
G型　子口盖。依据顶部的不同，分为三亚型。
Ga型　平顶，直子口。依据纽的变化，分为二式。
Ⅰ式：圆条形盘成的圆球形纽（图二六，4）。
Ⅱ式：圆锥柱形纽（图二六，5）。
Gb型　山形顶，无纽，直子口略内敛（图二六，7）。
Gc型　宝塔形盖，肩部附环形耳，子口呈长圆柱形（图二六，6）。

（二）出土陶器类型

盆　依据腹部的不同，分为二型。
A型　浅腹（图四七，1）
B型　深腹。依据口部的变化，分为二式。
Ⅰ式：敛口（图四七，9）。
Ⅱ式：直口（图四七，4）
罐　依据肩部、腹部的不同，分为四型。
A型　束颈较长，阔肩（图四七，2）。
B型　短束颈，溜肩（图四七，8）。
C型　长束颈，溜肩、鼓腹（图四八，4）。
D型　无颈，直肩，直腹（图四七，3）
缸　依据口部、腹部的不同，分为三型。
A型　直口，直腹（图四七，7）。
B型　敛口，鼓腹（图四七，10）。
C型　敛口，直腹（图四七，5）。

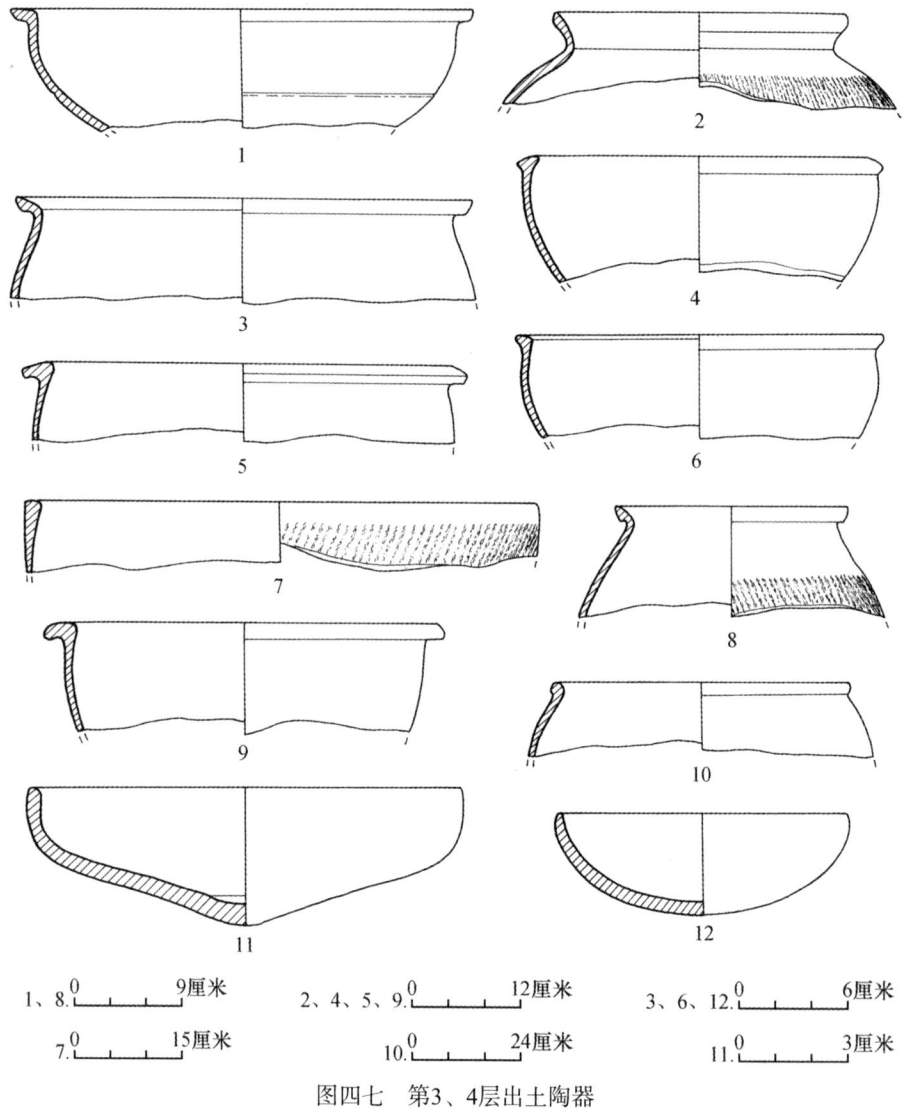

图四七　第3、4层出土陶器

1.A型盆（TN2E3③：110）　2.A型罐（TN3E1④：95）　3.D型罐（TN2E2④：111）　4.BⅡ式盆（TN2E4④：102）　5.C型缸（TN1E9④：104）　6.钵（TN2E1④：114）　7.A型缸（TN2E2④：105）　8.B型罐（TN2E2④：99）　9.BⅠ式盆（TN2E2③：103）　10.B型缸（TN2E3④：101）　11.尖底盏（TN2E1④：1）　12.圜底杯（TN2E3④：91）

器盖　依据纽部、顶部的不同，分为二型。

A型　圆形纽，斜平顶（图四八，2）。

B型　圈足形纽，斜直顶（图四八，1）。

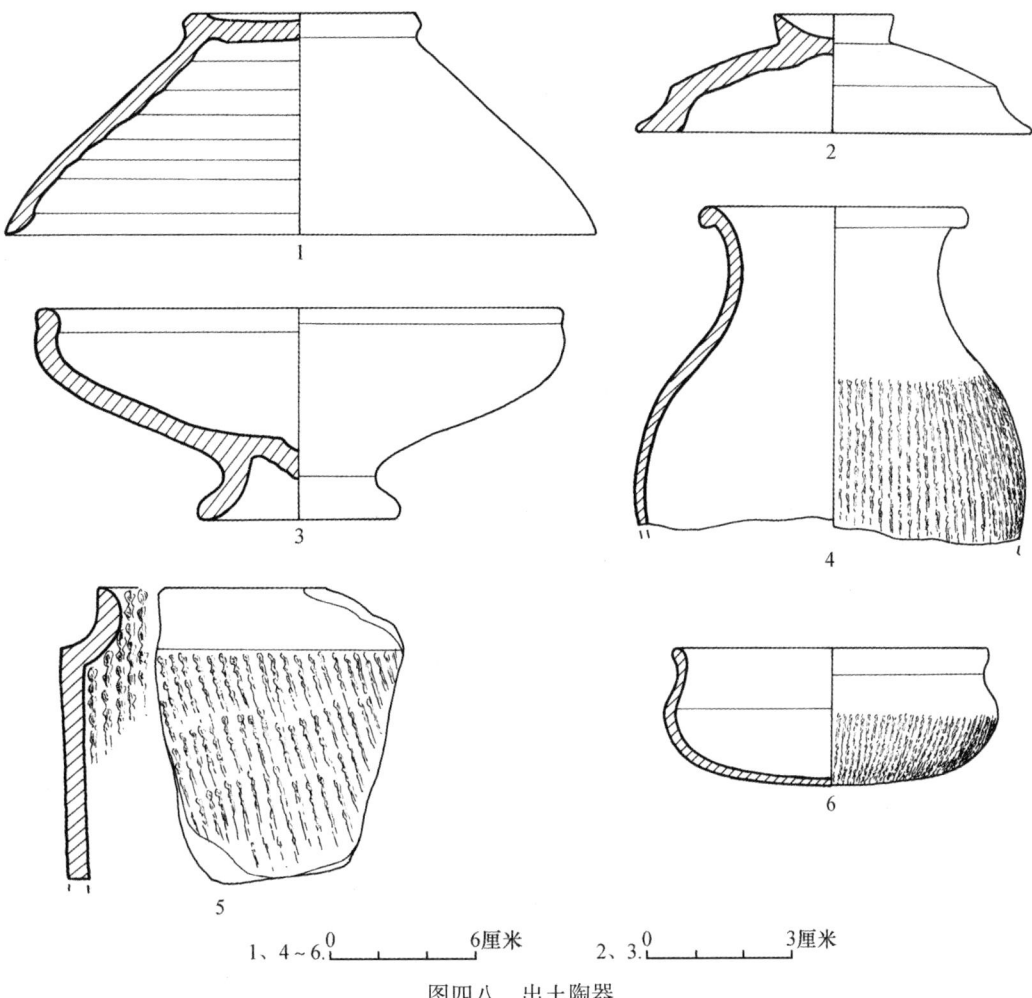

图四八 出土陶器
1. B型器盖（TN2E3③：83） 2. A型器盖（TN2E2④：80） 3. 豆（H4：82） 4. C型罐（H4：76）
5. 板瓦（H4：71） 6. 圜底釜（H4：75）

（三）遗迹与遗物

1. 第4层出土器物

该层出土的遗物有瓷器、陶器、建筑构件和钱币，瓷器产地以本地邛窑为主，瓷片较碎，可辨器形较少，主要器形有碗、灯碟、壶等；陶器较多，泥质灰陶为主，多为早期器形，为晚期地层出的早期器物，器形有尖底盏、器盖、罐、钵、圜底杯、鼎足等。

（1）瓷器

花口碗 5件，选介2件。

AaⅠ式 3件，选介1件。TN8E2④：10，紫红胎，挂米黄色化妆土，青灰釉，内底有五个支钉痕。口径18.3、底径7.5、高6.6厘米（图四九，5）。

图四九 出土瓷器

1. AⅠ式灯碟（TN3E4④：53） 2. AⅢ式灯碟（TN3E5③：33） 3. BⅠ式盆（TN1E3③：1） 4. BⅡ式盆（TN3E7③：13） 5. AaⅠ式花口碗（TN8E2④：10） 6. AbⅡ式花口碗（TN7E9④：20） 7. AcⅠ式圆口碗（TN7E9③：18） 8. AdⅠ式圆口碗（TN3E7③：7） 9、10. AdⅠ式圆口碗（TN7E9④：13、TN3E7④：10） 11. 狗（TN2E3③：45）

AbⅡ式 2件，选介1件。TN7E9④：20，紫红胎，挂米黄色化妆土，青灰釉，内底有五个支钉痕。口径18.4、底径8、高6.5厘米（图四九，6）。

圆口碗 5件，选介3件。

AdⅠ式 2件。TN7E9④：13，深红胎，挂青黄色化妆土，米黄釉。口径13、底径6.8、高4.5厘米（图四九，9）。TN3E7④：10，紫红胎，挂青黄色化妆土，青黄釉。口径17、底径7.4、高6.8厘米（图四九，10）。

AdⅡ式 3件，选介1件。TN2E9④：10，紫红胎，挂米黄色化妆土，青灰釉，内底有五个支钉痕。口径14.7、底径6.7、高4.5厘米（图二八，2）。

灯碟　3件，选介2件。

AⅠ式　2件，选介1件。TN3E4④：53，紫红胎，酱釉。口径9、底径4.1、高3.2厘米（图四九，1）。

AⅥ式　1件。TN7E9④：64，紫红胎，酱釉。口径11、底径3.8、高3.4厘米（图三二，9）。

壶　2件，选介1件。

Bc型　2件，选介1件。TN7E9④：6，紫红胎，酱釉。口径5.6、最大腹径10.5、底径5、高8.6厘米（图三七，6）。

（2）陶器

尖底盏　3件，选介1件。TN2E1④：1，夹砂灰陶。直口，圆唇，斜腹，尖底。口径11.4、高3.7厘米（图四七，11）。

A型器盖　2件，选介1件。TN2E2④：80，泥质灰陶。侈口，平唇，斜壁较平，圈足形纽。口径8.3、纽径2.5、高2.4厘米（图四八，2）。

A型罐　5件，选介1件。TN3E1④：95，夹砂灰褐陶。残存口肩部，侈口，尖唇，束颈，阔肩。腹部饰斜向绳纹。口径30.8、残高10.2厘米（图四七，2）。

B型罐　3件，选介1件。TN2E2④：99，夹砂灰褐陶。残存口、腹部，尖唇外侈，束颈，溜肩。腹部饰斜绳纹。口径18.4、残高8.8厘米（图四七，8）。

D型罐　3件，选介1件。TN2E2④：111，夹砂灰褐陶。残存口肩部，敛口，沿外撇，尖唇，溜肩。口径24.5、残高5.6厘米（图四七，3）。

BⅡ式盆　5件，选介1件。TN2E4④：102，夹砂褐陶。圆唇外翻，溜肩，斜腹，底部残。口径35.5、残高12.3厘米（图四七，4）。

A型缸　3件，选介1件。TN2E2④：105，夹砂褐陶。残存口部，直口，方唇，直腹。腹部饰斜绳纹。口径67、残高9厘米（图四七，7）。

B型缸　2件，选介1件。TN2E3④：101，夹砂褐陶。残存口部，敛口，圆唇略外撇，鼓腹。口径63、残高15.7厘米（图四七，10）

C型缸　4件，选介1件。TN1E9④：104，夹砂褐陶。残存口部，敛口，平折沿，方唇，溜肩，斜直腹。口径44、残高8.5厘米（图四七，5）。

钵　1件。TN2E1④：114，泥质灰陶。敛口，方唇略外撇，上腹直，下腹略斜，底部残。口径19.5、残高5.4厘米（图四七，6）。

圜底杯　1件。TN2E3④：91，泥质灰陶。口略侈，圆唇，弧腹，圜底。口径15.5、高5.4厘米（图四七，12）。

鼎足　5件，选介1件。TN2E3④：67，直筒形，足尖残。残长10.2厘米（图五〇，3）。

（3）建筑构件

构件　1件。TN2E1④：68，泥质灰陶。蛋形，上下两端残。中部饰一周几何纹，上下饰莲纹，图案均为浅浮雕。最大直径8、残高8.7厘米（图五〇，1）。

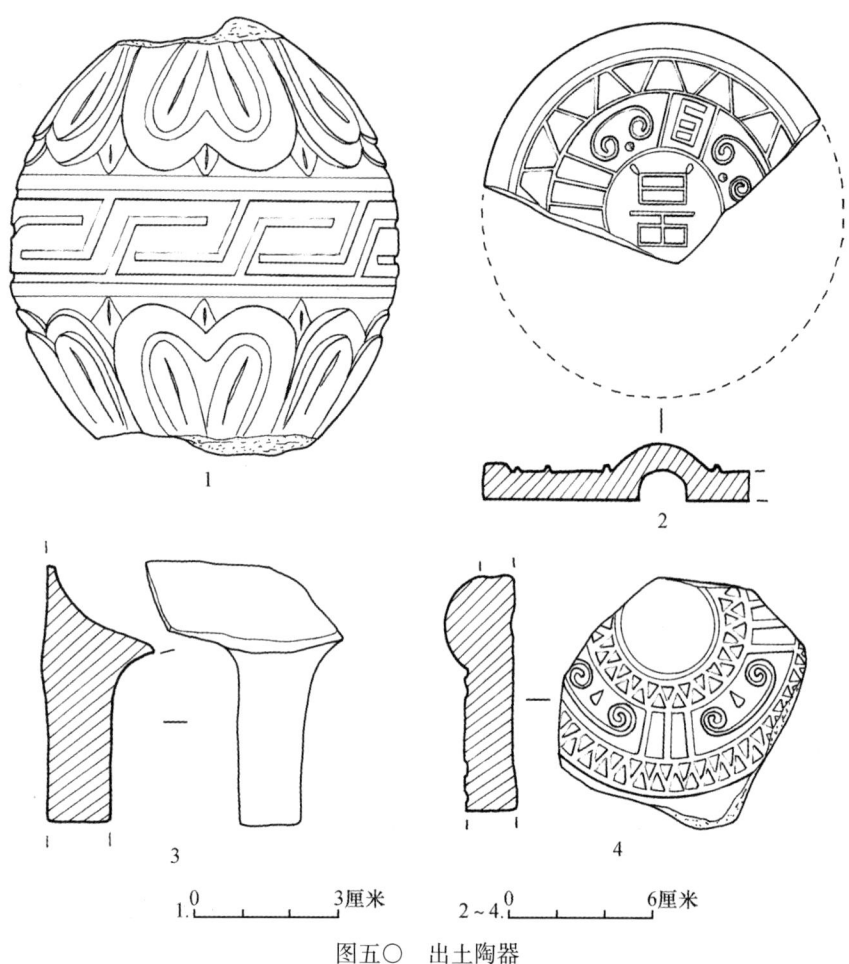

图五〇　出土陶器

1. 构件（TN2E1④：68）　2、4. 瓦当（TN1E2④：37、TN8E2④：69）　3. 鼎足（TN2E3④：67）

瓦当　2件。圆形，中部高凸，宽缘。TN1E2④：37，残存三分之一。由内而外用凸弦纹将纹样分为三层，最内层为一"贵"字，第二层由云纹、方格纹组成，最外层为线分隔成的三角形组成。直径15、厚1.2厘米（图五〇，2）。TN8E2④：69，残。由内而外用凸弦纹将纹样分为三层，内外两层为连续的三角纹组成，中间一层由云纹、方格纹组成（图五〇，4）。

（4）钱币

开元通宝　1枚。TN2E1④：8，钱文规整。"通"字头部较平长，"元"字次横两端上挑明显。穿上半月纹。钱径2.4、穿宽0.7、郭径0.15厘米（图五一，1）。

2. 第3层下遗迹单位与出土器物

此层下遗迹有水塘和水井。

ST1　开口呈方形或长方形，残存西壁和南壁各一段。西壁南端位于TN3E4西部，

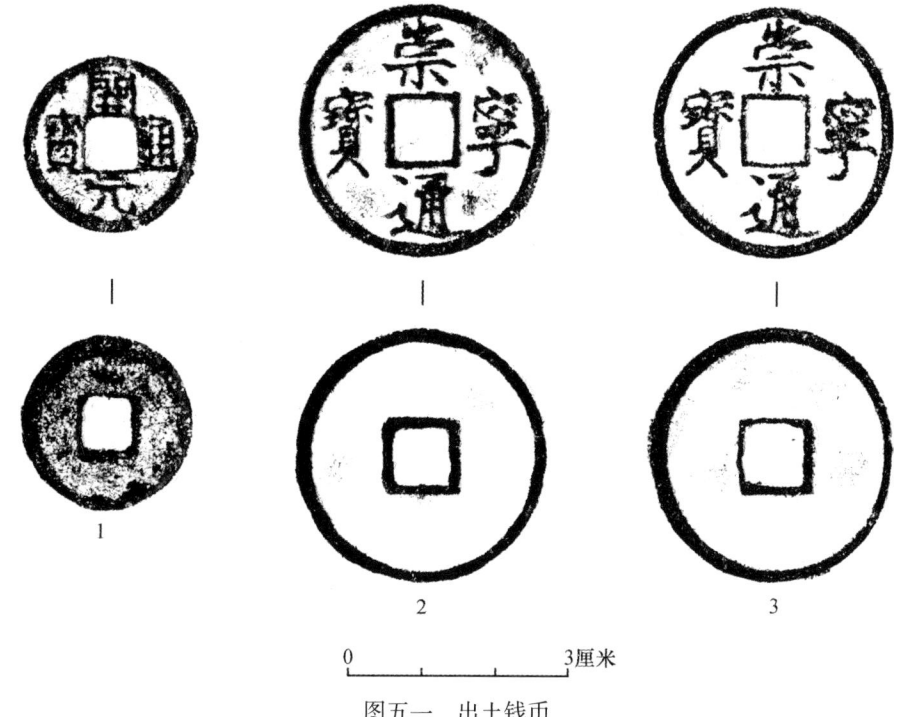

图五一 出土钱币
1. 开元通宝（TN2E1④∶8） 2、3. 崇宁通宝（H4∶4、TN8E1③∶7）

向北经TN4E4、TN5E4延伸至TN6E4北部，南壁西端与西壁南端相连接，两壁成直角，向东延经TN3E5、TN3E6、TN3E7、TN2E8、TN2E9延伸至TN2E10西部。开口于第3层下，打破第4~8层。开口残，直壁斜收，底部平整。残存开口距地表0.85~1.45、南北残长15.1、东西残长31米。南部中段局部向塘内凸出，凸出部分平面呈长方形，东西长9.2米，凸出壁面0.9米，凸面的西壁与塘西壁相距10.3米。凸面南壁外塘底有两个柱础石，东西排列，东西两石分别与凸面的东西两壁距离相同，均为1.2米，与壁面平行，距壁面约0.7米，两石之间相距5.6米（图五二）。

修建方式为先挖一方形或长方形大坑（现存开口距地表0.85、底部距地表2、残深1.15米）直至卵石层，距壁0.5~0.6米的坑底平砌砖起墙，砖墙宽0.2~0.25米，每层渐向壁内收，形成一斜直壁。砖墙与土坑之间空隙用土夯填。用砖多为汉魏时期的墓砖，大小不一，多为残砖。两柱础石为红砂石质，方形，边长0.5、厚0.13米，中心有一直径0.08、深0.05米的圆形柱窝。柱础石埋于边长0.6~0.7米的方形坑内，东侧坑深0.13米，础石面与塘底平齐，西侧坑深0.33米，础石面低于塘底0.2米。塘内底部为灰黑色淤土，结构疏松，包含碎砖、碎瓦和碎瓷片等，部分碎瓦相对集中，似一次性垮塌时形成。器形有碗、罐等，均不能修复或甄别器物的型式。

J3 位于TN2E1西北部。开口于第3层下，打破第4~8层。开口残，残存最下面两层，圆筒形，直壁。残存坑口距地表0.95、直径约0.6、残深0.4米。修建方式为先挖一圆形大坑（现存开口直径约1.35、深1.55米）直至卵石层，坑底竖立砖砌壁，用砖均为特制的弧形砖，砖头为"子母口"的榫卯结构，约5块砖为一圈。砖残长38、宽20、厚4厘米。井圈与坑壁之间空隙用土夯填，最下层夹杂大量的卵石（图五三）。井内填灰黑色淤土，结构疏松，包含碎砖、碎瓦和碎瓷片，瓷器器形有碗、罐、壶等，多不能修复及辨别器物的型式。出土器物可辨器形有：

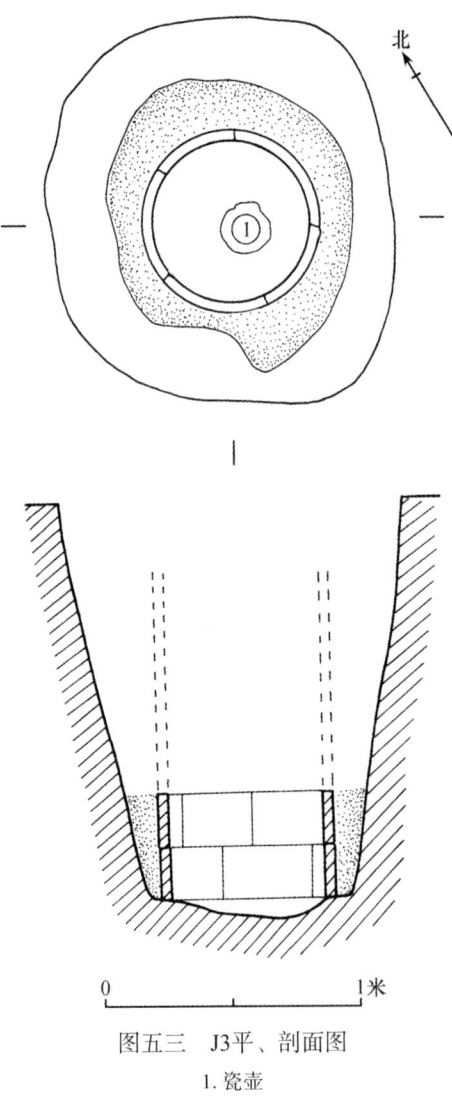

图五三　J3平、剖面图
1. 瓷壶

Cb型壶　1件。J3:1，紫红胎，酱釉。柄部残。口径4.4、最大腹径6、底径4、高8.6厘米（图三七，4）。

3. 第3层出土器物

该层出土的遗物有瓷器、陶器和钱币，瓷器产地以本地邛窑为主，瓷片较碎，可辨器形较少，主要器形有碗、罐、盘、灯碟等；陶器较少，以泥质灰陶为主，器形有器盖、盆等。

（1）瓷器

BbⅠ式花口碗 3件，选介1件。TN3E7③：11，紫红胎，挂米黄色化妆土，青灰釉。五瓣花口，沿平，圆唇略尖。口径19.5、底径8.5、高7.2厘米（图二五，1）。

圆口碗 27件，选介8件。

AbⅣ式 2件，选介1件。TN3E4③：48，灰黄胎，青黄釉。外腹中部有一周凸弦纹。口径13、底径5.2、高4厘米（图二七，9）。

AcⅠ式 4件，选介1件。TN7E9③：18，深红胎，挂酱紫色化妆土，青黄釉。口径14.8、底径5、高5厘米（图四九，7）。

AcⅡ式 5件，选介1件。TN3E4③：45，深红胎，挂酱紫色化妆土，透明青釉。口径22.8、足径7、高8厘米（图二七，10）。

AdⅠ式 2件，选介1件。TN3E7③：7，深红胎，挂青黄色化妆土，米黄釉。口径18.6、底径7.7、高6.8厘米（图四九，8）。

BaⅡ式 2件，选介1件。TN3E4③：27，紫灰胎，挂青黄色化妆土，青灰釉，内底有五个支钉痕。口径15.7、底径8、高5厘米（图二八，5）。

CaⅢ式 5件，选介1件。TN3E4③：36，紫红胎，挂青黄色化妆土，青灰釉，内底有五个支钉痕。口径17.7、底径8.5、高6.4厘米（图二九，2）。

Cb型 3件，选介1件。TN1E6③：31，紫灰胎，挂青黄色化妆土，青灰釉，内底有五个支钉痕。内底内凹明显。口径15.3、底径4.9、高6.8厘米（图二九，5）。

DaⅡ式 4件，选介1件。TN3E4③：29，紫红胎，挂米黄色化妆土，青灰釉，内底有五个支钉痕。腹部有内凹分瓣竖凹槽。口径12.4、底径6、高7.6厘米（图二九，9）。

圆口盘 10件，选介2件。

AⅠ式 7件，选介1件。TN7E9③：1，紫灰胎，挂米黄色化妆土，青灰釉，内底有五个支钉痕。口径21、底径8.6、高4.5厘米（图三○，5）。

AⅡ式 3件，选介1件。TN2E4③：15，紫灰胎，挂米黄色化妆土，青灰釉，内底有五个支钉痕。口径16.2、底径6.8、高4.6厘米（图三○，4）。

盆 7件，选介3件。

BⅠ式 4件，选介1件。TN1E3③：1，紫灰胎，挂米黄色化妆土，青灰釉，内底有六个支钉痕。口径23.6、底径17、高7.8厘米（图四九，3）。

BⅡ式 2件，选介1件。TN3E7③：13，紫红胎，挂米黄色化妆土，青灰釉，内底有六个支钉痕。口径23.5、底径16.4、高7.6厘米（图四九，4）。

BⅢ式 1件。TN1E3③：4，灰黄胎，挂米黄色化妆土，青灰釉，内底有支钉痕。口径40.5、底径30、高9.2厘米（图三三，10）。

CeⅣ式四系罐 2件，选介1件。TN2E4③：17，紫灰胎，挂青黄色化妆土，青灰釉。口径15、最大腹径24、底径16、高30.2厘米（图四二，1）。

Aa型无耳罐　3件，选介1件。TN1E3③：3，紫灰胎，挂青黄色化妆土，青灰釉。底部残。口径17.5、最大腹径24.5、残高34.5厘米（图四〇，3）。

AⅢ式灯碟　4件，选介1件。TN3E5③：33，紫红胎，酱釉。口径10、底径4、高3.5厘米（图四九，2）。

B型灯　1件。TN8E2③：17，柄部残存一半。紫红胎，青灰釉。口径4、残高11.3厘米（图四五，5）。

瓷塑　1件。

狗　1件。TN2E3③：45，紫灰胎，酱釉。前后足各残一只，站立状。长6、高6.3厘米（图四九，11）。

（2）陶器

B型器盖　2件，选介1件。TN2E3③：83，夹砂褐陶。侈口，尖唇，斜壁，圈足形纽。泥条盘筑痕明显。口径24.7、纽径8.3、高9厘米（图四八，1）。

A型盆　3件，选介1件。TN2E3③：110，泥质灰陶。直口，平折沿，尖唇，斜腹，底部残。口径31.5、残高9.6厘米（图四七，1）。

BⅠ式盆　2件，选介1件。TN2E2③：103，泥质灰陶。残存口、腹部，敛口，平折沿，圆唇，斜直腹。口径38、残高11.8厘米（图四七，9）。

（3）钱币

3枚，仅1枚钱币能清楚识别，其余均为残片，无法识别。

崇宁通宝　1枚。TN8E1③：7，瘦金体。钱文清楚，光背。钱径3.4、穿宽0.9、郭径0.2厘米（图五一，3）。

4. 第2层下遗迹单位与出土器物

此层下遗迹有灰坑和水井两类。

J1　位于TN1E4东部。开口于第2层下，打破第3~8层。开口残，残存口部呈圆形，底部呈为八角形，直壁。残口距地表0.85、直径约0.82、残深1.86米。修建方式为先挖一圆形大坑（现存开口直径约2.6米）直至卵石层，在坑底用砖横丁砌八角形井壁，共两层，上层略大于下层，砖长42、宽31、厚6厘米。再在其上用砖砌圆形井圈，砌法为两平一丁，间或三平一丁，平砖为整砖，丁砖均加工为半砖，砖长31~31.5、宽17、厚6~7厘米。井圈与坑壁之间空隙用土夯填，夹杂少量的卵石（图五四）。井内填土分为两层，第1层为浅灰色土，厚0.95米，较致密，与地层第2层堆积相同，包含碎瓦片、碎砖和青花瓷片；第2层为灰黑色淤土，结构疏松，包含碎砖、碎瓦和碎瓷片，瓷片器形有碗、罐等，均不能修复或甄别器物的型式。

J2　位于TN1E2南部。开口于第2层下，打破第3~8层。开口残，残存口部呈圆形，直壁。残口距地表0.8、直径约0.84、残深1.05米。修建方式为先挖一圆形大坑（现存开

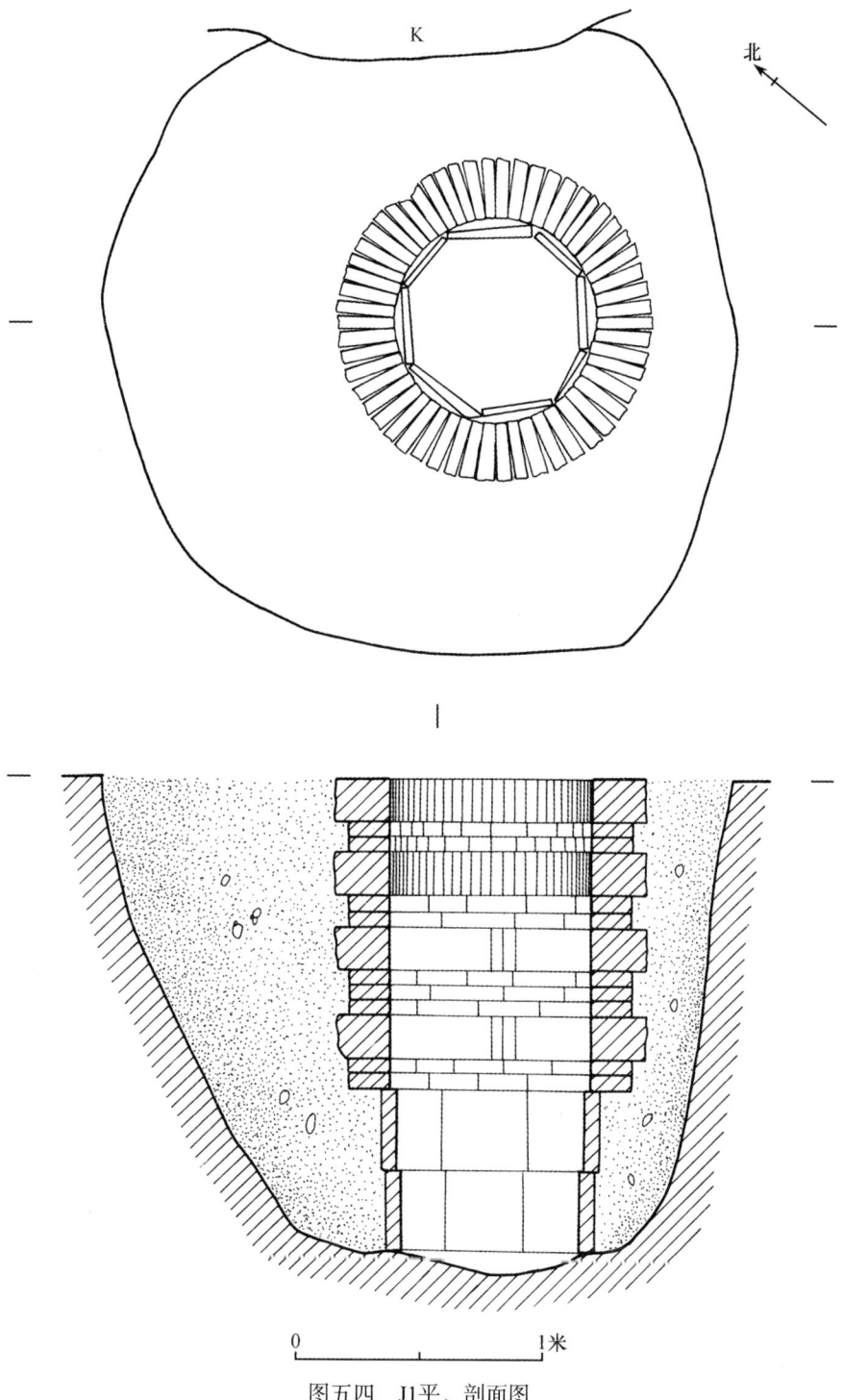

图五四 J1平、剖面图

口直径约1.6米）直至卵石层，坑底用砖平砌起井壁，均用残砖，砖残长14～17、宽15、厚6厘米。井圈与坑壁之间空隙用土夯填，最下层夹杂大量的卵石（图五五）。井内填

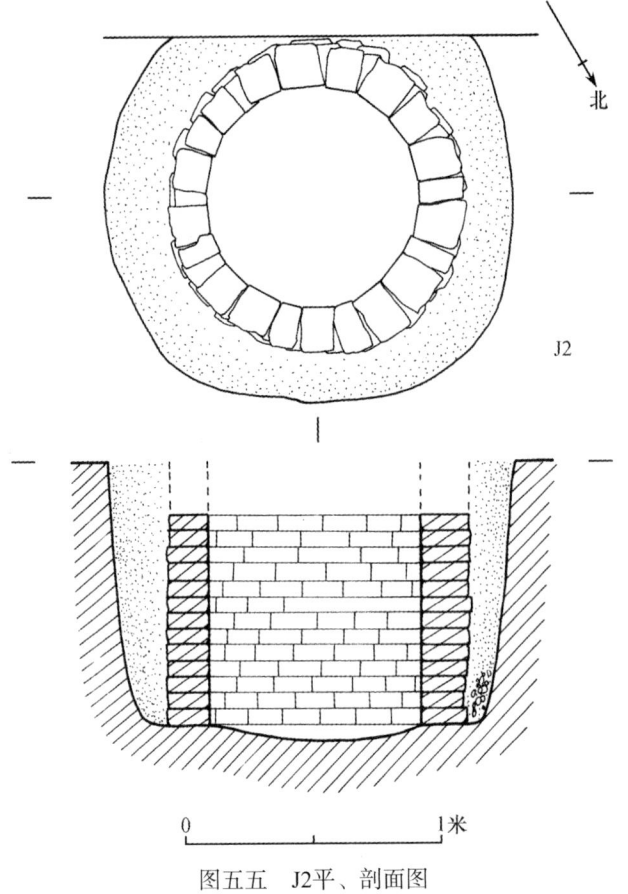

图五五 J2平、剖面图

灰黑色淤土,结构疏松,包含碎砖、碎瓦和碎瓷片,均不能修复或甄别器物的型式。

J4 位于TN3E5东南部。开口于H4下,打破第4~8层。开口残,残存口部呈圆形,直壁。残口距地表1.45、直径0.8、残深1.5米。修建方式为先挖一圆形大坑(现存开口直径约1.5米)直至卵石层,坑底竖立砖砌壁,用砖均为特制的弧形砖,砖头为子母口的榫卯结构,约6块砖为一圈,砖残长39、宽21、厚5厘米。井圈与坑壁之间空隙用土夯填,最下层夹杂大量的卵石(图五六)。井内填灰黑色淤土,结构疏松,包含碎砖、碎瓦和碎瓷片,器形有碗、罐等,无可修复及辨别型式的器物。

H1 位于TN2E2中南部,其北部被晚期水沟G2打破。开口于2层下,打破第3层。开口呈圆形,弧壁,锅形底。坑口距地表1.64、直径约0.85、深0.15米(图五七)。坑内填灰黑色土,土质较疏松,夹杂有较多灰烬。填土内包含碎砖、碎瓦和碎瓷片,坑底有卵石和碎瓦片,瓷器可辨器形有碗、盘、灯碟等。

AaⅤ式圆口碗 1件。H1:3,灰黄胎,青黄釉。口径16.2、足径6.1、高7厘米(图二七,2)。

B型圆口盘 1件。H1:2,紫灰胎,淡蓝釉。口径14、足径8.3、高3厘米(图

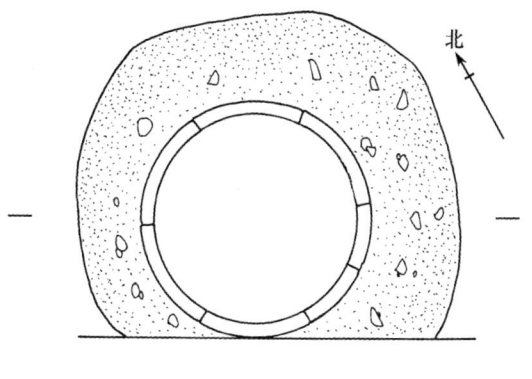

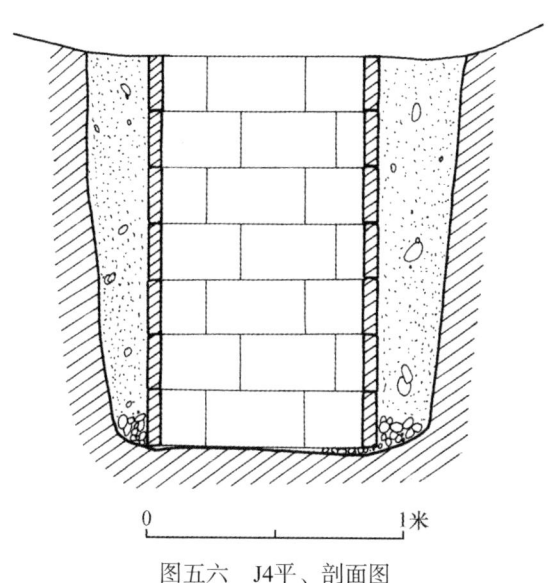

图五六 J4平、剖面图

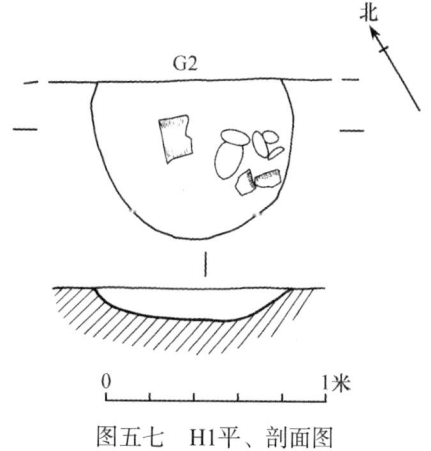

图五七 H1平、剖面图

三○，6）。

CⅠ式灯碟　1件。H1∶5，砖红胎，挂米黄色化妆土，青灰釉。口径7.4、底径4.4、高2.1厘米（图三二，7）。

H4　分布范围较大，从TN1E4东北部、TN2E4东部、TN3E4东南部向东延伸，包括了TN2E5、TN3E5的全部和TN1E5的西北，至TN2E6和TN3E6的西部，向北延伸至发掘区外。开口于第2层下，打破第4、5层以及J4。开口呈椭圆形，弧壁，平底，坑壁凹凸不平。坑口距地表1.5～1.6、残长径12.45、短径10.4、最深处1.2米（图五八）。坑内填灰黄色土，土质较致密，夹杂有较多灰烬、碎砖、碎瓦和碎瓷片。近底处有成块灰黑色淤土，较疏松，包含碎砖、碎瓦和碎瓷片等。出土器物丰富，有瓷器、陶器、骨器和钱币等，瓷器可辨器形有碗、盘、罐、壶、盆、钵、盒、灯、灯碟、急须、杯、器盖、水盂、砚、研磨器、瓷塑等；陶器可辨器形有罐、珠、豆、釜等。

（1）瓷器

花口碗　60件，选介17件。

AaⅠ式　3件，选介1件。H4∶484，紫灰胎，挂青黄色化妆土，青灰釉，内底残留支钉痕。五瓣花口，沿平，圆唇。口径17、底径8、高7.4厘米（图二四，4）。

AaⅡ式　5件，选介1件。H4∶481，紫灰胎，挂米黄色化妆土，青灰釉，内底有五

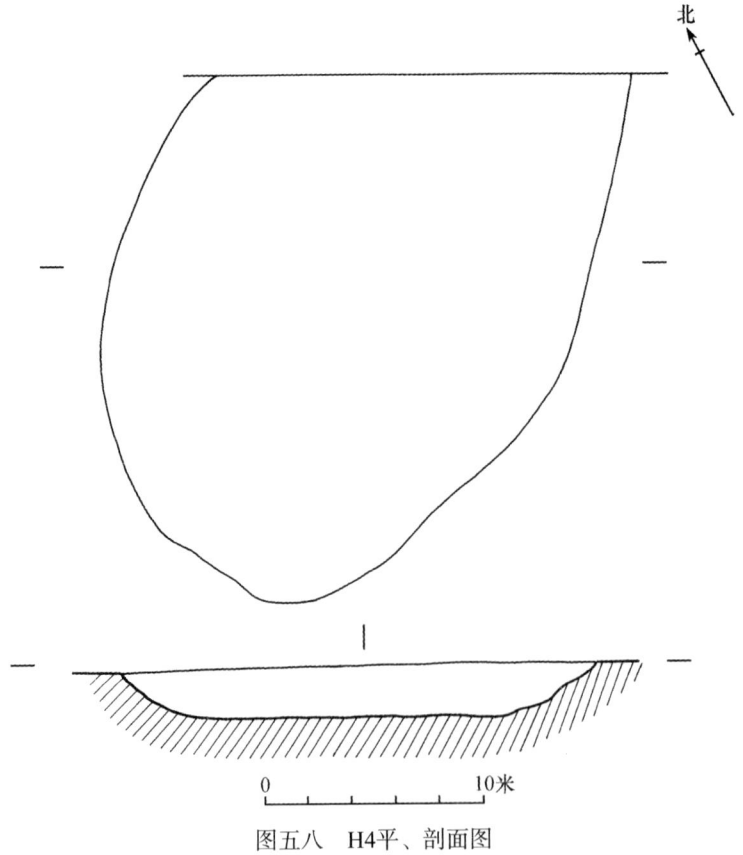

图五八　H4平、剖面图

个支钉痕。五瓣花口，沿平，圆唇。口径19.7、底径8.5、高6.8厘米（图二四，2）。

AaⅢ式 3件，选介1件。H4：1251，紫灰胎，青灰釉，内底残留支钉痕。五瓣花口，沿平，圆唇，腹部有五周浅凹槽与口相对应。口径21.3、足径8、高8.6厘米（图二四，3）。

AbⅠ式 4件，选介1件。H4：565，紫灰胎，挂青黄色化妆土，青灰釉，内底有五个支钉痕。五瓣花口，沿平，圆唇。口径18、底径8.5、高6.7厘米（图二四，5）。

AbⅡ式 2件，选介1件。H4：1303，紫灰胎，挂青黄色化妆土，青灰釉，内底残留支钉痕。五瓣花口，沿平，圆唇略尖。口径19.8、底径8.6、高7.5厘米（图二四，8）。

AbⅢ式 3件，选介1件。H4：770，砖红胎，挂米黄色化妆土，青灰釉，内底残留支钉痕。五瓣花口，沿平，圆唇，腹部有五周浅凹槽与口相对应。口径20.4、足径7.9、高9厘米（图二四，1）。

AcⅠ式 7件，选介2件。H4：358，紫灰胎，青灰釉。五瓣花口，沿平，圆唇略尖。口径21.6、底径8.6、高9厘米（图二四，6）。H4：1458，紫灰胎，青灰釉。五瓣花口，沿平，圆唇略尖。口径16、底径6、高5.8厘米（图五九，8）。

AcⅡ式 2件，选介1件。H4：489，紫灰胎，青灰釉。五瓣花口，沿平，圆唇略尖。口径18.3、足径7.2、高6厘米（图二四，7）。

BaⅠ式 3件，选介1件。H4：578，紫红胎，挂米黄色化妆土，青灰釉。五瓣花口，沿平，圆唇略尖。内底饰一周凹弦纹。口径11.7、底径5.2、高4厘米（图二四，9）。

BaⅡ式 2件，选介1件。H4：1119，青灰胎，青灰釉。五瓣花口，沿平，圆唇。内底饰一周凹弦纹。口径11、足径5.6、高4.2厘米（图二四，10）。

BbⅡ式 5件，选介2件。H4：1533，灰黄胎，淡蓝釉。五瓣花口，沿平，圆唇略尖，腹部有五周浅凹槽与口相对应。口径18.5、足径8.4、高8.3厘米（图二五，2）。H4：1035，灰黄胎，青灰釉。五瓣花口，沿平，圆唇略尖。口径19.5、足径7.3、高6.8厘米（图五九，10）。

CaⅠ式 4件，选介1件。H4：1255，紫灰胎，挂青黄色化妆土，青灰釉。五瓣花口，沿平，圆唇略尖。口径15.2、足径7.2、高8.1厘米（图二五，3）。

CaⅡ式 5件，选介1件。H4：437，紫灰胎，青黄釉。五瓣花口，沿平，圆唇略尖。内底模印莲纹。口径10.2、足径4.5、高5.4厘米（图二五，5）。

CbⅠ式 7件，选介1件。H4：486，紫灰胎，青褐釉。五瓣花口，沿平，圆唇略尖，腹部有五周深凹槽与口相对连。口径15.5、底径5.8、高8.5厘米（图二五，4）。

CbⅡ式 5件，选介1件。H4：435，紫灰胎，挂青黄色化妆土，青黄釉。五瓣花口，圆唇略尖，腹部有五周深凹槽与口相对连。口径16.8、足径5.7、高8.1厘米（图二五，6）。

圆口碗 220件，选介49件。

AaⅠ式 9件，选介1件。H4：410，紫红胎，挂米黄色化妆土，青灰釉。口径

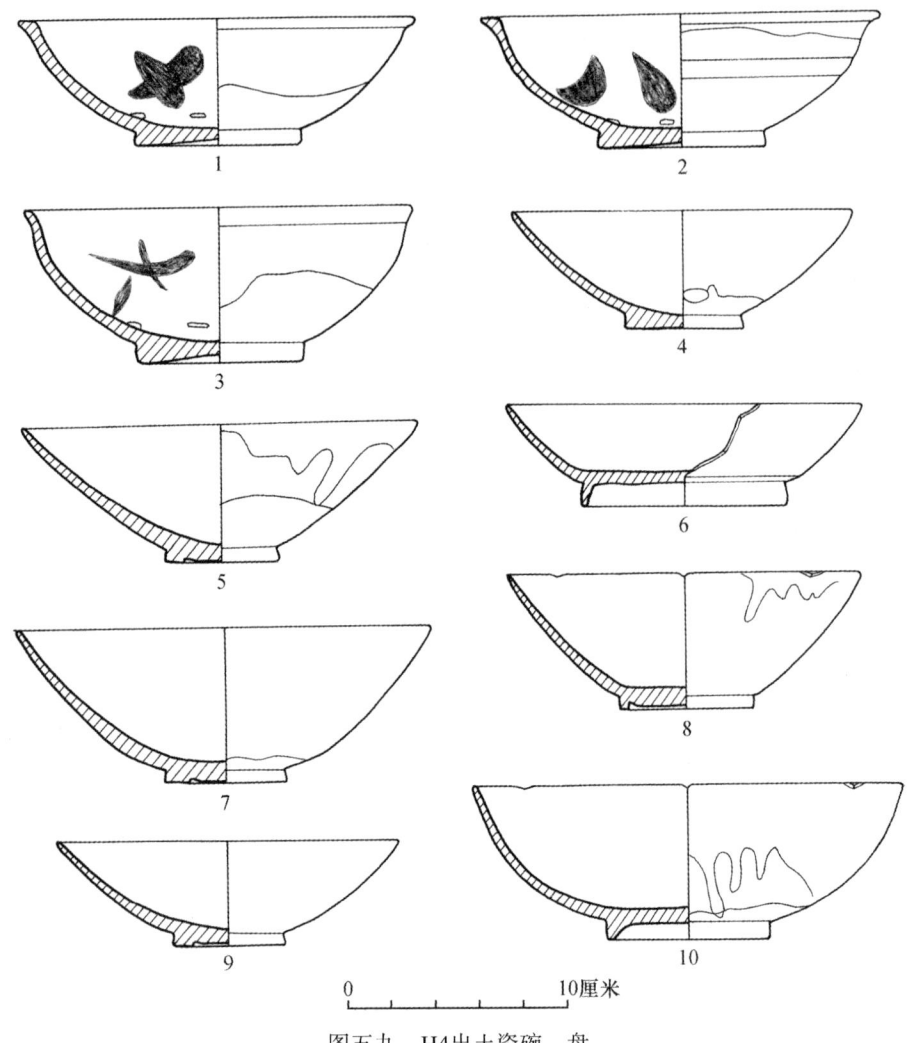

图五九　H4出土瓷碗、盘

1、2. AdⅠ式圆口碗（H4：135、H4：204）　3. AaⅢ式圆口碗（H4：165）　4. BaⅠ式圆口碗（H4：113）
5、7、9. BaⅢ式圆口碗（H4：1455、H4：1072、H4：1447）　6. AbⅡ式花口盘（H4：780）　8. AcⅠ式花口碗（H4：1458）　10. BbⅡ式花口碗（H4：1035）

13.6、底径5.6、高4.6厘米（图二六，9）。

AaⅡ式　11件，选介1件。H4：1127，紫灰胎，挂青黄色化妆土，青灰釉，内底有五个支钉痕。口径18.8、底径8.5、高7.3厘米（图二六，8）。

AaⅢ式　17件，选介3件。H4：282，紫红胎，挂米黄色化妆土，青灰釉，内底有五个支钉痕。口径18.8、底径7.5、高6.3厘米（图二七，1）。H4：165，紫灰胎，挂米黄色化妆土，青黄釉，内底有五个支钉痕，内壁饰酱色花纹。口径17.7、底径7.5、高6.8厘米（图五九，3）。H4：1541，紫红胎，挂米黄色化妆土，青灰釉，内底有五个支钉痕。口径13、底径5.8、高5厘米（图六○，10）。

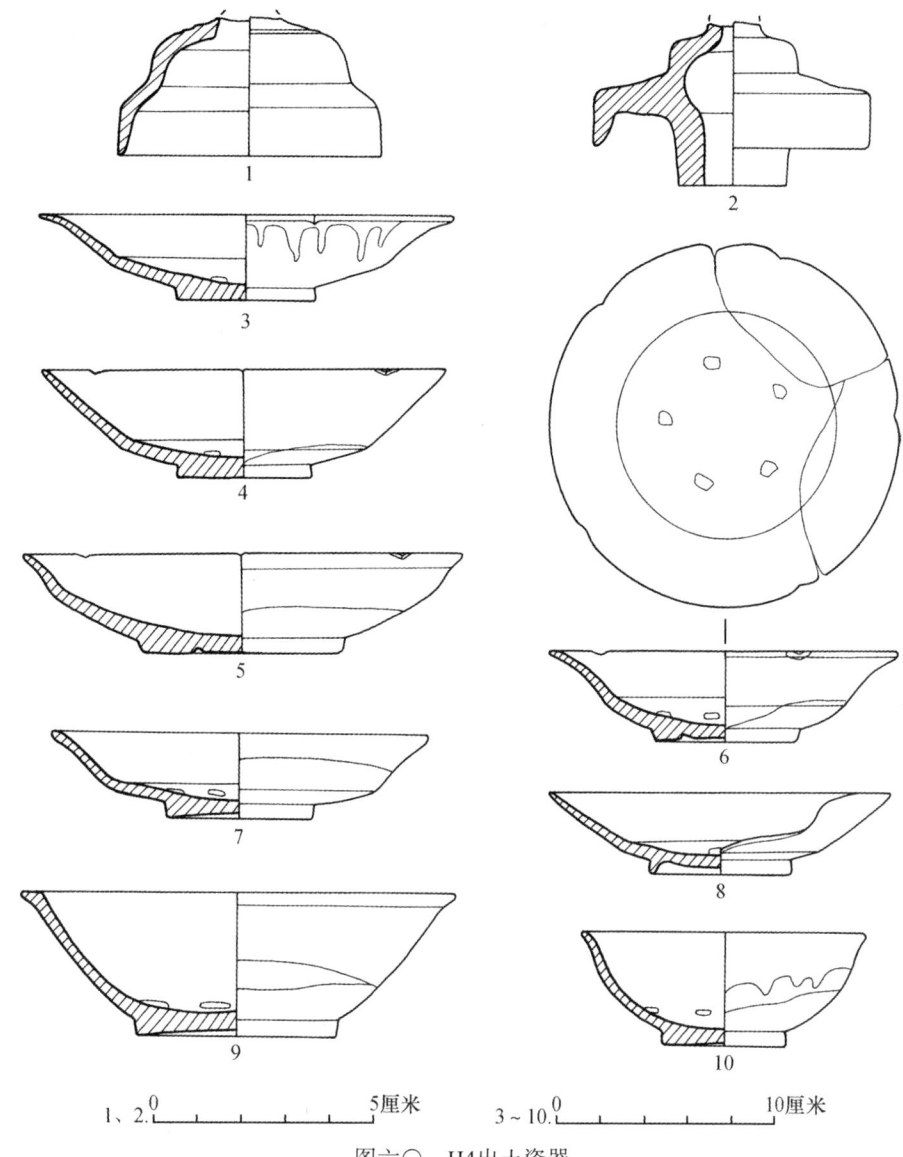

图六〇　H4出土瓷器

1. D型器盖（H4：737）　2. Gc型器盖（H4：1521）　3、4. AaⅠ式花口盘（H4：630、H4：638）　5、6. AaⅡ式花口盘（H4：635、H4：254）　7. AⅠ式圆口盘（H4：67）　8. AⅢ式圆口盘（H4：452）　9. AdⅠ式圆口碗（H4：1117）　10. AaⅢ式圆口碗（H4：1541）

AaⅣ式　5件，选介1件。H4：884，灰黄胎，挂青黄色化妆土，青黄釉，内底有五个支钉痕。内底内凹明显。口径20.5、底径8、高5.8厘米（图二七，3）。

AbⅠ式　3件，选介1件。H4：491，紫灰胎，青黄釉。口径11.2、底径4、高3.9厘米（图二七，4）。

AbⅡ式　14件，选介3件。H4：1299，紫灰胎，挂青黄色化妆土，青灰釉，内底有五个支钉痕。口径20、底径7.8、高6.5厘米（图二六，5）。H4：753，紫灰胎，挂米黄色化妆土，青灰釉。口径14.7、底径6.1、高4.1厘米（图六一，3）。

AbⅢ式　3件，选介1件。H4：1417，紫红胎，挂米黄色化妆土，青灰釉，内底有五个支钉痕。口径18.2、底径8.6、高7.7厘米（图二七，6）。

AbⅤ式　13件，选介3件。H4：1401，灰黄胎，挂米黄色化妆土，青黄釉。口径12.3、足径5.4、高3.8厘米（图二七，7）。H4：736，灰胎，挂米黄色化妆土，青灰釉。口径13.6、足径5.8、高3.8厘米（图六一，4）。H4：754，紫灰胎，挂米黄色化妆土，青黄釉。口径12.5、足径5.1、高3.6厘米（图六一，1）。

AcⅠ式　5件，选介1件。H4：463，深红胎，挂酱紫色化妆土，透明青釉，内底有支钉痕。口径16、底径5.2、高5厘米（图二七，8）。

AcⅢ式　3件，选介1件。H4：1298，紫灰胎，淡蓝釉。尖唇略内敛，足唇较尖。口径22、足径7.5、高9厘米（图二八，1）。

AdⅠ式　22件，选介4件。H4：397，紫红胎，挂米黄色化妆土，青灰釉，内底有五个支钉痕。口径13.4、底径5.7、高4.5厘米（图二七，11）。H4：135，紫红胎，挂米

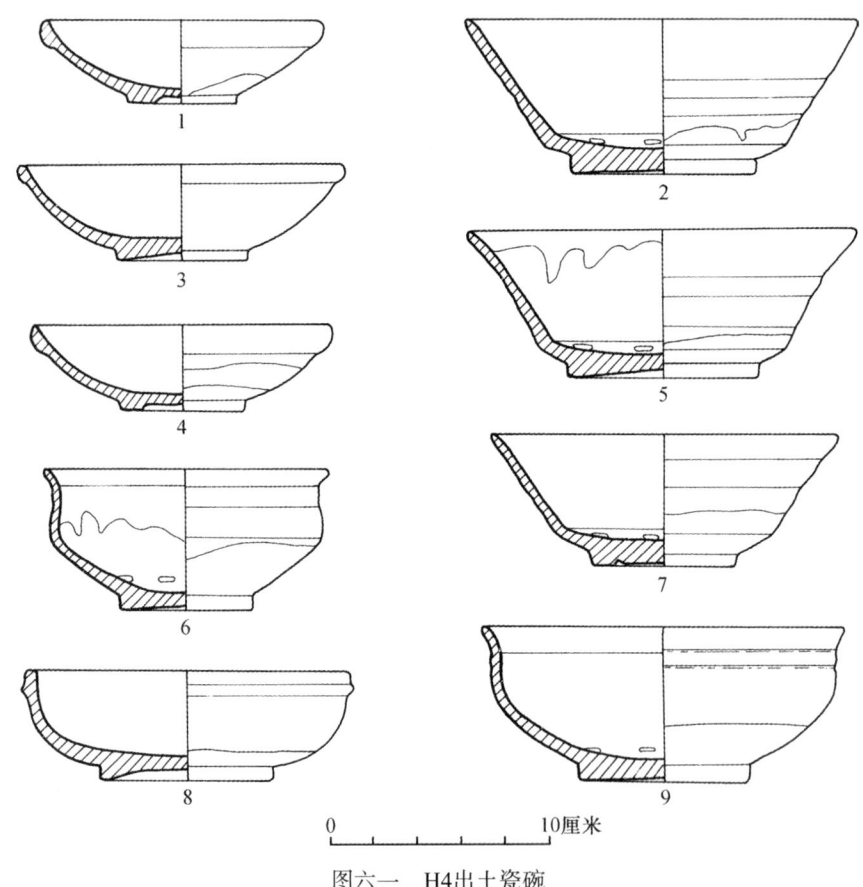

图六一　H4出土瓷碗

1、4.AbⅤ式圆口碗（H4：754、H4：736）　2、5.BbⅡ式圆口碗（H4：336、H4：1420）　3.AbⅡ式圆口碗（H4：753）　6.CaⅠ式圆口碗（H4：627）　7.BbⅢ式圆口碗（H4：1041）　8.Cc型圆口碗（H4：1162）　9.CaⅡ式圆口碗（H4：582）

黄色化妆土，青黄釉，内底有五个支钉痕，内壁饰酱色花纹。口径18、底径7.7、高5.4厘米（图五九，1）。H4：204，紫灰胎，挂米黄色化妆土，青灰釉，内底有五个支钉痕，内壁饰酱色花纹。口径18.1、底径7.5、高5.8厘米（图五九，2）。H4：1117，紫灰胎，挂米黄色化妆土，青黄釉，内底有五个支钉痕。口径19.8、底径9、高6.3厘米（图六〇，9）。

Ae型　7件，选介1件。H4：1265，紫灰胎，青灰釉，釉面有开片。口径10.8、足径5、高4.9厘米（图二八，4）。

BaⅠ式　11件，选介2件。H4：1457，紫灰胎，挂青黄色化妆土，青灰釉，内底有五个支钉痕。口径15.4、底径7.2、高4.5厘米（图二八，3）。H4：113，紫灰胎，挂米黄色化妆土，青灰釉。口径15.3、底径5.3、高5.1厘米（图五九，4）。

BaⅢ式　21件，选介4件。H4：1095，紫灰胎，挂青黄色化妆土，青黄釉。口径17.2、底径5.7、高5.8厘米（图二八，6）。H4：1455，紫红胎，挂青黄色化妆土，青黄釉。口径18、底径5.2、高6厘米（图五九，5）。H4：1072，紫红胎，挂青黄色化妆土，青灰釉。口径18.9、底径5.6、高6.8厘米（图五九，7）。H4：1447，紫灰胎，挂青黄色化妆土，青黄釉。口径15.6、底径5.2、高4.5厘米（图五九，9）。

BaⅣ式　3件，选介1件。H4：1175，紫红胎，挂青黄色化妆土，青灰釉。口径15、足径6、高4.6厘米（图二八，7）。

BbⅠ式　2件，选介1件。H4：294，砖红胎，挂米黄色化妆土，青灰釉，内底有五个支钉痕。口径18.8、底径8.3、高7.6厘米（图二八，8）。

BbⅡ式　13件，选介3件。H4：586，紫红胎，挂米黄色化妆土，青黄釉，内底有五个支钉痕。口径15、底径5.7、高5.6厘米（图二八，9）。H4：336，紫灰胎，挂米黄色化妆土，青黄釉，内底有五个支钉痕。口径17.8、底径8.3、高6.8厘米（图六一，2）。H4：1420，紫灰胎，挂青黄色化妆土，青黄釉，内底有五个支钉痕。口径17.5、底径8.7、高6.5厘米（图六一，5）。

BbⅢ式　9件，选介2件。件。H4：140，紫红胎，挂米黄色化妆土，青灰釉，内底有五个支钉痕。口径18、底径8.2、高7.7厘米（图二八，11）。H4：1041，紫灰胎，挂米黄色化妆土，青黄釉，内底有五个支钉痕。口径15.8、底径6.5、高5.8厘米（图六一，7）。

BbⅣ式　3件，选介1件。H4：24，紫红胎，挂米黄色化妆土，青灰釉，内底有五个支钉痕。口径18.1、底径8.5、高7厘米（图二九，1）。

Bc型　4件，选介2件。H4：1532，紫红胎，挂米黄色化妆土，青黄釉。口径14.2、底径5.2、高5.4厘米（图三〇，3）。H4：1412，砖红胎，挂米黄色化妆土，青黄釉，沿部点绿釉。口径12.9、底径4.5、高5.1厘米（图六二，1）。

CaⅠ式　6件，选介2件。H4：883，灰黄胎，挂青黄色化妆土，青灰釉，内底有五个支钉痕。口径15.4、底径7、高7.2厘米（图二九，4）。H4：627，青灰胎，挂米黄色

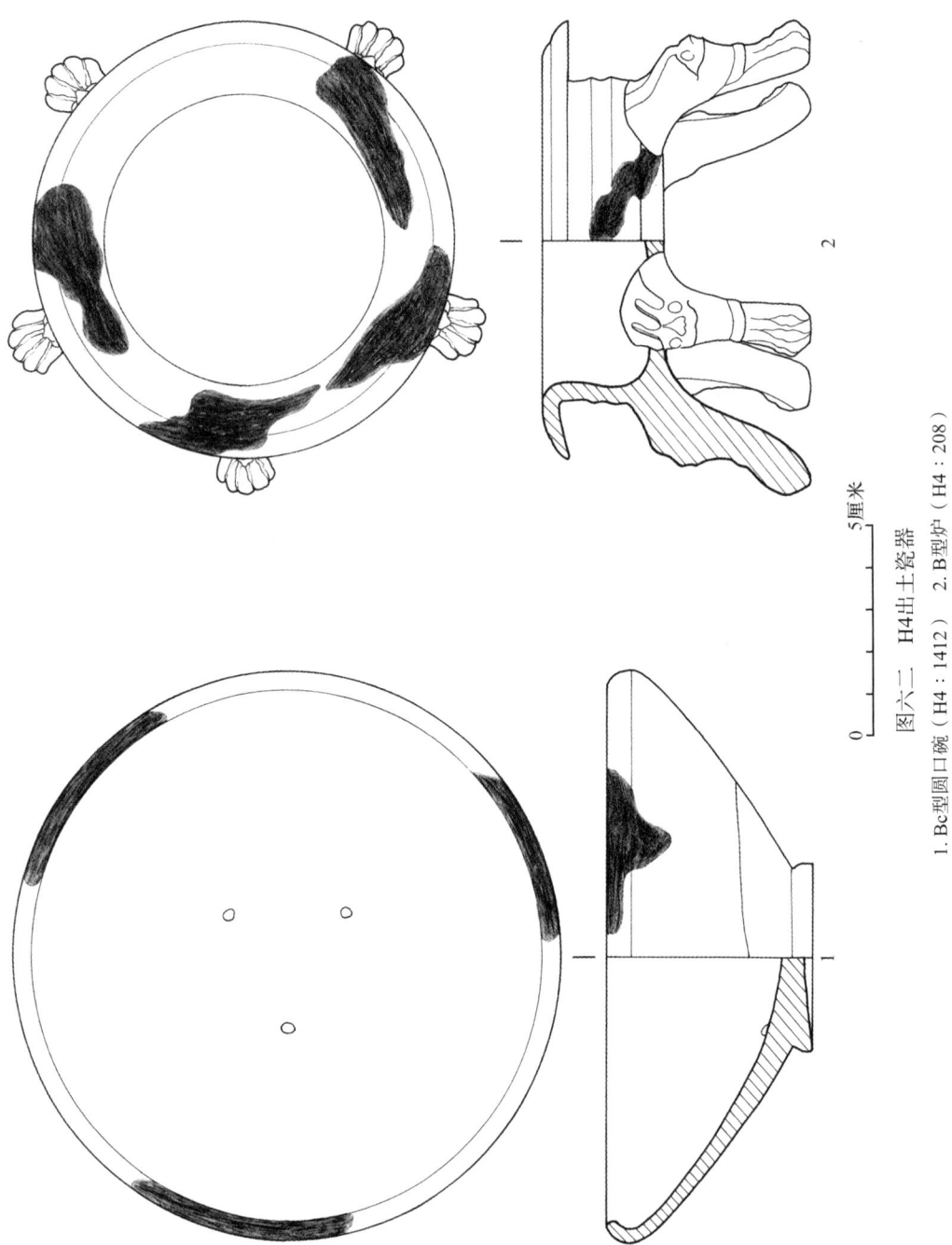

图六二　H4出土瓷器

1. Bc型圆口碗（H4：1412）　2. B型炉（H4：208）

化妆土，青灰釉，内底有五个支钉痕。口径13、底径6.2、高6.2厘米（图六一，6）。

CaⅡ式　8件，选介2件。H4：502，紫红胎，灰褐釉，内底有五个支钉痕。口径13.8、底径6.6、高6.2厘米（图二九，3）。H4：582，紫红胎，青灰釉，内底有五个支钉痕。口径16.3、底径7.7、高6.8厘米（图六一，9）。

Cc型　7件，选介2件。H4：1523，深红胎，挂米黄色化妆土，青灰釉，内底有五个支钉痕。腹中部饰一周凹弦纹。口径16.2、底径8.1、高6.3厘米（图二九，6）。H4：1162，紫红胎，挂米黄色化妆土，青灰釉。口部饰一周凸弦纹。口径14.6、底径8、高4.8厘米（图六一，8）。

DaⅠ式　3件，选介1件。H4：1146，紫红胎，挂米黄色化妆土，青黄釉，内底有五个支钉痕。口径14、底径6.9、高8.2厘米（图二九，7）。

DbⅠ式　2件，选介1件。H4：584，紫红胎，挂米黄色化妆土，青灰釉，内底有五个支钉痕。上腹部饰一周凹弦纹。口径16、底径6.3、高8.1厘米（图二九，10）。

DbⅡ式　5件，选介1件。H4：611，紫灰胎，挂米黄色化妆土，青灰釉，内底有五个支钉痕。口径18、底径8、高8.3厘米（图二八，10）。

DcⅠ式　4件，选介1件。H4：290，砖红胎，挂米黄色化妆土，青灰釉，内底有五个支钉痕。口径14.7、底径8.2、高7厘米（图三○，1）。

DcⅡ式　5件，选介1件。H4：629，紫红胎，挂米黄色化妆土，青灰釉，内底有五个支钉痕。口径16、底径7.3、高7厘米（图二九，8）。

DcⅢ式　2件，选介1件。H4：1088，青灰胎，挂黄色化妆土，青灰釉，内底有五个支钉痕。口径15.5、底径7.6、高7.5厘米（图三○，2）。

花口盘　39件，选介13件。

AaⅠ式　7件，选介3件。H4：1444，紫灰胎，挂米黄色化妆土，青灰釉，内底有五个支钉痕。口径16、底径6.1、高3.8厘米（图三一，4）。H4：630，紫灰胎，挂米黄色化妆土，青黄釉，内底有五个支钉痕。口径18.8、底径6.4、高3.8厘米（图六○，3）。H4：638，紫灰胎，挂米黄色化妆土，青黄釉，内底有五个支钉痕。口径18.3、底径6.2、高4.8厘米（图六○，4）。

AaⅡ式　16件，选介3件。H4：145，紫灰胎，挂米黄色化妆土，青灰釉，内底有五个支钉痕。口径17.5、底径7、高4.1厘米（图三一，2）。H4：635，紫灰胎，挂米黄色化妆土，青灰釉。口径20、底径9、高4.3厘米（图六○，5）。H4：254，紫灰胎，挂米黄色化妆土，青灰釉，内底有五个支钉痕。口径16、底径6.4、高4厘米（图六○，6）。

AaⅢ式　3件，选介1件。H4：454，灰黄胎，青灰釉。口径20.5、足径7.5、高4厘米（图三一，1）。

AaⅣ式　5件，选介1件。H4：1301，砖红胎，挂米黄色化妆土，青灰釉。口径20.3、底径4.1、高5.2厘米（图三○，8）。

AbⅠ式　3件，选介1件。H4：637，紫红胎，挂米黄色化妆土，青灰釉。口径

15.3、足径7.2、高3.9厘米（图三一，5）。

AbⅡ式　2件。H4：1181，紫红胎，挂米黄色化妆土，青黄釉。口径12.6、足径6.2、高2.8厘米（图三一，6）。H4：780，紫灰胎，挂米黄色化妆土，青黄釉。口径16、足径9.2、高4.4厘米（图五九，6）。

B型　2件，选介1件。H4：30，灰黄胎，青黄釉。口径22、足径11.3、高5.2厘米（图三一，3）。

C型　1件。H4：161，紫灰胎，青黄釉。口径16.2、足径6.5、高3.9厘米（图三〇，10）。

圆口盘　15件，选介4件。

AⅠ式　7件，选介1件。H4：67，紫红胎，挂米黄色化妆土，青黄釉，内底有五个支钉痕。口径17.1、底径6.6、高3.7厘米（图六〇，7）。

AⅢ式　6件，选介2件。H4：1069，灰黄胎，青黄釉。口径22、足径9.8、高5厘米（图三〇，7）。H4：452，灰黄胎，青灰釉。口径16.7、足径6.6、高3.6厘米（图六〇，8）。

AⅣ式　2件，选介1件。H4：500，灰黄胎，青黄釉。底略内凹。口径17、底径5.5、高3.6厘米（图三〇，9）。

灯碟　78件，选介16件。

AⅠ式　14件，选介3件。H4：705，紫红胎，青灰釉。口径7.2、底径4.5、高2.9厘米（图三一，7）。H4：5，紫红胎，青灰釉。口径8.6、底径4、高3厘米（图六三，2）。H4：211，紫灰胎，酱釉。口径9.1、底径4、高3厘米（图六三，4）。

AⅡ式　9件，选介1件。H4：886，紫灰胎，挂米黄色化妆土，青灰釉。口径11.2、底径5.5、高3.3厘米（图三一，8）。

AⅢ式　25件，选介5件。H4：57，紫红胎，酱釉。口径8.1、底径3.2、高3厘米（图三一，9）。H4：318，紫灰胎，酱釉。口径10.5、底径4.5、高3.3厘米（图六三，1）。H4：389，紫红胎，青灰釉。口径10.8、底径3.8、高3.3厘米（图六三，3）。H4：382，紫灰胎，酱釉。口径10.7、底径3.9、高3.4厘米（图六三，5）。H4：1537，紫灰胎，酱釉。口径10.4、底径4.6、高3.6厘米（图六三，7）。

AⅣ式　6件，选介1件。H4：1526，紫红胎，青灰釉。口径9.5、底径3.6、高2.8厘米（图三二，1）。

AⅤ式　4件，选介1件。H4：58，紫红胎，酱釉。口径8.5、底径1.8、高2.5厘米（图三二，5）。

BⅠ式　5件，选介1件。H4：1418，紫红胎，酱釉，内底有五个支钉痕。口径10.5、底径4.2、高2.4厘米（图三二，2）。

BⅡ式　5件，选介1件。H4：95，紫红胎，酱釉，内底有五个支钉痕。口径10.3、底径4.8、高2.4厘米（图三二，3）。

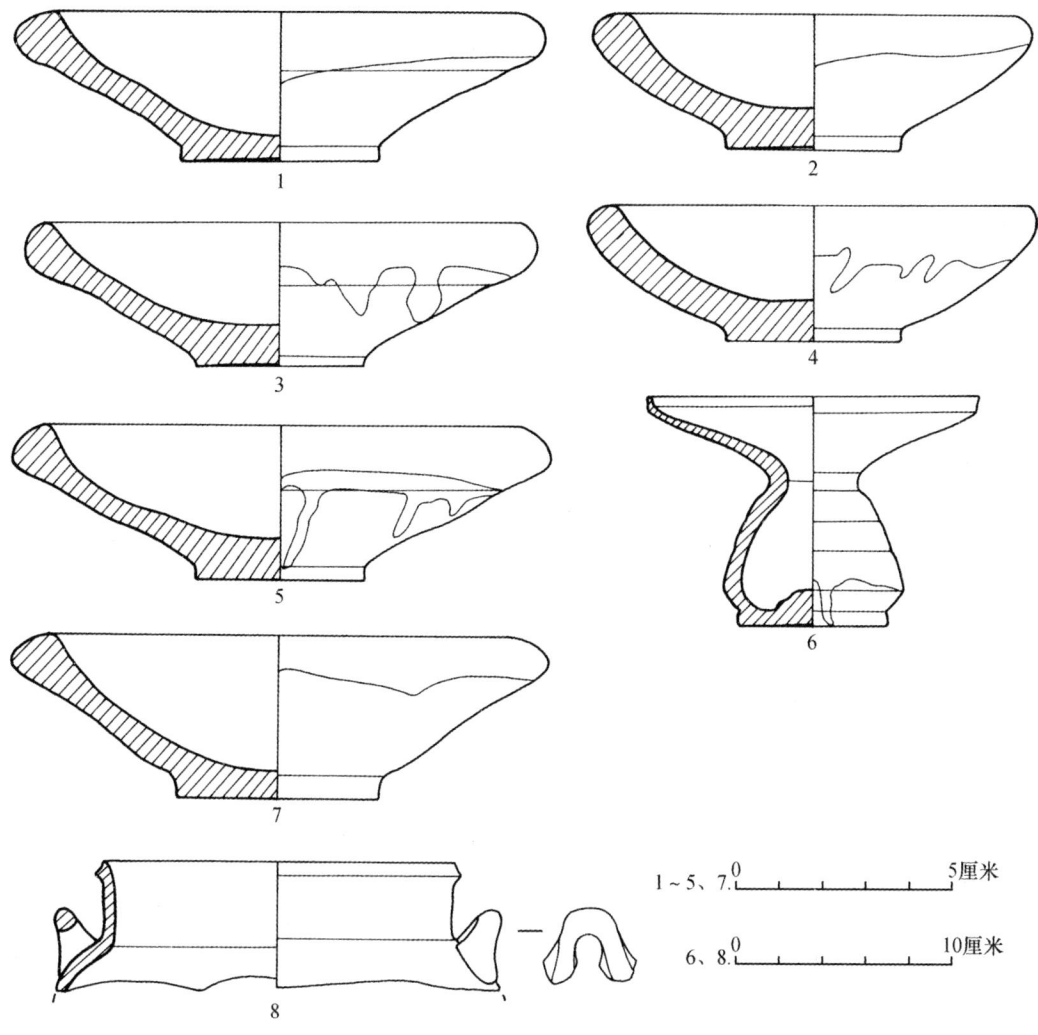

图六三　H4出土瓷器

1、3、5、7.AⅢ式灯碟（H4：318、H4：389、H4：382、H4：1537）　2、4.AⅠ式灯碟（H4：5、H4：211）
6.B型水盂（H4：3）　8.Ba型双系罐（H4：1327）

CⅡ式　6件，选介1件。H4：364，紫红胎，酱釉。口径7.5、底径4.1、高2.1厘米（图三二，6）。

DⅠ式　2件，选介1件。H4：1053，紫灰胎，青灰釉。口径7.8、底径3.5、高2.4厘米（图三二，4）。

DⅡ式　2件，选介1件。H4：108，砖红胎，挂米黄色化妆土，青灰釉。口径5.7、底径2.9、高2.5厘米（图三二，8）。

盆　37件，选介14件。

AⅠ式　3件，选介1件。H4：1513，紫红胎，挂米黄色化妆土，青黄釉，内底有支钉痕。口径42、底径28、高9.5厘米（图三三，2）。

AⅡ式 5件，选介2件。H4：156，灰褐胎，青灰釉。沿下颈部略束。口径29、底径25、高6厘米（图三三，3）。H4：1280，紫灰胎，青灰釉。口径29.5、底径23.2、高6厘米（图六四，6）。

AⅢ式 4件，选介1件。H4：1469，紫红胎，挂米黄色化妆土，青灰釉，内底有支钉痕。口径20、底径16.5、高5.6厘米（图三三，5）。

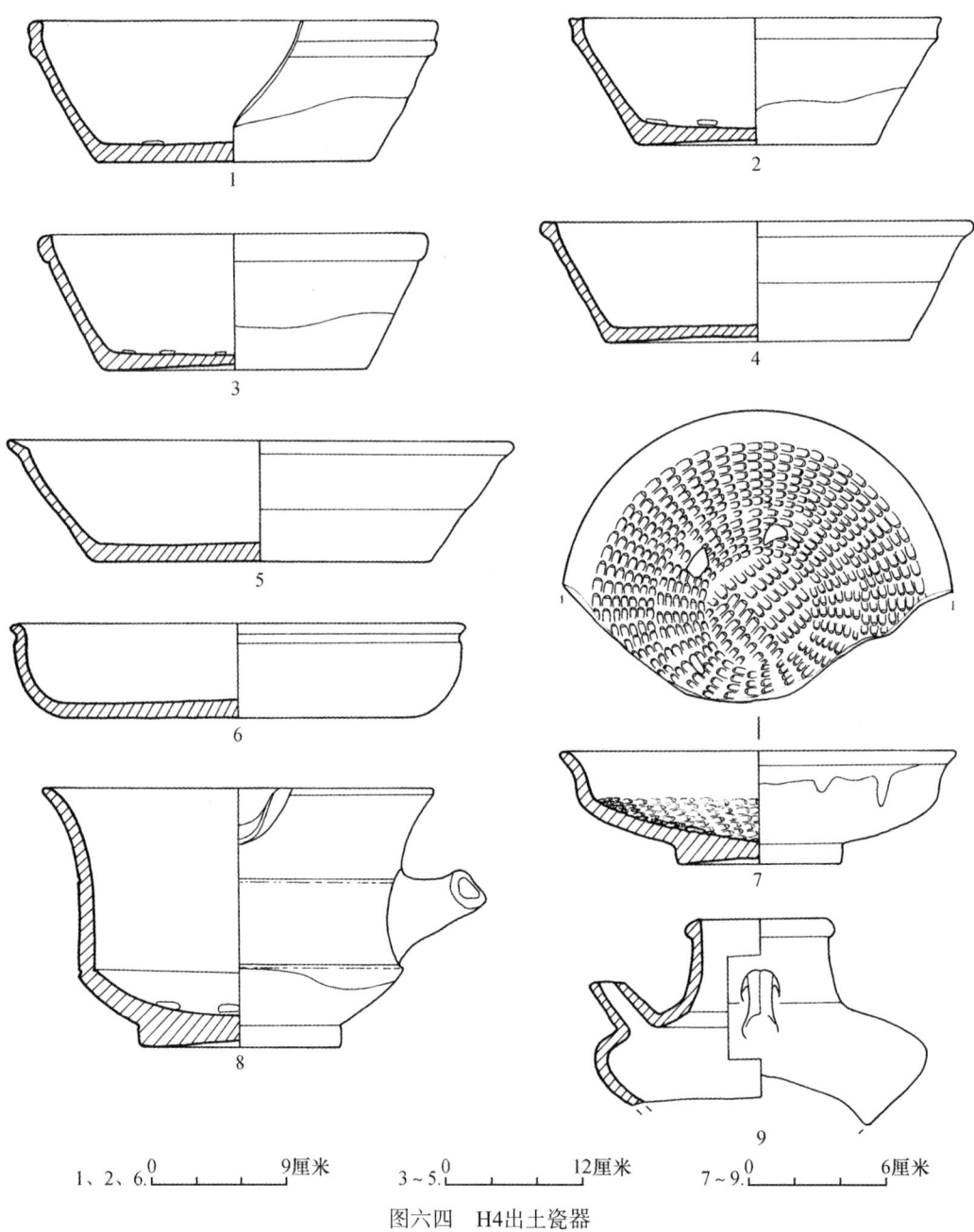

图六四　H4出土瓷器

1、2.BⅠ式盆（H4：1094、H4：170）　3、4.BⅡ式盆（H4：1263、H4：1372）　5.BⅢ式盆（H4：1519）
6.AⅡ式盆（H4：1280）　7.研磨器（H4：433）　8.B型急须（H4：641）　9.Bc型壶（H4：16）

AⅣ式　4件，选介1件。H4:1419，口部呈五瓣。紫红胎，挂米黄色化妆土，青灰釉，内底有支钉痕。内底绘褐色草叶纹。口径32、底径24、高7.2厘米（图三三，6）。

AⅤ式　2件，选介1件。H4:563，紫红胎，挂米黄色化妆土，青灰釉。口径23、底径17、高10厘米（图三三，9）。

BⅠ式　9件，选介3件。H4:614，紫灰胎，挂米黄色化妆土，青灰釉，内底有六个支钉痕。口径24、底径18、高8.7厘米（图三三，11）。H4:1094，砖红胎，挂米黄色化妆土，青灰釉，内底有六个支钉痕。口径26、底径18、高9厘米（图六四，1）。H4:170，紫灰胎，挂米黄色化妆土，青黄釉，内底有六个支钉痕。口径23.5、底径15.7、高8厘米（图六四，2）。

BⅡ式　7件，选介3件。H4:1352，灰黄胎，挂米黄色化妆土，青灰釉，内底有支钉痕。口径41.5、底径27.5、高12.8厘米（图三三，8）。H4:1263，紫灰胎，挂米黄色化妆土，青灰釉，内底有六个支钉痕。口径33、底径23.2、高11.5厘米（图六四，3）。H4:1372，紫灰胎，挂米黄色化妆土，青灰釉，内底有六个支钉痕。口径36.5、底径26.7、高10厘米（图六四，4）。

BⅢ式　2件，选介1件。H4:1519，紫红胎，挂米黄色化妆土，青黄釉，内底有支钉痕。口径44、底径30、高10.5厘米（图六四，5）。

BⅣ式　1件。H4:1340，紫红胎，挂米黄色化妆土，青灰釉，内底有支钉痕。口径34.5、底径26.7、高7.6厘米（图三三，12）。

钵　52件，选介16件。

AⅠ式　4件，选介2件。H4:1416，紫红胎，挂米黄色化妆土，青黄釉。口径10、底径8.5、高12.8厘米（图三四，6）。H4:628，紫红胎，挂米黄色化妆土，青灰釉。口径17、底径9.2、高10.8厘米（图六五，4）。

AⅡ式　9件，选介2件。H4:1198，紫灰胎，挂米黄色化妆土，青黄釉，内底有五个支钉痕。口径17、底径9、高10厘米（图三四，8）。H4:1085，紫灰胎，挂米黄色化妆土，青灰釉，内底有五个支钉痕。口径14.5、底径8、高7.3厘米（图六五，8）。

AⅢ式　4件，选介2件。H4:374，紫红胎，挂米黄色化妆土，青灰釉。口径9.5、底径5.8、高9厘米（图三三，1）。H4:1111，紫红胎，挂米黄色化妆土，青灰釉。口径6.4、底径4、高6厘米（图六五，2）。

AⅣ式　6件，选介2件。H4:353，紫灰胎，挂米黄色化妆土，青黄釉，内底有六个支钉痕。口径22、底径11、高10.5厘米（图三三，7）。H4:263，紫红胎，挂米黄色化妆土，青黄釉，内底有六个支钉痕。口径20.6、底径10.6、高10.2厘米（图六五，6）。

AⅤ式　3件，选介1件。H4:1479，紫红胎，挂米黄色化妆土，青黄釉。沿下饰一周凹弦纹。口径23、底径14.5、高10.2厘米（图三五，1）。

B型　4件，选介1件。H4:1122，紫灰胎，挂米黄色化妆土，青黄釉。口径12.5、

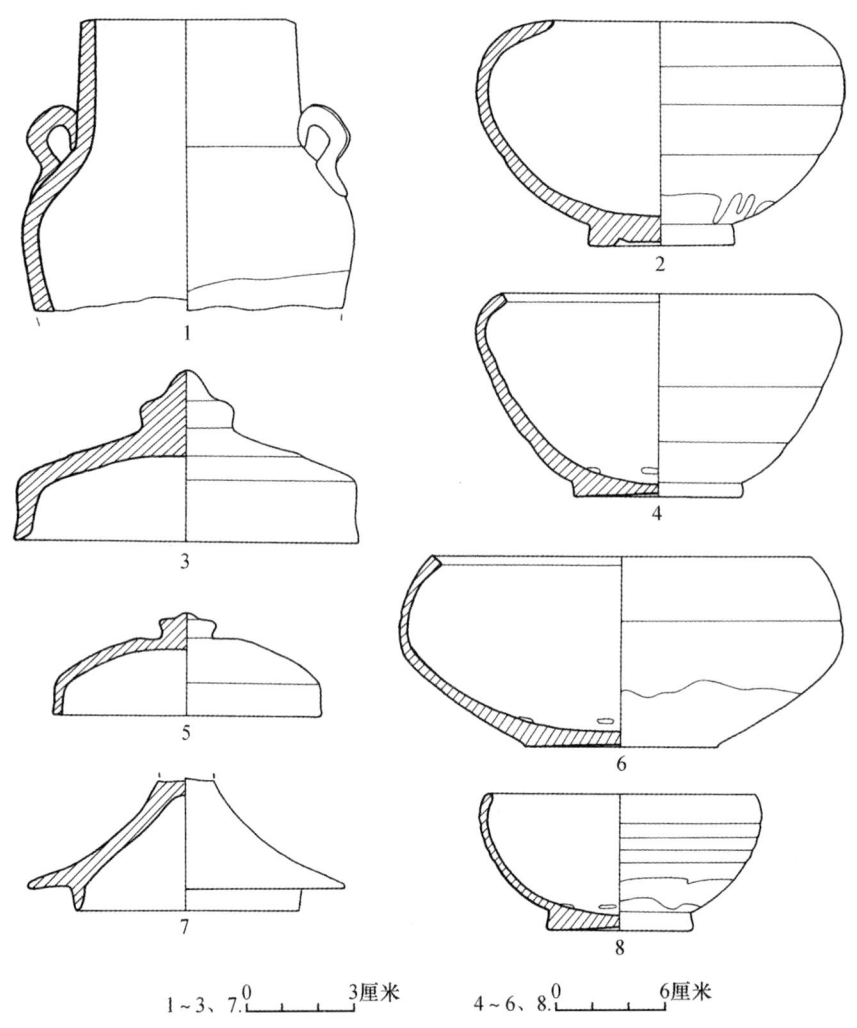

图六五　H4出土瓷器

1. Bb型双系罐（H4∶536）　2. AⅢ式钵（H4∶1111）　3、5. AⅠ式器盖（H4∶1054、H4∶1355）　4. AⅠ式钵（H4∶628）　6. AⅣ式钵（H4∶263）　7. Gb型器盖（H4∶519）　8. AⅡ式钵（H4∶1085）

底径7.8、高9.5厘米（图三三，4）。

CⅠ式　5件，选介1件。H4∶1343，紫灰胎，挂米黄色化妆土，青黄釉。口径21.2、底径10、高8.3厘米（图三四，1）。

CⅡ式　2件，选介1件。H4∶1164，紫红胎，挂米黄色化妆土，青灰釉。口径25.6、底径10.5、高9.5厘米（图三四，2）。

CⅢ式　4件，选介1件。H4∶607，砖红胎，挂米黄色化妆土，青黄釉。口径26.5、底径12.2、高12.3厘米（图三四，4）。

CⅣ式　5件，选介1件。H4∶1257，紫红胎，挂青黄色化妆土，青灰釉。口径27、底径12.5、高11.6厘米（图三四，7）。

CⅤ式 3件，选介1件。H4∶880，紫灰胎，挂青黄色化妆土，青黄釉。口径25.3、足径11、高10厘米（图三四，5）。

CⅥ式 3件，选介1件。H4∶256，紫灰胎，挂青黄色化妆土，青灰釉。下腹部附四个两两相对称的兽面堆塑。口径22.3、足径11.8、高9.3厘米（图三四，3）。

盒 72件，选介22件。

AaⅠ式 7件，选介3件。H4∶702，紫红胎，酱黑釉。芒口。口径13、底径7、高6.5厘米（图三五，2）。H4∶83，紫灰胎，酱釉。芒口。口径4.6、底径3.2、高2.8厘米（图六六，1）。H4∶2，紫灰胎，青黄釉。芒口。口径9.5、底径4.2、高3.7厘米（图六六，6）。

AaⅡ式 4件，选介1件。H4∶293，灰黄胎，青黄釉。芒口。口径13.1、底径6、高6.4厘米（图三五，5）。

AaⅢ式 3件，选介1件。H4∶1397，紫红胎，青黄釉。芒口。口径12、底径5.8、

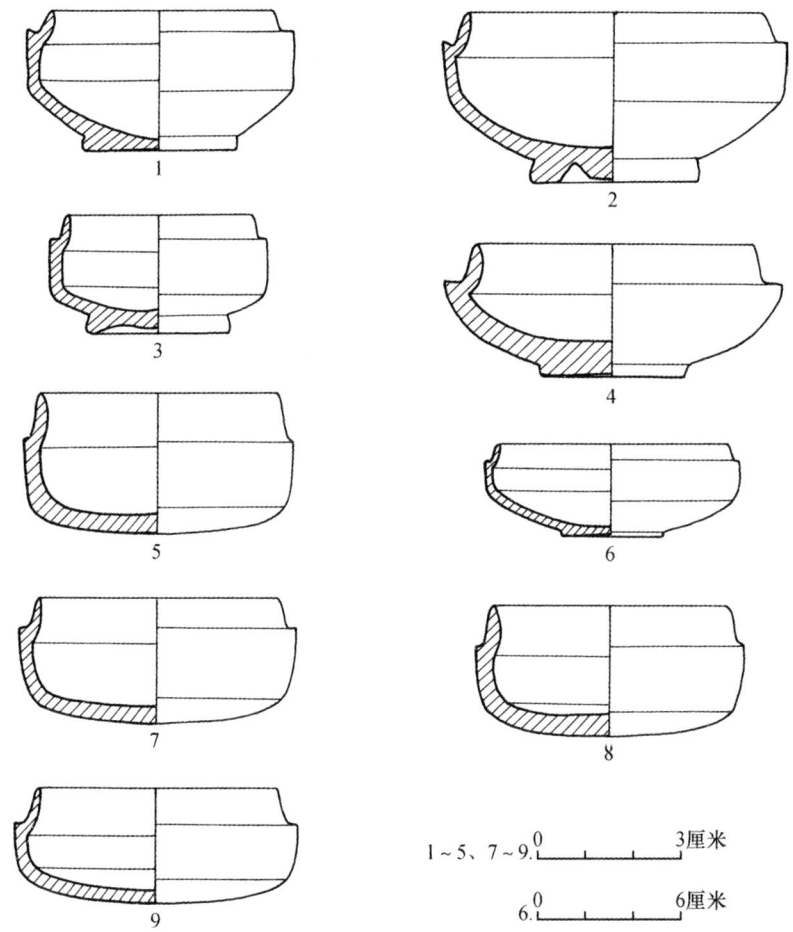

图六六 H4出土瓷盒
1、6. AaⅠ式（H4∶83、H4∶2） 2. AaⅣ式（H4∶1172） 3. AbⅡ式（H4∶584） 4. BⅡ式（H4∶1394）
5、7~9. AbⅤ式（H4∶701、H4∶75、H4∶1087、H4∶276）

高4.2厘米（图三五，3）。

AaⅣ式 8件，选介2件。H4：316，青灰胎，内施青黄釉，外施淡蓝釉。芒口。口径13、底径6.8、高5.2厘米（图三五，7）。H4：1172，灰白胎，外施酱绿釉，内施浅黄釉。芒口。口径6、底径3.6、高3.4厘米（图六六，2）。

AaⅤ式 6件，选介1件。H4：1065，青灰胎，青黄釉。芒口。口径9.6、足径4.6、高4.9厘米（图三五，4）。

AaⅥ式 3件，选介1件。H4：147，青灰胎，青黄釉。芒口。口径8.1、足径5、高5.1厘米（图三五，6）。

AbⅠ式 3件，选介1件。H4：999，紫红胎，酱黑釉。芒口。口径5.6、底径4.6、高3.9厘米（图三五，12）。

AbⅡ式 5件，选介2件。H4：335，紫灰胎，青灰釉。芒口。口径3.6、底径2.9、高2.4厘米（图三五，10）。H4：584，紫灰胎，青灰釉。芒口。口径3.8、底径3、高2.4厘米（图六六，3）。

AbⅢ式 3件，选介1件。H4：1060，灰黄胎，青灰釉。芒口。口径9.5、足径8、高4.8厘米（图三五，9）。

AbⅣ式 4件，选介1件。H4：213，灰黄胎，青黄釉。芒口。口径10.2、底径6.3、高7.6厘米（图三五，11）。

AbⅤ式 17件，选介5件。H4：50，紫红胎，黄釉。芒口。口径5、底径2.3、高2.7厘米（图三六，4）。H4：701，灰黄胎，黄釉。口径4.9、底径2、高2.8厘米（图六六，5）。H4：75，紫灰胎，青灰釉。芒口。口径5、底径2、高2.5厘米（图六六，7）。H4：1087，灰黄胎，黄釉。芒口。口径4.8、底径1.5、高2.6厘米（图六六，8）。H4：276，紫红胎，黄釉。芒口。口径4.9、底径1.5、高2.3厘米（图六六，9）。

BⅠ式 3件，选介1件。H4：1192，紫红胎，青灰釉。口径14.2、底径7、高8.6厘米（图三五，8）。

BⅡ式 6件，选介2件。H4：696，青灰胎，青黄釉。口径11.8、底径4.6、高3.6厘米（图三六，5）。H4：1394，灰黄胎，酱绿釉。口径5.7、底径3、高2.6厘米（图六六，4）。

壶 51件，选介15件。

A型 11件，选介3件。H4：315，紫红胎，挂米黄色化妆土，青黄釉。柄部残。口径8、最大腹径14、底径8.8、高22厘米（图三七，5）。H4：229，紫红胎，挂米黄色化妆土，青灰釉。柄部残。口径7.5、最大腹径13.2、底径8.5、高20厘米（图六七，2）。H4：326，紫灰胎，挂米黄色化妆土，青黄釉。柄部残。口径8.4、最大腹径14、底径8.6、高22.2厘米（图六七，5）。

BaⅠ式 5件，选介1件。H4：146，紫红胎，挂米黄色化妆土，青黄釉。流残。口径8.7、最大腹径17.8、底径10.8、高26.5厘米（图三八，1）。

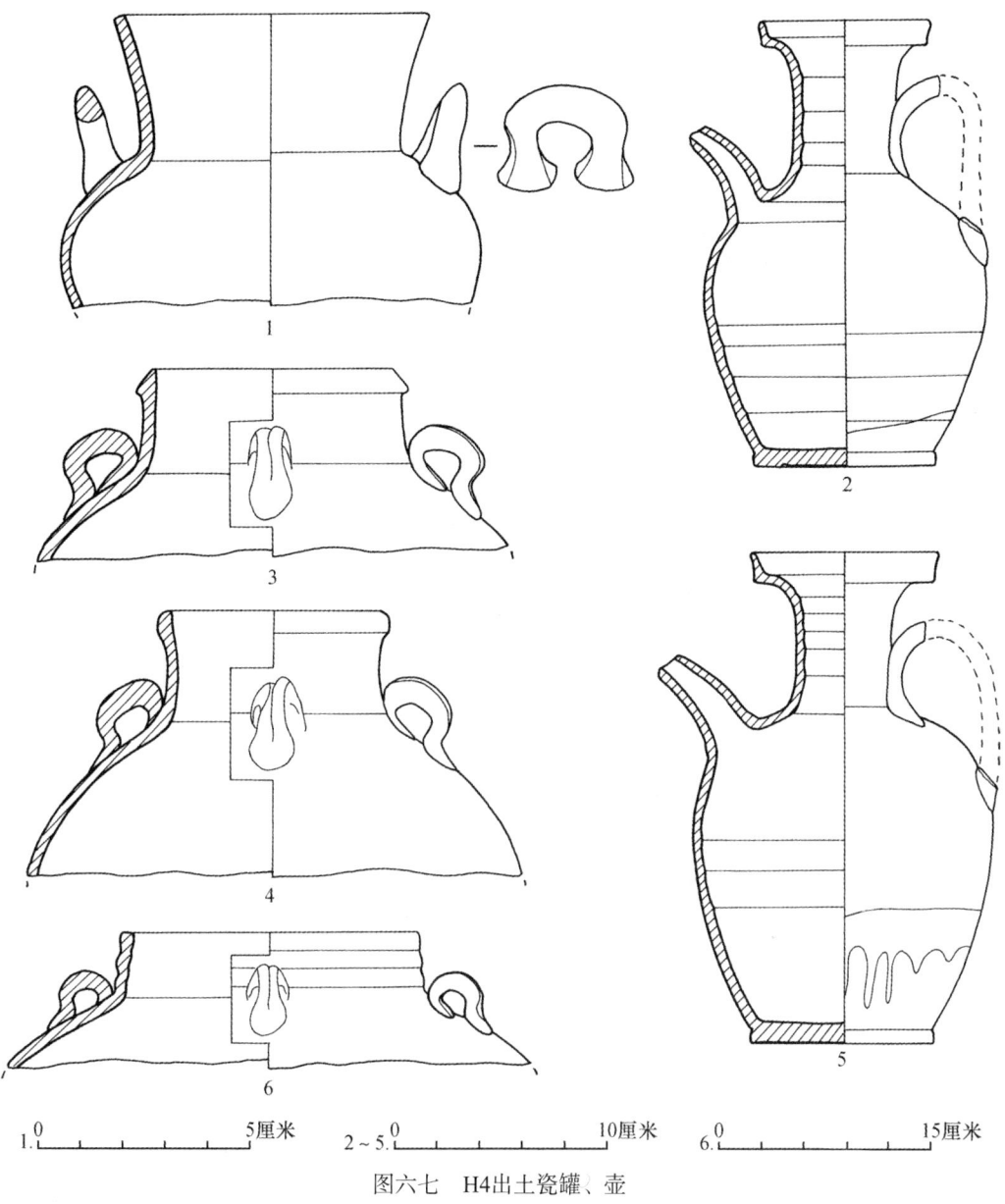

图六七　H4出土瓷罐、壶
1. AaⅠ式双系罐（H4∶1058）　2、5. A型壶（H4∶229、H4∶326）　3、4. CeⅣ式四系罐（H4∶1232、H4∶1485）　6. Ba型四系罐（H4∶663）

BaⅡ式　3件，选介1件。H4∶267，紫红胎，酱釉。口径7、最大腹径11.5、底径8.5、高13.2厘米（图三九，1）。

BbⅠ式　2件，选介1件。H4∶201，紫红胎，挂米黄色化妆土，青灰釉。流略残。口径9、最大腹径16.8、底径10.1、高17.2厘米（图三八，2）。

BbⅡ式　5件，选介1件。H4∶1502，紫红胎，挂米黄色化妆土，青釉。残存器物上半部。口径7.5、残高6厘米（图三七，8）。

Bc型　4件，选介1件。H4∶16，紫红胎，挂米黄色化妆土，青灰釉。底部残。口径5.5、最大腹径14.3、残高8.7厘米（图六四，9）。

CaⅠ式　3件，选介1件。H4∶120，紫灰胎，青黄釉。柄部略残。口径5.3、最大腹径13.5、底径6.6、高15.9厘米（图三八，4）。

CaⅡ式　2件，选介1件。H4∶80，青灰胎，挂米黄色化妆土，青黄釉。柄部略残。口径4.6、最大腹径13.8、底径6.8、高16.5厘米（图三七，1）。

Cc型　4件，选介1件。H4∶226，紫红胎，酱釉。流略残。口径4、最大腹径5.2、底径3.5、高8.1厘米（图三八，5）。

Cd型　3件，选介1件。H4∶261，紫灰胎，挂米黄色化妆土，青黄釉。柄部残。口径9、最大腹径12、底径7、高19.8厘米（图三七，2）。

Ce型　5件，选介1件。H4∶426，灰黄胎，挂米黄色化妆土，淡蓝釉。柄部残。口径8.5、最大腹径11.2、底径10、高22厘米（图三七，3）。

Cf型　2件，选介1件。H4∶278，紫灰胎，挂米黄色化妆土，青灰釉，腹部用褐色釉饰圆形。流残。口径6、最大腹径9.8、底径5.6、高14.3厘米（图三七，7）。

D型　2件，选介1件。H4∶324，紫灰胎，酱釉。提梁残存一半。口径11.7、最大腹径15、底径10.5、身高9厘米（图三八，3）。

四系罐　64件，选介23件。

Aa型　2件，选介1件。H4∶662，紫灰胎，挂米黄色化妆土，酱釉。残存上半部分。口径10、残高6.2厘米（图四〇，2）。

AbⅠ式　3件，选介1件。H4∶92，紫灰胎，青灰釉。口径6.8、最大腹径11.6、底径6、高9厘米（图四〇，7）。

AbⅡ式　5件，选介2件。H4∶1413，紫灰胎，挂青黄色化妆土，青灰釉。口径7、最大腹径10.3、底径8.4、高9.1厘米（图四〇，9）。H4∶1326，残存口、肩部。紫红胎，挂青黄色化妆土，青灰釉。口径9.6、残高8.2厘米（图四一，9）。

Ac型　3件，选介1件。H4∶250，紫红胎，挂米黄色化妆土，青灰釉。口径7.6、最大腹径10.5、底径6.7、高14.2厘米（图四一，1）。

Ba型　7件，选介2件。H4∶670，紫红胎，挂米黄色化妆土，青灰釉。残存上半部分。口径13.6、最大腹径24.1、残高16厘米（图四二，5）。H4∶663，紫红胎，挂米黄色化妆土，青黄釉。残存口、肩部。口径19.6、残高9.1厘米（图六七，6）。

Bb型　2件，选介1件。H4∶160，紫红胎，酱釉。口径9、最大腹径20、底径12、高29厘米（图四一，9）。

Ca型　3件，选介1件。H4∶1478，残存口部。紫红胎，挂米黄色化妆土，透明釉。口径20.3、残高11.7厘米（图四三，4）。

Cb型　2件，选介1件。H4∶257，紫灰胎，青灰釉。口径7、最大腹径11.6、底径7.2、高11.5厘米（图四三，5）。

Cc型　6件，选介1件。H4∶121，紫灰胎，青灰釉。口径6.5、最大腹径12、底径9.5、高18.6厘米（图四一，7）。

CdⅠ式　4件，选介2件。H4∶371，紫红胎，挂青黄色化妆土，青灰釉。口径8、最大腹径12.6、底径9.3、高9厘米（图四三，8）。H4∶408，紫红胎，挂青黄色化妆土，青黄釉。口径9、最大腹径15.2、底径9.4、高13.8厘米（图六八，4）。

CdⅡ式　3件，选介1件。H4∶167，紫红胎，挂米黄色化妆土，青灰釉。口径18、

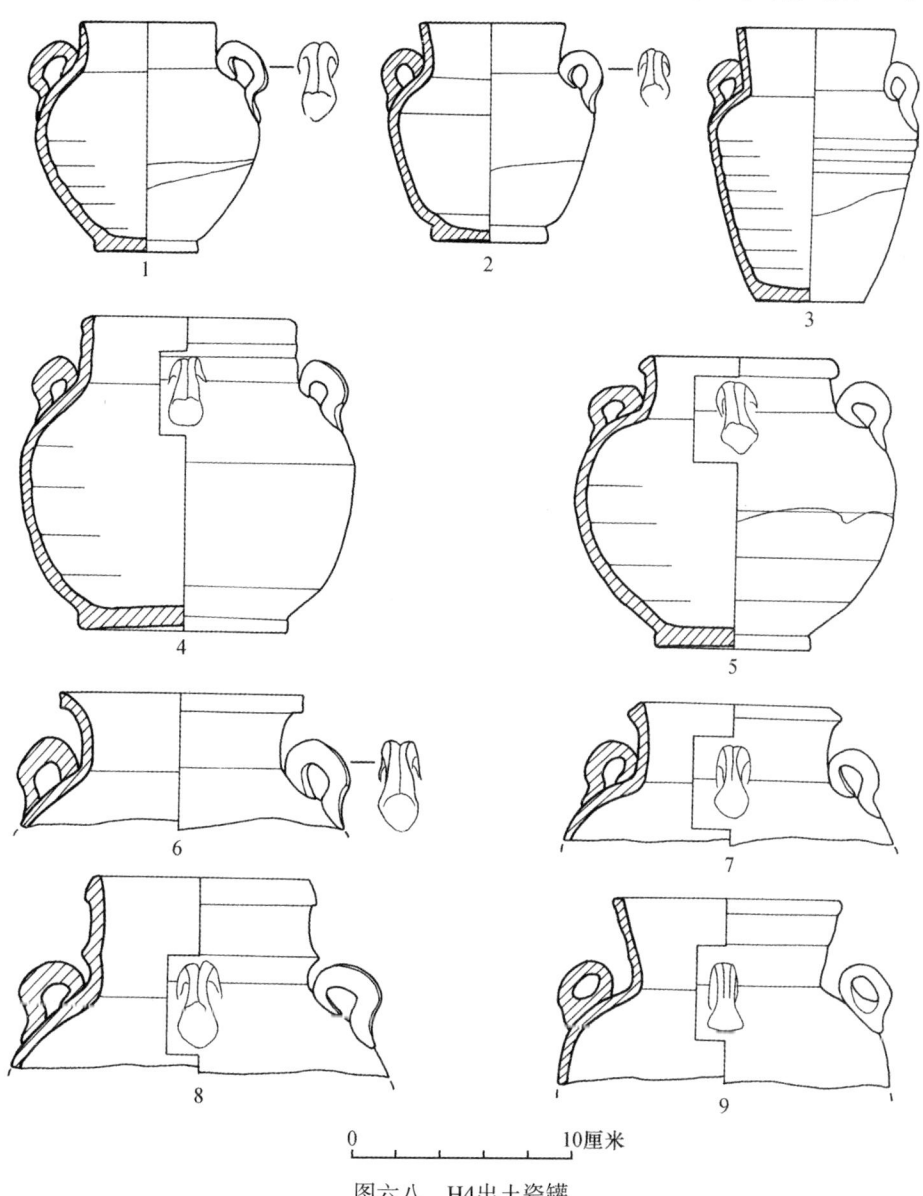

图六八　H4出土瓷罐

1. BdⅠ式双系罐（H4∶74）　2. AaⅣ式双系罐（H4∶404）　3. AaⅢ式双系罐（H4∶288）　4. CdⅠ式四系罐（H4∶408）　5. CeⅢ式四系罐（H4∶262）　6. Ab型双系罐（H4∶1325）　7. CeⅣ式四系罐（H4∶1222）　8. CeⅠ式四系罐（H4∶1123）　9. AbⅡ式四系罐（H4∶1326）

最大腹径28、底径20.1、高18.5厘米（图四二，4）。

CdⅢ式　5件，选介1件。H4∶258，砖红胎，挂米黄色化妆土，青灰釉。口径7.6、最大腹径16.5、底径9.7、高13.5厘米（图四二，3）。

CeⅠ式　5件，选介2件。H4∶310，紫红胎，挂青黄色化妆土，青灰釉。口径10.4、最大腹径22.3、底径13.5、高24厘米（图四二，2）。H4∶1123，紫灰胎，挂青黄色化妆土，青灰釉。残存口、肩部。口径8.3、残高8.4厘米（图六八，8）。

CeⅡ式　3件，选介1件。H4∶233，紫红胎，挂米黄色化妆土，青灰釉。口径10.5、最大腹径24.5、底径13.5、高24.7厘米（图四三，3）。

CeⅢ式　2件。H4∶1259，紫灰胎，挂青黄色化妆土，青灰釉。口径8.1、最大腹径14、底径7.6、高13.5厘米（图四二，6）。H4∶262，紫灰胎，挂青黄色化妆土，青灰釉。口径8、最大腹径14.7、底径7.1、高12.7厘米（图六八，5）。

CeⅣ式　9件，选介3件。H4∶1222，紫灰胎，挂青黄色化妆土，青灰釉。残存口、肩部。口径8.5、残高6.2厘米（图六八，7）。H4∶1232，紫红胎，挂青黄色化妆土，青黄釉。残存口、肩部。口径10.1、残高8.5厘米（图六七，3）。H4∶1485，紫红胎，挂青黄色化妆土，青灰釉。残存口、肩部。口径9.8、残高12厘米（图六七，4）。

双系罐　49件，选介19件。

AaⅠ式　5件，选介2件。H4∶7，紫灰胎，挂米黄色化妆土，青灰釉。口径5.8、最大腹径9.2、底径6、高9.2厘米（图四〇，8）。H4∶1058，紫灰胎，挂青黄色化妆土，青黄釉。残存口、肩部。口径7、残高6.6厘米（图六七，1）。

AaⅡ式　3件，选介1件。H4∶420，紫红胎，挂米黄色化妆土，青灰釉。口径7.9、最大腹径10.1、底径5.2、高10.5厘米（图四〇，4）。

AaⅢ式　6件，选介2件。H4∶223，紫红胎，挂米黄色化妆土，青黄釉。口径6、最大腹径9.2、底径4.6、高10.5厘米（图四〇，5）。H4∶288，紫红胎，挂米黄色化妆土，青灰釉。口径6.8、最大腹径9.6、底径5、高12厘米（图六八，3）。

AaⅣ式　4件，选介2件。H4∶124，紫红胎，挂米黄色化妆土，无釉。口径6.5、最大腹径9.5、底径4.5、高10厘米（图四〇，6）。H4∶404，紫红胎，挂米黄色化妆土，青黄釉。口径6、最大腹径9.4、底径5.2、高9.6厘米（图六八，2）。

Ab型　7件，选介2件。H4∶385，紫灰胎，挂青黄色化妆土，青灰釉。口径7.4、最大腹径12、底径6.2、高13.1厘米（图四〇，1）。H4∶1325，紫红胎，挂青黄色化妆土，青黄釉。残存口、肩部。口径11、残高6.1厘米（图六八，6）。

Ac型　3件，选介1件。H4∶1524，紫灰胎，挂青黄色化妆土，青灰釉。口径8.5、最大腹径12、底径8.1、高15.1厘米（图四一，8）。

Ba型　3件，选介2件。H4∶1330，紫红胎，青黄釉。残存口部。口径19.5、残高6.1厘米（图四三，1）。H4∶1327，紫红胎，青灰釉。残存口、肩部。口径16、残高5.6厘米（图六三，8）。

Bb型　2件。H4：339，紫红胎，青黄釉。口径6、最大腹径8.9、底径5.8、高13.2厘米（图四一，2）。H4：536，紫灰胎，青黄釉。腹部以下残。口径5.4、最大腹径9.3、残高7.7厘米（图六五，1）。

Bc型　2件，选介1件。H4：655，紫红胎，挂米黄色化妆土，青灰釉。残存口部。口径12、残高8.7厘米（图四三，2）。

BdⅠ式　6件，选介2件。H4：75，紫灰胎，挂米黄色化妆土，青黄釉。口径6、最大腹径10、底径4.7、高10厘米（图四一，4）。H4：74，紫灰胎，挂米黄色化妆土，青黄釉。口径6、最大腹径10.2、底径4.6、高10厘米（图六八，1）。

BdⅡ式　3件，选介1件。H4：403，紫灰胎，挂青黄色化妆土，青灰釉。口径7、最大腹径9.7、底径5.6、高9.3厘米（图四一，5）。

C型　5件，选介1件。H4：1488，紫灰胎，挂米黄色化妆土，酱釉。残存口部。口径22、残高9厘米（图四三，6）。

多系罐　7件，选介2件。

A型　3件，选介1件。H4：1517，紫红胎，挂米黄色化妆土，青灰釉。残存口部。口径18.5、残高9.1厘米（图四三，7）。

B型　4件，选介1件。H4：9，紫灰胎，挂青黄色化妆土，青灰釉。口径3、最大腹径10.2、底径5、高14.6厘米（图四一，3）。

盘口罐　5件，选介1件。H4：1461，紫红胎，挂米黄色化妆土，酱釉。残存口部。口径32.8、残高16厘米（图三九，4）。

无耳罐　16件，选介4件。

AbⅠ式　7件，选介1件。H4：378，紫红胎，挂青黄色化妆土，青灰釉。口径5、最大腹径8、底径5.6、高5.9厘米（图三九，3）。

AbⅡ式　3件，选介1件。H4：1402，紫红胎，挂青黄色化妆土，青灰釉。肩部有网格附加堆纹。口径2.6、最大腹径4.7、底径2.7、高3.6厘米（图四一，6）。

Ba型　2件，选介1件。H4：421，紫灰胎，青灰釉。口径4.3、最大腹径8.2、底径3.9、高9厘米（图三九，2）。

Bb型　4件，选介1件。H4：228，紫红胎，酱釉。口径5、最大腹径6.8、底径4、高6.7厘米（图三九，5）。

砚　4件，选介1件。H4：11，紫红胎，酱釉。长13、宽11.8、高4厘米（图四四，1）。

急须　5件，选介3件。

A型　1件。H4：797，紫灰胎，青灰釉，内底有五个支钉痕。残存一半。口径13.8、底径6.6、高8.3厘米（图四四，3）。

B型　4件，选介2件。H4：255，紫灰胎，青灰釉，内底有五个支钉痕。柄部略残。口径14、底径6.8、高8.8厘米（图四四，2）。H4：641，紫灰胎，青黄釉，内底有五个支钉痕。柄部略残。口径17、底径9、高11厘米（图六四，8）。

炉　13件，选介5件。

A型　3件，选介1件。H4∶287，紫红胎，青灰釉。口径13.8、足径12.5、高8.6厘米（图四四，6）。

B型　8件，选介2件。H4∶203，砖红胎，青黄釉。口径14.2、高8.7厘米（图四四，4）。H4∶208，砖红胎，青黄釉，沿部、腹部点绿釉。口径10.5、高6.6厘米（图六二，2）。

C型　2件，选介1件。H4∶1473，砖红胎，青灰釉。口径11、高6.6厘米（图四五，9）。

D型　1件，选介1件。H4∶311，砖红胎，挂青黄色化妆土，青黄釉，贴片施绿釉。腹部贴片呈仰莲状，双层，每片绘有飞天图。口径9.8、足径8.4、高15.6厘米（图四六）。

杯　3件，选介2件。

A型　2件，选介1件。H4∶436，紫红胎，青灰釉。口径8.6、高5.3厘米（图四五，10）。

B型　1件。H4∶215，紫灰胎，青灰釉。口径4.8、底径2.3、高3.5厘米（图四四，5）。

水盂　7件，选介3件。

A型　2件，选介1件。H4∶1132，紫灰胎，青灰釉。口部略残。底径7、残高7.8厘米（图四五，1）。

B型　5件，选介2件。H4∶54，紫灰胎，青灰釉。口径16.3、底径7.5、高10.6厘米（图四五，11）。H4∶3，紫灰胎，青黄釉。口径15、底径6.9、高10.2厘米（图六三，6）。

托　3件，选介2件。

A型　1件，选介1件。H4∶995，紫红胎，青灰釉。承盘略残。口径5.3、承盘残径8.9、足径8.8、高6.3厘米（图四五，2）。

B型　2件，选介1件。H4∶380，紫红胎，酱釉。口径6、承盘径10.5、足径8.4、高6.3厘米（图四五，3）。

研磨器　3件，选介2件。H4∶1003，紫灰胎，酱釉。口径13、底径6.6、高3.8厘米（图四五，4）。H4∶433，紫灰胎，酱釉。口径17、底径6.2、高4.8厘米（图六四，7）。

灯　2件，选介1件。A型。H4∶1540，砖红胎，酱釉。柄与蕊残。口径10.5、底径4.4、高4.7厘米（图四五，8）。

釜　3件，选介2件。

A型　2件，选介1件。H4∶1147，紫红胎，酱釉。口径10.3、底径2.2、高5.6厘米（图四五，6）。

B型　1件。H4∶1359，紫灰胎，青灰釉。口径10.4、底径5.6、高5.6厘米（图四五，7）。

盒盖　17件，选介15件。

A型　4件，选介3件。H4∶693，灰黄胎，青黄釉。盖顶模印花鸟纹。直径12.4、高2.4厘米（图三六，1）。H4∶175，灰白胎，外施酱釉，内施浅黄釉。盖顶模印团花、花结纹。直径7、高1.8厘米（图六九，1）。H4∶1180，灰白胎，外施酱釉，内施浅黄釉。盖顶呈团花状。直径4.9、高1.5厘米（图六九，7）。

B型　6件，选介5件。H4∶202，灰白胎，酱釉。盖顶模印凤鸟纹、云纹。直径5、高1.6厘米（图三六，2）。H4∶1129，灰黄胎，青黄釉。盖顶模印凤鸟纹、仙女纹。直径6.3、高1.6厘米（图六九，2）。H4∶322，紫灰胎，青黄釉。直径8.6、高3厘米（图六九，4）。H4∶717，灰黄胎，挂米黄色化妆土，青灰釉。直径9.5、高3厘米（图六九，9）。H4∶21，紫灰胎，挂米黄色化妆土，酱釉。直径6、高2厘米（图六九，10）。

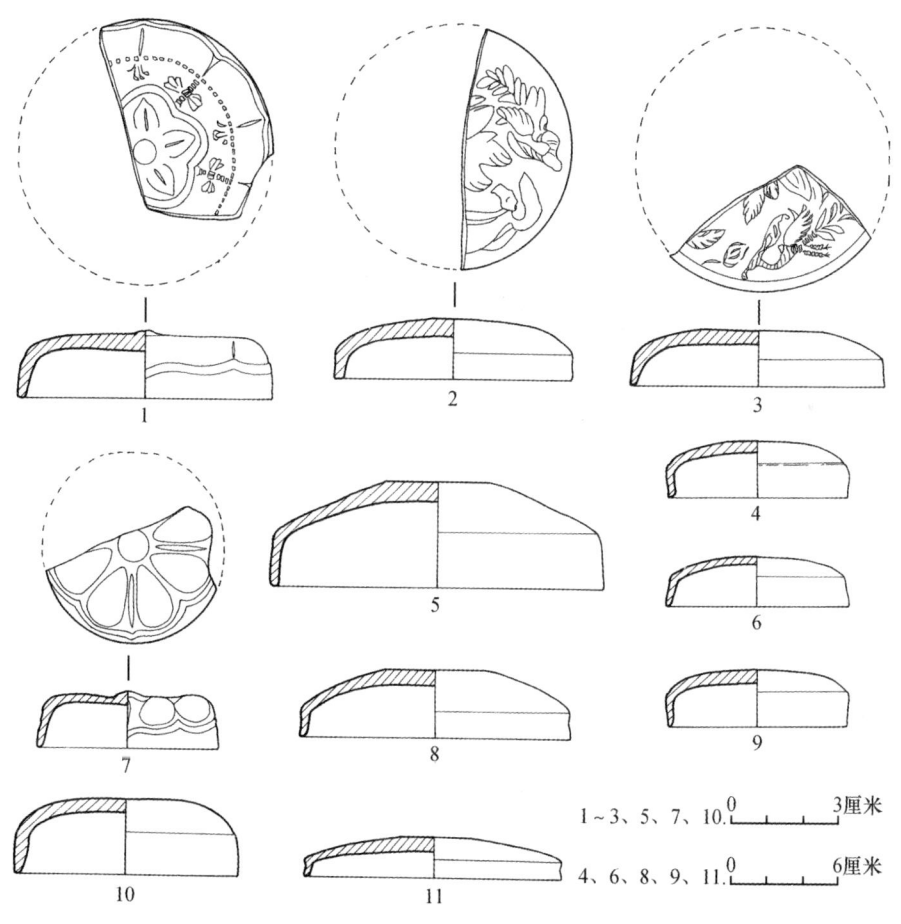

图六九　H4出土瓷盒盖

1、7.A型（H4∶175、H4∶1180）　2、4、9、10.B型（H4∶1129、H4∶322、H4∶717、H4∶21）　3、6.C型（H4∶270、H4∶721）　5、8、11.D型（H4∶1398、H4∶334、H4∶258）

C型 3件，选介3件。H4：1112，灰黄胎，青黄釉。盖顶模印花鸟纹。直径6.6、高1.8厘米（图三六，3）。H4：270，灰白胎，处施酱釉，内施浅黄釉。盖顶模印花鸟纹。直径6.8、高1.5厘米（图六九，3）。H4：721，灰黄胎，青灰釉。直径9.8、高2.5厘米（图六九，6）。

D型 4件，选介4件。H4：386，紫灰胎，青灰釉。直径13.4、高2.8厘米（图三六，6）。H4：1398，紫红胎，酱釉。直径9、高2.8厘米（图六九，5）。H4：334，灰黄胎，青黄釉。直径14.5、高3.6厘米（图六九，8）。H4：258，灰黄胎，青黄釉。直径14.1、高2.2厘米（图六九，11）。

器盖 51件，选介18件。

AⅠ式 13件，选介3件。H4：998，紫灰胎，青灰釉。折肩处饰一周凹弦纹。口径14.6、纽径3.2、通高4.8厘米（图三六，12）。H4：1054，紫灰胎，青灰釉。口径9.6、纽径2.6、通高4.6厘米（图六五，3）。H4：1355，紫灰胎，青黄釉。口径15、纽径3.2、通高5.6厘米（图六五，5）。

AⅡ式 5件，选介1件。H4：1393，紫红胎，青黄釉。口径15.4、纽径3.6、通高5.1厘米（图三六，10）。

AⅢ式 3件，选介1件。H4：761，灰黄胎，青黄釉。盖顶纽旁镂空气孔，纽残。口径30、残高7厘米（图三六，8）。

AⅣ式 2件，选介1件。H4：1005，紫红胎，酱黑釉。口径17、纽径4.6、通高5厘米（图三六，9）。

B型 3件，选介1件。H4：432，口部略残。紫红胎，灰白釉。残口径24、纽径7.2、残高12.5厘米（图三六，7）。

C型 6件，选介1件。H4：1048，紫红胎，青黄釉。口径11.8、纽径3、通高6.6厘米（图三六，11）。

D型 5件，选介2件。H4：1080，青灰胎，青灰釉。口径6.6、纽径1.9、通高5.1厘米（图二六，1）。H4：737，青灰胎，青灰釉。纽残。口径5.9、残高3厘米（图六〇，1）。

E型 3件，选介1件。H4：1078，青灰胎，无釉。口径5.7、纽径2.8、通高1.3厘米（图二六，2）。

F型 2件，选介1件。H4：1050，灰黄胎，青黄釉。口径10.6、纽径4.5、通高4厘米（图二六，3）。

GaⅠ式 3件，选介1件。H4：174，青灰胎，青灰釉。口径3.4、盖径6、通高2.5厘米（图二六，4）。

GaⅡ式 1件，选介1件。H4：1368，紫红胎，灰黄釉。口径8、盖径15、纽径2.2、通高4厘米（图二六，5）。

Gb型 3件，选介2件。H4：6，灰白胎，酱绿釉。口径4.2、盖径6.6、通高3.5厘米（图二六，7）。H4：519，灰白胎，灰白釉。顶部略残。口径6.2、盖径8.9、残高3.5厘米（图六五，7）。

Gc型 2件，选介2件。H4：715，青灰胎，青灰釉。口径2、盖径5.3、纽径1.8、通高4.8厘米（图二六，6）。H4：1521，青灰胎，青灰釉。纽残。口径2.4、盖径6.3、残高3.5厘米（图六〇，2）。

瓷塑 13件。

狗 2件。H4：412，紫灰胎，酱釉。四足残，站立状。长7、残高4.4厘米（图七〇，5）。H4：119，紫灰胎，酱釉。四足及后半身残，呈人立状。残高5.5厘米（图七〇，6）。

人骑犬 4件。H4：356，紫灰胎，青灰釉。犬后半身残。骑者女性，梳发髻，额头上贴花，双手执犬头。残长3.5、高7厘米（图七〇，1）。H4：171，紫灰胎，青灰

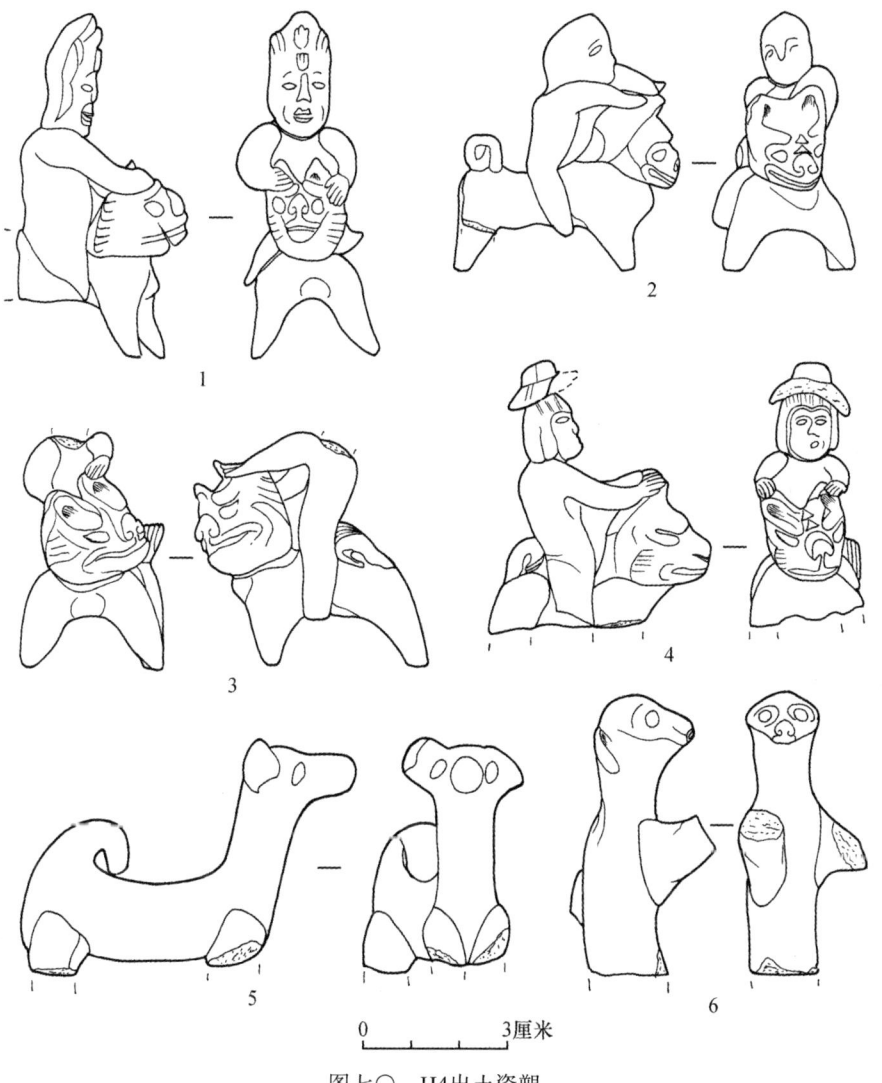

图七〇 H4出土瓷塑
1~4.人骑犬（H4：356、H4：171、H4：322、H4：402） 5、6.狗（H4：412、H4：119）

釉。骑者小童，无发，双手执犬头。长4.5、高5.2厘米（图七〇，2）。H4：322，紫灰胎，酱釉。骑者上半身残，手执犬耳。长5、残高4.7厘米（图七〇，3）。H4：402，紫灰胎，有黄釉。犬四足残。骑者男性，头戴带檐帽，手执犬耳。长4.6、残高5.5厘米（图七〇，4）。

人骑牛　1件。H4：365，紫灰胎，青灰釉。人上半身残，牛后足及一前足残。人双手扶牛颈。长10.3、残高7.2厘米（图七一，3）。

狮　1件。H4：149，紫灰胎，酱釉。四足残。站立状。残长11、残高7.6厘米（图七一，1）。

骑马俑　1件。H4：415，紫灰胎，酱釉。残存马身及一后足。站立状，马披甲，有鞍。残长11、残高7.6厘米（图七一，2）。

鱼　1件。H4：70，灰褐胎，青黄釉。尾部略残。中空，刻划身上鳞片及眼睛等。残长5.5、高2.7厘米（图七二，1）。

猫　2件。H4：98，泥质灰陶。头尾相曲，团为圆形。中空，身上毛及头部嘴、眼刻划清晰。直径3.6~4.4、高2.2厘米（图七二，2）。H4：354，灰褐胎，酱釉。匍匐状。中空，身上毛及头部嘴、眼刻划清晰。长6.7、高2.5厘米（图七二，3）。

龟　1件。H4：78，灰褐胎，绿釉。头部残。龟甲刻划清晰。残长5.8、宽3.3、高2.5厘米（图七二，5）。

（2）陶器

珠　18件，选介2件。H4：220，泥质红陶。球形。表面等距刻划小圆圈纹。直径3.9厘米（图七二，6）。H4：18，泥质红陶。球形。中部刻划两周细密竖线纹，上下两端戳印密集小鱼子纹。直径2厘米（图七二，7）。

豆　2件，选介1件。H4：82，夹砂灰陶。直口，圆唇，斜腹，喇叭形圈足。口径10.8、足径4.1、高4.3厘米（图四八，3）。

C型罐　3件，选介1件。H4：76，夹砂褐陶。侈口，圆唇外翻，长束颈，溜肩，鼓腹，底部残。肩部以下饰细绳纹。口径10.5、残高13.6厘米（图四八，4）。

圜底釜　2件，选介1件。H4：75，夹砂褐陶。侈口，圆唇，束颈，溜肩，斜腹，圜底。腹中部以下饰细绳纹。口径13、高5.5厘米（图四八，6）。

（3）建筑构件

瓦当　1件。H4：1510，泥质灰陶。残存多半，圆饼形。纹样由内而外分为两层，中心为兽面纹，外层为乳钉纹，最外一周为素面。直径14、厚2.2厘米（图七二，4）。

板瓦　3件，选介1件。H4：71，残。直口，尖唇。瓦面饰细绳纹。残长12、残宽10.3、厚0.8厘米（图四八，5）。

（4）骨器

簪　5件。簪头部分方形，向簪尖处渐变为圆形。依据簪头的不同，分为二型。

A型　3件。簪头刻为串珠形。H4：62，簪头宽0.8、长21.5厘米（图七三，1）。

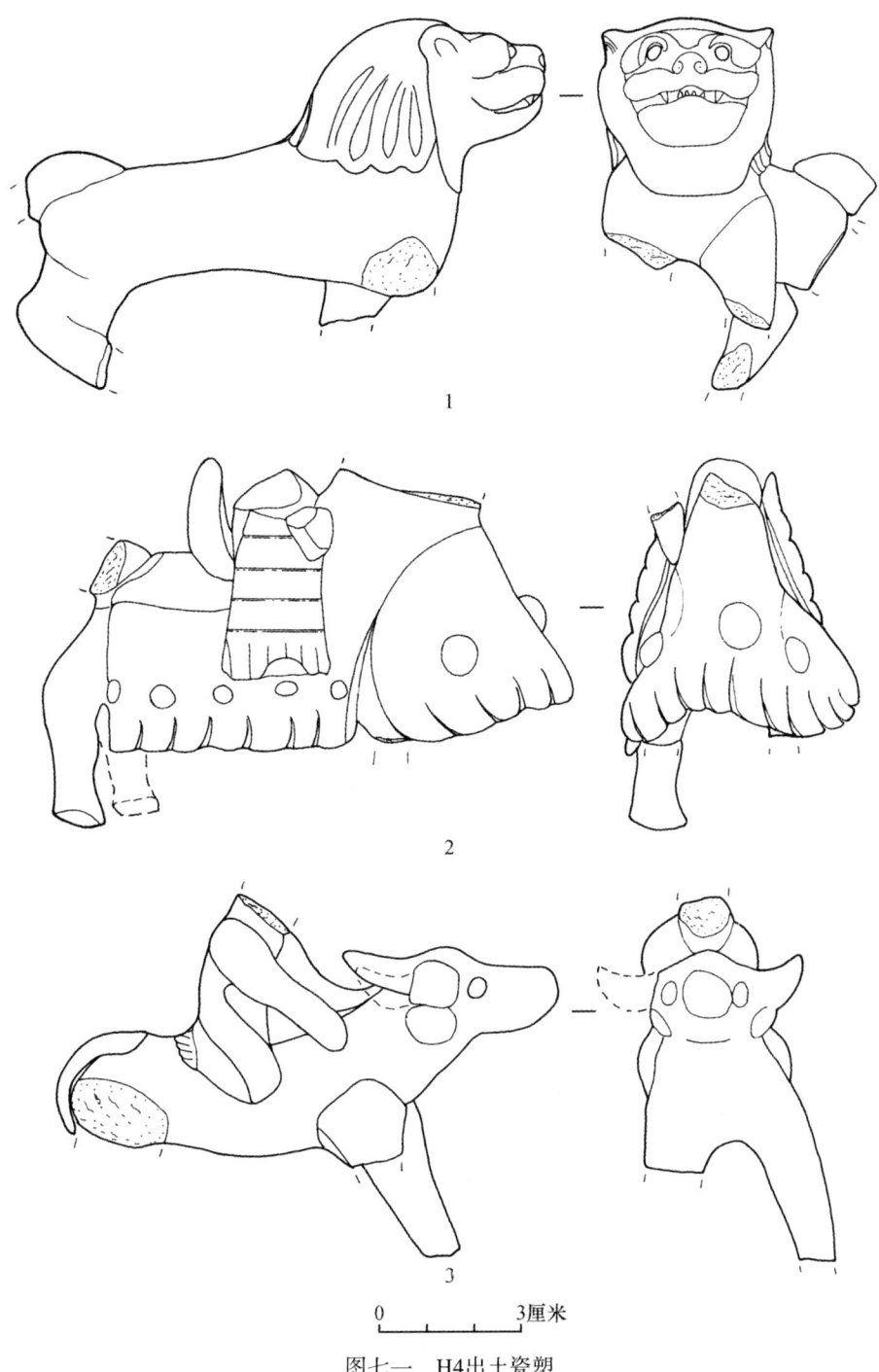

图七一　H4出土瓷塑
1. 狮（H4∶149）　2. 骑马俑（H4∶415）　3. 人骑牛（H4∶365）

H4∶217，簪头宽0.8、长16.3厘米（图七三，2）。H4∶121，簪尖部分残。簪头宽0.6、残长11.1厘米（图七三，5）。

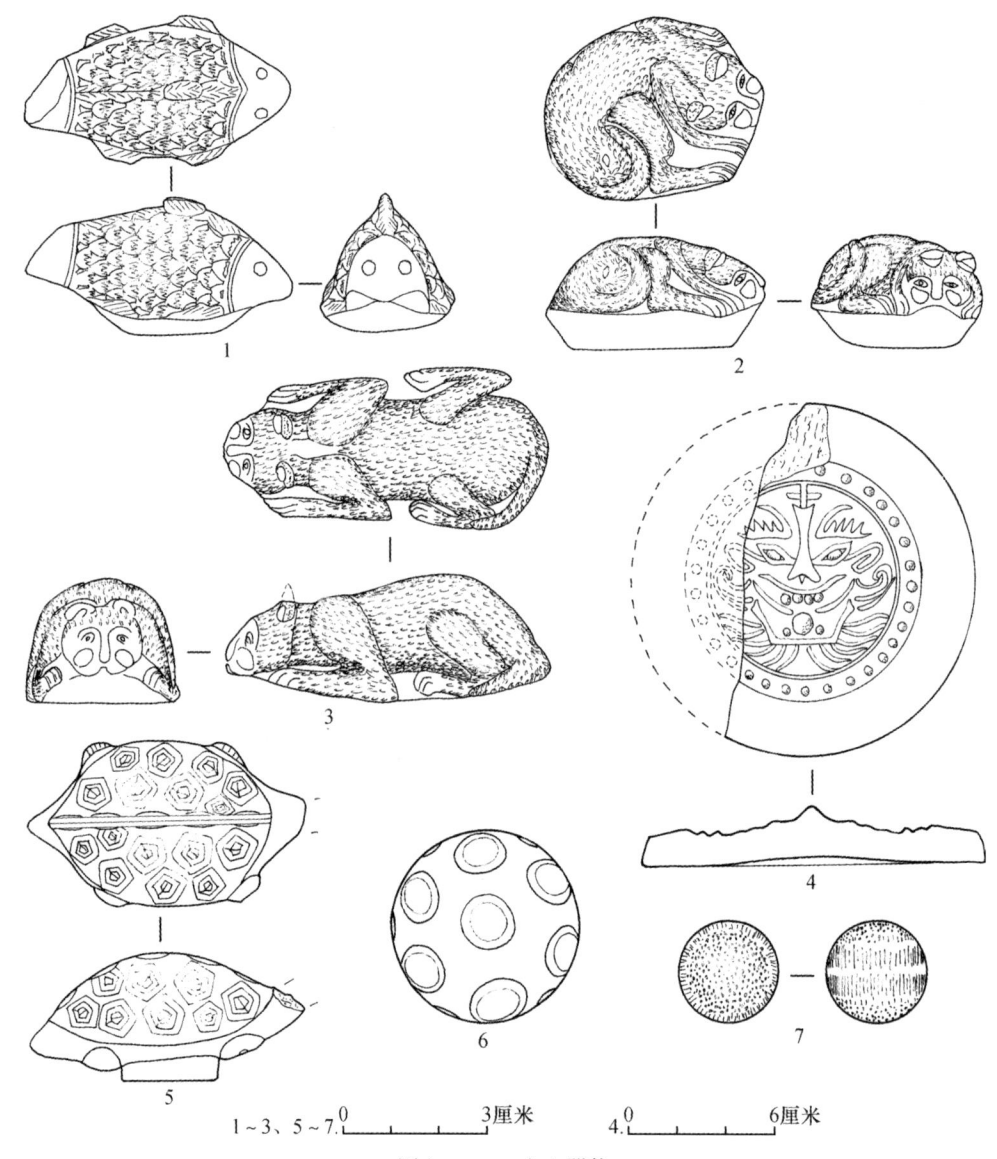

图七二 H4出土器物

1. 瓷鱼（H4∶70） 2、3. 瓷猫（H4∶98、H4∶354） 4. 瓦当（H4∶1510） 5. 瓷龟（H4∶78） 6、7. 陶珠（H4∶220、H4∶18）

B型　2件。簪头为方形。H4∶219，身略曲，簪尖略残。簪头宽1.2、残长15.6厘米（图七三，3）。H4∶52，簪头宽0.7、残长15.5厘米（图七三，4）。

（5）钱币

5枚，仅1枚钱币能清楚识别，其余均为残片，无法识别。

崇宁通宝　1枚。H4∶4，瘦金体。钱文清楚，光背。钱径3.4、穿宽0.9、郭径0.2厘米（图五一，2）。

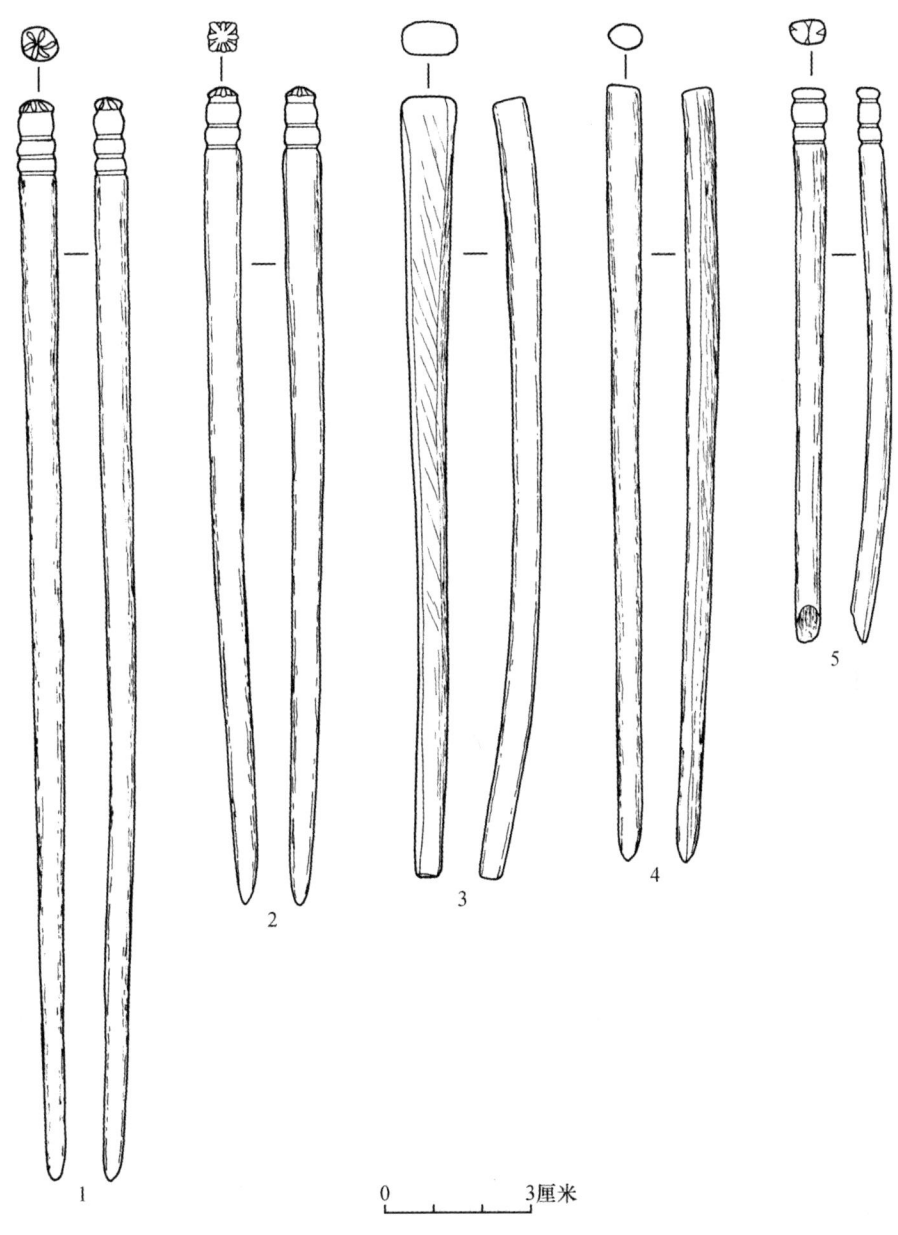

图七三　H4出土骨簪

1、2、5.A型（H4∶62、H4∶217、H4∶121）　3、4.B型（H4∶219、H4∶52）

（四）分期与年代

参考出土遗物的材质、造型特征等，结合地层、遗迹之间的打破、叠压关系，可将金河路59号地点的文化遗存划分为春秋战国时期和唐、宋时期这两个大的时期。

春秋战国时期遗存集中在遗址的西南部几个探方内，主要为第5～8层堆积和H2、H3。陶器器形主要有大量的敛口罐、广肩罐、喇叭口罐、高领罐、绳纹罐、小平底罐、尖底罐、瓮、盆、钵、簋形器、尖底盏、高柄豆、尖底杯，少量的平底杯、圈足罐、釜、尊形器等器形。此次发掘的金河路遗址早期陶器群是十二桥文化中最常见器形，与十二桥遗址Ⅰ、Ⅱ发掘区的商周时期文化遗存相近[1]，出土器物中有十二桥遗址早期陶器群中A群的小平底罐、高柄豆、鸟头形柄勺、尊形器等器形，但大量出土的还是十二桥遗址B群中的器形如尖底杯、尖底盏、尖底罐、喇叭口罐、高领罐、盆、钵、绳纹罐、广肩罐、敛口罐、圈足罐、簋形器等，B群各类器形的数量较A群明显多。大部分器物与十二桥遗址Ⅰ、Ⅱ发掘区的第10、11层以及新一村遗址[2]更接近一些。与十二桥遗址Ⅰ、Ⅱ发掘区第10、11层出土器物相比较，绳纹罐、釜和瓮的数量增多，尖底盏为折肩、腹变浅，形体较大，敛口罐中的重菱纹更为少见，与新一村出土器物为更接近。推测年代与新一村遗址相近，或较新一村遗址年代略晚，即上限当晚于西周时期，第5层出土有鼎足，断定年代下限约当战国时期。

唐、宋时期的遗存主要有第3、4层堆积和H1、H4，在遗址内普遍分布，出土遗物的类型多样，以青釉瓷器为主，少量的白釉、酱釉、低温釉瓷器以及泥质陶器、钱币、骨器、建筑构件等。这些地层单位出土器物形制相近，无法区分出每个遗迹单位器物群之间的差异。出土器物主要为瓷器，典型器物有AaⅠ式、AbⅡ式、AcⅠ式、BbⅠ式、BbⅡ式、CaⅡ式、CbⅠ式花口碗，AbⅣ式、AcⅠ式、AcⅡ式、AcⅢ式、AdⅠ式、AdⅡ式、BaⅡ式、Bc型、CaⅠ式、CaⅢ式、Cb型、DaⅠ式、DaⅡ式圆口碗、AbⅡ式、C型花口盘，AⅠ式、AⅡ式、B型圆口盘，AbⅠ式、Bb型、CeⅣ四系罐，Aa型无耳罐，BbⅠ式、Bc型、CaⅠ式、Cc型壶，BⅠ式、BⅡ式、BⅢ式盆，B型、CⅥ式钵，A型杯，A型灯碟，B型炉，研磨器，盒盖等。这些瓷器主要为本地的邛窑和琉璃厂窑产品，其中邛窑产品较多，主要为邛窑十方堂五号窑包的产品。花口碗的CaⅡ式、CbⅠ式、BbⅡ式、AcⅠ式分别为邛窑的CⅤ式、CⅢ式、CⅠ式、CⅡ式碗；圆口碗的AcⅢ式、CaⅠ式、Bc型、DaⅠ式分别为邛窑的AⅠ式、AⅪ式、AⅩⅣ式、BⅡ式碗；花口盘的AbⅡ式、C型分别为邛窑的AⅡ式、AⅠ式盘；圆口盘的B型、AⅡ式为邛窑的BⅡ式、CⅤ式盘；钵的B型为邛窑的CⅢ式钵，CⅥ式为邛窑的四耳钵；四系罐的AbⅠ式、Bb型、CeⅣ式分别为邛窑的EⅢ式、EⅧ式、EⅤ式四耳罐；壶的BbⅠ式、CaⅠ式、Cc型分别为邛窑的DⅠ式、BⅤ式、EⅢ式壶；B型炉为邛窑的B型炉，D型炉为邛窑的黄绿釉印、贴花飞天高足炉；A型杯为邛窑的Ⅸ式杯；研磨器为邛窑的Ⅱ式臼磨器；盒盖均为邛窑的粉盒；瓷塑中的人骑犬、龟、鱼、犬、狮等均为邛窑的典型器物[3]。也有部分琉璃厂窑的产品，如Ca型圆口碗为琉璃厂窑的A型青釉瓷碗；A型圆口盘为琉璃厂窑的青釉瓷盘；Aa型双系罐为琉璃厂窑的A型小青瓷罐；B型壶为琉璃厂窑的A型青釉瓷有柄注壶；A型壶为琉璃厂窑的A型酱釉有柄执壶；研磨器、砚、灯碟与琉璃厂窑酱釉的同类器完全一样[4]。部分器物的形制和一些年代明确的器物相近，如与Cb型圆口碗造型相仿的碗在四川三台牌坊垭唐代崖墓[5]、四川崇州天福窑[6]、成都十二桥遗址"隋唐文化遗存"[7]内均有出土，年代在7～8世纪；

AcⅠ式圆口碗与成都王建永陵出土的青瓷碗相同[8]；AaⅢ式圆口碗与成都东郊保和公社后蜀张虔钊墓[9]、双流籍田竹林村后蜀徐公墓[10]出土的瓷碗相同。综上所述，这一期文化堆积的年代应在前后蜀时期，其上限可能到唐末，下限至北宋时期，主体是五代时期。

（五）初步认识

关于春秋战国时期遗存的性质问题。遗址位于古河道上，河道由西向东穿过遗址。遗址向西约1000米为十二桥遗址。遗址的西南部为古河道南畔，河道北畔可能已超出本次发掘区范围。春秋战国时期的遗存在遗址西南部小区域内集中出土，4个文化堆积层中的最下层第8层沙夹卵石层和第6层黄沙层，是较为明显的冲积堆积。第5层和第7层为遗址的原生堆积，第7层为红烧土颗粒层，夹杂大量的陶片及动物骨骼，在遗址中分布范围更小，由西南向东北方向呈倾倒状。从这些堆积特点及其与十二桥遗址的地理位置等综合分析，推测河道南岸为春秋战国时期大型遗址的生活区，这些堆积均为河道南畔人们生活废弃物堆积，第6层和第8层为上游遗址内的堆积通过河水的冲刷搬运后在本遗址中形成，第7层从其红烧土颗粒地层及包含的大量陶片和动物骨骼等特点分析，为生活废弃物的长期集中堆积而形成，此处为河畔，正是这些生活废弃物的集中倾倒处。出土的遗物对研究春秋战国时期大型遗址的人口组成、生活习性等提供了较好的研究资料。

关于唐末五代时期遗存的性质问题。遗址内出土大量瓷器为本地窑场制品，质量普遍较高，类型十分丰富，有大量精美的邛窑低温釉瓷器及少量外地定窑、邢窑瓷器，大型的水塘、亭台建筑均说明这不是一般的生活遗址。同类型的遗址在杜甫草堂[11]、指挥街[12]也有发现。唐末五代是中国历史上一个大动乱时期，虽然中原、北方战乱频繁，但处于西南边陲的成都社会经济相对安定，为外来移民的重要迁入地，城市规模和人口不断扩大，社会生活稳定。据史料记载五代时期王、孟氏占据偏安蜀地，成都极盛游乐之内，王衍建宣花苑"延袤十里，有重光、太清、延昌、会真之殿，清和、迎仙之宫，降真、蓬莱、丹霞之亭。土木之功，穷极奢巧"[13]。王衍在乾德五年游浣花溪"龙舟彩舫，十里绵亘。自百花潭至万里桥，游人士女，珠翠夹岸"[14]。同书记载的后蜀后主孟昶广政十二年同样游浣花溪，"蜀中百姓富庶，夹江皆创亭榭游赏之处。都人士女，倾城游玩，珠翠绮罗，名花异草，馥郁森列"[15]。这类处于江河沿岸的遗址与出土的文物为唐、五代、两宋时期的成都城市考古提供了重要的资料。

发掘与整理：王　军　王仲雄　苏　奎　谢　涛
绘　　　图：孙志辉　王　军　王仲雄
执　　　笔：谢　涛

注　释

[1] 四川省文物考古研究院、成都市文物考古研究所：《成都十二桥》，文物出版社，2009年。

[2] 成都市文物考古研究所：《成都十二桥遗址新一村发掘简报》，《成都考古发现》（2002），科学出版社，2004年。

[3] 陈显双、尚崇伟：《邛窑古陶瓷简论——考古发掘简报》，《邛窑古陶瓷研究》，中国科学技术大学出版社，2002年。

[4] 成都文物考古研究所：《成都市琉璃厂古窑址2010年试掘报告》，《成都考古发现》（2010），科学出版社，2012年。

[5] 钟治：《三台县牌坊垭唐代崖墓清理简报》，《四川文物》2002年第4期。

[6] 成都文物考古研究所、崇州市文物管理所：《四川崇州公议镇天福窑址考古调查简报》，《成都考古发现》（2008），科学出版社，2010年。

[7] 四川省文物考古研究院、成都市文物考古研究所：《成都十二桥》，文物出版社，2009年。

[8] 冯汉骥：《前蜀王建墓发掘报告》，文物出版社，2002年，第64页。

[9] 成都市文物管理处：《成都市东郊后蜀张虔钊墓》，《文物》1982年第3期。

[10] 成都文物考古研究所、双流县文物管理所：《成都双流籍田竹林村五代后蜀双室合葬墓》，《成都考古发现》（2004），科学出版社，2006年。

[11] 成都文物考古研究所：《成都市杜甫草堂唐宋遗址2012年发掘简报》，《成都考古发现》（2012），科学出版社，2014年。

[12] 成都市博物馆、四川大学博物馆：《成都指挥街唐宋遗址发掘报告》，《南方民族考古》（第二辑），四川科学技术出版社，1989年。

[13] （北宋）张唐英：《蜀梼杌》卷上，《丛书集成初编》，商务印书馆，1939年。

[14] （北宋）张唐英：《蜀梼杌》卷下，《丛书集成初编》，商务印书馆，1939年。

[15] （北宋）张唐英：《蜀梼杌》卷下，《丛书集成初编》，商务印书馆，1939年。

成都"金河路59号"春秋战国—唐、宋时期遗址出土动物骨骼报告

成都文物考古研究院

2007年8~11月，为配合成都美邦房地产开发公司"时代广场"基本建设，成都文物考古研究院对位于成都金河路59号的地块进行了考古勘探和发掘工作。发掘区内文化层堆积较厚，达3.1~3.3米，可以分为8层。第1层为现代建筑堆积层，第2层为明清时期堆积层，第3层为五代两宋时期堆积层，第4层为唐末五代堆积层，第5层为战国时期堆积层，第6~8层为春秋战国时期堆积层。唐宋时期和春秋战国时期堆积层较厚，在春秋时期堆积内出土部分商周时期遗物[1]。在先秦、唐宋时期的地层单位中均发现有数量不等的动物骨骼，其中先秦时期的骨骼最多，唐宋时期的动物骨骼次之。由于鸟类、鱼类、龟鳖类的骨骼较碎，属种鉴定尚未完成，本文主要是哺乳动物骨骼的鉴定、统计和分析报告，其他属种的骨骼鉴定结果将另行撰文报告。

一、先秦时期动物骨骼

先秦时期的地层单位包括第5~8层，及灰坑H2、H3，2个灰坑均开口于第4层下，打破第5层。我们按地层单位对出土的动物骨骼采取分别统计的方法，单独计算每个地层单位的NISP（可鉴定标本数）和MNI（最小个体数）。第8层出土动物骨骼215件，其中爬行纲龟鳖类9件，哺乳动物206件，哺乳动物NISP计85件，代表MNI15个（附表一）。第7层出土骨骼597件，其中人骨2件，龟鳖类31件，鱼骨3件，哺乳动物骨骼559件，哺乳动物NISP计251件，代表MNI38个（附表二）。第6层出土骨骼437件，其中人骨1件，龟鳖类18件，鱼骨2件，哺乳动物骨骼416件，哺乳动物NISP计212件，代表MNI28个（附表三）。第5层出土骨骼67件，均为哺乳动物，NISP计29件，代表MNI8个（附表四）。H2、H3出土骨骼分见附表五、附表六。先秦时期的主要动物种类有狗、鹿类（水鹿、斑鹿、小鹿）、马、牛、龟鳖类等。

1. 食肉目（CARNIVORA）

犬科（Canidae）/狗（*Canis familiaris*）

可鉴定标本34件，代表最小个体数7个*。

肱骨2件，左右各1件。TN2E2⑦：1，左侧远端，长22.07、宽22.03毫米；TN1E3⑦：3，右侧远端，长21.29、宽27.94毫米。

股骨4件，左右各2件，测量数据见表一。

表一　狗股骨测量数据　　　　　　　　　　（单位：毫米）

标本号	左/右	近端		远端		长
		长	宽	长	宽	
TN3E3⑧：109	左	28.39	37.11	24.77	33.56	186.75
TN2E3⑦：13	右	23.43	31.44	—	—	—
TN1E2⑦：331	左	13.84	23.47	20.04	20.11	121.38
TN2E2⑧：332	右	15.30	24.66	19.61	20.92	115.77

2. 偶蹄目（ARTIODACTYLA）

（1）牛科（Bovidae）/牛亚科（Bovinae）/黄牛（*Bos taurus*）

可鉴定标本10件，代表最小个体数4个。

股骨2件，左右各1件。TN3E3⑥：19，右侧远端，长105.04、宽87.85毫米；TN3E3⑥：26，左侧远端，长90.67、宽80.02毫米。

（2）鹿科（Cervidae）/鹿亚科（Cervinae）/水鹿（*Cervus unicolor*）

可鉴定标本161件，代表最小个体数18个。

肩胛骨8件，左右各4件。TN3E3⑥：187，右侧，肩胛窝宽43.90、高41.82毫米；TN3E3⑦：190，右侧，肩胛窝宽45.49、高45.57毫米；TN3E4⑦：174，右侧，肩胛窝宽43.87、高42.31毫米。

肱骨11件，左侧6件，右侧5件。TN2E3⑥：192，右侧近端，长107.76、宽71.37毫米；TN1E3⑥：333，左侧近端，长残、宽52.73毫米；TN3E3⑥：63，右侧近端，长残、宽55.64毫米；TN3E3⑧：135，右侧远端，长54.75、宽65.88毫米；TN2E2⑥：151，左侧远端，长58.95、宽65.89毫米；TN2E4⑦：159，左侧远端，长51.62、宽57.92毫米。

桡骨10件，左侧3件，右侧7件。TN2E2⑥：180，左侧近端，长34.79、宽61.13毫米；TN1E3⑥：176，右侧近端，长34.24、宽63.53毫米；TN1E2⑦：197，右侧近端，长28.43、宽51.41毫米；TN2E2⑥：161，右侧近端，长31.06、宽59.81毫米；TN2E2⑦：125，左侧近端，长36.77、宽62.45毫米；TN2E4⑦：133，左侧远端，长46.43、宽57.25毫米。

---

*先秦时期报告中的统计数据为第5～8层NISP、MNI总和。

掌骨17件，左侧7件，右侧10件。近端保存关节的较少。TN2E2⑧：145，左侧近端，长41.66、宽40.97毫米。远端关节保留的较多，测量数据见表二。

表二　水鹿掌骨远端测量数据统计表　　　　（单位：毫米）

标本号	左/右	长	宽	标本号	左/右	长	宽
TN1E1⑦：141	右	29.24	47.72	TN1E4⑦：182	右	31.84	54.51
TN1E1⑦：131	右	30.58	49.02	TN1E2⑦：178	左	25.60	43.71
TN2E2⑧：147	右	30.85	45.86	TN3E3⑥：179	右	27.44	40.10
TN1E1⑦：126	左	32.75	47.07	TN2E2⑥：168	右	27.84	40.05
TN1E1⑦：123	左	30.21	43.03	TN2E4⑦：150	左	28.29	42.60

指骨/趾骨8件，其中近端指骨/趾骨4件，测量数据见表三。

表三　水鹿近端指骨/趾骨测量数据统计表　　（单位：毫米）

标本号	近端		远端		长
	长	宽	长	宽	
TN2E2⑧：188	26.68	22.40	20.97	20.13	64.75
TN2E2⑥：245	23.32	16.91	14.96	15.55	53.17
TN2E2⑥：137	28.51	21.79	17.84	20.48	60.12
TN2E2⑥：142	30.81	24.75	20.81	22.45	64.53

股骨22件，左侧9件，右侧13件。TN1E4⑦：184，右侧近端，长残，宽82.05毫米；TN3E3⑥：169，右侧近端，长75.48、宽88.84毫米；TN1E4⑦：186，右侧近端，长60.74、宽76.64毫米；TN2E2⑥：166，右侧近端，长66.93、宽88.02毫米；TN1E5⑥：189，左侧远端，长100.37、宽76.62毫米。

胫骨24件，左侧15件，右侧9件。胫骨中，保留近端关节的少。TN2E3⑥：167，左侧近端，局部有破损，近端长89.49毫米。保留远端关节的标本较多，测量数据见表四。

表四　水鹿胫骨远端测量数据统计表　　　　（单位：毫米）

标本号	左/右	长	宽	标本号	左/右	长	宽
TN2E4⑦：158	左	39.31	52.88	TN3E3⑥：111	左	40.96	55.66
TN2E2⑤：134	右	41.71	53.63	TN2E2⑦：193	左	40.39	58.54
TN3E3⑧：155	右	39.68	52.32	TN1E3⑥：202	右	45.55	57.64
TN1E1⑦：129	左	39.02	52.09	TN3E3⑥：177	右	40.51	55.67
TN2E2⑥：146	左	45.76	58.03	TN2E2⑦：194	左	40.01	53.50

跟骨9件，左侧4件，右侧5件。TN1E3⑥：255，左侧，长125.65、宽36.44、高47.14毫米；TN3E3⑥：164，右侧，长残，宽37.46、高41.82毫米；TN3E3⑥：201，右侧，长残，宽残，高45.11毫米。

距骨5件，左侧3件，右侧2件。测量数据见表五。

表五　水鹿距骨测量数据统计表　　　　　　　　（单位：毫米）

标本号	左/右	长		宽		厚
		外侧	内侧	前端	后端	
TN2E3⑧：156	左	58.80	54.42	35.68	34.38	31.69
TN2E2⑥：152	右	57.92	53.76	35.22	33.37	30.57
TN1E2⑦：199	右	64.42	60.96	39.05	37.24	36.12
TN2E4⑦：180	左	61.74	58.25	42.05	35.06	33.31

（3）鹿科（Cervidae）/鹿亚科（Cervinae）斑鹿（*Cervus nippon*）

可鉴定标本30件，代表最小个体数8个。

桡骨2件。TS1E1⑤：79，右侧近端，长23.50、宽42.99毫米。

掌骨4件，左右各2件。TN2E3⑦：92，左侧近端，长27.01、宽37.95毫米。

股骨1件。TN1E2⑥：170，右侧近端，长55.62、宽67.95毫米。

胫骨3件，均为左侧。TN1E2⑦：181，左侧远端，长31.36、宽41.38毫米。

跖骨1件。TN3E3⑧：122，左侧近端，长34.71、宽31.82毫米。

跟骨4件，左右各2件。TN1E2⑦：183，左侧，长92.96、宽33.26、高35.90毫米。TN2E2⑦：94，左侧，长63.35、宽21.63、高22.01毫米。

远端趾骨3件。TN1E2⑦：101，长53.80、宽16.39、高28.92毫米；TN1E4⑦：102，长50.94、宽15.05、高28.01毫米；TN3E3⑧：103，长45.14、宽15.15、高25.43毫米。

（4）鹿科（Cervidae）麂亚科（Munticinae）/小麂（*Muntiacus reevesi*）

可鉴定标本74件，代表最小个体数8个。

下颌骨7件，左侧5件，右侧2件。TN2E3⑦：57，右侧，M3掉，M1-2长21.21毫米，M3前高15.41、厚10.63毫米。TN2E3⑥：61，右侧，M1-3长34.54毫米，M3长14.48、宽7.79毫米，M1前高15.19、厚7.98毫米，M3前高15.08、厚8.60毫米。TN1E4⑦：69，左侧，P2-M3长57.76毫米，M3长15.65、宽8.23毫米，M1前高16.88、厚8.76毫米，M3前高17.42、厚9.71毫米。TN1E4⑦：53，左侧，M1-3长27.05毫米，M3长16.54、宽8.79毫米，M1前高15.38、厚9.14毫米，M3前高16.09、厚11.44毫米。TN3E3⑧：73，左侧，M1-3长37.86毫米，M3长15.38、宽8.12毫米，M1前高16.11、厚8.02毫米。TN2E2⑦：52，左侧，M1-3脱落，M1前高14.80、厚7.15毫米。TN2E2⑦：195，左侧，保存M3，M3长14.75、宽7.44毫米。

肱骨8件，左侧6件，右侧2件。TN1E5⑧：98，左侧远端，长22.30、宽26.08毫米；TN1E5⑥：60，左侧远端，长20.14、宽22.71毫米；TN1E5⑥：192，左侧远端，长19.20、宽21.65毫米。

桡骨9件，左侧5件，右侧4件。保存远端关节的较少，TN1E1⑦：70，左侧远端，长16.42、宽27.28毫米。TN1E3⑥：93，左侧远端，长21.73、宽26.62毫米。保留近端关节的较多，测量数据见表六。

表六　小麂桡骨近端测量数据统计表　　　　　　　　　　（单位：毫米）

标本号	左/右	长	宽	标本号	左/右	长	宽
TN2E2⑦：104	右	18.76	33.31	TN2E2⑦：49	左	14.27	24.28
TN1E4⑧：78	左	17.43	29.95	TN1E3⑥：74	右	11.40	18.49
TN1E5⑥：50	右	12.09	20.04	TN2E3⑧：44	右	12.94	20.57
TN3E3⑧：6	左	11.56	19.18				

掌骨10件，左侧4件，右侧6件。TN2E2⑦：86，左侧近端，长17.09、宽25.35毫米；TN2E2⑧：83，右侧近端，长20.32、宽28.56毫米；TN2E2⑧：91，右侧近端，长17.54、宽25.76毫米；TN2E4⑦：66，右侧近端，长10.96、宽15.78毫米；TN1E4⑦：47，右侧，近端长11.39、宽17.03毫米，远端长10.76、宽16.76毫米，全长83.47毫米。TN1E2⑦：95，右侧远端，长15.31、宽24.72毫米；TN3E3⑧：75，右侧远端，长11.15、宽17.65毫米；TN2E2⑦：96，右侧远端，长16.11、宽24.80毫米；TN1E5⑥：65，左侧远端，长11.76、宽16.85毫米。

股骨6件，左侧1件，右侧5件。TN2E1⑦：107，右侧近端，长28.11、宽35.57毫米。

胫骨7件，左侧3件，右侧4件。TN3E3⑥：87，左侧近端，长34.14、宽33.94毫米；TN2E2⑥：82，左侧远端，长22.69、宽28.21毫米；TN2E2⑦：71，右侧远端，长13.64、宽20.53毫米；TN2E2⑦：71，右侧远端，长17.57、宽22.05毫米；TN2E2⑦：54，右侧远端，长15.44、宽19.40毫米；TN3E3⑥：76，左侧远端，长15.31、宽19.03毫米。

跖骨8件，左侧3件，右侧5件。多为近端，保留关节部分的较多，测量数据见表七。

表七　小麂跖骨近端测量数据统计表　　　　　　　　　　（单位：毫米）

标本号	左/右	长	宽	标本号	左/右	长	宽
TN3E3⑧：89	右	23.54	23.03	TN1E1⑦：58	左	16.32	16.06
TN1E3⑦：63	右	16.60	16.11	TN1E1⑥：89	左	16.62	15.06
TN1E5⑥：55	左	16.43	16.17	TN2E2⑦：64	右	15.17	14.07

跟骨1件。TN1E1⑦：48，左侧，长46.64、宽15.30、高18.43毫米。

近端指骨/趾骨3件。TN2E2⑦：77，近端长14.36、宽11.55毫米，远端长9.40、宽8.25毫米，长26.21毫米。

距骨3件，右侧3件。TN3E3⑧：68，右侧，外侧长21.59、内侧长18.27、前端宽13.43、后端宽12.87、厚12.04毫米；TN2E2⑦：84，右侧，外侧长35.75、内侧长31.78、前端宽20.62、后端宽20.51、厚18.46毫米。

3. 奇蹄目（PERISSODACTYLA）

马科（Equidae）/马（*Equus caballus*）

可鉴定标本4件，代表最小个体数2件。

TN3E3⑥：45，$M_{1/2}$，长29.72、宽18.62毫米。

TN2E2⑤：42，远端趾骨，长48.28、宽60.67、高36.93毫米。

二、汉代动物骨骼遗存

出土的动物骨骼较少，主要出自第4层，共计81件，可鉴定标本36件，代表最小个体数10个；主要动物种类有猪、水鹿、马、水牛、驴、羊等（附表七）。

1. 偶蹄目（ARTIODACTYLA）

（1）牛科（Bovidae）/牛亚科（Bovinae）/水牛（*Bubalus bubalus*）

可鉴定标本8件，代表最小个体数3个。

牙齿4枚。TN7E9④：1，上M3，长30.92、宽28.32毫米；TN7E9④：2，上M1/2，长27.85、宽25.14毫米；TN7E9④：3，右下M1/2，长32.97、宽19.58毫米；TN7E9④：4，右下M1/2，长27.91、宽19.14毫米；TN7E9④：5，上P4，长19.05、宽19.45毫米。

（2）牛科（Bovidae）羊亚科（Caprinae）/山羊（*Capra* sp.）

可鉴定标本9件，代表最小个体数2个。

（3）鹿科（Cervidae）/鹿亚科（Cervinae）/水鹿（*Cervus unicolor*）

可鉴定标本4件，代表最小个体数1个。

股骨1件。TN2E3④：33，左侧远端，长92.41、宽80.70毫米。

距骨1件。TN2E3④：41，右侧，外侧长69.24、内侧长65.48、前端宽41.52、后端宽38.06、厚35.57毫米。

跟骨1件。TN7E9④：40，左侧，局部破损，高46.57毫米。

近端指骨/趾骨1件。TN2E3④：35，近端长30.22、宽21.26毫米，远端长19.96、宽20.32、全长60.94毫米。

2. 奇蹄目（PERISSODACTYLA）

（1）马科（Equidae）/马（*Equus caballus*）

可鉴定标本7件，代表最小个体数1个。

牙齿1枚。TN7E9④：46，上M3，长31.59、宽23.42毫米。

掌骨2件，左右各1件。TN7E9④：44，右侧近端，长37.81、宽53.32毫米。

跖骨1件。TN7E9④：39，右侧，近端长45.59、宽46.42毫米，远端长38.03、宽50.67，全长259.66毫米。

（2）马科（Equidae）/驴（*Equus asinus* sp.）

可鉴定标本3件，代表最小个体数1个。

掌骨1件。TN7E9④：94，左侧，近端长27.98毫米，宽残；远端长25.79、宽32.54；全长170.15毫米。

三、唐宋时期动物骨骼

五代两宋时期的动物骨骼均出自遗址第3层，共计892件，可鉴定标本670件，代表最小个体数65个；主要动物种类有猪、狗、山羊、水牛、马、驴、中型鹿、麂等（附表八）。

1. 食肉目（CARNIVORA）

犬科（Canidae）/狗（*Canis familiaris*）

可鉴定标本12件，代表最小个体数4个。

下颌骨4件，左侧2件，右侧2件。TN2E4③：57，左侧，M1前高19.42、厚11.23毫米，M3后高23.04、厚10.23毫米，M1长18.70、宽8.50毫米；TN1E5③：141，左侧，M1前高21.60、厚11.54毫米，M3后高27.07、厚11.08毫米；TN1E5③：143，右侧，M1前高20.94、厚11.26毫米，M3后高23.39、厚10.85毫米。

2. 偶蹄目（ARTIODACTYLA）

（1）猪科（Suidae）/家猪（*Sus domestica*）

可鉴定标本78件，代表最小个体数10个。

下颌骨17件，左侧8件，右侧7件，下颌联合2件。TN1E5③：138，左侧，M3长38.64、宽15.09毫米；TN1E5③：476，左侧，M3长34.21、宽14.09毫米；TN1E5③：464，左侧，M3长35.23、宽14.93毫米；TN1E5③：468，右侧，M3长34.27、宽15.87毫米。

（2）牛科（Bovidae）羊亚科（Caprinae）/山羊（*Capra* sp.）

可鉴定标本494件，代表最小个体数40个。

上颌骨8件，左侧4件，右侧4件。TN2E4③：133，右侧，M1-2长34.48毫米，M3出但脱落。TN1E5③：73，右侧，M1-3长45.38毫米，M3长21.18、宽14.36毫米。TN1E5③：867，左侧，M1-2长34.85毫米。TN1E5③：75，M1长14.66、宽11.42毫米。TN1E5③：534，右侧，M1-2长31.99毫米。TN1E5③：747，左侧，M1-3长40.75毫米，M3长15.10、宽10.84毫米。TN1E5③：113，右侧，M2正出，dm3长11.53、宽9.79毫米，dm2长12.38、宽10.79毫米，M1长17.18、宽10.86毫米。

下颌骨62件，左侧36件，右侧26件，测量数据见表八。以左下颌为例，M3萌出且开始磨蚀的9件，M3正萌出的14件，M3未出的6件，M3萌出不明的7件。

表八　山羊下颌骨测量数据统计表　　　　　　（单位：毫米）

标本号	左/右	M1前		M3前		M3后		M1-3	M3	
		高	厚	高	厚	高	厚	长	长	宽
TN1E4③：853	左	21.04	12.58	27.48	14.23	35.98	13.31	47.31	24.13	9.84
TN1E5③：578	左	23.45	13.53	29.99	16.53	37.93	14.70	50.85	24.57	8.85
TN1E4③：54	左	24.32	13.60	31.04	16.38	—	—	56.30	26.02	9.30
TN2E4③：754	左	24.87	13.48	34.80	14.82	—	—	—	正萌出	
TN7E9③：37	左	33.18	18.73	40.13	15.75	—	—	—	脱落	
TN1E5③：554	左	27.61	13.05	36.75	15.75	—	—	—	脱落	
TN1E5③：502	左								25.76	9.81
TN2E5③：116	左	25.85	12.97	36.43	15.02	—	—	—	未萌出	
TN2E3③：47	左	23.67	12.20	33.80	13.14	—	—	—	未萌出	
TN1E5③：762	左	23.19	13.42						M3未出，M2正萌出	
TN1E5③：630	左	23.55	12.45	30.96	15.02	—	—	—	M3正萌出	
TN1E5③：696	右	20.56	12.62	26.57	14.70	36.68	13.19	48.49	22.87	7.8
TN2E4③：755	右	21.30	8.60	29.07	17.98	—	—	—	脱落	
TN1E4③：59	右	28.53	13.28	37.53	16.75	—	—	58.32	26.64	9.53
TN1E5③：540	右	20.97	13.28	28.79	15.51	37.73	12.71	51.95	24.20	8.36
TN2E5③：64	右	22.94	12.31	30.62	13.89	—	—	—	M3未萌出完	
TN3E5③：86	右	23.86	12.76	30.87	15.89	39.87	13.02	49.36	22.41	8.04
TN1E5③：793	右								M2未萌出完	

肱骨57件，左侧27件，右侧30件。多数为肱骨远端，肱骨近端少，主要原因与羊的年龄小，肱骨近端关节骨骺未愈合，骨骼容易破损有关。TN1E9③：96，近端长51.53、宽38.24毫米。TN1E5③：685，近端长43.83毫米。肱骨远端保存关节部位的较多，测量数据见表九。

表九　山羊肱骨远端测量数据统计表　　　　　　（单位：毫米）

标本号	左/右	长	宽	标本号	左/右	长	宽
TN1E5③：520	左	36.85	41.58	TN1E4③：588	右	27.68	34.70
TN2E5③：842	左	38.35	43.12	TN1E5③：722	右	24.92	30.07
TN1E2③：584	左	28.28	31.51	TN1E5③：631	右	28.96	32.58
TN1E5③：12	左	24.23	27.76	TN1E5③：605	右	31.68	35.80
TN1E5③：689	左	27.56	31.12	TN1E5③：784	右	24.93	31.67
TN2E4③：862	左	31.69	35.09	TN1E5③：561	右	26.34	33.41
TN1E5③：557	左	27.45	31.97	TN2E5③：60	右	30.44	35.12
TN1E9③：71	左	26.52	31.13	TN1E5③：869	右	24.19	30.20
TN1E9③：683	左	29.40	34.83	TN2E5③：684	右	30.70	36.48
TN2E4③：802	左	29.70	34.71	TN1E5③：730	右	27.87	34.26
TN1E5③：522	左	26.42	29.60	TN2E5③：45	右	31.98	38.10
TN1E5③：560	左	34.18	37.49	TN1E5③：603	右	24.92	29.25
TN1E5③：844	左	25.71	30.14	TN3E5③：70	右	24.13	30.61
TN1E5③：51	左	29.48	35.32	TN1E5③：699	右	30.24	31.96
TN2E4③：835	左	31.12	34.27	TN1E5③：901	右	25.29	31.60
TN1E5③：596	左	24.51	28.79	TN1E5③：544	右	29.37	33.77
TN2E4③：548	左	26.12	30.33	TN1E5③：100	右	25.58	31.89
TN3E5③：723	右	24.45	29.83	TN1E5③：77	右	27.71	31.63
TN1E5③：706	右	25.18	30.01				

桡骨52件，左侧26件，右侧26件。桡骨远端关节骨骺多未愈合，仅有少量远端关节可供测量。TN1E5③：42，左侧远端，两端关节均骨缝愈合，近端长19.61、宽40.08毫米，远端长25.09、宽34.91毫米，全长194.97毫米；TN1E5③：744，右侧远端，长27.31、宽39.28毫米；TN1E5③：604，右侧远端，长20.54、宽31.98毫米。桡骨近端测量数据见表一〇。

表一〇　山羊桡骨近端测量数据统计表　　　　　　（单位：毫米）

标本号	左/右	长	宽	标本号	左/右	长	宽
TN2E5③：89	左	22.15	44.87	TN1E5③：518	右	17.18	31.18
TN7E9③：82	左	17.85	34.33	TN2E4③：76	右	17.16	31.25
TN1E5③：488	左	20.97	37.38	TN1E4③：734	右	23.23	43.44
TN1E5③：517	左	15.16	30.34	TN2E5③：551	右	17.08	29.69
TN8E2③：134	左	19.81	37.62	TN1E4③：563	右	22.01	41.26
TN1E5③：609	左	17.70	32.34	TN3E6③：547	右	21.74	42.39

续表

标本号	左/右	长	宽	标本号	左/右	长	宽
TN8E2③：135	左	16.50	31.20	TN1E4③：617	右	16.73	29.52
TN1E5③：628	左	18.28	33.46	TN1E5③：390	右	18.02	31.24
TN1E5③：131	左	14.88	27.79	TN3E4③：56	右	14.86	27.67
TN1E5③：572	左	17.23	28.48	TN1E5③：538	右	21.44	35.63
TN1E9③：107	左	16.06	32.01	TN1E5③：671	右	18.65	33.76
TN1E5③：769	左	18.28	33.06	TN1E5③：632	右	18.06	36.55
TN3E5③：741	左	15.44	30.84	TN3E4③：551	右	16.75	33.55
TN2E5③：669	左	15.60	30.10	TN1E5③：856	右	18.44	35.04
TN1E4③：545	左	14.60	30.07	TN2E5③：490	右	14.94	28.30
TN1E5③：67	左	19.98	39.16	TN2E4③：815	右	18.48	33.35
TN1E5③：709	左	22.11	41.96	TN1E5③：695	右	17.70	33.84
TN1E5③：118	左	15.61	28.87	TN2E5③：852	右	17.05	—
TN1E5③：517	左	15.16	30.34	TN1E5③：600	右	22.37	42.35
TN1E5③：524	左	16.65	32.26	TN1E5③：531	右	16.93	32.30

掌骨45件，左侧23件，右侧22件。掌骨大部分远端关节骨骺未愈合，而近端则多已经愈合，详细数据见表一一。

表一一 山羊掌骨近端测量数据统计表　　　　　　（单位：毫米）

标本号	左/右	近端		远端		全长
		长	宽	长	宽	
TN1E5③：542	右	17.60	24.84			
TN1E5③：52	右	17.34	25.65			
TN2E5③：63	右	17.31	24.82	骨骺未愈合		
TN1E5③：692	右	16.56	25.82			
TN2E5③：65	右	17.16	25.60			
TN2E5③：53	右	18.00	25.92	骨骺未愈合		
TN3E5③：783	右	17.76	26.51			
TN2E4③：549	右	15.12	21.25			
TN2E4③：803	右	16.10	21.75	14.41	24.25	110.75
TN1E5③：846	右	19.87	28.21			
TN2E5③：854	右	16.19	22.52			
TN1E5③：693	右	18.32	26.30			
TN2E5③：135	右	16.85	24.14			
TN1E5③：664	右	15.12	20.67	15.15	25.38	90.15

续表

标本号	左/右	近端		远端		全长
		长	宽	长	宽	
TN3E4③：847	右	17.45	24.77			
TN3E4③：802	右	15.12	21.67			
TN3E3③：666	右	19.25	25.82	骨骺未愈合		
TN1E5③：805	右	19.09	26.70			
TN2E4③：583	右	—	—	16.12	29.01	
TN1E5③：821	右	18.56	25.68	18.85	28.82	150.82
TN1E5③：644	左	18.79	24.75			
TN2E4③：516	左	18.00	25.08	骨骺未愈合		
TN1E5③：863	左	18.09	25.65			
TN1E5③：812	左	—	—	14.65	23.90	
TN3E5③：570	左	17.57	23.52			
TN2E5③：81	左	18.54	25.89	骨骺未愈合		
TN2E3③：792	左	17.36	25.83			
TN1E5③：640	左	18.91	26.52	骨骺未愈合		
TN1E5③：794	左	18.39	25.64			
TN2E4③：577	左	17.74	25.39	骨骺未愈合		
TN1E5③：77	左	21.02	27.87			
TN1E5③：93	左	18.55	25.58	骨骺未愈合		
TN1E5③：733	左	16.38	22.33			
TN1E5③：4	左	15.80	22.23	16.06	26.88	100.25
TN1E5③：781	左	18.86	26.15	19.13	30.09	105.50
TN1E5③：657	左	17.98	24.96	17.22	27.74	127.59
TN1E5③：498	左	17.52	24.64	17.29	24.24	97.19
TN1E5③：599	左	15.71	22.42	13.20	26.28	123.20
TN1E5③：618	左	17.47	21.95	16.00	25.48	96.71
TN1E5③：732	左	16.64	23.03	16.63	25.50	—

股骨27件，左侧12件，右侧15件。TN2E5③：860，近端长27.51、宽40.36毫米；TN1E5③：770，近端长29.26、宽41.69毫米；TN1E9③：801，近端长33.90、宽40.76毫米；TN1E5③：512，近端局部破损，近端宽54.31毫米；TN1E5③：474，远端长42.96、宽38.18毫米；TN2E5③：480，远端长46.84、宽38.48毫米。

胫骨46件，左侧22件，右侧24件。多数胫骨近端关节骨缝未愈合，能提供测量数据的只有2件。TN1E5③：522，右侧近端，长45.75、宽44.55毫米。胫骨远端关节骨缝则多已经愈合，数量较多，见表一二。

表一二　山羊胫骨远端测量数据统计表　　　　　　（单位：毫米）

标本号	左/右	长	宽	标本号	左/右	长	宽
TN1E5③∶256	左	17.31	23.00	TN1E5③∶675	右	28.22	36.65
TN1E5③∶482	左	27.71	34.34	TN2E5③∶508	右	24.57	32.95
TN1E5③∶677	左	27.13	35.37	TN2E5③∶839	右	17.00	22.84
TN1E5③∶493	左	25.91	32.85	TN1E5③∶634	右	25.46	30.89
TN1E4③∶489	左	27.50	34.43	TN1E5③∶825	右	20.32	26.91
TN1E5③∶764	左	25.59	33.51	TN1E9③∶128	右	25.73	33.84
TN3E5③∶758	左	25.96	34.84	TN3E5③∶787	右	26.49	33.32
TN1E5③∶594	左	24.01	29.75	TN1E4③∶506	右	26.50	34.20
TN1E5③∶638	左	24.57	29.49	TN1E4③∶653	右	25.24	32.74
TN1E4③∶673	左	24.79	31.81	TN1E5③∶499	左	17.04	22.54
TN2E5③∶58	左	20.63	28.29	TN1E5③∶530	左	18.25	24.29
TN3E5③∶688	左	24.63	32.85	TN1E5③∶701	左	18.57	25.33
TN3E5③∶778	左	19.90	26.37	TN1E5③∶75	右	23.47	30.08
TN1E5③∶738	左	20.38	24.47	TN1E5③∶652	右	17.09	24.38
TN1E5③∶859	左	24.60	31.74	TN1E5③∶528	右	20.36	26.78
TN1E5③∶736	左	19.01	25.97	TN1E5③∶672	右	18.65	25.41
TN1E5③∶724	左	22.40	29.53	TN1E5③∶788	左	18.34	25.03

跖骨55件，左侧27件，右侧28件。跖骨与掌骨的保存情况基本一致，近端关节骨缝多已经愈合，而远端关节骨缝则多未愈合，测量统计数据见表一三。

表一三　山羊跖骨测量数据统计表　　　　　　（单位：毫米）

标本号	左/右	近端		远端		全长
		长	宽	长	宽	
TN2E5③∶659	左	20.44	21.33	18.14	27.53	116.74
TN1E5③∶533	左	18.98	20.63			
TN2E4③∶519	左	19.13	21.03			
TN1E5③∶591	左	19.49	18.52	骨骺未愈合		
TN1E5③∶722	左	18.48	18.81			
TN1E5③∶497	左	20.63	21.18			
TN1E5③∶594	左	18.87	19.52			
TN1E5③∶774	左	18.98	20.57			
TN7E9③∶56	左	23.45	25.51			
TN7E9③∶52	左	19.23	21.03	骨骺未愈合		
TN2E5③∶814	左	16.71	19.40			

续表

标本号	左/右	近端		远端		全长
		长	宽	长	宽	
TN1E5③:574	左	20.38	21.38			
TN1E4③:114	左	27.49	28.26			
TN2E5③:550	左	19.91	21.53	骨骺未愈合		
TN1E5③:595	左	18.64	19.40	骨骺未愈合		
TN1E5③:838	左	21.65	22.23			
TN1E2③521	左	19.67	20.52	骨骺未愈合		
TN1E5③:813	左	19.13	20.81			
TN1E5③:621	左	19.61	21.01			
TN1E5③:866	左	19.76	19.90			
TN1E5③:660	左	19.64	20.62			
TN1E5③:822	左	19.16	20.59			
TN1E5③:797	左	17.36	19.52	13.94	20.79	103.66
TN1E5③:95	左	—	—	14.42	23.09	
TN2E4③:111	左	—	—	13.66	23.91	
TN1E5③:782	左	17.64	18.63	15.29	23.09	108.43
TN1E5③:558	左	18.39	19.47	15.44	22.84	103.02
TN1E5③:486	右	24.40	24.05			
TN3E4③:739	右	20.21	20.81	骨骺未愈合		
TN1E5③:676	右	20.24	23.14	骨骺未愈合		
TN1E5③:708	右	18.49	21.11			
TN1E5③:487	右	21.66	23.73			
TN2E4③:851	右	19.77	21.65	骨骺未愈合		
TN1E5③:14	右	18.54	21.20			
TN1E5③:629	右	25.58	26.26			
TN1E5③:68	右	21.07	21.91	骨骺未愈合		
TN1E5③:106	右			19.33	29.87	
TN3E6③:826	右			16.01	24.65	
TN1E5③:57	右			14.83	23.78	
TN1E5③:731	右			14.38	23.10	
TN1E5③:702	右	19.05	19.61			
TN1E5③:614	右			20.19	23.16	
TN1E5③:637	右	24.31	24.29			
TN1E5③:750	右	17.56	19.57	骨骺未愈合		
TN1E5③:504	右	17.95	20.11	15.24	23.90	103.61

续表

标本号	左/右	近端		远端		全长
		长	宽	长	宽	
TN1E5③：642	右	17.82	18.10	15.25	22.42	100.14
TN2E4③：424	右	17.07	19.98			

跟骨5件，左侧2件，右侧3件。TN1E5③：663，左侧，长74.15、宽26.58、高29.09毫米；TN1E5③：535，左侧，长60.49、宽21.64、高24.85毫米；TN1E4③：870，左侧，长49.22、宽19.55、高18.56毫米；TN1E5③：616，右侧，长74.15、宽26.58、高29.09毫米。

距骨3件，左侧2件，右侧1件。TN2E2③：54，左侧，外侧长32.36、内侧长28.68、前端宽20.12、后端宽18.46、厚17.56毫米；TN1E4③：743，左侧，外侧长33.48、内侧长30.12、前端宽21.98、后端宽20.15、厚19.99毫米；TN1E4③：218，右侧，外侧长27.94、内侧长24.31、前端宽19.08、后端宽18.03、厚14.39毫米。

（3）牛科（Bovidae）/牛亚科（Bovinae）/水牛（*Bubalus bubalus*）

可鉴定标本39件，代表最小个体数3个。

牙齿4枚，测量数据见表一四。

表一四　水牛牙齿测量数据统计表　　　　　（单位：毫米）

牙齿部位	标本号	长	宽
M_3	TN7E9③：31	34.45	12.75
	TN7E9③：32	40.04	16.98
	TN1E5③：36	34.24	14.57
$M_{1/2}$	TN7E9③：42	31.63	14.35

掌骨5件，左侧2件，右侧3件。测量数据见表一五。

表一五　水牛掌骨测量数据统计表　　　　　（单位：毫米）

标本号	左/右	近端		远端		全长
		长	宽	长	宽	
TN3E7③：35	左	43.85	76.39	39.52	79.90	199.85
TN1E5③：812	右	40.64	65.06	33.60	68.42	219.98
TN3E7③：34	右	37.36	64.22	—	—	—

股骨1件。TN3E6③：8，右侧远端，长99.63、宽81.97毫米。

跖骨5件，左侧2件，右侧3件。测量数据见表一六。

表一六 水牛跖骨测量数据统计表 （单位：毫米）

标本号	左/右	近端		远端		全长
		长	宽	长	宽	
TN1E5③：1	左	51.13	58.71			
TN1E3③：23	右	53.25	54.61			
TN3E7③：2	右			40.23	68.25	
TN2E4③：39	右			31.27	53.92	
TN2E4③：38	左	39.52	46.63			

跟骨2件，左右各1件。TN2E5③：10，左侧，长132.03、宽49.97、高60.11毫米。

距骨1件。TN3E4③：15，左侧，外侧长68.18、前端宽45.88、后端宽43.27、厚37.61毫米。

指骨/趾骨共15件，其中近端3件，中间9件，远端3件。测量数据见表一七。

表一七 水牛指骨/趾骨测量数据统计表 （单位：毫米）

骨骼名称	标本号	近端		远端		长
		长	宽	长	宽	
近端	TN3E4③：27	42.20	41.79	25.78	35.93	70.55
	TN3E4③：28	40.84	35.97	24.23	33.60	73.41
	TN7E9③：12	38.06	30.51	23.42	32.01	65.97
中间	TN2E5③：28	45.34	37.93	36.61	31.97	51.48
	TN7E5③：6	43.67	40.76	39.72	33.08	51.73
	TN1E5③：35	42.81	41.39	39.22	34.62	53.68
	TN2E4③：39	42.52	38.78	37.37	30.46	53.88
	TN1E5③：5	46.74	39.77	39.83	30.63	54.02
	TN1E5③：31	40.89	35.11	33.63	30.59	48.72
	TN1E5③：25	34.03	30.21	30.37	24.02	40.64
远端	TN3E6③：17	34.21	58.48			92.25
	TN1E5③：16	35.45	61.13			92.27
	TN1E5③：7	31.14	49.61			82.64

3. 奇蹄目（PERISSODACTYLA）

（1）马科（Equidae）/马（*Equus caballus*）

可鉴定标本16件，代表最小个体数2个。

牙齿45枚。其中P^4有2枚，TN2E4③：192，长19.58、宽18.28毫米；TN2E4③：30，长20.94、宽21.39毫米。$M_{1/2}$有11枚，见表一八；M_3有8枚，见表一九；$M^{1/2}$有21枚，见表二〇；M^3有3枚，见表二一。

表一八 马$M_{1/2}$测量数据统计表 （单位：毫米）

标本号	长	宽	标本号	长	宽
TN2E2③：172	30.50	16.11	TN3E5③：194	24.81	17.05
TN2E2③：171	23.33	17.87	TN3E5③：121	24.32	19.21
TN3E5③：176	24.85	17.40	TN3E5③：108	24.90	17.11
TN3E5③：179	23.07	16.59	TN3E5③：19	24.18	17.27
TN2E2③：178	25.79	16.07	TN3E7③：81	27.79	18.50
TN2E2③：174	23.69	16.13			

表一九 马M_3测量数据统计表 （单位：毫米）

标本号	长	宽	标本号	长	宽
TN7E9③：150	23.35	13.78	TN1E5③：152	26.66	14.70
TN7E9③：301	29.51	16.42	TN1E5③：154	29.18	18.28
TN2E2③：207	29.82	14.81	TN1E5③：153	23.13	12.06
TN1E5③：191	23.87	15.64	TN2E4③：186	31.51	22.48

表二〇 马$M^{1/2}$测量数据统计表 （单位：毫米）

标本号	长	宽	标本号	长	宽
TN1E5③：142	21.33	26.28	TN1E5③：179	25.48	25.07
TN1E5③：185	20.59	22.93	TN1E5③：180	21.33	25.03
TN1E5③：145	26.72	25.24	TN1E5③：208	21.10	23.30
TN2E4③：149	25.98	24.87	TN1E5③：192	22.97	23.10
TN2E4③：145	22.75	25.25	TN2E4③：849	23.22	23.64
TN2E2③：159	29.43	24.77	TN2E4③：201	25.61	24.38
TN2E2③：155	21.10	24.26	TN2E4③：845	23.41	22.62
TN1E5③：160	24.20	25.30	TN1E5③：187	27.71	24.60
TN1E5③：162	22.39	24.87	TN2E4③：161	23.17	22.31
TN1E5③：163	23.80	24.36	TN2E1③：300	24.43	25.22
TN1E5③：206	22.23	21.04			

表二一 马M^3测量数据统计表 （单位：毫米）

标本号	长	宽	标本号	长	宽
TN1E5③：208	25.04	23.57	TN1E5③：157	25.04	23.57
TN2E1③：209	26.27	22.37			

掌骨2件，左右各1件。TN2E3③：201，左侧远端，长36.81、宽51.65毫米；TN1E5③：175，右侧远端，长34.40、宽44.06毫米。

跖骨1件。TN2E4③：188，左侧近端，长47.12、宽51.05毫米。

指骨/趾骨6件，均为近端，测量数据见表二二。

表二二　马近端指骨/趾骨测量数据统计表　　　　　　　　　　（单位：毫米）

标本号	近端		远端		长
	长	宽	长	宽	
TN1E5③：166	41.80	63.54	30.54	55.32	94.94
TN1E5③：148	36.48	48.86	25.54	45.31	84.74
TN2E5③：152	40.55	53.81	25.25	48.26	91.98
TN1E5③：162	41.50	59.43	28.40	47.78	90.39
TN2E5③：169	41.22	56.47			
TN1E4③：195	37.75	51.35			

（2）马科（Equidae）驴（*Equus asinus* sp.）

可鉴定标本24件，代表最小个体数2个。

肱骨4件，左右各2件。TN1E5③：198，远端，长53.85、宽53.27毫米。TN1E5③：137，远端，长53.29、宽55.79毫米。

胫骨3件，左侧1件，右侧2件。TN2E4③：163，近端，长55.58、宽62.72毫米；TN1E5③：200，远端，长33.95、宽47.30毫米；TN1E5③：173，远端，长31.91、宽51.23毫米。

桡骨3件，左侧1件，右侧2件。TN1E5③：198，近端，长27.41、宽47.71毫米；TN1E5③：204，远端，长30.21、宽48.88毫米；TN1E5③：182，远端，长29.60、宽47.24毫米。

掌骨5件，左侧2件，右侧3件。测量数据见表二三。

表二三　驴掌骨测量数据统计表　　　　　　　　　　（单位：毫米）

标本号	左/右	近端		远端		长
		长	宽	长	宽	
TN2E5③：140	左	24.90	37.34	26.95	34.19	167.34
TN2E5③：831	右	20.52	32.06			
TN2E5③：150	左			24.71	30.11	
TN1E5③：205	右			24.96	32.69	
TN1E5③：197	右			23.83	30.34	

跗骨3件，左侧1件，右侧2件。测量数据见表二四。

表二四　驴跗骨测量数据统计表　　　　　　　　　　（单位：毫米）

标本号	左/右	近端		远端		全长
		长	宽	长	宽	
TN2E5③:147	左	29.22	31.84	24.77	32.36	197.40
TN7E9③:92	右	18.96	25.66			
TN1E5③:186	右			27.31	33.14	

指骨/趾骨4件。TN1E5③：156，近端指骨/趾骨，近端长26.59、宽35.52毫米，远端长18.22、宽32.91毫米，全长70.03毫米。TN1E5③：171，近端指骨/趾骨，近端长27.22、宽37.33毫米，远端长18.10、宽30.72毫米，全长64.40毫米。TN1E5③：170，中间指骨/趾骨，近端长22.29、宽34.87毫米，远端长19.12、宽31.98毫米，全长32.48毫米。

四、明清时期动物骨骼遗存

明清时期出土动物骨骼的地层单位有H4、J1，出土的数量和种类均较少（附表九、附表一〇）。

1. 偶蹄目（ARTIODACTYLA）

（1）鹿科（Cervidae）/鹿亚科（Cervinae）/水鹿（*Cervus unicolor*）

可鉴定标本1件，代表最小个体数1个。

距骨1件。J1：3，右侧，外侧长58.92、内侧长55.78、前端宽38.02、后端宽36.07、厚32.07毫米。

（2）鹿科（Cervidae）/鹿亚科（Cervinae）/斑鹿（*Cervus nippon*）

可鉴定标本3件，代表最小个体数2个。

桡骨1件。J1：5，右侧近端，长20.74、宽40.39毫米。

掌骨1件。H4：14，右侧近端，长34.64、宽45.62毫米。

（3）牛科（Bovidae）羊亚科（Caprinae）/山羊（*Capra* sp.）

可鉴定标本24件，代表最小个体数6个。

胫骨5件，左侧2件，右侧3件，测量数据见表二五。

表二五　山羊胫骨远端测量数据统计表　　　　　　　　（单位：毫米）

标本号	左/右	长	宽	标本号	左/右	长	宽
H4:117	左	25.68	33.37	H4:129	右	27.05	34.79
J1:4	左	28.59	34.47	H4:110	右	19.22	23.85
H4:3	右	22.89	28.76				

（4）牛科（Bovidae）/牛亚科（Bovinae）/水牛（*Bubalus bubalus*）

可鉴定标本9件，代表最小个体数2个。

牙齿6枚，测量数据见表二六。

表二六　水牛牙齿测量数据统计表　　　　　　　　　　（单位：毫米）

牙齿部位	标本号	长	宽
P^4	H4：19	17.40	20.47
$M_{1/2}$	J1：2	29.19	19.71
	J1：3	25.30	29.16
	H4：13	27.56	25.95
M^3	H4：15	31.08	26.66
	H4：18	29.93	27.41

跟骨1件。H4：21，右侧，长135.46、宽49.13、高50.76毫米。

指骨/趾骨4件，保存完整的3件，测量数据见表二七。

表二七　水牛指骨/趾骨测量数据统计表　　　　　　　　（单位：毫米）

| 骨骼名称 | 标本号 | 近端 | | 远端 | | 长 |
		长	宽	长	宽	
近端	H4：16	40.33	39.15	26.81	35.62	64.80
	H4：17	44.42	44.32	29.06	41.92	71.31

2. 奇蹄目（PERISSODACTYLA）

（1）马科（Equidae）/马（*Equus caballus*）

可鉴定标本4件，代表最小个体数1个。

近端指骨/趾骨2件，测量数据见表二八。

表二八　马近端指骨/趾骨测量数据统计表　　　　　　　（单位：毫米）

| 标本号 | 近端 | | 远端 | | 长 |
	长	宽	长	宽	
H4：167	42.32	61.81	29.42	51.07	93.77
H4：164	40.37	53.09	24.87	45.01	80.33

（2）马科（Equidae）驴（*Equusasinus* sp.）

可鉴定标本2件，代表最小个体数1个。

肱骨1件。J1：15，左侧远端，长54.96、宽56.87毫米。

五、小　结

"金河路59号"遗址第8层NISP共85件，野生动物43件，家畜42件，MNI则野生动物7件，家畜8件。第7层NISP共251件，野生动物125件，家畜126件，MNI则野生动物16件，家畜22件。第6层NISP共212件，野生动物105件，家畜107件，MNI则野生动物16件，家畜12件。第5层NISP共29件，野生动物6件，家畜23件，MNI则野生动物2件，家畜6件。在遗址第6～8层，野生动物、家畜基本各占一半，而到第5层则家畜明显占据主导地位。"金河路59号"遗址出土的先秦时期动物骨骼不论是动物种属还是家畜与野生动物的比例均与十二桥遗址群的十二桥遗址[2]、新一村地点[3]比较接近，但由于发掘面积较小，出土哺乳动物的种类没有后两者丰富。总的来看，这三个遗址先秦时期不论从NISP还是从MNI来看，肉食资源均是以家猪为主，家畜包括猪、狗、马、牛、羊等，而以鹿科动物作为最主要的狩猎对象补充肉食资源。

从时间跨度上来看，十二桥遗址主要集中在商代晚期至西周早期，新一村地点则主要集中于西周中晚期至春秋时期，而金河路59号地点则可延续到战国时期。三者出土的动物骨骼状况基本可以代表成都平原从商代晚期至战国时期的动物资源分布状况，体现了成都平原从商代晚期至战国时期野生动物资源和家畜种群丰富并且稳定发展。成都平原当时除了分布有数量众多的各种鹿科动物，少量的黑熊、藏酋猴等林栖动物以外，还有在平原内早已绝迹的亚洲象和犀牛，另有丰富的淡水资源动物、龟鳖和鸟类，说明当时成都平原温暖湿润，植被茂盛，为先民提供了舒适的栖居之地和丰富的食物资源。对当时栖息环境的描述也见于后世文献，如西汉扬雄《蜀都赋》记"蜀都之地，古曰梁州。……于远则有银铅锡碧，马犀象僰……"西晋左思《蜀都赋》记载蜀地"孔翠群翔，犀象竞驰"，"拔象齿，戾犀角"。东晋常璩《华阳国志·蜀志》记载蜀地"其宝则有璧玉、金、银、珠、碧、铜、铁、铅、锡……犀、象……桑、漆、麻、纻之饶。"而且，由于农业发达，家畜及家禽的驯化也发展很快，成为先民日常生活主要的稳定的肉食来源。

在"金河路59号"遗址的唐宋地层中集中出土了大量哺乳动物特别是山羊骨骼值得我们重视。其中山羊角出土特别多，均从角基部锯掉，也不见二次加工制作工具的痕迹，与今天成都地区屠宰山羊的方式很接近。另外，遗址中出土大量的四肢骨，而肋骨、指骨/趾骨基本不见，这些现象均显示这一区域或附近很可能是一处以屠宰山羊为主的屠宰场，而附有肋骨、指骨/趾骨的羊排、羊蹄均以整体的形式在市场上出售。汉代、明清时期出土的动物骨骼较少，也为了解当时的动物资源提供了很好的线索和资料。总之，"金河路59号"遗址出土的动物骨骼基本再现了成都三千年来的野生动物资源和家畜饲养状况。

执笔：何锟宇　谢　涛　苏　奎

注 释

[1] 谢涛、苏奎：《成都市金河路59号美邦广场春秋战国及唐宋遗址》，《中国考古学年鉴2008》，文物出版社，2009年，第378页。

[2] 何锟宇：《十二桥遗址出土动物骨骼及其相关问题研究》，《四川文物》2007年第4期。

[3] 何锟宇、周志清、邱艳等：《成都市十二桥遗址新一村地点动物骨骼报告》，《成都考古发现》（2012），科学出版社，2014年。

附表一　第8层出土动物骨骼统计表

属种\部位	头骨 上颌骨 左	右	下颌骨 左	右	联合	寰椎	枢椎	角	犬齿	前肢骨 肩胛骨 左	右	肱骨 左	右	尺骨 左	右	桡骨 左	右	腕骨 左	右	掌骨 左	右	指骨/趾骨 左	右	后肢骨 髋骨 左	右	股骨 左	右	胫骨 左	右	膝骨 左	右	跗骨 左	右	跖骨 左	右	距骨 左	右	跟骨 左	右	NISP	MNI
水鹿	3	3		1								1	1				1			1	1		2			1	1	1				1		1	1	1	1			14	1
斑鹿			1	1		1											1			2		1		1										1						8	2
小鹿			1					2				3	1	1	2						3					1	2								2					20	3
猪	1		3	5						1	2		3	2	3											1	1	1	2											35	5
狗			2	1																						1	1											2	1	6	2
黄牛				1																																				1	1
猴												1																												1	1
备注	犀牛牙齿1枚；马牙齿1枚；龟肢骨3件，腹甲6片；哺乳动物碎骨119件																																							85	15

附表二 第7层出土动物骨骼统计表

部位 属种 数量	头骨 上颌骨 左	右	下颌骨 左	右	联合	寰椎	枢椎	角	犬齿	前肢骨 肩胛骨 左	右	肱骨 左	右	尺骨 左	右	桡骨 左	右	腕骨 左	右	掌骨 左	右	指骨/趾骨 左	右	后肢骨 髋骨 左	右	股骨 左	右	胫骨 左	右	髌骨 左	右	跗骨 左	右	跖骨 左	右	距骨 左	右	跟骨 左	右	NISP	MNI
水鹿	1	1	1	2				1			3	3	1	2	2	2	3			6	8		3	4	1	2	4	9	4			1	1	1	2	1	1	2	3	75	8
斑鹿		1						1				1								1		2							2									2	2	12	2
小鹿	1		4	1				2				1			1	2	1			3	3	3				2			3			1	1				3	1	1	35	3
猪	8	6	15	18	2					2	6	1	1	5		4	5						4	3	3	1	1	6	4								2	1	2	104	18
狗	1		3	1		3								1	3	2	2							1	1	1	1	2				1	1							21	3
黄牛																									1															1	1
熊										1																														1	1
猴																																							1	1	1
虎															1																									1	1
备注	人左下颌骨1件、髂骨1件；犀牛牙齿3枚；水鹿肋骨6件；牛肋骨4件；猪肋骨4件；脊椎2件；鳖背甲4件；龟腹甲27件；鳖腹盖3件；鱼鳃3件；鸟2件；碎骨289件																																						251	38

附表三 第6层出土动物骨骼统计表

部位	头骨									前肢骨														后肢骨																NISP	MNI
	上颌骨		下颌骨			寰椎	枢椎	角	犬齿	肩胛骨		肱骨		尺骨		桡骨		腕骨		掌骨		指骨/趾骨		髋骨		股骨		胫骨		髌骨		跗骨		跖骨		距骨		跟骨			
数量/属种	左	右	左	右	联合					左	右	左	右	左	右	左	右	左	右	左	右	左	右	左	右	左	右	左	右	左	右	左	右	左	右	左	右	左	右		
水鹿	10		1	1			1			4	1	2	2	4	1	3					1		3	3	2	6	8	6	3			3		3		3	1	2	2	68	8
斑鹿	5							1											1	1				1			1	1												9	3
小鹿				1				4		1	2	2	1	1	2	1	2			1																	2		1	23	3
猪	9	8			2	1				3	4	6	7	3	3	2	7				4		4	1		2	3	3	5	6										98	10
狗	1	2				1								1										1	1	1	1		1											5	1
黄牛										1											1														1					4	1
猴																																								1	1
犀牛				1																			1																	4	1
备注	人股骨1件；犀牛牙齿1枚；马牙齿1枚；犀牛牙齿2件、脊椎骨4件、牛肋骨2件；龟胶骨1件；鳖背甲3件、水鹿肋骨3件、脊椎骨1件、犀牛脊椎骨2件、鱼脊椎骨2件；鳖背甲2件；猪肋骨26件；腹甲14件；碎骨170件																																							212	28

附表四 第5层出土动物骨骼统计表

属种\数量\部位	头骨					寰椎	枢椎	角	犬齿	肩胛骨		前肢骨												髋骨		后肢骨												NISP	MNI
	上颌骨		下颌骨		联合							肱骨		尺骨		桡骨		腕骨		掌骨		指骨/趾骨				股骨		胫骨		髌骨		跗骨		跖骨		距骨		跟骨			
	左	右	左	右						左	右	左	右	左	右	左	右	左	右	左	右	左	右	左	右	左	右	左	右	左	右	左	右	左	右	左	右	左	右		
水鹿						1						1				1												1						1						5	1
斑鹿	1		2	1												1																								1	1
猪										1	1			2	1																									10	2
狗																						2		1	1															2	1
黄牛												1	1													1				1		1								4	1
山羊												1	1	1								1						1												4	1
马																																						1		3	1
备注	水鹿脊椎骨1件；碎骨37件																																							29	8

附表五　H2出土动物骨骼统计表

部位	头骨					寰椎	枢椎	角	前肢骨														后肢骨																NISP	MNI
	上颌骨		下颌骨		联合				肩胛骨		肱骨		尺骨		桡骨		腕骨		掌骨		指骨/趾骨		髋骨		股骨		胫骨		髌骨		跗骨		跖骨		距骨		跟骨			
数量 属种	左	右	左	右					左	右	左	右	左	右	左	右	左	右	左	右	左	右	左	右	左	右	左	右	左	右	左	右	左	右	左	右	左	右		
水鹿									1				1	1	2				1		1	1			1								1						10	1
斑鹿								1	1	1			1		1					1	1											1							4	1
麂									1																1														4	1
羊												1																											1	1
猪											1		2	1									1															1	6	2
狗			1																																				1	1
备注	碎骨13件																																						26	7

附表六 H3出土动物骨骼统计表

部位	头骨				寰椎	枢椎	角	犬齿	前肢骨										后肢骨											NISP	MNI
	上颌骨		下颌骨						肩胛骨		肱骨		尺骨		桡骨		腕骨		掌骨		指骨/趾骨		髋骨		股骨		胫骨		膑骨		跗骨		跖骨		距骨		跟骨			
数量\属种	左	右	左	右	联合					左	右	左	右	左	右	左	右	左	右	左	右	左	右	左	右	左	右	左	右	左	右	左	右	左	右	左	右	左	右		
猪	1		1								1					1					2						1	1													7	1
牛																																									1	1
马													1													1															2	1
备注	牛牙2枚；碎骨7件																																								10	3

附表七　第4层出土动物骨骼统计表

部位	头骨 上颌骨 左	右	下颌骨 左	右	联合	寰椎	枢椎	角	肩胛骨 左	右	肱骨 左	右	尺骨 左	右	桡骨 左	右	腕骨 左	右	掌骨 左	右	指骨/趾骨 左	右	髋骨 左	右	股骨 左	右	胫骨 左	右	髌骨 左	右	跗骨 左	右	蹠骨 左	右	距骨 左	右	跟骨 左	右	NISP	MNI
水鹿			1	2																		1			1										1	1	1	1	4	1
猪			1			1							2		3									1	1														10	3
水牛			1																			1		2		1									1		1		7	2
羊													1	1	1	1			1	1					1			2								1		1	9	2
马	1					1	1												1					1	1					1		1							7	1
驴																							1		1														3	1
备注	马牙1枚；水牛顶骨1件、牙齿4枚；脊椎骨11件；碎骨28件																																						36	10

附表八 第3层出土动物骨骼统计表

部位	头骨					寰椎	椎	角	犬齿	肩胛骨		前肢骨											后肢骨																	NISP	MNI
	上颌骨		下颌骨		联合							肱骨		尺骨		桡骨		腕骨		掌骨		指骨/趾骨		髋骨		股骨		胫骨		髌骨		跗骨		跖骨		趾骨		距骨		跟骨			
数量 属种	左	右	左	右	合					左	右	左	右	左	右	左	右	左	右	左	右	左	右	左	右	左	右	左	右	左	右	左	右	左	右	左	右	左	右	左	右		
猪	1		8	7	2				11	1	3	5	6	6	1	5	2			3						1	2	3	5										1	4	2	78	10
狗			2	2								3	4	3	4	1																										12	4
山羊	4	4	36	26		4	7	74		7	5	27	30	4	3	26	26			23	22			12	16	12	15	22	24		1			27	28			2	1	2	3	494	40
水牛						1	1	2		2	2	1	1					1		2	3	15					1					2						1		1	1	39	3
马										1	1	1	1							1	1	6						1						1				1		1	1	16	2
驴											1	2	2				1			2	3	4						1	2			1		1	2	3		1	1	1	1	24	2
中型鹿								2																								2										5	2
鹿								2																																		2	2
备注	碎肢骨222件，水牛牙齿4枚，马牙齿45枚																																									670	65

附表九　H4出土动物骨骼统计表

部位	头骨					寰椎	枢椎	角	犬齿	前肢骨														髋骨		后肢骨													NISP	MNI
	上颌骨		下颌骨		联合					肩胛骨		肱骨		尺骨		桡骨		腕骨		掌骨		指骨/趾骨				股骨		胫骨		髌骨		跗骨		跖骨		距骨		跟骨			
数量＼属种	左	右	左	右						左	右	左	右	左	右	左	右	左	右	左	右	左	右	左	右	左	右	左	右	左	右	左	右	左	右	左	右	左	右		
水鹿																																						1		1	1
斑鹿		1	1																																					2	1
猪	1	2	4	4	1				4		1				1						1																			20	4
狗			1										2																											3	2
牛							1							1								3			1				1										1	7	1
羊			1	2				1		1		1	1	1		1	3		2						1	1		2	1	3										19	3
马																	2						2			1														4	1
驴												1															1													2	1
备注	羊脊椎骨1件；牛脊椎骨1件、肋骨1件；碎骨85件																																							58	14

附表一〇　J1出土动物骨骼统计表

部位	头骨					寰椎	枢椎	角	犬齿	前肢骨														后肢骨																NISP	MNI
数量 属种	上颌骨		下颌骨		联合					肩胛骨		肱骨		尺骨		桡骨		腕骨		掌骨		指骨/趾骨		髋骨		股骨		胫骨		髌骨		跗骨		跖骨		距骨		跟骨			
	左	右	左	右						左	右	左	右	左	右	左	右	左	右	左	右	左	右	左	右	左	右	左	右	左	右	左	右	左	右	左	右	左	右		
斑鹿																1																								1	1
猪	2	2	11	8								2		3		1	2																							43	11
牛													1									1																		2	1
羊	1		2					3				1	2							3	1			1		1	3	3	2											15	3
麂												1															1													1	1
弥猴												1																												1	1
备注	猪肋骨2件，猪脊椎骨8件；牛肋骨3件；马门齿1枚；鸟肢骨4件																																							63	18

会东县大山包遗址调查简报

成 都 文 物 考 古 研 究 院
凉 山 彝 族 自 治 州 博 物 馆
会东县文化广电新闻出版和体育旅游局

  会东县隶属凉山彝族自治州，位于四川省凉山彝族自治州南端，地理坐标为东经102°13′～103°3′15″、北纬26°12′～26°55′。西邻会理县，北接宁南县，县境东、南面隔金沙江与云南省巧家县、昆明市东川区、禄劝彝族苗族自治县相望。会东县地形复杂，高低悬殊，中部略高，山地占90%以上，山地之间多有平坝、台地。境内主要山脉为鲁南山脉，系螺髻山脉的南延部分，纵贯县境中部，主要山峰海拔均在3000米以上。会东县属亚热带季风性湿润气候，雨热同季，日照充足，无霜期长，具有高原、山地立体气候特点。会东县境内河流属金沙江水系，主要河流有过境河金沙江及县二级支流鲹鱼河等支流。主要水系以鲁南山为界，西南为鲹鱼河，东北为大桥河，西有小坝河。

  汉武帝元鼎六年，置会无县，会东地区属之。唐末后蜀时期一度为"大长和国"、"大天兴国"、"大义宁国"和"大理国"等地方政权所割据。明洪武年，改属四川布政司。清雍正六年，改东川府属云南省，东部地区仍属东川府。嘉庆十六年，设巧家厅治，会东县东部地区属云南为巧家厅之善长里。1952年7月1日，建立会东县。

  2006年会东县文化广电新闻出版和体育旅游局、会理县文物管理所等在大山包遗址采集有陶器，第三次全国文物普查予以确认。大山包遗址位于会东县鲹鱼河区小岔河乡新洪村四组（图一），地处鲹鱼河东岸的大山包近坡顶5米的坡地上，遗址地理位置为东经102°36′33.78″、北纬26°37′2.77″，海拔1700.5米。从地势上看大山包为附近山体延续的狭长山梁，因"坡改梯"等农村生产活动遭受相当程度破坏，保存较差，目前保存面积约1000平方米。在距离山顶5米处的梯地剖面普遍发现有文化堆积。2014年10月，成都文物考古研究院、凉山彝族自治州博物馆、会东县文化广电新闻出版和体育旅游局联合对该遗址进行调查试掘。此次试掘在大山包遗址南端依照地形地势布置探沟2条，TG1为2.5米×3米，TG2为2米×4米，发掘面积15.5平方米（图二）。此次发掘没有发现遗迹现象，出土一批陶、铁器。现将调查试掘情况简报如下。

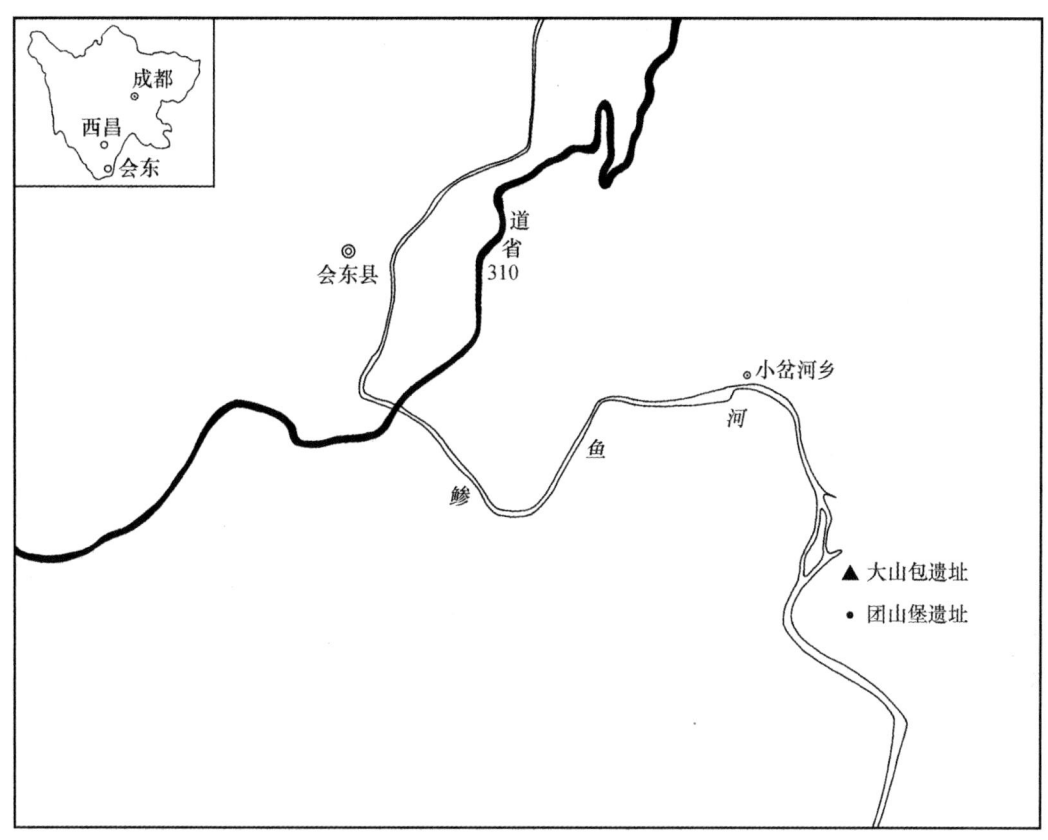

图一 遗址位置示意图

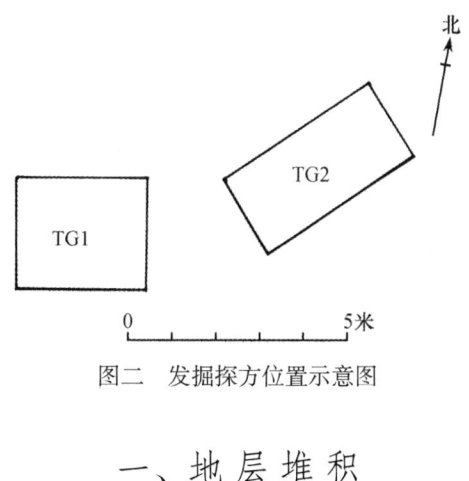

图二 发掘探方位置示意图

一、地层堆积

此次发掘地点位于坡地边缘，地层堆积呈斜坡状，但堆积简单，以TG1西壁剖面为例介绍如下（图三）：

第1层：红棕色土，土质疏松。厚0.25米。包含大量植物根茎及少量石块，为现代

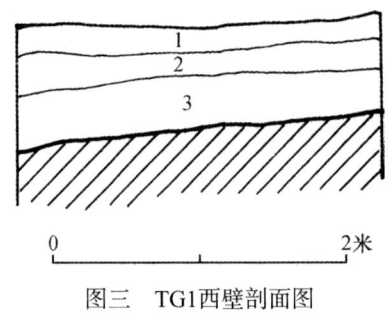

图三　TG1西壁剖面图

耕土层。

第2层：灰黄土，土质较板结，较为纯净。距地表深0.25、厚0.2～0.3米。包含大量植物根茎，为明清时期地层。

第3层：灰土，土质坚硬板结。距地表深0.45～0.55、厚0.35米。夹少量烧土颗粒及草木灰。出土陶片多为夹砂陶，素面居多，纹饰有水波划纹、乳钉纹、叶脉纹等，可辨器形有罐。

第3层以下为黄色基岩。

二、出土遗物

第3层出土陶器以夹砂灰陶为主，素面占多数，纹饰可见叶脉纹、弦纹、水波划纹、乳钉纹等（图四），可辨器类几乎全部为罐。另发现少量铁器。

罐类口沿　27件。多为残片，卷沿，部分标本带有器耳。因没有复原完整器，目前不能明了器类是否全部为带耳罐，也不清楚耳的数量。以标本是否带耳，分为二型。

A型　19件。不带耳。依据沿面内侧是否有浅槽，分为二亚型。

Aa型　7件。沿面平滑，无浅槽。TG1③：6，夹砂黑褐陶，器表黑亮，疑有渗碳处理。卷沿，沿面略下凹，圆唇。素面。残高1.6厘米（图五，5）。TG1③：7，夹砂黄褐陶。侈口，圆唇。素面。残高4厘米（图五，6）。TG1③：5，夹砂灰褐陶。侈口，圆唇。素面。残高3.9厘米（图五，8）。

Ab型　12件。沿面内侧近口处有一周浅槽。C：2，夹砂灰褐陶。侈口，圆唇。素面。口径22.4、残高5.2厘米（图五，1）。TG1③：2，夹砂黄褐陶。侈口，圆唇，高领。素面。口径16.8、残高6.6厘米（图五，2）。TG1③：1，夹砂灰褐陶。侈口，圆唇，高领。素面。口径22.8、残高6.6厘米（图五，3）。TG1③：4，夹砂灰褐陶。侈口，圆唇，高领。素面。口径18.4、残高6.6厘米（图五，4）。

B型　8件。带耳。TG2③：1，夹砂灰褐陶。侈口，束颈，鼓肩。颈部饰两条平行刻划纹，刻划纹之上有水波划纹。残高6.1厘米（图五，7）。C：1，夹砂灰褐陶。侈口，圆唇。素面。残高4.2厘米（图五，9）。TG1③：10，夹砂灰褐陶。器耳中部有一

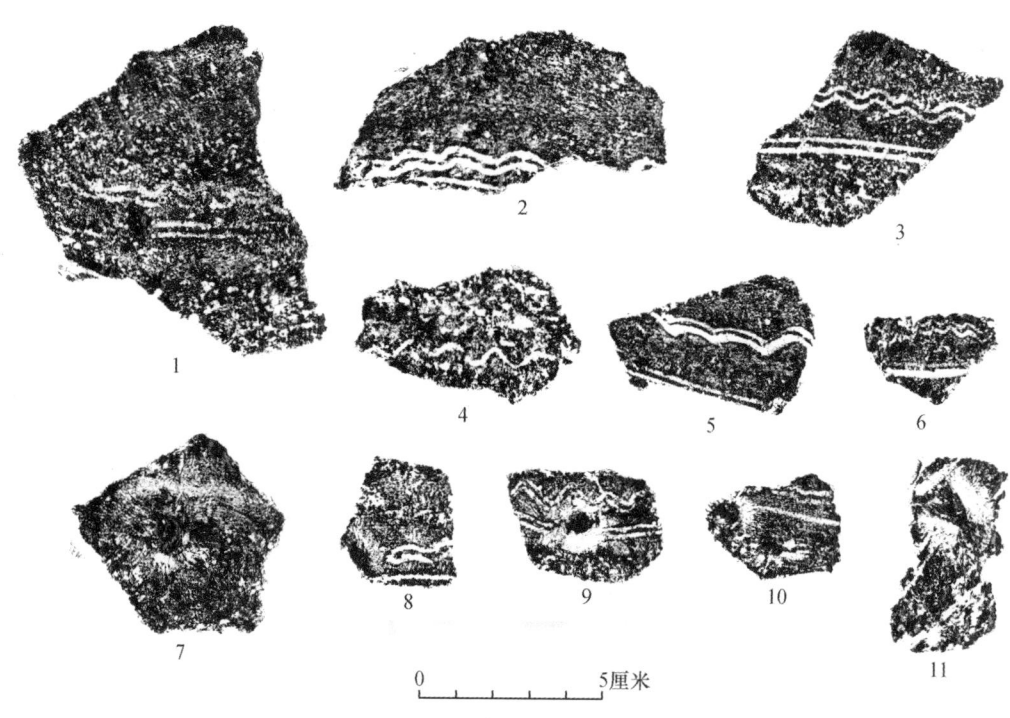

图四 陶器纹饰拓片

1~3、5、6、8.水波划纹+弦纹（TG1③：12、TG1③：14、TG1③：13、TG1③：2、TG1③：20、TG1③：18）
4.水波划纹（TG2③：4） 7、11.乳钉纹（TG2③：3、TG2③：5） 9、10.水波划纹+弦纹+乳钉纹（TG1③：11、TG1③：9）

条竖直线刻划纹。残高3.7厘米（图五，10）。TG1③：3，夹砂灰褐陶。侈口，圆唇。素面。残高5.8厘米（图五，11）。TG1③：16，夹砂灰褐陶。素面。残高2.3厘米（图五，12）。

器底 5件。皆为平底。TG1③：9，夹砂灰褐陶。底部饰叶脉纹。底径11、残高1.7厘米（图六，1）。TG1③：17，夹砂灰褐陶。底部有叶脉纹。残高2.8厘米（图六，2）。C：3，夹砂黄褐陶。底部饰叶脉纹。残高3.2厘米（图六，3）。TG1③：8，夹砂灰褐陶。底部饰叶脉纹。底径6.8、残高3厘米（图六，4）。TG1③：15，夹砂灰褐陶。底部有叶脉纹。底径8、残高4.3厘米（图六，5）。

铁器 3件。TG1③：21，残铁块，长约4厘米。TG1③：22，铁环。内径约1厘米。另在第TG1第3层层表发现1件铁器，锈蚀过于严重，器形依稀可辨为锸。

三、结　语

大山包遗址是会东县正式调查发现的第一处古代遗址。通过试掘，我们初步了解该小型聚落的文化面貌及年代等信息。

大山包遗址出土陶器全部为夹砂陶，陶色多为灰褐色。素面居多，纹饰有弦纹、水

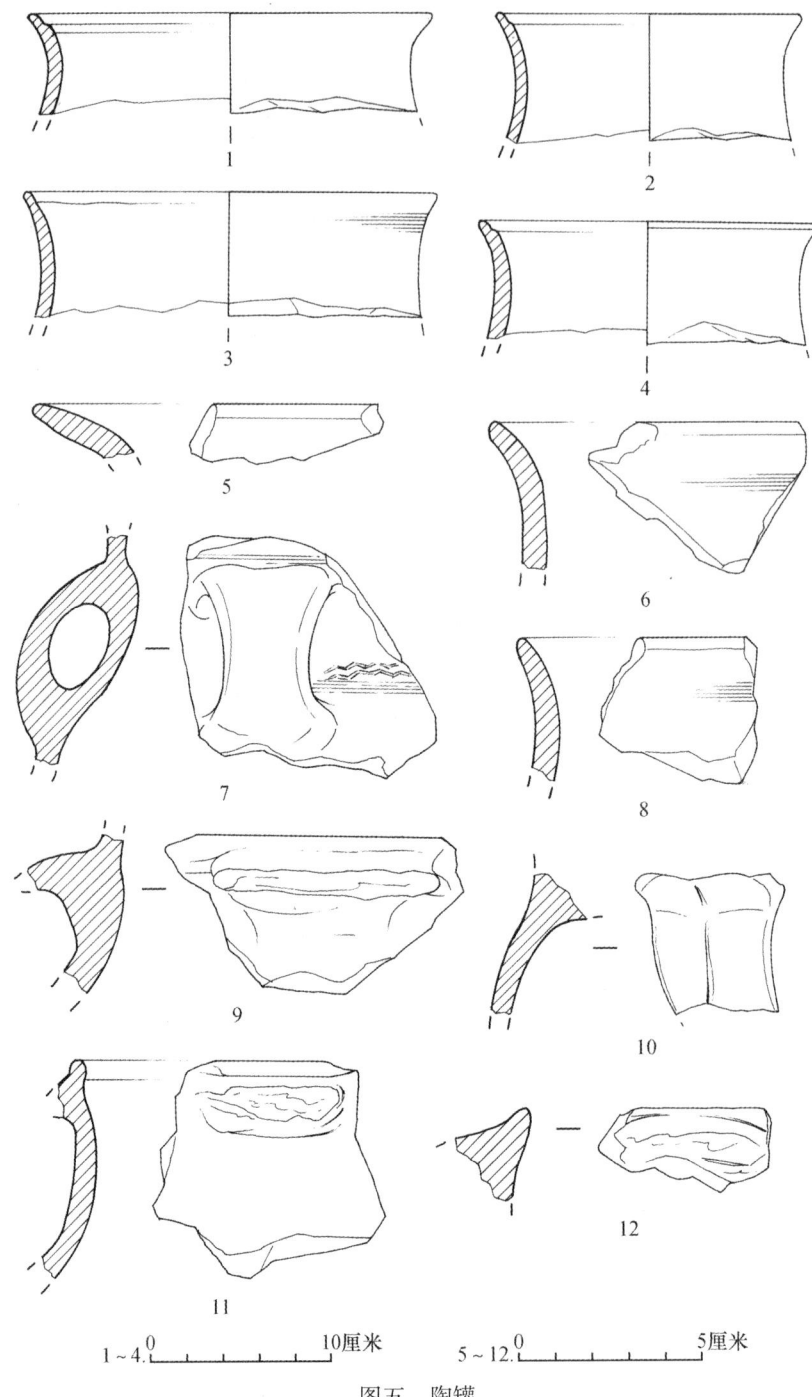

图五　陶罐

1~4.Ab型（C：2、TG1③：2、TG1③：1、TG1③：4）　5、6、8.Aa型（TG1③：6、TG1③：7、TG1③：5）
7、9~12.B型（TG2③：1、C：1、TG1③：10、TG1③：3、TG1③：16）

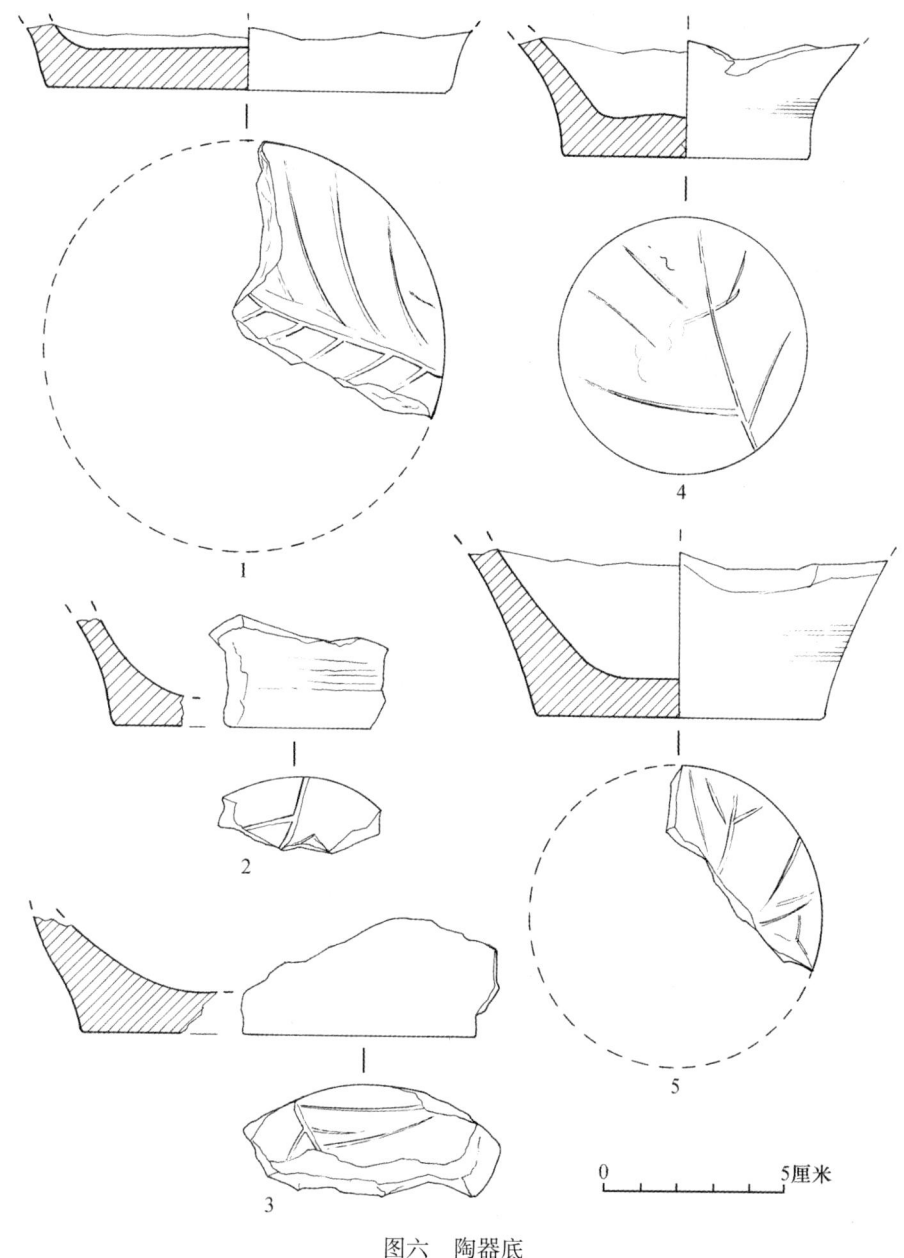

图六 陶器底

1.TG1③：9 2.TG1③：17 3.C：3 4.TG1③：8 5.TG1③：15

波划纹、叶脉纹，其中水波划纹多施于陶器颈部或耳面，叶脉纹施于器底。器类简单，容器几乎全部为罐类陶器，平底，可能存在带耳与无耳之分。形制多为侈口、卷沿。另外，还出土铁环等小型铁器。

我们对大山包遗址第3层稻谷、小麦等作物籽实作加速器质谱碳十四测年，三个年代数据差别较大，大体上都处于战国至西汉早期的年代范围[1]。从陶器类别与形制特征上看，大山包遗址与邻近的团山堡遗址面貌一致。大山包罐类颈部饰水波划纹、弦纹或乳钉纹等特征突出，与会理郭家堡[2]、会理王家堡子[3]、盐源老龙头[4]同类器特征相近。大山包器物耳部及Ab型罐口沿，与会理东咀H2所出同类器相近[5]。大山包遗址与团山堡遗址构成鲹鱼河流域一处典型小型聚落群，两者年代或并行或有延续，这为探索金沙江中游北岸青铜时代遗存文化序列提供了实物资料。

附记：本次调查与发掘人员有凉山彝族自治州博物馆补琦、孙策、刘灵鹤、胡婷婷，会东县文化广电新闻出版和体育旅游局姚代林，成都文物考古研究院刘祥宇、周志清、左志强，冕宁县文物管理所张世昌，喜德县文物管理所冯强等。

调查：姚代林 补 琦 孙 策 刘灵鹤
　　　刘祥宇 周志清 左志强
绘图：钟雅莉
拓片：严 彬
执笔：左志强 刘灵鹤 刘祥宇 补 琦
　　　孙 策 姚代林 胡婷婷 张世昌
　　　冯 强

注　释

［1］ 北京大学加速器质谱（AMS）碳十四测试报告：

Lab编号	样品	样品原编号	出土地点	碳十四年代（BP）	树轮校正后年代	
					1σ（68.2%）	2σ（95.4%）
BA151237	稻谷	2015SHD1	大山包遗址TG1③（FX01）	2110±25	180BC（68.2%）90BC	200BC（95.4%）50BC
BA151238	小麦	2015SHD2	大山包遗址TG1③（FX02）	2320±25	405BC（68.2%）385BC	410BC（94.1%）360BC 280BC（1.3%）260BC
BA151239	豌豆属	2015SHD3	大山包遗址TG1③（FX02）	2265±40	400BC（31.8%）350BC 290BC（36.4%）230BC	400BC（37.1%）340BC 330BC（58.3%）220BC 550BC（85.4%）390BC

北京大学加速器质谱实验室、第四纪年代测定实验室，2015年12月。

［2］ 成都文物考古研究所、会理县文物管理所、四川大学考古系等：《2009年度会理县新发乡考古调查简报》，《成都考古发现》（2008），科学出版社，2010年。

［3］ 会理王家堡子墓地资料为2015年秋季成凉考古调查发现，墓葬出土陶器仅见罐。资料暂存成都文物考古研究院。

［4］ 凉山彝族自治州博物馆、成都文物考古研究所：《老龙头墓地与盐源青铜器》，文物出版社，2009年。

［5］ 成都文物考古研究所、凉山州博物馆、会理县文物管理所：《2006年度四川会理县东咀遗址发掘简报》，《成都考古发现》（2006），科学出版社，2008年。

会东县团山堡遗址调查简报

成 都 文 物 考 古 研 究 院
凉 山 彝 族 自 治 州 博 物 馆
会东县文化广电新闻出版和体育旅游局

  会东县隶属凉山彝族自治州，位于四川省凉山彝族自治州南端，地理坐标为东经102°13′~103°3′15″、北纬26°12′~26°55′。西邻会理县，北接宁南县，县境东、南面隔金沙江与云南省巧家县、昆明市东川区、禄劝彝族苗族自治县相望。地处横断山脉南部褶皱山中切割地带，地形复杂，高低悬殊，县域整个地势中部高，西部缓展，北部绵延，东南陡峭，山地占90%以上，次为山原、平坝、台地。境内主要山脉为鲁南山脉，系螺髻山脉的南延部分，纵贯县境中部，主要山峰海拔均在3000米以上。会东县属亚热带季风性湿润气候，雨热同季，日照充足，无霜期长，具有高原、山地立体气候特点。会东县境内河流属金沙江水系，主要河流有过境河金沙江及县二级支流鲹鱼河、大桥河，三级支流小坝河等四条。此外，还有黄坪河、淌塘河、岩坝河等小支流503条。以鲁南山为界，西南为鲹鱼河，东北为大桥河，西有小坝河，全县河流总长度315.9千米，径流总量14.98亿立方米，水能资源丰富。

  汉武帝元鼎六年，置会无县，会东地区属之。唐末后蜀时期先后为"大长和国"、"大天兴国"、"大义宁国"和"大理国"等地方政权所割据。明洪武年，改属四川布政司。清雍正六年，改东川府属云南省，东部地区仍属东川府。嘉庆十六年，设巧家厅治，会东县东部地区属云南为巧家厅之善长里。1952年7月1日，建立会东县。

  2014年10月在开展大山包遗址周邻区域调查时，考古人员于团山堡地点断面发现文化遗物，遂将该地点命名为团山堡遗址（图一）。团山堡遗址位于会东县鲹鱼区小岔河乡新洪村三组，地处鲹鱼河东岸，西北距大山包遗址约300米，地理坐标为东经102°36′38.3″、北纬26°36′54.1″，海拔1694米。团山堡为一独立山丘，平面近椭圆形，径长100~120米，顶部地势平缓，四下陡峭。通过铲刮剖面调查，团山堡遗址在东部略缓的坡面发现有文化层，采集有不少带耳陶器，并发现土坑墓、窑等遗迹现象。我们推测该山包以前坡降更为平缓，适宜人类生产生活，但后期生产活动及自然垮塌等因素造成现在山包四周陡峭地势。结合地势情况，选择团山堡东面进行试掘，针对窑类遗迹布置探沟1条，规格为3米×2.5米，方向为150°（图二）。

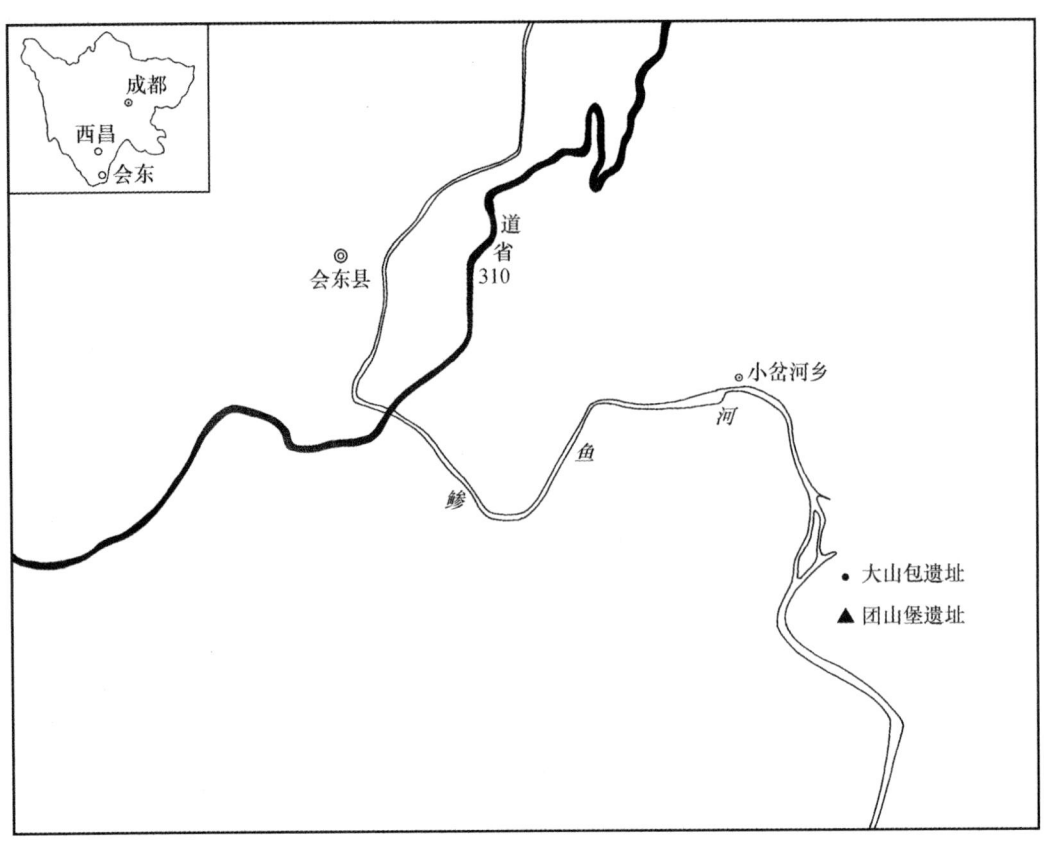

图一　遗址位置示意图

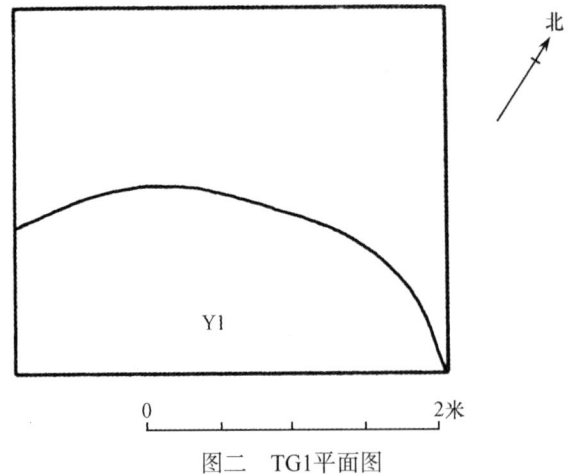

图二　TG1平面图

一、地层及遗迹

（一）地层堆积

遗址地层堆积简单，以探沟西壁为例介绍如下（图三）：

第1层：红棕色土，土质疏松。厚0.2米。包含大量植物根茎及少量石块，为现代耕土层。

第2层：灰土，土质坚硬板结。距地表深约0.2、厚0.1米。夹少量烧土颗粒及草木灰。出土陶片多为夹砂陶，素面居多，纹饰有水波划纹、乳钉纹、叶脉纹等，可辨器形有罐。

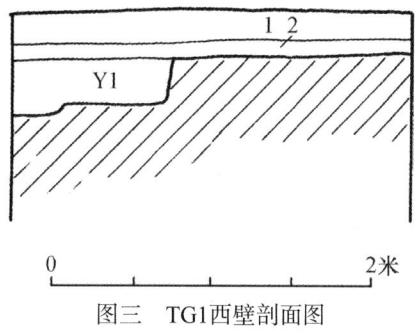

图三　TG1西壁剖面图

（二）遗迹

Y1　开口于第2层下，打破生土。因现代坟墓及后期改土，仅发现窑室及火膛部分。窑室后壁为弧壁，未发现烟道。窑室底部平整坚硬，残长3、宽1.1、高0.3米。窑室填土出土较多夹砂陶片，主要器类为罐。火膛残长2.5米，火膛内堆积主要为草木灰及烧土块，深0.1米，出土陶片较多，可辨器形有带耳罐等，火膛底部为黄色黏土层，土质致密，有部分烧结面，在结面上保留有一件带耳罐残片，疑为烧制残留陶器，因而推测该窑可能主要烧造陶器（图四）。Y1出土遗物分别以Y1①（窑室）、Y1②（火膛）编号。

二、出土遗物

Y1出土陶器以夹砂灰陶为主，素面占多数，纹饰可见叶脉纹、弦纹、水波划纹、乳钉纹等（图五），可辨器类几乎全部为罐，少量纺轮等。石器发现甚少，有刀、凿孔器等。

罐类口沿　36件。多为残片，卷沿，部分标本带有器耳。因没有复原完整器，目前

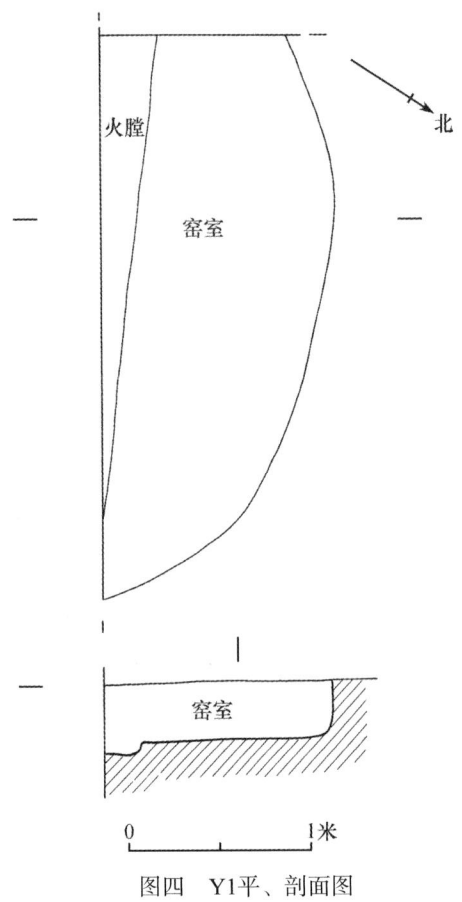

图四 Y1平、剖面图

不能明了器类是否全部为带耳罐，也不清楚耳的数量。以标本是否带耳，分为二型。

A型 24件。不带耳。依据沿面内侧是否有浅槽，分为二亚型。

Aa型 18件。沿面平滑，无浅槽。Y1①：4，夹砂灰黄陶。侈卷沿，圆唇。素面。口径22.8、残高5.2厘米（图六，1）。Y1①：18，夹砂灰褐陶。侈卷沿，圆唇。器表剥蚀严重，隐约可见水波划纹。口径9、残高4.7厘米（图六，2）。Y1①：21，夹砂灰黄陶。侈卷沿。素面。残高4.1厘米（图六，3）。Y1①：26，夹砂灰褐陶。侈口，圆唇。颈下饰水波划纹，其下饰乳钉纹。残高3.2厘米（图六，5）。Y1①：3，夹砂灰褐陶。侈口，圆唇。素面。口径13.6、残高4.6厘米（图六，6）。Y1②：2，夹砂灰褐陶。侈口。素面。残高3厘米（图六，8）。Y1①：23，夹砂灰褐陶。侈口，束颈。素面。残高3厘米（图六，10）。Y1①：31，夹砂灰褐陶。侈口，圆唇。素面。残高2.5厘米（图七，2）。

Ab型 6件。沿面内侧近口处有一道浅槽。Y1①：14，夹砂灰褐陶，陶胎较厚。侈口。素面。残高3.3厘米（图六，4）。Y1①：32，夹砂灰褐陶。侈口，卷沿，圆唇。素面。残高3厘米（图六，7）。Y1①：77，夹砂灰黄陶。侈口，卷沿，圆唇。素面。

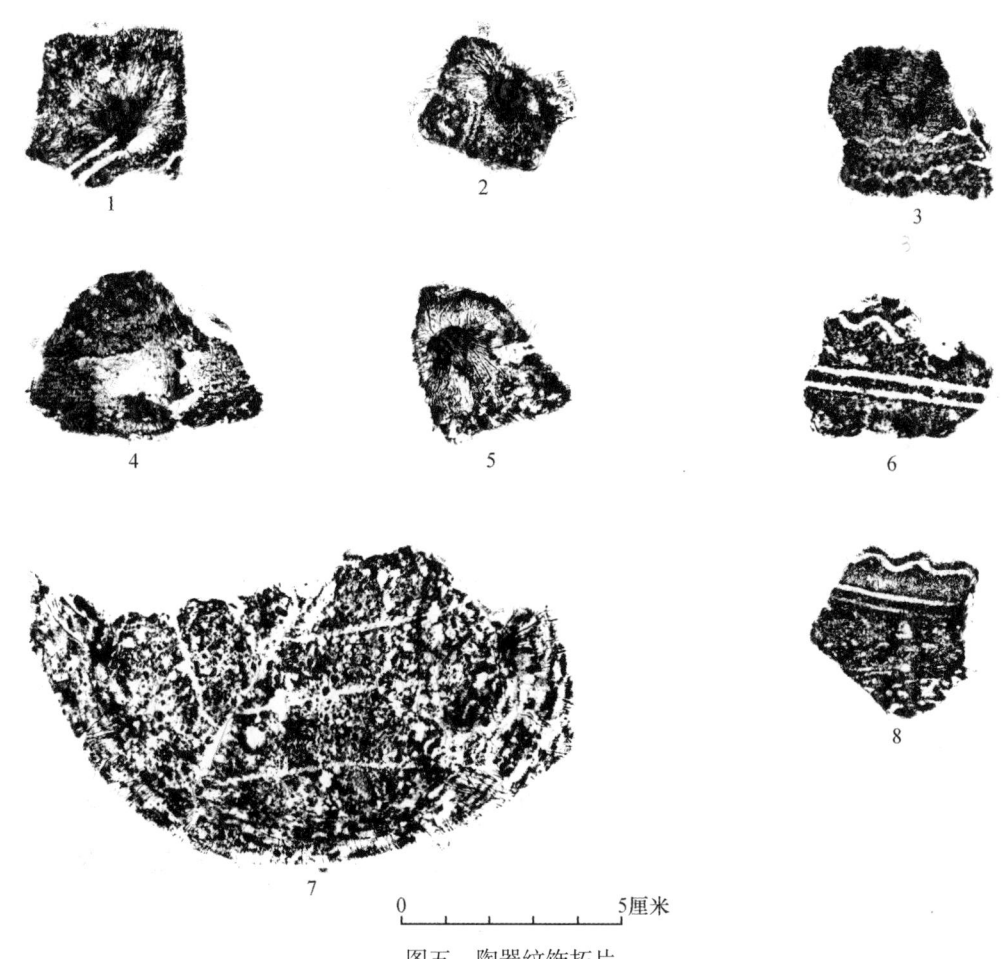

图五　陶器纹饰拓片

1、2.乳钉纹+弦纹（Y1①：15、C：3）　3.水波划纹（Y1①：25）　4、5.乳钉纹（Y1①：9、Y1①：24）
6、8.水波划纹+弦纹（Y1①：27、Y1①：22）　7.叶脉纹（Y1①：4）

残高3.3厘米（图六，9）。Y1①：30，夹砂灰褐陶。侈口，圆唇。素面。残高2.2厘米（图七，1）。

B型　12件。宽鋬耳。Y1①：6，夹砂灰黄陶。侈口，束颈，鼓肩。器耳从口部连接至肩部。素面。残高6.5厘米（图七，3）。Y1②：1，夹砂灰黄陶。侈口，束颈，鼓肩。器耳从口部连接至肩部。颈部饰有水波划纹，其下刻有两周弦纹。残高12厘米（图七，4）。Y1①：5，夹砂灰黄陶。侈口，束颈，鼓肩。器耳从口部连接至肩部。颈部饰有水波划纹，其下刻有两周弦纹。残高7.5厘米（图七，5）。Y1①：17，夹砂灰褐陶。卷沿。素面。残高3.3厘米（图八，1）。Y1①：7，夹砂灰褐陶。素面。残高4厘米（图八，2）。C：1，夹砂褐陶，器耳较宽。素面。残高4.6厘米（图八，3）。Y1①：16，夹砂灰褐陶。素面。残高2.5厘米（图八，4）。C：2，夹砂灰褐陶。卷沿。素面。残高3厘米（图八，5）。Y1①：10，夹砂灰褐陶。素面。残高3.5厘米（图

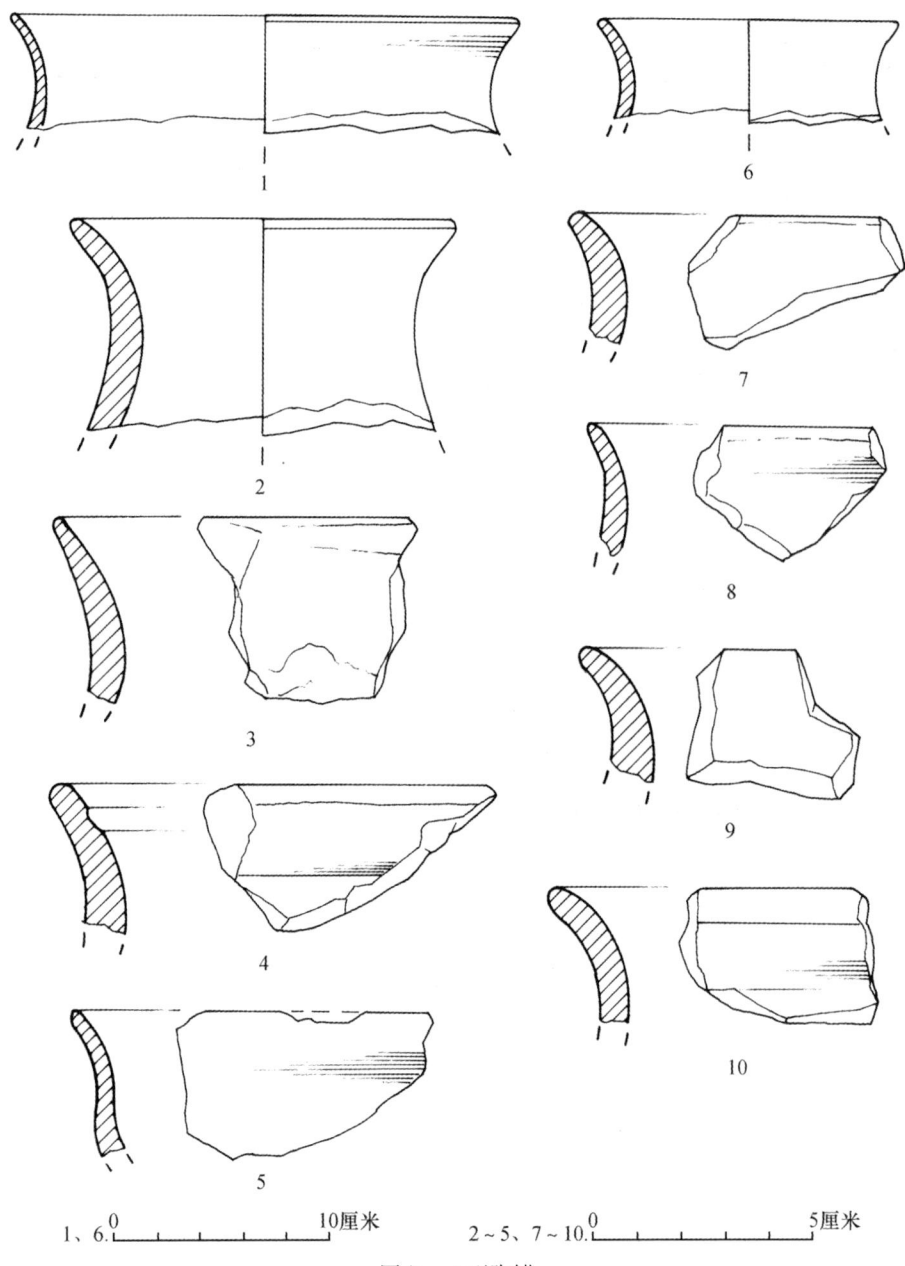

图六　A型陶罐
1~3、5、6、8、10.Aa型（Y1①：4、Y1①：18、Y1①：21、Y1①：26、Y1①：3、Y1②：2、Y1①：23）
4、7、9.Ab型（Y1①：14、Y1①：32、Y1①：77）

八，6）。Y1①：8，夹砂灰褐。素面。残高3厘米（图八，7）。Y1①：19，夹砂红褐陶。器耳与口部连接处耳面饰水波纹。残高3厘米（图八，8）。

器底　5件。Y1①：12，夹砂灰褐陶。平底。器底饰叶脉纹。底径9.8、残高4.1厘米（图九，1）。Y1①：13，夹砂灰褐陶。平底。素面。残高3.4厘米（图九，2）。

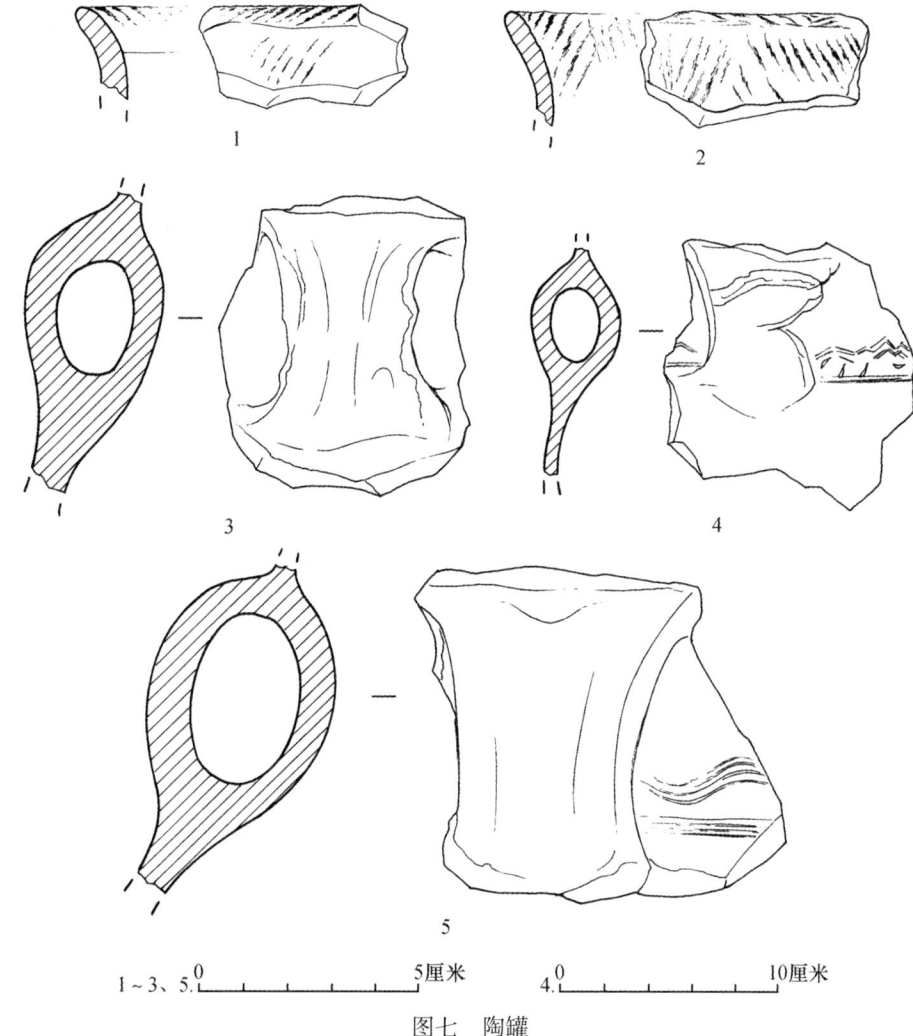

图七 陶罐

1.Ab型（Y1①:30） 2.Aa型（Y1①:31） 3~5.B型（Y1①:6、Y1②:1、Y1①:5）

Y1①:20，夹砂灰褐陶。平底。底部饰叶脉纹。底径6、残高1.5厘米（图九，3）。

纺轮 1件。Y1①:11，夹砂灰褐陶。算珠形。面径3、最大径3.5、穿径0.6厘米（图一〇，4）。

凿孔石器 1件。Y1①:1，红色砂砾岩。平面呈椭圆形，体厚。顶、底有轻微砸击痕迹，两侧有疤痕，正反两面皆有压钻凿孔。长14.5、厚8.6厘米（图一〇，1）。

石刀 2件。Y1①:2，灰褐色砂岩。弧背，弧刃。残长5.4、宽4.7、厚0.8厘米（图一〇，2）。Y1①:28，灰褐色砂岩。弧背，有一穿孔。残长3.4、宽3.8、厚0.8厘米（图一〇，3）。

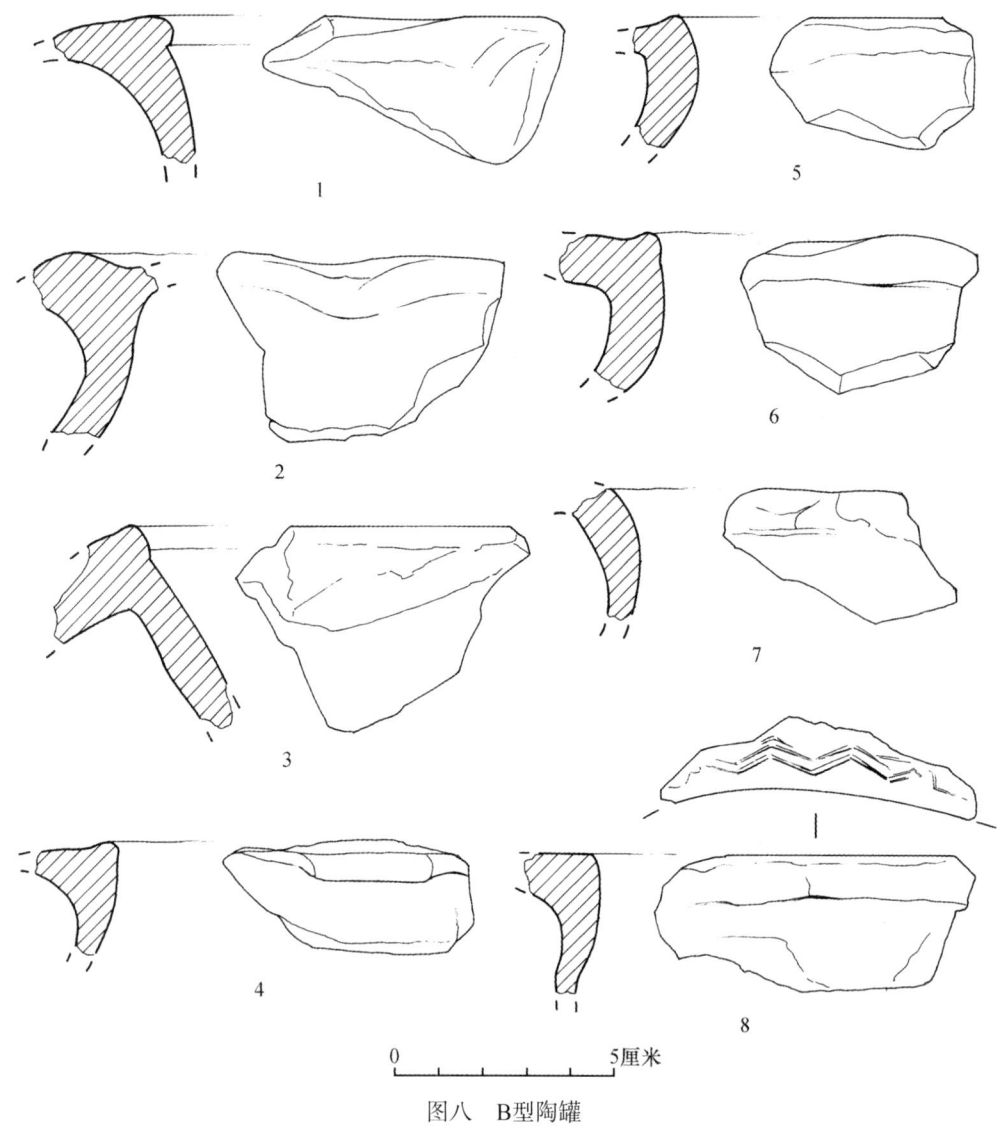

图八　B型陶罐

1.Y1①:17　2.Y1①:7　3.C:1　4.Y1①:16　5.C:2　6.Y1①:10　7.Y1①:8　8.Y1①:19

三、结　语

此次团山堡遗址调查试掘尽管面积不大，但是出土有一批特征突出、文化面貌鲜明的考古遗存。

团山堡遗址此次调查试掘仅发现一座保存较残的窑址。出土陶器与采集陶器形制特征一致。出土陶器全部为夹砂陶，陶色多为灰黄、灰褐色。多素面，纹饰有弦纹、水波划纹、叶脉纹，其中水波划纹多饰于颈部或耳面，叶脉纹施于器底。器类简单，容器几乎全部为罐类陶器，平底，可能存在带耳与无耳之分。形制多为侈口、卷沿。其他石器有石刀。团山堡遗址Y1填土堆积的浮选结果显示有数量较多的小麦及少量大麦籽实

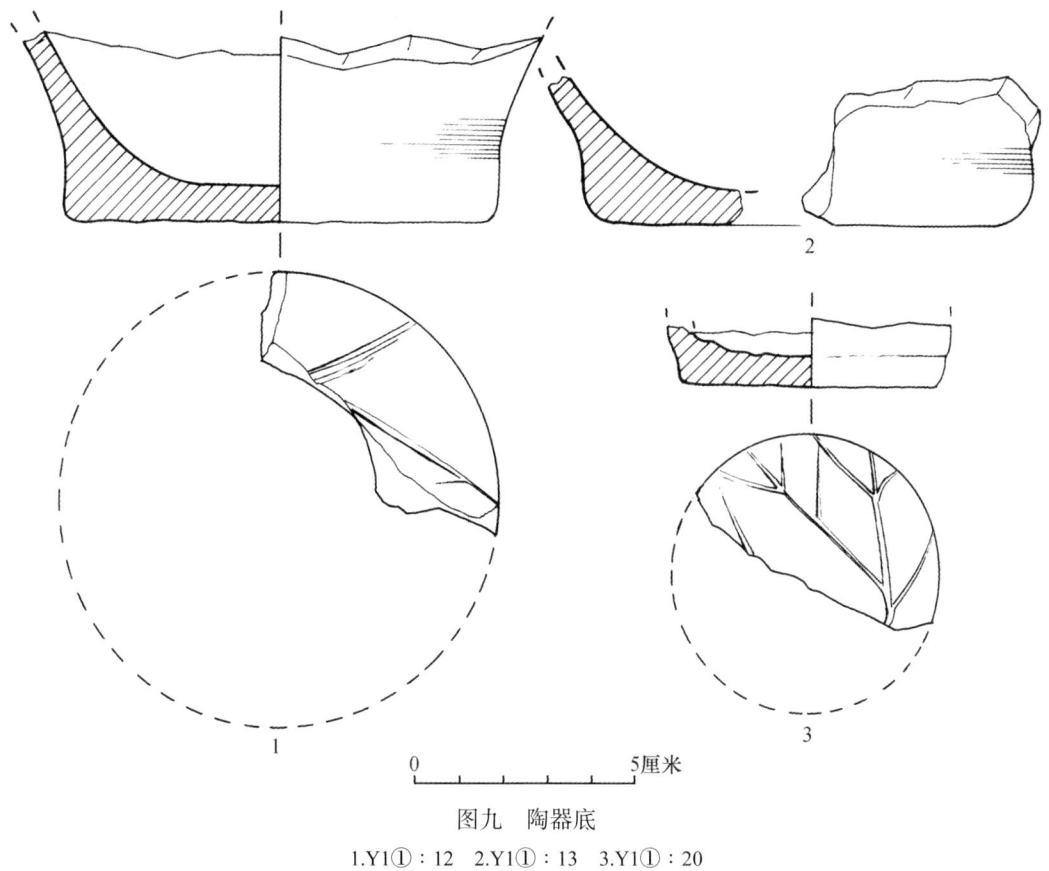

图九 陶器底
1.Y1①:12 2.Y1①:13 3.Y1①:20

遗骸，结合石刀等工具的发现，表明团山堡当时是以麦类作物为主的旱作农业经济形态[1]。

我们对团山堡遗址Y1废弃堆积浮选出的粟、小麦等作物籽实作加速器质谱碳十四测年，树轮校正后年代范围为790BC～380BC[2]，大体相当于中原地区春秋至战国早中期。团山堡遗址出土陶器较为破碎，没有复原完整器，这给器物具体比对带来诸多困难。团山堡陶器器类以罐为大宗，不见其他容器器形，这与会理郭家堡[3]、王家堡子[4]等遗存相近。纹饰及耳部特征在凉山境内其他遗存可以找到相似线索。带耳罐（Y1②:1、Y1①:5）颈部饰水波划纹，这与会理县新发乡郭家堡单耳罐（M1:2）、双耳罐（C:60）表现出相似特征，罐（Y1①:26）颈部饰乳钉纹、水波划纹也与郭家堡双耳罐（C:60）有极大相似性。会理东咀遗址文化面貌较复杂[5]，但部分遗物特征与团山堡同类器有相近之处，如团山堡罐耳与东咀H2:10耳部形态较为接近，团山堡Ab型罐口沿内侧有一道浅槽，特征突出，与东咀H2:6口沿特征相近。上述相近特征可能表明团山堡遗存与它们年代相差不大。

团山堡器物组合与特征表现出较强的地域特色，结合遗址规模及经济形态，我们推测团山堡遗址可能属于当时西南夷某处"邑聚，有耕田"的小型族群聚落。

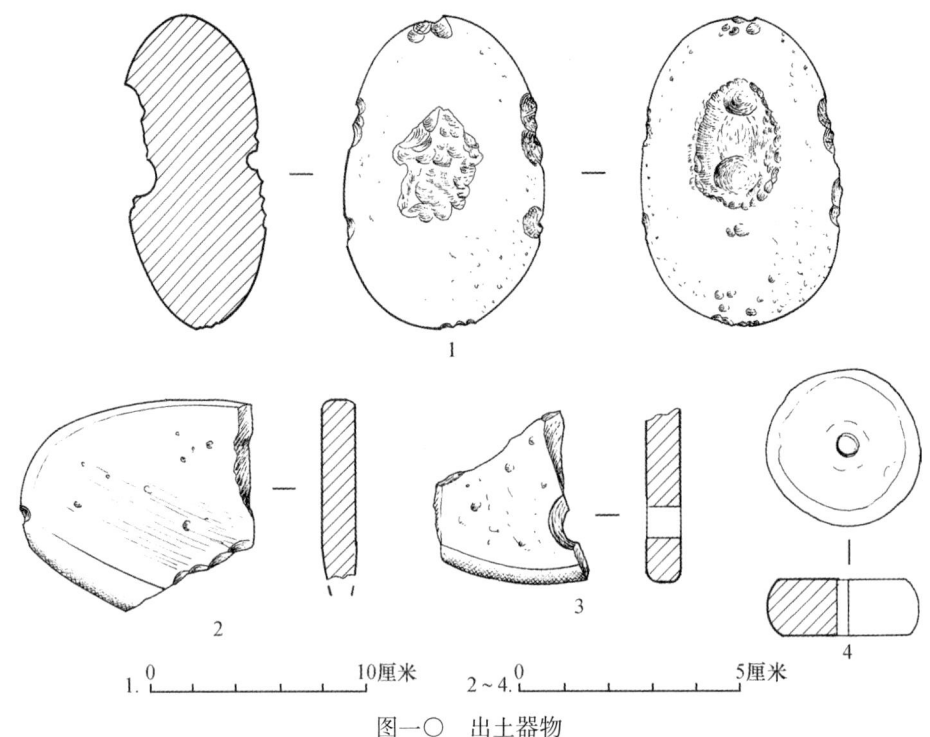

图一〇 出土器物

1.凿孔石器（Y1①：1） 2、3.石刀（Y1①：2、Y1①：28） 4.陶纺轮（Y1①：11）

由于此次团山堡遗址清理面积少，关于团山堡遗存文化属性及年代判定需要考古工作者进一步关注会东县青铜时代遗存的考古调查与研究。

附记：本次调查与发掘人员有凉山彝族自治州博物馆补琦、孙策、刘灵鹤、胡婷婷，会东县文化广电新闻出版和体育旅游局姚代林，成都文物考古研究院刘祥宇、周志清、左志强，冕宁县文物管理所卢自刚，德昌县文物管理所王勇等。

调查：姚代林 补 琦 孙 策 胡婷婷
　　　刘灵鹤 刘祥宇 周志清 左志强
绘图：钟雅莉
拓片：严 彬
执笔：左志强 孙 策 刘祥宇 姚代林
　　　补 琦 胡婷婷 刘灵鹤 卢自刚
　　　王 勇

注　释

[1] 成都文物考古研究所、凉山彝族自治州博物馆、会理县文物管理所等:《2015年会理、会东县试掘遗址出土植物遗存分析报告》,《成都考古发现》(2014),科学出版社,2016年。

[2] 北京大学加速器质谱(AMS)碳十四测试报告:

Lab编号	样品	样品原编号	出土地点	碳十四年代(BP)	树轮校正后年代	
					1σ(68.2%)	2σ(95.4%)
BA151240	粟	2015SHT1	团山堡遗址Y1(FX03)	2520±25	780BC(17.3%)740BC 690BC(14.9%)660BC 650BC(30.4%)590BC 580BC(5.5%)560BC	790BC(26.4%)730BC 700BC(69.0%)540BC
BA151241	小麦	2015SHT2	团山堡遗址Y1(FX03)	2445±25	740BC(19.3%)690BC 660BC(4.4%)640BC 550BC(26.4%)480BC 470BC(18.0%)410BC	760BC(24.7%)680BC 670BC(8.2%)630BC 600BC(62.5%)400BC
BA151242	小麦	2015SHT3	团山堡遗址Y1(FX03)	2390±35	510BC(68.2%)400BC	740BC(8.4%)680BC 670BC(1.6%)640BC 550BC(85.4%)390BC
BA151243	小麦	2015SHT4	团山堡遗址Y1(FX03)	2415±25	520BC(26.4%)400BC	740BC(10.2%)690BC 660BC(1.7%)650BC 550BC(83.5%)400BC
BA151244	大麦?	2015SHT4	团山堡遗址Y1(FX03)	2360±25	485BC(11.3%)460BC 450BC(0.7%)440BC 415BC(56.2%)385BC	520BC(95.4%)380BC

北京大学加速器质谱实验室、第四纪年代测定实验室,2015年12月。

[3] 成都文物考古研究所、会理县文物管理所、四川大学考古系等:《2009年度会理县新发乡考古调查简报》,《成都考古发现》(2008),科学出版社,2010年。

[4] 会理王家堡子墓地资料为2015年秋季成凉考古调查发现,墓葬出土陶器仅见罐。资料暂存成都文物考古研究院。

[5] 成都文物考古研究所、凉山州博物馆、会理县文物管理所:《2006年度四川会理县东咀遗址发掘简报》,《成都考古发现》(2006),科学出版社,2008年。

马尔康县石达秋遗址试掘报告

阿坝藏族羌族自治州文物管理所
成 都 文 物 考 古 研 究 院
马 尔 康 县 文 化 体 育 局

　　石达秋遗址的调查和试掘是大渡河上游考古工作的一项新成果。大渡河是岷江的最大支流，是长江的二级支流，是长江水系一、二级中的第三长河，位于四川省西部，古有沫水之称。大渡河发源于青海省境内的果洛山东南麓，东源有阿柯河和麻尔柯河，于阿坝南部汇合后称脚木足河；西源有杜柯河和色曲河，于壤塘县南部汇合后称绰斯甲河。脚木足河与绰斯甲河在马尔康县双江口（可尔因地区）汇合后称大金川，是大渡河主流，南流至丹巴县同来自东北的小金川汇合后始称大渡河，于乐山注入岷江。全长852千米，流域面积7.7万平方千米。主要支流有青衣江、小金川、越西河等。大渡河以甘孜藏族自治州泸定县和乐山市铜街子为界划分为上、中、下游三段。丹巴县城以上主要为大渡河源头地区。在可尔因地区以北，蜿蜒于海拔3600米的丘状高原上，河谷宽浅，支流众多；在可尔因地区以南，则穿行大雪山和邛崃山之间，河谷深切，谷坡陡峻，水流湍急。中游段穿行大雪山、小相岭、夹金山、二郎山、大相岭之间，山高谷深，岭谷高差达1000~2000米，支流较多。下游段过大凉山、峨眉山入四川盆地，河谷开阔，水流滞缓，分叉较多，多阶地、河漫滩、沙洲。大渡河上游流域区主要包括四川省阿坝藏族羌族自治州的金川县、小金县、马尔康县和甘孜藏族自治州的丹巴县、康定县、泸定县，居住民族有藏、汉、彝、回、羌等，除泸定县外，其余各县都是以藏族为主的多民族聚居区，以嘉绒藏族为主。大渡河上游地区地处四川甘孜藏族自治州和阿坝藏族羌族自治州的结合部，也是青藏高原与成都平原的过渡地段，处于青藏高原东部边缘，北接甘青地区，东临岷江上游，南通凉山及云贵高原，境内山峦起伏，沟壑纵横，河床宽阔，气候温和，植被茂盛。大渡河上游地区在历史上是长江上游和黄河上游两大文化中心区之间的一条文化走廊和民族走廊，在探讨中国古代南北文化的时空关系、民族交往和迁徙等课题方面具有极其重要的学术意义。

　　但是，长期以来，人们对大渡河上游地区历史的认识较为模糊，特别是对先秦秦汉时期历史的认识基本上还处于一片空白。先秦文献中没有任何记载，到隋、唐时始有零星记录，如"东女国"及"西山八国"等。即便如此，对史前及秦汉历史也无片言只语，"徼外之地"、"蛮荒之野"成了这一地区的代名词。20世纪初至30年代，个别外国传教士、考察队先后在大渡河上游及其附近地区采集到打制石器，发现零星的史前遗址[1]。1949年以来，配合农田基本建设，在这一地区发现了秦汉时期的石棺葬。20世纪80年代末的阿坝藏族羌族自治州文物普查，也仅发现了马尔康县各尔俄遗址、小金县招牛遗址、金川县炭厂沟遗址等少量早期遗址，其详细材料也未正式对外公布[2]。1987年夏，四川省文物管理委员会办公室及甘孜藏族自治州文物普查队调查发现了丹巴县罕额依遗址，1989年10月至1990年12月，四川省文物考古研究院、甘孜藏族自治州文化局联合进行了发掘，发掘面积123平方米[3]，获得了一批新石器时代至汉代的实物资料，为探讨大渡河上游的古代文明奠定了一定基础。2000年以来，省市州县各级文物部门相继进行了系列考古调查及发掘工作，获得了极其丰富的实物资料，其中就包括了石达秋遗址的调查和试掘工作，这有助于深入认识本地区的历史文化内涵。

一、自然地理环境及人文历史背景

石达秋遗址位于马尔康县松岗镇直波村石达秋台地的中部偏西（图一），地处梭磨河北岸的二级阶地之上（图版一九）。地理坐标为东经102°06′523″、北纬31°55′489″，海拔为2549米。东距马尔康县城约15千米，南临国道317线公路及梭磨河，西与松岗镇政府驻地及松岗土司官寨相毗邻，西南隔梭磨河与全国重点文物保护单位直波碉楼相望，北靠大山嘎扎普拉。遗址地表地势较为平坦，宜于农耕，地理条件非常优越。

马尔康县目前是阿坝藏族羌族自治州的州府所在地，因驻地有"马尔康"寺庙而得名，意为"火苗旺盛"，引申为"兴旺发达之地"。马尔康县距离四川省会成

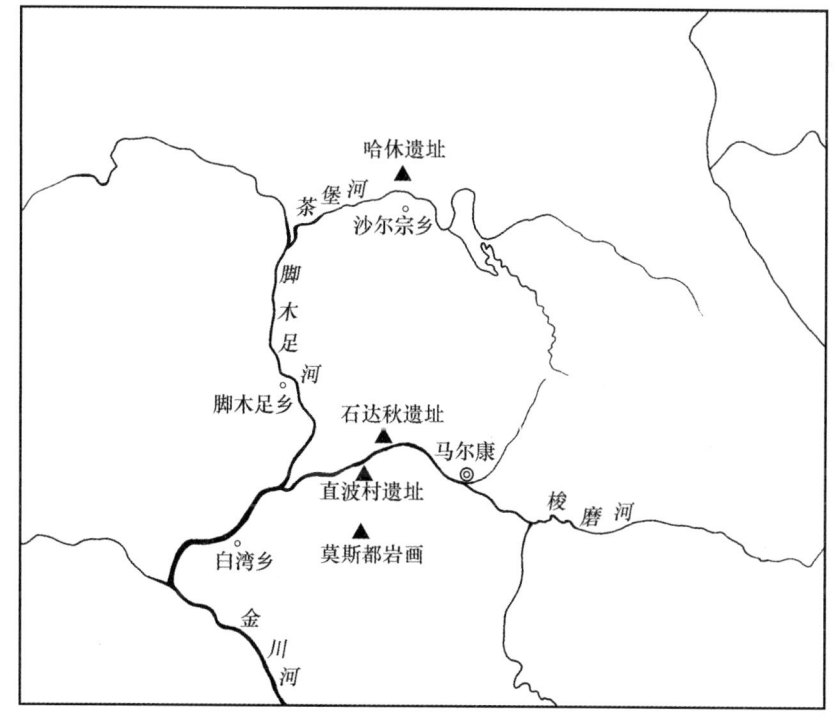

图一　遗址位置示意图

都约395千米，位于阿坝藏族羌族自治州的中部，东与红原县、理县交界，南与金川县、小金县相邻，西与壤塘县接壤，北与红原县、阿坝县相连。地理坐标为东经101°17′~102°41′、北纬30°35′~32°24′。县境域东西跨度134千米，南北跨度90千米，面积6632.73平方千米。地处四川盆地西北部，青藏高原东部，邛崃山脉北段，属高原峡谷区。地形呈不规则长方形，地势由东北向西南逐渐降低。位于北东走向的龙门山、北西走向的鲜水河断裂带及松潘地块交汇地区。地质构造复杂，地层多为三叠系砂岩、板岩和变质岩等。境内最高峰海拔达5000米左右，最低谷地海拔在2300米左右。县境内属高原大陆季风气候，主要气候特征为：干雨季明显，四季不分明，大部地区无夏，日照充沛，温差较大，干季大风日多。全年平均气温8~9℃，年降雨量753毫米左右，日照达1500小时以上，绝对无霜期120天左右。土壤主要为山地灰褐土、山地棕壤土、山地褐色土、山地棕褐土、山地高山草甸土等。境内有丰富的自然资源。全县森林覆盖率为52.26%，林草综合覆盖率95.32%，高山峡谷森林茂密，林地面积16.8万余公顷，主要树种有冷杉、云杉、落叶松以及桦、高山栎等。高山密林栖息着国家级保护动物金钱豹、白唇鹿、梅花鹿、扭角羚等，还有国家级的珍稀禽类。马尔康县域树枝状水网密布，共有3河69条溪，主要河流有梭磨河、脚木足河、茶堡河和大金河，全属于大渡河的支流。溪河高度发育，河谷幽深，水流湍急，落差大，流域广，水利资源极为丰富。马尔康县属半农半牧的高原山地县，水草丰茂的高山草场占全县总面积的15.8%，是适宜畜牧业生产的天然牧场。全县现有耕地76149亩，主要分布在河谷和高半山地区。作物种类包括小麦、胡豆、青稞、玉米、土豆等。

包括马尔康在内的川西北高原山地也是中国黄土分布的重要地区。黄土可以为彩陶制作提供原料，也是粟作农业的土壤基础。以位于马尔康县境内大渡河的两条支流绰斯甲河和脚木足河交汇处的可尔因地区为例，其地貌区划上属于川西高原的阿坝高原区南部边界向川西南高山区过渡地带，地貌基本形态为具夷平面的大起伏—极大起伏高山区，区内和周边地区的黄土分布广泛，黄土在可尔因周边地区主要见于马尔康、蒙古沟、阿拉伯、喀尔、石达安、马厂、勒乌、万林等地，一般厚度几米到几十米，在可尔因大渡河沿岸3~6级阶地均广泛分布有厚度近1米到十几米的黄土，尤其是5、6级阶地厚度较大[4]。可尔因地区黄土主要分布于松岗、木尔宗、烧达麦地沟、大石凼、石广东、木尔基等地，野外观察研究发现，该区域黄土分布具有以下特征：黄土层随坡地地势起伏，具大面积披盖式产出；黄土厚度变化较大，分布高差大，如木尔宗地区，残存黄土层分布高差近400米，松岗莫尔夏高差亦达240米左右；黄土颜色基本相同，均呈褐灰色、褐黄色，风化表面呈红褐色、棕黄色，黄土成分均匀，为粉砂质黄土。剖面上可见黄土层中下部呈中度胶结，较坚硬，并含有球状或姜状钙质结核，具垂层黄土柱状节理，有的可见崩积角砾和改造型黄土混合堆积；黄土层无层理，结构均匀，基本未见有砾石。对可尔因地区2~6级阶地典型黄土样品进行石英和碳酸钙矿物电子磁旋共振（ESR）测年，从测年结果可见研究区黄土形成的地质年龄具有明显的一致性，在距今

20.6万~14.5万年，即中更新世晚期，这与虾拉沱黄土18.795万年形成的地质年龄基本一致，相关研究认为虾拉沱黄土是风成黄土，而可尔因黄土的年龄特征也显示了其风成成因的可能性。

马尔康县境内系藏族聚居地，主要居住着嘉绒藏族。嘉绒系"嘉尔莫查绒洼绒"的简称，意为住在嘉莫墨尔多山周围气候温和的河谷地带的居民。在总人口中，藏族占63%，汉族占34%，其他民族占3%。哈休遗址、孔龙村遗址[5]等新石器时代遗址的考古发现表明，马尔康县境内早在距今约5500年即有人类在此定居农耕生活。马尔康在两汉时期隶汶山郡。唐、宋曾属羁縻32州。元隶吐蕃宣慰司。明永乐年间属杂谷安抚司。清乾隆时属理番直隶厅，嘉庆时属杂谷直隶厅。民国属理番县（理县）。1950年12月，茂县专署派工作团深入四土地区（马尔康县境域内原系梭磨土司的部分属地和卓克基、松岗、党坝土司所辖地，故有"四土地区"之称），成立了四土和绰斯甲地区临时工作委员会。1951年8月，四土地区宣告和平解放，9月成立了四土阿坝绰斯甲临时军政委员会。1953年4月，经政务院批准设立四川省藏族自治区马尔康办事处。1956年4月国务院批准正式建立了马尔康县。1990年底，全县辖1镇、13乡、104个村、230个村民小组。县人民政府驻马尔康镇。马尔康镇亦是州人民政府驻地。

马尔康县境内曾开展过多次考古调查及发掘工作。1989年11月，阿坝藏族羌族自治州文物管理所徐学书、陈学志与四川大学考古专业教师林向、马继贤、李永宪等选择学生实习地点时，曾至马尔康县脚木足乡孔龙村遗址进行过考古调查[6]。1992年1月，马尔康县脚木足乡孔龙村村民彭茂林在培修果园围墙时发现石棺葬10余座，阿坝藏族羌族自治州文物管理所接到报告后即刻进行了清理[7]。2000年9月，成都市文物考古研究院、阿坝藏族羌族自治州文物管理所、茂县羌族博物馆业务人员对孔龙村遗址进行了考古调查，采集到泥质灰陶双唇式口（有轨式口）瓶、喇叭口瓶、尖唇钵、盆，泥质褐陶短颈罐，泥质红陶碗，夹砂褐陶绳纹鼓腹罐、侈口罐，少量黄褐底色线条纹彩陶片，盘状打制石砍砸器、砾石、磨光穿孔石刀等遗物[8]。2000年9月，成都市文物考古研究院、阿坝藏族羌族自治州文物管理所、茂县羌族博物馆业务人员对位于马尔康县脚木足乡白赊村白赊庙的白赊村遗址进行了考古调查。2002年7月，参加中日南方丝绸之路调查的中日两国学者对马尔康县的卓克基遗址、直波村遗址、婆陵甲萨遗址进行了实地考察[9]。2003年5月，四川省文物考古研究院、阿坝藏族羌族自治州文物管理所、马尔康县文化体育局对白赊村遗址进行了复查，采集到粗细平行线条纹、弧线纹、网格纹彩陶片（底色有红褐色、黄褐色、灰褐色三种，陶质均为泥质陶），泥质灰陶翻沿纹唇大口罐，泥质灰陶绳纹敛口钵，泥质磨光灰陶盆、钵，泥质灰陶折沿平唇口瓶，饰绳纹、横向及斜向泥条附加堆纹的泥质灰陶片，泥质红陶碗，夹砂褐陶侈口绳纹罐，以及穿孔近背部的磨制石刀等遗物[10]。为了解大渡河上游地区早期人类活动的遗迹，配合《四川省文物地图集》的编撰工作，根据四川省文物局的安排布置，由四川省文物考古研究院、阿坝藏族羌族自治州文物管理所共同承担，阿坝藏族羌族自治州文物管理所具体组织实施了大渡河上游金川、小金、马尔康三县的考古调查。在各县文化、文物部门的协助下，调查工作从2003年4月中旬开始到6月初结束，走访了三县57个乡镇中的51个（其余6个乡镇因交通不畅未能成行），发现新石器时代晚期至秦汉时期文化遗址及采集点91处[11]。2003年，阿坝藏族羌族自治州文物管理所对位于马尔康县沙尔宗乡政府驻地东北哈休村的哈休遗址进行了考古调查。2005年，阿坝藏族羌族自治州文物管理所、成都文物考古研究院、马尔康县文化体育局又对该遗址及其周围地区进行进一步的复查。采集到遗物包括泥质陶线条纹彩陶瓶（黄褐底色）、粗细弧线条纹折沿敛口彩陶盆（灰褐底色，腹表及沿面施彩），泥质灰陶折沿平唇口瓶、带錾盆，夹砂褐陶敛口鼓腹罐（沿面、唇面及腹表饰绳纹，上腹装饰横向鸡冠状錾），上腹带穿孔的泥质磨光黑皮陶钵，施绳纹及箍带状附加堆纹的夹砂褐陶片和泥质灰陶片，打制石刀等遗物[12]。2005年6月，四川省文物考古研究院、阿坝藏族羌族自治州文物管理所对双江口水电站库区进行地下文物调查，确认了多处史前遗址[13]。2005年12月初，阿坝藏族羌族自治州文物管理所、成都文物考古研究院、马尔康县文化体育局再次对木尔溪遗址进行复查，采集了部分陶片。为进一步了解该遗址的文化面貌及其内涵，经四川省文物局同意，上述三家单位于12月上旬到中旬对该遗址进行了为期13天的考古试掘工作，发现了灰坑、片石及卵石结构墙基等重要遗迹现象，出土了一定数量的陶器残片、部分石器及骨角器等遗物[14]。2006年3月，为深入了解大渡河上游新石器时代文化面貌及其内涵，经四川省文物局同意，三家单位在前期调查的基础上，对哈休遗址进行了试掘。本次试掘揭露面积83平方米，发现灰坑等遗迹10余处，出土了陶器、玉石器、骨角器、蚌器、兽骨等类遗物上千件。并对灰坑内的填土进行浮选，发现粟等农作物炭化物[15]。

这些考古发现表明，马尔康地区的人类定居生活历史是非常悠久的，同时这一地区的古代文化也是相当发达的。与石达秋遗址隔梭磨河相望就有直波村遗址，地处马尔康县松岗镇直波村之梭磨河左岸坡地上，遗址面积约3000平方米，坡地上采集到夹砂红褐陶、夹砂灰褐陶、泥质红陶、泥质灰陶等陶片标本，文化层距地表深约2.4米，厚度不明，为含较多碎石的黄沙土堆积，层中所见陶片不多。调查者认为其中少量陶片标本与丹巴县中路遗址（罕额依遗址）中期折沿罐极为相似，判定遗址的年代为新石器时代晚期至商周时期[16]。此外，直波村坡地上还发现有石棺葬，年代约为汉代，村民梯田的断面上暴露有残墓，两侧石板及盖板清晰可见（图二），田埂上还堆积有大量石板[17]。在直波村以南的莫斯都村还发现有岩画，于1999年被发现，位于松岗镇莫斯都村莫觉沟"莫斯达觉"处，海拔3150米（GPS数据为3155米），岩画类型属于"地面大石岩画"，在谷底小河右岸浅阶地表散布的大量岩石中有3块大石发现有岩刻图像，其中体积最大者刻有图像的石面较为平整，高出地面0.1～0.3米，与地面近乎平行，石面呈长2.95、宽1.6米的近长方形，岩面呈黑灰色，其上共刻有数十个图像，单体图像的大小一般在10～30厘米，包括人物、动物等各种物体形象，线条流畅、生动[18]。松岗直波八角古碉群景区位于马尔康县城17千米的松岗乡直波村，

图二 直波村石棺葬墓地暴露的残墓

藏语意为"峡谷口上的官寨",现为全国重点文物保护单位,建于清乾隆年间,为松岗土司建,虽为碉群,实有三碉,碉为石木结构,八角,整体由下向上渐内收呈台锥形。其中两座为八角碉,另一碉已残,相距50米。与松岗土司官寨的2座四角碉隔梭磨河相望。碉楼以条石、泥土、木材构成,远观如蓄势待发的箭一般,近观犹如擎天一柱。碉楼只有一个入口,其底层为全封闭式,二层以上设窗口、射击口,供瞭望、射击用。离地一般在2.5米以上,平时有梯上下,战时整个碉楼就如铜墙铁壁一般,易守难攻。碉内有木板、树枝搭成的楼层,每层都有箭口、瞭望窗口。松岗八角碉为嘉绒地区八角碉的杰作,用石块和泥砌墙,内用木质楼梯,外呈八角形,内为圆柱形,整体由下往上渐内收成锥体。南碉共7层,高29米,内径8米,外部每角两侧的边长2.05米,墙厚0.95米,碉第四层东墙中部及第五层南墙上各开有一道小门。北碉高24.7米,内径8米,墙体下部厚0.9米,共6层。石达秋遗址西面、直波碉楼隔河对面的山坡上还有松岗土司官寨遗址,始建于南宋年间,完善于清代康熙年间,是显赫一时的松岗土司官寨遗址,其建筑外观酷似布达拉宫,故又称"布达拉宫第二",所耗人力物力为当时"四土"地区之最。官寨依松岗山梁顺势层层交错而筑,形成居高临下、神圣不可侵犯之势,该官寨于1936年毁于大火,现仅存残垣断壁和两座残破四角碉楼。土司官寨、寨房建筑及碉楼都十分讲究外墙面整体效果。在大小片石层层垒砌中,形成层次分明的弧状线条。松岗土司官寨的两座四角碉工艺精湛,内呈方形,四角碉顶部作尖角耸立，石碉里面呈下大上小的台锥形分若干层，每层间以木梯通上下。碉顶外沿凸出碉身0.1米左右，楼角面如刀削斧劈。碉顶内镶整木浮雕，碉身嵌有白石牛头，颇为壮观[19]。

可见，石达秋遗址的出现，与本地区较为优越的地理地质环境和深厚的人文历史底蕴有着密不可分的关系。

二、地层堆积情况

2007年4~5月，为深入探讨大渡河上游地区的先秦及汉代考古学文化内涵，经四川省文物管理局批准，阿坝藏族羌族自治州文物管理所、成都文物考古研究院、马尔康县文化体育局联合对石达秋遗址进行了试掘。根据地形及文化层堆积分布情况，在遗址范围内布5米×5米探方6个（编号为2007MSZST1~2007MSZST6，以下简写为T1~T6，T3未做发掘），可分为两组，其中T1、T2、T4为第一组，T5、T6为第二组（图三），揭露面积约90平方米。探方均位于村民阿错家房宅后的玉米地中。

第一组探方的地层堆积情况以T2南壁为例介绍如下（图四）：

第1层：种植玉米的灰黄色农耕土。厚0.18~0.25米。包含有粪渣、塑料薄膜、小颗粒石子、片页岩残片等，还混杂着零星夹砂褐陶、内红外黑或灰的陶片，多数陶器外表附烟炱。堆积分布较均匀。

第2层：黄褐色土。厚0.1~0.4米。包含有较多石片、碎石，零星的灰烬，少许红烧

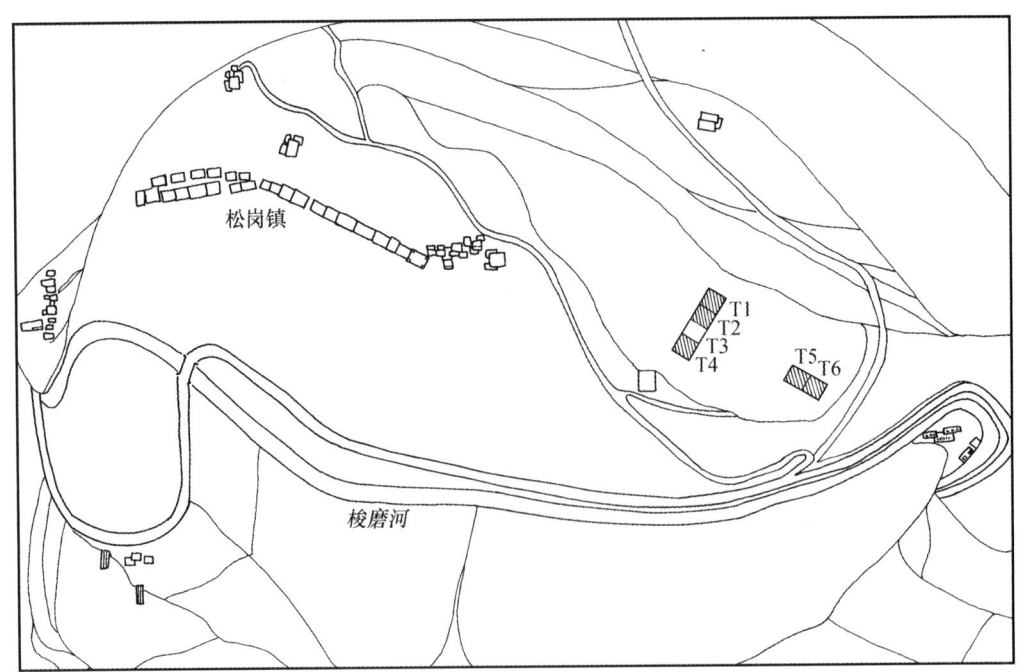

图三　探方分布图

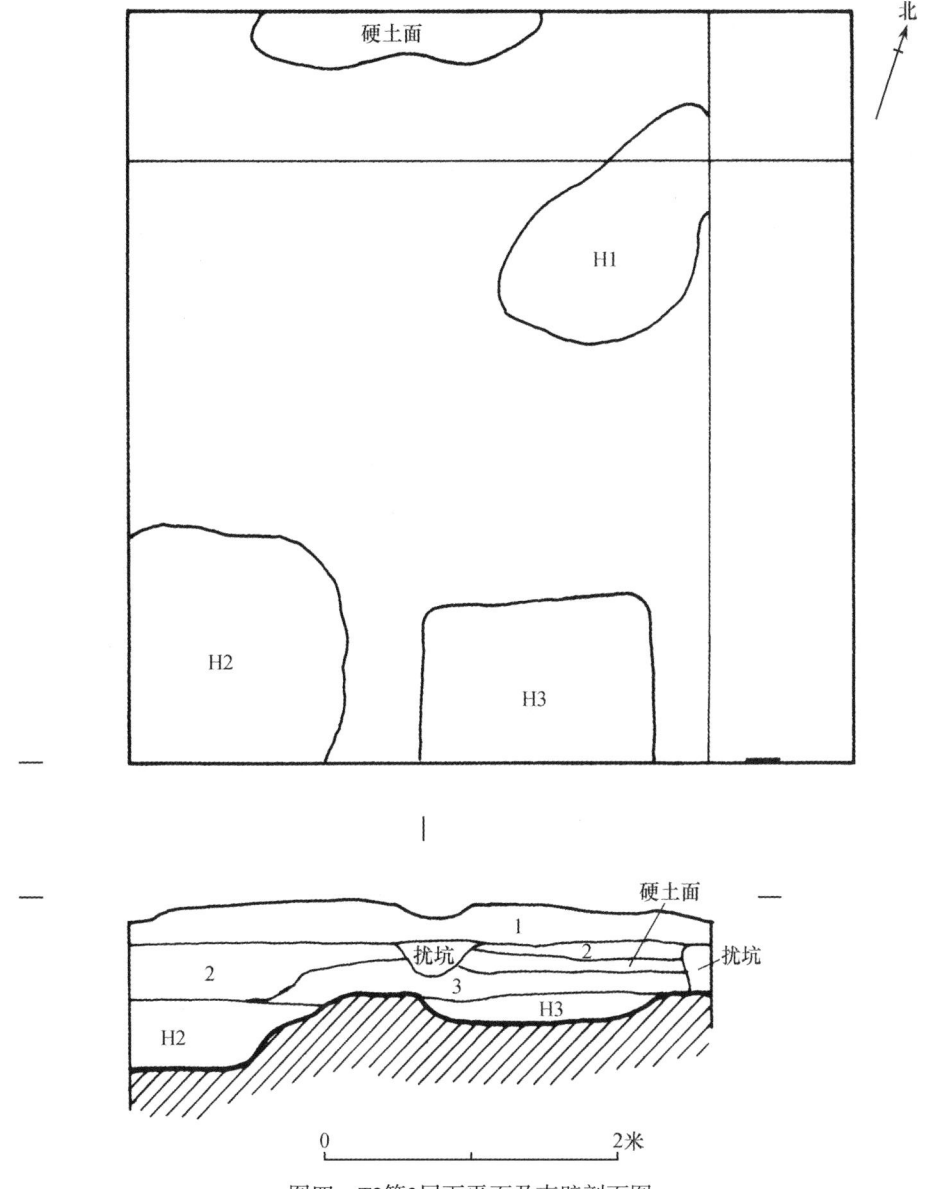

图四　T2第3层下平面及南壁剖面图

土，也出较多的陶片，其北部黄泥较多，且土质细腻，南部显灰褐色，夹石较多，也出红烧土块，其中一红烧土块有一半圆弧形压印痕，为木骨泥墙泥土，两面光滑。出土红陶方形器足及石杵各1件。堆积在西南分布较厚，东北薄。硬土面一处开口于该层下。

第3层：为局部堆积，黄褐色土，土质疏松。夹杂红烧土、灰烬、石子等，并有零星大石块。红烧土块小的如拳头大，大的有三四个拳头大，直径3～6、10～15厘米，多呈方形，共计8块。每块的中心有很明显的木棍、木片压印痕，竖直印痕宽3～6厘米，不见单一痕，是几块木片并排夹于泥土块中，明显为泥土墙中加筋的现象。包含的陶片很少，仅出土陶器座1件。H1～H3开口于该层下。

第3层以下为浅黄色且较硬的生土。

T4的地层堆积情况：

第1层：种植玉米的灰黄色农耕土。厚0.05～0.3米。包含有粪渣、塑料薄膜、小颗粒石子、片页岩残片等，还混杂零星的夹砂褐陶、内红外黑或灰陶片，多数陶片外表附有烟炱痕迹。

第2层：黄褐色土。厚0.1～0.25米。内夹石片、碎石较多，零星的灰烬，少许红烧土，也出较多的陶片，其南部发现石块与褐红黑混杂的土，出土石凿1件、陶器座2件，陶胎为青灰色，火候较高。另出土较多的折沿竖耳罐残片、平底器。堆积北部较薄。

第3层：褐色泥土夹红、黑混杂的疏松土，似房子废弃后的堆积，并且似火烧垮塌所形成的堆积。厚0.1～0.25米。包含大量的红烧土块、灰烬、炭、石片、石块。红烧土块大多夹有宽窄不等的木片，棍痕很少，印痕一般宽3～5厘米较多，宽15～20厘米的较少。所见土块表面较平整光滑，分别呈红、黑色，胎体为红色。堆积总体上北高南低。该层之上也见疏松的回填堆积，面积且大。F1（F1的墙体、室内灶坑Z1及室内外的活动面）开口于该层下，其中F1的废弃堆积主要分布于探方的南部。

第4层：青灰色土，土质疏松。厚0.1～0.15米。内含少许灰烬。分布于F1的南端，呈斜坡状。

第5层：淡黄色土，土质细腻、疏松。厚0～0.3米。主要分布于南部，呈坑状堆积。夹杂灰烬与较少陶片。H4开口于该层下。

第5层以下为黄色生土，结构紧密、质地较坚硬。

第二组探方的地层堆积情况以T5南壁为例介绍如下（图五）：

第1层：种植玉米的灰黄色农耕土。厚0.05～0.4米。内含较多的小颗粒石子、粪渣、塑料薄膜、页岩残片，还夹杂零星的夹砂内红外黑或灰的陶片，陶片碎小。堆积东部较厚且低。

第2层：黄褐色土，土质较紧呈颗粒状。厚0.1～0.35米。夹杂碎石、石片较多，零

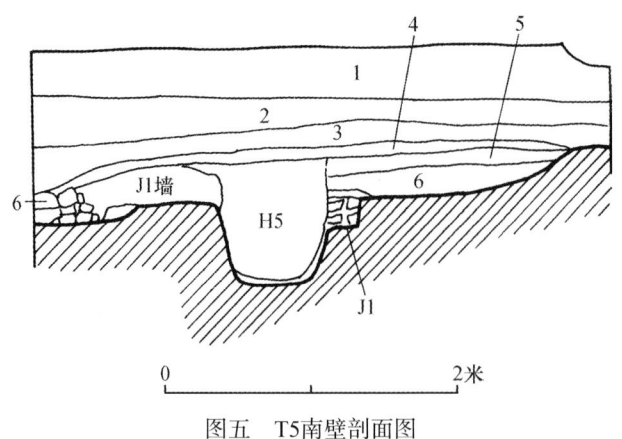

图五　T5南壁剖面图

星灰烬，少许红烧土，并出土较多的陶片。堆积呈坡状，东低北高，且东部很厚。该层下有大小不同的坑状堆积。

第3层：含泥较重的灰黄土，土质疏松。厚0.15～0.4米。包含较少的石块与陶片，少许兽骨及灰烬。堆积呈北高南低分布，东北较厚，西南较薄。

第4层：灰黑色土，土质疏松。厚0.07～0.15米。包含石片、石块、灰烬，陶片较多，以夹砂红陶、夹砂灰陶为主。该层堆积除探方东部未分布之外，在西部呈坑状堆积。H5开口于该层下。

第5层：灰土，土质疏松。厚0.05～0.12米。包含红烧土与灰烬。堆积分布于探方西南部、中部。

第6层：灰褐色土。厚0.07～0.18米。夹杂石片与少许的红烧土、灰烬，可能为其东北一道石墙沟槽的废弃堆积。J1开口于该层下。

第6层以下为浅黄色生土，土质细腻、紧密。

各探方地层、遗迹单位叠压打破关系如下：

T1地层与遗迹联络关系：

①──→②──→扰乱坑──→[硬土面1 / 硬土面2]──→③──→生土。

T2地层与遗迹联络关系：

①──→扰坑──→②──→硬土面2──→③──→[H1 / H2 / H3]──→生土。

T4地层与遗迹联络关系：

①──→②──→乱石建筑废弃堆积──→③──→[F1 / Z1 / 室内外活动面]──→④──→⑤──→H4──→生土（图版二〇，1）。

T5地层与遗迹联络关系：
①──→②──→乱石坑──→③──→乱石坑──→④──→H5──→⑤──→⑥──→J1──→生土。

T6地层与遗迹联络关系：
①──→②──→③──→④──→⑤──→F2──→⑥──→L1──→生土。

三、遗　　迹

遗迹现象包括灰坑5个、房址2座、灶坑1座、窖穴1座、路面1处、硬土面2处。

1. 灰坑

5座，编号为H1～H5。

H1　位于T1东南角及T2东北角，出露大部分，另一部分压于T1东南壁、T2东北壁下。开口于第3层下。平面呈长椭圆形，由西南向东北的延伸，边壁缓斜，圜底。最大径1.8、宽1.11、深0.14米（图六）。坑内除陶片与白灰烬外，无其他遗物。陶片以夹砂灰陶、黑陶、红陶为主，另有少量泥质红陶。H1底部也不见较硬的面，更未形成硬壳，应为倾倒垃圾之处。

H2　位于T2西南角，出露四分之一部分。开口于第3层下。平面略呈方形，边壁缓斜，底凹凸不平。最大径1.55、最小径1.45、深0.48～0.62米（图七）。坑内堆积分2层：第1层，灰黄色土，土质疏松，夹杂较多的石块、红烧土及炭颗粒，厚0.2～0.54米。陶片以红陶为主，少许夹砂褐陶，器表均附烟炱；第2层，以红烧土、炭颗粒为主的灰黑色土层，只分布于底部，厚0.05～0.1米，坑底所填石块、石片较密集，边为大

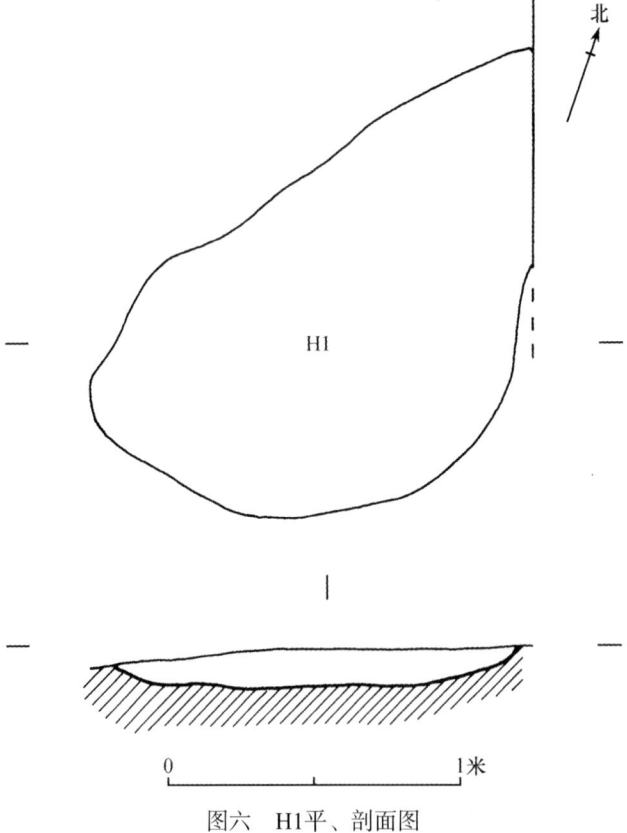

图六　H1平、剖面图

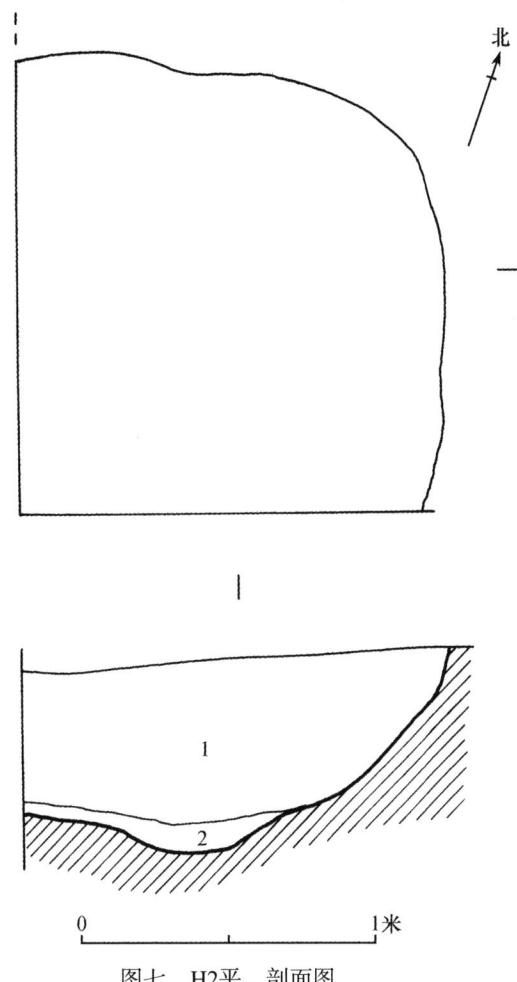

图七 H2平、剖面图

石，中为较小的石片等，也出较少附烟炱的夹砂褐陶片。

H3 位于T2东南部。开口于第3层下。平面呈方形，北壁较直，底面平。长1.6、宽1.08、深0.16～0.36米（图八）。坑内填土为黄褐色土，夹杂少许的灰烬、炭渣，出土少量夹砂黑褐陶片。

H4 位于T4东南角，一部分压于东隔梁下。开口于第5层下。平面呈椭圆形，斜壁，圜底。最大径1.1、最小径0.7、深0.2～0.32米。中部有一凹陷下的小坑，低于坑底0.14米。坑内填土为黑褐色土，夹杂少许灰烬、红烧土颗粒，出土2块夹砂灰陶釜形器残片，器表附一层烟炱（图九）。

H5 位于T5南部，只出露小部分，大部分被压于南壁下。开口于第4层下。平面形状为月牙形，边壁较直，圜底。长0.7、宽0.4、深0.8米。坑内填土为灰褐土，夹杂黄泥与少许的碎小石片，未见陶片出土（图一〇）。

2. 房址

共发现2座，编号为F1、F2。

F1 位于T4北部。开口于第3层下，被北壁及西壁叠压，后向西局部扩方发掘。平

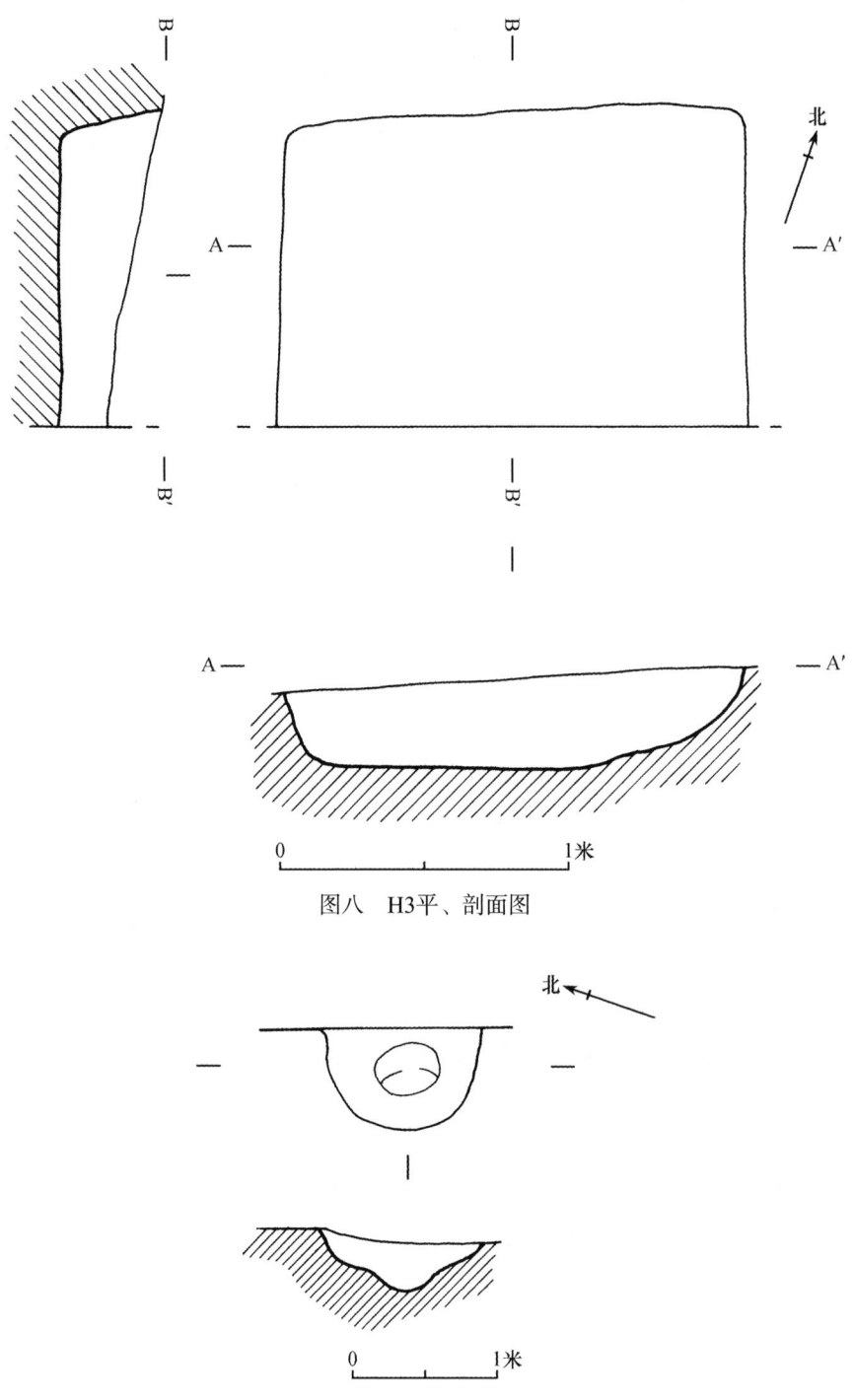

图八 H3平、剖面图

图九 H4平、剖面图

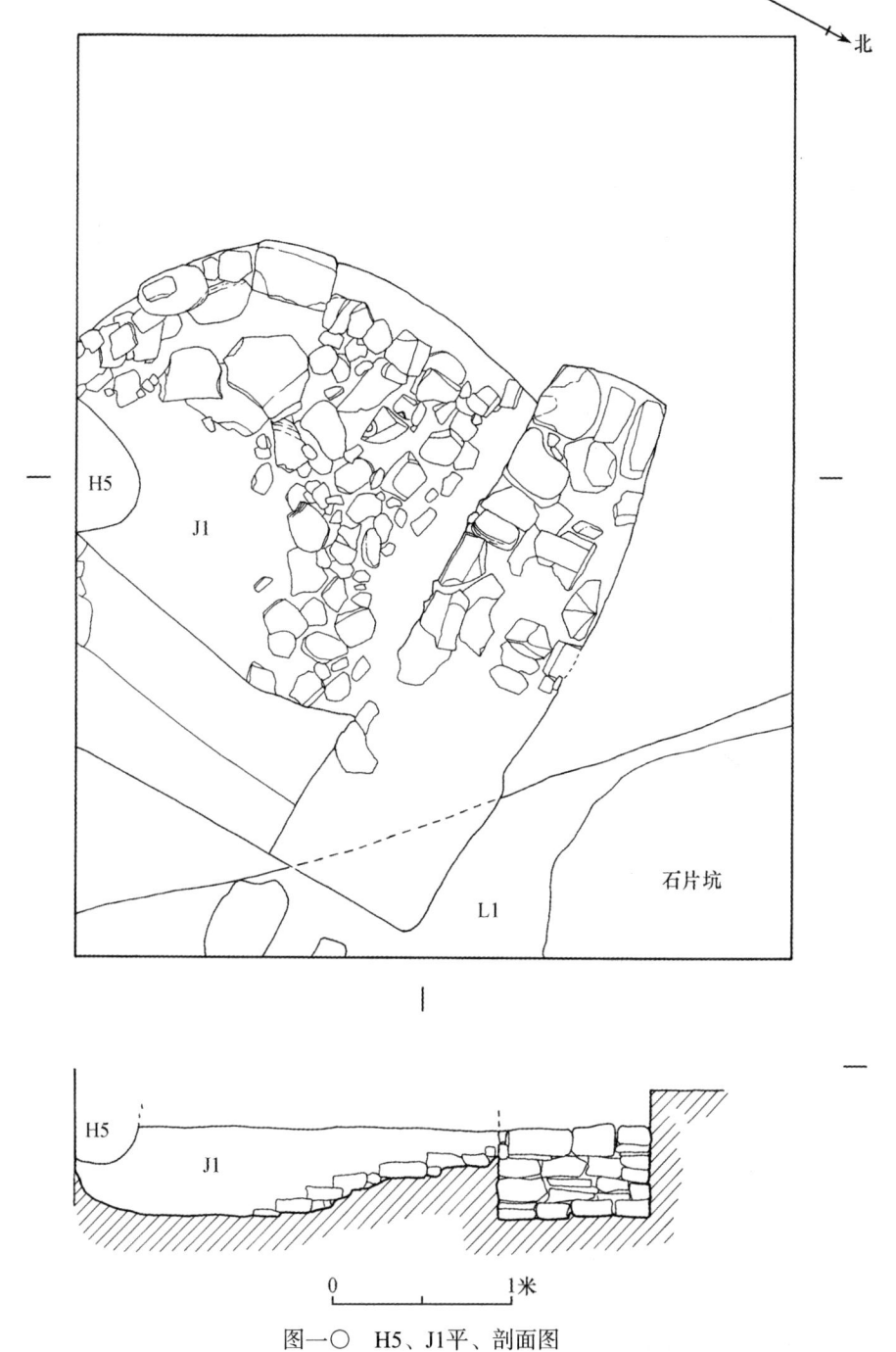

图一〇　H5、J1平、剖面图

面呈方形，东、南、西三面墙体均为石砌，室内东西长2.26、南北已发掘宽1.4米。西南部有灶坑（Z1），室内有较硬的活动面（图一一；图版二〇，1）。墙体厚约0.76米，由大小不等的石块砌成，石块大者长0.8、厚0.16米，小者长0.2、厚0.12米，石块间夹以

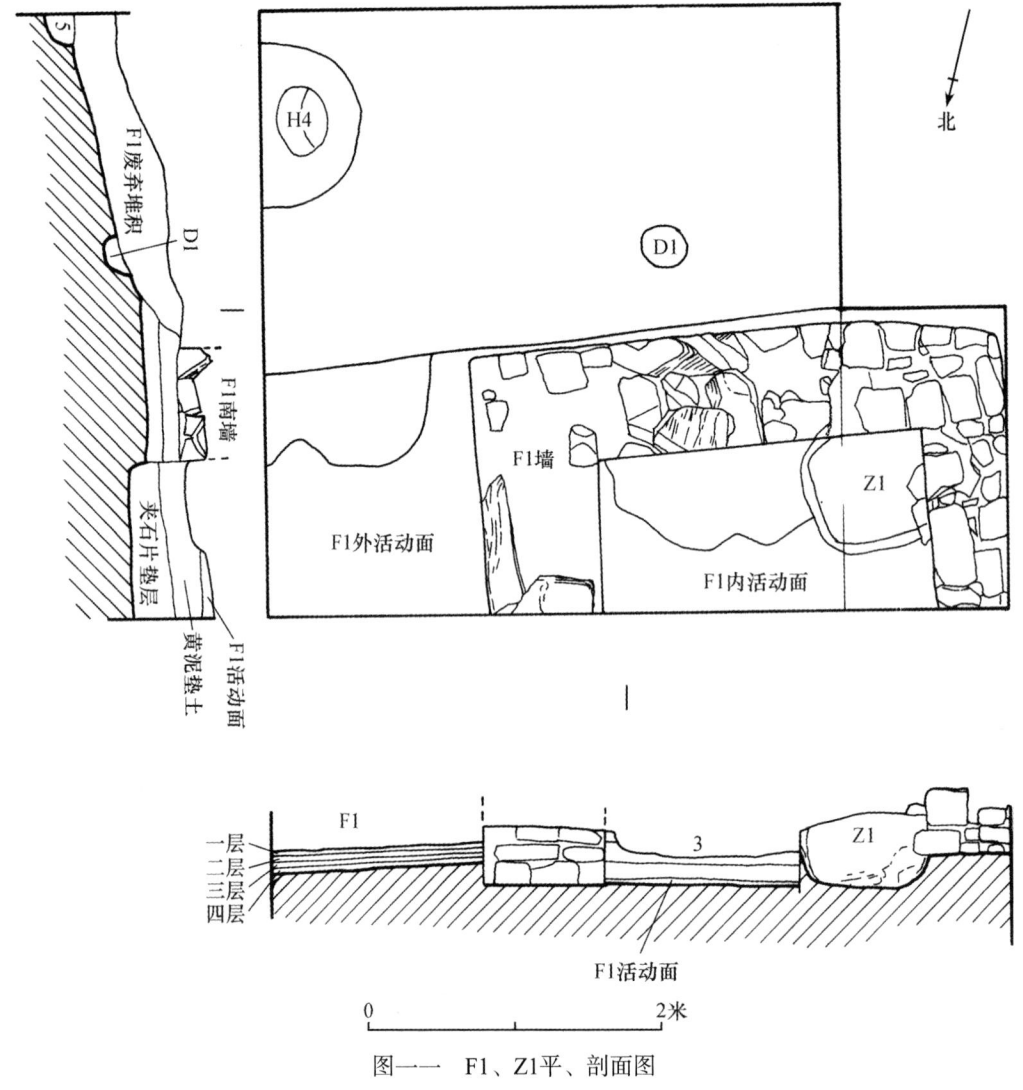

图一一　F1、Z1平、剖面图

更小的石片,并由黄土黏接。室内活动面下有垫土,厚约0.48米。

F2　位于T6东部。开口于第5层下,叠压于第6层之上。平面呈直尺形,只出露北、西两面石砌墙。墙体的南面堆积为夹石块的疏松堆积,应为其垮塌的部分。清理出露北墙长3.25米,基础底部西端较矮;西墙长2.75米,墙体厚0.55～0.6米,基础较北端深0.4米,应是顺地势而砌的结果。墙体砌石少,保存较差。室内垫碎石子,局部较密。北墙根内侧底部发现起层翘结的细腻黄泥土层,似雨淋后的泥汇聚于此,又经阳光曝晒所致。F2的废弃堆积中发现泥质褐陶片、少许的灰烬及较多的石片、石块,出土物较少,仅见少许兽骨。残存的F2墙体较高,尤其是北墙,墙内的泥土系废弃垮塌的填积。但地面密铺的碎石与东南角的灶坑出现,更能确定为其室内平面。门道不明,北墙的碎卵石面或许为其室外活动面(图一二;图版二〇,2)。

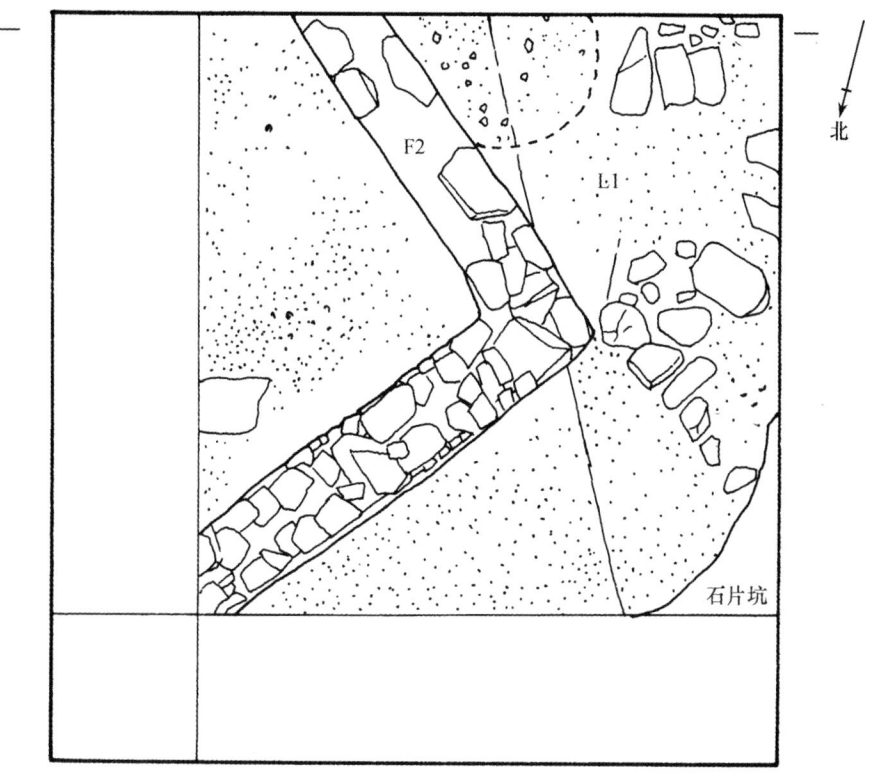

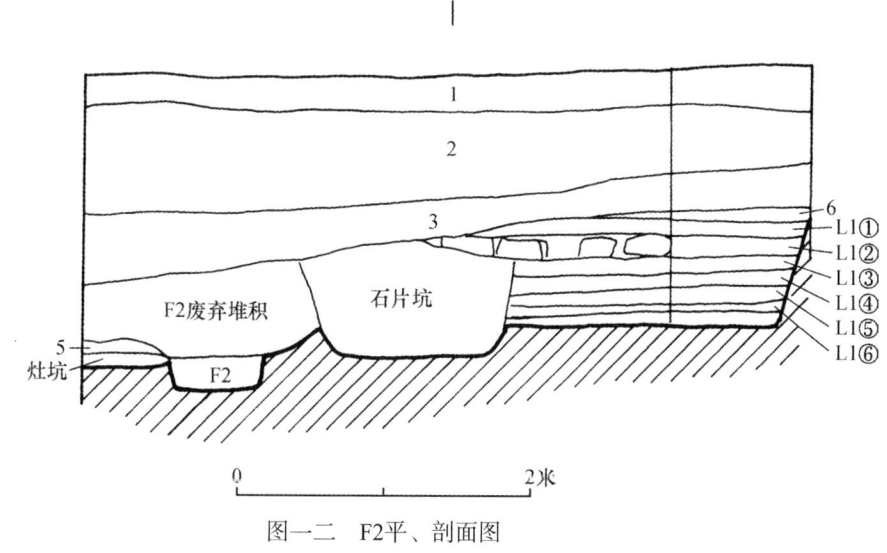

图一二　F2平、剖面图

3. 灶坑

仅发现1座，编号为Z1。

Z1　主要部分位于T4西北部，F1的西南墙角处，与F1同时建造，Z1与F1内的活动面应该是同时形成的。开口于第3层下。Z1略呈方形，边壁有厚8厘米的红烧土壁，边壁较直，略显底大，圜底。最大径0.8、最小径0.75、深0.5米（图一一；图版二〇，1）。灶内堆积物为灰褐色土，底部有厚10厘米的灰烬层，多夹杂石片，并有少许的黄褐色土块，包含陶片较多，陶片以灰陶为主，器表饰竖密绳纹，器表附烟炱。

4. 窖穴

发现1座，编号为J1。

J1　位于T5东部。开口于第6层下。J1顺地势建于西面略高、其余三面略低且较平坦的生土面上，石片由墙边斜缓叠压至底。北部为较直的石砌墙，应为弧形的石砌墙护坡；西部南段砌石于生土高台地上，北段坑壁砌石斜铺，底铺石块；东部未砌石，为挖掘呈槽的黄土埂。最大径为2.6、深0.48、墙厚0.86米（图一〇）。窖内堆积结构疏松，夹杂石块、石片，内含灰烬较少。出土夹砂陶片、少许兽骨及残断石臼1件。

5. 路面

发现1处，编号为L1。

L1　位于T6西部及T5东隔梁处。开口于第6层下。揭露的L1长4、宽2.25、厚0.8米，西部略高（图一二）。解剖表明L1的结构从上至下共分6层：第1层为泥土踩踏或拍打所形成的硬土路，泥土内含少许灰烬、灰土；第2层为大扁圆形鹅卵石平铺，之间填实石片、石块、泥土，也用石板平铺，内含少许灰陶片；第3层为灰土夹沙石子堆积，石子较密，内含少许灰烬、红烧土；第4层为黄褐土夹石子堆积，内含少许灰烬；第5层为黄褐土夹石子堆积，较密，石子略大，内含少许灰烬；第6层为黄褐色夹红色水锈泥土，内含石子、卵石块，少许灰烬。L1除第2层较厚外，其他各层的厚度为8~10厘米。L1可能为通向或是贯通遗址内主要建筑的主路。

6. 硬土面

发现2处，编号为硬土面1、硬土面2。

硬土面1　位于T1中部。开口于第2层下。东西向的横截面呈"U"形沟状，东端边缘有一处深陷0.1米，平面呈长方形，也有硬壳面附于小长方坑壁四周，该长方形坑长0.28、宽0.2、深0.08米（图一三）。有些地方似经拍打，或是水冲积后阳光照射产生的硬面一样，很薄，看不出是否经烘烤所致。内填小石条、小石片，并有少许的灰烬及灰褐色土，出土少量夹砂褐陶片。

硬土面2　位于T1南部及T2北隔梁下。开口于第2层下。为拍打或烧结呈硬壳的一个灰褐色面，平面呈长条形，中部为一窄浅的沟，长1.86、宽0.66米。在T1南部倾斜面上可见硬面厚2~3厘米，越向下越薄（图一四）。硬面上填较疏松的黑褐色土，出土少量动物下颌骨，此外无其他包含物。

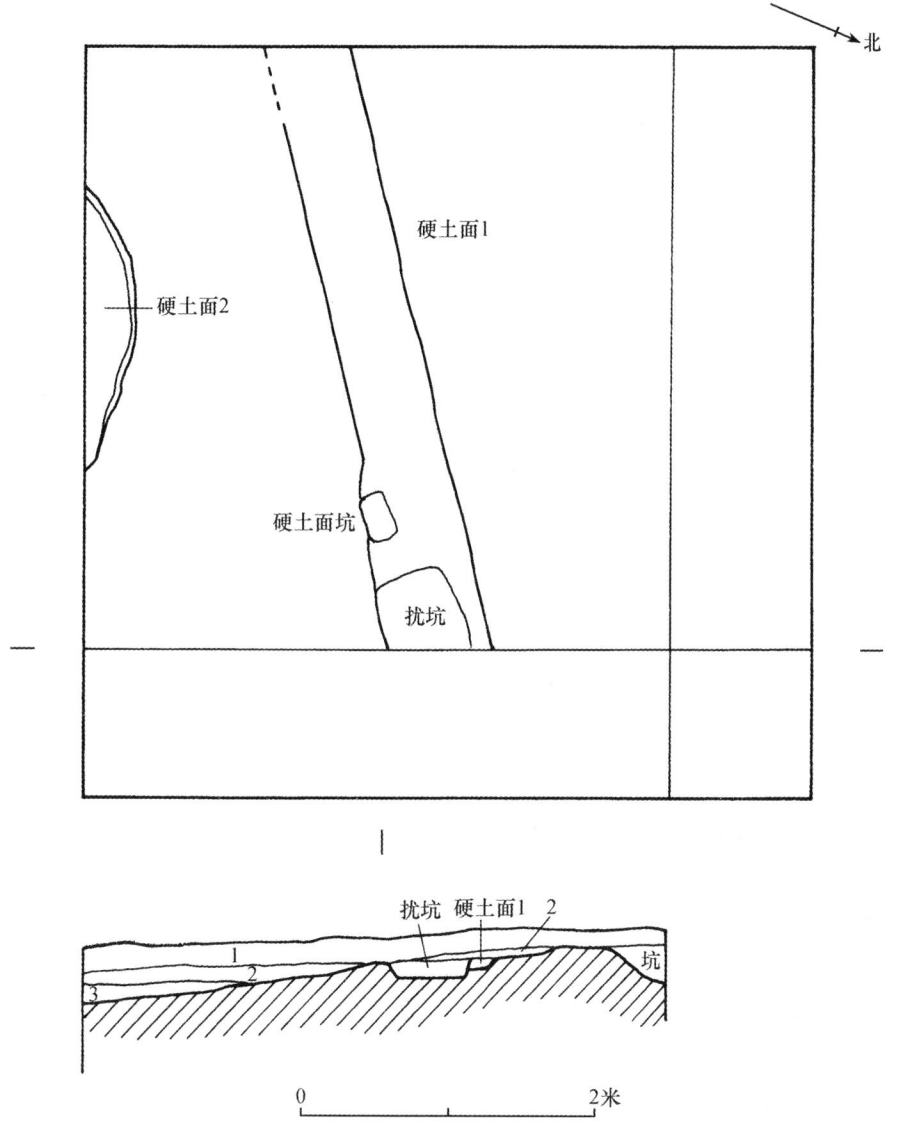

图一三 硬土面1平、剖面图

四、出 土 遗 物

出土器物主要为陶器，另有少量铜器和石器。

1. 陶器

以夹砂褐陶为主，有极少量泥质陶。纹饰有少量的绳纹和刷划纹（图一五~图一七）。器物种类主要有罐、瓮、釜等。

罐 31件。依据口部特征，分为四型。

A型 11件。直口，直领，广肩。依据领部高矮，分为二式。

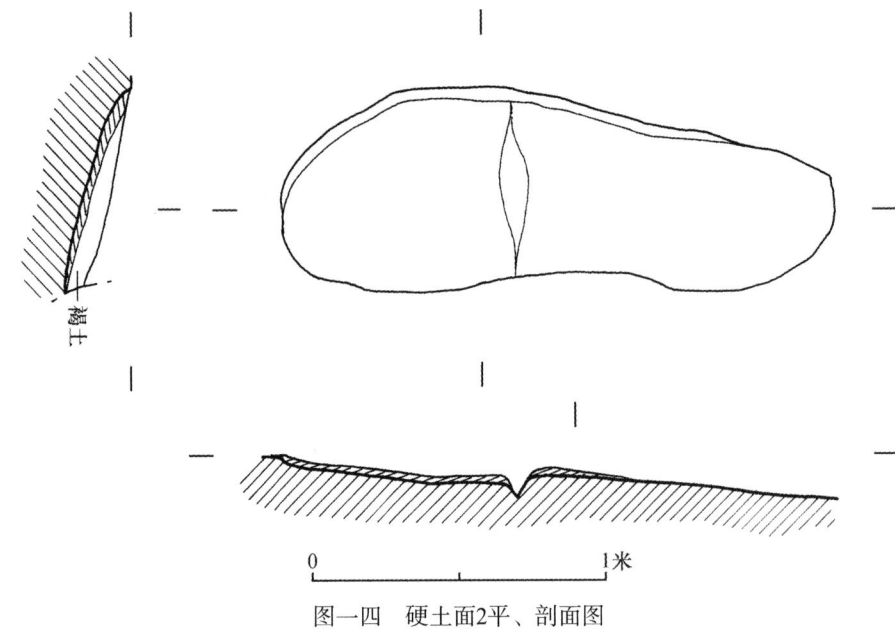

图一四 硬土面2平、剖面图

Ⅰ式：6件。矮领。H1∶8，夹砂褐陶。领部饰斜向细刷划纹。残高4.4厘米（图一八，3）。H1∶3，夹砂褐陶。领部饰斜向细刷划纹。残高5.1厘米（图一八，5）。T6③∶8，夹砂褐陶。领部饰斜向细刷划纹。残高4.7厘米（图一八，7）。T5③∶10，夹砂褐陶。残高2.9厘米（图一八，4）。T5④∶16，夹砂褐陶。圆唇。残高3厘米（图一九，7）。T6④∶26，夹砂褐陶。圆唇。残高4厘米（图一九，8）。

Ⅱ式：5件。领较高。T4⑤∶2，夹砂褐陶。领部饰斜向细刷划纹。残高8.2厘米（图一八，9）。T1②∶1，夹砂褐陶。领部饰斜向细刷划纹。残高5.6厘米（图一八，1）。采集∶8，夹砂褐陶。领部饰斜向细刷划纹。残高6.4厘米（图一八，10）。T2②∶15，夹砂褐陶。领部饰斜向细刷划纹。残高7.6厘米（图一八，2）。T2③∶6，领部饰斜向细刷划纹。残高7.8厘米（图一八，8）。

B型　13件。侈口，广肩。依据口部特征，分为三式。

Ⅰ式：1件。侈口外敞，卷沿，圆唇，束颈。T4⑥∶24，夹砂褐陶。颈部饰斜向细刷划纹。残高3厘米（图二〇，11）。

Ⅱ式：3件。方唇。T6⑤∶14，夹砂褐陶。颈部饰斜向细刷划纹。残高3.4厘米（图二〇，4）。T6⑤∶13，夹砂褐陶。颈部饰斜向细刷划纹。残高3.6厘米（图二〇，10）。T5⑤∶6，夹砂褐陶。颈部饰斜向细刷划纹。残高4厘米（图二〇，13）。

Ⅲ式：9件。侈口近直，方唇或圆唇。T5④∶4，泥质褐陶。方唇。残高5厘米（图二〇，1）。T6④∶21，夹砂褐陶。方唇。残高4.4厘米（图二〇，2）。T4⑤∶46，夹砂褐陶。方唇。颈部饰斜向细刷划纹。残高3厘米（图二〇，3）。T6③∶13，夹砂褐陶。圆唇。颈部饰竖向细刷划纹。残高3.6厘米（图二〇，5）。T5③∶2，夹砂褐陶。

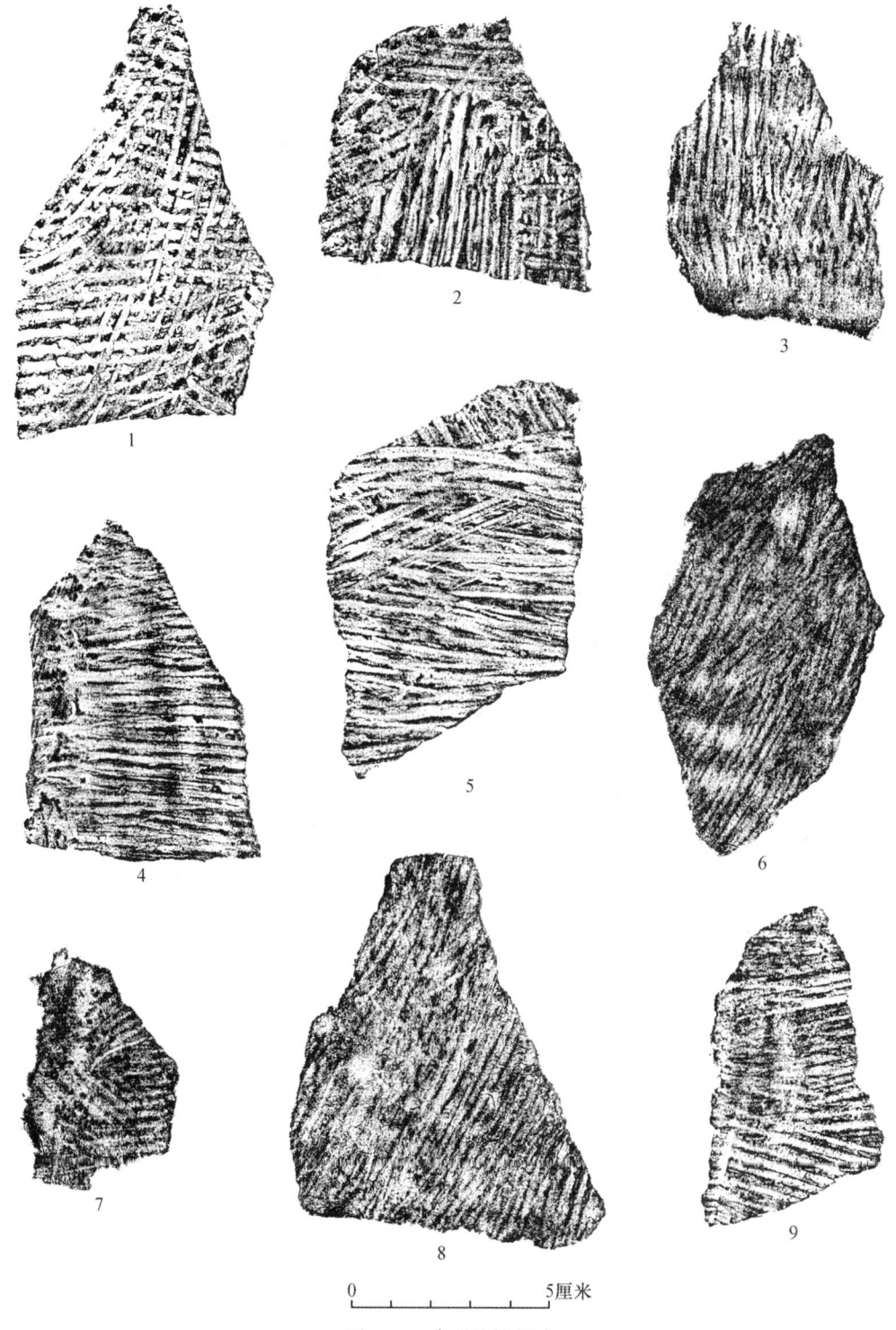

图一五 陶器纹饰拓片

1.绳纹（T4⑤：32） 2~9.刷划纹（T4⑤：6、T4⑤：21、T4⑤：18、T4⑤：17、T6⑤：21、T6⑤：11、T6⑤：10、T4⑤：13）

图一六 陶器纹饰拓片

1、4~9.刷划纹（T6⑥：1、T5⑥：11、T6⑥：6、T6⑥：4、T4⑥：20、T5⑥：3、T6⑥：5）
2、3.绳纹（T6⑥：3、T6⑥：23）

图一七　陶器纹饰拓片

1、2、4、6、7. 刷划纹（采集：3、T5④：12、T4④：22、T5④：13、T6③：9）　3、5. 绳纹（H1：2、T2③：5）

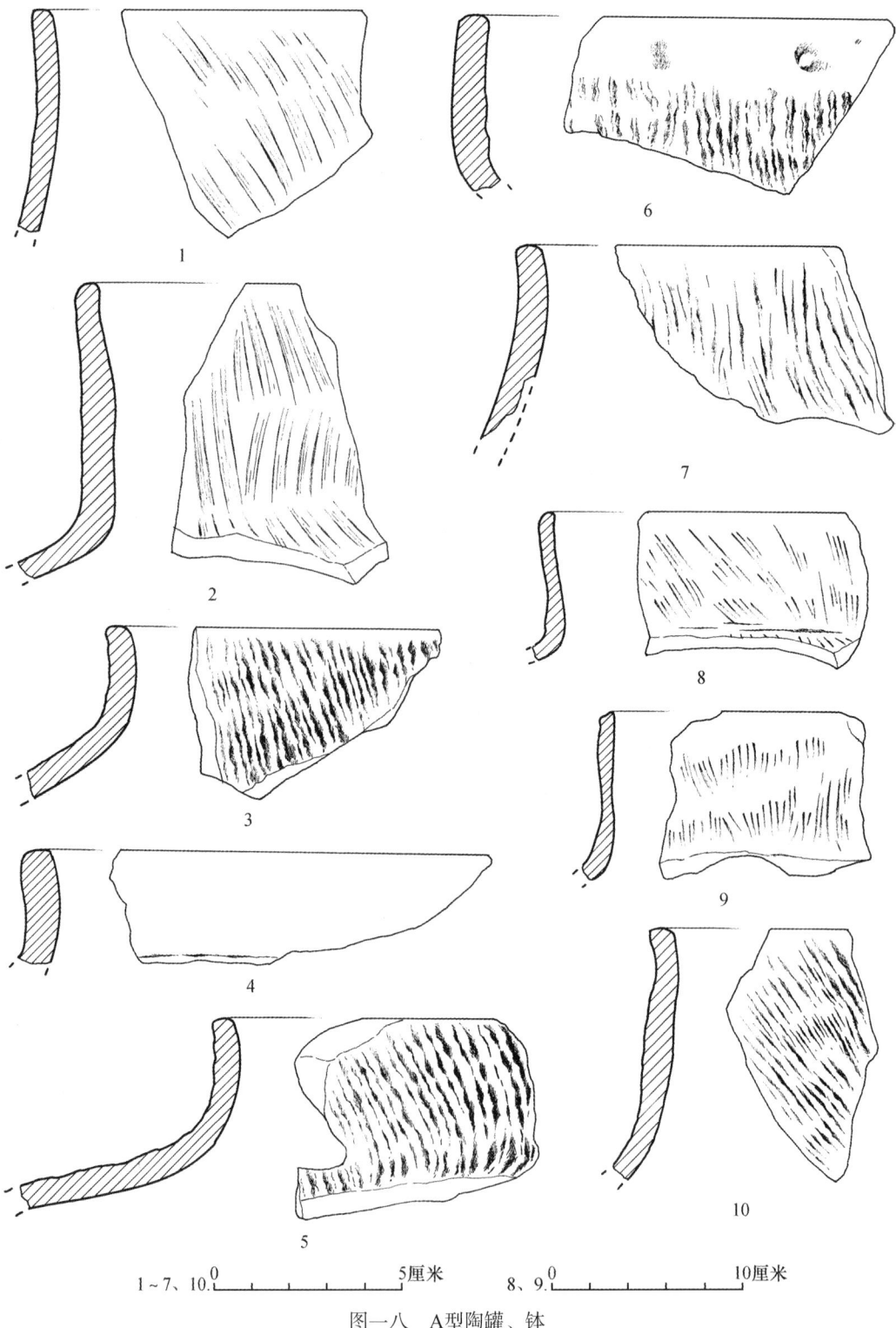

图一八　A型陶罐、钵

1、2、8~10.AⅡ式罐（T1②:1、T2②:15、T2③:6、T4⑤:2、采集:8）　3~5、7.AⅠ式罐（H1:8、T5③:10、H1:3、T6③:8）　6.钵（T5④:6）

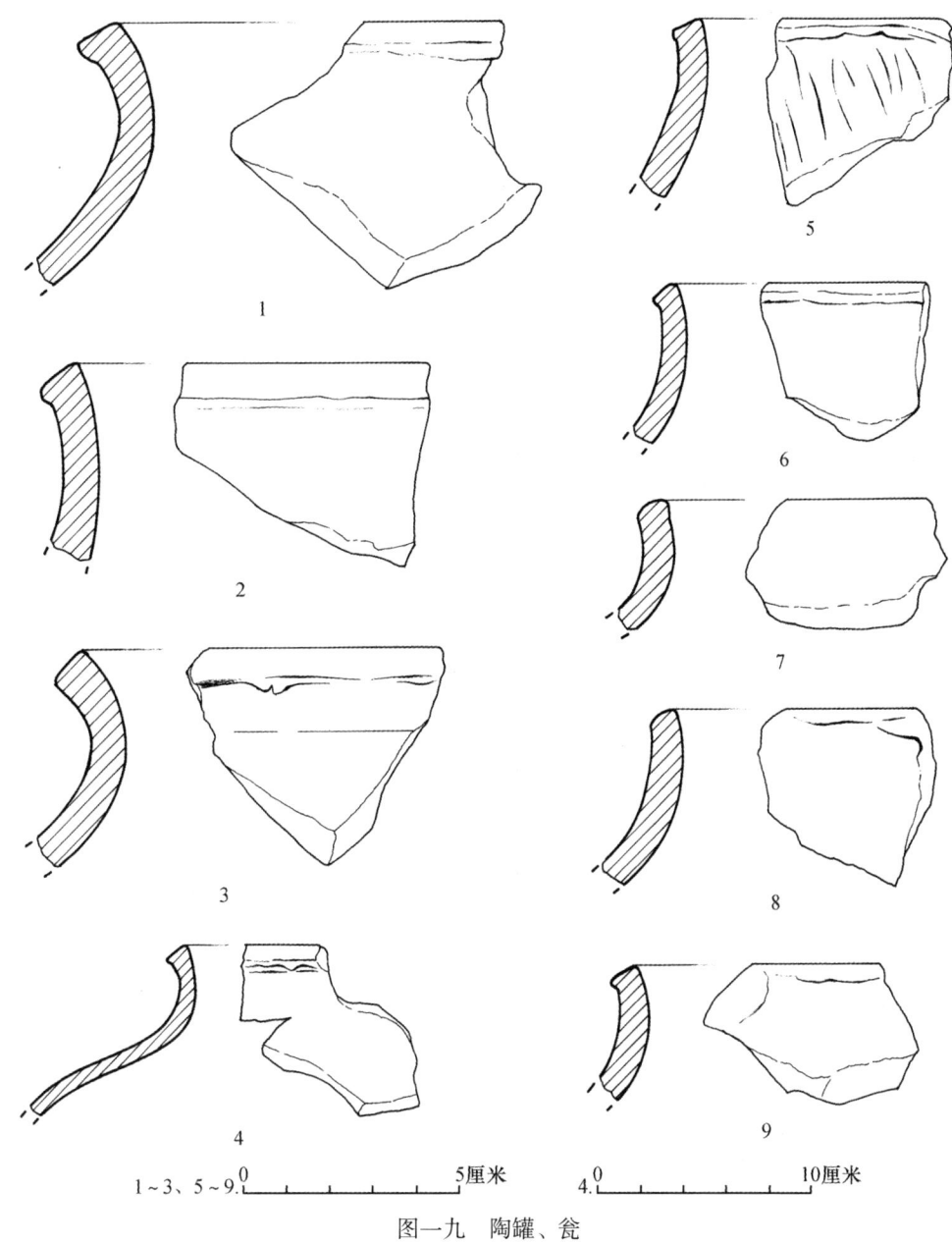

图一九　陶罐、瓮

1、3. Ⅰ式瓮（T4⑦；3. T4⑤：46）　2、4~6、9. Ⅱ式瓮（T4⑤：43、采集：2、T6④：17、T5③：9、T6④：18）　7、8. AⅠ式罐（T5④：16、T6④：26）

圆唇。颈部饰斜向细刷划纹。残高4厘米（图二〇，6）。T6④：12，夹砂褐陶，圆唇。颈部饰斜向细刷划纹。残高3.4厘米（图二〇，7）。T5③：1，夹砂褐陶。圆唇。口径28.8、残高6厘米（图二〇，8）。T5④：1，夹砂褐陶。方唇。颈部饰斜向细刷划纹。残高3.6厘米（图二〇，9）。T6③：19，夹砂褐陶。圆唇。颈部饰斜向细刷划纹。残高4.5厘米（图二〇，12）。

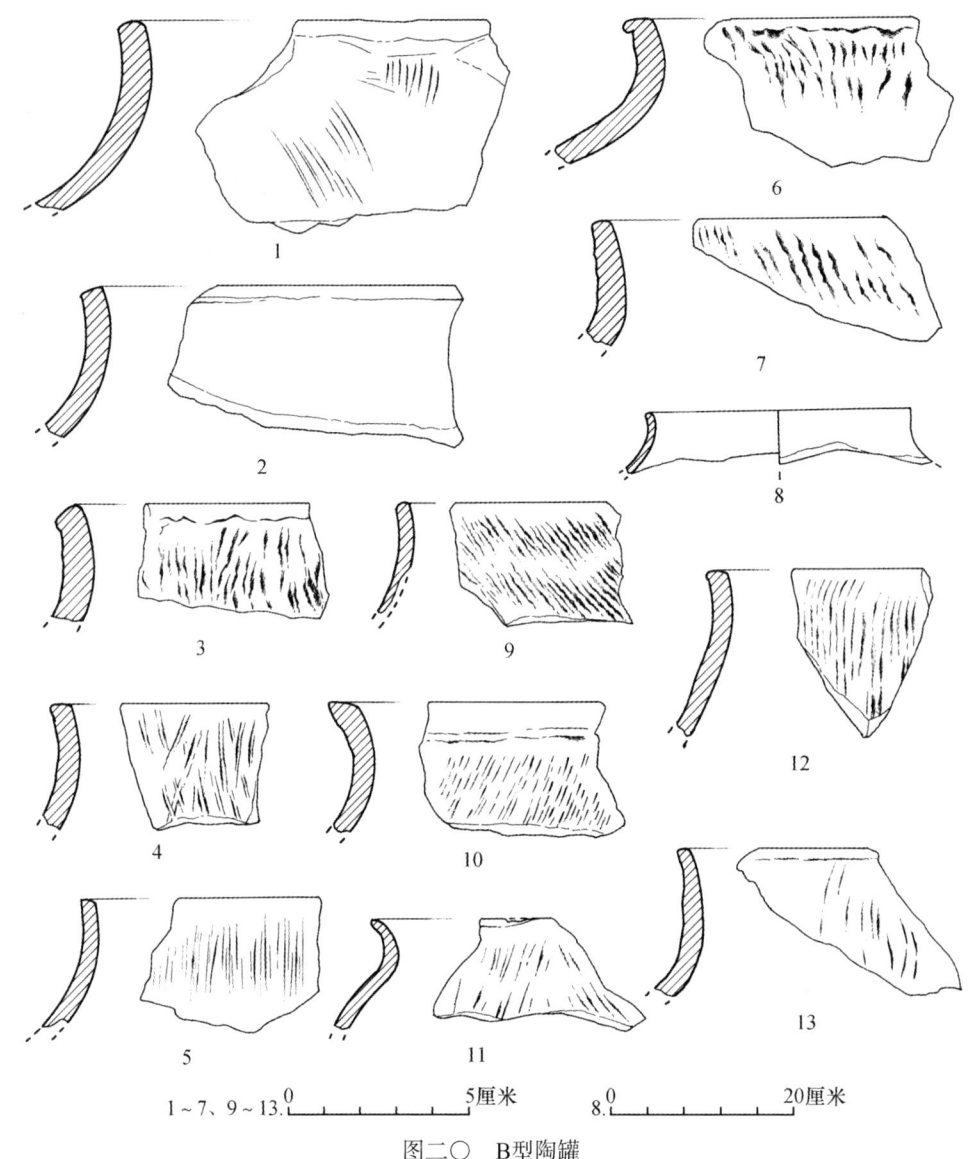

图二〇　B型陶罐

1~3、5~9、12. Ⅲ式（T5④：4、T6④：21、T4⑤：46、T6③：13、T5③：2、T6④：12、T5③：1、T5④：1、T6③：19）　4、10、13. Ⅱ式（T6⑤：14、T6⑤：13、T5⑤：6）　11. Ⅰ式（T4⑥：24）

C型　6件。盘口。依据口部特征，分为二式。

Ⅰ式：2件。盘口较直。T4⑦：1，夹砂褐陶。圆唇。颈部饰斜向细刷划纹。残高6.2厘米（图二一，4）。T5④：7，夹砂褐陶。圆唇。颈部饰斜向细刷划纹。残高5.8厘米（图二一，7）。

Ⅱ式：4件。盘口内敛较甚，束颈。采集：50，夹砂褐陶。圆唇。残高5.9厘米（图二一，1）。T6③：3，夹砂褐陶。颈部、肩部饰斜向细刷划纹。残高8厘米（图二一，3）。T2②：11，夹砂褐陶。残高6.8厘米（图二一，5）。T4①：4，夹砂褐陶。圆唇。

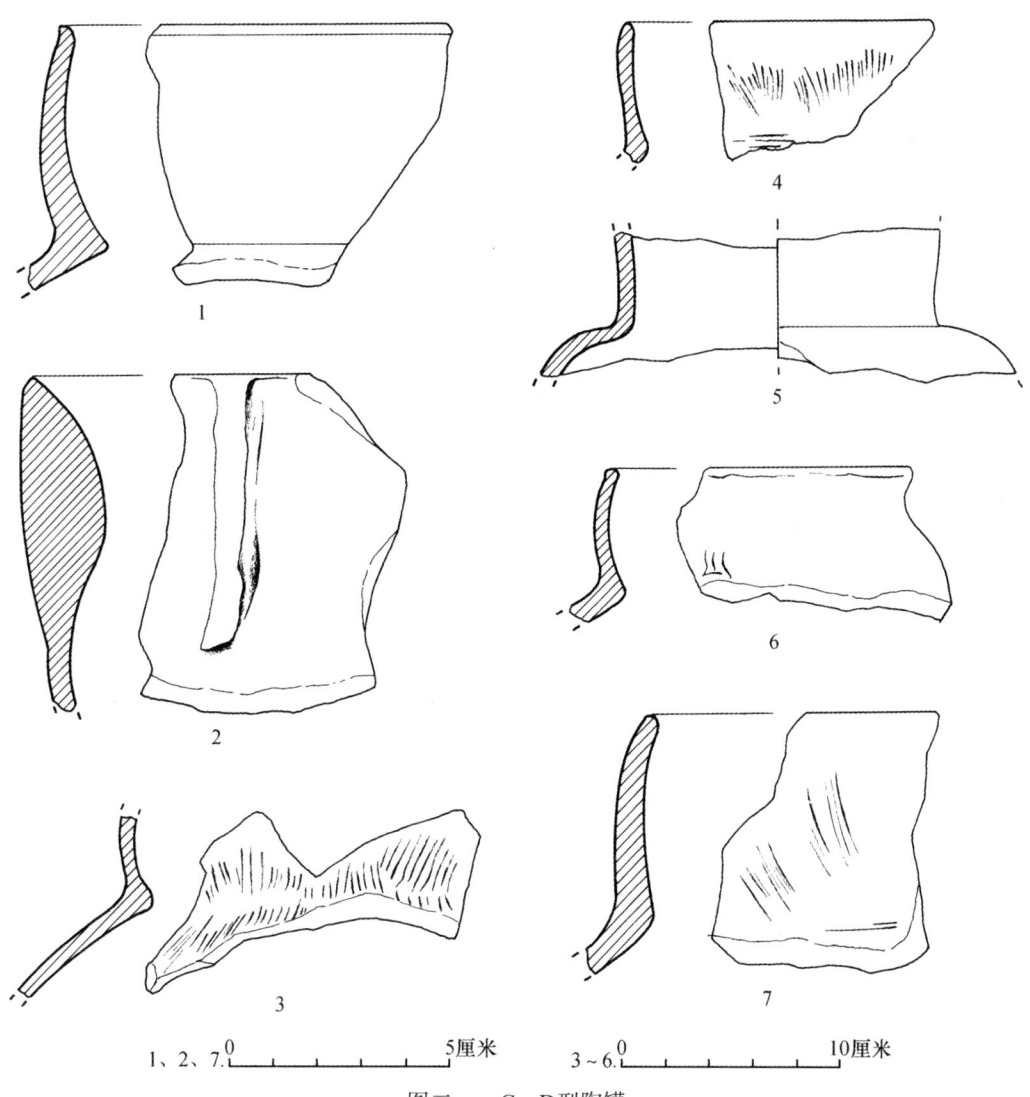

图二一　C、D型陶罐
1、3、5、6. CⅡ式（采集：50、T6③：3、T2②：11、T4①：4）　2. D型（T4⑤：41）　4、7. CⅠ式（T4⑦：1、T5④：7）

颈部饰斜向细刷划纹。残高7厘米（图二一，6）。

D型　1件。侈口，圆唇，颈部饰纵向条状凸棱。T4⑤：41，夹砂褐陶。残高7.5厘米（图二一，2）。

钵　1件。T5④：6，直口，方唇。器身饰纵向细刷划纹。残高4.5厘米（图一八，6）。

瓮　7件。依据口部、颈部特征，分为二式。

Ⅰ式：2件。侈口，斜沿，尖唇，束颈。T4⑦：3，泥质灰陶。残高6厘米（图一九，1）。T4⑤：46，泥质灰陶。残高5厘米（图一九，3）。

Ⅱ式：5件。口微侈，广肩。采集：2，泥质灰褐陶。残高7.8厘米（图一九，4）。T4⑤：43，泥质灰陶。残高4.6厘米（图一九，2）。T5③：9，泥质灰陶。残高3.6厘米（图一九，6）。T6④：18，泥质褐陶。残高3.2厘米（图一九，9）。T6④：17，泥质灰陶。颈部饰斜向细刷划纹。残高4.2厘米（图一九，5）。

釜　9件。依据器形大小及腹部特征，分为二型。

A型　5件。器形较大，大口，束颈，鼓腹。依据口部特征，分为二式。

Ⅰ式：4件。敞口，尖圆唇。T4⑦：1，夹砂褐陶。腹部有对称双系。通体饰斜向细刷划纹。口径26.2、最大腹径31.4、残高21厘米（图二二，1）。H1：12，夹砂褐陶。颈部、肩部饰斜向细刷划纹。口径29、残高14厘米（图二二，3）。T2②：16，夹砂褐陶。肩部饰斜向细刷划纹。口径26.8、残高10.4厘米（图二二，6）。T2②：18，夹砂褐陶。颈部、肩部饰斜向细刷划纹。口径26.8、残高10.2厘米（图二二，7）。

Ⅱ式：1件。侈口，圆唇。T4⑤：32，夹砂褐陶。残高5.6厘米（图二二，5）。

B型　2件。器形较小，敞口，方唇，束颈，鼓腹。T2③：1，夹砂黄褐陶。颈部、肩部饰斜向细刷划纹。口径18、残高6.4厘米（图二二，2）。H1：9，夹砂褐陶。颈部、肩部饰斜向细刷划纹。残高11厘米（图二二，8）。

残件　2件。采集：47，夹砂褐陶。腹部饰斜向细刷划纹。残高6.2厘米（图二二，9）。T4③：3，夹砂褐陶。腹部饰交错细刷划纹。残高13厘米（图二二，4）。

长颈罐　6件。依据口部、颈部特征，分为二式。

Ⅰ式：5件。侈口，长颈，方唇，弧腹。T5⑤：1，夹砂褐陶。颈部饰斜向细刷划纹。口径9.6、残高6.2厘米（图二三，1）。T6⑤：9，夹砂褐陶。颈部饰斜向细刷划纹。口径9、残高5.2厘米（图二三，3）。H5：4，夹砂褐陶。颈部饰纵向细刷划纹。口径9.6、残高6.4厘米（图二三，4）。

Ⅱ式：1件。敞口，颈部较Ⅰ式短。T6⑤：8，夹砂褐陶。颈部、肩部饰斜向细刷划纹。口径10、残高5厘米（图二三，2）。

单耳罐　2件。Z1：1，夹砂褐陶。口部残，垂腹，单桥形耳，器体横剖面呈椭圆形。最大腹径10、底部横径7.4、残高10厘米（图二四，1）。H1：101，夹砂褐陶。敛口，平底。器表饰刷划纹。口部横径7.8、最大腹部10、底部横径6.8、高10.7厘米（图二四，2）。

盆　3件。依据口部特征，分为三型。

A型　1件。直口。T5⑥：5，夹砂褐陶。沿微卷，圆唇。残高2.7厘米（图二五，2）。

B型　1件。敛口，弧腹。T5⑥：8，泥质褐陶。沿微卷，圆唇。残高4.8厘米（图二五，6）。

C型　1件。侈口，弧腹。T4⑤：3，夹砂褐陶。卷沿。沿下饰斜向细刷划纹。残口径33、残高7.5厘米（图二五，3）。

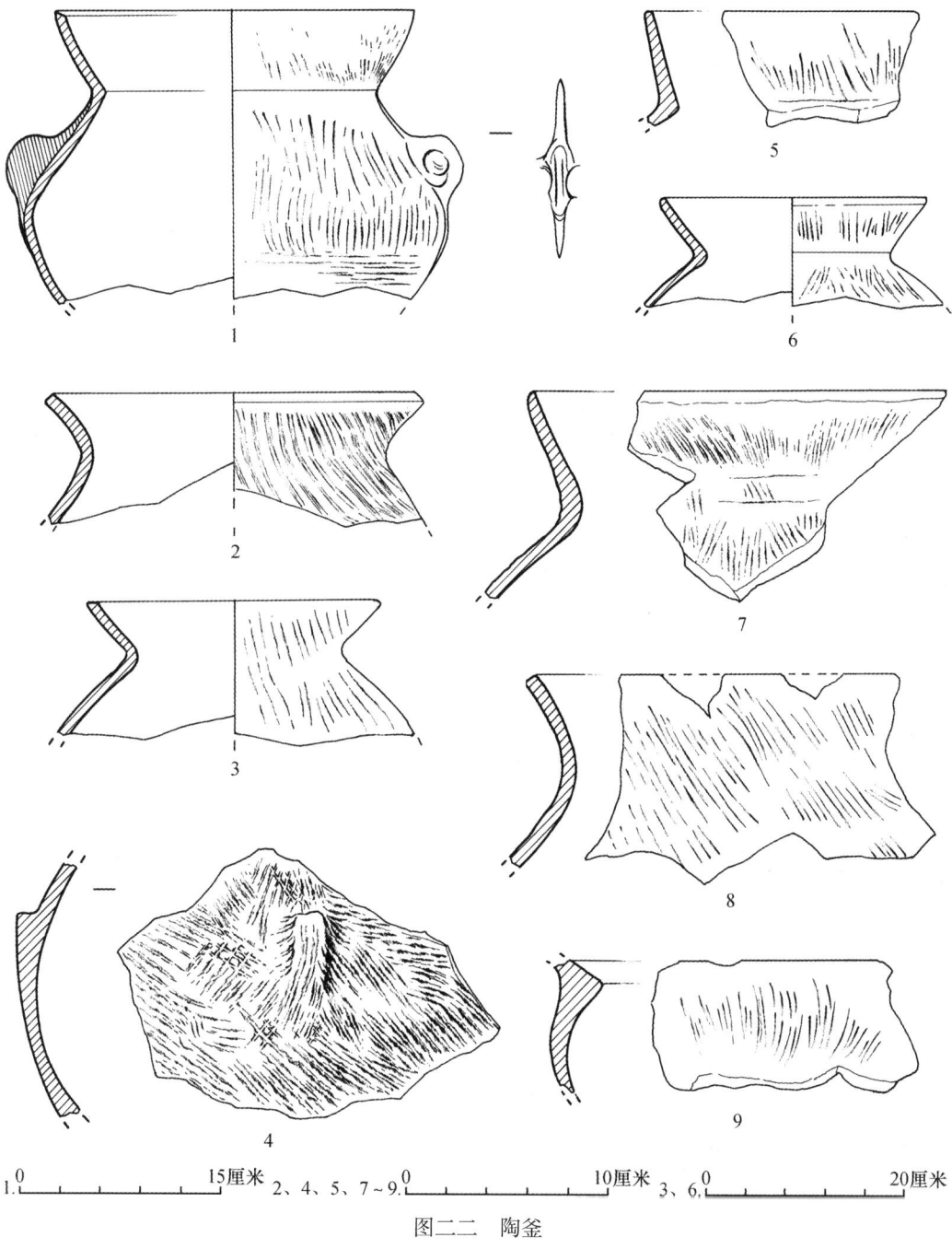

图二二　陶釜

1、3、6、7.AⅠ式（T4⑦：1、H1：12、T2②：16、T2②：18）　2、8.B型（T2③：1、H1：9）　4、9.残件
（T4③：3、采集：47）　5.AⅡ式（T4⑤：32）

器底　10件。依据底部特征，分为二型。

A型　1件。浅圈足。T4⑤：42，夹砂褐陶。足径8.6、残高3厘米（图二五，1）。

B型　9件。平底。依据底部有无纹饰，分为二亚型。

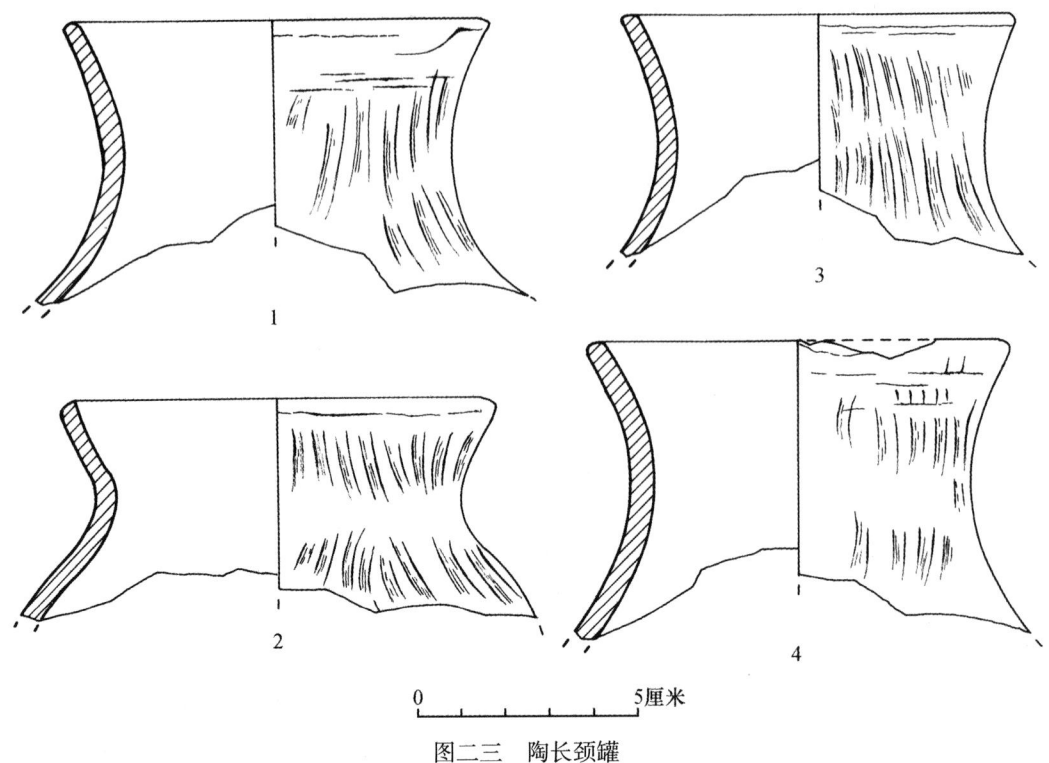

图二三　陶长颈罐

1、3、4. Ⅰ式（T5⑤∶1、T6⑤∶9、H5∶4）　2. Ⅱ式（T6⑤∶8）

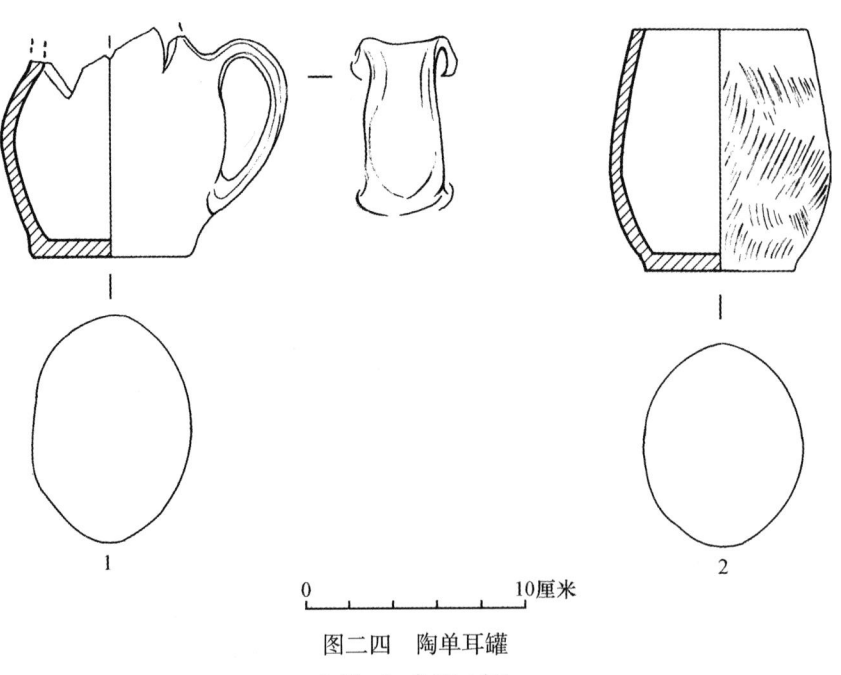

图二四　陶单耳罐

1. Z1∶1　2. H1∶101

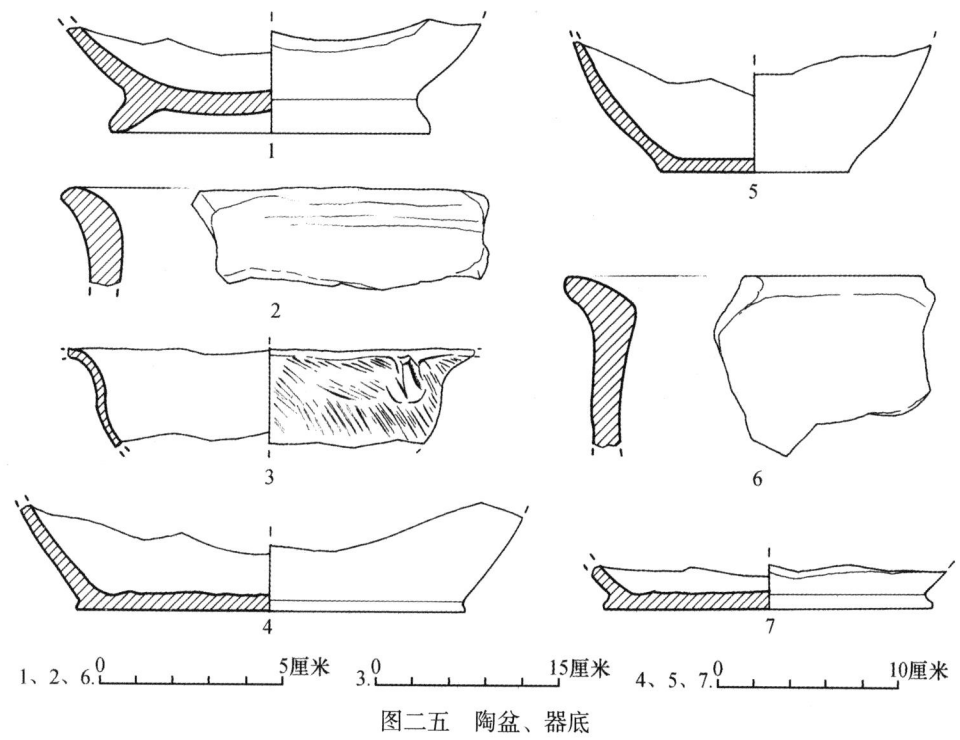

图二五 陶盆、器底

1. A型器底（T4⑤：42） 2. A型盆（T5⑥：5） 3. C型盆（T4⑤：3） 4、5、7. Ba型器底（T6⑤：2、H1：102、T6④：7） 6. B型盆（T5⑥：8）

Ba型 3件。素面。T6⑤：2，夹砂褐陶。底径21、残高5.2厘米（图二五，4）。T6④：7，夹砂褐陶。底径18、残高2.4厘米（图二五，7）。H1：102，夹砂褐陶。底径10.4、残高6.8厘米（图二五，5）。

Bb型 6件。底部饰斜向刷划纹。H1：6，夹砂褐陶。下腹饰斜向细刷划纹。底径15.2、残高5.6厘米（图二六，1）。T2③：7，夹砂褐陶。下腹饰斜向细刷划纹。底径10、残高3.8厘米（图二六，2）。T2③：2，夹砂褐陶。下腹饰斜向细刷划纹。底径10、残高3.5厘米（图二六，3）。T6④：9，夹砂褐陶。下腹饰斜向细刷划纹。底径8、残高6.2厘米（图二六，4）。H5：1，夹砂褐陶。下腹饰斜向细刷划纹。底径10、残高5.2厘米（图二六，5）。H1：7，夹砂褐陶。下腹饰斜向细刷划纹。残高2.8厘米（图二六，6）。

支座 23件。T5⑥：10，夹砂褐陶。基部饰桥形耳。底径10.3、残高9.3厘米（图二七，1）。T2③：5，夹砂褐陶。残高8.4厘米（图二七，2）。T4③：3，夹砂褐陶。残高3.8厘米（图二七，3）。T5④：3，夹砂褐陶。基部饰桥形耳。残高8.8厘米（图二七，4）。T4②：3，夹砂褐陶。残高5.4厘米（图二七，5）。T4②：2，夹砂褐陶。基部饰桥形耳。残高9.6厘米（图二七，6）。

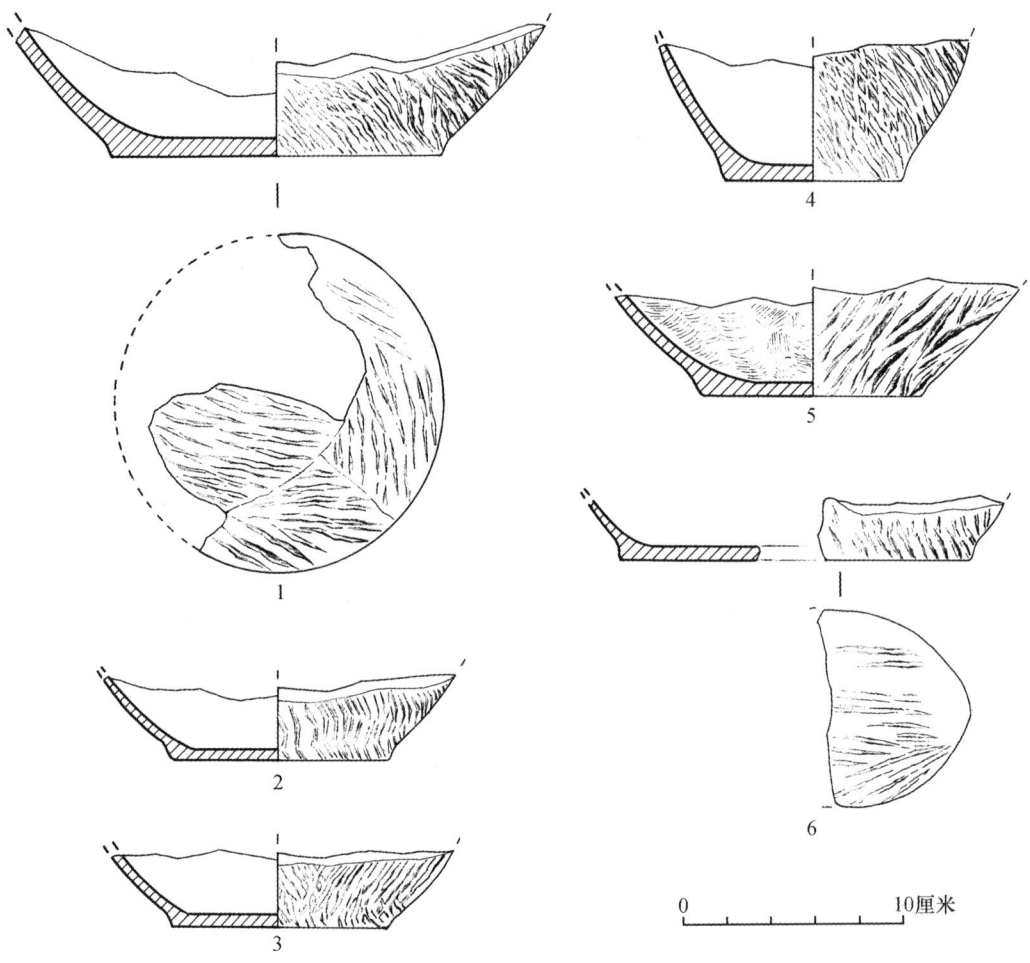

图二六　Bb型陶器底
1. H1∶6　2. T2③∶7　3. T2③∶2　4. T6④∶9　5. H5∶1　6. H1∶7

2. 铜器

环　1件。T6⑥∶1，圆形。直径4.8厘米（图二八，6）。

3. 石器

器形有弹丸、臼、锛、杵、珠、网坠、砺石等。

弹丸　2枚。T5③∶34，石英砂岩。扁圆形。长径5.3、短径3.4厘米（图二九，1）。T5③∶33，石英砂岩。圆形。直径约4厘米（图二九，2）。

臼　2件。T2①∶1，石英砂岩。长7.8、宽4.8、高5.7厘米（图二九，3）。T5⑤∶1，石英砂岩。长8、宽5、高6.4厘米（图二九，4）。

锛　1件。T4①∶30，石英砂岩。偏锋。长4、宽3.5、厚0.4厘米（图二九，7）。

璧　1件。T5④∶1，变质岩。近圆形，双向钻孔。直径5.5、厚0.4厘米（图二九，

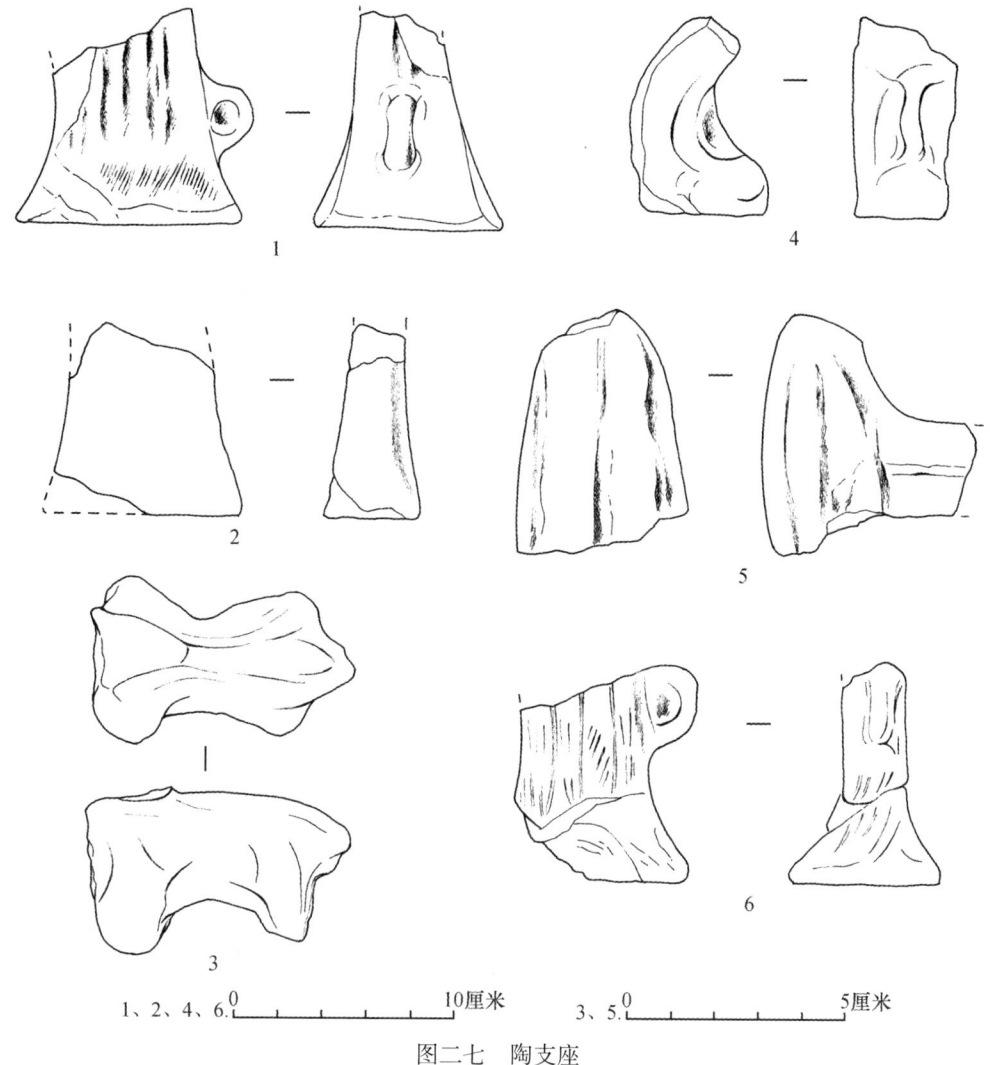

图二七 陶支座
1. T5⑥∶10 2. T2③∶5 3. T4③∶3 4. T5④∶3 5. T4②∶3 6. T4②∶2

6)。

杵 2件。T5④∶2，石英岩。卵圆形。长12、宽4.1、厚3.8厘米（图二九，5）。H1∶1，石英砂岩。长15.8、宽4.4、厚2厘米（图二八，5）。

珠 1件。T5⑤∶4，红色玛瑙。直径0.6、孔径0.2、残长0.7厘米（图二八，3）。

网坠 2件。T2②∶1，石英砂岩。长14.8、宽9、厚4.8厘米（图二八，2）。T2②∶4，石英砂岩。扁圆形。长8.4、宽9.6、厚6.2厘米（图二八，4）。

砺石 1件。T2①∶1，砂岩。长8.5、宽4.7、厚3.5厘米（图二八，1）。

4. 动物遗存

石达秋遗址出土的动物骨骼共513件，可以鉴定到动物种类的骨骼334件。

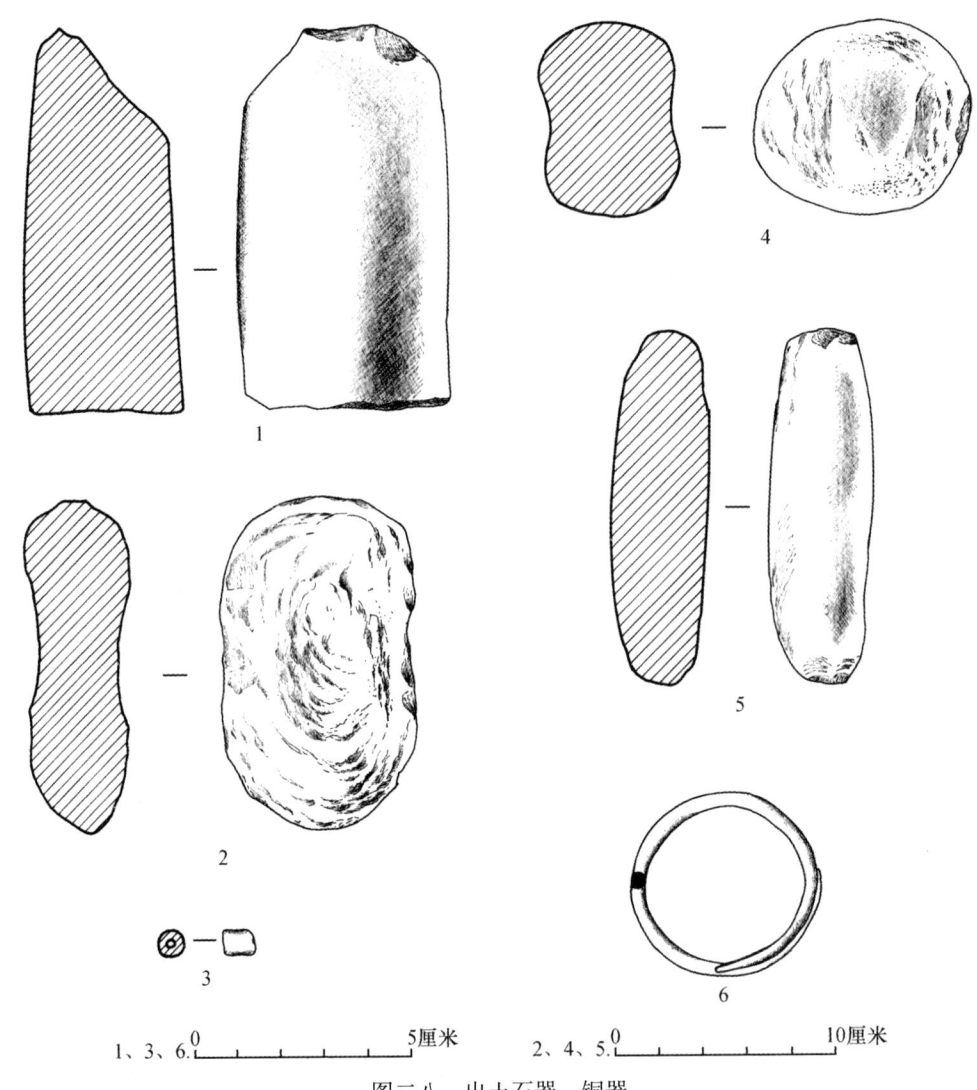

图二八 出土石器、铜器

1. 砺石（T2①：1） 2、4. 石网坠（T2②：1、T2②：4） 3. 石珠（T5⑤：4） 5. 石杵（H1：1） 6. 铜环（T6⑥：1）

动物种类比较单一，均为哺乳动物，以偶蹄类为主，有山羊、黄牛、猪、鹿、黑熊6种，以前三种为主。其中山羊128件、黄牛53件、猪147件、鹿5件、熊1件[20]。

五、结　　语

1. 年代判定

从目前的考古实物资料来看，石达秋遗址与位置相距不远、处于梭磨河上游的木尔溪遗址[21]的文化面貌基本相同。而石达秋遗址未进行碳十四年代测试，也未出土带

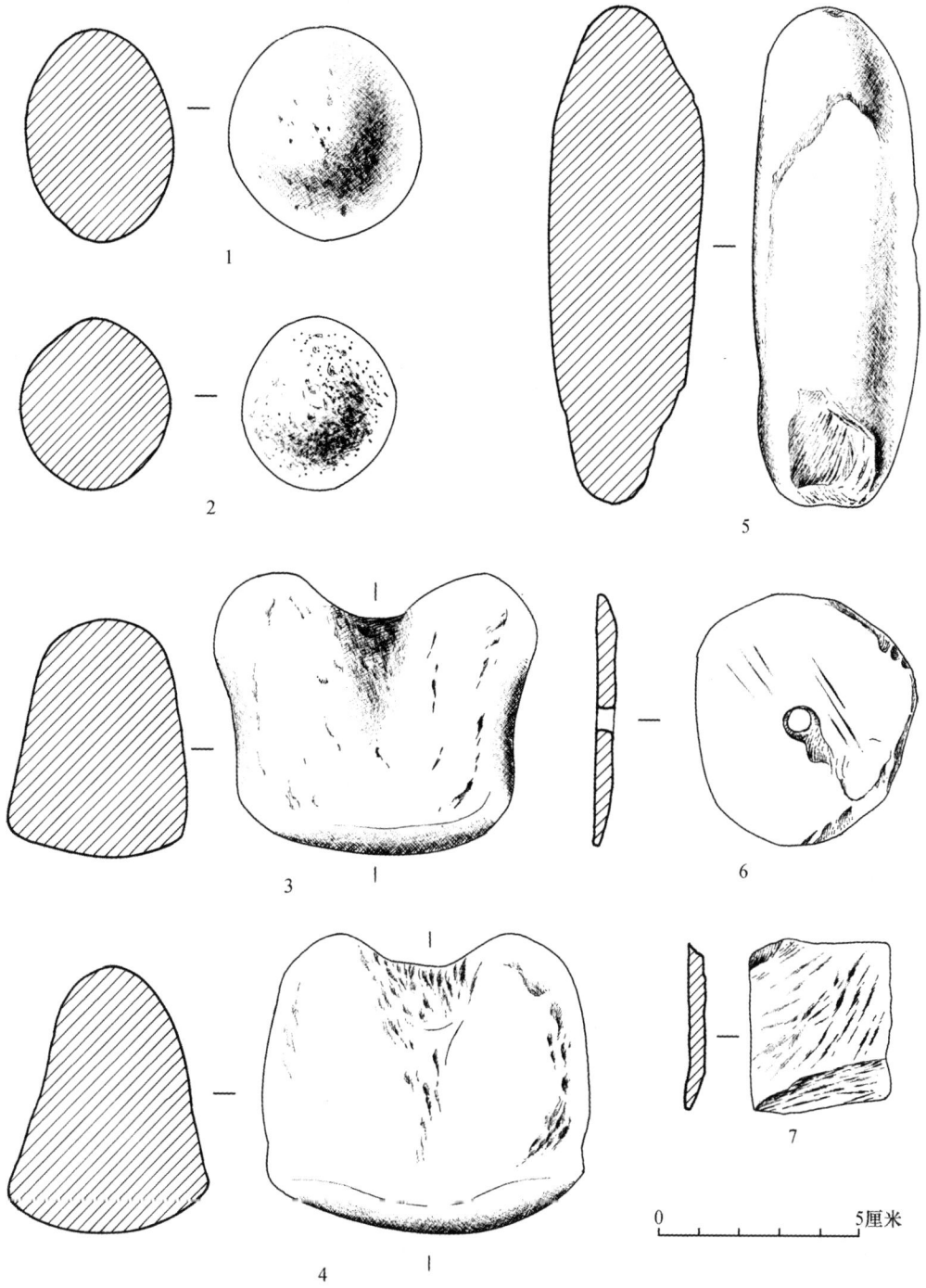

图二九　出土石器
1、2.弹丸（T5③:34、T5③:33）　3、4.臼（T2①:1、T5⑤:1）　5.杵（T5④:2）　6.璧（T5④:1）
7.锛（T4①:30）

有明确纪年特征的遗物。其年代判断主要依据出土陶器的风格及其他文化因素进行。首先，石达秋遗址出土陶器与马尔康县的孔龙村遗址[22]、白赊村遗址[23]、哈休遗址[24]等新石器时代遗址出土陶器的面貌差异很大，其年代及文化性质完全不同。同时，遗址出土的陶带耳罐与岷江上游、大渡河上游石棺葬文化最具特色的陶双耳罐相似，表明遗址的年代应晚于新石器时代。石达秋遗址与木尔溪遗址均位于马尔康县境内的梭磨河河谷地带，相距不过40千米，文化内涵基本一致，也与邻近的雅安市宝兴县硗碛乡雅尔撒遗址[25]、嘎日工喀遗址[26]关系密切，文化面貌存在着较多相似性：如出土陶器以各类素面罐为主，内外壁面多刷划纹，陶器表面多穿孔；陶质陶色以夹细砂褐陶、灰陶为主；出土的带耳罐与石棺葬随葬的双耳罐相似；均出土有以鹿、麂、羊类动物的角为原料，略经加工而成的角器，如锥、锤、杵等；均发现有片石及卵石砌筑的石结构房屋基址，垒墙未用泥土作黏结物，缝隙间填以小石片，这一建筑工艺与本地区后代碉楼建筑的修建工艺相似，二者之间或许存在渊源关系。与大渡河上游地区的小金县日隆汉代石棺葬基地[27]出土同类陶器相比，石达秋遗址与木尔溪遗址的带耳罐等陶器与之相似，年代也应相距不远。雅尔撒遗址的年代为两汉时期，石达秋和木尔溪遗址的年代应略早于雅尔撒遗址及汉代石棺葬遗存，约为秦汉时期偏早阶段。

2. 文化因素分析

石达秋遗址出土遗物初步可以划分为四组：

第一组：包括刷划纹长颈罐、矮领罐、宽沿鼓腹罐等器物。

第二组：包括带足大双耳罐、橄榄形口单耳罐、圈足罐、长颈小口罐、盘口罐等器物。

第三组：包括绳纹釜形罐、矮领瓮等。

第四组：包括陶支座等。

其中，第一组陶器中的刷划纹长颈罐、矮领罐在木尔溪遗址、宝兴县雅尔撒遗址及平武县水牛家寨遗址[28]均有发现，宽沿鼓腹罐与九寨沟县阿梢垴遗址[29]的同类器物相类似。第一组陶器属于本土文化因素，所占比例最高。部分陶器具有文化滞后特征。

第二组陶器中的带足大双耳罐在宝兴县陇东东汉墓、赶羊沟汉墓[30]、丹巴县罕额依遗址、宝兴县雅尔撒遗址均有出土，橄榄形口单耳罐在丹巴县罕额依遗址也有发现，圈足罐在宝兴县雅尔撒遗址有发现，长颈小口罐则与马尔康县孔龙村石棺葬[31]的同类器物相类似。第二组陶器与本地石棺葬随葬陶器相似，属于石棺葬文化因素。

第三组陶器中的绳纹釜形罐在宝兴县雅尔撒遗址可以找到同类器物，属于汉文化因素。

第四组陶器较为少见，与晚期陶器的风格相似。

可见，本地区汉代考古学文化的内涵比较复杂，包括了不同的文化类型，值得深入探讨。

3. 生业方式与居住形态

石达秋遗址出土的动物骨骼相对较丰富，但是不一定能够完全代表当时的动物资源序列。在148件NISP中，山羊72件，占48.65%，猪52件，占35.14%，黄牛20件，占13.51%，其他两种野生动物的所占比例非常低，表明石达秋先民无疑是以饲养家畜作为获取肉食资源的主要途径，狩猎仅是辅助的补充。石达秋先民当时依山而居，农牧兼营，采取的是既放养山羊、黄牛等食草动物，又兼顾饲养家猪的半牧半农生业方式，而放牧的同时又可狩猎野生动物，作为获取肉食资源的补充。

石达秋遗址石结构建筑基址的发现很有意义，为年代较早的川西北高原山地石结构建筑基址。而本地区后来的碉楼、碉房建筑众多，其历史渊源甚至可以上溯至新石器时代。如西藏自治区昌都卡若遗址发现的建筑遗存十分密集，有房屋、烧灶、圆形台面、道路、石墙、石围墙、灰坑等。房屋遗存可分为早、晚两期，晚期房屋的建筑材料普遍采用以砾石为主的天然石块；房屋形状有方形或长方形，面积为30平方米左右；房屋居住面内的柱洞多经过细致修整，可能出现了楼房[32]。拉萨市曲贡遗址也在一处因取土而破坏的地面发现了一处居住遗迹，这是一个方形建筑基址，有石块砌成的壁面，居住面上散落着大量的木炭与草木灰[33]。四川汉源县大地头遗址发现的新石器时代石构式房址有7座，均为长方形地面建筑，门道多朝向西南。墙体均用石块垒砌而成，石块之间可能以黏土作为黏合剂，墙体较平整、光滑。石构房址又分为单间式和排房式两种。其中单间3座、排房4座，排房集中分布于地势较高的南部。单间房址破坏严重，大多仅存部分墙体和居住面；排房基址保存较好，残存墙基、居住面、火塘等。每排房屋的单间大小基本一致，大房的单间面积为25.8平方米，小者面积仅4.2平方米[34]。丹巴县罕额依遗址发现的房屋约有10座左右，排列紧密有序，且有多个时期的遗留。均为石砌长方形，以不规则形石块垒砌成单层或二至三层墙体，其中以单层墙较多。墙内壁敷泥土，居住面有羼合料姜石做成的。墙体多不高，在0.7~1.5米，仅个别高至2.5米左右。门建在墙角处，方向不定，屋内有用与墙一体的石块做成的阶梯通向门外[35]。宝兴县雅尔撒遗址发现有汉代房屋基址11座，包括2座木结构房址、9座石结构房址；石结构窑址1座；石结构道路遗址1处[36]。马尔康县木尔溪遗址发现的石墙基建筑F1主体已残塌，仅存北墙基础部分，采用不规则大石块及卵石砌筑，未用泥土黏接，空隙处垫支小石块。墙基附近还有较多的红烧土和灰烬堆积[37]。

可见，石达秋及木尔溪遗址继承了所在区域历史悠久的石结构建筑传统，并且与本地区广泛分布的明清时期碉楼建筑一脉相承。

4. 人群与族属初探

一些相关的文献记载有助于探讨以石达秋遗址为代表的考古学文化遗存的族群情况，如《史记·西南夷列传》："自嶲以东北，君长以什数，徙、筰都最大；自筰以东北，君长以什数，冉駹最大。其俗或土著，或移徙，在蜀之西。自冉駹以东北，君长以什数，白马最大，皆氐类也。"《史记》载："汉武帝，北逐匈奴，西逐诸羌……冉駹夷者，武帝所开，以为汶山郡……其山有六夷、七羌、九氐各有部落。"《史记·司马相如传》："邛、莋、冉、駹者近蜀，道亦易通，秦时尝通为郡县。"《华阳国志·蜀志》："汶山曰夷，南中曰昆明、汉嘉，越巂曰筰，蜀曰邛，皆夷种也。"

民族学家马长寿早在20世纪60年代就已经认识到了徙、笮都、冉駹非氐，虽然没有提出这三个民族集团的族属，但已经为继续对汉代西南地区的各个民族进行深入讨论留下了空间。而蒙默进一步提出徙、笮都、冉駹为夷系民族，这为我们了解西南地区的民族状况打开了一个新的局面。他指出，在汉代以来的西南地区，除了已为学术界公认的濮系民族、氐系民族、羌系民族之外，还存在着另一个民族体系———夷系民族[38]。蒙先生极有洞见地在学术界"泛羌论"占主导的情况下，从史料出发，提出了这一被其他民族淹没的民族系统。这一观点为大多数从事西南民族史研究的学者所赞同或援引。赞同夷人说的还有宋治民，他认为石棺葬属于当时的夷人，即主要是笮都夷和冉駹夷，此外还有另一些夷系居民[39]。童恩正、罗二虎认为，宝兴县瓦西沟类型的墓葬应为徙的遗存，而徙属于"昆叟"这一民族集团，为现代彝族的先民集团之一。宝兴县汉塔山类型墓葬的人群可能为古代文献中记载的邛人，为本地土著。而宝兴县老场类型墓葬的人群可能为青衣夷，为"迁徙"类人群[40]。石硕也认为，徙、笮都、冉駹、巂、昆明这些部落人群虽在《史记》见于记载，但从相关史实线索看，可以肯定在此以前他们早已居住和活动于这一区域[41]。《史记·司马相如传》记："邛、笮、西僰之与中国并也，历年兹多，不可记已。"《华阳国志·蜀志》亦记："（周赧王）三十年，疑蜀侯绾反，王复诛之。但置蜀守。张若因取笮及楚江南地焉。"此处的"笮"，即应为笮人之地。徙、笮都、冉駹、巂、昆明等这些部落人群很早就存在于蜀之西区域，他们是目前我们从史料记载中所知道的藏彝走廊地区石棺葬分布区域中的最早的土著人群。因此，藏彝走廊地区的石棺葬与这些人群有关，系为这些人群所遗留是没有问题的。这些研究成果为我们认识石达秋遗址所对应的古代族群情况提供了诸多启示。

从考古学文化因素、地理位置、生业方式等角度来观察，本地区的人群与族属是非常复杂的，结合相关文献记载内容，石达秋遗址所对应的主体人群应该为包括冉、駹在内的夷系族群。但石达秋遗址为代表的文化类型出土典型的汉式器物数量甚少，仅有陶釜与汉式器物稍似，却不见五铢钱等遗物，也未见巴蜀文化风格的青铜兵器、陶器等，表明石达秋及木尔溪一类遗存受汉文化及蜀文化的影响很少。这与同一地区年代相近的石棺葬文化遗存存在明显的差别，反映了石达秋遗址所对应的族群并未完全在汶山郡的控制之下。

石达秋遗址是大渡河上游地区（主要为嘉绒藏区，约相当于今天马尔康县、金川县、小金县及丹巴县的行政管辖范围）秦汉时代考古的新成果。石达秋遗址与木尔溪遗址的主体文化性质应为与大渡河上游地区石棺葬时代相当的地方土著文化遗存。这是马尔康地区新发掘出的石棺葬时期的小型聚落遗址，丰富了当地早期考古学文化的研究内涵。近年来，在马尔康县、金川县及小金县境内发现了多处与石达秋遗址文化面貌相类似的遗址[42]，主要分布于大渡河上游大金川河流域的脚木足河、梭磨河、杜柯河，以及小金川河干流及其支流两岸的河谷台地之上。相信经过日后更多的考古发掘及研究工作，会对石达秋及木尔溪一类遗存及本地区秦汉时期考古学文化的内涵、类型和相关问题有越来越深入的认识。

附记：参加调查及试掘的人员有成都文物考古研究院蒋成、陈剑、李平，阿坝藏族羌族自治州文物管理所陈学志、范永刚、邓勇、邓小川，马尔康县文化体育局张燕、杨昕等。

绘图：钟雅莉
拓片：代福尧　严　彬
摄影：陈　剑
执笔：陈　剑　何锟宇　陈学志　范永刚
　　　邓　勇　李　俊

注　释

［1］ 郑德坤：《四川古代文化史》，华西大学博物馆，1946年；转引自段渝主编：《抗战时期的四川》，巴蜀书社，2005年。

［2］ 资料现存阿坝藏族羌族自治州文物管理所。

［3］ 四川省文物考古研究所、甘孜藏族自治州文化局：《丹巴县中路乡罕额依遗址发掘简报》，《四川考古报告集》，文物出版社，1998年。

［4］ 刘维亮、李国新、谷曼：《川西高原可尔因地区黄土成因研究》，《地质与资源》第16卷第4期，2007年；王书兵：《川西中部晚更新世地层与环境》，中国地质科学院博士学位论文，2004年；刘维明：《川西高原黄土记录的末次冰期气候变化》，兰州大学自然地理学硕士学位论文，2008年；王书兵、蒋复初、田国强等：《四川金川黄土地层》，《地球学报》第26卷第4期，2005年。

［5］ 阿坝藏族羌族自治州文物管理所、成都文物考古研究所、马尔康县文化体育局：《四川马尔康县哈休遗址2006年的试掘》，《南方民族考古》（第六辑），科学出版社，2010年；成都文物考古研究所、阿坝藏族羌族自治州文物管理所、马尔康县文化体育局：《四川马尔康县孔龙村遗址调查简报》，《成都考古发现》（2005），科学出版社，2007年。

［6］ 四川联合大学历史系考古教研室：《四川大学考古专业三十五年·大事记》，内部资料，1995年。

［7］ 陈学志：《马尔康孔龙村发现石棺葬墓群》，《四川文物》1994年第1期。

［8］ 成都文物考古研究所、阿坝藏族羌族自治州文物管理所、马尔康县文化体育局：《四川马尔康县孔龙村

[9] 陈祖军：《2002年度中日南方丝绸之路考古与文物调查——阿坝州考古调查记》，《四川省南方丝绸之路和佛教南传研究》，日本株式会社明新社，2005年3月31日。

[10] 四川省文物考古研究院、阿坝藏族羌族自治州文物管理所、成都文物考古研究所、马尔康县文化体育局：《四川马尔康县白赊村遗址调查简报》，《成都考古发现》（2005），科学出版社，2007年。

[11] 资料现存阿坝藏族羌族自治州文物管理所。

[12] 阿坝藏族羌族自治州文物管理所、成都文物考古研究所、马尔康县文化体育局：《四川马尔康哈休遗址调查简报》，《四川文物》2007年第4期；阿坝藏族羌族自治州文物管理所、四川省文物考古研究院、成都文物考古研究所、马尔康县文化体育局：《四川马尔康县哈休遗址2003、2005年调查简报》，《成都考古发现》（2006），科学出版社，2008年。

[13] 四川省文物考古研究院、阿坝州文物管理所：《大渡河双江口水电站地下文物遗存调查》，《四川文物》2005年第6期。

[14] 阿坝藏族羌族自治州文物管理所、成都文物考古研究所、马尔康县文化体育局：《四川马尔康县木尔溪遗址试掘简报》，《成都考古发现》（2005），科学出版社，2007年。

[15] 阿坝藏族羌族自治州文物管理所、成都文物考古研究所、马尔康县文化体育局：《四川马尔康县哈休遗址2006年的试掘》，《南方民族考古》（第六辑），科学出版社，2010年；陈剑、陈学志：《大渡河上游史前文化寻踪》，《中华文化论坛》2006年第3期；陈剑、何锟宇：《大渡河上游的史前文化、环境与生业初析》，《四川文物》2007年第5期。

[16] 陈祖军：《2002年度中日南方丝绸之路考古与文物调查——阿坝州考古调查记》，《四川省南方丝绸之路和佛教南传研究》，日本株式会社明新社，2005年3月31日。

[17] 资料现存阿坝藏族羌族自治州文物管理所。

[18] 李永宪：《略论岩画的记录与图像制作——以马尔康莫斯都岩画1号画面为例》，《历史源流与民族文化——"三江并流地区考古暨民族关系研究学术研讨会"论文集》，云南大学出版社，2011年。

[19] 朱荣张：《马尔康直波藏寨民居建筑研究》，西安建筑科技大学建筑设计及其理论专业硕士学位论文，2012年。

[20] 阿坝藏族羌族自治州文物管理所、成都文物考古研究所、马尔康县文化体育局：《马尔康县石达秋遗址出土动物骨骼报告》，《成都考古发现》（2012），科学出版社，2014年。

[21] 阿坝藏族羌族自治州文物管理所、成都文物考古研究所、马尔康县文化体育局：《四川马尔康县木尔溪遗址试掘简报》，《成都考古发现》（2005），科学出版社，2007年。

[22] 成都文物考古研究所、阿坝藏族羌族自治州文物管理所、马尔康县文化体育局：《四川马尔康县孔龙村遗址调查简报》，《成都考古发现》（2005），科学出版社，2007年；成都文物考古研究所、阿坝藏族羌族自治州文物管理所：《四川马尔康县脚木足河流域2013年考古调查简报》，《成都考古发现》（2014），科学出版社，2016年。

[23] 四川省文物考古研究院、阿坝藏族羌族自治州文物管理所、成都文物考古研究所、马尔康县文化体育局：《四川马尔康县白赊村遗址调查简报》，《成都考古发现》（2005），科学出版社，2007年；成都

文物考古研究所、阿坝藏族羌族自治州文物管理所：《四川马尔康县脚木足河流域2013年考古调查简报》，《成都考古发现》（2014），科学出版社，2016年。

[24] 阿坝藏族羌族自治州文物管理所、成都文物考古研究所、马尔康县文化体育局：《四川马尔康县哈休遗址2006年的试掘》，《南方民族考古》（第六辑），科学出版社，2010年；阿坝藏族羌族自治州文物管理所、成都文物考古研究所、马尔康县文化体育局：《四川马尔康县哈休遗址调查简报》，《四川文物》2007年第4期；阿坝藏族羌族自治州文物管理所、四川省文物考古研究院、成都文物考古研究所、马尔康县文化体育局：《四川马尔康哈休遗址2003、2005年调查简报》，《成都考古发现》（2006），科学出版社，2008年；陈剑、陈学志：《大渡河上游史前文化寻踪》，《中华文化论坛》2006年第3期；陈剑、何锟宇：《大渡河上游的史前文化、环境与生业初析》，《四川文物》2007年第5期。

[25] 四川省文物考古研究所、雅安市文物管理所、宝兴县文物管理所：《四川宝兴硗碛水电站淹没区考古发掘报告》，《四川文物》2004年增刊；四川省文物考古研究所、雅安市文管所：《宝兴硗碛水库淹没区文物调查报告》，《四川文物》2003年第5期；四川省文物考古研究院、雅安市文物管理所、宝兴县文物管理所：《宝兴硗碛旦地美地汉代砖室墓及硗丰崖墓发掘简报》，《四川文物》2006年第4期。

[26] 《雅安地区文物志》编委会：《雅安地区文物志》，巴蜀书社，1992年。

[27] 资料现存四川省文物考古研究院。四川省文物考古研究院：《巴蜀埋珍：四川五十年抢救性考古发掘记事》"三十五 小金县日隆镇石棺葬墓出土文物（乡镇住宅建设工程）"，天地出版社，2006年。

[28] 四川省文物考古研究院、绵阳市文物局、平武县文物管理所：《四川平武县白马藏区水牛家寨遗址》，《考古》2006年第10期。

[29] 吕红亮、李永宪、陈学志等：《汉代川西北高原的氐人聚落：九寨沟阿梢垴遗址考古调查试掘的初步分析》，《藏学学刊》（第6辑），四川大学出版社，2010年；四川大学考古学系、四川省阿坝藏族羌族自治州文物管理所、九寨沟管理局科研处：《四川阿坝州九寨沟阿梢脑遗址的调查与试掘》，《考古》2017年第10期。

[30] 四川省文物管理委员会、宝兴县文化馆：《四川宝兴陇东东汉墓群》，《文物》1987年第10期；宝兴县文化馆：《宝兴县赶羊沟汉墓清理简报》，《四川文物》1997年第5期；四川省文管会、雅安地区文管所、宝兴县文管所：《四川宝兴塔山战国土坑积石墓发掘报告》，《考古学报》1999年第3期。

[31] 陈学志：《马尔康孔龙村发现石棺葬墓群》，《四川文物》1994年第1期。

[32] 西藏自治区文物管理委员会、四川大学历史系：《昌都卡若》，文物出版社，1985年。

[33] 中国社会科学院考古研究所、西藏自治区文物局：《拉萨曲贡》，中国大百科全书出版社，1999年。

[34] 四川省文物考古研究院、雅安市文物管理所、汉源县文物管理所：《四川汉源大地头新石器时代遗址》，《文物》2006年第2期。

[35] 四川省文物考古研究所、甘孜藏族自治州文化局：《丹巴县中路乡罕额依遗址发掘简报》，《四川考古报告集》，文物出版社，1998年。

[36] 四川省文物考古研究所、雅安市文物管理所、宝兴县文物管理所：《四川宝兴硗碛水电站淹没区考古发掘报告》，《四川文物》2004年增刊；四川省文物考古研究所、雅安市文管所：《宝兴硗碛水库淹没区文物调查报告》，《四川文物》2003年第5期；四川省文物考古研究院、雅安市文物管理所、宝兴县文物

管理所：《宝兴陇碛旦地美地汉代砖室墓及陇丰崖墓发掘简报》，《四川文物》2006年第4期。

[37] 阿坝藏族羌族自治州文物管理所、成都文物考古研究所、马尔康县文化体育局：《四川马尔康县木尔溪遗址试掘简报》，《成都考古发现》（2005），科学出版社，2007年。

[38] 蒙默：《试论汉代西南民族中的"夷"与"羌"》，《历史研究》1985年第1期。

[39] 宋治民：《四川西部石棺葬和大石墓的几个问题》，《中国考古学会第四次年会论文集》，文物出版社，1983年；宋治民：《川西和滇西北的石棺葬》，《考古与文物》1987年第3期。

[40] 童恩正：《近年来中国西南民族地区战国秦汉时代的考古发现及其研究》，《考古学报》1980年第4期；罗二虎：《试论青衣江上游的石棺葬文化》，《四川大学学报（哲学社会科学版）》1999年第3期。

[41] 石硕：《藏彝走廊地区石棺葬所属人群探讨》，《康定民族师范高等专科学校学报》2005年第1期；石硕：《汉代西南夷之"夷"的语境及变化》，《贵州民族研究》2005年第1期；石硕：《藏彝走廊地区的石棺葬及相关人群系统研究》，《藏学学刊》（第5辑），四川大学出版社，2009年。

[42] 资料现存阿坝藏族羌族自治州文物管理所。

成都市通锦路汉代遗址发掘简报

成都文物考古研究院

通锦路汉代遗址位于成都市金牛区通锦路20号,原为中铁二局家属院,东近西体北路,西临马家花园路,南临西体路,北靠通锦中学和一环路,中心地理坐标为东经104°03′12.48″、北纬30°41′7.66″(图一)。这一带地处唐末以来成都罗城西北城墙外的附郭区域,与城墙之间的最短直线距离仅550米,东距府河约400米,南距西郊河约550

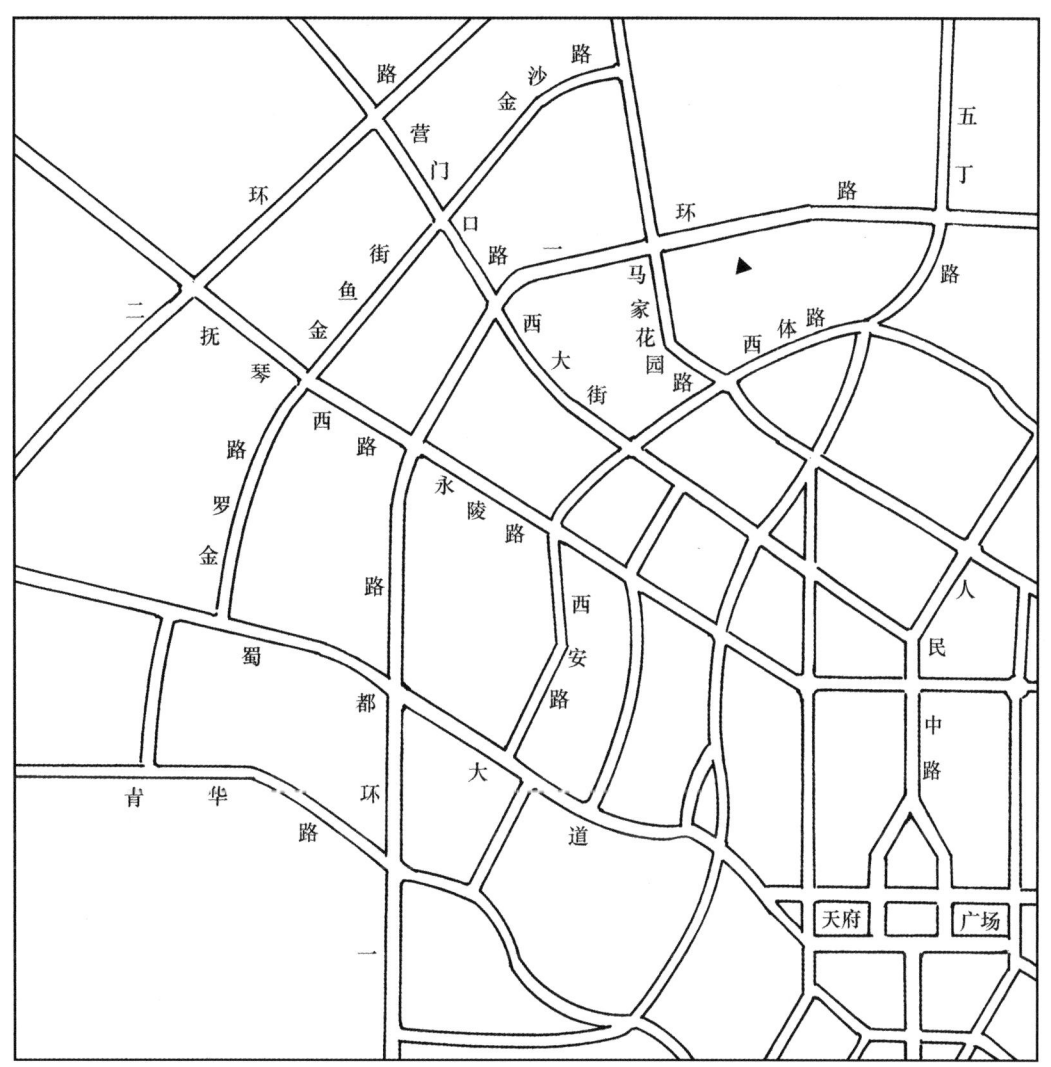

图一 遗址位置示意图

米，往南距罗城正门——大西门（即明清以来的老西门）约1千米。

2015年3～7月，为配合中铁二局"通锦坊"项目的施工建设，经报国家文物局批准，成都文物考古研究院对项目工地开展了正式的考古发掘，发掘代码"2015CJT"。此次勘探和发掘的总面积约4500平方米，揭露一处汉代遗址，清理的遗迹现象包括灰坑、灰沟、井等，出土大量日用陶器、建筑材料等遗物。现将此次工作的基本情况简报如下。

一、地层堆积

发掘区的地层堆积情况以TN05E03北壁为例说明如下（图二）：

第1层：土色杂乱。厚0.7～0.9米。包含现代建筑混凝土块等，为现代堆积。

第2层：灰黑色黏土，土质紧密。厚0.1～0.7米。出土物有少量青花、青釉和粉彩瓷片，为清代至近代地层。部分明代墓葬叠压于该层下。

第3层：深褐色黏土，土质坚硬紧密。厚0.55～0.6米。出土物以青羊宫窑、琉璃厂窑、邛窑瓷器为主，另有少量陶器和外地窑口瓷器，为南宋时期地层。

第4层：黑褐色黏土，土质紧密。厚0.35～0.5米。出土物以少量夹砂陶器为主，可辨器形有盏、器盖、云纹瓦当等，为西汉时期地层。

第5层：青黄色沙土，呈细颗粒状，土质较为紧密。厚0.1～0.2米。出土物以大量夹砂陶器为主，可辨器形有钵、豆、罐、盆、甑、釜、器盖、器足、器座、云纹瓦当等，为西汉地层。

第5层以下为砂石，未见任何文化遗物。

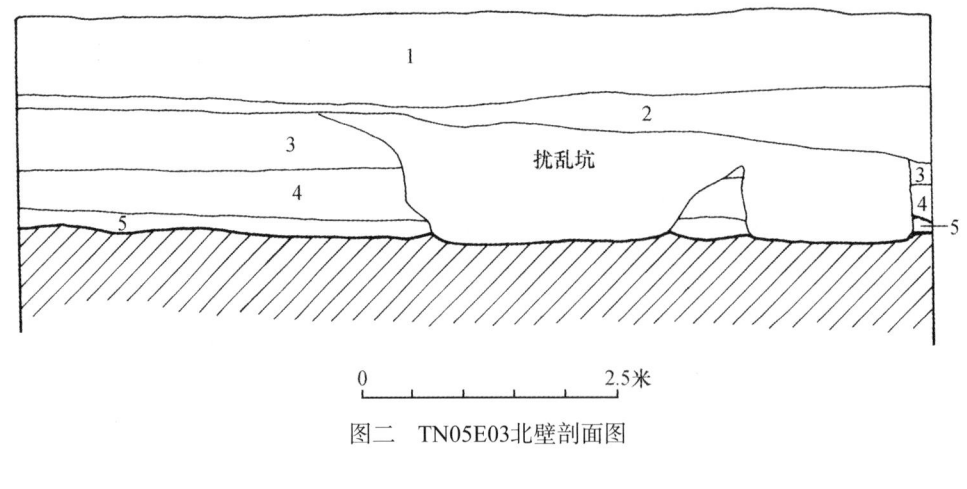

图二　TN05E03北壁剖面图

二、遗　　迹

遗迹现象发现较少，有灰坑、灰沟和井。

1. 灰坑

5个，编号为H2、H3、H11、H13和H14。

H2　位于TN01E01东北部。开口于第4层下，打破第5层。坑口平面形状不规则，壁斜直，底部较平整。长3.5、宽1.98、深0.86米（图三）。坑内填黑色与黄褐色土的混杂堆积，呈较紧密的块状，带一定黏性，包含少量炭屑。出土遗物以夹砂陶器的残片为主，可辨器形有钵、豆、盏、罐、盆、釜、器足等，另有少量的云纹瓦当。

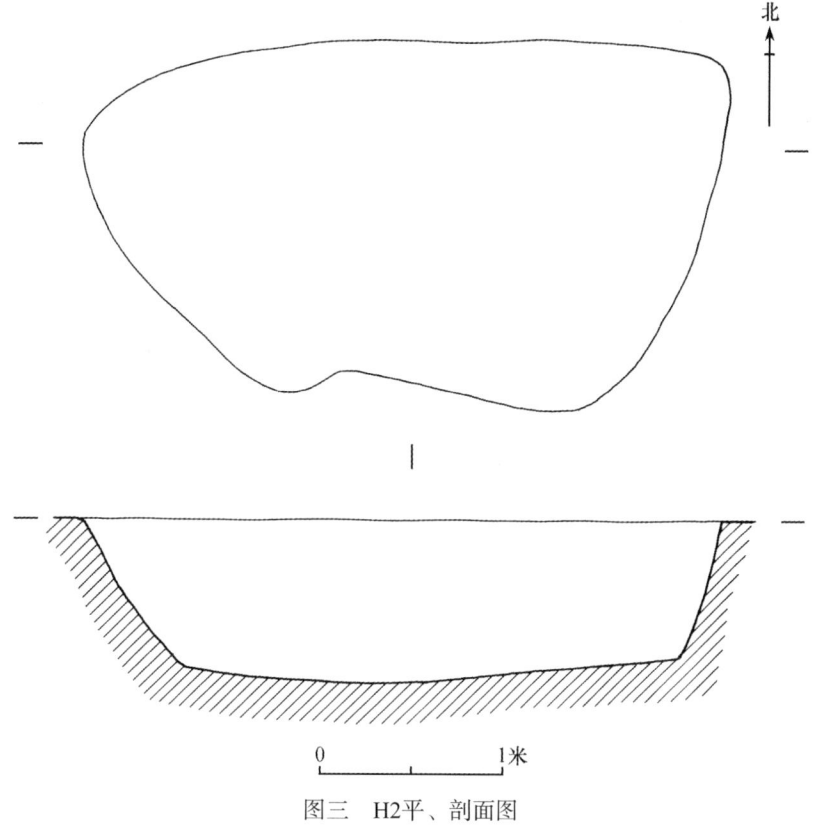

图三　H2平、剖面图

H3　位于TN01E01中部偏南。开口于第4层下。坑口平面为椭圆形，斜壁，圜底，口径0.68~1.48、深0.2米，距地表1.55米（图四）。坑内填土为黄色黏土，堆积紧密，包含物中有大量绳纹陶片，主要为板瓦和井圈残块。

H11　位于TN06E06西南部，往东延伸至TN06E05东南部。开口于第4层下，打破第5层，被唐代水沟（G3）打破。坑口平面形状不规则，壁斜弧内收，较陡，底部较平整。长2.64、宽1.26、深0.38~0.44米（图五）。填土为灰黑色，呈较紧密的块状，带一定黏性，夹杂较多的卵石。出土遗物以夹砂陶器的残片为主，可辨器形有豆、罐、盆、釜、器盖、器足等。

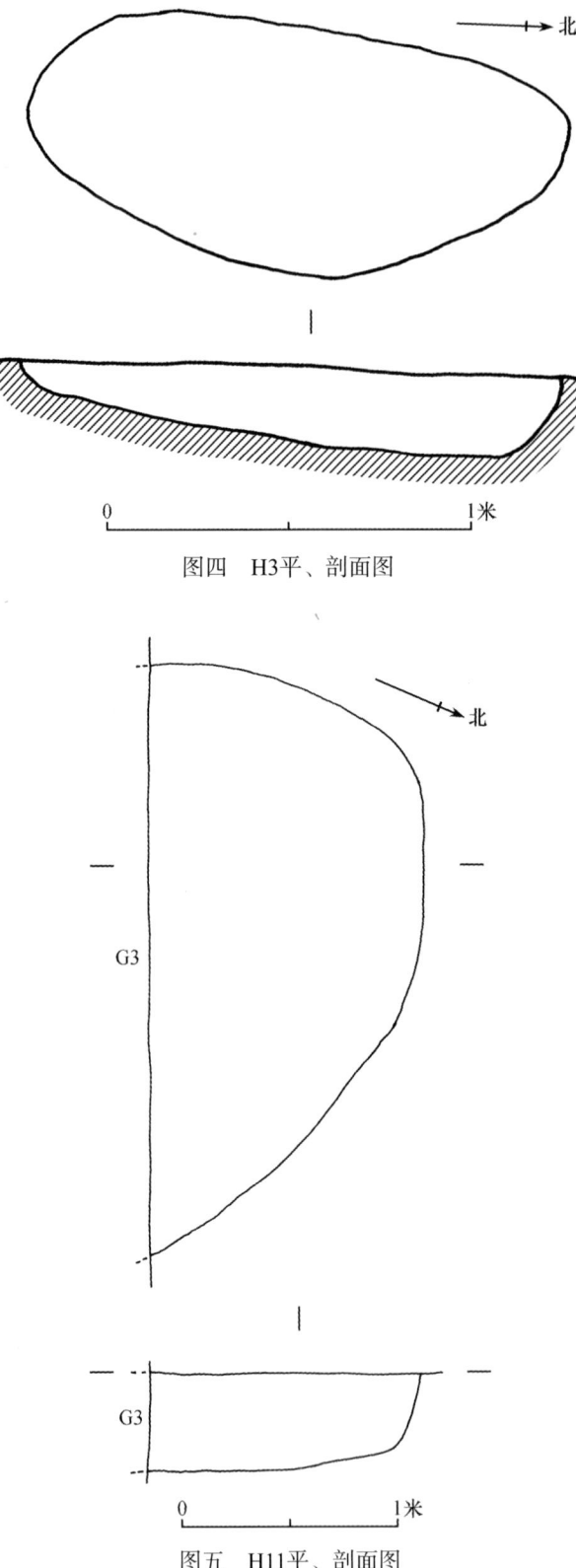

图四　H3 平、剖面图

图五　H11 平、剖面图

H13　位于TN04E07西部，往东延伸至发掘区外，揭露不完整。开口于第4层下，打破第5层。坑口平面呈半圆形，壁斜弧内收，锅形底。长1.4、宽0.62、深0.45米（图六）。填土为灰黑色，呈较紧密的块状，带一定黏性，夹杂较多的瓦砾。出土遗物以夹砂陶器的残片为主，可辨器形有豆、罐、釜、器盖、器足等。

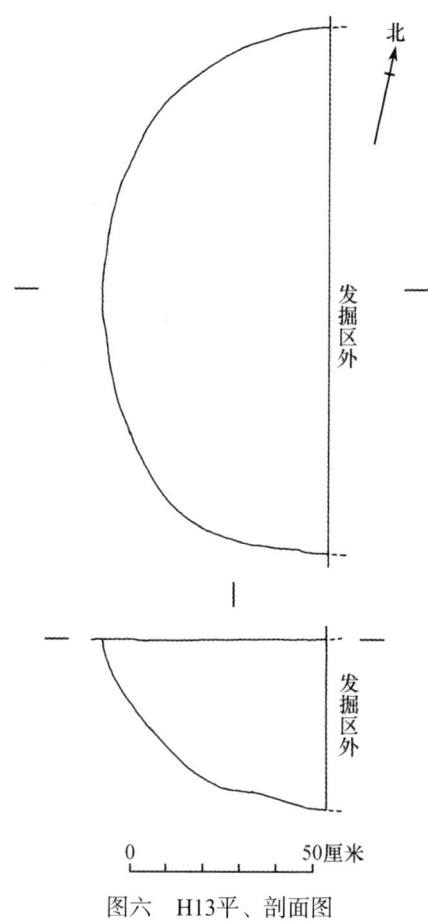

图六　H13平、剖面图

H14　位于TN05E06东北部，往东北方向延伸至发掘区外，未完整揭露。开口于第4层下，打破第5层。坑口平面近长方形，壁斜直内收，较陡，底部凹凸不平。长4.8、宽2.06、深0.2米（图七）。填土为黑褐色，呈较紧密的块状，带一定黏性，夹杂较多的瓦砾。出土遗物以夹砂陶器的残片为主，可辨豆、罐、釜、鼎、器足等。

2. 灰沟

1条，编号为G4。

G4　位于TN05E06中部，西北—东南走向，往东南延伸至发掘区外。开口于第4层下，打破第5层。沟口平面呈长条形，壁斜直内收，沟底部较平整。长10.4、宽1.55～1.95、深0.4米（图八）。填土为灰黑色，呈较紧密的块状，带一定黏性，夹杂较

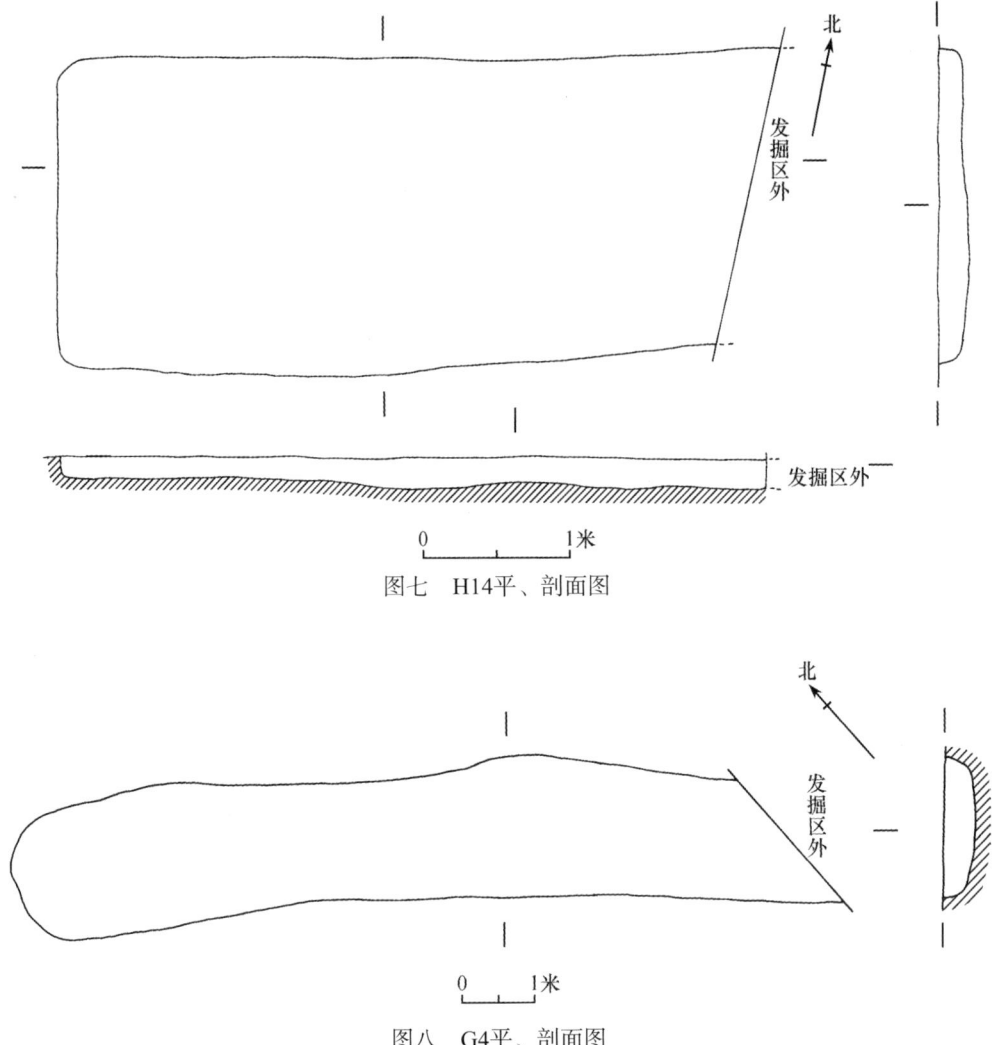

图七　H14平、剖面图

图八　G4平、剖面图

多的瓦砾。出土遗物以夹砂陶器的残片为主，可辨器形有豆、罐、盆、釜、器盖、器足等。

3. 井

1座，编号为J2。

J2　位于TN04E06中部。开口于第5层下，打破生土。为土圹陶圈式井，由井圹和井圈两部分组成。井圹平面呈圆形，直径0.91~0.93、揭露深度0.8米；井圈为泥质灰陶，揭露两层，以下因水位较高未清理，井圈外径0.64、内径0.58厘米，壁厚0.02~0.03、残高0.72米（图九）。井圹与井圈之间填青黄色土，土质较黏，夹杂烧土块和瓦砾；井圈内填土呈灰黄色，土质较黏，堆积疏松。出土物很少，见有陶甑、陶鼎等。

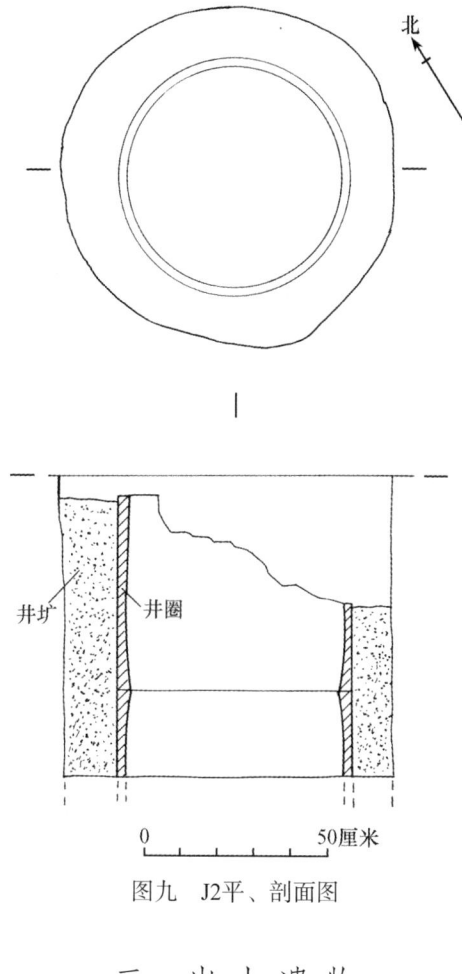

图九 J2 平、剖面图

三、出 土 遗 物

出土物可分为日用陶器和建筑材料两类，前者几乎都为夹砂陶器，陶色常见灰、灰褐、褐、红、灰黑、黄褐等，表面有施加黑色或灰色陶衣的做法。器表装饰少见，以素面居多，有零星的弦纹、"S"纹等，有的还见有模印的字符。器形可辨钵、豆、盏、罐、盆、甑、瓮、釜、鼎、器盖、器足、器座等。建筑材料均为泥质灰陶，以瓦当为主。

钵 15件。敞口，凸圆唇，腹部转折处偏上，上腹部略内曲，平底。TN03E01⑤：3，夹砂褐陶，表面施黑色陶衣。口径19、残高6厘米（图一〇，2）。TN05E06⑤：32，夹砂褐陶，表面施黑色陶衣。口径16.8、残高4.4厘米（图一〇，3）。TN05E06⑤：56，夹砂褐陶，表面施黑色陶衣。口径17、残高6厘米（图一〇，5）。H2：14，夹砂灰陶，表面施黑色陶衣。口径18.2、残高6.3厘米（图一〇，6）。H2：17，夹砂灰陶。口径23、残高8.2厘米（图一〇，7）。H2：18，夹砂灰陶。口径20.6、底径9.4、高7厘米（图一〇，1）。H2：23，夹砂灰陶。口径20.2、残高5厘米

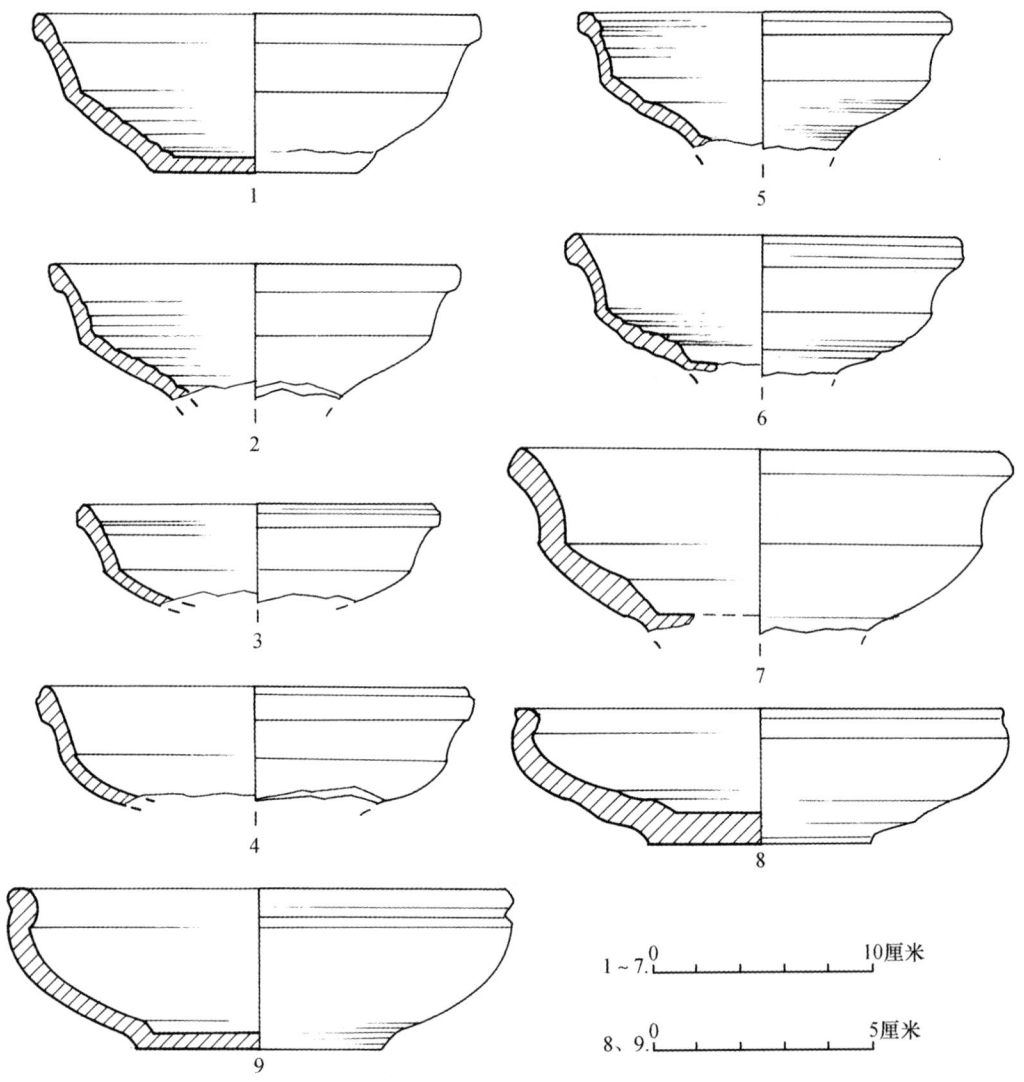

图一〇 陶钵、盏
1~7.钵（H2∶18、TN03E01⑤∶3、TN05E06⑤∶32、H2∶23、TN05E06⑤∶56、H2∶14、H2∶17）
8、9.盏（TN06W01④∶1、H2∶7）

（图一〇，4）。

盏 2件。直口，圆唇，浅斜弧腹，平底。TN06W01④∶1，夹砂褐陶，表面施黑色陶衣。口径11.1、底径5、高3厘米（图一〇，8）。H2∶7，夹砂灰陶。口径11.7、底径5.6、高3.6厘米（图一〇，9）。

豆 25件。底部均带有矮小的喇叭形圈足。依据豆盘的不同，分为三型。

A型 1件。豆盘浅平。TN05E06⑤∶4，夹砂灰陶。口径11、足径4.6、高3.4厘米（图一一，1）。

B型 1件。圆弧腹豆盘，腹部较深。H14∶12，夹砂褐陶，表面施黑色陶衣。口径

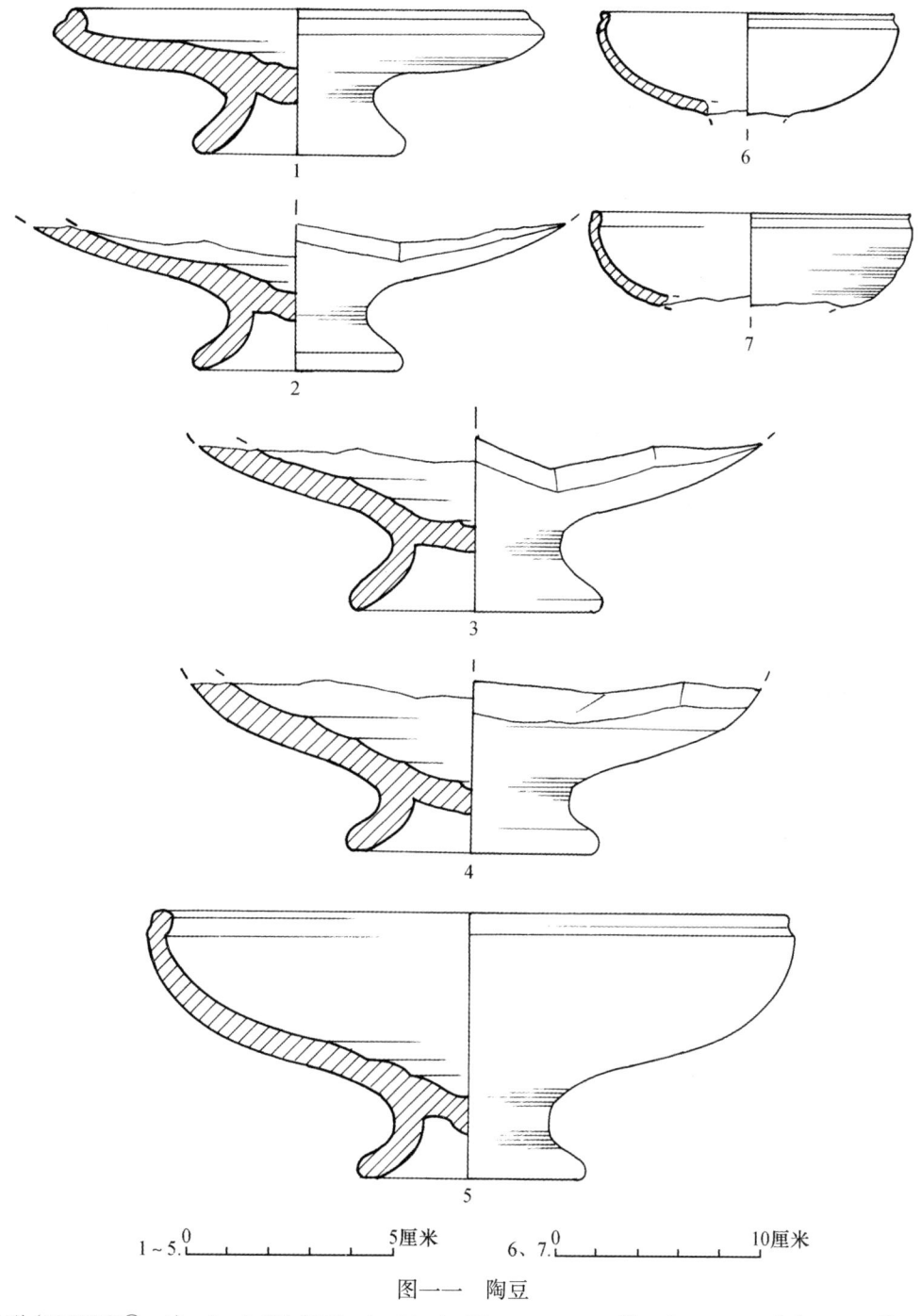

图一一 陶豆

1. A型（TN05E06⑤：4） 2～5. C型（H13：4、G4：8、H2：1、TN06E06⑤：6） 6、7. B型（TN02E01⑤：5、H14：12）

15.4、残高4.4厘米（图一一，7）。TN02E01⑤：5，夹砂灰褐陶。口径14.4、残高4.8厘米（图一一，6）。

C型　23件。斜弧腹豆盘，腹部较浅。TN05E06④：1，夹砂灰陶。口径10.2、足径4、高4厘米（图一二，6）。TN02E01⑤：10，夹砂灰褐陶。口径13、足径4.7、高5厘米（图一二，1）。TN05E06⑤：55，夹砂褐陶，表面施黑色陶衣。口径13.6、足径4.8、高5厘米（图一二，4）。TN06E06⑤：6，夹砂灰陶。口径15.5、足径5.2、高6.3厘米（图一一，5）。TN06E06⑤：8，夹砂灰陶。口径11.2、足径3.8、高4.5厘米（图

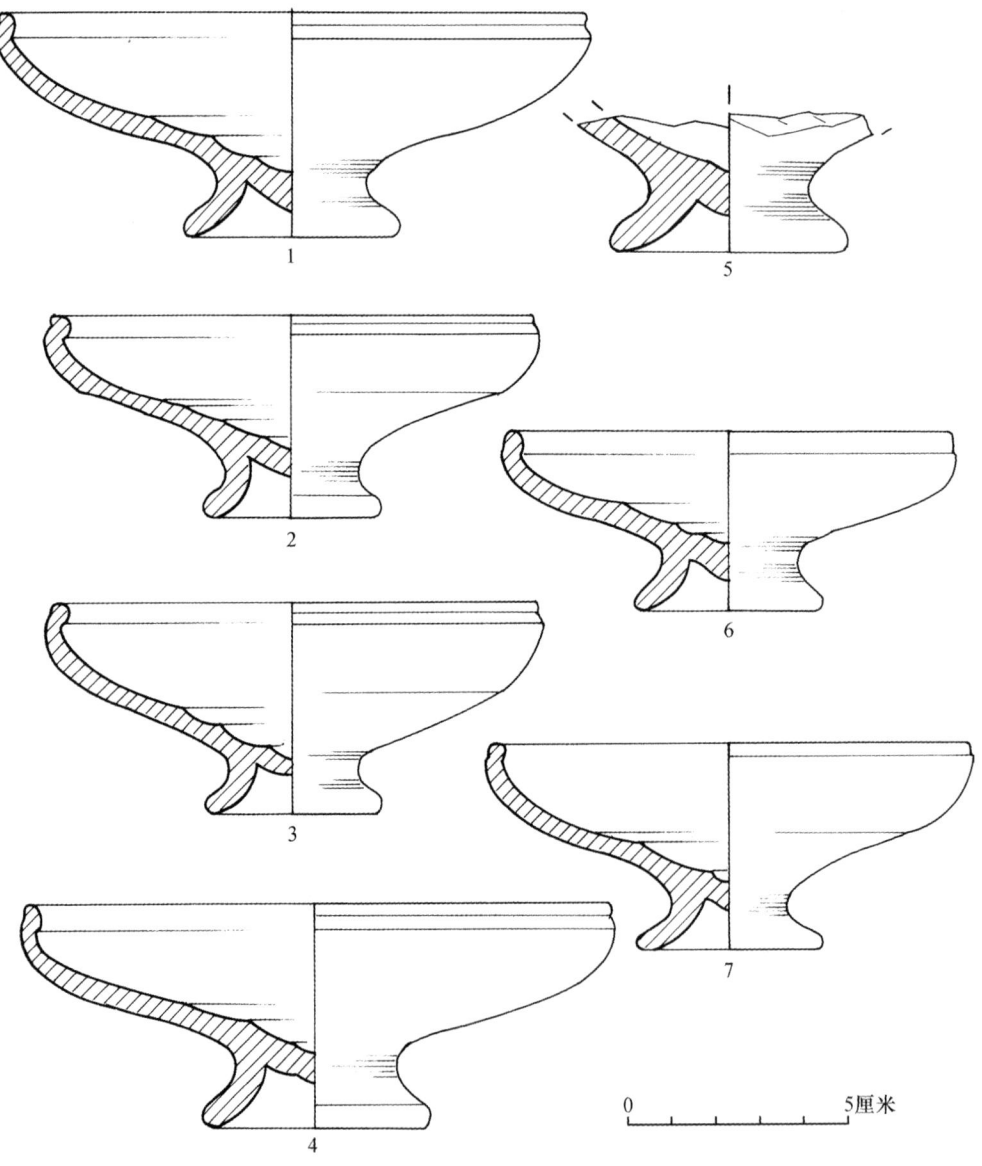

图一二　C型陶豆

1.TN02E01⑤：10　2.TN06E06⑤：8　3.TN06E06⑤：10　4.TN05E06⑤：55　5.H9：2　6.TN05E06④：1　7.H11：6

一二，2）。TN06E06⑤：10，夹砂灰陶。口径11.2、足径3.8、高4.7厘米（图一二，3）。G4：8，夹砂褐陶，表面施黑色陶衣。足径5.7、残高4.1厘米（图一一，3）。H13：4，夹砂灰陶。足径4.7、残高3.5厘米（图一一，2）。H11：6，夹砂褐陶，表面施黑色陶衣。口径11.1、足径4、高4.6厘米（图一二，7）。H9：2，夹砂褐陶，表面施黑色陶衣。足径5、残高3.1厘米（图一二，5）。H2：1，夹砂褐陶，表面施黑色陶衣。足径5.8、残高4.1厘米（图一一，4）。

罐　24件。依据口部、颈部及肩部的不同，分为四型。

A型　8件。侈口，斜方唇，短束颈，广肩。TN05E06⑤：22，夹砂灰陶。口径11.8、残高3.5厘米（图一三，5）。H2：2，夹砂灰黑陶。外壁有密集的弦纹装饰。口径10.8、残高9.8厘米（图一三，2）。H2：20，夹砂灰陶。口径11.6、残高3.6厘米（图一三，6）。H11：20，夹砂褐陶，表面施灰色陶衣。外部肩部饰弦纹、短斜线纹。口径11.2、残高9.4厘米（图一三，1）。H11：21，夹砂褐陶，表面施灰色陶衣。口径11.8、残高4.8厘米（图一三，7）。

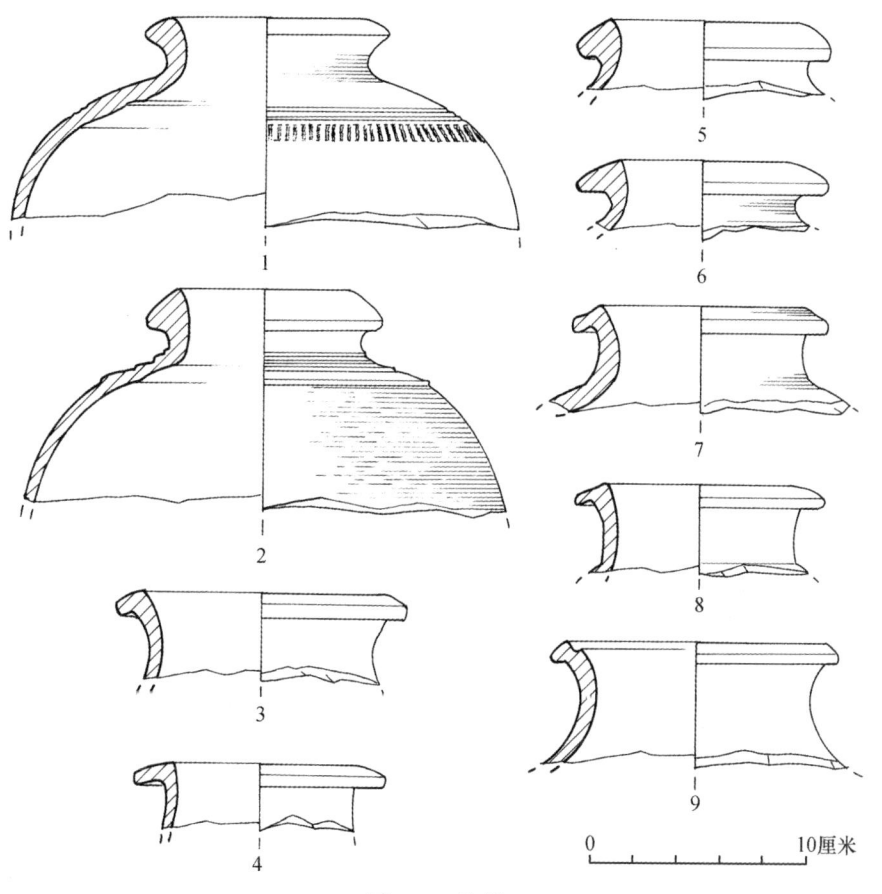

图一三　陶罐

1、2、5~7.A型（H11：20、H2：2、TN05E06⑤：22、H2：20、H11：21）　3、4、8、9.B型（H14：13、H9：1、TN06E06⑤：9、G4：12）

B型　6件。侈口，折沿，斜方唇，束颈较A型略长。TN06E06⑤：9，夹砂灰陶。口径11.6、残高4厘米（图一三，8）。H9：1，夹砂黄褐陶，表面施黑色陶衣。口径11.6、残高3厘米（图一三，4）。H14：13，夹砂灰陶。口径13.4、残高4厘米（图一三，3）。G4：12，夹砂褐陶，表面施灰色陶衣。口径13.4、残高5.6厘米（图一三，9）。

C型　7件。短直颈，溜肩。依据口部、颈部的不同，分为二亚型。

Ca型　4件。敞口，颈部外倾。TN05E06⑤：1，夹砂褐陶，火候较高。肩部一侧带有模印字符，腹部饰绳纹和弦纹。口径25.6、残高14厘米（图一四，2；图一五，2）。TN05E06⑤：49，夹砂褐陶。口径22、残高5.2厘米（图一四，3）。G4：11，夹砂褐陶。肩部一侧带有模印字符，腹部饰绳纹。口径48、残高9.6厘米（图一四，1；图一五，1）。H14：4，夹砂褐陶。腹部饰绳纹。口径36.4、残高7.6厘米（图一四，4）。

Cb型　3件。直口，颈部垂直。TN06E06⑤：2，夹砂灰陶。口径22、残高8厘米（图一四，5）。TN06E06⑤：7，夹砂褐陶，表面施黑色陶衣。腹部饰绳纹。口径30、残高10厘米（图一四，7）。H2：13，夹砂褐陶，表面施黑色陶衣。腹部饰绳纹。口径21.3、残高12.6厘米（图一四，6）。

D型　3件。敛口，短束颈，折肩。TN05E06⑤：25，夹砂褐陶，表面施黑色陶衣。外壁装饰"S"纹。残高6.1厘米（图一四，9）。TN05E06⑤：47，夹砂褐陶，表面施黑色陶衣。外壁装饰"S"纹。口径19.4、残高5厘米（图一四，10）。TN05E06⑤：67，夹砂褐陶，表面施黑色陶衣。外壁装饰"S"纹。残高5.8厘米（图一四，8）。

盆　29件。依据口部、腹部的不同，分为四型。

A型　19件。折沿，上腹垂直，上腹部有一明显转折，下腹斜直内收。依据腹部转折处的不同，分为三亚型。

Aa型　4件。腹部转折处偏上，折棱凸出，上腹部略内曲。G4：19，夹砂褐陶，表面施黑色陶衣。口径23.6、残高10厘米（图一六，1）。G4：29，夹砂褐陶，表面施灰色陶衣。口径23.2、残高6.8厘米（图一六，2）。

Ab型　7件。腹部转折处略微下移。G4：4，夹砂褐陶。腹部饰短绳纹。残高10厘米（图一六，3）。TN05E06⑤：13，夹砂灰陶。内壁有模印字符。口径37.2、残高14厘米（图一五，3；图一六，9）。TN05E06⑤：48，夹砂灰陶。口径37.2、残高9.6厘米（图一六，10）。TN06E05⑤：37，夹砂灰陶。口径39.2、残高8.8厘米（图一六，8）。TN06E01⑤：1，夹砂灰褐陶，表面施黑色陶衣。口径47.2、残高13.2厘米（图一六，7）。

Ac型　8件。腹部转折处不明显。TN05E06⑤：41，夹砂灰褐陶。口径28、残高14.8厘米（图一六，6）。H2：9，夹砂灰陶。口径33.9、残高8.9厘米（图一六，11）。

H2：10，夹砂灰褐陶。口径32.4、残高7.6厘米（图一六，4）。H11：5，夹砂灰褐陶。口径35.2、残高7.2厘米（图一六，5）。H11：11，夹砂红陶，表面施黑色陶衣。口径50.4、残高10厘米（图一六，12）。

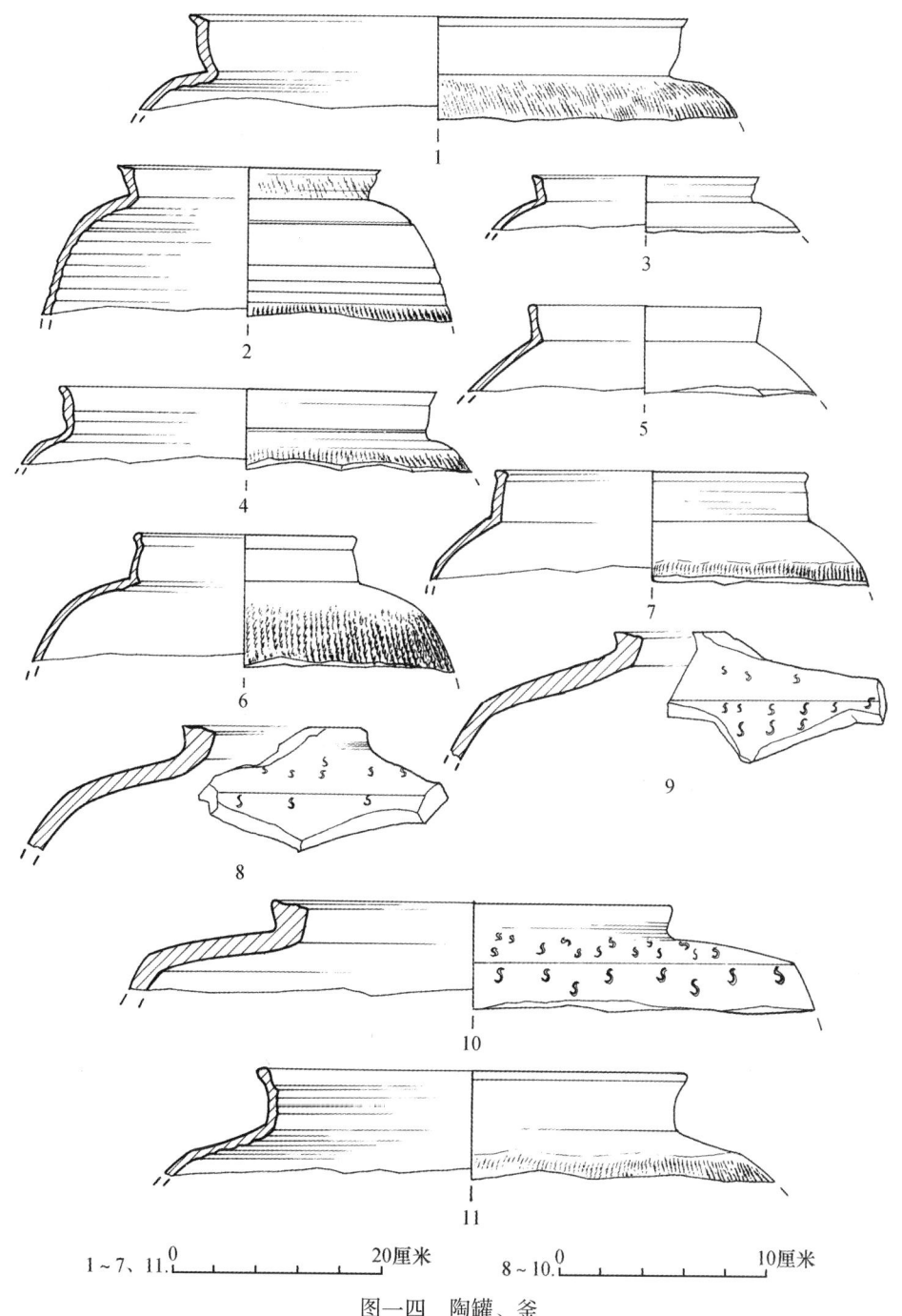

图一四　陶罐、釜

1～4.Ca型罐（G4：11、TN05E06⑤：1、TN05E06⑤：49、H14：4）　5～7.Cb型罐（TN06E06⑤：2、H2：13、TN06E06⑤：7）　8～10.D型罐（TN05E06⑤：67、TN05E06⑤：25、TN05E06⑤：47）　11.B型釜（G4：30）

图一五 陶器文字拓片
1、2.Ca型罐（G4：11、TN05E06⑤：1） 3.Ab型盆（TN05E06⑤：13）

B型 8件。折沿，筒形直腹。H2：21，夹砂灰褐陶。外壁饰弦纹。口径32.8、残高8.7厘米（图一七，5）。H2：25，夹砂灰褐陶。外壁饰弦纹。口径42.4、残高9.6厘米（图一七，3）。H11：1，夹砂褐陶，表面施黑色陶衣。外壁饰弦纹。口径44、残高8厘米（图一七，2）。H11：10，夹砂褐陶，表面施黑色陶衣。外壁饰弦纹。口径42.8、残高8.5厘米（图一七，1）。TN06E06⑤：3，夹砂灰陶。口径47.6、残高5.5厘米（图一七，4）。

C型 1件。敛口，斜弧腹。H2：26，夹砂灰陶。外壁饰弦纹。口径23.2、残高8.4厘米（图一七，6）。

D型 1件。侈口，折沿，短束颈。TN01E01⑤：2，夹砂褐陶，外壁施黑色陶衣。口径38.4、残高8.5厘米（图一七，7）。

甑 3件。斜直腹，平底，底部有密集的圆形小孔。TN05E06⑤：45，夹砂灰陶。底径13.6、残高2厘米（图一八，3）。TN05E06⑤：58，夹砂灰陶。底径16、残高4.8厘米（图一八，2）。J2：1，夹砂灰陶。外壁有拉坯留下的密集弦纹。口径37.4、底径15.2、高20.2厘米（图一八，1）。

釜 27件。依据口部、颈部的不同，分为二型。

A型 22件。侈口，短束颈。依据肩部、腹部的不同，分为三亚型。

Aa型 4件。丰肩，鼓腹。TN05E06⑤：59，夹砂灰陶，表面施黑色陶衣。口径

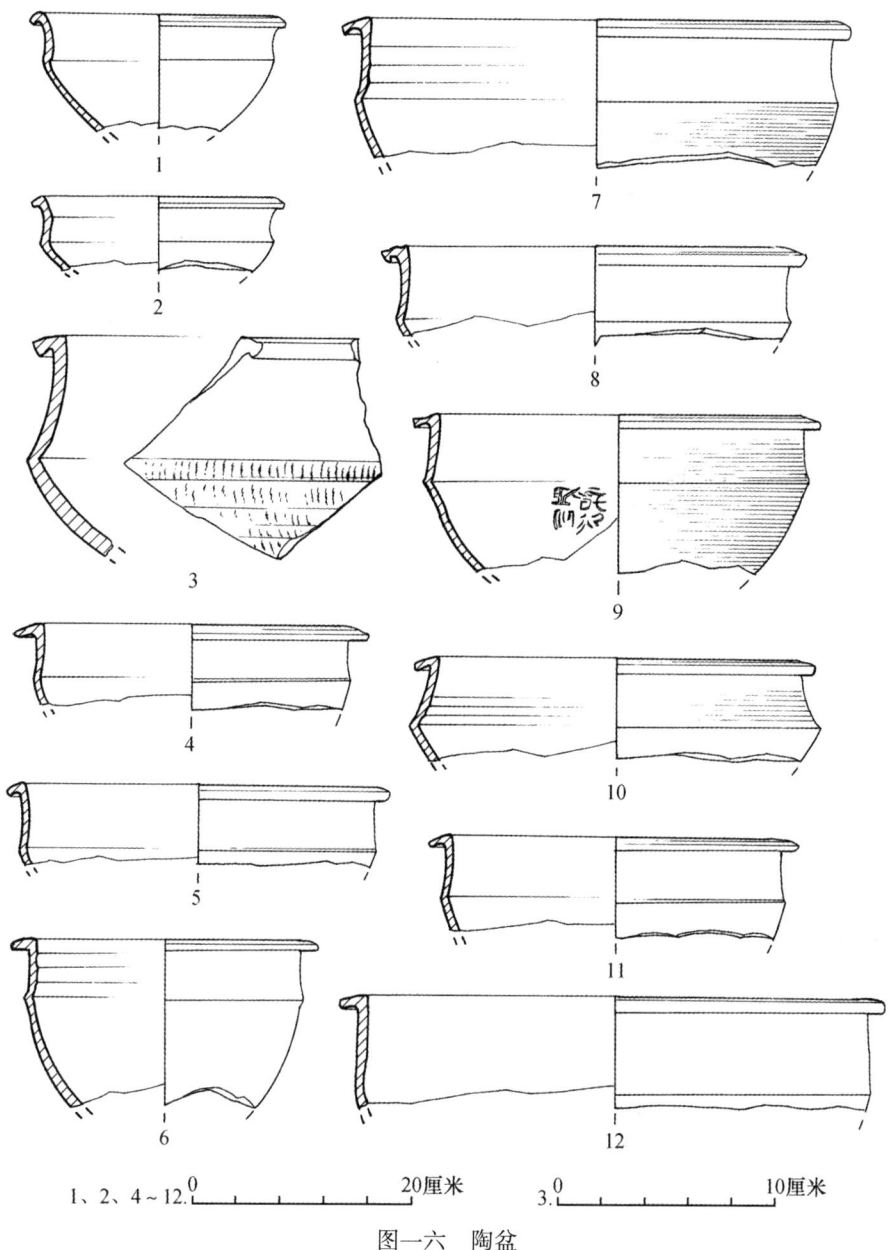

图一六 陶盆

1、2.Aa型（G4：19、G4：29） 3、7~10.Ab型（G4：4、TN06E01⑤：1、TN06E05⑤：37、TN05E06⑤：13、TN05E06⑤：48） 4~6、11、12.Ac型（H2：10、H11：5、TN05E06⑤：41、H2：9、H11：11）

12.8、残高4.6厘米（图一九，4）。TN06E06⑤：15，夹砂红陶。口径21.4、残高5.8厘米（图一九，3）。H11：3，夹砂灰褐陶。口径28.8、残高7.2厘米（图一九，5）。H11：15，夹砂灰陶。口径23.8、残高7.4厘米（图一九，2）。

Ab型 6件。折肩，深弧腹。H2：6，夹砂灰陶。口径24.2、残高7厘米（图二〇，1）。H11：8，夹砂灰陶。口径16、残高4.2厘米（图二〇，2）。H14：10，夹砂红

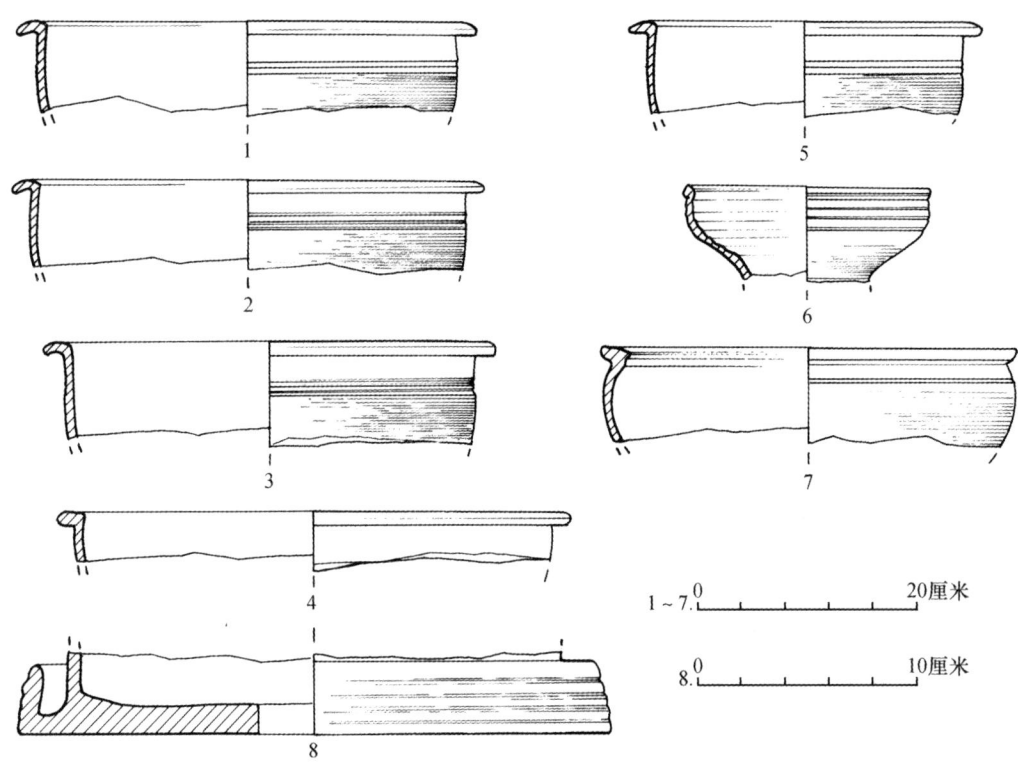

图一七 陶盆、器座

1~5. B型盆（H11∶10、H11∶1、H2∶25、TN06E06⑤∶3、H2∶21） 6. C型盆（H2∶26） 7. D型盆（TN01E01⑤∶2） 8. 器座（TN06E05⑤∶1）

陶。外壁饰绳纹。口径38.4、残高7.6厘米（图二一，1）。G4∶18，夹砂灰褐陶。外壁饰绳纹。口径28.2、残高9.6厘米（图二〇，5）。

Ac型　12件。溜肩，深弧腹。TN06E05⑤∶36，夹砂褐陶，表面施黑色陶衣。外壁饰绳纹。口径23.4、残高9厘米（图一九，6）。TN05E06⑤∶24，夹砂灰褐陶。口径28.8、残高7.6厘米（图一九，1）。G4∶5，夹砂褐陶，表面施灰色陶衣。外壁饰绳纹。口径34、残高13厘米（图二一，2）。G4∶7，夹砂灰褐陶。外壁饰绳纹。口径30.2、残高10.8厘米（图二一，4）。G4∶13，夹砂红陶。外壁饰绳纹。口径30.4、残高6.8厘米（图二一，3）。G4∶26，夹砂灰褐陶。口径27.2、残高8.4厘米（图二〇，4）。H14∶5，夹砂灰褐陶，表面施黑色陶衣。口径26.8、残高6厘米（图二〇，3）。

B型　5件。敞口，宽折沿外倾，无颈。G4∶30，夹砂褐陶，表面施黑色陶衣。外壁饰绳纹。口径41.6、残高10厘米（图一四，11）。H13∶1，夹砂灰褐陶。外壁饰绳纹。口径45.2、残高8.4厘米（图二〇，6）。

鼎　3件。侈口，方唇，短束颈，鼓腹，圜底，底部带三足。H14∶1，夹砂灰陶。外壁饰绳纹。口径20.8、腹径23.6、残高14.4厘米（图二二，11）。H14∶2，夹砂灰陶。外壁饰绳纹。口径25.6、腹径30.8、残高14.8厘米（图二二，10）。J2∶2，夹砂灰

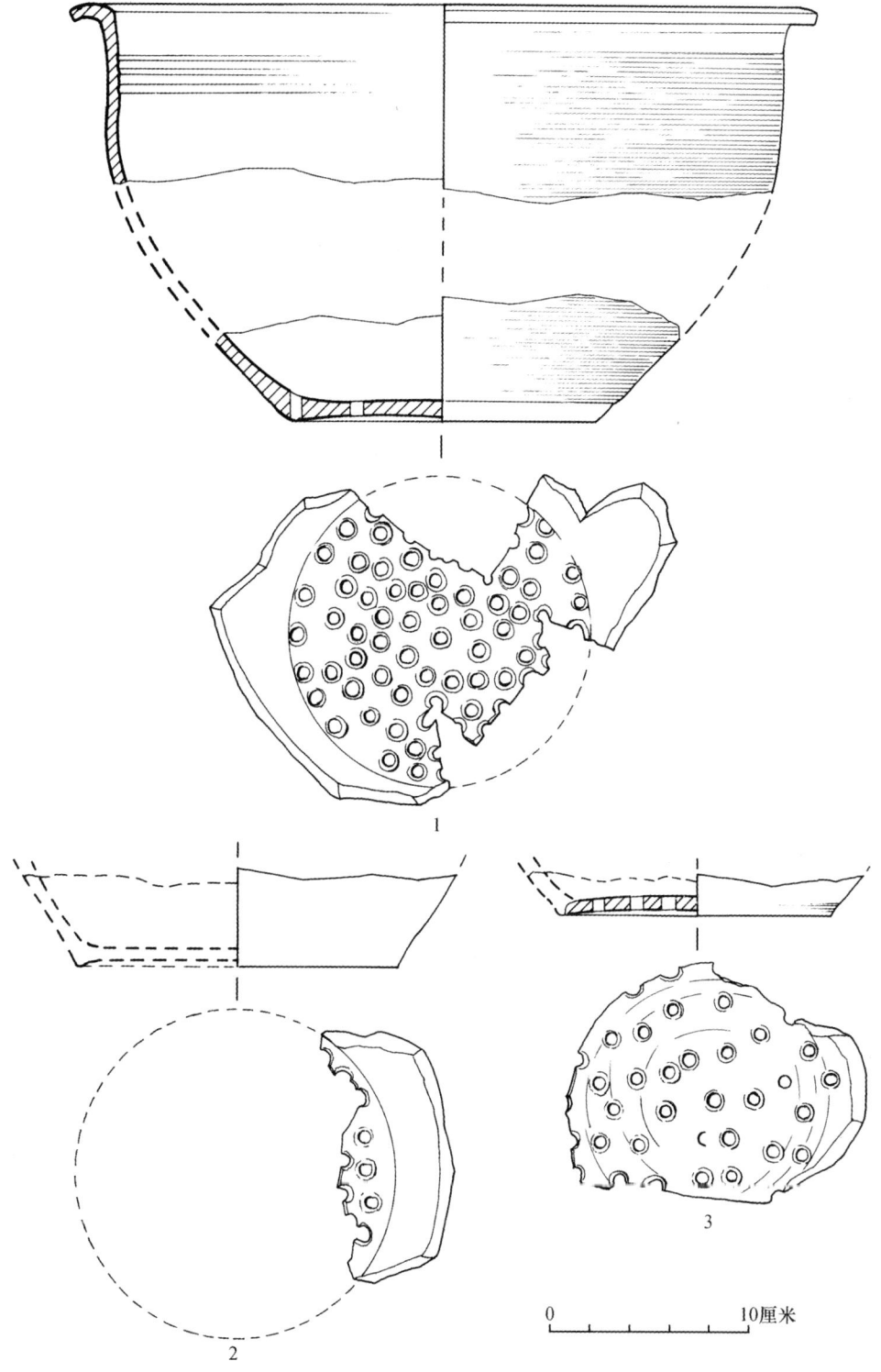

图一八 陶甑

1. J2∶1   2.TN05E06⑤∶58   3.TN05E06⑤∶45

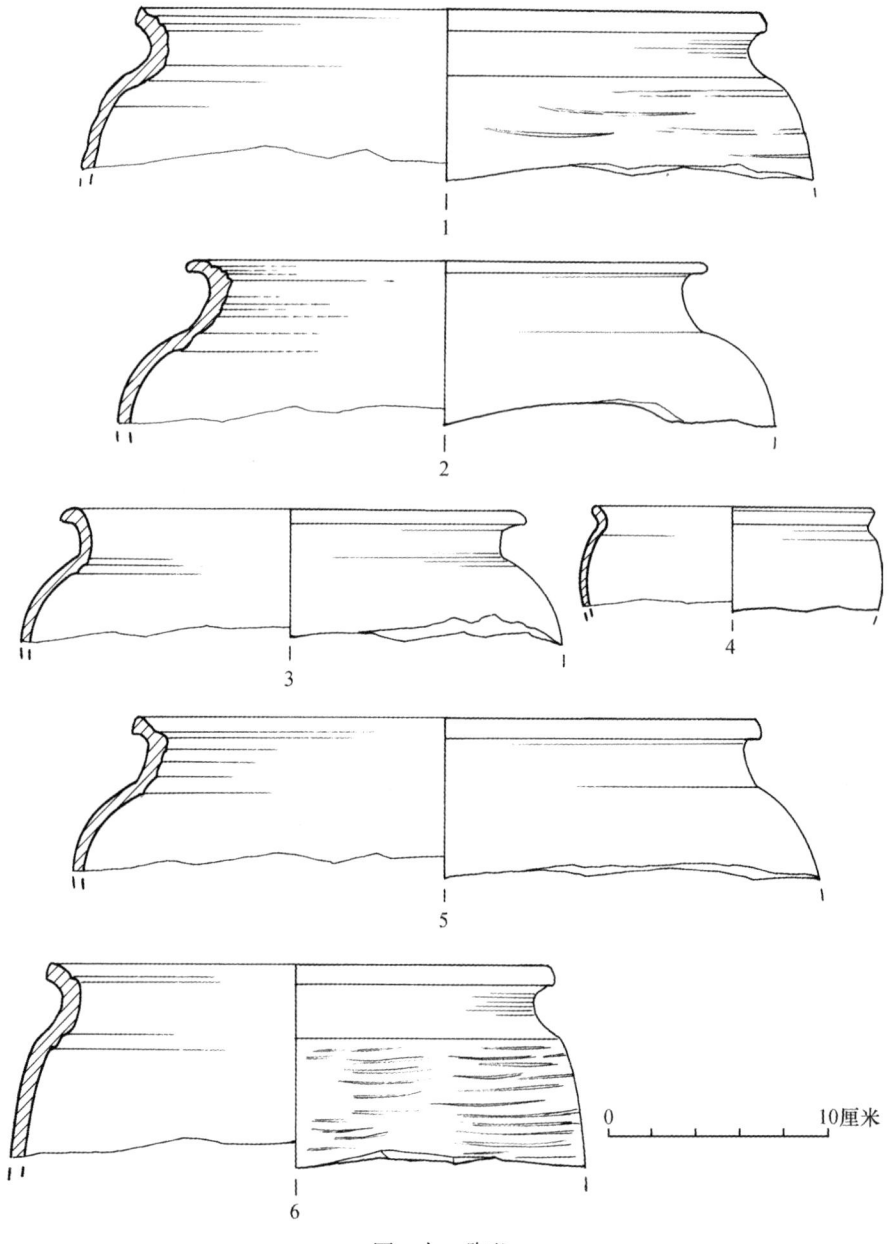

图一九　陶釜

1、6.Ac型（TN05E06⑤：24、TN06E05⑤：36）　2～5.Aa型（H11：15、TN06E06⑤：15、TN05E06⑤：59、H11：3）

陶。外壁饰绳纹。口径20.8、腹径24.8、残高18厘米（图二二，12）。

器盖　13件。盖面斜直，顶部有一圆饼形纽。TN05E06④：2，夹砂灰褐陶，表面施黑色陶衣。顶径6.4、残高5厘米（图二三，5）。TN05E06⑤：43，夹砂灰陶。顶径6.2、残高6.4厘米（图二三，3）。TN02E01⑤：1，夹砂褐陶，表面施黑色陶衣。顶径

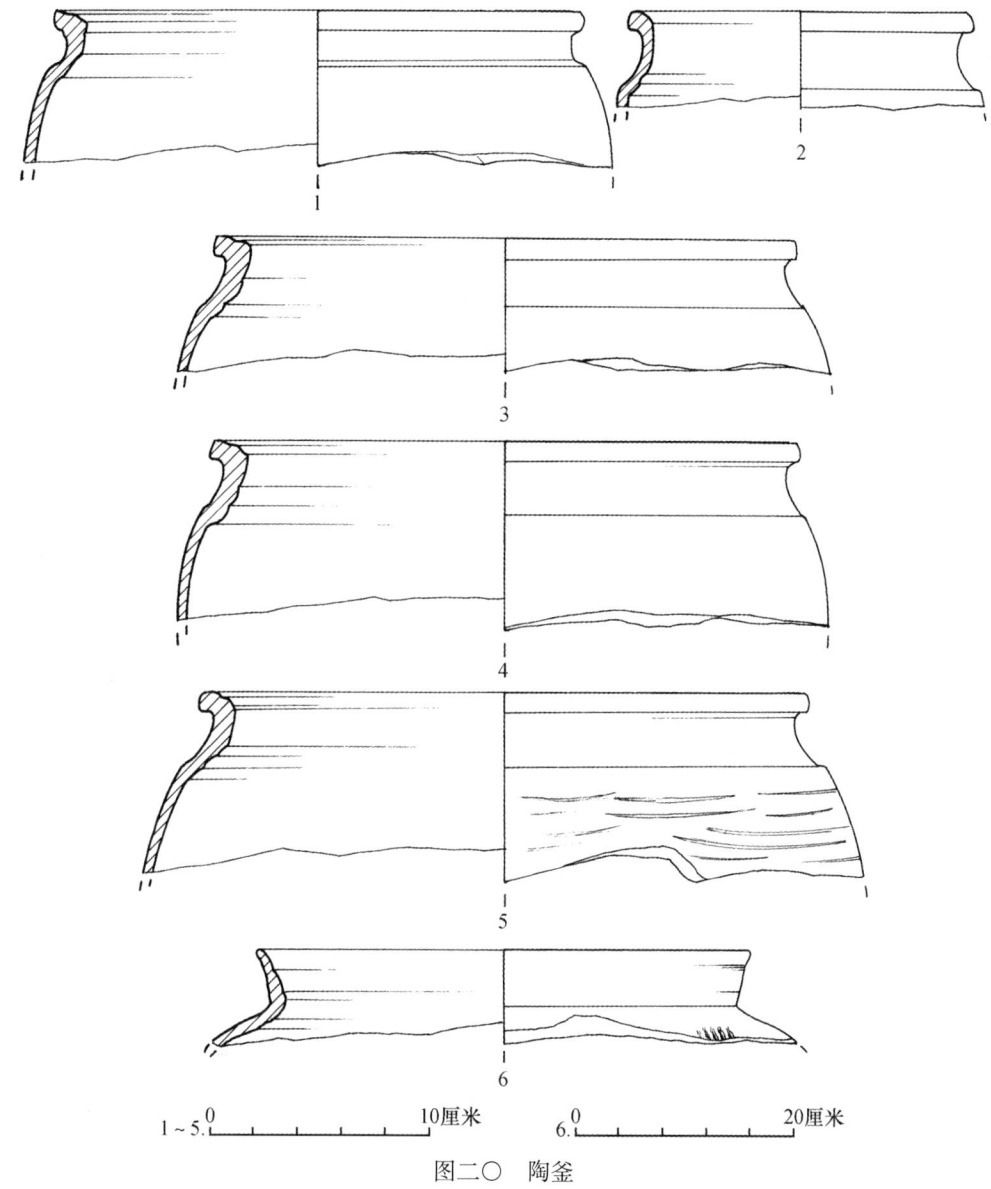

图二〇 陶釜

1、2、5. Ab型（H2∶6、H11∶8、G4∶18） 3、4. Ac型（H14∶5、G4∶26） 6. B型（H13∶1）

6.8、盖径20.6、高9厘米（图二三，1）。H13∶3，夹砂灰褐陶。顶径8.2、残高6.4厘米（图二三，2）。H11∶16，夹砂红陶。顶径6、残高5.7厘米（图二三，4）。G4∶17，夹砂褐陶。顶径8.2、残高6.8厘米（图二三，6）。

器足 22件。细长圆柱状，近底部外撇，足端上翘，为釜形鼎的足部。TN05W01④∶4，夹砂褐陶，表面施黑色陶衣。残高16.6厘米（图二二，7）。TN05E06⑤∶52，夹砂灰褐陶。残高21.4厘米（图二二，2）。TN06E05⑤∶36，夹砂灰褐陶。残高19.2厘米（图二二，3）。H14∶9，夹砂褐陶，表面施黑色陶衣。残高9.8

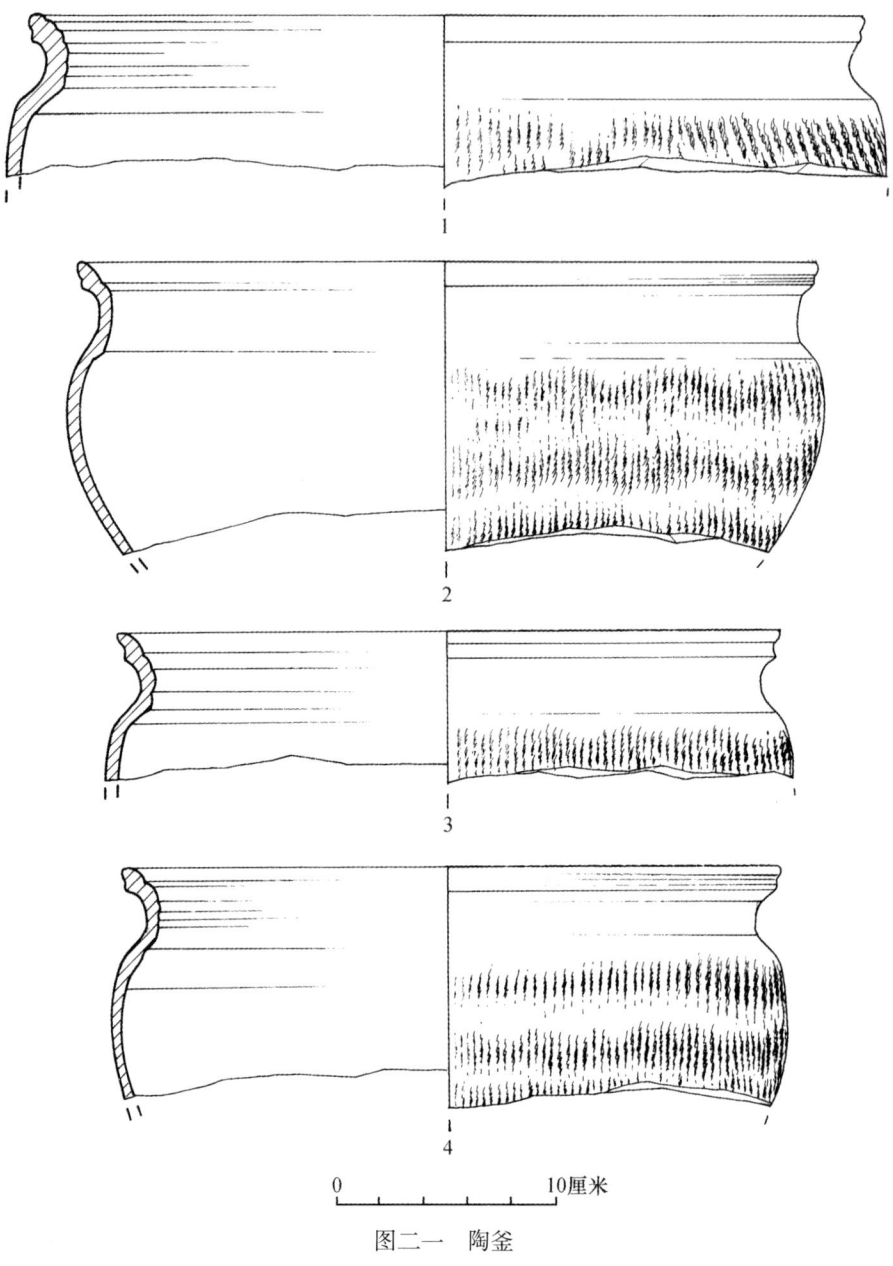

图二一 陶釜
1.Ab型（H14:10） 2~4.Ac型（G4:5、G4:13、G4:7）

厘米（图二二，5）。H13:2，夹砂褐陶，表面施黑色陶衣。残高18厘米（图二二，4）。H2:16，夹砂褐陶，表面施黑色陶衣。残高17厘米（图二二，9）。H11:4，夹砂褐陶，表面施黑色陶衣。残高15.2厘米（图二二，6）。H11:12，夹砂红陶。残高17.6厘米（图二二，8）。G4:10，夹砂灰褐陶。残高21厘米（图二二，1）。

器座 1件。TN06E05⑤:1，夹砂褐陶，表面施黑色陶衣。平面呈圆形，边缘带一周凹槽，中心带一圆孔。直径27.6、残高3.6厘米（图一七，8）。

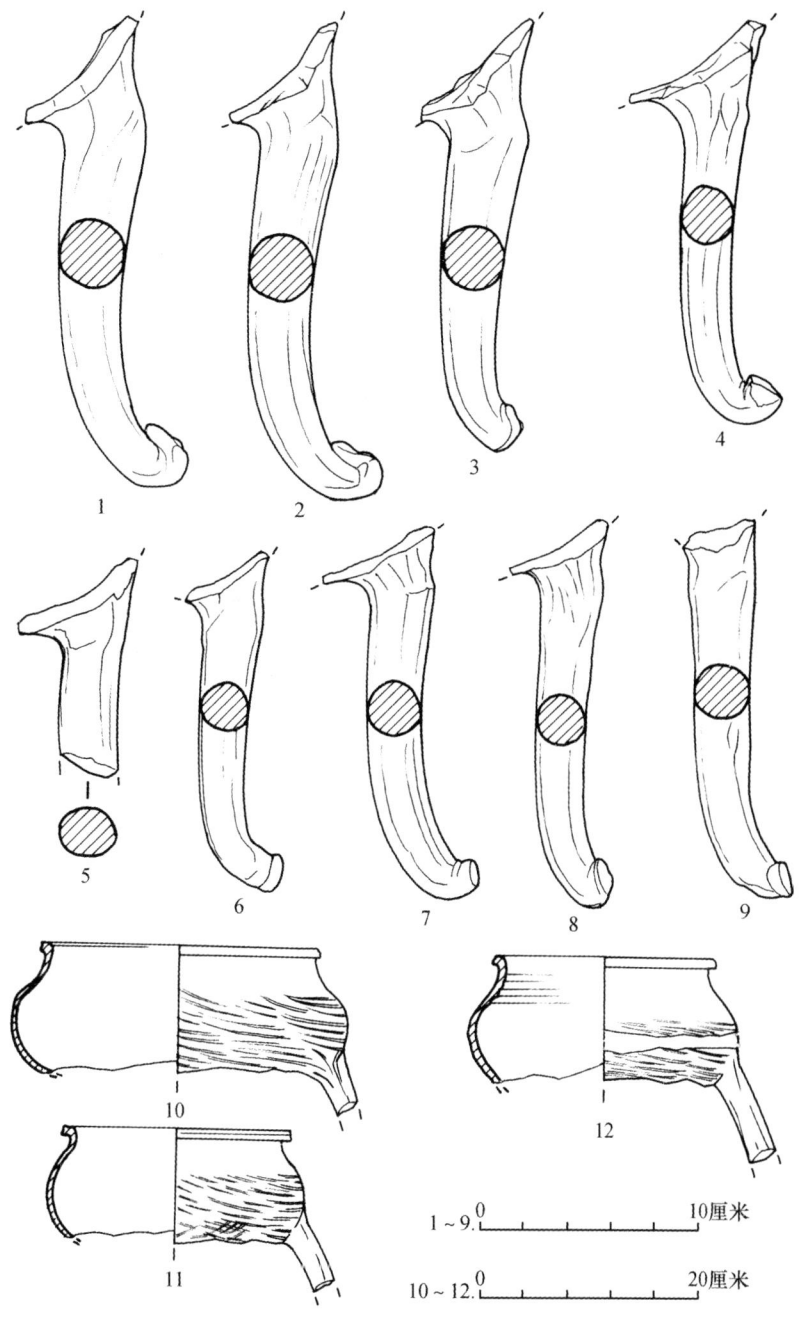

图二二　陶鼎及器足

1~9.器足（G4∶10、TN05E06⑤∶52、TN06E05⑤∶36、H13∶2、H14∶9、H11∶4、TN05W01④∶4、H11∶12、H2∶16）　10~12.鼎（H14∶2、H14∶1、J2∶2）

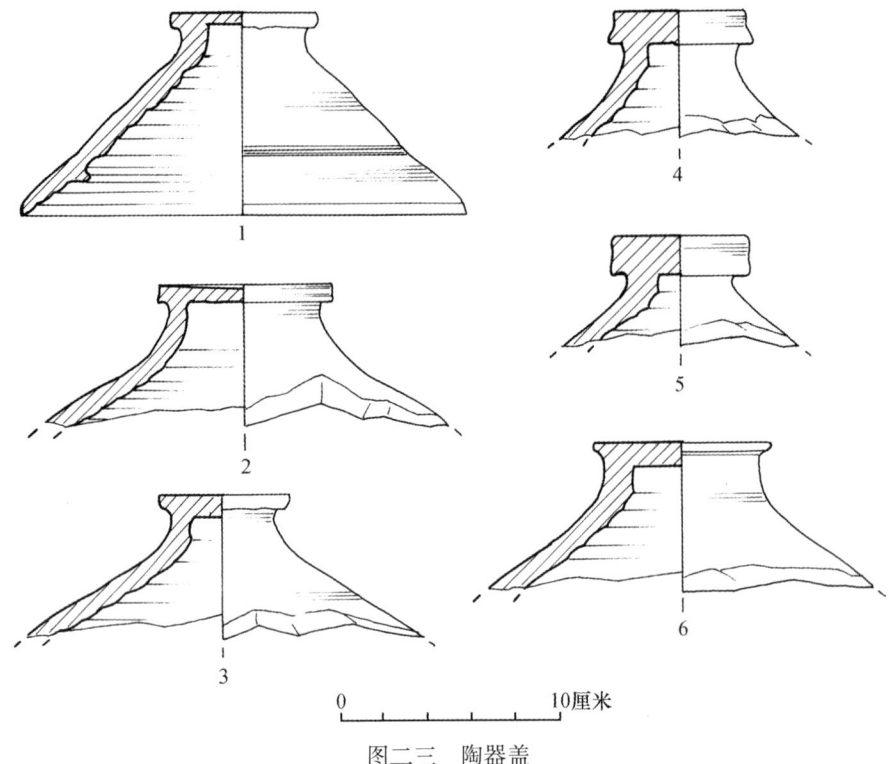

图二三 陶器盖
1. TN02E01⑤：1 2. H13：3 3. TN05E06⑤：43 4. H11：16 5. TN05E06④：2 6. G4：17

云纹瓦当 13件。边轮较窄，高于当面，当面主体模印出四组云纹图案，当心大多表现一凸起的圆乳钉。四组云纹对称分布于当面，云纹之间用平行的凸棱直线相互隔开。依据凸棱直线的数量，分为二型。

A型 11件。云纹之间以两条凸棱直线界格。依据云纹特征，分为四亚型。

Aa型 3件。云纹呈蘑菇状，卷曲较甚，底端两边连接于界格线之上。TN02E01⑤：7，泥质灰陶。直径16、厚2厘米（图二四，3；图二五，1）。TN05E06⑤：46，泥质灰陶。厚2.2厘米（图二四，5；图二五，2）。TN06E06⑤：1，泥质灰陶。直径15.8、厚2.5厘米（图二四，6；图二五，3）。

Ab型 3件。云纹呈蘑菇状，卷曲较甚，底端两边连接于当心外的弦纹之上。TN04E04⑤：4，泥质灰陶。厚2厘米（图二四，4；图二六，1）。TN05W01④：2，泥质灰陶。直径15.8、厚2.2厘米（图二六，2；图二七，1）。H6：5，泥质灰陶。厚1.8厘米（图二六，4；图二七，2）。H3：26，泥质灰陶。云纹内外饰乳钉纹。厚2.4厘米（图二六，3；图二七，4）。

Ac型 2件。云纹呈羊角状，卷曲较深，底端两边连接于当心外的弦纹之上。H2：19，泥质灰陶。厚2.4厘米（图二四，7；图二八，1）。G3：1，泥质灰陶。直径15.8、厚2.4厘米（图二四，2；图二八，2）。

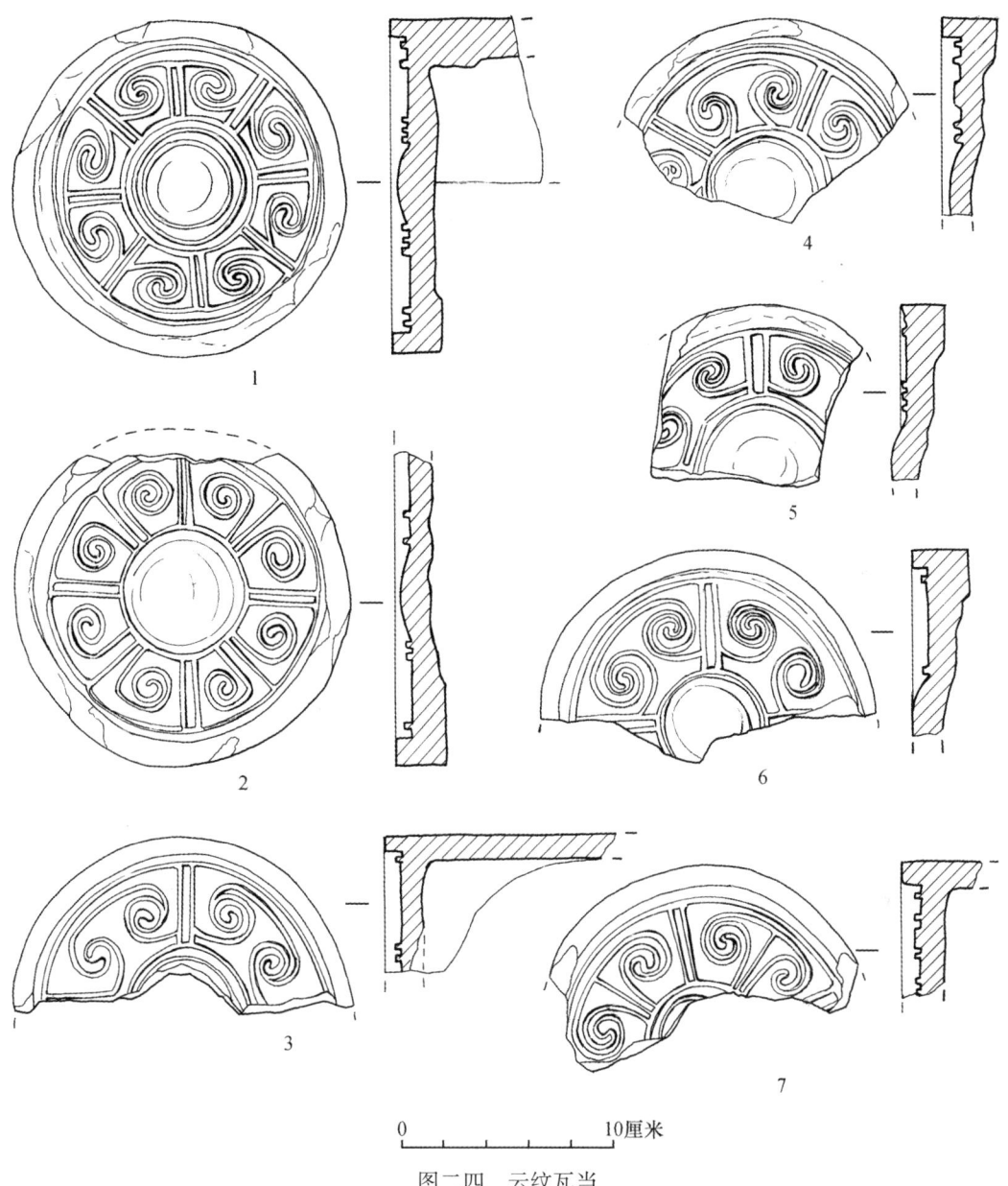

图二四 云纹瓦当

1.Ad型（H7∶15） 2、7.Ac型（G3∶1、H2∶19） 3、5、6.Aa型（TN02E01⑤∶7、TN05E06⑤∶46、TN06E06⑤∶1） 4.Ab型（TN04E04⑤∶4）

Ad型 3件。云纹呈羊角状，卷曲较深，底端两边连接于界格线之上，云头又与当心外的弦纹相接。H7∶15，泥质灰陶。直径15.6、厚2.8厘米（图二四，1；图二九）。

B型 2件。云纹之间以三条凸棱直线界格。依据云纹特征，分为二亚型。

Ba型 1件。云纹呈蘑菇状，卷曲较甚，底端两边连接于界格线之上。TN05E06⑤∶5，泥质灰陶。直径15.8、厚2.1厘米（图二七，5；图三〇，1）。

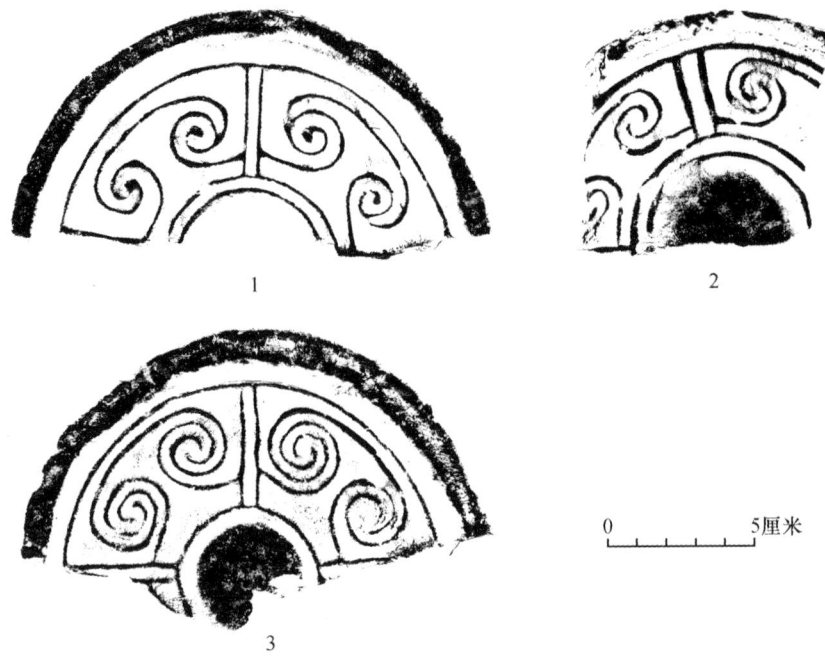

图二五 Aa型云纹瓦当拓片
1.TN02E01⑤：7 2.TN05E06⑤：46 3.TN06E06⑤：1

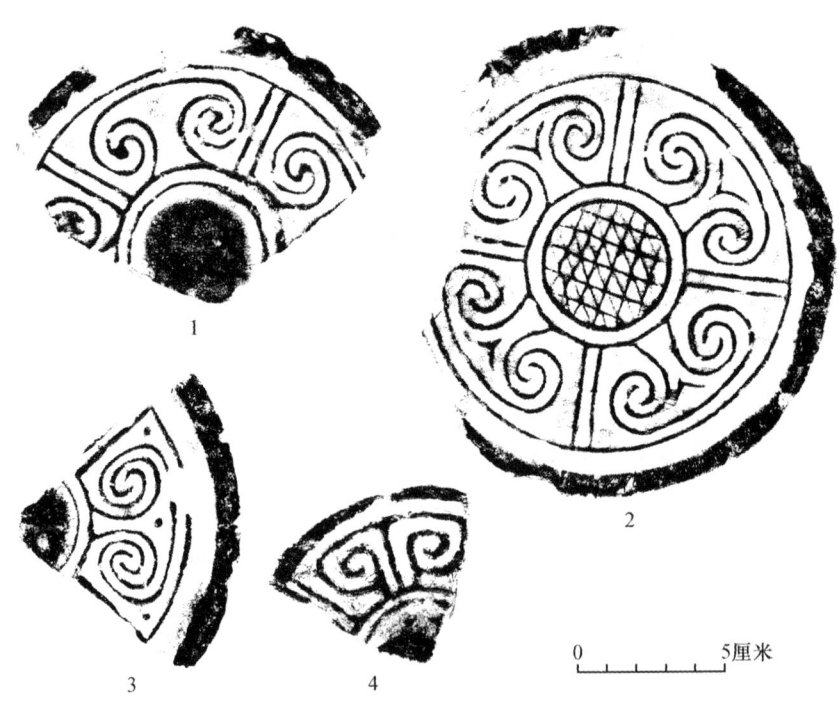

图二六 Ab型云纹瓦当拓片
1.TN04E04⑤：4 2.TN05W01④：2 3.H3：26 4.H6：5

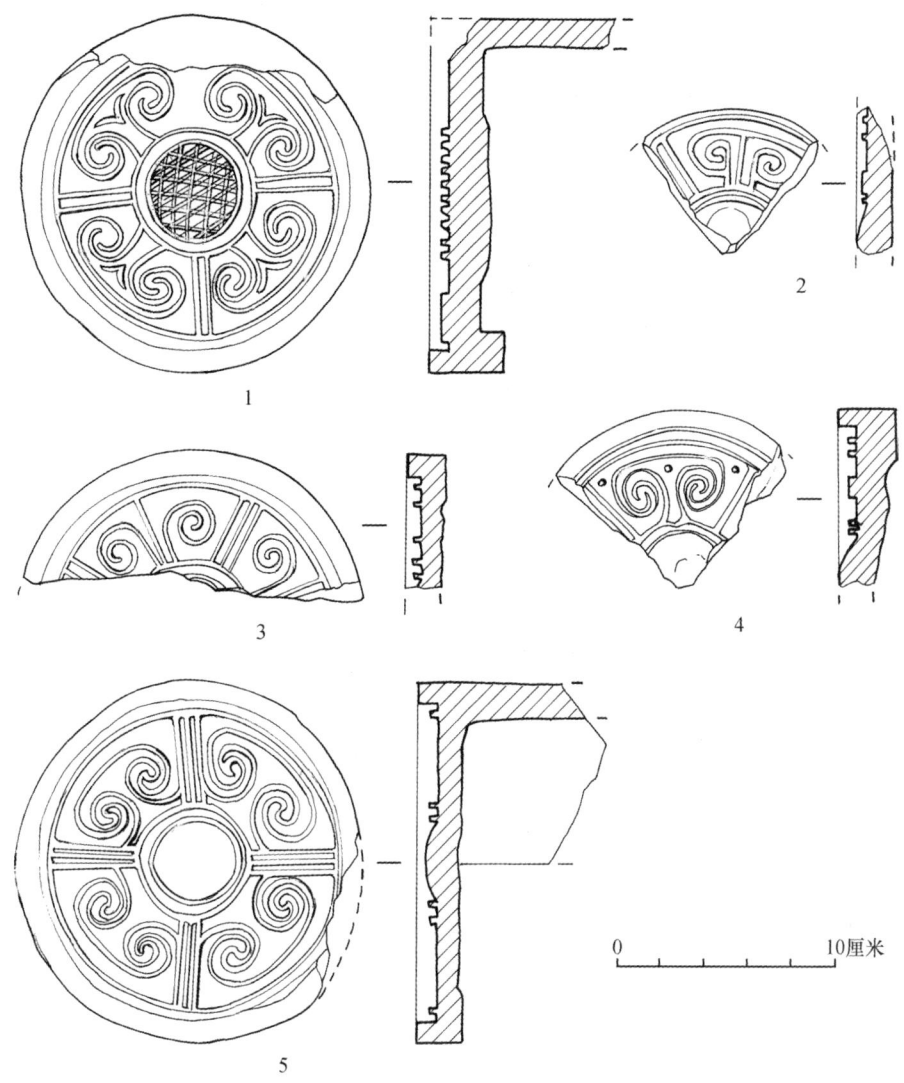

图二七　云纹瓦当
1、2、4.Ab型（TN05W01④∶2、H6∶5、H3∶26）　3.Bb型（G2①∶111）　5.Ba型（TN05E06⑤∶5）

Bb型　1件。云纹呈羊角状，卷曲较深，底端两边连接于当心外的弦纹之上。G2①∶111，泥质灰陶。厚1.8厘米（图二七，3；图三〇，2）。

四、结　语

遗址内未出土钱币等年代较明确的断代材料，故断代依据只能参考各类型陶器的具体特征。

陶钵的折腹位置偏上，上腹部略内曲，与什邡城关战国秦汉墓地M67出土的Ⅱ式陶钵[1]相同，城关M67属于报告划分的第五期，年代相当于西汉早期；C型陶豆的数量较

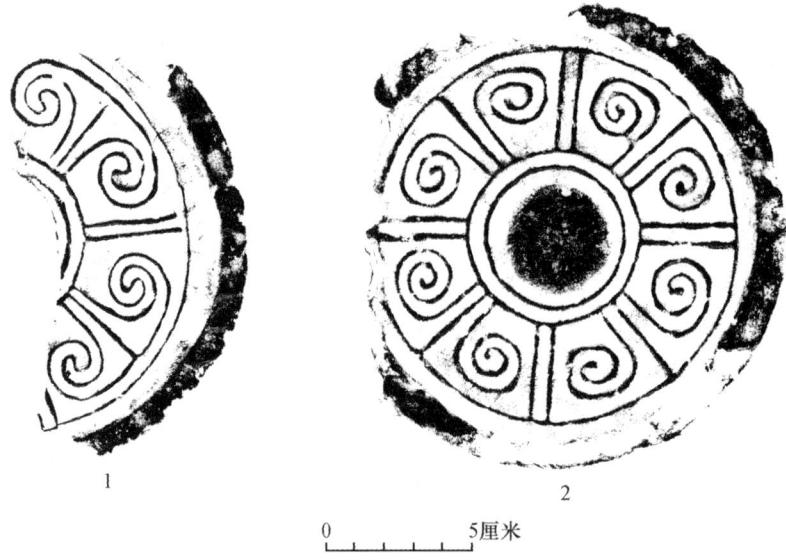

图二八　Ac型云纹瓦当拓片
1.H2∶19　2.G3∶1

图二九　Ad型云纹瓦当拓片
（H7∶15）

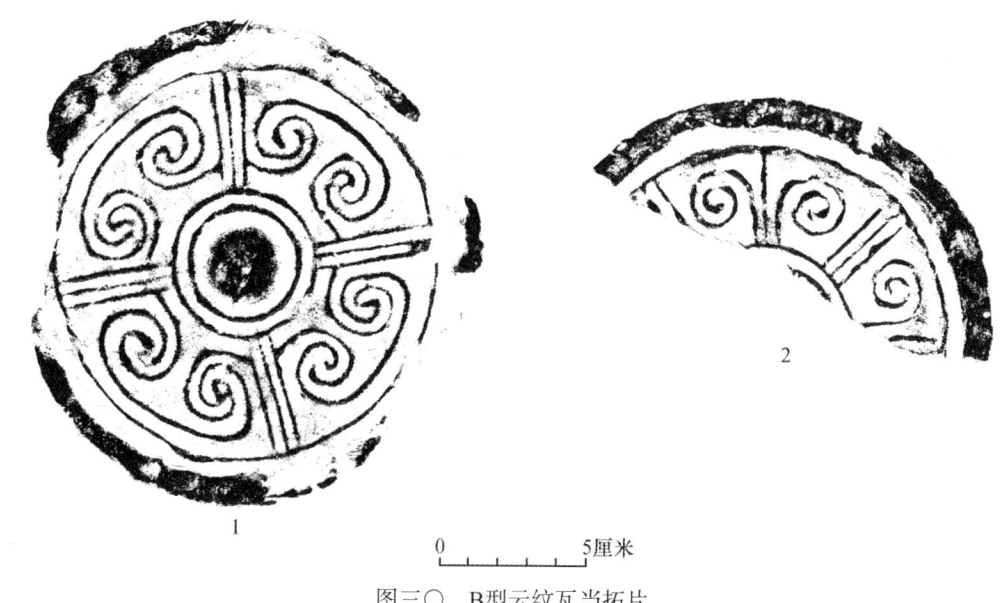

图三〇　B型云纹瓦当拓片
1.Ba型（TN05E06⑤：5）　2.Bb型（G2①：111）

多，其豆盘呈斜弧腹，腹部较浅，底部带矮喇叭形圈足，这类陶豆在成都平原大约从秦代开始出现，如大邑五龙M19：32[2]及新都清镇M1：11[3]等，至西汉早期大量流行，如什邡城关M85：8[4]，该墓与之共存的半两钱为吕后二年所铸"八铢半两"；Ab型陶盆的上腹近垂直，折棱较突出，与成都龙泉驿北干道M9出土的陶甑（M9：12）[5]接近，该墓的年代约在西汉早期；陶鼎和器足都属于釜形鼎的个体，这类陶鼎在成都平原主要流行于战国晚期至西汉早期[6]，年代较晚的材料如郫县古城乡M14：2和M22：5[7]，两座墓葬的年代约在西汉中期偏早；Aa型云纹瓦当的云纹呈蘑菇状，卷曲较甚，底端两边连接于界格线之上，与大邑斜江学校西汉早、中期遗址出土的云纹瓦当[8]相同。相较而言，A型陶罐则属于遗址所出年代较晚的陶器标本，墓葬出土材料主要集中于西汉中期以后，如郫县古城乡M6：8和青白江大同磷肥厂M13：13[9]，年代都在西汉晚期。

综上所述，通锦路汉代遗址的年代主要集中于西汉早期，下限可延续至西汉中期或更晚。

发掘与整理：白豫川　易　立　张雪芬　江　滔
　　　　　　李　平　李继超
绘　　　图：钟雅莉
拓　　　片：严　彬
执　　　笔：白豫川　易　立　张雪芬　江　滔

注　释

［1］ 四川省文物考古研究院、德阳市文物考古研究所、什邡市博物馆：《什邡城关战国秦汉墓地》，文物出版社，2006年，第141页。

［2］ 四川省文管会、大邑县文化馆：《四川大邑县五龙乡土坑墓清理简报》，《考古》1987年第7期。

［3］ 成都市新都区文物管理所、成都市博物院、成都文物考古研究所：《成都市新都区清镇村土坑墓发掘简报》，《成都考古发现》（2005），科学出版社，2007年。

［4］ 四川省文物考古研究院、德阳市文物考古研究所、什邡市博物馆：《什邡城关战国秦汉墓地》，文物出版社，2006年，第145页。

［5］ 成都市文物考古研究所、龙泉驿区文物管理所：《成都市龙泉驿区北干道木椁墓群发掘简报》，《文物》2000年第8期。

［6］ 江章华、张擎：《巴蜀墓葬的分区与分期初论》，《四川文物》1999年第3期。

［7］ 成都市文物考古研究所、郫县博物馆：《四川郫县古城乡汉墓》，《考古》2004年第1期。

［8］ 成都文物考古研究所、大邑文物保护管理所：《大邑斜江学校遗址发掘简报》，《成都考古发现》（2008），科学出版社，2010年。

［9］ 成都文物考古研究所、青白江区文物保护管理所：《成都市青白江区大同磷肥厂工地汉墓发掘报告》，《成都考古发现》（2008），科学出版社，2010年。

成都市成温邛快速通道大邑段十号文物点考古发掘简报

成都文物考古研究院
大邑县文物保护管理所

2013年4月，为了配合成温邛快速通道大邑段的修建，成都文物考古研究院会同大邑县文物保护管理所对线路穿越区域进行了考古调查和发掘。共发现文物点位10个，其中十号点保存较好，发现有汉代至明代时期墓葬数座，现将该点发掘情况介绍如下。

十号点位于大邑县三岔镇高山社区三组（图一），发现有新石器时代石器2件、东汉至明代各期墓葬共7座，发掘面积约400平方米，采用探沟和探方相结合的方法进行发掘，发掘编号为"2014DSG"，方向均为正南北向。

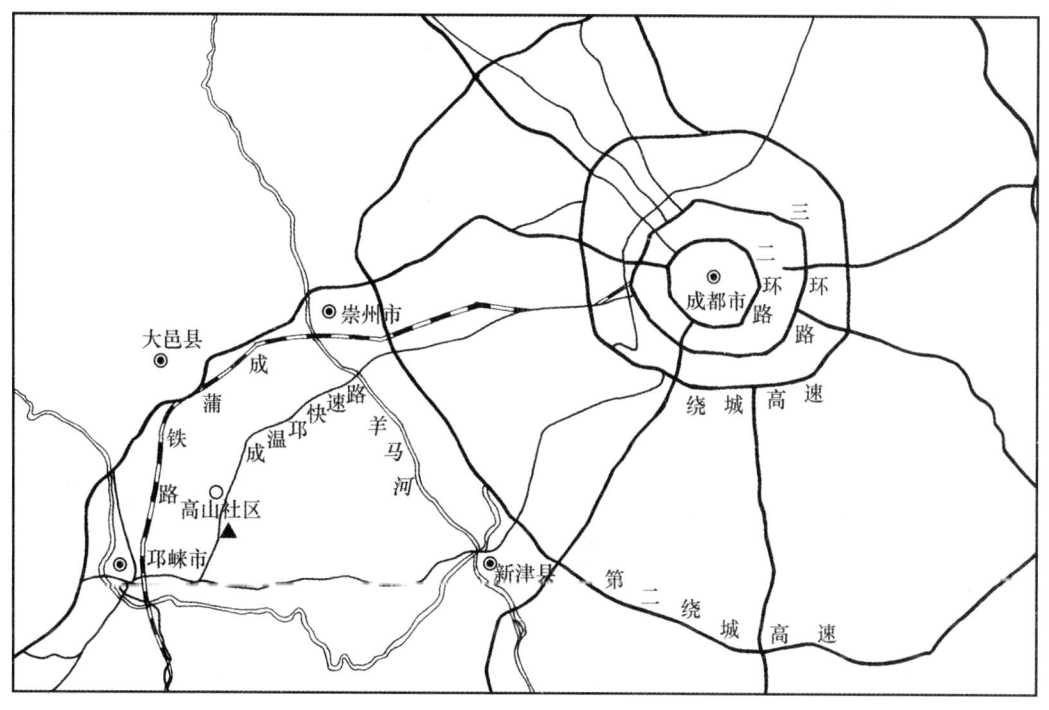

图一 遗址位置示意图

一、地层堆积

本次发掘的地层堆积较浅，仅有2层。以T1为例介绍如下：

第1层：灰黑色土，土质疏松。厚0.1米。包含有较多植物根系，为现代耕土层。

第2层：灰黄色土，土质较硬。距地表深0.1、厚0.07~0.13米。包含有零星破碎的酱黄釉瓷片，为唐宋时期地层。

二、遗迹和遗物

（一）新石器时代遗物

本次未发现新石器时代的地层堆积和陶片。仅发现石锛1件。

石锛　1件。TG22②：1，红色砾石。通体磨光，一侧有单面刃部，另一侧较尖。长6、厚1.8厘米（图二，4）。

另在周围采集有石斧1件。

石斧　1件。采：1，青灰色砾石。长10.2、宽7、厚4厘米（图二，3）。

需要指出的是，该地点离高山古城直线距离仅500米左右，推测可能与高山古城遗址有关。

（二）东汉、魏晋时期墓葬

5座，编号为M1~M5。均开口于第2层下。M2~M4是本次较为重要的发现。三座墓共用一个封土堆，封土堆为夯筑，南北残长22、东西残宽16米。墓葬的建造是先在封土上部开挖竖穴土坑，然后以砖构墓。其中M2和M3平行排列，M4方向则与M2、M3垂直，从其墓向和墓室铺地砖规格与前两座墓明显不同判断时代可能比前两座晚（图三）。

M1　东西向，方向90°。盗扰极为严重，残存北侧墓壁和极少一部分甬道。通过残留痕迹判断，墓葬由甬道和墓室两部分组成。墓室长4.2、残宽1.3、残深0.37米。甬道位于墓室东部，残长1.1、宽1.29米（图四）。墓室用砖有长方形和梯形花纹砖等。铺地砖为长方形素面砖顺铺。墓砖规格为（42~44）×21-7厘米和30×（22~26）-7.5厘米。出土遗物均为扰土中出土，可辨器形有陶房、陶盆、陶罐和陶瓮等。

陶罐　1件。M1：8，泥质灰陶。侈口，卷沿，圆唇。残高3.2厘米（图五，7）。

陶盆　1件。M1：5，泥质灰黄陶。敞口，折沿，圆唇，直腹。下腹部有一圆孔。残高10.2厘米（图五，5）。

陶瓮　1件。M1：3，泥质灰陶。侈口，折沿，圆唇。口径35、残高3.8厘米（图

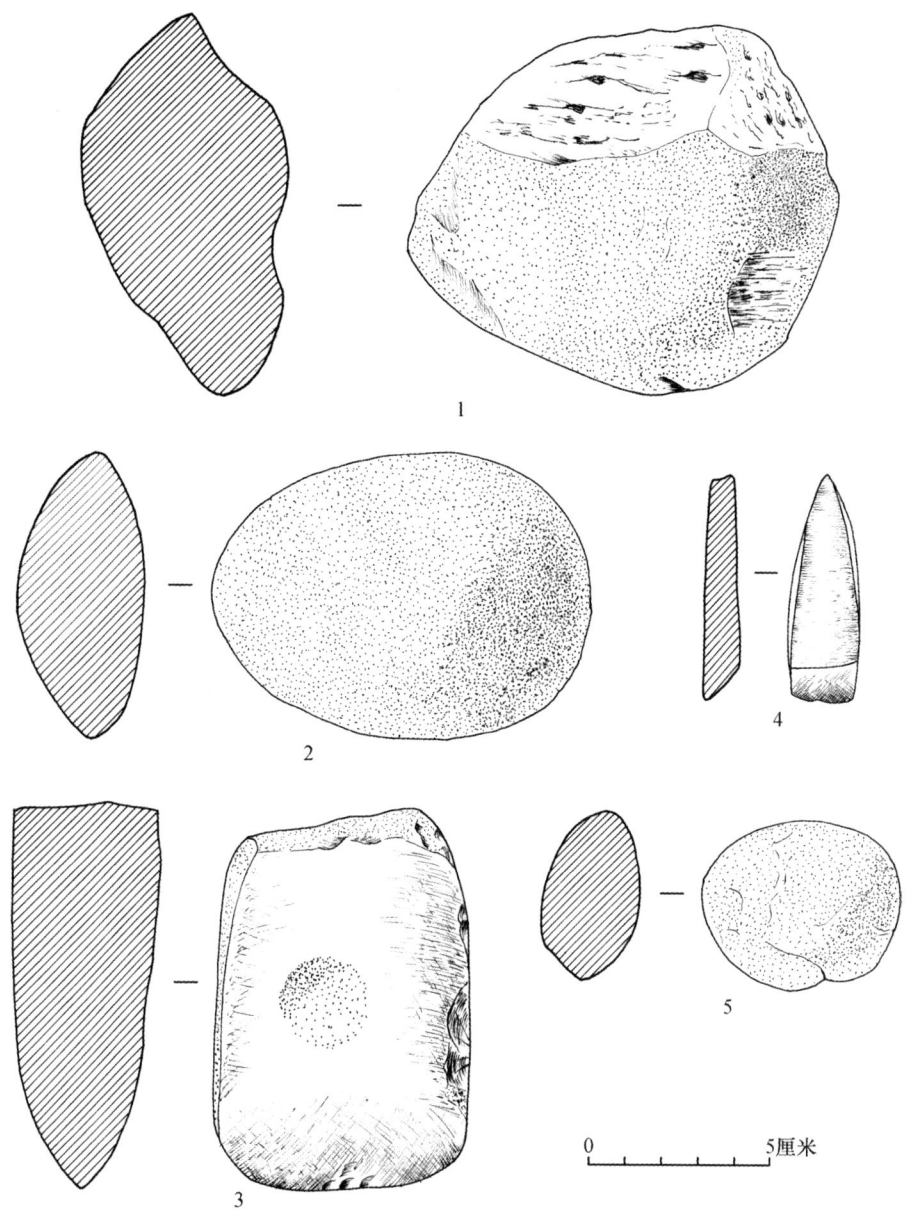

图二　新石器时代石器及M5出土美石
1、2、5.美石（M5：3、M5：2、M5：1）　3.斧（采：1）　4.锛（TG22②：1）

五，6）。

陶器底　3件。M1：2，泥质灰陶。平底略内凹。腹部饰菱形网格纹。底径26、残高6厘米（图五，1）。M1：1，泥质灰黑陶。小平底。可能为钵的底部。底径8.8、残高3.6厘米（图五，2）。M1：9，泥质灰黄陶。圈足，足端微翘。足径10、残高1厘米（图五，3）。

陶房　1件。M1：4，泥质灰黄陶。仅存腹部，中部有一道凸棱。残高5.5厘米（图

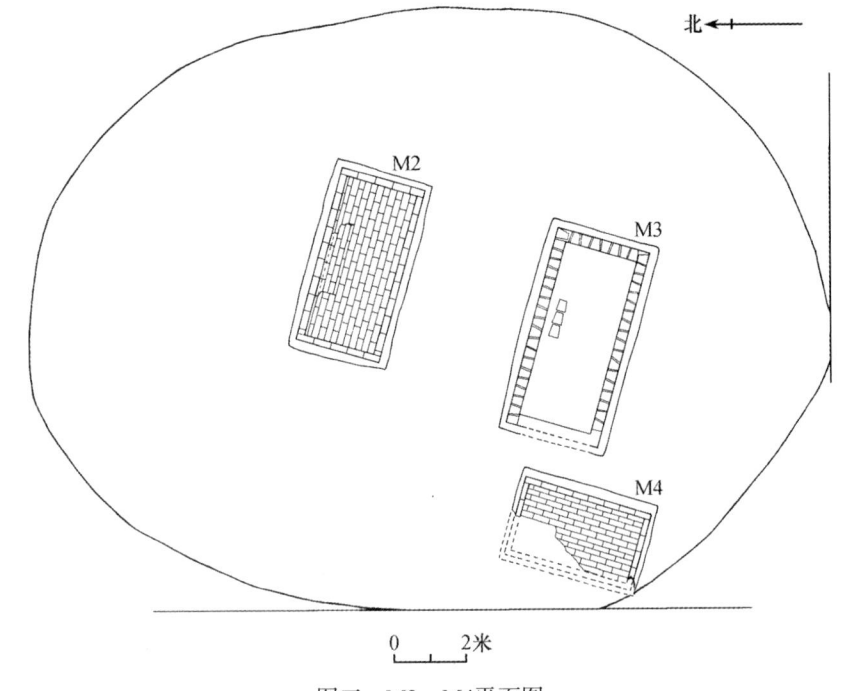

图三　M2～M4平面图

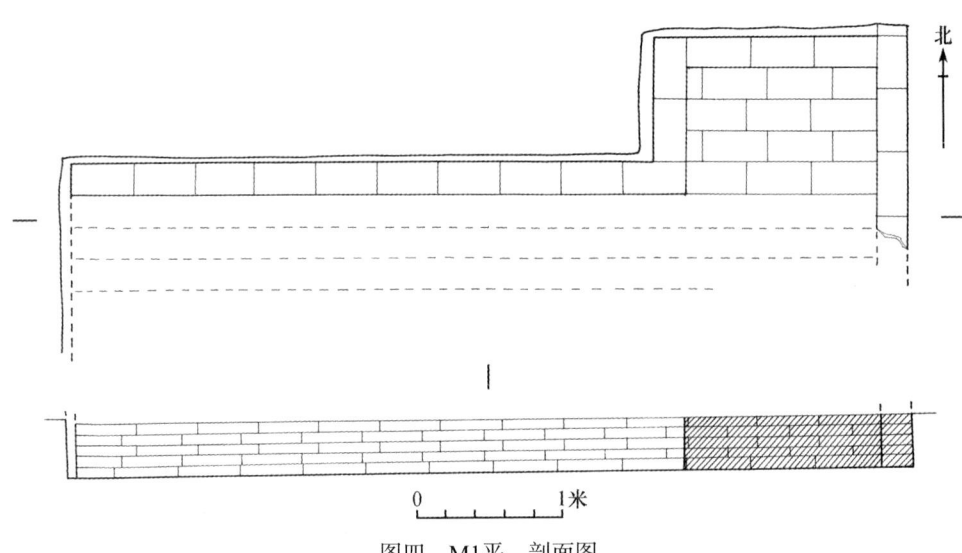

图四　M1平、剖面图

五，4）。

M2　竖穴单室砖墓，墓室中部发现有棺台。方向105°。墓圹长4.8、宽2.5米。墓室长4.38、宽1.98、残深0.98米，棺台东西长2.2、南北残宽0.42米。墓室用素面砖砌筑，券顶用楔形砖，墓壁砌法为平砖错缝顺砌，铺地砖顺砌。墓壁用砖规格为48×17.5-8厘米，铺地砖规格为44×22-7厘米（图六）。墓葬盗扰严重，填土中包含有灰烬和大量

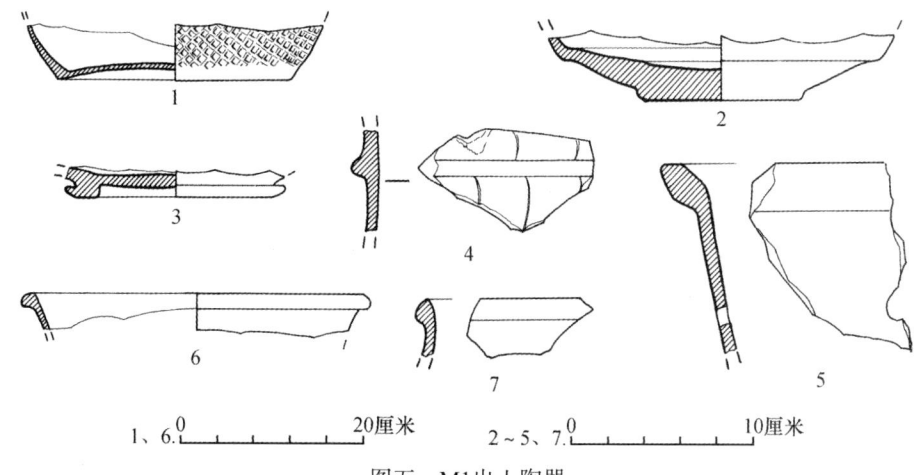

图五　M1出土陶器

1~3. 器底（M1:2、M1:1、M1:9）　4. 房（M1:4）　5. 盆（M1:5）　6. 瓮（M1:3）　7. 罐（M1:8）

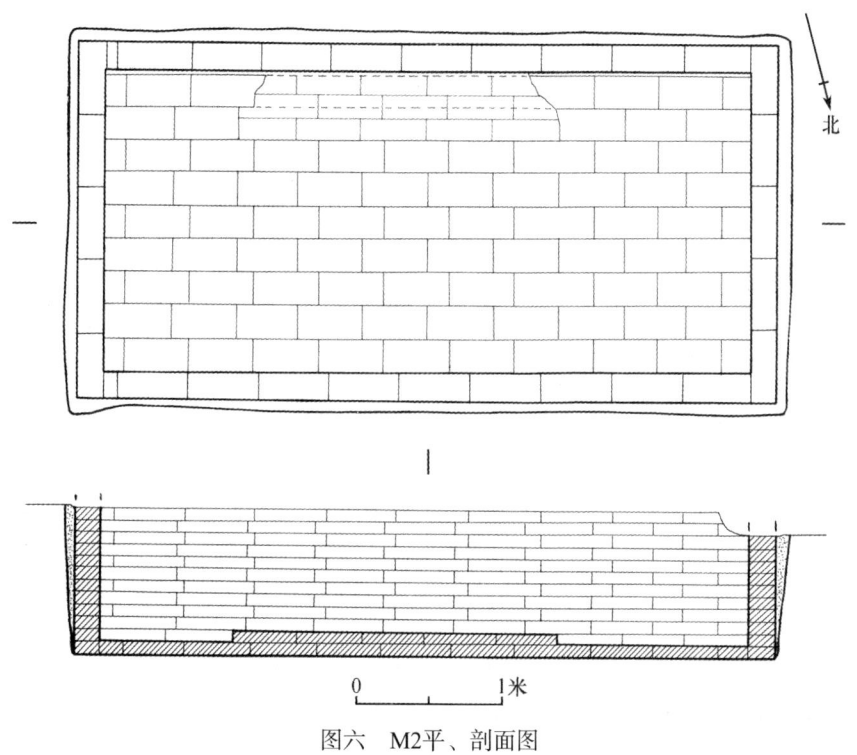

图六　M2平、剖面图

残碎陶片，可辨器形有陶俑、陶盆、陶罐、陶瓮、陶房、陶仓、陶鱼塘、陶鼎足、陶甑等。

陶盆　5件。M2:7，泥质灰黄陶。敞口，折沿，外翻圆唇，腹部直收。腹部饰三周凹弦纹。口径30、残高5.4厘米（图七，1）。M2:8，泥质灰黄陶。敞口，折沿，外翻圆唇，腹部直收。腹部饰三周凹弦纹。口径20、残高4.9厘米（图七，2）。

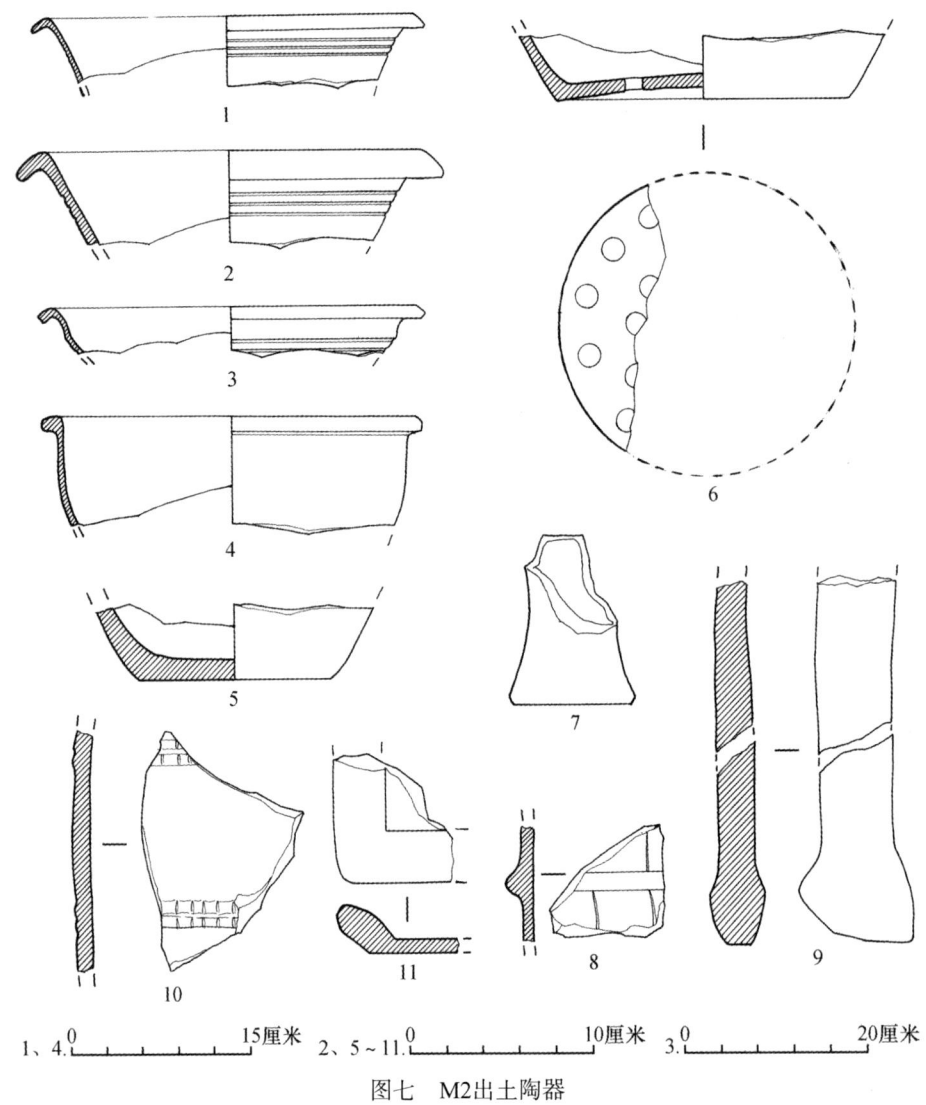

图七 M2出土陶器

1~4. 盆（M2:7、M2:8、M2:11、M2:3） 5. 器底（M2:16） 6. 甑（M2:19） 7. 俑（M2:2） 8. 房（M2:17） 9. 鼎足（M2:14） 10. 仓（M2:10） 11. 鱼塘（M2:4）

M2:11，泥质灰陶。敞口，折沿，外翻圆唇，腹部直收。腹部饰两周凹弦纹。口径40、残高4.8厘米（图七，3）。M2:3，夹细砂灰陶。直口微侈，折沿，方唇，腹部弧收。口径33、残高8.7厘米（图七，4）。M2:9，泥质灰黄陶。敞口，斜沿，圆唇，斜直腹。残高7.3厘米（图八，1）。

陶罐 3件。M2:18，夹砂灰陶。口微敛，圆唇，弧肩。口径9、残高2.7厘米（图八，3）。M2:1，夹砂灰陶。敛口，方唇，溜肩。肩部饰一周凹弦纹。口径16、残高3厘米（图八，4）。M2:12，泥质灰黄陶。敛口，方唇，溜肩。肩部饰一周凹弦纹。口径22.8、残高3.4厘米（图八，5）。

陶瓮　1件。M2∶6，泥质灰黑陶。敛口，卷沿，圆唇，广肩。肩部饰一周凹弦纹。口径36、残高3.5厘米（图八，2）。

陶器底　1件。M2∶16，泥质灰陶。底径11、残高4厘米（图七，5）。

陶甑　1件。M2∶19，泥质灰黄陶。平底略内凹，底部有数个小圆孔。底径16、残高3.4厘米（图七，6）。

陶鼎足　1件。M2∶14，泥质灰白陶。蹄形足。直径4、残高19.7厘米（图七，9）。

陶仓　1件。M2∶10，泥质黑皮陶。仅余腹部，直腹。腹部饰附加堆纹。残高13厘米（图七，10）。

陶房　1件。M2∶17，泥质灰黄陶。仅存腹部，中有一道凸棱。残高6.1厘米（图七，8）。

陶鱼塘　1件。M2∶4，泥质灰黄陶。敞口，圆唇，平底。残长6.6、残宽6.6、高2.6厘米（图七，11）。

陶俑　1件。M2∶2，泥质灰黑陶。残，仅余下半部。残高9.2厘米（图七，7）。

M3　位于M2南侧，两墓间距约3.3米。竖穴单室砖墓，方向105°。墓圹长5.5、宽2.9米，墓室长4.8、宽2、残深1.23米（图九）。券顶用单侧饰菱形或者联币纹楔形砖砌筑；墓壁砌法为梯形双侧菱形纹砖横砌，花纹皆向内。铺地砖用梯形砖顺铺。盗扰严重，填土中包含有灰烬和大量残碎陶片，可辨器形有陶釜、陶甑、陶瓮、陶罐、陶房构件、陶仓等。

陶圜底釜　1件。M3∶3，泥质红陶。仅存底部。底部满饰绳纹。残高2厘米（图一〇，1）。

陶罐　2件。M3∶10，夹细砂灰陶。口部残，直颈，溜肩。残高6.3厘米（图一〇，7）。M3∶8，夹砂灰陶。敛口，卷沿，圆唇，广肩。口径16、残高4.4厘米（图一〇，8）。

陶瓮　2件。M3∶11，泥质灰黑陶。敛口，卷沿，圆唇，广肩。口径38、残高2厘

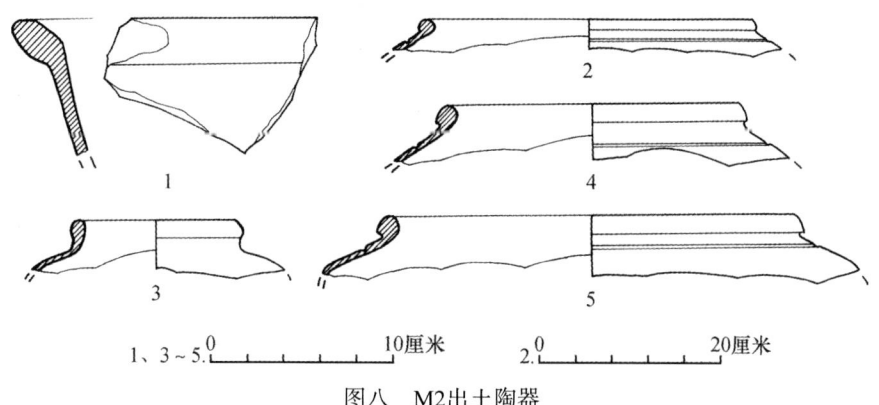

图八　M2出土陶器
1.盆（M2∶9）　2.瓮（M2∶6）　3～5.罐（M2∶18、M2∶1、M2∶12）

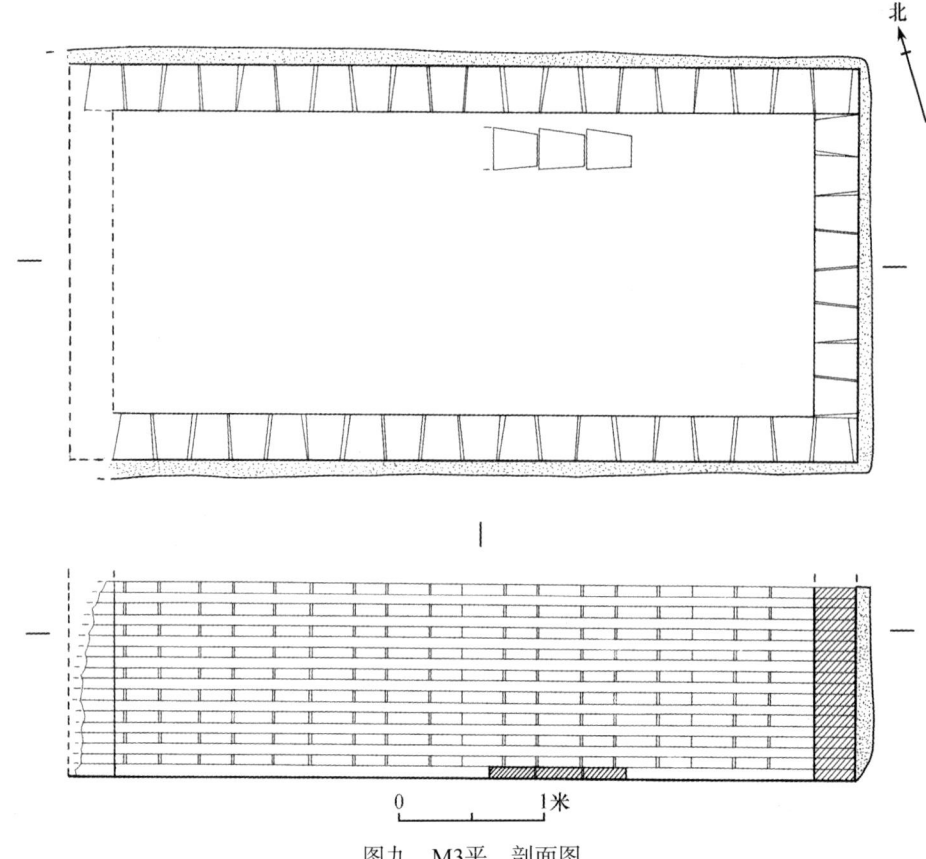

图九　M3平、剖面图

米（图一〇，9）。M3：12，泥质灰黄陶。敛口，卷沿，圆唇，广肩。口径36、残高2.2厘米（图一〇，10）。

陶甑　1件。M3：6，泥质灰褐陶。平底略内凹，底部有数个小圆孔。底径14.8、残高7厘米（图一〇，3）。

陶器底　2件。M3：1，夹砂灰陶。平底略内凹。底径20、残高7厘米（图一〇，2）。M3：5，泥质黑皮陶。圈足。足径12、残高2.7厘米（图一〇，4）。

陶房构件　1件。M3：7，泥质灰陶。残，长方形。残高5厘米（图一〇，5）。

陶仓　1件。M3：9，泥质黑皮陶。仅存腹部，直腹。腹部饰附加堆纹。残高14厘米（图一〇，6）。

M4　东距M3约0.75米。竖穴单室砖墓，墓葬西部破坏殆尽，方向195°。墓圹长3.84、残宽2.26米，墓室长3.32、宽1.78、残深0.94米（图一一）。墓壁从高0.9米处起券。墓室四壁平砖错缝顺砌，铺地砖顺铺。砖规格为45×14-7厘米。盗扰严重，填土中包含有大量残碎陶片，可辨器形有陶罐、陶瓮、陶盆等。

陶罐　2件。M4：12，泥质黄陶。侈口，卷沿，尖圆唇。口径14、残高2.5厘米（图一二，2）。M4：11，泥质黄陶。侈口，尖圆唇。肩部饰一周凹弦纹。口径21、残

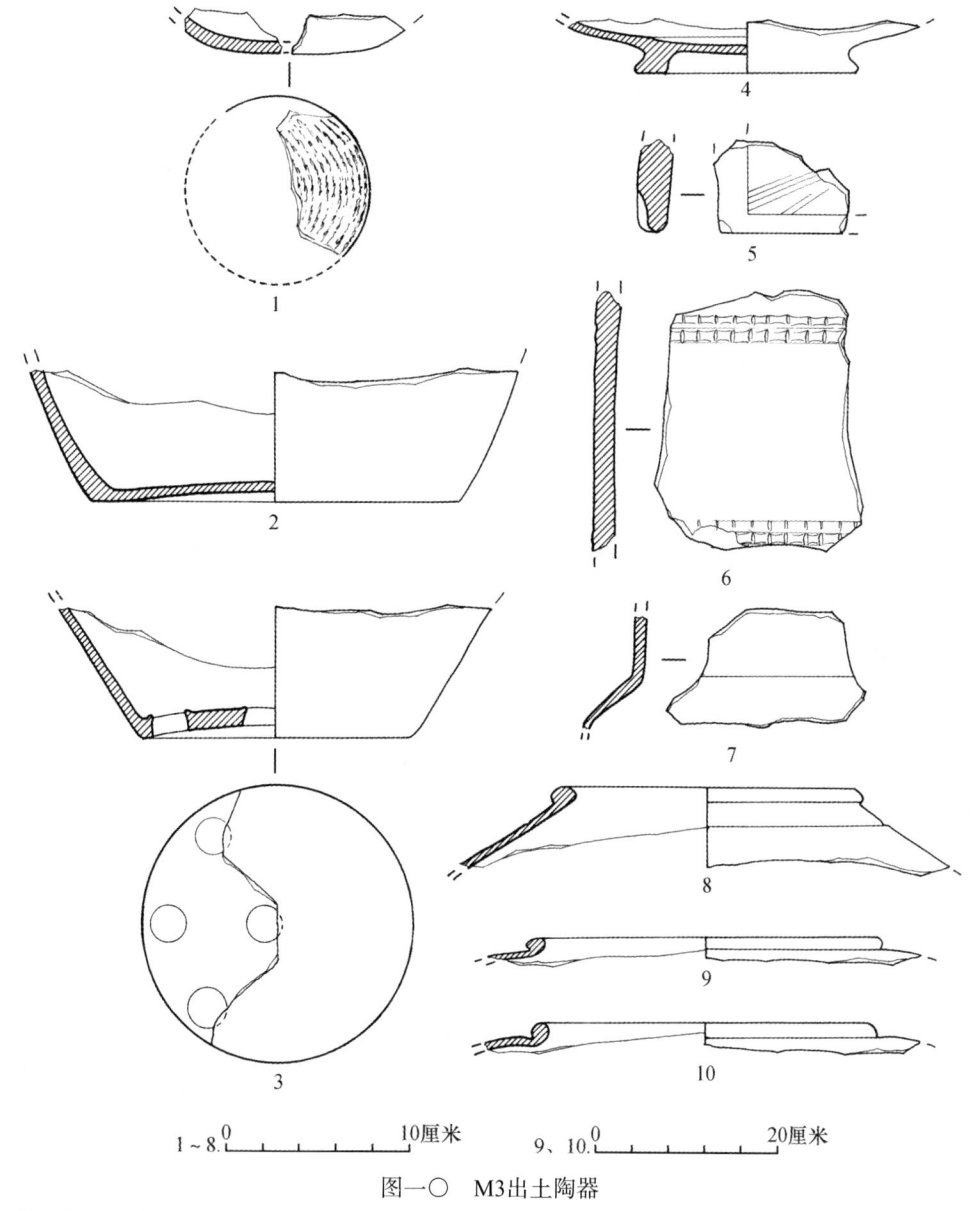

图一〇 M3出土陶器

1.圜底釜（M3:3） 2、4.器底（M3:1、M3:5） 3.甑（M3:6） 5.房构件（M3:7） 6.仓（M3:9）
7、8.罐（M3:10、M3:8） 9、10.瓮（M3:11、M3:12）

高2.7厘米（图一二，1）。

陶盆 5件。M4:9，泥质黑皮陶。敞口，平折沿，圆唇，腹部直收。腹部饰三周凹弦纹。口径30、残高5.5厘米（图一二，3）。M4:3，夹砂灰黄陶。敞口，折沿，方唇，腹部直收。口径34、残高5.4厘米（图一二，4）。M4:6，泥质灰陶。敞口，折沿，方唇，腹部直收。口径33、残高6厘米（图一二，5）。M4:5，泥质灰黄陶。敞口，折沿，圆唇，腹部直收。残高7厘米（图一二，8）。M4:8，泥质灰黄陶。敞口，

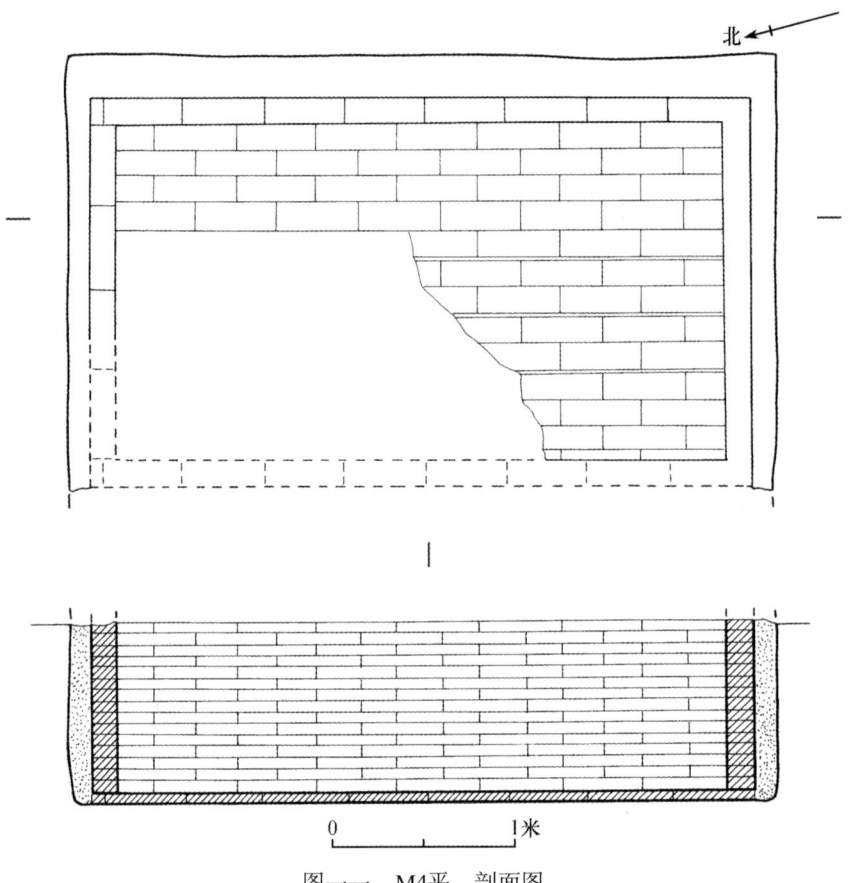

图一一 M4平、剖面图

折沿，圆唇，腹部直收。残高9.6厘米（图一二，9）。

陶瓮　1件。M4∶7，泥质黑陶。敛口，卷沿，圆唇。口径22、残高3.6厘米（图一二，10）。

陶器底　2件。M4∶4，泥质黑皮陶。小平底，可能为钵的底部。底径8.4、残高3.1厘米（图一二，6）。M4∶10，泥质黑皮陶。圈足。足径11.5、残高2厘米（图一二，7）。

M5　竖穴单室砖墓，方向85°。墓圹长3.74、宽1.48米，墓室长3、宽0.7、深0.3米（图一三）。墓壁用梯形单侧菱形纹砖错缝平铺，铺地砖用长方形砖顺铺，纹饰皆向内。墓壁用砖规格为30×（20~25）-6厘米，墓底砖规格33×23-6厘米。墓葬盗扰严重，墓室近底处出土有三块美石。

美石　3件。M5∶1，灰色砾石。椭圆形。长5.4、宽4.4、最厚处2.6厘米（图二，5）。M5∶2，白色砾石。椭圆形。长10.2、宽7.6、最厚处3.4厘米（图二，2）。M5∶3，红色砾石。近圆形。长11.7、宽10.2厘米（图二，1）。

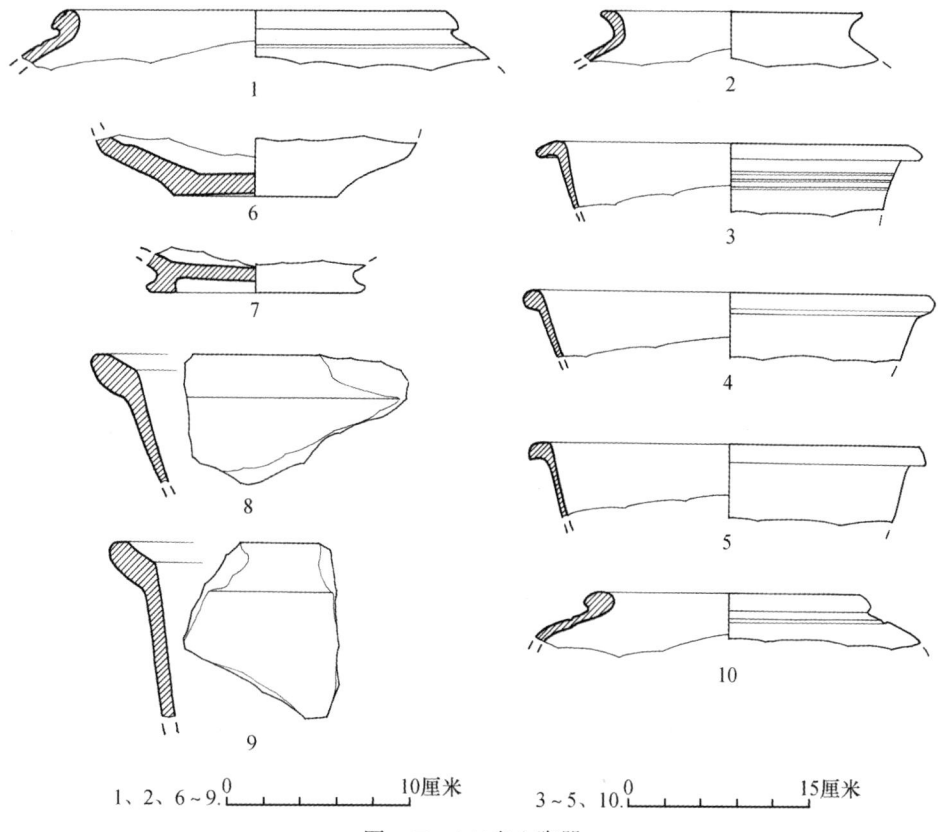

1、2、6~9. 0 —————— 10厘米　　3~5、10. 0 —————— 15厘米

图一二　M4出土陶器

1、2.罐（M4∶11、M4∶12）　3~5、8、9.盆（M4∶9、M4∶3、M4∶6、M4∶5、M4∶8）　6、7.器底（M4∶4、M4∶10）　10.瓮（M4∶7）

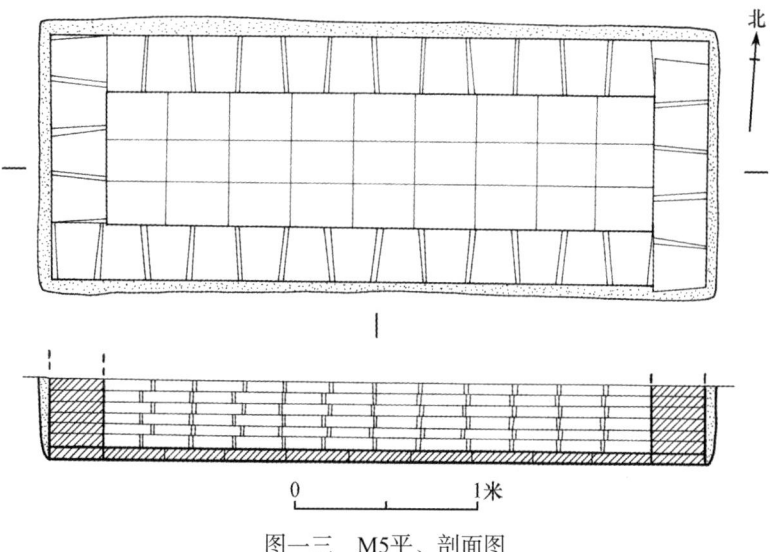

图一三　M5平、剖面图

（三）唐末五代墓葬

仅发现1座，编号M6。

M6　盗扰严重。墓向162°。平面呈梯形，南宽北窄。墓圹长2.6、宽0.75～1.08米，墓室长2.15、宽0.33～0.64、残深0.09米。四壁用长方形素面砖顺砌，墓底大部用长方形素面砖横铺，仅墓室正中用一排长方形砖竖铺（图一四）。墓砖规格为30.5×15.5-4厘米。墓室南侧出土瓷器2件。

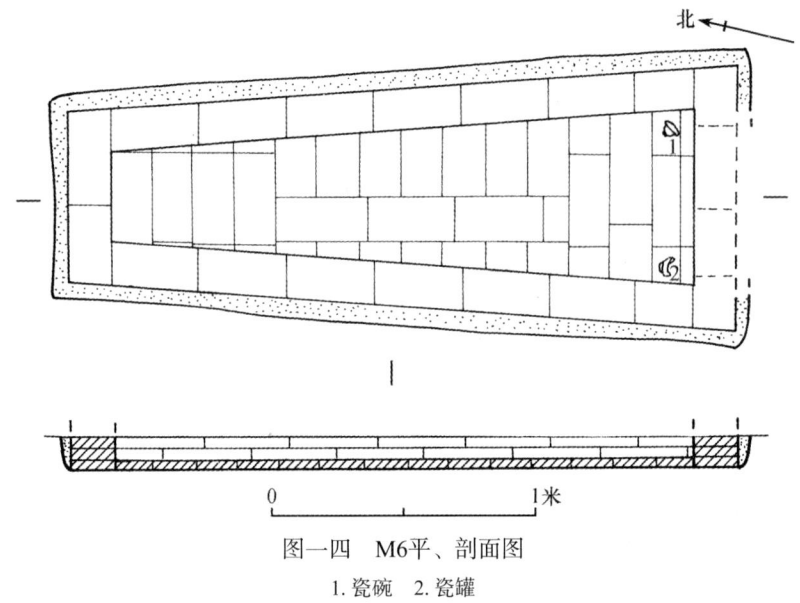

图一四　M6平、剖面图
1.瓷碗　2.瓷罐

瓷碗　1件。M6：1，红胎，青釉，内壁和腹部以上施釉，有流釉现象。敞口，圆唇，弧腹，饼足。口径14、底径6.4、高4.8厘米（图一五，1）。

瓷罐　1件。M6：2，灰胎，有流釉现象。仅存底部，弧腹，饼足。底径8、残高3.4厘米（图一五，2）。

（四）明代墓葬

仅发现1座，编号为M7。

M7　开口于第1层下。墓向40°。平面呈长方形。墓圹长3.1、宽1.4米，墓室长2.5、宽1、残深0.39米（图一六）。墓室后壁有一宽0.35、高0.16、进深0.33米的壁龛。墓室四壁用长方形素面砖顺砌，墓底用长方形素面砖横铺。砖规格为37×16-6厘米。随葬品有瓷碗、瓷罐。

瓷碗　2件。灰胎，褐釉。M7：1，敞口，圆唇，弧腹，圈足。口径15.8、足径6.1、高5.1厘米（图一七，4）。M7：2，仅余碗底，圈足。足径5.7、残高1.8厘米（图

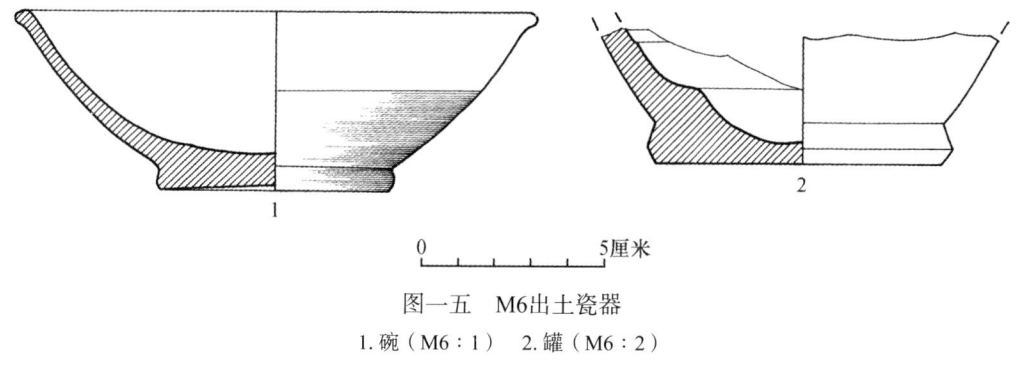

图一五　M6出土瓷器
1. 碗（M6：1）　2. 罐（M6：2）

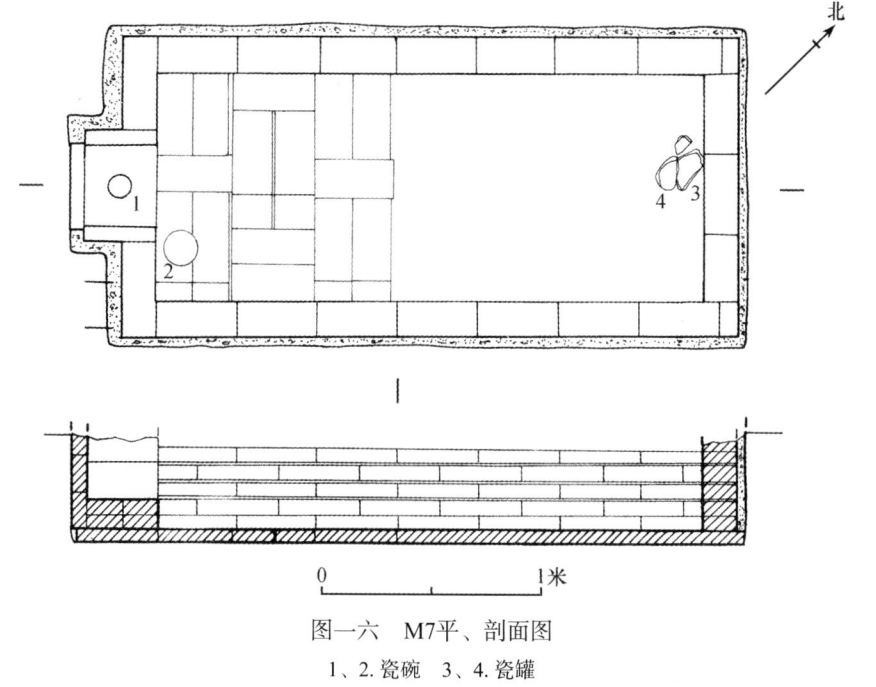

图一六　M7平、剖面图
1、2. 瓷碗　3、4. 瓷罐

一七，1）。

瓷罐　2件。灰胎，酱釉，化妆土施至腹部。敛口，圆唇，鼓腹。M7：3，平底略内凹。口径5.6、腹径11.2、底径6.8、高12厘米（图一七，2）。M7：4，口径6.6、残高6.4厘米（图一七，3）。

三、结　语

M2~M4共用一座封土堆，应为一处家族墓地。墓葬形制均为长方形竖穴单室砖墓，且所用墓砖多为单侧或两侧带纹饰的花纹砖，这些都是成都地区东汉中晚期墓葬的常见特征。随葬品中，陶罐（M2：18）、陶钵（M4：4）、器底等与新都区三河镇

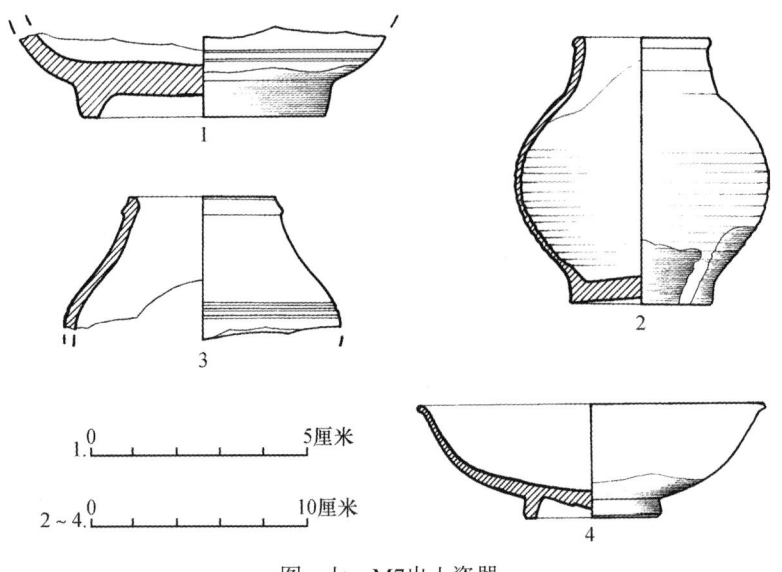

图一七　M7出土瓷器
1、4.碗（M7：2、M7：1）　2、3.罐（M7：3、M7：4）

互助村崖墓出土同类器[1]相似；陶仓（M2：10、M3：9）虽然仅存腹部，但其特征与双流县青枫村陶仓（M4：5、M4：8）的纹饰[2]相同，这两处墓地时代均为东汉中晚期。此外，M3填土中发现有被盗扰的陶棺残片，也是四川地区东汉晚期墓葬常见的葬具。M4墓葬方向与另外两座垂直而非平行分布，推测时代可能较M2和M3略晚。

M1和M5虽然盗扰严重，保存较差，但M1出土陶仓和陶钵残片等与M2、M3接近，M5墓室规模和形制与M4接近等，故推测时代也应相当。

综上判断，M1～M5的时代约为东汉中晚期，其中M4和M5时代相当，略晚于M1～M3。

M6平面呈梯形，出土随葬品中碗（M6：1）底部为典型的大饼足，且釉色为青釉。从四川地区唐宋墓葬分期[3]来看，平面呈梯形的砖室墓流行时间大致为唐代至北宋年间；另饼足碗流行于唐末五代，北宋时期多流行酱釉圈足碗。推测M6时代应为唐末五代时期。

M7平面呈长方形，后壁有壁龛，且在墓室南侧发现墓主人头枕弧形板瓦，这些都是成都地区明代墓葬的常见做法。从出土器物来看，瓷碗（M7：1）与青白江包家梁子Aa型瓷碗（M59：1）[4]形制相近，包家梁子M59时代为明代早中期，故判断M7的时代为明代。

大邑县高山社区新石器时代发现有高山古城，进入历史时期，又紧邻临邛古城，地理位置优越，自古就是人类活动的重要区域。本次发掘共发现墓葬7座，加上出土的早期石器，虽然数量不多，但是时代涵盖新石器时代、东汉、唐末五代和明代四个阶段，墓葬形制变化大，为研究川西地区新石器时代古人活动地域，汉代、唐代和明代砖室墓的分期断代提供了不可多得的新材料。

附记：简报编写过程中呈请陈云洪先生审阅，提出了宝贵的修改意见，谨此表达诚挚的谢意。

发掘：程远福　杨　洋　李延川　廖学兵
绘图：曹桂梅　卢斐斐
执笔：刘雨茂　杨　洋

注　释

［1］　成都文物考古研究所、新都区文物管理所：《成都市新都区东汉崖墓的发掘》，《考古》2007年第9期。

［2］　成都文物考古研究所、双流县文物管理所：《四川双流县青杠村汉、唐、宋代墓地发掘报告》，《成都考古发现》（2010），科学出版社，2012年。

［3］　刘雨茂、朱章义：《四川地区唐代砖室墓分期研究初论》，《四川文物》1999年第3期。

［4］　成都文物考古研究所、青白江区文物保护管理所：《成都市青白江包家梁子宋明墓葬发掘简报》，《成都考古发现》（2010），科学出版社，2012年。

彭州市青龙嘴崖墓发掘简报

成都文物考古研究院
彭州市文物保护管理所

青龙嘴崖墓群位于彭州市庆兴乡塔子村10组青龙嘴（图一；图版二一，1），地理坐标为东经103°47′47.07″、北纬30°58′33.55″。丘陵地貌，山体由侏罗纪红砂岩构成。南邻人民渠，再向南约300米为蒲阳河。蒲阳河南侧有宽约2千米的冲积平坝，土地肥沃。此区域常有崖墓发现。2007年4月，在青龙嘴崖墓群的西面400余米处，曾经清理过10余座汉代崖墓[1]。

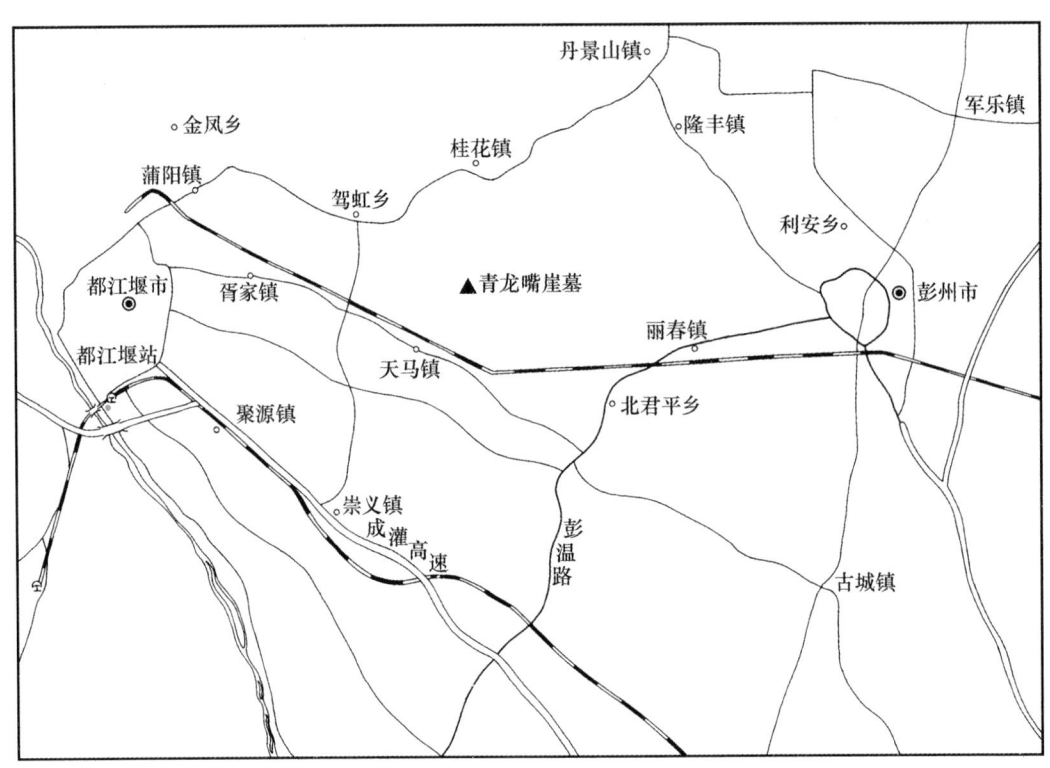

图一　崖墓位置示意图

2013年4月，彭州市塔子村一条在建村道穿过青龙嘴山坡中部，暴露出多座崖墓。成都文物考古研究院、彭州市文物保护管理所对施工范围内的墓葬进行了抢救性发掘，共发现崖墓22座（图二），编号为2013PTQM1～2013PTQM22（以下简写为M1～M22），现报告如下。

一、墓葬形制

墓葬一般由墓道、墓门、甬道、墓室、龛等几部分组成。墓室一般前低后高,利于排水,少见专门的排水设施。墓门处用石块封门,但多被盗扰破坏。

依据墓室形状,分为六型。

A型　6座。墓室平面呈长方形,墓室较大。有M8、M10、M11、M12、M13和M20等。依据墓室数量,分为二亚型。

Aa型　3座。单室。有M8、M10和M20。

M10　位于青龙嘴西侧北部,西邻M9,东邻M11。墓向240°。墓葬由墓道、墓门、甬道、墓室和原岩石灶构成(图三)。墓道被毁坏。墓门正视呈长方形,外侧有门框,宽1.16、残高1.4米。封门由规整的红砂石块横向平铺而成,两侧填充碎砂石,仅存一层,高0.2米。甬道内高外低,长1.64、宽1.16～1.2、高1.4～1.48米,与墓室相接处有一台阶,底部低于墓底0.16米。墓室进深4.76、宽2.92、高1.92～2.12米。墓室西南角有一原岩石灶,由台面、火眼、火塘、火门等几部分构成,台面呈长方形,长0.8、宽0.6、高0.3米。墓顶为弧形。葬具为陶棺,已残碎,出于扰土中。墓壁用小尖凿修整,留有规律的斜向凿痕;墓底留有大尖凿痕。

M20　位于青龙嘴西侧偏南,北邻M19。墓向290°。墓葬由墓道、墓门、甬道、墓室、棺龛和原岩石灶构成(图四)。墓道平面及剖面均呈梯形,残长0.5、宽0.96、残深

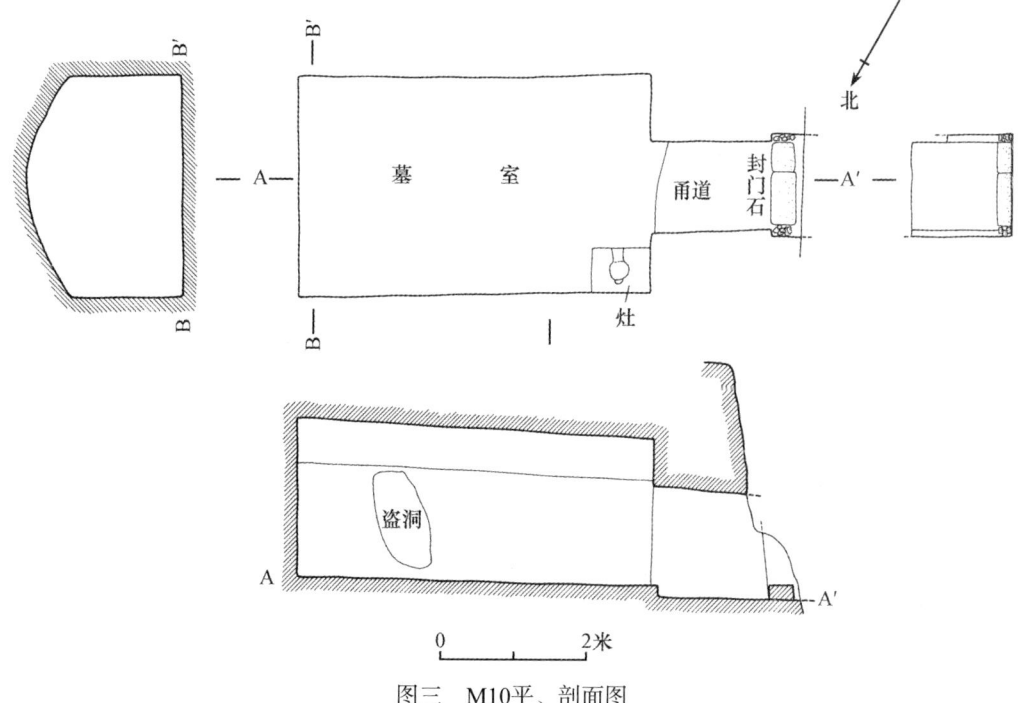

图三　M10平、剖面图

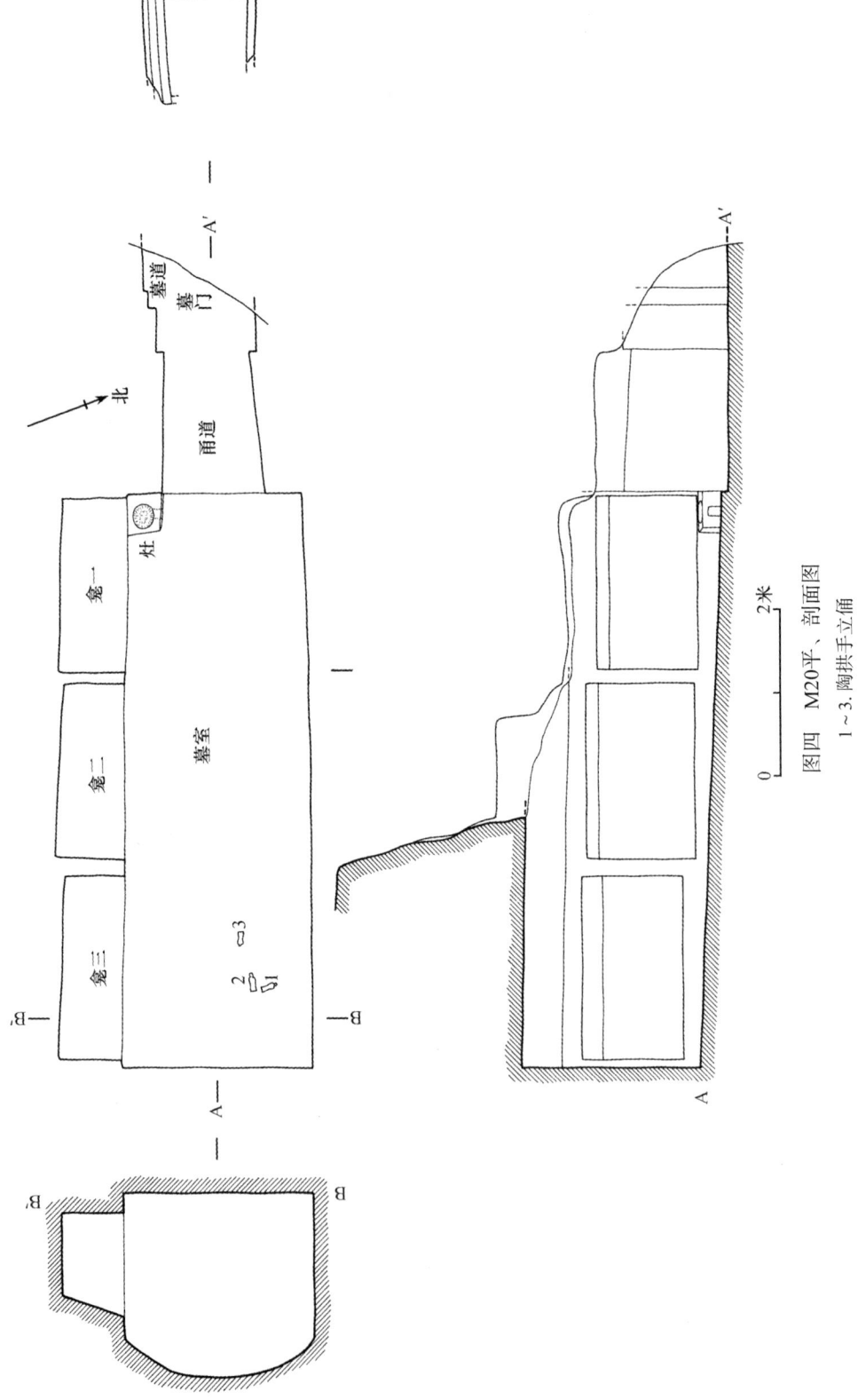

图四 M20平、剖面图
1~3. 陶拱手立俑

0~0.94米。墓门正视呈梯形，外有两层门框，宽1.04、残高0.8~1.28米。封门不详。甬道长1.72、宽1.08~1.28、高1.2~1.28米，与墓室相接处有一台阶，底部低于墓底0.1米。墓室进深6.92、宽2.2~2.4、高1.76~2.24米。墓室南壁凿有三棺龛，平面均呈长方形：棺龛一进深0.8~0.84、宽2.1、高1.08~1.26米，底部高于墓底0.24~0.32米；棺龛二进深0.76~0.88、宽2.1、高1.2~1.34米，底部高于墓底0.16~0.26米；棺龛三进深0.76~0.8、宽2.22、高1~1.24米，底部高于墓底0.2~0.32米。墓室西南角有约0.5米见方的石灶，由台面、火眼、火塘、火门等构成，高0.24米。墓顶弧形。葬具不详。墓内留有规律凿痕，墓底用宽凿，墓壁用窄凿修整。墓葬有被盗痕迹。随葬品散见于墓室后部。

Ab型　3座。利用台阶将墓室分为前后两室（区）。有M11、M12和M13。

M12　位于青龙嘴西侧偏北，西邻M11，东临M13。墓向210°。墓葬由墓道、墓门、甬道、墓室、棺龛、壁龛和原岩石灶构成（图五）。墓道已毁。墓门正视呈梯形，外有两层门框，宽0.96~1.16、残高1.1米。封门由规则的长方体红砂石块平铺而成，仅存一层，高0.2米。甬道平面呈梯形，长1.48、宽1.2~1.4、高1.12~1.16米，甬道和墓室相接处有一台阶，底部低于墓底0.1米。墓室进深4.74、宽2.28~2.36、高1.12~1.68米。墓室中部有一台阶，将墓室分为前后两区，台阶高0.1米。墓室西壁凿有两棺龛，平面均呈长方形，前棺龛进深0.6~0.68、宽1.96、高0.5~0.7米，底部高于墓底0.24米；后棺龛进深0.64~0.7、宽2.12、高0.5~0.7米，底部高于墓底0.2~0.28米。两棺龛之间有两小壁龛，上下平行分布，上部壁龛进深0.08、宽0.22、高0.12米；下部壁龛进深0.08、宽0.14、高0.14米。墓室东南角有一石灶，由台面、火门、火眼等组成，平面呈长方形，长0.8、宽0.48、高0.34米。墓顶为弧形。葬具不详。墓壁用小尖凿修整，留有规律纹饰；墓底留有稀疏宽凿痕迹。

M13　位于青龙嘴西侧偏北，西邻M12。墓向210°。墓葬由墓道、墓门、甬道、墓室、原岩石灶、雕刻构成（图六）。墓道平面与剖面均呈梯形，残长1.5、宽1.72、深0~2.72米。墓门正视呈梯形，外有两层门框，宽1.1~1.2、高1.2米。封门不详。甬道内高外低，平面呈长方形，长1.6、宽1.2、高1.2~1.32米。墓室进深6.92、宽2.5~2.56、高1.44~2.12米。墓室中后部有一台阶，将墓室分为前后两区，台阶高0.14米。墓室东南角有一约0.6米见方的石灶，由台面、火眼、火塘、火门构成，部分被破坏，高0.44米。墓顶后部雕刻两个吊瓜，西侧直径0.14~0.26、高0.12米，东侧直径0.16~0.26、高0.1米。墓室前部东壁有文字"☒日造神墓吉羊"（图版二一，2）。墓顶为弧形。葬具不详。墓内扰土中发现少量人骨。墓门门框经过仔细修整，留下点状凿痕；墓壁用尖凿修整，留有规律凿痕；墓底留有近南北向宽凿痕迹。

B型　1座。墓室长度变短，有向方形墓室过渡趋势。仅见M21。

M21　位于青龙嘴西侧中部，北邻M22。墓向240°。墓葬由墓道、墓门、甬道、墓室和棺龛构成（图七）。墓道平面及剖面均呈梯形，长2.92、宽1.72~1.9、深0~3米。

· 554 ·　成都考古发现（2015）

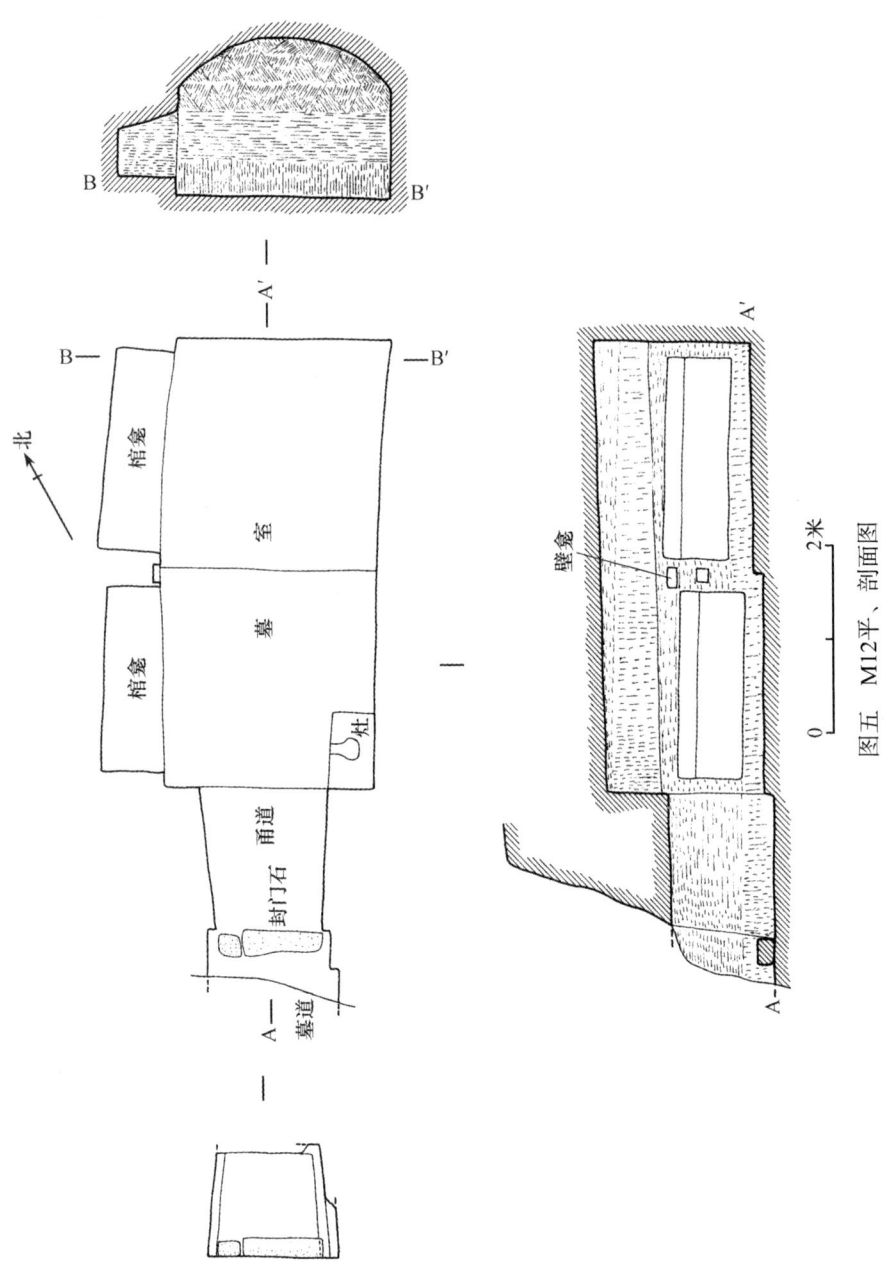

图五　M12平、剖面图

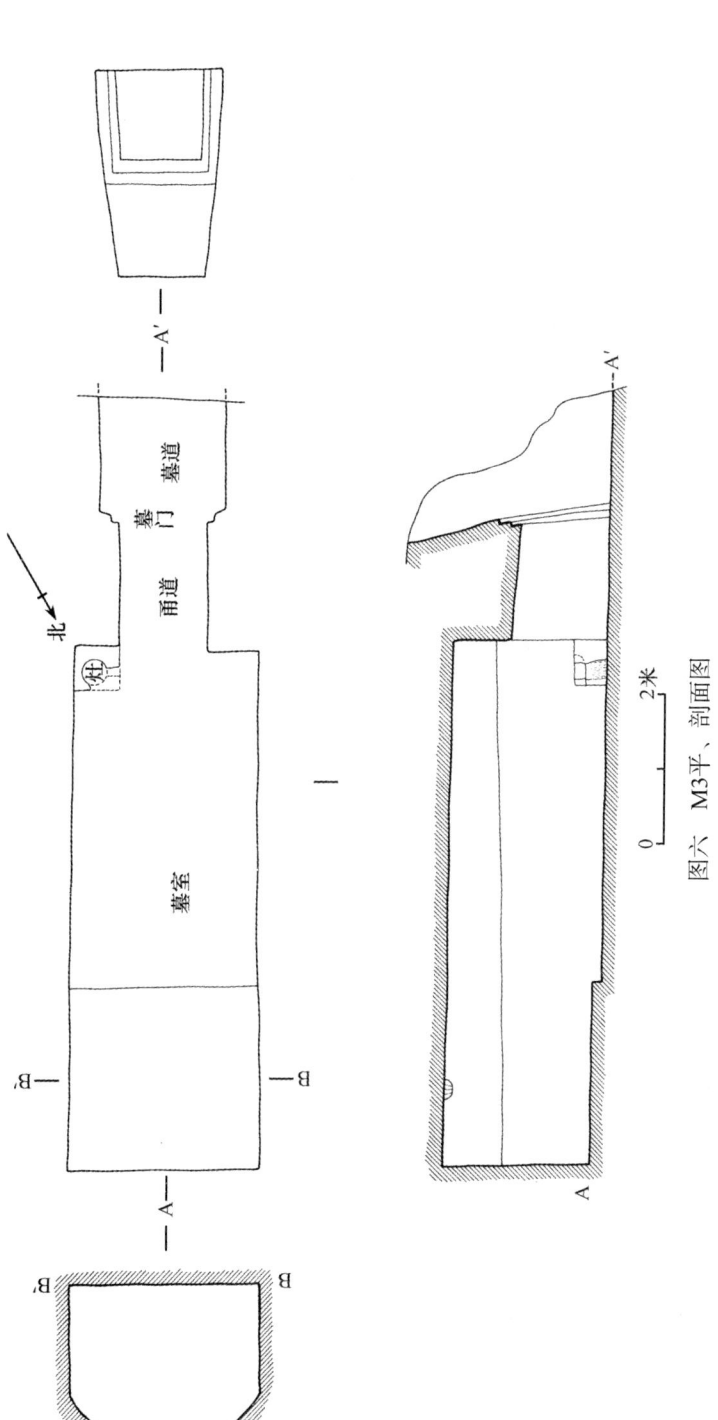

图六 M3平、剖面图

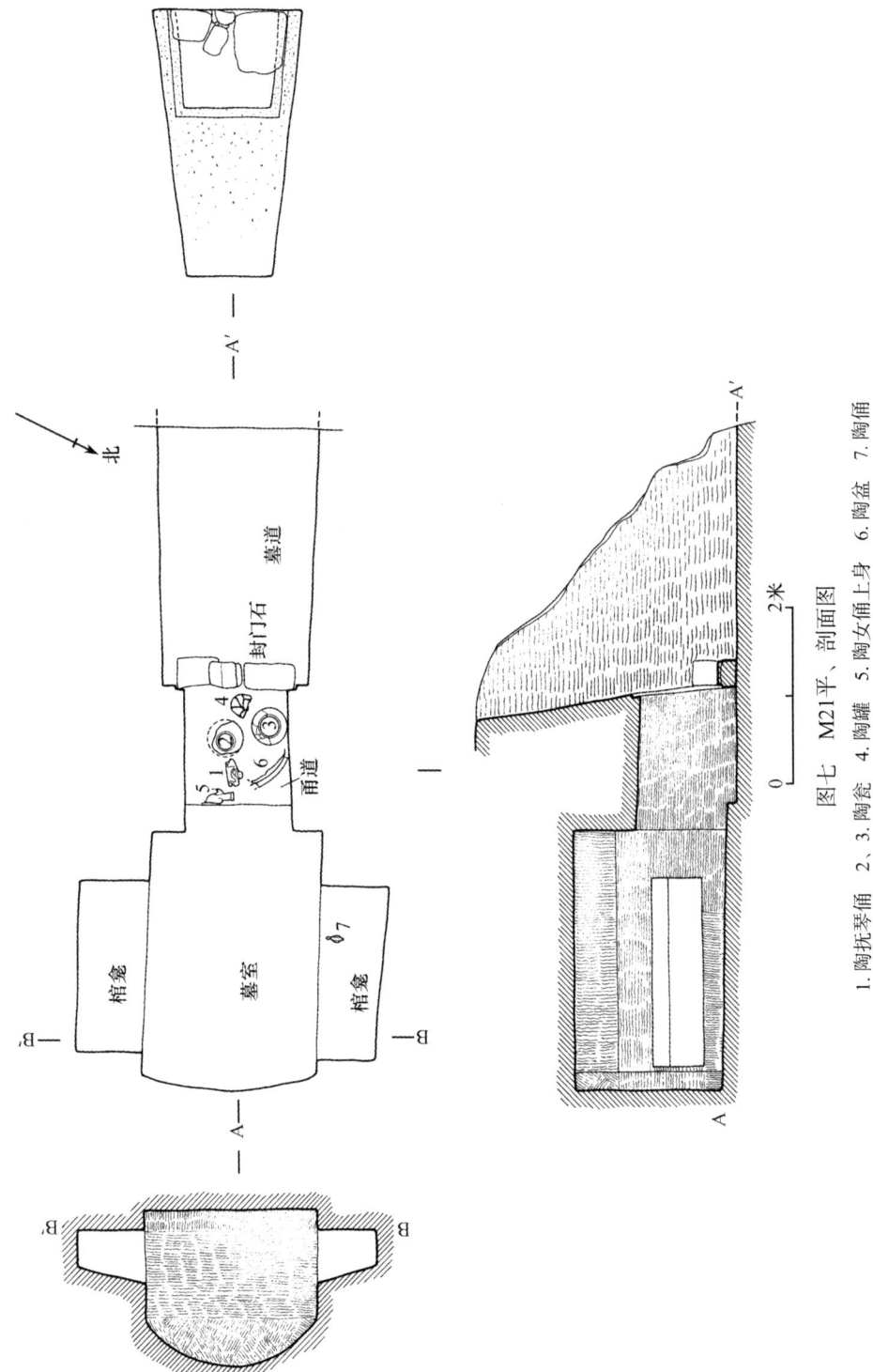

图七 M21平、剖面图
1.陶托琴俑 2、3.陶瓮 4.陶罐 5.陶女俑上身 6.陶盆 7.陶俑

墓门正视呈梯形，外有一层门框，宽1～1.2、高1.1米。封门由规则的长方体红砂石块堆筑而成，高0.7米。甬道内高外低，平面呈梯形，长1.6、宽1.2～1.26、高1.04～1.1米，底部低于墓底0.1米。墓室进深2.92、宽2、高1.28～1.74米。墓室南北两壁各凿有一棺龛，棺龛平面均呈长方形，北棺龛进深0.8、宽1.92、高0.4～0.6米，底部高于墓底0.2米；南棺龛进深0.76、宽1.96、高0.4～0.6米，底部高于墓底0.2米。墓顶为弧形。葬具不详。该墓凿痕最为规整，基本呈水平状，可能带有装饰作用。墓壁凿痕规整；墓道凿痕略稀疏；墓顶凿痕垂直于墓室凿痕；墓门门框有尖凿留下的点状凿痕。随葬品主要置于甬道处，墓内扰土中有零星发现。

C型　3座。墓室平面呈方形。有M2、M6和M18。

M2　位于青龙嘴西侧北部，北邻M1，南邻M3。墓向240°。墓葬由墓道、墓门、甬道、墓室和棺龛构成（图八）。墓道、墓门均被破坏。甬道内高外低，平面呈梯形，

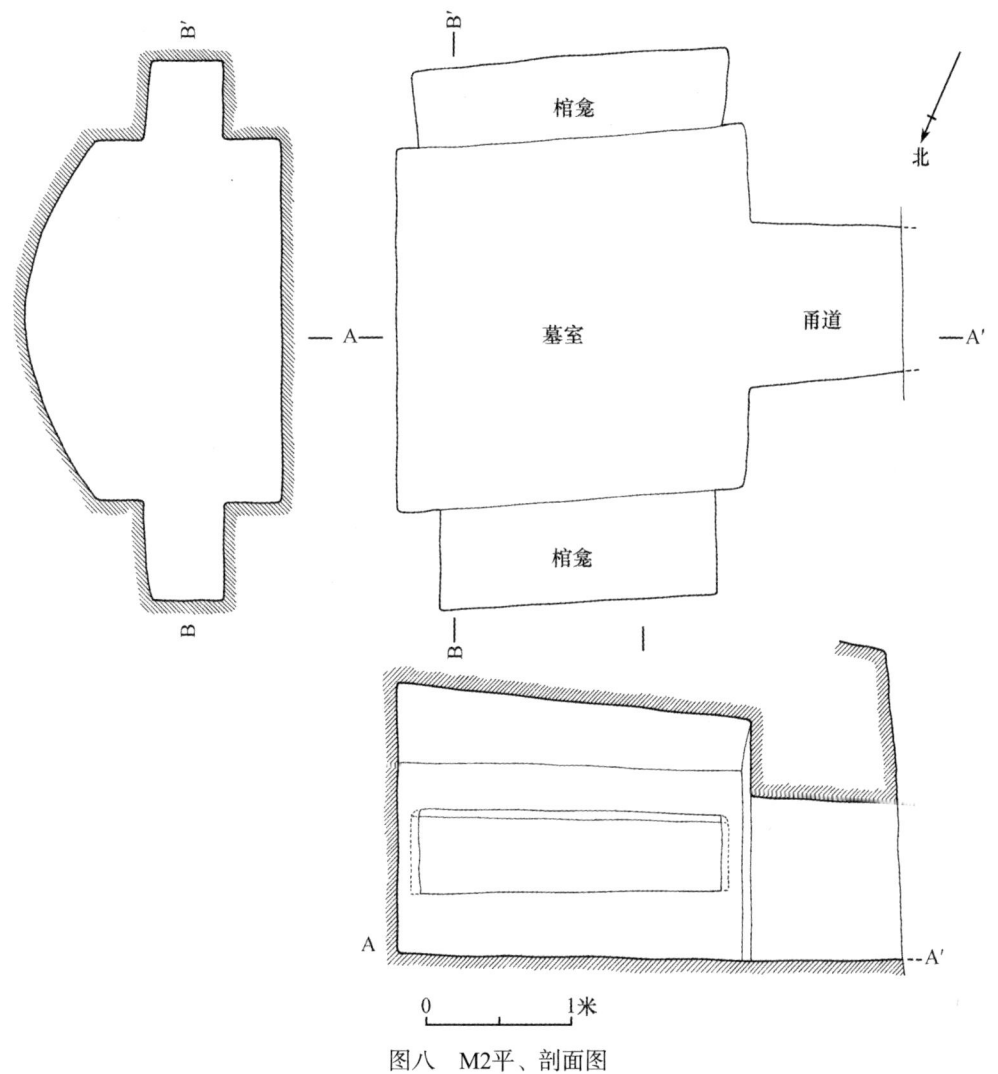

图八　M2平、剖面图

残长1.08、宽0.98～1.1、高1.04～1.08米。墓室进深2.45、宽2.4、高1.28～1.78米。墓室南北两壁各凿有一棺龛，平面均呈长方形，北棺龛进深0.66～0.7、宽1.9、高0.5～0.56米，底部高于墓底0.4米；南棺龛进深0.5～0.55、宽2.1、高0.5～0.56米，底部高于墓底0.4米。墓顶弧形。葬具不详。墓内风化严重，留有稀疏凿痕。

M18 位于青龙嘴西侧中部，北邻M17，南邻M21。墓向260°。墓葬由墓道、墓门、甬道和墓室构成（图九）。墓道、墓门均已不存。甬道内高外低，残长0.9、宽1、残高0.9～1米。墓室进深2.1、宽1.9、高1.2～1.64米。墓顶弧形，局部垮塌。墓室北壁前部雕刻一人头像，宽0.2、高0.3米。葬具不详。墓葬遭盗扰，器物散见于甬道和墓室后部。墓室四壁用尖凿修整，凿痕平行于墓底。

D型 2座。墓室平面仍具有方形特征，但前部变窄，有向梯形过渡趋势。有M4、M7。

M4 位于青龙嘴西侧北部，北邻M3，南邻M5。墓向216.5°。墓葬由墓道、墓门、甬道、墓室、棺龛构成（图一○）。墓道、墓门均已毁坏。甬道内高外低，残长0.66、

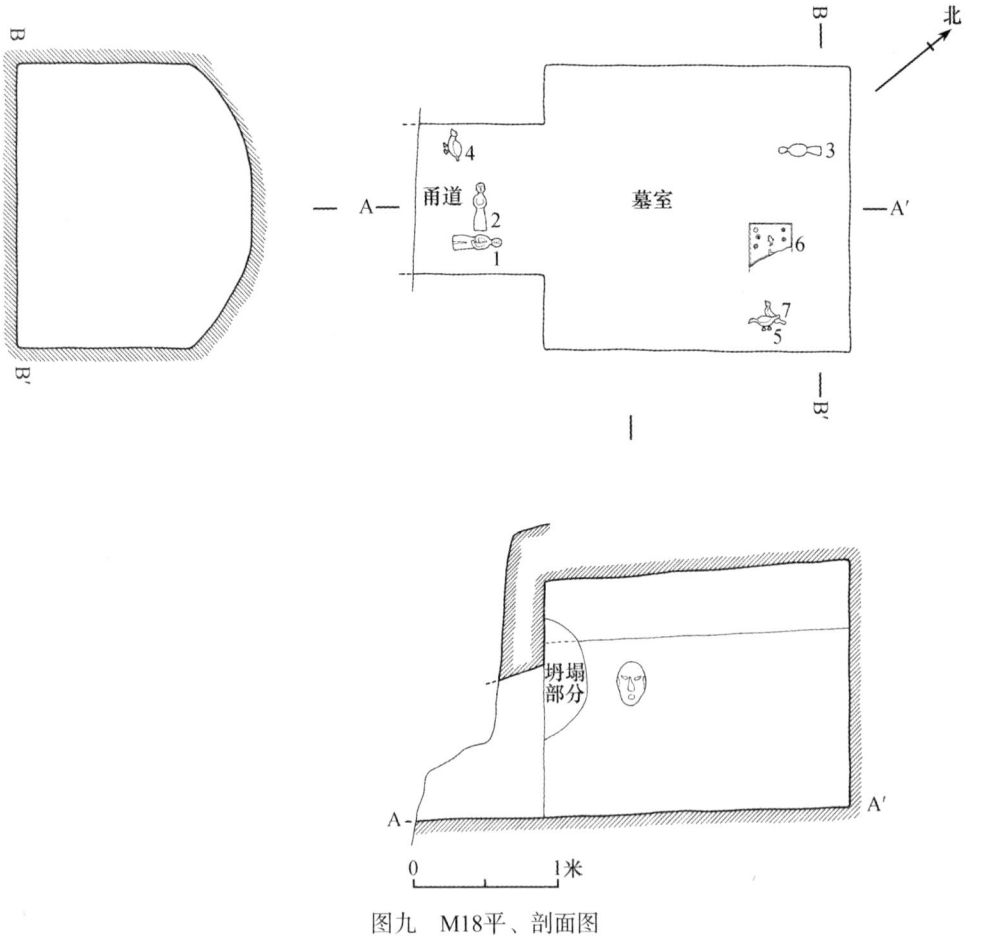

图九 M18平、剖面图
1.陶执锸箕俑 2.陶执斧、蛇吐舌俑 3.陶背物俑 4、7.陶公鸡 5.陶母鸡 6.陶水田

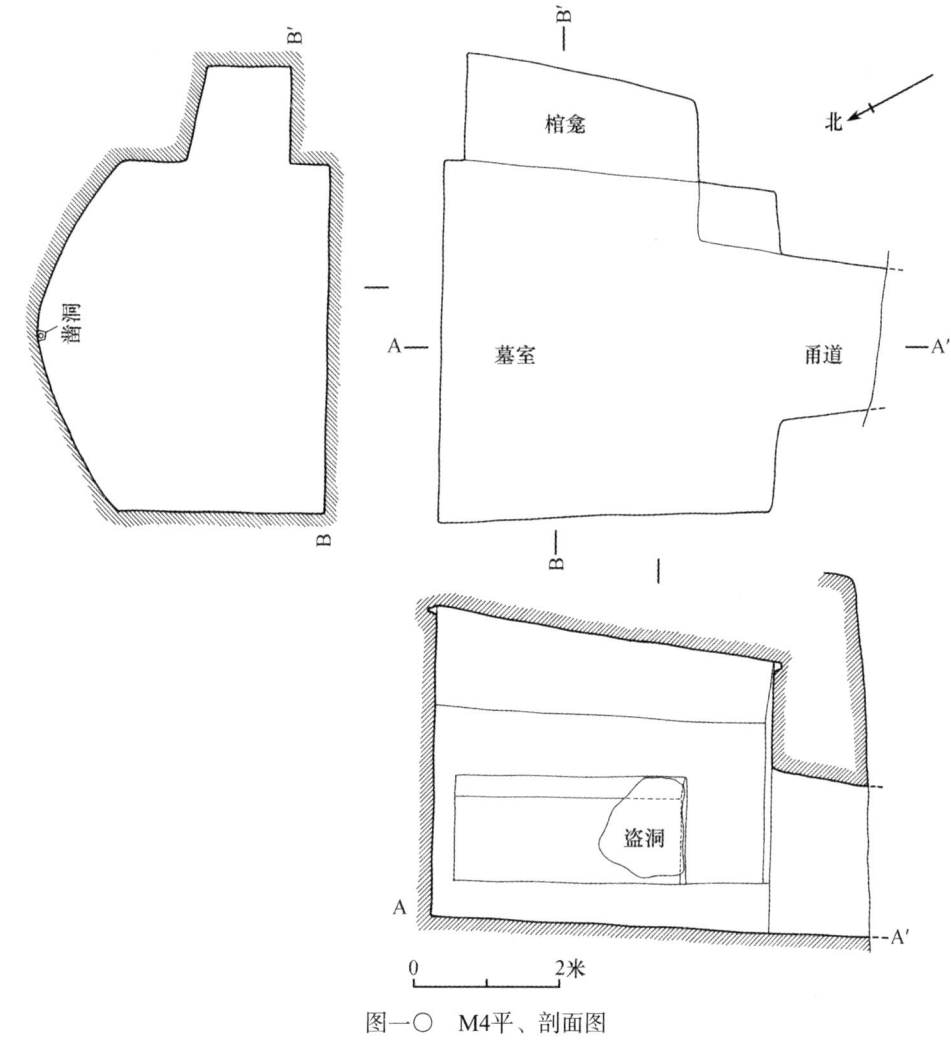

图一〇 M4平、剖面图

宽0.96~1.1、高1~1.1米。墓室进深2.3、宽2.12~2.4、高1.4~2.04米。墓室东壁凿有一棺龛，棺龛平面呈梯形，进深0.54~0.7、宽1.58、高0.56~0.7米，底部高于墓底0.26米。墓室东南角有一平面近似于长方形的台子，可能为未完成的石灶，长0.52~0.56、宽0.4、高0.3~0.34米。墓室南北两壁顶部中间位置各有一圆洞，进深约0.06、直径0.03~0.06米，可能是应用冲击式顿钻法[2]所留。墓顶弧形。葬具不详。墓壁用尖凿修整，留有规律凿痕。

E型 4座。墓室平面呈梯形。有M1、M14、M19和M22。

M14 位于青龙嘴西侧北部，西邻M13，东邻M15。墓向245°。墓葬由墓道、墓门、甬道、墓室、棺龛和后龛构成（图一一）。墓道已不存。墓门正视呈长方形，外有两层门框，宽0.88~0.92、高0.76米。墓门和甬道相接处有一台阶，台阶高0.1米。封门不详。甬道内高外低，长0.54、宽0.86~0.93、高0.78~0.82米。墓室进深2.44、宽

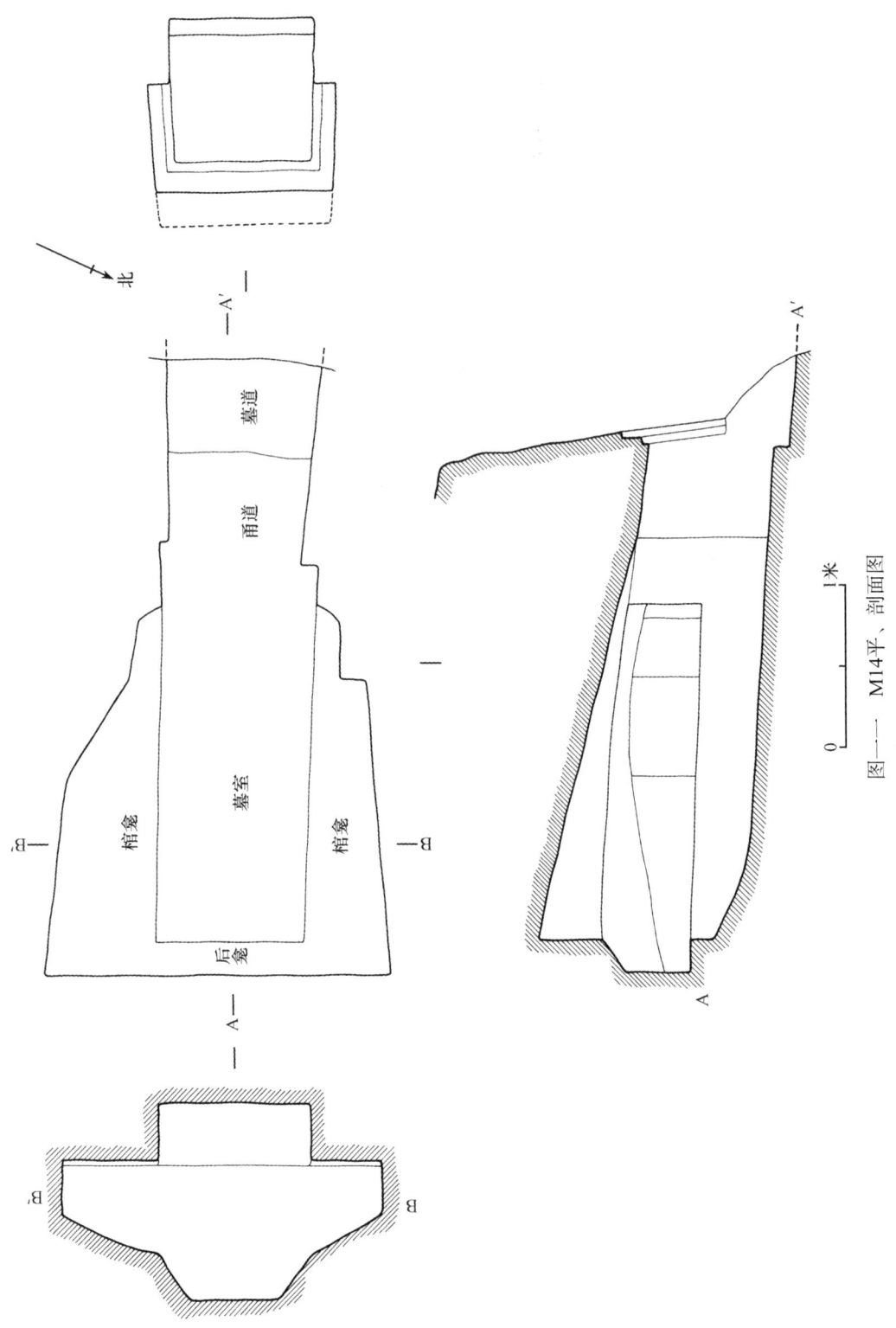

图一 M14平、剖面图

0.94~1.02、高0.9~1.2米。墓室南、北和后壁各凿有一龛，南北两龛外高内低。北棺龛进深0.34~0.54、宽2.26、高0.32~0.56米，底部高于墓底0.34米；南棺龛进深0.2~0.7、宽2.25、高0.34~0.56米，底部高于墓底0.34米；后龛进深0.2、宽0.94米。"八"字形墓顶。葬具不详。墓壁用尖凿修整，留有横竖相错的凿痕。

M22　位于青龙嘴西侧中部，西邻M21。墓向260°。墓葬由墓道、墓门、甬道、墓室、棺龛和后龛构成（图一二）。墓道平面及剖面均呈梯形，残长1.6~2.4、宽1.56~1.72、深0~2.72米。墓门正视呈长方形，宽1.06、高1.2米。封门由规则的长方体红砂石块堆筑而成，残高0.8米。甬道平面近梯形，长1.2、宽1.08~1.24、高1.2~1.28米，甬道和墓室相接处有一台阶，高0.27米。墓室进深1.4、宽1.48~2、高1.12~1.32米。墓室后龛平面呈扇形，进深1.32米，底部高于墓底0.2米。墓室南北两壁各凿有一棺龛，平面均呈长方形，北龛进深0.28~0.56、宽1.86、高0.4~0.64米，底部高于墓底0.2米；南龛进深0.36~0.48、宽2、高0.52~0.6米，底部高于墓底0.2米。平顶。葬具为陶棺，已被毁坏，散落于扰土中。墓壁用尖凿修整，留有横竖相错凿痕；墓门留有点状凿痕。

F型　2座。墓室狭小，平面呈狭长形，仅有一龛或无龛。有M9和M15。

M9　位于青龙嘴西侧北部，西邻M8、东邻M10。墓向220°。墓葬仅残存墓室部分（图一三）。墓室平面呈长方形，进深2.1、宽0.84~1、高0.8~0.88米。平顶。葬具不详。墓壁未经修整，留有不规整的宽凿痕。

M15　位于青龙嘴西侧北部，西邻M14，东邻M16。墓向255°。墓葬由墓道、墓门、甬道、墓室、棺龛和原岩石灶构成（图一四）。墓道已毁坏。墓门正视呈长方形，外有两层门框，宽0.68~0.76、高0.8米。封门不详。甬道内高外低，平面呈长方形，长0.5、宽0.76、高0.78~0.84米。墓室进深1.7、宽0.8~0.9、高1.06~1.18米。墓室北壁上凿有一棺龛，平面呈长方形，外高内低，进深0.65~0.7、宽1.8、高0.3~0.54米，底部高于墓底0.16米。墓室东壁上凿有一壁龛，进深0.2、宽0.4、高0.54~0.6米，底部高于墓底0.16米。壁龛下有一原岩石灶。平顶。葬具不详。墓门、壁、底用尖凿修整。

另有M3、M5、M16和M17残墓4座，结构不完整。

M5　位于青龙嘴西侧北部，北邻M4，南邻M6。墓向108°。墓葬由墓道、墓门、甬道、墓室和棺龛构成（图一五）。墓道、墓门和甬道均已不存。墓室平面呈梯形，残进深2.22、宽0.8~1.06、高1.18米。墓室东西两壁各凿有一龛，龛外高内低。西棺龛呈长方形，进深0.32~0.36、宽1.68、高0.44~0.64米，底部高于墓底0.36米；东棺龛呈长方形，进深0.6、宽2、高0.44~0.64米，底部高于墓底0.36米。墓室后侧有一台子，呈长方形，长0.8、宽0.24、底部高于墓底0.2米。平顶。葬具不详。墓壁上留下横竖相间的宽凿痕。

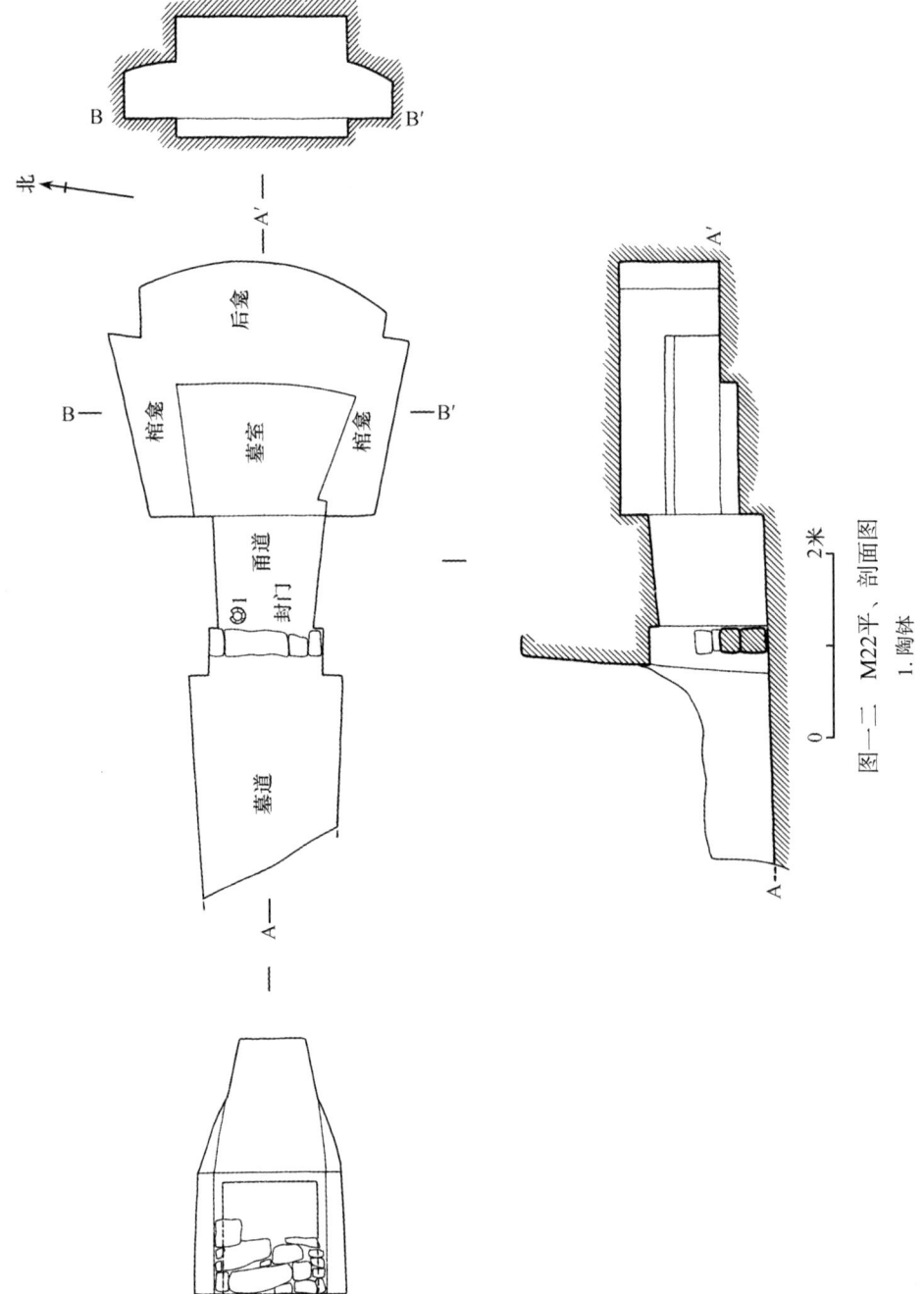

图一二 M22 平、剖面图
1. 陶钵

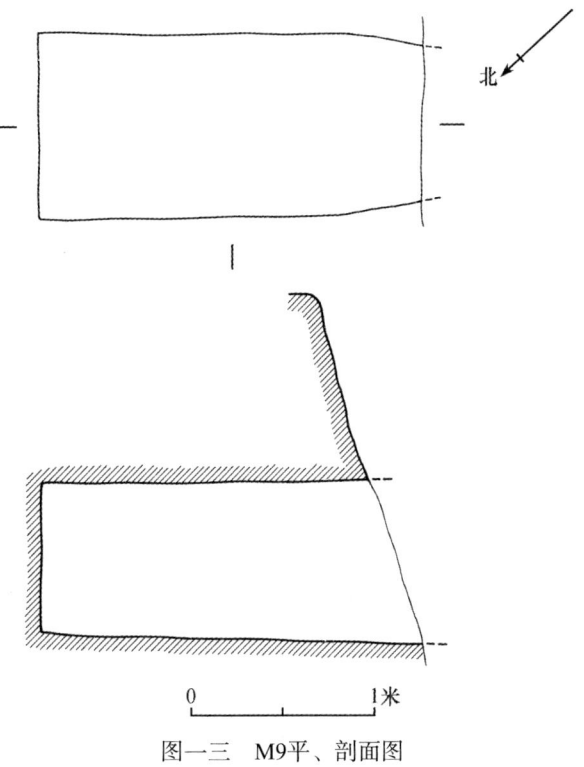

图一三　M9平、剖面图

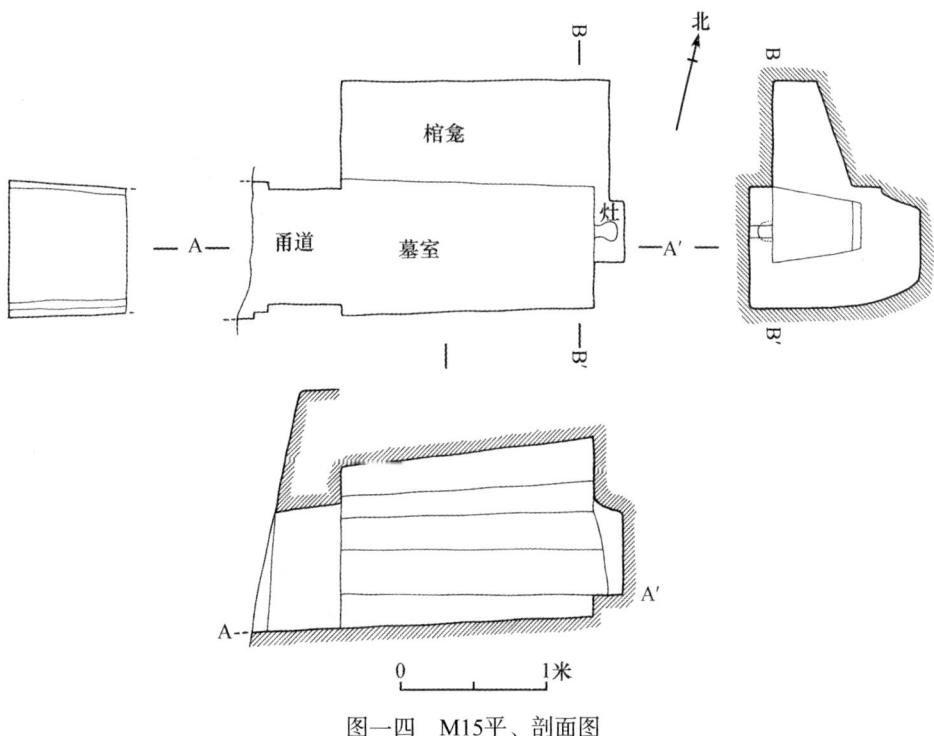

图一四　M15平、剖面图

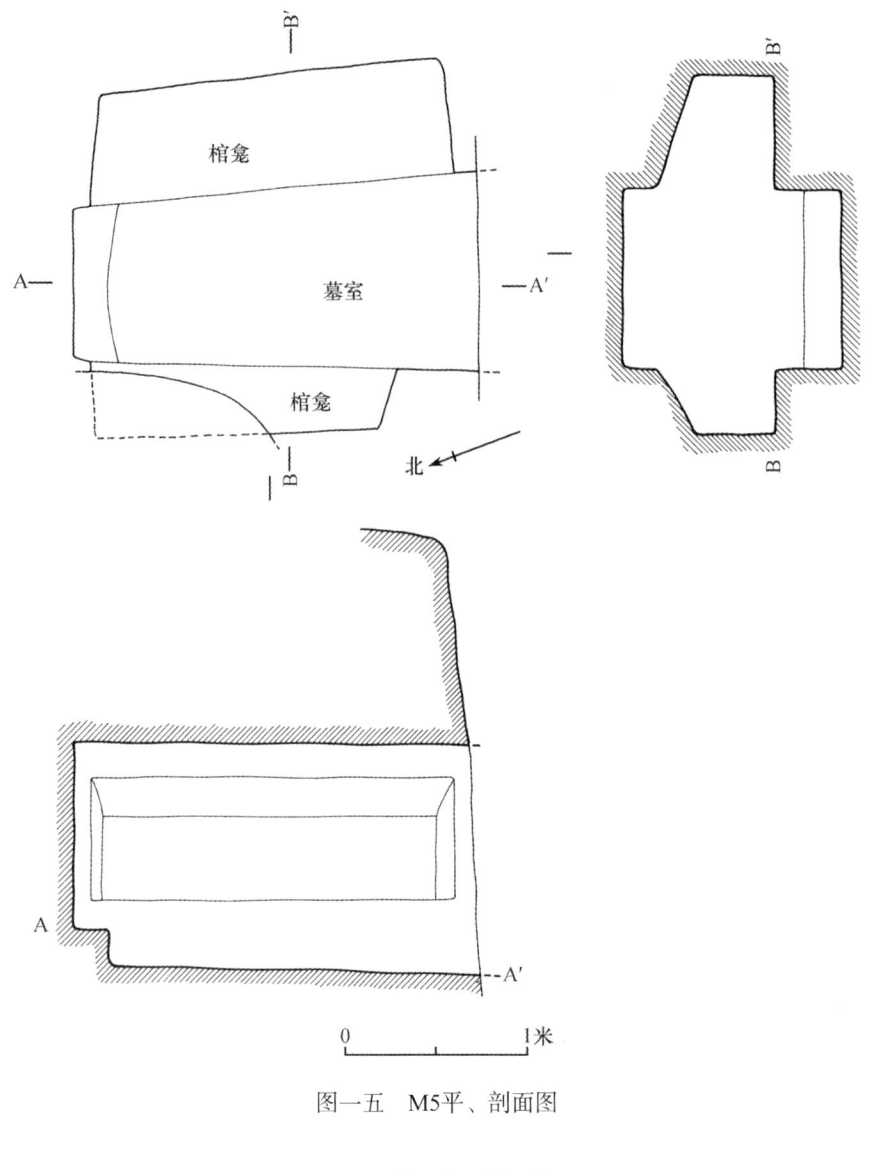

图一五 M5平、剖面图

二、出土器物

墓葬均遭到不同程度的盗扰，器物残损严重，部分墓内甚至空无一物。出土器物有陶、铜、铁、石四类。以陶器为大宗，其中夹砂陶最多，泥质陶极少。陶器以灰陶最多，红陶次之，黄陶最少。陶容器多为轮制，房、水田、俑等模型器为模制，局部为捏制。陶器纹饰简单，主要有凹弦纹、绳纹、戳印纹、模印花瓣纹等（图一六）。可辨器形有瓮、罐、钵、釜、盂、带足盘（器盖？）、甑、盆、房、水田、井、公鸡、母鸡、背罐鸟、鸭、狗、猪、抚琴俑、执锸箕俑、执斧蛇吐舌俑、拱手立俑、背物俑等。铜器发现极少。其他还有少量的铁器、石器及钱币。

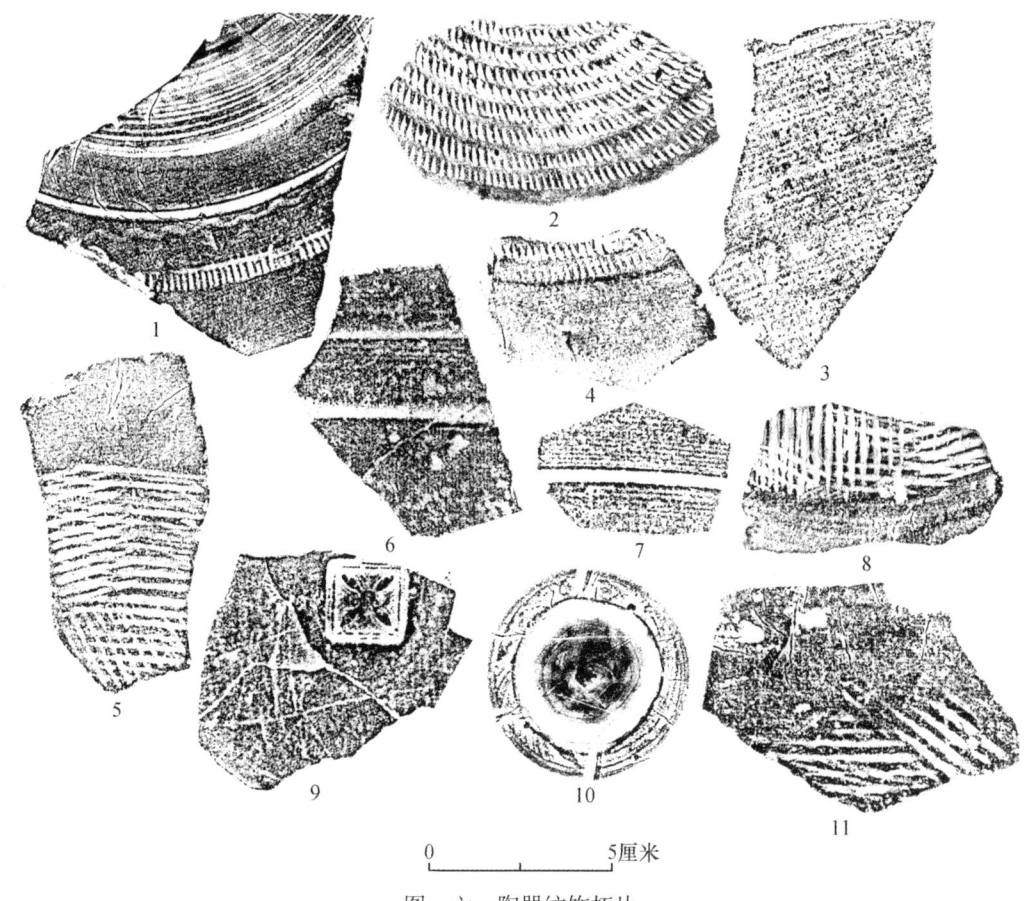

图一六 陶器纹饰拓片

1. 凹弦纹+戳印纹（M20：19） 2. 戳印纹（M2：7） 3. 绳纹（M22：5） 4. 绳纹+戳印纹（M21：28）
5、8. 绳纹+网格纹（M1：9、M2：6） 6. 凹弦纹（M13：5） 7. 绳纹+凹弦纹（M1：11） 9. 模印花瓣纹
（M18：12） 10. 乳钉+圆圈纹（M10：6） 11. 绳纹（M4：15）

1. 陶器

瓮 14件。依据领部的不同，分为二型。

A型 5件。带领。M21：2，泥质灰陶。敛口，方唇，折肩，上腹鼓，下腹斜收，平底略卜凹。肩部饰一周凸弦纹，腹部饰一周戳印纹。口径16、底径13.2、高28厘米（图一七，3）。

B型 9件。无领。M21：3，夹砂灰陶。敛口，卷唇，折肩，弧腹略鼓，平底略上凹。口径26.8、底径17.6、高22厘米（图一七，8）。

罐 28件。依据颈部的不同，分为二型。

A型 15件。高束颈。M20：12，泥质灰陶。侈口，外折沿，圆唇。口径9.6、残高6厘米（图一七，1）。M7：9，夹砂灰陶。侈口，厚圆唇。口径13.8、残高2.8厘米（图一七，9）。

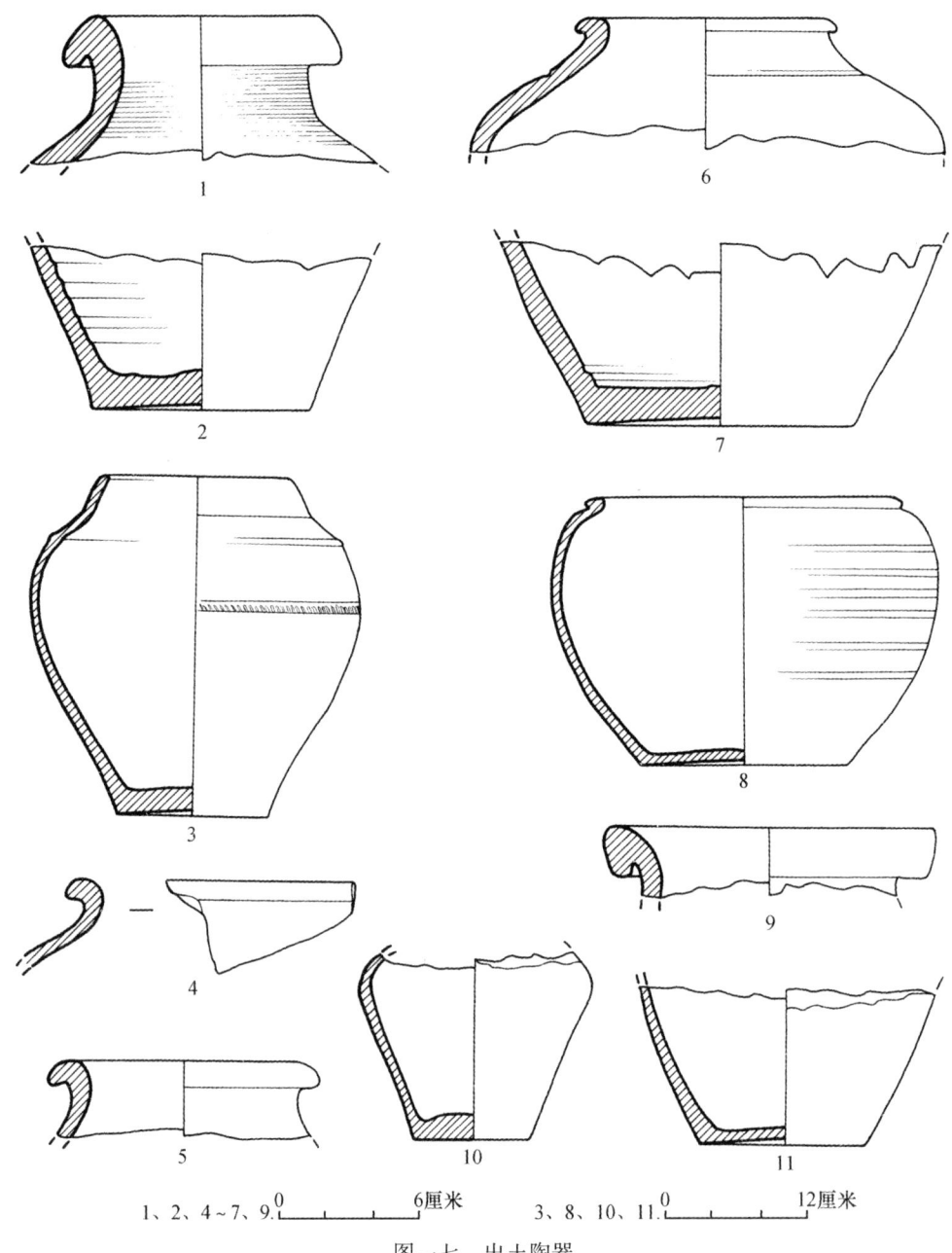

图一七　出土陶器

1、9.A型罐（M20：12、M7：9）　2、7、10、11.罐底（M7：11、M20：14、M21：4、M21：21）　3.A型瓮（M21：2）　4～6.B型罐（M4：6、M22：4、M4：2）　8.B型瓮（M21：3）

B型　13件。短束颈。M4：2，夹细砂灰陶。侈口，沿外翻，尖圆唇，肩部略折。肩部饰一周凹弦纹。口径10.2、残高5.4厘米（图一七，6）。M4：6，夹砂灰陶。侈口，方唇，下部残。残高3.8厘米（图一七，4）。M22：4，夹砂灰陶。口微侈，圆唇，下部残。口径10.2、残高3厘米（图一七，5）。

罐底　31件。M7∶11，夹砂灰陶。斜直腹，平底略上凹。底径9.4、残高6.4厘米（图一七，2）。M20∶14，泥质灰陶。平底略上凹。底径11.4、残高7.6厘米（图一七，7）。M21∶4，夹细砂灰陶。上腹鼓，下腹斜收，平底。底径10、残高14.8厘米（图一七，10）。M21∶21，夹砂灰陶。弧腹，平底略上凹。底径14、残高12.8厘米（图一七，11）。

钵　27件。依据口部的不同，分为二型。

A型　19件。敛口。M20∶11，泥质灰陶。尖唇，弧腹略鼓。外壁口下饰一周凹弦纹。口径27.6、残高6.8厘米（图一八，3）。M22∶1，夹砂灰陶。尖唇，弧腹略鼓。口径22、残高8厘米（图一八，9）。M22∶2，泥质黑陶。尖唇，折腹。外壁口下饰一周凹弦纹。口径15.8、残高5.2厘米（图一八，1）。

B型　8件。侈口。M12∶2，夹砂灰陶。尖唇，上腹部略直。外壁口下饰一周凹弦纹。口径16.6、残高6厘米（图一八，2）。

钵底　17件。依据底部的不同，分为二型。

A型　12件。圈足。依据器形大小，分为二亚型。

Aa型　5件。器形较大。M4∶8，夹砂灰陶。折腹。残高5.6厘米（图一八，6）。M20∶13，泥质黑陶。折腹。内底模印花瓣纹。足径11.4、残高5厘米（图一八，7）。

Ab型　7件。器形较小。M2∶3，夹砂灰陶。折腹。内底模印花瓣纹。足径7.8、残高3.7厘米（图一八，10）。M11∶3，夹砂灰陶。折腹。足径8、残高3厘米（图一八，5）。

B型　5件。平底。M11∶4，夹砂灰陶。仅存底部，弧腹，底略上凹。底径10.2、残高5.1厘米（图一八，4）。M12∶4，夹砂黄陶。弧腹，底略上凹。底径4.8、残高3厘米（图一八，8）。

釜　24件。依据颈部的不同，分为二型。

A型　14件。颈部较长。M1∶3，夹砂黄陶。侈口，方唇，束颈。口径32、残高6.4厘米（图一九，3）。M20∶10，夹砂红陶。侈口，方唇，束颈。口径29.6、残高7厘米（图一九，5）。

B型　10件。颈部较短。M1∶6，夹砂黄陶。敞口，沿外翻，尖圆唇。沿上饰一周凹弦纹。口径20、残高2.8厘米（图一九，1）。M10∶2，夹砂灰陶。侈口，沿外翻，圆唇，束颈。上腹部饰一周凹弦纹。口径15.8、残高4厘米（图一九，4）。M11∶2，夹砂灰陶。侈口，尖唇，束颈，溜肩。口径16、残高4.4厘米（图一九，2）。

盂　3件。M2∶2，夹砂灰陶。侈口，尖唇，短束颈，溜肩，鼓腹，下腹斜收，平底略上凹。腹部饰一周凹弦纹。口径12.4、底径10、高9厘米（图一九，7）。

带足盘（器盖？）　1件。M12∶1，夹砂灰陶，侈口，尖圆唇，斜直腹，底部四足。口径18.6、高5.4厘米（图一九，10）。

盆　16件。依据器形大小，分为二型。

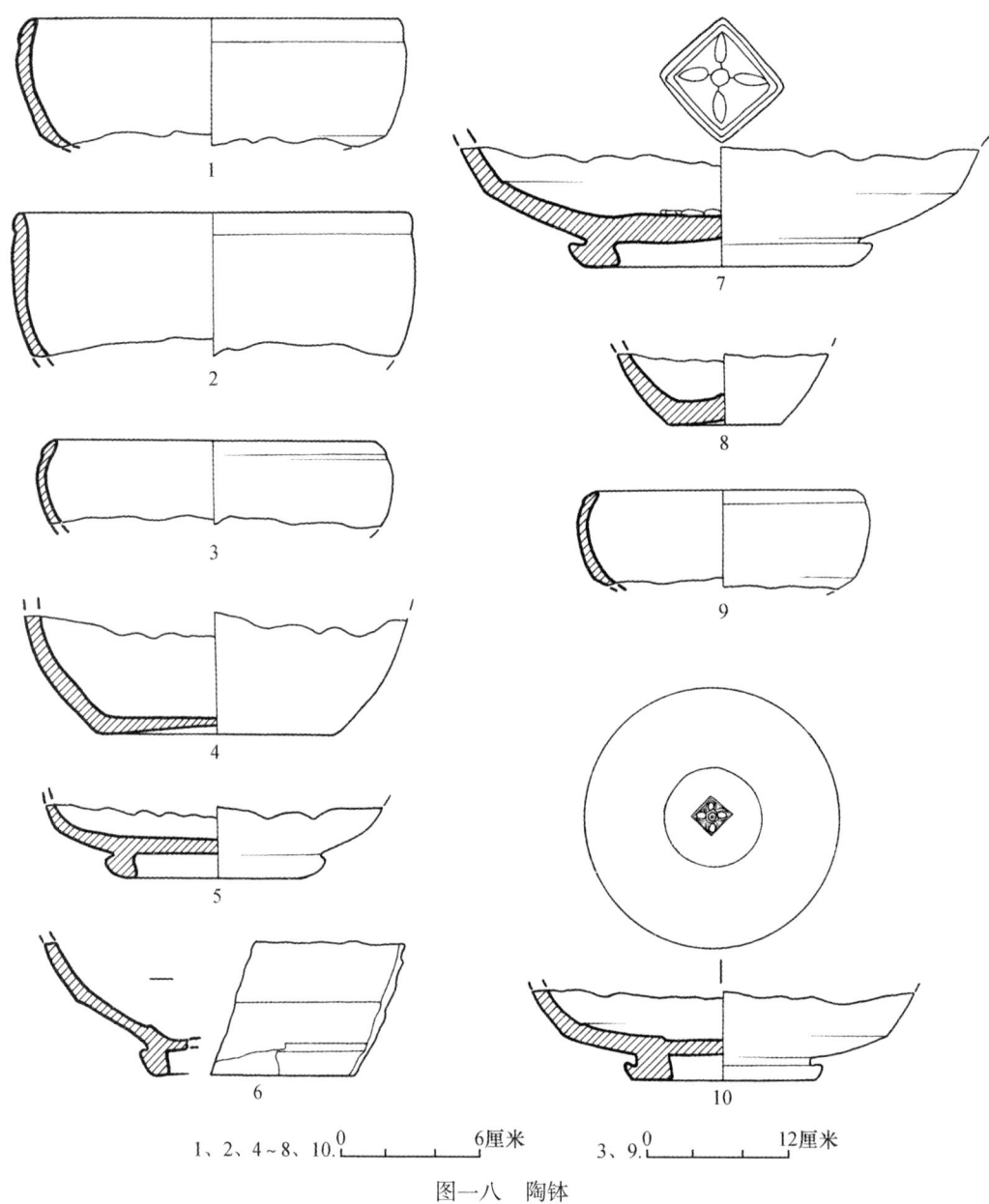

图一八 陶钵

1、3、9. A型钵（M22:2、M20:11、M22:1） 2. B型钵（M12:2） 4、8. B型钵底（M11:4、M12:4）
5、10. Ab型钵底（M11:3、M2:3） 6、7. Aa型钵底（M4:8、M20:13）

A型 9件。器形较大。M18:8，夹砂灰陶。敞口，卷沿，厚方唇，弧腹下收。口径38.8、残高19.8厘米（图一九，8）。M21:6，夹砂灰陶。敞口，卷沿，厚方唇，斜直腹，平底略上凹。口径36、底径22.8、高22厘米（图一九，9）。

B型 7件。器形较小。M10:1，泥质灰陶。敞口，厚方唇，斜直腹，平底略上凹。口径22.8、底径15.6、高12厘米（图一九，12）。

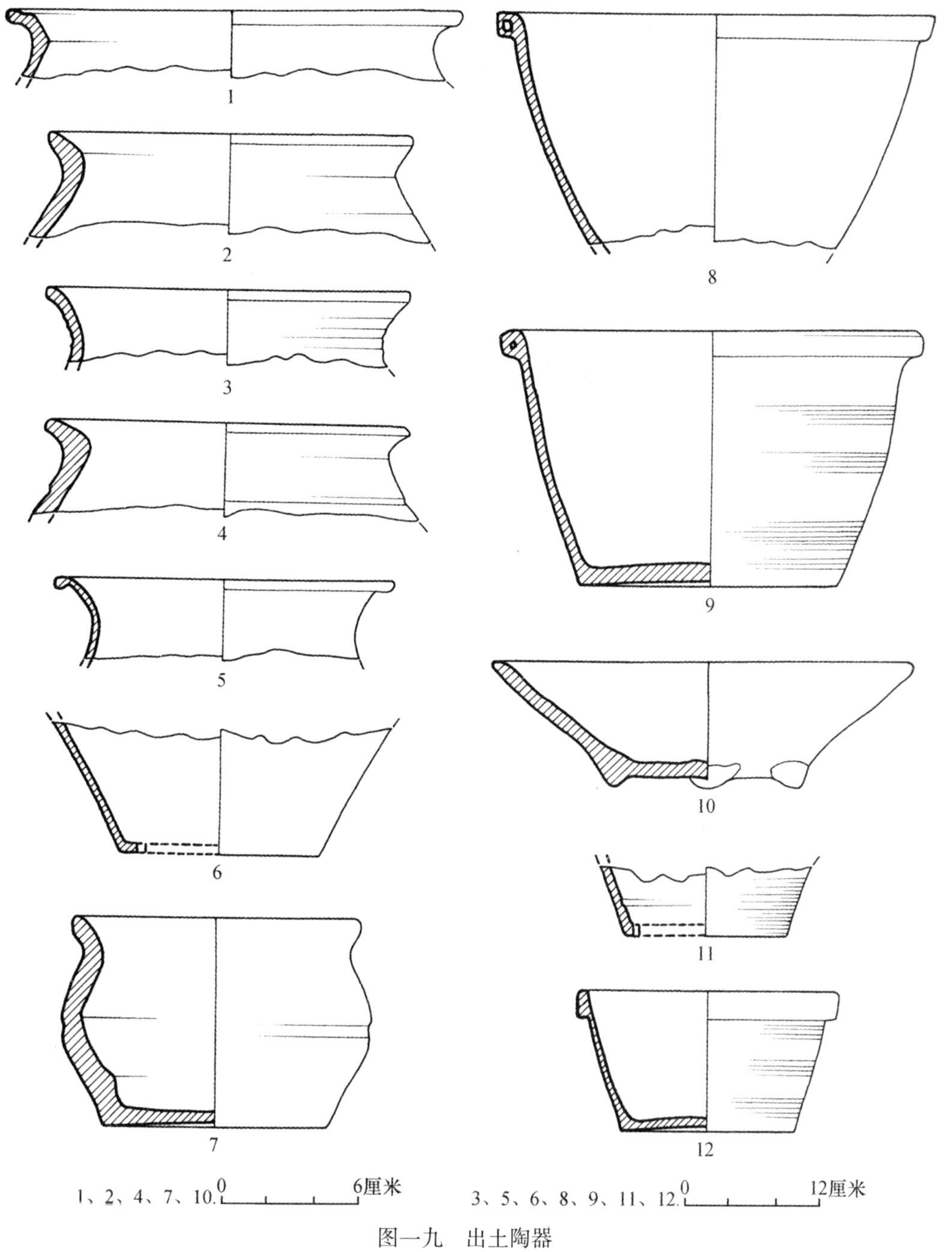

图一九　出土陶器

1、2、4. B型釜（M1∶6、M11∶2、M10∶2）　3、5. A型釜（M1∶3、M20∶10）　6、11. 甑（M20∶15、M4∶11）　7. 盂（M2∶2）　8、9. A型盆（M18∶8、M21∶6）　10. 带足盘（器盖？）（M12∶1）　12. B型盆（M10∶1）

甑　8件。M4∶11，夹砂灰陶。腹壁较直，平底，甑箅上有镂孔。底径14.4、残高6厘米（图一九，11）。M20∶15，泥质灰陶。腹壁斜直，平底，甑箅上有镂孔。底径

17.6、残高10.8厘米（图一九，6）。

房　6件。M2∶1，夹砂灰陶。大部分残缺，近长方体，顶部开一方孔，房子四角各有一乳钉，中空。长20.6、宽6.2、高19.4厘米（图二〇）。

水田　4件。依据沿部的不同，分为二型。

A型　1件。宽平沿。M21∶15，夹砂黄陶。长方形，直壁，平底。残宽26.8、高6厘米（图二一，1）。

B型　3件。窄沿。M18∶6，夹砂黄陶。长方形，沿面较窄，直壁，平底，中部置鱼、田螺、荷花和莲蓬模型。残长25、宽25、高3.6厘米（图二一，4）。

井　3件。M20∶9，夹细砂灰陶。仅存中部。外面模印有一周花瓣纹。残高10厘米

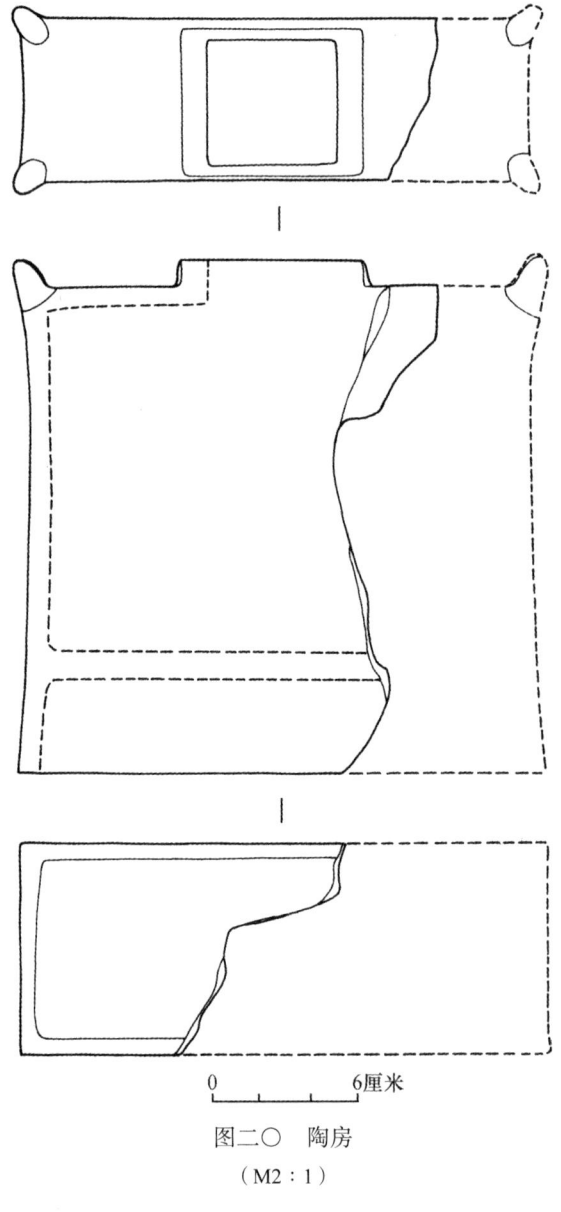

图二〇　陶房
（M2∶1）

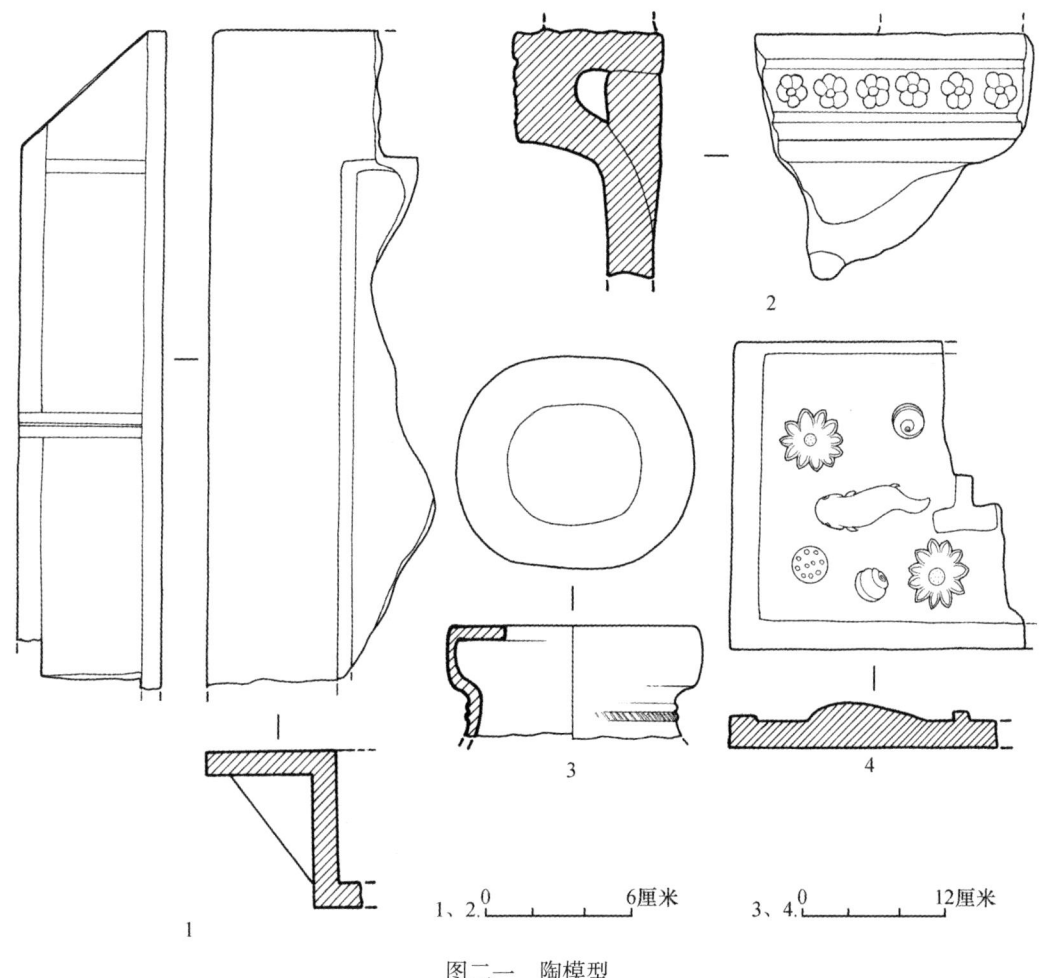

图二一　陶模型

1. A型水田（M21∶15）　2、3. 井（M20∶9、M21∶16）　4. B型水田（M18∶6）

（图二一，2）。M21∶16，夹砂黄陶。井台较平，中部有圆形井口，束腹，下部残。台径20.4、残高9厘米（图二一，3）。

俑头簪花　12件。M18∶10，夹砂黄陶。菊花状。直径4.8、厚1.2厘米（图二二，1）。M20∶7，夹砂灰陶。菊花状。直径5.9、厚1.4厘米（图二二，2）。M20∶8，夹砂灰陶。菊花状。直径约8厘米（图二二，3）。

公鸡　5件。M18∶4，夹细砂黄陶。头部残，立姿，昂首，敛翅，双翅细线刻画出羽毛，尾部上翘。长14.8、宽8、残高18.7厘米（图二三，1）。

母鸡　4件。M18∶5，夹砂黄陶。俯卧状，鸡头向左撇转，敛翅。制作较差。长14、宽7.5、高11.2厘米（图二三，2）。

背罐鸟　1件。M21∶10，夹砂黄陶。俯卧状，头微向左扭，敛翅，背上有一罐。长12.4、宽5.4、高7.5厘米（图二三，3）。

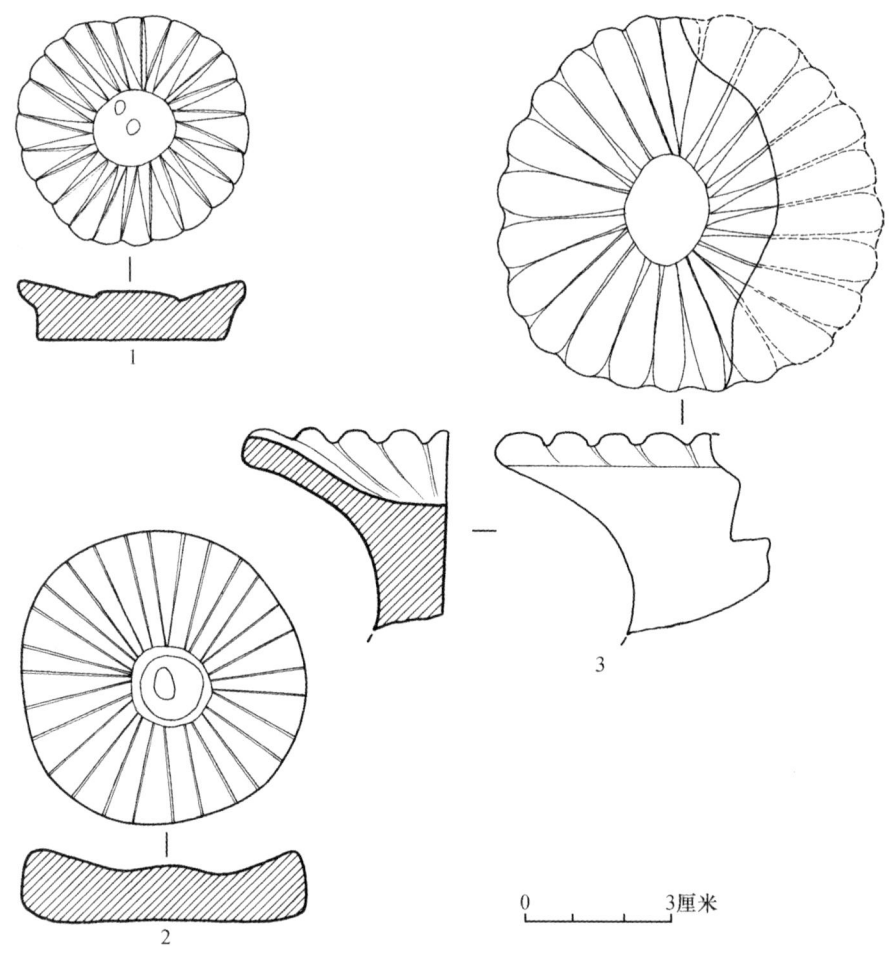

图二二　陶俑头簪花
1. M18∶10　2. M20∶7　3. M20∶8

鸭　3件。M6∶4，夹细砂黄陶。仅存头部，扁嘴。残高7厘米（图二四，4）。

鱼　1件。M7∶12，夹细砂黄陶，张嘴，圆目，阴线刻出鱼鳃、鳍，尾部略残。残长8.1、高3厘米（图二四，2）。

狗　6件。M21∶12，夹砂黄陶。蹲坐状，三角眼，目视前方，嘴微张，竖耳，腰腹下垂，臀部上翘，尾巴上卷贴于臀部，腰腹系带穿于背部环中，腹中内空。长37.2、宽16、高35.6厘米（图二四，1；图版二二，1）。

猪　6件。M7∶2，夹砂灰陶。仅存头部，制作较好，尖嘴，椭圆目。残高11厘米（图二四，3）。

抚琴俑　2件。M21∶1，夹砂黄陶。面微笑，眼微闭，嘴稍张，阔耳。戴平巾帻，帽前左下露出一圆形饰物。穿右衽袍服，束腰。坐姿，琴置于双腿之上，双手抚于琴上。中空。宽23.2、高34.8厘米（图二五，2；图版二二，4）。

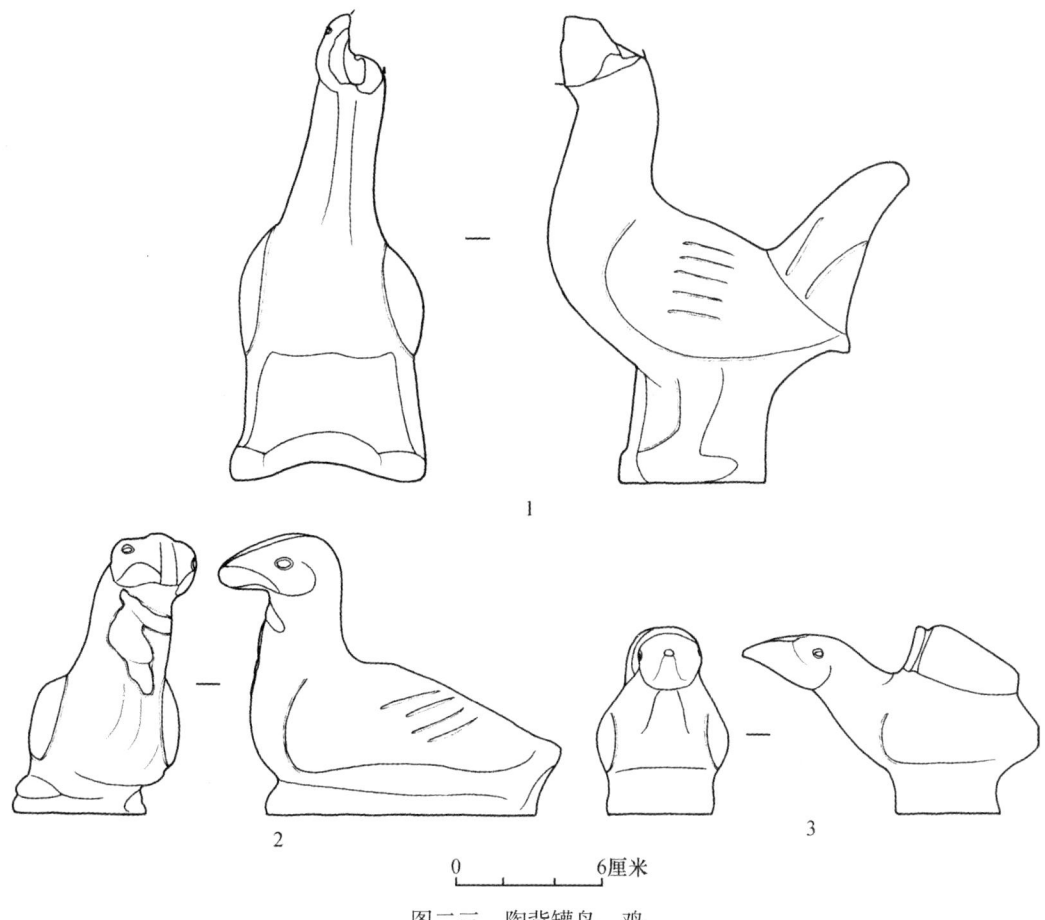

图二三　陶背罐鸟、鸡
1. 公鸡（M18：4）　2. 母鸡（M18：5）　3. 背罐鸟（M21：10）

执锸箕俑　2件。M18：1，夹砂黄陶。方脸，面目模糊。头戴斗笠，身穿交领长袍，袍长盖脚。站姿，右手握锸置于胸前，左手提箕垂于左侧。中空。宽10.1、高33.5厘米（图二五，1；图版二二，2）。

执斧、蛇吐舌俑　4件。M18：2，夹砂黄陶。大耳，睁目，吐舌，牙齿凸出外露，头上有对称犄角。身穿交领宽袖长袍，袍长盖脚，腰束带。站姿，右手握斧置于胸前，左手执蛇垂于左侧。中空。宽9.6、高32.7厘米（图二五，3；图版二二，3）。M21：11，夹砂黄陶。仅存左侧腹部，左手执蛇垂于左侧。残高15.6厘米（图二五，4）。

拱手立俑　13件。M20：1，夹细砂灰陶。面目模糊。头戴平巾帻，身穿交领宽袖长袍，袍长及地，袖上阴刻出衣服褶皱。立姿，双手交握于腹前。中空。宽6.8、高20.8厘米（图二六，1）。M20：2，夹细砂灰陶。面目模糊。头戴平巾帻，身穿宽袖长袍，袍长及地，袖上阴刻出衣服褶皱。立姿，头微偏向一侧，双手交握于腹前。中空。宽6.6、高21.2厘米（图二六，3）。

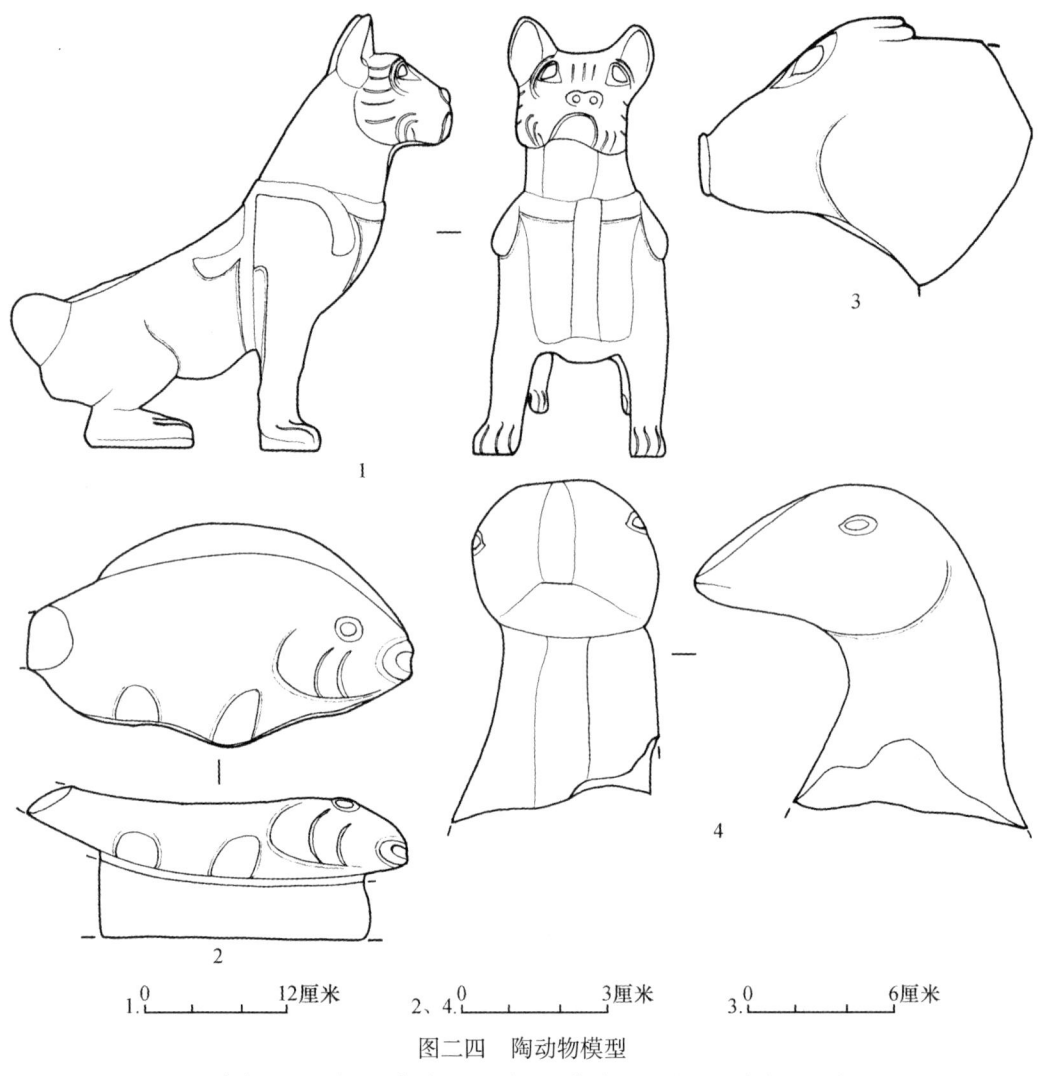

图二四　陶动物模型
1. 狗（M21∶12）　2. 鱼（M7∶12）　3. 猪（M7∶2）　4. 鸭（M6∶4）

背物俑　1件。M18∶3，夹砂黄陶。面目模糊。头戴平巾帻，身穿长袍，袍长盖脚。立姿，右肩背有一物。中空。宽7.2、高19.4厘米（图二六，2）。

女俑上身　8件。M21∶5，夹细砂黄陶。面微笑，眼微闭。头上束扇形发髻，发髻上有装饰，似着半袖襦裙。束腰，下部残。中空。宽17、残高30.8厘米（图二六，4）。

俑头　15件。M6∶3，夹细砂黄陶。面带笑容，眼微闭，头戴巾帻。中空。制作较好。残高15.4厘米（图二七，3）。M21∶14，夹细砂黄陶。头戴巾帻，帻下似露出发饰。小眼，吐舌。侧面模制后留下的刀削痕迹。中空。残高15厘米（图二七，1）。M21∶9，夹砂灰陶。面带微笑，眼微闭，嘴略张。头束扇形发髻。中空。残高17厘米（图二七，2）。

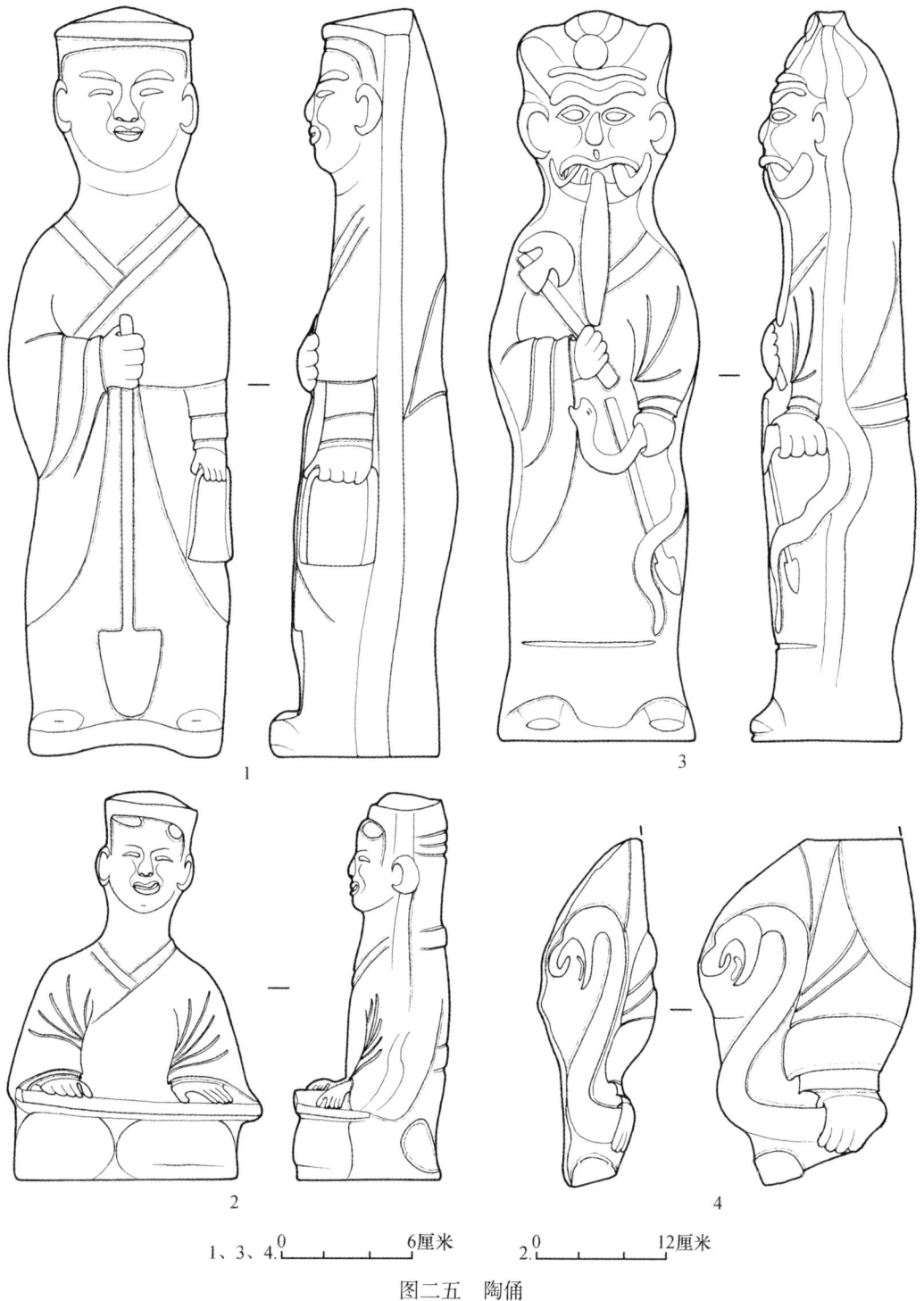

图二五　陶俑
1. 执锸箕俑（M18∶1）　2. 抚琴俑（M21∶1）　3、4. 执斧、蛇吐舌俑（M18∶2、M21∶11）

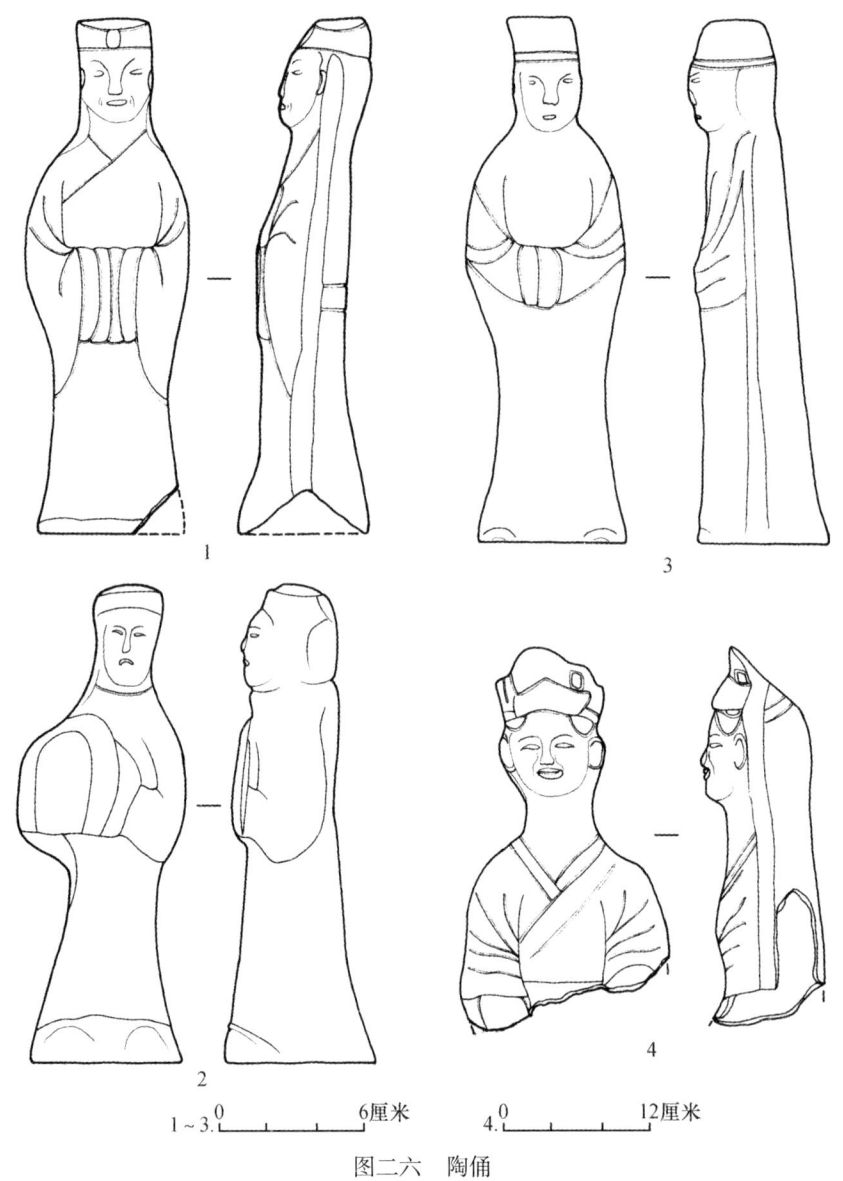

图二六 陶俑
1、3. 拱手立俑（M20：1、M20：2） 2. 背物俑（M18：3） 4. 女俑上身（M21：5）

俑身 17件。M13：1，夹砂黄陶。身穿右衽长袍，束腰。残高18.4厘米（图二八，4）。M21：8，夹细砂黄陶。身穿交领宽袖长袍，袍长盖脚，腰束带。右手握一器物置于胸前，左手自然下垂。中空。制作较好。宽5.4、残高13厘米（图二八，5）。

模型附属小俑 4件，从陶房或者钱树上脱落。M6：1，夹砂黄陶。头戴平巾帻，身穿交领长袍。头微偏向一侧，面目模糊。坐姿，双手相握置于腹前。中空。制作较差。宽5、高9厘米（图二八，1）。M6：2，夹细砂黄陶。颧骨突出，脸形偏胖。着袍。坐姿，双手收于两侧，身体后仰。制作较差。宽4.5、高6.5厘米（图二八，3）。

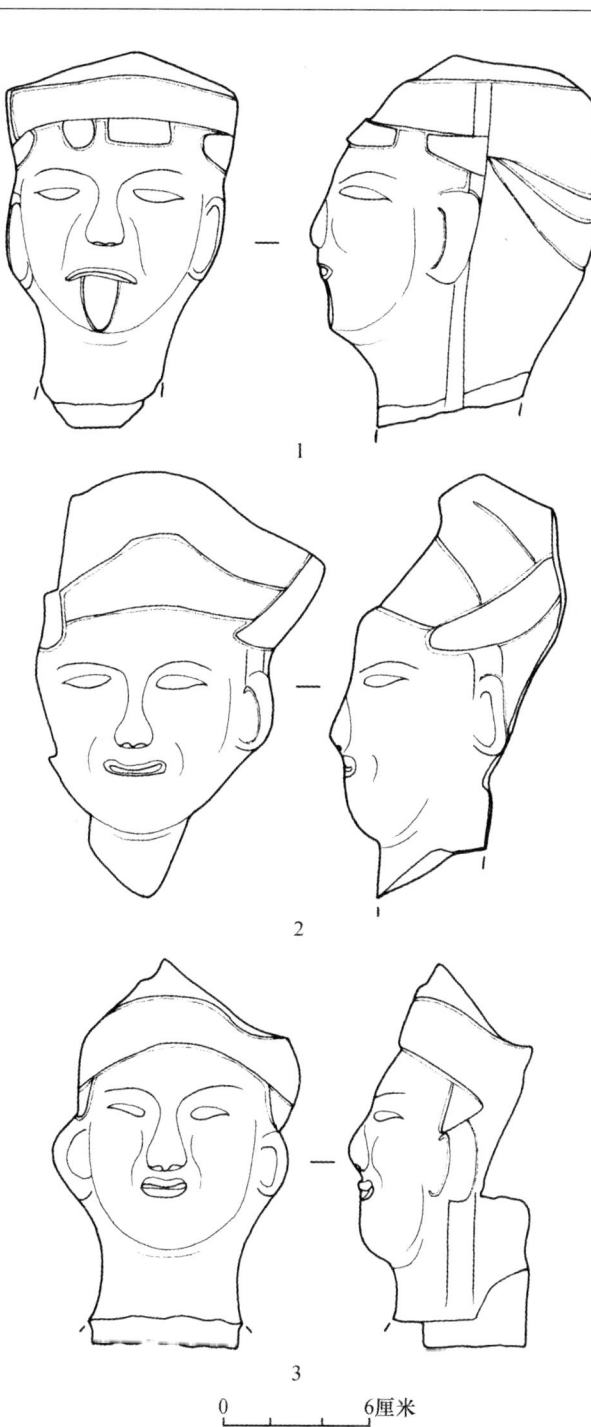

图二七　陶俑头
1. M21：14　2. M21：9　3. M6：3

M21：7，夹砂黄陶。身穿交领长袍，腰束带。右手握一器物置于胸前。制作较差。宽4.2、残高9.3厘米（图二八，2）。

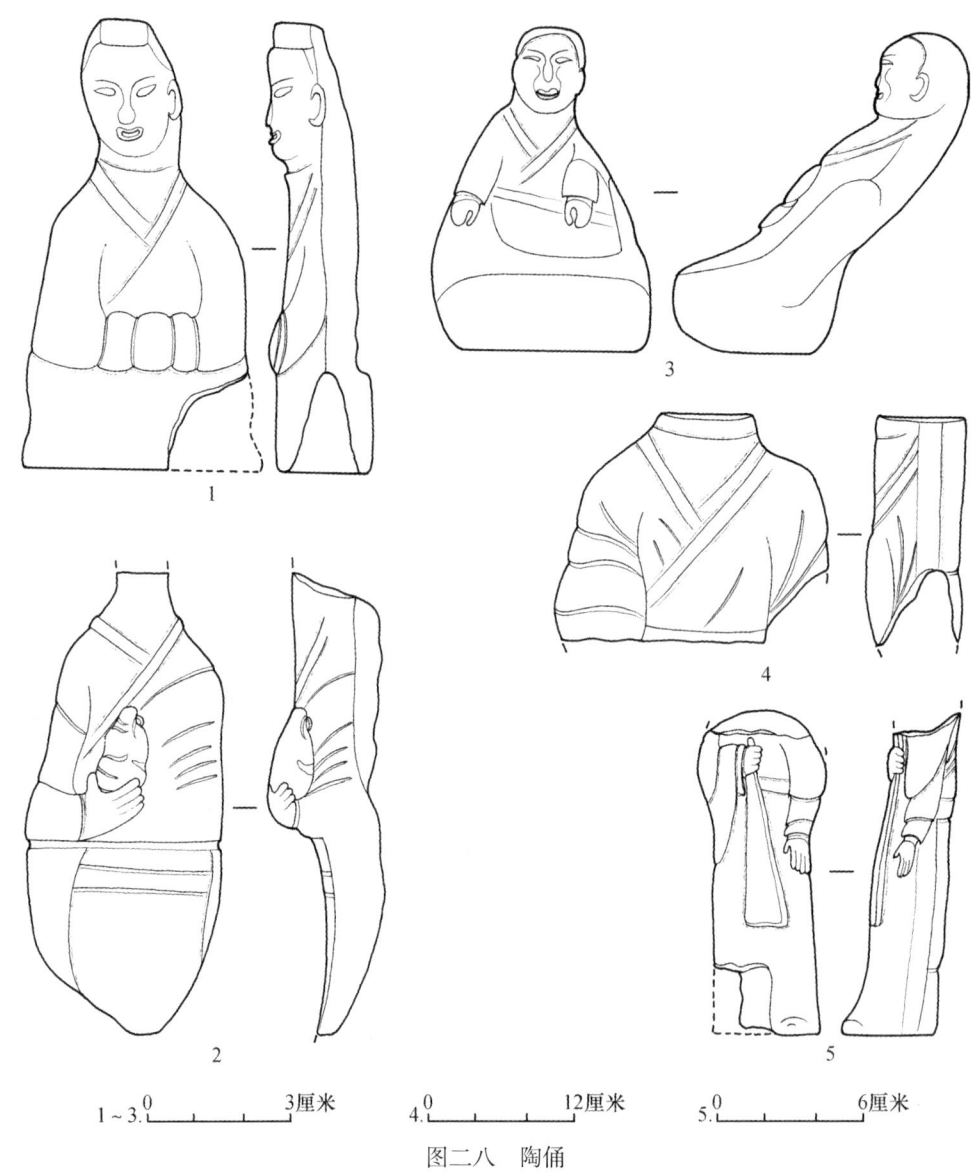

图二八 陶俑

1~3. 模型附属小俑（M6：1、M21：7、M6：2） 4、5. 俑身（M13：1、M21：8）

俑足、腿 17件。M1：1，夹细砂黄陶。站立状。残宽17、残高11厘米（图二九，1）。M5：2，夹细砂黄陶。腿部。残高18厘米（图二九，4）。M5：3，夹细砂灰陶。阴线刻画脚趾。残高4.2厘米（图二九，3）。M20：4，夹细砂灰陶。着履，中空。残高18.8厘米（图二九，2）。M21：13，夹砂黄陶。着履。中空。残高16.8厘米（图二九，5）。

2. 铁器

釜 2件。M10：4，锈蚀严重，敞口，下部残。口径64、残高15厘米（图三〇，1）。

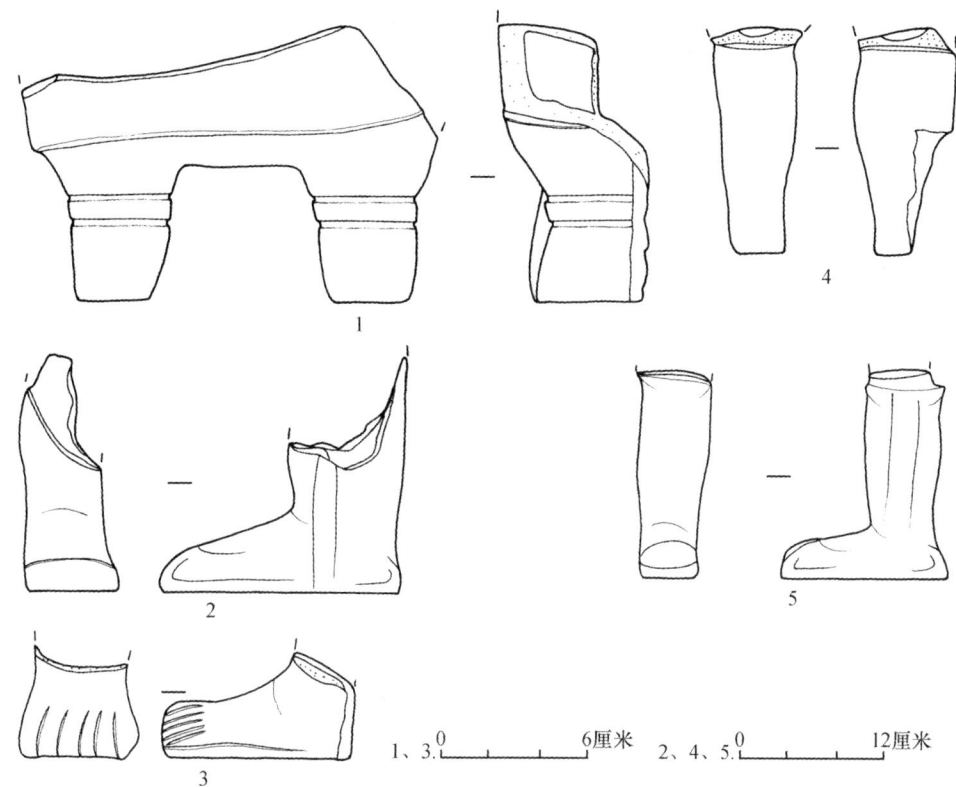

图二九　陶俑足、腿
1. M1∶1　2. M20∶4　3. M5∶3　4. M5∶2　5. M21∶13

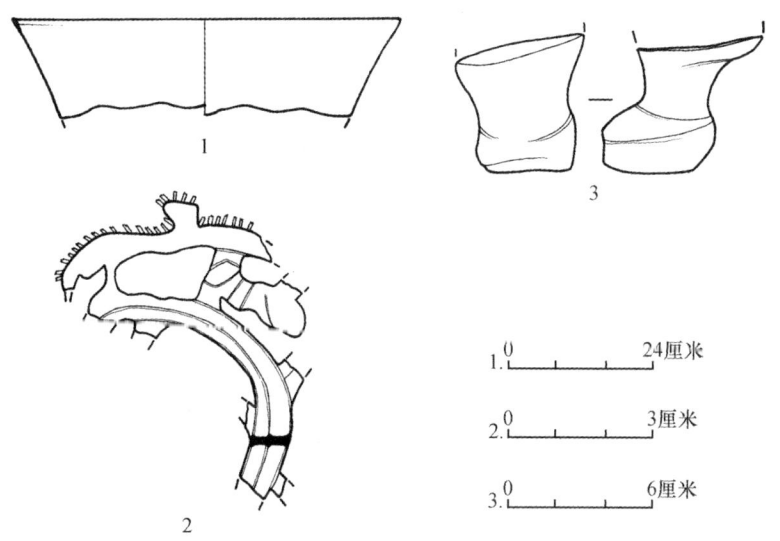

图三〇　出土器物
1. 铁釜（M10∶4）　2. 铜摇钱树残片（M13∶3）　3. 石案脚（M20∶17）

3. 石器

案脚　1件。M20∶17，足部外撇，似兽足。残高5.4厘米（图三〇，3）。

4. 铜器

摇钱树残片　1件。M13∶3，整体形象不详。残高6.2厘米（图三〇，2）。

5. 钱币

五铢　23枚。有普通五铢、磨郭五铢和剪边五铢三类。

普通五铢　8枚。依据钱币文字、形制，分为四式。

Ⅰ式：3枚。圆形方孔。有郭。正面篆书"五铢"二字。五字宽大，中间两笔弯曲；朱字上半部圆折，但略带方折之意。M4∶13-1，钱径2.5、穿宽0.9厘米（图三一，1）。M6∶7，钱径2.6、穿宽1.1厘米（图三一，2）。

Ⅱ式：1枚。形制略同于Ⅰ式，但字体更加规整，朱字上半部圆折，两侧平行于中间一竖。M4∶13-2，钱径2.6、穿宽1厘米（图三一，3）。

Ⅲ式：3枚。"朱"字上部圆折，但向两侧分开。M13∶2-1，钱径2.5、穿宽1厘米（图三一，4）。

Ⅳ式：1枚。钱质变差，字体也远不如Ⅲ式规整。M19∶2，钱径2.3、穿宽1厘米（图三一，5）。

磨郭五铢　7枚。原有郭，但是被磨掉部分。M13∶2-2，钱径2.5、穿宽1厘米（图三一，6）。

剪边五铢　8枚。郭及肉都被剪掉部分。M17∶1，钱径2、穿宽1厘米（图三一，8）。M21∶27，钱径1.9、穿径1.1厘米（图三一，7）。

蜀汉钱　M7出土有直百五铢和太平百钱残片，残损严重，无法提取。

三、时　　代

这批墓葬盗扰严重，部分墓葬未出土器物或者出土器物极少，给墓葬时代判定带来很大的困难。

依据墓葬形制和出土器物，墓葬可以分成三组：

第一组，A、B型墓，器物组合有陶罐、瓮、钵、盆、俑及禽畜、井、水田等模型器。墓葬有M8、M10、M11、M12、M13、M20、M21等。

第二组，C、D型墓，器类减少，器物组合有陶罐、钵、盂、甑及少量动物、房屋、俑等。墓葬有M2、M4、M6、M7、M18等。

第三组，E、F型墓，出土器物极少，仅见少量陶罐、釜、剪边和磨郭五铢。墓葬有M1、M9、M14、M15、M19、M22等。

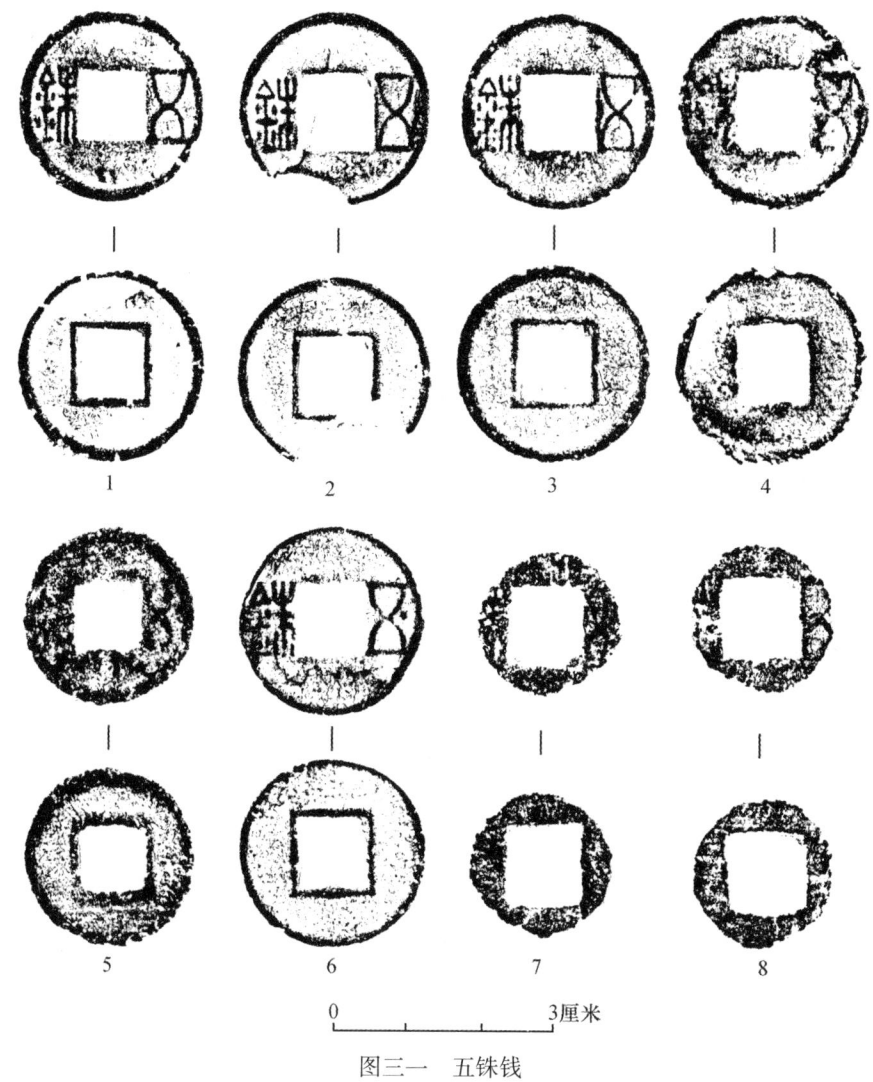

图三一 五铢钱

1、2. Ⅰ式（M4∶13-1、M6∶7） 3. Ⅱ式（M4∶13-2） 4. Ⅲ式（M13∶2-1） 5. Ⅳ式（M19∶2）
6. 磨郭（M13∶2-2） 7、8. 剪边（M21∶27、M17∶1）

第一组M13出土磨郭五铢、Ⅲ式五铢，M21出土剪边五铢，均流行于东汉晚期。青龙嘴A、B型墓形制与罗二虎所划分的Ⅰ型2、3式、Ⅱ型1、2式相近，流行于东汉中晚期[3]。A型罐（M20∶12）与大同磷肥厂的CⅡ式罐（M4∶5）、互助村A型罐（M3∶21）形制接近，A型瓮（M21∶2）与大同磷肥厂的Da型罐（M4∶21）相似，B型瓮（M21∶3）与大同磷肥厂的Ab型瓮（M4∶6）、互助村的瓮（M3∶6）形制相近，钵底纹饰（M20∶13）与大同磷肥厂M4∶14相似。大同磷肥厂M4为东汉中晚期[4]；互助村M3建造于永建三年（128年），永和三年（138年）入葬[5]，也就是说，该墓的时代上限为东汉中期偏晚，考虑该墓曾多次下葬，大量随葬器物应该为东汉晚期。综上所述，第一组墓葬时代以东汉晚期为主，部分略早到东汉中期偏晚。

第二组墓葬少见完整器，主要依据墓葬形制参考年代。该组墓葬平面形制为方形，与忠县涂井M4、M7、M10等墓葬一致，发掘者将这批墓葬定为蜀汉时代[6]。有研究者认为涂井墓葬时代不一，部分器物可早至东汉末，晚至两晋[7]。但仅从涂井M4、M7、M10三墓来看，时代应该以蜀汉为主。且青龙嘴M7出土太平百钱和直百五铢为最直接的证据。故该组墓葬时代主要为蜀汉时期，或可稍延到东汉末期与西晋早期。

第三组墓葬几乎未见器物。从出土钱币来看，时代上限为东汉末期。从墓葬形制来，E型墓与昭化宝轮、广元鞍子梁崖墓形制接近，平面均呈梯形，发掘者将宝轮崖墓时代判断为南朝[8]，鞍子梁崖墓为西晋[9]。易立认为宝轮崖墓至少应包括西晋、东晋和南朝三个阶段[10]，可从。依据笔者对绵阳崖墓的整理情况来看，F型墓葬流行两晋南朝时期[11]。故该组墓葬时代大致为两晋、南朝。

发掘：索德浩　刘守强　张成俊　杨素荣
　　　肖礼颖
整理：索德浩　王槐荣
修复：党　名
绘图：逯德军　张　培
拓片：严　彬
摄影：李　生　索德浩　肖礼颖
执笔：索德浩　刘雨茂　朱寒冰　方圆远

注　释

[1] 资料暂存成都文物考古研究院。

[2] 罗二虎：《四川崖墓开凿技术初探》，《四川文物》1987年第2期。

[3] 罗二虎：《四川崖墓的初步研究》，《考古学报》1988年第2期。

[4] 成都文物考古研究所、青白江区文物保护管理所：《成都市青白江区大同磷肥厂厂地汉墓发掘报告》，《成都考古发现》（2008），科学出版社，2010年。

[5] 成都文物考古研究所、新都区文物管理所：《成都市新都区东汉崖墓的发掘》，《考古》2007年第9期。

[6] 四川省文物管理委员会：《四川忠县涂井蜀汉崖墓》，《文物》1985年第7期。

[7] 钟治、韦正：《忠县涂井崖墓的时代与相关问题》，《东南文化》2008年第3期。

[8] 沈仲常：《四川昭化宝轮镇南北朝时期的崖墓》，《考古学报》1959年第2期。

[9] 广元市文物管理所：《四川广元鞍子梁西晋崖墓的清理》，《文物》1991年第8期。

[10] 易立：《广元宝轮院崖墓的时代及有关问题》，《四川文物》2012年第6期。

[11] 成都文物考古研究所、绵阳博物馆：《绵阳崖墓》，文物出版社，2015年。

唐广都城遗址调查简报

成都文物考古研究院

广都城遗址1981年被公布为成都市文物保护单位，明确遗址位于华阳镇古城村，分布于长约2.5、宽约0.5千米的平坝上。1998年9月23日，成都市文物考古工作队会同双流县文物管理所对广都城遗址进行了考古调查，结合调查和文献情况，调查者判断广都城遗址为唐初分双流别立广都县时所用之广都城，城址时代主要在隋唐时期[1]。为进一步厘清广都城遗址相关情况，成都市文物考古工作队于2016年1月3~16日再次对遗址及周边区域进行了考古调查。遗址位于成都市天府新区华阳镇古城村九组，中心点地理坐标为东经104°03′55.44″、北纬30°30′05.06″，海拔472米（图一）。本次调查确认广都城遗址为唐代广都县城，并解决了其范围、结构、修筑、废弃年代等问题。

图一 遗址位置示意图

一、广都城遗址结构

本次考古调查涉及的广都城遗址文化遗存有城墙、城侧河道、城内建筑基址、城内文化堆积和城内明清墓群等（图二）。以下分别报告各遗存情况。

（一）城墙及城侧河道

现仅存北城墙东段和东城墙北段，东北城墙交接处亦被部分破坏。北城墙呈东西向，北侧临正东街，残存部分长约65、宽12~18、高于两侧地面0.5~1米。东城墙呈南北向，东侧近成仁路，残存部分长约73、宽12~18、高于两侧地面0.5~2米。经钻探，北城墙现存部分可分为3层。

第1层：灰色土，土质松软。厚约0.6米。内含近代瓷片和建筑垃圾，为近代表土层。

第2层：灰褐色土，土质紧密。距地表深0.6~1、厚约0.4米，内含青砖碎片、灰陶片和红烧土颗粒，为唐代夯土层。

第3层：浅黄色土，土质十分坚硬。距地表深1~1.5、厚约0.5米。内含瓦片、青砖碎片、烧土颗粒，亦为唐代夯土层。

距地表1.5米以下为瓦砾，无法下钻。

东城墙地层结构与北城墙基本相同，亦可分为3层。

第1层：黑色土，土质松软。厚约0.3米。内含植物根茎和现代建筑垃圾。为近代表土层。

第2层：浅褐色土，土质紧密。距地表深0.3~1.6、厚约1.3米。内含青砖粒、红砂石粒等，为唐代夯土层。

第3层：深褐色土，土质十分坚硬。距地表深1.6~2.66、厚约1.06米。内含青砖块、红砂石粒等，为唐代夯土层。

距地表2.66米以下为红砂石板，无法下钻。判断该处为城墙下部排水设施。

结合钻孔地层和剖面观察，东城墙与北城墙皆存夯筑痕迹，结构和地层包含物一致，因此可确定两者建筑方式和建筑时代基本相同。

四侧城墙中北城墙西段、东城墙南段、南城墙和西城墙现皆已被破坏，其中东城墙南段和南城墙东段是在中华人民共和国成立以前便被破坏，而西城墙和南城墙西段是在20世纪80年代被破坏。在20世纪60年代航片中北城墙、西城墙和南城墙西段都保存较好（图三）。

通过对比航片，并通过GIS系统校对坐标点，可完全复原北城墙、西城墙和南城墙西段。因该城基本为正方向分布，通过现存东、北城墙部分和所复原西、南城墙部分，

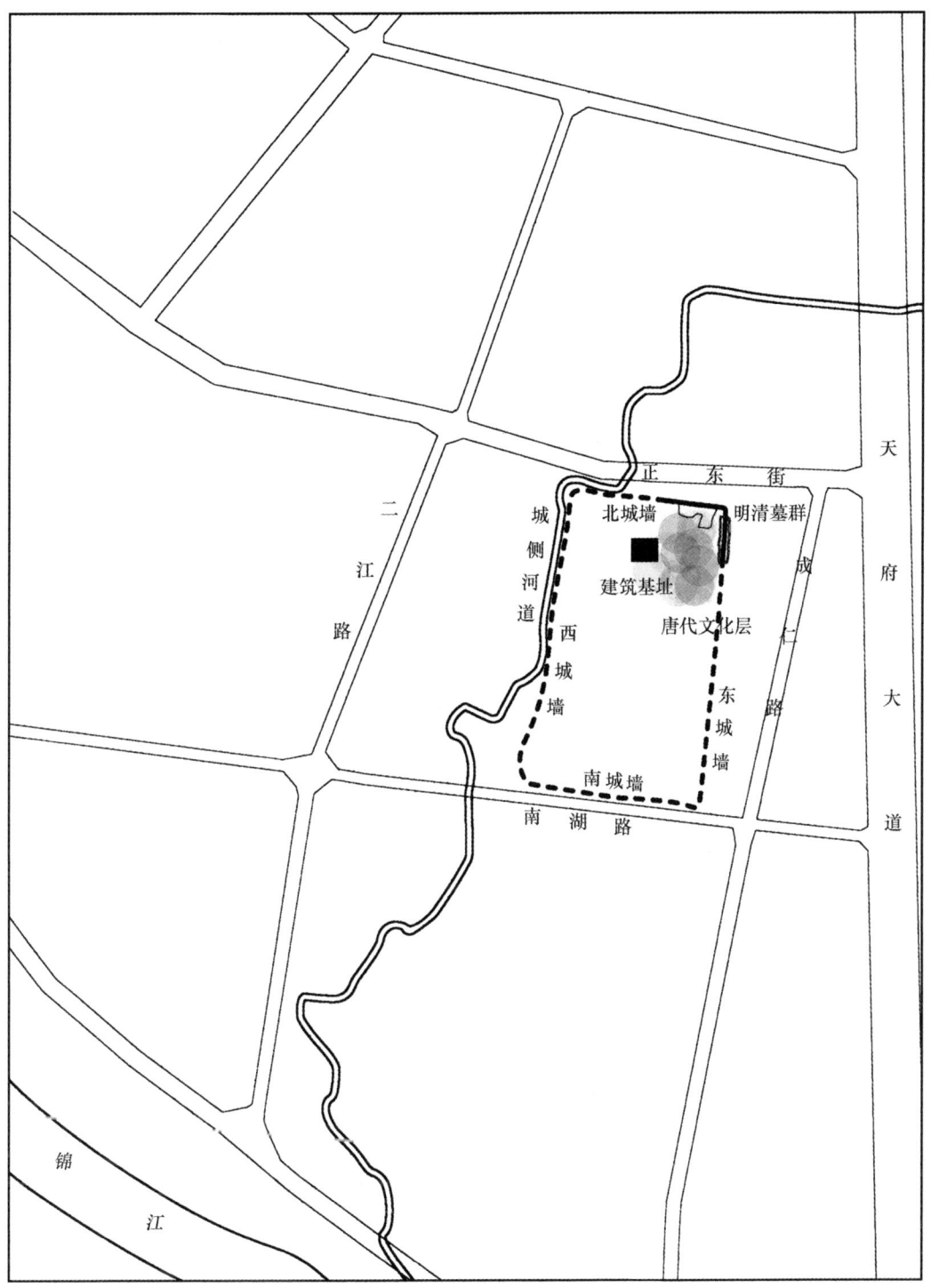

图二　唐广都城遗址结构示意图

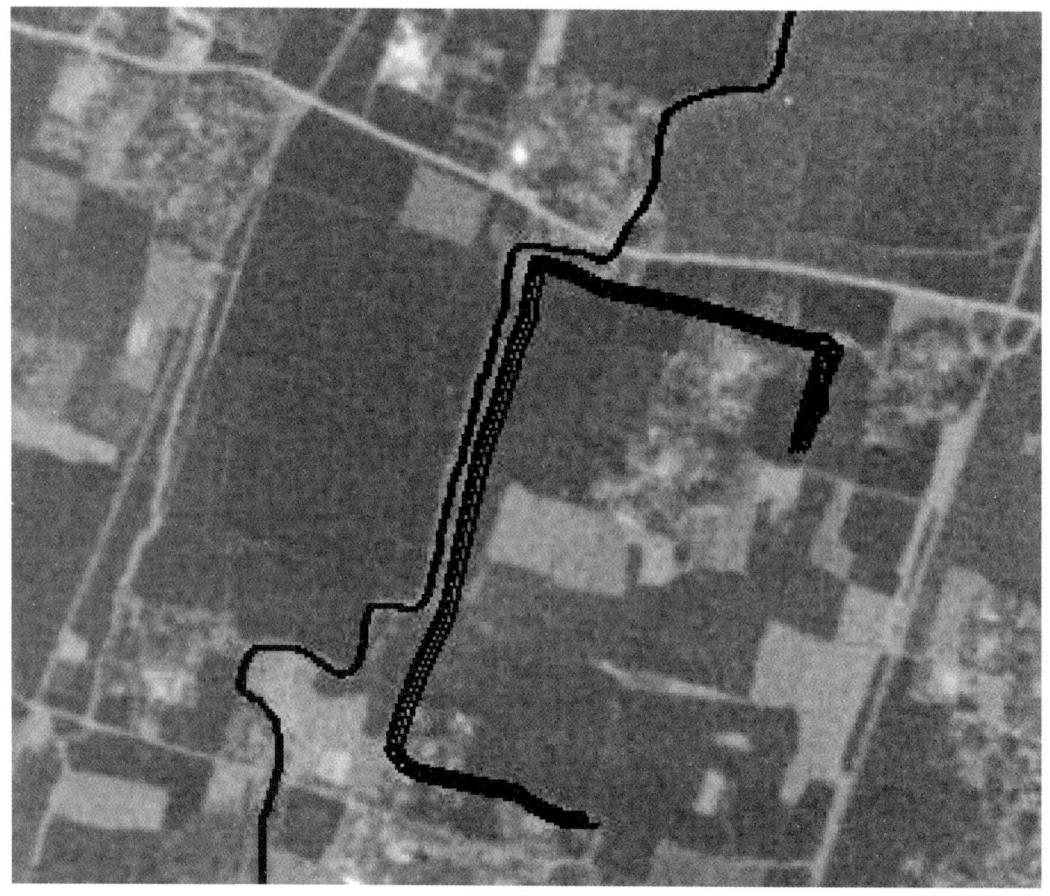

图三　20世纪60年代航片中唐广都城城墙及城侧河道

可大致复原整个城址城墙。通过对比复原，可确定广都城整体呈南北向长方形，南北长约400、东西宽约240米，城墙总长约1280米，遗址范围约96000平方米。

广都城遗址城侧河道现已全无踪迹，但在20世纪60年代航片中尚保存完整，在2002年航片中尚存南段，至2009年航片已完全被回填。该河总体东北—西南向，在城墙西北角处开始与城墙平行，与西城墙基本平行，在近南城墙时蜿蜒向南注入锦江。该河源于锦江北段，其近广都城西北角和西城墙段极为规整，存明显人工修整痕迹。初步判断该河与城墙相近段是在修筑唐广都城时被人工修整而成，功能可能有三个方面：其一，灌溉河流沿线稻田；其二，解决城内用水及排水；其三，利用该河段进行水路交通。

（二）城内建筑基址

在城内北部中央区域存一平面略呈长方形台地，台地呈东西向，长约50、宽约40、比周边高约0.5米（图二）。台地北侧边缘被近代民居破坏，大部分区域保存较好。台地地层可分为2层。

第1层：黑色土，土质松软。厚约0.2米。内含植物根茎和现代垃圾，为表土层。

第2层：黄褐色土，土质松软。距地表深0.2～0.5、厚约0.3米。内含大量砖、瓦残片及红胎瓷片，为唐代文化层。

距地表0.5米以下即为砖瓦堆积，无法下钻。

当地居民在台地边缘取土时发现，台地地表以下约0.5米处皆为厚0.3～1米的砖瓦堆积。结合地层情况和台地在城中北侧正中的位置分析，该台地极可能为唐广都县城衙署建筑基址。

（三）城内文化堆积

城内可钻探区域位于城址东北角，其他区域皆为现代建筑物。堆积可分为3层。

第1层：黑色土，土质疏松。厚约0.2米。内含植物根茎和现代砖块，为近代为耕土层。

第2层：黄褐色土，土质疏松。距地表深0.2～0.6、厚约0.4米。内含青砖残片和红胎白釉瓷片，为唐代文化层。

第3层：深褐色土，土质疏松。距地表深0.6～0.8、厚约0.2米。内含红胎瓷片和红烧土颗粒，为唐代文化层。

距地表0.8米以下为密集的砖瓦堆积，无法下钻。

从钻探情况判断，广都城遗址城墙范围内可钻探区域大部分都保存有唐代地层堆积和文化遗迹，属唐代广都城遗址无疑。

（四）城内明清墓群

城内明清墓群主要分布于北城墙南侧台地及东城墙之上。中华人民共和国成立前北城墙和东城墙之上皆布满明清墓葬，当地人俗称"棺山"。中华人民共和国成立后明清墓群之上又成为附近居民公共墓地使用，所以墓葬极为密集。因后期农耕活动北城墙上墓葬基本被破坏或迁葬，其南侧台地是原明清墓群残余部分，上部现已开垦为农田。东城墙之上墓葬保存原貌，墓葬层层相叠，无处钻探。现选取北城墙南侧台地上两处典型钻孔描述墓群地层情况。

D1第1层：黑色土，土质疏松。厚约0.4米。内含植物根茎，为耕土层。

D1第2层：浅灰色土，土质疏松。距地表深0.4～0.6、厚约0.2米。内含清代瓷片和砖屑，应为墓葬封土层。

距地表0.6米以下即为石灰层，判断为明清时期四川地区流行的石灰椁土坑墓。

D2第1层：黑色土，土质疏松。厚约0.3米。内含植物根茎，为耕土层。

D2第2层：浅灰色土，土质疏松。距地表深0.3～0.6、厚约0.3米。内含红胎酱釉瓷片、夹细砂灰陶片、瓦片等，为唐代文化层。

D2第3层：褐色土，土质疏松。距地表深0.6~1.1、厚约0.5米。内含红胎酱釉瓷片，应为唐代文化层。

距地表1.1米以下即为红砂石层，可能为城墙附近排水设施。

据台地上钻探情况分析，明清墓群所在区域下部存唐代文化层，即为唐代城内活动区域，附近尚存城墙排水设施。据墓葬年代判断，该城可能废弃于元明时期，废弃后因城墙地势较高而被用作当地居民的公共墓地。

二、文献中的广都城

西汉扬雄《蜀王本纪》载"开明帝下至五代有开明尚，始去帝号复称王也……蜀王据有巴蜀之地，本治广都樊乡，徙居成都"[2]，这是关于广都的最早文献资料，表明在开明帝第五代王开明尚后，其治所在广都樊乡，任乃强在考证广都城时提到"广都县治屡徙，（蜀王时）广都只可能在龙泉驿至黄龙溪间之黄土丘陵区"[3]，但具体位置不可考，此时广都樊乡是否有城尚存疑。晋常璩《华阳国志·蜀志五》载"（周）赧王五年，仪与若城成都，周回十二里，高七丈。郫城，周回七里，高六丈。临邛城，周回六里，高五丈。"[4]秦灭巴蜀后，筑有成都、郫、临邛三城，未提及广都，战国晚期广都是否有城亦存疑。《华阳国志·蜀志六》载"（李冰）又识齐水脉，穿广都盐井诸陂池。蜀于是盛有养生之饶焉"[5]，秦时广都是否有城亦未可知。《汉书》卷二十八上《地理志第八上》介绍蜀郡下属县时仅"广都，莽曰就都亭"几字[6]。至西汉早中期，广都是否筑城，无文献可考。

《后汉书》卷一下《光武帝纪第一下》、《太平御览》卷九十《皇王部十五》、《资治通鉴》皆载吴汉依光武帝旨意"坚据"广都大破公孙述大将军谢丰事[7]。可知至迟在西汉晚至新莽时期，广都已有城墙，否则吴汉亦无法"坚据"广都避谢丰锋芒而后破之。但此广都城应为汉晋时期广都，而非此次调查之广都城。

《隋书·地理志》载"双流县旧曰广都，置宁蜀郡，后周郡废。仁寿元年改县曰双流"[8]，隋因避炀帝杨广讳改广都为双流，但改名后可能继续沿用汉晋广都城。

《旧唐书·地理志》载"广都县，龙朔三年分双流县置"[9]，《元和郡县志》卷三十一载"广都县，北至府四十里"[10]。又《读史方舆纪要》引《明一统志》云"广都废县在府城南四十五里"[11]。《汉书·食货志》载"六尺为步，步百为亩，亩百为夫，夫三为屋，屋三为井，井方一里，是为九夫"[12]，可知汉代六尺为步，三百步为一里。据梁方仲《中国历代户口、田地、田赋统计》一书考证，周秦汉时一尺约合现在0.231厘米，一步则为1.386米，一里则为415.8米[13]。而《夏侯阳算经》卷上载"度地以5尺为步，360步为里"，《平赋书》亦载"三百六十步谓之里"[14]，可见到唐代一里为三百六十步，约合现在530米。据《元和郡县志》和《明一统志》载，唐代广都城距府城（成都城）"四十里"至"四十五里"，约合现在21.2～23.8千米，该距离和本次所调查广都城与成都距离相仿，可进一步证明本次调查的广都城即为唐广都县城。

《太平寰宇记》载"双流县，（府）西南四十里"、"广都县，（府）南二十七里"[15]。说明广都县治在宋代可能已北迁。

通过以上文献，可确认本次所调查广都城遗址应为《元和郡县志》和《明一统志》所载唐析双流分置广都县时修筑的县城，其修筑年代为唐初，作为广都县治仅在唐代，使用时间可能持续至宋，废弃于元明时期。

三、结 语

结合调查资料和文献记载，可确认广都城遗址即唐代广都县城，原城址总体呈南北向，南北长约400、东西宽约240米，北临正东街、东近成仁路、南临南湖路、西距二江路约250米，城墙宽12～18米，西城墙外侧有城侧河道，城址北部中央存建筑基址，城内普遍分布有唐代文化堆积。本次调查工作解决了该城的范围、结构、性质、修筑年代和使用年代等问题，确认该城非汉晋时期广都城，为未来该区域早期广都城的考古工作提供了线索和方向。

唐代新建和改建的地方城市在设计规划上都模仿隋唐大兴城、长安城和洛阳城，周边地方政权或国家城市规划亦深受隋唐两京影响。如唐代渤海五京和日本7～8世纪的五座京城皆有以下二个特点：其一，城市整体南北长、东西宽。其二，宫城（衙署区）位于城市北部中央。唐广都城整体南北长、东西宽，符合特点之一。城内建筑基址位于北部中央区域，符合特点之二。这说明唐广都城在设计规划上亦受隋唐大兴城、长安城和洛阳城影响，且广都城北部中央建筑基址为县治衙署区的可能性极大。

广都樊乡在开明时期便为蜀王治所，自汉武帝置广都县至元代废县以前其治所虽屡有迁徙，但广都有渔盐之利、水系密布，历代便是四川地区经济文化发达区域，亦是古代经济文化融合的交通要地。有关广都及广都城的考古资料对研究巴蜀地区古文化及西南地区历代政治、经济、文化发展变迁意义重大。本次所调查广都城，城墙、城侧河道、衙署区分布明确，修筑、废弃时代及城址性质明确。该城址的科学保护研究对唐宋时期四川地区城市布局、建筑技术、社会经济等方面考古研究价值极大，也是全国县级城址研究中极为难得的实物材料。

执笔：龚扬民 谢 林 白铁勇

注 释

[1] 成都市文物考古工作队、双流县文管所：《双流广都遗址调查报告》，《成都文物》1999年第1期。

[2] （西汉）扬雄：《蜀王本纪》，《全上古三代秦汉三国六朝文》，河北教育出版社，1997年，第一册。

[3] （晋）常璩著，任乃强校注：《华阳国志校补图注》，上海古籍出版社，1987年。
[4] （晋）常璩著，任乃强校注：《华阳国志校补图注》，上海古籍出版社，1987年。
[5] （晋）常璩著，任乃强校注：《华阳国志校补图注》，上海古籍出版社，1987年。
[6] （汉）班固：《汉书》，中华书局，1962年。
[7] 如《后汉书》卷一下《光武帝纪第一下》载"九月，吴汉大破公孙述将谢丰于广都，斩之。"《太平御览》卷九十《皇王部十五》"（光武）十二年，吴汉引兵击公孙述，入犍为界……诏书又戒汉曰，成都十万之余众，不可轻也。且坚据广都城，去之五十里，待其即营攻城罢倦引去，乃首尾击之。"
[8] （唐）魏征等：《隋书》，中华书局，1997年。
[9] （后晋）刘昫等：《旧唐书》，中华书局，1975年。
[10] （唐）李吉甫：《元和郡县图志》，中华书局，1983年。
[11] （清）顾祖禹：《读史方舆纪要》，中华书局，2005年。
[12] （晋）常璩著，任乃强校注：《华阳国志校补图注》，上海古籍出版社，1987年。
[13] 梁方仲：《中国历代户口、田地、田赋统计》，中华书局，2008年。
[14] （清）董诰、阮元、徐松等编：《全唐文》，中华书局，1983年。
[15] （宋）乐史：《太平寰宇记》，中华书局，2007年。

成都市武侯区川音大厦工地唐宋墓葬发掘简报

成都文物考古研究院

川音大厦位于成都市武侯区一环路南一段47号，北邻四川音乐学院，东邻民主路，南邻一环路，西邻磨子桥，中心地理坐标为东经104°05′11.9″、北纬30°38′31.6″（图一）。2016年10~11月，为配合成都城市音乐厅的建设，成都文物考古研究院对川音大厦工地开展了勘探发掘工作，共清理唐宋时期砖室墓12座，出土瓷器、陶器、铜器、墓券等一批重要文物。现就此次工作的基本情况简报如下。

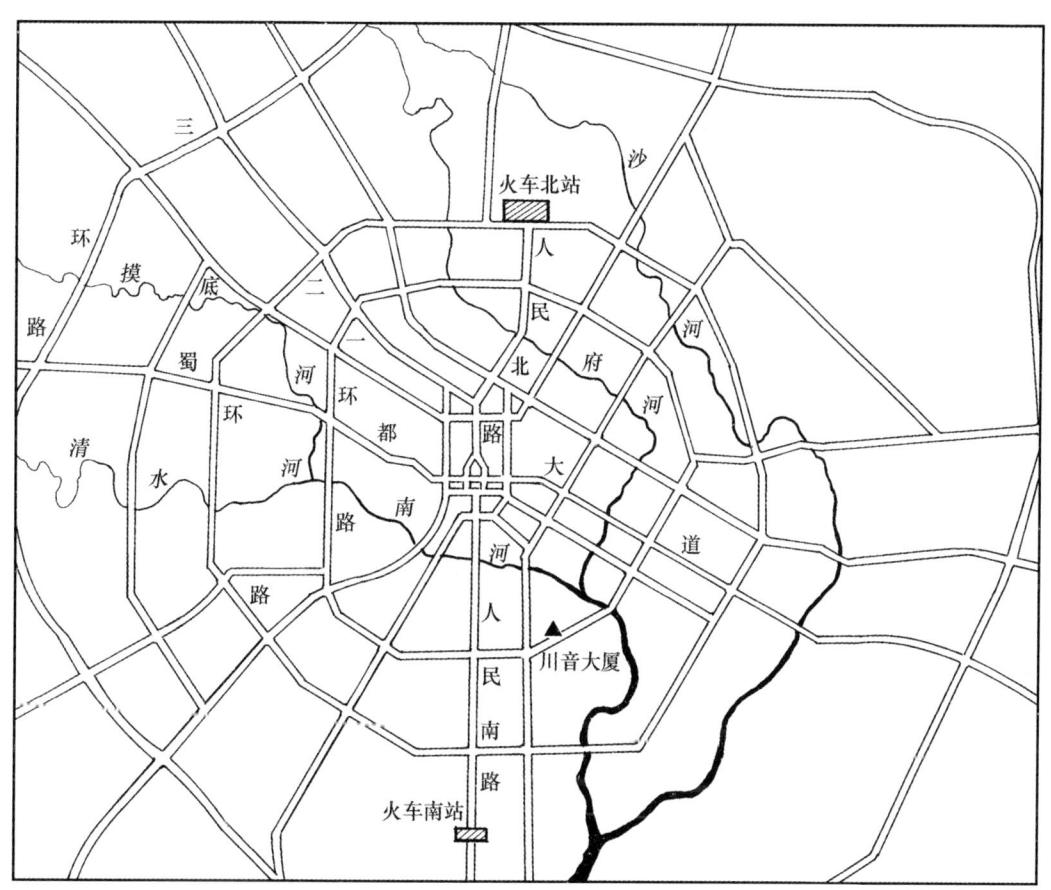

图一 墓葬位置图

一、墓葬形制

这批墓葬叠压于近现代耕土层下，均为砖室墓，平面呈长方形或梯形，有单室、双室和三室三种结构（附表）。除M8外，其余墓葬分布较集中，各墓之间无叠压或打破关系。从发掘情况看，有两组墓葬的位置邻近，且墓向及形制结构基本一致，分别为M3、M5、M9～M11，可能为同时期的家族墓葬（图二）。

M1　方向26°。三室并列，墓顶遭破坏而形制不明。墓圹平面呈弧角长方形，长

图二　墓葬总平面图

2.78、宽1.21~1.27、残深0.28~0.33米。无墓道和甬道。三室结构大小一致，以中室为例描述其形制。墓室平面呈长方形，长0.78、宽0.57、残高0.23米。墓壁底部先错缝平铺一层砖，再砌筑一层或横或纵的丁砖，其上又错缝平铺两层砖。墓底筑有棺台，平面呈长方形，长0.75、宽0.52、高0.03米，为平砖或横或纵铺筑。墓砖为长方形青灰色砖，完整者规格为32×16.5-3厘米（图三）。墓葬西室出土瓷盏、瓷罐、陶俑、陶鸡、陶狗等。

M2　方向23°。三室并列，墓顶遭破坏而形制不明。墓圹平面呈弧角长方形，长2.7、宽1.45、残深0.26米。无墓道和甬道。三室结构大小一致，以东室为例描述其形制。封门保存较好，由两层平砖错缝横砌而成，宽0.59、厚0.17、残高0.09米。后壁砖墙残缺不存。墓室平面呈长方形，长0.92、宽0.53、残高0.25米。墓壁由两层错缝顺铺的平砖和一层或横或纵的丁砖构成，墓砖为长方形青灰色砖，完整者规格为31×16-3厘米。墓底无铺砖（图四）。墓葬西室出土瓷炉、瓷提梁罐、陶俑、墓券等。

M3　方向194°。单室，墓顶遭破坏而形制不明。墓圹平面呈南宽北窄的梯形，长3.88、宽1.79~1.95、残深0.79~1.1米，填土为灰褐色黏土。墓道不存，由封门、甬道和墓室组成。封门在两组横铺的平砖及纵铺的丁砖上纵铺两层丁砖和横铺一层平砖，宽1.08、厚0.35、残高0.78米。甬道呈梯形，宽1.05~1.08、进深0.58米，低于墓室0.25米，底部由平砖呈"人"字形斜铺而成。墓室上部及后部被破坏，平面呈梯形，残长2.55、宽0.94~1.05、残高0.75米。残存部分墓室壁分内外两层，内层在墓底上先砌一平一丁四组砖，再顺铺数层平砖形成肋柱。壁龛残存2个，由肋柱之间的空隙形成，前龛长0.6、宽0.33米，后龛长0.26、宽0.17米。墓室底部有棺台，平面呈梯形，两侧距墓壁0.06~0.09米，南侧距甬道0.28米，残长2.2、宽0.81~0.85米，高于墓室0.08米，底部由平砖横顺交替铺成，棺台西南角残存人头骨。铺地砖为横铺与顺铺交替而成。墓砖为长方形青灰色砖，完整者有三种规格，分别为30×16-3.5厘米、32×16-3.5厘米、33.5×16.5-4厘米（图五）。墓内出土瓷碗、瓷罐等。

M4　方向148°。单室，墓顶遭破坏而形制不明。墓圹南部被近现代坑打破，残存部分平面近弧角正方形，残长1.42、残深0.71米，填土呈灰褐色，包含砖块、瓷片和铁钱等。墓室残存部分平面近长方形，残长1.18、宽0.74、残高0.65米，墓底有一层平铺砖。墓室北壁较薄，采用一平一丁的方式铺筑，砖体朝向或横或纵，厚0.17、残高0.59米；墓室东、西墓壁较厚，内侧以平砖横向铺筑，外侧再包砌三层横向的丁砖，厚0.31、残高0.42~0.55米。墓室底部残存棺台，用方形和长方形砖砌筑，高0.12米。墓砖为长方形或正方形青灰色砖，完整者规格有三种，分别为38×19-3.5厘米、32.5×16.5-3.5厘米、43×43-4厘米（图六）。墓内出土铁钱若干。

M5　方向6°。单室，墓顶遭破坏而形制不明。墓圹平面呈南窄北宽的梯形，长4.32、宽1.67~1.86、残深0.67~0.93米，填土为灰褐色黏土，包含少量砖块和瓷片。墓道不存，由封门、甬道和墓室组成。封门残存少量砖，具体性质不明。甬道呈梯形，宽

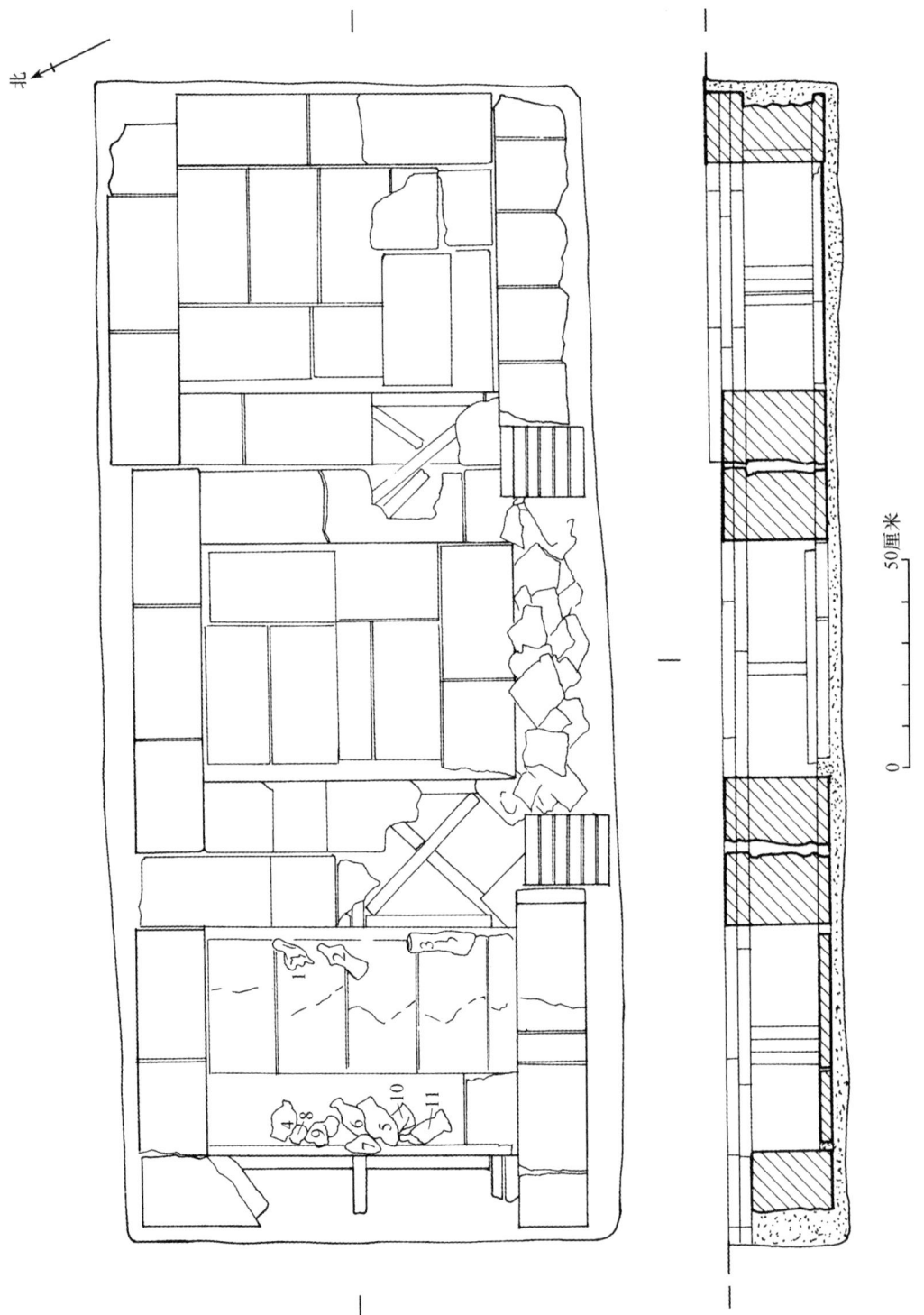

图三 M1平、剖面图
1、9.陶俑筒俑 2、5、10.陶文俑 3、11.陶武俑 4.瓷带系罐 6.陶鸡 7.瓷盏 8.陶狗

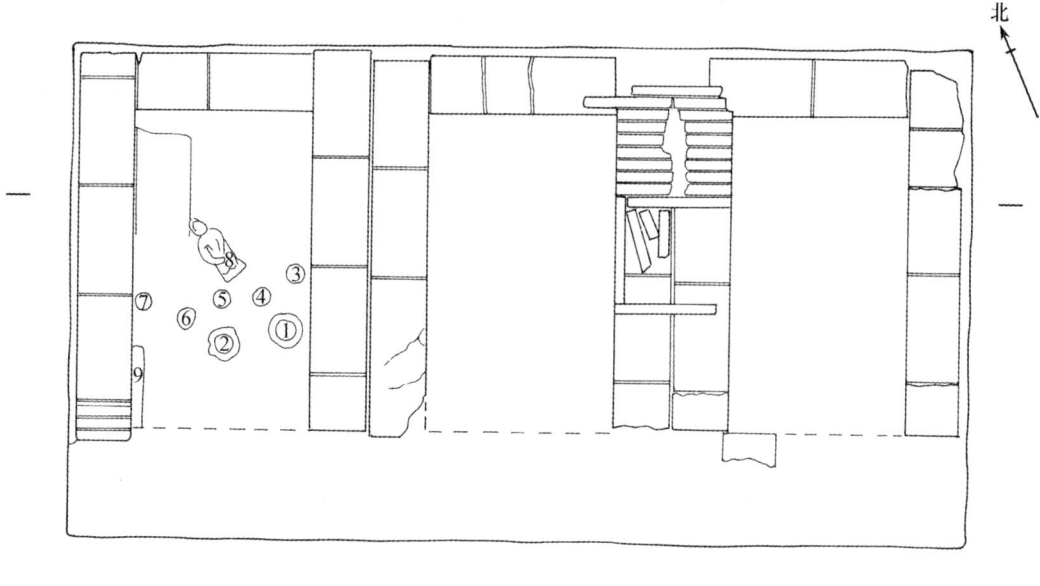

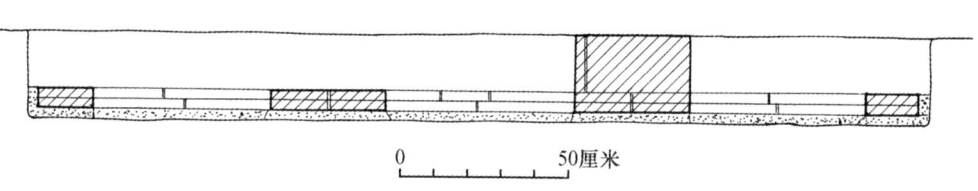

图四 M2平、剖面图
1、2. 瓷炉 3~7. 瓷提梁罐 8. 陶坐俑 9. 买地券

1.02~1.08、进深1.24米，低于墓室0.17米，底部由平砖呈"人"字形斜铺而成。墓室遭破坏严重，平面呈梯形，残长2.36、宽0.91~1.01、残高0.65米。墓壁以东壁部分保存较好，采用一平一丁的方式铺筑，砖体朝向或横或纵，厚0.33、残高0.59米。墓室底部铺砖不存，有无棺台不明确。墓砖为长方形青灰色砖，完整者有三种规格，分别为32.5×16.5-3.5厘米、33×16.5-3.5厘米、33×17-3.5厘米（图七）。墓内出土瓷碗、墓券等。

M6 方向144°。单室，墓顶遭破坏而形制不明。墓圹平面呈南宽北窄的梯形，长2.71、宽1.46~1.56、残深0.53~0.7米，填土为灰褐色黏土，包含少量砖块和瓷片。墓道和封门不存，由甬道和墓室组成。甬道前半部分遭破坏不存，残存近梯形，宽0.78~0.8、残进深0.33米，低于墓室0.21米，底部不存。墓室亦遭破坏严重，平面呈梯形，长1.27、宽0.75~0.79、残高0.51米。墓壁破坏严重，采用平砖错缝横向铺筑，厚0.34、残高0.12米。墓室底部残缺不全，采用平砖或横或纵铺筑。墓砖为长方形青灰色砖，完整者规格为32.5×16.5-3.5厘米（图八）。墓内出土墓券，其中一方消灾真文券出于填土之中。

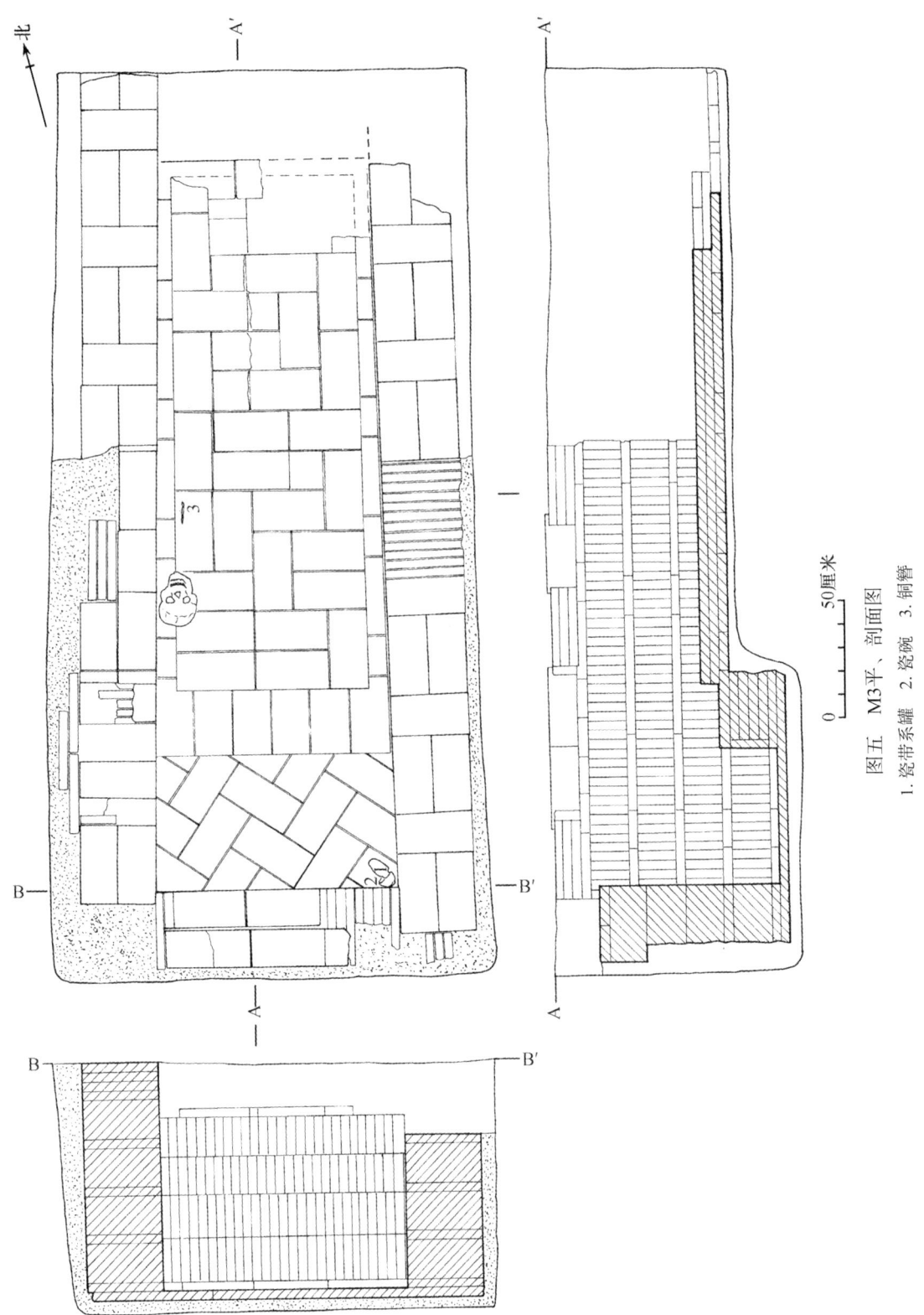

图五 M3平、剖面图
1. 瓷带系罐 2. 瓷碗 3. 铜簪

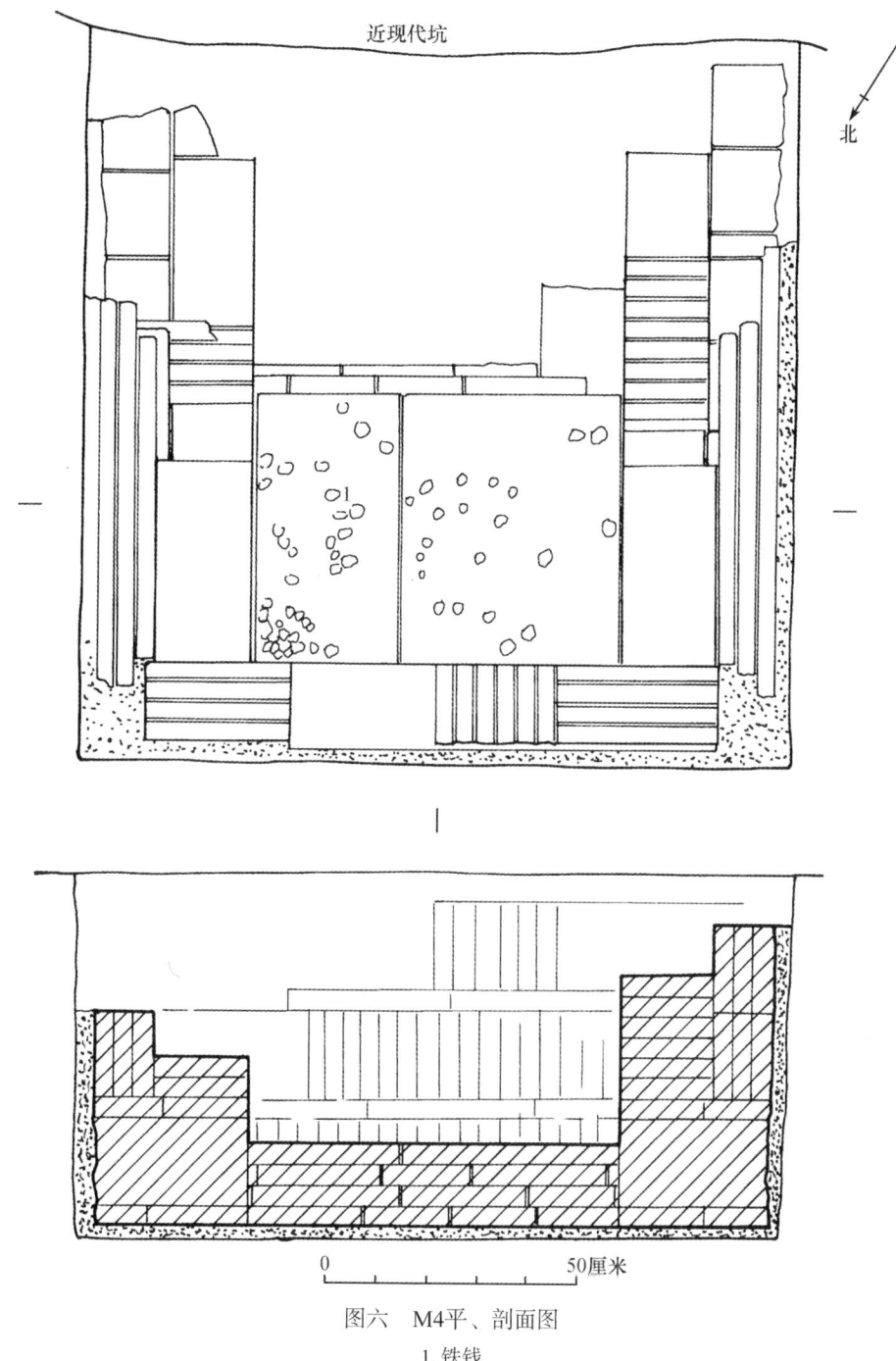

图六 M4平、剖面图
1. 铁钱

M7 方向116°。双室并列，墓顶遭破坏而形制不明。墓圹平面呈弧角长方形，长2.07、宽1.51、残深0.34米，填土为灰褐色黏土，包含少量砖块和瓷片。无墓道和甬道。双室结构大小一致，以北室为例描述其形制。墓室平面呈长方形，长1、宽0.56、残高0.28米，墓底无铺砖。墓壁由两层错缝顺铺的平砖和一层或横或纵的丁砖构成，厚

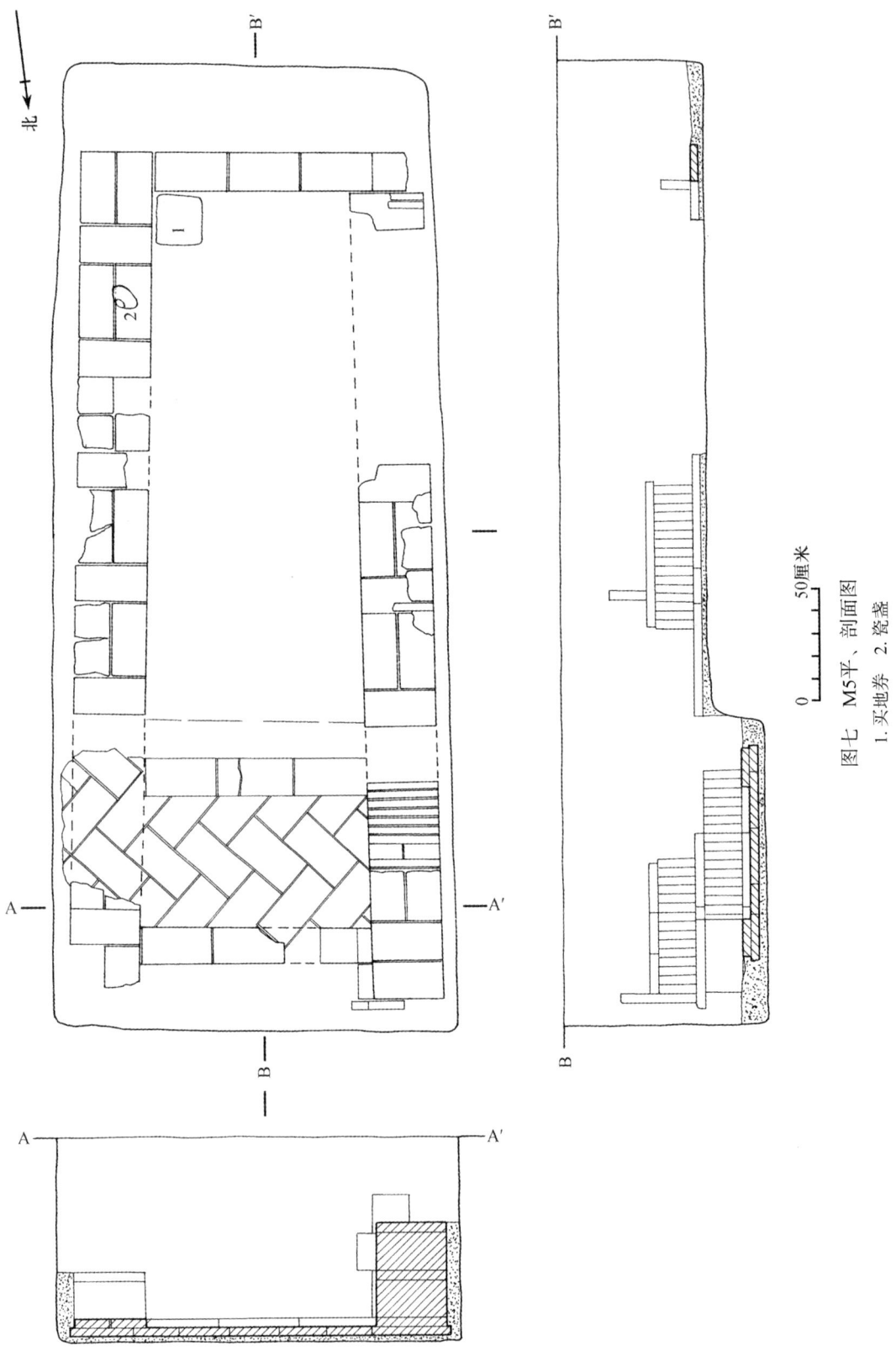

图七 M5平、剖面图
1. 买地券 2. 瓷盏

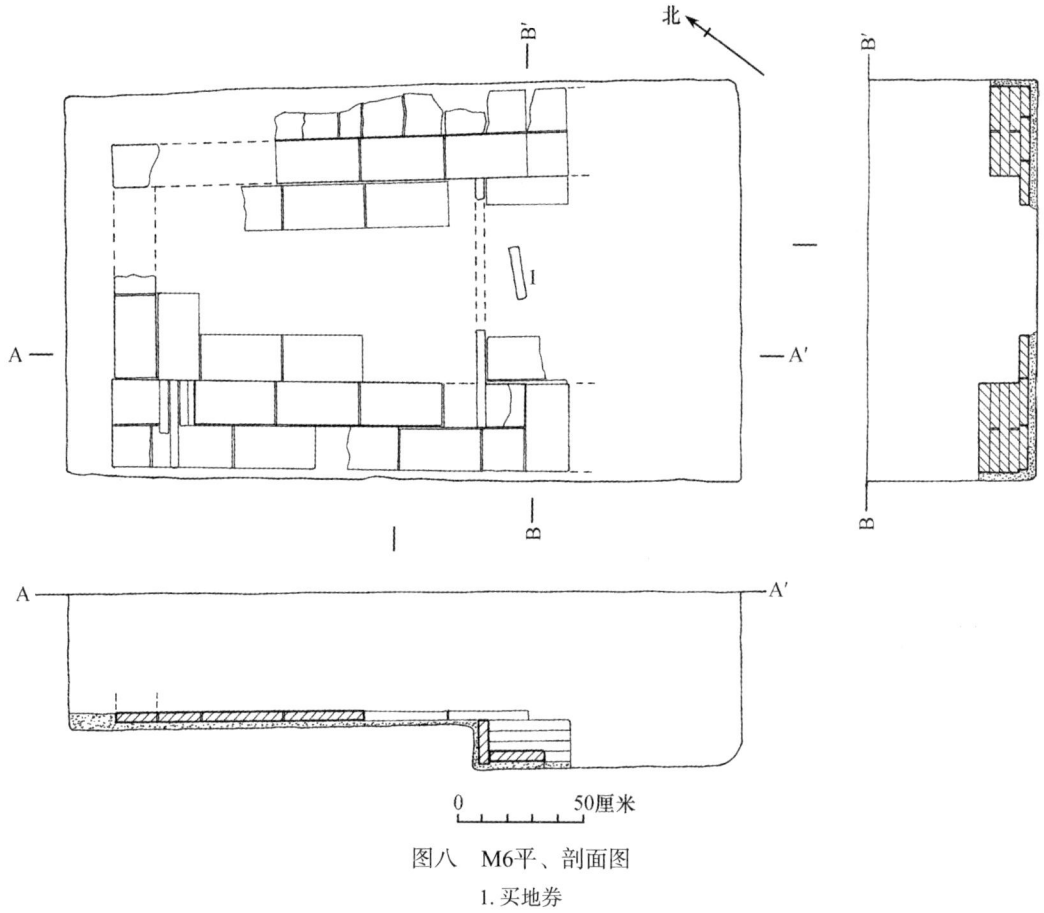

图八 M6平、剖面图
1. 买地券

0.16～0.25、残高0.28米。墓砖为长方形青灰色砖，完整者规格为32×16-3.5厘米（图九）。墓内仅出土墓券。

M8 方向166°。双室并列，墓顶大部分遭破坏，从残存痕迹看应为券顶。墓圹平面呈弧角长方形，长2.15、宽1.96、残深0.83米，填土为灰褐色黏土，包含较多砖块、陶俑残片和红砂石块。无墓道和甬道。双室结构大小一致，以西室为例描述其形制。封门保存较好，采用一丁两平或一丁一平的方式砌筑，丁砖的朝向或横或纵，宽1.02、厚0.34、残高0.7米。墓室平面呈长方形，长1.21、宽0.61、残高0.75米。墓室东、西两壁较薄，厚0.19米，采用一丁两平的方式砌筑，丁砖的朝向或横或纵，其上两端平铺横砖数层，构成肋柱以垒筑券顶，肋筑之间形成宽约0.24米的壁龛，东、西室共用墓壁的部分还砌筑有一个小型暗室，平面呈长方形，长0.29、宽0.21米。墓底有一层铺砖，底部砌筑有棺台，平面呈长方形，长1.19、宽0.51、高0.12米。墓砖为长方形青灰色砖，完整者规格有三种，分别为33×18.5-3.5厘米、34×18.5-3.5厘米、38×19.5-3.5厘米（图一〇）。墓内出土物较丰富，有瓷碗、瓷罐、陶俑、墓券、铜镜、铁钉等。

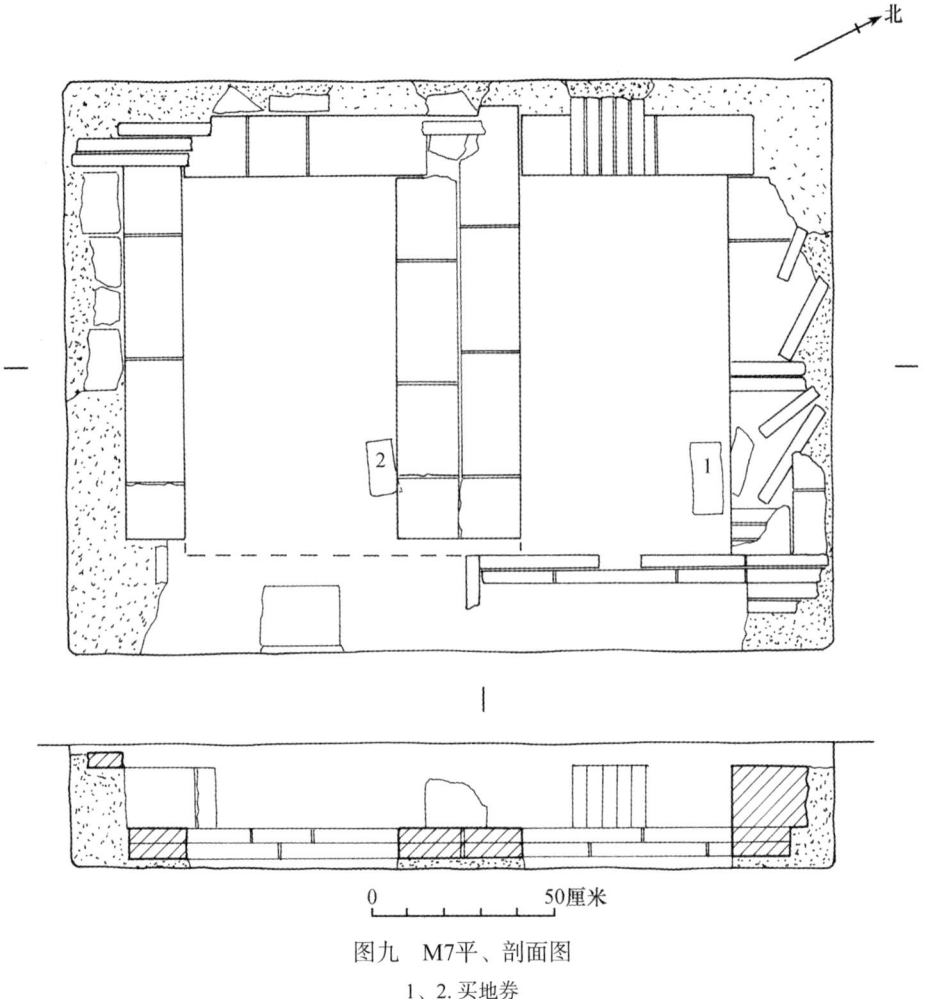

图九　M7平、剖面图
1、2.买地券

M9　方向112°。单室，墓顶遭破坏而形制不明。墓圹平面呈弧角长方形，长1.46、宽1.11、残深0.48米，填土为灰褐色黏土，包含少量砖块和瓷片。无墓道和甬道。墓室平面呈长方形，长0.85、宽0.44、残高0.44米。墓壁破坏较严重，采用两平一丁的方式铺筑，丁砖的朝向或横或纵，厚0.17～0.35、残高0.33米。墓底无铺砖，底部砌筑有棺台，平面呈长方形，长0.82、宽0.32、高0.04米。墓砖为长方形青灰色砖，完整者规格有三种，分别为32.5×17-3.5厘米、32.5×16-3.5厘米、33×17-3.5厘米（图一一）。墓内出土瓷罐、墓券等。

M10　方向118°。单室，券顶。墓圹平面呈弧角长方形，长1.47、宽1.18、残深0.61米，填土为灰褐色黏土，包含少量砖块和瓷片。无墓道和甬道。封门保存较好，采用一丁一平的方式砌筑，丁砖的朝向或横或纵，宽0.83、厚0.33、残高0.46米。墓室平面呈长方形，长0.89、宽0.6、残深0.55米。墓室南、北壁保存较好，厚0.25米，采用一丁一平的方式砌筑，丁砖的朝向或横或纵，其上两端平铺横砖两层，构成肋柱以垒筑券

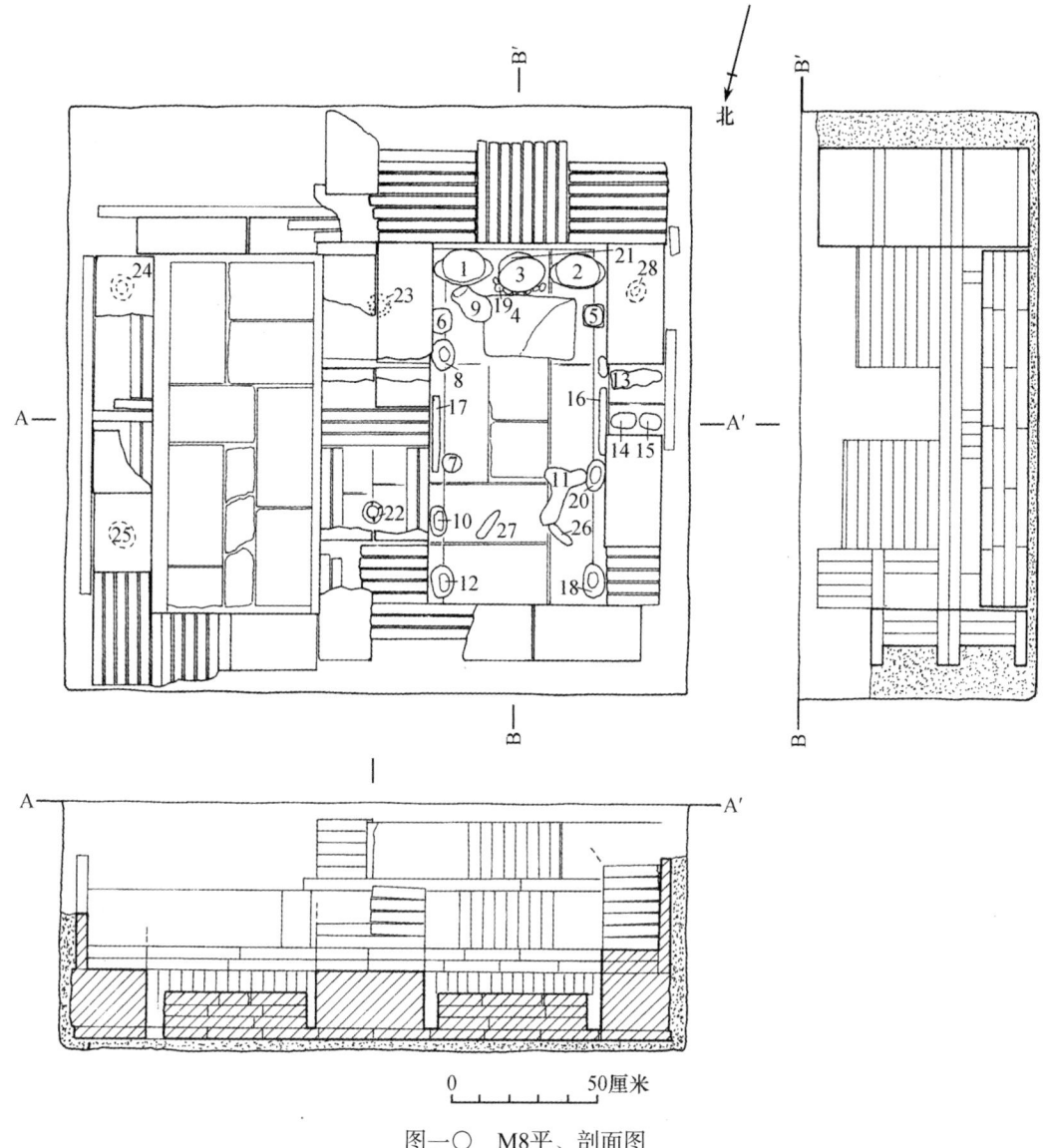

图一○ M8平、剖面图

1、2.陶武俑　3.瓷碗　4.买地券　5、6.陶独脚兽　7.铜镜　8.陶俑残件　9.陶女侍俑　10、13~15.陶文俑　11.陶匍匐俑　12.陶男侍俑　16.敕告宫文券　17.华盖宫文券　18.陶猪首人身俑　19.陶人首蛇身俑　20.陶人首鸟身俑　21~24、28.瓷带系罐　25.瓷盏　26、27.铁钉

顶，肋筑之间形成宽约0.22米的壁龛。券顶采用平砖纵联，缝隙之间填充黏土、瓷片等材料加固，外侧再包砌纵向丁砖二层。墓底无铺砖，底部砌筑有棺台，平面呈长方形，长0.84、宽0.51、高0.04米。墓砖为长方形青灰色砖，完整者规格为32.5×16.5-3.5厘米（图一二）。墓内出土瓷罐、陶俑、墓券等。

M11　方向118°。单室，墓顶大部分遭破坏，从残存痕迹看应为券顶。墓圹平面呈弧角长方形，长1.4、宽1.07、残深0.55米，填土为灰褐色黏土，包含少量砖块和瓷片。

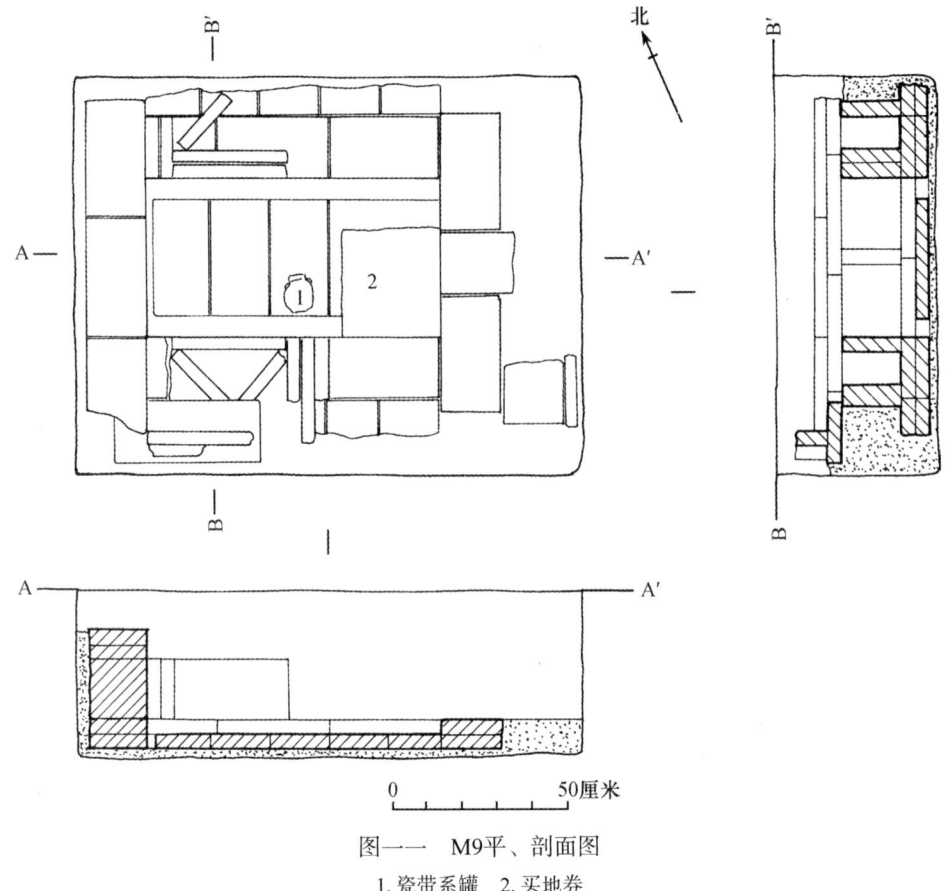

图一一 M9平、剖面图
1. 瓷带系罐 2. 买地券

无墓道和甬道。封门保存较好,采用二平一丁的方式砌筑,丁砖的朝向或横或纵,宽0.83、厚0.29、残高0.33米。墓室南、北壁保存较好,厚0.17米,采用二平一丁的方式砌筑,丁砖的朝向或横或纵,其上两端平铺横砖数层,构成肋柱以垒筑券顶,肋筑之间形成宽约0.19米的壁龛。墓室平面呈长方形,长0.85、宽0.42、残深0.55米。墓底无铺砖,底部砌筑有棺台,平面呈长方形,长0.83、宽0.33、高0.04米。墓砖为长方形青灰色砖,完整者规格为32.5×16.5-3.5厘米(图一三)。墓内出土陶俑、墓券等。

M12 方向166°。单室,墓顶遭破坏而形制不明。墓圹平面呈南宽北窄的梯形,长2.1、宽1.12~1.37、残深0.27~0.43米,填土为灰褐色黏土,包含少量砖块和瓷片。墓道已不存,由封门、甬道和墓室组成。封门以丁砖错缝包砌,残宽1.12、厚0.13、残高0.16米。甬道破坏严重,进深0.48米,低于墓室0.16米,底部残存铺砖。墓室亦遭破坏严重,平面近梯形,长1.49、宽1.05~1.17、残深0.24米。墓室底部残缺不全,采用平砖横向错缝铺筑。墓壁破坏严重,采用平砖错缝横向铺筑,厚0.13、残高0.16米。墓砖为长方形青灰色砖,完整者规格为33×16-4厘米(图一四)。墓内仅有数块墓券残块出土于填土之中。

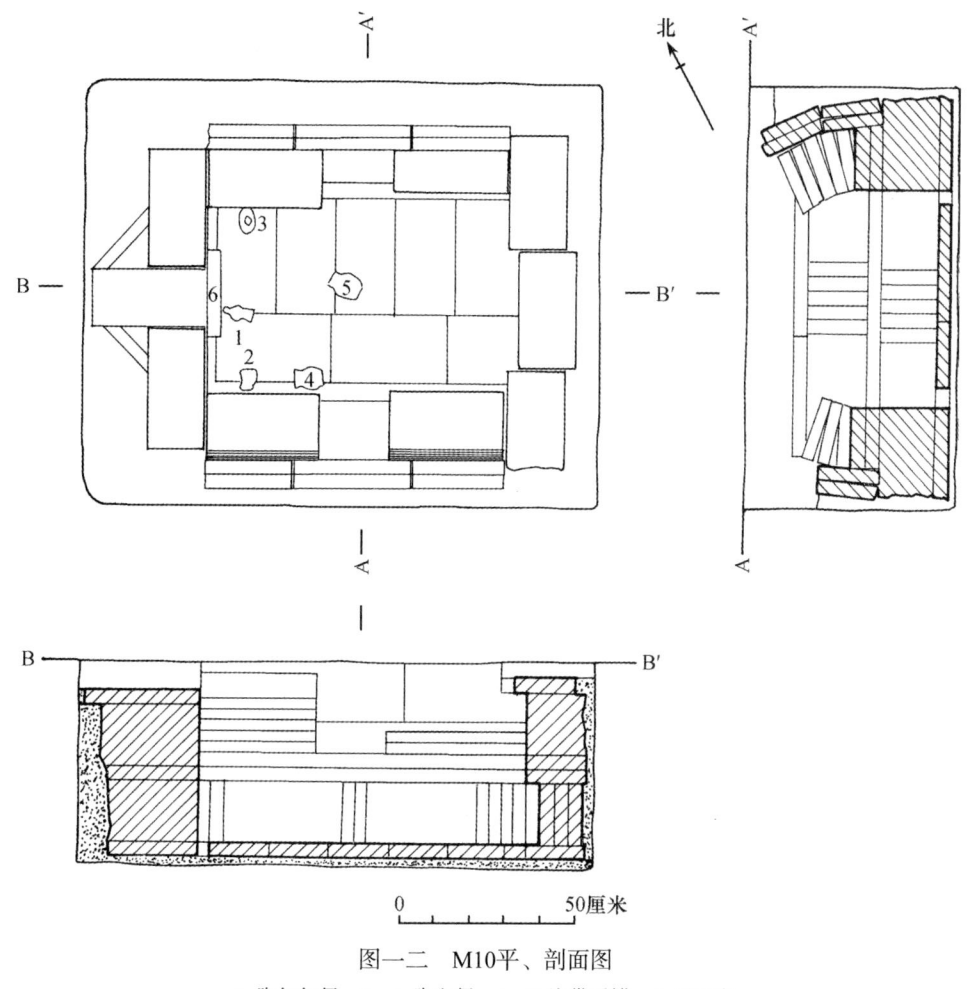

图一二 M10平、剖面图
1.陶匍匐俑 2、3.陶文俑 4、5.瓷带系罐 6.买地券

二、随葬器物

12座墓共出土随葬器物68件,可分为瓷器、陶器、铜器及墓券四大类,其中瓷器以青釉和酱釉为主,可辨器形有带系罐、提梁罐、碗、盏、炉。陶器以泥质灰陶、泥质褐陶以及釉陶器为主,釉陶器通常涂有一层化妆土,器形有匍匐俑、坐俑、女侍俑、男侍俑、武俑、文俑、狗、鸡、独脚兽、人首鸟身俑、人首蛇身俑、猪首人身俑等。釉陶器及瓷器较粗糙,常见釉面脱落的现象。铜器仅见1面镜及1件簪。墓券以红砂石为主,可分为买地券、敕告宫文券及华盖宫文券、消灾真文券四类。

1. 瓷器

共22件,有带系罐、提梁罐、碗、盏、炉五类。

带系罐 10件。依据器物形态的不同,分为二型。

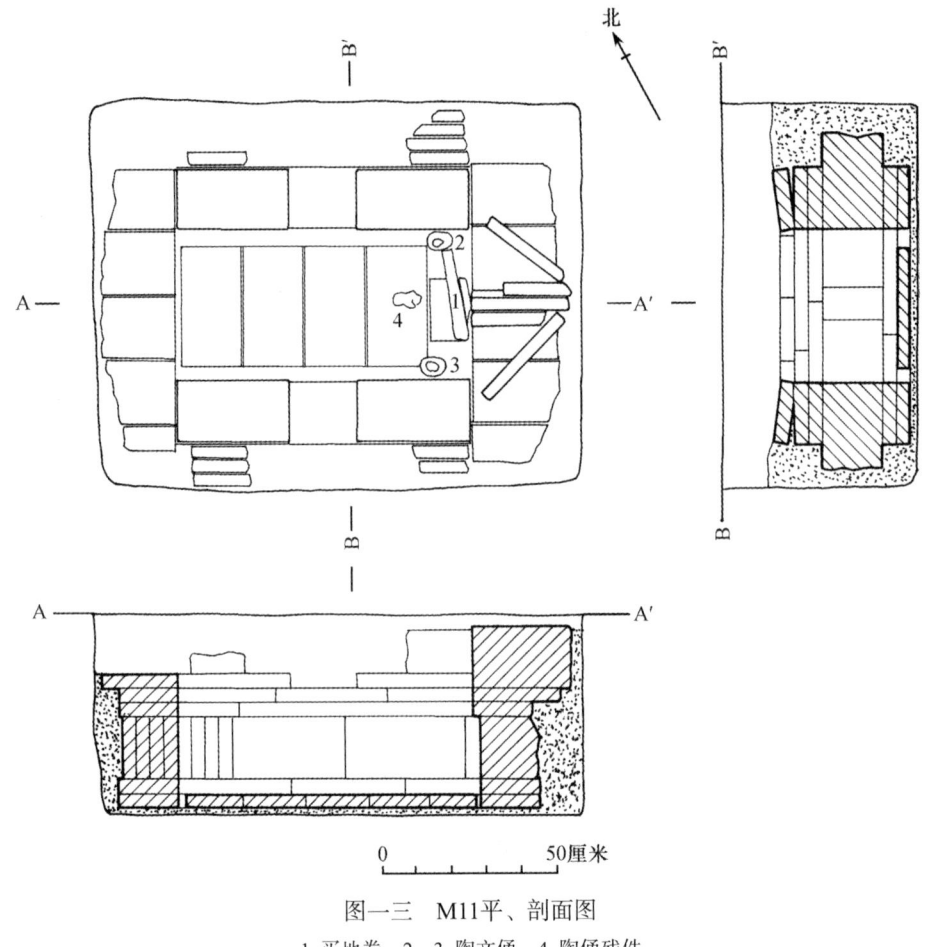

图一三 M11平、剖面图
1.买地券 2、3.陶文俑 4.陶俑残件

A型 9件。敛口近直，尖唇，溜肩，肩部置双横耳系，椭圆腹，饼足。依据最大径的差异，分为二型。

Aa型 5件。最大径在腹中。M1∶4，暗红胎，釉层脱落，腹部用粉黄色化妆土描画斜线纹。口径5.6、最大腹径9、底径6.4、高12.8厘米（图一五，6）。M8∶21，暗红胎，挂粉黄色化妆土，酱釉。口径7.6、最大腹径12.8、底径8.2、高15.4厘米（图一五，1）。M9∶1，暗红胎，釉层脱落，腹部用粉黄色化妆土描画斜线纹。口径5.4、最大腹径8.9、底径6.6、高11.2厘米（图一五，7）。M10∶4，暗红胎，挂粉黄色化妆土，酱釉，釉层脱落。口径5.2、最大腹径9、底径6、高11厘米（图一五，9）。M10∶5，暗红胎，釉层脱落，腹部用粉黄色化妆土描画斜线纹。口径5.6、最大腹径8.8、底径6.6、高11.2厘米（图一五，5）。

Ab型 4件。最大径在下腹。M8∶28，暗红胎，釉层脱落。口径5.2、最大腹径9.4、底径6.4、高10.4厘米（图一五，8）。M8∶22，暗红胎，釉层脱落。口径5.8、最大腹径10.2、底径6.2、高10厘米（图一五，4）。M8∶23，暗红胎，釉层脱落。口

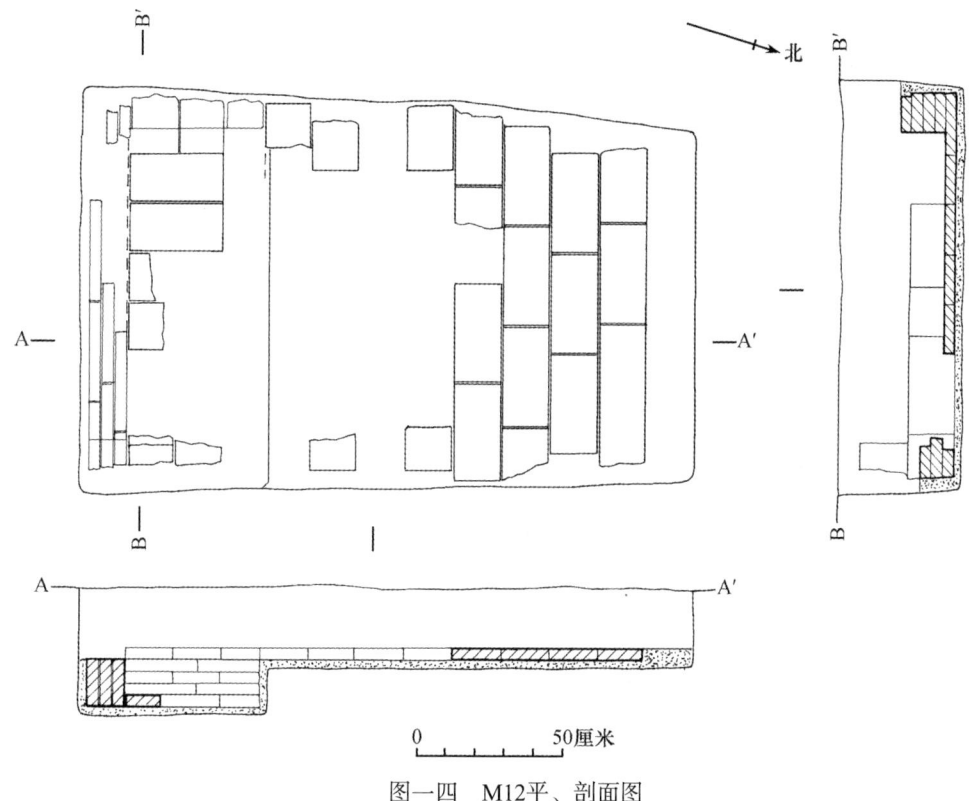

图一四 M12平、剖面图

径5.6、最大腹径10、底径6.6、高10.4厘米（图一五，3）。M8∶24，暗红胎，釉层脱落。口径5.4、最大腹径8.2、底径6、高11厘米（图一五，2）。

B型 1件。敛口，斜直短颈，肩部置竖系，弧腹，平底。颈部饰两周凹弦纹。M3∶1，暗红胎，酱釉。口径12.4、最大腹径25.2、底径13.8、高28.3厘米（图一六，1）。

提梁罐 5件。平沿内折，沿上附蟠螭提梁，斜腹较浅，饼足。M2∶3，暗红胎，酱黑釉。口径3.4、最大腹径5.2、底径3、高3.2厘米（图一六，5）。M2∶4，暗红胎，酱黑釉。口径3.4、最大腹径5.2、底径3.2、高3.4厘米（图一六，4）。M2∶5，暗红胎，酱黑釉。口径3、最大腹径5.2、底径3.4、残高2厘米（图一六，6）。M2∶6，暗红胎，酱黑釉。口径3、最大腹径5.2、底径3.2、高2.8厘米（图一六，3）。M2∶7，暗红胎，酱黑釉。口径4、最大腹径5.5、底径3.2、高2.9厘米（图一六，2）。

碗 2件。敞口，尖圆唇，斜弧腹，圈足。M8∶3，暗红胎，挂粉黄色化妆土，酱釉，内壁用化妆土描画六道细线纹，内底残留支钉痕。口径17.4、足径5.6、高6.4厘米（图一七，1）。M3∶2，暗红胎，挂粉黄色化妆土，青釉，内底残留支钉痕。口径16、足径6.2、高5厘米（图一七，5）。

盏 3件。敞口，斜弧腹。依据底部的不同，分为二型。

A型 1件。圈足。M1∶7，胎土及釉层均白中泛灰，胎面挂白色化妆土。尖唇。

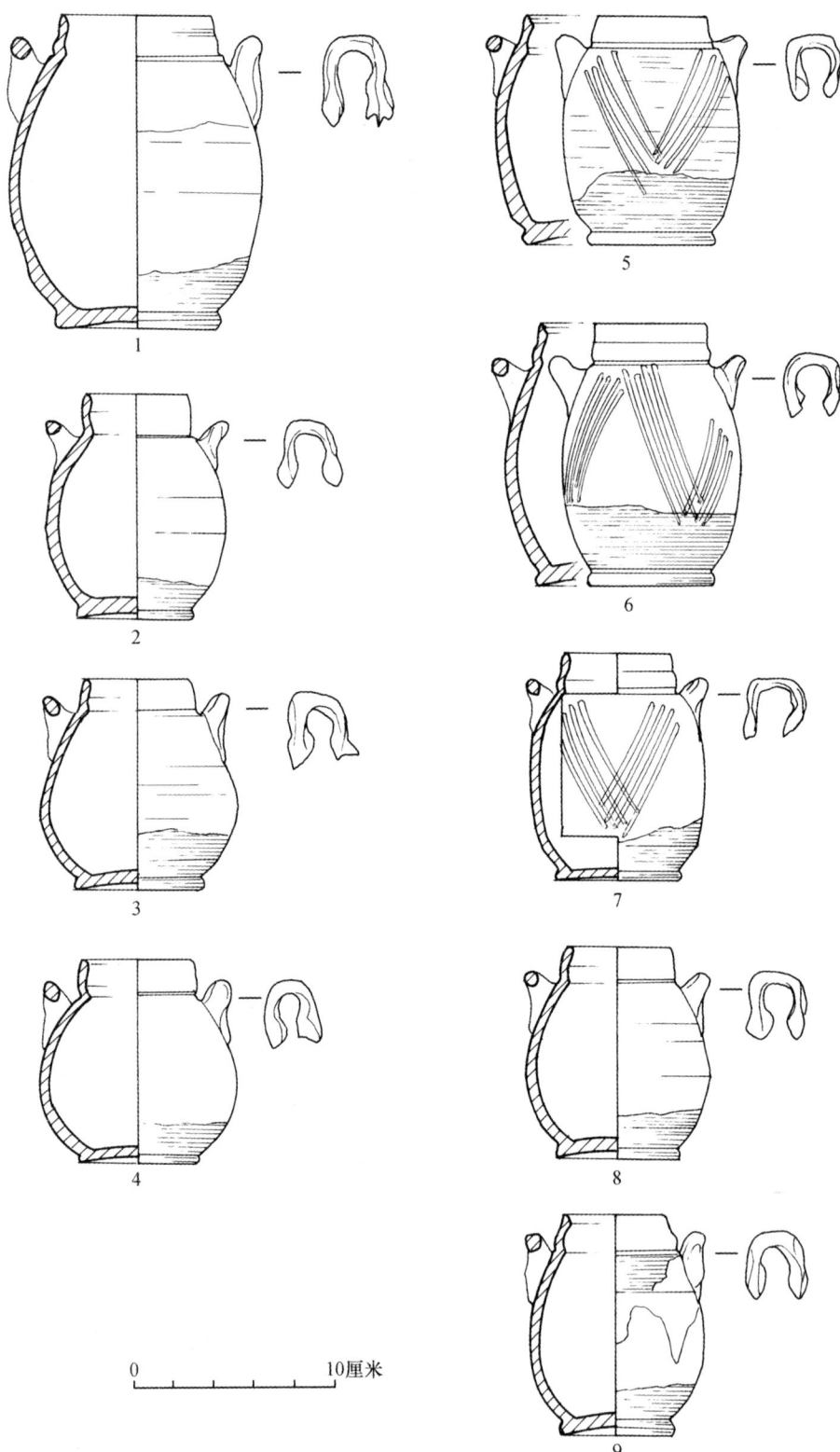

图一五　A型瓷带系罐

1、5~7、9.Aa型（M8∶21、M10∶5、M1∶4、M9∶1、M10∶4）　2~4、8.Ab型（M8∶24、M8∶23、M8∶22、M8∶28）

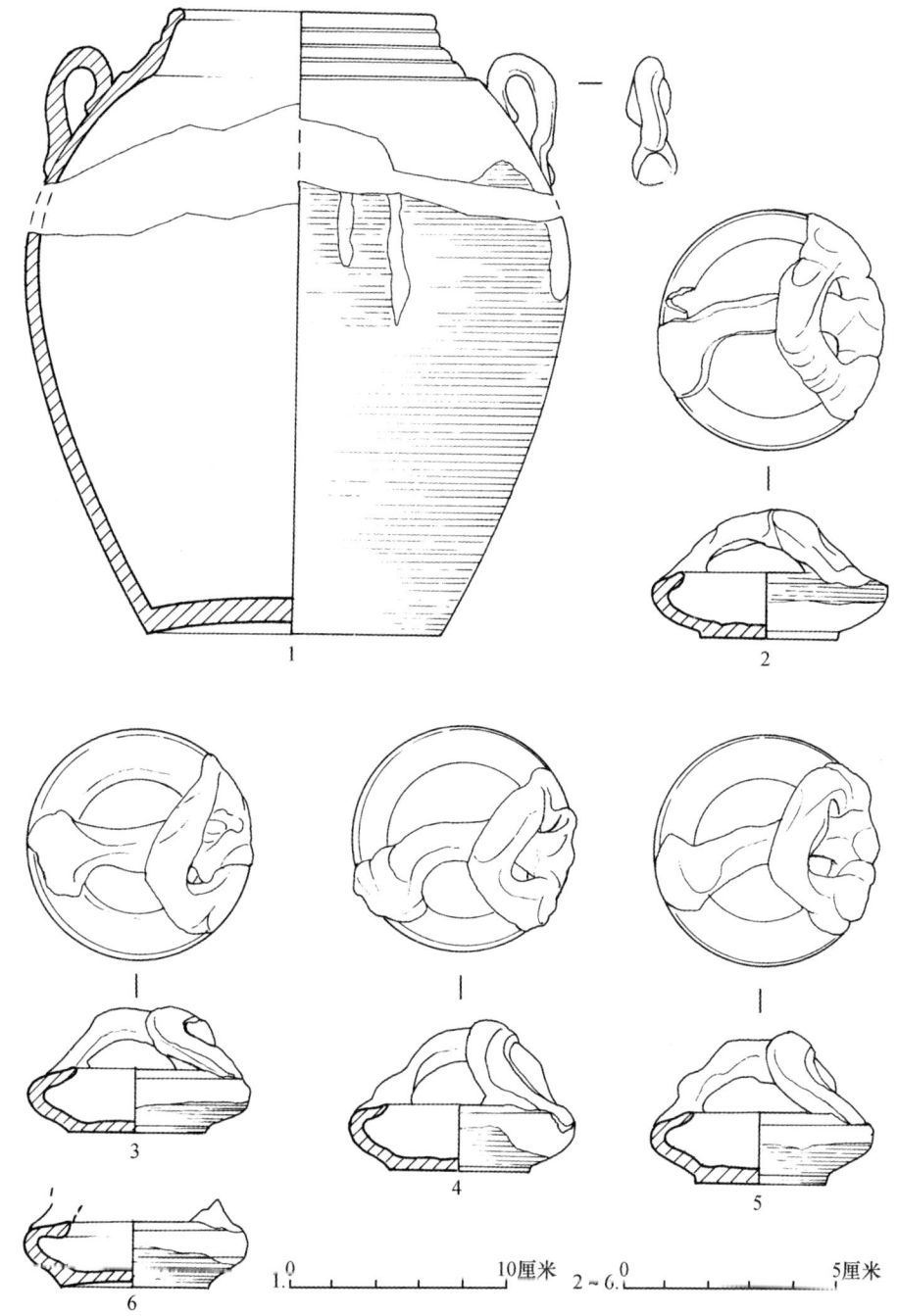

图一六 B型瓷带系罐、提梁罐
1.B型带系罐（M3∶1） 2~6.提梁罐（M2∶7、M2∶6、M2∶4、M2∶3、M2∶5）

口径9.6、足径4.4、高3.1厘米（图一七，4）。

B型 2件。饼足。M8∶25，暗红胎，挂粉黄色化妆土，青釉。尖唇。口径11、底径4.2、高3.4厘米（图一七，3）。M5∶2，暗红胎，挂粉黄色化妆土，青釉，内底残留

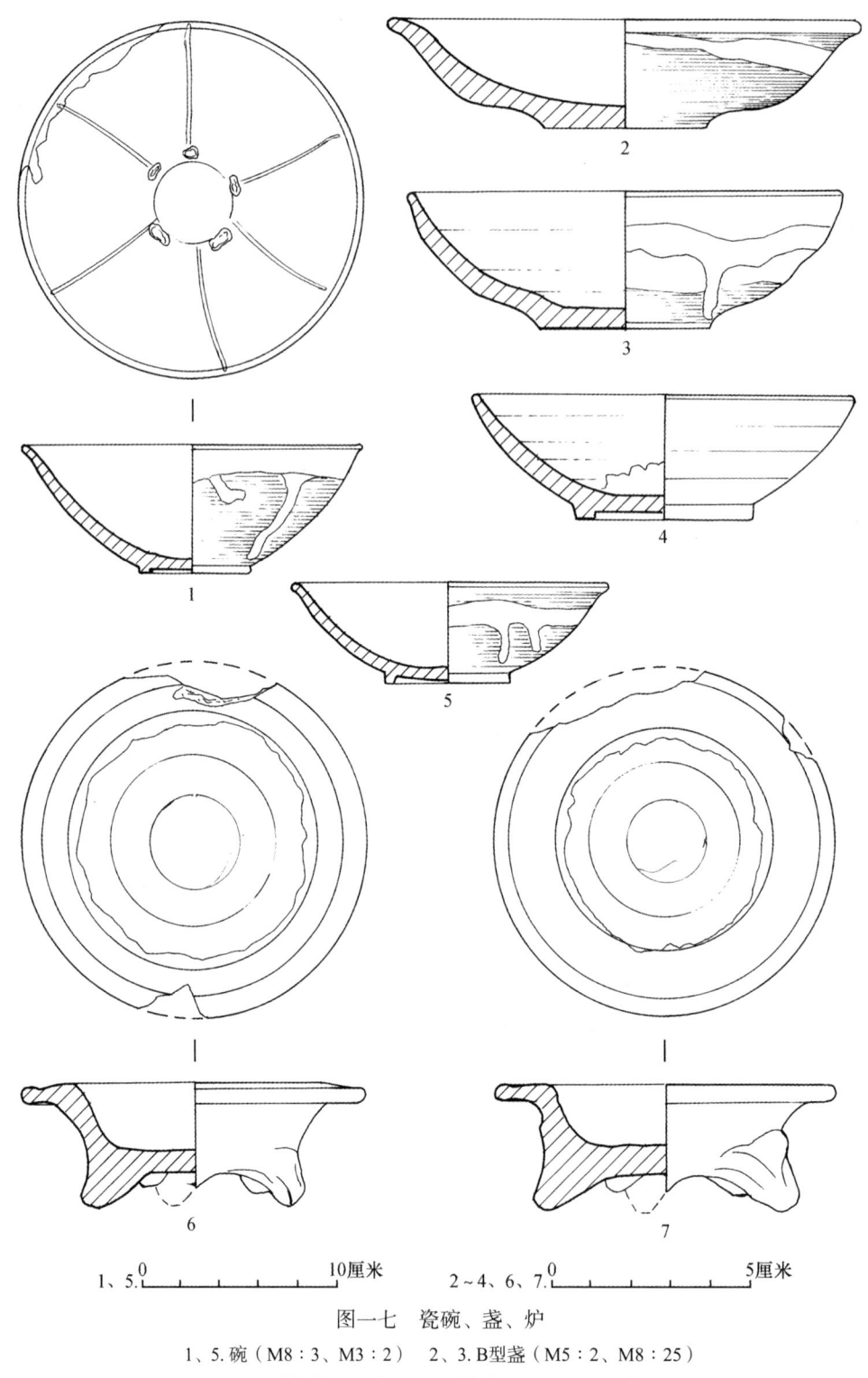

图一七　瓷碗、盏、炉

1、5. 碗（M8:3、M3:2）　2、3. B型盏（M5:2、M8:25）
4. A型盏（M1:7）　6、7. 炉（M2:1、M2:2）

支钉痕。圆唇。口径12、底径4、高2.7厘米（图一七，2）。

炉　2件。宽折沿，斜直腹，平底，带五只锥形足。M2：1，暗红胎，挂粉黄色化妆土，酱釉，釉层脱落。口径8.9、底径5.4、高3.1厘米（图一七，6）。M2：2，暗红胎，挂粉黄色化妆土，酱釉，釉层脱落。口径8.6、底径6、高3.2厘米（图一七，7）。

2. 陶器

共31件。均为模质，有匍匐俑、坐俑、女侍俑、男侍俑、武俑、文俑、狗、鸡、独脚兽、人首鸟身俑、人首蛇身俑、猪首人身俑等，胎质可分为泥质红陶、泥质灰陶、泥质灰褐陶、泥质灰黑陶和泥质褐陶五种，第一类大部分器表上彩釉。

匍匐俑　4件。头顶挽髻，面部丰腴，神态安然，手肘及手掌着地。依据腿部的不同，分为二型。

A型　3件。双腿屈跪，作匍匐状。M1：1，泥质红陶，无釉。身穿交领右衽长衫。通高8厘米（图一八）。M1：9，泥质红陶，上身挂粉黄色化妆土，头顶施酱绿釉，面部施黄釉，肩部、背部施绿釉，臀部施透明釉。身穿交领长衫。通高9.3厘米（图一九）。M10：1，泥质红陶，上身挂粉黄色化妆土，头顶施酱绿釉，面部

图一八　A型陶匍匐俑
（M1：1）

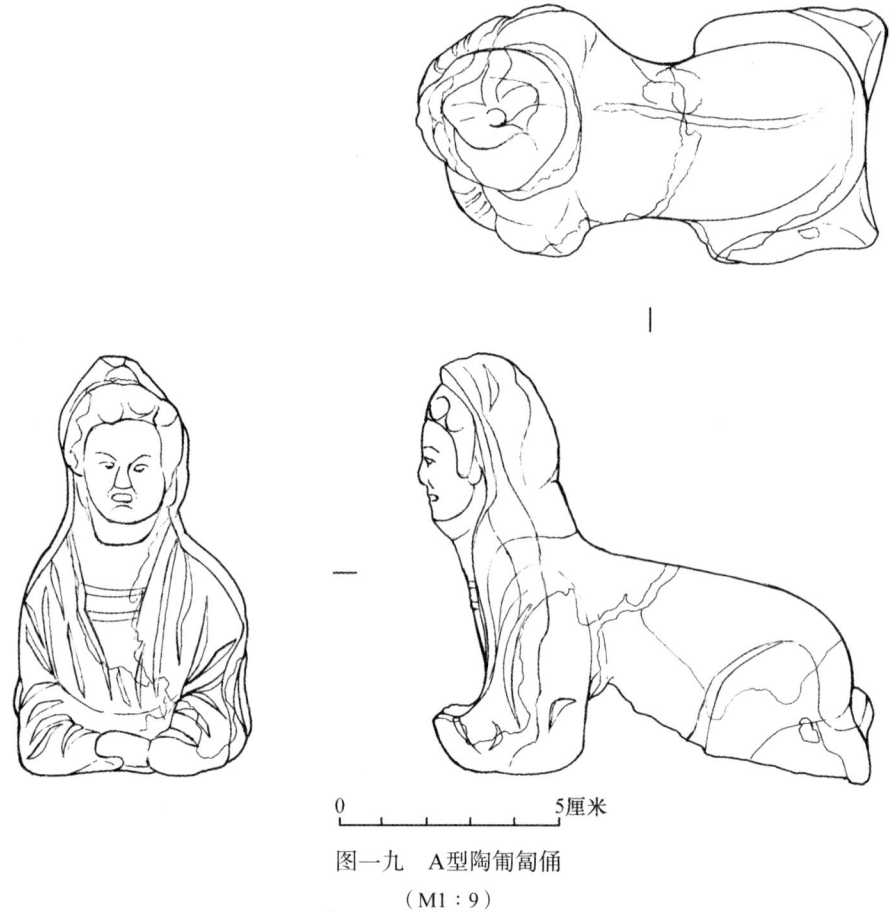

图一九　A型陶匍匐俑
（M1∶9）

施黄釉，肩部、背部施绿釉，臀部施透明釉。身穿交领右衽长衫。通高9.5厘米（图二〇）。

B型　1件。双腿内收，作匍匐状。M8∶11，泥质灰陶，无釉。内着抹胸，外穿直领长衫。通高15.5厘米（图二一）。

坐俑　1件。M2∶8，泥质红陶，头顶施酱绿釉，面部施黄釉及绿釉，前胸施黄釉，手臂及腿部施酱釉。头顶盘状方髻，面部丰满，神态安然，内着抹胸，外穿交领长衫，两手交握于腹前，双足垂坐于圆形器座上。通高19.4厘米（图二二）。

女侍俑　1件。M8∶9，泥质灰黑陶。头顶双髻，髻式较高，面部丰满，神态安然，身着交领窄袖襦，下系裙，双手交叠放于腹前，左手压在右手上，脚尖微露，立于方形座上。通高28.4厘米（图二三）。

男侍俑　1件。M8∶12，泥质灰黑陶。头顶发髻，戴头巾，神态平和，身穿圆领广袖长袍，双手交接于胸前，脚尖微露。通高33厘米（图二四）。

武俑　4件。依据服饰的不同，分为二型。

A型　2件。泥质灰褐陶，火候略低，无釉。头戴兜鍪顿项，鍪顶已缺，侧面有护

成都市武侯区川音大厦工地唐宋墓葬发掘简报 ·611·

0 —————— 5厘米

图二○ A型陶俑甬俑
（M10:1）

0 —————— 10厘米

图二一 B型陶俑甬俑
（M8:11）

图二二 陶坐俑
（M2∶8）

图二三 陶女侍俑
（M8∶9）

耳，胄正中堆贴额饰，护项在领口外翻成圆钩状，内着落地长袍，肩膀着披膊，肩带系于胸、背甲，腰腹间围抱肚，胸腹间及腰系绦带，并在胸腹前、腰前后挽作蝴蝶结，另身体两侧各有一长带呈波浪状从腰间绦带处下垂至小腿，下身着腿裙，面部丰满，头

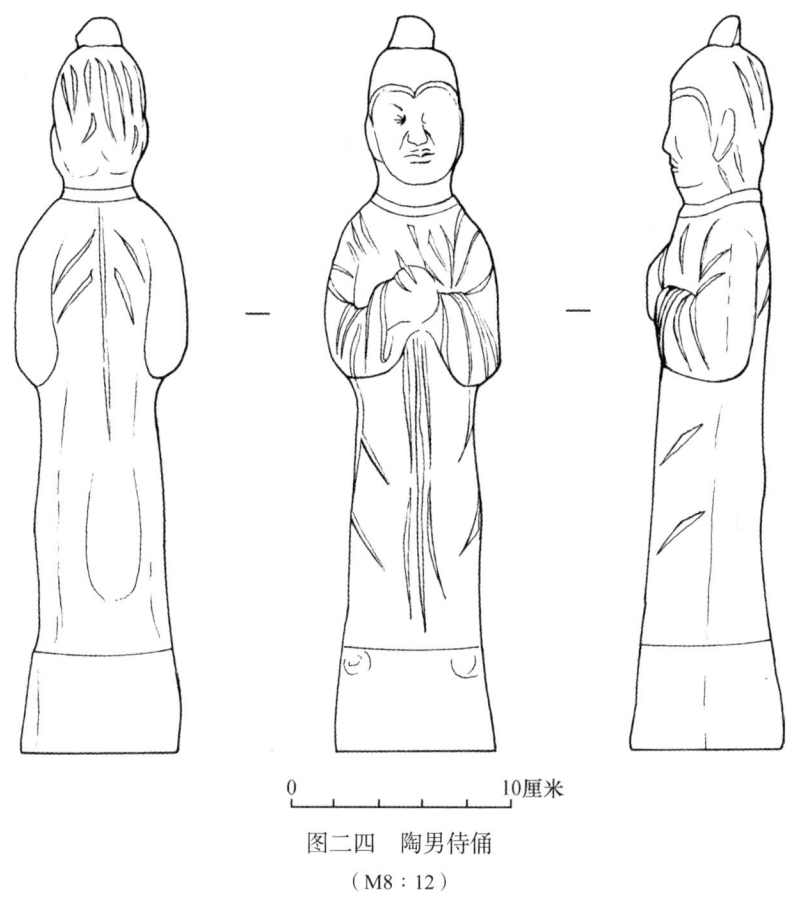

图二四 陶男侍俑
（M8∶12）

微昂，双目圆睁，神情肃然，脚尖外露，双脚分离，立于一方形座上，座两侧上部各有一圆孔。M8∶2，双手握于腹前，右手在下，持有一斧，左手在上。通高62厘米（图二五；图版二三，1）。M8∶1，颌下有长须，左手中空半握于左胸前，右手于右腹前握一剑柄头。通高62厘米（图二六；图版二三，2）。

B型　2件。泥质红陶，火候较高，前半身膝部以上施彩釉。头戴兜鍪顿项，鍪顶缨饰倒向一边，侧面有护耳，胄正中堆贴额饰，身穿圆领紧袖长袍，胸前罩鳞状甲身，腰系宽带，下身着铠甲腿裙，双目圆睁，面部丰满，深情肃然，双手交叉握于腹前，手上似叠有某物，脚尖外露，立于圆形座上。M1∶3，护耳、胳膊和前裆施绿釉，领部施黄釉，其余施酱釉。通高22.6厘米（图二七）。M1∶11，护耳、胳膊和前裆施绿釉，领部施黄釉，其余施酱釉。通高22.7厘米（图二八；图版二三，3）。

文俑　11件。依据服饰的不同，分为二型。

A型　5件。头戴进贤冠，冠顶较宽，身着交领宽袖长袍，双手拢袖合于腹前，面部丰满，脚尖外露。M1∶2，泥质红陶，冠、头、领及前裆挂粉黄色化妆土，冠顶及前裆施绿釉，领部及面部施淡黄釉，长袍施酱釉，背部及膝盖以下未施釉。神态平静，左

图二五 A型陶武俑
（M8∶2）

衽。通高19厘米（图二九）。M1∶5，泥质红陶，冠、头、领及前裆挂粉黄色化妆土，冠及前裆施绿釉，领部及面部施淡黄釉，长袍施酱釉，背部及膝盖以下未施釉。神态平静，左衽。通高18.5厘米（图三〇）。M1∶10，泥质红陶，冠、头、领及前裆挂粉黄色化妆土，冠及前裆施绿釉，领部及面部施淡黄釉，长袍施酱釉，背部及膝盖以下未施釉。神态平静，右衽。通高20.4厘米（图三一）。M11∶2，泥质红陶，头部及前身部分地方挂粉黄色化妆土，冠部及前裆施绿釉，面部、领部及前身施淡绿釉，釉层多脱落。双目斜立，神情肃然，右衽。通高19.4厘米（图三二）。M11∶3，泥质红陶，头部及前身部分地方挂粉黄色化妆土，冠部及前裆施绿釉，面部、领部及前身施淡绿釉，釉层多脱落。双目斜立，神情肃然，右衽。通高20.4厘米（图三三）。

B型　3件。头戴平顶冠，面部丰满，脚尖外露。依据服饰及手部形态的不同，分为二亚型。

Ba型　2件。身着交领右衽宽袖长袍，双手拢袖合于腹前。M10∶2，泥质红陶。神态平静。通高22厘米（图三四）。M10∶3，泥质红陶。神态平静。通高22.2厘米（图三五）。

Bb型　1件。身着广袖长袍，双手一上一下半握于身前，似抱有某物。M8∶13，泥

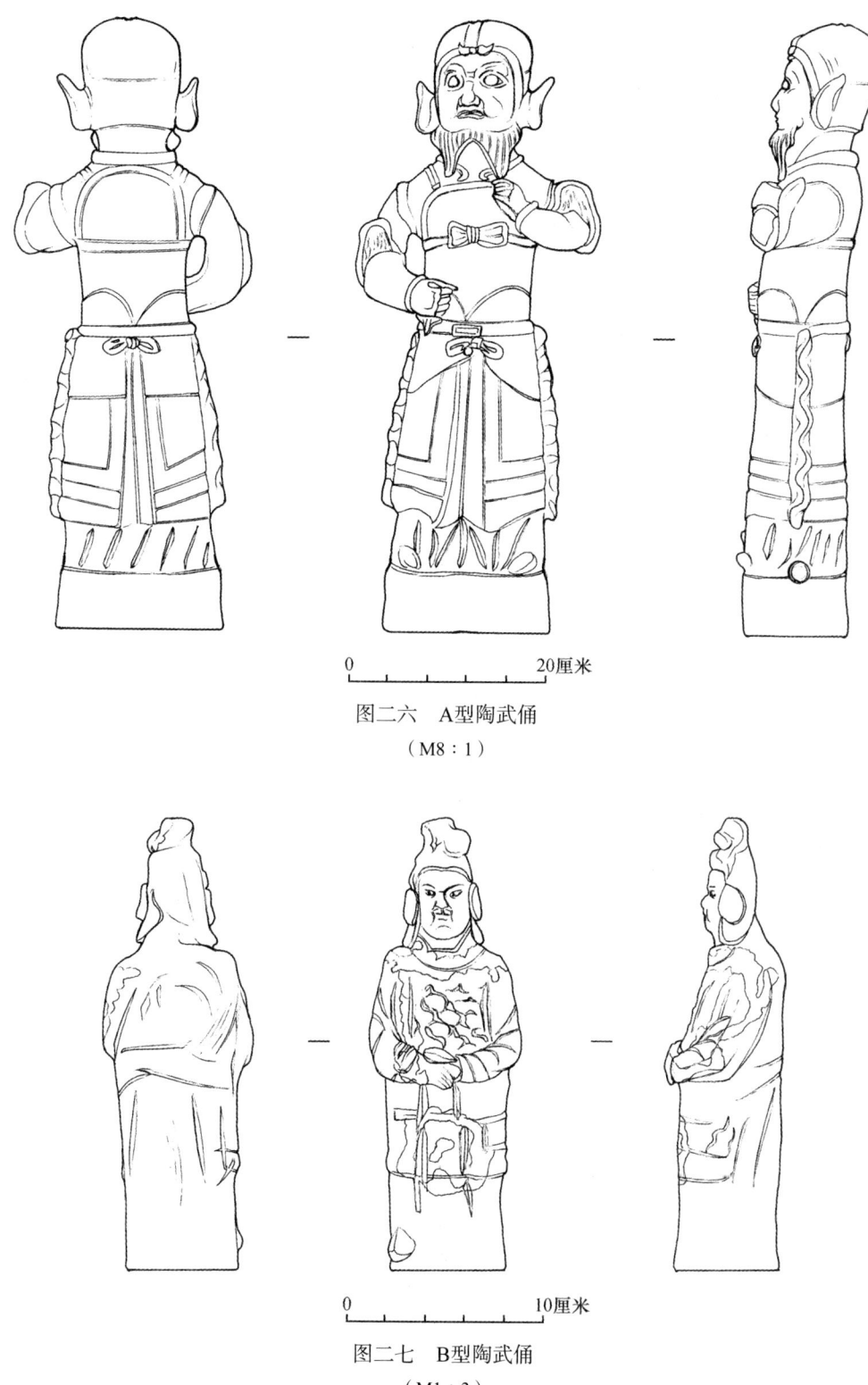

图二六　A型陶武俑
（M8∶1）

图二七　B型陶武俑
（M1∶3）

图二八 B型陶武俑
（M1∶11）

图二九 A型陶文俑
（M1∶2）

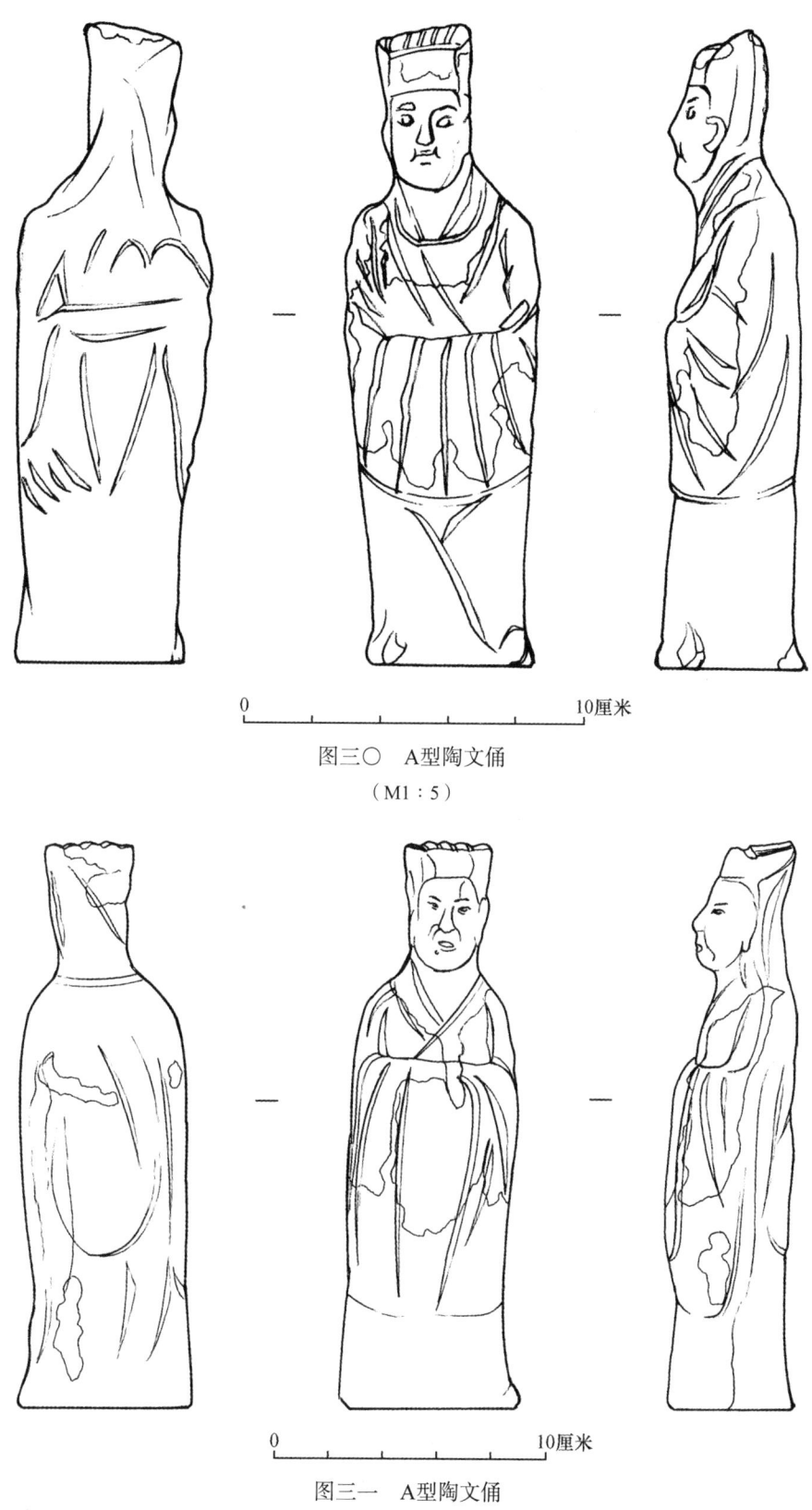

图三○　A型陶文俑
（M1∶5）

图三一　A型陶文俑
（M1∶10）

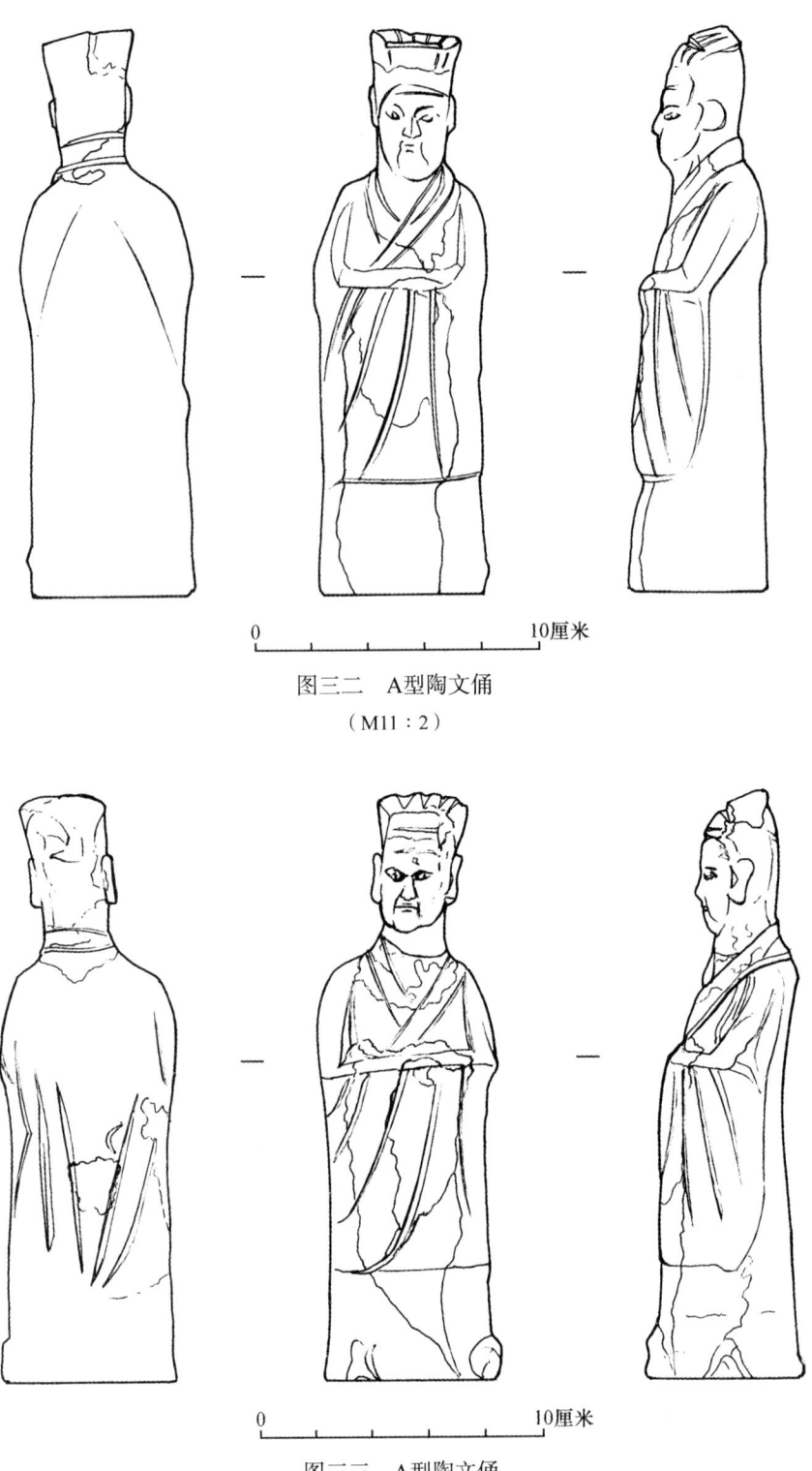

图三二 A型陶文俑
（M11：2）

图三三 A型陶文俑
（M11：3）

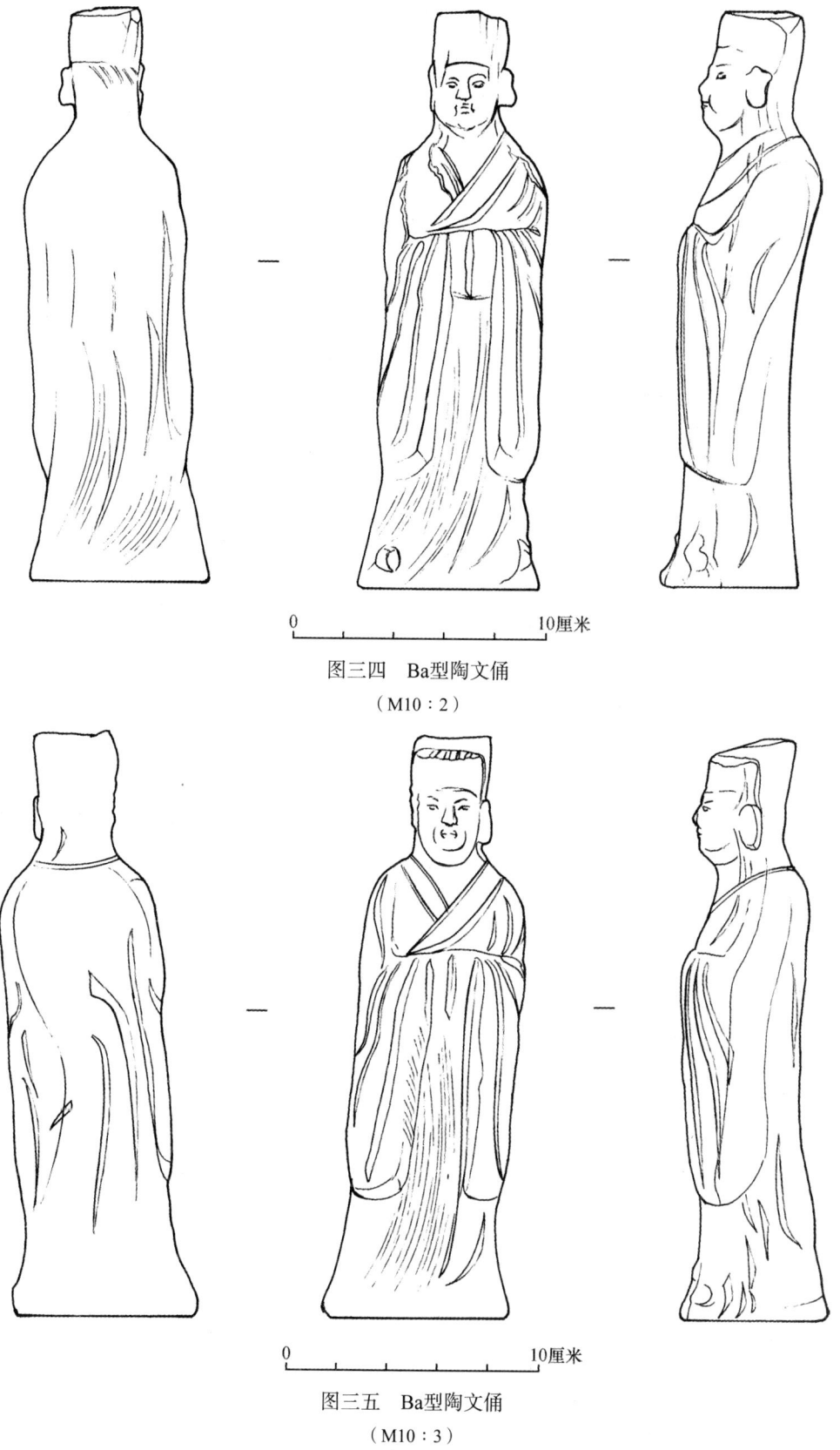

图三四　Ba型陶文俑
（M10∶2）

图三五　Ba型陶文俑
（M10∶3）

质灰黑陶。神态平静。通高32.6厘米（图三六）。

C型　3件。头戴幞头，身着圆领广袖落地长袍，脚尖微露，立于方形座前。M8：15，泥质灰黑陶。面部丰满，神态平和，右手持木笏靠于右腹，左手半握于胸前。通高34.8厘米（图三七）。M8：14，泥质褐陶。头微向右昂，面部丰满，神态傲慢，双手握于胸前。通高33厘米（图三八）。M8：10，泥质褐陶。脸较瘦长，神态平和，双手平放于腹前，搭一幅巾于手上，巾长过膝。通高32.6厘米（图三九）。

狗　1件。M1：8，泥质红陶，挂粉黄色化妆土，黄釉。抬头，双耳微耸，前肢撑地，身躯后部向右蜷曲，呈俯卧状，匍匐于地。通高7.7厘米（图四〇）。

鸡　1件。M1：6，泥质红陶，酱黄釉，釉层脱落。高冠，抬头，挺胸，收翅，尾下垂，直立于圆形空心座上。通高15.3厘米（图四一）。

独脚兽　2件。面似狮形，双耳下垂至眼部，额部饰圆形纽饰，椭圆眼斜立，三角形鼻子，口微张，嘴角上翘，上齿外露，颌下饰"八"字形胡须，兽足五爪，立于方形底座上。M8：6，泥质灰陶。通高20.1厘米（图四二；图版二三，4）。

人首鸟身俑　1件。M8：20，泥质灰褐陶。人首，头戴进贤冠，冠正前中央贴花草形纽饰，长脸，面部较丰腴，圆目上扬。鸟身，双翅合拢贴于身体两侧，尾部高高翘起，坐于圆筒形座上。通高19厘米（图四三）。

人首蛇身俑　1件。M8：19，泥质褐陶。二蛇身交缠伏于地，两端各有一人首，面同向，面部丰腴，双目上斜，神态安详。通长23.6、通高14厘米（图四四；图版二三，5）。

猪首人身俑　1件。M8：18，泥质褐陶。头戴幞头，身穿圆领广袖长袍，长袖蔽膝，左手在上，右手在下，叠放于胸前，面部肖猪，椭圆脸，耳部残，圆眼，凸鼻，阔嘴，立于方形座上。通高35.6厘米（图四五）。

俑残件　2件。M8：8，泥质灰褐陶。上身残，身着宽袖长袍，双手交握于胸腹前，脚尖外露，立于方形座上。残高22.8厘米（图四六）。M11：4，泥质红陶。残高14.2厘米（图四七）。

3. 铜器

共2件，分别为铜镜及铜簪。

镜　1面。M8：7，呈圆形，桥形纽，镜背饰四小乳钉，乳钉外一周凸弦纹，镜缘刻划锯齿纹。直径6.5厘米（图四八）。

簪　1件。M3：3，长条形，甚残。残长10厘米。

4. 墓券

共13方。按券文内容可分为买地券、华盖宫文券、敕告宫文券及消灾真文券。除华盖宫文为青砂石质外，其余皆为红砂石质，有不同程度的残损，阴刻楷书。

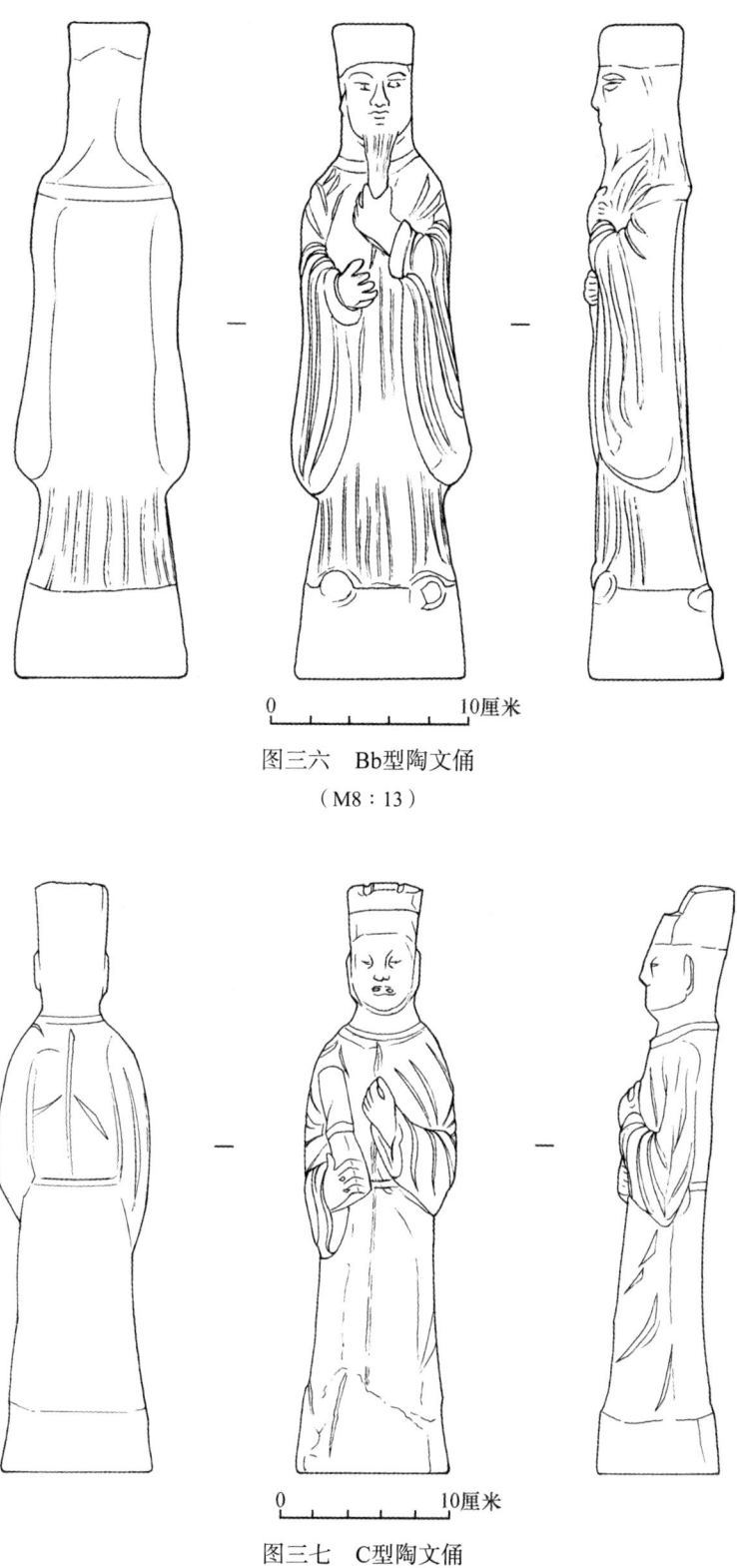

图三六 Bb型陶文俑
（M8∶13）

图三七 C型陶文俑
（M8∶15）

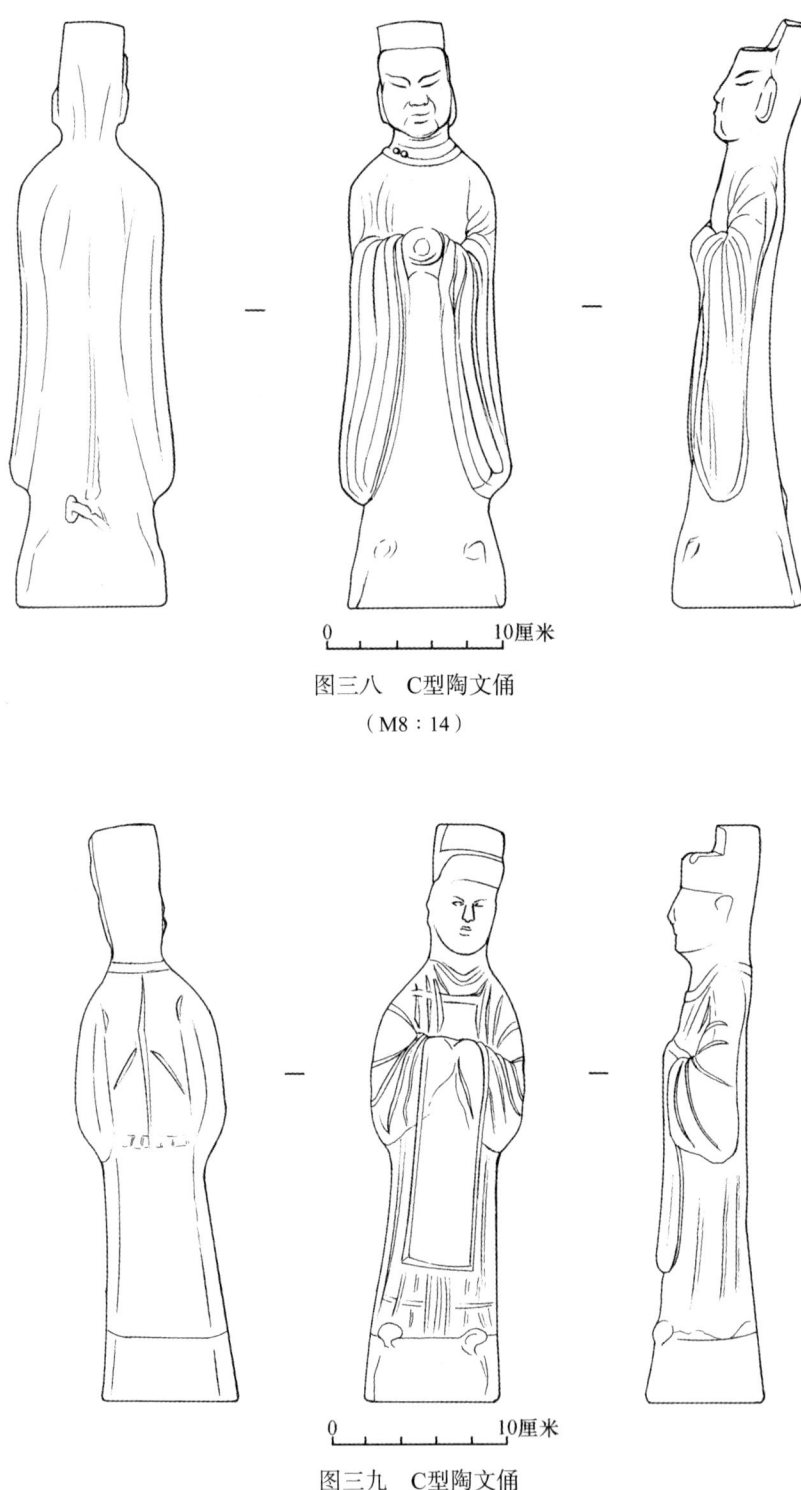

图三八 C型陶文俑
(M8:14)

图三九 C型陶文俑
(M8:10)

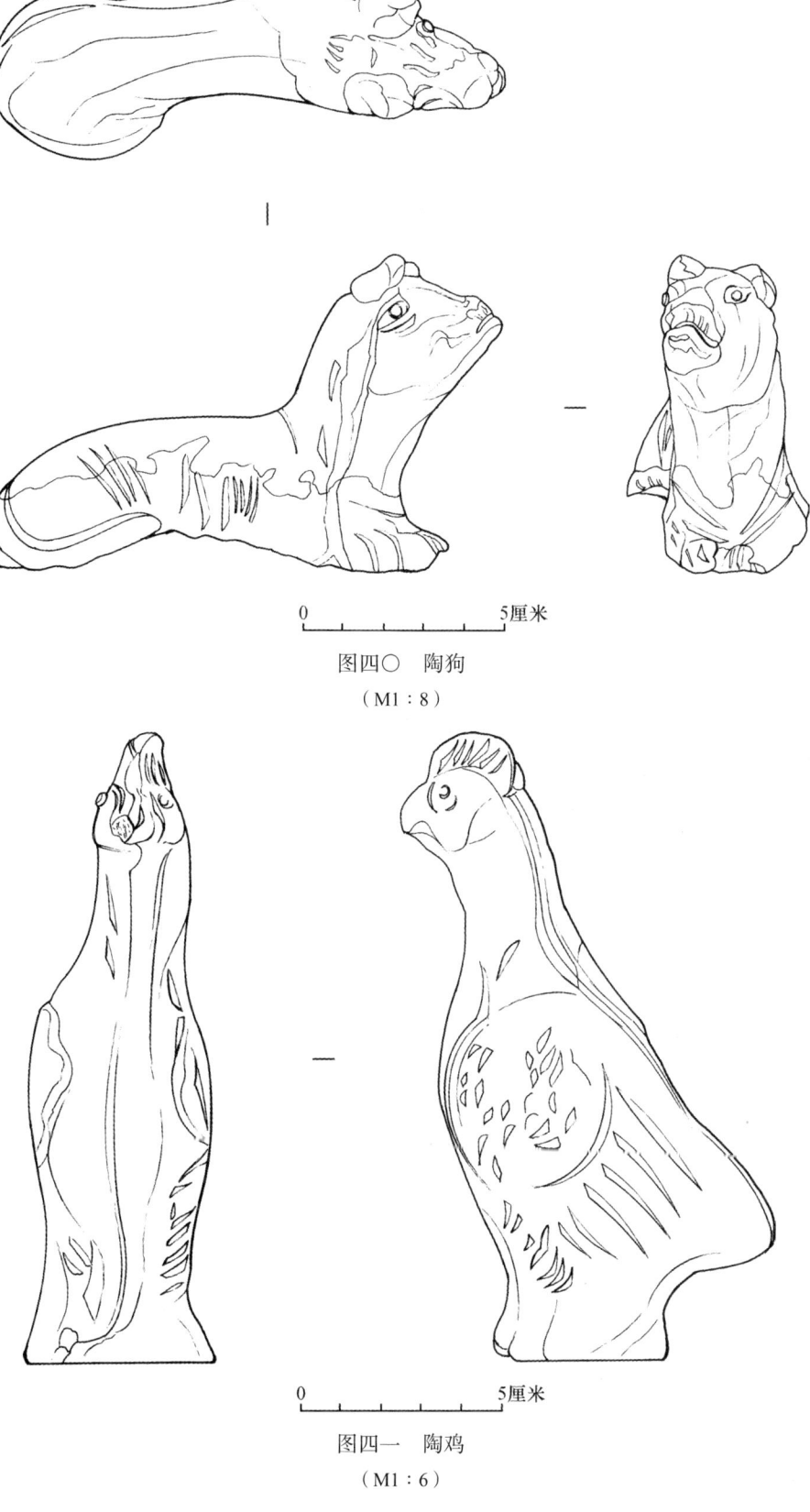

图四〇 陶狗
（M1∶8）

图四一 陶鸡
（M1∶6）

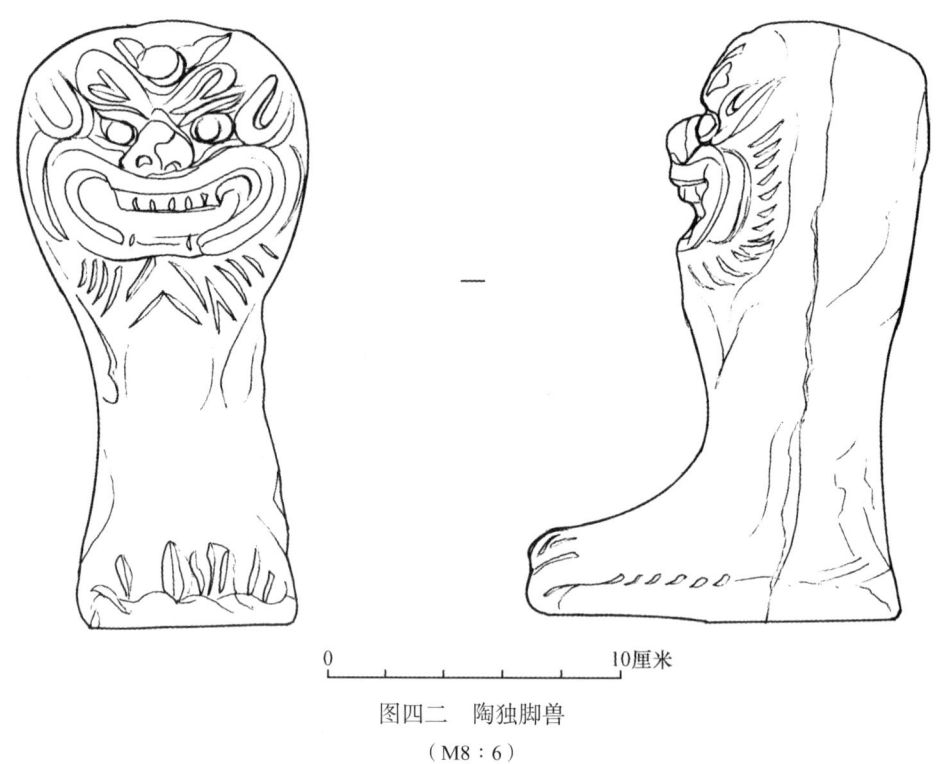

图四二　陶独脚兽
（M8∶6）

买地券　10方。其中M2∶9磨损严重，字迹不存，未能释读。

M5∶1，残存碎块。厚1.5厘米。字迹粗陋，残剩券文内容如下：M5∶1-1，"元丰"（图四九，1）；M5∶1-2，"三年"（图四九，2）；M5∶1-3，"宜于华"（图四九，3）；M5∶1-4，从左至右为"……谨用……/虎南至朱雀北至……/……肇四域封步界畔……/……伯地下百鬼不得……/……"（图四九，4）。

M6∶1，残存小块，厚2.2厘米。左侧部分边框尚存，字迹粗陋，残剩券文从左至右内容如下（图五〇）：

……年十一月八日□……/……□□福□……/……□□三月十……/……氏三娘子行年四……/……

M7∶1，券石残损严重，方形，边长18.9、厚1.5厘米。字迹模糊，书写粗陋。残剩券文从右至左内容如下（图五一）：

……绍定元年……岁次□/……三月□□朔初一日丙午今/有男弟子张……行年/四十八岁……十五日生□□/此华阳县履贤乡预造□□/吉宅百载寿堂以此良辰/……掩闭伏愿掩吉之后福/……一如律令

M7∶2，券石左上角及右上角残损，正方形，边长19、厚1.5厘米。字迹较模糊，书写粗陋。残剩券文从右至左内容如下（图五二）：

……（绍）定元年太岁戊子/……子朔十七日丙午今/……□氏八娘行年/

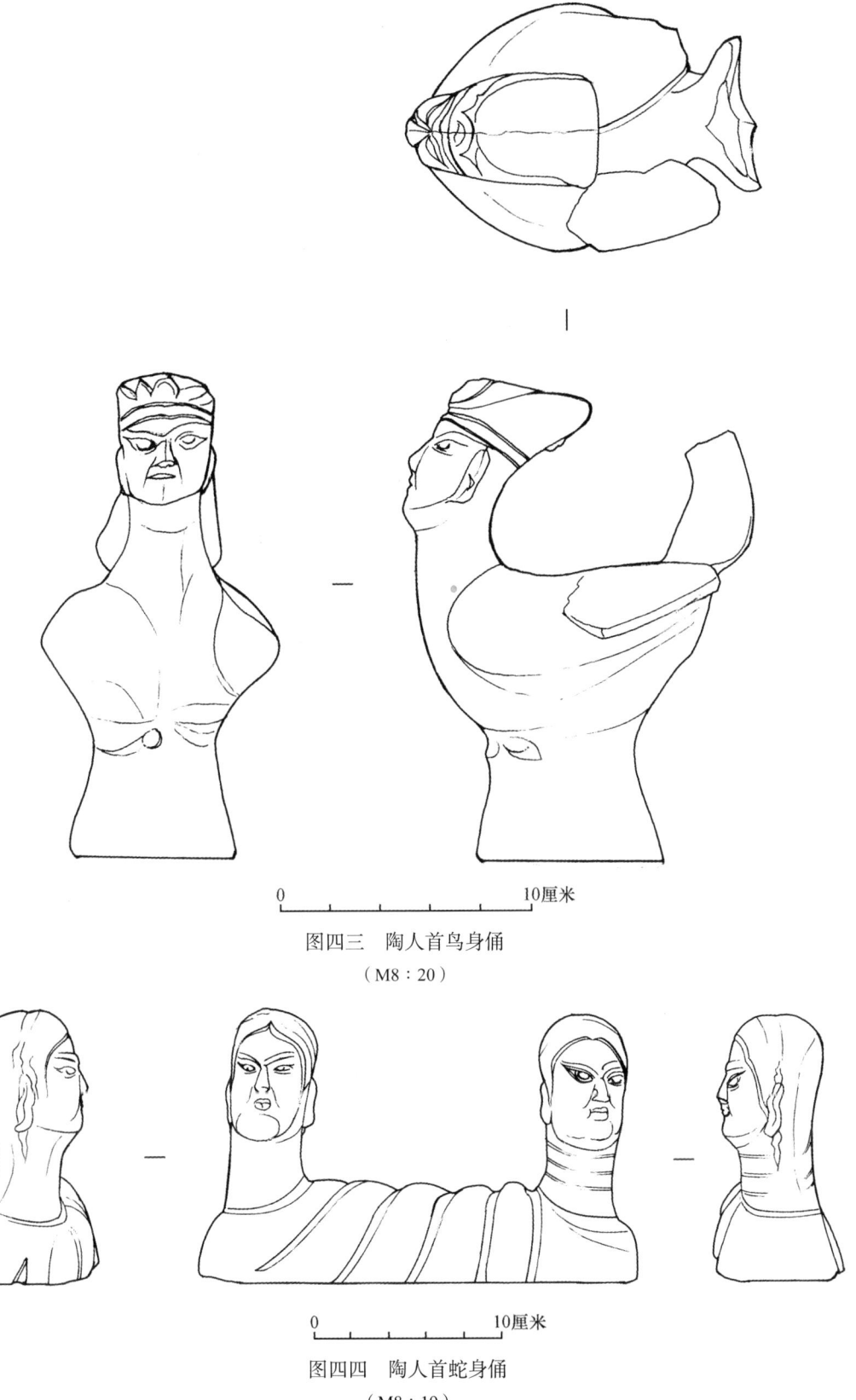

图四三 陶人首鸟身俑
（M8∶20）

图四四 陶人首蛇身俑
（M8∶19）

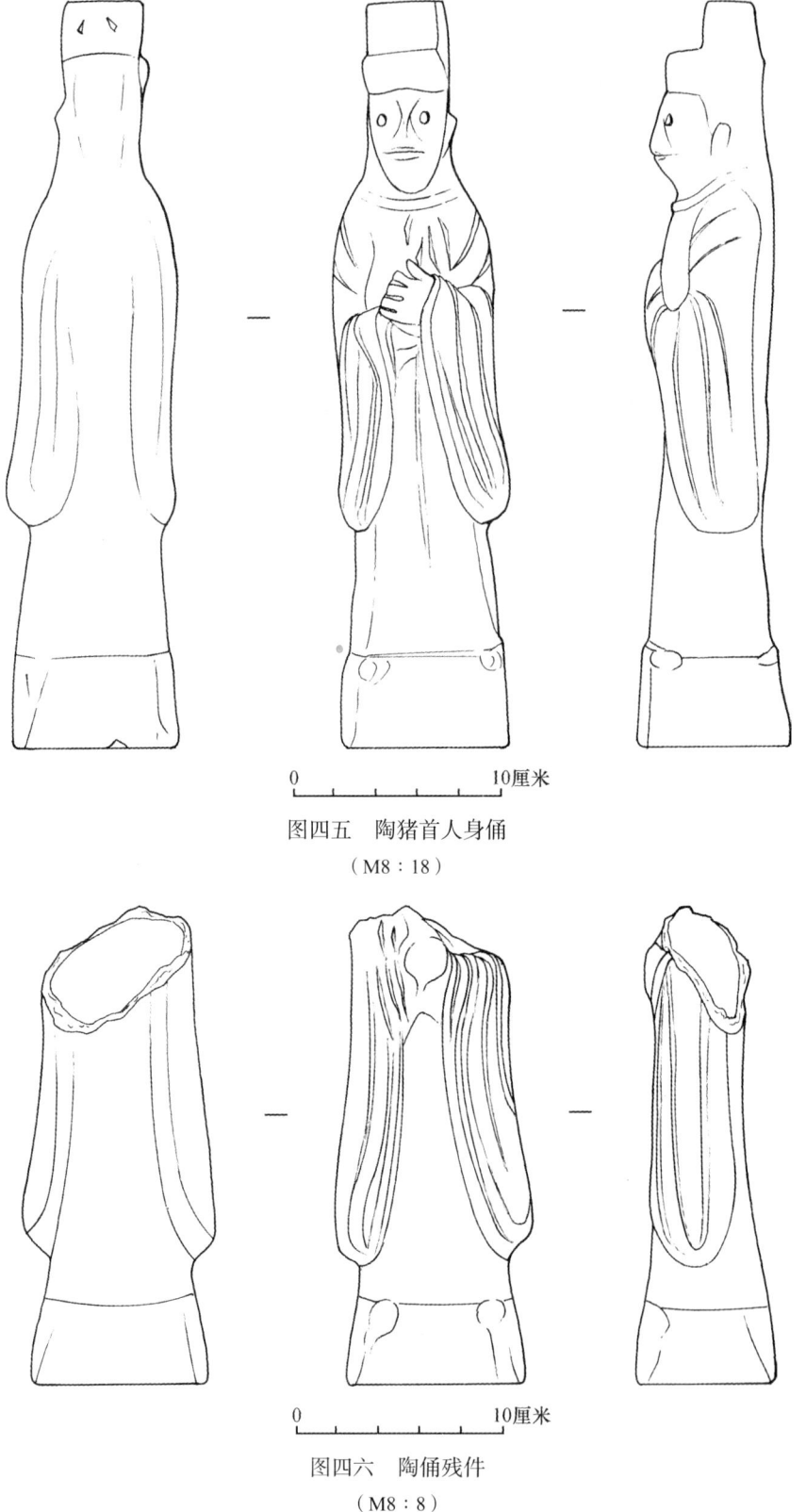

图四五 陶猪首人身俑
（M8∶18）

图四六 陶俑残件
（M8∶8）

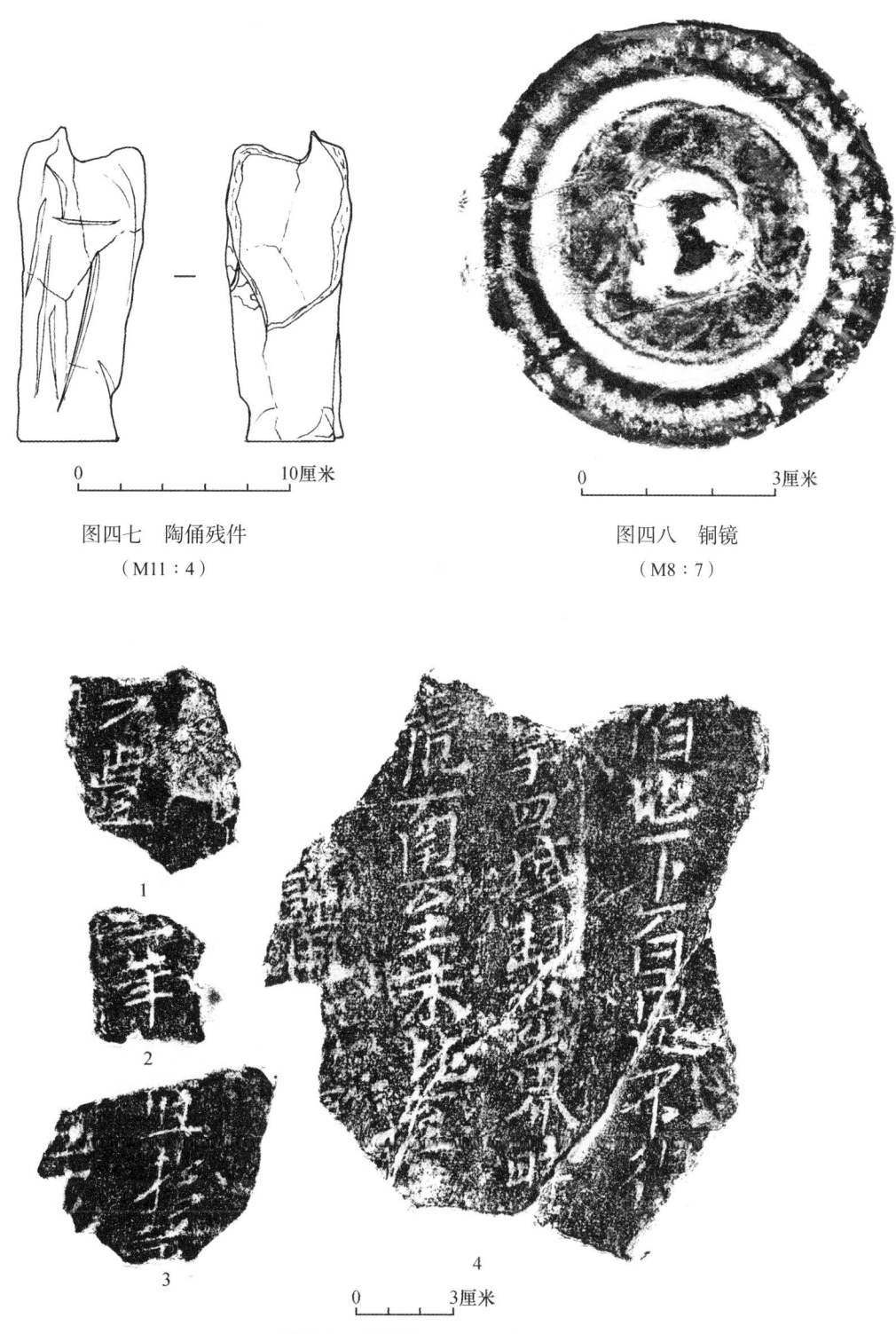

图四七 陶俑残件
（M11∶4）

图四八 铜镜
（M8∶7）

图四九 买地券（M5∶1）
1. M5∶1-1 2. M5∶1-2 3. M5∶1-3 4. M5∶1-4

图五〇 买地券
（M6:1）

四十八岁□月十六日生遂/卜此华阳县 履贤乡预造千/年吉宅百载寿堂以此良辰/□□掩闭伏□闲吉之后福/……岳寿比松柏一如律令

M8:4，券石残存碎块，有边框，厚1.5厘米。磨损严重，字迹难辨，部分券文内容从右至左如下（图五三）：

……/安厝……/……西……/……勾陈分……/……伯道路将……/……阡陌千……

M9:2，券石较完整，近正方形，长19.6、宽19.9、厚1.1厘米。字迹清晰，舒展有力。券文从右至左内容如下（图五四）：

大宋嘉定十一年太岁戊寅/月己亥朔十一日己酉故罗承之/镇□桂行地券遂卜此宜于/华阳县履贤乡福地左至/青龙右至白虎前至朱/雀后至玄武中方勾陈/分掌四域存亡安吉

M10:6，券石完整，近正方形，长20.5、宽19.5、厚1.4厘米。字迹清晰，舒展有力。券文从右至左内容如下（图五五）：

大宋嘉定十一年太岁戊寅/十月己亥朔十一日己酉故罗□□/□氏□娘地券遂卜此宜于/华阳县履贤乡福地左至/青龙右至白虎前至朱/雀后至玄武中方勾

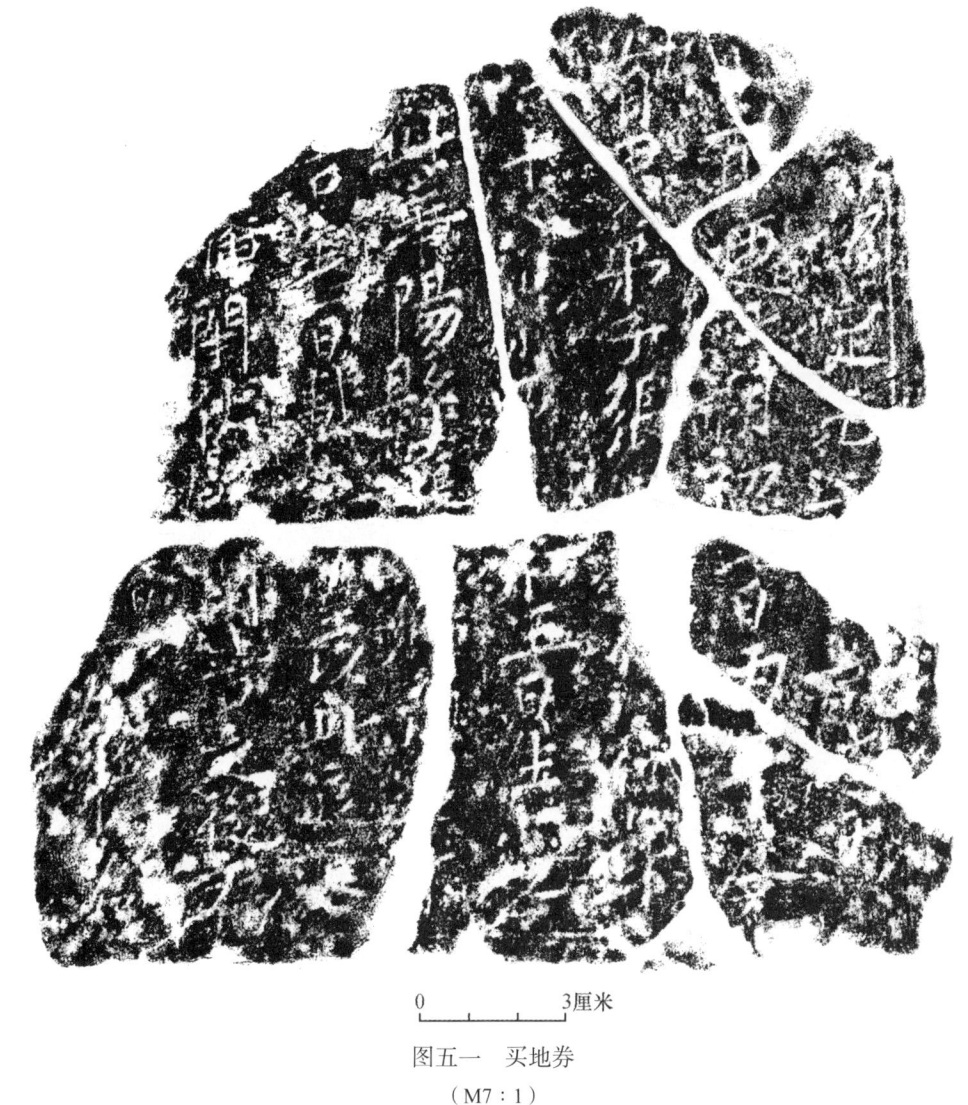

图五一 买地券
（M7∶1）

陈/分掌四域存亡安吉

M11∶1，券石完整，近正方形，长20、宽19、厚1.4厘米。字迹较清晰，舒展有力。券文从右至左内容如下（图五八）：

大宋嘉定十一年太岁戊寅/十月己亥朔十一日己酉故□/任世明康八娘地券遂卜此宜于/华阳县履贤乡福地左至/青龙右至白虎前至朱/（雀）后至玄武中方勾陈/分掌四域存亡安吉

M12∶1，券石残存碎块，厚2.6厘米。字迹较工整，残剩券文内容如下：M12∶1-1，"甲申"（图五七，1）；M12∶1-2，"□乙酉……从相"（图五七，2）；M12∶1-3，"齐阡"（图五七，3）；M12∶1-4，"交付"（图五七，4）；M12∶1-5，"急急如

图五二　买地券
（M7∶2）

律令"（图五七，5）；M12∶1-6，从左至右"……□申巳……/……城邑死安……/……（华）阳县富寿困……/……至青龙西至……/……陈分罩四域丘……"（图五七，6）。

敕告宫文券　1方。M8∶16，券石完整，正方形，边长28.2、厚2.1厘米。字迹清晰，舒展有力。券面四边阴刻内外两组双线方框栏，内方框栏四角外分别再刻两道细线与外方框栏相接。栏内四个方位分别镌刻四字，其文分别为"青龙秉气、虎啸八垂、玄武延躯、上圣辟非"，字体楷书。券面镌刻券文，字体楷书，券文内容从右至左如下（图五八）：

天帝敕告下土五方/旺气神等或有塚墓/之中百禁诸忌不得/妄有祸害遇
（御）五土之/精转货（祸）为福当以殁/故杨氏真魂安隐/早生净界受度南宫/

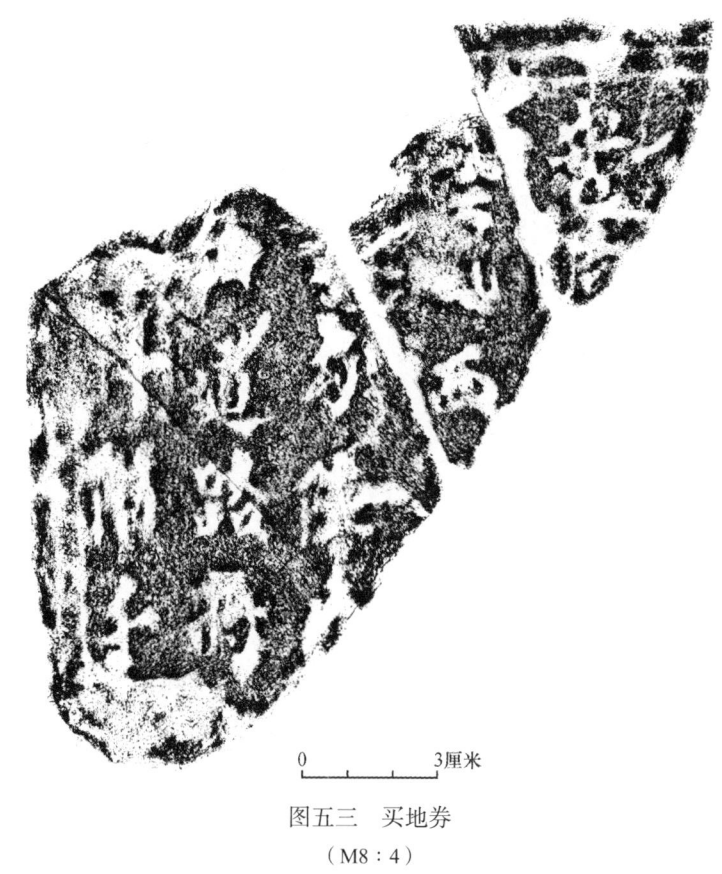

图五三 买地券
（M8∶4）

脱落北籍然后福禄/增崇急急一如律令

华盖宫文券 1方。M8∶17，券石部分残损，接近正方形，长28、宽27.7、厚2.2厘米。残存字迹较清晰，舒展有力。券面四边阴刻内外两组双线方框栏，内方框栏四角外分别再刻两道细线与外方框栏相接。方框间与四角抹角框栏内阴刻一周八卦。方框内阴刻楷书，从右至左书券文内容如下（图五九）：

华盖宫中五方旺气/神等今有殁小兆臣/故□杨氏生值清真/之气终存□（不）死之灵/□瘗□乡宜兹善护/□□真魂安□早生/净界受度南（宫）（然）后/昌盛子孙一如律令冥

消灾真文券 1方。M6∶2，券石残损，残长19、残宽15、厚2.2厘米。残存字迹较清晰。券面四边阴刻单线方框栏，方框内阴刻楷书，从右至左书券文内容如下（图六〇）：

娘子□……/……□除秋之三月……/……行王相之厄刑尅之灾/得无担里/八日女弟子杨氏文……

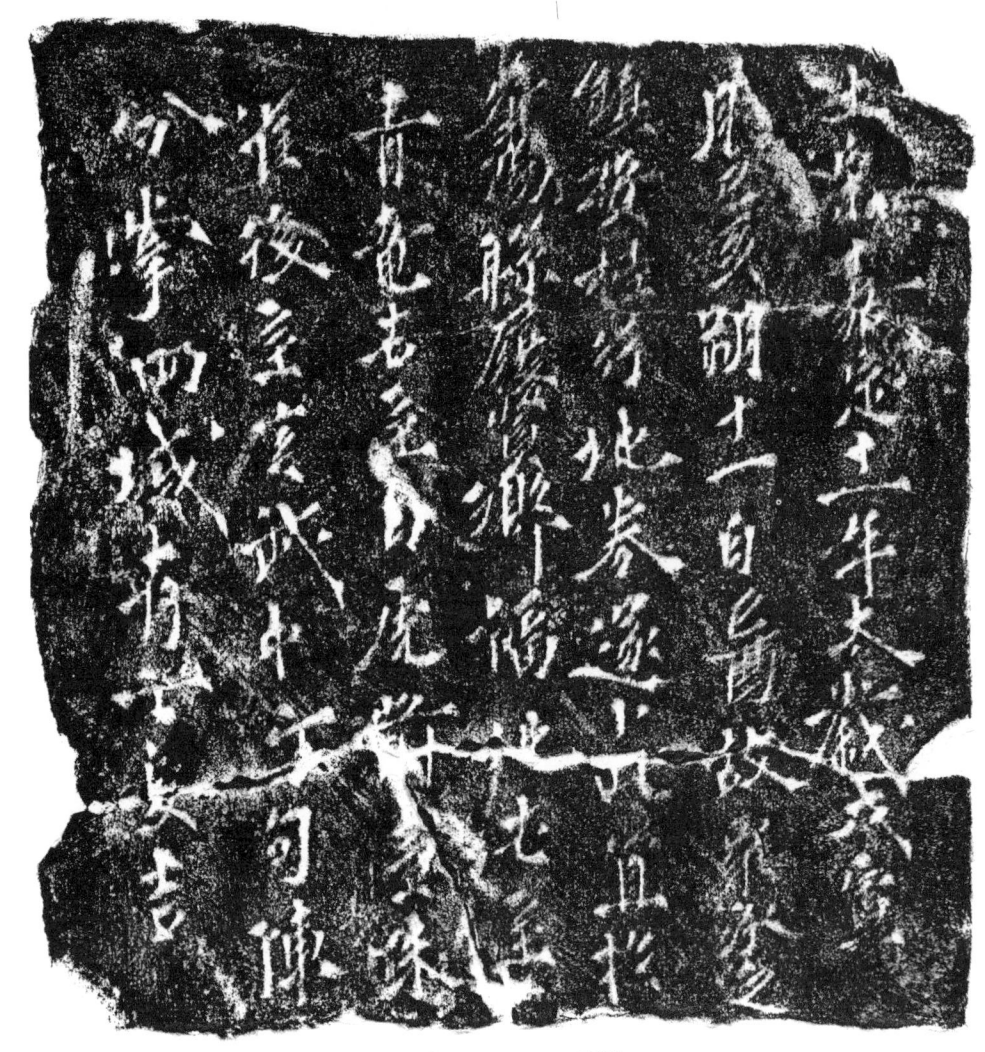

图五四　买地券
（M9∶2）

三、年代讨论

成都市武侯区川音大厦发现的这批墓葬虽然数量不多，但墓葬形制较明确，遗物保存较完整，且部分有明确纪年文字材料，内容较丰富。为我们了解墓葬年代、丧葬习俗提供了珍贵的实物资料。

M1~M3、M7~M11为规格较小的砖室墓，这种墓葬在三圣乡花果村[1]、十陵成都大学[2]、龙泉驿洪河大道[3]、西郊金鱼村[4]等地皆有发现，是典型的川西南宋时期火葬墓。

图五五　买地券
（M10∶6）

M1、M2 为三室火葬墓。M1 出土 Aa 型带系罐、A 型盏、A 型匍匐俑、B 型武俑、A 型文俑、陶狗、陶鸡。其中，Aa 型带系罐与三圣乡花果村 M7 出土的 B 型 II 式双耳罐及高新区石墙村 M5[5] 出土的双耳罐相同，出土的匍匐俑、狗、文俑、武俑也与三圣乡花果村 M7 及高新区石墙村出土的同类器如出一辙。三圣乡花果村 M7 的年代为大宋庆元六年，即 1200 年。高新区石墙村 M5 左右二室分别出土绍熙三年及嘉定四年买地券。故 M1 的年代当为南宋中期。M2 出土的提梁罐及炉与西郊金鱼村 M9 出土的 II 式蟠螭提梁小罐及五足香炉相同。金鱼村 M9 出土淳熙九年镇墓券。故 M2 的年代也应当在南宋早中期。

M3 已接近长方形，由甬道、墓室、棺台构成，与龙泉驿青龙村 M2、M3 的形制相似。M3 出土的碗（M3∶2）与三圣乡花果村 M1 出土的 A 型 I 式碗、龙泉青龙村

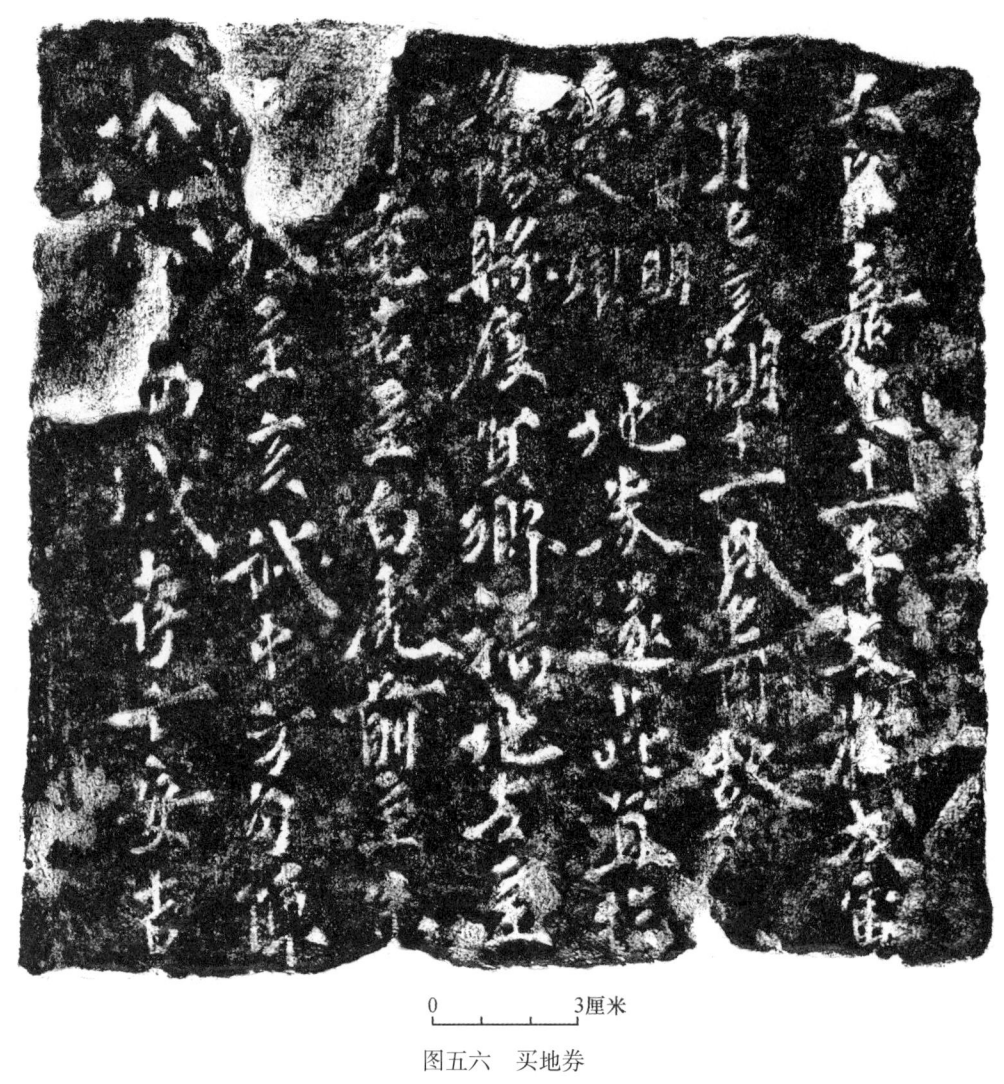

图五六 买地券
（M11∶1）

M3[6]出土的Ⅲ式碗如出一辙。龙泉驿青龙村M2、M3，三圣乡花果村M1分别出土"嘉祐七年"、"崇宁五年"、"靖康元年"的文字材料。故M3的年代也应当是北宋晚期墓葬。

M4形制结构遭破坏而不完整，但出土较多铁钱。四川铸造铁钱的历史悠久流长，有研究认为古代四川在新莽、蜀汉、后蜀、两宋等时期皆铸造过铁钱[7]，尤其在两宋之际，四川地区铸造铁钱的监铸地先后达九处之多，且岁额巨大[8]。M4为接近长方形的砖室墓，为典型的北宋中期以来的墓葬形制[9]，故推测其年代也应在北宋中期以后。

M5出土"元丰"年间的买地券，元丰为宋神宗赵顼所用年号，共八年，从1078年至1085年。

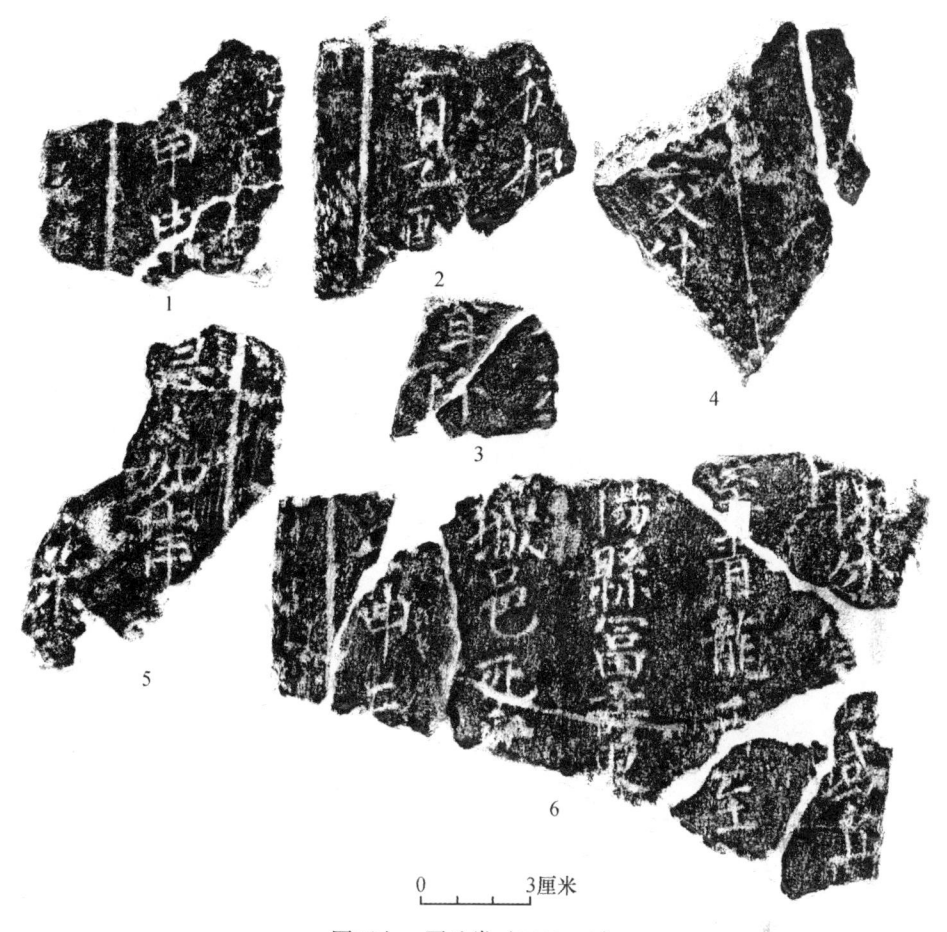

图五七 买地券（M12：1）
1. M12：1-1 2. M12：1-2 3. M12：1-3 4. M12：1-4 5. M12：1-5 6. M12：1-6

M6为南宽北窄的梯形砖室墓，残存甬道和墓室。梯形砖室墓在唐代早期即出现[10]，一直延续至南宋早期[11]，但北宋中晚期后已不再是主流。故推测其年代当在北宋早期至北宋中期之间。

M7墓主人的下葬时间为"……定元年太岁戊子/…子朔十七日"，查《二十史朔闰表》，得知应为南宋绍定元年[12]，即1228年。

M8出土的Aa型带系罐，口微敛，双立耳，椭圆腹，饼足，与石墙村M5及金鱼村M2出土的双耳罐形制相同。石墙村M5及金鱼村M2分别出土"绍兴三年"及"淳熙九年"的纪年材料。M8出土的Ab型罐也见于南宋绍兴年间墓葬崇州山泉村DM3[13]。另外M8出土的碗（M8：3）及B型盏分别与邛崃龙兴寺绍兴廿三年碗[14]及双流白家M7：4[15]相似，发掘者认为双流白家M7的年代下限为南宋初。故推测M8应为南宋早期墓葬。

M9、M10、M11墓主人的下葬时间明确，均为南宋嘉定十一年，即1218年。

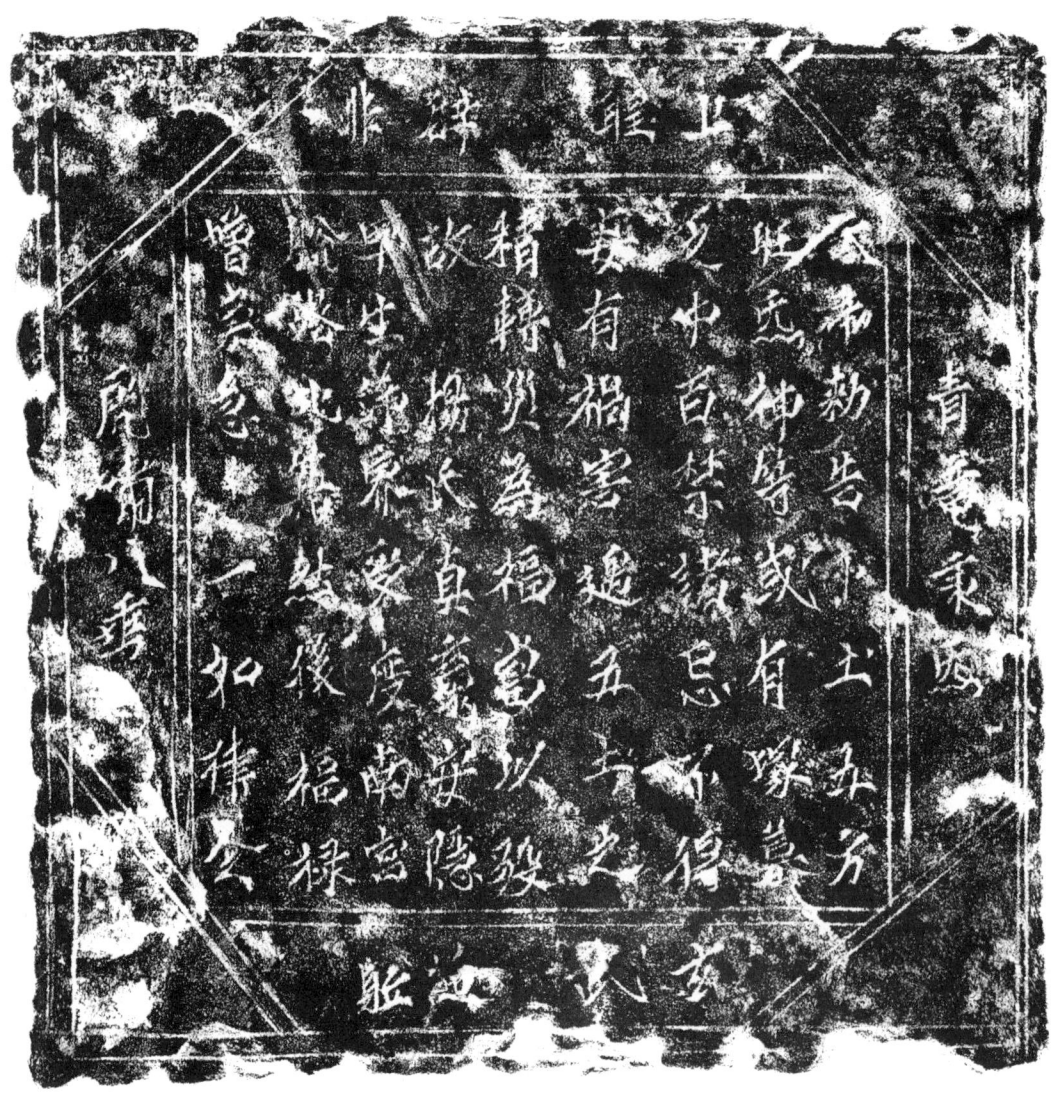

图五八　敕告宫文券
（M8∶16）

M12墓葬形制与M3及M5相同，皆为平面呈梯形且带甬道的砖室墓，同时也与《四川地区宋代墓葬研究》一文中年代相当于北宋晚期的A型Ⅱ式甲Ⅱ类砖室墓形制类似[16]。故推测M12的年代当在北宋晚期。

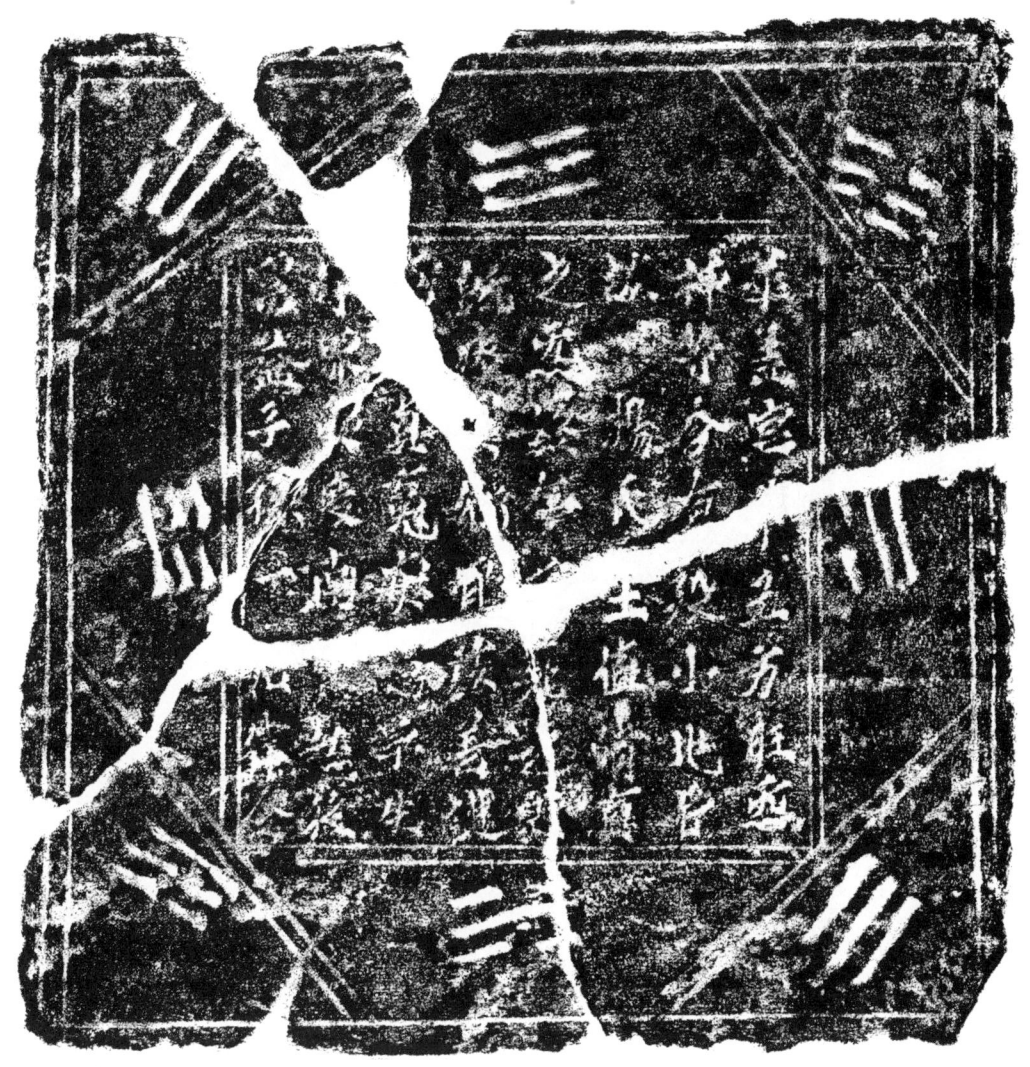

图五九 华盖宫文券
（M8∶17）

四、结　语

近年来，四川地区发现较多此类墓葬规模较小的火葬墓，但以单室、双室较为常见，而三室及三室以上则较为少见，如高新区信息产业部三十研究所M1、M2（三室）[17]及青白江艾切斯M12（四室）[18]，另外华阳绿水康城M16[19]也为三室墓，墓室以红砂石板砌筑，规格也较小，故不排除其为火葬墓的可能性。川音大厦M1、M2均为三室火葬墓，它们的发现，为研究四川地区此类形制的南宋火葬墓增添了新材料。

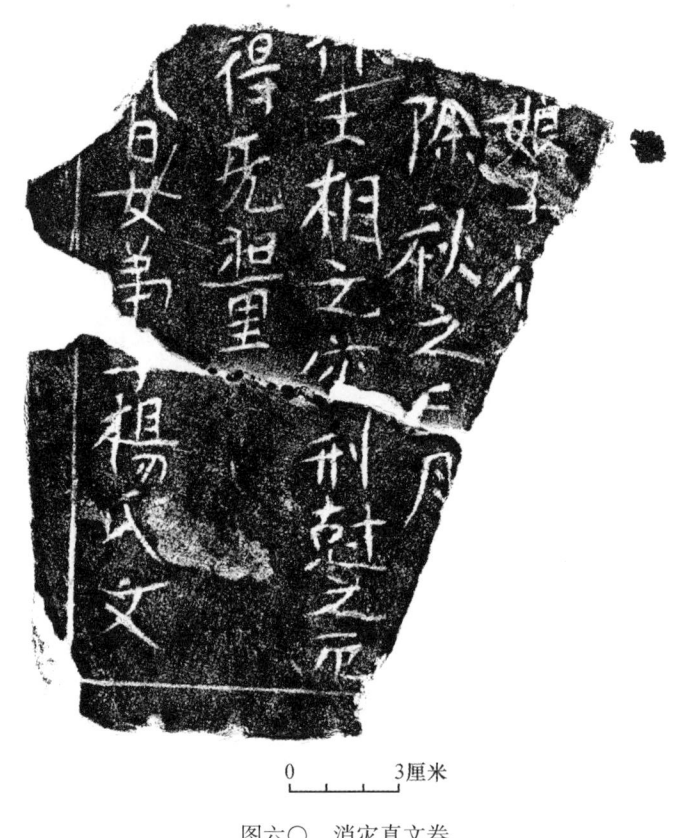

图六〇　消灾真文券
（M6∶2）

另值得注意的是，这批墓葬有着浓厚的道教色彩。首先，12座墓葬中，有8座墓为火葬墓。结合近年来的考古发现来看，这种行火葬的葬俗，应与道教"火尸解"的信仰有关。比如，金鱼村M9及扬子山小型宋墓出土的墓券明确提到墓主人分别为"奉道南弟子吕忠庆"及"奉道弟子严世广"[20]。其次，M2出土的坐俑，围绕在五个蟠螭提梁罐之中，推测应为陶质石真。有研究认为，石真是早期天师道解注代人方术与秦汉以来流行的建生墓习俗相结合的产物，是用这种模拟人形的东西来替代生人或某亡人魂魄的受祸，而使生人或死者魂魄逃脱注鬼的注害[21]。因此，石真有着浓厚的道教色彩。再次，M7出土两方买地券，券文明确提到"千年吉宅、百载寿堂"，很明显这是一座生墓。这种营建生墓的做法在宋代成都地区非常流行，如金鱼村M9及营门口乡化成五组新蜀工地南宋双室墓[22]等。《贵州遵义南宋杨粲墓道教因素试析》一文提到"从晚唐五代开始，这一葬俗开始与道教杂糅，彼此相互影响。宋代这一趋势更加明显……是预作寿藏习俗与道教解注代人方术相结合这样一种背景的产物。"[23]此外，M8出土了敕告宫文券、华盖宫文券以及猪首人身俑、独脚兽、匍匐俑、人首蛇神俑、人首鸟身俑等一整套随葬器物组合，张勋燎认为"敕告文"与"华盖宫文"皆属道教上清派的材料，在墓葬中随葬这两种石刻与道教信仰有关[24]。该墓出土的华盖宫文券不仅带有八卦卦象，且明确提到墓主为"小兆臣"，即尚未正式受箓的低级道士。另外，白彬在其《隋唐五代宋元墓葬出土神怪俑与道教》一文中提到匍匐俑应与堪舆风水有关；人首蛇身俑，与猪首人身俑一样，也应当是雷公。人首鸟身俑，当系道教之九天玄女[25]。综上所述，这批墓葬带有十分浓厚的道教色彩，反映了两宋时期的成都民间道教信仰及其活动十分盛行，这与宋代统治者通过推崇道教，以巩固宋王朝的统治有着密切的关系[26]。

该批墓葬出土了较多文字材料，其中M7、M9~M11出土的买地券，皆明确提到该地属"华阳县履贤乡"。这与《唐宋时期成都府辖县乡、里考》[27]一文考证的华阳县履贤乡方位大致相符，即在今成都市武侯区磨子桥至锦江区九眼桥一带。

发 掘：易 立 王 瑾 高 攀
绘 图：钟雅莉
拓 片：严 彬
摄 影：王 瑾
执 笔：王 瑾 易 立

注 释

[1] 成都市文物考古工作队：《成都市成华区三圣乡花果村宋墓发掘简报》，《成都考古发现》(2001)，科学出版社，2003年。

[2] 成都市文物考古研究所、龙泉驿区文物管理所：《成都市龙泉驿区十陵宋墓发掘简报》，《成都考古发现》(2001)，科学出版社，2003年。

[3] 成都市文物考古研究所、龙泉驿区文物保管所：《成都市龙泉驿区洪河大道南延线唐宋墓葬发掘简报》，《成都考古发现》(2001)，科学出版社，2003年。

[4] 成都市文物考古工作队：《四川成都市西郊金鱼村南宋砖室火葬墓》，《考古》1997年第10期。

[5] 成都市文物考古研究所：《成都市高新区石墙村宋墓发掘简报》，《成都考古发现》(1999)，科学出版社，2001年。

[6] 成都文物考古研究所：《成都市龙泉驿区青龙村宋墓发掘简报》，《成都考古发现》(1999)，科学出版社，2001年。

[7] 刘敏：《四川铁钱源流概述》，《四川文物》1990年第3期。

[8] 王有鹏：《四川两宋铁钱琐议》，《四川文物》1990年第5期。

[9] 陈云洪：《试论四川宋墓》，《成都考古研究》(一)，科学出版社，2009年，第577页。

[10] 刘雨茂、朱章义：《四川地区唐代砖室墓分期研究初论》，《四川文物》1999年第3期。

[11] 成都文物考古研究所：《2008年度永陵公园古遗址发掘简报》，《成都考古发现》(2008)，科学出版社，2010年。

[12] 陈垣：《二十史朔闰表》，中华书局，1962年，第142页。

[13] 成都文物考古研究所、崇州市文物保护管理所：《崇州市山泉村和德寿村宋墓发掘简报》，《成都考古发现》（2013），科学出版社，2015年，第556页。

[14] 成都文物考古研究所、邛崃市文物管理局：《四川邛崃龙兴寺》，文物出版社，2011年，第234页。

[15] 成都文物考古研究所：《成都市外环绕城高速路双流白家段发现宋墓》，《成都考古发现》（1999），科学出版社，2001年。

[16] 陈云洪：《四川地区宋代墓葬研究》，《南方民族考古》（第七辑），科学出版社，2011年，第281页。

[17] 成都文物考古研究所：《信息产业部三十研究所南宋火葬墓的发掘》，《成都考古发现》（2004），科学出版社，2006年。

[18] 成都文物考古研究所、青白江区文物保护管理所：《成都青白江区艾切斯工地唐、宋墓葬发掘简报》，《成都考古发现》（2006），科学出版社，2008年。

[19] 成都市文物考古研究所、双流县文物管理所：《成都市双流县华阳镇绿水康城小区发现一批砖室墓》，《成都考古发现》（2003），科学出版社，2005年。

[20] 刘志远、坚石：《川西的小型宋墓》，《文物参考资料》1955年第9期，第98页。

[21] 龚扬民、白彬：《贵州遵义南宋杨粲墓道教因素试析》，《四川文物》2013年第4期。

[22] 张勋燎、白彬：《墓葬出土道教代人的"木人"和"石真"》，《中国道教考古》，线装书局，2006年，第5册，第1413、1415页。

[23] 龚扬民、白彬：《贵州遵义南宋杨粲墓道教因素试析》，《四川文物》2013年第4期。

[24] 张勋燎、白彬：《江苏、陕西、河南、川西南朝唐宋墓葬出土镇墓文石刻之研究》，《中国道教考古》，线装书局，2006年，第5册，第1476、1586页。

[25] 张勋燎、白彬：《隋唐五代宋元墓葬出土神怪俑与道教》，《中国道教考古》，线装书局，2006年，第6册，第1611~1750页。

[26] 卿希泰、唐大潮：《道教史》，江苏人民出版社，2006年，第158~167页。

[27] 易立：《唐宋时期成都府辖县乡、里考》，《成都考古研究》（二），科学出版社，2013年，第429页。

成都市武侯区川音大厦工地唐宋墓葬发掘简报

附表　墓葬登记表

墓号	方向	墓室	墓室规模	随葬器物	年代	备注
M1	26°	三室并列 西室	78×55×23	Aa型瓷带系罐1、A型瓷盏1、A型筒瓿俑2、B型武俑、A型文俑3、陶狗1、陶鸡1	南宋中期	墓顶被破坏
		中室	78×57×23			
		东室	79×55×26			
M2	23°	三室并列 西室	92×53×25	瓷提梁罐5、瓷炉2、坐俑1、买地券1	南宋早中期	墓顶被破坏
		中室	92×56×25			
		东室	92×53×25			
M3	194°	单室	255×(94~105)×75	瓷碗1、B型瓷带系罐1、铜簪1	北宋晚期	墓顶被破坏
M4	148°	单室	118×74×65	铁钱若干	北宋中期	墓顶、墓室被破坏严重
M5	6°	单室	墓室：236×(91~101)×65 甬道：进深124、宽102~108、残深90	B型瓷盏1、买地券1	北宋元丰年间	墓门、墓顶被破坏
M6	144°	单室	墓室：127×(75~79)×51 甬道：进深33、宽78~80、残深70	买地券1、消灾真文券1	北宋早期至北宋中期	甬道、墓门、墓顶被破坏
M7	116°	双室并列 北室	100×56×28	买地券1	南宋绍定元年	墓顶被破坏
		南室	100×58×29	买地券1		
M8	166°	双室并列 西室	121×61×75	Aa型瓷带系罐1、Ab型瓷带系罐3、瓷碗1、女侍俑1、男侍俑1、A型武俑1、Bb型文俑1、C型文俑1、B型筒瓿俑1、独脚兽2、人首鸟身俑1、人首蛇身俑1、猪首人身俑1、俑残件1、铜镜1、买地券1、救苦宫文券1、华盖宫文券1、铁钉2	南宋早期	东室墓顶破坏，其中2件Ab型瓷带系罐出土于东室西室之间的壁龛
		东室	121×58×61	Ab型瓷带系罐1、B型瓷碗1		
M9	112°	单室	85×44×44	Aa型瓷带系罐2、A型筒瓿俑1、Ba型文俑2、买地券1	南宋嘉定十一年	
M10	118°	单室	89×60×55			
M11	118°	单室	85×42×55	A型文俑2、俑残件1、买地券1		墓顶被破坏
M12	166°	单室	墓室：149×(105~117)×24 甬道：进深48、宽112、残深40	买地券1	北宋晚期	墓顶被破坏

成都市通锦路遗址隋唐至明代墓葬清理简报

成都文物考古研究院

通锦路遗址位于成都市金牛区通锦路20号（图一），地理坐标为东经104°03′12.48″、北纬30°41′7.66″，海拔约500米。2015年3月，为配合中铁二局"通锦坊"项目建设，成都文物考古研究院对该区域内遗存进行了抢救性发掘，勘探和发掘面积约4500平方米，清理出隋唐至明清时期各类遗存。墓葬共发现19座（M1～M19）（图二）。现将发掘情况简报如下。

图一 遗址位置示意图

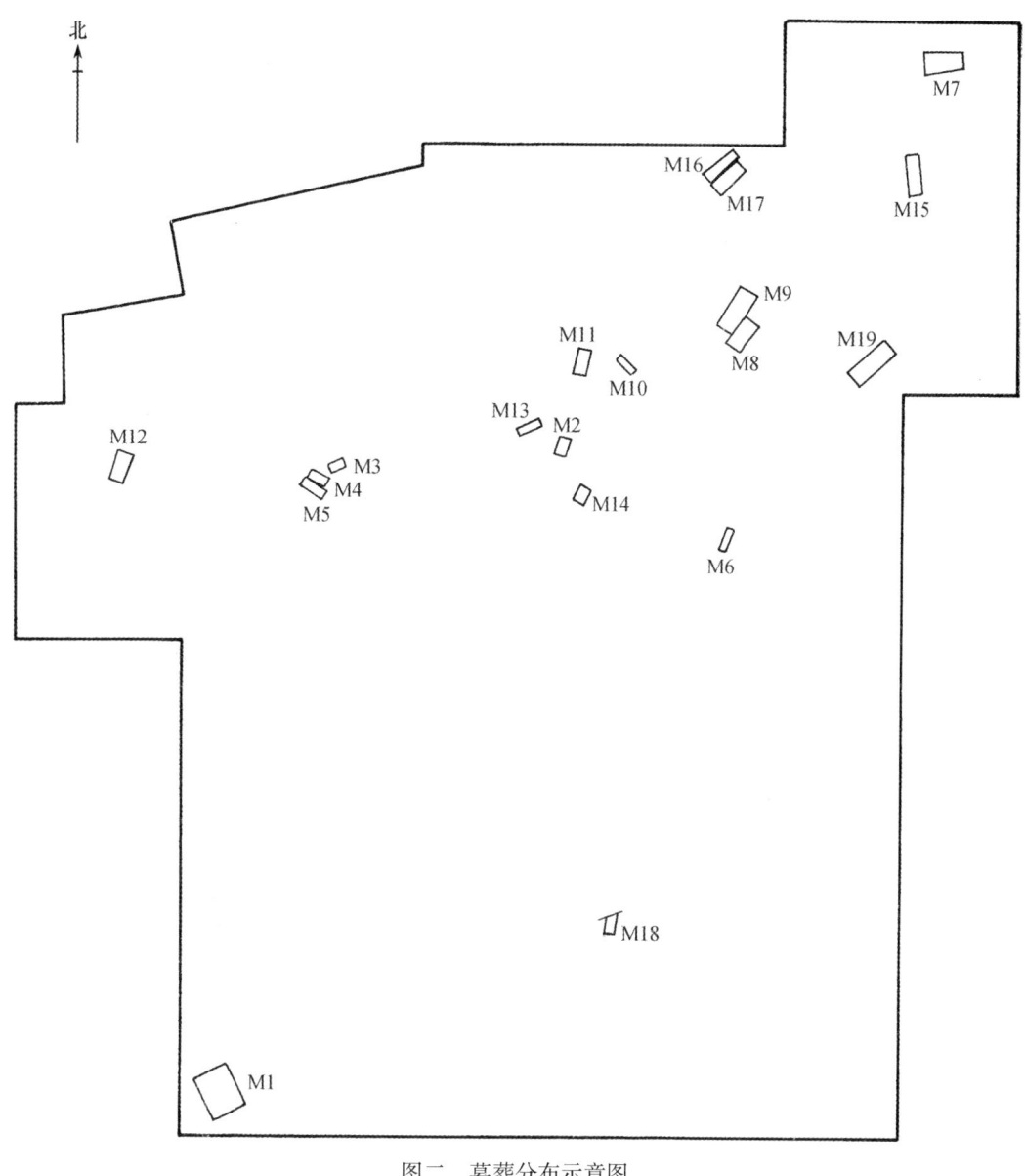

图二 墓葬分布示意图

一、砖室墓

（一）墓葬形制

砖室墓共8座。依据形制的不同，分为三型。

A型 3座。墓室带甬道，平面呈"凸"字形。

M1 位于TN01E01西南部。保存极差。方向158°。修墓前，先挖一平面呈长方形的竖穴土圹，开口距现地表深约1.8米，长4.48、宽3.24米。墓圹内砌砖室，砖墙与墓圹之间填有黄褐色沙土。墓葬由甬道和墓室组成。甬道长1.52、宽1.16、残高0.17米。墓室仅存右侧墙砖，规格不详。墓底铺砖呈席纹。铺地砖上砌筑四壁，以一平一侧丁砌筑而成，封门砖丁砌。墓砖有两种，砖为长方形青灰色花纹砖，花纹为卷叶纹和莲花纹，长38、宽17、厚7厘米；铺地砖为长方形青灰色素面砖，长36、宽17、厚5厘米。葬具不详（图三）。

M9　位于TN07E05东北部。保存较差，被现代房基和M8打破。方向212°。修墓

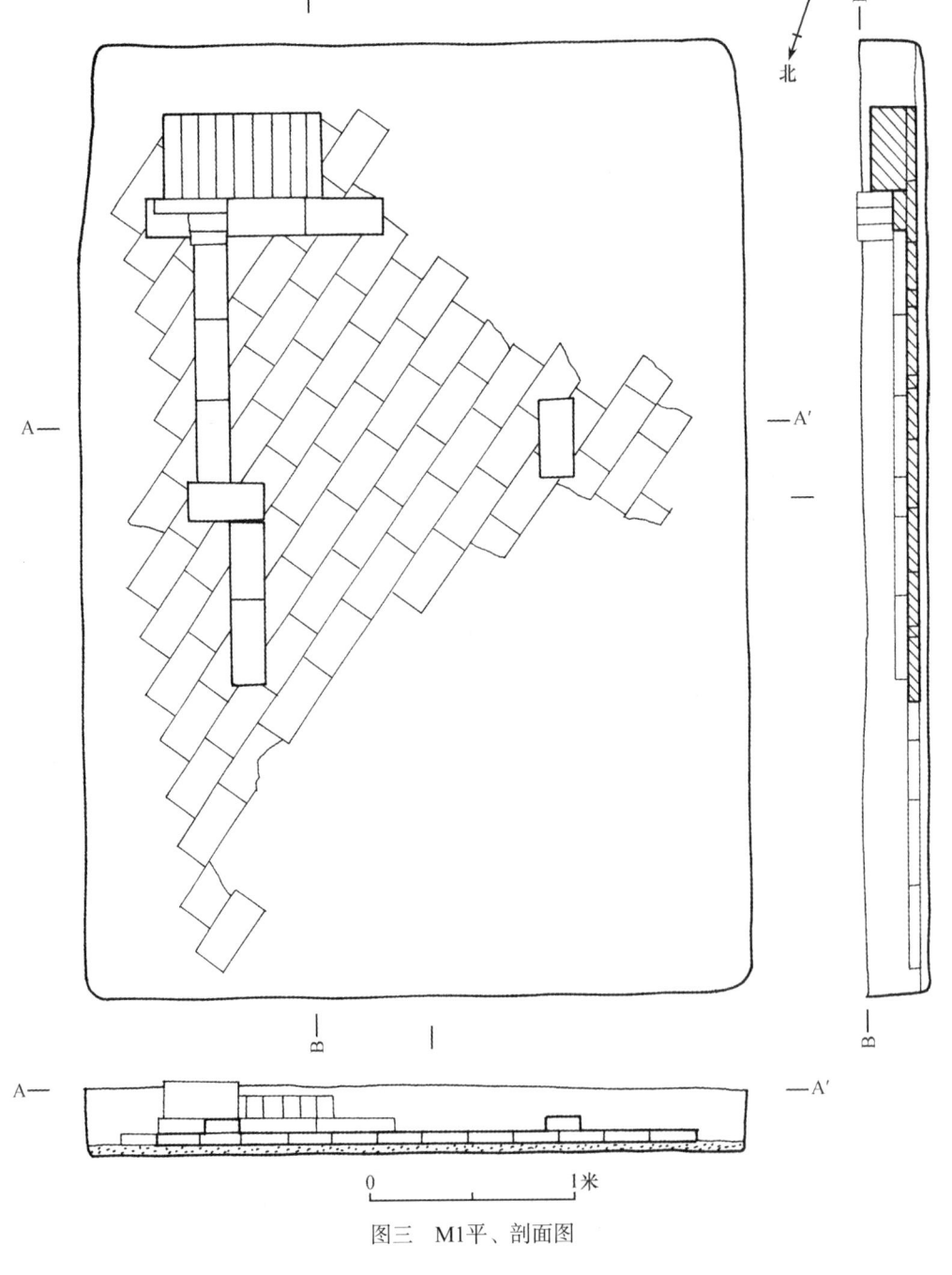

图三　M1平、剖面图

前，先挖一平面呈长方形的竖穴土圹，开口距现地表深约1.6米，残长3.5、残宽2.1米。墓圹内砌砖室，砖墙与墓圹之间填有灰褐色黏土。墓葬由甬道和墓室组成，甬道长0.96、宽0.76、残高0.7米，墓室残长1.44、残宽1.24、残高0.7米。墓顶残，不详。墓底铺砖呈席纹。铺地砖上砌筑四壁，一横一丁再三横一丁砌筑而成。墓砖均为长方形青灰色砖，少数有纹饰，侧面有菱形纹和人物浮雕，规格一致，长38、宽18、厚7厘米。葬具不详。墓葬被扰乱，无随葬品（图四）。

M19 位于TN07E06东南部。保存较差，封门和后壁被晚期坑打破。方向227°。修墓前，先挖一平面呈长方形的竖穴土圹，开口距现地表深约1.5米，残长4.06、残宽1.84米。墓圹内砌砖室，砖墙与墓圹之间填有灰褐色黏土。墓葬由甬道、前后室组成，甬道残长0.5、宽0.72米，前室长1.14米、宽1.08米，后室长2.36、宽0.88米，墓室残高0.28米。墓顶残，不详。墓底铺砖错缝平铺。铺地砖上砌筑四壁，甬道和前室均一侧丁二平修建，后室横丁六排，从外向内第三排起，每块丁砖间隔约7厘米，丁砖上再平砖一排，后壁墙砖侧丁。墓砖均为长方形青灰色砖，少数有纹饰，侧面有菱形纹、卷草纹、菱形莲花组合纹，规格一致，长38.7、宽20、厚5厘米。葬具不详。墓葬被扰乱，无随葬品（图五）。

B型 1座。墓室平面呈梯形。

M7 位于TN09E09西北部。保存较差，西北角被现代坑打破。方向263°。修墓前，先挖一平面近梯形的竖穴土圹，前宽后窄，开口距现地表深约1.6米，长3.4、前残宽1.84、后宽1.38米。墓圹内砌砖室，砖墙与墓圹之间填有黄褐色填土。墓室长2.7、前残宽0.86、后宽0.7、残高0.44米。墓顶残，不详。墓底铺砖呈席纹。铺地砖上砌筑四壁，均以三平一侧丁一平砌筑而成，丁砖均为残砖。前壁有封门。墓砖为长方形青灰色素面砖，规格有两种：地砖长38、宽18、厚6厘米，墙砖长39、宽19、厚6厘米。葬具已完全腐朽，不详，有少量骨渣。墓底出土1件瓷香炉、1件瓷碗及4枚钱币（图六）。

C型 4座。墓室平面呈长方形。依据据墓室大小，分为二亚型。

Ca型 3座。墓室呈宽长方形。

M2 位于TN06E04西侧。方向206°。修墓前，先挖一平面呈长方形的竖穴土圹，开口距现地表深约1.6米，长1.4、宽1.1米。墓圹内砌砖室，砖墙与墓圹之间填有灰褐色黏土。墓室长0.83、宽0.54、残高0.32米。墓顶残，不详。墓底砖横、纵交替铺筑。铺地砖上砌筑四壁，两侧直墙砖错缝平铺，封门两横一丁一横、后壁一丁四横铺筑。后壁中央有壁龛。棺台位于墓室后侧，由两块方砖平铺而成，靠上一块中部有圆孔，孔径22厘米，方砖长42.5、宽42.5、厚5厘米。墓砖为长方形青灰色素面砖，长32、宽16、厚3.5厘米。墓室内出土瓷罐1件、买地券1方（图七）。

M11 位于TN07E04南侧中部。方向190°。修墓前，先挖一平面呈长方形的竖穴土圹，开口距现地表深约1.6米，残长1.36、宽1.1米。墓圹内砌砖室，砖墙与墓圹之间填有灰褐色黏土。墓室残长0.97、宽0.64、残高0.59米。墓顶残，不详。墓室前部有底

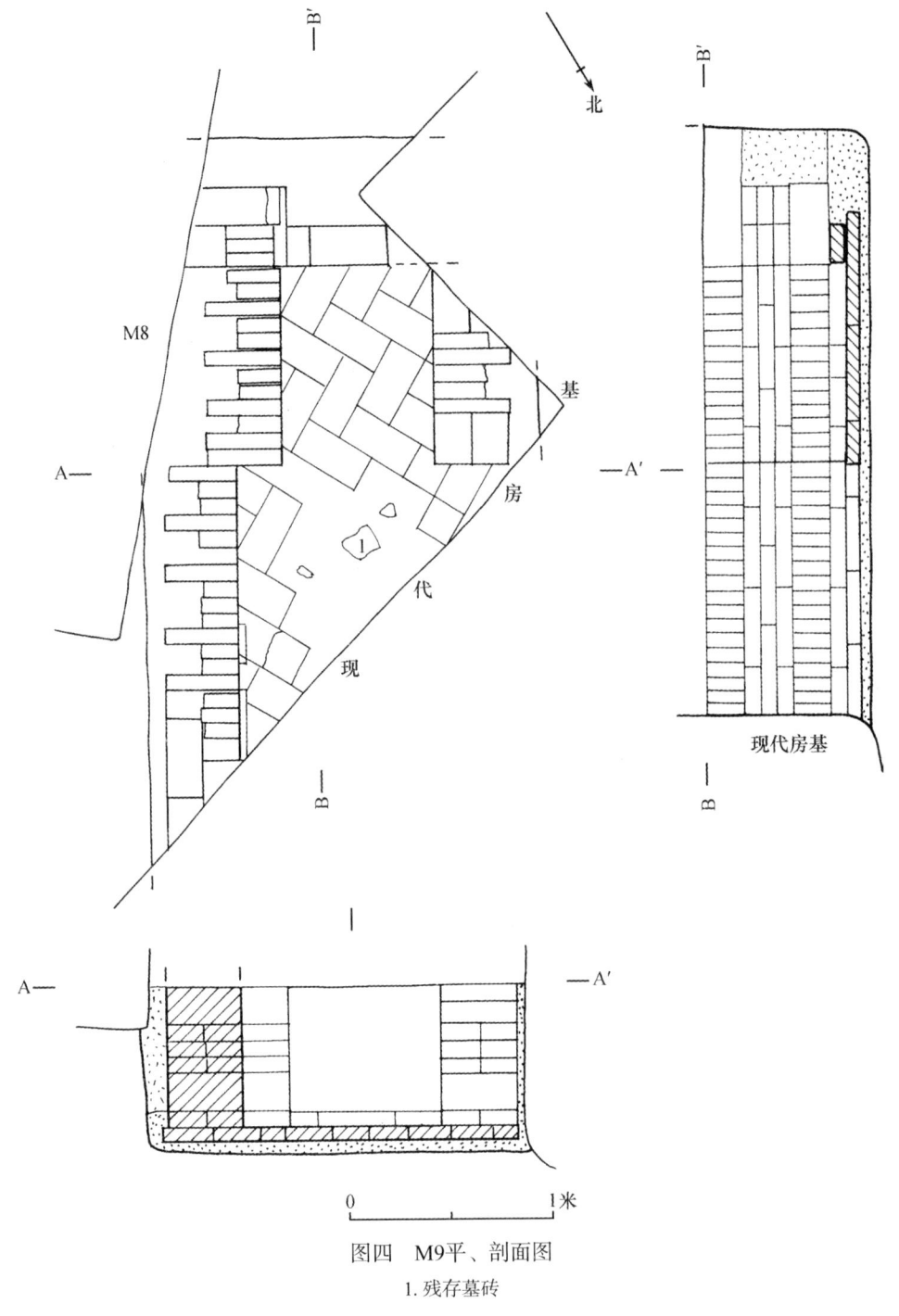

图四 M9平、剖面图
1. 残存墓砖

龛，略低，铺地砖横铺一排。墓底用砖横纵交替铺砌，地砖上砌四壁。两侧壁平砖错缝铺筑，后壁被现代基础打破，前壁丁平交替砌筑。墓砖为青灰色素面砖，规格有三种：第一种长41、宽41、厚3.5厘米，第二种长32、宽16.5、厚3厘米，第三种长36、宽17、

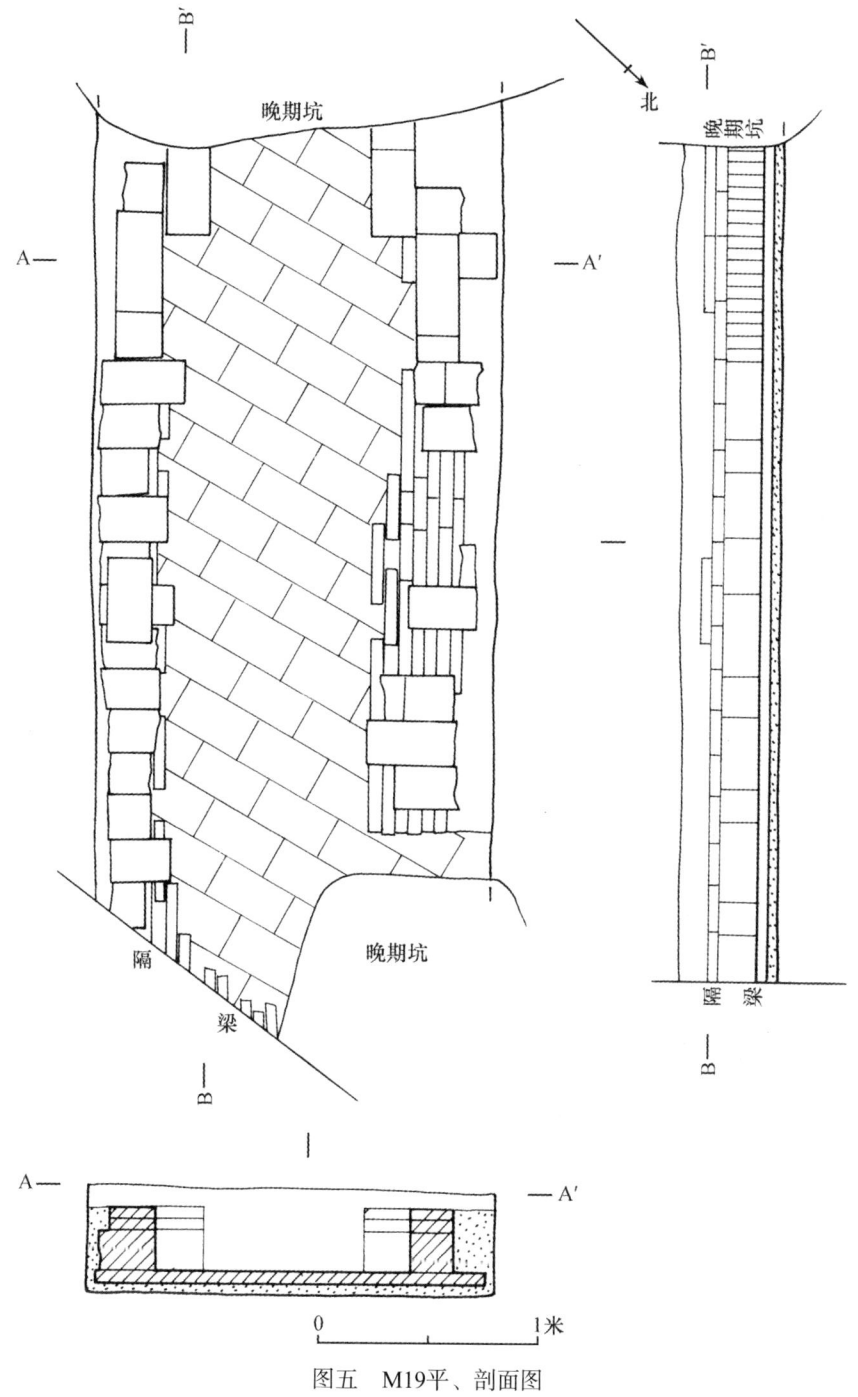

图五 M19平、剖面图

厚7厘米。底龛内出土无字墓券1方、瓷罐1件、瓷盏1件，墓室出土瓷罐1件、瓷碗1件、买地券1方（图八）。

M14 位于TN06E04南侧中部。方向210°。修墓前，先挖一平面呈长方形的竖穴土

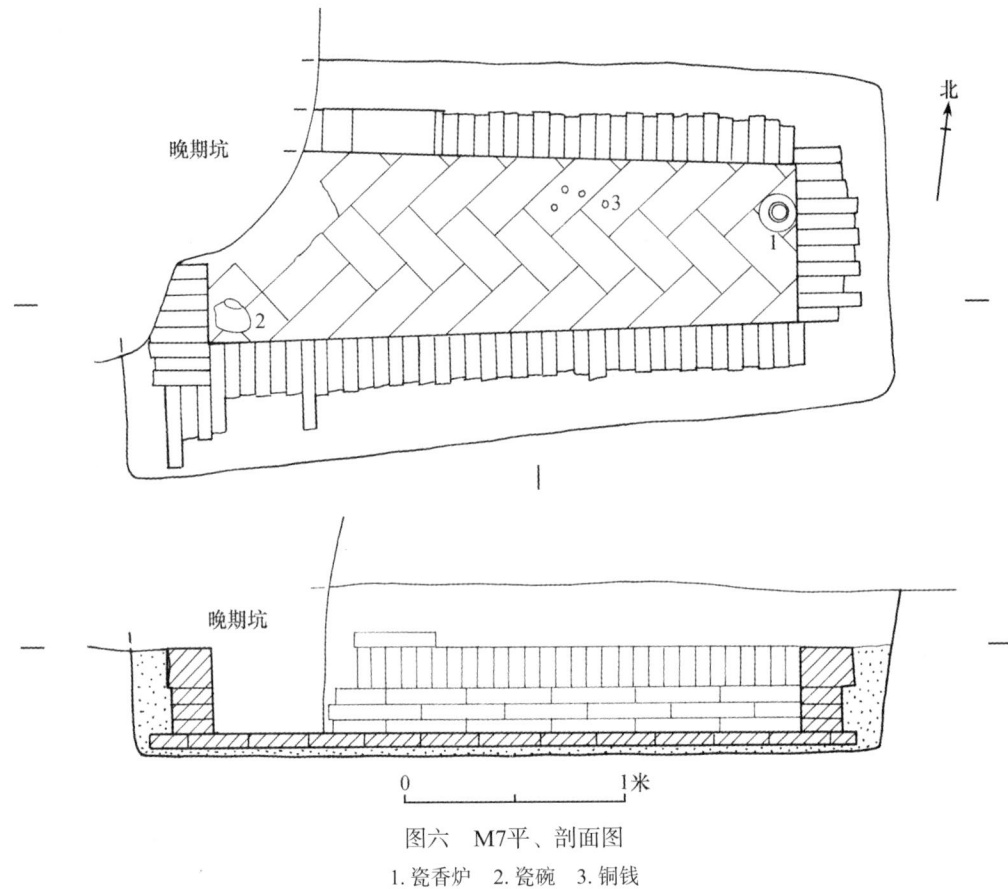

图六 M7平、剖面图
1.瓷香炉 2.瓷碗 3.铜钱

圹，开口距现地表深约1.6米，长1.4、宽1.1米。墓圹内砌砖室，砖墙与墓圹之间填有灰褐色黏土。墓室长0.69、宽0.59、残高0.46米。墓顶残，不详。墓室前部有底龛，略低。墓底和底龛铺地砖横纵交替铺筑。地砖上砌四壁。两侧壁平铺，个别错缝平铺。后壁错缝平铺五层，再横丁。前壁侧丁两层。墓砖均为青灰色砖，少量侧面有菱形纹。墓砖规格有五种，第一种为花纹砖，长32、宽16、厚3厘米；第二种长36、宽20、厚6厘米；第三种长36、宽24、厚7厘米；第四种长35、宽24、厚5厘米；第五种长36、宽24、厚6厘米。随葬品均出土于底龛中，有瓷罐2件、瓷盏1件、买地券1方（图九）。

Cb型 1座。墓室呈窄长方形。

M15 位于TN07E07西北角。方向352°。修墓前，先挖一平面呈长方形的竖穴土圹，开口距现地表深约1.5米，残长3.22、宽1.36米。墓圹内砌砖室，砖墙与墓圹之间填有灰褐色黏土。墓室残长3、宽0.96、残高0.1米。墓顶残，不详。墓室东南侧被晚期坑打破，北侧被现代房基叠压。墓地铺砖呈席纹，地砖上砌四壁，两侧壁纵向铺筑，后壁横向平铺。墓砖均为青灰色素面砖，长36、宽17.5、厚5厘米。墓室出土瓷盏1件（图一〇）。

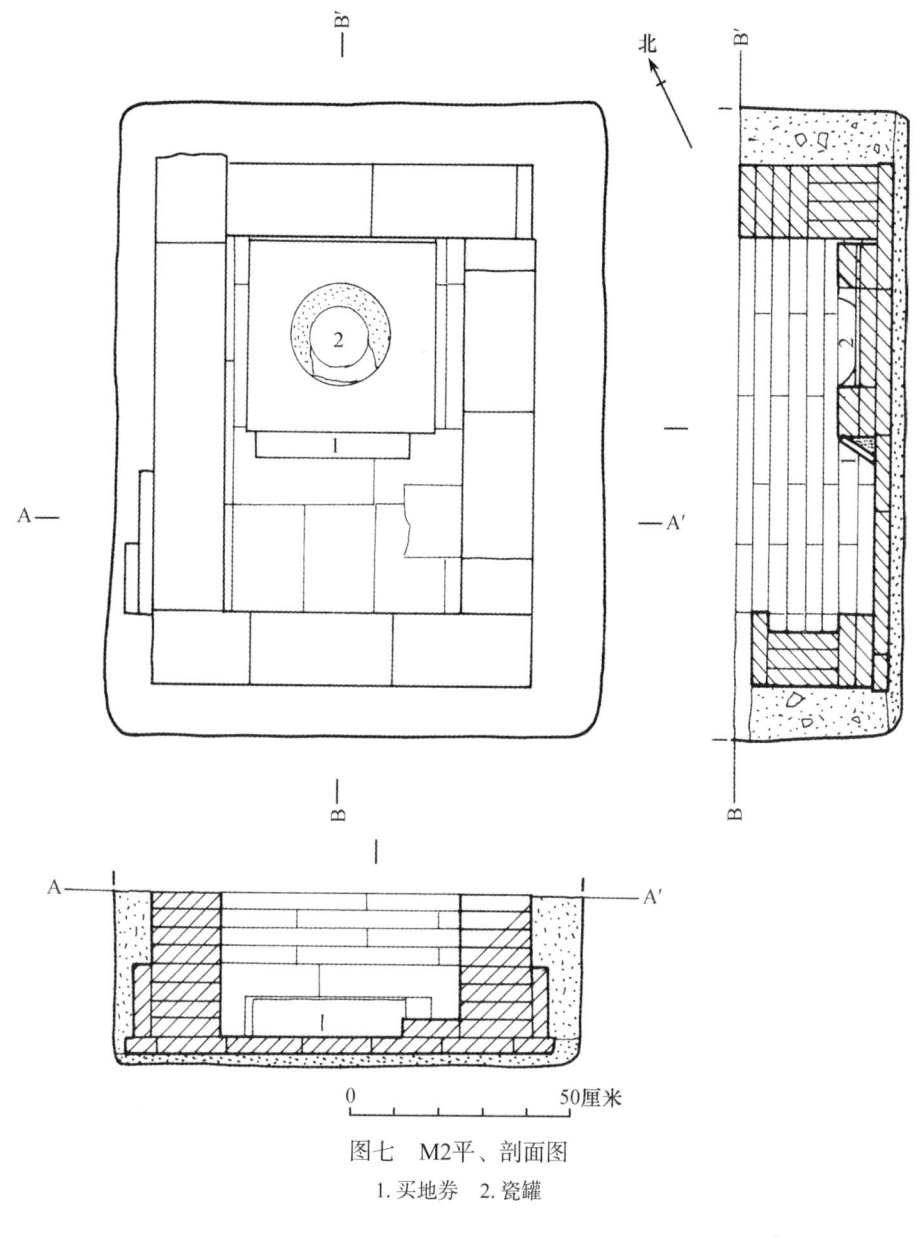

图七　M2平、剖面图
1.买地券　2.瓷罐

（二）出土器物

砖室墓出土器物有瓷器、钱币、墓券等。

1. 瓷器

瓷器可辨器形有碗、罐、香炉、盏等，釉色以青釉、酱黄釉、酱黑釉为主，窑口属青羊宫窑和琉璃厂窑。

碗　2件。依据腹部特征，分为二型。

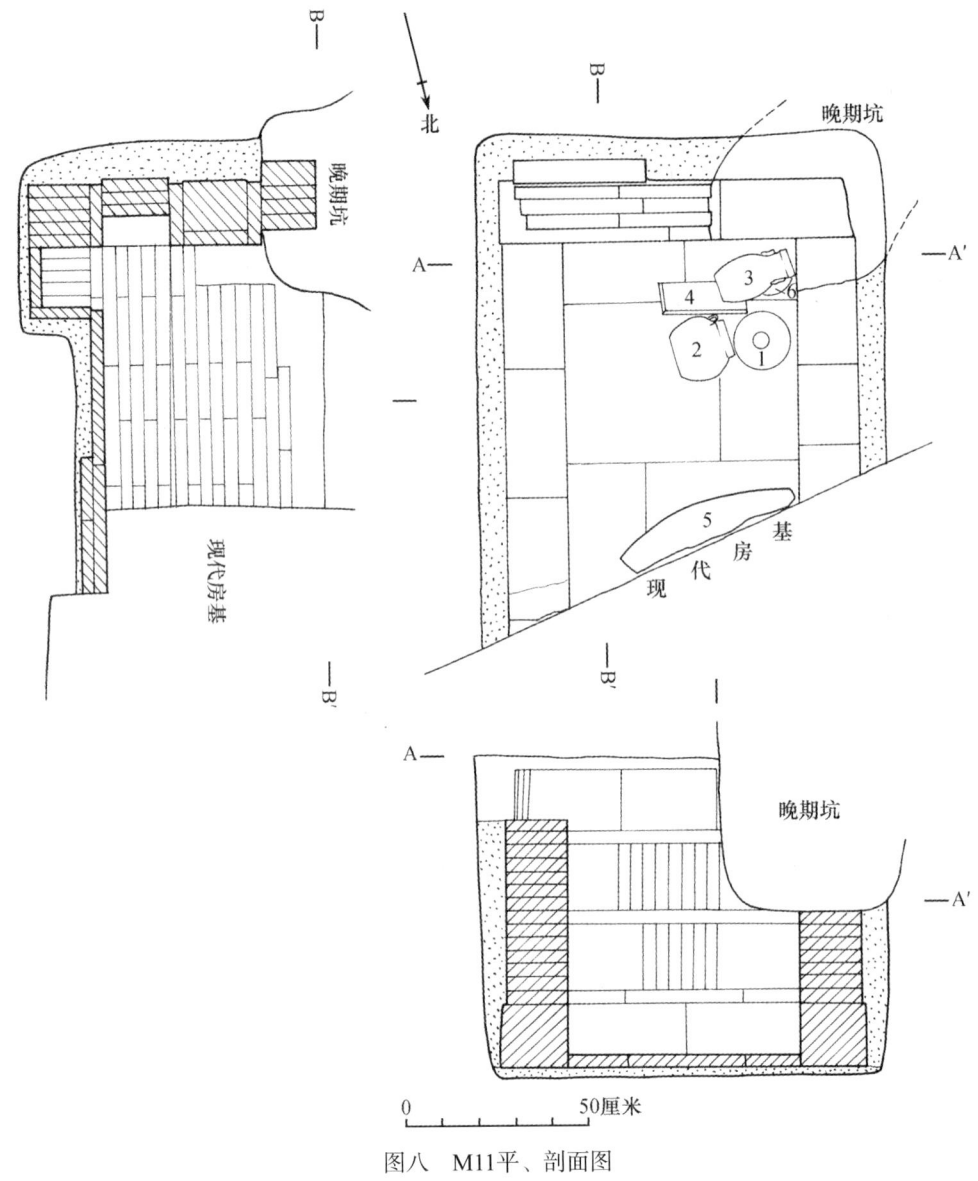

图八　M11平、剖面图
1.瓷碗　2.瓷双耳罐　3.瓷四系罐　4.无字墓券　5.买地券　6.瓷盏

A型　1件。鼓腹。M7∶2，砖红色胎，器身先施一层化妆土，后施青釉，外壁底部未施釉，内底有五个支钉痕。敛口，圆唇，饼足内凹，边缘斜削一刀。外壁唇下有一周凹弦纹。口径13.4、底径4.4、高6.9厘米（图一一，4）。

B型　1件。弧腹。M11∶1，红褐色胎，含较多颗粒，器身施酱黑釉，外壁底部附近未施釉，有流釉现象，内底有五个支钉痕。敞口，圆唇，矮圈足。口径15.5、足径5.9、高5.4厘米（图一一，2）。

盏　3件。依据口部及腹壁特征，分为二型。

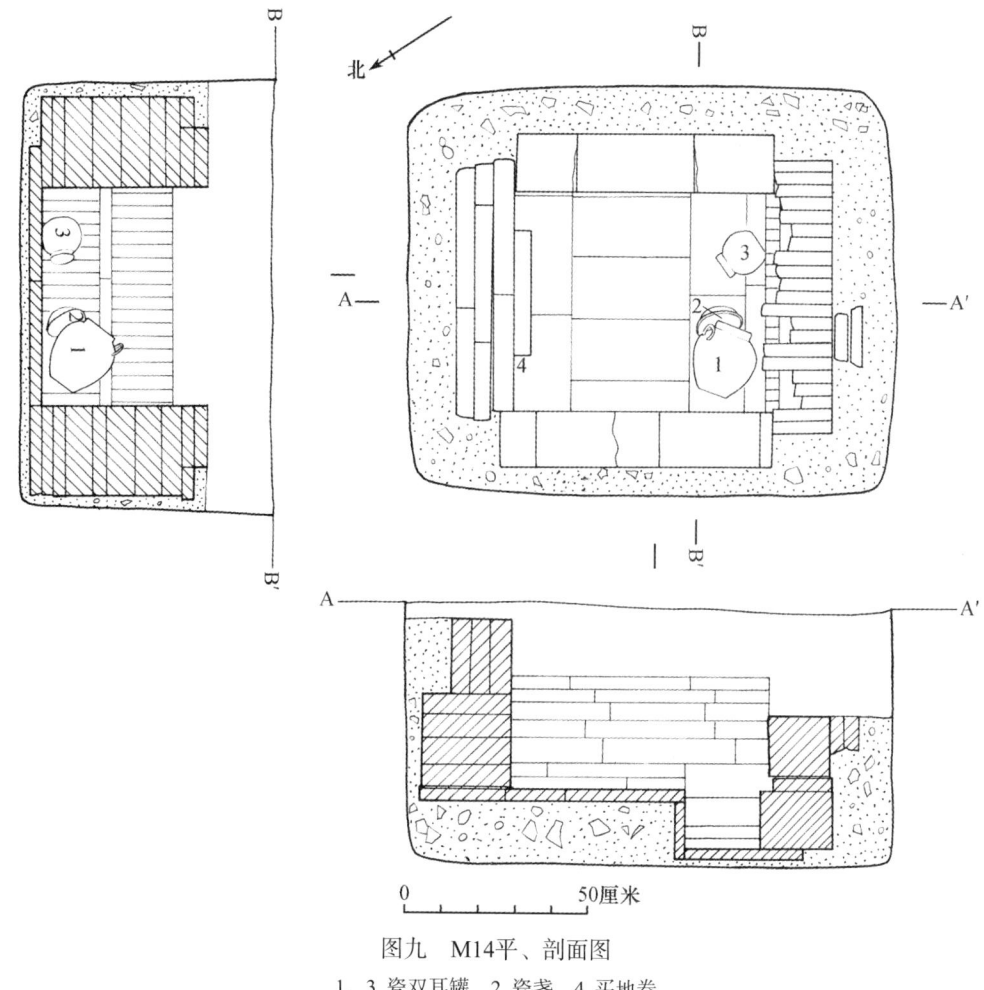

图九　M14平、剖面图
1、3. 瓷双耳罐　2. 瓷盏　4. 买地券

A型　2件。敞口，弧腹。M11：6，红褐色胎，器身施酱黄釉，外壁底部附近未施釉，有流釉现象。圆唇，矮饼足略内凹。口径11、底径4.7、高3厘米（图一一，3）。M14：2，红褐色胎，器身施酱黄釉，外壁底部附近未施釉，有流釉现象，内底有五个支钉痕。矮饼足。口径13.3、底径5、高4厘米（图一一，1）。

B型　1件。敛口，鼓腹。M15：1，砖红色胎，器身腹部及足部施化妆土，腹部以上及内侧施青釉，有流釉现象。圆唇，饼足内凹。口部内外侧均饰一周凹弦纹，内外壁有鼓泡现象。口径10.8、底径3.6、高5.4厘米（图一一，5）。

罐　5件。依据耳部特征，分为三型。

A型　1件。肩部有四耳。M11：3，红褐色胎，颈部及口部施酱黄釉，有流釉现象。敞口，圆唇，溜肩，肩部饰两两对称竖桥形四耳，斜弧腹，平底略内凹。口径7.5、底径8、高20厘米（图一二，5）。

B型　3件。肩部有双耳。依据器形大小及肩部特征，分为二亚型。

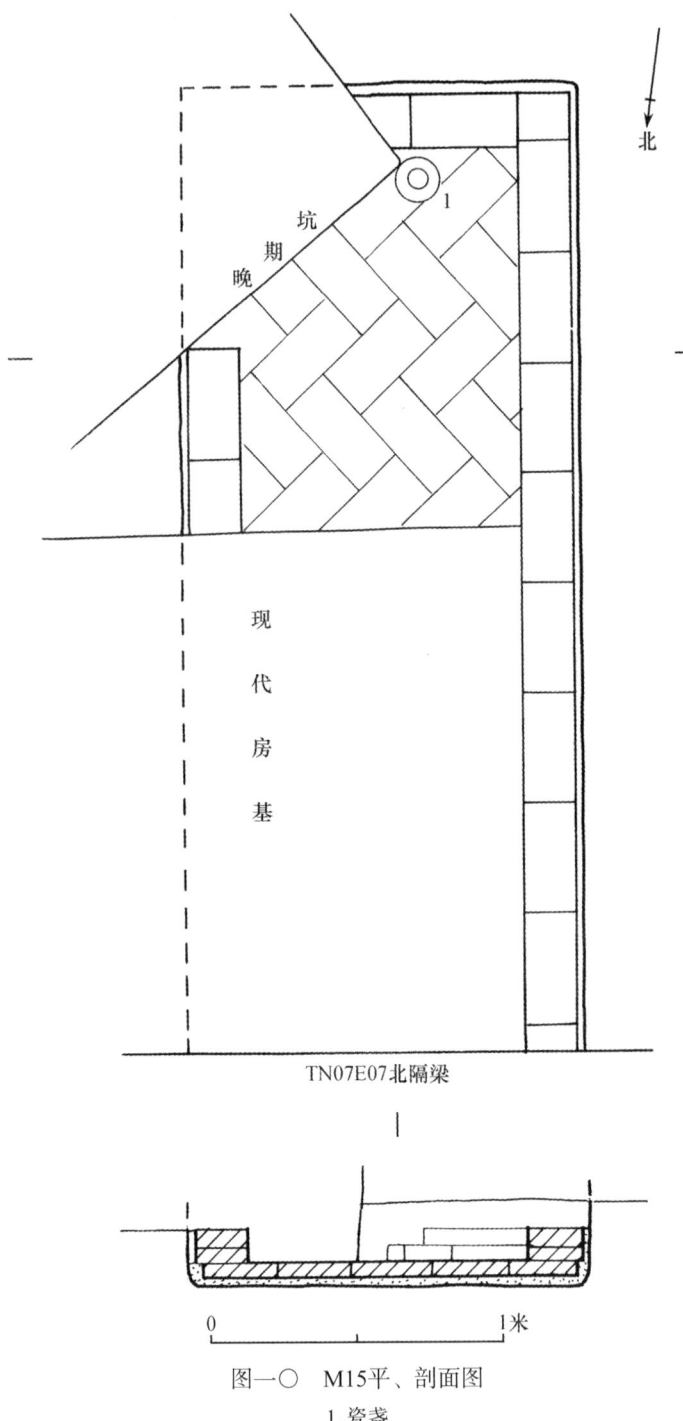

图一〇　M15平、剖面图
1. 瓷盏

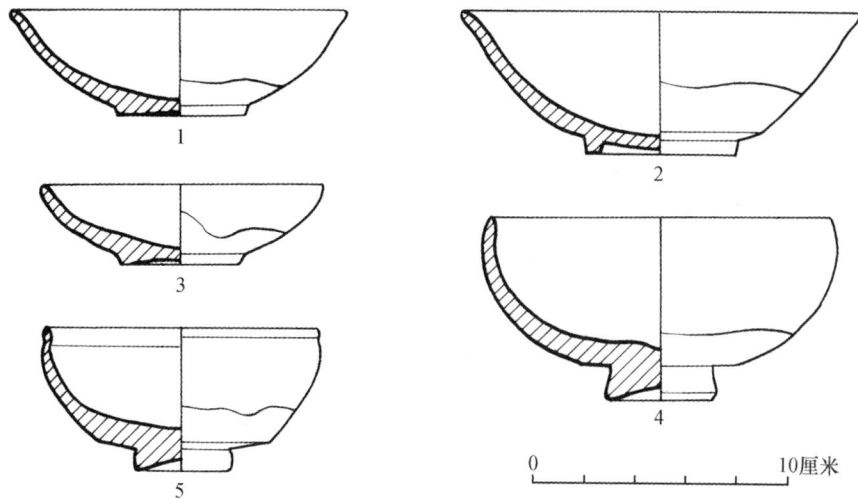

图一一 瓷碗、盏

1、3. A型盏（M14∶2、M11∶6） 2. B型碗（M11∶1） 4. A型碗（M7∶2） 5. B型盏（M15∶1）

Ba型 2件。器形较大，圆肩。M11∶2，红褐色胎，器身腹部及底部施化妆土，以上施酱黑釉，有流釉现象。近直口，尖圆唇，领部较高，肩部饰对称横桥形双耳，鼓腹，平底内凹。口径10、底径10.5、高14.3厘米（图一二，1）。M14∶1，红褐色胎，器身下腹部及底部施灰白色化妆土，以上施酱黑釉。直口微敛，圆唇，矮领，肩部饰对称横桥形双耳，弧腹微鼓，平底略内凹。口径8.8、底径10、高16厘米（图一二，2）。

Bb型 1件。器形略小，斜肩。M14∶3，砖红色胎，器身表面施化妆土。敞口，领部较高，折肩，肩部饰对称横桥形双耳，弧腹微鼓，平底略内凹。口径6.7、底径8.3、高12.7厘米（图一二，3）。

C型 1件。肩部无耳，器形较大。M2∶2，砖红色胎。敛口，圆唇，圆肩，弧腹，平底内凹。口径14.5、底径13、高28厘米（图一二，4）。

香炉 1件。M7∶1，砖红色胎，分炉和托盘两部分，内底及托盘底部未施釉，其余表面施青黄釉。炉敞口，宽沿，尖唇，深弧腹，平底略内凹，五蹄状足。器身有两道平行的凸棱。托盘敞口，尖唇，平底略内凹，底部为喇叭口圈足。炉口径11.5、底径9、高8.4厘米，托盘口径15.8、足径11、高6厘米（图一三，1）。

2. 钱币

4枚。表面呈青灰色，宽周郭，背面内外均有郭，正面只有"五"字有一竖郭。钱文较清晰，"金"字头呈三角形，右边一笔略带弧形；"五"字上下两横平直，中间两笔微曲交叉。M7∶3-1，直径2.3、穿宽0.8厘米（图一三，2）。M7∶3-2，直径2.3、穿宽0.85厘米（图一三，3）。M7∶3-3，直径2.3、穿宽0.8厘米（图一三，4）。M7∶3-4，直径2.2、穿宽0.7厘米（图一三，5）。

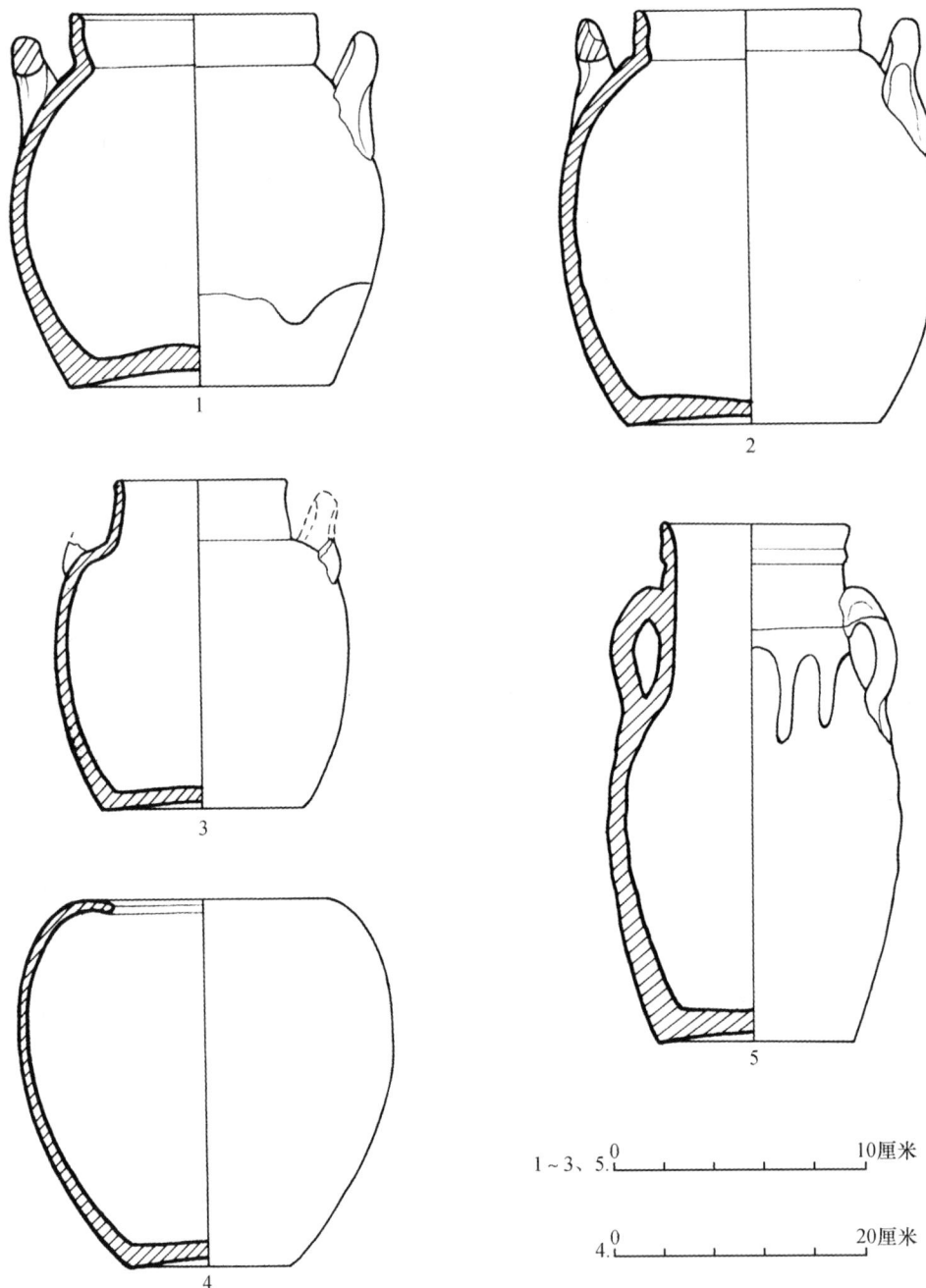

图一二 瓷罐
1、2. Ba型（M11:2、M14:1） 3. Bb型（M14:3） 4. C型（M2:2） 5. A型（M11:3）

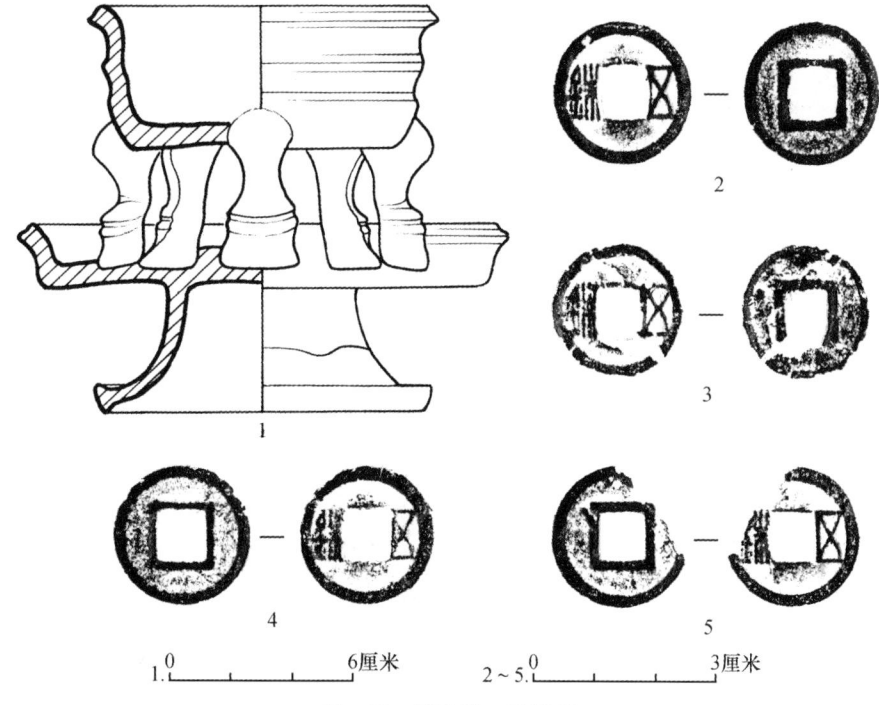

图一三　瓷香炉、五铢钱

1. 瓷香炉（M7∶1）　2~5. 五铢钱（M7∶3-1、M7∶3-2、M7∶3-3、M7∶3-4）

3. 墓券

4方。3方红砂石质，1方青砂石质。均保存极差，有不同程度的破损和剥落。

M2∶1，残存局部，长35、残宽10.5、厚1.8厘米（图一四，1）。字迹较工整，有边框，券文如下：

……丁丑朔二/……十二月十/……日灵但/……兆庆善/……平坊净/……年吉宅/……/……增延□□/……法裔无/……急如律令

M11∶4，长方形，残长31、宽28、残厚1厘米。顶端有阴线刻痕迹，岩石剥落，字迹无法识别。

M11∶5，残损严重，残长26、宽16.5、厚2.3厘米（图一四，2）。现存8行文字，字迹欠工整，券文如下：

……城邑□□宅□……/净众……/成都县延福乡……/东至青南至……/至勾陈分掌……/□□□……/□见……/□□……

M14∶4，仅残存局部，文字无法识读。

图一四 买地券
1. M2∶1 2. M11∶5

二、土 坑 墓

（一）墓葬形制

土坑墓共11座，均为竖穴土坑墓。依据有无椁室，分为二型。

A型　9座。无椁室。

M3　位于TN06E02西侧，南侧为M4和M5。方向235°。修墓前，先挖一平面呈长方形的竖穴土圹，开口距现地表深约1.2米，长1.75、宽0.65、残深0.4米。墓室填土呈灰褐色。西侧叠放三块板瓦，呈"品"字形。葬具不详，人骨不存。出土瓷罐2件（图一五）。

M4　位于TN06E02西南部，北侧为M3，南侧紧邻M5，打破F1。方向296°。修墓前，先挖一平面呈长方形的竖穴土圹，开口距现地表深约1.2米，长1.59、宽0.78、残深0.5米。墓室填土呈灰褐色。葬具不详，人骨不存。墓室西侧出土瓷罐2件、瓷碗1件、瓷器盖1件（图一六）。

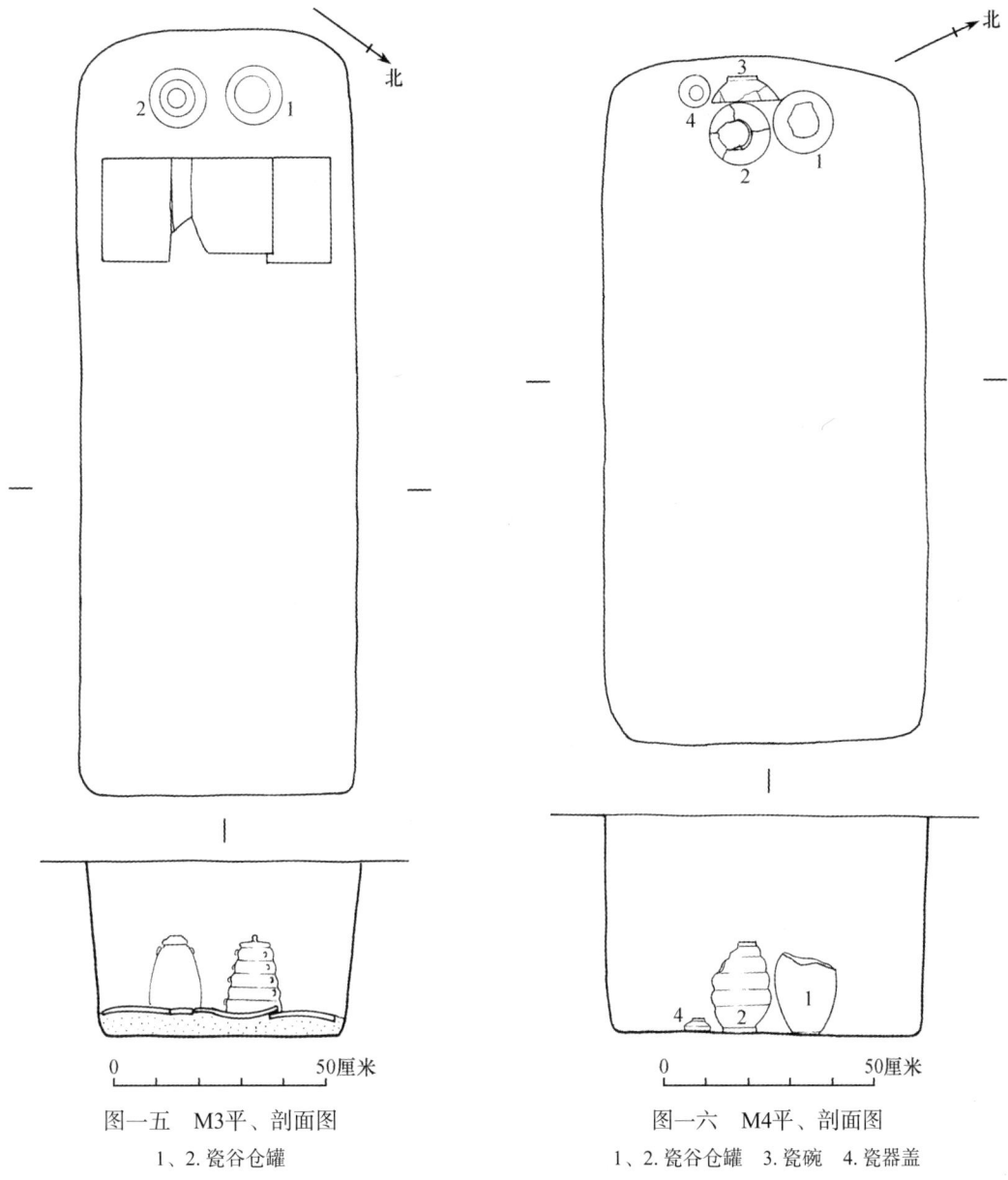

图一五 M3平、剖面图
1、2. 瓷谷仓罐

图一六 M4平、剖面图
1、2. 瓷谷仓罐 3. 瓷碗 4. 瓷器盖

M5 位于TN06E02西南部，北侧紧邻M4，打破F1。方向296°。修墓前，先挖一平面呈长方形的竖穴土圹，开口距现地表深约1.2米，长2.16、宽0.71、残深0.5米。墓室填土呈灰褐色。人骨葬式为仰身直肢葬，头枕三块板瓦，呈"品"字形，脚部另有一块板瓦。木棺有腐朽残迹。出土瓷罐2件、瓷器盖1件、铜簪3件（图一七）。

M6 位于TN05E05西南部。方向205°。修墓前，先挖一平面呈长方形的竖穴土圹，开口距现地表深约1.2米，残长2、宽0.72、残深0.2米。墓室填土呈灰褐色。人骨葬式为仰身直肢葬，头部枕三块板瓦，呈"品"字形。葬具不详。出土瓷罐2件（图

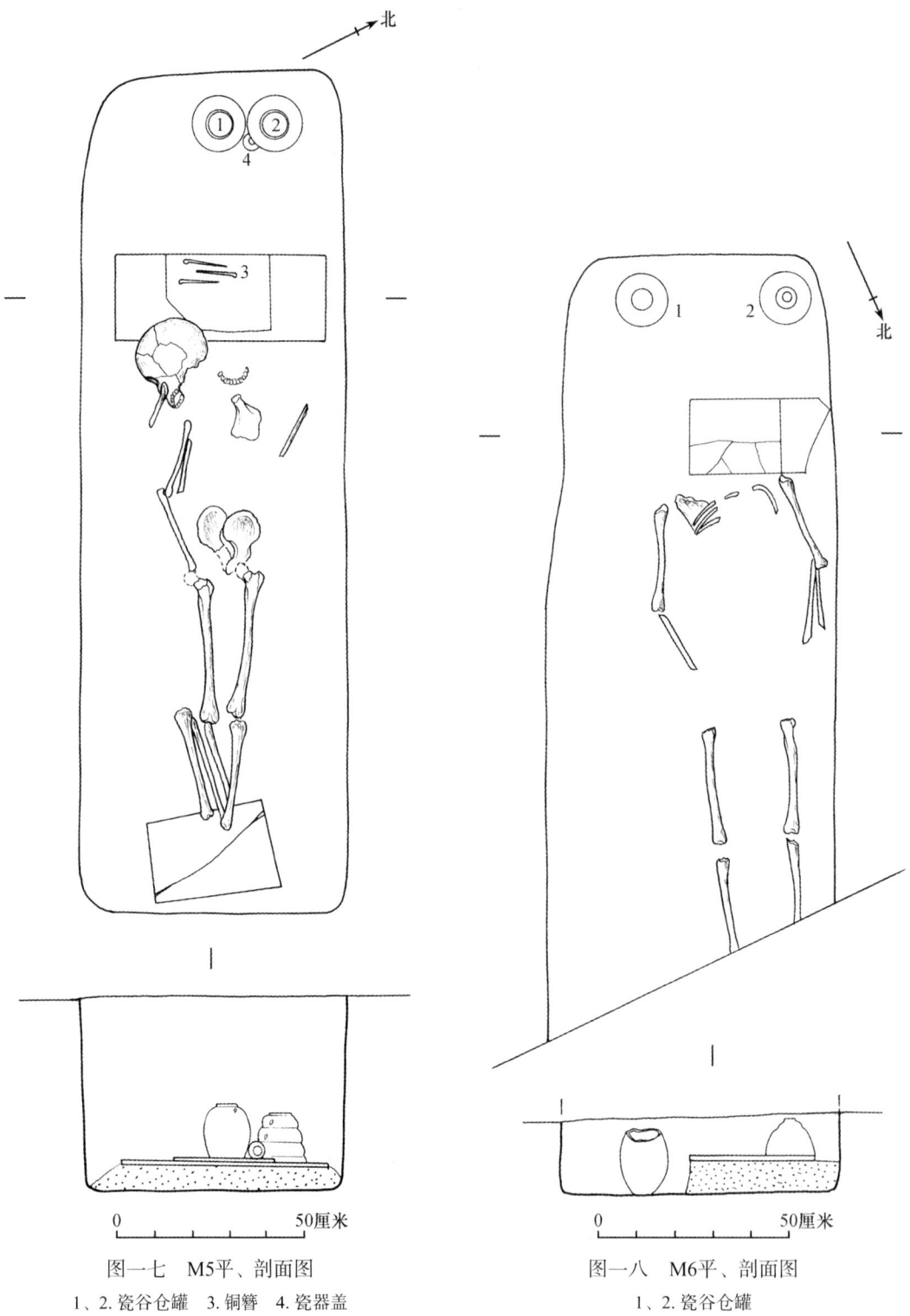

图一七　M5平、剖面图
1、2.瓷谷仓罐　3.铜簪　4.瓷器盖

图一八　M6平、剖面图
1、2.瓷谷仓罐

一八）。

M8 位于TN07E05东侧，被现代坑打破并打破M9。方向31°。修墓前，先挖一平面呈长方形的竖穴土圹，开口距现地表深约1.2米，残长2.6、宽0.75、残深0.25米。墓室填土呈灰褐色。葬具不详（图一九）。

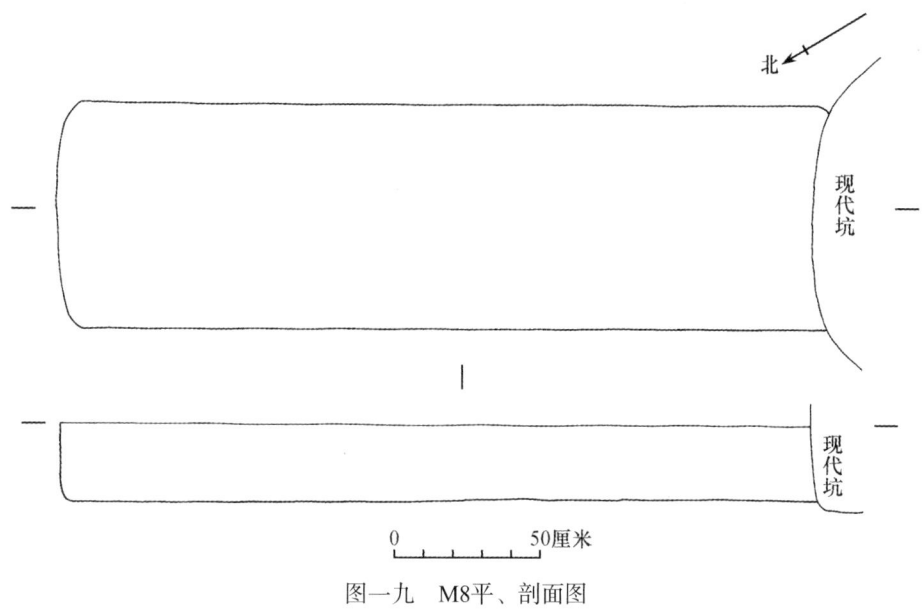

图一九 M8平、剖面图

M10 位于TN07E04东南。方向315°。修墓前，先挖一平面呈长方形的竖穴土圹，开口距现地表深约1.3米，残长1.63、宽0.6、残深0.11米。墓室填土呈灰褐色。人骨葬式为仰身直肢葬。葬具不详（图二〇）。

M12 位于TN06E01中部。方向205°。合葬墓，左侧可能为男性，右侧为女性。修墓前，先挖一平面呈长方形的竖穴土圹，开口距现地表深约1.2米，长2.98、宽1.6、残深0.18米。墓室填土呈灰褐色。人骨葬式均为仰身直肢葬，头部枕三块板瓦，呈"品"字形。人骨下有棺木腐朽痕迹。出土瓷碗1件、瓷罐3件、瓷器盖2件、铜钗1件（图二一）。

M13 位于TN06E03东北角。方向250°。修墓前，先挖一平面呈长方形的竖穴土圹，开口距现地表深约1.35米，长2.2、宽0.64、残深0.28米。墓室填土呈灰褐色。人骨葬式为仰身直肢葬，头部枕三块板瓦，两侧竖放两块板瓦。葬具不详。出土瓷罐2件（图二二）。

M18 位于TN02E04北侧。方向195°。修墓前，先挖一平面呈长方形的竖穴土圹，开口距现地表深约1.4米，残长1.7、宽0.7、残深0.3米。墓室填土呈灰褐色。木棺已腐朽，有棺钉，木棺底部铺石灰。人骨不存，葬式不详。出土买地券1方（图二三）。

B型 2座。有石灰椁室。

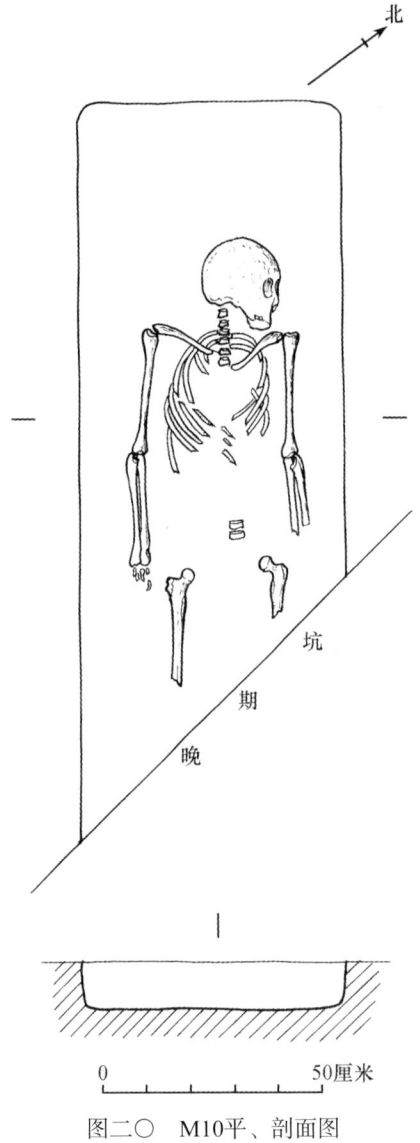

图二〇　M10平、剖面图

M16　位于TN08E05北侧，南侧被M17打破。方向225°。修墓前，先挖一平面呈长方形的竖穴土圹，开口距现地表深约1.3米，长1.93、残宽0.64、残深0.32米。椁室平面呈梯形，长1.48、最宽0.4、最窄0.3、残高0.16米。木棺已腐朽，人骨不存。出土买地券1方（图二四）。

M17　位于TN08E05北侧，北侧打破M16。方向225°。修墓前，先挖一平面呈长方形的竖穴土圹，开口距现地表深约1.3米，长1.7、残宽0.71、残深0.35米。椁室平面呈梯

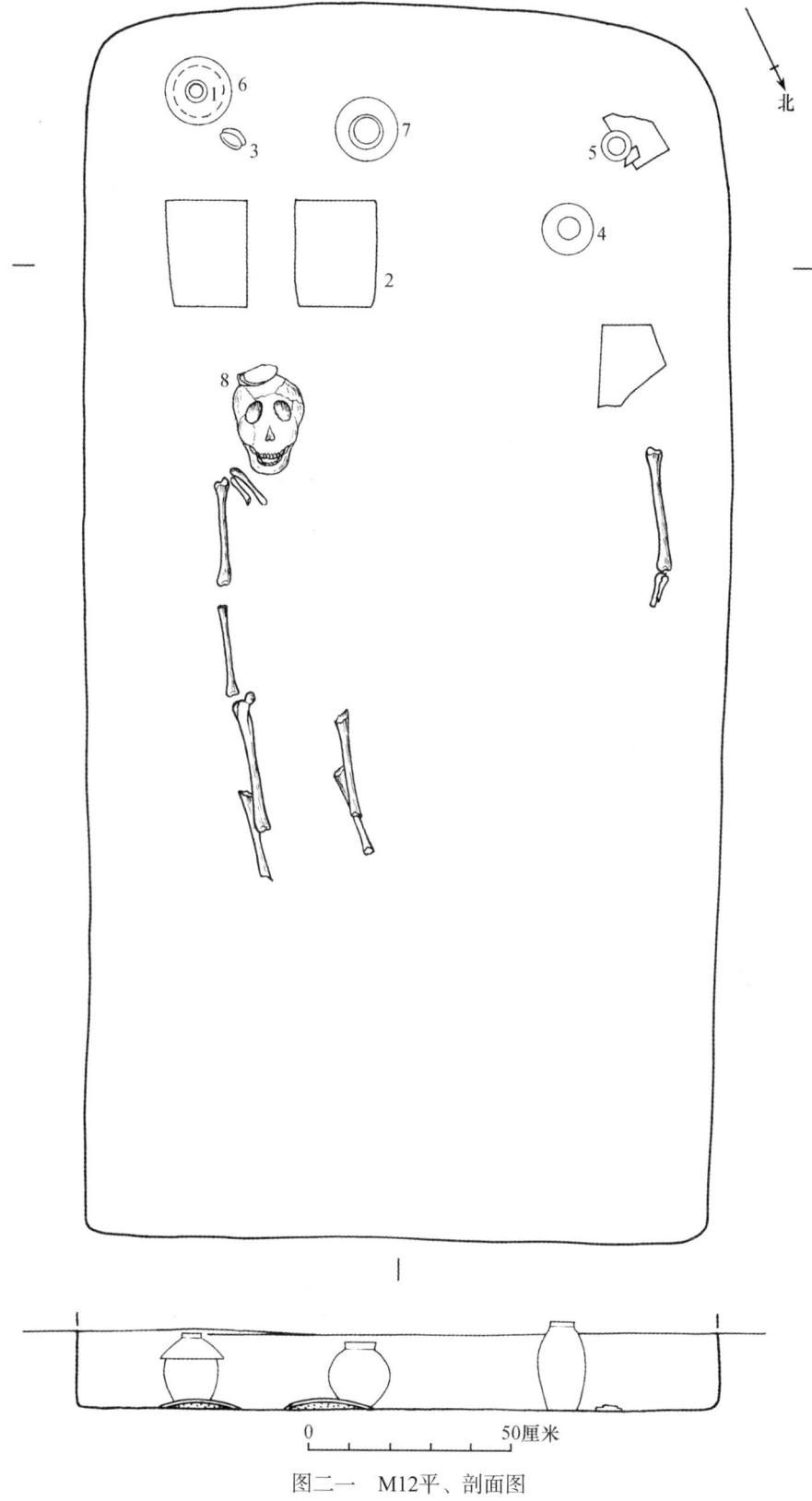

图二一　M12平、剖面图
1.瓷碗　2.板瓦　3、5.瓷器盖　4.瓷谷仓罐　6、7.瓷罐　8.铜钗

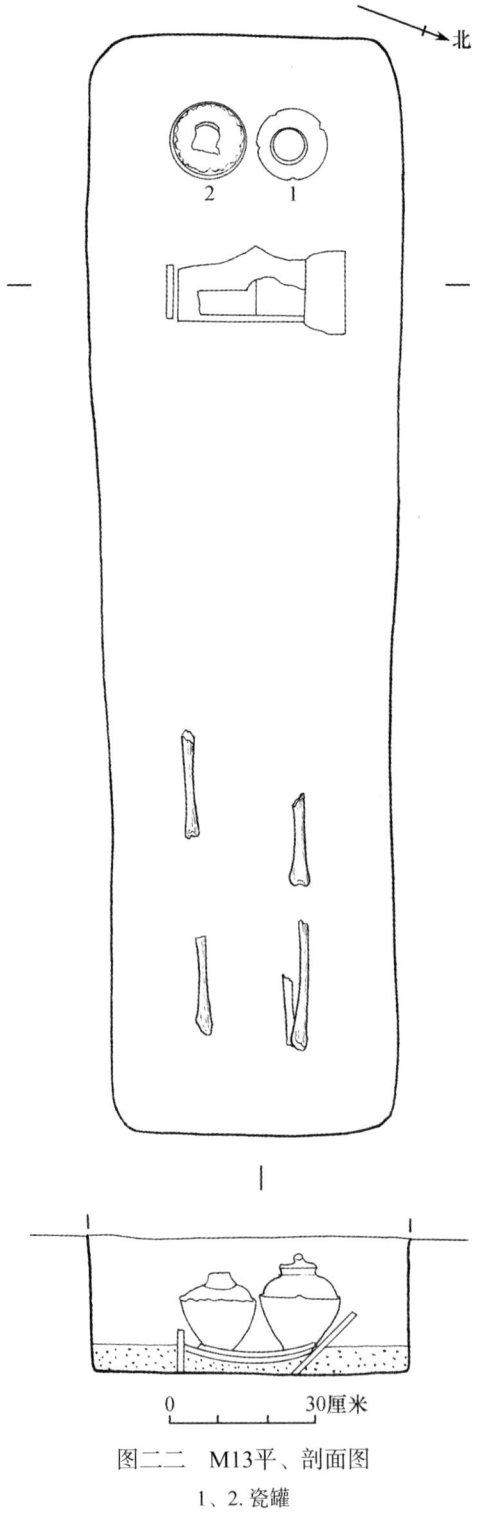

图二二　M13平、剖面图
1、2. 瓷罐

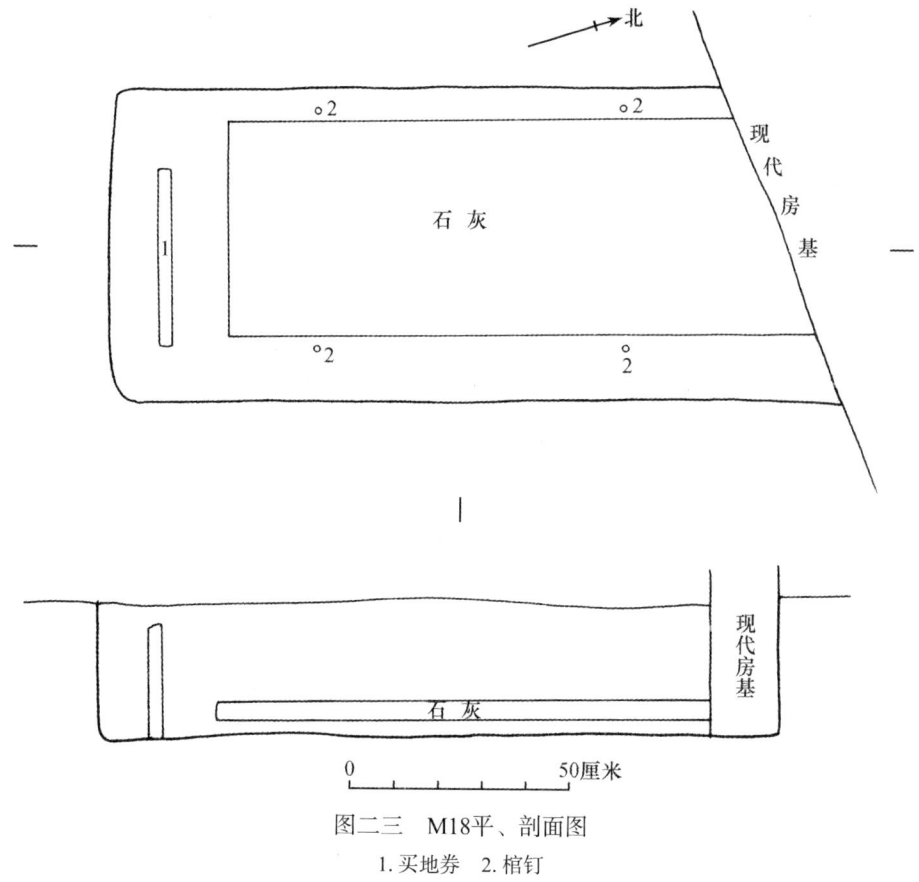

图二三 M18平、剖面图
1.买地券 2.棺钉

形,长1.28、最宽0.51、最窄0.41、残高0.22米。墓室西侧有头龛,长0.2、宽0.1米。木棺已腐朽,人骨不存。随葬品被盗,出土买地券1方(图二四)。

(二)出土器物

土坑墓出土器物有瓷器、铜器、墓券等。此外,在晚期地层中还采集到一些墓葬中的随葬品,有瓷罐、瓷碗、陶盏等,与土坑墓中随葬品物相同。

1. 瓷器

数量较多,器形有谷仓罐、高领罐、器盖、碗等。器身均轮制。

谷仓罐 16件。依据装饰的不同,分为三型。

A型 5件。龙纹罐。M6:1,黑胎,器表除足部外皆施酱釉,有流釉现象。敛口,方唇,折肩微弧,腹部微鼓,下腹略内收,圈足。肩部堆塑单龙戏珠纹饰。口径6、足径7.5、高15.5厘米。M6:2,黑胎,器表除足部外皆施酱釉,有流釉现象。敛口,方唇,折肩微弧,腹部微鼓,下腹略内收,圈足。肩部堆塑单龙戏珠纹饰。口径

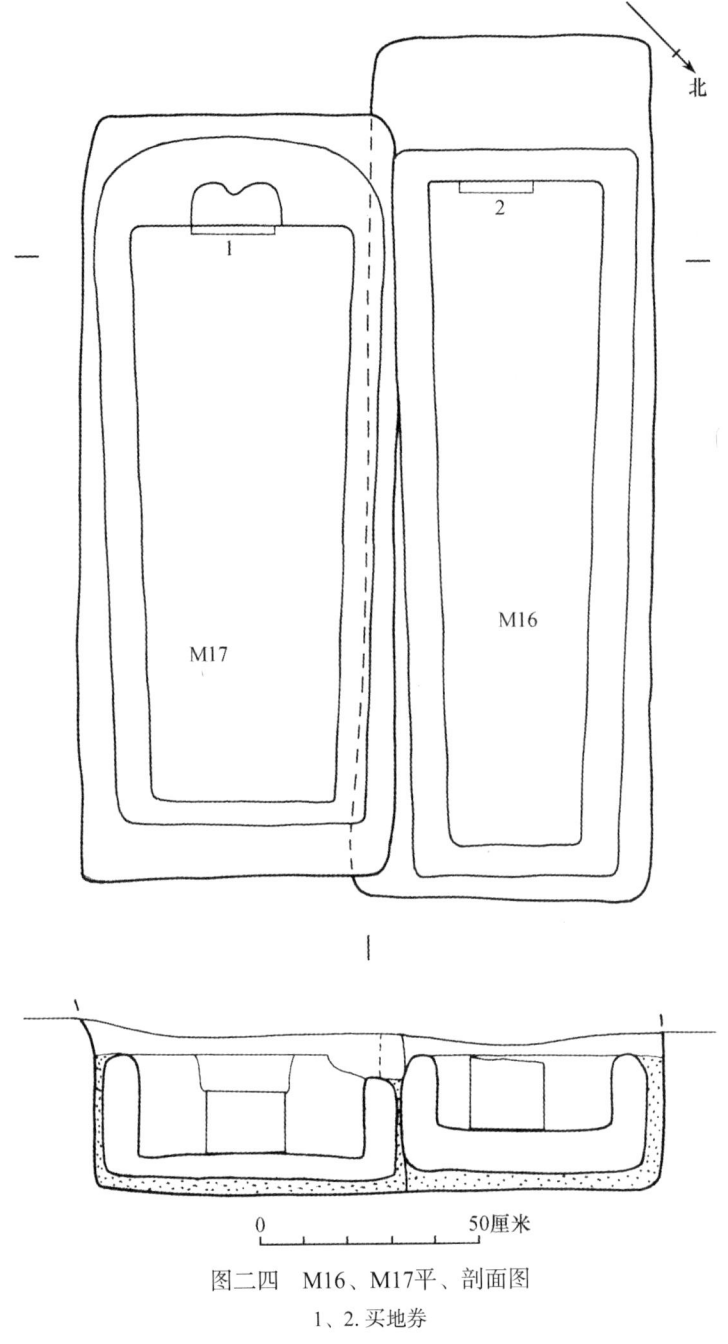

图二四　M16、M17平、剖面图
1、2. 买地券

6.9、足径7.3、高15.6厘米。器盖呈盏状。口径7.5、底径4.4、高2厘米（图二五，5）。采集：4，灰红色胎，器表除足部外皆施黑釉，有流釉现象。敛口，圆唇，折肩，下腹略内收，圈足。肩部堆塑单龙戏珠纹饰。口径6.5、足径8.7、高20厘米（图二五，1）。采集：9，红胎，器表除足部外皆施酱釉，有流釉现象。敛口，圆唇，折肩，下腹略内收，圈足。肩部堆塑单龙戏珠纹饰。口径5.8、足径8.4、高15.6厘米（图二五，2）。采

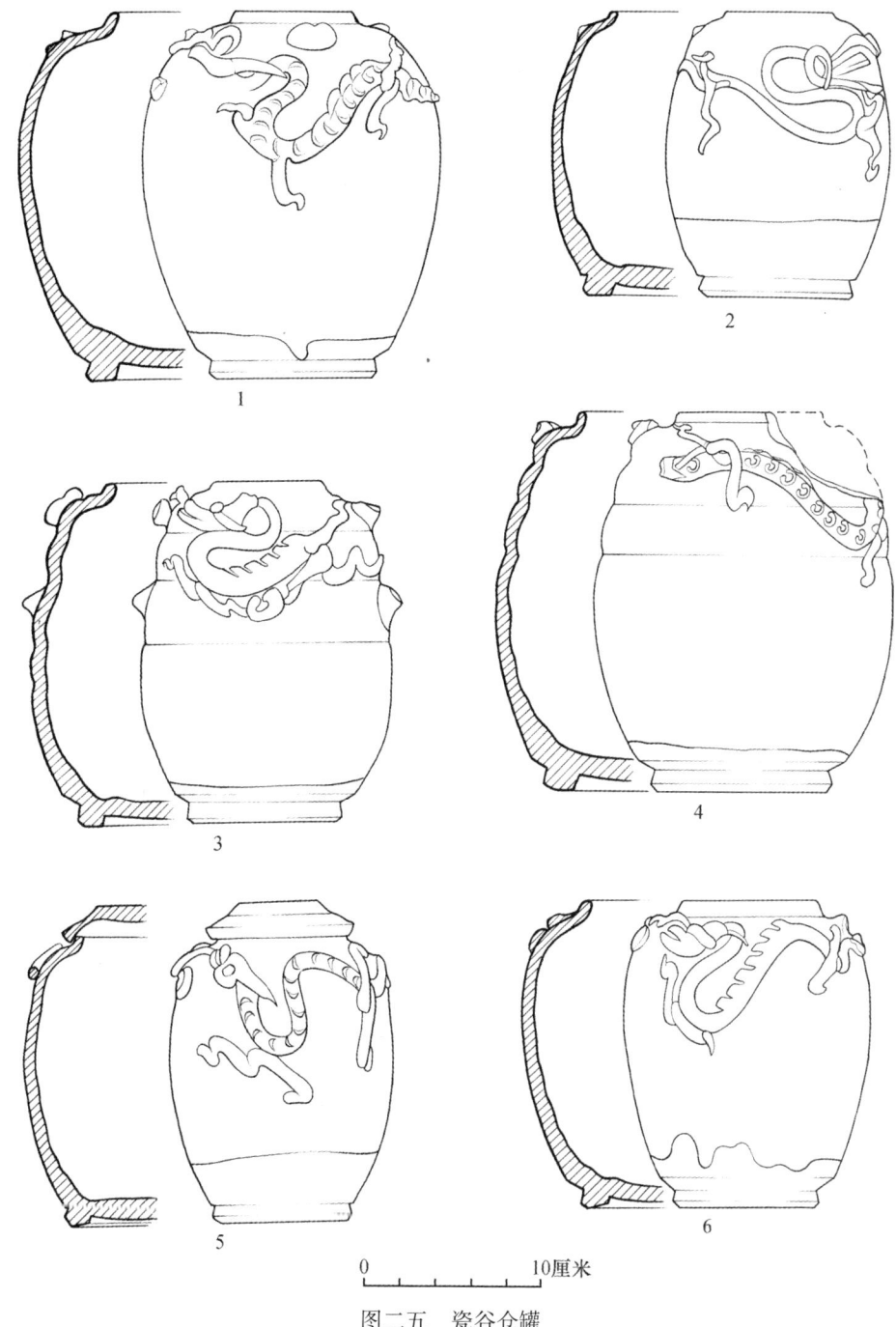

图二五 瓷谷仓罐

1、2、5、6. A型（采集：4、采集：9、M6：2、采集：10） 3、4. C型（采集：11、采集：5）

集：10，红胎，器表除足部外皆施酱釉，有流釉现象。敛口，圆唇，折肩，下腹略内收，圈足。肩部堆塑单龙戏珠纹饰。口径7.5、足径7.6、高16.5厘米（图二五，6）。

B型 9件。器表装饰脊状凸起。依据脊状凸起的多少，分为二亚型。

Ba型 4件。脊状凸起饰肩部，有3个或6个。M3:1，红褐色胎，器表除足部外施酱釉。敛口，圆唇，溜肩，弧腹微鼓，圈足。肩部饰脊状凸起3个。口径5.4、足径7.9、高20.2厘米。器盖呈盏状。口径6.7、底径3.9、高1.8厘米（图二六，3）。M5:1，红褐色胎，底部及足部施灰白色化妆土，器表施酱釉。敛口，圆唇，溜肩，弧腹微鼓，圈足。肩部饰脊状凸起6个。口径5.5、足径7.4、高19.2厘米（图二六，1）。M4:1，灰胎，器表施黑釉。肩部以上残，腹微鼓，圈足。足径6.6、残高17.6厘米（图二六，

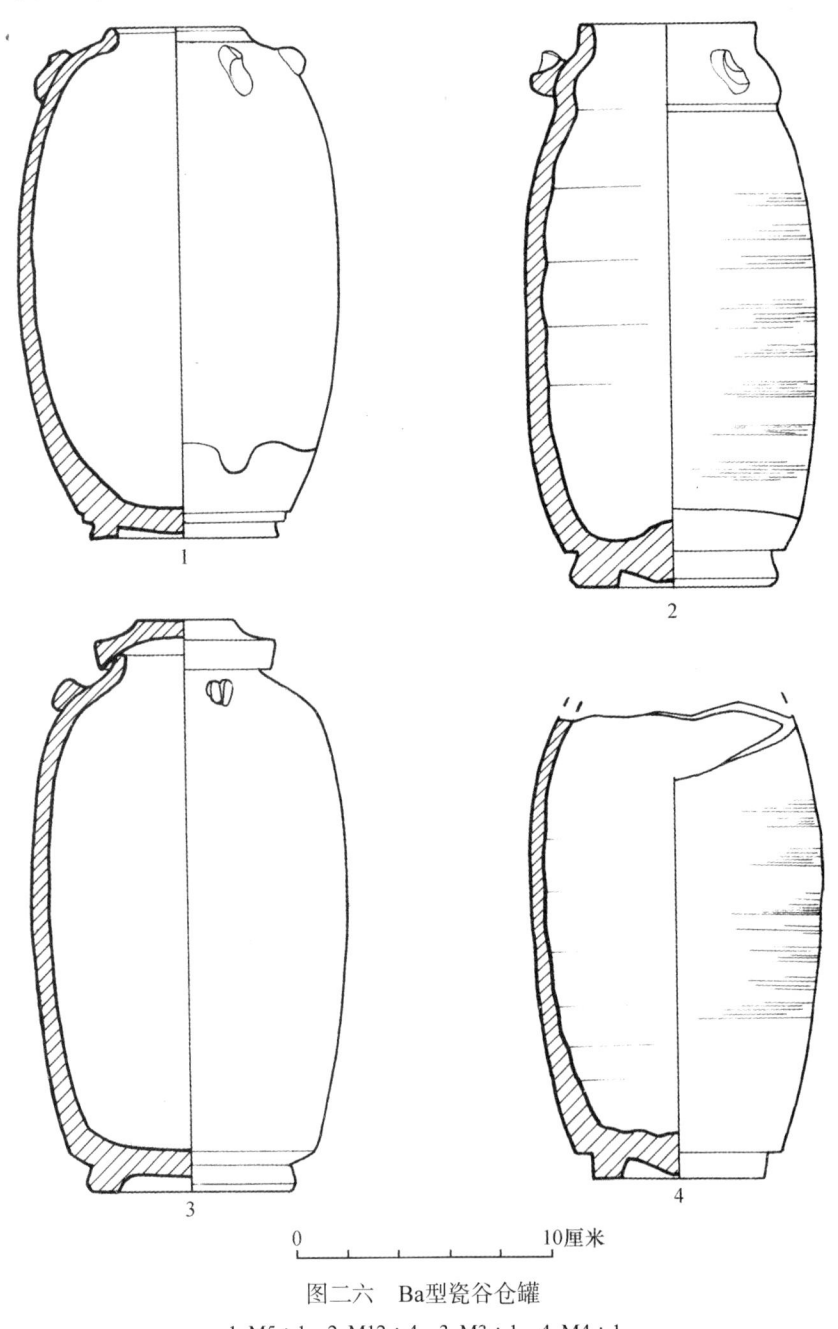

图二六 Ba型瓷谷仓罐

1. M5:1 2. M12:4 3. M3:1 4. M4:1

4）。M12：4，红褐色胎，器表除足部外施酱釉。敛口，圆方唇，溜肩，弧腹微鼓，圈足。肩部内束一圈，饰脊状凸起3个。口径7、足径7.6、高21.2厘米（图二六，2）。

Bb型 5件。肩部以下部等距离内束三至四圈，器表自上而下均匀分布脊状凸起。M5：2，红褐色胎，底部外壁施灰白色化妆土，器表施酱釉。敛口，圆唇，溜肩，弧腹微鼓，腹下部斜弧内收，最大径在下腹部，圈足。肩部另有一组3个圆点状堆塑。口径5.6、足径7.4、高19厘米（图二七）。M3：2，红褐色胎，底部外壁施灰白色化妆土，器表施酱釉。敛口，圆唇，溜肩，弧腹微鼓，腹下部斜弧内收，最大径在下腹部，圈足。口径5.6、足径7.2、高20.6厘米。器盖呈宝塔状，施酱釉。直径7.2、高3.2厘米（图二八，3）。M4：2，红褐色胎，底部外壁施灰白色化妆土，器表施黑釉，局部釉脱落。敛口，圆唇，溜肩，弧腹微鼓，腹下部斜弧内收，最大径在下腹部，圈足。口径5、足径7、高20.3厘米（图二八，4）。采集：6，器表除足部外未施釉，器表施黑釉，局部釉脱落，有流釉现象。敛口，圆唇，折肩，下腹略内收，圈足。口径6.2、足径9、高17.5厘米（图二八，2）。采集：8，器表除足部外未施釉，器表施黑釉，局部釉脱落，有流釉现象。敛口，圆唇，折肩，下腹略内收，圈足。口径6.8、足径9、高17.5厘米（图二八，1）。

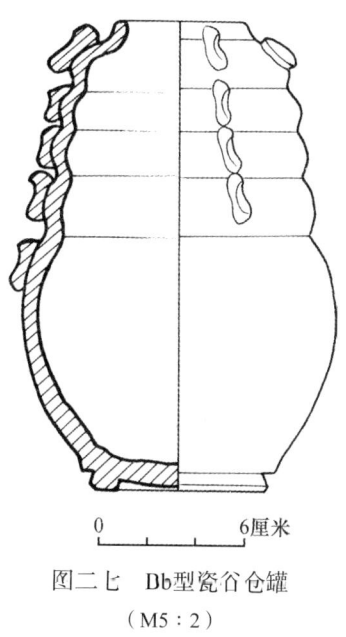

图二七 Bb型瓷谷仓罐
（M5：2）

C型 2件。肩部以下部等距离内束三圈，器表自上而下均匀分布脊状凸起，肩部堆塑龙纹。采集：5，灰红色胎，器表除足部外皆施酱釉，有流釉现象。敛口，圆唇，溜肩，下腹略内收，最大径在腹部，圈足。肩部堆塑单龙戏珠纹饰。口径8.2、足径9.6、高21厘米（图二五，4）。采集：11，灰红色胎，器表除足部外皆施酱釉，有流釉现象。敛口，圆唇，溜肩，下腹略内收，最大径在下腹部，圈足。肩部堆塑单龙戏珠纹

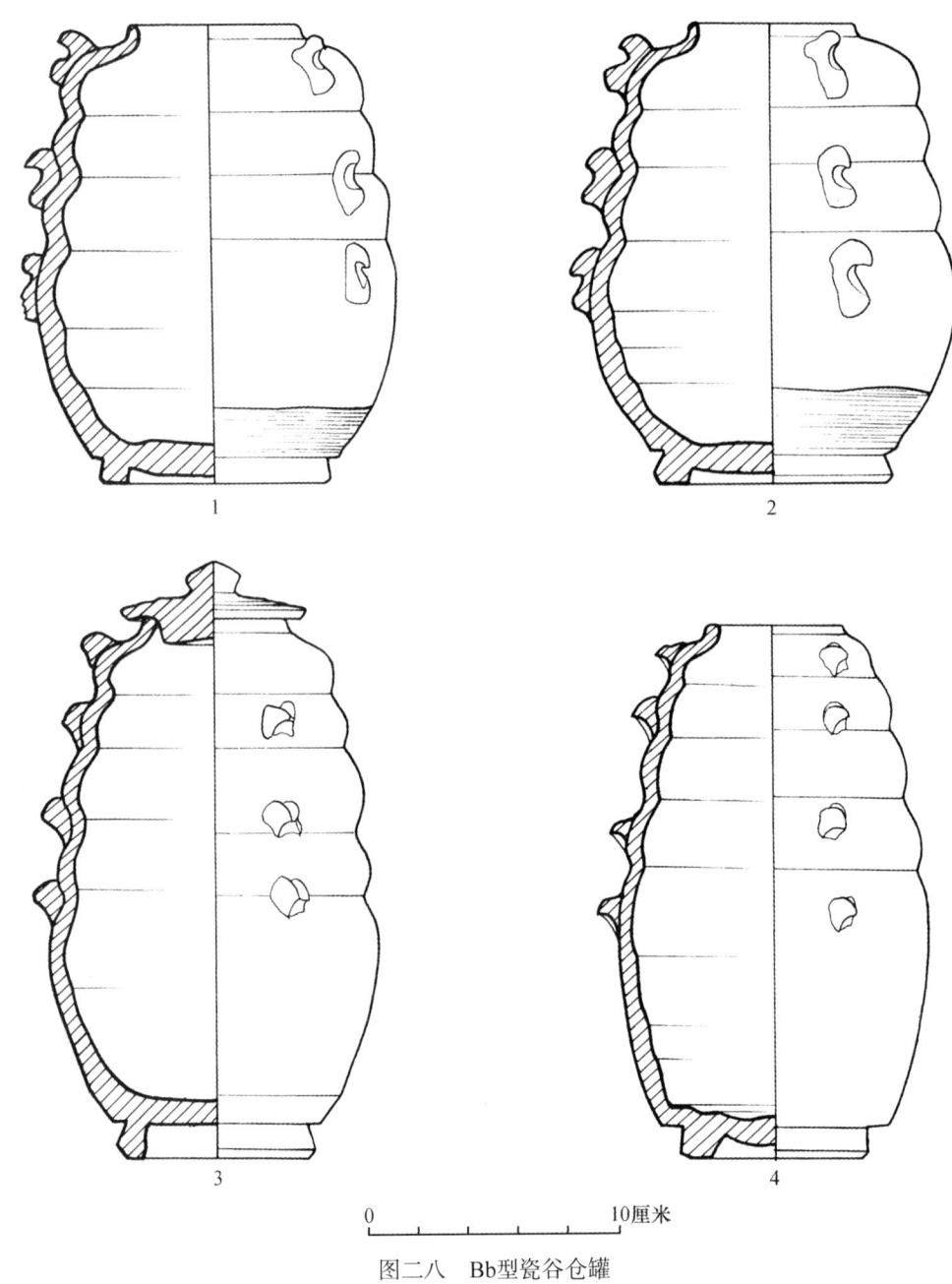

图二八　Bb型瓷谷仓罐
1. 采集：8　2. 采集：6　3. M3：2　4. M4：2

饰。口径6、足径8.2、高18.6厘米（图二五，3）。

高领罐　4件。依据肩部有无装饰，分为二型。

A型　2件。肩部无装饰。M12：6，红胎，腹部以上施灰白色化妆土，上施酱釉，釉脱落，有流釉现象。敛口，圆唇，溜肩，圆腹，腹下部斜直内收，平底略内凹。口径8.2、底径6、高16厘米（图二九，2）。M12：7，红胎，腹部以上施灰白化妆土，上施

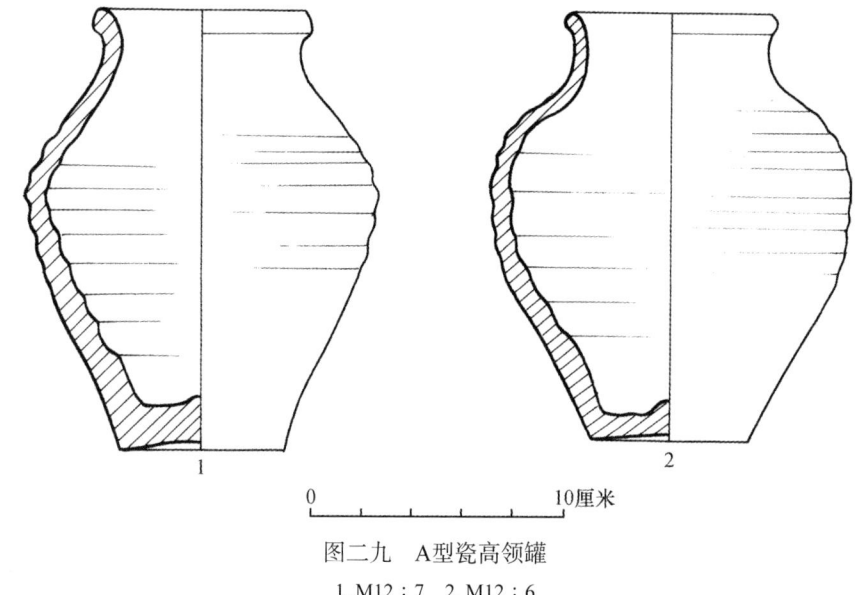

图二九　A型瓷高领罐
1. M12：7　2. M12：6

酱釉，釉脱落，有流釉现象。敛口，方唇，溜肩，圆腹，肩部及腹部有凸棱，腹下部斜弧内收，平底略内凹。口径8.4、底径6.5、高15.8厘米（图二九，1）。

B型　2件。肩部有凸棱花边装饰。M13：1，红胎，腹部以上施灰白色化妆土，上施酱釉，釉脱落，有流釉现象。近直口，圆唇，溜肩，圆腹，腹下部斜直内收，平底。口径8.2、底径8.4、高21厘米。器盖呈宝塔状，施灰黄色化妆土。直径8.8、高4.5厘米（图三〇，1）。M13：2，红胎，腹部以上施灰白色化妆土，上施酱釉，釉脱落，有流釉现象。敛口，口部略残，方唇，溜肩，圆腹，腹下部斜弧内收，平底内凹。口径8.3、底径8、高20.2厘米。器盖呈宝塔状，略残，施灰黄色化妆土，上施酱釉，釉脱落。直径8.4、高5.1厘米（图三〇，2）。

碗　4件。依据腹部特征，分为二型。

A型　1件。鼓腹。采集：1，灰胎，除圈足和内底外未施釉，其余皆施青釉。敞口微敛。口径15.5、足径5.2、高7.4厘米（图三一，3）。

B型　3件。斜直腹。采集：7，红胎，除圈足和内底未施釉外，其余皆施酱釉。敞口，圆唇，矮圈足。口径16、足径5.2、高5.4厘米（图三一，1）。M12：1，红褐色胎，除圈足和内底未施釉外，其余皆施酱釉。敞口，圆唇，圈足。口径15、足径5.2、高5.4厘米（图三一，2）。M4：3，红胎，除圈足和内底未施釉外，其余皆施酱釉。敞口，圆唇，矮圈足。口径15.7、足径6.4、高4.8厘米（图三一，4）。

器盖　4件。依据形制特征，分为二型。

A型　2件。呈宝塔状。M4：4，施酱釉。直径7.4、高3.4厘米（图三二，2）。M5：4，盖纽施酱釉，其余施化妆土。直径7.4、高3.6厘米（图三二，4）。

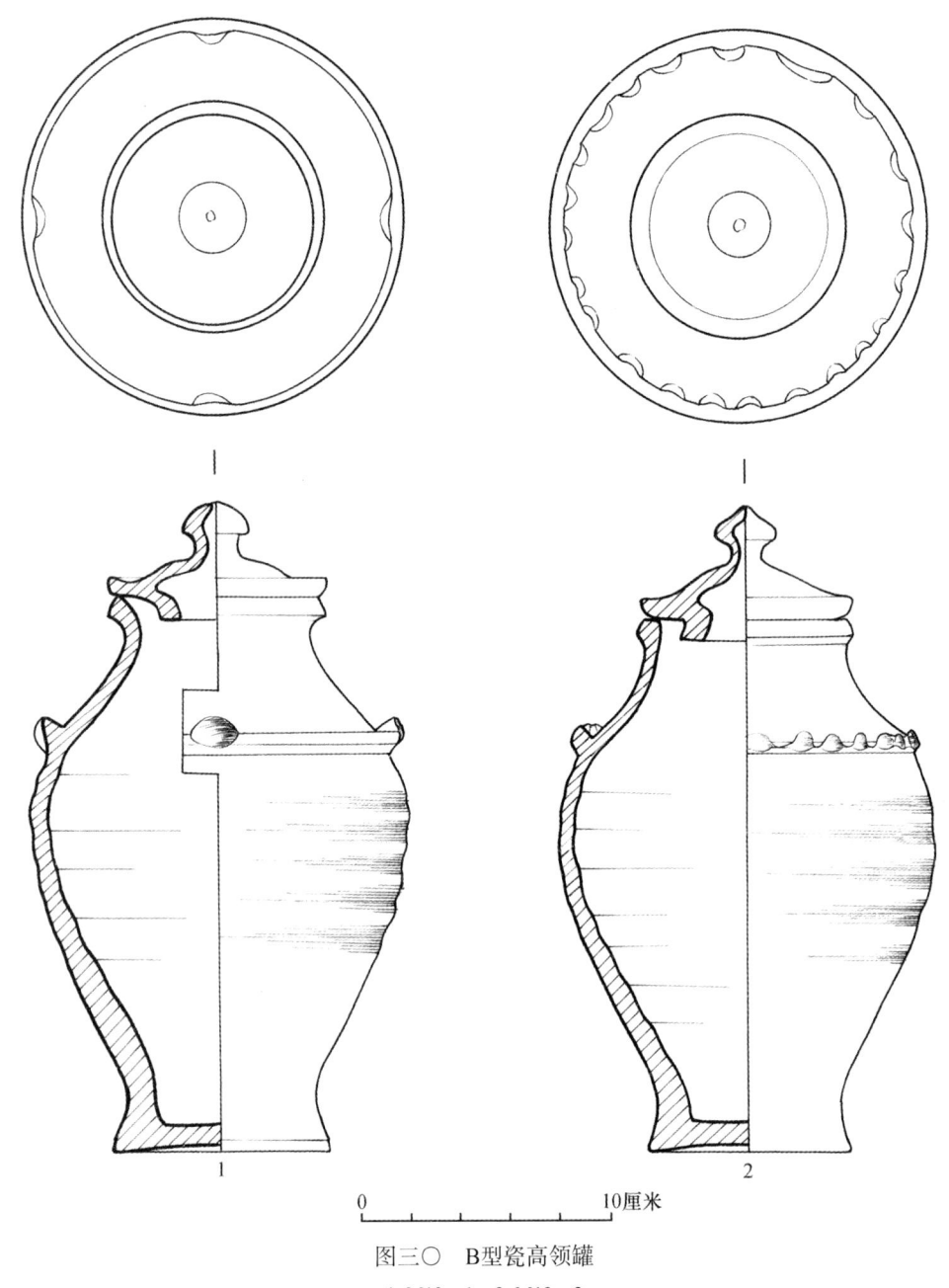

图三〇　B型瓷高领罐
1. M13∶1　2. M13∶2

B型　2件。呈盏状。M12∶3，红胎，酱釉。敞口，尖唇，浅腹，平底。口径6.8、底径3.8、高1.9厘米（图三二，1）。M12∶5，灰胎，酱釉。敞口，尖唇，浅腹，平底。口径6.4、底径3.5、高1.9厘米（图三二，3）。

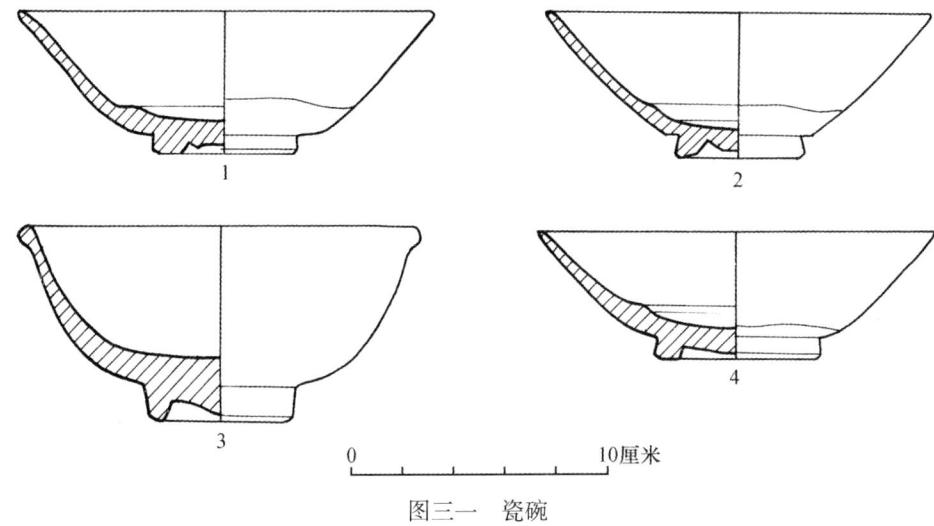

图三一 瓷碗
1、2、4.B型（采集：7、M12：1、M4：3） 3.A型（采集：1）

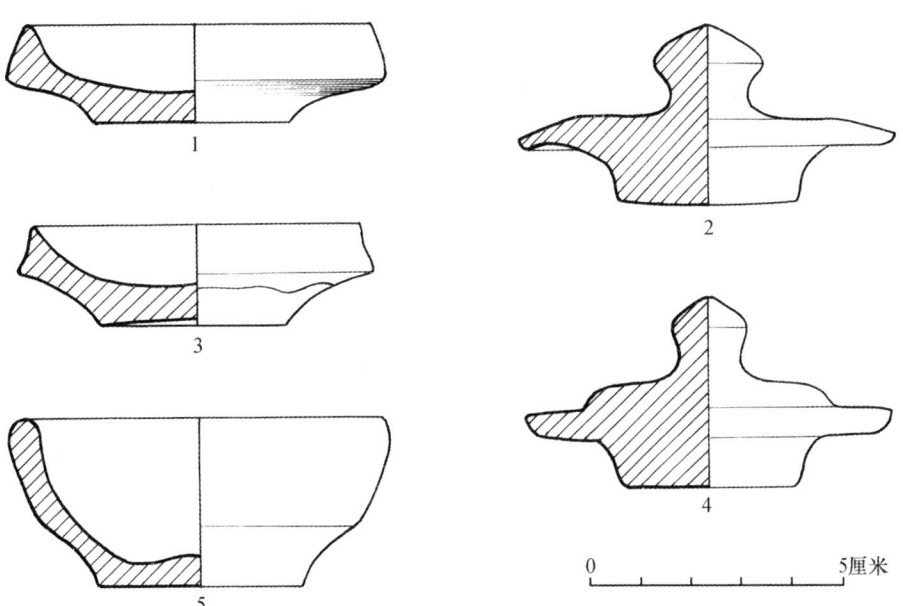

图三二 瓷器盖、陶盏
1、3.B型瓷盏（M12：3、M12：5） 2、4.A型瓷盏（M4：4、M5：4） 5.陶盏（采集：2）

2. 陶器

盏 1件。采集：2，灰胎。敞口，圆唇，斜直腹内收，饼足。口径7.1、底径4、高3.2厘米（图三二，5）。

3. 铜器

钗　1件。M12∶8，锈蚀严重。呈L形，头部弯曲。残长7.4厘米（图三三，1）。

簪　3件。M5∶3-1，剖面呈圆形。长13.5厘米（图三三，2）。M5∶3-2，剖面呈圆形。长13.5厘米（图三三，3）。M5∶3-3，无帽，剖面呈圆形。长11.6厘米（图三三，4）。

泡钉　2枚。均锈蚀严重。M12∶9-1，圆帽，长钉残损。残长4.9厘米（图三三，5）。M12∶9-2，圆帽，长钉残损。残长4.5厘米（图三三，6）。

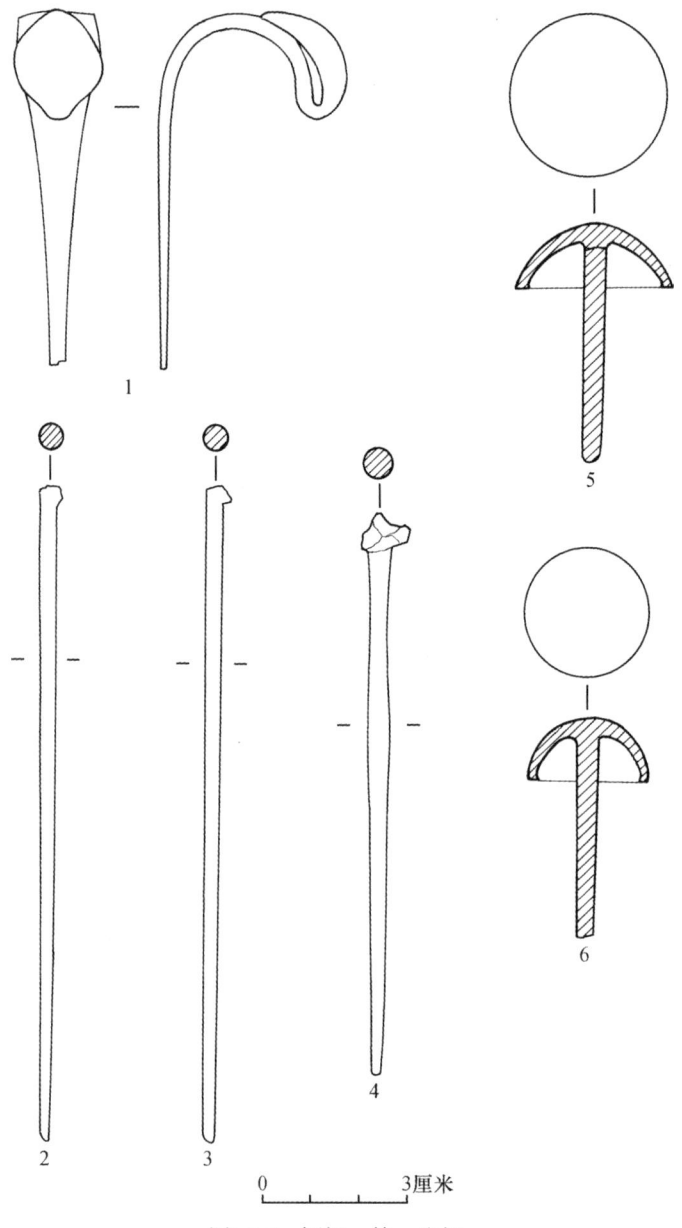

图三三　铜钗、簪、泡钉

1.钗（M12∶8）　2~4.簪（M5∶3-1、M5∶3-2、M5∶3-3）　5、6.泡钉（M12∶9-1、M12∶9-2）

4. 墓券

买地券3方，均为红砂石质。

M16∶1，残长19、宽34.4、厚1.8厘米。正面券文从右至左刻写，残存15行，字迹较为工整。券文如下（图三四，1）：

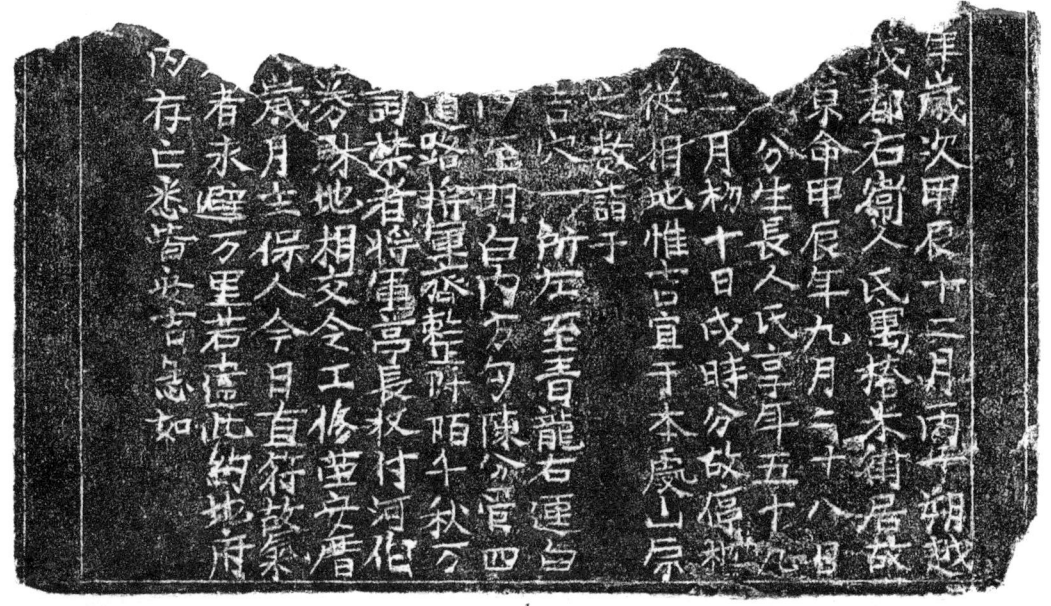

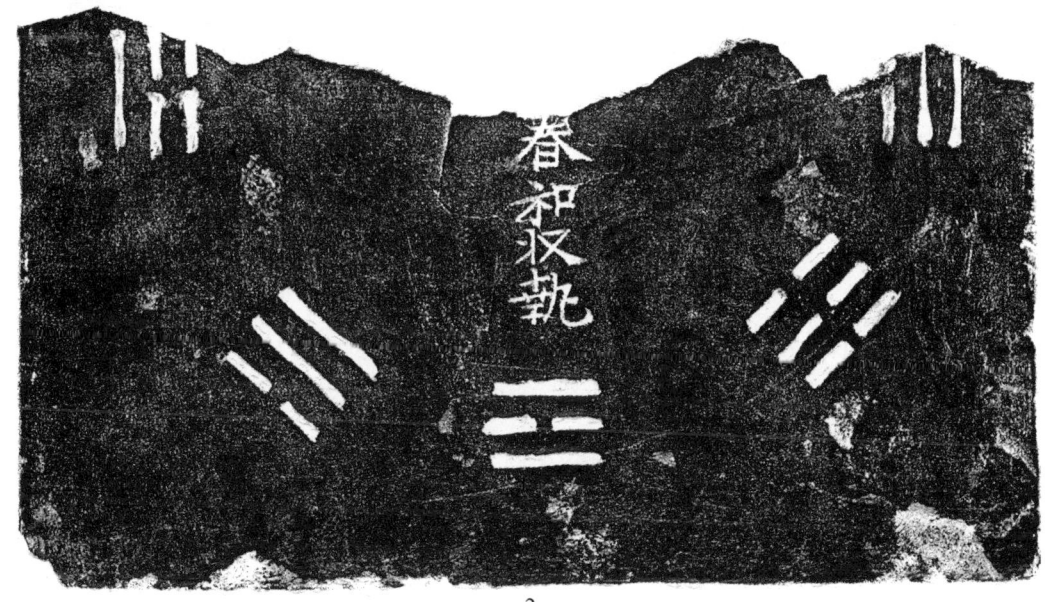

图三四　买地券
（M16∶1）
1. 正面　2. 背面

……年岁次甲辰十二月丙午朔越/……成都右卫人氏寓椿米街居故/……原命甲辰年九月二十八日/……分生长人氏享年五十九/……二月初十日戌时分故停柩/……从相地惟吉宜于本处山原/……之数诣于/……吉穴一所左至青龙右连白/……四至明白内方勾陈分管/……道路将军齐整阡陌千秋万/……诃禁者将军亭长权付河伯/……券财地相交令工修莹安厝/……岁月主保人今日直符故气/……者永避万里若违此约地府/……内存亡悉皆安吉急如/

背面刻八卦，中央残存四字："……春和权执"（图三四，2）。

M17：1，长38、宽37.6、厚1.7厘米。正面券文从左至右刻写，有边框，券顶部和左右两侧阴线刻卷云纹。券文共14行，字迹较为工整。券文如下（图三五）：

阴阳院□奉□/明故显妣陶氏己酉相正月初九日丑时系/布政司西正街生长享寿六十岁于/万历三十六年九月初十日戌时终令巫筮/□从具备冥钱九万九千

图三五　买地券正面
（M17：1）

贯九百九十文/凭见人张坚固□于/山家土府门下赎到坤山艮向安葬/亡妣陶氏正龟纳骨之地外鬼不敢占古/墓不相侵亡者受穴荫子生孙肋葬孝门/悉皆通吉一如/五帝主者/女青律令奉行谨券/右给付墓中亡妣□□□魂执照准此/万历三十六年十月十三日未时给/

券背面刻八卦，中央刻"穴"字，"穴"字左侧竖行刻"五星扶地脉"，右侧刻"八卦镇山川"（图三六）。

图三六　买地券背面
（M17∶1）

M18∶1，长28.5、宽38、厚1.5厘米。正面券文从右至左刻写，共22行，字迹工整。券文如下（图三七）：

维大明嘉靖十二年岁次癸巳十一月甲子朔越十一日巳酉据/成都仪卫司马

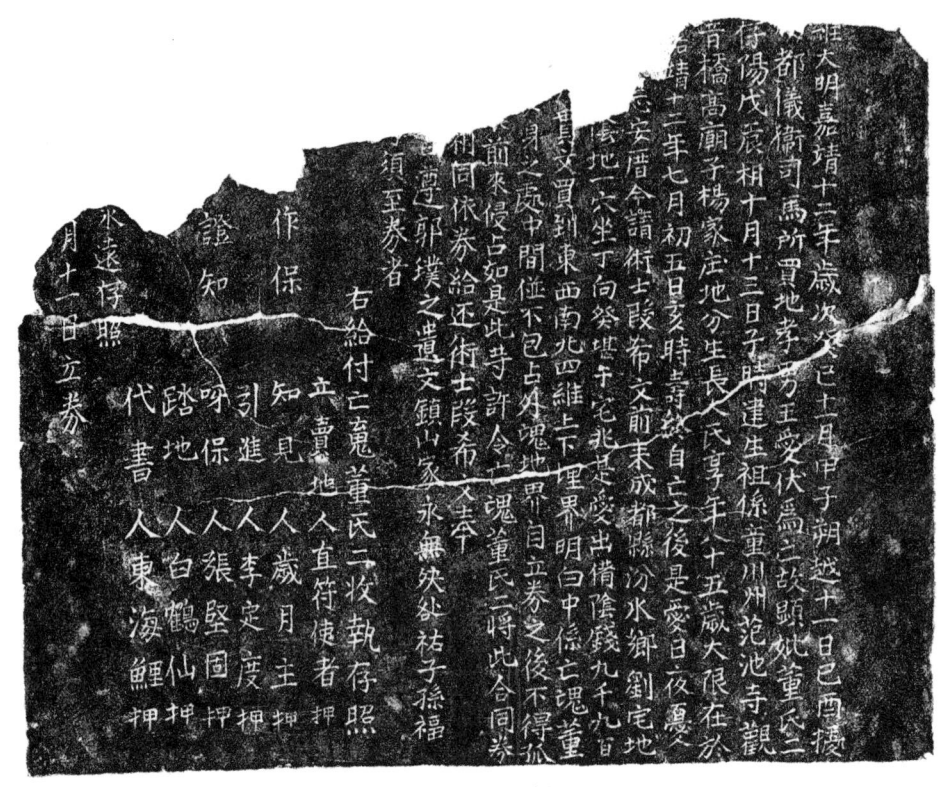

图三七　买地券正面
（M18∶1）

所买地孝男王爱伏为亡故显妣董氏二/存阳戊辰相十月十三日子时建生祖系童川州范池寺观/音桥高庙子杨家庄地分生长人氏享年八十五岁大限在于/嘉靖十二年七月初五日亥时寿终自亡之后是爱日夜忧/□□安厝今请术士段希文前来成都县汾水乡刘宅地/□□□阴地一穴坐丁向癸堪于宅兆是爱出备阴钱九千九百/九十九贯文买到东西南北四维上下埋界明白中系亡魂董/□□□身之处中间并不包占外魂地界自立券之后不得孤/□□□前来侵占如是此等许令亡魂董氏二将此合同券/……相同依券给还术士段希文奉/……遵郭璞之遗文锁山家永无殃咎祐子孙福/……须至券者/右给付亡魂董氏二枚执存照/立卖地人直符使者押/……作保知见人岁月主押/引进人李定度押/……证知呀保人张坚固押/踏地人白鹤仙押/代书人东海鲤押/……永远存照/……月十一日立券

券背面刻八卦，中央刻"券"字（图三八）。

图三八　买地券背面
（M18∶1）

三、年代判断

通锦路发现的这批墓葬后期破坏严重，带文字材料的买地券支离破碎，年代信息多已不存。只能通过出土随葬品对比其他地点墓葬出土器物，结合墓葬形制和残存的文字材料对墓葬年代作一个大致的推断。基于此，可将这批墓葬分为三期。

第一期：M1、M7、M9、M15、M19，均为形制较大的砖室墓。M1由于破坏严重，仅能从残存墙砖推测其平面可能为"凸"字形。墓底铺砖呈席纹，墙砖使用规范统一，两个侧面均有纹饰，无使用旧砖的行为，与成都化工厂隋墓出土B型砖[1]、武汉东湖岳家嘴隋墓模印花纹砖[2]完全一致。故M1的年代可能在隋代。M9、M19形制分别与成都西郊化成村JM16[3]、M2[4]接近，不同之处在于甬道和墓室间是否有高差。另外，在唐代初期，甬道底砖多砌成"人"字形，早期和中期流行斜铺，晚期以纵向平铺为主[5]。虽然无随葬品出土，结合《四川地区唐代砖室墓分期研究初论》[6]一文，M9、M19的年代当在唐代早中期。M7平面呈梯形，无甬道，出土A型碗与成都西郊外化成小区M2∶1[7]、邛崃固驿瓦窑山出土的Ⅳ式碗[8]、成都中医学院隋代地层出土碗（如QYTQ11②∶1）[9]、绵阳金峰白果林崖墓M2∶2[10]一致；出土瓷炉在成都中医学院隋代地层有所发现（如QYTQ11②：9）[11]，4枚钱币与同人民中路钱币窖藏发现的XV、XIV式钱币相同，为隋代五铢钱，因此，M7的年代当在隋代。M15受现代房基和晚期坑破坏，大致能看出平面形制呈长方形，与《四川地区唐代砖室墓分期研究初论》一文中A型Ⅰ式墓接近，出土B型瓷盏与成都中医学院隋代地层出土Ⅲ式盏（如QYTQ11②：1）[12]相近，故M15的时代应在唐代早期。

第二期：M2、M11、M14，均为小型砖室火葬墓，形制较小。M2、M11虽出土买地券，但年代信息丢失。M11、M14墓葬形制与三圣花乡M3[13]相近，均出土Ba型罐、A型盏。其中M14出土Bb型罐与海滨村M1[14]、绿水康城M33[15]双耳罐一致。A型盏M11：6与海滨村M1碗、"学府尚郡"M7盏[16]相似，M14：2与海滨村M4：9[17]相似。M11出土的A型四系罐与艾切斯工地M25出土A型罐[18]相似，B型碗与艾切斯工地M5出土Ab型Ⅱ式碗[19]相同，结合《四川地区宋代墓葬研究》[20]一文，M11、M14的年代应在北宋晚期，下限可能到南宋早期。M2为本次新发现的特殊墓葬，墓葬形制与南宋时期常见的小型火葬墓相似，墓室内用方砖砌成棺台，中部掏空安置骨灰罐，骨灰罐为敛口罐，在以往发现的墓葬、遗址中均未发现。虽有买地券出土，但年代信息丢失，M2的准确年代亦不能判定。

第三期，均为土坑墓，有M3~M6、M8、M10、M12、M13、M16~M18。土坑墓的年代为明代，但长期以来对这个阶段的中小型墓葬不重视，随葬品演变序列亦不了解。M16、M17、M18均出土有纪年材料，M17墓主下葬时间为1608年、M18为1533年，M16通过干支查询为1604年。M4出土Bb型谷仓罐与新津县老虎山M250出土B型谷仓罐[21]、万春镇明墓谷仓罐[22]一致，时代应在明代中期。M12、M13出土高领罐形制一致，肩部装饰有所差异，与包家梁子M59出土A型罐相似[23]。M12为合葬墓，两棺之间无明显的打破关系，可能为同时下葬，B型碗与双柏村明墓M8出土瓷碗[24]相似，故M12、M13的年代可能为明代中期。M6出土A型谷仓罐与老虎山M124出土谷仓罐相似，发掘者认为该类龙纹罐的墓葬为明代早中期[25]，故M6年代可能为明代早中期。其他墓葬由于出土物较少，无参考可循，故暂且将M3、M5的墓葬归为明代，待日后资料充足再讨论。M8、M10通过地层关系大致确定为明代。

综上所述，第一期墓葬的年代在隋至唐代早期，第二期墓葬年代在北宋晚期至南宋，第三期的年代为明代。

四、结　语

通锦路遗址清理墓葬数量不多，但墓葬类型较丰富，为研究历史时期墓葬提供了新的材料。墓葬时代延续时间长，但显示出明显的阶段性，一段为隋至初唐、一段为北宋至明清时期。该地地处古代成都城西北，是唐宋时期成都府城西北郊重要的墓葬区[26]。M11买地券提及本地属"延福乡"，近年来在周边区域发现的墓葬券文材料中多有发现，如抚琴小区金鱼村火葬墓M2、M3、M5、M9[27]，化成小区M5[28]等。至迟在北宋中晚期已有建置，沿袭至南宋。

值得注意的是，本次发掘区域南侧毗邻历史上著名的万佛寺遗址，出土遗物中也有少量佛教造像。万佛寺，南北朝时期为安浦寺，唐代称净众寺，唐末毁于会昌灭佛，至宣宗年间恢复，宋代更名为"净因寺"，南宋孝宗隆兴年间曾一度为交子务所在地，明代又有"净因寺"、"竹林寺"、"万佛寺"、"万福寺"等多个名称，至明末清初毁于战火。唐宋时期墓葬M2买地券有"净"、M11买地券有"净众"字样，说明该地极有可能与净众寺有关。净众寺香火旺盛，风景秀丽，自南北朝以来，即为统治者游览、布施和诗人歌咏、赞赏的场地，尤其深受唐五代士大夫的青睐[29]。隋唐五代是我国古代园林别墅建筑的重要发展阶段，很多官僚贵族都在自家或别墅区穿池堆山，树花置石。此时，寺院经济受到极大发展，寺院面积扩大，建筑增加。净众寺西侧在隋至初唐时期还作为墓葬区，初唐之后旋即平整，用以修建景观园林，用砖多为汉六朝时期的墓砖。北宋初年，四川地区连年战争致使寺院两遇兵火[30]，净众寺完全被破坏，重建后规模已不如从前，园林被填平重新作为墓葬区一直使用到明代。

从明代墓葬M16、M18出土买地券看，墓主人均与明代蜀王府的下属机构有关，其中M16墓主人为成都右卫人士，M18墓主人为成都仪卫司马人氏。

另外，M18出土明嘉靖十二年（1533年）买地券明确提到其葬地为"汾水乡"，此为研究明代成都行政区划的重要资料。按清《嘉庆成都县志》卷一《山川》："都江水在府西四里，一名粉水，以此水作粉，鲜洁于他处。"前述券文所谓"成都县汾水乡"疑即得名于"粉水"，"粉水"系位于成都县西，是都江堰之内江流经成都各段之不同称谓之一。明代"汾水乡"这一称谓除见于通锦路M18外，早年出土于成都老西门外营门口附近的明嘉靖二十九年（1550年）蜀王府门副江详买地券[31]、遗迹出土点不详的明正统十年（1445年）顾谅买地券[32]亦有所提及。综上所述，"汾水乡"作为明代成都县的乡一级行政区划，其管辖范围大致相当于今成都城区西北部的通锦路至营门口一带。

发掘及整理：李继超　李　平　张雪芬　易　立
　　　　　　江　滔
绘　　　图：李福秀
拓　　　片：严　彬
执　　　笔：江　滔　易　立

注　释

[1] 罗伟先：《成都化工厂隋墓清理简报》，《四川文物》1986年第4期。

[2] 武汉市文物管理处：《武汉东湖岳家嘴隋墓发掘简报》，《考古》1983年第9期。

[3] 成都市文物考古研究所、成都市文物考古工作队：《四川成都市西郊化成村唐墓的清理》，《考古》2000年第3期。

[4] 成都市文物考古研究所、成都市文物考古工作队：《四川成都市西郊化成村唐墓的清理》，《考古》2000年第3期。

[5] 成都市文物考古研究所、成都市文物考古工作队：《四川成都市西郊化成村唐墓的清理》，《考古》2000年第3期。

[6] 刘雨茂、朱章义：《四川地区唐代砖室墓分期研究初论》，《四川文物》1999年第3期。

[7] 程远福：《成都市西郊外化成小区唐宋墓葬的清理》，《考古》2005年第10期。

[8] 四川省文物管理委员会、四川省文物考古研究所、四川省邛崃县文物管理所：《四川邛崃县固驿瓦窑山古瓷窑遗址发掘简报》，《南方民族考古》（第三辑），四川科学技术出版社，1991年，第348页。

[9] 四川省文管会、成都市文管处：《成都青羊宫窑址发掘简报》，《四川古陶瓷研究》（二），四川省社会科学出版社，1984年，第141页。

[10] 绵阳博物馆、成都文物考古研究所：《绵阳崖墓》，文物出版社，2015年，第334页。

[11] 四川省文管会、成都市文管处：《成都青羊宫窑址发掘简报》，《四川古陶瓷研究》（二），四川省社会科学出版社，1984年，第139页。

[12] 四川省文管会、成都市文管处：《成都青羊宫窑址发掘简报》，《四川古陶瓷研究》（二），四川省社会科学出版社，1984年，第141页。

[13] 成都市文物考古工作队：《成都市成华区三圣乡花果村宋墓发掘简报》，《成都考古发现》（2001），科学出版社，2003年，第206、208页。

[14] 成都市文物考古研究所：《成都市青龙乡海滨村墓葬发掘简报》，《成都考古发现》（2003），科学出版社，2005年，第291页。

[15] 成都市文物考古研究所、双流县文物管理所：《成都市双流县华阳镇绿水康城小区发现一批砖室墓》，《成都考古发现》（2003），科学出版社，2005年，第362页。

[16] 成都市文物考古研究所、温江区文物保护管理所：《成都温江区"学府尚郡"工地五代至宋代墓葬发掘简报》，《成都考古发现》（2006），科学出版社，2008年，第314页。

[17] 成都市文物考古研究所：《成都市青龙乡海滨村墓葬发掘简报》，《成都考古发现》（2003），科学出版社，2005年，第292页。

[18] 成都市文物考古研究所、青白江区文物保护管理所：《成都青白江区艾切斯工地唐、宋墓葬发掘简报》，《成都考古发现》（2006），科学出版社，2008年，第249页。

[19] 成都市文物考古研究所、青白江区文物保护管理所：《成都青白江区艾切斯工地唐、宋墓葬发掘简报》，《成都考古发现》（2006），科学出版社，2008年，第241页。

[20] 陈云洪：《四川地区宋代墓葬研究》，《南方民族考古》（第七辑），科学出版社，2011年。
[21] 成都文物考古研究所、新津县文物管理所：《新津县老虎山宋明墓葬发掘简报》，《成都考古发现》（2013），科学出版社，2015年。
[22] 成都文物考古研究所、温江区文物保护管理所：《成都市温江区万春镇明墓发掘简报》，《成都考古发现》（2005），科学出版社，2007年。
[23] 成都文物考古研究所、青白江区文物保护管理所：《成都市青白江包家梁子宋明墓葬发掘简报》，《成都考古发现》（2010），科学出版社，2012年。
[24] 成都文物考古研究所：《成都市高新西区双柏村宋、明墓发掘简报》，《成都考古发现》（2013），科学出版社，2015年。
[25] 成都文物考古研究所、新津县文物管理所：《新津县老虎山宋明墓葬发掘简报》，《成都考古发现》（2013），科学出版社，2015年。
[26] 易立：《唐宋时期成都府辖县乡、里考》，《成都考古研究》（二），科学出版社，2013年，第429页。
[27] 成都市文物考古工作队：《四川成都市西郊金鱼村南宋砖室火葬墓》，《考古》1997年第10期。
[28] 成都市文物考古研究所：《成都市外化成小区南宋墓发掘简报》，《成都考古发现》（1999），科学出版社，2001年。
[29] 刘志远、刘廷壁编：《成都万佛寺石刻艺术》，中国古典艺术出版社，1958年，第2页。
[30] （宋）黄休复：《益州名画录》，《画史丛书》，上海人民美术出版社，1963年，第四册，第1页。
[31] 刘致远：《成都三座坟明墓第一次清理报告》，《成都文物》1988年第2期。
[32] 成都文物考古研究所、成都博物院：《成都出土历代墓铭券文图录综释》，文物出版社，2012年，第561~564页。

成都市金牛区任家碾墓地M4发掘简报

成都文物考古研究院

任家碾墓地位于成都市金牛区金泉街道互助社区（图一），为配合市政建设，成都文物考古研究院于2016年7~8月对墓地进行了勘探和发掘，共发掘砖室墓4座（编号为2016CJRM1~2016CJRM4，以下简写为M1~M4），其中M1~M3保存极差，形制已不完整，仅M4保存较好，随葬品较为丰富。现将M4报道如下。

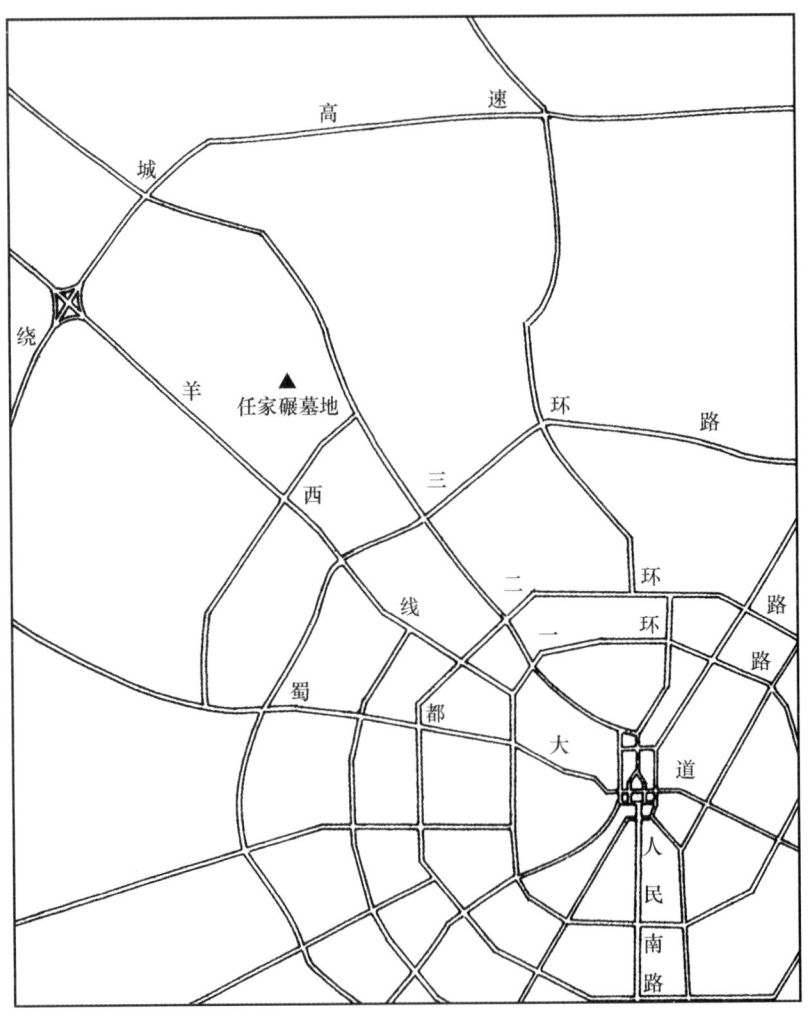

图一 墓地位置示意图

一、墓葬形制

M4开口距地表约0.85米，打破生土，顶部有盗洞痕迹。长方形双室券顶砖室墓，方向为20°。墓室南北长3.4、东西宽2.98米，两室共用一道封门墙，两室有各自的隔墙，并通过一个壁龛连通，说明两室极有可能为同时修建。墓室用砖之间时有缝隙，故在壁砖和券顶砖之间多嵌以破碎的瓷片，以支撑加固。东西两室形制结构基本一致，都由封门墙、墓室、棺台、壁龛和后龛等几部分组成（图二）。以下对各部分简要介绍。

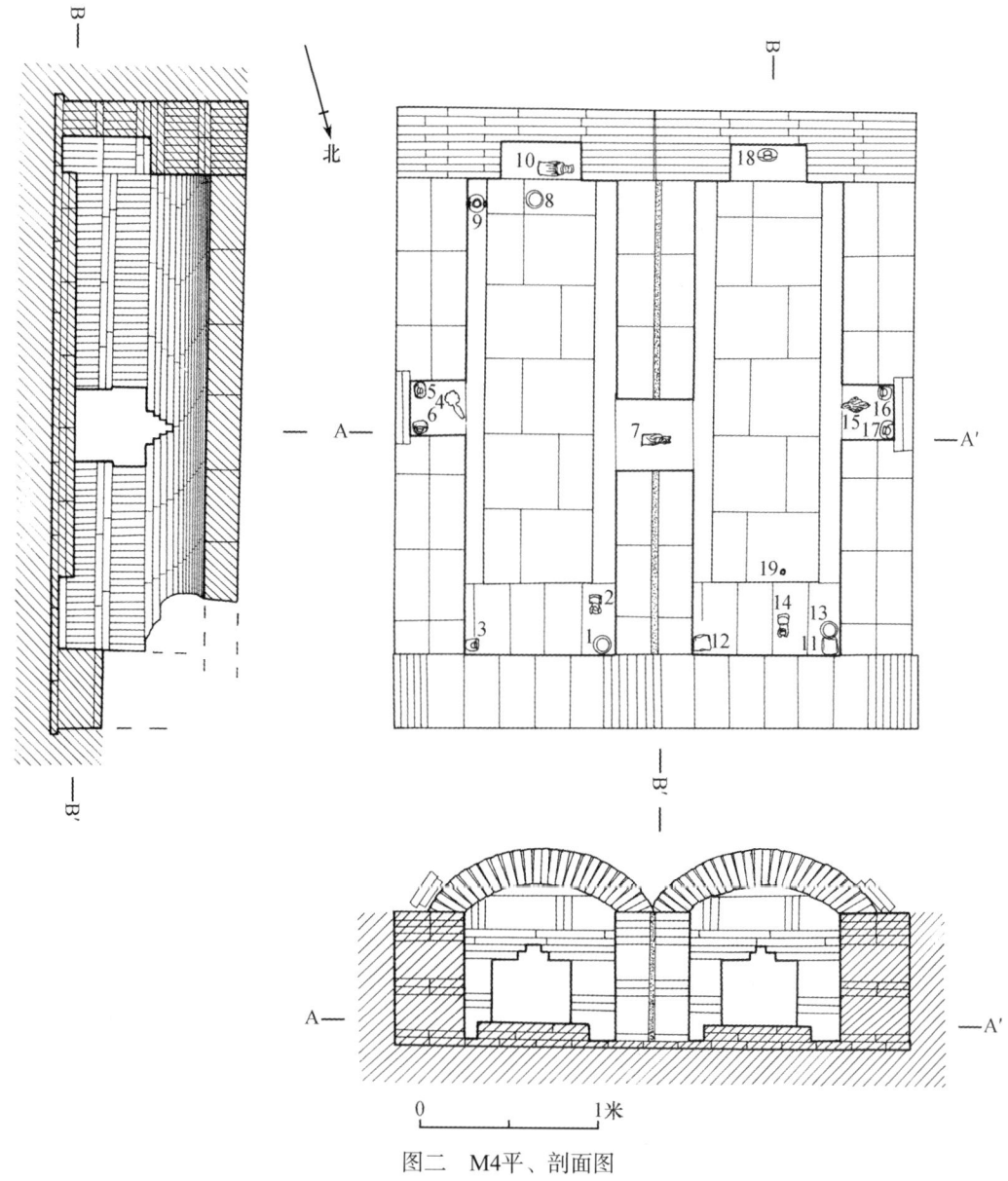

图二　M4平、剖面图
1、13.瓷盏　2、14.陶匍匐俑　3.陶女侍俑　4.铜镜　5、6、16、17.陶文俑　7.陶狗　8.瓷碗　9.瓷双耳罐　10.陶神怪俑　11、12.陶武士俑　15.陶鸡　18.陶人像　19.铜钱

封门墙，用长方形素面青砖一横一丁依次砌成，上部被破坏。残高0.24、宽2.98、厚0.44米。

墓室，东西两室尺寸一致，长2.61、宽0.85、高1.09米。两侧壁砖为一横一丁砌成，至0.54米高后开始起券，最后横铺顺砌成众联式券顶，券顶为单层。券顶所用砖与墓壁相同，只是在中间缝隙中插入大量破碎瓷片来固定。

棺台，两室中间设置有棺台，置于墓葬铺地砖之上，由两层方形砖平铺而成，长2.2、宽0.6、高0.11米。棺台与墓室后壁相接，东西两侧与墓壁之间形成放置器物的沟槽，宽0.12米。

壁龛，共3个，西室西壁和东室东壁中部各一个，两室中间一个连通。其中东西壁上两壁龛为空置两块砖在内侧丁砌两块砖而成，龛开口宽0.3、进深0.3、高0.56米；连通两室的壁龛为空置两块砖而成，龛开口宽0.4、进深0.43、高0.56米。壁龛均为叠涩顶。

后龛，共2个，东、西两室各一个。位于墓室后部，为叠涩顶。两室尺寸相同，宽0.45、进深0.21、高0.43米。

M4用砖皆为素面青砖，有两种规格：一种为42×42-4厘米，主要用于棺台铺地；另一种为40×20-4厘米，用于修建墓室和券顶。

棺椁及人骨皆已腐朽不存，故棺椁情况和死者葬式不明。

二、随 葬 品

随葬品包括陶器、瓷器和铜器三类。

1. 陶器

出土陶器均为陶俑，种类包括武士俑、文俑、侍俑、匍匐俑、神怪俑、鸡、狗、人像。俑皆为泥质灰陶，表面施有绿色和米黄色釉。俑中部皆为空心，质地较硬，火候较高。

武士俑 2件，均出土于西室。均仅存腿裙下部，腿裙截面略呈圆形。M4：11，直径13.7、残高16.2厘米（图三）。M4：12，直径13.8、残高16.6厘米（图四）。

文俑 4件，东、西两室壁龛各2件。形制较为接近。头戴幞头，面部丰满，双目圆睁，正视前方。身穿直领圆襟宽袖长袍，衣袍垂地，背部束有一宽带。双手合拢于胸前，手上挂有一长巾，垂至膝前。靴尖外露，双脚分立。M4：5，宽8.3、高22.8厘米（图五，1；图版二四，1）。M4：6，宽7.2、高24.3厘米（图五，2；图版二四，2）。M4：16，宽7.8、高23.8厘米（图六，1）。M4：17，宽6.8、高24.4厘米（图六，2）。

女侍俑 1件。M4：3，出土于东室。头挽发髻，面部较为丰满，两眼正视前方，神态自然。身穿圆领窄袖长袍，腰系绦带。脚蹬靴，双脚微露。双手似合抱于胸前。宽

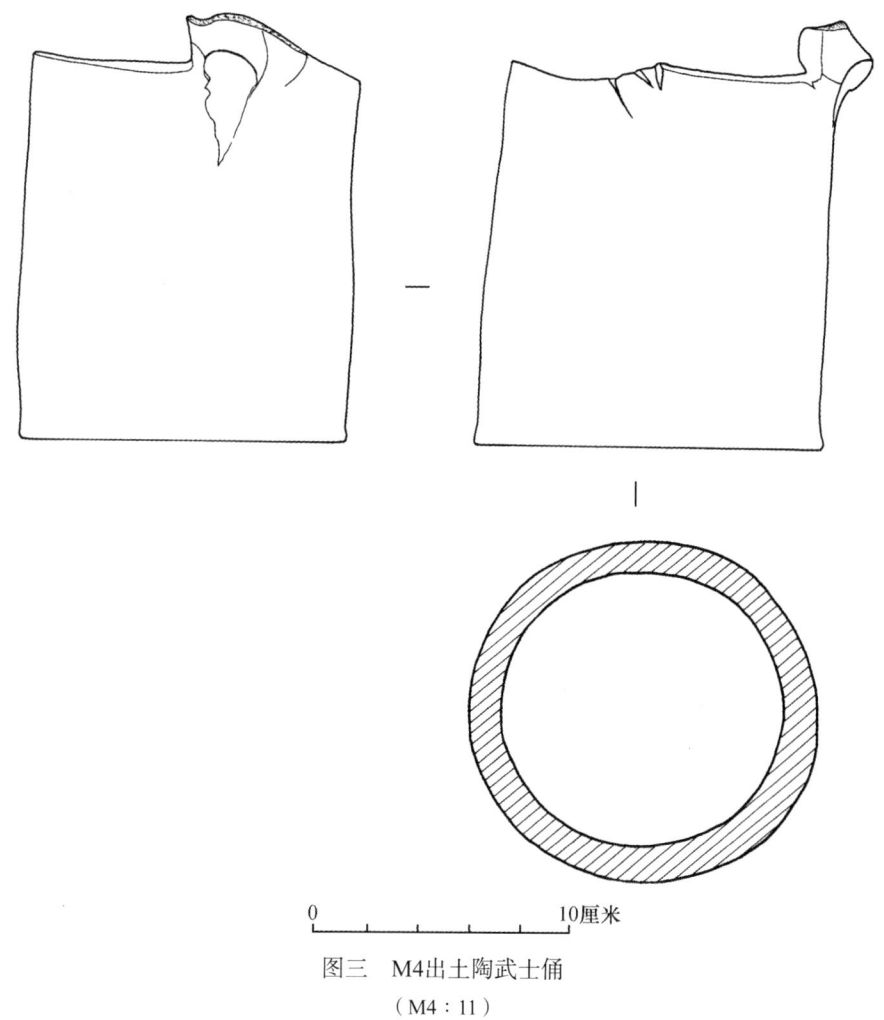

图三　M4出土陶武士俑
（M4：11）

7.6、高26厘米（图七，2）。

匍匐俑　2件。东、西两室各1件。形制较为接近。头挽发髻，面部较为丰满，头略向上抬，双目前看。身穿交领窄袖长袍。匍匐于地，用手肘撑地，双手平放于身前，双腿曲跪于长裙中。M4：2，长12.6、宽8、高10.8厘米（图八，1；图版二五，1、2）；M4：14，长12.4、宽7.4、高9.8厘米（图八，2；图版二五，3、4）。

神怪俑　1件。M4：10，出土于东室后龛中。头戴幞头，面上嘴、鼻前突，面目较为丑陋。身着圆领宽袖长袍，两袖交蔽过膝，腰束绦带。双手合抱于胸前，左手在下，右手在上。双靴微外露于长裙外。宽7.4、高25.8厘米（图八，3；图版二四，3）。

鸡　1件。M4：15，出土于西室壁龛中。昂首挺胸，身体前倾，双翅合拢贴于身体两侧，尾部上翘，双爪微露。圆筒形座。双翅、尾部以阴线刻画较为详细。宽6.4、高16.6厘米（图九，1；图版二六，1、2）。

狗　1件。M4：7，出土于连通两室的壁龛中。双耳耷拉，口部微张，前肢撑立，

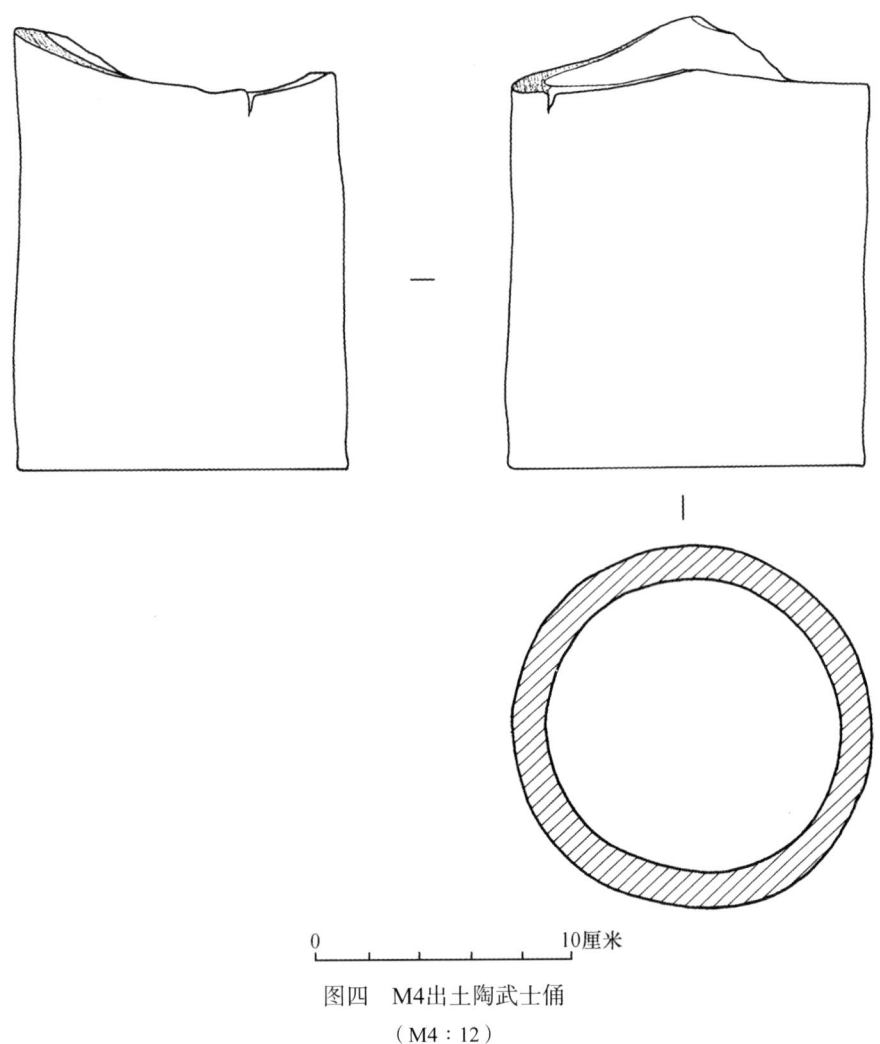

图四 M4出土陶武士俑
（M4∶12）

后肢弯曲，尾巴翘起。近方形座。宽6.4、高15厘米（图九，2；图版二六，3、4）。

人像　1件。M4∶18，出土于西室后龛。面部丰满，双目圆睁，正视前方，神情自然。身穿圆领开襟广袖长袍，袖与袍齐长，内衬圆领长衣，衣襟坠地，腰束绦带。双手交握于胸前，上挂有长巾，方巾垂地。双脚分立，靴尖外露。服饰及人面皆以阴线浅浮雕的方式刻画清晰。宽7、高23.2厘米（图七，1；图版二四，4）。

2. 瓷器

4件，包括双耳罐、碗、盏三类。

双耳罐　1件。M4∶9，出土于东室。红褐色胎，肩部至腹部施有米黄釉，施釉非常不均匀，部分位置较厚。直口，尖圆唇，矮领，溜肩，圆鼓腹，平底微内凹。肩上贴有两个对称的半环桥形耳。器口部变形，呈椭圆形。器表有较多点状凸起，因是烧制的

图五　M4出土陶文俑
1. M4：5　2. M4：6

图六 M4出土陶文俑
1. M4∶16 2. M4∶17

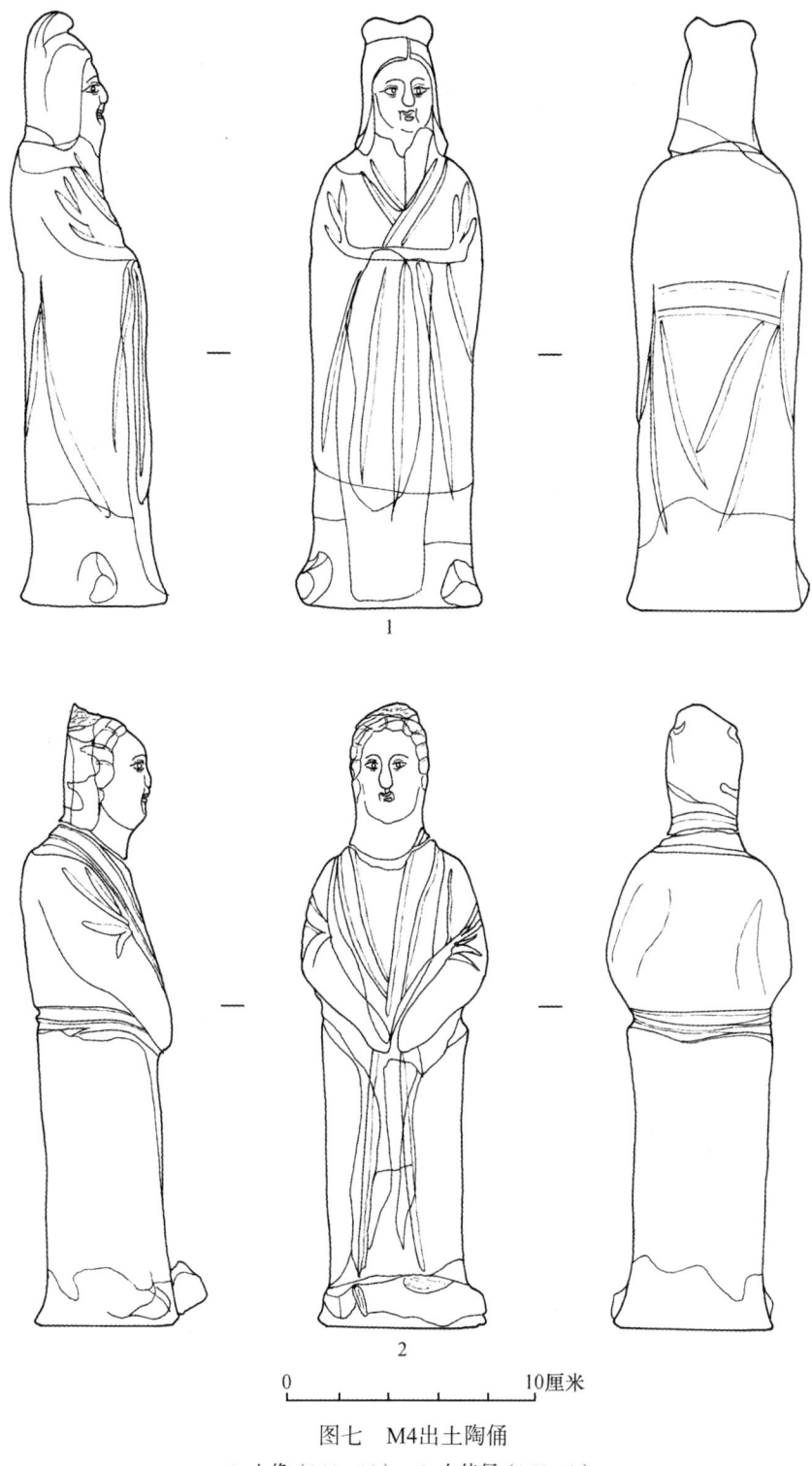

图七　M4出土陶俑
1. 人像（M4∶18）　2. 女侍俑（M4∶3）

图八　M4出土陶俑
1、2.匍匐俑（M4：2、M4：14）　3.神怪俑（M4：10）

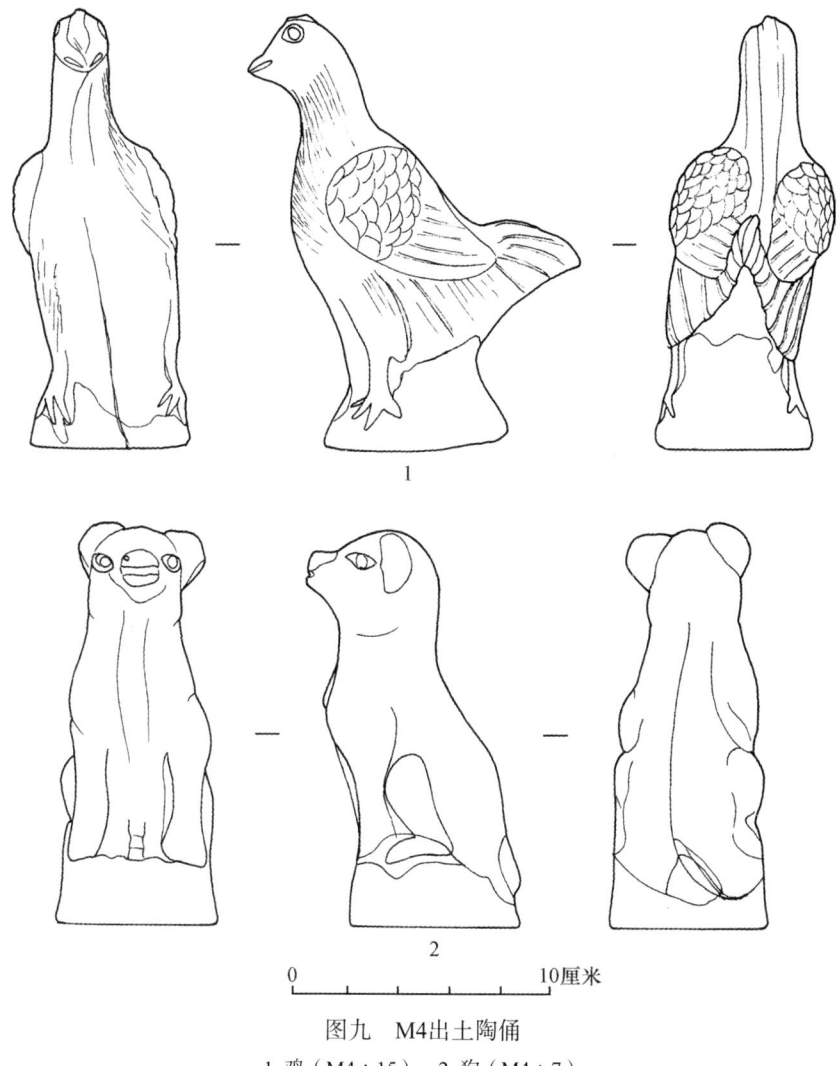

图九 M4出土陶俑
1. 鸡（M4：15） 2. 狗（M4：7）

缺陷所致，因其为陪葬器，故制作较为粗糙。口径5.2、底径7、高11.6厘米（图一〇，2）。

碗 1件。M4：8，出土于东室。灰褐色胎较薄，器表通施灰白色化妆土，施不均匀的米白釉。敞口，圆唇，微弧腹，矮圈足。器表较为光滑，制作较为精细。口径11.4、足径4.5、高4厘米（图一〇，1）。

盏 2件，东、西两室各1件。灰褐色胎，口外侧施不均匀的米黄釉。敞口，圆唇，浅弧腹，小平底。M4：1，口径10、底径4、高2.8厘米（图一〇，3）。M4：13，口径10.2、底径3.6、高2.8厘米（图一〇，4）。

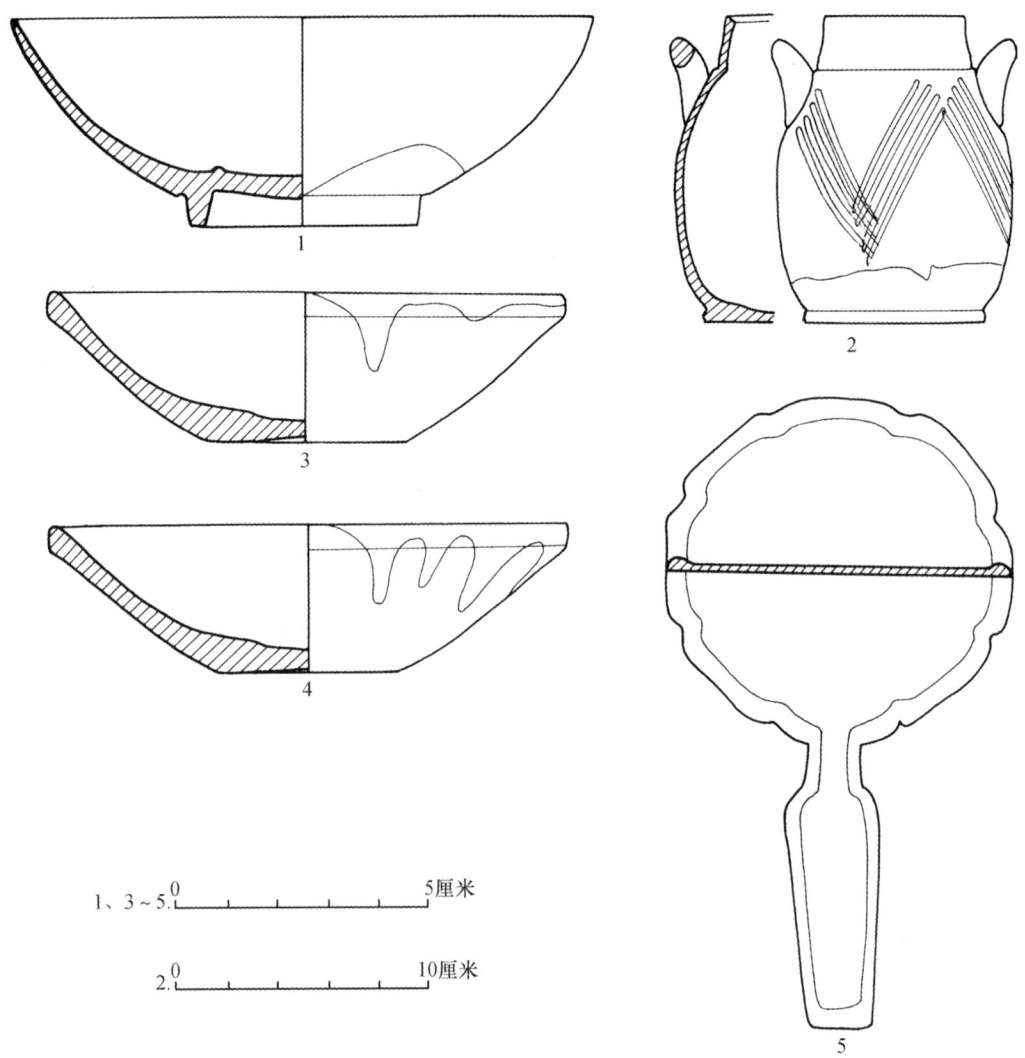

图一〇 M4出土器物

1.瓷碗（M4∶8） 2.瓷双耳罐（M4∶9） 3、4.瓷盏（M4∶1、M4∶13） 5.铜镜（M4∶4）

3. 铜器

包括铜镜和铜钱两类。

带柄八瓣葵花镜　1面。M4∶4，出土于东室壁龛中。镜缘为八瓣葵花形，近长方形柄。素面。长12、宽6.3厘米（图一〇，5）。

铜钱　1枚。M4∶19，出土于西室。已经腐朽生锈，不能辨别其形制。

三、结　语

任家碾M4中未出土纪年材料，成都地区近年发表较多宋墓资料，其中不乏纪年墓葬，可为判断其年代提供参考。M4为双室券拱砖室墓，在成都地区宋墓之中，二仙桥M1的形制结构与其最为接近[1]。出土器物方面，M4的各类俑、瓷器在二仙桥M1中都有出土，形制也较为接近，年代应该相差不远。二仙桥M1为1152年下葬，为南宋初期的代表性墓葬。任家碾M4壁龛减少，年代应该比二仙桥M1稍晚；且墓中出土俑有的已经具有南宋中晚期墓葬特征[2]；狗俑略显素净、武士俑装饰不甚繁缛等特征与化成村M5（1235年下葬）[3]有相近之处。综上所述，任家碾M4年代应为南宋中期偏早阶段。

与二仙桥M1相比，任家碾M4出土器物种类较少，尤其是俑的种类较少，缺乏南宋常见的伏听俑、人首蛇身俑、鼓俑、独脚兽俑等，文俑的种类也仅有一种，M4也未出土各类券文，这些都说明该墓等级较二仙桥M1低，可能为一般平民的夫妻合葬墓。

附记：本次发掘领队为谢涛，参加发掘人员有田剑波、杨永鹏、向导、倪林忠。

绘图：陈　睿　孙智辉
照相：田剑波
执笔：田剑波　谢　涛

注　释

[1] 成都市文物考古研究所、成都市文物考古工作队：《成都市二仙桥南宋墓发掘简报》，《考古》2004年第5期。
[2] 吴敬：《成都地区宋代砖室墓的分期研究》，《四川文物》2009年第4期。
[3] 成都市文物考古研究所：《成都市西郊外化成小区唐宋墓葬的清理》，《考古》2005年第10期。

成都市成华区成华广场宋墓发掘简报

成都文物考古研究院

2013年2月，成都市成华广场在进行地下停车场施工建设时发现1座墓葬（图一），成都文物考古研究院闻讯后迅速派专业人员对其进行抢救性发掘，清理出宋代砖室墓一座，编号为2013CCCM1（以下简写为M1）。现将M1的发掘情况报道如下。

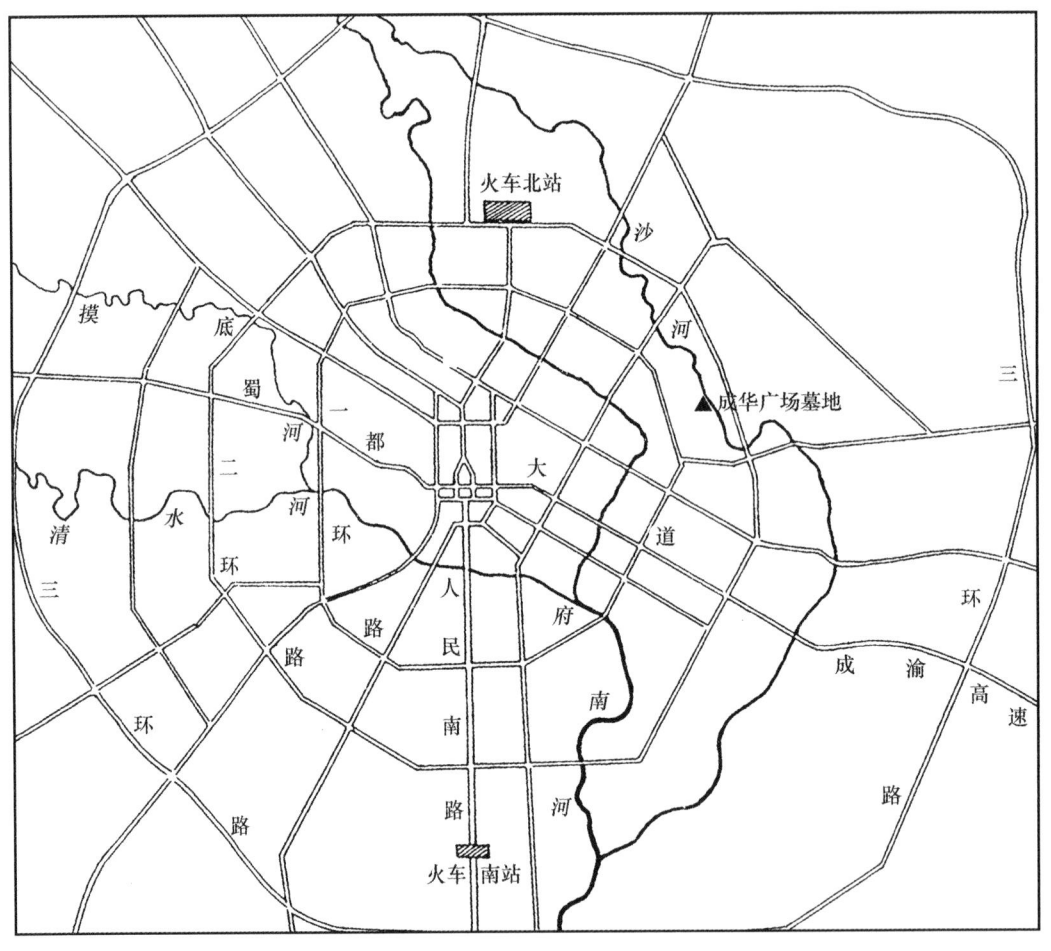

图一 墓地位置示意图

一、墓葬形制

M1开口距地表约1米，上部被现代房基叠压破坏，在墓葬西室北部有一盗洞，墓室已被盗扰，打破生土。M1为长方形双室券顶砖室墓（图二），方向177°。墓室南北长3.92、东西宽4.3米，两室共用一道封门墙，两室有各自的隔墙。西室的隔墙上有一壁龛过洞，可至东室隔墙，但东室并未连通。墓室砖之间时有缝隙，故在壁砖之间和券顶砖之间都嵌以破碎的瓷片，以支撑加固。东西两室形制结构基本一致，都由封门墙、墓室、棺台、壁龛和后龛等几部分组成。以下对各部分简要介绍。

封门墙，用长方形素面青砖一横一丁依次砌成。高0.94、宽2.24、厚0.2米。

墓室，西室长3.1、宽2.2、高1.84米；东室长3、宽2.04、高1.84米。两侧壁砖为横放错缝平砌而成，至0.84米高后开始起券，最后横铺顺砌成众联式券顶，券顶为双层。券顶所用砖与墓壁相同，只是在中间缝隙中插入大量破碎瓷片来固定。

棺台，东、西两室均设置有棺台，形制一致，置于墓葬底部，由4层方形砖平铺而成，厚0.16米。棺台与墓室后壁相接，东西两侧与墓壁之间形成放置器物的沟槽，宽0.12米。

壁龛，共12个，东西两室各6个，每个墓壁上各3个，等距排列，其中西室靠近墓口对称的两个壁龛为空置两块砖而成，其余皆空置一块砖而成，每块砖宽20厘米。壁龛和墓室一样为券顶。壁龛开口宽0.4、进深0.2或0.4、高0.62米（含券顶，高0.2米）。

后龛，共2个，东西两室各1个。位于墓室后部，为券顶。西室后龛宽0.64、进深0.6、高1.12米（含券顶，高0.2米）；东室后龛宽0.68、进深0.63、高1.12米（含券顶，高0.22米）。

M1用砖皆为素面青砖，有两种规格：一种为42×42-4厘米，主要用于棺台铺地；另一种为40×20-4厘米，用于修建墓室和券顶。

棺椁及人骨皆已腐朽，故棺椁情况和死者葬式不明。

二、随葬器物

随葬器物包括陶器和瓷器两类。

1. 陶器

陶器以陶俑为主，种类包括武士俑、文俑、侍俑、仰观俑、匍匐俑、神怪俑、鼓、鸡、狗等。俑皆为泥质灰陶，表面施有灰白色化妆土，后在俑的部分位置施以红彩点缀。这些俑中部皆为空心，质地较硬，火候较高。由于被盗及施工的扰动和破坏，这些俑大多未能完好地保存下来，且部分已经脱离了原来的位置[1]。

武士俑 4件，东西两室墓门两侧各立2件。武士俑的形体较其他类俑大出许多，可能与其镇守墓门有关。4件均未能复原。

文俑 18件。依据所戴冠饰的差异，分为二型。

A型 8件，东、西两室各4件。头戴进贤冠。形制基本接近，冠饰略有差异。头戴进贤冠，冠前有牌饰。面部表情丰满，双目圆睁，正视前方。身穿右衽交领广袖长袍，袖与袍齐长，腰束带，垂至腹前，内衬长衣，衣襟坠地。双手交握于胸前，中空，手中握有长笏。靴尖微露，双脚分立于近方形座上。标本M1E：12，高32.8厘米（图三，2）。

B型 11件。头戴幞头。依据服饰及手部动作，分为四亚型。

Ba型 4件，东、西两室各2件。身着广袖袍，双手抱握，中空。面部丰满，双目圆睁，正视前方，神情自然。身穿圆领开襟广袖长袍，袖与袍齐长，腰束革带，内衬圆领长衣，衣襟坠地。双手交握于胸前，中空，原来可能握有"木笏"。双脚分立于方形座上，靴尖外露。标本M1E：10，高33.6厘米（图四，2）。

Bb型 2件，东、西两室各1件。身着窄袖袍，右手持有"木笏"，左手放于胸前。幞头有三脊。面部丰满，双目圆睁，正视前方。身穿圆领开襟窄袖长袍，衣袍垂地，内衬圆领长衣，腰束革带。左手平放于胸前，右手持有"木笏"。靴尖外露，双脚分立于方座之上。M1E：22，高31.4厘米（图四，1）。

Bc型 2件，东、西两室各1件。身着窄袖，双手上挂有长巾。面部丰满，双目圆睁，正视前方。身穿直领开襟窄袖长袍，衣袍垂地，内衬右衽交领长衣，双手双臂及背部束有一宽带。双手合拢于胸前，手上挂有一长巾，垂至膝前。靴尖外露，双脚分立于方形座上。标本M1E：8，高31.3厘米（图五，1）。

Bd型 2件，东、西两室各1件。身着广袖袍，一手捋胡须。两眼正视前方，面部表情较为严肃。身着交领广袖落地长袍，腰束革带。左手握于胸侧，右手抚须。靴微露。标本M1E：16，高31厘米（图六，2）。

男侍俑 2件，东、西两室各1件。形制一致。头戴幞头。面部表情丰满，双目平视前方。内着圆领落地长袍，外套短衣，腰束革带。双手抱握于胸前，左手在上，右手在下。标本M1E：17，高29.6厘米（图五，2）。

女侍俑 2件，东、西两室各1件。形制一致。头顶盘较高的单髻。面部较为丰满，两眼正视前方，神态自然。身穿落地长袍，外披短衣。双手放于腹前，左手在上，右手在下。双脚分立，微露于长袍之外。整个人像立于圆角方形矮座之上。标本M1W：6，高30厘米（图三，1）。

仰观俑 2件，东、西两室各1件。形制一致。头戴幞头。面部较为丰满，头微向左侧并略向上扭，两眼直视右上方。身穿右衽交领宽袖长袍，腰束绦带。双手合抱于胸前。双腿盘坐于圆形座上。标本M1E：25，高19厘米（图七，2）。

匍匐俑 2件，东、西两室各1件。形制一致。头挽发髻。面部较为丰满，头略向上抬，双目前看。身穿交领窄袖长袍。匍匐于地，用手肘撑地，双手平放于身前。双腿曲

图三　M1出土陶俑
1. 女侍俑（M1W∶6）　2. A型文俑（M1E∶12）

图四 M1出土文俑
1. Bb型（M1E：22） 2. Ba型（M1E：10）

图五 M1出土陶俑
1. Bc型文俑（M1E∶8） 2. 男侍俑（M1E∶17）

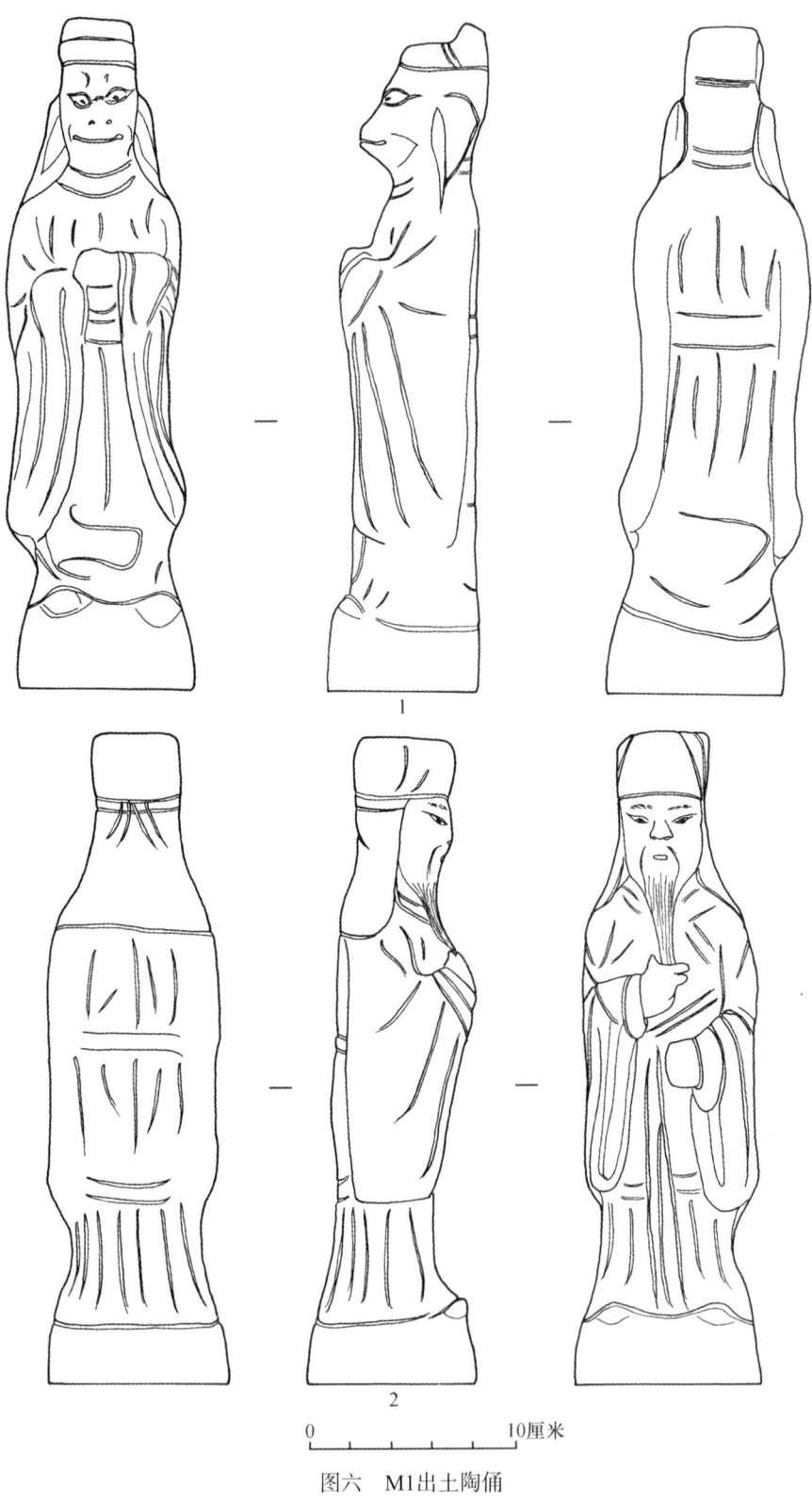

图六　M1 出土陶俑
1. 神怪俑（M1W：8）　2. Bd 型文俑（M1E：16）

图七　M1出土陶俑
1. 匍匐俑（M1E：2）　2. 仰观俑（M1E：25）

跪于长裙中。整个身体匍匐于长方形座之上。标本M1E：2，高26厘米（图七，1）。

人像　1件，出土于西室。M1W：7，仅存肩部以上。面部表情较为丰满自然。身穿右衽交领宽袖长袍。肩部以下残。残高10.5厘米（图八，3）。

神怪俑　1件，出土于西室。头戴幞头。面上嘴、鼻前突，面目十分丑陋。身着圆领宽袖长袍，两袖交蔽过膝，腰束绦带。双手合抱于胸前，左手在上，右手残损。双靴微外露于长袍外。立于圆角方形座上。标本M1W：8，高32厘米（图六，1）。

鼓　2件，东、西两室各1件。形制一致。整体为一圆形鼓面立于一简化的兽蹄形足

图八　M1出土陶俑
1. 鸡（M1E：23）　2. 狗（M1E：24）　3. 人像（M1W：7）

之上。鼓身呈圆形，两侧边缘有两排铆钉，铆钉粘接在鼓两侧之上。标本M1E：26，高19厘米（图九，1）。

鸡　2件，东、西两室各1件。形制一致。昂首，挺胸，身体前倾，双翅合拢贴于身体两侧，尾部上翘，双爪微露。圆筒形座。标本M1E：23，高16.8厘米（图八，1）。

狗　2件，东、西两室各1件。形制一致。双耳耷拉，口部微张，前肢撑立，后肢弯曲，蹲坐于圆形座上，尾巴翘起。颈部系带，前挂有圆铃。标本M1E：24，高16.8厘米（图八，2）。

2. 瓷器

10件，包括双耳罐、碗、盒三类。

双耳罐　4件，西、东两室各2件。形制接近。标本M1E：3，红褐色胎，肩部至腹部施米黄釉，釉非常不均匀，部分位置较厚。器表有较多点状凸起。直口，尖圆唇，矮领，溜肩，圆鼓腹，平底微内凹。肩上贴有两个对称的半环桥形耳。口径6、底径7、高10.4厘米（图九，3）。标本M1E：18，红褐色胎，肩部至腹部施酱釉，施釉不均匀。直口，矮领，溜肩，圆鼓腹，平底微内凹。肩上贴有两个对称的半环桥形耳。口径9.4、底径6.6、高12.3厘米（图九，4）。

碗　2件，东、西两室各1件。灰褐色胎，器表通施灰白色化妆土，口至上腹部施酱釉，施釉也不均匀。碗内底可见五个支钉痕迹。器表同样凹凸不平，制作略显粗糙。形制一致，敞口，圆唇，微弧腹，饼足。标本M1E：21，口径14.8、底径5.4、高4.4厘米（图九，7）。

盒　4件，东、西两室各2件，其中3件形制一致。

瓜棱形盒　3件。形制接近。子口母盖。器身除底部和口沿外侧，皆施以青白釉，子口，多瓣瓜棱形。盖仅外部施青白釉，多瓣瓜棱形。标本M1E：1，口径5.5、通高3.4厘米（图九，2）。M1E：7，仅存器身。口径4、高1.7厘米（图九，8）。M1W：1，口径4.6、通高2.8厘米（图九，5）。

六边形盒　1件。M1W：12，子口母盖。盖和器身均施以青白釉。器身和盖均为等边的六边形，盖顶上饰七朵花瓣。口径4、通高3厘米（图九，6）。

3. 铜器

铜器包括铜镜和铜钱两类。

铜镜　1枚，出土于西室。M1W：33，圆形，镜缘凸起，饰一周较为模糊的树枝状花纹。中心为桥形纽、中间一孔，周围饰浮雕状的龙虎形象。花纹均较为模糊，制作较为粗糙，但正面较为光滑，应为实用之器。直径8.8厘米（图一〇，1）。

铜钱　20枚，出土于东室。能辨认的有7种钱币共8枚，包括货泉、开元通宝、太平通宝、熙宁元宝、至道元宝、祥符通宝和大观通宝[2]。

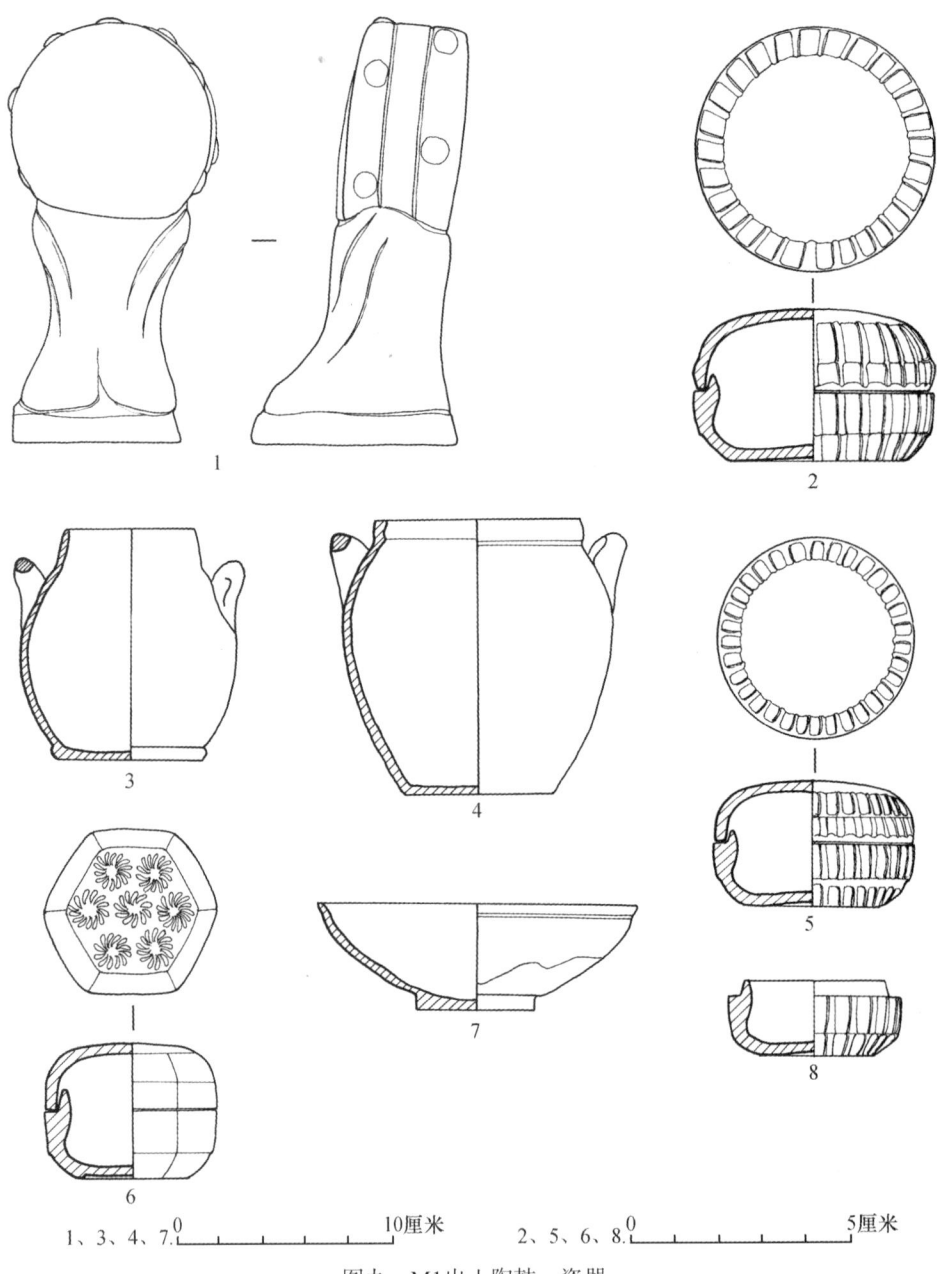

图九　M1出土陶鼓、瓷器

1. 陶鼓（M1E∶26）　2、5、8. 瓷瓜棱盒（M1E∶1、M1W∶1、M1E∶7）　3、4. 瓷双耳罐（M1E∶3、M1E∶18）　6. 瓷六边形盒（M1W∶12）　7. 瓷碗（M1E∶21）

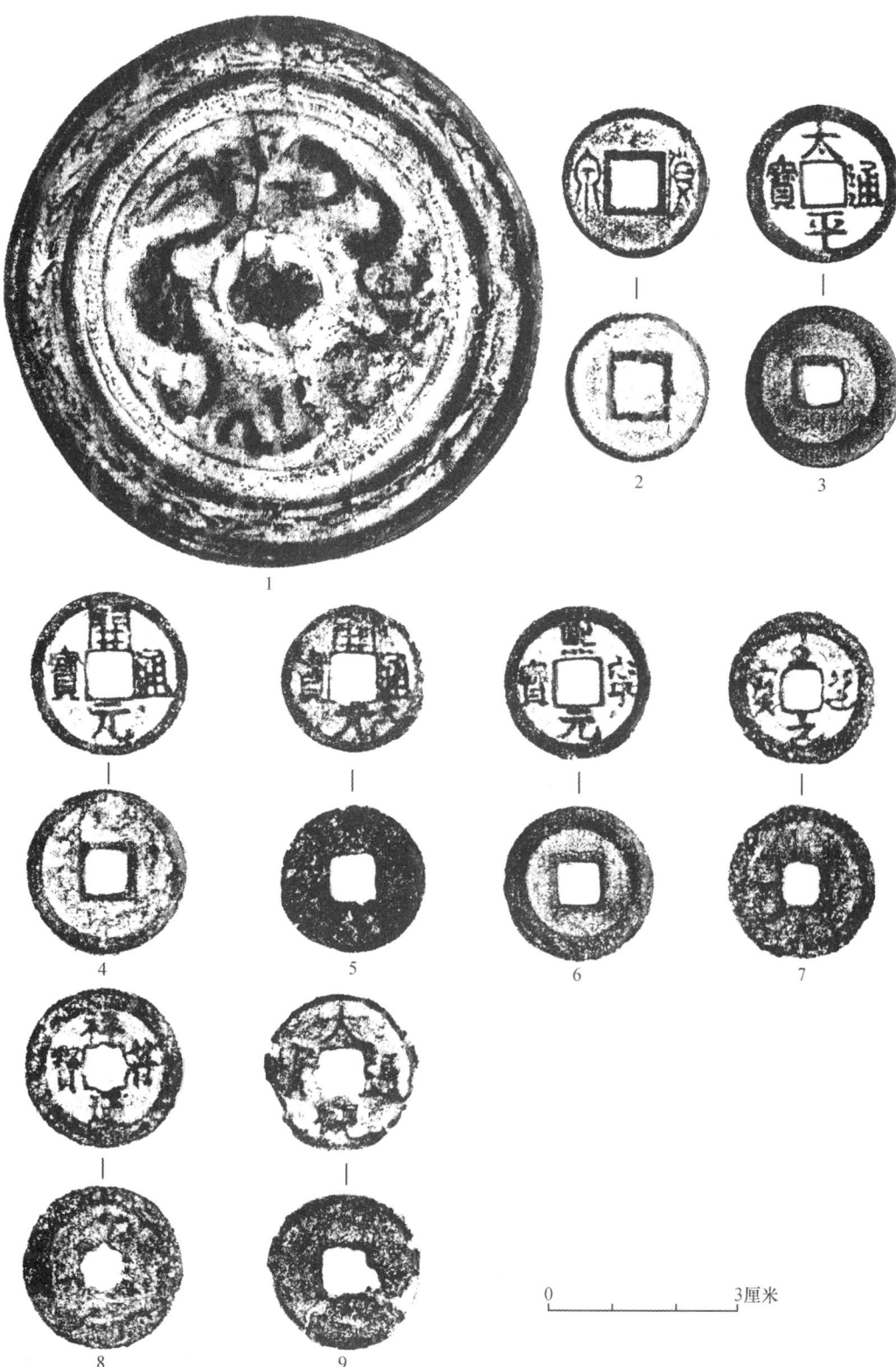

图一〇　M1出土铜器

1. 镜（M1W：33）　2. 货泉（M1E：28-1）　3. 太平通宝（ME：28-2）　4、5. 开元通宝（M1E：28-3、M1E：28-4）　6. 熙宁元宝（M1E：28-5）　7. 至道元宝（M1E：28-6）　8. 祥符通宝（M1E：28-7）
9. 大观通宝（M1E：28-8）

货泉　1枚。M1E：28-1，圆形郭方孔，轮廓清晰，较为精细。直径2.2厘米（图一〇，2）。

开元通宝　2枚。形制较为接近。圆形郭方孔，轮廓清晰。M1E：28-3，较为厚重。直径2.4厘米（图一〇，4）。M1E：28-4，较为轻薄。直径2.2厘米（图一〇，5）。

太平通宝　1枚。M1E：28-2，圆形郭方孔，郭较宽，较为厚实。直径2.4厘米（图一〇，3）。

至道元宝　1枚，M1E：28-6，圆形郭方孔，轮廓清晰。钱文为行书，较为少见。直径2.3厘米（图一〇，7）。

祥符通宝　1枚，M1E：28-7，圆形郭方孔，略显粗糙。直径2.4厘米（图一〇，8）。

熙宁元宝　1枚　M1E：28-5，圆形郭方孔，郭较宽且清晰。直径2.3厘米（图一〇，6）。

大观通宝　1枚，M1E：28-8，圆形郭方孔，较为粗糙。直径2.3厘米（图一〇，9）。

4. 墓券

11方，西室7方，东室4方。可分为买地券、敕告文券和真文券三种。皆为红砂石，质地较软，方便制作者雕刻，但也保存较差。券文皆为楷书。

买地券　2方，东、西室各1方。

M1W：3，券文如下（图一一）：

　　维绍兴十六年太岁丙寅十二月丙/申朔十一日丙午故夫人贾氏/地券生居城邑死安宅地卜筮/叶从相大吉宜于此华阳县积善/乡福地之原安葬其界东至□□/西至章南至凤凰北至王□□方/腾蚍九星真君分掌四域封步界/畔道路将军丘丞墓伯武曲贪狼/巨门君永护万载之阴宅忽令此/处有先居廻避□山除万里安置/此穴保祐世代兴隆一如律令/

M1E：4，缺损较多，券文如下（图一二）：

　　维绍兴十六年太岁□寅十二月/丙申朔十一日丙□故隐君孙/公　地券生居域邑死安宅地/卜筮叶从相地大吉宜于此华/阳县积善乡福地之原安葬其/界东至青龙西至白虎南至朱/雀北至玄武内方勾陈主掌四/域丘丞墓伯封步界畔道路将/军整齐阡陌千秋百载永保休/吉辟除故炁妖精廻徃万里若/违此约分付地府主吏律令/

敕告文券　1方。M1W：32，右上及左边书券文，右下书符文（图一三）。右上券文左行四列如下：

　　□□惣炁/□攝无穷/□星□□/流炼神□

左边左行四列如下：

　　□□□星追奉真文□殁故/□□懺悔生前三世宿缘悟有/□□□廻巨福保祐

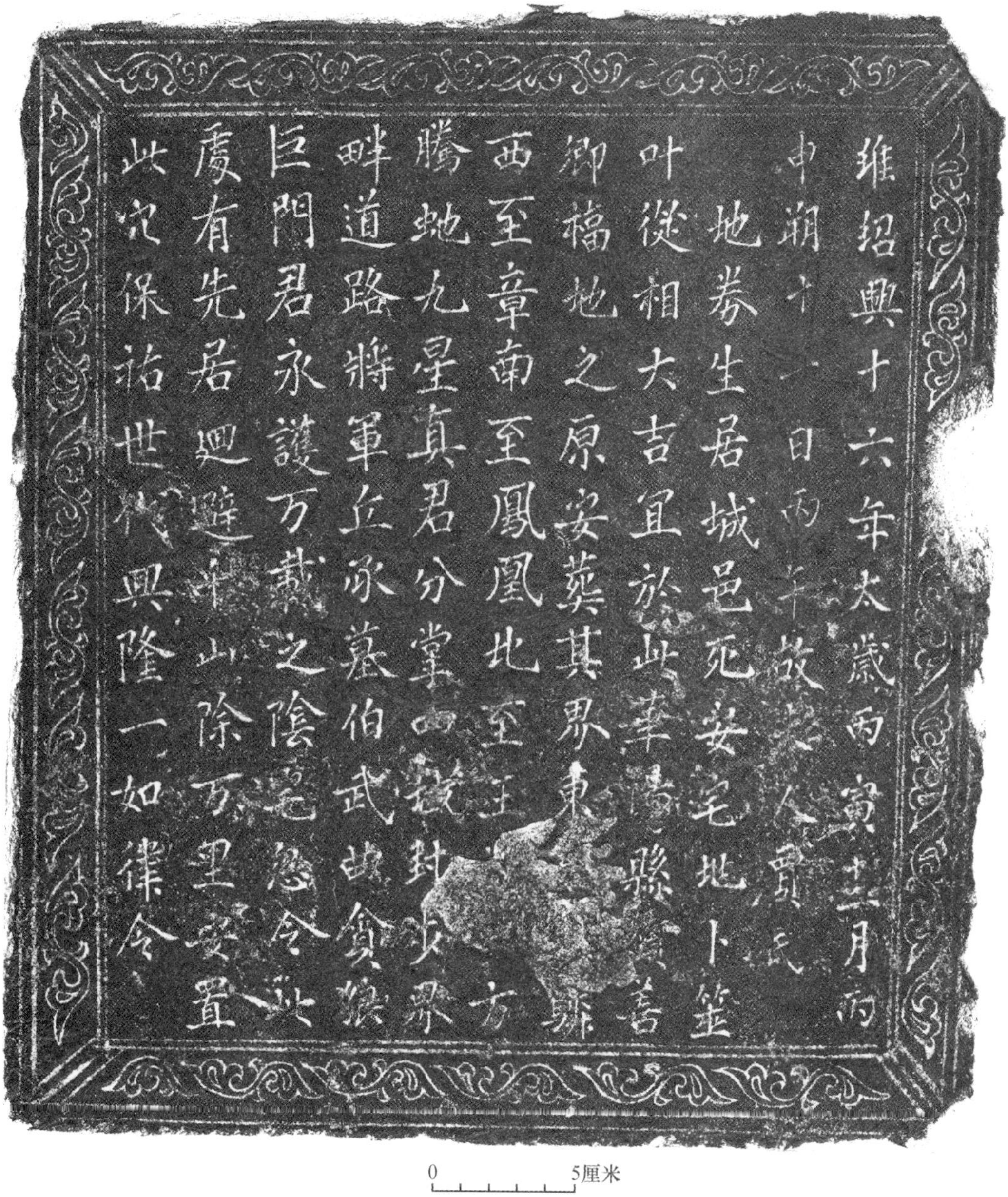

维招典十六年太歲丙寅十二月丙
申朔十一日丙午故亡人買氏
地券生居邑死安宅地卜筮
叶從相大吉宜於此华攜善
卿槚地之原安葬其界東
西至章南至鳳凰北至
騰地九星真君分掌四麓對
畔道路將軍丘承墓伯武曲貪狼
巨門君永護萬戴之陰宅急令此
慶有先君迴避叶山除萬里安置
此宅保祐世代興隆一如律令

图一一 M1出土买地券
（M1W:3）

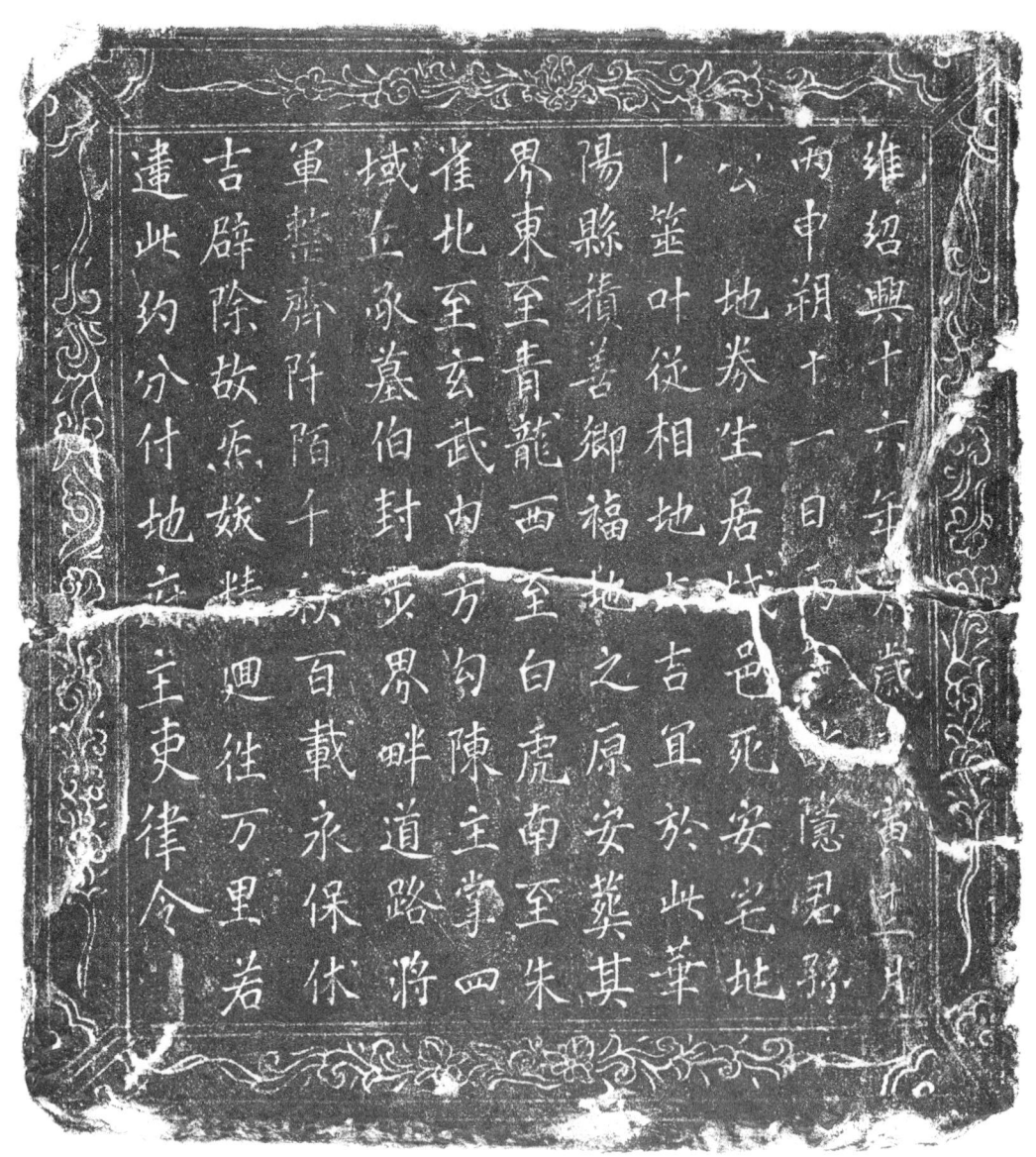

图一二　M1出土买地券
（M1E∶4）

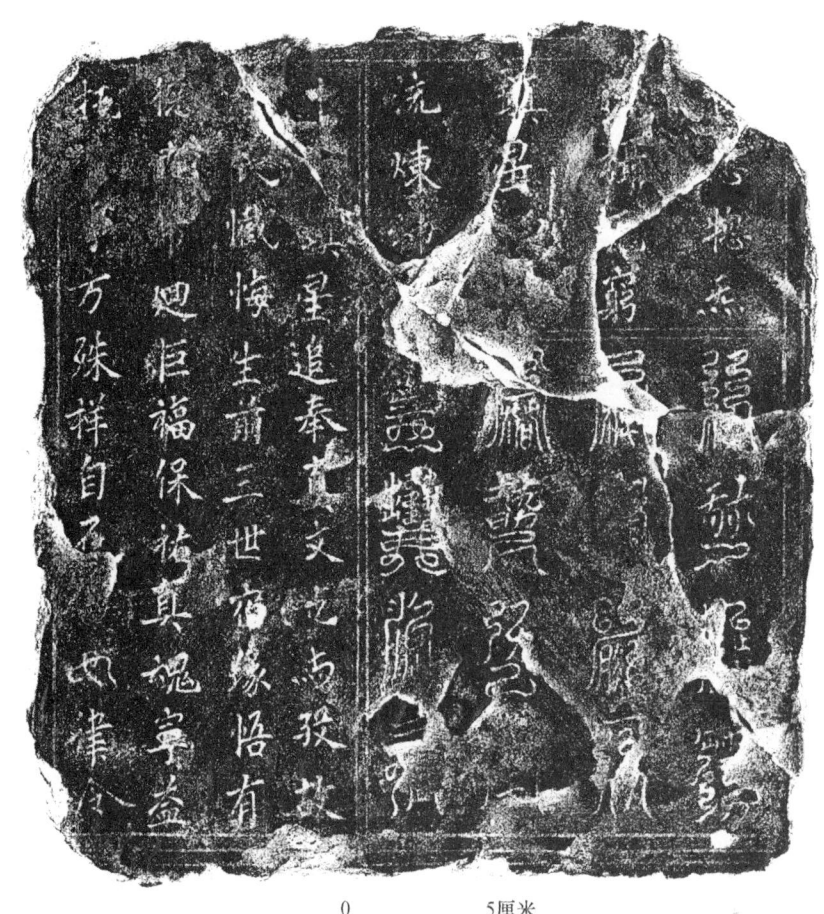

图一三　M1出土敕告文券
（M1W：32）

真魂宁益/□□□方殊样自□□如律令/

真文券　8方，西室5方，东室3方。8方均在最上方书一行券文，以下书八列符文，其中M1W：5、M1E：6两方已残破严重，不能拓片，此处省略。

M1W：4，上方左行券文如下（图一四）：

南方八天□坡真文

M1W：13，上方左行券文如下（图一五）：

□□□天镇墓真文

M1W：18，上方左行券文如下（图一六）：

□方□天安灵真文

M1W：31，上方左行券文如下（图一七）：

□□□天炼度真文

图一四　M1出土真文券
（M1W：4）

M1E：5，上方左行券文如下（图一八）：

　　南方八天荐拔真文

M1E：14，上方左行券文如下（图一九）：

　　西方八天安灵真文

三、结　　语

　　成华广场M1为双室砖室墓，从成都地区同形制墓葬推断应为同坟异穴的夫妻合葬墓。西室买地券上记载"故夫人贾氏"，说明西室墓主为夫人，东室墓主为丈夫。东西两室中出土器物形制接近，券文也都有"绍兴十六年"的记载，说明夫人和丈夫为同时下葬，推测其中一人为迁葬。

　　M1的券文中有"绍兴十六年"的纪年，已经表明了墓葬的修建年代。墓葬的形制

图一五　M1出土真文券
（M1W：13）

以及出土随葬品的组合和形制，也能在一定程度上印证了其年代。墓葬为长方形券顶双室砖室墓，带有后龛，这种形制与绍兴二十二年（1152年）二仙桥宋墓基本一致[3]。关于宋代砖室墓的演变，也多有学者专文论述，该墓也符合其总结的南宋早期砖室墓的特征[4]。墓葬出土器物以陶器为大宗，陶器皆为陶俑，包括武士俑、文俑、侍俑及其他动物、神怪类俑，这些都是北宋晚期和南宋前期常见的陶俑组合[5]。武士俑、文俑及其他俑的服饰特征具有北宋向南宋过渡的特点[6]，不及北宋中期华丽，也较南宋后期更为精细。陶俑以外，墓葬所出的瓷碗、盒和双耳罐，也与北宋晚期和南宋初期的墓葬接近。墓中出土各类墓券的种类和数量都与二仙桥南宋墓较为接近。总体来看，M1所出器物与北宋晚期的墓葬更为接近，但又已经具有一些装饰上的简化，呈现出一些新的特征。成都地区北宋晚期的典型墓葬主要有青龙乡海滨村[7]、保和乡[8]以及新津县邓双乡[9]等几处墓葬。从以上论述可知，M1的墓葬形制、出土器物皆具有北宋向南宋

图一六　M1出土真文券

（M1W∶18）

图一七　M1出土真文券

（M1W∶31）

图一八　M1出土真文券
（M1E∶5）

图一九　M1出土真文券
（M1E∶14）

过渡的特征，符合其"绍兴十六年"的下葬年代。

M1中随葬品一大特色是出土了种类较多的钱币，共计7种，包括6种北宋铜钱和1种王莽时期的货泉，北宋钱币几乎涵盖了从早到晚的全部时段。同一墓中出如此多种类的钱币，较为罕见，尤其是时代较早的货泉，暗示墓主可能收藏较多古钱币，才得以在死后随葬。

近年来，配合城市建设，成都地区发掘了大量宋墓，成都已经成为全国宋墓发现和发表数量最多的地区之一。成华广场宋墓在成都宋墓，尤其是两宋之际前后的墓葬中，属于规模较大、随葬品非常丰富的，体现出较高的等级。并且，该墓的形制和出土器物都具有鲜明的时代特征，是较具代表性的南宋早期墓葬，为进一步细化宋墓分期和时代特征总结，提供了新的典型墓例。而墓中各式墓券的记载较为详细，是对当时的行政地理区划和精神文化的反映。如券文书"华阳县积善乡"，有助于了解南宋初年成都地理区划与变革。

发掘：周志清　刘祥宇　蔡雨茂
绘图：李福秀
拓片：戴福尧　严　彬
执笔：田剑波　蔡雨茂　刘祥宇　周志清

注　释

[1] 较多器物已经脱离原有位置，故墓葬平面图中未标明其位置，但仍然统一编号，西室器物编号为M1W：?，东室为M1E：?，特此说明。

[2] 20枚钱币在发掘时统一编号为M1E：28，再按照M1E：28-1～M1E：28-20的顺序编小号，特此说明。

[3] 王仲雄、王军、党国萍等：《成都市二仙桥南宋墓发掘简报》，《成都考古发现》(1999)，科学出版社，2001年。

[4] 吴敬：《成都地区宋代砖室墓的分期研究》，《四川文物》2009年第4期。

[5] 吴敬：《关于成都地区宋代墓葬出土陶俑的几点认识》，《四川文物》2010年第6期。

[6] 颜劲松：《成都地区宋代墓葬出土陶俑服饰研究》，《四川文物》2006年第1期。

[7] 成都市文物考古研究所：《成都市青龙乡海滨村墓葬发掘简报》，《成都考古发现》(2003)，科学出版社，2005年。

[8] 成都市文物考古研究所：《成都市保和乡东桂村宋墓发掘简报》，《成都考古发现》(2002)，科学出版社，2004年。

[9] 成都市文物考古研究所、新津县文物管理所：《新津县邓双乡北宋石室墓发掘简报》，《成都考古发现》(2002)，科学出版社，2004年。

新津县倒骑龙宋代遗址发掘简报

成都文物考古研究院
新津县文物保护管理所

倒骑龙遗址位于新津县普兴镇骑龙村2组，北距新普路约500米，东北距普兴镇政府约300米，西距杨柳河约2千米，西南距岷江约3.5千米（图一）。中心点地理坐标为东经103°52′59″、北纬30°24′34″，海拔429米。遗址分布于该地块西北区域一扇形台地上，面积约300平方米，自西北向东南略呈坡状分布。遗址西、北部为低坡丘地（牧马山余

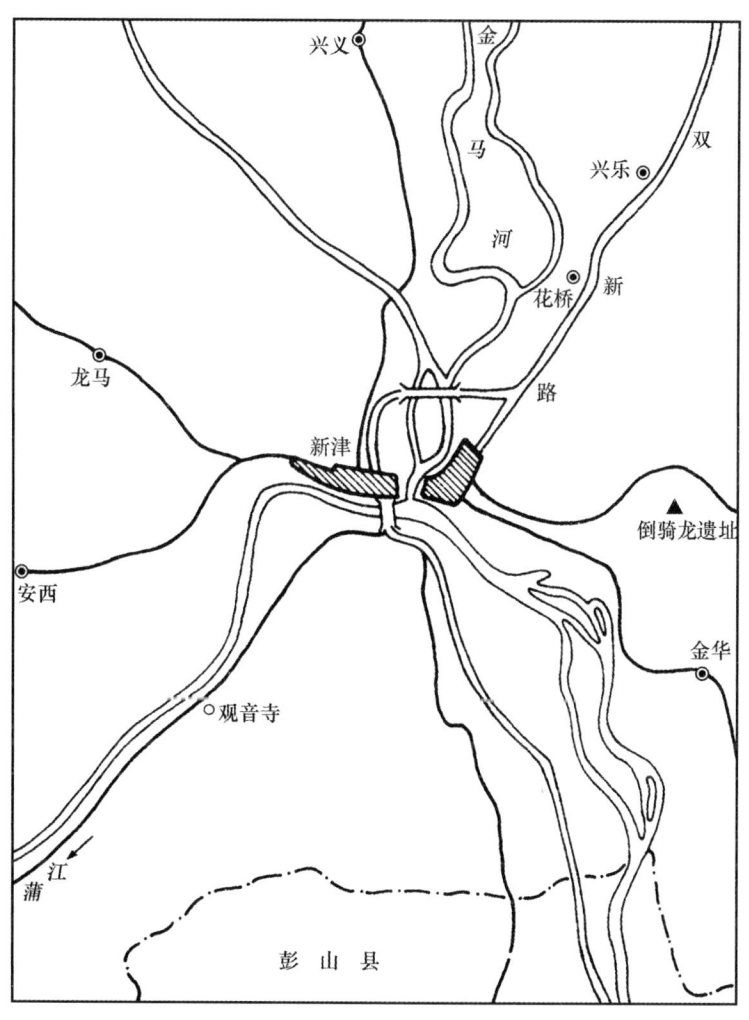

图一 遗址位置示意图

脉），地表有现代墓葬，南部为废弃鱼塘，东部为农田。据当地村民描述，早年修建水塘、沟渠等生产活动，一定程度上改变了该地地貌，但基本走向仍为西北高东南低。

2016年10~11月，为配合新津县恒大岷江新城项目建设，成都文物考古研究院联合新津县文物保护管理所对该遗址进行了抢救性发掘，共计布6米×6米探方11个，编号为2016XPQT1~2016XPQT11（以下简写为T1~T11），共清理发现墓葬5座、灰坑2个、灰沟1条（图二），现将发掘情况简报如下。

一、地层情况

遗址地层堆积较为简单，根据土质土色及出土物可分为4层，以T2南壁为例介绍地层堆积情况如下（图三）：

第1层：灰黑色黏土，土质较疏松。厚0.15~0.2米。包含较多植物根茎、现代生活垃圾，出土有现代陶片、瓷片、砖瓦片等，为近现代耕土层。该层在整个发掘区基本呈水平分布。M4开口于该层下。

第2层：灰褐色黏土，土质较致密，夹杂斑点状锈斑。距地表深0.2~0.55、厚0.25~0.35米。包含有蚌壳、砖、青花瓷片、瓦片，为明清时期地层。堆积基本呈水平状。H2、G1开口于该层下。

第3层：青灰色黏土，较致密，夹杂较多褐色锈斑。距地表深0.5~0.65、厚0.1~0.15米。包含有瓷片、砖瓦，为宋代堆积。堆积基本呈水平状。H1、M1~M3、M5开口于该层下。

第4层：黄褐色黏土，土质致密。厚0.15~0.25米。包含物较少。局部堆积，仅见于遗址中南部的T2、T5、T6。

第4层以下为黄色生土。

二、遗迹、遗物

此次发掘共发现墓葬5座（M1~M5）、灰坑2个（H1、H2）和灰沟1条（G1）。其中G1、H2、M4为明清时期遗迹，此次不予报告。

M1 位于T5、T6、T8内。开口于第3层下，距地表深0.65米。同坟异室券顶砖室墓，保存较为完整。墓向155°。墓圹长3.44、通宽2.7、深1.04米。填土上层为青灰色淤泥、下部为黄褐色黏土。墓葬由封门、甬道、墓室、通道、后龛、腰坑组成。东、西墓室间有通道相连。东西墓室除封门墙外，建造方式基本相同（图四）。现以M1B为例，对墓葬形制做具体说明。封门高0.96、宽约0.76、厚0.18米，砌法为铺地砖上先平砖错缝顺砌四层，再侧砖丁砌一层，再上部均平砖顺砌。墓顶保存完整，由前后四部分组成，三道券顶与后壁间用平砖交错堆砌封闭。甬道平面呈横长方形，长0.86、宽0.36

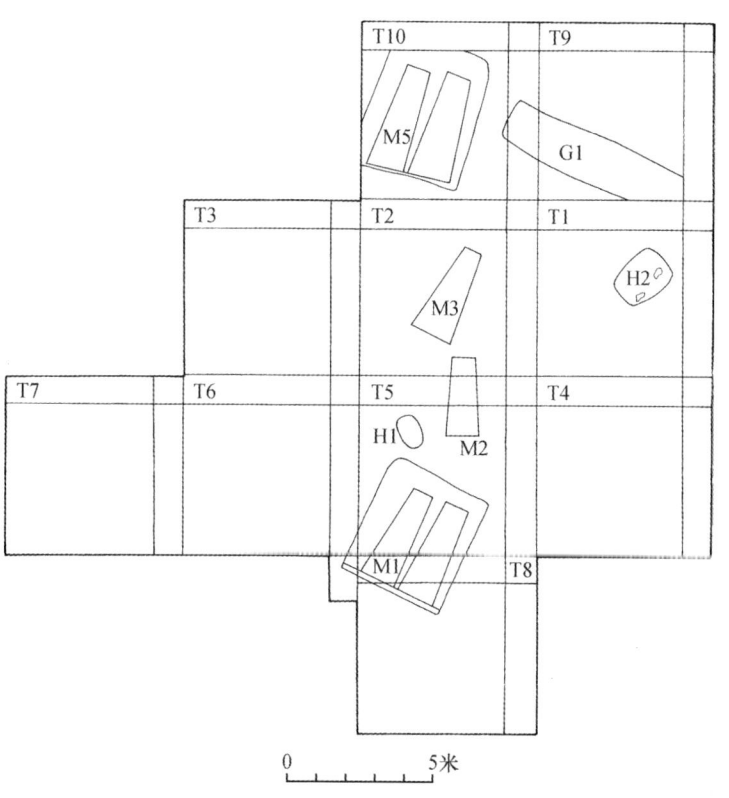

图二　探方平面分布图

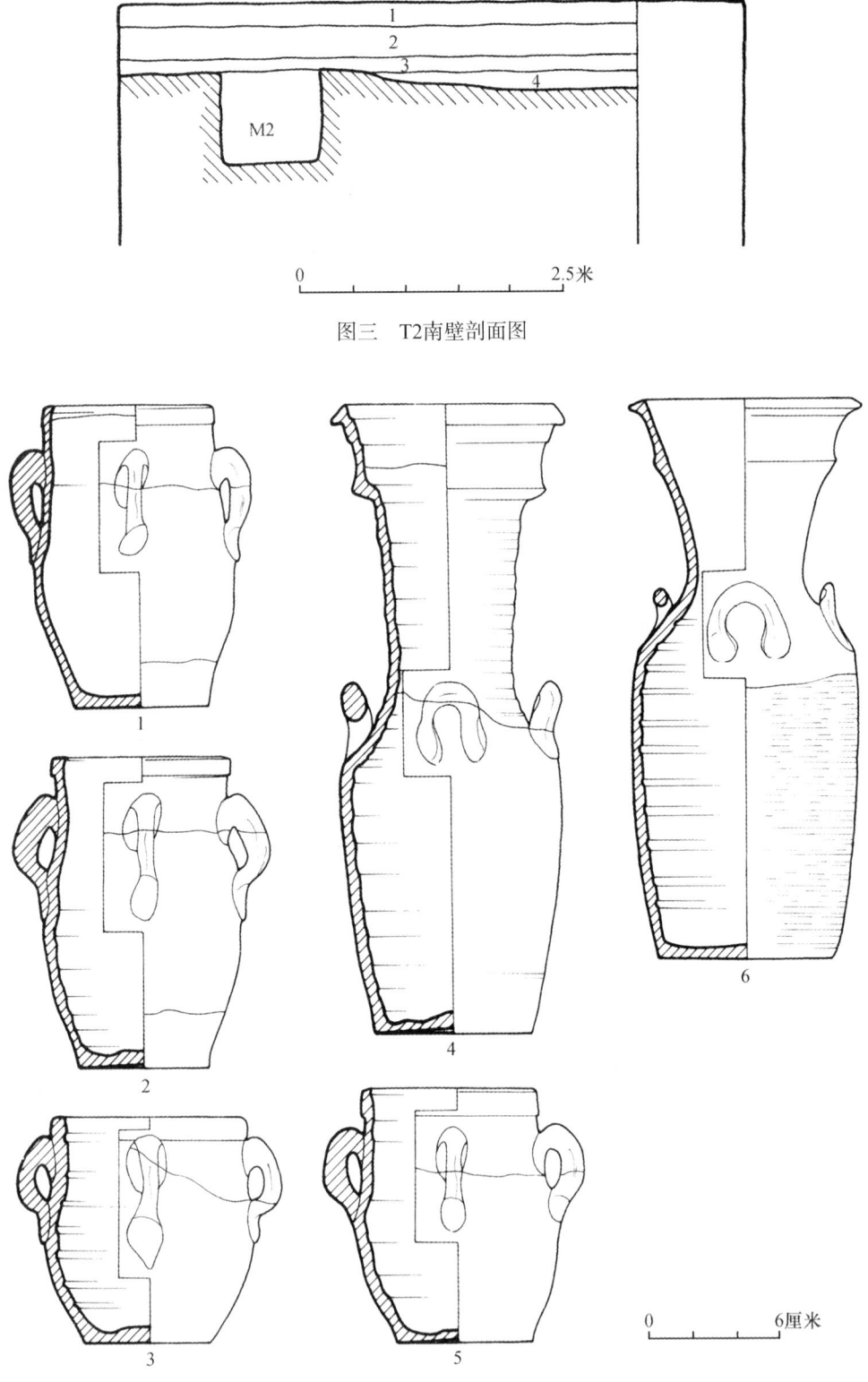

图三　T2南壁剖面图

图五　M1出土瓷罐

1、2.B型四系罐（M1∶10、M1∶12）　3、5.A型四系罐（M1∶6、M1∶13）　4、6.盘口罐（M1∶7、M1∶11）

米，底低于墓室底部0.16米，底部平铺一排砖。墓室平面呈南宽北窄梯形，长2.62、宽0.6~0.84米。壁砖砌法为先平砖错缝顺砌四层，再侧砖丁砌一层（该层向墙内收0.04米，形成六个墓砖大小的凹面），再平砖顺砌六层后起券。墓底铺一层砖，横排错缝平铺。东西墓室之间有通道连接。通道位于墓室南部，剖面呈长方形，底部距墓底0.52米，长0.56、宽0.16、高0.28米。后壁距墓底约0.12米处砌一个壁龛，平顶，宽0.16、进深0.18、高0.2米。墓底中北部有一腰坑，长0.18、宽0.18、深0.2米，坑内发现一瓷四系罐，罐口用一平砖封盖（图四）。墓葬所用墓砖均为长方形素面青砖，规格相同，长36、宽18、厚4厘米。该墓未发现葬具及人骨，葬式不详。甬道、墓室、腰坑中均发现有随葬品，共计27件（枚），其中瓷盘口罐2件、瓷四系罐4件、瓷碗4件、瓷盏2件、铁钱15枚。

瓷盘口罐 2件。M1∶7，褐色胎，器表施酱黄釉。盘口微敞，尖唇，溜肩，弧腹，平底，颈肩有横桥形四耳。口径9.6、肩径9.6、底径7.2、高27.8厘米（图五，4）。M1∶11，红褐色胎，口部施酱黄釉，部分已脱落。盘口微敞，尖唇，束颈，圆肩上有横桥形四耳，肩部以下斜弧腹内收，平底。口径9.6、肩径10.8、底径8、高24.8厘米（图五，6；图版二七，1）。

瓷四系罐 4件。直口，短领，肩部立有两两对称的竖桥形四耳。依据肩部特征的不同，分为二型。

A型 2件。圆肩，器形较矮。M1∶6，灰褐色胎，口部及四耳施酱黄釉。圆唇，鼓腹，平底。口径8.6、肩径9、底径5.8、高10厘米（图五，3）。M1∶13，红褐胎，口部施浅黄釉。圆唇，鼓腹，平底，颈肩部有竖桥形四耳。口径7.6、肩径8、底径6.2、高11.2厘米（图五，5）。

B型 2件。溜肩，器形较高。直口，鼓腹，平底。M1∶10，褐色胎，口部及四系施酱黄釉。口径7、肩径8、底径6、高13.4厘米（图五，1）。M1∶12，红褐色胎，口部施酱黄釉。口径7.2、肩径8.4、底径5.6、高13.9厘米（图五，2）。

瓷碗 4件。灰褐胎，敞口，圆唇。M1∶1，内壁和口部施浅黄釉。斜弧腹，饼足。口径11.4、底径4.6、高3.2厘米（图六，5）。M1∶2，内壁和口部施浅黄釉。弧腹，饼足。口径10.8、底径5.2、高3厘米（图六，6）。M1∶5，内壁和口部施青釉。斜弧腹，饼足。口径16.4、底径6.4、高6厘米（图六，3）。M1∶14，内壁和口部施浅黄釉。斜弧腹，腹部较深，圈足。口径16.2、足径6.4、高7厘米（图六，4；图版二七，3）。

瓷盏 2件。红褐色胎。敞口，浅腹，圆唇。依据底部和腹部特征的不同，分为二型。

A型 1件。斜直腹，平底内凹。M1∶9，通体施酱黄釉，大部分已脱落。口径9.5、底径3.6、高2.1厘米（图六，2）。

B型 1件。弧腹，平底。M1∶4，内壁和外壁上腹部施酱黄釉。口径10.5、底径

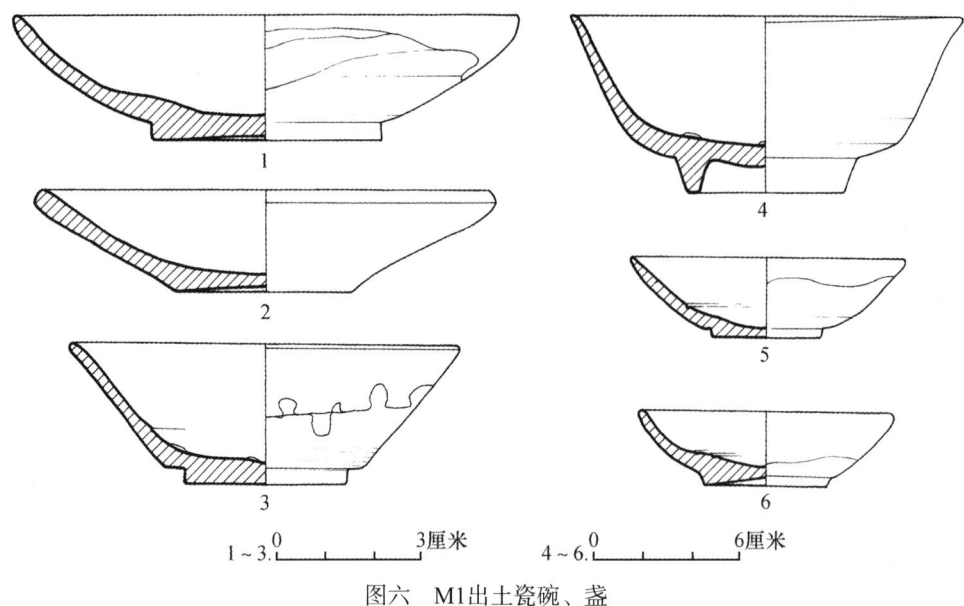

图六　M1出土瓷碗、盏
1. B型盏（M1:4）　2. A型盏（M1:9）　3~6. 碗（M1:5、M1:14、M1:1、M1:2）

4.8、高2.5厘米（图六，1）。

铁钱　15枚。M1:3，12枚。M1:8，3枚。锈蚀严重，圆形，方穿。钱径2.6厘米。

M2　位于T2、T5内。开口于第3层下，距地表深0.65米。单室石室墓，保存较为完整。墓向139°。墓圹平面呈弧角梯形，长2.76、宽0.82~1.26米，填土为黄褐色黏土。墓葬由封门、甬道、墓室、壁龛组成。封门高0.96、宽0.74、厚0.12米，用一块横砌石板及其上一小块石板构成，横砌石板长0.58、宽0.42、厚0.12米。墓顶沿券竖砌石板至券顶，顶上平铺石块，再用小石块填补空隙。由于墓壁自西北至东南逐渐升高，墓顶总体亦呈西北低东南高斜坡状。甬道平面呈梯形，长0.82~0.74、高0.5米，底部平铺一层厚约0.05米的石板，低于墓室底部约0.06米。墓室平面呈西北窄东南宽梯形，长2.08、宽0.54~0.76、高0.56~0.96米。墓壁分内外两层，外层由不相连的纵砌竖石板构成，内层则由不相连的立石板构成，内层立板正好连接外层竖版。肋部上纵向平铺石板，券顶再置于平板之上。肋柱之间空间形成长方形壁龛8个（两侧各4个）。铺地石板皆平铺。甬道处两块长0.8、宽0.26、厚0.05米的石板顺铺。墓室四块略呈梯形的石板纵铺，石板长0.84、宽0.26~0.42、厚0.1米，石板接缝处用小石块填补（图七）。该墓未发现葬具及人骨遗存，葬式不详。甬道内出土的随葬品有瓷盘口罐1件、瓷盏1件，墓室内出土铜簪1件。

瓷盘口罐　1件。M2:1，红褐色胎，口部施酱黄釉。盘口微敞，尖唇，束颈，圆肩上有两两对称的横桥形四耳，肩部以下斜弧腹内收，平底。口径9、肩径9.2、底径6.6、高27.5厘米（图八，1；图版二七，2）。

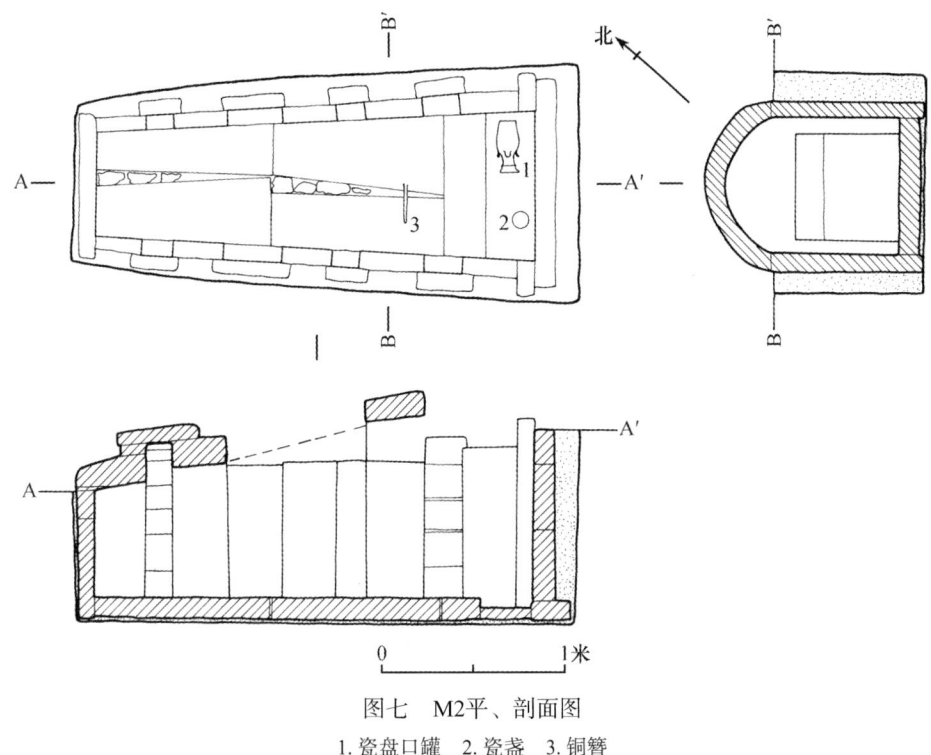

图七　M2平、剖面图
1. 瓷盘口罐　2. 瓷盏　3. 铜簪

瓷盏　1件。M2：2，灰褐色胎，内壁和外壁上腹部施酱黄釉。敞口，圆唇，弧腹，平底。口径10.6、底径4.5、高2.8厘米（图八，2；图版二七，4）。

M3　位于T2内。开口于第3层下，距地表深0.62米。单室砖室墓，早期已被扰乱。墓向151°。墓圹平面呈弧角梯形，长3.34、宽1.5～1.78米，填土为黄褐色黏土。墓葬由封门、墓室、壁龛、后龛组成。封门高0.6、宽1.36、厚0.34米，砌法为铺地砖上两平一丁交替上砌两组，再平砖顺砌两层。墓顶已被破坏，结构不详。墓室平面呈东南宽西北窄梯形，长2.6、宽0.6～0.96、高0.88米。壁砖砌法为铺地砖上先平砖顺砌两层，再侧砖丁砌一层，再平砖顺砌一层，再侧砖丁砌一层，再上部均为平铺，起券高度不详。墓底铺一层砖，错缝斜铺。东西侧壁各有三根肋柱，形成两侧对称的6个壁龛，其中中部壁龛宽0.3、进深0.16米，两侧壁龛宽0.16、进深0.18米。在墓室后壁（北壁）有一后龛，宽0.32、进深0.18、高0.32米，距墓室底部0.3米（图九）。墓葬所用墓砖均为长方形素面青砖，规格相同，长34、宽17、厚4厘米。该墓未发现葬具及人骨遗存，葬式不详。墓室、壁龛中均发现有随葬品，共计16件（枚），其中瓷四系罐1件、瓷盘口罐1件、串珠1件（74粒）、铁钱12枚、印石1件。

瓷盘口罐　1件。M3：1，夹细砂红褐胎，通体施酱黄釉，大部分已脱落。盘口，方唇，束颈，溜肩，有两两对称的横桥形四耳，弧腹，平底。口径6.8、肩径14、底径9、高34厘米（图一〇，2；图版二八，1）。

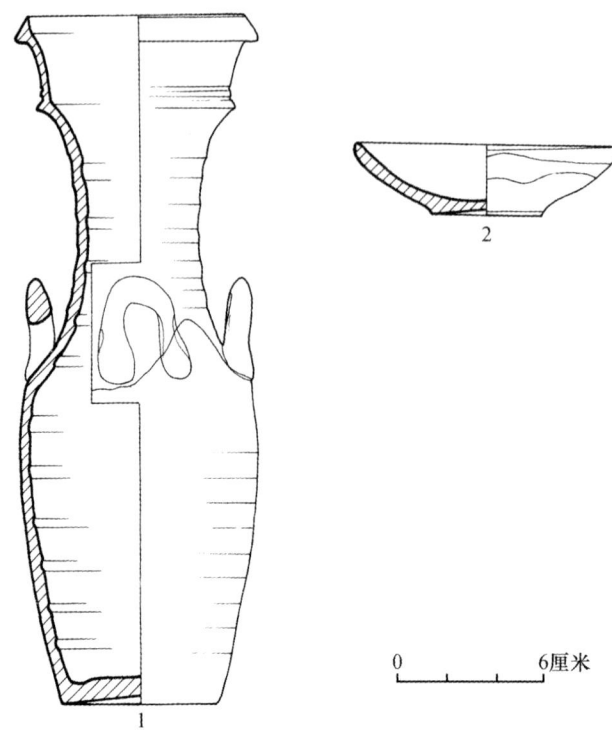

图八 M2出土瓷器
1. 盘口罐（M2:1） 2. 盏（M2:2）

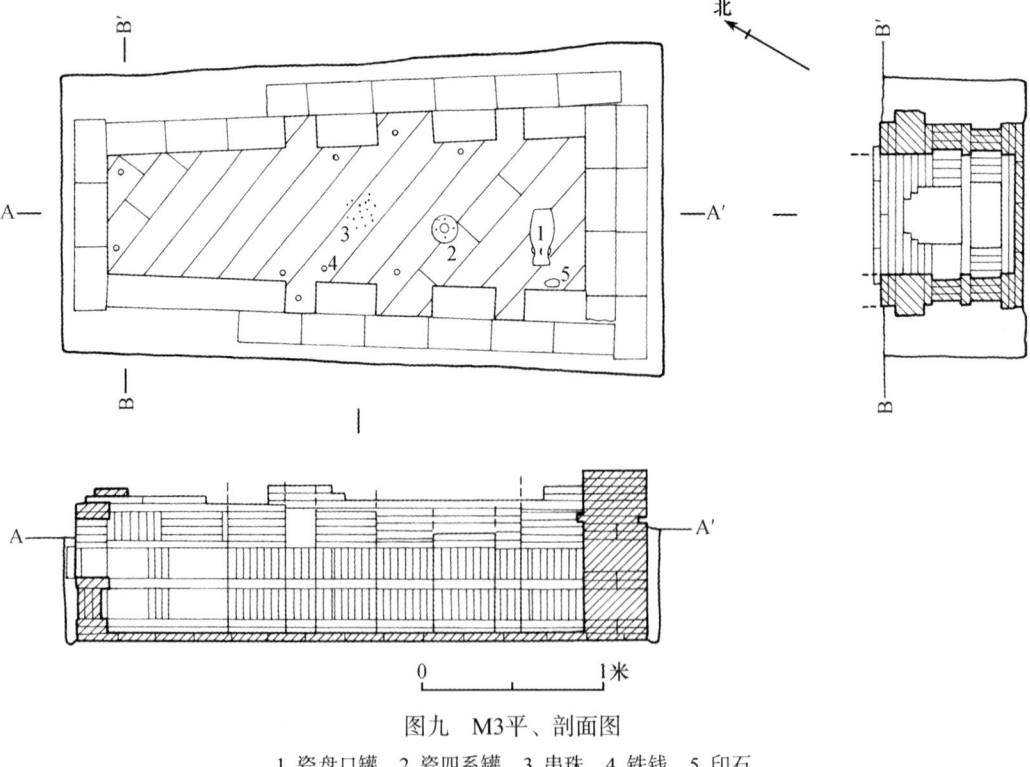

图九 M3平、剖面图
1. 瓷盘口罐 2. 瓷四系罐 3. 串珠 4. 铁钱 5. 印石

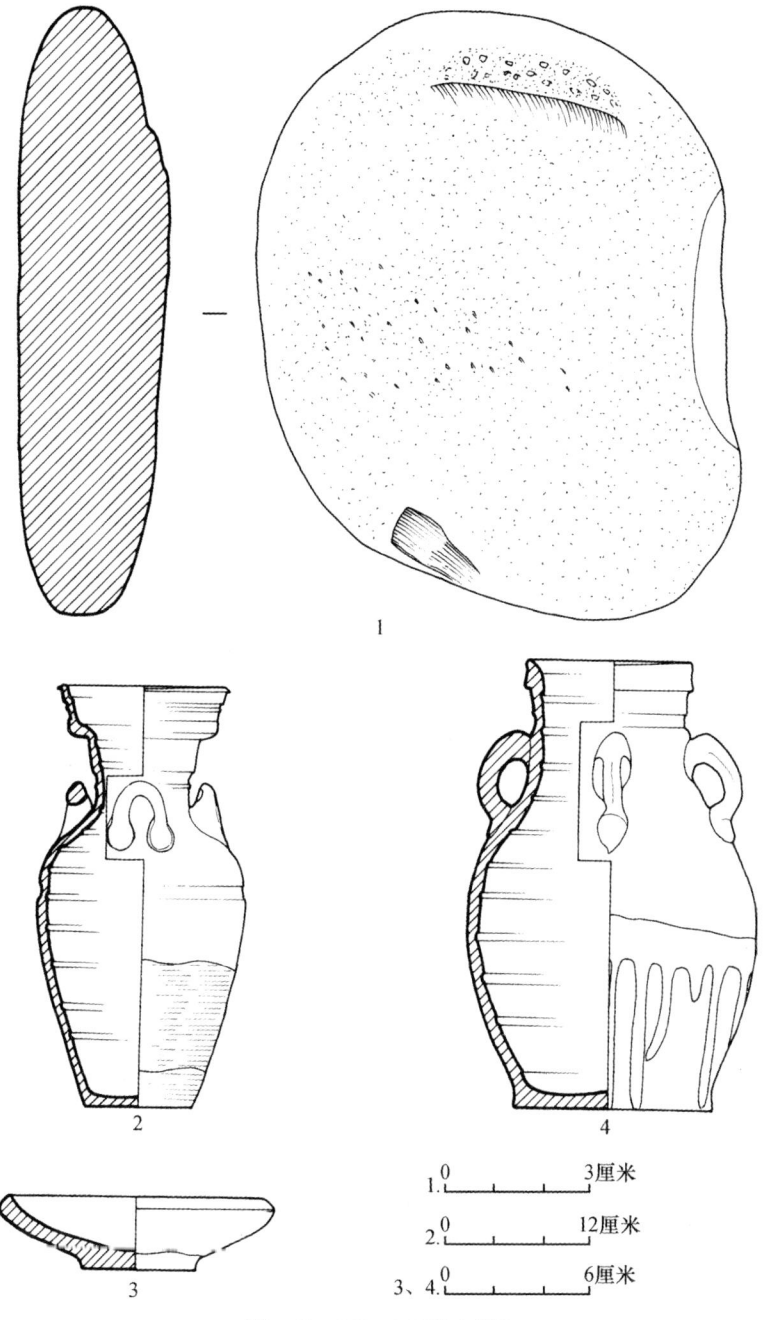

图一〇　M3、M5出土器物

1.印石（M3：5）　2.瓷盘口罐（M3：1）　3.瓷盏（M5：3）　4.瓷四系罐（M3：2）

瓷四系罐　1件。M3:2，紫胎，口部及颈肩部施酱黄釉。直口，圆唇，圆肩，弧腹，平底，颈肩有竖桥形四耳。口径6.6、腹最大径12、底径8.4、高18厘米（图一〇，4；图版二八，2）。

印石　1件。M3:5，黑灰色。饼状。长12.2、宽10.1、厚3.1厘米（图一〇，1）。

串珠　1件。M3:3，74粒。椭圆形黑色串珠，中心镂空，质地疑似为琉璃。均长0.9、宽0.7厘米，孔径0.2厘米（图版二七，5）。

铁钱　12枚。M3:4，锈蚀严重，圆形，方穿。钱径2.6厘米。

M5　位于T10内。开口于第3层下，距地表深0.4米。同坟异室券顶砖室墓，早期已被扰乱。墓向162°。墓圹平面呈弧角梯形，长4.08、宽3.6~4.24米，填土为黄褐色黏土。墓葬由封门、甬道、墓室、后龛、腰坑组成。该墓券顶、封门及南侧墓室早期已被破坏。现以保存较好的东墓室为例，对墓葬形制做一简单说明。甬道平面呈横长方形，长1.02、宽0.36米，底低于墓室铺地砖0.17米，底部平铺一排砖。墓室平面呈南宽北窄梯形，长2.52、宽0.74~1米。壁砖砌法为先平砖错缝顺砌三层，再侧砖丁砌一层（该层向墙内收0.04米，形成6个墓砖大小的凹面），再平砖顺砌，由于上部已被破坏，砌法不详。墓底铺一层砖，横竖排相间平铺。后壁距墓底约0.12米处砌有两个后龛，平顶，龛宽0.16米，进深0.06、0.09米不等，高0.18米。墓底中部有一腰坑，长0.18、宽0.16、深0.18米，内发现一瓷四系罐，罐口用一平砖封盖（图一一）。墓葬所用墓砖均为长方形素面青砖，规格相同，长36、宽18、厚4厘米。该墓未发现葬具及人骨遗存，葬式不详。东西墓室、腰坑中均发现有随葬品，共计12件（枚），其中瓷四系罐3件、瓷双耳壶1件、瓷碗1件、瓷盏2件、铁钱5枚（图一二）。

瓷四系罐　3件。直口，溜肩，腹微弧，平底，颈肩部立竖桥形四耳。M5:2，红褐胎，口部和颈部施浅黄釉。口径8.6、肩径9.8、底径6.2、高15.2厘米（图一二，2；图版二八，4）。M5:7，灰褐胎，口部和颈部施浅黄釉。口径7.8、最大腹径9.6、底径5.6、高13.9厘米（图一二，6）。M5:8，灰褐胎，口部和颈部施浅黄釉。口径7.6、最大腹径9.2、底径5.6、高13.9厘米（图一二，3）。

瓷双耳壶　1件。M5:1，灰褐色胎，口部施酱黄釉。直口，溜肩，鼓腹，平底，颈肩部有竖桥形双耳。口径5.2、底径6.6、高24厘米（图一二，5；图版二八，3）。

瓷碗　1件。M5:5，红褐色胎，内壁及外壁上腹部施酱黄釉。敞口，尖唇，弧腹，腹部较深，饼足。口径16.1、底径6.6、高5.5厘米（图一二，1）。

瓷盏　2件。内壁和外壁上腹部施酱黄釉。敞口，圆唇，饼足。M5:3，灰褐色胎。浅腹。口径10.8、底径5、高3厘米（图一〇，3）。M5:6，红褐色胎。斜弧腹。口径10.6、底径5、高3.4厘米（图一二，4）。

铁钱　5枚。M5:4，锈蚀严重，圆形，方穿。钱径2.6厘米。

H1　位于T5西北部，M1与M2之间。开口于第3层下，距地表深0.65米。平面呈圆角方形，长约1.15、宽0.75、深0.24米。坑壁规整，周壁被烧结成红烧土，填土呈灰黑

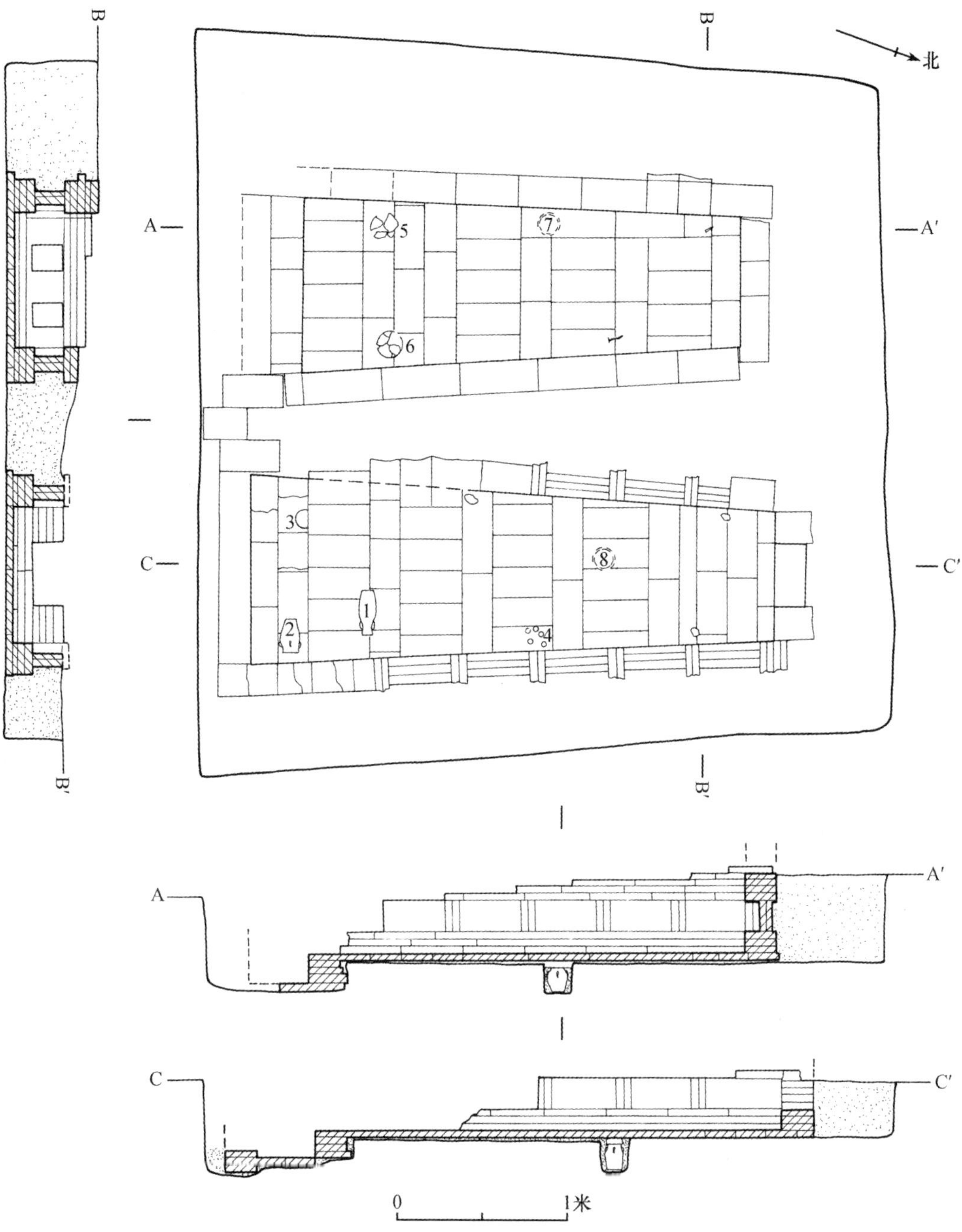

图一一　M5平、剖面图

1.瓷双耳壶　2、7、8.瓷四系罐　3、6.瓷盏　4.铁钱　5.瓷碗

色，内含大量灰烬和炭屑。从H1、M1、M2的平面布局来看，应该是后人祭祀两座墓葬所遗留。

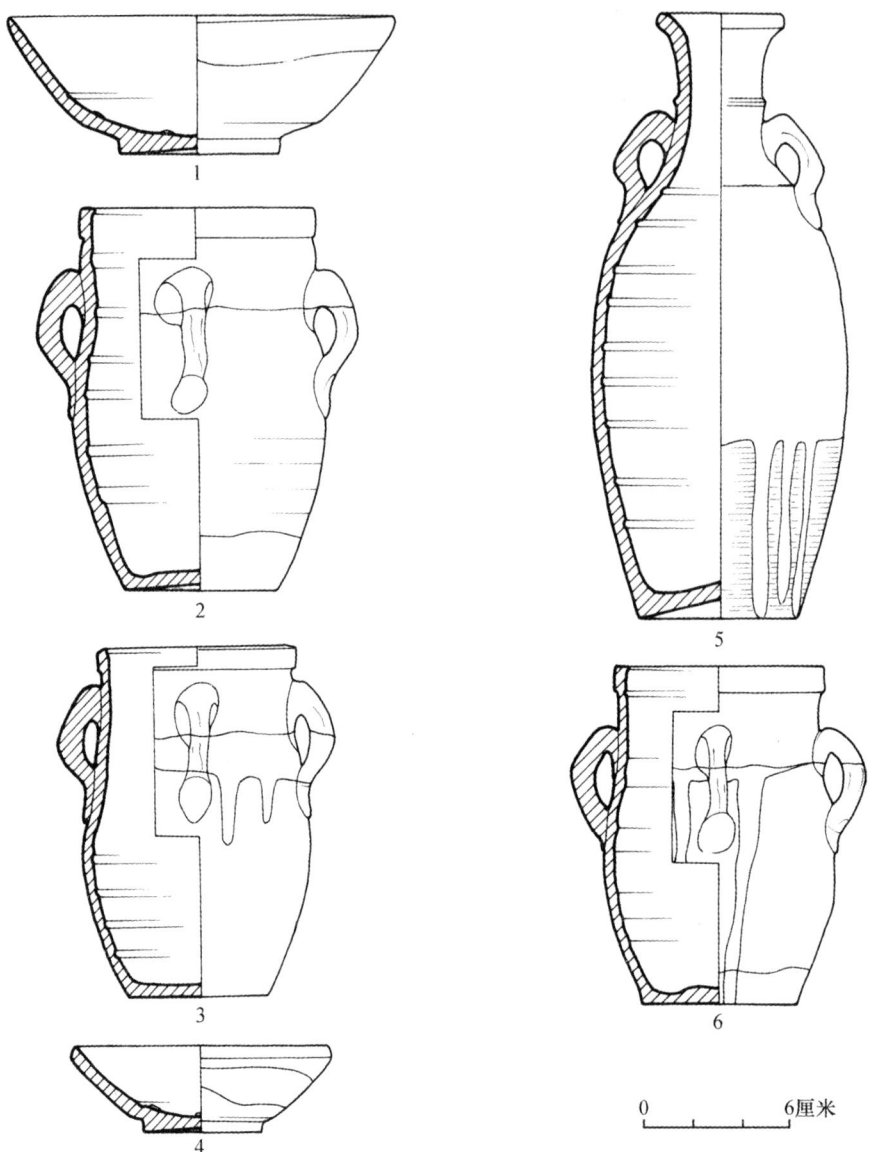

图一二　M5出土瓷器

1.碗（M5:5）　2、3、6.四系罐（M5:2、M5:8、M5:7）　4.盏（M5:6）　5.双耳壶（M5:1）

三、结　　语

新津县倒骑龙宋代遗址发现的4座墓葬出土器物丰富，但未见纪年材料，给时代判定带来一定困难。从墓葬形制看，4座墓葬平面多呈梯形，墓室前端有甬道，墓室多见壁龛或后龛，部分墓室底部有腰坑，与四川地区已发现的北宋时期墓葬形制较为相似[1]，其中M1与紫荆路M3[2]接近，M2与新津方兴唐宋墓群M32[3]接近，M3与西窑村M6[4]接近，M5与新津方兴唐宋墓群M10[5]接近。从墓内出土器物来看，多为瓷四系罐、瓷盘口罐、瓷碗、瓷盏、铁钱的器物组合，其中瓷四系罐（M1：6）与新津方兴墓群Ⅲ式四系罐（大口罐，M28：4）风格接近，瓷四系罐（M5：8）与新津方兴墓群Ⅱ式四系盘口罐（M10：1）风格相同，瓷碗（M5：5）与新津方兴墓群BⅢ式碗风格相似。此外，结合胎质、釉色、器形等器物特征，除瓷碗（M1：5）具有淡青色乳浊釉典型特征应属邛窑出产外[6]，其余器物均应出自成都琉璃厂窑[7]。综上所述，根据墓葬形制及随葬品的变化，上述4座墓葬时代应为北宋时期，M3年代略早，应为北宋早期，其余3座墓葬应为北宋中晚期。

倒骑龙宋代遗址发现的4座墓葬，呈"一"字形布局，显然是统一规划的家族墓地。该墓群的发现与发掘，对研究宋代家族墓地具有重要的参考价值，也为成都地区墓葬研究提供了新的重要考古资料。

发掘：索德浩　陈　平　魏　楠　郑　卫
　　　陈　蕾　颜　斌　陈晶晶
修复：党　明
绘图：张　培
摄影：陈　平　魏　楠　颜　斌
执笔：颜　斌　魏　楠　陈晶晶　索德浩
　　　朱寒冰

注　释

[1] 近年来四川北宋时期墓葬发现较多，部分墓葬保存较好，墓葬时代较为明晰，可作为本报告墓葬年代的比较材料。如陈云洪：《四川地区宋代墓葬研究》，《南方民族考古》（第七辑），科学出版社，2011年；成都文物考古研究所、新津县文管所：《成都市新津县方兴唐宋墓群发掘报告》，《成都考古发现》（2009），科学出版社，2011年；成都文物考古研究所、邛崃市文化局：《成都邛崃羊安工业区墓群唐宋墓发掘简报》，《成都考古发现》（2009），科学出版社，2011年；成都市文物考古研究所：《成都市高新区紫荆路唐宋墓发掘简报》，《成都考古发现》（1999），科学出版社，2001年；成都市文物考古研究所：《成都西郊西窑村唐宋墓葬发掘简报》，《东南文化》2003年第7期。

[2] 成都市文物考古研究所：《成都市高新区紫荆路唐宋墓发掘简报》，《成都考古发现》（1999），科学出版社，2001年。

[3] 成都文物考古研究所、新津县文管所：《成都市新津县方兴唐宋墓群发掘报告》，《成都考古发现》（2009），科学出版社，2011年。

[4] 成都市文物考古研究所：《成都西郊西窑村唐宋墓葬发掘简报》，《东南文化》2003年第7期。

[5] 成都文物考古研究所、新津县文管所：《成都市新津县方兴唐宋墓群发掘报告》，《成都考古发现》（2009），科学出版社，2011年。

[6] 成都市文物考古研究所、邛崃市文物保护管理所：《成都邛崃市南街唐宋遗址发掘简报》，《成都考古发现》（2000），科学出版社，2002年；伍秋鹏：《邛窑陶瓷窑具与装烧工艺初探》，《四川文物》2005年第1期。

[7] 成都文物考古研究所：《成都市琉璃厂古窑址2010年试掘报告》，《成都考古发现》（2010），科学出版社，2012年。

2016年盐源县盐棚山盐业遗址调查简报

成都文物考古研究院
凉山彝族自治州博物馆
盐源县文物管理所

盐源县位于四川省凉山彝族自治州西南部，地处青藏高原的东南缘，大部分地区属于川西南山地褶皱高山地带，系横断山脉的南延部分，山间多断陷盆地或谷地，与云贵高原类似。盐棚山遗址位于盐源县西南的盐塘乡郑家田村四组，东距离盐源县城70千米，北距盐泸公路1.5千米（图一）。当地地形以山地为主，遗址处于山前坡地，地势相对较缓，地表土壤为棕红壤，夹杂有大量碎石屑。气候为亚热带高原季风气候，干湿两季分明，冬春多风而干燥，夏秋多雨而凉爽，日温差大，年差小，多年平均气温11.4~12.6℃，终年少雾，阳光充足。地表植被主要为云南松和山地杂草。当地居民主要为彝族，主要分布于盐泸公路两旁，粮食主要为低山旱地玉米、洋芋、荞麦，饲养动物有牛、羊、鸡、猪。1976年，当地发生了6.9级地震，该遗址遭到严重破坏，1980年黑厂正式停产，当地盐业工业自此退出历史舞台。

2008年，为了配合国家文物局"指南针"计划子课题"中国古代盐业考古"的开展，成都文物考古研究院就所承担的"盐源地区盐业考古调查"开展了相关的盐业考古调查，时年调查了黑盐井，形成了一些初步的认识[1]，但当时仅局限于地表踏查，对地下遗存及盐源盆地古代文化遗存的情况并不十分清楚。为了进一步了解黑盐井盐业遗存的分布、结构、保存和时代及技术工艺等信息，2016年4月成都文物考古研究院、凉山彝族自治州博物馆及盐源县文物管理所组成联合调查队对该遗址再次进行复查[2]。本次调查仍然以地面踏查为主，较之以往不同的是扩大了范围，将周围低山全部踏查，以全面了解该遗址分布范围。我们在盐棚山遗址挖探沟试掘，以了解地下遗存的分布、保存及时代等信息，还在2008年调查基础上进一步加强盐矿和卤水、土壤等标本的采集，以了解当地盐业资源发生与发展的自然条件。本次主要复查了四个地点，发现众多遗迹与遗物，现按地点依次简述如下。

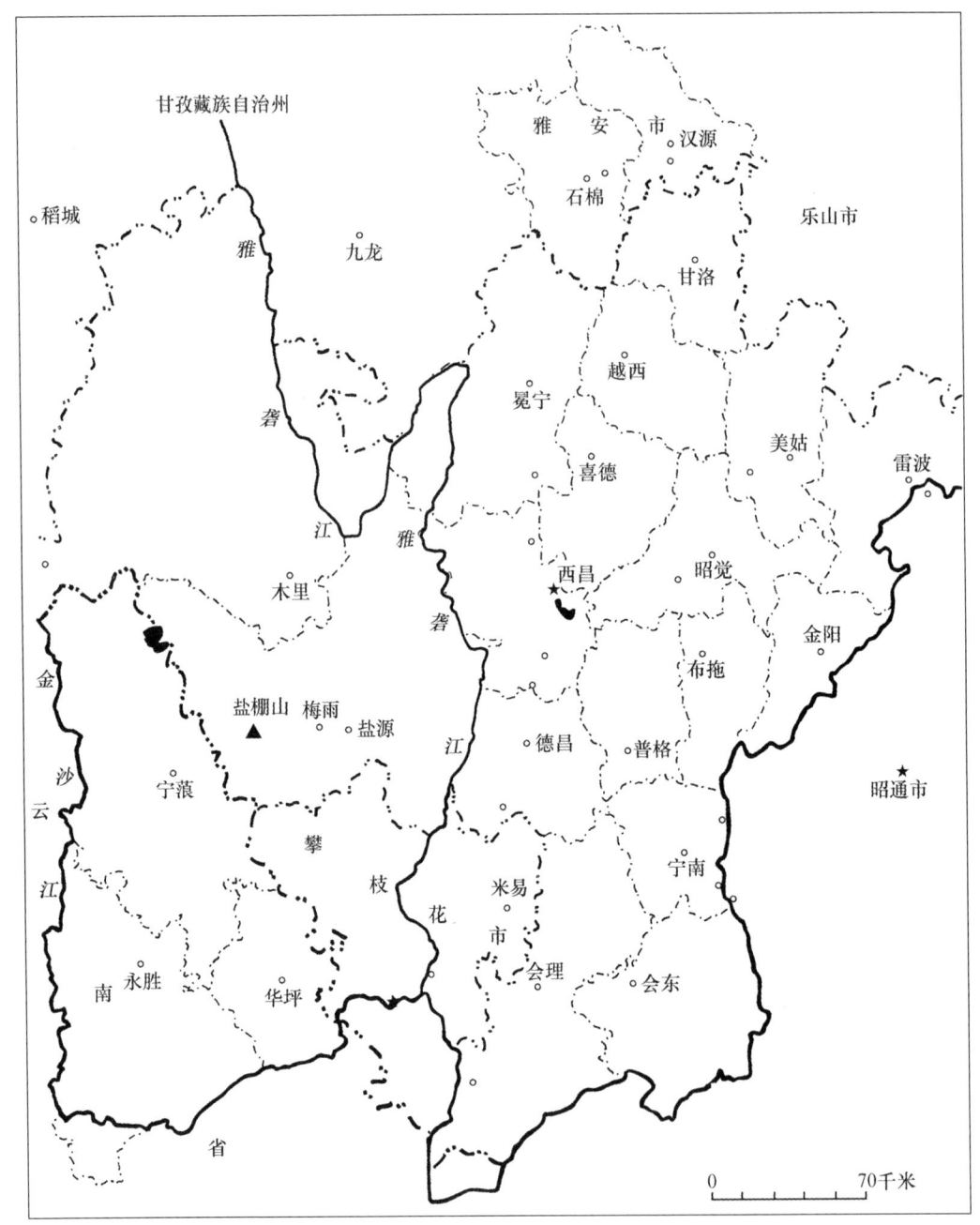

图一　盐棚山遗址位置示意图

一、郑家田遗址（第一地点）

郑家田遗址位于盐塘乡郑家田村四组，地处扯日嘟嘟沟边西坡地，北距盐泸公路0.5千米，东南距离盐棚山遗址500米。地理位置为东经101°10′34.5″、北纬27°20′55.4″，海拔2208.4米。

堆积层表面为村民种植的玉米地，文化堆积层共分为4层：第1层为耕土层，褐色土，结构疏松，厚约0.3米；第2层为黄褐色沙土，含沙多，结构疏松，厚约0.4米；第3层为褐色沙土，结构疏松，含砾石多，厚约0.9米；第4层为黄褐色沙土，结构略紧，厚约0.9米，夹杂大量的红陶片和砾石[3]。该地点由于受到2015年的特大山洪破坏严重，当年尚残剩400平方米，目前不足3平方米，陶片堆积也已不存，仅存一小段烧结面（图版二九，1）。

二、盐棚山遗址（第二地点）

该地点为原报告中的第二采集点，即"瓦者墓者地"，地理位置为东经101°10′32.9″、北纬27°20′44.8″，海拔2260米。地势较为平坦，地表土壤中夹杂大量碎石，肥力较差，农作物仍然是低山玉米，低坡为低矮杂草，相较2008年，地表植被保存情况更差。地面随处可见夹砂绳纹红陶片及烧土（图版二九，2）。为了了解该遗址地下遗存的基本情况，在遗址的西南部按正南北向布5米×5米探沟2条，发现一批制盐遗迹，如炭窑、灶、硬土、木缸等；同时出土了一定数量制盐遗物，如陶片、瓷片、铜钱等。

（一）地层堆积

试掘区内地层堆积可分3层，随地势自南而北倾斜，地层堆积简述如下（图二）：

第1层：现代耕土层，为黑色碎石，结构疏松。厚0.15米。夹杂有大量植物根茎、瓷片及现代垃圾。

第2层：黑色沙土层，结构紧密，土质板结。厚0.15～0.2米。内含少量瓷片、铁锅残片、兽骨、炼渣及烧土，推测为近现代。

第3层：红黄色沙土层，结构疏松。厚0.15～0.3米。内含大量木炭、炼渣、铁锅残片及少量瓷片和"道光通宝"钱币，时代推测为明清时期。遗迹全部开口于该层下，

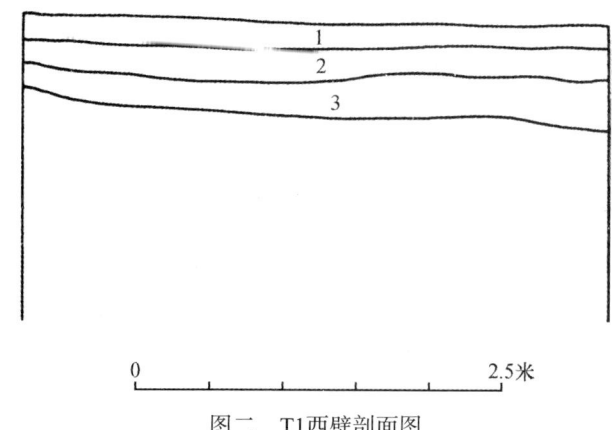

图二　T1西壁剖面图

该层下发现的遗迹有灶、窑、木缸（？）、硬土和软土（？）等（图三；图版三二，1）。受试掘面积限制，为了保护该层面遗存信息的完整性，未做进一步发掘。

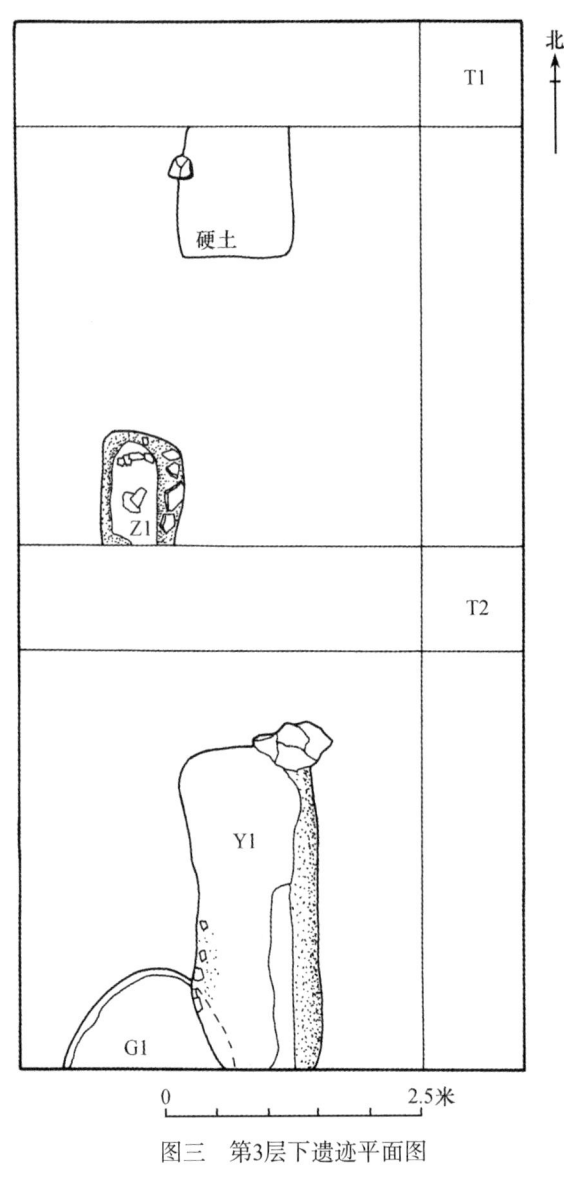

图三　第3层下遗迹平面图

（二）遗迹及遗物

1. 第3层下遗迹及遗物

Y1　位于T2中部东南，打破G1、周边硬土和软土。平面呈不规则刀把形，两头圆弧，中部凸出，南部一段延伸进入发掘区外。东西壁差别较大，东壁有两层烧结面，外壁为红烧土，结构疏松，分布于整个东壁，长2.9、宽0.35米；内壁仅分布于东南部，呈青灰色，结构略硬，长1.8、宽0.3米。西壁则为青灰色烧结面，较薄。窑底略为平整，长3.1、宽1~1.3、深0.24米（图四，1；图版三二，2）。填土为黑灰色沙石，结构疏松，包含有大量木炭，尤其是集中于西南角，明显可辨为松木，推测其功用为烧炭窑。该窑四壁烧结面较薄，估计使用时间较短。窑门东北有一大石块。

G1（可能为木缸或槽缸） 位于T2西南部，东北被Y1打破。平面呈圆形，南部延伸入发掘区外，未扩方清理。仅存底面，为一圆形土台，质地为红色沙土，土质细腻，结构板结紧密，与周边遍含碎石屑的土壤形成极大反差，该土台与周边土壤有一个宽约

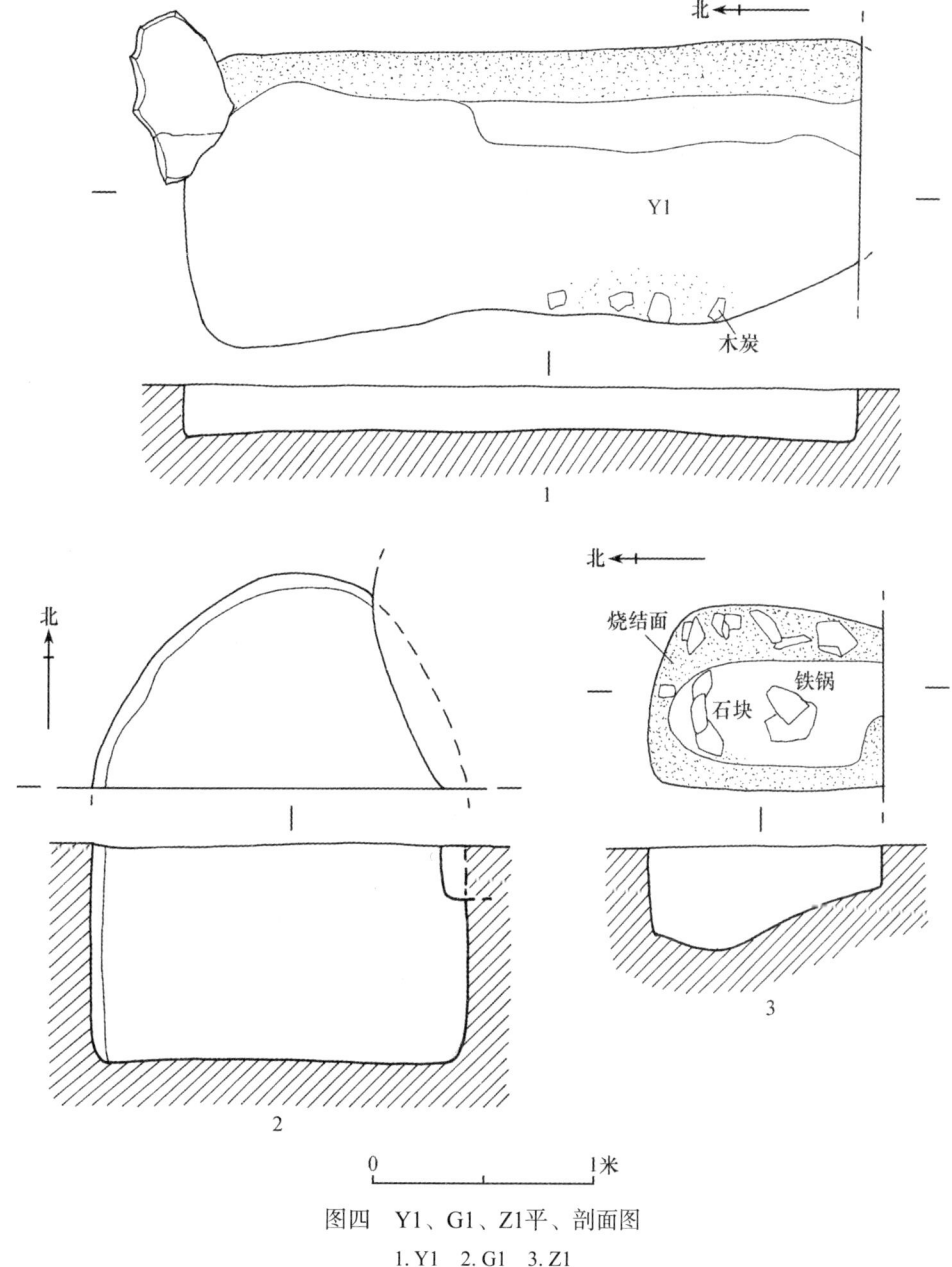

图四 Y1、G1、Z1平、剖面图
1. Y1 2. G1 3. Z1

0.05米的缝隙，壁面上遗留有清晰的木板痕迹，应系人工有意为之。其形制同当地制盐遗存中常见的储藏卤水用木缸非常相近。长径1.7、短径1、深约0.96米（图四，2；图版三二，3）。

Z1　位于T1西南部。平面呈马蹄形，弧壁，底部为斜坡形，随地势自南向北倾斜。西壁为红色硬土，未见石块垒砌；东壁外侧用石块垒砌，内侧为红色烧土；最低处亦置有石块，底部有大量炭屑。长1.08、宽0.68～0.8、深0.2～0.46米（图三，3；图版三三，1、2）。填土除了少量沙土外，主要为石块和铁锅残片，结构较为疏松。

铁锅　1件。2016YPSⅡZ1：1，表面锈蚀严重。呈筒形，侈口，尖唇，斜壁。口径19.6、残高8.6、厚0.5厘米（图五，2）。

另外在T1北部，分布有平面呈长方形、土质呈红色和黄色的硬土带。长径0.85、短径0.65米，质地板结紧密，与周边松软的黑色土壤形成较大差异，其功用可能是后世用于提高卤水浓度的硬土？（图三；图版三三，3）。

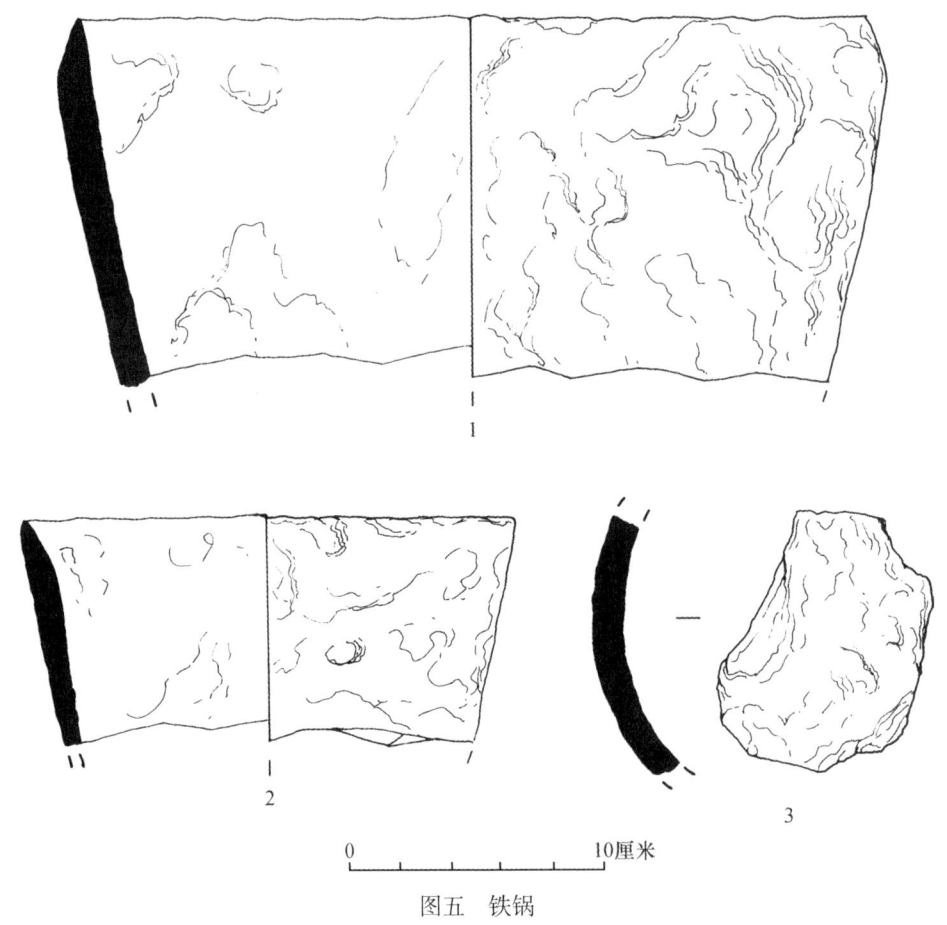

图五　铁锅
1. 2016YPSⅡT2②：1　2. 2016YPSⅡZ1：1　3. 2016YPSⅡT2③：2

2. 第3层出土遗物

陶圜底罐　1件。2016YPSⅡT2③：3，夹砂红陶。仅存沿部，侈口，方唇。沿部外壁饰有稀疏绳纹。残宽4.5、残高2.1厘米（图六，8）。

陶侈口罐　1件。2016YPSⅡT1③：5，夹砂红陶。侈口，宽折沿，方唇。残宽4.8、残高3.2厘米（图六，2）。

瓷瓶　1件。2016YPSⅡT2③：4，酱釉。盘口，圆唇。唇外饰有花边。残宽7.5、残高3.2厘米（图六，9）。

铁锅　7件。2016YPSⅡT2③：2，表面锈蚀严重，结构疏松。近底部残片。残宽8.5、残高10厘米（图五，3）。

铜钱　1枚。2016YPSⅡT2③：1，残，正面铸有"道光□宝"四字，背面铸满文。直径2.4、穿宽0.6厘米（图七，4）。

3. 第2层出土遗物

铁锅　1件。2016YPSⅡT2②：1，表面锈蚀严重。呈筒形，敛口，尖唇，弧壁。口径31.2、残高13.8、厚0.6厘米（图五，1）。

4. 采集遗物

该地点采集遗物主要是瓷片，另有少量绳纹陶片，陶片残碎，器形多不可辨。

瓷碗　2件。2016YPSⅡC：2，黄釉。侈口，斜壁。口径14.7、残高2.1厘米（图七，1）。2016YPSⅡC：1，青灰釉。侈口，斜壁，矮圈足。外壁饰有葵花纹。口径14、足径6.4、高5.3厘米（图七，2）。

陶器耳　1件。2016YPSⅡC：3，深灰色硬陶。桥形耳。残长5.4、宽1.1、厚0.8厘米（图七，3）。

三、第三地点

该地点即为2008年的第三采集点，又名为盐塘盐池遗址，其所处位置为当地卤水源头，属于自溢盐泉。位于盐棚山遗址东南山沟的半山腰上，地理位置为东经101°10′35.9″、北纬27°20′38″，海拔2266.8米（图版三〇，1）。地面踏查采集的陶片多为红色绳纹陶片，在其东南十几米处发现一个用石块垒砌的出水口，井口已经被回填，结合文献推测其可能就是上尖子的位置（图版三一，1），而原来采集卤水处有一圈木栏的位置可能就是下尖子的位置（图版三〇，2），二者都是斜井，其不同于白盐井的直井，它是盐井开凿技术上一个创新。此外，在下尖子下面水沟发现一处用石块砌的残损卤水池（图版三一，2），时代不明。

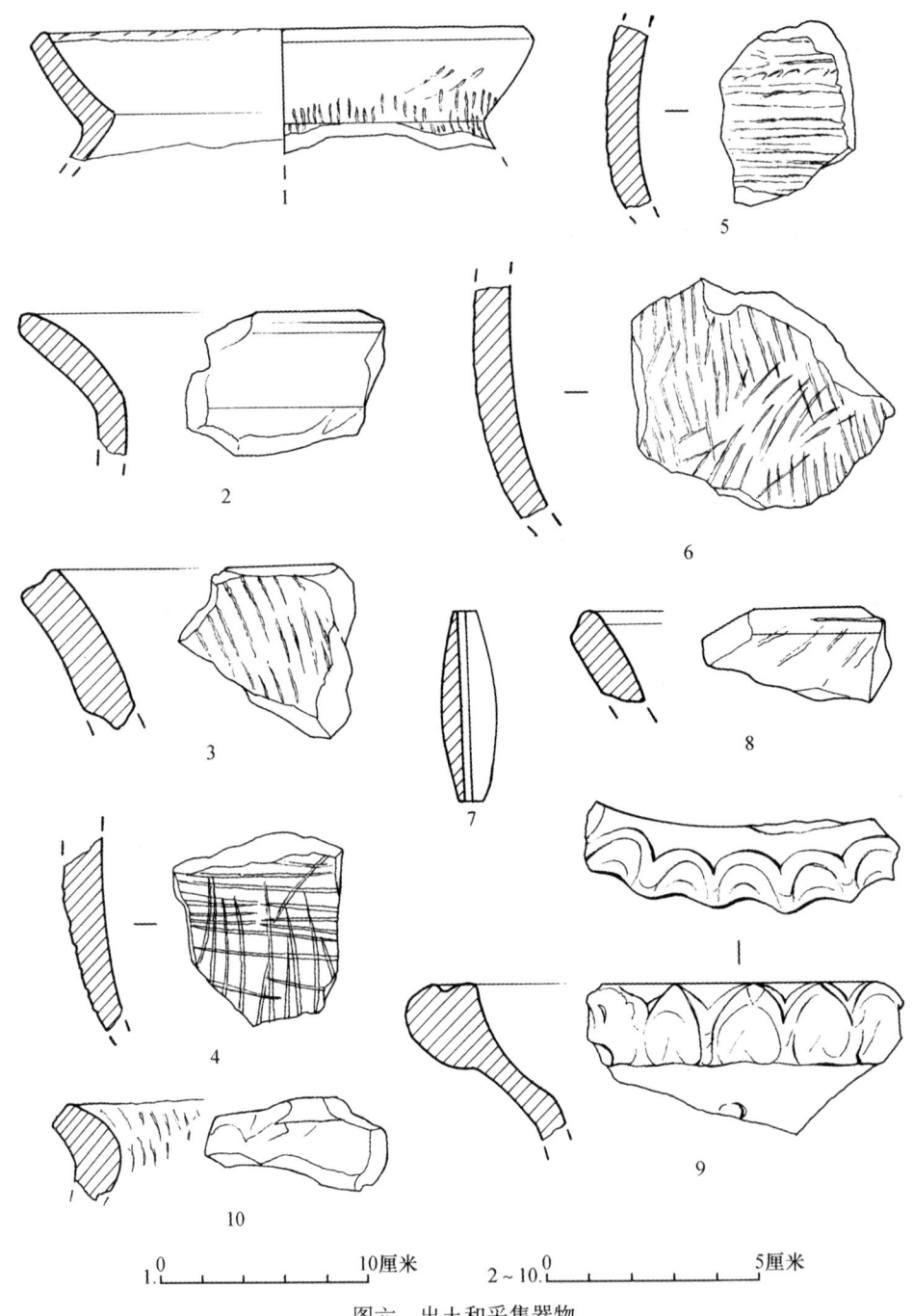

图六 出土和采集器物

1、3、8. 陶圜底罐（2016YPSⅣC：1、2016YPSⅣC：2、2016YPSⅡT2③：3） 2. 侈口罐（2016YPSⅡT1③：5）
4~6. 绳纹陶片（2016YPSⅣC：6、2016YPSⅣC：7、2016YPSⅣC：5） 7. 陶网坠（2016YPSⅣC：4） 9. 瓷瓶
（2016YPSⅡT2③：4） 10. 陶卷沿罐（2016YPSⅣC：3）

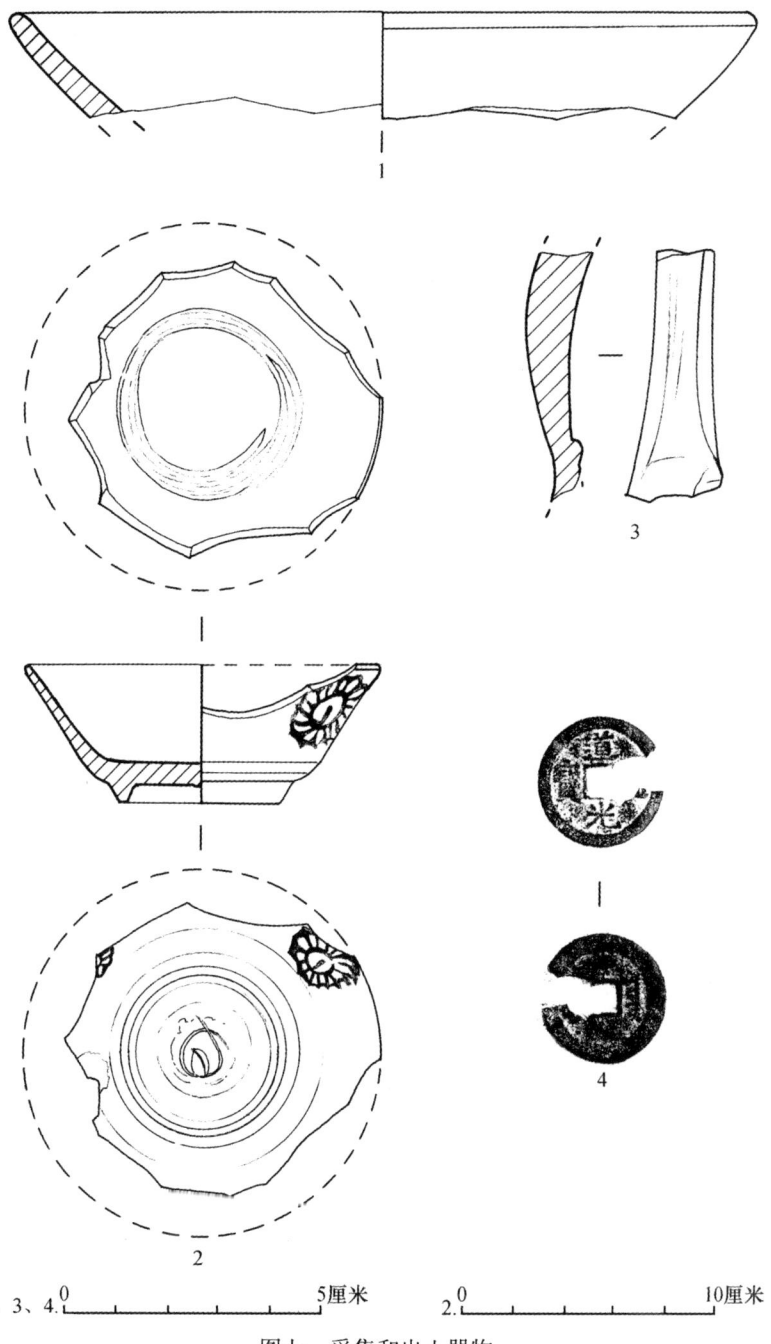

图七　采集和出土器物

1、2. 瓷碗（2016YPSⅡC：2、2016YPSⅡC：1）　3. 陶器耳（2016YPSⅡC：3）　4. 铜钱（2016YPSⅡT2③：1）

四、第四地点

我们还在第三采集点和盐棚山遗址南部低山周边进行了全覆盖踏查，在这些低山的半山腰上均可采集到夹砂绳纹红陶片。该地点调查发现的口沿和网坠，对于认识这些绳纹陶片的文化属性和时代提供了重要的依据。采集遗物简述如下：

圜底罐　2件。2016YPSⅣC：1，夹砂红陶。敛口，折沿，方唇，束颈。颈部饰有间断绳纹。口径23.8、残高5.8厘米（图六，1）。2016YPSⅣC：2，夹砂红陶。仅存沿部，侈口，方唇。口沿外壁饰有斜向绳纹。残宽4.1、残高4厘米（图六，3）。

卷沿罐　1件。2016YPSⅣC：3，夹砂黑陶，胎土杂有较多石英砂粒。仅存沿部，敞口，卷沿，方唇。唇部内壁饰有间断稀疏绳纹。残高2.2厘米（图六，10）。

网坠　1件。2016YPSⅣC：4，泥质红陶。呈管状，两端细、中间粗，中空。长4.4、孔径0.1厘米（图六，7）。

绳纹陶片　3件。陶片残碎。2016YPSⅣC：6，夹砂红陶。为圜底罐腹部陶片，表面饰粗绳纹。残宽4、残高4.5厘米（图六，4）。2016YPSⅣC：7，夹砂红陶。为圜底罐腹部陶片，表面饰粗绳纹。残宽2.9、残高4.3厘米（图六，5）。2016YPSⅣC：5，夹砂红陶，胎土中杂有石英砂粒。为圜底罐近底部陶片，表面饰稀疏绳纹。残宽6.2、残高5.4厘米（图六，6）。

五、初步认识

盐棚山第二地点发现的筒口锅残片见于第2、3层中，尤以第3层多见，该层出土1枚"道光通宝"钱币。盐棚山第3层出土的瓷瓶与大理鹤庆象眠山Ab型瓶（M387）相近，该墓时代推测为明末清初[4]，第3层堆积形成的时代可能在明末清初。遗迹全部开口于第3层下，Z1中铁锅残件的发现，可确认该灶所使用的锅灶为侈口铁锅，其形制不同于清代的筒口锅（近无座高脚杯状）。Z1中出土铁锅为侈口，斜直壁，壁厚，器形较小，口径不足20厘米。而地层中出土铁锅口径较大，约32厘米，弧壁，壁薄，体形较大，与Z1出土铁锅形态差异较大，它是否为另一种形式的铁盆，有待于进一步分析。文献记载当地元代才使用铁盆煮盐，清乾隆以后，才改用筒口锅制盐，因此从层位关系、出土遗物和文献记载分析，该灶及相关遗存的时代上限为元代初期，下限为1736年以前。而明初在黑盐井设盐课司时，盐棚山上有元代煎盐遗迹的记载[5]。盐棚山目前没有发现白盐井在清代以后常见的扇形、和尚形、"十"字形锅灶，也没有黑盐井明清时期常见的马槽形锅灶，而是代之以元代常见的就地挖坑作灶或垒石为灶；结合Y1（Y1为烧炭窑，窑室内出土瓷片为明清时期风格，该窑时代可能为明清时期）打破卤水池（木缸），填土中出土有明代早期瓷碗，以及填土和卤水井周边常见绳纹红陶片多为当地宋元时期流行的圜底罐残片。因此，我们推测Z1和卤水池（木缸）、硬土和软土等煎盐遗迹的时代为元代。盐棚山遗址可能在元代是黑盐井的制盐中心，随着规模的扩大，明清以后，制盐中心逐渐往沟口外移，该地成为烧制燃料的区域，清道光年间之后逐渐成为现沟口煮盐废弃物的堆积地，盐业作坊移至现盐塘政府所在地。

其他地点目前发现的绳纹陶片的一大特质是器物外壁遍布突出的凌乱粗绳纹，陶片烧制火候高，陶罐和网坠均同海门口遗址元代遗存出土的相近[6]，陶片与西昌市沙坪站大理国时期火葬罐的风格如出一辙，沙坪站火葬罐有着明确的年代归属，约在1205～1270年或1165年～1260年，即宋末元初[7]，因此这些绳纹陶片的时代应在大理国晚期至元代，与文献记载的黑盐井在元代恢复生产的历史背景是一致的，由此我们可以修正2008年对此类遗存时代属性的认识。从目前的考古信息分析，盐棚山遗址目前所出以绳纹陶片为代表的盐业遗存，时代不可能早至唐代以前（文献记载昆明使用陶杯熬盐[8]，此类绳纹陶片乃大理国晚期至元代遗物风格的特征[9]），元代以前由于战乱荒芜，当地盐业衰落，再加上目前盐源盆地此类遗存的年代上限不清晰，从目前材料看，盐棚山与绳纹圜底罐陶片共存的制盐遗存的时代上限可能为元初，亦不排除出现更早的可能性。

通过本次调查可以形成以下几点认识和收获：

一、结合出土陶片观察和文献记载，目前盐棚山遗址所揭露的盐业遗存的时代可能在元代，盐棚山第二地点可能是黑盐井元代的煎盐所在地。二是以郑家田、盐棚山遗址、盐池遗址地点和周边盐业遗存等共同构成了以盐棚山为中心的元代制盐遗存，是一个有着不同功能分区的盐业遗址。三是提供了元代铁锅、盐灶、木缸、软土、硬土以及清代烧炭窑和筒口锅等实物证据，为四川元代盐业研究提供了重要实物资料。从目前的发掘看，元代可能已经出现硬土、软土等附属设施。硬土即灶周围泥土，由于平时用盐水浸泡和吸收余热，变成含盐量最重的硬层，像盐矿一样，称为硬土。平时将硬土打碎，泡入装有盐水的槽缸内，经过淘洗后，舀入盐锅内，淘后剩在锅底的泥沙，取出放在一堆，以作下次筑灶之用，这种泥沙称为"软土"。盐田中的灰皮子为多次洒卤于田内的炭沙土，晒干后收集起来，像硬土那样在槽缸中淘洗。二者功用相同，都是提高卤水浓度，不同的是形成方法的差异，硬土用火温，灰皮子是借阳光晒干或通风阴干。黑盐井在民国以前燃料一直使用木柴（清代主要为松木，这为考古发现证实），没有实现以煤作替代[10]。四是基本确认了元代上、下尖子斜井的位置及木枧运卤方式。五是初步明晰了盐棚山遗址的变迁，元代为煎盐作坊中心，明清以后逐步衰落，开始变成燃料集散地，清代晚期后废弃。六是确认当地其他地点广泛存在的夹砂绳纹陶片的时代为宋元时期。七是通过对采集卤水、盐矿、土壤和铁锅等标本实验室分析确认，所采集卤水基本可以确定为盐水，经过熬煮、提纯能够生产食用盐。同时通过对遗址周边采集的矿石X射线物相分析表明，岩盐体的存在说明遗址周边地区具备原生岩盐的条件。进一步确认了盐棚山遗址具有优越的盐业资源，这为该地盐业的发生与发展奠定了基础。八是为了了解当地制盐器具结构和铸造特点，通过对出土的铁质制盐器具进行了金相分析，认为其为经长期使用的废弃物，这些残片均为铸铁，既有灰口铸铁，亦有白口铸铁及灰口铁组织的白口铸铁。这些铁锅代表了当地盐业生产不同时期的形态和煮盐工艺，具有鲜明的时代烙印，这也是当地制作铁锅技术滞后的一个缩影，同文献记载中当地制铁锅技术长期落后相印证[11]。

元代四川盐业尽管有所恢复，但较之唐宋时期差之甚远，这是由于元初长期的战乱和施政者昏聩，以及人口凋敝等因素造成[12]。但这个时期产盐区域较之以往有所扩大，达12处之多，如简阳场、隆盐场、绵盐场等[13]，除此之外，闰盐场也是当时非常有名的盐场，其治所即今黑盐塘。至元十七年（1280年）改置闰盐州（治今黑盐塘），至元二十七年（1290年）并普乐、闰盐为闰盐县（治今黑盐塘），并置柏兴府（治所与州县同），领闰盐、金二州[14]。而由元置闰盐州（县）而得名的"闰盐古道"指从今凉山彝族自治州首府西昌经盐源、宁蒗到丽江的古道。这条古道以盐源县为中心，支线密布，遍及于川滇金沙江、雅砻江之间大片区域，涉及的范围包括今四川西昌、冕宁、德昌、攀枝花、盐源、木里，及云南宁蒗、永胜、华坪、丽江等地[15]。该古道见证了盐源盐业生产与外销的兴衰。盐棚山元代盐业遗存的发现与确认，为我们认识盐源元代盐业生产工艺或技术传统提供了重要的考古资料，同时也丰富了四川元代盐业史的研究。随着发掘与研究的推进，将进一步深化我们对于当地元代盐业生产与外销的认识，该遗址的文化内涵也将得到进一步揭示。由于揭露面积和深度的限制，对于全面认识其盐业遗存的布局、结构和历时性等的认识仍然是不充分的，尚须做进一步的发掘与研究。

附记：参加本次调查的人员有凉山彝族自治州博物馆补琦、孙策、胡婷婷、张文、沙丁，盐源县文物管理所李田，成都文物考古研究院左志强、周志清。

绘图：钟雅莉　孙智辉

拓片：戴福尧

执笔：周志清　补　琦　胡婷婷　朱晓丹

　　　沙　丁

注　释

[1]　四川成都文物考古研究所、四川凉山州博物馆：《四川盐源县古代盐业与文化的考古调查》，《南方文物》2011年第1期。

[2]　该项目是成都文物考古研究所、凉山彝族自治州博物馆和盐源县文物管理所联合制定《盐源盆地2016年~2020年"十三五"区域系统调查规划》子项目之一盐源盆地资源域调查项目中盐源古代盐业和冶金遗址考古调查的组成部分，其目的是了解盐源古代盐业遗存保存与分布特征、盐业生产、发展、技术工艺传统以及其在古代社会中的影响等信息。

[3]　该资料来源于盐源县三普资料。该遗址即2008年调查的第一采集点，参见四川成都文物考古研究所、四川凉山州博物馆：《四川盐源县古代盐业与文化的考古调查》，《南方文物》2011年第1期。

［4］ 云南省文物考古研究所、大理白族自治州文物管理所、鹤庆县文物管理所：《鹤庆象眠山墓地》，文物出版社，2009年，第132、183、262页。

［5］ 四川省凉山州盐源盐厂编纂：《盐源盐厂志》，1988年6月。

［6］ 笔者2010年在剑川海门口遗址观摩时，发现此类遗物和海门口元代遗存出土遗物非常接近，云南省文物考古研究所闵锐先生告知此类遗物的时代为元代。

［7］ 沙坪站H3为火葬墓，其伴出的大豆和水稻碳十四测年数据为：BP805±20，树轮校正后年代1205AD（95.4%）1270AD；BP835±20，1165AD（95.4%）1260AD。加速器质谱（AMS）碳十四测试报告，北京大学加速器质谱实验室第四纪年代测定实验室，2015年11月19日。

［8］ 四川省凉山州盐源盐厂编纂：《盐源盐厂志》，1988年6月；《盐源县志》编纂委员会：《盐源县志》，四川民族出版社，2000年。目前尚未发现文献记载中的陶杯，需要做进一步工作。

［9］ 唐以后先后被吐蕃、南诏、大理控制，大理国时期控制最久。盐源盆地目前调查11个地点中有10个地点均采集到类似的陶片（2016年4月盐源盆地调查资料，资料现存盐源县文物管理所）。

［10］ 四川省凉山州盐源盐厂编纂：《盐源盐厂志》，1988年6月，第16~18页。

［11］ 周志清、杨颖东、补琦：《盐源盐棚山盐业遗存初步分析与研究》，《中国西南地区冶金与盐业考古论文集》，待刊。

［12］ 程龙刚：《元代四川盐业生产》，《盐业史研究》2000年第3期。

［13］ "四川茶盐转运司。成都盐井九十五处，散在诸郡山中。至元二年，置兴元四川转运司，专掌煎熬办课之事。八年罢之。十六年，复立转运司。十八年，并入四道宣慰司。十九年，复立陕西四川转运司，通辖诸课程事。……盐场一十二所，每所司令一员，从七品；司丞一员，从八品；管勾一员，从九品。简盐场，隆盐场，绵盐场，潼川场，遂实场，顺庆场，保宁场，嘉定场，长宁场，绍庆场，云安场，大宁场。"（明）宋濂等：《元史·百官志七》卷九十一，中华书局，1997年。

［14］ 《盐源县志》编纂委员会：《盐源县志》，四川民族出版社，2000年，第14页。

［15］ 李星星：《闽盐古道》，《巴蜀文化论集》，四川民族出版社，1999年。

新津县老虎山摩崖造像调查简报

成都文物考古研究院

老虎山摩崖造像位于成都市新津县邓双镇金龙村十组老虎山上,北面为宝资山森林公园,西面为老君山,东面为岷江(图一)。地理坐标为东经103°49′15.7″、北纬

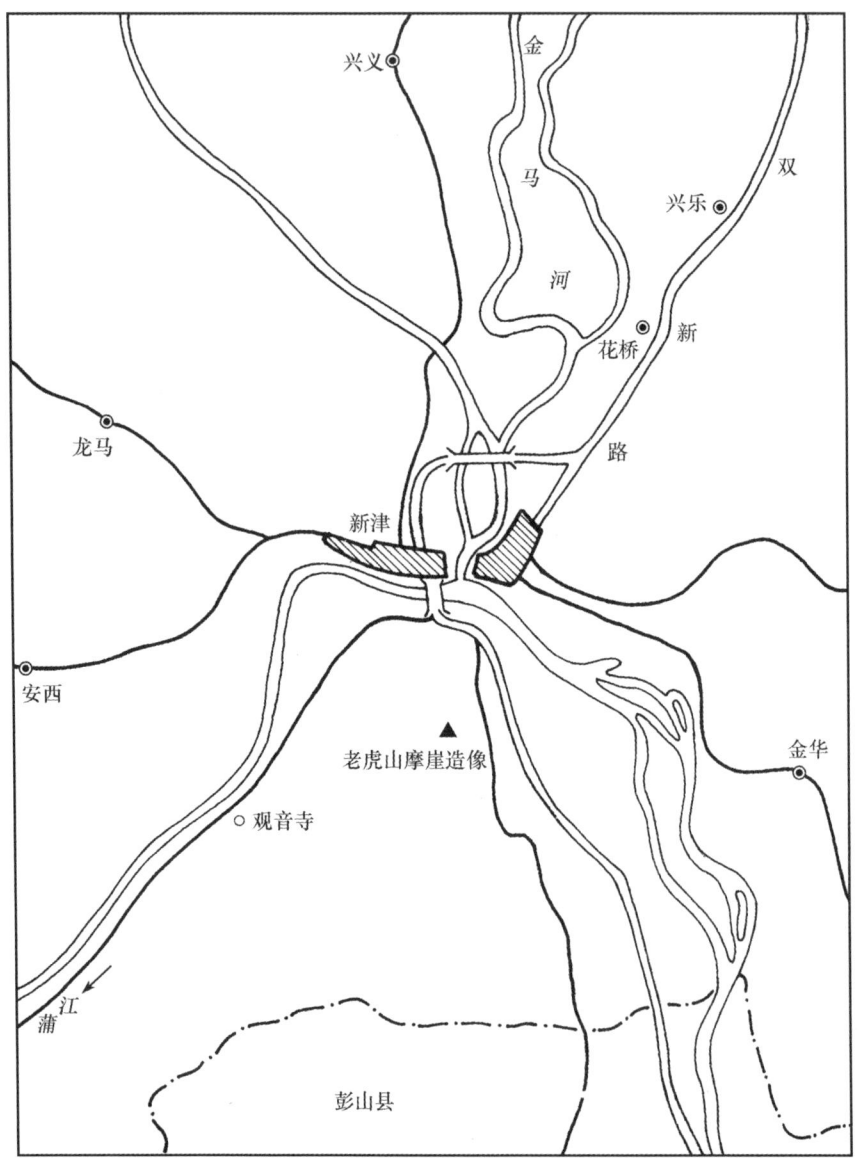

图一 摩崖造像位置示意图

30°24′7.42″，海拔约464米。2013年成都文物考古研究院在清理老虎山墓地时，对该处摩崖造像进行了详细的调查和记录，现将调查情况简报如下。

一、龛像环境与分布

2013年5月至2014年4月，老虎山西侧共发掘了485座墓葬，其中西汉岩坑墓39座，汉晋崖墓421座，唐宋以及明清墓25座，出土了大量器物。在调查墓葬区北侧山腰时发现摩崖造像1处，现存造像6龛，集中分布于不规则山崖上，东侧另有龛像被埋。此次调查编号从西面向东面开始，编为第1~6龛。造像基本不具龛形，保存不佳。另外，在山腰地面上采集到一件单体圆雕造像残件。

二、龛像内容

1. 第1龛

位于造像区西端，右侧为第2龛（图版三四，1）。圆拱形龛，宽130、高140、深27厘米。龛内雕天王像一身。像胸部以上残，身穿铠甲，腹前束带，下着战裙。一条帔帛绕过双膝，中部垂于双足间，两端垂足侧并向上飘起。双手残，左手置腹前，右手抚膝。像残高120厘米。

2. 第2龛

位于造像区西段，左侧为第1龛，右侧为第3龛（图版三四，2）。不具龛形，雕两身坐佛。

从左到右第1身，像胸部以上残，腹部凸出。着双领广袖下垂式袈裟，左侧衣领从左至右横过腹前，右侧衣领内掖后下垂。双手执念珠置双膝上。左腿盘起，右腿竖起，舒相坐于方台上。袈裟下摆垂覆方台上，下摆衣褶中部呈弧形，两端呈三角形。像残高78厘米，方台高19厘米。

第2身，像胸部以上残。有火焰纹身光，着内衣，衣领横过胸前，束带，打结呈蝴蝶状。外着双领下垂式袈裟，左侧衣领从左至右横过腹前，右侧衣领内掖后下垂。双手叠放，结禅定印，结跏趺坐于方台上。袈裟下摆垂覆方台上，下摆衣褶中部呈弧形，两端呈三角形。像残高76厘米，台高29厘米。

龛左下方雕一身小像，腰部以上残。着长裤，腰束带，裤腿扎绳，跣足立于卷云上。像残高60厘米，卷云高10厘米。

3. 第3龛

位于造像区西段，左侧为第2龛，右侧为第4龛，被第4龛打破（图版三五，1）。崖面开凿出一个横长方形浅龛，造像突出。龛宽222、高148、深44厘米。龛内设坛，坛上雕三身坐佛，坛宽190、高30厘米。

从左至右第1身坐佛，头残，着内衣，衣领横过胸前，外束带。外着双领下垂式广袖袈裟，左侧衣领从左至右横过腹前，右侧衣领内掖后下垂。施禅定印，结跏趺坐于方台上。袈裟下摆垂覆方台上，下摆衣褶中部呈弧形，两端呈三角形。像残高80厘米，台高30厘米。

第2身坐佛，胸部以上残。着内衣，衣领横过胸前，外束带。外着双领下垂式袈裟，右侧衣领搭右肩，从右臂内侧穿过腹前，搭在左肩上。双手叠放施禅定印。结跏趺坐于方台上。袈裟下摆垂覆方台上，下摆衣褶中部呈弧形，两端呈三角形。像残高104厘米，台高32厘米。

第3身坐佛，胸部以上残。着双领下垂式袈裟，左侧衣领经腹前从左至右斜披而下。结禅定印。结跏趺坐于方台上。袈裟下摆垂覆方台上，下摆衣褶中部呈弧形，两端呈三角形。像残高97厘米，台高23厘米。

左起第1身坐佛左下方雕一身供养人立像，头残。着广袖长袍，双手似持物于胸前，下着长裙。像残高40厘米。

4. 第4龛

位于造像区中部。左侧为第3龛，右侧为第5龛（图版三五，2）。不具龛形，雕菩萨立像一身。菩萨头残，上身赤裸。帔帛通覆两肩，右端绕过右臂向上撩起搭在左臂上，末端呈火焰状向右飘起。下着长裙，腰束带。左手掌心向上，挂念珠横置于胸前。右手掌心向外垂体侧。跣足立于两朵仰莲台上。莲枝从龛底伸出。像高152厘米。

5. 第5龛

位于造像区中部，左侧为第4龛，右距第6龛约120厘米（图版三六，1）。不具龛形。龛内雕三身坐像。

从左至右第1身，像胸部以上残，着内衣，外束带。外着双领下垂式袈裟，右侧衣领搭右肩，经右臂内侧垂下。左侧衣领从左至右斜披而下。双手叠放于方台上。袈裟下摆垂覆方台上，衣褶中部呈弧形，两端呈三角形。像残高104厘米，台高38厘米。

第2身，像头残，着长袍，腰束带，腰侧各有两朵卷云。双手抚膝，善跏趺坐于方台上。像高134厘米，台高50厘米。

第3身，像残损严重，仅保存大部分轮廓。结跏趺坐于方台上。像残高105厘米，台高50厘米。

6. 第6龛

位于造像区东端，左侧为第5龛，右侧有造像龛被掩于泥土中（图版三六，2）。圆拱形敞口龛。宽530、高270、深75厘米。

龛内中央雕菩萨立像一身。菩萨头顶残，似戴冠，宝缯垂覆双肩。发辫粗大，从头部垂至腰侧。面部略残，颈部有两道蚕纹。胸前戴环形项圈，项圈两侧各垂下一条联珠纹璎珞，从身前垂至膝处并折向身后。帔帛通覆两肩，两端经双肩处下垂，左端搭在左臂后下垂，右端呈绳状，绕过右臂后下垂。上身赤裸，下着长裙。腰束带，裙腰外翻。足部残，立于束腰圆形台基上。像残高137、座高25厘米。

菩萨头部上方两侧的壁面上雕刻连续云纹状台基，左侧现存5身、右侧现存4身坐像。

从左到右第1、6身残不可识。第2身仅余轮廓，表面被青苔覆盖。似左手抚膝，右手上举，结跏趺坐于台基上。第3身，头残，左手抚膝，右手上举于胸前。结跏趺坐于台基上。衣摆垂覆台基。第4身，头残，似戴冠。胸前有项圈，穿双领下垂式大衣，下穿长裙，腰束带。左手抚膝，右手上举于胸前。结跏趺坐于台基上。衣摆垂覆台基。第5身，头残，似戴冠，颈部有两道蚕纹。胸前戴项圈，中部垂饰云朵状坠饰。外着双领下垂式大衣，下着长裙，腰束带，裙腰外翻。双手似施禅定印，结跏趺坐于台基上。像左侧有一个竖长方形题记框，剥蚀严重，占壁面宽12、高15厘米，从左至右刻"……信士……/慈……/……"。第7身，头残，穿广袖长袍，腰束带。双手残，均上举于胸前，结跏趺坐于台基上。像左侧有一个桃形题记框，占壁面残宽10、高11厘米，现存题记5行，从左至右为："……/……/信女……/……/……"。第8身，头残，左手抚膝，右手上举于胸前，结跏趺坐于台基上。第9身，头残，着广袖长袍，左手在下，右手在上，双手共执一枝莲蕾。结跏趺坐于台基上，衣摆垂覆台基。

菩萨左侧有13身像，可分为上中下三层。上层从左至右第1身为武士像，戴头盔，穿铠甲，甲片呈鱼鳞状，双手置腹前，按长剑，立于方台上，台前雕出桃形题记框，素面，无字。武士像右侧有一个圆拱形题记框，有题记5行，从左至右刻："捨财信士□□□/信女杨氏三娘□/□有一家长命□/愿□□□□/□□□□□□□"。第2身像侧身站立，面朝左侧，头残，着长袍，腰束带，左手置腰前。第3身被青苔覆盖，不可识别。第4身亦侧身而立，头微微扭向外侧，似着交领广袖衣，下着长拳，帔帛绕过左臂下垂。左手举于胸前。立于圆形覆莲台上。像右侧有一个竖长方形题记框，素面。第5、6身像仅余残迹。中层从左至右第1身，表面被青苔覆盖，结跏趺坐于圆形台基上。第2身头残，着圆领通肩袈裟，双手抚膝，舒相坐于狮子上，狮子面部狰狞，有鬃毛。下层从左至右第1身位于武士像右下方，露出半身，残损严重，仅余轮廓，右手似持长棍。第2身，头残，着广袖大衣，双手置于腹前，结跏趺坐于圆形台基上。第3身，头残，腹部微鼓，左手置体侧，右手抚右膝，舒相坐于圆形台基上。第4身，头及双臂残，着长裙，裙摆向右飘起，似穿靴，立于水波上。第5身像身形略小，上半身残，下着裙，赤足直立于圆形台基上。第6身，胸部以上残，着袒右袈裟，左臂残，右手置腰间，双足残，立于龙背上。龙回首，鱼鳞状鳞甲。身形呈U形。

图二　单体圆雕造像

主像右侧残存上下两层造像。上层从左至右第1身不存。第2身头残，身形丰满，善跏趺坐于台基上。下层从左至右第1身，残损严重，仅余轮廓。

龛外左侧残损严重，左侧下方有两身造像，外侧一身仅存足部，立于山形台基上。内侧一身，头残，上着广袖长袍，下着长裙，腰左扭，双手似合十，立于台座上。

单体圆雕造像1件（图二），仅存腰部以下、膝部以上。武士像，穿铠甲，腰部束带，左手垂体侧。

三、结　　语

新津县境内有较多摩崖造像，如菩萨碥、龙岩寺、瑞麟寺、白观音、修觉寺等，可惜多保存不佳，且资料未被公布，无法了解全貌。老虎山摩崖造像沿崖面东西向排列，第6龛所处崖面自然条件好，无裂隙，适合开凿大型造像。第5、6龛间有裂隙，第1、2、3、5龛位于裂隙左侧，所在崖面层理结构破碎，易风化，且各龛之间有间隔，无打破关系，当为同一时间开凿。第4龛打破第3龛，因此其年代要晚于第3龛，最迟至明代

图三　大邑县药师岩第12-6龛

图四　新津县观音寺渡海观音群像

晚期。因此，推测第6龛最早开凿，随后开凿了第1、2、3、5龛，4号龛年代最晚。从造像风格上看，老虎山摩崖造像开凿时间均为明代，与大邑药师岩、夫子岩等处明代造像相近。有三佛、观音、儒释道合龛、渡海观音等题材。

第6龛为巨幅雕刻，中央雕刻观音菩萨，两侧有十六罗汉，龛口左侧雕力士，表现的是观音在十八罗汉护持下普度苦海，是目前已知尺度较大的渡海观音摩崖石刻造像。大邑药师岩第12-6龛[1]（图三）、泸县玉蟾岩[2]也有飘海观音造像，尺度略小，布局与造像风格和老虎山"渡海观音"相似。佛经中记载观世音菩萨有"三十三身"[3]，却没有"渡海观音"这一形象的记载。渡海观音是元明时期流行的题材之一，文献中曾记载五代至宋初人孙知微曾画渡海观音[4]。存世者多为寺院塑像，最早者为山西新绛县福胜寺元代作品[5]，明代塑像保存较佳者如山西平遥双林寺[6]、五台山圆照寺、四川新津观音寺等。新津观音寺渡海观音群像（图四）约塑于明宪宗成化十八年至明宗孝弘治三年（1482~1490年）间[7]。清高宗乾隆三十五年（1770年）和五十五年（1790年）曾有妆修。老虎山渡海观音造像人物面相方圆，体格较为健壮，符合明代造像的特征，地理位置又与观音寺接近，两者之间存在一定的联系。老虎山摩崖造像的发现，丰富了新津的历史文化。

调查及整理：索德浩　江　滔

执　　　笔：江　滔　索德浩

注　释

[1] 成都市文化局等：《四川大邑县药师岩石窟寺和摩崖造像考古报告》，四川科学技术出版社，2014年，第73~75页。

[2] 冯仁杰：《泸县玉蟾山摩岩造像》，《四川文物》1985年第2期。

[3] 《法华经普门品》，《大正藏》第9卷，第56页。

[4] （元）王挥：《玉堂嘉话》，《丛书集成初编》，商务印书馆，1939年，第47页。

[5] 张爱：《福胜寺彩绘泥塑病害调查分析》，《文物世界》2016年第5期。

[6] 李纯、丁凤萍：《彩塑艺术明珠：双林寺》，河北美术出版社，2002年。

[7] 方世聪、车永仁：《新津观音寺佛教艺术》，天津人民美术出版社，2013年，第320页。

图版一

汶川县龙溪寨遗址地理环境

图版二

1. 地貌（南—北）

2. 文化层堆积

汶川县龙溪寨遗址地貌、文化层堆积

图版三

茂县安乡遗址地理环境

图版四

1. 地貌

2. 采集骨器（采:8）

茂县安乡遗址地貌及采集骨器

图版五

1. 罐（M2∶1）

2. 壶（M4∶1）

会理县张家地墓地出土陶器

图版六

丹巴县蒲角顶遗址地理环境

图版七

1. 外景（西—东）

2. 文化层

丹巴县蒲角顶遗址外景、文化层

图版八

1. 稻谷（T7209㉑）

2. 稻谷基盘（L24）

3. 粟（T7209㉑）

4. 黍（T7209㉑）

5. 葫芦（T7007㊵）

6. 葡萄属（T6909㊴）

金沙遗址祭祀区出土植物遗存

图版九

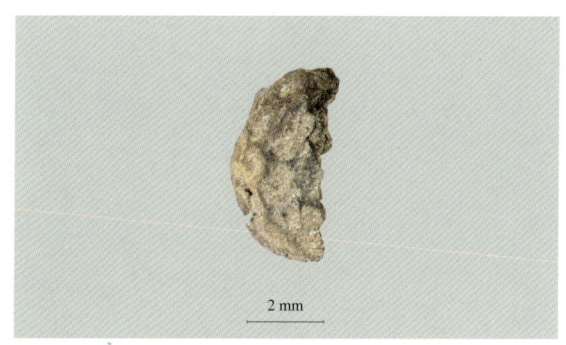
1. 梅（桃）核（L58）

2. 樱属？（L58）

3. 南酸枣（T6909㊵）

4. 甜瓜（T7007㊵）

5. 莎草属（L58）

6. 藨草属（L58）

7. 牛毛毡（L58）

8. 水毛花？（L58）

金沙遗址祭祀区出土植物遗存

图版一〇

1. 薹草属（L58）

2. 毛茛属（L58）

3. 野燕麦（T7209㉑）

4. 早熟禾亚科（L58）

5. 黍亚科（T7111⑬）

6. 狗尾草（T7111⑬）

7. 稗属（T7111⑬）

8. 狼尾草属（T7209⑲）

金沙遗址祭祀区出土植物遗存

图版一一

1. 马㼎儿？（T6909㊴）

2. 盒子草？（T6909㊵）

3. 蔷薇科（T6909㊴）

4. 蛇莓属（T6909㊴）

5. 菊科（L58）

金沙遗址祭祀区出土植物遗存

图版一二

1. 豨莶属（L24）

2. 蒿属？（T6909㊵）

3. 泽兰？（L58）

4. 马鞭草（L58）

5. 伞形科（T7008㊴）

6. 接骨木（L58）

金沙遗址祭祀区出土植物遗存

图版一三

1. 酢浆草（L58）

2. 百合科？（L58）

3. 大戟科（L58）

4. 叶下珠（T6909㊵）

5. 铁苋菜（L58）

6. 蓼属（T6909㊴）

7. 酸模属（T6909㊴）

金沙遗址祭祀区出土植物遗存

图版一四

1. 卷耳属（L58）

2. 茄科（T6909㊴）

3. 豆科（T7111⑬）

4. 豇豆属（T6909㊵）

5. 大豆属（T7009㊵）

6. 紫苏（L24）

7. 眼子菜属（T7008㊴）

8. 荨麻科？（L58）

金沙遗址祭祀区出土植物遗存

图版一五

1. 马齿苋科（L58）

2. 苋科（L58）

3. 牻牛儿苗？（T7209⑲）

4. 十字花科？（L58）

5. 金鱼藻（T6909㊴）

6. 藜科（T7007㊵）

7. 冬青属（L58）

8. 构树（T6909㊴）

金沙遗址祭祀区出土植物遗存

图版一六

1. 桑树（L58）

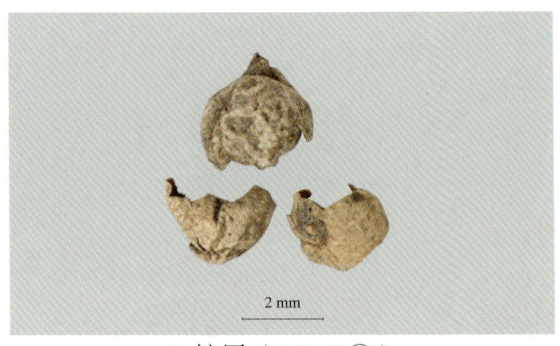
2. 榕属（T6909㊵）

3. 榉树（T6909㊴）

4. 女贞（T7008㊴）

5. 樟科（L58）

6. 泡花树属（L58）

7. 灯台树（T7008㊴）

8. 山茱萸（H2312②）

金沙遗址祭祀区出土植物遗存

图版一七

1. 五加科（L58）

2. 八角枫（L58）

3. 柃木属？（L58）

4. 花椒（L58）

5. 忍冬科？（L58）

6. 朴属（L58）

7. 盐肤木（T6909㊵）

8. 胡颓子属（T7008㊴）

金沙遗址祭祀区出土植物遗存

图版一八

1. 蝶形花科（T7007㊵）

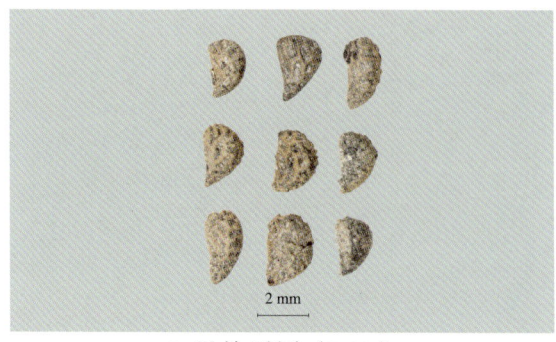

2. 悬钩子属（L58）

3. 五加属（T6909㊴）

4. 忍冬属（T6909㊴）

5. 荚蒾属（T6909㊵）

6. 防己（T6909㊴）

7. 莸属（L58）

8. 乌蔹莓（T6909㊴）

金沙遗址祭祀区出土植物遗存

图版一九

马尔康县石达秋遗址地理环境

图版二〇

1. T4内遗迹

2. F2墙体局部

马尔康县石达秋遗址T4内遗迹、F2墙体局部

图版二一

1. 地貌

2. M13墓室文字雕刻

彭州市青龙嘴崖墓地貌及M13墓室文字雕刻

图版二二

1. 狗（M21：12）

2. 执锸箕俑（M18：1）

3. 执斧、蛇吐舌俑（M18：2）

4. 抚琴俑（M21：1）

彭州市青龙嘴崖墓出土陶俑

图版二三

1. A型武俑（M8∶2）

2. A型武俑（M8∶1）

3. B型武俑（M1∶11）

4. 独脚兽（M8∶6）

5. 人首蛇身俑（M8∶19）

成都市武侯区川音大厦工地南宋墓出土陶俑

图版二四

1. 文俑（M4∶5）

2. 文俑（M4∶6）

3. 神怪俑（M4∶10）

4. 人像（M4∶18）

成都市金牛区任家碾M4出土陶俑

图版二五

1. M4∶2

2. M4∶2

3. M4∶14

4. M4∶14

成都市金牛区任家碾M4出土陶匍匐俑

图版二六

1. M4∶15

2. M4∶15

3. M4∶7

4. M4∶7

成都市金牛区任家碾M4出土陶俑

图版二七

1. 瓷盘口罐（M1∶11）

2. 瓷盘口罐（M2∶1）

3. 瓷碗（M1∶14）

4. 瓷盏（M2∶2）

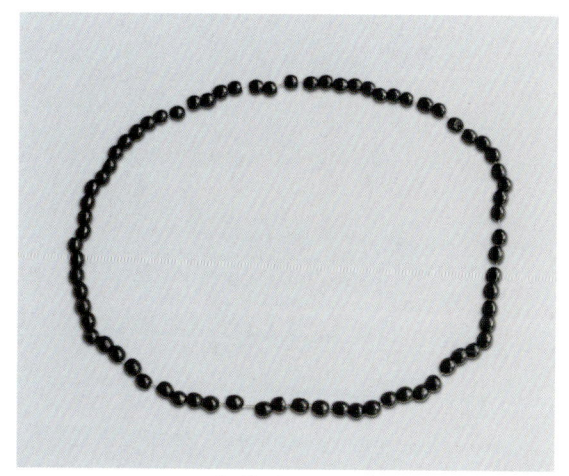

5. 串珠（M3∶3）

新津县倒骑龙遗址出土器物

图版二八

1. 盘口罐（M3∶1）

2. 四系罐（M3∶2）

3. 双耳壶（M5∶1）

4. 四系罐（M5∶2）

新津县倒骑龙遗址出土瓷器

图版二九

1. 第一地点

2. 第二地点

盐源县盐棚山盐业遗址

图版三〇

1. 第三地点

2. 下尖子

盐源县盐棚山盐业遗址

图版三一

1. 上尖子

2. 卤水池

盐源县盐棚山盐业遗址

图版三二

1. 第3层下遗迹

2. Y1

3. G1底部

盐源县盐棚山盐业遗址出土遗迹

图版三三

1. Z1清理前

2. Z1清理后

3. 硬土

盐源县盐棚山盐业遗址第3层下遗迹

图版三四

1. 第1龛

2. 第2龛

新津县老虎山摩崖造像第1、2龛

图版三五

1. 第3龛

2. 第4龛

新津县老虎山摩崖造像第3、4龛

图版三六

1. 第5龛

2. 第6龛

新津县老虎山摩崖造像第5、6龛